苏州大学年鉴

SOOCHOW UNIVERSITY YEARBOOK

2020

苏州大学档案馆 编

苏州大学出版社
Soochow University Press

教育部副部长翁铁慧(左四)一行莅临学校调研

江苏省政协主席黄莉新(前排左二)率江苏省政协调研组一行来苏调研,考察苏州纳米科技协同创新中心展厅

时任江苏省委常委、宣传部部长王燕文(前排右二)莅临学校调研

时任江苏省委常委、苏州市委书记蓝绍敏(左四)莅临学校调研

教育部思政司副巡视员俞亚东(第二排左四)莅临学校调研,在学生食堂与同学们共进午餐

江苏省政府研究室副主任沈和(前排右一)一行莅临学校调研,参观放射医学与辐射防护国家重点实验室

学校召开党委第十二届八次全体会议

学校召开2019年全面从严治党工作会议

学校举行"不忘初心、牢记使命"主题教育动员部署会

学校召开七届五次教职工代表大会

中共江苏省委宣传部、中共苏州市委宣传部、苏州大学共建传媒学院签约揭牌仪式举行

学校召开宣传思想工作会议

苏州市人民政府与苏州大学签署深化名城名校融合发展战略合作签约仪式

学校未来校区项目开工仪式

红十字国际学院挂牌成立

苏州大学师范学院揭牌仪式

学校与中国科学院上海巴斯德研究所共建苏州大学巴斯德学院签约仪式

学校紫卿书院正式揭牌成立

学校举行师范类专业物理学、美术学第二级认证自评说明会

苏州大学与中国电信苏州分公司5G校园启动暨360教室揭牌仪式

学校举行2019东吴海外高层次人才学术交流会开幕式

学校举行2019国际青年学者东吴论坛

学校举办黄大年同志先进事迹报告会

学校举行"潘君骅星"命名仪式暨庆祝潘君骅院士从事科研工作67周年交流会

苏州大学数字地球科教融合中心合作共建签约

由苏州大学东吴智库承办的2019年"对话苏州"活动在苏州独墅湖会议中心举行

台湾东吴大学潘维大(左一)校长一行来学校访问

学校举行2019国际周活动暨苏州大学国际化工作突出贡献奖颁奖仪式

苏州大学＆瓦里安医疗——"放疗新星"启航仪式

江苏省教育厅组织高校实验室安全管理专家组检查学校实验室安全管理工作

2019年度苏州大学周氏奖颁奖典礼

建校119周年交响音乐会在恩玲艺术中心举行

献礼新中国成立70周年,学校举办"我和我的祖国"师生大合唱比赛

"同根、同源、同奔跑"苏州大学&台湾东吴大学共迎双甲子
"名城名校"2019苏州大学校园马拉松赛开跑

苏州大学各校区地理位置分布图

苏州大学年鉴

2020

苏州大学档案馆 编

苏州大学出版社

图书在版编目（CIP）数据

苏州大学年鉴.2020 / 熊思东主编；苏州大学档案馆编 . —苏州：苏州大学出版社，2021.8
ISBN 978-7-5672-3593-9

Ⅰ.①苏… Ⅱ.①熊…②苏… Ⅲ.①苏州大学—2020—年鉴 Ⅳ.①G649.285.33-54

中国版本图书馆 CIP 数据核字（2021）第 138235 号

书　　名	苏州大学年鉴 2020
编　　者	苏州大学档案馆
责任编辑	刘　冉　杨　柳
出版发行	苏州大学出版社
	（地址：苏州市十梓街 1 号　215006）
印　　刷	苏州工业园区美柯乐制版印务有限责任公司
开　　本	787 mm×1 092 mm　1/16
字　　数	1592 千
印　　张	63.75　插页 10
版　　次	2021 年 8 月第 1 版
	2021 年 8 月第 1 次印刷
书　　号	ISBN 978-7-5672-3593-9
定　　价	188.00 元

图书若有印装错误，本社负责调换
苏州大学出版社营销部　电话：0512-67481020
苏州大学出版社网址　http：//www.sudapress.com
苏州大学出版社邮箱　sdcbs@ suda.edu.cn

《苏州大学年鉴2020》编委会名单

主　　编　熊思东
执行主编　石明芳
副 主 编　薛　辉　吴　鹏　姚　炜　徐云鹏
编　　委　（以姓氏笔画为序）
　　　　　卜谦祥　王凝萱　叶晓静　刘　萍
　　　　　张志平　崔瑞芳

目录 Contents

学校沿革示意图

学校综述

  苏州大学概况（2020年3月） ………………………………………………（3）
  苏州大学2019年度工作总结 …………………………………………………（6）

重要文献

  苏州大学2019年度工作要点 …………………………………………………（13）
  校党委书记江涌在2019年全面从严治党工作会议上的讲话
   （2019年4月12日）………………………………………………………（21）
  解放思想　聚力攻坚　写好新时代双一流建设"奋进之笔"
   ——校长熊思东在苏州大学七届五次教职工代表大会上的工作报告
   （2019年4月24日）………………………………………………………（27）
  青春有你
   ——校长熊思东在苏州大学2019年毕业典礼暨学位授予仪式上的讲话
   （2019年6月25日）………………………………………………………（36）
  党委常委会工作报告
   ——校党委书记江涌在校党委十二届八次全体会议上的报告
   （2019年8月31日）………………………………………………………（40）
  校长熊思东在"苏州市人民政府　苏州大学深化名城名校融合发展战略
   合作签约仪式"上的讲话（2019年9月1日）………………………………（47）

聚焦立德树人，聚力攻坚克难　以主题教育的扎实成效　推动双一流建设
迈上新台阶
　　——校党委书记江涌在学校"不忘初心、牢记使命"主题教育动员部署会
　　上的讲话（2019年9月12日）………………………………………（49）
苏大四季
　　——校长熊思东在苏州大学2019级新生开学典礼上的讲话
　　（2019年9月25日）……………………………………………（57）
党委常委会工作报告
　　——校党委书记江涌在校党委十二届九次全体会议上的报告
　　（2020年3月4日）………………………………………………（60）

2019年大事记

1月 …………………………………………………………………（71）
2月 …………………………………………………………………（73）
3月 …………………………………………………………………（75）
4月 …………………………………………………………………（78）
5月 …………………………………………………………………（82）
6月 …………………………………………………………………（87）
7月 …………………………………………………………………（91）
8月 …………………………………………………………………（94）
9月 …………………………………………………………………（95）
10月 ………………………………………………………………（100）
11月 ………………………………………………………………（103）
12月 ………………………………………………………………（107）

各类机构设置、机构负责人及有关人员名单

苏州大学党群系统机构设置（表1）………………………………（115）
苏州大学行政系统、直属单位机构设置（表2）…………………（119）
苏州大学中层及以上干部名单 ……………………………………（129）
苏州大学工会委员会及各分工会主席名单 ………………………（158）
苏州大学共青团组织干部名单 ……………………………………（160）

苏州大学有关人士在各级人大、政协、民主党派及统战团体中的任职名单
…………………………………………………………………………………… (165)
苏州大学有关人员在校外机构任职名单（表3） ………………… (170)
党政常设非编机构 …………………………………………………… (229)
2019年苏州大学及各校友分会主要负责人情况 ………………… (233)

院（部）简介

文学院 …………………………………………………………… (241)
传媒学院 ………………………………………………………… (244)
社会学院 ………………………………………………………… (247)
政治与公共管理学院 …………………………………………… (249)
马克思主义学院 ………………………………………………… (252)
东吴商学院（财经学院） ……………………………………… (255)
王健法学院 ……………………………………………………… (257)
外国语学院 ……………………………………………………… (261)
金螳螂建筑学院 ………………………………………………… (265)
教育学院 ………………………………………………………… (268)
艺术学院 ………………………………………………………… (271)
音乐学院 ………………………………………………………… (274)
体育学院 ………………………………………………………… (277)
数学科学学院 …………………………………………………… (281)
物理科学与技术学院 …………………………………………… (285)
光电科学与工程学院 …………………………………………… (288)
能源学院 ………………………………………………………… (292)
材料与化学化工学部 …………………………………………… (295)
纳米科学技术学院 ……………………………………………… (299)
纺织与服装工程学院 …………………………………………… (305)
轨道交通学院 …………………………………………………… (309)
计算机科学与技术学院 ………………………………………… (312)
电子信息学院 …………………………………………………… (315)
机电工程学院 …………………………………………………… (319)
沙钢钢铁学院 …………………………………………………… (323)

医学部 ...(326)
医学部基础医学与生物科学学院 ...(331)
医学部放射医学与防护学院 ...(335)
医学部公共卫生学院 ...(339)
药学院 ...(342)
医学部护理学院 ...(345)
敬文书院 ...(348)
唐文治书院 ...(352)
文正学院 ...(355)
应用技术学院 ...(359)
老挝苏州大学 ...(362)

附属医院简介

苏州大学附属第一医院 ...(367)
苏州大学附属第二医院 ...(370)
苏州大学附属儿童医院 ...(372)

表彰与奖励

2019年度学校、部门获校级以上表彰或奖励情况（表4） ...(377)
2019年度教职工获校级以上表彰或奖励情况（表5） ...(382)
2019年度学生集体、个人获校级以上表彰或奖励情况（表6） ...(386)
苏州大学2018—2019学年各学院（部）获捐赠奖学金情况（表7） ...(428)

重要资料及统计

办学规模 ...(433)
教学单位情况（表8） ...(433)
成教医学教学点情况（表9） ...(435)
全校各类学生在校人数情况（表10） ...(435)
研究生毕业、授学位、入学和在校人数情况（表11） ...(436)
全日制本科学生毕业、入学和在校人数情况（表12） ...(436)
成人学历教育学生毕业、在读人数情况（表13） ...(436)

2019年各类外国留学生人数情况（表14） ………………………… (437)
2019年各类中国港澳台地区学生人数情况（表15） ……………… (437)
全日制各类在校学生的比率情况（表16） ………………………… (437)
2019年毕业的研究生、本科（含成人学历教育、含结业）学生名单
　………………………………………………………………………… (438)

办学层次 ……………………………………………………………… (560)
博士后流动站及博士、硕士研究生学位授权点（表17、表18、表19）
　………………………………………………………………………… (560)
全日制本科专业情况（表20） ……………………………………… (565)
成人学历教育专业情况 ……………………………………………… (569)

教学质量与学科实力 …………………………………………………… (570)
国家基础科学研究与教学人才培养基地情况（表21） …………… (570)
苏州大学国家级、省（部）级重点学科，国家一流学科、优势学科、重点实
　验室、协同创新中心、公共服务平台、工程（技术）研究中心、重点研究
　基地及实验室教学示范中心 ……………………………………… (570)
苏州大学2019年度国家、省教育质量工程项目名单 …………… (577)
苏州大学2019年度全日制本科招生、就业情况 ………………… (585)
苏州大学科研机构情况（表37） …………………………………… (616)

科研成果与水平 ………………………………………………………… (628)
2019年度苏州大学科研成果情况（表38） ………………………… (628)
2019年度苏州大学科研成果获奖情况 ……………………………… (629)
2019年度苏州大学科研成果专利授权情况（表75） ……………… (649)
2019年度苏州大学软件著作权授权情况（表76） ………………… (726)
2019年度苏州大学承担的省部级以上项目 ………………………… (745)

教职工队伍结构 ………………………………………………………… (822)
教职工人员情况（表97） …………………………………………… (822)
专任教师学历结构情况（表98） …………………………………… (822)
全校专任教师年龄结构情况（表99） ……………………………… (823)

教职工中级及以上职称情况（表100） ……………………………………… (824)
2019年获副高及以上技术职称人员名单 …………………………………… (828)
2019年聘请讲座教授、客座教授、兼职教授名单 ………………………… (838)
院士名单（表101） …………………………………………………………… (840)
2019年各类人才工程入选人员名单 ………………………………………… (840)
2019年博士后出站、进站和在站人数情况（表102） ……………………… (842)
2019年博士后在站、出站人员情况（表103） ……………………………… (844)
2019年人员变动情况（表104、表105、表106） …………………………… (849)
2019年离休干部名单 ………………………………………………………… (866)
2019年退休人员名单 ………………………………………………………… (867)

办学条件 …………………………………………………………………… (868)
办学经费投入与使用情况（表107、表108、表109） ……………………… (868)
2019年学校总资产情况（表110） …………………………………………… (869)
学校土地面积和已有校舍建设面积 ………………………………………… (870)
全校（教学）实验室情况（表113） ………………………………………… (871)
苏州大学图书馆馆藏情况（表114） ………………………………………… (874)

海外交流与合作 …………………………………………………………… (876)
2019年公派出国（境）人员情况（表115—表121） ……………………… (876)
2019年在聘语言文教专家和外籍教师情况（表122） ……………………… (937)
2019年苏州大学与国（境）外大学交流合作情况（表123） ……………… (943)
2019年举办各类短期汉语班情况（表124） ………………………………… (949)
2019年苏州大学中国港澳台地区接待及国外单位校际来访情况
　（表125、表126） …………………………………………………………… (951)

2019年教师出版书目（表127） ……………………………………………… (961)
2019年苏州大学规章制度文件目录（表128） ……………………………… (975)
2019年市级以上媒体关于苏州大学的报道（部分）目录（表129）
　 ………………………………………………………………………………… (980)

后　记 ……………………………………………………………………… (1004)

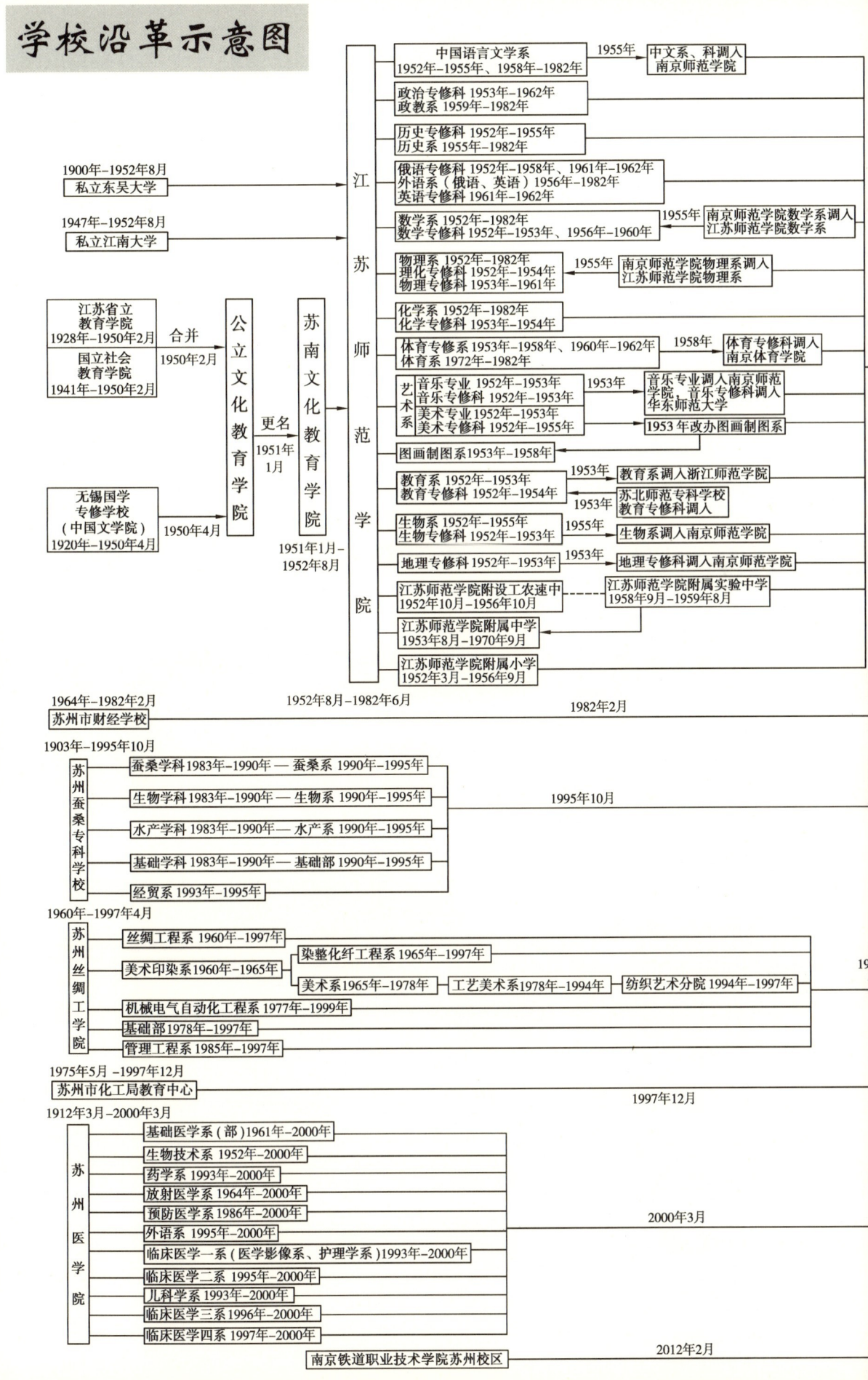

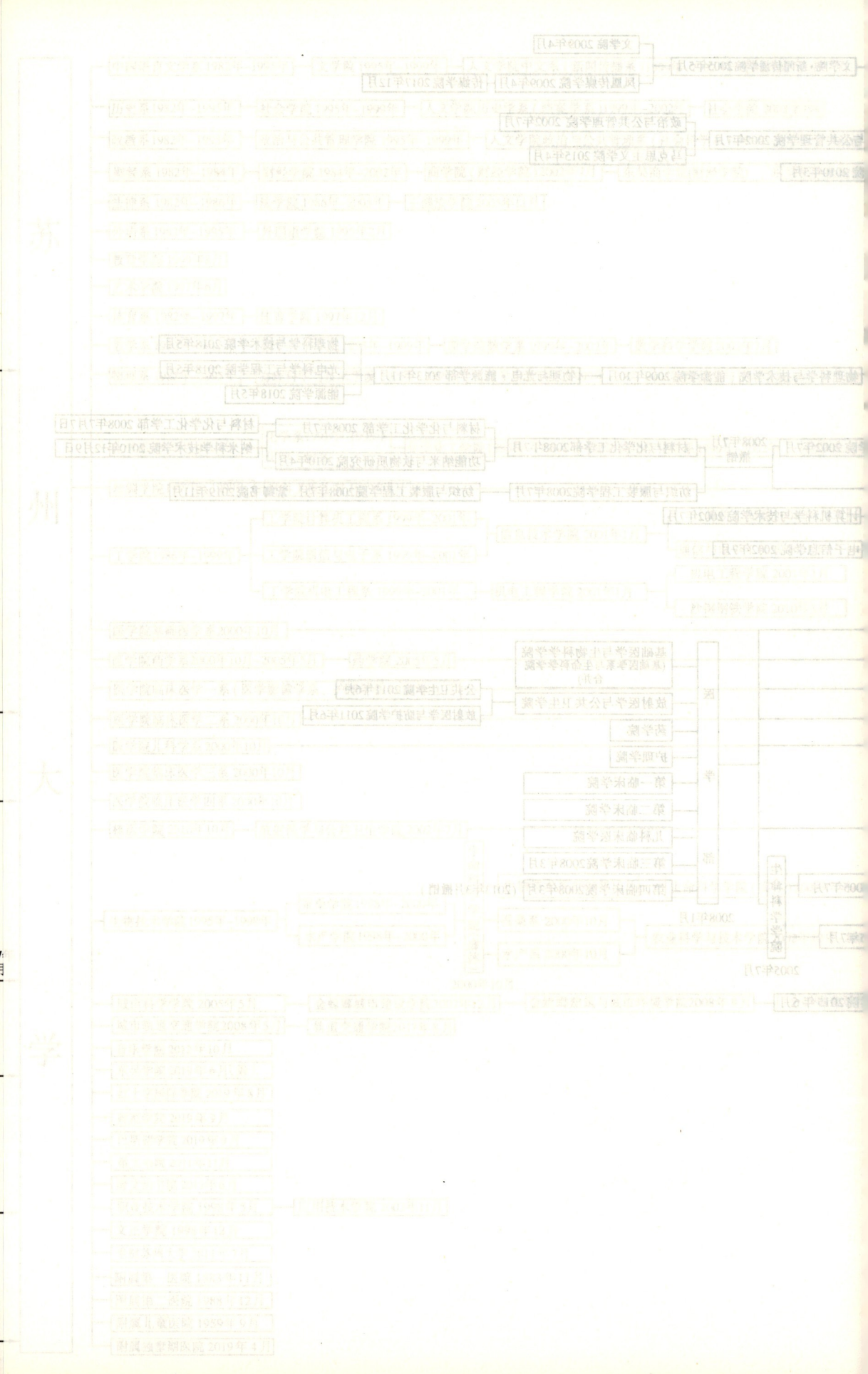

学校综述

苏州大学概况

（2020年3月）

苏州大学坐落于素有"人间天堂"之称的历史文化名城苏州，是国家"211工程""2011计划"首批入列高校，是教育部与江苏省人民政府共建"双一流"建设高校、国家国防科技工业局和江苏省人民政府共建高校，是江苏省省属重点综合性大学。苏州大学的前身是东吴大学（Soochow University，1900年创办），东吴大学开现代高等教育之先河，融中西文化之菁华，是中国最早的以现代大学学科体系举办的大学。在中国高等教育史上，东吴大学是最早开展研究生教育并授予硕士学位、最先开展法学（英美法）专业教育的大学，也是第一家创办学报的大学。1952年，中国大陆院系调整，由东吴大学的文理学院、苏南文化教育学院、江南大学的数理系合并组建苏南师范学院，同年更名为江苏师范学院。1982年，学校更复名苏州大学。其后，苏州蚕桑专科学校（1995年）、苏州丝绸工学院（1997年）和苏州医学院（2000年）等相继并入苏州大学。从民国时期的群星璀璨，到中华人民共和国时代的开拓创新；从师范教育的文脉坚守，到综合性大学的战略转型与回归；从多校合并的跨越发展，到争创一流的重塑辉煌，苏州大学在中国高等教育史上留下了浓墨重彩的一笔。

一个多世纪以来，一代代苏大人始终秉承"养天地正气，法古今完人"的校训，坚守学术至上、学以致用，倡导自由开放、包容并蓄、追求卓越，坚持博学笃行、止于至善，致力于培育兼具"自由之精神、卓越之能力、独立之人格、社会之责任"的模范公民，在长期的办学过程中为社会输送了50多万名各类专业人才，包括许德珩、周谷城、费孝通、雷洁琼、孙起孟、赵朴初、钱伟长、董寅初、李政道、倪征燠、郑辟疆、杨铁梁、查良镛（金庸）等一大批精英栋梁和社会名流；谈家桢、陈子元、郁铭芳、宋大祥、詹启敏、芮筱亭等近50位两院院士，为国家建设与社会发展做出了重要贡献。

苏州大学现有哲学、经济学、法学、教育学、文学、历史学、理学、工学、农学、医学、管理学、艺术学等十二大学科门类。学校设有30个学院（部），拥有全日制本科生27 734人，硕士生13 871人，博士生4 202人，留学生3 271人。学校现设132个本科专业，50个一级学科硕士点，24个专业学位硕士点，28个一级学科博士点，1个专业学位博士点，30个博士后流动站。学校现有1个国家一流学科，4个国家重点学科，20个江苏高校优势学科，9个"十三五"江苏省重点学科。截至目前，学校化学、物理学、材料科学、临床医学、工程学、药学与毒理学、生物与生物化学、神经科学与行为科学、分子生物与遗传学、免疫学、数学、计算机科学、农业科学共13个学科进入全球基本科学指标（ESI）前1%，化学、材料科学2个学科进入前1‰。

学校现有2个国家级人才培养基地、1个国家创新人才培养示范基地、3个国家级实验教学示范中心、1个国家级虚拟仿真实验教学示范中心、2个国家虚拟仿真实验教学项目、2个国家级人才培养模式创新实验区、1个国家级大学生校外实践教学基地、1个国家2011协同创新中心（牵头单位）、1个教育部人文社科重点研究基地、1个省部共建国家重点实验室、1个国家工程实验室、2个国家地方联合工程实验室、2个国家级国际合作联合研究中心、1个国家临床医学研究中心、3个国家级公共服务平台、1个国家大学科技园、1个江苏省高校国家重点实验室培育建设点、4个江苏高校协同创新中心、23个省部级哲社重点研究基地、30个省部级重点实验室、10个省部级公共服务平台、5个省部级工程中心。

全校现有教职工5 531人，其中专任教师3 241人，包括1位诺贝尔奖获得者、8位两院院士、5位发达国家院士、29位国家杰出青年基金获得者、38位国家优秀青年基金获得者、1位"万人计划"杰出人才、10位"万人计划"科技创新领军人才、3位"万人计划"青年拔尖人才、6位国务院学位评定委员会学科评议组成员等各类国家级人才230多人次。一支力量雄厚、结构合理、充满活力的人才队伍已初步形成。

苏州大学将人才培养作为学校的中心工作，以立德树人为根本，以培养具备责任感、创新性、应用性和国际性的卓越型人才为定位，以通识教育与专业教育相融合为指导，以提升学生综合素质、夯实专业基础、培养创新创业能力为重点，积极深化人才培养系统化改革，不断提升人才培养质量。学校纳米科学技术学院被列为全国首批17所国家试点学院之一，成为高等教育体制机制改革特区之一。学校设立了3个书院，积极探索人才培养新模式，其中，敬文书院定位于专业教育之外的"第二课堂"，唐文治书院在"第一课堂"开展博雅教育，紫卿书院致力于打造成"新工科"拔尖创新人才培养的试验场。2018年，学校获得国家级教学成果奖5项，获批国家精品在线开放课程10门，位列全国高校第11位。2019年，学校获批国家级一流本科专业建设点14个、省级一流本科专业建设点4个。近年来，苏大学子每年有200余人次获得国家级奖项，在全国"挑战杯"、奥运会等国内外各类大赛中屡屡折桂，2018年，一位硕士研究生作为第一作者在 Nature 上发表论文。

学校实施"顶天立地"科技创新战略，科研创新工作取得累累硕果。人文社科领域，2019年，苏州大学获批国家社科基金47项，其中，重大项目5项，国家社科基金艺术学重大项目、"把社会主义核心价值观融入法治建设"重大研究专项项目立项数均位列全国首位；国家社科基金后期资助项目立项数位列全省首位；东吴智库入选"中国核心智库"和"中国高校百强智库"；近五年，苏大师生在权威核心期刊发表论文数位列全国高校第23位。自然科学领域，2019年，苏州大学获国家技术发明奖二等奖1项、国家科学技术进步奖二等奖2项，获教育部高等学校科学研究优秀成果奖（科学技术）5项、青年科学奖1项；获批国家自然科学基金项目328项，资助项目数连续八年保持全国前20位；获批国家重点研发计划重点专项项目4项、课题10项，获批国防重大项目1项；全年发表三大检索论文4 400篇，其中，SCIE收录2 684篇，位列全国高校第24位；学校在自然指数（Nature Index）综合排名位列全球高校第49位、全国高校第11位；19人次入选"全球高被引科学家"，位列全国高校第5位；全年授权知识产权1 085项，其中，国内发明专利508项、国际专利授权19项，获中国专利优秀奖1项，实现知识产权转让和许可使用176项。截至2020年2月，学校在国家知识产权局登记生效的专利转让累计702项，位列全国高校第10位。

学校按照"以国际知名带动国内一流"的发展思路，全面深入推进教育国际化进程。学校先后与30多个国家和地区的200余所高校和研究机构建立了校际交流关系。学校每年招收来自80余个国家和地区的留学生3 000多人次。2007年起，学校与美国波特兰州立大学合作建立波特兰州立大学孔子学院；2010年，入选教育部"中非高校20+20合作计划"，援建尼日利亚拉各斯大学；2011年，在老挝成功创办中国第一家境外高校——"老挝苏州大学"，该校现已成为国家"一带一路"倡议上的重要驿站和文化名片；2018年，学校发起成立中国-东盟医学教育大学联盟，打造中国-东盟健康命运共同体，助推"一带一路"建设；2019年，苏州大学红十字国际学院挂牌成立，助力人类命运共同体建设。

苏州大学现有天赐庄校区、独墅湖校区、阳澄湖校区、未来校区四大校区，占地面积约为3 057 333平方米，建筑面积为159万余平方米。学校图书资料丰富，藏书超500万册，中外文期刊40余万册，中外文电子书刊110余万册，中外文数据库82个。学校主办有《苏州大学学报（哲学社会科学版）》《苏州大学学报（教育科学版）》《苏州大学学报（法学版）》三本学报及《代数集刊》《现代丝绸科学与技术》《中国血液流变学》《语言与符号学研究》等专业学术期刊。其中，《苏州大学学报（哲学社会科学版）》近五年来，刊文被《新华文摘》和《人大复印报刊资料》等权威二次文献转载摘编，其转载量一直位居综合性大学学报排名的前十位。根据2018年中国社会科学评价研究院发布的《中国人文社会科学期刊AMI综合评价报告（2018年）》，《苏州大学学报（哲学社会科学版）》和《苏州大学学报（教育科学版）》双刊同时被评为中国人文社会科学期刊核心期刊，根据2019年南京大学中国社会科学研究评价中心发布的CSSCI来源期刊、扩展版来源期刊（2019—2020年）目录，《苏州大学学报（哲学社会科学版）》仍位居CSSCI核心来源期刊名录，《苏州大学学报（教育科学版）》首度进入CSSCI扩展版来源期刊名录。

新时代孕育新机遇，呼唤新作为。全体苏大人正以昂扬的姿态、开放的胸襟、全球的视野，顺天时、乘地利、求人和，坚持人才强校、质量强校、文化强校，依托长三角地区雄厚的经济实力和优越的人文、地域条件，努力将学校建设成为国内一流、国际知名的高水平研究型大学，成为区域高素质创新创业人才培养、高水平科学研究和高新技术研发、高层次决策咨询的重要基地。

苏州大学 2019 年度工作总结

2019年，苏州大学坚持以习近平新时代中国特色社会主义思想为指导，深入贯彻落实全国全省教育大会精神，以立德树人为根本，以内涵建设为主线，以高质量发展为导向，扎实开展"不忘初心、牢记使命"主题教育，统筹推进人才培养、科学研究、社会服务、文化传承创新和国际合作交流等各项工作，学校党的建设和各项事业实现新发展。中共中央政治局委员、国务院副总理孙春兰来校调研指导工作，学校在2019年度省属高校综合考核中以总分第一的成绩被评为高水平大学建设重点支持高校第一等次。

一、加强党对学校工作的全面领导，筑牢为党育人时代重心

坚持以习近平新时代中国特色社会主义思想为指导，全面加强党的政治建设，进一步增强"四个意识"，坚定"四个自信"，做到"两个维护"。修订完善《中共苏州大学委员会全体会议和常务委员会会议议事规则》《苏州大学校长办公会议议事规则》，成立党的建设与全面从严治党工作领导小组、党委人才工作领导小组、综合考核工作领导小组等，首次接受全省高校综合考核并开展校内综合考核，不断完善坚持和加强党的领导的相关体制机制。制定实施《关于加强依法治校工作的意见》，江苏省依法治校试点工作稳步推进。学校七届五次教职工代表大会以无记名投票的方式表决通过了《苏州大学教师岗位供给侧结构性改革方案（审议稿）》《苏州大学绩效工资实施办法（审议稿）》《苏州大学教职工行政处分暂行规定（审议稿）》等事关广大教职工切身利益的重要改革方案及规章制度。学术委员会、学位评定委员会及统一战线作用充分发挥。从严治团、关工委优质化建设工作扎实推进。

扎实开展"不忘初心、牢记使命"主题教育，成立主题教育领导小组及办公室，制定实施方案、工作推进方案和3个类别的任务清单，派出9个校内巡回指导组，全面加强对主题教育的组织协调、指导督促，一体推进学习教育、调查研究、检视问题、整改落实四项重点措施。领导班子及全校党员干部围绕"三态"问题深入检视剖析，扎实开展八个方面的专项整治，稳步推进债务化解等一些事关学校长远发展的工作和改革，妥善解决部分青年教职工岗位聘任的历史遗留问题，在"三全"育人、内部治理等方面制定并修订规章制度50余项。

召开全校宣传思想工作会议，制定《教职工"双周三"政治理论学习实施办法》，成立学习宣传贯彻党的十九届四中全会精神宣讲团，推广使用"学习强国"App，坚持不懈用新思想武装党员、教育师生。1个项目入选教育部"高校思想政治工作精品项目"。意识形态领域，分析研判工作不断加强。围绕庆祝新中国成立70周年，策划组织"我和我

的祖国"主题宣传教育活动。中共江苏省委宣传部、中共苏州市委宣传部和学校共建传媒学院正式签约。学校被授予 2019 年全国暑期社会实践活动"优秀单位"称号、"江苏省 2016—2018 年度文明校园"称号、苏州市"维护国家安全先进示范单位"称号。

二、深化教育教学改革，人才培养能力稳步提升

出台《关于加强和改进领导干部深入基层联系学生工作的实施方案》，组织开展落实立德树人根本任务监督检查，深化"三全育人"改革。体育、美育及国防教育有效开展，校园劳动、志愿服务等劳动实践活动切实加强。学校党委在教育部学习贯彻落实习近平总书记给中央美术学院老教授重要回信精神一周年座谈会上做交流发言。积极响应江苏省委、省政府号召，连续两年扩大省内招生规模。本科招生生源质量稳中有升，在 29 个省（市、自治区）的录取分数线进一步提高，其中，19 个省份文科投档线超出本一线 60 分、18 个省份理科投档线超出本一线 90 分。研究生"双一流"高校生源比例进一步提高，获评"江苏省研究生优秀招生单位"称号。2019 届毕业生就业率超过 93%。加快实施一流本科教育改革行动计划，师范学院、紫卿书院等人才培养改革启动。教育部博士研究生教育综合改革试点工作顺利通过中期验收。获批国家级一流本科专业建设点 14 个、国家精品在线开放课程 10 门，新增教育部产学合作协同育人项目 9 项、国家虚拟仿真实验教学项目 2 项，获国家级教学成果奖 5 项，其中，一等奖 1 项。本科生获省级及以上学科竞赛奖项 1 067 项，其中，国家级 136 项。

三、师德师风建设创新加强，人才队伍结构不断优化

制定实施《苏州大学师德师风负面清单和失范行为处理办法》，设置"高尚师德"奖教金，举行教职工荣休仪式，开展新教师始业培训及入职宣誓仪式、"潘君骅星"命名仪式等，建立师德师风调研机制，师德师风建设不断加强，1 名教师获评"全国优秀教师"。"三定"工作及教师岗位供给侧结构性改革、职称评审及绩效工资改革一体推进。举办国际青年学者东吴论坛和东吴海外高层次人才学术交流会，学校新进包括 1 位中科院院士在内的教学科研人员 256 人。实施"东吴学者""仲英青年学者""优秀青年学者""校内特聘教授"等人才计划，为人才成长提供资源、搭建平台。12 位教授入选"长江学者""国家杰出青年"等国家级人才项目；4 位教授当选国际学术组织院士或会士，1 位教授荣获"教育部青年科学奖"（全国共 10 位）；19 人次入选"全球高被引科学家"，位列全国高校第 5 位、江苏高校首位。出台《关于进一步加强人文社会科学人才队伍建设的实施办法》，成立人文社会科学类人才队伍建设领导小组，系统推进人文社会科学人才队伍建设，首批遴选出校内文科"特聘教授"20 位，有效破解人文社科类高层次人才流失的隐患问题。

四、一流学科建设稳步推进，科研创新能力不断增强

成立"双一流"建设领导小组，加强对全校学科建设的统筹、协调和指导。以一流

学科建设为引领，大力推进物质科学与工程、医学基础与临床、人工智能与大数据、文化建设与社会发展等学科群建设，积极培育人工智能、大数据等新兴交叉学科。设计学等20个学科获批为江苏高校优势学科建设工程三期项目，获批数位居全省高校首位。贯彻江苏省《关于深化科技体制机制改革推动高质量发展若干政策》，系统全面修订自然科学管理办法。学校获国家技术发明奖二等奖1项、国家科技进步奖二等奖2项、教育部高等学校科学研究优秀成果奖5项、江苏省科学技术奖8项，首次获得1项教育部青年科学奖（全国仅10名）。国家自然科学基金获批328项，资助项目数连续八年保持全国前20位。获批科技部国家重点研发计划重点专项项目4项、课题10项。学校获评"教育部首批高校科技成果转化和技术转移示范基地"。苏州大学附属第一医院入选国家血液系统疾病临床医学研究中心依托单位。积极推进大运河苏州研究院、东吴智库、长三角数字货币研究院等平台建设。获国家社科基金各类项目共计47项（其中，重大项目5项），再创历史新高。

五、名城名校融合发展战略深入实施，服务改革发展能力不断提升

与苏州市人民政府就2020—2035年深化名城名校融合发展战略签署协议，共同推进苏州大学"双一流"建设、苏州市市属公办应用型本科大学建设，以及深度推进校地融合发展，加快推动名城名校融合发展战略向更高水平发展。吴江未来校区开工建设，苏州大学附属儿童医院吴江院区建成启用，苏州大学附属独墅湖医院建设加快推进。东吴智库入选"中国核心智库"和"中国高校百强智库"，"对话苏州"活动入选"2019年度江苏智库实践十佳案例"。与贵州、青海、宁夏、内蒙古等省、自治区签署战略合作协议，优质办学资源辐射至全国更广区域。第五届校友代表大会胜利召开。学校入选教育部首批"高等学校科技成果转化和技术转移示范基地"，2019年申请知识产权1 473件，授权1 045件，转让和许可使用176件，同比增长8%。专利转让累计达702项。国家大学科技园再次获评全省"A类科技企业孵化器"。由苏州大学牵头组建的"江苏省高端微纳制造高价值专利培育示范中心"顺利通过验收并获评"优秀"。国家技术转移中心不断拓展辐射区域，策划新建校企共建科研平台16家。继续教育工作不断提质增效，与清华大学、中国科学院等11家单位共同发起成立了"中国在线学习产教融合发展联盟"，全年非学历培训近8万人次，苏州大学继续教育学院入选"全国优秀继续教育学院"。

六、国际交流合作体制机制进一步完善，在地国际化积极推进

加强与国际知名大学、科研机构、学术组织的战略合作，拓宽国际合作办学的广度和深度。与美国俄亥俄州立大学、加州大学河滨分校、英国伯明翰大学等国际知名院校新签和续签交流协议70余项。学生出国交流1 812人次，同比增长38%。贯彻落实"留学江苏行动计划"，在校留学生共3 271人，其中，研究生283人，同比增长10%，留学生规模位居江苏高校前列。学校与意大利威尼斯大学等欧洲知名高校合作开展博士研究生联合培养机制，入选欧盟Erasmus Mundus项目，搭建国际协同育人新平台。与澳大利亚迪肯大学等高校和科研机构合作，获批国家留学基金委创新型人才国际合作培养项目3项。与

中国红十字会、红十字会与红新月会国际联合会共同创办的全球首家红十字国际学院正式揭牌，携手共建人类命运共同体。与国际地质科学联合会共建数字地球科教融合中心，积极融入"深时数字地球"国际大科学计划。

七、全面加强内控体系建设，便利平安校园建设不断推进

推行"全口径预算"，政府会计制度正式实施，完成财务会计和预算会计"双体系、双功能、双基础、双科目、双报告"的"五双"核算体系，经济行为进一步规范。内部审计工作不断加强，内部控制评价工作有力推进，配合完成江苏省教育厅专项审计工作。健全国有资产特别是无形资产管理规章制度，建设运行"国有资产管理服务平台"，组织开展固定资产清查工作，国有资产管理工作基础不断夯实。成立所属企业体制改革工作领导小组，统筹推进学校所属企业改革。恩玲艺术中心投入使用，唐仲英医学研究大楼建设工程稳步推进，独墅湖校区体育馆、学生活动中心、天赐庄校区学生宿舍和东区体育馆改扩建工程通过江苏省发改委立项审批。完成东吴大学旧址校舍修缮工程勘察设计。WeLink视频会议系统、智能泊车、智能迎新报到系统及自助式财务报账、跨校区物流等投入运行。建立校园驻警机制，加强校警联动。校园防入侵联网报警系统正式投入使用。成立实验室安全检查领导小组、实验室与设备管理处，持续开展实验室防火防爆专项整治、大剂量使用危险化学品专项治理、实验室安全隐患治理专项行动"回头看"等六大专项治理，妥善做好实验材料特别是危化品运输、危险性废弃物处置等工作。

八、深入推进全面从严治党，作风效能建设不断加强

启动党支部建设"提质增效"三年行动计划，全面加强专职组织员队伍建设，推广实施"行动支部"工作法，"双带头人"支部书记比例达到100%，新增2个党支部入选全国党建工作样板支部。1个支部获评2019年度江苏省高校先进基层党组织。开展"我身边的共产党员故事"典型宣传活动，为学校党龄满50年的党员颁发荣誉纪念章，在高知识群体中发展党员工作进一步加强。修订《苏州大学处级领导干部选拔任用工作实施细则》，建立健全鼓励激励、容错纠错、能上能下"三项机制"。加强学院（部）业务型干部选聘，做好年轻干部选拔培养工作。不折不扣地落实党中央和江苏省委、省纪委、省监委关于高校纪检监察体制改革的决策部署，一体推进纪检体制改革、监察体制改革和校纪委（派驻监察专员办）内设机构改革。全力以赴抓好中央和江苏省委巡视整改工作，认真完成校领导经济责任审计整改工作。组织开展校十二届党委第二轮、第三轮巡察工作，对校十二届党委第一轮被巡察单位组织开展"回头看"。全面开展"治理微腐败，淬炼好作风"专项行动，深入整治师生身边的腐败和作风问题，集中整治多年前发生的存量问题。通过合并套开会议、研究推进综合考核、加快"云中苏大"建设、加强部门间工作联动融合等，切实为基层减负。

重要文献

苏州大学 2019 年度工作要点

一、总体要求

以习近平新时代中国特色社会主义思想为指导，深入贯彻党的十九大和十九届二中、三中全会精神，全面贯彻落实全国教育大会精神，认真落实教育部和江苏省委、省政府决策部署，抢抓部省共建"双一流"建设高校发展机遇，坚持"以本为本"，落实"四个回归"，聚焦内涵、深化改革、聚力攻坚，加快推进国内一流、国际知名高水平研究型大学建设进程，以优异成绩迎接新中国 70 华诞。

二、工作要点

（一）以政治建设为统领，全面加强党的建设

1. **深入学习贯彻习近平新时代中国特色社会主义思想。** 学习宣传贯彻习近平新时代中国特色社会主义思想和党的十九届二中、三中全会及全国"两会"精神，牢固树立"四个意识"，坚定"四个自信"，做到"两个维护"；学习贯彻习近平总书记关于教育的重要论述，全面贯彻党的教育方针，加快推进教育现代化，办好人民满意的教育；开展"不忘初心、牢记使命"主题教育；用好"学习强国"平台，抓好校院两级党委理论学习中心组学习，推进学习型党组织建设。（责任部门：党委宣传部、党委组织部、党校；责任人：陈晓强、周玉玲、戴佩良）

2. **全面完成巡视整改任务。** 严格落实江苏省委巡视整改工作要求，对照江苏省纪委督查组的反馈意见，加强对重点、难点问题整改情况的督查检查，确保责任落实到位、整改措施到位、问题解决到位。（责任部门：党委办公室、校长办公室、纪委办公室、监察处、党委组织部、党委宣传部；责任人：薛辉、吴鹏、陶培之、黄志斌、周玉玲、陈晓强）

3. **切实抓好宣传思想和意识形态工作。** 贯彻落实全国全省宣传思想工作会议精神，召开学校宣传思想工作会议；组织开展"礼赞新中国，奋进新时代"庆祝新中国成立70周年系列活动；围绕"双一流"建设、"双甲子"校庆及广大师生关心的热点问题，开展有影响力的专题报道和深度报道；对标建设具有强大凝聚力和引领力的社会主义意识形态，坚持立破并举、化育并重，做好意识形态工作；落实意识形态工作责任制，加强意识形态阵地建设与管理，完善意识形态领域风险隐患分析、研判和防控机制；加强网络意识形态领域工作，提升网络舆情预警、分析和应对水平；加大对各党（工）委落实意识形态工作责任制专题督查力度。（责任部门：意识形态工作领导小组成员单位；牵头部门：党委宣传部；牵头部门责任人：陈晓强）

4. 加强和改进思想政治工作。全面贯彻全国高校思想政治工作会议精神，提升思想政治工作时效性，构建全员、全过程、全方位育人工作体系，培育"三全育人"学院和思想政治工作精品项目；抓好新思想"三进"工作，增加"课程思政"覆盖面；持续推进马克思主义学院建设，切实加强马克思主义理论学习研究宣传；开展"弘扬爱国奋斗精神、建功立业新时代"活动；加强党委联系服务专家工作；加强师德师风建设，制定师德失范"一票否决制"实施细则，营造风清气正的校园文化氛围；推进校园精神文明建设，做好全国文明校园创建工作。（责任单位：党委宣传部、党委组织部、学生工作部〈处〉、党委研究生工作部、党委教师工作部、人力资源处、教务部、团委、艺术教育中心、马克思主义学院；责任人：陈晓强、周玉玲、孙庆民、吴雪梅、何峰、朱巧明、周毅、肖甫青、吴磊、张才君、田芝健）

5. 推进干部工作体系建设。修订《苏州大学处级干部选拔任用工作条例》，培养选拔忠诚、干净、有担当的高素质专业化干部；有针对性地开展中层干部专题教育，加强对中层正职和新提任中层干部的培训；做好任期届满处级领导班子换届工作，选优配强领导班子；加强对年轻管理骨干的培训培养；严格落实"凡提四必"要求，全面加强对领导干部的日常管理、监督，推动干部敢担当、有作为；严格执行领导干部个人有关事项报告制度，严肃执行提醒函询诫勉规定，加大巡视、审计、考核等结果运用力度。（责任单位：党委组织部、纪委办公室、监察处、党校、人力资源处、审计处；责任人：周玉玲、陶培之、黄志斌、戴佩良、朱巧明、徐映荃）

6. 提升基层党组织建设水平。学习贯彻全国全省组织工作会议和第二十六次全国全省高校党的建设工作会议精神，推进学校基层党组织建设；贯彻《中共教育部党组关于高校党组织"对标争先"建设计划的实施意见》，压实党建主体责任；加强院级党组织建设，推进基层党支部标准化建设，做好全国党建标杆院系、样板支部对标建设工作；实施院级党组织"书记项目"，强化院级党组织书记述职考核，抓好教师党支部书记"双带头人"培育工程，推进专职组织员队伍建设；加强党员发展工作，将优秀人才、学生骨干吸收到党组织中来；发挥党校党员干部教育培训主阵地作用，切实提升党员干部的政治素质和党性修养。（责任单位：党委组织部、党委教师工作部、党委研究生工作部、学生工作部〈处〉、党校、相关学院〈部〉党委；责任人：周玉玲、何峰、吴雪梅、孙庆民、戴佩良、相关学院〈部〉党委负责人）

7. 推动全面从严治党向纵深发展。严格执行江苏省委《关于落实全面从严治党党委主体责任、纪委监督责任的意见》，召开全面从严治党工作会议，促进管党治党主体责任和监督责任贯通协同、形成合力；认真落实新修订的《中国共产党问责条例》，完善责任追究机制，以精准问责推动责任落实；探索开展学校政治生态监测评估工作，以评促改，净化政治生态；严明政治纪律和政治规矩，强化对践行"四个意识"、贯彻党章和其他党内法规及党的教育方针政策和民主集中制等制度执行情况及党内政治生活状况的监督检查；贯通运用监督执纪"四种形态"，强化日常监督，开展集中廉政谈话和领导干部述责述廉考评工作，督查贯彻落实中央"八项规定"及其实施细则精神情况；深化政治巡察，夯实整改主体责任，完善整改监督机制；一体推进不敢腐、不能腐、不想腐，持续推进"治理微腐败，淬炼好作风"专项行动，强化对权力集中、资金密集、资源富集的部门和岗位的监督，做到管好关键人、管到关键处、管住关键事、管在关键时，有力削减存量、有效遏制增量；有序推进纪检监察体制改革和纪检监察机构改革，强化校纪委对二级单位纪委的领导；认真落实《中国共产党纪律检查机关监督执纪工作规则》和江苏纪检监察"1+N"制度体系；从严从实加强纪检监察队伍建设，提升纪检监察队伍专业化水平；加强和改进机关作风效能建设，完善机关作风建设督导工作机制，创新机关作风建设新路。（责任单位：党委办公室、校长办公室、纪委办公室、监察处、党委组织部、机关党工委、群团与直属单位党工委；责任人：薛辉、吴鹏、陶培之、黄志斌、周玉玲、王成奎、刘枫）

8. **加强统一战线、群众组织和老干部工作**。指导帮助民主党派加强思想建设和组织建设工作；加强党外代表人士队伍建设，做好党外中青年骨干培养工作；办好"归国学者讲坛"；推进侨务工作进校园；充分发挥工会、共青团、学生会、研究生会等群众组织和民主党派成员在学校事业发展中的重要作用；用心用情做好离退休老干部工作。（责任单位：党委统战部、工会、团委、学生工作部〈处〉、党委研究生工作部、离退休工作部〈处〉；责任人：吴建明、王永山、肖甫青、孙庆民、吴雪梅、余宏明）

（二）深化教育教学改革，提高人才培养质量

9. **加强招生就业工作**。认真完成江苏省委、省政府下达的高水平大学本科招生任务，严格执行本科招生工作的"一意见三办法"，继续实施研究生生源质量提升计划；完善博士生"333"招生录取模式、"3+1"导师申请上岗招生机制；实施《苏州大学2019届本科生就业创业工作行动计划》，促进毕业生更充分、更高质量就业。（责任单位：招生就业处、研究生院；责任人：查佐明、曹健）

10. **推进一流本科专业建设**。全面贯彻落实《苏州大学一流本科教育改革行动计划》；着力推进本科专业设置的调整与优化；依规开展师范类专业、工程教育专业认证；创新推进新工科、人文社科的专业布局；高质量完成江苏省品牌专业一期工程项目结项验收与二期工程项目申报工作。（责任单位：教务部；责任人：周毅）

11. **提升本科教育教学质量**。贯彻落实"六卓越一拔尖"计划2.0版，提高人才培养能力；完善"通识教育和专业教育相融合"本科人才培养模式；构建"平台—保障—文化"三位一体的卓越教学支撑体系；深化通识教育课程改革，打造若干个（门）具有示范作用的一流教学团队和苏大"金课"；构建多维度评教评学体系，建立常态化教学质量评价、监测与反馈系统；推进师范教育改革，强化师范生培养实践取向，探索驻校式培养新模式。（责任单位：教务部；责任人：周毅）

12. **提升研究生培养质量**。扎实推进博士研究生教育综合改革试点工作，做好迎评验收工作；实施博士研究生创新提升计划，试行本硕博贯通培养计划；做好一级学科博士点调整及申报工作，完成学位授权点的合格评估与自我评估及学位点动态调整工作；推进专业学位教指委建设，制订专业学位综合改革方案；深化课程体系改革，健全研究生培养质量监控体系；加强导师学院建设；制定出台《苏州大学领导班子成员指导研究生管理办法》。（责任单位：研究生院；责任人：曹健）

13. **加大创新创业教育力度**。制定"挑战杯""创青春""互联网+"等大学生创新创业赛等赛事相关竞赛管理办法；组织学生积极参加"互联网+"大学生创新创业大赛等重大赛事；以"挑战杯"竞赛为引领，推进学习工作坊建设；推进大学科技园信息交流平台建

设,加大对学生创业的支持力度。(责任单位:学生工作部〈处〉〈学生创新创业教育中心〉、教务部、科学技术研究部、团委;责任人:孙庆民、周毅、郁秋亚、肖甫青)

14. **创新学生事务管理模式**。试点运营学生事务与发展中心大厅,推进苏大易班建设;实施本科生"成长陪伴"计划、研究生"成才支撑"计划;强化学生主题社会实践活动,探索实践育人新路径;践行"健康第一"的教育理念,促进学生身心健康,打造具有苏大特色的体育活动品牌;加强美育工作,推进国家级中华优秀传统文化传承基地建设;做好大学生征兵宣传动员和国防教育工作。(责任单位:学生工作部〈处〉〈大学生心理健康教育研究中心〉、教务部、党委研究生工作部、团委、人民武装部、艺术教育中心、体育学院;责任人:孙庆民、王清、周毅、吴雪梅、肖甫青、胡新华、吴磊、杨清、王国祥)

15. **推动继续教育转型发展**。做好继续教育发展规划,改善办学支撑条件;缩减自考在校生规模,进一步提高生源质量;改革成教生培养方案,推进学历继续教育集约化发展;发展网络培训,推进网络课程建设;加强干部培训内涵建设;扩大校企合作领域,拓展境外合作高校,提升继续教育层次。(责任单位:继续教育处〈继续教育学院〉;责任人:缪世林)

(三)加强引才育才用才,打造一流人才队伍

16. **大力实施人才强校战略**。坚持精准引才,以学科为导向,以学院(部)为主体,通过"学术大师+创新团队"模式,面向全球引进更多具有国际学术影响力的战略科学家和极具发展潜力的青年才俊;完善博士后培养与管理体系,扩大博士后招录规模,提升博士后培养质量;加大专职科研队伍建设;鼓励教师出国(境)研修,提升师资队伍国际化水平;关注青年人才发展;贯彻落实《新时代高校教师职业行为十项准则》,完善各类人才表彰奖励制度,开展优秀人才和人才基地创建表彰活动。(责任单位:人力资源处、党委教师工作部;责任人:朱巧明、何峰)

17. **推进人事管理制度改革**。推进教师岗位分类管理改革和岗位供给侧结构性改革,逐步建立教师分类评价、分类激励机制;探索建立人才队伍队列管理机制,规范各队列间人员的流动;推进管理岗位职员制改革,实现从身份管理向岗位管理转变;完善专业技术职务评聘制度;加强教职工退休管理工作,修订《苏州大学教职工退休及返聘管理办法》;修订绩效工资实施办法;稳步推进养老保险制度改革工作。(责任单位:人力资源处、党委教师工作部;责任人:朱巧明、何峰)

(四)加大学科建设力度,提高科学研究水平

18. **加强"双一流"和高水平大学建设**。抢抓入选部省共建"双一流"建设高校机遇,用足政策,积极争取教育部、江苏省相关政策和经费支持;加强学科建设顶层设计,做好优势学科、重点学科及新兴交叉学科建设工作;统筹做好"一流学科"和高水平大学相关建设工作,强化目标管理,打造学科高峰;做好第五轮学科评估基础数据支撑工作;加强江苏高校优势学科三期和"十三五"省重点学科建设督查工作;统筹做好中央支持地方高校改革发展项目和名城名校项目等专项资金的安排与绩效考核等工作。(责任单位:学科建设办公室、国内合作办公室、相关部门与学院〈部〉;责任人:沈明荣、吉

伟、相关部门与学院〈部〉主要负责人）

19. **推进科技工作协同创新**。贯彻落实江苏省"科技改革30条"，推动学校科技创新政策落地生效；瞄准学术前沿和国家重大战略需求，精准布局重点和重大项目；加强项目过程管理和经费管理，确保项目完成质量；继续培育和打造省部级以上重点实验室；促进科技成果转移转化，增强服务地方经济发展的能力；积极推进知识产权申请、保护、运用和转化；加强产学研合作，提升国家技术转移中心和大学科技园的服务能力；培育军工科技团队和平台，促进军民融合发展提质增效；推进校地研究院改制工作；推进协同创新中心建设；进一步加强学术诚信工作。（责任单位：科学技术研究部、"2011计划"办公室；责任人：郁秋亚、钱福良、许继芳、龚学锋、仇国阳）

20. **促进人文社科繁荣发展**。加强人文社科科研队伍建设，试点建立资深人文学者制度；加强项目申报组织和管理工作，探索建立人文社科国家级项目预研机制；探索建立成果培育激励机制；培育建设一批人文社科重点研究机构；积极推进东吴智库、苏州大运河文化带建设研究院的建设；筹备"对话苏州（2019）"系列活动。（责任单位：人文社会科学处；责任人：于毓蓝）

21. **加强学术支撑平台建设**。构建健康而有质量的学术交流生态系统；做好学术文献资源建设和保障工作；推进古籍资源保护；举办迎校庆特展、流动展等丰富多彩、品位高雅的展览活动，发挥博物馆作为文化阵地和文化窗口的作用；加强数字档案馆和智慧档案馆建设；强化质量意识，积极探索出版融合发展之路。（责任单位：图书馆、博物馆、档案馆、学报编辑部、出版社；责任人：唐忠明、冯一、石明芳、康敬奎、盛惠良）

（五）优化开放办学格局，提升学校社会声誉

22. **积极争取社会办学资源**。对接国家和江苏省重大战略需求，推进省部、省市共建苏州大学工作；推进名城名校融合发展战略，确保高质量完成各项任务；实施新空间发展战略，加强与苏州各区（市）间的战略合作，加快推进吴江未来校区建设；推动与中国红十字会、中国核工业集团、中广核核技术发展股份有限公司、华为技术有限公司的项目合作。（责任单位：国内合作办公室、信息化建设与管理中心、发展委员会办公室；责任人：吉伟、张庆、赵阳）

23. **加强海外交流与合作**。起草《苏州大学国际化战略实施意见》《苏州大学二级单位国际化评估办法》；出台《苏州大学教职工因公短期出国（境）管理办法》《苏州大学学生出国（境）学习管理办法》；深入推进校际国际合作重点项目，提升国际合作交流的层次和质量；积极开发与高水平大学合作举办的优质交流项目；加强对中外合作办学项目的监督管理，做好迎评工作；做好孔子学院、"中非高校20+20合作计划"、老挝苏州大学等项目的组织协调工作；完成老挝苏州大学工程审计工作；举办"国际周"主题活动，完善"在地国际化"体系；扩大留学生规模，提高硕博士留学生比例；制定留学生奖学金管理评审细则；规范留学生教学管理，提升留学生留学苏大的满意度；加强与港澳台地区的交流与合作，规范港澳台侨学生的招生和培养工作。（责任单位：国际合作交流处、港澳台办公室、海外教育学院、教务部、研究生院、学生工作部〈处〉、老挝苏州大学、江苏苏大投资有限公司、后勤管理处、审计处；责任人：张桥、夏骏、周毅、曹健、孙庆民、黄兴、蒋敬东、王云杰、徐昳荃）

（六）深化治理体系改革，提高管理服务质量

24. 完善学校内部治理结构。 推进依法治校试点改革，进一步完善党委领导下的校长负责制，完善"三重一大"决策制度实施办法，促进民主化、科学化、规范化管理；梳理机构职能及岗位设置，推进"三定"（定责、定岗、定员）工作；探索完善党政部门及领导干部综合考评体系；健全学术组织运行机制，发挥学术组织在学科建设、学术评价等方面的主导作用；做好新一届学位评定委员会换届工作；筹备召开七届五次教职工代表大会。（责任单位：党委办公室、校长办公室、党委组织部、人力资源处、校学术委员会、校学位评定委员会、工会；责任人：薛辉、吴鹏、周玉玲、朱巧明、王尧、郎建平、王永山）

25. 推进"以院办校"改革工作。 进一步落实国家和江苏省《关于深化教育体制机制改革的实施意见》，深化"放管服"改革，提高学院（部）内部治理能力；继续探索学部制改革，激发学科发展新动能；总结书院制建设经验，探索成立紫卿、博习等书院；扎实推进东吴学院建设；全面实施《附属医院医教研协同发展提升方案》，促进医教研协同发展。（责任单位：党委办公室、校长办公室、党委组织部、人力资源处、科学技术研究部、人文社会科学处、学生工作部〈处〉、教务部、医院管理处、相关学院〈部〉；责任人：薛辉、吴鹏、周玉玲、朱巧明、郁秋亚、于毓蓝、孙庆民、周毅、徐小乐、相关学院〈部〉主要负责人）

26. 加强内部控制体系建设。 制订内部控制评价方案并开展自评工作；修订《苏州大学经费预算管理暂行办法》等规章，规范各类经济行为；科学编制学校预算，优化资源配置，完善预算绩效考核机制；实施收费许可证制度，防范"小金库"风险；加强会计受派单位内部控制体系建设；加强资金使用监督分析，提高存量资金效益；强化审计监督，做好对领导干部经济责任、工程建设、专项资金、科研经费等的审计工作；拓展审计力量多元化渠道，提升审计质量；加强审计结果运用，建立问题整改长效机制。（责任单位：财务处、审计处、党委组织部、纪委办公室、监察处；责任人：孙琪华、徐映荃、周玉玲、陶培之、黄志斌）

27. 完善国有资产管理机制。 修订《苏州大学国有资产管理暂行办法》并出台实施细则；开展国有资产清查工作，盘活校内外闲置房产；完成南校区土地收储工作；贯彻落实《江苏省高等学校所属企业体制改革工作方案》，推进校属企业体制机制改革，强化经营性资产和校办企业监管，制定《苏州大学全资、控股企业经营管理与绩效考核暂行办法》；出台大型仪器设备开放共享管理制度和收费管理办法，推进仪器设备开放使用和共享，提升使用效益；完善采购专家库和供应商库管理系统，促进采购流程规范化、程序化。（责任单位：国有资产管理处、后勤管理处、江苏苏大投资有限公司、实验材料与设备管理中心、分析测试中心、工程训练中心、采购与招投标管理中心；责任人：陈永清、王云杰、蒋敬东、魏永前、姚志刚、邵剑平、刘丽琴）

（七）优化内部资源配置，增强支撑保障能力

28. 推进"云中苏大"建设。 实施"云中苏大"战略，完成"云中苏大"顶层设计，加快推进镜像化、数字化、智能化"云中苏大"建设；统筹推进基础设施、数据中心和应用平台建设，及时制定学校信息化建设、数据治理等管理办法；推进智慧泊车、人脸识别、视频会议、迎新离校等智能化系统建设，打造"互联网+"校园生活新生态；发挥苏

州大学-华为公司云中大学联创中心平台功能，开展行业数据、技术标准制定与推广工作，在人才培养与培训、科研合作与成果转化等方面开展广泛深入合作。（责任单位：信息化建设与管理中心、校长办公室；责任人：张庆、吴鹏）

29. **强化后勤服务保障能力**。优化调整校区功能定位，加快校园总体规划修编工作；全面完成恩玲艺术中心建设；推进唐仲英医学研究大楼配套工程和内装建设；全面完成912号楼内装建设；积极争取江苏省有关部门支持，启动东区学生宿舍、独墅湖校区体育馆、体育场及学生活动中心新建工程；启动东吴饭店和百步街8号等项目建设工程；加快推进学生宿舍、学生食堂、教学楼、会堂及其他基础设施维修改造工作；推进学校公用房定额核定、费用收取和清退用房管理工作；做好学校重大活动后勤保障工作；完善多校区后勤管理综合督查机制；推动阳澄湖校区基本建设，积极改善办学条件；进一步深化后勤社会化改革。（责任单位：后勤管理处；责任人：王云杰、仇玉山）

30. **提高校园安全防控水平**。深化学校安全风险防控体系建设，提高学校安全风险防控能力；创新校园安全管理综合治理工作；继续完善人防、技防、设施防、制度防"四位一体"的大防控体系建设；以政治安全、治安防控、消防安全、实验室安全、网络安全等为重点，定期开展校园安全隐患专项排查整治工作；加强校警联动，探索校园驻警，打击侵害师生员工合法权益的违法犯罪活动；配合有关部门清理、整顿校园周边环境；贯彻江苏省教育厅后勤安全工作标准，提高预警预防能力；推动实验室安全标准化、信息化建设；进一步完善学校网络信息安全防护体系；认真落实保密工作责任制，将保密工作与业务工作相融合，加强涉密人员培训管理，做好保密技防措施。（责任单位：保卫部〈处〉、实验材料与设备管理中心、后勤管理处、保密委员会办公室、军工科研处、人力资源处、信息化建设与管理中心；责任人：黄水林、魏永前、王云杰、薛辉、许继芳、朱巧明、张庆）

31. **完善民生服务保障体系**。稳步提高教职工收入待遇；落实离退休老同志的政治和生活待遇，加强"暖心工程"建设，推进"文化养老"工作；关注师生身心健康，优化教职工体检方案，加强学生体检工作；加强结核病和艾滋病等重大传染病防控工作；升级医保报销系统，推进大学生参保系统建设。（责任单位：人力资源处、离退休工作部〈处〉、后勤管理处〈校医院〉；责任人：朱巧明、余宏明、王云杰、朱旻）

（八）推进校庆筹备工作，彰显苏大深厚文化底蕴

32. **全面开展校庆筹备工作**。组建120周年校庆筹备委员会，成立校庆筹备工作领导小组；科学编制校庆筹备工作方案，适时召开校庆工作推进会；积极招募校庆工作志愿服务团队；开展校庆活动宣传视频、吉祥物、主题曲、文创纪念品等征集工作；完成120周年校庆专题网站、120周年校庆微信公众号前期建设工作；动员全校师生、全球校友和社会各界力量，多渠道、多层次、全方位筹措各类资源，服务学校发展。（责任单位：党委办公室、校长办公室、发展委员会办公室、校庆办公室、宣传部、相关部门与学院〈部〉；责任人：薛辉、吴鹏、赵阳、戴佩良、陈晓强、相关部门与学院〈部〉主要负责人）

33. **营造浓郁校庆文化氛围**。加强校园内部及周边环境整治，做好对外形象展示；做好校史研究、发掘及整理工作，凝练学校百余年来的文化精神；深入开展校友会工作，围绕120周年校庆筹备工作，开展系列校友返校活动。（责任单位：后勤管理处、发展委员

会办公室、档案馆、校庆办公室、相关部门与学院〈部〉；责任人：王云杰、赵阳、石明芳、戴佩良、相关部门与学院〈部〉主要负责人）

34. 落实其他重点专项工作。开展苏州大学附属医院年度绩效考核工作，推进苏州大学附属独墅湖医院建设，全力支持附一院二期工程、附二院配套综合楼工程和附属儿童医院景德路院区改扩建工程建设。（责任单位：医院管理处、各附属医院；责任人：徐小乐、各附属医院负责人）依规有序推进独立学院改革和规范验收工作。（责任单位：独立学院理事会、文正学院、应用技术学院；责任人：独立学院理事会成员、吴昌政、仲宏、傅菊芬、浦文佩）办好苏州大学实验学校，启动苏州大学实验学校（高邮）等项目建设。（责任单位：苏州大学实验学校、国内合作办公室；责任人：陈国安、吉伟）做好与拉萨师范高等专科学校、贵州医科大学、铜仁学院、淮阴师范学院对口援扶工作。（责任单位：国内合作办公室、党委组织部、人力资源处、教务部、研究生院；责任人：吉伟、周玉玲、朱巧明、周毅、曹健）

校党委书记江涌在2019年全面从严治党工作会议上的讲话

（2019年4月12日）

同志们：

今天，我们在这里召开全面从严治党工作会议。今天的会议，与往年相比发生了很大的变化。会议名称由往年的"党风廉政建设工作会议"到2018年的"全面从严治党暨党风廉政建设工作会议"再到2019年的"全面从严治党工作会议"，会议范围更广、标准更高、责任更大、要求更严，体现了从党风廉政建设主体责任到全面从严治党主体责任的转变，贯彻了《关于解决形式主义突出问题为基层减负的通知》要求，更彰显了学校党委深入推进全面从严治党工作的意志和决心。从会议的内容上看，今天的会议内容也与往年有所区别，除了延续既往的传达中纪委、省纪委相关会议精神，总结部署工作之外，2019年，还由邓敏同志对全国全省高校党的建设工作会议精神进行了传达，由芮国强同志对2019年上半年校党委巡察工作做了部署，由刘标同志对安全稳定相关工作会议精神进行了传达；此外，与会同志还一起观看了警示教育片。所以，今天的会议既是一次工作部署会，也是一次警示教育会，更是一次责任压实会，希望大家全力以赴、贯彻落实，把全面从严治党责任扛在肩上、落到实处。下面我讲四点意见。

一、认真学习领会习近平总书记重要讲话精神，准确把握全面从严治党的新形势、新要求

党的十九大以来，我们党贯彻落实新时代党的建设总要求，坚持把党的政治建设摆在首位，深化运用监督执纪"四种形态"，夺取了反腐败斗争压倒性胜利，为实现党和国家事业新发展提供了坚强保证。过去一年，我们坚持以习近平新时代中国特色社会主义思想为指导，凝心聚力、对标对表扎实推进全面从严治党各项任务，取得了阶段性成效，主要体现在八个方面。

第一，理论武装深入推进。把学习贯彻习近平新时代中国特色社会主义思想和党的十九大精神作为首要政治任务，党的创新理论学习教育持续加强，全校党员干部师生进一步树牢"四个意识"，坚定"四个自信"，做到"两个维护"。第二，党对学校工作的全面领导不断加强。党委领导下的校长负责制持续完善，解放思想大讨论深入开展，意识形态工作责任进一步细化、实化，思想政治工作有序推进。第三，党的政治建设切实加强。在

抓好中央、江苏省委巡视反馈意见整改落实，形成一批管长远、治根本的制度的同时，启动了第十二届党委第一轮巡察，综合运用巡视巡察成果，推动管党治党落地见效。第四，干部队伍建设更加规范。政治标准愈加凸显，选任制度持续完善，年轻干部培养扎实推进。第五，基层党建全面进步。制度化、规范化水平显著提高，教工党支部书记"双带头人"培育工程扎实推进，专兼职组织员队伍选优配强，3个基层党组织入选"全国党建工作标杆院系"党组织、"全国党建工作样板党支部"和全国高校"百个研究生样板党支部"。第六，管党治党责任不断夯实。全面从严治党主体责任、纪委监督责任、书记第一责任、班子成员一岗双责的"四责协同机制"逐步构建，全面从严治党主体责任落实情况督查工作、全校审计整改督查工作、年底各院级单位党组织书记履行主体责任情况述职工作稳步开展，各级党组织和党员领导干部的管党治党意识不断增强、责任进一步落实。第七，作风建设持续深化。严格贯彻中央"八项规定"及实施细则精神和江苏省委具体办法，出台学校实施办法，集中整治形式主义、官僚主义，认真开展"治理微腐败，淬炼好作风"专项行动，推进"小金库"防范和监管长效机制建设，深化机关作风效能建设，着力营造风清气正的政治生态和教书育人环境。第八，惩治腐败有力有效。多形式、多层面组织学习新修订的《中国共产党纪律处分条例》，精准开展警示教育，点名道姓公开通报并剖析今年学校发生的典型案件，组织全校以党支部为单位开展专题组织生活会；深化运用监督执纪"四种形态"，组织开展新任职、新提拔、新转岗处级领导干部集中廉政谈话；坚持"一案双查"，严肃追责问责。这些成绩的取得，是上级党组织和学校党委高度重视、坚强领导的结果，是全校各级党组织、党员干部、广大师生团结一致、共同奋斗的结果，离不开在座各位的拼搏和付出。在此，我代表学校党委向大家表示衷心的感谢！

当然，在肯定成绩的同时，我们也要清醒地看到当前我校管党治党中存在的突出问题。违法违纪违规现象时有发生，2018年立案1件1人，党纪政纪处分8人，问责基层党组织2个，问责干部10人，其中，诫勉谈话5人次，通报批评5人次。信访案件数量较多，共收到信访件51件，处置问题线索18条。此外，全面从严治党责任落而不实，党建与业务工作"两张皮"现象依然存在，形式主义、官僚主义问题时有表现；在贯彻学校党委、行政决策部署上，还存在不用心、不务实、不尽力现象，有的把说的当做了，把做了当做成了；监督执纪问责"四种形态"运用不够，思想政治、意识形态、安全稳定等工作仍需要进一步加强，等等。这些问题和现象的存在一再提醒我们，学校全面从严治党任务依然艰巨，管党治党一刻也不能松懈。全校各级党组织要进一步把思想和行动统一到党中央关于深入推进全面从严治党的新要求新部署和中纪委、省纪委全会精神上来，坚定不移推进全面从严治党向纵深发展，为实现学校事业高质量内涵式发展，推动高水平研究型大学建设提供坚强保证。

二、以党的政治建设为统领，扎实推动学校全面从严治党向纵深发展

2019年是新中国成立70周年，是贯彻落实全国教育大会精神的开局之年，也是学校深化内涵式发展、冲刺一流大学的关键之年，加强全面从严治党责任重大、影响深远。我

们要以习近平新时代中国特色社会主义思想为指导，认真贯彻新时代党的建设总要求，全面推进学校党的各方面建设，把全面从严治党落实到各项工作中，凝心聚力，攻坚克难，为冲刺一流大学打下坚实基础。

一是在全面加强党的政治建设上再下功夫。党的政治建设是党的根本性建设，决定党的建设方向和效果。近期中央印发了《关于加强党的政治建设的意见》，从加强党的政治建设的总体要求、坚定政治信仰、坚持党的政治领导、提高政治能力、净化政治生态、强化组织实施六个方面提出了明确要求，我们要认真贯彻落实。要坚定政治信仰，把深入学习贯彻习近平新时代中国特色社会主义思想作为首要政治任务，牢固树立"四个意识"、自觉坚定"四个自信"、坚决做到"两个维护"，坚持把办好人民满意的教育作为奋斗目标，扎实开展"不忘初心、牢记使命"主题教育，用好"学习强国"平台，引导全校党员干部、师生增强政治觉悟，坚守初心使命。要严明政治纪律和政治规矩，全体党员干部必须确保中央、省委决策部署的贯彻落实，旗帜鲜明地同违反政治纪律和政治规矩的言行做斗争。要严肃党内政治生活，严格执行新形势下党内政治生活若干准则，提高民主生活会和组织生活会的质量，认真落实"三会一课"、民主评议、领导干部双重组织生活会等制度，不断推动学校政治生态持续向上向好。

二是在加强党对学校的全面领导上再下功夫。党对学校的全面领导，要在"全面"，重在"领导"。要深入学习贯彻全国教育大会和全国全省高校党的建设工作会议精神，结合学校实际及时研究贯彻落实措施，全面完成中央、省委巡视整改工作。要坚持和完善党委领导下的校长负责制，健全完善党委领导、校长负责、教授治学、民主管理、依法治校、社会参与的现代大学治理结构，认真贯彻民主集中制，严格执行"三重一大"决策制度和议事规则，保证党委统一领导、党政分工合作的机制协调运行。

三是在加强和改进思想政治工作上再下功夫。思想政治工作关系培养什么样的人、如何培养人及为谁培养人的根本问题。要落实立德树人的根本任务，认真学习贯彻习近平总书记关于教育的重要论述，特别是在学校思想政治理论课教师座谈会上的重要讲话精神，推动思想政治理论课改革创新，着力培养中国特色社会主义事业建设者和接班人。要充分发挥课堂教学主渠道作用，凸显"思政课程"与"课程思政"协同育人效果，贯彻落实中央加快构建中国特色哲学社会科学的意见和省委实施意见，结合实际落实近期学校出台的人文社科领域的激励政策，建好建强马克思主义学院和马克思主义学科，为增强师生"四个自信"提供坚实的学理支撑。要全面加强教师队伍思想政治工作，按照习近平总书记提出的"四个相统一""四有好老师""四个引路人"的要求和新时代高校教师职业行为十项准则，推动师德建设制度化、常态化，制定师德失范"一票否决制"实施细则，扎实推进学校人事制度改革。要大力发展健康向上的校园文化，深入开展文明校园创建活动，培育和弘扬社会主义核心价值观。结合双甲子校庆系列活动，充分运用校史启迪激励学生，打造特色鲜明、富有成效的校园文化精品活动。要加强思想政治工作体系建设，落实教育部高校思想政治工作质量提升工程实施纲要精神，围绕"十大"育人体系，构建全员全方位全过程育人的工作格局，使得立德树人成为每一位苏大人的思想自觉和行动自觉。

四是在落实意识形态工作责任制上再下功夫。意识形态工作是党的一项极端重要的工作。高校是意识形态工作的前沿阵地，必须强化思想引领，牢牢把握意识形态工作领导权。2019年是政治大年，是新中国成立70周年、澳门回归20周年、五四运动100周年，大事要事多、敏感节点多。越是关键时间节点，越容易出现各种杂音噪声。因此，做好意识形态工作尤其重要。要进一步落细落实各级党组织的主体责任、党组织主要负责人的第一责任、领导班子成员的重要责任，坚决管好社团、讲座、论坛、报告会、研讨会等校园舆论阵地，完善意识形态领域风险隐患分析、研判和防控机制。要重视加强网络意识形态领域工作，提升网络舆情预警、分析和应对水平，教育师生增强网络安全意识、遵守网络行为规范、提升网络文明素养。

五是在增强基层党组织建设和干部队伍建设上再下功夫。在2018年第十二届党委第一轮巡察工作和述责工作中，我们发现，少数二级单位党组织未能有效发挥政治核心作用，对上级重要文件的领会和践行不够深入细致、全面从严治党意识不强、担当作为不够。因此，我们要进一步加强基层党组织建设，院级单位党组织要切实履行管党治党主体责任，厘清党委会和党政联席会的职责边界，严格执行相关制度，充分发挥政治核心作用。要认真落实《中国共产党支部工作条例（试行）》和基层党组织"对标争先"计划，推进党建"书记项目"，深入实施"双带头人"培育工程，做好从高知群体和优秀青年教师中发展党员的工作，充分发挥党建考核"指挥棒"作用。干部队伍建设上，要更加突出选人用人的政治标准，做好中层干部轮训和中青年骨干校内外挂职锻炼工作，激励干部强化新担当、新作为。

六是在坚决破除形式主义、官僚主义上再下功夫。习近平总书记深刻指出，形式主义的实质是主观主义、功利主义；官僚主义，根源是官本位思想，脱离群众，脱离实际。力戒形式主义、官僚主义是当前一项重要的政治任务。我们要从严执行中央"八项规定"、实施细则精神和江苏省委具体办法，从严落实学校的实施办法，以真抓实干谋事创业、以真绩实效赢得广大师生认可。中央明确2019年为"基层减负年"，我们要严格对照中央文件规定，着力解决文山会海、督查考核过多过频过度留痕等问题，推动实际举措落地见效；要不断深化"治理微腐败，淬炼好作风"专项行动，将集中整治形式主义、官僚主义作为重点任务，对照整改措施、责任分工和完成时限，抓紧抓好整改落实工作；严格督查问责，确保整改工作系统推进、层层到位、全面落实。

七是在深化纪检监察体制改革上再下功夫。推进纪检体制改革、完善学校纪委工作体制机制，既是江苏省纪委、监委的统一部署，也是学校完善治理体系、推进治理能力现代化的重要任务。我们要加强对纪委工作的领导，通过深化改革增强监督实效。要织密监督网络，试点设置二级纪委，强化学校纪委对二级纪委的领导；科学设置纪委内设机构及职责分工，配齐、配强专职纪检干部。要健全监督体系，完善监督机制，灵活运用监督执纪"四种形态"，特别是"第一种形态"，抓早抓小，防微杜渐；探索"嵌入式"监督，加强重点领域监督，做到管好关键人、管到关键处、管住关键事、管在关键时。要把日常监督和信访举报、巡视巡察结合起来，加强对问题整改落实情况的督促检查，对整改抓不好的严肃问责。学校新一轮巡察工作即将启动，我们要在首轮巡察工作的基础上，总结经验、做好谋划，在精准发现问题、深化成果运用上持续发力，真正达到压实责任、强化责任的目的。要强化监督执纪，及时发现和查处党风党纪方面的问题，把权力运行的规矩立起来。一方面管住乱用、滥用权力的渎职行为，另一方面管住不用、弃用权力的失职行为，整治不担当、不作为、慢作为、假作为，保护敢于负责、敢于担当、敢于作为的干部，真正形成干事创业的良好政治生态。

八是在一体推进不敢腐、不能腐、不想腐机制上再下功夫。要旗帜鲜明支持纪委行使职权，加大执纪审查力度，坚决做到有案必查、有腐必惩。要强化不敢腐的震慑力，保持惩治高压态势，强化监督监察全覆盖的震慑效应，不断释放全面从严治党强烈信号。要扎牢不能腐的笼子，把"当下改"和"长久立"结合起来，形成靠制度管权、管事、管人的长效机制。要增强不想腐的自觉，强化廉政宣传教育，引导全校党员领导干部坚定理想信念，树立正确的世界观、人生观、价值观。从而一体推进不敢腐、不能腐、不想腐，以全面从严治党带动从严治校，为学校实现高质量发展注入强大力量。

三、强化安全意识，扎实做好学校安全稳定工作

校园的安全稳定是事业发展的前提和基础，关系师生的身心健康和切身利益。刚刚在讲意识形态工作时，我提到2019年是政治大年，大事喜事多，敏感时间节点多，形势较往年更为复杂，风险挑战更多。近期，安全生产事故发生较多，前一阶段国内几所高校也发生了实验室爆炸、食堂火灾等安全事故，再次为我们敲响了警钟，安全稳定这根弦一刻也不能放松。面对严峻的形势，我们要提高政治站位，强化风险意识，从师生安全、国家安全的高度深刻认识维护学校安全、学生安全的极端重要性，把防范控制风险摆在突出位置，着力提高发现力、研判力、处置力，努力把各种风险消除在萌芽状态。要切实树立红线意识、底线思维，严格落实安全稳定主体责任，建立严密的安全管理制度和安全评价体系。要针对不同场所、时间节点开展有针对性的安全教育，特别是加强学生安全教育。要加强与公安、卫生健康等部门的密切合作，持续深化安全风险防控体系建设，落实责任追究。希望各部门、各单位扛起责任，加强形势研判，深入排查风险，认真制定工作预案，提前加以防范，切实做好重大活动和重要敏感事件节点校园安全稳定工作，努力营造安全、稳定、和谐、幸福的校园环境。

四、强化使命担当，充分发挥领导干部的带头作用

深入推进全面从严治党，迫切需要一支信念坚定、本领高强、素质过硬的干部队伍，特别是在座的各位。希望大家认真对照习近平总书记对领导干部提出的要求，从知行合一的角度审视自己，明差距、知不足、补弱项，真正做到信念坚定、勤政务实、敢于担当、清正廉洁，一心一意谋发展，凝聚力量抓建设，不断开创学校事业发展的新局面。大家要带头践行"两个维护"，严守政治纪律和政治规矩，坚定有力地落实上级指示精神；要带头执行民主集中制，完善民主管理渠道，广泛听取党员干部师生的意见建议，提高决策科学化、民主化水平；要从严落实请示报告制度，认真贯彻中国共产党重大事项请示报告条例，自觉做组织面前的"透明人"；要带头营造健康和谐的工作关系、清清爽爽的同志关系、规规矩矩的上下级关系，把思想聚焦到推动学校高质量发展上，以坚强的党性和高尚的品格带好头、做表率。

不断夯实从严治党主体责任，是全校各级党组织必须履行的政治责任。在座的各位书记要履行好第一责任人职责，主动承担统筹协调、组织推动、监督检查等职责；所有班子

成员要履行好"一岗双责",紧紧咬住"责任"二字,坚决落实"从严"要求,做到守土有责、守土负责、守土尽责。全校各级党组织要切实抓紧扛牢全面从严治党政治责任,结合本单位实际情况,认真制定2019年度落实全面从严治党主体责任清单,对照清单履职尽责、担当作为、自查自评。学校也将不断完善鼓励激励、容错纠错、能上能下"三项机制",切实为敢于担当的干部撑腰鼓劲,激励干部担当作为。

作为党内的"纪律部队",学校纪委、纪检监察干部处在正风肃纪反腐第一线,必须牢记"打铁必须自身硬"的政治要求。要带头加强政治建设,提高政治站位、政治觉悟和政治能力,把思想和行动聚焦到贯彻落实中央、省委和校党委的决策部署上来。要履行监督职责,不断健全完善监督体系,形成日常监督与长期监督相结合的有效机制,充分发挥校纪委委员、专职纪检干部、院级党组织纪检委员、党风联络员、特邀监察员五支队伍的作用。要依规执纪,强化纪法思维特别是程序意识,提升纪律审查效果,自觉接受监督。要提升专业化水平,落实江苏省纪委"能力建设提升年"要求,健全常态化学习培训制度,全面提高监督执纪问责、改革创新、狠抓落实的能力,真正成为忠诚、干净、有担当的纪检监察铁军。

同志们,一分部署,九分落实。让我们紧密团结在以习近平同志为核心的党中央周围,坚持以习近平新时代中国特色社会主义思想为指导,全面贯彻落实中央、江苏省委决策部署,以高度的政治责任感和使命感,以永远在路上的坚韧和执着,奋力夺取党的建设和全面从严治党更大成果。为高质量完成"十三五"规划,推进国内一流、国际知名高水平研究型大学建设,冲刺世界一流大学奋斗目标提供坚强政治保证,以优异成绩庆祝新中国成立70周年!

解放思想 聚力攻坚
写好新时代双一流建设"奋进之笔"

——校长熊思东在苏州大学七届五次教职工代表大会上的工作报告

（2019年4月24日）

各位代表：

现在，我代表学校向大会报告工作，请予以审议。

第一部分 2018年工作回顾

2018年，是贯彻党的十九大精神的开局之年，是改革开放40周年，也是苏州大学深入推进"双一流"建设的进取之年。这一年，在习近平新时代中国特色社会主义思想和党的十九大精神的指引下，学校组织开展了"解放思想大讨论"系列活动和第五次发展战略研讨会，对学校发展中存在的深层次问题有了更加清醒的认识，对新时代、新思想、新目标有了更加准确的把握。回顾2018年，学校在人才培养、科学研究、社会服务、文化传承创新、国际化等方面取得了新进展、新成效。下面，我着重报告八个方面的工作。

一、深化教育教学改革，人才培养质量稳步提高

一流本科教育扎实推进。全面贯彻全国教育大会、新时代全国高等学校本科教育工作会议精神，坚持"以本为本"，践行"四个回归"，"一流本科教育改革行动计划""一流本科专业建设""一流教学团队建设"相继落地，遴选出20个一流本科专业和21个一流本科教学团队予以重点支持；稳步推进"东吴学院"筹建工作，着力提高基础课与公共课教学质量。

专业建设水平逐步提升。成立"学科专业动态调整管理与改革"领导小组，加强学科专业动态调整，健全本科专业自我评估与动态调整机制；完成第二轮21个本科专业评

估工作,有5个专业停止招生、3个专业隔年招生、1个专业减少招生数量;"计算机科学与技术""服装设计与工程"完成专业认证工作;加快新工科专业建设布局,开设"人工智能实验班","智能制造工程"新专业成功获批。

课程建设成效更加凸显。深化课程思政改革,提升思政课教师"三进"意识和教学效果;加强通识核心课程建设,大力推动在线课程建设,"姑苏课栈"正式开放,10门课程获批国家级在线开放课程,获批数量位居全国高校第11位、江苏高校首位;新增"新生研讨课""微课程(群)"等课程项目37项,2个项目获得国家虚拟仿真实验教学项目认定。

人才培养模式不断优化。继续深化国家试点学院和书院制改革,落实教育部"六卓越一拔尖"计划2.0版;整合实验教学资源,建立优质科研资源向本科生开放机制;推进创新创业教育改革,完善创新创业制度建设,有效组织学生参加省级以上各类学科竞赛;积极提高本科生人才培养国际化水平,共资助726名本科生出国(境)研修;2018年获国家级教学成果奖一等奖1项、二等奖4项。

研究生教育改革深入推进。扎实推进博士研究生教育综合改革,顺利通过教育部中期检查;启动研究生指导教师上岗招生申请制,构建"3+1"导师选聘与上岗模式;启动研究生课程改革,打通本硕博课程,探索一体化课程体系;加快研究生实践基地建设,新增江苏省研究生工作站29家;推动研究生教育国际化进程,共选派409人出国(境)参加学术活动;推进学位点合格评估及动态调整工作,获批4个一级学科博士点、1个一级学科硕士点,主动撤销政治经济学、水产养殖等6个硕士学位授权点,完成法律硕士、教育硕士等6个专业学位授权点试点评估。

学生事务创新取得实效。继续做好大学生思想政治教育工作,组织标兵评选和宣讲活动;落实"学生工作基础月"制度和"三深入"制度,探索实施"成长陪伴"计划;不断完善"奖、助、贷、勤、补、减"六位一体的资助工作体系,连续七年获得"江苏省学生资助工作先进单位"荣誉称号;主动探索学生事务与发展管理新模式,推进易班建设,建立学生事务与发展中心大厅,方便学生办事、服务学生成才。

招生就业工作持续向好。积极响应江苏省委决策部署,增加江苏省内本科招生计划293个,尽量满足江苏考生"有学上、上好学"的夙愿;2018年江苏普通文、理录取位次分别提高96位、487位,共录取本科生6 535名;全面探索"申请-考核"制、"博士研究生候选人"等选录模式,共录取硕士生4 709名、博士生411名,获评"江苏省研究生优秀招生单位";加强毕业生创就业工作,全年发布招聘信息1.3万余条,组织各类招聘会、宣讲会590余场,提供招聘岗位6.8万余个,本科生、研究生年终就业率分别为92.65%、93.32%。

二、实施人才强校战略,师资队伍建设成效显著

人才汇聚高地加快建设。坚持精准引才,在全球范围内配置人才资源,2018年引进发达国家院士1位、"国家特聘专家"入选者3位、"青年国家特聘专家"入选者1位、"国家杰青"1位,新增欧洲科学院院士1位、美国医学与生物工程院会士1位、"青年国家特聘专家"4位、江苏省"双创人才"4位、"江苏特聘教授"4位;共有16位学者18

人次入选 2018 年"全球高被引科学家"榜单，入选数位居内地高校第 4 位、江苏省高校首位；成功举办首届国际青年学者东吴论坛。

人才发展环境不断优化。坚持精心育才，在校内实施"特聘教授""师资博士后""优秀青年学者"等人才计划，为人才的成长营造良好氛围；持续推进师资队伍国际化进程，支持 62 位教师赴国（境）外知名高校访学或合作研究，其中，37 位教师获政府项目资助；探索推进教师岗位供给侧结构性改革、管理岗位职员制改革和绩效工资改革，拟订《苏州大学教师岗位供给侧结构性改革方案（讨论稿）》《苏州大学管理岗位职员制度改革方案（讨论稿）》《苏州大学绩效工资实施办法（讨论稿）》；完善职称评审制度，拟定教师、实验技术人员、思政教师、教育管理研究人员专业技术职务聘任标准。以上几项文件将一并提交本次教代会讨论。

师德师风建设深入开展。成立师德建设委员会，制定并出台《苏州大学建立健全师德建设长效机制的实施办法》《苏州大学"高尚师德"奖教金评审办法》，11 位教师获 2018 年度"高尚师德"奖教金；将师德考核作为教师考核重要内容，明确师德要求和底线，并严格实行"一票否决"制；加强师德师风宣传教育，讲好师德故事，举办 3 期"东吴大师讲坛"；建立师德投诉举报平台，畅通师德监督渠道，及时纠正不良倾向和问题；拟订《苏州大学教职工行政处分暂行规定（讨论稿）》，并提交本次教代会讨论。

三、聚焦创新驱动发展，学科科研建设扎实推进

学科建设水平不断提高。大力实施"学科前沿研究激励计划"，落实"新兴交叉学科和优势学科群建设计划"，重点培育人工智能、大数据等新兴交叉学科，建设物质科学与工程、医学基础与临床等优势学科群；11 个学科进入 ESI 前 1% 行列，其中，免疫学、数学学科首次进入 ESI 前 1% 行列，化学、材料科学位居 ESI 前 1‰ 行列；全面完成江苏高校优势学科三期项目申报工作，共有 20 个学科入选，创历史新高。

科技创新能力持续提升。学校获批国家自然科学基金 326 项，位居全国高校第 19 位、江苏高校第 2 位，连续七年位列全国高校 20 强，国家自然科学基金创新群体项目和重大研究计划集成项目实现新突破；省部共建放射医学与辐射防护国家重点实验室获批建设，剑桥-苏大基因组资源中心入选国家级国际科研中心，苏大附一院血液学跻身国家临床医学研究中心；发表 SCIE 论文 2 659 篇，"中国卓越国际科技论文" 1 283 篇，位列全国高校第 21 位；在 Science、Nature、Cell、PNAS 四刊上发表论文 4 篇，位居全国高校第 12 位；获江苏省科学技术奖 20 项，其中，一等奖 6 项，二等奖 5 项；获教育部高等学校科学研究优秀成果奖（科学技术）3 项，其中，科技进步奖一等奖 2 项；学校在 2018 自然指数（Nature Index）位居全球高校第 46 位、全国高校第 9 位，再创新高。

人文社科发展态势趋好。加强人文社会科学高层次人才队伍建设，遴选 16 支团队予以重点支持；获批国家社科基金 37 项，立项总数、重大项目数、青年项目数均创历史新高；获江苏省第十五届哲学社会科学优秀成果奖 21 项，2 位教授分获"江苏社科名家"称号和第七届鲁迅文学奖；新增大运河文化带建设研究院等研究基地 11 个，江苏体育健康产业研究院入选首批国家体育产业研究基地；《苏州大学学报（哲学社会科学版）》

《苏州大学学报（教育科学版）》入选中国人文社会科学核心期刊；承办第5次"对话苏州"和江苏省哲学社会科学界第十二届学术大会开幕式活动。

四、融入全域创新体系，社会服务能力持续提升

校地合作成果丰硕。积极推动名城名校融合发展战略，打造校地融合发展共同体；在与政府合作方面，与苏州工业园区新签共建苏州市独墅湖医院协议，与吴江区合作共建苏州大学未来校区，与高邮市共建苏州大学实验学校（高邮），助力区域基础教育发展；在与企业及组织合作方面，与中国红十字会合作筹建"红十字国际学院"，与华为公司合作共建镜像化、数字化、智能化"云中苏大"，与中核集团、中广核等合作推进核技术应用与产业化。

协同创新成效显著。苏州纳米科技协同创新中心顺利通过教育部国家协同创新中心评估验收，获得专家一致好评；江苏高校协同创新中心第二轮建设深入推进，获批专项资金3 040万元，位居全省高校第1位；新建8个校级协同创新中心；发起成立江苏高校协同创新联盟并成为理事长单位。

科研成果加速转化。申请知识产权1 519件、授权1 084件，转让和许可使用163件，同比增长29%；国家大学科技园获评全省"A类科技企业孵化器"，新孵化科技型中小企业93家；国家技术转移中心不断拓展辐射区域，与泰州新能源产业园区、无锡高新技术产业开发区共建技术转移平台；江苏省知识产权（苏州大学）研究院揭牌成立；学校先后获评教育部首批高等学校科技成果转化和技术转移基地、江苏省知识产权先进工作单位。

继续教育稳步发展。全年举办各类培训1 341期，培训9.3万余人次，创收约2.42亿元，同比增长19.5%，其中，净利润约1.34亿元；学校入选教育部留学服务中心出国留学培训基地，成功申请UKVI雅思考试苏大考点，继续教育国际化进程加快推进。

五、大力推进国际化战略，国际合作交流深入推进

国际交流体系日益完善。制定并出台《苏州大学国际合作与交流工作管理办法》《苏州大学教职工因公短期出国管理办法》《苏州大学学生出国（境）学习管理办法》等文件；探索推进"在地国际化"，成立学生海外交流协会，促进校内各国学生的交流；成功举办首届国际日活动，对外首次发布《苏州大学2017年国际化白皮书》。

国际交流规模不断扩大。贯彻落实"留学江苏行动计划"，积极发展来华留学生教育，全年共招收外国留学生3 250人，其中，学历教育留学生1 027人；实施各类学生海外学习交流项目99项，共选派1 135名学生赴海外友好学校学习研修。

国际合作层次继续提升。与美国罗切斯特大学等国际知名院校签订合作协议21项；与德国慕尼黑工业大学开展合作，首次获批国家留学基金委创新型人才国际合作培养项目；波特兰州立大学孔子学院再次荣获"全球优秀孔子学院"称号；发起成立"中国-东盟医学教育大学联盟""南亚东南亚大学联盟"，助力"一带一路"命运共同体建设。

六、抓实抓好开源节流，资源使用效益不断提高

办学收入稳步提高。学校2018年度新增各类收入34亿元，主要来源于以下途径：一是教育财政拨款16.56亿元（其中，生均拨款11.05亿元、中央财政支持地方高校发展及省配套专项经费8 150万元、江苏高校协同创新中心专项经费3 040万元、江苏高校优势学科建设专项资金9 110万元、江苏高校品牌专业建设专项资金1 610万元、高水平大学建设综合奖补资金9 000万元、师资队伍建设专项经费993万元、"双一流"高校建设补助经费3 000万元、省级高层次创新创业人才引进计划专项资金1 810万元、其他各类专项资金1.838 7亿元）；二是科研事业收入5.03亿元；三是教育事业收入8.20亿元（其中，学费、住宿费收入6.03亿元）；四是独立学院上缴管理费收入8 387万元；五是教工食堂等经营收入1 190万元；六是其他各类收入3.25亿元（其中，苏州市名城名校融合发展项目资金7 280万元、苏州高铁新城管理委员会联合办学经费2 300万元、独立核算单位返还代垫工资6 561万元、苏州工业园区"国家特聘专家"等补贴1 387万元、博士后流动站资助经费1 524万元、门面房收入2 047万元等）。

支出结构更趋合理。学校2018年度决算支出32.23亿元（结余1.77亿元为未使用完的科研、财政专项等经费）。一是注重学校内涵建设，公用经费支出14.7亿元，其中，教学支出1.16亿元，图书设备支出2 214万元，科研事业支出4.46亿元，师资队伍建设与人才引进支出8 774万元，省协同创新中心建设、中央地方共建、高水平大学建设、优势学科建设等支出2.02亿元，后勤保障支出1.34亿元，银行贷款还本付息支出1.36亿元。二是注重提高教职工收入水平，人员经费支出13.32亿元，其中，在职人员工资福利支出12.19亿元（含绩效工资6.20亿元）。三是注重和谐校园建设，对个人和家庭补助支出3.37亿元（主要包含离休费2 571万元、退休费8 556万元、学生奖助学金2亿元）。四是注重校园环境建设，基本建设经费支出7 371万元。五是教工食堂等经营性支出946万元。

内控审计有效开展。配合普华永道商务咨询（上海）有限公司开展内部控制体系建设工作，完成《苏州大学内部控制体系管理建议报告》；继续做好校领导经济责任审计整改和2017年度财务决算审计整改工作；完成7个二级单位43位领导干部的审计任务；开展工程建设、专项经费和科研经费审计工作，完成各类审计285项，审计金额4.22亿元；强化审计整改，建立问题整改长效机制，出台规范审计整改办法，形成"审计一点、规范一片"的审计效果。

资产管理规范有序。完成原南校区土地收储和学校土地、房产核查工作；入选江苏省高校所属企业体制改革试点改革高校，对53家学校出资企业的基本信息进行专项核查；出台《苏州大学保留车辆使用管理办法》，规范车辆使用和管理；做好政府会计制度实施前期准备工作，完成低值耐用资产管理系统开发设计并将其投入运行，优化资产管理程序。

七、着力保障改善民生，基本办学条件日益完善

基础设施不断改善。开展校园总体规划修编，加快推进恩玲艺术中心、唐仲英医学研

究大楼等重点工程建设；完成鸿远楼、纵横楼、公共浴室、炳麟图书馆、学生宿舍等一批维修改造项目；天赐庄校区青年教师周转公寓、东校区教工餐厅交付使用，独墅湖校区体育场、东校区学生宿舍等新建工程进入申报立项阶段；完成"云中苏大"顶层设计，分步推进校园网络设备和多媒体教室更新换代。

加快推进便利校园建设。完成师生网上事务中心平台全新改版和校园网邮箱更替升级；设置自助式财务报账投递机，在各校区布局快递服务站并全面启用，试点推行跨校区物流服务；学生食堂用餐、宿舍水电费和校医院就诊实现移动支付。

安全工作提档升级。牢固树立校园安全"万无一失、一失万无"的底线思维，全面加强实验室安全监管，确立"红牌、黄牌、绿牌"三级管理体系；继续探索人防、技防、设施防、制度防"四位一体"的大防控体系的建设，学校荣获"2018江苏省平安校园示范高校"称号；出台《苏州大学校园机动车辆出入停放管理办法（试行）》，规范车辆停放，努力营造良好的校园交通环境。

校园文化彰显活力。学校承办"风云激荡200年——纪念马克思200周年诞辰历史文献展"巡展活动；团委开展"社会主义核心价值观宣传月"活动，举办社会主义核心价值观校园明辨会53场，积极营造昂扬向上的校园文化氛围；档案馆开辟《历史上的今天》新栏目；博物馆利用场地优势和馆藏文化资源，加大文创产品研发和设计的力度，传扬苏大精神；出版社推出的《近现代中国苏州丝绸档案》入选江苏省新闻出版广电局评选的"2017苏版好书"；艺术教育中心组织师生赴俄罗斯5所孔子学院进行文化交流演出。

八、深化全面从严治党，现代大学制度逐步完善

内部治理体系日趋健全。以入选江苏依法治校试点单位为契机，制定《苏州大学关于加强依法治校工作的意见》；坚持和完善党委领导下的校长负责制，制定并出台《贯彻落实"三重一大"决策制度实施办法（试行）》；进一步明晰行政权力和学术权力的关系和边界，充分保障学术委员会、学位评定委员会等组织在学术事务中发挥的重要作用；充分发挥教职工代表大会、学生代表大会在学校民主管理中的重要作用，推进民主管理；注重发挥工会和关工委等组织的作用，汇聚高质量发展的强大力量；下移管理重心，推进"放管服"改革，强化学院（部）主体地位，在人、财、物上给予更多自主权；完善学院（部）治理结构，加强学院（部）领导班子建设，出台《苏州大学学院（部）党政联席会议议事规则》。

党风廉政建设纵深推进。加强对落实中央"八项规定"《实施细则》精神和江苏省委《具体办法》的督促和检查；紧盯重点领域的关键岗位，对基建、招标、招生、人事招聘等工作进行监督；开展精准警示教育，校纪委严格把好选人用人"廉政意见回复关"；加强政治巡察，制定巡察工作实施细则及实施方案，完成首轮巡察5个院级党委的工作；开展集中整治及"治理微腐败，淬炼好作风"专项行动，师生获得感和满意度明显提升。

各位代表、老师们、同学们，回望2018年，学校各项事业取得了可喜的成绩和进步，综合实力稳步提升。这一年，学校成为教育部与江苏省政府共建的"双一流"建设高校。

根据第三方权威排名,学校分别位列英国"THE 世界大学排名"内地高校第 16 位、亚洲高校第 86 位,上海软科"世界大学学术排名"内地高校第 13 位,美国"U. S. News 世界大学排名"全球高校第 409 位、内地高校第 21 位;学校 ESI 综合排名位列全国高校第 20 位、江苏高校第 2 位。成绩的取得,来源于全体苏大人携手并肩、耕耘不辍的决心,来源于师生员工履职尽责、全力以赴的行动。在此,我代表学校,向各位代表,并通过大家向全校师生员工、离退休老同志和海内外校友表示最诚挚的感谢!

思危方能居安。在充分肯定成绩的同时,我们也要清醒地认识到:学校当前正处于滚石上山、爬坡过坎、攻坚克难的关键阶段,仍旧面临许多发展不平衡、不充分的问题。比如,定位抉择、竞争态势、路径依赖、发展环境、内涵革新等"五大发展困境"亟待破解,推进"双一流"建设的责任感、使命感和紧迫感有所欠缺,冲击世界一流的高峰学科仍然偏少,一流本科教育还需加快建设,有重大学术影响的旗帜式人才数量严重不足,原创性、垄断性与标志性科研成果依然缺乏,办学经费紧张和债务繁重的状况仍然存在,等等。面对这样的形势和任务、机遇与挑战,学校再一次被推向了历史的关键节点。我们既要保持战略定力,更要砥砺奋进,迅速改进不足,补齐短板,坚决打好"双一流"建设攻坚战。

第二部分 2019 年主要任务

一、基本思路

以习近平新时代中国特色社会主义思想为指导,深入学习贯彻党的十九大和十九届二中、三中全会精神,全面贯彻落实全国教育大会精神,认真落实教育部和江苏省委、省政府决策部署,抢抓部省共建"双一流"建设高校发展机遇,深化改革、聚力攻坚,努力打好"八大攻坚战",推动学校内涵式高质量发展,全力以赴写好"双一流"建设的"奋进之笔"。

二、重点工作

(一) 加强党的领导,坚持办学的正确政治方向

深入学习贯彻习近平新时代中国特色社会主义思想。学习贯彻习近平新时代中国特色社会主义思想和党的十九届二中、三中全会及全国"两会"精神,团结带领广大师生树牢"四个意识",坚定"四个自信",做到"两个维护";认真学习贯彻习近平总书记在全国教育大会上重要讲话精神,全面贯彻党的教育方针,坚定社会主义办学方向不动摇,加快推进教育现代化,办好人民满意的教育。

深化党风廉政建设。严肃纪律和规矩,持之以恒贯彻落实中央"八项规定"精神;从严抓好师德师风建设,强化师德考核和结果运用;发挥内部审计建设性作用,加强内控制度建设;有效运用监督执纪问责"四种形态",强化廉洁教育和警示教育,严肃查处各

类违纪违规问题；持续推进"治理微腐败，淬炼好作风"专项行动，强化对权力集中、资金密集、资源富集的部门和岗位的监督，有力削减存量、有效遏制增量；加强和改进机关作风效能建设，完善机关作风建设督导工作机制，全力营造风清气正的办学环境。

（二）坚持内涵发展，打好"双一流"建设攻坚战

构建一流内部治理体系。推进依法治校试点改革，完善党委领导下的校长负责制，完善"三重一大"决策制度实施办法，促进民主化、科学化、规范化管理；推进"三定"工作，梳理机构职能及岗位设置；做好校内巡察工作，落实党务、校务公开；促进"校办院"向"院办校"转变，合理划定学校、学部、学院的权责，赋予院级单位更多办学自主权，激发基层学院的办学活力。

培养一流创新人才。全面贯彻落实《苏州大学一流本科教育改革行动计划》，着力推进本科专业设置的调整与优化，推进新工科、新医科、新文科的专业布局；贯彻落实"六卓越一拔尖"计划2.0版，深化通识教育课程改革，打造若干个（门）具有示范作用的一流教学团队和苏大"金课"；稳步推进东吴学院建设，探索成立紫卿、博习等书院；扎实推进博士研究生教育综合改革试点工作，做好迎评验收工作；实施博士研究生创新提升计划，试行本硕博贯通培养计划。

建设一流师资队伍。坚持精准引才，加强高水平创新团队建设；稳妥推进教师岗位分类管理改革和岗位供给侧结构性改革，逐步建立教师分类评价和激励机制；关注青年人才发展，鼓励教师出国（境）研修，提升师资队伍国际化水平；加快推进管理岗位职员制改革；修订绩效工资实施办法。

推进一流学科建设。抢抓入选部省共建"双一流"建设高校机遇，统筹做好"一流学科"和高水平大学相关建设工作，打造学科高峰；以"物质科学与工程"一流学科为引领，做好优势学科、重点学科及新兴交叉学科建设工作，形成重点明确、层次清晰、结构协调、互为支撑的学科体系。

培育一流科研成果。贯彻落实江苏省"科技改革30条"，推动学校科技创新政策落地生效；瞄准学术前沿和国家重大战略需求，精准布局重点和重大项目，继续培育和打造一批省部级以上重点实验室、人文社科重点研究机构，推进协同创新中心建设；培育军工科技团队和平台，促进军民融合发展提质增效；加强产学研合作，促进科技成果转移转化，推进知识产权申请、保护、运用和转化。

（三）坚持开放协同，培育高质量发展新动能

整合内部资源。开展国有资产清查工作，盘活校内外闲置房产；推进校属企业体制机制改革，强化对经营性资产和校办企业的监管；出台大型仪器设备开放共享管理制度和收费管理办法，推进仪器设备全面、充分共享，提升使用效益。

争取社会资源。对接国家和江苏省重大战略需求，为提升区域发展能级做出新贡献，争取更多外部资源；推进省部、省市共建苏州大学工作，深化名城名校融合发展战略；实施新空间发展战略，加强与苏州各区（市）战略合作，加快推进未来校区建设；推动与中国核工业集团、华为公司等企业的产学研合作；动员全校师生、全球校友和社会各界力量，多渠道、多层次、全方位筹措各类资源，服务学校发展。

开拓国际资源。深入推进校际国际合作重点项目，提升国际合作交流的层次和质量；加强对中外合作办学项目的监督管理，继续做好孔子学院、"中非高校 20+20 合作计划"、老挝苏州大学等项目组织协调工作；举办"国际周"主题活动，不断完善"在地国际化"体系；扩大留学生规模，提高硕博士留学生比例，规范留学生教学管理，提升留学生留学苏州大学的满意度。

（四）坚持以人为本，完善民生服务保障体系

完善基础设施建设。全面完成恩玲艺术中心建设、912 号楼内装建设，加快推进唐仲英医学研究大楼配套工程和内装建设；实施本部博远楼整体维修改造并试点建设智慧教室；争取江苏省有关部门支持，启动东校区学生宿舍和独墅湖校区体育馆、体育场、学生活动中心新建工程，改善办学条件。

推进便利化校园建设。加快推进"云中苏大"建设；统筹推进基础设施建设、数据中心和应用平台建设，制定信息化建设、数据治理等管理办法；推进智慧泊车、人脸识别、迎新离校等智能化系统建设，打造"互联网+"校园生活新生态。

提升师生获得感。稳步提高教职工收入待遇；落实离退休老同志的政治和生活待遇，加强"暖心工程"建设，推进"文化养老"工作；关注师生身心健康，优化教职工体检方案，加强学生体检工作；升级医保报销系统，推进大学生参保系统建设。

开展校庆筹备工作。科学编制校庆筹备工作方案，积极招募校庆工作志愿服务团队，开展校庆活动宣传视频、吉祥物、主题曲、文创纪念品等征集工作。完成 120 周年校庆专题网站、120 周年校庆微信公众号前期建设工作；深入开展校友会工作，围绕 120 周年校庆筹备工作，开展系列校友返校活动。

各位代表、同志们，2019 年我们将迎来新中国 70 华诞，学校"双一流"建设也将进入决胜关键阶段。风雨多经志弥坚，关山初度路犹长。面对高等教育千帆竞发、百舸争流的态势，面对不进则退、慢进亦退的严峻挑战，我们无法回避与选择，唯有行动，才是破解难题的最好答案。我们一起行动，一步一个脚印，推动学校内涵式高质量发展，书写好苏州大学新时代"双一流"建设"奋进之笔"，以更优异的成绩迎接 120 周年校庆的到来！

最后，预祝本次教代会圆满成功！谢谢大家！

青春有你

——校长熊思东在苏州大学2019年毕业典礼暨学位授予仪式上的讲话

（2019年6月25日）

亲爱的同学们：

毕业骊歌起，青春将远航。今天，我们在美丽的独墅湖畔，共赴一场青春的盛宴，见证属于你们的荣耀时刻。在此，我代表学校，向即将踏上人生新征程的5 177位本科生、3 595位研究生表示最热烈的祝贺！祝贺你们毕业了！同时，也向为你们成长成才付出辛勤劳动的老师们表示最诚挚的感谢！向倾心支持你们的家人表示最崇高的敬意！

（上午场）还记得两年前，一首苏大版《成都》刷爆了大家的朋友圈。"让我掉下眼泪的，不止回忆的久；让我依依不舍的，不止那座钟楼；让我为之深爱的，是这里的所有……"这充满眷恋和不舍的歌词，或许最能表达你们此时的心情。今天，这首歌的词作者也在你们当中，她就是文学院的史悠同学。史悠，谢谢你用歌词记录了大家在十梓街1号的美好时光。

（下午场）还记得三年前，一首苏大版《南山南》刷爆了大家的朋友圈。"你在方塔的晨辉下，惜取光阴；我在钟楼的草坪上，籍书枕经；如果挥别之前来得及，知交对坐共抒生平；晴岚凌云，故事分外动听……"这充满眷恋与不舍的歌词，或许最能表达你们现在的心情。今天，这首歌的词作者也在你们当中，她就是法学院的陈彦君同学。彦君，感谢你用歌词记录了大家在十梓街1号的美好时光。

这些年，你们过得还好吗？我知道，同学们过得"都挺好"，因为你们的体重平均增长了0.9千克，你们是历届毕业生中最有"分量"的一届。我也知道，这几年，你们拒绝"佛系"，争当"高能少年"，书写了精彩的青春故事，编写了独一无二的成长密码，而这些密码中又蕴藏着许多小秘密。今天，让我们一起来解密。在苏大，你们曾经坐拥史上最长的51天寒假和64天暑假，苏大虽被称为"苏州放假大学"，但上课时间有增无减；你们平均每天学习超过10.5小时，睡眠时间只有7.2小时，与上一届相比，你们的平均绩点上升了0.1%；升学率在2018年再创新高的基础上，又增长了2.3%；挂在"高数"上的比例减少了4.2%，不及格率在2018年已创新低的基础上又下降了0.2%，再创历史新低。辛苦的你们惊奇地发现，头发在键盘上、在书本上、在衣服上，就是不在自己的头上。学习再苦再累，你们仍然坚持每天挤出0.75小时谈恋爱，其实这个时间并不短，因为约有三分之二的同学被平均了,看来脱发容易脱单难。"爱情很甜,友情更铁",来到苏大,你们平均加入了11.6个群,新增了157.8位微信好友,尽管平时也不怎么见面,你们仍每天都会在朋友圈里互相关心、彼此点赞。你们的手机里不仅仅装有友情,也装满了App。我听说,同学们最喜欢的三个App分别是知乎、淘宝、美颜相机,看来你们不仅拼才华,拼实力,还拼颜值。但是,超过80%的男生强烈建议少用美颜相机,他们认为本真的苏大女生,才是最美!你们的美,不仅仅在相机里,更在行动上。这几年,你们累计参加各类志愿服务110万小时、无偿献血124万毫升,参加田野调查近10万人次,出国(境)学习交流4 763人次。不管走得多远,你们也不忘与家人联系,95.1%的同学平均每周与家人通话两次以上,常用的三句话分别是"身体好吗""家里还好吗""没钱了"。我很高兴,你们聊的不仅是钱,更多的是感情。在研究生中,有81.5%的同学参与国家级科研项目,以第一作者发表高质量学术论文4 440篇,比上一届增加了13.4%。在产出高质量科研成果的同时,还有7名研究生抽空孕育了"苏二代"。

  同学们,感谢你们将最宝贵的青春年华留在了苏大,你们在这里度过了短则2年,长则7年甚至更长的求学时光,燃烧了青春的卡路里,也拼出了青春的硬实力。(上午场)建筑学院乔译楷同学,你是多才多艺的"硬核"少年,不仅在新舞、摄影展、大学生电影节上大放异彩,更凭借"神一般"的作品收割了耶鲁大学的青睐。医学部李嘉铭同学,那年暑假,你带领全班63位同学跋山涉水、风餐露宿,成功地完成了近一个月的野外科考,获得了天目山宝贵的生态数据,我们为你和同学们点赞!教育学院邹义文同学,你在陕西蓝田支教期间,组织发起"明眸计划",为学校所有近视的学生免费配置眼镜,让孩子们既看清了黑板,又看到了远方。纺织学院孙玉发同学,你与小伙伴一起创办了"新梦想家"校园西服品牌,虽然它距百年老店还有97年,但已让20多所高校近万名大学生穿出了自信、穿出了青春。文学院仲捷敏同学,你设计的录取通知书,成为6 551位2018级本科生翘首以盼的礼物,成就了他们与苏大的完美相遇,我代表他们再次谢谢你。

  (下午场)敬文书院严港斌同学,你本科四年洗的烧杯连起来可绕实验室20圈,你从小小"洗刷匠"成长为学术新达人,即将开启芝加哥大学博士研究生学习,你的青春在"洗刷刷"中尽情绽放。数学学院唐鉴恒同学,你和队友们誓做资深"程序猿",勇夺我校历史上首个"国际大学生程序设计竞赛"亚洲赛金奖,擦亮了"苏大青年"的金字招牌。轨道学院殷宇婷同学,每周六你换乘3次公交、历时2个多小时,将知识和欢乐带进病房,陪伴白血病儿童成长,我想,小朋友们纯真的笑脸一定是你最温暖的青春回忆。机电学院依甫提哈尔·肖合来提同学,在病魔困扰你的大三时光,你一定很痛,但母亲的陪伴、同学们的关心,还有那个不断抗争的你,将痛变成了成长的勋章。体育学院李建同学,作为龙舟队队长,你轻伤不下火线,歇歇接着再练,带领队员们上演了苏大版"飞驰人生",预祝你们驶向更加开阔的未来!同学们,今天我无法一一细数你们每个人的青春故事,但我想说,你们都是苏大最可爱的人,都是十梓街最靓的仔!愿你们永远与青春做伴!

  因为青春有你,老师们不敢老去,他们练就一身本领,武能撸袖做实验,文能开机写文章,既HOLD得住课堂,又发得了顶刊,更拿得了大奖。2019年90高龄的潘君骅院士仍每天坚持步行上班,小到制作教学PPT,大到设计光学仪器,凡事亲力亲为,他用行动告诉我们,敬业之人不会老。夜空中那颗"潘君骅星"将永远闪烁着光芒,为我们指引青春的航向。纳米学院刘庄教授带领他的团队挑灯夜战抢进度、夜以继日抢时间，携手汪超、程亮、杨凯3位学生入选"2018年全球高被引科学家榜单"，成为学术界的一段佳话。教育学院陈贝贝老师，坚守辅导员岗位14年，被同学们亲切地称为"贝姐"，她把全部的爱都留给了学生，我们希望你也留一点爱给自己及未来的爱人。我们还有更多的老师，他们与被窝抢学生，解锁花式点名法，让课堂有料又有趣；他们与手机抢学生，变身萌系段子手，句句麻辣又暖心。他们是青春的引路人，与你们同行，他们永远年轻。

因为青春有你，母校不敢老去，她奋力前行的脚步洋溢着青春的气息。从名城名校到省部共建，从一流本科到博士综改，从未来校区到"云中苏大"，从中国最具创新力的大学到全球上升最快的高校。你们的到来，仿佛为学校的发展插上了隐形的翅膀。面对外界的评价，我们更愿倾听同学们的心声。你们说"世界那么大，我想去看看"，于是我们开发了丰富多彩的海外交流项目，并设立了专项奖学金；你们说"喝了咖啡，我不困我不累我就是爱学习"，于是我们引入了自助咖啡机，让拿铁和卡布奇诺的香气弥漫校园；你们说"这个校区，它又大又多；这来往的路，它又长又远"，于是我们建立了网上事务中心，让数据多跑路，让同学不跑腿。我们始终与时俱进，努力为大家提供一流的学习生活条件，当然也包括筹建一座更大的体育馆，不再因为一场突如其来的暴雨，让万众期待的开学典礼"雨你无瓜"；也不再因为"不应被代表的代表"，让"宝宝们不高兴"；"宝宝不高兴，就要上热搜"，但午夜0点07分的"神转折"又让大家"喜大普奔"。未来，我们将以"007"的速度与激情，拼出一个更好的苏大，早日让同学们"在自己的地盘上毕自己的业"！

同学们，因为青春有你，我们的祖国永远年轻，她正以惊人的速度迸发出青春的活力。从蛟龙潜海到航母下水，从嫦娥飞天到玉兔登月，从移动支付到5G落地，日新月异的变化有青年人不懈努力的身影。蛟龙团队平均年龄只有32岁，嫦娥团队平均年龄也只有33岁。祖国发展的巨轮滚滚向前，每一位青年都在其中，有所贡献。习近平总书记说："青年一代有理想、有本领、有担当，国家就有前途，民族就有希望。"今天，历史的接力棒已传递到你们手上，未来该如何走好属于你们这一代人的"新长征"呢？在这里，我把心中的"万"语"千"言，化作三个锦囊相赠，愿你们在今后的路上"百"战"百"胜。

第一个锦囊，青春有一万种可能，别怕"多折腾"。人生不是一架精密的仪器，我们无法在二十几岁的年纪设定一生的程序，要趁着年轻，勇于尝试、敢于"折腾"。"折腾"不是好高骛远、不切实际的"瞎折腾"，是希望你们不要拒绝变化、不要贪图安逸，更不要不思进取。我校历史上第一位硕士生陈调甫学长，他中学毕业后在家"折腾"化学实验，后来又放弃农校工作，进入东吴深造。毕业留校后，他历经八年创办了永利碱厂，生产出具有国际水准的新产品。当看到外国涂料垄断中国市场时，他又创办了永明漆厂，研发了"灯塔牌"油漆。随着不断的技术更新，"灯塔牌"油漆为新中国第一辆国产小轿车、第一架国产战斗机、第一艘载人飞船涂上了靓丽的中国色，成为中国现代工业发展道路上的一座灯塔。他的故事告诉我们，青春别怕"多折腾"，也许你的"折腾"，将掀起人生最美的浪花。

第二个锦囊，青春有一千种选择，别怕"走弯路"。面对纷繁复杂的选择，我们无法拥有先知先觉的导航，"走弯路"很平常。但是，人生没有白走的路，你留下的每一滴汗水，都将成为浇灌未来的雨露。我校阮长耿院士被誉为"中国血小板之父"，但他的成功并非一帆风顺，也曾经历艰难曲折。从小立志学医的他，虽然被保送北大，但当时北大并无医学专业，只得选择了生化。毕业后，他被分配到医院，从事血液病的研究，但研究刚起步就被迫中止，转为从事临床工作，整天忙碌于查房、出门诊。看似走了一段"弯路"，但这些"弯路"为他后期发现我国第一株抗人血小板膜糖蛋白Ⅰ单克隆抗体、研制"苏州系列"单抗，奠定了深厚的理论和临床基础。他的事迹告诉我们：心之所向，就是对的方向。不要让害怕"走弯路"的胆怯，使自己丧失了再出发的勇气，勇敢地走下去，你们终将收获独一无二的风景。同学们，青春别怕"走弯路"，也许你走的"弯路"，将变成人生最美的彩虹。

第三个锦囊，青春有一百种成功，别怕"跑龙套"。我校长江学者特聘教授、鲁迅文学奖获得者（上午场：也就是刚才代表教师发言的）王尧老师，他说他也是在"跑龙套"中成长起来的。毕业留校后，他做过辅导员，兼职过人事秘书，在日常、琐碎的工作中认识和理解大学。在早年的问学路上，他经常帮老师誊写论文和书稿。每一次的"誊写"经历，都使他在第一时间了解到老师的研究成果，特别是老师对论文的修改之处，更帮助他学会了思考和表达。王尧老师经常对学生说："一个人不能放大自己，缩小世界。"我想，不放大自己，也许就是他对"跑龙套"精神的另一种表达。"天下难事，必作于易；天下大事，必作于细"，那些看似微不足道的小事、杂事，恰恰是做成大事、难事的阶梯。在人生的舞台上，没有谁是天生的主角，唯有保持平常心、甘做寻常事，才能厚积薄发，寻找到事业与人生的蓝海。同学们，别怕"跑龙套"，"跑龙套"也能跑出最佳C位，小角色也能成为盖世英雄。

同学们，青春如你，别怕"多折腾"、不惧"走弯路"、更无畏"跑龙套"，珍惜青春赋予你们的一万种可能，勇敢去闯荡青春的一千条道路，用奋斗和汗水去铸就一百种成功，"折腾"定能现美好，"弯路"定会出坦途，"龙套"终将变主角。

同学们，你们从五湖而来，即将走向四海。曾经，你们一个人来，目的地是同一个苏大；如今，你们一群人走，远方已不是同一个地方。回望一路走来的大学生活，你们或许因为没有开学典礼而遗憾过，看似没有开始，但自收到录取通知书、跨入苏大校门的那一刻起，你们就是母校最重要的一分子；今天有了毕业典礼，看似已经结束，但自拿到毕业证书、走出校门的那一刻，你们就成了母校永远的牵挂。

临别之际，我们设计了一枚小小的徽章送给大家，希望你们把它别在胸前，将母校记在心上，带走母校殷切的期待和深深的祝福。人生路上会有阳光灿烂的日子，也会有风大雨急的时刻，但无论是晴是雨，我希望青春的你们步履不停，母校将永远默默地注视着你们。

山一程，水一程，挂念一程。愿姑苏城的蒙蒙烟雨、天赐庄的悠悠钟声、炳麟馆的淡淡书香、阳澄湖的皎皎月光，成为你们内心永恒的珍藏。也愿你们此去星辰大海，前程锦绣如画！

谢谢大家！

党委常委会工作报告

——校党委书记江涌在校党委十二届八次全体会议上的报告

（2019 年 8 月 31 日）

各位委员、同志们：

受党委常委会的委托，我向大家报告 2019 年上半年党委常委会工作。

2019 年上半年，党委常委会坚持以习近平新时代中国特色社会主义思想为指导，认真贯彻全国全省教育大会精神，紧紧围绕建设国内一流、国际知名高水平研究型大学目标，认真落实管党治党、办学治校主体责任，持续抓好中央和江苏省委巡视整改工作，全面加快"双一流"建设，学校党的建设和改革发展保持良好态势，各项事业实现新的发展。

一、旗帜鲜明讲政治，加强党对学校工作的全面领导

常委会坚持把学习贯彻习近平新时代中国特色社会主义思想和党的十九大精神作为首要政治任务，及时传达学习中央和江苏省委有关会议、文件、通知精神，组织开展校党委理论学习中心组专题学习会 6 次，坚持做到全面系统学、及时跟进学、联系实际学，推动学以致用、知行合一。推广使用"学习强国"平台，加强院级党组织理论中心组学习和双周三下午政治学习，加强马克思主义学院和思想政治理论课教学及课程思政建设，推进习近平新时代中国特色社会主义思想进教材、进课堂、进头脑，引领全校党员干部师生进一步牢固树立"四个意识"，坚定"四个自信"，做到"两个维护"。国务院副总理孙春兰、教育部副部长翁铁慧、江苏省委常委宣传部部长王燕文等先后来校就"双一流"建设、深化教育教学改革、加强大学生思想政治工作等进行专题调研，对学校改革发展给予充分肯定。江苏省政府研究室组织专家对学校发展开展深度调研，形成《勇当地方高校创新发展排头兵——苏州大学建设创新型大学的实践与启示》调查研究报告，并在国务院发展研究中心主管的《中国发展观察》上刊登。

坚持党委领导下的校长负责制，严格执行"三重一大"决策制度和议事规则，召开党委常委会 21 次，就人才培养、巡视巡察、师资队伍建设、合作交流、重点改革、基本建设及党的建设等方面的重要事项进行决策研究，严格按照干部管理权限和程序推荐、提

名、任免干部。重大决策、重要工作的督查督办工作进一步加强。成立党的建设与全面从严治党工作领导小组、党委外事工作领导小组、党委人才（知识分子）工作领导小组，不断完善学校加强党的领导的体制机制。制定实施《苏州大学关于加强依法治校工作的意见》，依法治校工作稳步推进。充分发挥学术委员会、学位评定委员会作用，校学术委员会对学校整体学术水平、学科发展、人才培养质量等提出了科学合理评价和建议，校第十届学位评定委员会成立。用心用情做好离退休老同志工作，关工委常态化建设持续推进。充分发挥统一战线作用，各级人大代表、政协委员积极参政议政、建言献策，江苏省民营企业进高校"三个一"活动顺利举办。学校七届五次教职工代表大会胜利召开，会议以无记名投票的方式表决通过了《苏州大学教师岗位供给侧结构性改革方案（审议稿）》等事关广大教职工切身利益的重要改革方案及规章制度。工会工作政治性、先进性、群众性进一步增强，帮助一批教职工解决了子女入学问题。全面从严治团扎实推进，共青团改革不断向纵深发展，工作项目化、扁平化、制度化不断彰显。120周年校庆筹备工作小组成立，相关筹备工作及档案征集编研、校史与年鉴编纂工作稳步推进。

认真落实意识形态工作责任制，切实加强意识形态领域分析研判和情况报告工作，组织开展意识形态工作专项培训，严格规范对课堂、报告会、讲座、社团等各类意识形态阵地的管控，有效维护学校意识形态安全。组织开展"规范党员干部网络行为"主题党日活动、"我说社会主义核心价值观"专场活动等，评选2019年苏州大学王晓军精神文明奖，全面加强融媒体建设，在讲好苏大故事、扩大传播影响上持续发力。聚焦"双一流"建设、研究生教育综合改革等重点工作，积极开展专题报道、深度报道，在国家级媒体发表新闻宣传稿件近100篇。江苏省委宣传部、苏州市委宣传部和学校共建传媒学院正式签约。思政工作队伍建设进一步加强，1名辅导员获评"2018江苏高校辅导员年度人物"。

二、贯彻新时代党的建设总要求，不断提高学校党的建设质量

突出政治功能，组织开展《苏州大学学院（部）党（工）委委员会议事规则》《苏州大学学院（部）党政联席会议议事规则》执行情况及党支部建设情况调研指导，大力推进材料与化学化工学部党委、教育学院心理学系党支部、马克思主义学院党委研究生党支部等3个全国党建工作标杆院系、样板支部培育创建，立项实施44个基层党建"书记项目"，持续加大教师党支部书记"双带头人"队伍建设，举办专兼职组织员能力提升培训班，组织开展2018年度组织生活会和民主评议党员工作，启动党支部建设"提质增效"三年行动计划，指导基层党支部开展7场校内外开放式主题党日活动，深化党建阵地建设，基层党组织的组织力得到有力提升。学校党委在全省高校党的建设工作会议、全省高校领导班子暑期学习培训班上做大会交流发言。组织开展"不忘初心，礼赞祖国——我身边的共产党员故事"征集活动。上半年发展党员752名，在高知识群体中发展党员工作进一步加强。

贯彻好干部标准，突出政治标准，强化处级领导班子分析研判，完成了1个学院行政领导班子换届工作，做好干部选拔任用工作，组织开展新提任中层干部培训和全校中层干部暑期集中培训，不断增强干部队伍适应一流大学建设的能力。做好年轻干部调研及科技镇长团成员、"80后"县处级干部挂职期满考核工作，推荐选派15名同志参加江苏省第

十二批科技镇长团挂职锻炼，开展2019年上半年青年管理骨干校内交流挂职工作，对年轻干部的培养力度进一步加大。坚持从严监督管理干部，严格做好"一报告两评议"、领导干部个人有关事项集中报告工作，严格处级干部出国（境）证照管理和使用、处级干部因私出国（境）审批，认真做好处级及以上领导干部在企业、社会团体和学术组织等中的兼职管理工作。贯彻中央和江苏省委文件精神，积极稳妥地探索实践鼓励激励、容错纠错、能上能下"三项机制"，激励干部勇于担当作为。

全力以赴抓好中央和江苏省委巡视整改工作，截至目前，省委巡视反馈的16个方面52个问题已全面进行整改，学校已按规定向江苏省委巡视工作办公室报送整改落实情况自查报结专题报告。认真完成校领导经济责任审计整改工作。组织开展校十二届党委第二轮巡察工作，督查推进校十二届党委第一轮巡察单位做好整改工作，在校内通报了5家被巡察党组织的巡察整改情况。全面开展"治理微腐败，淬炼好作风"专项行动，深入整治师生身边的腐败和作风问题。通过合并套开会议、研究推进综合考评、加快"云中苏大"建设、加强部门间工作联动融合等，积极贯彻落实"基层减负年"的部署和要求。召开2018年新提拔、新转岗、新任职处级领导干部集中廉政谈话会，集体约谈了2018年党风廉政建设责任制考核结果为"基本合格"的二级单位党政主要负责人，用好监督执纪"第一种形态"。2019年以来，约谈干部10人次，提醒谈话9人次，集体谈话3次（共75人次）；给予党纪处分5人。严格按照江苏省纪委、监委部署有序推进纪检监察体制改革，科学设置纪委内设机构及职责分工，试点设置院级党组织纪检机构，严格按规定做好专职纪检干部选拔配备，学校纪委工作体制机制进一步理顺、力量保障进一步加强。

三、全面加快双一流建设，不断推动研究型大学内涵式发展

一流学科建设再加快。成立学科建设与发展领导小组，加强对全校学科建设的统筹、协调和指导。组织召开学科建设与发展工作会议，"双一流"建设中期自评工作、2019年全国百强省属高校（江苏高水平大学）绩效评价工作有序做好。以学科建设为引领，积极推进蛋白质与生物工程关键技术研究院、人工智能研究院、能源与材料创新研究院、中国特色城镇化研究中心和放射医学与辐射防护国家重点实验室等名城名校融合发展战略"4+1"项目，深化与中国核工业集团、中国广核集团等重点行业企业合作，红十字国际学院、数字地球科教融合中心、巴斯德学院等合作协议正式签署。在"创新型人才培养、前沿先导研究、新兴产业培育、高端人士集聚"理念指导下，稳步推进吴江未来校区建设。目前，校区整体方案设计、首期建设用地审批及合作办学项目遴选等工作正紧锣密鼓地推进。实施学科前沿研究激励计划，免疫学、数学2个学科首次进入全球基本科学指标（ESI）前1%行列。目前，学校共有11个学科进入全球基本科学指标（ESI）前1%行列，化学、材料科学2个学科位列全球基本科学指标（ESI）前1‰。

教育教学改革再深入。组织开展专业建设交流研讨会、本科教学团队建设培训会、"课程思政"课堂教学竞赛、教学工作坊等活动30余场次，进一步深入学习贯彻新时代全国高等学校本科教育工作会议精神。江苏省品牌专业一期工程7个项目结项验收通过，18个专业入选江苏高校一流本科专业并全部被推荐申报国家级一流本科专业。计算机科学与技术、服装设计与工程专业通过工程教育认证。大力推进校内第二轮专业评估，对8

个专业分别做结构优化后招生、隔年招生和停止招生等调整，2019年招生专业有效控制在110个以内。学校通识教育2.0版本正式启动，新增通识教育课程、微课程、新生研讨课程等各类课程近100门，一批大学分通识核心课程已纳入2019级人才培养方案。东吴学院、师范学院、紫卿书院等改革启动。进一步整顿课堂教学秩序，教风学风建设有力加强。全校457个团队参加了校第五届"互联网+"大学生创新创业大赛，6件作品入围全国"挑战杯"竞赛决赛，学校获评江苏省"挑战杯"竞赛、"互联网+"大学生创新创业大赛优秀组织奖，学生创新创业学分认定超过700人次。在31个省、市、自治区录取各类本科新生6 690名，其中，江苏省内招生录取3 695名，约占招生计划数的55.23%；普通类文科、理科分数与本一省控线或自主招生控制线差值上升的省份分别有16个、12个，19个省份文科投档线超出本一线60分，18个省份理科投档线超出本一线90分，生源质量稳中有升。全国大学生民汉双语志愿服务团、教育部"香港与内地高校师生交流计划项目"等工作有序做好。体育、美育及国防教育有效开展，我校学生在2019年全国高校体育教育专业基本功大赛中斩获团体一等奖，东吴艺术团再次参演央视"五月的鲜花"全国大中学生文艺汇演。校园劳动、志愿服务等劳动实践活动切实加强。继续教育加快转型发展，校地合作、校校合作、自考网络助学项目、"学历+技能"项目等新模式不断推出，非学历教育结构持续优化、质量不断提升，在线培训实现新突破。文正学院建院20周年庆典活动隆重举行。应用技术学院"周庄文化旅游学院"签约建设。苏州大学高邮实验学校项目正式开工。

教育部博士研究生教育综合改革试点工作稳步推进，2019年博士研究生候选人培养计划启动实施，硕博课程一体化的课程改革试点、研究生思想政治理论课教育网络平台框架建设等工作顺利完成。第三届研究生教育督查与指导委员会和第一届专业学位研究生教育指导委员会成立，教指委在教育教学研究、咨询、指导、评估等方面的作用充分发挥。加强导师学院建设，组织实施第九期导师培训。招收2019级研究生6 052人。入选"江苏省研究生培养创新工程"的项目共计160项。

师资队伍建设再发力。开展"弘扬爱国奋斗精神、建功立业新时代"活动，评选高尚师德奖，组织毕业季"老师的话"教师寄语、第四期"东吴大师讲坛"，做好落实立德树人根本任务监督检查和学校师德师风专项调研，师德师风建设全面加强。教师岗位供给侧结构性改革、管理岗位职员制改革、职称评审及绩效工资改革一体推进。出台《关于进一步加强人文社会科学人才队伍建设的实施办法》，成立人文社会科学类人才队伍建设领导小组，系统推进人文社会科学人才队伍建设。2019年苏州大学国际青年学者东吴论坛成功举办，专业技术职务聘任工作有序做好。教职工退休、行政处分及人员招聘、校内流动等方面的规章制度不断健全完善。上半年，4人入选江苏省"青蓝工程"优秀青年骨干教师，2人入选江苏省"青蓝工程"中青年学术带头人，1个团队入选江苏省"青蓝工程"优秀教学团队。12人入选参加"国家公派高级研究学者、访问学者、博士后项目"，6人入选参加"江苏省教育厅高校优秀中青年骨干教师和校长境外研修项目"。10人入选首批"仲英青年学者"，40人受聘第二批优秀青年学者。教师序列中共有197人晋升高级职称。学校审批新进教学科研人员169人，其中，特聘教授35人、优秀青年学者43人。招聘博士后56人。此外，聘请名誉教授3名，聘用讲座教授17名、客座教授7名、兼职教授7名。

科研创新工作再提质。贯彻江苏省《关于深化科技体制机制改革推动高质量发展若干政策》，系统全面修订自然科学管理办法等，并做好宣传解读工作，不断激发创新创业活力。2019年国家自然科学基金集中受理期，学校共申报科研项目1 545项，同比增长8.3%，申报数再创历史新高。截至目前，已有312个项目获得资助，资助数名列全国第18位，资助项目数、资助经费均高于2018年同期，资助项目数连续8年保持在全国前20位，其中，国家重大科研仪器研制项目1项、优秀青年科学基金项目4项、重点项目3项、国际（地区）合作研究与交流项目7项、联合基金项目8项，2项国家杰出青年科学基金项目公示已结束。截至目前，国家重点研发计划项目及课题共获批10项，徐璎教授主持的"发育编程及其代谢调节"重点专项项目获批4 126万元，是苏大首次获批4 000万元以上的国家重点研发计划项目。省部共建放射医学与辐射防护国家重点实验室建设按计划有序推进，放射医学与辐射防护行业联盟成立。大力推进军工科研工作，组织申报各类军工纵向项目29项，保密和质量体系管理进一步加强。国家2011协同创新中心、江苏高校协同创新中心持续深化内涵式发展，新成立智能制造、智能驾驶协同创新中心等校级协同创新中心4个，与苏州市科技局、常熟高新区及西门子（中国）医疗集团共同筹建苏州市智慧医疗创新中心。横向科研项目到账总经费同比增长38.3%。知识产权转让和许可使用数同比增长83%，学校获评"教育部首批高校科技成果转化和技术转移示范基地"。国家大学科技园孵化服务模式不断创新，连续两年在江苏省科技企业孵化器绩效评估中获评优秀。苏州大学附属医院年度绩效考核工作首次顺利完成，医联体建设不断加强，附属第一医院入选国家血液系统疾病临床医学研究中心依托单位，附属第二医院持续深化"一院两区"同质化管理，附属儿童医院与吴江区签约共建吴江院区，附属独墅湖医院建设加快推进，3名医务工作者获评2019苏州"医者仁心·年度人物"。

更大力度加强教育部中国特色城镇化研究中心、大运河文化带建设研究院苏州分院等科研平台建设，遴选并资助2019年度人文社会科学优秀学术团队8个。上半年，组织申报人文社科各类纵向项目397项，获立项123项，其中，国家社科基金艺术学重大项目2项、重点项目3项（含教育学重点1项）、一般项目19项、青年项目4项，在国家社科基金项目艺术学、教育学两个单列学科上取得突破。实施人文社科优秀学术专著资助出版计划，首批资助的人文社科16部（套）著作出版。东吴智库12篇决策咨询报告被国务院发展研究中心《经济要参》、江苏省委宣传部《智库专报》等采纳。学报选题、组稿质量不断提高，各刊学术影响力稳步提升。出版社出版图书392种（次），《当代中国器乐创作研究》一书填补了中国器乐创作研究领域的空白，3部图书获得2019年度国家出版基金项目立项。

国际合作交流再拓展。制定并实施《学生出国（境）学习管理办法》，加大专兼职外事秘书培训培养，优质校际学生出国交流项目开发、设计与运行能力进一步提升。与美国俄亥俄州立大学、英国伯明翰大学等院校新签、续签交流协议40项，新增加拿大滑铁卢大学学期交换项目等校际学期/学年交流项目5个，新增美国伊利诺理工大学"3+2"本硕连读项目等联合培养项目5个，2019年上半年运行的各类长短期项目超过100个。参加三个月及以上长期交流项目的学生252人，参加三个月以下短期交流项目的学生706人，其中，本科生621人，同比增长45.1%。留学生规模进一步扩大，硕博士留学生占比进一步提高。2019年上半年在校留学生共计1 958人，较2018年同期增长了5.38%；学历留学生共920人，同比增长6.24%。

内部控制建设再加强。推行"全口径预算"，将高水平大学建设、中央地方共建等五大专项经费纳入校内预算，资金统筹能力大幅提升，资金使用效益有力提高。政府会计制度正式实施，经济行为进一步规范。内部审计工作不断加强，内部控制评价工作有力推进，配合完成江苏省教育厅专项审计工作。健全国有资产特别是无形资产管理规章制度，建设运行"国有资产管理服务平台"，组织开展固定资产清查工作，国有资产管理工作基础不断夯实。大型仪器设备开放共享有力推进。成立所属企业体制改革工作领导小组，统筹推进学校所属企业改革，改革方案已经上报上级主管部门审批。盘活房产资源，校内外商业门面房完成招标工作。组织各类采购任务225项，采购总额约1.6亿元。

师生服务保障再优化。"云中苏大"建设持续推进，校园基础网络建设和信息化平台建设力度进一步加大。恩玲艺术中心全面启用，唐仲英医学大楼、912号实验楼内装设计招标工作正在推进，配套工程建设开始施工，独墅湖校区体育馆项目已通过江苏省发改委立项审批。17栋学生宿舍、6个学生食堂、钟楼南草坪、东吴桥等维修工程全面完成，东吴大学旧址保护修缮、存菊堂改造、敬贤堂维修、东吴饭店改造、恩玲广场绿化工程、凌云楼东广场改造等项目正抓紧推进。图书馆数据库建设、科技查新等工作稳步开展，博物馆作为文化阵地和文化窗口的作用充分发挥。师生体检工作及疾病防控有力加强。教职工基本工资执行国家统一的新工资标准，在职人员住房公积金和离退休人员住房（租金）补贴进一步提高。"奖、助、贷、勤、补、减"六位一体的资助工作体系不断优化完善。就业指导服务工作系统性加强，"园区优秀实习生"项目、带薪实习项目有效开展。上半年，举办各类招聘会11场，企业进校超1 000家，提供岗位29 769个。成立实验室安全检查领导小组，持续开展实验室防火防爆专项整治、大剂量使用危险化学品专项治理、实验室安全隐患治理专项行动"回头看"等六大专项治理，实验材料特别是危化品运输、危险废弃物处置等工作妥善做好。"党政同责、一岗双责、齐抓共管"的安全工作责任体系不断建立健全。苏州大学医学校友会正式成立，校友联系服务工作不断加强。建校119周年"感恩·奋进"交响音乐会成功举行。金螳螂公司慷慨捐资支持独墅湖校区体育馆和学生活动中心建设。

各位委员、同志们，以上成绩的取得，离不开包括离退休老同志在内的全校师生员工的共同努力。在此，我代表党委常委会向各位委员和广大师生员工，对常委会工作的大力支持表示诚挚的谢意，向所有为学校事业发展付出辛劳和智慧的同志们致以崇高的敬意！

当然，我们也清醒地看到，常委会的工作还存在很多不足，学校发展依然面临着不少的困难和挑战，主要是：全面从严治党责任还需扛紧夯实，作风建设特别是为基层减负仍需深化落实，机关党建和业务工作融合还需系统推进；贯彻新发展理念、推进高质量发展的思路和举措还需进一步明确，人才培养、人事制度、科研管理、内部治理等重要改革攻坚任务尚需进一步细化、实化和一体推进；学生宿舍维修改造、体育场馆新建任务还很重，化解债务风险和改善教职工福利待遇的工作力度需同步加大；等等。对这些问题，我们在今后的工作中将着力加以解决。

下半年，我们将以习近平新时代中国特色社会主义思想为指导，深入学习贯彻党的十九大和十九届二中、三中全会精神，贯彻全国全省教育大会精神，扎实组织开展"不忘初心、牢记使命"主题教育，不断推进研究型大学内涵式发展，努力推动学校各项事业再上新台阶，以优异成绩庆祝新中国成立70周年。我们将在上半年工作的基础上，重点做好以下六个方面的工作。

一是组织开展"不忘初心、牢记使命"主题教育。深入学习贯彻习近平总书记重要讲话精神，深刻领会开展主题教育的重大意义，牢牢把握"守初心、担使命，找差距、抓落实"的总要求，落实重点措施，确保主题教育取得实效。

二是提高党的建设质量。筹备召开全校宣传思想工作会议，压实意识形态工作责任制，做好新中国成立70周年庆祝活动。推进"五聚焦五落实"基层党建三年行动计划，加强机关党的建设。建立健全综合考评制度体系，建立完善鼓励激励、容错纠错、能上能下"三项机制"，从严选好、管好干部。做好江苏省委巡视和校内巡察整改督查，组织开展校十二届党委第三轮巡察工作。全面推进纪检监察体制改革，强化纪检监察干部队伍能力建设。持续深入做好安全稳定工作。

三是全力推进一流学科建设。组织做好"双一流"建设中期自评工作。扎实做好第五轮学科评估准备工作。加强国家重点实验室、国家工程实验室、临床医学研究中心等重大创新基地和平台建设，持续推动协同创新中心高质量建设，大力推进科技成果转化和技术转移工作。制定完善新时代繁荣发展学校哲学社会科学工作办法。推进名城名校融合发展战略深化发展，进一步加强与苏州市、苏州工业园区战略对接，加快推进吴江未来校区建设。

四是深化教育教学改革。推进一流本科教育改革行动计划，以更大力度调整优化专业结构，加强一流本科专业和一流课程培育建设。深化教师教学发展中心建设。做好师范学院筹建工作。以德政导师制为重点进一步深化教育部博士生教育综合改革试点工作。加快壮大学校思政课教师队伍，全面提升马克思主义学院建设水平。积极稳妥推进独立学院转设工作。

五是加强人才队伍建设。进一步完善教师思想政治工作机制，加大师德师风建设力度。全面启动"三定"工作，深入推进教师岗位供给侧结构性改革、管理岗位职员制改革，组织做好第四轮岗位设置与聘用工作。以更大力度推进人文社科队伍建设。

六是统筹做好年度综合考核、学校所属企业改革和120周年校庆筹备等其他重点工作。

衷心希望各位委员、同志们对党委常委会的工作提出宝贵意见和建议，帮助我们把工作做得更好。

校长熊思东在"苏州市人民政府 苏州大学深化名城名校融合发展战略合作签约仪式"上的讲话

（2019年9月1日）

尊敬的周书记、葛厅长、李市长，各位领导，各位嘉宾：

今天我们欢聚一堂，举行"苏州市人民政府 苏州大学深化名城名校融合发展战略合作签约仪式"。这是苏州市、苏州大学两家的一件大事、一件喜事，标志着双方战略合作进入一个崭新的发展阶段，具有里程碑意义。在此，我代表苏州大学全校师生员工，向长期以来关心支持苏州大学发展的各位领导表示衷心的感谢！

今天是9月1日，我们选择在今天签约，在我看来有其特殊的含义。9月1日是传统的新学年开学的日子，是承前启后的重要时间节点，这也预示着苏州市和苏州大学迎来了名城名校融合发展的新起点。名城名校融合发展战略的顺利实施，得到了江苏省委、省政府、省教育厅和苏州市委、市政府的大力支持，各级领导亲自关怀，推进融合战略落地生根、开花结果。一直以来，乃翔书记十分关心苏州大学的发展，他自2012年到任苏州后，数年间十数次莅临苏州大学，对学校高端人才引进、创新平台建设、思想政治教育、校园环境改造等给予了很多关心和指导。葛厅长、李市长也曾多次来到苏州大学指导工作，对学校"双一流"建设、省市共建等事宜给予了关心和支持。在此，对各位领导的大力支持表示衷心的感谢并致以崇高的敬意！

从2006年的战略设想到2016年的制度实施，再到今天的硕果累累，十余年的实践证明，推进名城名校融合发展，是一项具有战略性、前瞻性的制度设计，是苏州和苏州大学进入新时代谋求高质量内涵式发展的正确选择。市校双方在攻坚克难中将各项任务落到实处、推向纵深，取得了显著成效。名城名校融合发展战略展现出强大的生命力，正逐步从苏州走向全国，成为全国众多知名高校与所在城市合作发展争相模仿学习的先进样本。如今，市校双方进一步深化名城名校战略合作，以大视野谋划战略合作布局，以大决心推进战略合作内容，以大手笔支持战略合作重点，长远合作前景更加令人期待。

苏州是苏大扎根的沃土，苏大的发展始终离不开苏州的滋养；苏大是苏州的大学，要在主动服务苏州高质量发展上彰显更大作为。我们将倍加珍惜市校双方在长期合作中形成的血脉相连、共生共荣的关系，加强战略谋划、增进相互协同、聚焦重点领域，共同肩负起更大的使命和责任。未来，我们将沿着名城名校融合发展之路坚定地走下去，全面促进学校创新资源与苏州经济社会发展深度融合，携手打造市校融合发展共同体、命运共同体，加快构建开放发展新格局，开启对接长三角一体化发展的新征程，形成引领"强富美高"新江苏建设的新速度，谱写新时代市校战略合作新篇章。

最后，预祝我们的合作圆满成功！

谢谢大家！

聚焦立德树人，聚力攻坚克难 以主题教育的扎实成效 推动双一流建设迈上新台阶

——校党委书记江涌在学校"不忘初心、牢记使命"主题教育动员部署会上的讲话

（2019年9月12日）

江苏省委指导组陈章龙组长，各位领导，同志们：

按照党的十九大部署，党中央从2019年6月份开始，以县处级以上领导干部为重点，在全党自上而下分两批开展"不忘初心、牢记使命"主题教育。5月31日，中央召开"不忘初心、牢记使命"主题教育工作会议，标志着主题教育正式在全党展开。9月7日，中央召开主题教育第一批总结暨第二批部署会议，正式启动第二批主题教育工作。9月10日，江苏省委召开专题会议就江苏省第二批主题教育进行部署。经江苏省委第十巡回指导组同意，今天，我们在这里召开学校"不忘初心、牢记使命"主题教育动员部署会，学习贯彻习近平总书记在中央"不忘初心、牢记使命"主题教育工作会议上的重要讲话精神，全面落实《中共中央关于在全党开展"不忘初心、牢记使命"主题教育的意见》，落实《中共江苏省委关于开展第二批"不忘初心、牢记使命"主题教育的实施方案》，对我校开展主题教育进行动员部署。

学校主题教育实施方案已经党委常委会审定，即将印发。各党（工）委要做好学习贯彻工作，不折不扣地把方案确定的任务举措落细落实，推动中央精神和江苏省委要求在我校落地见效。下面，根据常委会讨论情况，结合指导组审阅意见，就学校组织开展好这次主题教育，我讲三个方面的意见。

一、深入学习贯彻习近平总书记重要讲话精神，深刻领会开展主题教育的重大意义

在全党开展"不忘初心、牢记使命"主题教育，是以习近平同志为核心的党中央统揽伟大斗争、伟大工程、伟大事业、伟大梦想做出的重大部署。5月31日，中央召开主

题教育工作会议，习近平总书记发表重要讲话，深刻阐明了开展主题教育的重大意义、目标要求和重点措施，对开展主题教育做出全面部署。近期，习近平总书记又先后在中央政治局第十五次集体学习、考察内蒙古自治区等多个场合就组织开展好主题教育发表重要讲话。习近平总书记关于主题教育的系列重要讲话，贯穿着马克思主义立场、观点、方法，彰显了我们党勇于自我革命、全面从严治党的坚定决心，为开展主题教育提供了根本遵循，为党员干部守初心、践使命指明了前进方向。全校各级党组织和广大党员干部一定要深入学习领会，自觉把思想和行动统一到以习近平同志为核心的党中央决策部署上来。

要深刻领会开展主题教育的重大意义。开展这次主题教育，是用习近平新时代中国特色社会主义思想武装全党的迫切需要，是推进新时代党的建设的迫切需要，是保持党同人民群众血肉联系的迫切需要，是实现党的十九大确定的目标任务的迫切需要，也是苏州大学推进高质量发展、推动"双一流"建设的迫切需要。习近平总书记多次指出，当今世界正处于百年未有之大变局中，改革发展稳定任务艰巨繁重，既面临着难得的历史机遇，也面临着一系列重大风险考验。就我校而言，为党育人、为国育才，落实立德树人根本任务，推进"双一流"建设，是我们的职责所在、使命所系。当前，我校发展正处于爬坡迈坎、滚石上山的关键时期，面临着"逆水行舟不进则退、慢进也是退"的严峻挑战。我们要切实增强开展好主题教育的政治自觉、思想自觉和行动自觉，要把深入学习贯彻习近平新时代中国特色社会主义思想作为主题教育的首要任务，切实筑牢信仰之基、补足精神之钙、把稳思想之舵；要深入贯彻新时代党的建设总要求，巩固拓展巡视整改成果，全面提高学校党的建设质量；要把树牢以师生为中心的办学理念作为主题教育的重要落脚点，用初心净化我们的思想，用使命锤炼我们的作风，用作为检验我们的担当，不断战胜一流大学建设征程中的各种艰难险阻、风险挑战，不断开辟高水平研究型大学建设新境界。

要深刻领会主题教育的总要求。中央明确，这次主题教育要贯彻"守初心、担使命，找差距、抓落实"这十二字的总要求。习近平总书记指出，"守初心"，就是要牢记全心全意为人民服务的根本宗旨，以坚定的理想信念坚守初心，以真挚的人民情怀滋养初心，以牢固的公仆意识践行初心；"担使命"，就是要牢记我们党肩负的实现中华民族伟大复兴的历史使命，要勇于担当负责，积极主动作为，保持斗争精神，知重负重、攻坚克难；"找差距"，就是要按照"四个对照"，找一找在增强"四个意识"、坚定"四个自信"、做到"两个维护"方面存在哪些差距，在知敬畏、存戒惧、守底线方面存在哪些差距，在群众观点、群众立场、群众感情、服务群众方面存在哪些差距；"抓落实"，就是要把习近平新时代中国特色社会主义思想转化为推动改革发展稳定和党的建设各项工作的实际行动，把初心使命变成党员干部锐意进取、开拓创新的精气神和埋头苦干、真抓实干的自觉行动，推动党的路线、方针、政策落地生根，推动解决人民群众反映强烈的突出问题。"守初心"是解决理想信念问题，是基础和前提；"担使命"是"守初心"的价值驱动；"找差距"是对照初心使命的内在要求和本质规定的找差距；"抓落实"是聚焦初心使命的抓落实，是正视差距不足和抓问题整改的落实。"守初心、担使命，找差距、抓落实"的总要求，是党中央根据新时代党的建设任务、针对党内存在的突出问题、结合这次主题教育特点提出来的，是一个相互联系的整体。我们要从学思用贯通、知信行统一的辩证视角，全面把握、科学认知、一体推进、整体贯彻。

要深刻领会主题教育的目标任务。这次主题教育的具体目标，概括起来是五句话，即理论学习有收获、思想政治受洗礼、干事创业敢担当、为民服务解难题、清正廉洁做表率。理论学习有收获，重点是教育引导广大党员干部在原有学习的基础上取得新进步，加深对习近平新时代中国特色社会主义思想和党中央大政方针的理解，增强贯彻落实的自觉性和坚定性，提高运用党的创新理论指导实践、推动工作的能力。思想政治受洗礼，重点是教育引导广大党员干部坚定对马克思主义的信仰、对中国特色社会主义的信念，传承红色基因，增强"四个意识"，坚定"四个自信"，做到"两个维护"，自觉在思想上、政治上、行动上同以习近平同志为核心的党中央保持高度一致。干事创业敢担当，重点是教育引导广大党员干部以强烈的政治责任感和历史使命感，保持只争朝夕、奋发有为的奋斗姿态和越是艰险越向前的斗争精神，以钉钉子精神抓工作落实，努力创造经得起实践、人民、历史检验的实绩。为民服务解难题，重点是教育引导广大党员干部坚守人民立场，树立以师生为中心的发展理念，着力解决师生的操心事、烦心事、揪心事，增强师生的获得感、幸福感、安全感。清正廉洁做表率，重点是教育引导广大党员干部保持为民务实清廉的政治本色，自觉同特权思想和特权现象做斗争，坚决预防和反对腐败，清白做人、干净做事。这一目标任务，体现了党对新时代党员干部思想、政治、作风、能力、廉政等方面的基本要求，为我们坚守初心、践行使命指明了前进方向。我们要紧紧围绕学习贯彻习近平新时代中国特色社会主义思想这条主线，自觉把开展这次主题教育作为坚定理想信念、从严管党治党、密切联系师生、强化责任担当的重要契机，明确方向、找准落点，精准发力、持续用劲，确保主题教育取得实实在在成效。

二、不折不扣落实重点措施，推动主题教育有序开展

　　江苏省委高度重视主题教育的组织开展。娄勤俭书记在江苏省委主题教育动员会上强调要将主题教育作为学习贯彻习近平新时代中国特色社会主义思想的领航工程、作为提高党的建设的基础工程、作为密切联系服务群众的民心工程、作为推动江苏高质量发展走在前列的动力工程，提出了"五深入五确保"的工作任务。在9月10日江苏省"不忘初心、牢记使命"主题教育第一批总结暨第二批部署会议上，娄勤俭书记进一步强调，开展好第二批主题教育意义重大，直接关系到习近平总书记重要讲话指示精神在江苏的落地见效，关系到党执政根基的巩固夯实，关系到主题教育的整体效果。根据中央、江苏省委统一部署，我校主题教育从9月开始，到11月底基本结束。我们要严格对照中央、江苏省委部署，紧扣立德树人根本任务，聚焦贯彻落实习近平新时代中国特色社会主义思想和习近平总书记关于教育工作的重要讲话和指示精神、健全全员全过程全方位育人的体制机制、加强思想政治工作和思想政治课建设等内容，紧密结合学校党组织类型多、党员人数多、处在教学科研和服务师生第一线、师生员工期待解决的问题更具体等特点，一体推进、贯通抓好学习教育、调查研究、检视问题、整改落实四项重点措施的落实，高标准、高质量地开展好主题教育。

（一）入脑入心深化学习教育

　　认认真真学原著悟原理是这次主题教育的基础，要将学习贯彻始终，推动学习贯彻习

近平新时代中国特色社会主义思想往深里走、往心里走、往实里走，把学习成效体现到增强党性、提高能力、改进作风、推动工作上来。

要坚持原原本本学。认真完成好中央规定的必读书目的学习。党员领导干部要通读《习近平关于"不忘初心、牢记使命"论述摘编》，认真学习党章、《习近平新时代中国特色社会主义思想学习纲要》，深入学习习近平总书记在"不忘初心、牢记使命"主题教育工作会议、中央政治局第十五次集体学习、中央和国家机关党的建设工作会议、内蒙古考察并指导开展"不忘初心、牢记使命"主题教育时和在2019年秋季学期中央党校中青年干部培训班开班式上的重要讲话，学习习近平总书记对江苏、对教育工作的重要指示批示精神，学习党史和新中国史，不断加深对习近平新时代中国特色社会主义思想核心要义和实践要求的理解把握。党支部要组织党员以个人自学为主，原原本本通读《习近平关于"不忘初心、牢记使命"论述摘编》等，领悟初心使命，增强党的意识，坚定理想信念。

要抓好集中研讨学。处级以上领导班子要安排5~7天时间，采取党委理论学习中心组学习等多种形式，分专题开展学习研讨，保证学习实效。党支部要组织党员围绕"初心是什么、使命干什么、奋斗比什么"主题做好交流研讨。党支部书记要讲1次专题党课，或者向所在支部党员报告1次个人学习体会。

要自觉对照先进学。组织开展领导干部学"周恩来精神"、基层干部学赵亚夫、广大党员学王继才活动，开展"不忘初心，礼赞祖国——我身边的共产党员故事"典型宣传活动，注重运用第一批主题教育的有效做法和成功经验开展学习，注重运用学校和其他领域攻坚克难和"三项机制"典型案例开展学习，深刻对照反思2019年6月27日江苏省委书记娄勤俭在县委书记政治能力建设专题培训班提出的"九个有没有"，回答好"江苏发展三问"。

要紧密联系实际学。在全校党员中广泛开展"重读入党志愿、重温入党誓词、重忆入党经历、重问入党初心，党员亮身份、服务亮承诺、工作亮标准、担当亮作为"的"四重四亮"等活动，不断提高学习的针对性、实效性和感染力，引导党员干部在学懂弄通中切实解决思想根子问题。

（二）求真求实深入调查研究

调查研究是我们党的传家宝，是做好各项工作的基本功。我们要树立鲜明的问题导向，着眼于查找领导班子、领导干部自身问题和解决学校改革发展实际问题，真正沉到教学科研和师生服务一线，沉到问题集中、困难较多、情况复杂、矛盾尖锐的地方，了解民情、掌握实情、拿出真招、硬招、管用的招，着力破解难题，真正使调查研究的过程成为加深对党的创新理论领悟、密切联系师生、推动学校"双一流"建设的过程。

要突出调研重点。要聚焦贯彻落实习近平新时代中国特色社会主义思想和习近平总书记关于教育工作的重要讲话和指示精神，健全全员全过程全方位育人的体制机制、加强思想政治工作和思政课建设等，选准确定研究课题，研究提出解决问题的思路和办法措施。

要改进调研方式。更多采用不发通知、不打招呼、不听汇报、不用陪同接待和直奔基层、直插现场的"四不两直"调研方式，有针对性地开展调研，掌握第一手资料。要做到"五主动五个一"：要主动深入教室、实验室、处室、餐厅、宿舍等基层一线，收集一批社情校情民意；要主动了解基层单位发展中遇到的"卡脖子"问题，解决一批实际困难；要主动听取师生意见，综合分析研判，化解一批矛盾问题；要主动挖掘基层做法和师生智慧，发现一批典型经验；要主动巩固解决问题的成效，制定一批政策措施。要加强对调研的统筹，杜绝扎堆调研。

要转化调研成果。处级以上领导班子成员要梳理调研情况，汇总分析调研资料，形成调研报告，努力把调研成果转化为指导实践、解决问题的工作思路，转化为推动学校"双一流"建设、服务师生的自觉行动。

要讲好专题党课。在学习调研的基础上，处级以上领导班子成员要讲好专题党课。要结合前期调研成果，既要讲学习习近平新时代中国特色社会主义思想的收获与体会，又要讲运用习近平新时代中国特色社会主义思想指导实践存在的差距和改进工作的思路措施。

（三）对表对标深刻检视问题

检视问题是抓好主题教育的关键。要采取自己找、师生提、集体议、上级点等方式，查不足、找短板，一条一条列出问题，从思想、政治、作风、能力、廉政方面，特别是从主观上、思想上进行剖析，把问题找实，把根源挖深，明确努力方向和改进措施。

要广泛听取意见。结合调查研究，通过个别访谈、召开座谈会、发放征求意见表等方式，组织开展"三听两问"，即充分听取服务对象、基层党员、普通师生的意见，问领导班子、领导干部存在的突出问题，问改进作风、改进工作的意见和建议。

要深入查找问题。处级以上领导班子要对照习近平新时代中国特色社会主义思想，对照党章党规，对照初心使命，对照岗位职责，认真检视反思，查摆自身不足，查找工作短板。要安排专门时间，召开"对照党章党规找差距"专题会议。党支部要组织党员，对照党章规定的党员条件和义务权利，对照《中国共产党廉洁自律准则》《关于新形势下党内政治生活的若干准则》《中国共产党纪律处分条例》，对照师生提出的意见建议等，查找党员意识、担当作为、服务师生、遵守纪律、作用发挥等方面的差距和不足。

要认真检视问题。党员领导干部要联系实际，进行"三围绕三检视三反思"，围绕党的政治建设，检视是否存在忽视政治、淡化政治、不讲政治等问题，反思政治站位高不高、政治能力强不强、政治生态好不好；围绕党的思想建设，检视是否存在理论武装弱化、理想信念淡化、"四个自信"动摇等问题，反思重视够不够、抓得紧不紧、责任实不实；围绕党的作风建设，检视是否存在漠视师生利益、干事创业劲头不足、廉洁意识不强等问题，反思宗旨意识牢不牢、担当精神强不强、自我要求严不严。处级以上领导班子和党员领导干部要全面进行政治体检，深入查找不足，逐条列出问题清单，把问题找实、把根源找深，明确努力方向。党支部要结合"三会一课"，组织党员做好对照检视。

（四）见底见效深度整改落实

要突出主题教育的实践性，坚持从一开始就改起来，把"改"字贯穿始终，坚持边学边查边改，坚持立查立改、即知即改，实实在在地整改解决学校党的建设和思想政治工作中一些突出问题，以钉钉子精神推动逐项整改、逐项见效。

要着力落实习近平总书记重要指示精神和党中央、江苏省委决策部署。逐条梳理贯彻落实习近平新时代中国特色社会主义思想，习近平总书记对教育工作、江苏工作的重要指示批示精神和党中央、江苏省委决策部署情况，建立工作台账，认真抓好落实。要着力抓好破解学校改革发展的难题、解决师生员工关心的利益问题等，切实推进学校高质量发展，增强师生员工获得感、幸福感。要把为基层减负作为整改落实的重点，认真抓好各项要求。

要认真开展专项整治。采用项目化方式，切实抓好中央明确的八个方面的专项整治任务：一是对贯彻落实习近平新时代中国特色社会主义思想和党中央决策部署置若罔闻、应付了事、弄虚作假、阳奉阴违的问题；二是干事创业精气神不够，患得患失，不担当不作为的问题；三是违反中央"八项规定"和江苏省委"十项规定"精神的突出问题；四是形式主义、官僚主义层层加重基层负担，文山会海突出，督查检查考核过多过频的问题；五是领导干部配偶、子女及其配偶违规经商办企业问题；六是对师生关心的利益问题漠然处之，空头承诺，推诿扯皮，以及办事不公、侵害师生利益的问题；七是基层党组织软弱涣散，党员教育管理宽松软，基层党建主体责任缺失，教师党支部书记"双带头人"配备不到位等问题；八是与干扰学校正常教学秩序、危害师生生命财产安全、各类校园贷和套路贷等各种伤害师生的黑恶势力和不法行为斗争不彻底、不坚决的问题。处级领导班子要根据实际情况，有针对性地列出需要整治的突出问题，进行集中治理。专项整治情况要以适当方式向党员干部师生进行通报。

要认真落实整改措施。要逐条列出问题清单、任务清单和责任清单，明确整改措施和整改时限，能改的立即改，一时解决不了的盯住改、限期改，坚决防止虎头蛇尾、久拖不决，坚决防止纸上整改、虚假整改。要有针对性地建章立制，用制度形式把整改落实措施和成效固化下来，形成长效机制。

开好专题民主生活会、组织生活会。主题教育结束前，处级以上领导班子要召开专题民主生活会，针对检视反思问题，联系整改落实的情况，严肃开展批评与自我批评。党支部要以"不忘初心、牢记使命"为主题召开一次专题组织生活会，开展民主评议党员。

三、切实加强组织领导，确保主题教育取得实效

这次主题教育时间紧、任务重、要求高，各级党组织要切实增强责任感、紧迫感，科学谋划推进、强化责任落实，高水平完成各项工作任务，确保主题教育取得扎实成效。

落实领导责任。学校党委研究成立了由我任组长，党委副书记、纪委书记和有关常委任副组长的主题教育领导小组，在江苏省委指导组的指导下，领导开展学校主题教育。领导小组设办公室，包括组织、秘书、宣传和专项整治四个工作小组。领导小组办公室要发挥好统筹协调功能，各工作组要发挥好职能作用，形成工作合力。各党委、党工委要根据学校主题教育实施方案，及时成立主题教育领导小组及办公室，配齐配强工作力量，尽快完善工作机制，统筹安排各单位学习教育，发挥好承上启下的作用。各级党组织书记要切实担负第一责任人的责任，落实好抓主题教育责任清单。各处级班子、领导干部要自觉做到先学先改、真查实改，把关键少数的关键作用充分发挥出来。

这里，我也表个态，在认真履行学校党委第一责任人责任的同时，一定带头参加学习研讨、带头深入基层调查研究，带头检视问题、剖析问题、整改问题，高标准、严要求抓好自身教育。同时，严格对照江苏省委主题教育领导小组和江苏省委组织部联合下发的《8个类别党组织书记基层党建工作责任清单的通知》中关于"高校党委书记基层党建工

作责任清单"规定，将贯彻落实好"十个坚持"贯穿主题教育始终，落实到管党治党、办学治校全过程，与党委班子成员一起放好样子、做好表率。

加强指导督促。为搞好这次主题教育，江苏省委派出指导组到学校指导工作，我们要积极配合指导组工作，虚心向指导组求教，确保学校主题教育高标准开展、高质量推进。根据学校党组织面广量大的特点，学校主题教育领导小组还组建了指导组。各指导组要从学习教育、调查研究、检视问题、整改落实、组织领导等方面，对各党（工）委、各处级领导班子开展主题教育进行督促指导，及时发现问题和解决问题。各指导组要切实加强自身建设，自觉提升政策水平、理论水平，提高督促指导能力；要强化目标导向、效果导向，要帮助分析问题、研究对策，把指导组"指导"的功能作用有效发挥出来。

发挥支部主体作用。党支部是党的全部工作和战斗力的基础，也是确保学校主题教育全覆盖、高质量开展的关键。全校562个党支部要认真落实《中国共产党支部工作条例（试行）》，结合"两学一做"学习教育常态化、制度化，依托"三会一课"、主题党日等有效组织好主题教育。要抓好方法创新，结合支部师生员工实际，采取生动鲜活、喜闻乐见的方式，增强主题教育的吸引力和感染力。离退休党支部要更多采取送学上门、结对帮学等方式，组织做好离退休老同志尤其是体弱患病、行动不便的高龄党员的学习教育。要抓住主题教育契机，突出政治功能，实施支部提质增效三年行动，整治软弱涣散党支部，构建完善"党委抓牢支部、支部严管党员、党员带动师生"机制，为开展主题教育打牢组织基础。在校级层面举办的全校教职工党支部书记示范培训基础上，各党（工）委要以分党校为阵地，开展1次支部书记全员轮训。

抓好宣传教育。主题教育关系学校党的建设、关系学校改革发展，全校师生十分关切。要充分用好校园网、宣传栏及微信、微博等，深入宣传习近平总书记关于主题教育的重要讲话和重要指示批示精神，深入宣传党中央和江苏省委部署要求，深入诠释开展主题教育的重大意义和目标要求，推动全校党员干部把思想和行动统一到中央和江苏省委部署上来。要注重发挥先进典型的作用，总结宣传秉持理想信念、保持崇高境界、坚守初心使命、敢于担当作为的先进典型，用身边事教育身边人。要运用反面典型，以案例明法纪、促整改，发挥警示教育作用。

力戒形式主义。主题教育效果好不好，归根结底要看解决问题、推动工作的成效。各部门各单位要坚持紧扣中心、服务大局，把开展主题教育同庆祝新中国成立70周年、迎接学校办学120周年结合起来，同落实当前学校改革发展稳定各项任务、完成全年各项目标任务结合起来，同抓好各单位各部门中心工作结合起来，真正让主题教育激发出来的工作热情和奋斗精神，转化为推动学校改革发展、加快"双一流"建设的实际成果。

力戒形式主义、官僚主义是主题教育取得实效的重要保证，也是这次主题教育的重要内容。中央在主题教育意见中明确强调，学习教育不对写读书笔记、心得体会等提出硬性要求；调查研究不搞"作秀式""盆景式"调研和不解决实际问题的调研；检视问题不大而化之、隔靴搔痒，不避重就轻、避实就虚，不以工作业务问题代替思想政治问题；整改落实不能口号喊得震天响、行动起来轻飘飘，不虎头蛇尾、久拖不决。在主题教育组织实施过程中，我们要严格贯彻落实中央和江苏省委关于解决形式主义突出问题、为基层减负的有关规定，以务实的作风，推动主题教育取得实实在在成效。对开展主题教育消极对待、敷衍应付的，要严肃批评；对走形变样、问题严重的，要给予组织处理。

同志们，开展"不忘初心、牢记使命"主题教育，为我们以刀刃向内的自我革命精神不断提高我校党的建设质量、不断激发党员干部攻坚克难的勇气、不断浓厚干事创业的氛围，提供了十分难得的机遇！让我们紧密团结在以习近平同志为核心的党中央周围，以高度的政治责任感、良好的精神状态和务实的工作作风，扎实开展好主题教育，努力推动学校党的建设和改革发展再上新台阶，以更加优异的成绩迎接新中国成立70周年和学校建校120周年！

谢谢大家！

苏大四季

——校长熊思东在苏州大学 2019级新生开学典礼上的讲话

(2019年9月25日)

同学们、老师们、同志们、朋友们：

金秋时节，我们集结于此，隆重举行2019级新生开学典礼，迎接来自世界各地的12 603名新同学。在此，我代表学校，向你们的到来表示最热烈的欢迎！向教导你们成才的老师、抚育你们成长的家长表示衷心的感谢！

大学是传承文明的殿堂。在人类历史的长河中，助推人类文明进步的组织灿若繁星，但只有少数能够传存至今。美国教育思想家Clark Kerr曾做过统计，自公元1520年以来，西方世界建立的所有机构迄今仍以其公认的形式存在于世的只有85个，而在这85个机构中除去15个是教会、议会、州府等机构与实体外，其余的70个全部是大学。我们不禁会问，当数以万计的组织历经成立、发展、成熟、衰退的生命周期，为何只有大学能够永葆青春活力？我想，这正是因为有一代又一代的学子将他们最宝贵的年华、智慧与汗水留在了大学。他们在春天里播下梦想与希望，经历夏季的耕耘、秋季的丰收和冬季的沉淀，在四季轮回中实现了自我成长，也为大学凝聚了不断前行的力量。这便是大学四季。正如英国诗人John Masefield所说："世间很少有事物像大学那样辉煌，很少有事物比大学更美，很少有事物比大学更不朽。"苏州大学也正是这样一所春秋礼乐、冬夏诗书、四季盈实的大学。

同学们，你们带着四季的色彩而来，都有着精彩的故事。商学院的施秉钧同学，十年前你跨山过海，从宝岛台湾来苏大攻读硕士，十年后的春天，你又决定回到念念不忘的母校继续攻读博士学位。能源学院的周月驰同学，两年前的夏天，你献髓救母，边学习边照顾母亲，虽然艰辛，但仍以优异的成绩考入苏大。医学部的孟叶与商学院的孟竹姐妹，体育学院的陈康、沈康兄弟，2019年秋天，你们两对双胞胎携手"登科"入东吴，期待你们花开同根，各成精彩。教育学院的陆莹绮同学，2018年冬天，你从学长手中接过印着"梦圆苏大"的签字笔，并带着它参加高考圆梦苏大，希望你因梦而来、寻梦而行，也将"梦圆苏大"的好运带给家乡的学弟学妹。我还知道，你们中有6个志愿全报苏大的"痴心汉"，也有因为不小心答错几道"送分题"而"委身"苏大的"无奈人"。无论是苦心追寻还是途中偶遇，或是弄"拙"成巧，期待全体2019级新同学与苏大一同成长、续写辉煌。

苏州大学从119年前走来，被称为中国最美大学之一。苏大人对她的热爱，始于"颜值"，行于"理想"，忠于"内涵"，久于"情怀"。这里四季分明，韵味无穷，可谓之：天赐庄里春光媚，独墅湖畔夏蝉鸣，阳澄湖边秋蟹肥，未来校区冬雪梅。校园里的每棵大树、每株小草，都散发着浸润心灵的书香。在离学校钟楼约120步的地方，有四幢小楼，分别叫春晖、夏润、秋韵和冬瑞，她们见证了苏大的春华秋实、夏长冬藏。如果我们把学校近120年的历史比作四季，则三十载为一季，季季英才辈出。1927年的春天，首位华人校长杨永清先生到任，他积极推行中国传统文化教育，兴建校舍，兼收女生，留下"养天地正气、法古今完人"的校训，给学校带来了春天般的希望与活力。1946年的夏天，向哲濬、倪征燠、高文彬等十位师生，临危受命参加东京审判，将日本战犯绳之以法，维护了民族尊严，捍卫了人类正义。1983年的秋天，王卫平老师留校任教，他勤耕教育，把最好的时光奉献给三尺讲台，用深厚的理论功底赢得了学生的喜爱。2018年的冬天，阮长耿老师带领的团队所创建的医学研究中心成功获批国家临床医学研究中心，他老骥伏枥、耕耘不辍，全程参与中心发展蓝图和建设方案的制定，这也是他继增选为中国工程院院士，获得法兰西国家功绩骑士勋章、法兰西国家功绩军官勋章等荣誉后，为我校血液学学科发展增添的又一座里程碑。

天不言而四时行，地不语而百物生。苏大人应时而作，应季而收，在春播、夏耕、秋收、冬藏的四季轮回里延展着自己的人生。今天我们看到的校园美景，感受到的校史精神，无一不是前辈先贤精心播种、勤力耕耘、及时收获的累累硕果，而这些累累硕果与精彩篇章汇就成绚丽多彩的苏大四季。我相信，你们也将在这多彩的苏大四季里，给苏大增添新的活力、赋予苏大新的内涵。从今天开始，我们将一同踏上这段美妙的旅程。

启程，春雨润，大学赋予"春播"的希望。当春风唤醒晴岚河畔的二月兰时，苏大人早已开启了"醒得早、起得早、动得早"的"春播"模式。文成楼里，学习小组正热烈讨论，制订研究计划；炳麟馆里，同学们正翻阅文献，孕育学术理想；创业园里，科创团队正碰撞思维，选择主攻方向。敢于有梦的苏大人，都不愿让脚步落在后面。同学们，苏大是滋养梦想的沃土。这里有自由宽松的学术氛围，有包括诺贝尔奖获得者、两院院士在内的5 553位教职员工陪伴你们成长，让你们的梦想尽情绽放。作为思维活跃的"千禧一代"，你们要倾听内心深处的召唤，唤醒自己的潜能，胆子更大一点，眼光更远一些，敢于做别人没做过的梦，走别人没走过的路；作为担任民族复兴重任的"强国一代"，你们初入大学就将迎来我们伟大祖国70华诞，你们的未来与中国梦紧密相连，希望你们立鸿鹄之志，把个人发展汇入时代洪流，让青春梦想与家国情怀共振。同学们，春风好借力，播种正当时。希望你们在生机勃勃的校园里尽力扎根、努力生长。

疾行，骄阳烈，大学记录"夏耕"的热情。农人们常说，"庄稼地是一家人的脸面"。庄稼长势好，地里没有杂草，仿佛就能看到农人顶着烈日劳作的模样。你们未来会成为什么样的人，模样都藏在点滴耕耘里。来到苏大，希望你们上好每一堂课，努力收集智慧教室、慕课教学、新生研讨课的"能量包"；读好每一本经典，积累思想的深度和厚度，养成独立思考的能力；做好每一个实验，向身边人学习，在团队中成长，将知识的触角不断延伸。刚刚过去的夏天，当你们吃着西瓜追着剧、吹着空调打游戏的时候，有的研究生新生已经在实验室里开启了"996"甚至"007"的学习模式，他们用行动告诉我们：越优秀、越上进、越成功、越努力。你们的学长学姐更是没有懈怠,他们组成近千支实践团队,奔赴祖国大江南北,走向世界各地。苏大记录了"研究生支教团"走进乡间田野,宣讲"互联网+农业"的每一个清晨;记录了"医行大别山"团队前往革命老区,为留守老人体检的每一个午后;记录了"剑桥大学研修团"与国际精英对话的每一个深夜。这些最真实、最动人的场景,装点了苏大的"十二时辰",也成全了他们心中的"小欢喜"。同学们,夏荷露尖角,耕耘需及时。希望你们在热情洋溢的校园里用行动浇灌梦想之花。

冲刺,秋风起,大学回馈"秋收"的丰厚。秋天是收获的季节,但并不意味着不劳而获。收获既需要劳动,更需要抢抓时节。在农村,庄稼人要赶在霜冻和阴雨到来之前,抓紧秋日少有的晴朗天气,抢收农作物,做到颗粒归仓。在大学,你们也要将"所学"转化为"所有"。课堂上学到的知识,要通过考核转化为学分;田野调查得到的数据,要抓紧时间凝练成结论;实验室里辛苦攻克的关键技术,要尽快转化应用;聆听大师讲座时灵光一现的 idea,要立刻付诸实践。当然,遇到让你怦然心动的 Ta,表白也要趁早。唯有抢抓时节,及时"收割",这份踏实的收获才会化作丰收的喜悦。大学的秋天,既能收获成长的果实,也能收获人生的经验。你们要在知行合一的实践里锻炼自律的意志,厚植精神的沃土。希望你们把"所有"转化为"所用",回馈时代所托,把论文写在祖国大地上,在服务社会发展中实现更大的价值。同学们,秋日始登高,收获恰好时。希望你们在成熟醇厚的校园里收割属于你们的黄金时代。

回眸,瑞雪落,大学带来"冬藏"的宁静。当初雪覆盖了一切喧嚣与热闹时,过往时节的美好在冬日宁静的校园里被一一收藏。此刻,每一缕思考、每一次笔落,都散发着平静的气场,沉淀下冬日的深邃。这份宁静是深度思考的支点。在信息碎片化的时代,很容易让我们丧失独立思考的能力。希望你们珍惜这份宁静,把问题在脑子里多浸泡一会儿,将目光往事物的本原更靠近一点,在批判性思考中感悟生命的成长。这份宁静是久久为功的韧劲。耕耘不是一劳永逸,成功也不会一蹴而就,希望你们在宁静中锤炼持之以恒的决心,有了成绩不自满,放下褒奖、从零出发;遇到挫折不气馁,沉着应对、迎难而上。这份宁静是张弛人生的弹性。我相信,你们会给青春"增压",全身心投入紧张的学业中。但我也希望你们做到张弛有度,既步履不停,用行动追逐梦想;又惜时康养,让身心得到休息。同学们,冬藏万籁静,花开会有时。希望你们在含蓄宁静的校园里积蓄能量再出发。

大学既创造四季之美,也收获四时之果。一所具有春、夏、秋、冬的大学就是一所好大学。未来,苏州大学还有更多沃土等待你们去开垦,更多美好等待你们去耕耘,更多智慧等待你们去收获,更多力量等待你们去积蓄。希望你们成为敢于追梦的勇者、勤于行动的强者、善于决断的能者、成于思考的智者,在这个开放包容的大学校园里,始终拥有"春播"的希望、"夏耕"的热情、"秋收"的丰厚、"冬藏"的宁静,开垦好自己的未来,谱写一曲最美的青春四季歌!

最后,祝愿各位新同学,春吉、夏祥、秋安、冬康,春夏秋冬,蓬勃成长!苏大四季有你,从此既有冬夏,也有春秋!

党委常委会工作报告

——校党委书记江涌在校党委十二届九次全体会议上的报告

（2020年3月4日）

各位委员、同志们：

受党委常委会的委托，我向大家报告2019年度党委常委会工作。

一年来，党委常委会坚持以习近平新时代中国特色社会主义思想为指导，深入贯彻落实中央和江苏省委决策部署，切实履行管党治党、办学治校主体责任，坚持把方向、管大局、做决策、抓班子、带队伍、保落实，把抓好学校党建工作作为办学治校的基本功，把思想政治工作作为各项工作的生命线，持续抓好中央和江苏省委巡视整改工作，扎实开展"不忘初心、牢记使命"主题教育，以政治建设为统领全面加强党的建设，学校党的建设和各项事业实现新发展。

一、举旗帜、把方向，提升政治引领力

一是加强党对学校工作的全面领导。坚持以习近平新时代中国特色社会主义思想为指导，全面加强党的政治建设，进一步增强"四个意识"，坚定"四个自信"，做到"两个维护"，坚持马克思主义的指导地位，把牢社会主义办学方向，贯彻落实"四个服务"整体要求，遵循教育规律，扎根中国大地，加快推进"双一流"建设，努力培养德智体美劳全面发展的社会主义建设者和接班人。中共中央政治局委员、国务院副总理孙春兰同志来校调研。央视《新闻联播》报道了学校庆祝新中国成立70周年有关活动。一年来，学校党委先后在全省高校党的建设工作会议、全省干部教育培训工作会议、全省高校领导干部暑期学习培训班、全省高校主题教育推进会、全省干部监督工作会议等重要会议上做经验交流。江苏省政府研究室组织专家专程来校开展专题调研，形成的《勇当地方高校创新发展排头兵》的调研报告在国务院发展研究中心主管的《中国发展观察》上刊登。

坚持和完善党委领导下的校长负责制，进一步修订完善《中共苏州大学委员会全体会议和常务委员会会议议事规则》《苏州大学校长办公会议议事规则》，严格执行"三重一大"决策制度。一年来，共召开党委常委会会议43次，就贯彻落实中央、江苏省委重大决策部署，全面从严治党、主题教育、立德树人、人才队伍建设、"双一流"和高水平

大学建设等做出决策部署。成立党的建设与全面从严治党工作领导小组、党委人才工作领导小组、综合考核工作领导小组等，首次接受全省高校综合考核并开展校内综合考核，不断完善坚持和加强党的领导的相关体制机制。围绕学院党政共同负责制落实情况开展集中调研，推动院级党委委员会议事规则、党政联席会议议事规则等落地落实。制定并实施《关于加强依法治校工作的意见》，江苏省依法治校试点工作稳步推进。

二是扎实开展"不忘初心、牢记使命"主题教育。成立主题教育领导小组及办公室，制定实施方案、工作推进方案和3个类别的任务清单，派出9个校内巡回指导组，全面加强对主题教育的组织协调、指导督促，一体推进学习教育、调查研究、检视问题、整改落实四项重点措施。领导班子及全校党员干部围绕"三态"问题深入检视剖析，扎实开展八个方面的专项整治，稳步推进债务化解、综合考核等一些事关学校长远发展的工作，花大力气推进完成了17幢宿舍、6个食堂的维修改造工作，按规定做好独墅湖校区体育场馆新建的立项报批，妥善解决部分青年教职工岗位聘任的历史遗留问题，每月安排60万元食堂价格平抑基金补贴16个学生食堂，在"三全"育人、内部治理等方面制定修订规章制度50余项。召开主题教育总结大会，就巩固拓展主题教育成果、持续抓好整改落实做出部署。学校主题教育的部分经验做法被江苏省委主题教育简报、"学习强国"等采编，在全省"不忘初心、牢记使命"主题教育总结大会上受到江苏省委的点名表扬。

三是全面加强思想政治工作。成立学习宣传贯彻党的十九届四中全会精神宣讲团，坚持不懈用新思想武装党员、教育师生。召开全校宣传思想工作会议，就加强新时代学校宣传思想工作进行研究部署，首次表彰苏州大学"兴育新"宣传思想政治工作奖获得者。制定《教职工"双周三"政治理论学习实施办法》。"学习强国"平台注册党员11 447名。加强党对意识形态工作的领导，制定《党委意识形态领域分析研判和情况报告制度实施办法》，常态化加强意识形态领域分析研判工作，结合校内巡察和党建综合考核对44家单位开展意识形态工作监督检查。试点推进本科生"成长陪伴"计划和研究生"成才支撑"计划，出台《关于校内选聘专职思想政治理论课教师的实施办法》，1个项目入选教育部"高校思想政治工作精品项目"，1名辅导员入围教育部"第十一届高校辅导员年度人物"，1名辅导员获评"2018江苏高校辅导员年度人物"，1名同志获江苏省公安厅表彰。围绕庆祝新中国成立70周年，策划组织"我和我的祖国"主题宣传教育活动，成功举办"改革先锋进校园"秦振华专场报告会、钱学森事迹报告会、黄大年先进事迹报告会，推出"烈士校友展""院士校友展"等文化展览，举办"感恩·奋进"交响音乐会，组织"四个自信"青年说、学生标兵宣讲团宣讲活动，评选并表彰2019年苏州大学王晓军精神文明奖先进集体和先进个人，有力凝聚爱国奋斗奉献强大力量。学校被授予2019年"全国暑期社会实践活动优秀单位"称号、"江苏省2016—2018年度文明校园"称号、苏州市"维护国家安全先进示范单位"称号。江苏省委宣传部、苏州市委宣传部和学校共建传媒学院正式签约。

四是做好统战群团老干部保密等工作。学校七届五次教职工代表大会胜利召开，会议听取了校长所做的学校工作报告和校学术委员会主任所做的校学术委员会2018年度工作报告，以无记名投票的方式表决通过了《苏州大学教师岗位供给侧结构性改革方案（审议稿）》《苏州大学绩效工资实施办法（审议稿）》《苏州大学教职工行政处分暂行规定（审议稿）》等事关广大教职工切身利益的重要改革方案及规章制度。学院（部）二级教代会制度化建设扎实推进。领导和支持工会为教职工办实事、做好事，完善教职工参与民主管理的体制机制，工会工作政治性、先进性、群众性进一步增强。充分发挥学术委员会、学位评定委员会作用，校学术委员会对学校整体学术水平、学科发展、人才培养质量等提出了科学合理的评价和建议，校第十届学位评定委员会成立。从严治团扎实推进，共青团改革不断向纵深发展。完善校院两级社团管理指导体系，严格社团年检及活动报备，压控社团数量，学生社团规范化建设不断推进。充分发挥统一战线作用，各级人大代表、政协委员积极参政议政、建言献策，江苏省民营企业进高校"三个一"活动顺利举办。用心用情做好离退休老同志工作，认真落实离退休老同志政治待遇和生活待遇，关工委优质化工作稳步推进。加强对保密工作的领导，做好涉密人员教育管理和服务，校内人员的保密意识和能力不断提升。

二、做决策、促改革，提升发展推动力

一是加快推进"双一流"建设。成立"双一流"建设领导小组，加强对全校学科建设的统筹、协调和指导。高质量做好"双一流"建设中期自评工作、2019年全国百强省属高校（江苏高水平大学）绩效评价和"双一流"建设大学监测指标体系数据填报工作。设计学等20个学科入选江苏高校优势学科建设工程三期项目。

二是深入实施教育教学改革。出台《关于加强和改进领导干部深入基层联系学生工作的实施方案》，组织开展落实立德树人根本任务监督检查，深化"三全育人"改革。体育、美育及国防教育有效开展，校园劳动、志愿服务等劳动实践活动切实加强，学校党委在教育部学习贯彻落实习近平总书记给中央美术学院老教授重要回信精神一周年座谈会上做交流发言。积极响应江苏省委、省政府号召，连续两年扩大省内招生规模。加快实施一流本科教育改革行动计划，师范学院、紫卿书院等人才培养改革启动。教育部博士研究生教育综合改革试点工作顺利通过中期验收。获批国家级一流本科专业建设点14个、国家精品在线开放课程10门，新增教育部产学合作协同育人项目9项、国家虚拟仿真实验教学项目2项，获国家级教学成果奖5项，其中，一等奖1项。获批国家留学基金委创新型人才国际合作培养项目3项。与中国红十字会、红十字会与红新月会国际联合会合作共建红十字国际学院，助力人类命运共同体建设。2019年，学生出国（境）交流达1 812人次，同比增长38%；在校留学生规模位居江苏省高校前列。

三是全面提升科研创新与社会服务水平。贯彻江苏省《关于深化科技体制机制改革推动高质量发展若干政策》，系统全面修订自然科学管理办法，不断激发创新创业活力。学校获国家技术发明奖二等奖1项，国家科技进步奖二等奖2项。首次获得1项教育部青年科学奖（全国仅10名）。国家自然科学基金获批328项，资助项目数连续八年保持全国前20位。获批科技部国家重点研发计划重点专项项目4项、国防重大项目1项、课题10项。苏大附属第一医院入选国家血液系统疾病临床医学研究中心依托单位。获国家社科基金各类项目共计47项（其中，重大项目5项），再创历史新高。

学校与苏州市就2020至2035年深化名城名校融合发展战略签署协议，吴江未来校区正式开工建设，2019年"对话苏州"活动成功举办。与青海、宁夏、内蒙古自治区等签署合作协议。学校入选教育部首批高等学校科技成果转化和技术转移基地，国家大学科技

园获评江苏省"A类科技企业孵化器",国家技术转移中心获评"江苏省科技服务业百强机构"。继续教育不断提质增效,与清华大学等单位发起成立"中国在线学习产教融合发展联盟"。苏大附属儿童医院吴江院区建成启用,苏大附属独墅湖医院建设加快推进。

四是整体优化内部管理服务。推行"全口径预算",政府会计制度正式实施,经济行为进一步规范。内部审计工作不断加强,内部控制评价工作有力推进,配合完成江苏省教育厅专项审计工作。健全国有资产特别是无形资产管理规章制度,建设运行"国有资产管理服务平台",组织开展固定资产清查工作,国有资产管理工作基础不断夯实。成立所属企业体制改革工作领导小组,统筹推进学校所属企业改革,改革方案已经上报上级主管部门审批。成立实验室安全检查领导小组、实验室与设备管理处,持续开展实验室防火防爆专项整治、大剂量使用危险化学品专项治理、实验室安全隐患治理专项行动"回头看"等六大专项治理,实验材料特别是危化品运输、危险性废弃物处置等工作妥善做好。恩玲艺术中心落成启用,唐仲英医学研究大楼等在建工程稳步推进。WeLink 视频会议系统、智能泊车、智能迎新报到系统及自助式财务报账、跨校区物流等投入运行。

三、抓班子、强队伍,提升攻坚战斗力

一是加强领导班子建设。制定并实施《中共苏州大学委员会 2019 年度落实全面从严治党主体责任清单》,召开全面从严治党工作会议,加强党风廉政建设形势分析研判,抓好履责记实。带头开展"不忘初心、牢记使命"主题教育,认真查摆和解决存在的问题。召开"不忘初心、牢记使命"专题民主生活会,加强党性分析,积极开展批评和自我批评。坚持集体学习制度,将学习贯彻习近平新时代中国特色社会主义思想作为党委常委会会议首要议题,聚焦十九届四中全会等主题,组织中心组学习 15 次,班子成员主动上好党课、开学第一课,以普通党员身份认真参加组织关系所在党支部组织生活。班子成员带头执行中央"八项规定"精神和廉洁自律准则,从严教育管理亲属和身边工作人员。

二是筑牢基层党组织战斗堡垒。制定《苏州大学基层党建"书记项目"实施方案》,立项实施 44 个基层党建"书记项目",强化院级党建工作"书记抓、抓书记"的责任意识,着力破解一批基层党建工作突出问题,推进"一学院一阵地一品牌"特色建设。统筹安排 18 个院级党组织集中换届工作,选优配强院级党组织领导班子。设立党建研究校级科研项目组织员专项,常态化开展专兼职组织员培训工作,努力培养造就一支政治可靠、政策精通、业务熟练的组织员队伍,23 个学院(部)已配备专职组织员。启动党支部建设"提质增效"三年行动计划,指导基层党支部开展 7 场校内外开放式主题党日活动,深化党建阵地建设。推广实施"行动支部"工作法,把党支部建在教学科研一线,将组织生活有机融入教研室教学研究、实验室技术攻关、课程思政改革、创新团队建设全过程,有效提升教师党员的综合素质和业务能力。全面提高全校党支部工作专项经费标准并建立定期增长机制。加强学生党支部建设指导,本科生党支部全部调整由专职辅导员任支部书记。"双带头人"支部书记比例达到 100%。新增 2 个党支部入选全国党建工作样板支部,1 个支部获评 2019 年度江苏省高校"先进基层党组织",1 个院级党组织获评苏州市"先进基层党组织",1 个项目获江苏高校"党建工作创新奖"二等奖,2 个主题党日活动获得 2018 年度江苏高校"最佳党日活动"优胜奖。制定《关于进一步做好在高知

识群体中发展党员工作的意见》，全年共发展党员1 581名，其中，高知群体党员32名。组织开展2次发展党员工作专项检查，确保新发展党员质量和发展党员工作质量"双提升"。开展"我身边的共产党员故事"典型宣传活动，广泛宣传阮长耿、郎建平、方世南等14位优秀共产党员先进事迹。为学校党龄满50年的党员颁发荣誉纪念章。《初心不改、浩气长存》党员教育微视频在全省党员教育微视频大赛中荣获二等奖。

三是建强高素质专业化干部队伍。贯彻中央和江苏省委文件精神，修订《苏州大学处级领导干部选拔任用工作实施细则》，制定《处级领导干部鼓励激励办法》《推进处级领导干部能上能下办法》，积极稳妥探索实践鼓励激励、容错纠错、能上能下"三项机制"，激励干部勇于担当作为。强化处级领导班子分析研判，开展12个学院（部）行政领导班子换届工作，加强学院（部）业务型干部选聘，组织开展新提任中层干部培训和全校中层干部暑期集中培训，不断增强干部队伍推进一流大学建设的能力。做好年轻干部调研及科技镇长团成员、"80后"县处级干部挂职期满考核工作，推荐选派15名同志参加江苏省第十二批科技镇长团挂职锻炼，开展2019年青年管理骨干校内交流挂职工作。一年来，新提任的45位处级干部中，40周岁及以下的有22位，约占提任干部总数的48.9%；35周岁及以下的有5位，约占提任干部总数的11.1%。坚持从严监督管理干部，严格做好"一报告两评议"、领导干部个人有关事项集中报告工作，严格处级干部出国（境）证照管理和使用、处级干部因私出国（境）审批，认真做好处级及以上领导干部在企业、社会团体和学术组织等的兼职管理工作。

四是汇聚爱国奉献优秀人才。制定并实施《苏州大学师德师风负面清单和失范行为处理办法》，设置"高尚师德"奖教金，举行教职工荣休仪式，开展新教师始业培训及入职宣誓仪式、"潘君骅星"命名仪式等，建立师德师风调研机制，师德师风建设不断加强，1名教师获评"全国优秀教师"。"三定"工作及教师岗位供给侧结构性改革、职称评审及绩效工资改革一体推进。学校新进包括1位中科院院士在内的教学科研人员256人，新增"万人计划"领军人才等国家级人才12位。出台《关于进一步加强人文社会科学人才队伍建设的实施办法》，成立人文社会科学类人才队伍建设领导小组，系统推进人文社会科学人才队伍建设，首批遴选出校内文科"特聘教授"20位，有效破解人文社科类高层次人才队伍流失的隐患问题。

四、建机制、优作风，提升落实保障力

一是推进纪检监察体制改革。不折不扣地落实党中央和江苏省委、纪委、监委关于高校纪检监察体制改革的决策部署，加强对纪检监察工作的领导，制定并实施《苏州大学纪检监察体制改革实施方案》，一体推进纪检体制改革、监察体制改革和校纪委（派驻监察专员办）内设机构改革，有力实现机构职能更加优化、权责更加协同。加强院级党组织纪检机构设置，保留直属附属医院纪委设置，在文正学院等4个院级党组织设立纪委，在东吴商学院党委等2个院级党组织设立专职纪检委员，校纪委向机关党工委等3个院级党组织派出工作委员会，明确院级党组织纪委书记、纪工委书记、专职纪检委员为该党（工）委委员、副处职，按规定选齐配强培优纪检监察干部，监督体系进一步完善、监督质效有力提升。

二是抓好巡视巡察"后半篇文章"。全力以赴抓好中央和江苏省委巡视整改工作，加强日常督查、跟踪问效，截至目前，江苏省委巡视反馈的 16 个方面 52 个问题已全面进行整改，学校已按规定向江苏省委巡视工作办公室报送整改落实情况自查报结专题报告。认真完成校领导经济责任审计整改工作。在校十二届党委第一轮巡察工作的基础上，根据中央最新要求，修订完善《中共苏州大学委员会巡察工作实施细则》，进一步明确细化各主体职责。把准巡察的政治定位，组织开展校十二届党委第二轮、第三轮巡察工作，监督检查 17 个院级党组织贯彻落实党的路线方针政策和党中央、江苏省委重大决策部署，落实全面从严治党战略部署，落实新时代组织路线，落实巡视、审计、主题教育整改等方面的情况，推动纠正政治偏差，对校十二届党委第一轮被巡察单位组织开展"回头看"。压紧压实巡察整改责任，推动落地见效、建章立制，校十二届党委第一、二轮巡察中发现的 314 个问题中，已有 219 个问题完成整改，修订、制定各类规章制度 100 余个。

三是深化作风建设。召开"三新"干部集体谈话会等，约谈党风廉政建设责任制考核"基本合格"单位党政领导，做好受处分党员干部回访教育工作，贯通运用监督执纪"四种形态"，特别是用好"第一种形态"。全年运用"第一种形态"进行工作约谈 8 人次、提醒谈话 10 人次、谈话提醒 2 人次、集体谈话 12 批次，依纪依规给予 5 名党员干部纪律处分并公开曝光，对苏大附二院党委在巡视整改中存在的问题予以通报批评，加强警示教育。全面开展"治理微腐败，淬炼好作风"专项行动，深入整治师生身边腐败和作风问题，集中整治多年前发生的存量问题，责令 5 个单位清退违规发放津补贴 66.99 万元，责令清退 46 笔以虚假经济业务名义报销款 35.78 万元，责令 3 家校办企业清退 2014 年违规用公款购买烟、酒款 26.47 万元，责令 1 名聘任制干部整改超标办公用房。学校与中国高等教育学会廉政建设分会联合主办全国高校"微腐败"治理研讨会。通过合并套开会议、研究推进综合考核、加快"云中苏大"建设、加强部门间工作联动融合等，切实为基层减负。

五、明责任、实举措，全力打赢新冠肺炎疫情防控阻击战

一是压紧压实疫情防控责任。国家及江苏省启动突发公共卫生事件一级响应以来，党委常委会深入贯彻习近平总书记关于疫情防控的一系列重要讲话和指示批示精神，全面落实党中央、国务院及江苏省委、省政府部署要求，牢固树立"疫情就是命令，防控就是责任"的政治意识、战斗意识，把师生员工生命安全和身体健康放在第一位，把疫情防控作为最为重要的工作来抓，成立疫情防控工作领导小组及 10 个专项工作组，及时传达学习习近平总书记系列重要讲话精神，研究部署疫情防控工作，细化防控方案预案，加强工作指导督查，强化防控物资保障，做好在疫情防控第一线考察干部和党员工作，加强宣传思想工作，开设专题网站，深入宣传党中央和江苏省委、省政府决策部署，广泛报道学校防控措施成效，讲述奋战在防疫抗疫一线"苏大人"的感人事迹，确保疫情防控宣传动员到位、教育引导到位、人员力量到位、防控措施到位，坚决做到守土有责、守土担责、守土尽责。

二是精准落实疫情防控举措。严格执行校园封闭式管理，关闭部分校门，坚决做到未经学校批准学生一律不准返校，校外无关人员一律不准进校门，师生进入校门一律核验身

份检测体温，对发烧咳嗽者一律实行医学隔离观察，不服从管理者一律严肃处理。及时关闭图书馆等人员密集场所，一律取消聚集活动、会议。科学做好医学防控，第一时间制定学校防控方案，制定疫区归来人员隔离医学观察、监测流程，增加医务人员备班、行政领导值班，开通24小时值班电话，实施发热病人预检分诊。为满足隔离观察要求，目前腾空、安排第一批临时居住观察点250间，接收16名学生（其中，留学生12名）、1名单身教工在校内进行单间医学观察。全面摸排师生基本动向，严格执行"零报告"制度。安排专人与身在湖北、温州等地区的师生保持联系，及时掌握其健康状况。启动"防疫资助特别通道"，为疫情重点地区家庭经济困难的92名学生每人发放500元临时困难补助。开通"抗疫情网络QQ心理咨询专线""疫战心理援助"。及时发布疫情防控工作最新情况及学校相关工作安排，回应师生关切。在师生员工中广泛宣传普及防治知识和防控要求，开展医疗、后勤、保卫一线防控人员业务培训。根据上级要求，及时对学校疫情防控工作中表现突出的个人和集体进行表彰，截至目前，已分两批对670名个人、55个集体予以通报表扬。

三是动员全校师生共同参与防控。出台激励关爱全校党员干部、教职工积极投身疫情防控阻击战的10条措施，进一步激励关爱全校党员干部、教职工积极投身疫情防控工作。苏大各附属医院积极响应号召，紧急选派精兵强将，医护人员踊跃报名参战，目前奋战在湖北战"疫"第一线的专业医护人员共有201名。苏大附属医院还抽派医护人员支援苏州市第五人民医院（苏州大学附属传染病医院）新冠肺炎患者隔离病房、苏州市120急救指挥中心，他们积极投身苏州一线抗疫工作。围绕新型冠状病毒肺炎防控的紧迫需求组织开展科研攻关，目前征集梳理出病毒检测试剂盒、智能红外体温监测系统、高活性水病毒灭活技术、抗菌抗病毒产品等一批应用型技术成果，智能高效环卫消毒机器人已被投入湖北武汉、孝感等抗疫前线。东吴智库一批调研通报、咨政报告得到采编。学校结合基层一线实际，就做好高校疫情防控工作积极向上级建言献策，受到江苏省政府重视，相关建议通过《江苏信息摘报》上报国务院办公厅。外国语学院师生发挥学科专业优势，及时翻译，提供最新疫情防控资讯信息，为外国友人提供英、法、德等7种语言支持服务。面向全校共产党员、教职员工发出战"疫"募捐倡议书，"苏州大学抗击新冠肺炎专项基金"募集善款168万余元（截至2020年2月），驰援战"疫"一线。

四是统筹抓好学校改革发展各项工作。发挥与华为公司共建的"云中苏大"项目优势，搭建WeLink苏大视频会议系统，为疫情防控和日常工作提供高效的在线平台。贯彻"停课不停学""停课不停教"，精心筹备"云中课堂"，2020年春季学期开出2 865门课，其中，2 176门课、4 155个教学班实施在线教学。向社会免费开放51门精品在线开放课程。制定"十四五"规划编制工作方案，抓好"十三五"规划总结及"十四五"规划编制起草工作。"双一流"建设监测指标体系数据填报、建校120周年庆祝活动筹备、毕业和就业指导等各项重点工作稳步推进。

各位委员、同志们，以上成绩的取得，离不开全校师生员工包括离退休老同志的共同努力。在此，我代表党委常委会向各位委员和广大师生员工，对常委会工作的大力支持表示诚挚的谢意！向所有为学校事业发展付出辛劳和智慧的同志们致以崇高的敬意！

在总结工作的同时，我们也更为清醒地看到，常委会工作同中央和江苏省委的部署要求、学校事业发展及师生期待相比，还有一定的差距，集中表现在：面对改革发展、债务瓶颈、民生压力等多重问题，班子政治站位还需提高，贯彻新发展理念、推进高质量发展的思路还需进一步明确，举措还不够扎实有效；党建与业务融合的"大党建"格局尚未形成，基层党组织的组织力还需整体提升，干部主动作为、攻坚克难精气神还不够足；全面从严治党责任制度还需健全完善和深化落实，形式主义、官僚主义还时有表现。对这些问题，我们在今后的工作中将着力加以解决。

2020年是全面建成小康社会和"十三五"规划的收官之年，是学校建校120周年的校庆之年，更是学校谋划"十四五"改革发展、深化内涵式发展、冲刺一流大学的关键之年。校党委常委会将始终以习近平新时代中国特色社会主义思想为指导，深入贯彻党的十九大和十九届二中、三中、四中全会精神，增强"四个意识"，坚定"四个自信"，做到"两个维护"，坚定必胜信心，积极主动作为，扎实推进国内一流、国际知名高水平研究型大学建设，以优异成绩向学校120周年华诞献礼。

2020年，我们将重点做好以下十个方面的工作。

一是以政治建设为统领全面加强党的建设。持续推进学习贯彻习近平新时代中国特色社会主义思想往深里走、往心里走、往实里走，巩固拓展"不忘初心、牢记使命"主题教育成效，深化主题教育检视问题整改落实。深入抓好党的十九届四中全会精神学习宣传贯彻工作。继续做好任期届满学院（部）处级领导班子集中换届工作，加强中层干部教育培训和年轻干部培养锻炼。做好全国党建工作标杆院系、全国党建工作样板支部建设和培育，推进党支部"提质增效"三年行动计划，提升专职组织员队伍、党支部书记履职能力，做好高知群体发展党员工作。健全优化学校监督体系，深化巡视巡察整改，部署开展校党委第四轮、第五轮巡察。

二是推进学校治理体系和治理能力现代化。落实好新修订的党委全委会、党委常委会和校长办公会议事规则，适时修订《苏州大学章程》，完善以章程为龙头的现代大学制度体系和治理体系。花大力气优化年度综合考核体系，着力发挥年度考核的"指挥棒"作用。召开学校八届一次教代会和第十四次工代会。召开依法治校试点改革工作推进会。规范有序推进学校所属企业改革。

三是编制起草改革发展"十四五"规划。成立规划编制工作领导小组，制定规划编制工作方案，贯通推进"十三五"规划实施总结、校内外调研等各项工作，科学谋划学校"十四五"期间改革发展的目标定位、发展战略、任务举措和保障条件。指导推动学院（部）做好"十四五"规划编制起草工作。

四是深化推进一流本科教育改革行动计划和博士生教育综合改革。修订人才培养方案，推进硕博课程贯通和本硕博一体化人才培养。加强"思政课程""课程思政"建设，推进"成长陪伴""成才支撑"计划，深化"三全育人"改革，推进"五育并举"。推进一流本科专业建设，做好江苏省2020年本科专业综合评估工作。加快推进师范学院、东吴学院建设。推进医教协同。创新加强招生和就业创业工作。

五是加快推进"双一流"建设。系统做好"双一流"建设大学监测指标体系数据填报、第五轮学科评估等工作。适时召开苏州大学"双一流"建设推进会。结合"十四五"规划编制，以"双一流"建设学科为核心，以优势特色学科为主体，以相关学科为支撑，优化学科布局，构建协调可持续发展的学科体系。

六是深化教师岗位供给侧结构性改革。建立健全师德师风建设长效机制，严把选聘考核晋升思想政治素质关。细化"三定"工作方案，完成"三定"工作。推进教师岗位供给侧结构性改革、薪酬体制与分配制度改革，完善绩效工资改革方案，稳步推进养老保险制度改革。做好各类人才计划、人才项目遴选、培育工作。举办"2020苏州大学国际青年学者东吴论坛""2020苏州大学东吴海外高层次人才学术交流会"。

七是增强服务重大战略需求能力。面向长三角一体化发展、自贸区等国家战略在苏州叠加的重大历史机遇，推进省部、省市共建工作，深入推进名城名校融合发展战略，扎实推进未来校区建设和文正学院、应用技术学院转设工作。积极布局组织重大科研项目，健全完善军民融合科研管理保障体制机制，推进国家重点实验室等科研平台高质量建设。拓展校际国际合作重点项目，深化与中国红十字会、中核、中广核、华为等的合作，更大力度争取外部资源。

八是持续改善师生工作学习生活条件。推进独墅湖校区体育馆、东区学生宿舍、独墅湖医院、唐仲英医学研究院大楼等重点建设项目。深化"云中苏大"和便利校园建设。

九是办好建校120周年庆祝活动。围绕学术与交流、文化与纪念、校友与发展等举办系列校庆活动，系统总结梳理120年来的办学历史、发展经验和优良传统，凝聚苏大人爱校荣校、接续奋斗、冲刺一流的强大动力。

十是全力做好疫情防控、校园安全稳定工作。认真贯彻落实习近平总书记关于新冠肺炎疫情防控工作重要讲话指示精神和党中央、江苏省委各项决策部署，建立完善相关防控预案，从严落实各项防控举措，加强校园公共卫生工作，全力保障好师生生命安全和身体健康。认真落实安全工作责任制，提升校园安全管理智能化水平，强化实验室安全治理。

衷心希望各位委员、同志们对党委常委会的工作提出宝贵意见和建议，帮助我们把工作做得更好。

2019年大事记

1月

2日　△ 经研究决定，成立大运河文化带建设研究院苏州分院。成立苏州大运河文化带建设研究院，与大运河文化带建设研究院苏州分院合署办公。聘任江涌为研究院院长，张晓宏、刘丹、史建华为研究院副院长，王卫平为研究院常务副院长。

△ 学校首届"青年科学家论坛暨杰青优青申报交流会"在红楼201会议室召开。

3日　△ 经中共江苏省委统战部批复（苏委统复〔2018〕21号），"苏州大学归国学者联谊会"更名为"苏州大学欧美同学会（苏州大学留学人员联谊会）"，并作为江苏省欧美同学会（江苏省留学人员联谊会）的分会。

△ 经研究决定，聘任高峰同志为社会学院院长，试用期一年。免去王卫平同志社会学院院长职务。

4日　△ 学校印发《苏州大学研究生精品课程建设与管理实施办法》《苏州大学关于深化硕士专业学位研究生教育综合改革的指导意见》。

△ 学校召开个人所得税专项附加扣除政策宣讲会。

5日　△ 学校与苏州工业园区管委会共建苏州市独墅湖医院（苏州大学附属独墅湖医院）合作协议签约仪式在独墅湖校区举行。

△ 学校举办2019年度国家社科基金项目申报辅导报告会。

7日　△ 学校党委在红楼会议中心向党外人士通报全校2018年度党风廉政建设和反腐败工作情况。

△ 学校副校长蒋星红带领学校一流本科专业建设项目负责人赴南京大学和南京理工大学调研。

8日　△ 接中共江苏省委组织部通知（苏组干〔2018〕623号），葛建一同志退休。

△ 英国伯明翰大学副校长、物理与工程学部主任Andrew Schofield教授一行莅临学校并签署《英国伯明翰大学与苏州大学物理学专业本硕2+2联合培养合作协议》。

△ 学校校长熊思东赴贵州省铜仁市考察，与铜仁市及铜仁学院领导就对口帮扶合作相关事宜进行座谈交流，推进和深化两校对口帮扶事宜。

9日　△ 学校第十届学术委员会第六次全体会议在红楼会议中心召开。

△ 江苏省委宣传部、苏州市委宣传部与学校共建传媒学院调研座谈会在独墅湖校区召开。

△ 学校医学部2018年度工作总结表彰大会在炳麟图书馆学术报告厅

	举行。
10日	△ 经研究决定，免去王晓东同志苏州大学医学中心主任职务。
	△ 学校印发《苏州大学少数民族预科生管理办法（试行）》。
	△ 学校2018年研究生教育工作总结会在红楼学术报告厅举行。
11日	△ 2018年本科教学与科研工作总结大会在学校敬贤堂召开。
	△ 学校"惠寒"奖学金颁奖仪式在苏州市东冉学校举行。
	△ 学校2018年度继续教育工作总结研讨会在继续教育处南楼205报告厅举行。
12日	△ "礼敬中华优秀传统文化"系列活动苏州大学"丝绸文化行"大学生社会实践出征仪式在学校博物馆举行。
	△ 学校2019年新春团拜会在东校区体育馆举行。
	△ 12日至13日，学校应用技术学院召开2019年教学工作会议。
13日	△ 学校举行"改革先锋进校园"报告会。
	△ 学校纺织与服装工程学院召开科研交流大会。
14日	△ 学校2019年本科生学生工作研讨会在红楼学术报告厅举行。
	△ 学校合唱团应邀参加"致新时代——大型原创交响音乐会"。
15日	△ 经研究决定，公布第九批苏州大学研究生工作站。
	△ 学校召开2018年度党委领导班子民主生活会。
	△ "苏州大学—创始集团水凝胶材料协同创新中心"签约暨揭牌仪式在独墅湖校区举行。
	△ 学校物理科学与技术学院第一次发展战略研讨会在物理科技楼召开。
	△ 学校后勤管理处在东吴饭店第二会议室召开离退休老同志迎新春茶话会。
16日	△ 经研究决定，免去秦樾同志医学部主任职务。
	△ 经研究决定，学校附属儿童医院增设党委常务副书记1名，为正处职。医学部基础医学与生物科学学院增设副院长1名，为副处职。
	△ 学校印发《苏州大学学位评定委员会章程（2018年修订）》。
	△ 苏州市委常委、姑苏区委书记黄爱军一行莅临学校调研。
18日	△ 华东政法大学文伯书院师生一行莅临敬文书院参观访问。
19日	△ 学校2019年挂职干部新春座谈会在红楼会议中心举行。
20日	△ 经研究决定，免去高晓明同志医学部基础医学与生物科学学院院长职务。
	△ 学校印发《关于进一步加强人文社会科学人才队伍建设的实施办法》。
	△ 学校校长熊思东率队检查寒假校园安全工作并慰问一线师生员工。
21日	△ 台湾东吴大学校长潘维大一行莅临学校访问。
22日	△ 经研究决定，成立苏州大学实验室安全检查领导小组：
	组　长：江　涌　熊思东

副组长：杨一心　刘　标　周　高
△学校与中国核工业集团战略合作框架协议签约仪式在北京国谊宾馆举行。
△学校附属第二医院5项成果获2018年江苏医学科技奖，其中，一等奖1项，二等奖1项，三等奖3项。

23日　△经研究决定，对苏州大学全日制本科生就业指导委员会领导成员进行调整：
主　任：江　涌　熊思东
副主任：蒋星红（常务）　刘　标　查佐明
△学校印发《关于进一步加强人文社会科学人才队伍建设的实施办法》。
△学校实验室安全检查领导小组2019年第一次全体（扩大）会议在红楼217会议室召开。

24日　△校党委书记江涌、校长熊思东率队前往深圳华为公司总部考察交流。

26日　△江苏省委常委、苏州市委书记周乃翔一行莅临学校，看望阮长耿院士、郎建平院士和孙立宁教授。

30日　△经研究决定，聘任吴嘉炜同志为医学部基础医学与生物科学学院院长，试用期一年。

1月　△学校成为教育部与江苏省共建的"双一流"建设高校。
△学校国家大学科技园吴中分园获评"苏州市创业孵化示范基地"。
△学校唐仲英血液学研究中心武艺课题组在血液学权威杂志 Blood（《血液》）上发表了题为"The transmembrane protein disulfide isomerase TMX1 negatively regulates platelet responses"的研究论文（Zhao et al, Blood, 2019, 133（3）：246-251）。该课题组博士研究生赵珍珍为第一作者，武艺博士和美国 Temple 大学 David Essex 博士为通讯作者。
△学校软凝聚态物理及交叉研究中心石子亮副教授、马余强教授携手纳米科学技术学院樊健教授与海内外多家研究机构，在 Nature Communications（《自然通讯》）上发表了题为"Selective on-surface covalent coupling based on metal-organic coordination template"的研究论文。
△学校高等研究院陈垂针教授和物理科学与技术学院江华和杭志宏教授及合作者，连续在拓扑量子物理领域做出重大突破，相继在物理学顶级期刊 Physical Review Letters 上发表了包括一篇封面论文在内的三篇论文。

2月

3日　△学校留校学生春节团圆宴在东吴饭店举行。

20日	△学校校长熊思东一行赴纺织与服装工程学院开展调研。
22日	△学校党委第十二届七次全体会议在敬贤堂召开。
	△学校能源学院晏成林教授、钱涛老师和美国德州大学奥斯汀分校John B. Goodenough教授合作，在 Nature Communications（《自然通讯》）上发表题为"Lithium anode stable in air for low-cost fabrication of a dendrite-free lithium battery"（空气稳定锂金属负极用于低成本制造的无枝晶锂金属电池）的研究论文。
23日	△学校印发《苏州大学学生出国（境）学习管理办法》《党委常委会工作报告》。
	△学校全校干部大会在敬贤堂召开。
	△学校建筑与房地产校友会一届二次会员大会在金螳螂建筑学院学术交流中心举办。
24日	△学校党委书记江涌、校长熊思东分别带队开展新学期校园安全保障工作大检查。
25日	△经研究决定，成立苏州大学军民融合物联网协同创新中心，挂靠轨道交通学院。聘任张立军研究员担任该协同创新中心主任。
	△学校与法国农业科学研究院签署"国际联合实验室"合作协议。
	△学校第五届中国"互联网+"大学生创新创业大赛推进研讨会在天赐庄校区华丰楼306会议室召开。
26日	△学校印发《苏州大学本科优质生源基地建设暂行办法》《苏州大学本科招生宣传工作评优暂行办法》《苏州大学本科招生宣传讲师团管理暂行办法》《苏州大学加强本科招生宣传工作的实施意见》《苏州大学教职工因公短期出国管理办法（2019年修订）》《苏州大学工会会员法定节日和生日慰问发放办法（2019年修订）》《苏州大学2019年度工作要点》。
27日	△江苏省政府研究室副主任沈和一行莅临学校考察调研。
	△学校印发《苏州大学纵向科研项目经费管理办法（自然科学类）（2019年修订）》《苏州大学纵向科研项目过程管理办法（2019年修订）》《苏州大学知识产权保护和管理办法（2019年修订）》《苏州大学校级科研机构管理办法（自然科学类）》《苏州大学科研平台管理办法（自然科学类）》《苏州大学科研财务助理管理办法》《苏州大学科技成果转化管理办法（2019年修订）》《苏州大学国家大学科技园管理办法（2019年修订）》《苏州大学国防科研项目和经费管理办法（2019年修订）》。
28日	△学校印发《苏州大学科研诚信管理暂行办法（试行）》。
2月	△学校康振辉、陈罡两位教师入选第四批国家"万人计划"科技创新领军人才。
	△学校功能纳米与软物质研究院Mario Lanza教授当选美国电气与电子工程师协会（IEEE）电子器件学会杰出讲师。
	△学校附属第二医院检验科获CNAS实验室认可证书。
	△学校功能纳米与软物质研究院张亮教授荣获英国物理学会Journal

of Physics D(《物理学杂志 D》)杂志 JPhyD Emerging Leaders Award 奖励。

3 月

1 日　　　△ 学校 2019 年新任辅导员岗前动员大会在红楼 217 会议室召开。

2 日　　　△ 国际北极科学委员会执委会主席 Larry 教授莅临学校，并做题为"国际北极科学合作：我们在社会适应气候变化中的作用"的报告。

△ 学校成人高等教育 2019 级苏州市总工会校企合作班开学典礼在敬贤堂举行。

4 日　　　△ 学校领导经济责任审计整改"回头看"工作会议在天赐庄校区怡远楼 402 会议室召开。

△ 学校研究生管理业务培训会在天赐庄校区天元大讲堂召开。

5 日　　　△ 学校印发《苏州大学督查督办工作办法（试行）》。

△ 昆山市副市长宋德强一行莅临应用技术学院调研。

7 日　　　△ 经研究决定，继续聘任侯建全同志为学校附属第一医院院长。

△ 经研究决定，成立苏州大学党的建设与全面从严治党工作领导小组：

　　组　长：江　涌

　　副组长：路建美　邓　敏　芮国强　刘　标

△ 学校党委理论学习中心组加强党的政治建设专题学习会在钟楼 303 会议室举行。

8 日　　　△ 学校 2019 年专兼职组织员能力提升培训班开班。

△ 由学校学生创新创业教育中心与南洋理工大学南洋科技创业中心、苏州独墅湖创业大学联合举办的"创业思维与行动"讲座在学校独墅湖校区二期 1002 幢 2102 教室举行。

△ 学校出版社三届三次职工代表大会在出版社会议室举行。

△ 四川省教育考试院副院长张刚一行莅临学校调研普高招生工作。

13 日　　　△ 学校印发《2018—2019 学年度第二学期苏州大学党委理论学习中心组学习计划》。

△ 江苏省政协第十三届"戏曲走近大学生"活动启动仪式在学校独墅湖校区音乐厅举行。

△ 学校联合镇江市人力资源和社会保障局在独墅湖校区举办 2019 年招才引智"镇江日"——苏州大学专场招聘会。

△ 2019 年人文社科目标责任书签订仪式暨科研队伍建设征求意见会在钟楼 303 会议室举行。

14 日　　　△ 经研究决定，对江苏省干部教育培训苏州大学基地领导小组成员进行调整：

组　长：江　涌

副组长：邓　敏　周　高　刘　标

△中共苏州大学委员会转批《关于召开苏州大学七届五次教职工代表大会的请示》《苏州大学文明校园创建实施方案》。

△经研究决定，聘任陈卫昌同志任学校附属第一医院党委书记（兼），免去陈赞同志学校附属第一医院党委书记职务。

15日　△美国弗吉尼亚大学赫里福德住宿制学院师生一行莅临敬文书院考察交流。

△第五届苏州市计算机院长论坛在学校应用技术学院举行。

△2019年科技目标签约仪式在天赐庄校区红楼会议中心举行。

△"苏州大学—泗洪县人民医院临床免疫协同创新中心"签约仪式在红楼会议中心举行。

16日　△学校丝绸科技文化节开幕式暨"丝绸文化行"大学生社会实践成果展在天赐庄校区北区体育馆举行。

△学校第四期东吴智库学者沙龙在红楼201会议室举行。

△学校文学院罗时进教授担任首席专家的国家社会科学基金重大项目"清代诗史典型事件的文献考辑与研究"开题报告会在红楼会议中心举行。

17日　△学校人文社科处、文学院、学报编辑部共同主办的以"中国文化、文学研究现状与发展前瞻——兼谈文科科研课题的选择、表达与期刊编辑问题"为主题的圆桌论坛在法学院会议室召开。

18日　△学校2019年本科招生就业工作动员会在红楼会议中心115会议室召开。

19日　△学校在敬贤堂举行传达学习全国"两会"精神会议。

△学校党委常委、副校长刘标专题调研阳澄湖校区学生工作。

20日　△经研究决定，公布第九批苏州大学研究生工作站补充名单。

△经研究决定，成立苏州大学第三届研究生教育督查与指导委员会：

主任委员：姜建成

副主任委员：庄友刚　秦立强　孙立宁　钱跃竑

△学校学习贯彻习近平总书记在学校思想政治理论课教师座谈会上重要讲话学习会在红楼217会议室召开。

△苏州市委党校副校长方伟教授莅临学校出版社做意识形态工作专题讲座。

△学校团委联合苏州市级机关团工委举办"创·同行"——苏州市级机关创新创业服务团进苏州大学活动。

△学校党校工作会议以校区为单位分别召开。

△学校召开一流本科教育改革行动计划落实工作交流会。

21日　△经研究决定，成立苏州大学120周年校庆筹备工作小组：

组　长：杨一心

副组长：吴　鹏

△学校印发《中共苏州大学委员会巡察工作实施细则》《苏州大学大学生创新创业"三大赛"竞赛管理办法》。

△学校党委巡察工作领导小组召开第三次会议。

△21日至22日，中核集团产业开发与国际合作部副主任张玮一行莅临学校考察交流。

22日　△学校印发《苏州大学自考助学学生违纪处分管理规定》《苏州大学自考助学工作综合考评办法》《苏州大学学历继续教育优秀毕业生评选办法》《苏州大学继续教育教学工作管理规定》《苏州大学高等教育自学考试助学专业学生考籍与学业管理细则》《苏州大学成人高等学历教育学籍管理细则》《苏州大学成人高等学历教育考试管理细则》。

23日　△学校开展安全突击检查。

24日　△经研究决定，对苏州大学干部人事档案审核工作小组成员进行调整：

组　长：邓　敏

副组长：周玉玲　朱巧明

26日　△学校校长办公室、国内合作办公室党支部参加协鑫集团党委开放式主题党日活动并签署党建联建协议。

27日　△经研究决定，授予王昊南等137名普通高等教育全日制本科毕业生学士学位。

△经研究决定，授予滕星语等5名毕业生双学位专业学士学位。

△学校与相城经济技术开发区管委会签署联合办学协议。

△学校2018年新提拔、新转岗、新任职（"三新"）处级领导干部集中廉政谈话会在红楼会议中心115室召开。

28日　△学校印发《苏州大学"仲英青年学者"项目实施办法》《2019年度我校无评审权的相关系列专业技术职务聘任标准及实施细则》《2019年度苏州大学学生思想政治教育教师、教育管理研究人员专业技术职务聘任标准及实施细则》《2019年度苏州大学实验技术人员专业技术职务聘任标准及实施细则》《2019年度苏州大学教师专业技术职务聘任标准及实施细则》。

△学校党委理论学习中心组在钟楼303会议室召开专题学习会。

△意大利威尼斯大学副校长Tiziana Lippiello一行13人莅临学校访问。

29日　△学校嵊州市后枣园惠寒小学2018年度"惠寒奖学金"发放仪式在嵊州市黄泽镇后枣园小学举行。

△学校辅导员工作室评选活动在红楼学术报告厅举行。

30日　△学校本科生就业论坛暨就业导师聘任仪式在金螳螂建筑学院学术交流中心举行。

△学校联合江苏省高校招生就业指导服务中心在独墅湖校区举办苏州大学2019届毕业生春季大型双选会。

△学校2019年社会主义核心价值观校园明辨会暨苏州大学第十八届

辩论赛决赛在红楼学术报告厅举行。

3月 △ 学校与深时数字地球国际卓越研究中心在昆山高新区签约，共建苏州大学数字地球科教融合中心。

△ 学校入选教育部首批高等学校科技成果转化和技术转移基地。

△ 学校免疫学、数学学科进入ESI全球前1%行列。

△ 学校2019年度国家自然科学基金集中受理项目申报工作完成，申报数量达1 545项，同比增幅8.3%。

△ 学校《苏州大学学报（教育科学版）》首度入选CSSCI扩展版来源期刊，复印报刊资料全文转载率荣居教育学、心理学学科期刊排名首位。

△ 学校附属理想眼科医院获评"江苏省临床重点专科建设项目"。

△ 学校招生就业处联动各学院（部）参加2019年"双一流"建设高校走进江苏优质生源高中活动。

△ 学校开展2019年"世界防治结核病日"系列宣传活动。

△ 学校纳米科学技术学院刘庄教授当选美国医学与生物工程院会士。

△ 学校纳米科学技术学院在Nature（《自然》）上发表的成果入选"2018年度中国光学十大进展"。

4 月

1日 △ 经研究决定，授予沈雨婷等596名高等教育自学考试本科毕业生学士学位。

3日 △ 经研究决定，授予学术学位研究生肖双鸽法学硕士学位，刘娇等12人理学硕士学位，姚友进工学硕士学位。

△ 经研究决定，授予学术学位研究生史国钲理学博士学位，胡亚兵等3人医学博士学位。

△ 学校第二十届电子信息文化节开幕式暨安森美半导体校企合作签约仪式在天赐庄校区博习楼327室举行。

△ 学校与苏州市劳动就业管理服务中心在天赐庄校区华丰楼联合举办"与创业导师对话"活动。

4日 △ 经研究决定，聘任徐博同志为医学部第二临床学院院长（兼），免去孙光夏同志医学部第二临床学院院长职务。

△ 根据《教育部关于公布2018年度普通高等学校本科专业备案和审批结果的通知》（教高函〔2019〕7号）精神，学校申报的"智能制造工程"本科专业已获教育部批准，可自2019年开始招生。

△ 经研究决定，聘任方新军同志为知识产权研究院院长（兼），免去胡玉鸿同志知识产权研究院院长职务。

8日　　△ 经研究决定，成立苏州大学所属企业体制改革工作领导小组：
　　　　组　长：江　涌　熊思东
　　　　副组长：杨一心　周　高
　　△ 学校印发《中共苏州大学委员会2019年度落实全面从严治党主体责任清单》《中共苏州大学纪律检查委员会2019年度落实全面从严治党监督责任清单》。
　　△ 学校关心下一代工作会议在阳澄湖校区行政楼210会议室召开。
　　△ 8日至9日，学校校长熊思东出席"江苏—英国高水平大学20+20联盟成立大会暨国际产学研合作论坛"并发表演讲。
　　△ 8日至10日，"2019苏州大学国际青年学者东吴论坛"在学校举办。

10日　△ 中共苏州大学委员会批复《关于调整中共苏州大学委员会机关工作委员会委员的请示》。

12日　△ 学校2019年全面从严治党工作会议在敬贤堂召开。
　　△ 江苏省欧美同学会（江苏省留学人员联谊会）秘书长朱军一行莅临学校调研。
　　△ 学校2018年度优秀专职辅导员评选述职大会在红楼学术报告厅举行。
　　△ 学校第五期东吴智库学者沙龙在红楼会议中心举行。

13日　△ 学校人武部、工会、幼儿园共同组织开展主题军营日活动。
　　△ 由学校和华东政法大学主办，学校政治与公共管理学院、华东政法大学学科建设办公室承办，四川省委党校《理论与改革》杂志社、华东政法大学政府理论研究所协办的"区域一体化中的城市法治与政治"圆桌会议在西交利物浦国际会议中心召开。
　　△ 由长三角更高质量一体化发展研究联盟发起，学校东吴智库、苏州智库联盟、苏州市发展规划研究院、学校大运河文化产业发展与创新研究中心联合承办的长三角更高质量一体化发展（苏州）研讨暨咨询会在苏州召开。

15日　△ 学校党委在红楼会议中心举行第二轮巡察工作培训会议。
　　△ 教育部国际合作与交流司副司长、港澳台事务办公室常务副主任徐永吉一行莅临学校考察调研。
　　△ 教育部思想政治工作司一级巡视员俞亚东莅临学校专题调研思想政治工作。
　　△ 学校完成江苏省2019年普通高校招生体育专业统考苏州大学考点考试工作。

16日　△ 学校印发《江涌同志在2019年全面从严治党工作会议上的讲话》。
　　△ 学校"弘扬爱国奋斗精神、建功立业新时代"先进模范报告会在炳麟图书馆学术报告厅举行。

17日　△ 江苏省教育厅组织高校实验室安全管理专家组对学校实验室安全

管理工作现场进行检查。

△ 学校第九届"东方慧湖杯"大学生电影节暨第二十六届北京大学生电影节苏州分会场开幕。

△ 学校2017—2018学年"协鑫奖"奖学金颁奖仪式在天赐庄校区理工楼会议室举行。

18日　　△ 经研究决定,将原"苏州市独墅湖医院(苏州大学医学中心)"更名为"苏州市独墅湖医院、苏州大学附属独墅湖医院"。

△ 学校在线开放课程、虚拟仿真实验教学项目建设工作推进会在金螳螂商学院九洲厅举行。

△ 经研究决定,正式聘任仇国阳同志为"2011计划"办公室主任,张桥同志为国际合作交流处处长兼港澳台办公室主任,朱旻同志为校医院院长。

△ 经研究决定,正式聘任王成奎同志为机关党工委书记,钱万里同志为图书馆党委书记,唐文跃同志为轨道交通学院党委书记,沈学伍同志为医学部基础医学与生物科学学院党委书记,徐昳荃同志为审计处处长。

19日　　△ 经研究决定,成立"苏州大学—泗洪县人民医院临床免疫协同创新中心",挂靠医学部。聘任居颂光教授担任该协同创新中心主任。

△ 19日至21日,学校健康中国研究院举办第一届医院管理创新战略培训。

21日　　△ 21日至26日,由江苏省委教育工委主办、学校承办的第三十二期全省高校院(系)党政负责人培训班在敬贤堂举行。

22日　　△ 学校与瓦里安医疗系统公司"放疗新星"启航仪式在独墅湖校区举行。

△ 学校召开全国党建工作标杆院系、样板支部培育创建工作推进会。

23日　　△ 学校意识形态工作培训会在天赐庄校区王健法学院举行。

△ 昆山市委常委、统战部部长金铭率昆山市新阶层"产学联盟"专题组一行莅临学校应用技术学院调研。

△ 学校第六期东吴智库学者沙龙在子实堂举行。

24日　　△ 24日至26日,学校七届五次教职工代表大会在敬贤堂召开。

25日　　△ 经研究决定,成立苏州大学科研平台建设管理委员会:

主　任:路建美

副主任:郁秋亚

△ 学校印发《苏州大学纵向科研项目经费间接费用分配及使用实施细则(2019年修订)》。

△ 江苏省政协主席黄莉新一行莅临学校苏州纳米科技协同创新中心、放射医学与辐射防护国家重点实验室考察调研。

26日　　△ 教育部高等教育司副司长范海林莅临学校纳米科学技术学院考察调研。

△ 由教育部人文社会科学重点研究基地复旦大学信息与传播研究中

心和学校传媒学院共同主办的跨学科圆桌论坛在苏州西交利物浦国际会议中心举行。

　　△26日至27日，由中国高等教育学会廉政建设分会和学校联合主办，学校廉政研究所承办的"高校'微腐败'治理研讨会"在独墅湖校区召开。

27日　　△学校举办2019年校园路跑接力赛。

　　△学校导师学院第九期导师培训班开班仪式及第一阶段全体集中培训在敬贤堂举行。

　　△27日至28日，第四届"方本东吴杯"长三角法学研究生论文发布会在王健法学院举行。

28日　　△学校意识形态工作领导小组暨分析研判会在红楼217室召开。

　　△学校东吴商学院MBA"舞沙队"获2019年第八届亚太地区商学院沙漠挑战赛（简称"亚沙赛"）最高奖项——"沙鸥奖"。

29日　　△学校2019年五四表彰大会暨"青春心向党·建功新时代"主题团日活动在红楼学术报告厅举行。

30日　　△原"苏州大学政治与公共管理学院"印章因年久使用，磨损严重，影响正常使用，现已重新刻制。经研究决定，即日起启用新制的"苏州大学政治与公共管理学院"印章，原印章停止使用。

　　△学校集中收看纪念五四运动100周年大会。

　　△学校与苏州市人民政府、中国广核集团签署战略合作框架协议及相关落地协议，质子肿瘤治疗国产化及临床应用研究中心也同时揭牌成立。

　　△经研究决定，聘任陈赞同志任医学部公共卫生学院党委书记。免去芮秀文同志医学部公共卫生学院党委书记职务。

　　△经研究决定，聘任钱振明同志为敬文书院院长，免去马卫中同志敬文书院院长职务。

　　△经研究决定，聘任芮秀文同志任唐仲英医学研究院党委书记，免去叶明昌同志唐仲英医学研究院党委书记职务。

4月　　△苏州市吴江区人民政府和学校附属儿童医院合作共建的苏州大学附属儿童医院吴江院区（苏州市吴江区儿童医院）签约仪式在吴江会议中心举行。

　　△据青塔网统计公布，学校近三年作为第一完成单位获得的高等学校科学研究优秀成果奖（科学技术）共计15项，其中，自然科学一等奖1项、自然科学二等奖2项、技术发明二等奖2项、科技进步一等奖3项、科技进步二等奖7项，获奖总数位居全国并列第十二位。

　　△学校体育学院2015级运动康复团支部获2018年度"全国五四红旗团支部"称号。

　　△学校材料与化学化工学部团委、附属第二医院团委获2018年度"江苏省五四红旗团委"称号。

△ 国家邮政管理局副局长刘君莅临学校调研校园快递工作。

△ 学校在四川省绵阳南山中学、绵阳东辰国际学校、成都石室中学、成都树德中学设立优质生源基地，并到成都、绵阳、宜宾等地开展招生宣传工作。

△ 学校举办国家安全日系列活动。

△ 学校国家大学科技园被苏州市工业和信息化局认定为"江苏省中小企业公共服务平台"。

△ 学校政治与公共管理学院入选中国人民大学人文社会科学学术成果评价研究中心、中国人民大学书报资料中心发布的"复印报刊资料重要转载来源机构（2018 版）"。

△ 学校医学部邓敏老师主持的"乳腺癌组织分子分型的免疫组织化学检测方法"和镇学初老师主持的"抗流感病毒活性药物的设计与筛选"等 2 个项目入选 2018 年度国家虚拟仿真实验教学项目。

5 月

4 日
△ 4日至5日，"2019 苏大理想国际眼外伤论坛暨第五届眼科名医高峰会"在苏州举办。

5 日
△ 原"中国共产党苏州大学政治与公共管理学院委员会"印章因年久使用，磨损严重，影响正常使用，现已重新刻制。经研究决定，即日起启用新制的"中国共产党苏州大学政治与公共管理学院委员会"印章，原印章废止。

6 日
△ 学校公布苏州大学第十届学部学位评定委员会、院（部、所、中心）学位评定分委员会委员名单。

7 日
△ 学校印发《苏州大学关于加强依法治校工作的意见》。

8 日
△ 首届"苏州市金融消费者权益保护公益宣传创意大赛"开幕式在学校东吴商学院举行。

△ 美国加州理工学院 William A. Goddard Ⅲ 院士讲座教授受聘仪式暨材料模拟高峰论坛开幕式在学校独墅湖校区 909 号楼 B 厅举行。

△ 2019 年江苏省大学英语"金课"研讨会暨江苏省高校大外教研室（系部主任）高级研修班在学校应用技术学院安如楼 A101 会议厅举行。

△ 全国人大常委会副委员长艾力更·依明巴海一行莅临学校调研。

△ 学校本科教学团队建设培训会在凌云楼 902 会议室召开。

9 日
△ 经研究决定，聘任陈国凤同志任金螳螂建筑学院党委书记，沙丹丹同志任能源学院党委书记，洪晔同志任纳米科学技术学院党委书记。

△ 校党委理论学习中心组专题学习习近平总书记在纪念五四运动 100 周年大会上的重要讲话精神。

10 日	△ 经研究决定，对各学院（部）关心下一代工作委员会成员进行调整。
	△ 学校附属第一医院血液病学科移植出凝血团队的项目"移植相关性出凝血疾病及其关键机制研究"获江苏省科技进步奖一等奖。
	△ 由苏州高校发展共同体主办，学校承办的第二届在苏高校思政课程教学改革暨"金课"建设研讨会举行。
	△ 教育部党组成员、副部长翁铁慧一行莅临学校，调研学校"双一流"建设工作并举行座谈会。
	△ 学校党委巡视整改工作会议在王健法学院 B201 会议室召开。
	△ 学校高效有机光电材料设计及界面调控等 20 项成果获得 2018 年度江苏省科学技术奖。
	△ 江苏省社科联副巡视员、科普部（评奖办）主任吴颖文一行莅临学校并主持召开社科评奖工作座谈会。
11 日	△ 学校唐爱马拉松暨唐仲英先生纪念会活动在独墅湖校区炳麟图书馆北广场举行。
12 日	△ 学校东吴商学院承办的管理科学与工程学会 2019 年第一次常务理事会在学校召开。
13 日	△ 13 日至 19 日，学校艺术学院学生在国际大学生时装周中获第 24 届时装设计新人奖"优秀奖"、国际大学生时装周"市场潜力奖"、"旭化成·中国未来之星设计创新大奖入围奖"，学校艺术学院获 2019 中国国际大学生时装周"人才培养成果奖"，学校静态展演服饰获 2019 中国国际知名高校服装（服饰）作品展"十佳视觉设计奖"。
14 日	△ 经研究决定，成立苏州大学影像医学研究所，该研究所为校级非实体性科研机构，挂靠苏州大学附属第一医院。聘任胡春洪教授担任该研究所所长。
	△ 学校印发《苏州大学公文处理工作规定》。
	△ 14 日至 15 日，铜仁学院党委书记李树新一行莅临学校考察。
15 日	△ 接中共江苏省委组织部通知（苏组干〔2019〕150 号）：薛辉同志任苏州大学党委常委。
16 日	△ 学校"教师教育实践基地"落户甪直叶圣陶纪念馆。
17 日	△ 学校印发《苏州大学教职工退休管理办法》。
	△ 17 日至 18 日，放射医学与辐射防护行业联盟成立大会暨学术交流会在苏州召开，学校医学部放射医学与防护学院多位教授与会。
	△ 学校第七期东吴智库学者沙龙在子实堂二楼教授沙龙室举办。
18 日	△ 18 日至 19 日，由中国马克思主义哲学史学会马恩哲学思想研究分会、全国马克思恩格斯哲学思想研究会、《哲学动态》杂志社、《江海学刊》杂志社主办，学校政治与公共管理学院、学校东吴哲学研究所、苏州科技大学马克思主义学院承办的"《〈政治经济学批判〉序言》与马克思主义哲学当代发展"学术研讨会暨中国马克思主义哲学史学会马恩哲学思

想研究分会年会在苏州召开。

△学校代表队获第二届全国大学生公共卫生综合知识与技能大赛一等奖，同时获"样品采集和现场检测"及"公共卫生基本理论"两项单项奖。

△"感恩·奋进"交响音乐会暨恩玲艺术中心启用仪式在学校独墅湖校区举行。

19日　△苏州大学·中国电信苏州分公司5G校园启动暨360教室揭牌仪式在学校博习楼举行。

20日　△经研究决定，成立苏州大学党委人才（知识分子）工作领导小组：

一、党委人才（知识分子）工作领导小组的组成如下，

组　长：江　涌

副组长：路建美　邓　敏　刘　标

二、党委人才（知识分子）工作领导小组和领导小组办公室的主要职责和运行机制，按照上级要求执行。

三、撤销原苏州大学人才工作领导小组。

△老挝国家科技部生物技术与生态研究院和老挝女双手公司代表一行莅临学校访问。

23日　△中共中央政治局委员、国务院副总理孙春兰莅临学校调研。

24日　△24日至25日，学校高雅艺术进校园拓展项目走进南通生源基地。

△新时代哲学社会科学的理论创新暨首届苏州大学人文社会科学杰出校友高端论坛在红楼会议中心召开。

25日　△学校师范生教学基本功大赛暨第十七届"明日之师"模拟课堂大奖赛及师范生主题演讲比赛在独墅湖校区文综楼举行。

△学校召开中国教育后勤协会第二届理事会第一届会长办公会议暨第二届专家委员会第一次全体会议。

△5月25日及6月1日，学校举行苏州大学带薪实习生项目暨2020届毕业生实习岗位招聘会。

26日　△学校两支队伍在"津发杯"第十四届全国大学生交通科技大赛中分获全国二等奖和全国三等奖。

△学校第三十二次学生代表大会暨第七次学生社团代表大会在敬贤堂召开。

27日　△学校党委召开巡察工作推进会。

28日　△经研究决定，成立苏州大学第一届专业学位研究生教育指导委员会。

△经研究决定，张奕宁等545名学生被录取为苏州大学2019级双学位专业学生。

△学校附属儿童医院召开主题为"巩固发展反腐败斗争压倒性胜利"的党委中心组扩大会议。

29日　△经研究决定，成立苏州大学120周年校庆筹备工作小组职能组：

校友工作组：
  组　长：赵　阳
重大活动组：
  组　长：戴佩良
  副组长：朱建刚
联络接待组：
  组　长：吴　鹏
资源拓展组：
  组　长：赵　阳　戴佩良　孙琪华
校史工作组：
  组　长：吴　鹏
  副组长：王　欣
宣传工作组：
  组　长：陈晓强
招智引才组：
  组　长：朱巧明
学术交流组：
  组　长：郁秋亚
文体活动组：
  组　长：吴　磊
校园建设与后勤保障组：
  组　长：王云杰
志愿服务组：
  组　长：肖甫青
安全保卫组：
  组　长：黄水林

△ 经研究决定，成立苏州大学第十届校学位评定委员会，主席熊思东，副主席郎建平。

△ 学校2019年国家社科基金后期资助项目申报辅导报告会在红楼会议中心举行。

30日　△ 学校党委理论学习中心组在钟楼303会议室召开专题学习会。

△ 2019年苏州大学优秀青年学者聘任暨人才队伍建设年度目标责任书签订仪式在王健法学院举行。

△ 学校印发《苏州大学教师岗位供给侧结构性改革方案》《苏州大学管理岗位职员制度改革方案》。

△ 5月30日至6月2日，由江苏省高等教育学会高校实验室研究委员会主办，学校承办的"2019年高等学校实验室安全管理工作培训班"在苏州召开。

31日　△ 经研究决定，学校同意杨扬等394名本科生自2019年9月起转入相关专业学习。

△学校印发《苏州大学派遣人员管理办法》。

△学校未来校区方案汇报会在红楼会议中心召开。

△经研究决定，成立苏州大学唐仲英医学研究院理事会：

江　涌　苏州大学党委书记

熊思东　苏州大学校长

梁为功　唐仲英基金会执行董事

阮长耿　唐仲英医学研究院名誉院长

△5月31日至6月1日，学校附属医院病理学科联盟论坛（2019年苏州站）召开。

5月

△学校物理科学与技术学院徐震宇副教授与合作者Adolfo del Campo教授（DIPC，Spain）等，在统计物理与量子信息领域取得最新研究进展，先后在物理学顶级期刊《物理评论快报》（Physical Review Letters）上发表两篇理论文章。

△学校蒋建华教授课题组与南京大学卢明辉教授、陈延峰教授课题组合作，在高阶拓扑声子晶体领域取得重要进展，以"Second-order topology and multidimensional topological transitions in sonic crystals"为题的文章发表于Nature Physics（《自然物理》）。

△学校东吴商学院智慧供应链研究中心Dawoon Jung老师（第一作者）与韩国高丽大学Byung Cho Kim、Myungsub Park及美国Temple大学Detmar W. Straub合作的名为"Innovation and policy support for two-sided market platforms：Can government policy makers and executives optimize both societal value and profits"的论文，被Information Systems Research（《信息系统研究》）录用。

△学校东吴商学院智慧供应链研究中心博士生袁杨（第一作者）与该中心储昭昉教授和赖福军教授在International Journal of Production Economics（IJPE）在线发表了题为"The impact of transaction attributes on logistics outsourcing success：A moderated mediation model"的研究论文。

△物理科学与技术学院的徐亚东副教授课题组与美国杜克大学的S. A. Cummer教授课题组及香港科技大学陈子亭教授合作得出的研究成果以"Reversal of transmission and reflection based on acoustic metagratings with integer parity design"为题，以学校为第一单位，发表在Nature Communications（《自然通讯》）上。

△学校潘君骅院士获得永久性小行星命名，国际编号为216331的小行星被命名为"潘君骅星"。

△学校组织开展"规范党员干部网络行为"主题党日活动。

6月

1日	△ 学校附属儿童医院联手苏州广播电视总台在苏州工业园区总院举办儿童健康平台上线仪式暨"名医来了"六一义诊活动。
	△ 1日至2日,学校第九届阳光体育节排球比赛在天赐庄校区和独墅湖校区举行。
2日	△ 学校领导江涌等带队开展深入学生宿舍走访活动。
	△ 学校代表队获第六届全国大学生工程训练综合能力竞赛"S环形"赛道挑战赛全国一等奖、物料搬运机器人项目全国二等奖。
3日	△ 学校机电工程学院张友军教授课题组的论文"Direct power flow controller-A new concept in power transmission"在线发表于国际权威顶级期刊 IEEE Transactions on Power Electronics(《电力电子学汇编》)。
5日	△ 学校2019年本科招生宣传工作培训会在敬贤堂召开。
	△ 学校2017—2018学年三星奖学金颁奖典礼在红楼会议中心201会议室举行。
	△ 学校校长熊思东应邀出席意大利国庆招待会。
	△ 学校"2019民族风情"系列文化活动之文艺晚会在恩玲艺术中心举行。
	△ 学校通信工程专业认证完成现场考察。
	△ 学校与中国科学院上海巴斯德研究所共建的苏州大学巴斯德学院签约仪式在红楼会议中心举行。
6日	△ 经研究决定,调整研究生就业指导工作委员会成员:
	组　长:江　涌　熊思东
	副组长:蒋星红　刘　标
	△ 经研究决定,对苏州大学岗位设置与聘用工作领导小组成员进行调整:
	组　长:江　涌　熊思东
	△ 经研究决定,成立苏州大学—强信机械科技智能制造技术协同创新中心,挂靠机电工程学院。聘任张雷教授担任该协同创新中心主任。
	△ 学校继续教育工作会议在继续教育处南楼202会议室召开。
10日	△ 学校印发《苏州大学安全工作"党政同责、一岗双责"规定》。
11日	△ 学校马克思主义学院建设现场办公会在独墅湖校区一期606号楼418会议室召开。
	△ 唐仲英基金会苏州大学"仲英青年学者"项目捐赠签约暨资助颁发仪式在红楼会议中心举行。
12日	△ "苏小就"社团成立暨江苏省民营企业进高校——企业人才(实

习）招聘会志愿者服务动员会在学校举行。

△"苏州大学—强信机械科技智能制造技术协同创新中心"揭牌仪式在红楼会议中心举行。

△学校"我说社会主义核心价值观"活动在炳麟图书馆学术报告厅举办。

△由江苏省委统战部、省工商联主办，学校承办，苏州市委统战部、市工商联协办的江苏省民营企业进高校"三个一"活动在学校举办。

△学校纺织工程专业认证完成现场考察。

△学校软件工程专业认证完成现场考察。

13日　△经研究决定，成立苏州大学学科建设与发展领导小组：

组　长：熊思东

副组长：路建美　蒋星红　张晓宏

△学校印发《苏州大学无形资产管理办法（试行）》《苏州大学国有资产管理办法》《苏州大学关于进一步推进大学生思想政治理论课社会实践的实施意见》《苏州大学固定资产损失赔偿管理办法》《苏州大学固定资产使用管理实施细则》《苏州大学固定资产清查盘点实施细则》《苏州大学固定资产登记管理实施细则》《苏州大学固定资产处置管理实施细则》《苏州大学低值耐用资产管理办法》。

△2018—2019年度藤原信光先生奖教金、奖助学金颁奖仪式在红楼学术报告厅举行。

△中核集团党组第三巡视组、学校党委第九巡察组召开巡视巡察学校附属第二医院党委工作动员会议。

14日　△学校2019"青年红色筑梦之旅"启动仪式在天赐庄校区王健法学院A101会议室举行。

△国家民委、中央宣传部、中央文明办、教育部、共青团中央五部委在学校红楼学术报告厅举行全国大学生民汉双语志愿服务团（苏州大学）成立仪式。

△学校2019年毕业季活动启动仪式在天赐庄校区举行。

15日　△学校印发《苏州大学安全风险专项整治工作实施方案》。

16日　△学校毕业季系列活动之"锦绣丝路心相通，霓裳织梦创未来——'一带一路'服饰文化秀"在学校独墅湖校区举办。

17日　△学校召开硕士专业学位研究生教育指导委员会成立大会暨第一次全体委员会议。

△学校党委巡察工作领导小组在钟楼303室召开第四次会议。

18日　△经研究决定，聘任张健同志任东吴学院（筹）院长。

△经研究决定，聘任刘枫同志任东吴学院（筹）党委书记。

△经研究决定，筹建东吴学院（英译名为：Soochow College）。该学院为学校直属公办二级学院，正处级建制，由大学外语、大学数学、大学计算机、大学物理、公共化学和公共体育等六个学系组成。成立东吴学院

党委及工会、共青团等相应的群团和学术组织。

△ 学校印发《苏州大学绩效工资实施办法》。

19日 △ 学校2017—2018学年住友电工集团奖学金颁奖典礼在红楼会议中心举行。

△ 学校侨联与吴江区侨联在天赐庄校区开展协作调研活动。

△ 学校王健法学院院长方新军教授当选第七届江苏省法学会副会长。

△ "说句心里话"——苏州大学2019届毕业生恳谈会在红楼会议中心举行。

△ 江苏省委常委、宣传部部长王燕文莅临学校调研传媒学院和马克思主义学院建设。

20日 △ 经研究决定,正式聘任晏成林同志为能源学院院长,黄水林同志为保卫部部长。

△ 经研究决定,成立苏州大学党委外事工作领导小组:

组　长:江涌

副组长:张晓宏　路建美　邓　敏　蒋星红　刘　标

△ 经研究决定,聘任吴庆宇同志为唐仲英医学研究院院长、唐仲英血液学研究中心主任。

21日 △ 21日至22日,由学校教育学院主办、苏州市心理学会、阔地教育科技有限公司协办的"全球视野下的教育创新暨教育神经科学2019年国际学术研讨会"在红楼学术报告厅举行。

△ 学校王晗教授和钟英斌副教授应西北工业大学王文教授之邀,共同参与合作研究揭示"驯鹿丢失生物节律的新机制",研究成果以驯鹿适应北极环境机制"Biological adaptations in the Arctic cervid, the reindeer (Rangifer tarandus)"为题发表于 *Science*(《科学》)。该研究入选当期 *Science* 封面并配有评述文章,钟英斌副教授为本文的共同第一作者。

△ 学校2019年安全工作会议在天赐庄校区天元大讲堂召开。

△ 学校胡萱老师、马国元同学分别荣获"2018江苏高校辅导员年度人物"称号及"2018江苏省大学生年度人物"提名奖。

△ 以"推动对外开放与经济高质量发展"为主题的第六届两岸自由经贸论坛在学校召开。

22日 △ 学校社会学院王卫平教授当选第十届江苏省历史学会副会长。

24日 △ 经研究决定,成立苏州大学心理人工智能协同创新中心,挂靠艺术学院。聘任王尔东同志担任该协同创新中心主任。

25日 △ 经研究决定,授予学术学位研究生袁俊伟等16人哲学硕士学位,刘真真等31人经济学硕士学位,胡小苗等104人法学硕士学位,阚宇涵等88人教育学硕士学位,张梦等95人文学硕士学位,肖云飞等17人历史学硕士学位,王旭辉等437人理学硕士学位,朱梦梦等373人工学硕士学位,李秀秀等10人农学硕士学位,张家硕等197人医学硕士学位,王杰等84人管理学硕士学位,禹慧等43人艺术学硕士学位。

授予专业学位研究生王起凡等 57 人金融硕士学位，曾忱等 12 人应用统计硕士学位，姚芸等 7 人税务硕士学位，谢应洋等 10 人国际商务硕士学位，李金亮等 163 人法律硕士学位，齐文华等 27 人社会工作硕士学位，刘玲等 137 人教育硕士学位，任云峰等 65 人体育硕士学位，宫汝鑫等 56 人汉语国际教育硕士学位，丁新新等 52 人应用心理硕士学位，魏彤羽等 46 人翻译硕士学位，饶瑶等 53 人新闻与传播硕士学位，石宇等 11 人出版硕士学位，李瑾等 280 人工程硕士学位，王茜右等 16 人农业硕士学位，杨倩等 12 人风景园林硕士学位，乔峤等 3 人临床医学硕士学位，朱文杰等 13 人公共卫生硕士学位，杨小辉等 13 人护理硕士学位，吴芳霞等 20 人药学硕士学位，卢荍其等 124 人工商管理硕士学位，刘治等 122 人公共管理硕士学位，龚凡荻等 83 人会计硕士学位，王佳等 74 人艺术硕士学位。

授予同等学力人员邓立群等 4 人法学硕士学位，崔凤伟等 188 人医学硕士学位，唐玉管理学硕士学位。

△ 经研究决定，授予学术学位研究生徐东等 4 人哲学博士学位，薛苏明等 5 人经济学博士学位，刘洋等 13 人法学博士学位，张杨等 13 人教育学博士学位，周国鹃等 12 人文学博士学位，吴建等 6 人历史学博士学位，王瑾等 62 人理学博士学位，吴登生等 41 人工学博士学位，李奕等 66 人医学博士学位，姚炯等 2 人管理学博士学位，高正艺术学博士学位。

授予专业学位研究生陈佩军等 116 人临床医学博士学位。

△ 学校 2019 年毕业典礼暨学位授予仪式在独墅湖体育中心举行。

27 日

△ 经研究决定，成立苏州大学 120 周年校庆筹备工作小组办公室，即日起启用"苏州大学 120 周年校庆筹备工作小组办公室"印章。

△ 学校印发《苏州大学纪检监察体制改革实施方案》。

△ 学校出版社出版的《农业现代化的苏州故事》《中国音乐经济史（远古至南北朝卷）》获评"2018 苏版好书"。

△ 国家"十三五"重点图书出版规划项目《苏州通史》在第九届江苏书展首发。

△ 学校印发《苏州大学往来款项管理暂行办法》。

△ 美国北卡罗来纳州立大学副校长 Li Bailian 莅临学校调研。

28 日

△ 经研究决定，授予周慧荣等 76 名高等教育自学考试本科毕业生学士学位。

△ 经研究决定，授予鲁凌云等 623 名成人高等教育本科毕业生学士学位。

△ 2019 年苏州大学研究生支教团、西部计划、苏北计划出征座谈会在华丰楼 306 会议室举行。

△ 部分地处苏州的省属高校纪委工作座谈会在学校怡远楼 402 室召开。

2019 年大事记

△学校党委在红楼会议中心组织召开了以"不忘初心、牢记使命"为主题的教工党支部书记示范工作室建设总结交流及授牌会。

△学校"东吴大师讲坛"第四讲在天赐庄校区敬贤堂举行。

30 日 △由苏州市文联、学校艺术学院、苏州科技大学艺术学院主办,苏州市书协等单位承办的"书有道——华人德新书三种首发式暨学术研讨会"在苏州市会议中心举办。

△经研究决定,授予专业学位研究生孟璇等 378 人临床医学硕士学位。

△学校与中国红十字会总会、中国红十字基金会在京签署创办红十字国际学院合作协议。

6 月 △《中国社会科学》杂志 2019 年第 5 期刊登了教育部人文社会科学重点研究基地中国特色城镇化研究中心主任陈进华教授的文章《治理体系现代化的国家逻辑》。

△学校纳米科学技术学院 Mario Lanza 教授课题组在 *Nature Electronics* 上发表了题为"Scanning probe microscopy for advanced nanoelectronics"的展望性论文。

△学校电子信息学院刘学观、周鸣籁、张德凤等老师设计的《电子系统综合设计》教案"基于无线传输的环境信息监测系统的设计"获第六届全国电工电子基础课程实验教学案例设计竞赛一等奖暨"最佳工程奖"。

△学校政治与公共管理学院庄友刚教授当选第八届江苏省哲学学会副会长。

△学校附属第一医院临床检测中心、附属儿童医院血液科获评"2017—2018 年度全国青年文明号"。

7 月

2 日 △2 日至 3 日,由江苏省教育厅主办、学校承办的首期江苏高校学科建设与研究生教育管理干部暑期学习培训班在苏州举办。

3 日 △学校数学科学学院交叉科学研究中心周圣高副教授作为第一作者在国际著名综合类科学期刊《美国科学院院刊》(*PNAS*)上在线发表了题为"Variational implicit-solvent predictions of the dry-wet transition pathways for ligand-receptor binding and unbinding kinetics"的研究论文。学校是唯一第一作者单位。

△学校艺术学院李超德教授申报的"设计美学研究"(项目号 19ZD23)、文学院王宁教授申报的"新中国成立 70 周年中国戏曲史(江苏卷)"(项目号 19ZD05)两个项目获全国艺术科学规划领导小组办公室发布的国家社科基金艺术学重大项目立项。

4日	△ 经研究决定，聘任赵阳同志为教育学院党委书记，薛辉同志为党委统战部部长。
	△ 经研究决定，免去蒋晓虹同志教育学院党委书记职务。
	△ 学校党委理论学习中心组在钟楼303会议室召开专题学习会。
5日	△ 经研究决定，正式聘任李孝峰同志为光电科学与工程学院院长。
	△ 经研究决定，增列呼伦贝尔市人民医院为"苏州大学附属呼伦贝尔医院"，该医院为学校非直属附属医院。
	△ 学校党委在红楼217会议室召开纪检监察体制改革推进动员会。
	△ 学校2019年暑期社会实践出征仪式在红楼学术报告厅举行。
6日	△ 学校印发《苏州大学本科生社会实践课程化建设指导意见》。
	△ 学校东吴智库和中国特色城镇化研究中心联合举办"长三角一体化与苏州选择"学术论坛。
	△ 学校阮长耿院士获得国际血栓与止血学会主席Claire McLintock颁发的终身成就奖（ISTH Esteemed Career Awards）。
	△ 6日至9日，学校举办"不忘初心担使命 聚力创建'双一流'"全校中层干部暑期集中培训。
7日	△ 学校印发《苏州大学全日制本科生毕业与学位申请规定（2019年修订）》《苏州大学普通高等教育本科生学籍管理办法（2019年修订）》《关于科研经费报销差旅费的补充规定》。
8日	△ 首届英才INCiTE短期学习交流项目在学校正式开营。
9日	△ 经研究决定，成立苏州大学人文社会科学类人才队伍建设领导小组：
	组　长：江　涌　熊思东
	副组长：张晓宏　邓　敏
	△ 学校印发《苏州大学预算管理暂行办法》《苏州大学教职工校内流动配置管理暂行办法》。
	△ 国家留学基金管理委员会副秘书长张宁一行莅临学校调研。
10日	△ 学校印发《苏州大学公开招聘工作人员暂行办法》。
11日	△ 江苏省委宣传部、苏州市委宣传部与学校共建传媒学院签约揭牌仪式在天赐庄校区学术报告厅举行。
13日	△ 13日至14日，由学校与中科院苏州医工所、放射医学与辐射防护国家重点实验室、江苏省人工智能学会和江苏省工学2类研究生教育指导委员会联合主办的2019第六届医学图像计算青年研讨会暨江苏省研究生"医学影像处理与分析"学术创新论坛在苏州国际博览中心举办。
15日	△ 由学校主办，学校团委、学生会、东吴辩论队承办的苏州大学"东吴杯"第八届全国中学生辩论赛在天赐庄校区举行。
16日	△ 16日至22日，第七届江苏省中学生物理学术创新竞赛（JSYPT-7）暨第三届全国中学生物理学术创新邀请赛（NYPT-3）在学校举办。
18日	△ 经研究决定，授予李得青等5 841名2019届普通高等教育全日制

本科毕业生学士学位。

　　△ 经研究决定，授予常秋宁等 337 名同学双学位专业学士学位。

　　△ 经研究决定，授予 MOON SOJIN 等 171 名外国留学本科毕业生学士学位。

25 日　　△ 经研究决定，授予王帅等 55 名七年制临床医学专业毕业生医学专业硕士学位。

　　△ 经研究决定，聘任陆玉方同志为传媒学院院长，陈龙同志为传媒学院执行院长。免去陈龙同志的传媒学院院长职务。

　　△ 学校印发《苏州大学人文社会科学类横向科研经费管理办法》。

28 日　　△ 学校党委常委、总会计师周高一行慰问暑假坚守一线的后勤工作人员。

29 日　　△ 接中共江苏省纪委通知（苏纪干〔2019〕101 号）：芮国强同志任江苏省监委派驻苏州大学监察专员。

30 日　　△ 经研究决定，聘任杨一心同志为红十字国际学院执行院长（兼）。

　　△ 经研究决定，成立苏州大学红十字国际学院：

　　一、红十字国际学院为学校直属二级学院。

　　二、筹建中国共产党苏州大学红十字国际学院委员会，设党委书记 1 名，为正处职。同时筹建工会、共青团等群团组织。

　　三、红十字国际学院设名誉院长若干名；设院长、执行院长各 1 名；设专职副院长 1 名，为副处职；设副院长若干名。

　　四、红十字国际学院内设综合办公室和教学科研办公室，各设办公室主任 1 名，为正科职；人员编制暂定 6 名。

　　五、未尽事宜，将视红十字国际学院发展和运行情况，另行研究确定。

　　△ 经研究决定，设置院级党组织纪检机构：

　　一、三个直属附属医院保留纪律检查委员会设置，分别为：

　　1. 中共苏州大学附属第一医院纪律检查委员会

　　2. 中共苏州大学附属第二医院纪律检查委员会

　　3. 中共苏州大学附属儿童医院纪律检查委员会

　　二、在四个院级党组织设立纪律检查委员会，分别为：

　　1. 中共苏州大学文正学院纪律检查委员会

　　2. 中共苏州大学应用技术学院纪律检查委员会

　　3. 中共苏州大学后勤纪律检查委员会

　　4. 中共苏州大学材料与化学化工学部纪律检查委员会

　　三、校纪委向三个院级党组织派出工作委员会，分别为：

　　1. 中共苏州大学纪律检查委员会机关工作委员会

　　2. 中共苏州大学纪律检查委员会群团与直属单位工作委员会

　　3. 中共苏州大学纪律检查委员会医学部工作委员会

　　纪工委是校纪委的派出机构，在校纪委、同级党组织的双重领导下开展工作，领导同级党组织下属各支部纪检委员工作。

四、在两个院级党组织设立专职纪律检查委员，分别为：

1. 中共苏州大学东吴商学院专职纪律检查委员
2. 中共苏州大学机电工程学院专职纪律检查委员

五、院级党组织纪委书记、纪工委书记、专职纪律检查委员为该党委（工委）委员，副处职。

△ 经研究决定，聘任 Francesco Rocca 先生为红十字国际学院名誉院长。

△ 学校政治与公共管理学院任平教授被聘为江苏省哲学学会顾问，庄友刚教授当选为江苏省哲学学会副会长，桑明旭教授当选为副秘书长，车玉玲、邢冬梅、周可真、郭世平教授当选为江苏省哲学学会第八届理事会常务理事。

△ 学校共 25 项课题获 2019 年国家社科基金年度项目和青年项目立项。

7月

△ 学校材料化学化工学部钟志远教授应 Elsevier 出版社及主编美国普渡大学教授 Kinam Park 的邀请，担任 Journal of Controlled Release（《控释杂志》）亚洲区副主编。

△ 学校机电工程学院孙立宁教授课题组与新加坡国立大学电气与计算机工程系李正国教授课题组的研究成果以 "A rotational pendulum based electromagnetic/triboelectric hybrid-generator for ultra-low-frequency vibrations aiming at human motion and blue energy applications" 为题，在期刊 Nano Energy（《纳米能量》）上发表。学校机电工程学院博士一年级研究生侯诚为第一作者，陈涛教授为论文共同完成人，刘会聪教授、孙立宁教授与李正国教授为共同通讯作者。

△ 学校东吴商学院申报的"江苏现代金融研究基地"获批江苏省决策咨询研究基地。

8月

8日 △ 学校印发《关于做好自愿申请退学、转学（转出）学生人文关怀工作的实施方案》。

16日 △ 学校代表队获 2019 年第十届中国大学生物理学术竞赛二等奖。

△ 学校 312 项项目获国家自然科学基金委员会 2019 年度国家自然科学基金资助。

17日 △ 学校医学部第五届战略发展研讨会在炳麟图书馆学术报告厅召开。

18日 △ 学校金螳螂建筑学院和澳门城市大学创新设计学院联合团队的作品"Bench Theatre"（凳子剧场）获"2019UIA-CBC 国际高校建造大赛"

二等奖，张玲玲老师获"优秀指导老师"称号。

19日 △ 19日至22日，江苏省高校新任辅导员岗前培训在学校举行。

20日 △ 20日至28日，学校举行专职辅导员暑期专题培训。

23日 △ 老挝苏州大学中方员工前往老挝103医院慰问"8·19重大交通事故"伤员。

24日 △ 由学校光伏校友会、苏州市光伏产业协会、苏州大学—阿特斯光伏研究院、阿特斯阳光电力集团、协鑫集团联合主办，学校苏州校友会等组织机构协办的苏大光伏·长三角沙龙（苏州大学站）在学校物理科技楼409会议室举办。

26日 △ 光电科学与工程学院首届战略发展研讨会在物理科技楼举行。

29日 △ 学校党委理论学习中心组在钟楼303会议室召开《习近平新时代中国特色社会主义思想学习纲要》专题学习会。

30日 △ 江苏省社科联党组成员、副主席尚庆飞一行莅临学校调研江苏新型智库建设。

31日 △ 由中国红十字会和学校联合创办的红十字国际学院在学校挂牌成立。

△ 学校党委十二届八次全体会议及全校干部大会在敬贤堂召开。

8月 △ 学校国家大学科技园在江苏省科技企业孵化器绩效评价中连续第二年获"优秀"等第。

△ 学校获"国家版权局国际版权人才培训基地"授牌。

△ 学校教育学院心理学系张阳教授受邀担任国际知名期刊 *Frontiers in Neuroscience*（《神经学前沿》）和 *Frontiers in Psychology*（《心理学前沿》）副主编（Associate Editor）。

△ 学校艺术学院的8件作品入选第十三届全国美术作品展览。

9月

1日 △ 经研究决定，成立苏州大学—乐达纳米科技汽车智能驾驶及云平台协同创新中心，挂靠电子信息学院。聘任沈纲祥教授为该协同创新中心主任。

△ 学校与苏州市人民政府就2020至2035年深化名城名校融合发展战略签署协议，共同推进苏州大学"双一流"建设。

△ 学校2020年度教育部人文社会科学研究项目申报辅导报告会在红楼会议中心举行。

△ 学校印发《苏州大学第四轮岗位设置与聘用工作实施办法》。

△ 中共苏州大学委员会印发《党委常委会工作报告》。

2日 △ 学校印发《苏州大学2019年度工作要点（补充部分）》。

　　　　　　　　△ 纳米比亚温得和克市市长穆赛·卡扎普阿、议员阿玛德希拉一行莅临学校访问。

4日　　　△ 华为高级副总裁、监事会主席李杰一行莅临学校访问。

5日　　　△ 经研究决定，即日起启用"苏州大学红十字国际学院"印章。

　　　　　　　　△ 经研究决定，成立苏州大学师范学院，机构设置如下：

一、苏州大学师范学院为学校直属二级学院。

二、适时成立中国共产党苏州大学师范学院委员会。设党委书记1名，为正处职。同时视情况筹建工会、共青团等群团组织。

三、设院长1名，为正处职；设专职副院长1名，为副处职；设兼职副院长若干名。

四、学院内设机构暂设综合办公室，设办公室主任1名，为正科职；人员编制暂定3人。

　　　　　　　　△ 经研究决定，成立苏州大学分子酶学研究所。苏州大学分子酶学研究所为学校实体性科研机构，不设行政建制，实行专家领衔负责制，挂靠医学部基础医学与生物科学学院；设所长1名、副所长2名、学术秘书1名；所长和副所长均由专业技术人员兼任。聘任王志新同志为所长，吴嘉炜同志为副所长。

　　　　　　　　△ 经研究决定，成立苏州大学巴斯德学院：

一、巴斯德学院为苏州大学二级学院，暂挂靠医学部，由医学部负责管理。

二、适时成立中国共产党苏州大学巴斯德学院委员会。设党委书记1名，为正处职。同时视情况筹建工会、共青团等群团组织。

三、设院长1名（聘任制）；设专职副院长1名，为副处职，设兼职副院长若干名。

四、学院内设综合办公室、教学与学生管理办公室、科研与学术办公室、国际合作与交流办公室，各设办公室主任1名，为正科职；各办公室人员编制暂定2名。

五、巴斯德学院实行理事会制，理事会由校党委批准后成立，理事会成员由苏州大学委派5名，巴斯德研究所委派4名。

六、未尽事宜，将视巴斯德学院发展和运行情况，另行研究确定。

7日　　　△ 学校政治与公共管理学院庄友刚教授当选江苏高校哲学学科联盟第一届理事会副理事长。

　　　　　　　　△ 7日至8日，由学校医院管理处、学校附属医院病理学科联盟主办，学校附属张家港医院承办的"肿瘤病理新进展暨第二届苏州大学附属医院病理学科联盟论坛"在张家港市举行。

9日　　　△ 学校"校园安全形势与对策"讲座在阳澄湖校区举行。

　　　　　　　　△ 由江苏省教育厅和江苏省财政厅主办，学校艺术教育中心与苏州国画院共同承办的2019年江苏省"高雅艺术进校园"拓展项目——"新吴门画派"中国画作品展在苏州科技大学石湖校区图书馆开幕。

　　　　　　　△学校第35个教师节表彰大会暨教职工荣休仪式在敬贤堂举行。
　　　　　　　△法国格勒诺布尔-阿尔卑斯大学候任校长Yassine Lakhnech教授一行莅临学校访问。
　　　　　　　△苏州市人民政府与学校主办的江南运河文化论坛在苏州举行。
10日　　　　△经研究决定，成立苏州大学口腔医学硕士专业学位研究生教育指导委员会：
　　　　　　　主任委员：葛自力
　　　　　　　副主任委员：杨建新　陆史俊
　　　　　　　△学校印发《苏州大学学生参事管理暂行办法》。
　　　　　　　△苏州金螳螂建筑装饰股份有限公司校招启动仪式暨苏州大学专场宣讲会在学校炳麟图书馆学术报告厅举行。
11日　　　　△经研究决定，成立中共苏州大学委员会"不忘初心、牢记使命"主题教育领导小组：
　　　　　　　组　长：江　涌
　　　　　　　副组长：路建美　邓　敏　芮国强　陈晓强　周玉玲　薛　辉
　　　　　　　△学校2019级港澳台新生"喜迎中秋、共话佳节"茶话会在怡远楼举行。
　　　　　　　△学校纪委在红楼会议中心115会议室召开新任职纪检监察干部集体谈话会。
　　　　　　　△学校纪委第十三次全委（扩大）会在红楼会议中心115会议室举行。
12日　　　　△经研究决定，聘任吴鹏同志为校长办公室主任，吉伟同志为国内合作办公室主任。
　　　　　　　△中共苏州大学委员会印发《关于开展"不忘初心、牢记使命"主题教育的实施方案》《江涌同志在学校"不忘初心、牢记使命"主题教育动员部署会上讲话》。
15日　　　　△经研究决定，校主题教育领导小组下设巡回指导组：
　　　　　　　指导组组长：陈晓强
　　　　　　　指导组副组长：王永山
　　　　　　　△由学校党委统战部、学生工作部（处）主办，光电科学与工程学院、校欧美同学会（留学人员联谊会）承办的"归国学者讲坛"在红楼学术报告厅举行。
16日　　　　△学校承担的国家重点研发计划发育编程及其代谢调节重点专项"建立小鼠发育代谢表型库"项目启动会在苏州召开。
　　　　　　　△香港田家炳基金会—苏州大学师范学院建设合作座谈会在红楼会议中心举行。
　　　　　　　△苏州大学师范学院揭牌仪式在钟楼礼堂举行。
　　　　　　　△2019年度苏州大学周氏奖颁奖典礼在红楼会议中心举行。
18日　　　　△由学校团委和苏州新东方学校联合举办的信仰公开课系列之"世

	界名校启示录"活动在敬贤堂举行。
19日	△ 西安工程大学教务处处长万明一行莅临学校调研大类招生工作。
20日	△ 学校印发《苏州大学恩玲艺术中心使用管理暂行办法》。
	△ 20日至22日,由学校传媒学院主办、学校"传播与认同"人文社科学术团队承办的首届"传播与认同"圆桌论坛在苏州举行。
	△《苏州通史》编纂出版工作总结座谈会举行。
21日	△ 学校MBA获第七届全国管理案例精英赛(2019)季军。
	△ 学校欧美同学会获"江苏省欧美同学会2019年度先进集体",学校光电科学与工程学院院长李孝峰教授获评"优秀会员"。
22日	△ 学校举办"我和我的祖国"师生大合唱比赛。
23日	△ 北京应用物理与计算数学研究所和学校物理科学与技术学院合作共建推进会在博习楼221会议室召开。
	△ 由江苏省教育厅主办、学校承办的江苏高校首期会计领军人才班第七次集训在学校开班。
	△ 学校党委领导班子在红楼217会议室举行"不忘初心、牢记使命"主题教育第一次集中学习研讨会。
25日	△ 经研究决定,成立苏州大学食堂管理委员会,同时撤销教工食堂理事会和食堂饭菜价格平抑基金管理委员会:
	主　任:周　高
	副主任:刘　标
	△ 学校印发《苏州大学实验室安全检查及隐患整改管理办法》《苏州大学三好学生、三好学生标兵、优秀学生干部及优秀学生干部标兵评选办法(2019年修订)》。
	△ 由学校及中共苏州市委宣传部、苏州市文联主办,学校音乐学院、苏州市音乐家协会承办的"音乐·城市·历史——苏州近现代音乐家与城市音乐文化学术研讨会"在苏州举办。
	△ 南通市人才服务中心组织60家名优企业672个岗位,在学校独墅湖校区举办南通市情推介会和专场招聘会。
	△ "四个自信·青年说"活动在学校炳麟图书馆学术报告厅举行。
	△ 学校2019级学生开学典礼在天赐庄校区东区体育场举行。
	△ 学校党委领导班子来到苏州大学党员英烈生平事迹展览馆,开展"加强思想建设、坚定理想信念"专题的现场学习。
26日	△ 经研究决定,授予学术学位研究生刘小刚法学硕士学位,周静等2人教育学硕士学位,谢娟等35人理学硕士学位,邓惠元等17人工学硕士学位,李林林等9人医学硕士学位。
	授予专业学位研究生吴鹏飞等10人法律硕士学位,刘玲玲教育硕士学位,孙剑等6人体育硕士学位,王小丽工程硕士学位,毕崇峰等2人工商管理硕士学位,庞敏等2人公共管理硕士学位。
	授予同等学力人员徐昊等2人法学硕士学位。

△ 经研究决定，授予学术学位研究生丁希等2人法学博士学位，严万祺文学博士学位，李国发等5人理学博士学位，荆瑞红等2人工学博士学位，方星等9人医学博士学位。

△ 学校音乐学院唐荣副教授的作品获"我和我的祖国——庆祝中华人民共和国成立70周年歌曲征集评选活动优秀作品奖"。

△ 中国核工业集团在学校独墅湖校区招聘大厅举办专场宣讲招聘会。

△ 学校在独墅湖校区炳麟图书馆学术报告厅展开了"我和我的祖国，我为祖国点赞"庆祝中华人民共和国成立七十周年主题宣讲活动。

△ 学校文学院仲联学术讲坛开讲仪式在炳麟图书馆学术报告厅举行。

27日

△ 学校陈新建教授团队国家重点研发计划重点专项实施方案研讨会暨项目启动会在红楼会议中心召开。

△ 学校党委第二轮巡察整改督查推进会在钟楼303会议室召开。

△ 国家重点研发计划变革性技术关键科学问题重点专项"人工智能元学习新理论与新技术及其在医学影像大数据的示范应用"实施方案研讨会暨项目启动会在红楼会议中心召开。

△ 学校举行"信仰公开课"示范课、"弘扬爱国奋斗精神、建功立业新时代"钱学森事迹报告会。

28日

△ 学校印发《苏州大学实验室安全事故应急、处理与责任追究管理办法》《苏州大学实验室安全教育培训与考核管理办法》《苏州大学实验室安全管理工作条例》。

△ 学校科技创新工作推进会在红楼会议中心召开。

△ 学校举行"激扬青春 礼赞祖国"庆祝中华人民共和国成立70周年新生文艺汇演。

△ 学校2020年国家自然科学基金申报启动会在敬贤堂举行。

29日

△ 经研究决定，在"不忘初心、牢记使命"主题教育期间，对党龄达到50年、一贯表现良好的党员颁发荣誉纪念章。

△ 学校2019年苏州大学经济管理类国家社科基金项目报告会在红楼会议中心举行。

△ 学校庆祝新中国成立70周年师生座谈会在红楼会议中心召开。

9月

△ 学校参赛队获全国大学生电子设计竞赛全国一等奖2项、全国二等奖1项、省级一等奖6项、省级二等奖29项。

△ 学校物理科学与技术学院蔡阳健教授当选美国光学学会会士。

△ 学校文学院退休教师吴企明教授整理点校的《辛弃疾词校笺》（上海古籍出版社2018年版）、《历代题画绝句评鉴》（与本校教师杨旭辉、史创新合著，黄山书社2018年版）两部图书同时获评"全国优秀古籍成果整理奖"。

△ 学校共有2支队伍获2019年中国大学生计算机设计大赛全国一等奖，7支队伍获全国二等奖，3支队伍获全国三等奖。

△ 学校东吴商学院智慧供应链研究中心Dawoon Jung博士（通讯作

者)的论文"How to make a sustainable manufacturing process：A high-commitment HRM system"被 Sustainability(《可持续发展》)接收。

△学校东吴商学院智慧供应链研究中心陈重阳副教授(第一作者和通讯作者)的研究论文"Decreasing the problematic use of an information system：An empirical investigation of smartphone game players"被 Information Systems Journal (《信息系统杂志》)接收。

△学校社会学院王卫平教授被授予"全国优秀教师"称号。

△学校黄鸿山、程雅君、权小锋、张健4位教师入选"江苏社科英才",张蕾、秦炜炜、张蓓蓓、冯文锋、朱光磊、张梦晗、陈一、孙加森8位教师入选"江苏社科优青"。

△学校教育学院心理学系张阳教授因在认知加工和实验心理学研究方法领域的学术贡献,受邀担任国际知名期刊 Frontiers in Neuroscience(《神经学前沿》)和 Frontiers in Psychology(《心理学前沿》)副主编(Associate Editor)。

10 月

1日	△学校师生参加苏州市国庆升旗仪式,观看国庆阅兵盛典直播。
7日	△经研究决定,授予李克等2 514名高等教育自学考试本科毕业生学士学位。
8日	△经研究决定,正式聘任史培新同志为轨道交通学院院长。
	△经研究决定,戴佩良同志正式任党校常务副校长。
	△学校印发《苏州大学维修改造项目管理办法》。
9日	△学校"人文社会科学类科研项目政策解读"报告会在红楼会议中心举行。
	△学校党委理论学习中心组在红楼201会议室召开"学习贯彻习近平总书记在庆祝中华人民共和国成立70周年大会上重要讲话"专题学习会。
10日	△经研究决定,授予汤雪生等4名2019届普通高等教育全日制本科毕业生学士学位。
	△经研究决定,成立苏州大学—苏州东泽物联智能制造协同创新中心,挂靠机电工程学院。聘任王传洋教授为该协同创新中心主任。
	△10日至11日,学校唐仲英医学研究院举办"江苏高校血液学协同创新中心研究生创新论坛"。
11日	△学校印发《苏州大学内部控制评价办法(暂行)》《苏州大学科研项目结余经费管理实施细则》《苏州大学建设工程项目管理审计实施办法(暂行)》。

△ 江苏省高等学校后勤协会学生伙食管理专业委员会主任、秘书长工作会议在学校召开。

12日 △ 学校印发《苏州大学研究生学业奖学金评定细则（2019年修订）》。

△ 12日至13日，由学校附属第一医院江苏省血液研究所和学校唐仲英医学研究院血液学研究中心联合主办的第二届太湖国际血栓与止血学术讨论会暨江苏高校血液学协同创新中心血栓与止血学术会议、国家级继续医学教育项目（2019-03-04-026）"血栓栓塞性疾病基础与临床的研究进展"学习班在苏州举行。

13日 △ 学校第二届国际周开幕式在理工大楼南草坪举行。

14日 △ 学校印发《苏州大学学科前沿研究激励计划——高水平学术交流与合作暂行办法》。

△ 学校"潘君骅星"命名仪式暨庆祝潘君骅院士从事科研工作67周年交流会在南林饭店园中楼举行。

15日 △ 学校印发《苏州大学研究生国家助学金管理细则（2019年修订）》。

△ 学校纺织与服装工程学院"丝素微针经皮给药系统"项目获2019"互联网+"大赛国际赛道金奖，纺织与服装工程学院卢神州、刘海获优秀指导老师奖；机电工程学院余雷老师指导的"触控未来——Anywall-Touch"项目获高教主赛道全国铜奖。

△ "我的祖国"交响音乐会在学校恩玲艺术中心举办。

16日 △ 学校印发《苏州大学关于加强和改进领导干部深入基层联系学生工作的实施方案》。

△ 宁波银行大学苏州分校挂牌仪式暨宁波银行校招宣讲会在学校东吴商学院举行，宁波银行大学苏州分校在学校正式挂牌。

△ 学校首批仲英青年学者、学校教育发展基金会代表一行赴吴江拜访唐仲英基金会中心，并参加了"唐仲英基金会苏州大学仲英青年学者交流会"。

△ 学校"传承·立德"2019年度新教师始业培训暨入职宣誓仪式在敬贤堂举行。

17日 △ 经研究决定，聘任华飞同志为苏州大学医学部第三临床学院院长（兼），免去何小舟同志苏州大学医学部第三临床学院院长职务。

△ 中共苏州大学委员会印发《关于在"不忘初心、牢记使命"主题教育中开展专项整治的工作方案》。

△ 葡萄牙科英布拉大学副校长若奥·努诺·卡尔文教授一行莅临学校访问。

△ 学校党委召开第90次常委会。

△ 江苏省委主题教育第十巡回指导组组长、省高校思想政治理论课教学指导委员会主任陈章龙一行莅临学校访问。

18日 △ 由江苏省研究型医院学会、苏州市医学会联合主办，学校附属儿童医院承办的泛太湖院士论坛暨儿科学科建设高质量发展研讨会召开。

△ 学校印发《苏州大学学术委员会章程（2019年10月修订）》。
△ 学校精准医学高峰论坛在独墅湖校区炳麟图书馆学术报告厅举行。
△ 由学校应用技术学院和苏州智能制造产业协会联合主办的"美好苏州智造未来——中小企业智能制造转型升级发展大会"召开。
△ 学校附属常熟医院建院70周年庆典暨"机遇与挑战　拥抱医共体时代"高峰论坛在常熟会议中心举办。
△ 18日至19日，由国家留学基金委主办、学校国际合作交流处承办的中国政府奖学金生"感知中国"主题社会体验活动在苏州举行。
△ 学校第五十七届学生体育运动会在东区运动场拉开帷幕。

19日
△ 19日至20日，由学校王健法学院承办的中国法学会民法学研究会2019年年会召开。
△ 19日至20日，由学校东吴商学院、台湾东吴大学商学院、东吴证券股份有限公司及江苏现代金融研究基地联合主办的"第23届海峡两岸财经与商学研讨会"举行。

21日
△ 经研究决定，即日起启用"苏州大学师范学院"印章。

24日
△ 经研究决定，聘任王汝鹏同志为红十字国际学院院长、唐宏同志为巴斯德学院院长。
△ 学校"不忘初心、牢记使命"主题教育调研成果交流会在红楼会议中心举行。

25日
△ 学校印发《苏州大学社会车辆租赁管理暂行办法》。
△ 学校后勤管理处党委组织校内服务企业召开"你我共担当，苏大同发展"主题教育检视整改推进会。

26日
△ 由学校马克思主义学院承办的马克思主义学科期刊评价专家委员会2019年工作会议在苏州召开。
△ 由中国社会科学评价研究院主办、学校承办的第二届中国人文社会科学评价日暨期刊评价主任委员年会在苏州召开。
△ 学校"东吴论剑：杰出校友金庸国际学术研讨会"在独墅湖校区开幕。

28日
△ 经研究决定，将青海省人民医院增列为"苏州大学附属青海省人民医院"，该医院为学校非直属附属医院。
△ 学校东吴商学院主办的江苏现代金融研究基地启动仪式暨现代金融创新赋能经济高质量发展研讨会在南京举行。
△ 中国侨联组织人事部副部长赵珊珊一行莅临学校调研新侨创新工作。
△ 学校纪委第十四次全委（扩大）会在王健法学院B201会议室举行。
△ 学校二级单位纪（工）委书记、专职纪检委员座谈会在王健法学院B201会议室举行。
△ 学校科技创新工作推进会在红楼会议中心召开。

30 日 △ 美国新泽西理工学院校长 Joel S. Bloom、副校长 Kenneth Alexo、Simon Nynens 等一行 7 人莅临学校访问。

△ 学校组织参加 2020 届全国普通高校毕业生就业创业工作网络视频会议。

△ 学校党委书记江涌以"聚焦立德树人，聚力攻坚克难——以党的建设新成效推动'双一流'建设迈上新台阶"为主题讲专题党课。

△ 由中国红十字会总会主办、学校红十字国际学院承办的全国红十字系统首期青年骨干培训班在红楼学术报告厅举行开班仪式。

10 月 △ 学校获批增设护理学博士后科研流动站。

△ 学校 11 项课题获 2019 年度国家社科基金后期资助项目立项。

△ 经全国哲学社会科学工作领导小组批准，学校方新军教授作为首席专家申报的"民法典解释的社会主义核心价值观融入研究"（项目批准号 19VHJ011）、上官丕亮教授作为首席专家申报的"社会主义核心价值观与文化法律制度的构建研究"（项目批准号 19VHJ018）获国家社科基金"把社会主义核心价值观融入法治建设"重大研究专项项目立项。

11 月

1 日 △ 学校机关青年联谊会换届大会在怡远楼 402 会议室召开。

△ 1 日至 4 日，第四届全国钢琴教学研讨会在学校独墅湖校区召开。

2 日 △ 学校举行 2019"名城名校"苏州大学校园马拉松。

△ 2019 年江苏省高校电子信息类学院院长论坛在学校电子信息学院举行。

△ 放射医学与辐射防护国家重点实验室第一届学术委员会第二次会议暨学术交流会在独墅湖校区举行。

△ 贵州铜仁市委副书记、市长陈少荣一行莅临学校访问。

5 日 △ 经研究决定，成立相应年度综合考核领导小组及工作机构：

组　长：江　涌　熊思东

副组长：邓　敏　路建美　杨一心　蒋星红　芮国强　陈卫昌
　　　　周　高　刘　标　张晓宏

△ 经研究决定，成立苏州大学交叉医学研究中心，该中心为校级科研机构，不设行政建制，由苏州大学生物医学研究院负责建设。设主任 1 名，由生物医学研究院院长兼任；设专职项目主管 1 名。

7 日 △ 经研究决定，调整苏州大学图情工作委员会人员名单：

主任委员：杨一心

副主任委员：唐忠明　钱万里

△ 学校党委巡察工作领导小组会议在钟楼 303 会议室召开。

△ 学校党委理论学习中心组专题学习会在钟楼303会议室召开。

△ 7日至12日，学校在2019年"挑战杯"全国大学生课外学术科技作品竞赛终审决赛获一等奖1项、二等奖1项、三等奖4项。

8日

△ 经研究决定，即日起启用"江苏省监委派驻苏州大学监察专员办公室"印章。

△ 学校印发《苏州大学研究生硕博连读实施办法（2019年修订）》。

△ 8日至9日，2019年长三角药物化学研讨会暨江苏省研究生药物化学前沿学术创新论坛在独墅湖校区举行。

9日

△ 经研究决定，人文社会科学处内设的综合办公室调整为正科级建制，综合办公室主任调整为正科职职级。研究生院内设的导师管理科更名为学位点建设科，质量监控与评估科更名为质量监督科。王健法学院内设机构调整为：综合办公室、教学科研办公室和对外联络与发展办公室，人员编制不变。

△ 2019年度国家社科基金面上项目开题报告会在红楼会议中心举行。

△ 由学校汤哲声教授任首席专家的国家社科基金重大项目"百年中国通俗文学价值评估、阅读调查及资料库建设"成果鉴定会在红楼会议中心举行。

△ 学校2020年度国家社科基金项目申报辅导报告会在天赐庄校区学术报告厅举办。

△ 由江苏省医院协会、苏州市医学会、学校医院管理处主办，学校附属第一医院承办的江苏省医院协会医院科技教育管理专业委员会2019年年会、苏州市医学会医学科研管理专业委员会2019年年会、苏州大学附属医院科教管理专业委员会2019年年会、第五届姑苏医学科研管理高峰论坛在苏州召开。

10日

△ 由江苏省管理学类研究生教育指导委员会主办、学校承办的第三届江苏省MBA案例大赛决赛在东吴大讲堂举行。

11日

△ 经研究决定，成立苏州大学年度综合考核工作领导小组办公室。该办公室设在党委组织部，设主任1名，由党委组织部部长兼任；设副主任1名，由党代表联络办主任兼任；设工作人员1名。

△ 学校印发《苏州大学优秀毕业生评选办法（2019年修订）》《苏州大学先进班集体评选办法（2019年修订）》《苏州大学全日制本科生校设奖学金评定实施细则（2019年修订）》《苏州大学全日制本科生德育和学业测评细则（2019年修订）》《苏州大学全日制本科生奖助学金管理办法（2019修订）》。

12日

△ 中共苏州大学委员会印发《苏州大学关于推进关工委优质化建设工作的实施意见》。

△ 学校印发《苏州大学关心下一代工作委员会工作规程》。

13日

△ 学校学习贯彻党的十九届四中全会精神学习会在红楼217召开。

△ 学校"对照党章党规找差距"专题会议在红楼会议中心召开。

14日　　　　△ 学校印发《苏州大学研究生工作站管理办法》。

△ 学校在苏校领导、党委委员、纪委委员、机关各部门主要负责人，赴新建成的苏州市党风廉政警示教育基地开展学习教育。

△ 江苏省委主题教育办公室专项整治工作督导组莅临学校调研。

15日　　　　△ 经研究决定，成立苏州大学紫卿书院。紫卿书院和纺织与服装工程学院实行"两块牌子、一套班子"运行模式。紫卿书院设名誉院长1名，邀请业内知名人士担任；设院长1名，由纺织与服装工程学院院长兼任；设副院长2名，分别由纺织与服装工程学院党委副书记、副院长及分管教学工作副院长兼任。

△ 由江苏高校协同创新联盟主办，学校和江苏师范大学共同承办的"江苏高校协同创新中心对接实体经济暨管理工作培训会"在徐州召开。

16日　　　　△ 由学校主办、学校传媒学院承办的"大变局背景下的对外传播国际高峰论坛"举行。

18日　　　　△ 经研究决定，医学部放射医学与防护学院增设执行院长1名、副院长1名，执行院长、副院长均不设行政职级，被纳入《苏州大学聘任制干部管理办法》管理范围。

△ 经研究决定，成立苏州大学先进材料国际合作联合中心（International Center of Advanced Materials），该中心为校级科研机构，不设行政建制，挂靠材料与化学化工学部。

该中心设主任1名；设联合主任1名，由外方人员担任；设行政副主任1名，由材料与化学化工学部副主任兼任；设副主任2名。

该中心内设综合办公室，设主任1名，为正科职；人员编制暂定2名。

聘任于吉红院士为该中心主任。

△ 学校首期"天赐讲坛"在炳麟图书馆学术报告厅举行，美国科学院院士Omar M. Yaghi教授做学术报告。

△ 学校王健法学院与苏州市中级人民法院战略合作签约仪式举行。

19日　　　　△ 中共苏州大学委员会印发《关于进一步做好在高知识群体中发展党员工作的意见》。

△ 学校印发《苏州大学"兴育新"宣传思想政治工作奖评选办法》。

20日　　　　△ 本学期学校第二次本科教学工作会议在红楼召开。

21日　　　　△ 经研究决定，对苏州大学实验室安全工作委员会成员进行调整：

　　主　任：江　涌　熊思东
　　副主任：杨一心

△ 学校印发《苏州大学本科生修读辅修专业及辅修专业学士学位管理办法（试行）》。

△ 学校学习贯彻党的十九届四中全会精神江苏省委宣讲团报告会在敬贤堂举行。

22日　　　　△ 经研究决定，即日起启用新制的"苏州大学教师培训学院"印章，原印章停止使用。

△ 学校印发《苏州大学人文社会科学类纵向科研经费管理办法》《苏州大学人文社会科学类科研项目管理办法》《苏州大学人文社会科学类科研成果奖励办法》《苏州大学人文社会科学科研工作评奖办法》。

△ 学校党委在红楼会议中心举行第三轮巡察工作培训会。

△ 学校党委理论学习中心组在钟楼303会议室召开专题学习会。

23日 △ 23日至24日，第三届江苏省研究生法律案例大赛在学校举行。

24日 △ 首次中国实验交通研究联盟学术论坛在学校轨道交通学院举行。

26日 △ 由国家留学基金管理委员会主办、学校承办的2020年国家公派出国留学选派工作培训在苏州举办。

△ 26日至29日，由江苏省委教育工委主办、学校承办的高校基层党支部书记示范培训班举行。

27日 △ 经研究决定，聘任田芝健同志为马克思主义学院院长。

△ 由中国社会科学院新闻与传播研究所、苏州市广播电视总台、学校传媒学院三方共建的"建设性新闻研究中心"在学校成立。

△ 学校2020年度国家自然科学基金项目申报专题辅导报告会在独墅湖校区召开。

△ 学校国家大学科技园运营的"苏州大学大学生创业孵化基地"获评"2018年度苏州市A级创业孵化基地"称号。

△ 27日至29日，学校党委第三轮巡察的8个巡察组先后分别进驻政治与公共管理学院党委、马克思主义学院党委、金螳螂建筑学院党委、音乐学院党委、材料与化学化工学部党委、电子信息学院党委、护理学院党委和离休党工委。

28日 △ 学校未来校区开工仪式在吴江区举行。

△ 主题为"构筑人道桥梁"的人道交流合作国际研讨班在学校红十字国际学院开班。

△ 英国东安格利亚大学（UEA）执行校长大卫·理查德森（David Richardson）一行莅临学校访问。

29日 △ 经研究决定，成立学习宣传贯彻党的十九届四中全会精神宣讲团：
团　长：江　涌

△ 中共苏州大学委员会印发《关于深入学习宣传贯彻党的十九届四中全会精神的通知》。

△ 学校纪委在天赐庄校区天元大讲堂召开全校纪检监察干部学习会。

△ 29日至30日，学校附属第二医院举办第三届放射治疗及放射生物学国际研讨会。

11月 △ 学校张正彪、李斌两位学者荣获"2019年国家杰出青年科学基金项目"资助。

△ 学校18位专家学者入选2019年"高被引科学家"名单。

△ 由国家自然科学基金委员会化学科学部主办、学校放射医学与辐

射防护国家重点实验室承办的放射化学学科人才发展战略研讨会在学校召开。

△ 学校郭树理教授出任国际体育仲裁院反兴奋剂庭首批仲裁员。

△ 学校能源学院刘忠范院士和孙靖宇教授的研究团队在先进烯碳材料制备与可穿戴能源器件领域取得系列进展。

12 月

2日　△ 学校附属青海省人民医院揭牌仪式在青海省人民医院举行。

3日　△ 学校欧美同学会更名仪式暨"青年创业谈"讲座在炳麟图书馆学术报告厅举行。

△ 由教育部人文社科重点研究基地中国特色城镇化研究中心、江苏省新型城镇化与社会治理协同创新中心、江苏省优势学科（政治学）、学校政治与公共管理学院主办的"推进国家治理体系和治理能力现代化的政治学视野三人谈"在苏州举行。

4日　△ 学校印发《关于校内选聘专职思想政治理论课教师的实施办法》。

△ 学校党委领导班子主题教育专题民主生活会在红楼217会议室召开。

5日　△ 学校东吴智库报送的《推动智政对话互动 促进苏州创新发展——"对话苏州"品牌活动》入选"2019年度江苏智库实践十佳案例"。

6日　△ 学校印发《苏州大学学生违纪处分管理规定（2019年修订）》《苏州大学第四轮岗位设置与聘用工作补充通知》《苏州大学促进2020届本科毕业生就业创业工作实施方案》。

△ 学校举行"三大赛"总结表彰大会暨"苏大天宫杯"2019年学生创新创业大赛启动仪式。

7日　△ 学校举行《放射医学与防护》英文刊［Radiation Medicine and Protection（ISSN 2666—5557）］启动会。

△ 江苏省政治学会2019年年会暨"国家治理现代化：制度·体系·能力"学术研讨会在学校红楼会议中心召开。

△ 7日至8日，学校第五届校友代表大会暨校友工作研讨会在苏州举行。

8日　△ 由江苏省优势学科（政治学）、学校政治与公共管理学院主办的"世界大变局与中国对外战略"高端学术研讨会在学校举行。

9日　△ 经研究决定，聘任柴之芳同志为医学部放射医学与防护学院院长，高明远同志为医学部放射医学与防护学院执行院长。

△ 经研究决定，正式聘任方新军同志为王健法学院院长，聘任朱新福同志为外国语学院院长，聘任潘志娟同志为纺织与服装工程学院院长。

△ 经研究决定，成立数据资源管理办公室，挂靠校长办公室，数据资源管理办公室设主任1名，由校长办公室主任兼任；设副主任2名，其中1名由信息化建设与管理中心主任兼任，另1名为副处职；内设正科职干事1名，工作人员1名。人员编制暂定3名（不含兼任主任和兼任副主任）。撤销原校长办公室信息科。

△ 学校校长熊思东应邀出席"第六届国家治理高峰论坛宜宾峰会"并发表演讲。

△ 学校2019年学生标兵宣讲团"宣讲周"活动闭幕。

13日 △ 全校宣传思想工作会议在敬贤堂召开。

14日 △ 经研究决定，聘任沈纲祥同志为电子信息学院院长，免去胡剑凌同志电子信息学院院长职务。

△ 学校唐仲英医学研究院血液学研究中心成立十周年学术研讨会在炳麟图书馆学术报告厅举行。

△ 江苏高校血液学协同创新中心在学校唐仲英血液学研究中心举办江苏高校血液学协同创新中心2019年协调理事会（扩大）会议。

16日 △ 经研究决定，成立实验室与设备管理处。实验室与设备管理处为正处级建制，和实验材料与设备管理中心实行"两块牌子、一套班子"运行模式，人员编制21名（实验材料与设备管理中心人员编制数）。实验室与设备管理处设处长1名，为正处职，兼任实验材料与设备管理中心主任；内设实验室技术安全科，设科长1名，为正科职。

△ 学校印发《苏州大学收费管理暂行办法》《苏州大学贷款合同管理暂行办法》《苏州大学教师专业技术职务聘任标准》《苏州大学实验技术人员专业技术职务聘任标准》《苏州大学学生思想政治教育教师专业技术职务聘任标准》《苏州大学教育管理研究人员专业技术职务聘任标准》。

17日 △ 经研究决定，聘任李凡长教授为江苏省计算机信息处理技术重点实验室主任，免去钱培德教授江苏省计算机信息处理技术重点实验室主任职务。

△ 江苏省高校征兵工作检查调研会议在学校红楼会议中心201室举行。

18日 △ 苏州大运河文化带建设发展研讨会在学校举行。

△ 学校社会学院池子华教授当选江苏省红十字会常务理事。

19日 △ 经研究决定，成立苏州大学—辰轩光电智能制造技术协同创新中心，挂靠机电工程学院。聘任樊成副教授为该协同创新中心主任。

△ 经研究决定，成立苏州大学—北京石墨烯研究院产学研协同创新中心，挂靠能源学院。聘任孙靖宇教授为该协同创新中心主任。

△ 学校附属医院共有27个学科进入2018年度中国医院科技量值排行榜前100强。

20日 △ 中共苏州大学委员会批复《关于中共苏州大学唐仲英医学研究院委员会选举结果的报告》和《关于中共苏州大学唐仲英医学研究院委员会

委员分工的报告》。

△ 中共苏州大学委员会批复《关于中共苏州大学教育学院委员会选举结果的报告》和《关于中共苏州大学教育学院委员会委员分工的报告》。

△ 中共苏州大学委员会批复《关于中共苏州大学传媒学院委员会选举结果的报告》和《关于中共苏州大学传媒学院委员会委员分工的报告》。

△ 经研究决定，成立苏州大学"双一流"建设领导小组与工作推进组：

一、苏州大学"双一流"建设领导小组

组　长：江　涌　熊思东

副组长：路建美　邓　敏　杨一心　蒋星红　芮国强　陈卫昌
　　　　周　高　刘　标　张晓宏

二、苏州大学"双一流"建设工作推进组

组　长：熊思东

副组长：沈明荣

△ 学校刘庄教授获2019年度高等学校科学研究优秀成果奖（科学技术）青年科学奖、中国化学会—英国皇家化学会青年化学奖。

23日　△ 学校印发《苏州大学存贷款资金管理暂行办法》。

24日　△ 经研究决定，免去张永红同志医学部公共卫生学院院长职务。

△ 经研究决定，授予学术学位研究生宋杰哲学博士学位，曹玉华经济学博士学位，殷盈等5人法学博士学位，宋丹等6人教育学博士学位，黄建华等11人文学博士学位，贺艳等15人理学博士学位，潘俏等19人工学博士学位，仇嘉颖等22人医学博士学位，章心怡等2人艺术学博士学位。

授予专业学位研究生程峰等91人临床医学博士学位。

△ 经研究决定，聘任李述汤院士为纳米科学技术学院院长兼功能纳米与软物质研究院院长，刘庄同志为纳米科学技术学院执行院长兼功能纳米与软物质研究院执行院长。

△ 学校印发《苏州大学学生成长成才综合评价（"第二课堂成绩单"）实施办法》。

△ 薄膜材料江苏省重点实验室2019年度学术委员会会议在学校召开。

25日　△ 唐仲英先生纪念雕像揭幕仪式在学校唐仲英基金会中心举行。

26日　△ 学校印发《苏州大学师德师风负面清单和失范行为处理办法》。

27日　△ 学校印发《苏州大学推进处级领导干部能上能下办法（试行）》《苏州大学处级领导干部鼓励激励办法（试行）》《2019年度院级党组织加强党的建设考核实施方案》《2019年度学院（部）推进高质量发展成效考核实施方案》《2019年度苏州大学综合考核实施办法》《2019年度机关部门、群直单位综合考核实施方案》。

△ 2019苏州大学东吴海外高层次人才学术交流会开幕式在学校天赐庄校区学术报告厅举行。

	△ 学校召开迎接江苏省综合考核暨2019年度校内综合考核动员布置会。
28日	△ 学校印发《苏州大学处级领导干部选拔任用工作实施细则》。
30日	△ 中共苏州大学委员会批复《关于中共苏州大学社会学院委员会选举结果的报告》和《关于中共苏州大学社会学院委员会委员分工的报告》。
	△ 中共苏州大学委员会批复《关于中共苏州大学能源学院委员会选举结果的报告》和《关于中共苏州大学能源学院委员会委员分工的报告》。
	△ 经研究决定,授予李舜等4名普通高等教育全日制本科毕业生学士学位。
	△ 中共苏州大学委员会批复《关于中共苏州大学光电科学与工程学院委员会选举结果的报告》和《关于中共苏州大学光电科学与工程学院委员会委员分工的报告》。
	△ 经研究决定,授予黄旭等19名高等教育自学考试本科毕业生学士学位。
	△ 经研究决定,授予曹嘉奇等12名成人高等教育本科毕业生学士学位。
	△ 学校印发《苏州大学完善实验室安全治理体系 提升治理能力的实施意见》。
	△ 学校党委第三轮巡察工作推进会在钟楼303会议室举行。
	△ 学校"弘扬爱国奋斗精神、建功立业新时代"黄大年同志先进事迹报告会在敬贤堂举行。
	△ 学校交响乐团奏响2020新年音乐会。
31日	△ 经研究决定,聘任王成奎同志为医学部放射医学与防护学院党委书记,免去曹建平同志医学部放射医学与防护学院党委书记职务。
	△ 经研究决定,聘任胡剑凌同志为电子信息学院党委书记,免去徐群祥同志电子信息学院党委书记职务。
	△ 学校印发《中共苏州大学委员会全体会议和常务委员会会议议事规则》《苏州大学校长办公会议议事规则》。
	△ 经研究决定,对学校第十届院(部、所、中心)学位评定分委员会成员进行调整:

一、沙钢钢铁学院学位评定分委员会(7人)

主　席：丁汉林

副主席：王德永

二、医学部第三临床学院学位评定分委员会(13人)

主　席：华　飞

副主席：何小舟　张晓膺

其余学位评定分委员会成员不变。

△ 经研究决定,对学校第十届学部学位评定委员会成员进行调整：

一、人文社会科学学部(19人)

主　席：张晓宏

副主席：王家宏

二、理工学部（21人）

主　席：袁银男

副主席：陈国强

三、医学与生命科学学部（23人）

主　席：蒋星红

副主席：杨惠林

△学校印发《苏州大学劳务酬金管理办法》。

12月

△学校获全国暑期社会实践活动"优秀单位"称号。

△学校两个项目获批2019年度国家自然科学基金委员会与德国研究联合会合作研究项目。

△学校任平教授申报的项目获2019年度国家社科基金重大项目立项。

△学校三个项目获国家留学基金委2020年创新型人才国际合作培养项目资助。

△学校东吴大学旧址入选"第四批中国20世纪建筑遗产项目"。

△学校东吴智库建言入编中国侨联《侨情专报》。

2019年

△学校2019年全日制本科学生毕业人数为6 018人，新生入学人数为6 630人，在校人数为27 615人。

硕士研究生毕业人数为3 439人，新生入学人数为4 792人，授予学位人数为4 105人，在校人数为13 368人。

博士研究生毕业人数为347人，新生入学人数为439人，授予学位人数为537人，在校人数为1 982人。

各类机构设置、机构负责人及有关人员名单

苏州大学党群系统机构设置(表1)

表1 2019年苏州大学党群系统机构设置一览表

序号	党群部门、党委、党工委名称		所属科室名称	备注
1	中共苏州大学委员会			
2	中共苏州大学纪律检查委员会			
3	党委办公室	合署办公	综合科	
	规划与政策研究室		文秘科	
			机要科	
	保密委员会办公室			与党办合署办公
4	纪委监察处	合署办公	综合科	2019年6月27日撤销
			纪检监察一科	
			纪检监察二科	
	纪委监察专员办		纪委办公室	2019年6月27日设立
			监督检查处	
			审查调查处	
			案件审理处	
5	党委组织部	合署办公	干部科	
	党校		组织科	
	社会主义学院			
	党代表联络办			
6	党委宣传部		理论教育科	
			宣传文化科	
			舆情科	

续表

序号	党群部门、党委、党工委名称		所属科室名称	备注
7	党委统战部			
8	保卫部（处）		综合科	
			调查研究科	
			消防科	
			校园安全指挥中心	
			校本部治安科	
			东校区治安科	
			北校区治安科	
			独墅湖校区治安科	
			阳澄湖校区治安科	
9	学生工作部（处）	合署办公	综合科	
			思想政治教育科	
	人民武装部		学生资助管理中心	
			学生事务与发展中心	
10	离退休工作部（处）		综合科	
			离休科	
			退休科	
11	机关党工委		纪工委	2019年7月5日成立
12	群团与直属单位党工委		纪工委	2019年7月5日成立
13	党委教师工作部		综合办公室	与人事处合署办公
14	党委研究生工作部			与研究生院合署办公
15	苏大教育服务投资发展有限公司党委			
16	后勤党委		纪委	2019年7月5日成立

续表

序号	党群部门、党委、党工委名称	所属科室名称	备注
17	离休党工委		
18	工会	综合科	
		联络部	
19	团委	组织宣传部	
		创新实践部	
20	图书馆党委		
21	文学院党委		
22	凤凰传媒学院党委		
23	社会学院党委		
24	政治与公共管理学院党委		
25	东吴商学院（财经学院） 东吴证券金融学院党委		
26	王健法学院党委		
27	外国语学院党委		
28	教育学院党委		
29	艺术学院党委		
30	音乐学院党委		
31	体育学院党委		
32	数学科学学院党委		
33	物理科学与技术学院党委		
34	光电科学与工程学院党委		
35	能源学院党委		
36	材料与化学化工学部党委	纪委	2019年7月5日成立
37	纺织与服装工程学院党委		
38	计算机科学与技术学院党委		

续表

序号	党群部门、党委、党工委名称	所属科室名称	备注
39	电子信息学院党委		
40	机电工程学院党委		
41	东吴学院党委		2019年6月18日成立
42	医学部党工委	纪工委	2019年7月5日成立
43	医学部基础医学与生物科学学院党委		
44	医学部放射医学与防护学院党委		
45	医学部公共卫生学院党委		
46	医学部药学院党委		
47	医学部护理学院党委		
48	医学部第一临床学院党委		
49	医学部第二临床学院党委		
50	医学部儿科临床医学院党委		
51	金螳螂建筑学院党委		
52	城市轨道交通学院党委		
53	纳米科学技术学院党委		
54	敬文书院党委		
55	应用技术学院党委	纪委	2019年7月5日成立
56	文正学院党委	纪委	2019年7月5日成立
57	附属第一医院党委	纪委	
58	附属第二医院党委	纪委	
59	附属儿童医院党委	纪委	

苏州大学行政系统、直属单位机构设置(表2)

表2 2019年苏州大学行政系统机构设置一览表

序号	行政部门、学院（系）名称		所属科室名称	备注
1	苏州大学			
2	校长办公室		综合科	
			文秘科	
			信息科	2019年10月24日撤销
	法律事务办公室（挂靠校长办公室）			
	督查办公室（挂靠校长办公室）			
	数据资源管理办公室（挂靠校长办公室）			2019年10月24日成立
3	国内合作办公室			
4	发展委员会办公室		联络发展部	
			校友部	
			基金会（董事会）管理部（综合科）	
5	新闻中心			与党委宣传部合署办公
6	教务部	综合办公室		
		教学运行处	学籍管理科	
			课程与考试科	
			专业设置与实践教学科	
			通识教育与大类培养科	
		教学质量与资源管理处	教学质量管理科	
			教学资源管理科	
		教学改革与研究处	教学改革科	
			特色（创新）培养科	
			科研训练与对外交流科	
	教师教学发展中心		办公室	挂靠教务部

续表

序号	行政部门、学院（系）名称	所属科室名称	备注
7	招生就业处	综合科	
		招生科	
		学生就业指导科	
		宣传与信息管理科	
8	科学技术研究部		
	综合办公室		
	科学技术处	基金管理科	
		重点项目管理科	
		成果管理科	
		平台管理科	
	军工科研处	军工科技管理科	
		军工监管科（军工质量管理办公室）	
	科技成果转化处（国家大学科技园管理中心）	知识产权科	
		产学研合作科	
		技术转移管理科	
	"2011 计划"办公室		挂靠科学技术研究部
9	人文社会科学处	综合办公室	
		项目管理办公室	
		基地建设办公室	
		成果管理办公室	
		社会服务办公室	
10	国有资产管理处	综合科	
		产权管理科	
		产业管理科	
		资产管理科	
11	采购与招投标管理中心		

续表

序号	行政部门、学院（系）名称	所属科室名称		备注
12	实验材料与设备管理中心			
	实验室与设备管理处	实验室技术安全科		2019年11月16日成立，与实验材料与设备管理中心"两块牌子、一套班子"
13	人力资源处	综合办公室（战略规划办公室）		
		人才引进与开发办公室		
		博士后管理办公室		
		师资发展与培训办公室		
		资源配置办公室		
		薪酬与福利办公室		
		人事服务办公室		
14	研究生院	综合办公室		
		招生办公室		
		培养办公室	教学管理科	
			质量监督科	2019年10月31日由质量监控与评估科更名
			国际交流科	
		学位管理办公室	学位管理科	
			学位点建设科	2019年10月31日由导师管理科更名
		研究生管理办公室	教育与管理科	
			就业指导科	
	"2011计划"办公室			挂靠科学技术研究部
	导师学院			挂靠研究生院
15	学科建设办公室			

续表

序号	行政部门、学院（系）名称	所属科室名称	备注
16	学位评定委员会秘书处（学位办）		
17	保卫部（处）	综合科	
		调查研究科	
		消防科	
		校园安全指挥中心	
		本部治安科	
		东校区治安科	
		北校区治安科	
		独墅湖校区治安科	
		阳澄湖校区治安科	
18	学生工作部（处）	综合科	
		思想政治教育科	
		学生资助管理中心	
		学生事务与发展中心	
	大学生心理健康教育研究中心		挂靠学生工作部（处）
	学生创新创业教育中心		挂靠学生工作部（处）
	人民武装部		与学生工作部合署办公
19	国际合作交流处	综合科	
		学生交流科	
		留学生管理科	
		交流与项目管理科	
	港澳台办公室		挂靠国际合作交流处
20	出入境服务中心		
21	离退休工作部（处）	综合科	
		离休科	
		退休科	

续表

序号	行政部门、学院（系）名称	所属科室名称	备注
22	财务处	综合科	
		会计核算科	
		会计服务中心	
		财务信息科	
		预算管理科	
		收费管理科	
		稽核科	
		科研经费管理科	
		会计委派科	
23	审计处	综合审计科	
		财务审计科	
		工程审计科	
24	继续教育处（继续教育学院）	综合科	
		网络教育科	
		培训科	
		教学管理科	
		招生与学生管理科	
		留学项目科	
25	后勤管理处	综合科	
		公用房管理科	
		住房管理科	
		教室管理科	
		维修管理科	
		医保与计划生育管理科	
		规划管理科	
		信息管理科	
		校园环境与物业管理科	

续表

序号	行政部门、学院（系）名称	所属科室名称	备注
25	后勤管理处	能源管理科	
		工程管理科	
		幼儿园	
		膳食管理科	
	基本建设与维修改造工程管理委员会	综合办公室	
	宿舍管理办公室		挂靠后勤管理处
	校医院		挂靠后勤管理处
26	医院管理处		
27	江苏苏大投资有限公司	综合办公室	
28	出版社有限公司（简称"出版社"）	办公室	
		总编办公室	
		出版部	
		财务部	
		营销部	
		读者服务部	
		数字出版部	
		编校质检部	
		高等教育编辑部	
		职业教育编辑部	
		基础教育编辑部	
		艺术教育编辑部	
		资产管理部	
29	学报编辑部	办公室	
		哲学社会科学版	
		代数集刊	
		法学版	
		教育科学版	
		Language & Semiotic Studies（语言与符号学研究）	

续表

序号	行政部门、学院（系）名称	所属科室名称	备注
30	档案馆	办公室	2019年1月内设机构调整
		服务利用部	
		业务指导一室	
		业务指导二室	
31	博物馆	办公室	2019年7月内设机构调整
		开放与公共服务部	
		展陈与文物保管部	
		宣传与文物研究部	
		信息技术与安保部	
32	图书馆	综合办公室	
		资源建设部	
		信息服务部（查新站）	
		图书服务部	
33	分析测试中心		
34	信息化建设与管理中心	办公室	
35	工程训练中心		
36	艺术教育中心（正处级建制）		
37	文学院		
38	凤凰传媒学院		
39	社会学院		
40	政治与公共管理学院		
41	马克思主义学院		
42	东吴商学院（财经学院）		
43	王健法学院	综合办公室	2019年10月31日内设机构调整
		教学科研办公室	
		对外联络与发展办公室	
44	外国语学院		

续表

序号	行政部门、学院（系）名称	所属科室名称	备注
45	教育学院		
46	艺术学院		
47	音乐学院		
48	体育学院		
49	数学科学学院		
50	物理科学与技术学院	综合办公室	
		教务科研办公室	
		发展合作办公室	
51	光电科学与工程学院	综合办公室	
		教务科研办公室	
		学科与重点实验室建设办公室	
52	能源学院	综合办公室	
		科研办公室	
		教务办公室	
53	材料与化学化工学部	综合办公室	
		教学办公室	
		学科建设办公室	
		学生工作办公室	
		对外合作办公室	
		实验室管理办公室	
		科研管理办公室	
54	纳米科学技术学院		
55	纺织与服装工程学院	"两块牌子、一套班子"	
	紫卿书院		2019年11月7日成立
56	计算机科学与技术学院		

续表

序号	行政部门、学院（系）名称	所属科室名称	备注
57	电子信息学院		
58	机电工程学院		
59	沙钢钢铁学院		
60	医学部	党政办公室	
		教学办公室	
		临床教学质量办公室	
		学生工作办公室	
		科研办公室	
		实验中心	
		实验动物中心	
		研究生办公室	
		国际交流与发展办公室	
61	医学部基础医学与生物科学学院		
62	医学部放射医学与防护学院		
63	医学部公共卫生学院		
64	医学部药学院		
65	医学部护理学院		
66	巴斯德学院		2019年9月5日成立
67	医学部第一临床学院		
68	医学部第二临床学院		
69	医学部儿科临床医学院		
70	金螳螂建筑学院		
71	轨道交通学院		
72	红十字学院	综合办公室	2019年7月30日成立
		教学科研办公室	

续表

序号	行政部门、学院（系）名称	所属科室名称	备注
73	师范学院	综合办公室	2019年9月3日成立
74	东吴学院		2019年6月18日成立
75	海外教育学院	办公室	
76	敬文书院	学生事务中心	
		团委	
77	唐文治书院（简称"文治书院"）		
78	应用技术学院		
79	文正学院		
80	老挝苏州大学	综合办公室	
		教学与学生事务办公室	合署办公
		招生与就业办公室	
		人力资源与财务管理办公室	
		校园建设与管理办公室	
81	附属第一医院 临床医学研究院（正处级建制）	"两块牌子、一套班子"	挂靠附属第一医院
82	附属第二医院		
83	附属儿童医院		
84	苏州市独墅湖医院、苏州大学附属独墅湖医院		2019年4月18日独墅湖医院（苏州大学医学中心）更名
85	苏州大学实验学校		

苏州大学中层及以上干部名单

1. 校领导

党委书记：江　涌
校　　长：熊思东
党委副书记：路建美
　　　　　　邓　敏
副校长：路建美
　　　　杨一心
　　　　蒋星红
纪委书记：芮国强
副校长：陈卫昌
总会计师：周　高
副校长：刘　标
　　　　张晓宏

2. 纪律检查委员会

书　记：芮国强
副书记：黄志斌

3. 党委办公室

主　任：薛　辉
副主任：姚　炜
　　　　查晓东
　　　　袁冬梅
副调研员：马龙剑　　　　　　　　　　2019年8月29日免

规划与政策研究室（与党委办公室合署办公）
主　任：
副主任：姚　炜（主持工作）

保密委员会办公室（与党委办公室合署办公）
  主　　任：薛　辉（兼）
  副主任：许继芳（兼）
      袁冬梅（兼）

4. 监察处（与纪委合署办公）2019年6月27日撤销（苏大委〔2019〕55号）

  处　　长：黄志斌

监察专员办公室（与校纪委合署办公）2019年6月27日设立（苏大委〔2019〕55号）
  监察专员：芮国强　　　　　　　　　　　　2019年7月任

校纪委（监察专员办）内设机构
纪委办公室
  主　　任（副处职）：陶培之　　　　　　2019年8月29日免
  主　　任（正处职）：陶培之　　　　　　2019年8月29日任
  副主任：杨志卿　　　　　　　　　　　　2019年7月30日任
  正处级纪检员：鲍　卫　　　　　　　　2019年6月20日免
  副处级纪检员：王苏平　　　　　　　　2019年1月20日免
        戴璇颖　　　　　　　　2019年8月29日免
        陈　敏　　　　　　　　2019年8月22日免
        俞伟清

监督检查处
  处　　长：江建龙　　　　　　　　　　　2019年8月29日任

审查调查处
  处　　长：卢永嘉　　　　　　　　　　　2019年8月22日任

案件审理处
  处　　长：戴璇颖　　　　　　　　　　　2019年8月29日任

5. 审计处

  处　　长：徐眹荃
  副处长：李　华

6. 党委组织部

  部　　长：周玉玲

副部长：王成奎
　　　　张振宇
　　　　刘　慧
副处级组织员：李全义

党　校（与党委组织部合署办公）
校　长：江　涌（兼）
常务副校长：戴佩良
调研员：薛　凡
　　　　王剑敏

党代表联络办（与党委组织部合署办公）
主　任：李全义

年度综合考核领导小组办公室（2019 年 10 月 31 日成立，设在党委组织部）
主　任：党委组织部部长兼
副主任：党代表联络办主任兼

7. 党委宣传部

部　长：陈晓强
副部长：程晓军
　　　　孙　磊

新闻中心（与党委宣传部合署办公）
主　任：陈晓强（兼）
副主任：丁　姗

8. 党委统战部

部　长：薛　辉	2019 年 7 月 4 日任
副部长：叶明昌（保留正处职待遇）	2019 年 4 月 30 日任
调研员：吴建明	
副处级统战员：刘海平	

9. 保卫部（处）

部（处）长：黄水林
副部（处）长：刘　风

　　　　　陈晓刚
　　　　　周法超
调研员：霍跃进　　　　　　　　　　　　2019 年 10 月 31 日免
副调研员：周伟虎

10. 学生工作部（处）

部（处）长：孙庆民
副部（处）长：陈　平（调研员）
　　　　　　　段永锋
　　　　　　　潘爱华
　　　　　　　钱春芸（兼）

学生创新创业教育中心[挂靠学生工作部（处）]
主　任：孙庆民（兼）
副主任：钱春芸
　　　　徐美华（兼）
　　　　李　振（兼）
　　　　张　芸（兼）
　　　　赵一强（兼）
　　　　田　天（兼）
　　　　吴　江（兼）

大学生心理健康教育研究中心[挂靠学生工作部（处）]
主　任：王　清
调研员：王　静

人武部[与学生工作部（处）合署办公]
部　长：胡新华
副调研员：张镇华

11. 离休党工委

书　记：余宏明
副书记：

离退休工作部（处）
部（处）长：余宏明
副部（处）长：周佳晔

陈向民

副调研员：石　健

王加华　　　　　　　　　　　2019年12月26日免

12. 机关党工委

书　记：王成奎

副书记：冒维东

纪工委书记：夏凤军　　　　　　　2019年7月30日任

调研员：谭玉坤

13. 群团与直属单位党工委

书　记：刘　枫

副书记：朱　今

纪工委书记：杨　菁　　　　　　　2019年8月29日任

副调研员：刘炳喜

14. 校工会

主　席：王永山

副主席：陈　洁

副　职：陆伟中

调研员：王安列

15. 校团委

书　记：肖甫青

副书记：徐美华

孙　磊　　　　　　　　　　　2019年2月21日免

于潜驰

刘春雷　　　　　　　　　　　2019年2月21日任

任　楠（兼职）　　　　　　　2019年7月24日免

余　浩（兼职）　　　　　　　2019年7月24日免

张　云（兼职）　　　　　　　2019年7月24日免

卜鹏程（兼职）　　　　　　　2019年7月24日任

折琪琪（兼职）　　　　　　　2019年7月24日任

王秦雨（兼职）　　　　　　　2019年7月24日任

2019年12月19日免

16. 校长办公室

主　任：吴　鹏　　　　　　　　　　　2019 年 9 月 12 日任
副主任：吴　鹏（主持工作）　　　　　2019 年 9 月 12 日免
　　　　陈　美
　　　　王季魁

法律事务办公室（挂靠校长办公室）
主　任：王季魁（兼）

督查办公室（挂靠校长办公室）
主　任：陈　美（兼）

数据资源管理办公室（挂靠校长办公室，2019 年 10 月 24 日成立，苏大委〔2019〕124 号）
主　任：
副主任：

17. 国内合作办公室

主　任：吉　伟　　　　　　　　　　　2019 年 9 月 12 日任
副主任：吉　伟（主持工作）　　　　　2019 年 9 月 12 日免

18. 发展委员会办公室

主　任：赵　阳　　　　　　　　　　　2019 年 7 月 4 日免
　　　　胡新华　　　　　　　　　　　2019 年 7 月 4 日任
副主任：张海洋
　　　　黄文军
副调研员：王培钢　　　　　　　　　　2019 年 9 月 25 日免
　　　　　刘志敏

19. 教务部

部　长：周　毅

综合办公室
主　任：喻翔玮

教学运行处
处　长：周　毅
副处长：陆　丽
　　　　刘方涛

教学质量与资源管理处
处　长：冯志华
副处长：常青伟

教学改革与研究处
处　长：茅海燕
副处长：李　振
副调研员：于竞红
　　　　　蒲曼莉

20. 招生就业处

处　长：查佐明
副处长：张　芸
　　　　靳　葛

21. 科学技术研究部

部　长：郁秋亚

综合办公室
主　任：刘海燕

科学技术处
处　长：钱福良
副处长：张志红
　　　　刘开强

军工科研处
处　长：许继芳
副处长：陈德斌

科技成果转化处（国家大学科技园管理中心）
处　长：龚学锋

副处长（副主任）：糜志雄
　　　　　　　　　　　田　天
　　副处长：周　村（兼）

"2011计划"办公室（挂靠科学技术研究部）
　　主　任：仇国阳
　　副主任：董晓惠

22. 人文社会科学处

　　处　长：于毓蓝
　　副处长：徐维英
　　　　　　吴　江
　　　　　　尚　书　　　　　　　　　　　　　　　2019年4月4日任

综合办公室（2019年10月31日调整为正科级建制，苏大委〔2019〕105号）
　　主　任：尚　书　　　　　　　　　　　　　　　2019年4月4日免

23. 国有资产管理处

　　处　长：陈永清
　　副处长：沈　军
　　副调研员：夏永林

国有资产管理委员会办公室（设立于国有资产管理处）
　　主　任：陈永清（兼）
　　副主任：陈中华

24. 采购与招投标管理中心

　　主　任：刘丽琴（保留副处职待遇）

25. 实验材料与设备中心

　　主　任：魏永前（保留副处职待遇）

实验室与设备管理处（2019年11月16日成立，和实验材料与设备中心实行"两块牌子、一套班子"运行模式，苏大委〔2019〕115号）
　　处　长：魏永前　　　　　　　　　　　　　　　2019年12月26日任

26. 人力资源处

处　　长：朱巧明
副处长：何德超
　　　　林　萍
　　　　章　宪

党委教师工作部
部　　长：何　峰

27. 研究生院

院　　长：曹　健
副院长：钱振明　　　　　　　　　　　　2019年4月30日免
　　　　张进平
　　　　刘　京　　　　　　　　　　　　2019年5月23日任

综合办公室
主　　任：王杰祥

招生办公室
主　　任：卢　玮

培养办公室
主　　任：张进平（兼）

学位管理办公室
主　　任：钱振明（兼）　　　　　　　　2019年4月30日免
　　　　刘　京（兼）　　　　　　　　　2019年5月23日任

研究生管理办公室
主　　任：赵一强

导师学院
院　　长：蒋星红（兼）
副院长：曹　健（兼）

党委研究生工作部（与研究生院合署办公）
部　长：吴雪梅

28. 学科建设办公室

主　任：沈明荣
副主任：刘　京　　　　　　　　　　　2019 年 11 月 22 日免
　　　　杨凝晖
　　　　刘　超　　　　　　　　　　　2019 年 11 月 7 日任

29. 国际合作交流处

处　长：张　桥
副处长：朱履骅
　　　　资　虹

港澳台办公室（挂靠国际合作交流处）
主　任：张　桥（兼）
副主任：高玮玮

出入境服务中心
副调研员：吴小春

30. 海外教育学院

院　长：夏　骏（保留副处职待遇）
副院长：袁　晶（保留副处职待遇）

31. 财务处

处　长：孙琪华
副处长：姚永明
　　　　朱　彦
　　　　姚红美
副调研员：马智英
　　　　　葛　军
　　　　　蔡　琳

32. 继续教育处（继续教育学院）

    处　　长：缪世林
    副处长：胡龙华
    　　　　王建凯
    　　　　常　静
    调研员：吴建军　　　　　　　　　　2019年2月21日免
    副调研员：沈文英
    　　　　　王　健（保留副处职待遇）
    　　　　　陆惠星
    　　　　　张　卫　　　　　　　　　　2019年11月调入

33. 后勤党委

    书　　记：仇玉山
    副书记：曹金元
    纪委书记：蒋　峰（调研员）　　　　2019年7月30日任

    后勤管理处
    处　　长：王云杰
    副处长：顾建忠
    　　　　朱剑峰
    　　　　顾志勇
    　　　　唐中斌
    　　　　王维柱
    副调研员：王振明
    　　　　　庄建英
    　　　　　蒋安平

    学生宿舍管理办公室（挂靠后勤管理处）
    主　　任：

    校医院（挂靠后勤管理处）
    院　　长：朱　旻
    副调研员：杨秀丽

34. 医院管理处

    处　　长：徐小乐

35. 学术委员会秘书处

秘书长：闫礼芝（保留副处职待遇）
副秘书长：金薇吟（保留副处职待遇）

36. 学位评定委员会秘书处（学位办）

秘书长（主任）：郎建平（保留正处职待遇）

37. 图书馆

党委书记：钱万里
馆　　长：唐忠明
副馆长：钱万里（兼）
　　　　徐　燕
　　　　丁　瑶
　　　　汪卫东　　　　　　　　　　　　　　　2019 年 7 月 4 日任
调研员：周建屏
　　　　郑　红

38. 档案馆

馆　　长：石明芳

39. 博物馆

名誉馆长：张朋川
馆　　长：李超德
常务副馆长：冯　一
调研员：黄维娟

40. 分析测试中心

主　任：姚志刚

41. 工程训练中心

主　任：邵剑平

42. 信息化建设与管理中心

主　任：张　庆
副主任：黄　平
　　　　陆剑江
调研员：杨季文
副调研员：汤晶缨

43. 艺术教育中心

主　任：吴　磊
副主任：宋海英

44. 东吴饭店

调研员：张荣华

45. 文学院

党委书记：孙宁华
党委副书记：阴　浩（兼副院长）
院　长：曹　炜　　　　　　　　　　　2019年7月4日任
副院长：汪卫东（主持工作）　　　　　2019年7月4日免
　　　　张　健　　　　　　　　　　　2019年6月18日免
　　　　束霞平
　　　　周生杰　　　　　　　　　　　2019年7月4日任

46. 传媒学院

党委书记：宁正法
党委副书记：夏凤军（兼副院长）　　　2019年8月29日免
　　　　　　宋海英（兼副院长）　　　2019年8月29日任
院　长：陈　龙　　　　　　　　　　　2019年7月25日免
　　　　陆玉芳　　　　　　　　　　　2019年7月25日任
执行院长：陈　龙　　　　　　　　　　2019年7月25日任
副院长：谷　鹏
　　　　徐　冉

47. 社会学院

党委书记：邓国林
党委副书记：包　军　　　　　　　　　　2019 年 10 月 17 日免
　　　　　　郝　珺（兼副院长）　　　　2019 年 11 月 7 日任
院　　长：王卫平　　　　　　　　　　　2019 年 1 月 3 日免
　　　　　高　峰　　　　　　　　　　　2019 年 1 月 3 日任
副院长：郑　庚　　　　　　　　　　　　2019 年 10 月 17 日免
　　　　高　峰　　　　　　　　　　　　2019 年 1 月 3 日免
　　　　包　军
　　　　黄鸿山　　　　　　　　　　　　2019 年 6 月 27 日任

48. 政治与公共管理学院

党委书记：邢光晟
党委副书记：尹婷婷（兼副院长）
院　　长：陈进华
副院长：吉文灿
　　　　黄建洪
副调研员：钮立新　　　　　　　　　　　2019 年 7 月 4 日免

中国特色城镇化研究中心（挂靠政治与公共管理学院）
主　　任：陈进华（兼）
副主任：徐维英　　　　　　　　　　　　2019 年 10 月 31 日免
　　　　段进军（兼）
　　　　叶继红（兼）

49. 马克思主义学院

党委书记：张才君
党委副书记：田芝健
院　　长：田芝健
副院长：许冠亭　　　　　　　　　　　　2019 年 11 月 22 日免
　　　　朱蓉蓉
　　　　茆汉成　　　　　　　　　　　　2019 年 12 月 5 日任

50. 教育学院

党委书记：蒋晓虹　　　　　　　　　　　　2019年7月4日免
　　　　　赵　阳　　　　　　　　　　　　2019年7月4日任
党委副书记：朱晨花（兼副院长）
院　　长：冯成志
副 院 长：吴铁钧
　　　　　曹永国
副调研员：王　青

51. 东吴商学院（财经学院）　东吴证券金融学院

党委书记：刘志明
党委副书记：董　娜（兼副院长）
专职纪检委员：马龙剑　　　　　　　　　　2019年8月29日任
院　　长：冯博
副 院 长：袁建新
　　　　　王要玉
　　　　　徐　涛　　　　　　　　　　　　2019年6月27日任
　　　　　任少华（兼）
调研员：陆少杰

52. 王健法学院

党委书记：周国华
党委副书记：王振华（兼副院长）
院　　长：方新军
副 院 长：严　俊　　　　　　　　　　　　2019年11月29日免
　　　　　程雪阳
　　　　　庞　凌　　　　　　　　　　　　2019年11月29日任

知识产权研究院

院　　长：胡玉鸿　　　　　　　　　　　　2019年4月4日免
　　　　　方新军　　　　　　　　　　　　2019年4月4日任
副 院 长：朱春霞

53. 外国语学院

党委书记：严冬生
党委副书记：胡海峰（兼副院长）　　　　2019年12月26日免
　　　　　　朱苏静（兼副院长）　　　　2019年12月26日任
院　　长：朱新福
副 院 长：王凤英　　　　　　　　　　　2019年11月29日免
　　　　　王　军
　　　　　孟祥春
　　　　　王　宇（孔子学院中方院长）
　　　　　陆　润　　　　　　　　　　　2019年11月29日任
　　　　　李　季　　　　　　　　　　　2019年12月19日任
副调研员：刘亚东　　　　　　　　　　　2019年11月22日免
　　　　　赵　红

54. 金螳螂建筑学院

党委书记：陈国凤　　　　　　　　　　　2019年5月9日任
党委副书记：陈国凤（主持工作）　　　　2019年5月9日免
　　　　　　薛　曦（兼副院长）
院　　长：吴永发
副 院 长：茆汉成
　　　　　雷　诚
　　　　　王　琼（兼）
　　　　　朱盘英（兼）

55. 数学科学学院

党委书记：逄成华
党委副书记：蒋青芳（兼副院长）
院　　长：张　影
副 院 长：顾振华
　　　　　季利均
　　　　　翟惠生
　　　　　金　中（保留正处职待遇）

56. 物理科学与技术学院

党委书记：孙德芬
党委副书记：谢燕兰（兼副院长）
院　　长：高　雷
副院长：方　亮
　　　　赵承良

57. 光电科学与工程学院

党委书记：陈建军
党委副书记：龚呈卉（兼副院长）
院　　长：李孝峰
副院长：许宜申
　　　　曲　宏　　　　　　　　　　　　2019年1月3日任

58. 能源学院

党委书记：沙丹丹　　　　　　　　　　　2019年5月9日任
党委副书记：沙丹丹（主持工作）　　　　2019年5月9日免
名誉院长：刘忠范
院　　长：晏成林
副院长：杨瑞枝
　　　　彭　扬
　　　　王海波
　　　　戴　晓
调研员：韩良军　　　　　　　　　　　　2019年10月31日免
副调研员：董浩然　　　　　　　　　　　2019年4月18日免
　　　　　汝坤林

张家港工业技术研究院
院　　长：
副院长：王海波（兼）

化学电源研究所
所　　长：王海波

59. 材料与化学化工学部

党委书记：李　翔
党委副书记：王美珠（兼副主任）
纪委书记：李　乐　　　　　　　　　　2019 年 8 月 29 日任
名誉主任：于吉红　　　　　　　　　　2019 年 9 月 25 日任
主　　任：姚建林
副 主 任：姚英明
　　　　　吴　铎
　　　　　朱　健
　　　　　沈　勤

先进材料国际合作联合中心（2019 年 11 月 7 日成立，不设行政建制，挂靠材料与化学化工学部，苏大委〔2019〕111 号）

主　　任：于吉红　　　　　　　　　　2019 年 11 月 7 日任

60. 纳米科学技术学院

党委书记：洪　晔　　　　　　　　　　2019 年 5 月 9 日任
党委副书记：洪　晔（主持工作）　　　2019 年 5 月 9 日免
院　　长：李述汤
执行院长：刘　庄
副 院 长：孙旭辉　　　　　　　　　　2019 年 12 月 12 日免
　　　　　孙宝全
　　　　　迟力峰　　　　　　　　　　2019 年 12 月 12 日免
　　　　　王穗东
　　　　　李彦光
　　　　　彭　睿
　　　　　揭建胜　　　　　　　　　　2019 年 12 月 12 日任
　　　　　何　乐　　　　　　　　　　2019 年 12 月 12 日任

61. 计算机科学与技术学院

党委书记：杨礼富
党委副书记：沈云彩（兼副院长）
院　　长：李凡长
副 院 长：凌　云
　　　　　张　民

赵　雷
居　民
组织员：王　栋（保留副处职待遇）

62. 电子信息学院

党委书记：徐群祥　　　　　　　　　　2019年12月5日免
　　　　　胡剑凌　　　　　　　　　　2019年12月5日任
党委副书记：黄远丰（兼副院长）
名誉院长：潘君骅
院　　长：胡剑凌　　　　　　　　　　2019年12月5日免
　　　　　沈纲祥　　　　　　　　　　2019年12月5日任
副院长：马国平　　　　　　　　　　　2019年6月13日免
　　　　沈纲祥　　　　　　　　　　　2019年12月5日免
　　　　陈小平
　　　　朱颖康　　　　　　　　　　　2019年6月27日任
　　　　倪锦根　　　　　　　　　　　2019年12月5日任
副调研员：刁爱清

63. 机电工程学院

党委书记：刘鲁庆
党委副书记：赵　峰
　　　　　　袁　红（兼副院长）
专职纪检委员：袁　洁　　　　　　　　2019年8月29日任
院　　长：孙立宁
副院长：陈　瑶　　　　　　　　　　　2019年10月17日免
　　　　陈再良
　　　　孙海鹰
　　　　陈　涛　　　　　　　　　　　2019年11月7日任

64. 沙钢钢铁学院

党委书记：宋清华
院　　长：董元篪
副院长：钟胜奎　　　　　　　　　　　2019年8月22日免
　　　　王德永　　　　　　　　　　　2019年9月12日任
　　　　丁汉林　　　　　　　　　　　2019年9月12日任

65. 纺织与服装工程学院

党委书记：董召勤
党委副书记：卢永嘉（兼副院长） 2019年9月19日免
　　　　　　严　明（兼副院长） 2019年9月19日任
院　　长：潘志娟
副 院 长：王祥荣 2019年11月29日免
　　　　　关晋平
　　　　　孟　凯（兼） 2019年3月7日免
　　　　　严　俊 2019年11月13日任
　　　　　张克勤 2019年11月29日任
副调研员：司　伟
　　　　　周正华

紫卿书院（2019年11月7日成立，和纺织与服装工程学院实行"两块牌子、一套班子"运行模式，苏大委〔2019〕110号）
名誉院长：
院　　长：
副 院 长：

现代丝绸国家工程实验室
执行主任：陈国强
副 主 任：裔洪根

南通纺织研究院
常务副院长：孟　凯 2019年3月7日免

66. 轨道交通学院

党委书记：唐文跃
党委副书记：丁新红
　　　　　　田　雷
　　　　　　黄晓辉（兼副院长）
名誉院长：王　炜
院　　长：史培新
副 院 长：肖为周
　　　　　金菊华
副调研员：蒋志良

67. 体育学院

党委书记：杨　清
党委副书记：李伟文（兼副院长）　　　　　2019年9月12日免
　　　　　　丁海峰（兼副院长）　　　　　2019年9月12日任
院　　长：王国祥
副院长：陶玉流
　　　　李　龙
　　　　张鑫华

68. 艺术学院

党委书记：王尔东　　　　　　　　　　　　2019年12月5日免
　　　　　顾德学　　　　　　　　　　　　2019年12月26日任
党委副书记：张　洁（兼副院长）
名誉院长：张道一
院　　长：姜竹松
副院长：顾德学
　　　　王泽猛　　　　　　　　　　　　　2019年10月17日免
　　　　卢　朗
　　　　王　鹭　　　　　　　　　　　　　2019年11月7日任

69. 音乐学院

党委书记：陆　岸
党委副书记：胡晓玲（兼副院长）
名誉院长：陈光宪
院　　长：许　忠
执行院长：吴　磊
副院长：顾明高
　　　　魏正启　　　　　　　　　　　　　2019年12月26日任

70. 医学部

党工委书记：邹学海
党工委副书记：解　燕　　　　　　　　　　2019年7月30日免
　　　　　　　黎春虹
　　　　　　　吴德建　　　　　　　　　　2019年12月5日任

纪委书记：李伟文　　　　　　　　　　　　　　2019 年 7 月 30 日任
名誉主任：阮长耿
　　　　　杜子威
主　　任：秦　樾　　　　　　　　　　　　　　2019 年 1 月 16 日免
常务副主任：徐广银　　　　　　　　　　　　　2019 年 1 月 16 日任
副主任：龚　政
　　　　田启明
　　　　龙亚秋
　　　　苏　雄　　　　　　　　　　　　　　　2019 年 11 月 7 日免
　　　　王光辉　　　　　　　　　　　　　　　2019 年 11 月 7 日任
副调研员：施建亚
办公室主任：吴德建　　　　　　　　　　　　　2019 年 12 月 5 日免
　　　　　彭晓蓓　　　　　　　　　　　　　　2019 年 12 月 19 日任
教学办公室主任：钟　慧
科研办公室主任：龙亚秋
研究生办公室主任：苏　雄　　　　　　　　　　2019 年 11 月 7 日免
　　　　　　　　王光辉　　　　　　　　　　　2019 年 11 月 7 日任
国际交流与发展办公室主任：宋　军
学生工作办公室主任：温洪波
临床教学质量管理办公室主任：

实验中心
主　　任：陈乳胤

实验动物中心
主　　任：周正宇　　　　　　　　　　　　　　2019 年 12 月 19 日任

71. 医学部基础医学与生物科学学院

党委书记：沈学伍
院　　长：高晓明　　　　　　　　　　　　　　2019 年 1 月 20 日免
　　　　　吴嘉炜　　　　　　　　　　　　　　2019 年 1 月 20 日任
副院长：戈志强　　　　　　　　　　　　　　　2019 年 1 月 20 日免
　　　　杨雪珍
　　　　张洪涛　　　　　　　　　　　　　　　2019 年 1 月 20 日任
　　　　陶　金　　　　　　　　　　　　　　　2019 年 1 月 20 日任

72. 医学部放射医学与防护学院

党委书记：曹建平	2019 年 12 月 12 日免
王成奎	2019 年 12 月 12 日任
专职组织员：王加华（保留副处职待遇）	2019 年 12 月 26 日任
院　　长：柴之芳	
执行院长：高明远	2019 年 11 月 29 日任
常务副院长：高明远	2019 年 11 月 29 日免
曹建平	2019 年 11 月 29 日任
副院长：许玉杰	2019 年 11 月 29 日免
王殳凹	2019 年 11 月 29 日任
周光明	2019 年 11 月 29 日任

73. 医学部公共卫生学院

党委书记：芮秀文	2019 年 4 月 30 日免
陈　赞	2019 年 4 月 30 日任
院　　长：张永红	2019 年 12 月 19 日免
副院长：张增利	
秦立强	2019 年 12 月 5 日任
副调研员：钟宏良	

74. 医学部药学院

党委书记：龚　政
副理事长：顾振纶
院　　长：镇学初
副院长：江维鹏
　　　　黄小波

75. 医学部护理学院

党委书记：沈志清	
院　　长：李惠玲	
副院长：田　利	
王海芳（兼，保留副处职待遇）	2019 年 6 月 13 日免
蒋银芬（兼）	2019 年 6 月 13 日免
姚文英（兼）	

　　　　谭丽萍（兼）　　　　　　　　　2019年6月13日任

　　神经科学研究所
　　所　　长：刘春风
　　副所长：姚建萍

　　骨科研究所
　　所　　长：杨惠林
　　副所长：杭雪花

　　心血管病研究所
　　所　　长：沈振亚
　　副所长：殷为民

　　呼吸疾病研究所
　　所　　长：黄建安
　　副所长：

　　造血干细胞移植研究所
　　所　　长：吴德沛
　　副所长：徐　杨

　　转化医学研究院
　　院　　长：时玉舫
　　行政副院长：陈永井

76. 唐仲英医学研究院

　　党委书记：叶明昌　　　　　　　　　2019年4月30日免
　　　　　　　芮秀文　　　　　　　　　2019年4月30日任
　　院　　长：吴庆宇　　　　　　　　　2019年6月20日免
　　副院长：戴克胜（主持工作）　　　　2019年6月27日任

77. 敬文书院

　　党委书记：
　　党委副书记：孟玲玲
　　名誉院长：朱恩馀
　　院　　长：马卫中

副院长：孟玲玲

78. 文正学院

党委书记：仲　宏
党委副书记：袁昌兵（兼副院长）
纪委书记：解　燕　　　　　　　　　　　2019 年 7 月 30 日任
院　长：吴昌政
副院长：施盛威
　　　　蒋　峰（调研员）　　　　　　　2019 年 7 月 30 日免
　　　　朱　跃　　　　　　　　　　　　2019 年 7 月 30 日任
副调研员：杜　明
　　　　　钱伟超
　　　　　唐凤珍
　　　　　黄　新

79. 应用技术学院

党委书记：浦文倜
党委副书记：钮秀山（兼副院长）
纪委书记：陈　敏　　　　　　　　　　　2019 年 8 月 22 日任
院　长：傅菊芬
副院长：朱　跃　　　　　　　　　　　　2019 年 7 月 30 日免
　　　　席拥军
副调研员：茹　翔
　　　　　张　卫　　　　　　　　　　　2019 年 11 月调出

80. 老挝苏州大学

校　长：熊思东（兼）
副校长：黄　兴
校长助理：黄郁健
综合办公室副主任：

教学与学生事务管理办公室
主　任：

招生与就业办公室
主　任：

校园建设与管理办公室
　　副主任：

81. 学报编辑部

　　主　任：康敬奎
　　副主任：江　波

82. 出版社有限公司

　　社　长：盛惠良
　　总编辑：陈兴昌
　　副调研员：王建珍

83. 附属第一医院

　　党委书记：陈　赞　　　　　　　　　　　　2019 年 3 月 14 日免
　　　　　　　陈卫昌（兼）　　　　　　　　　2019 年 3 月 14 日任
　　党委副书记：丁春忠　　　　　　　　　　　2019 年 6 月 13 日免
　　　　　　　　侯建全（兼）　　　　　　　　2019 年 6 月 13 日任
　　　　　　　　王海芳　　　　　　　　　　　2019 年 2 月 21 日任
　　纪委书记：丁春忠
　　院　长：侯建全
　　副院长：陈　亮
　　　　　　缪丽燕
　　　　　　时玉舫
　　　　　　方　琪
　　　　　　陈　罡　　　　　　　　　　　　　2019 年 2 月 21 日任
　　　　　　刘济生（正处职）
　　总会计师：贲能富
　　调研员：黄恺文
　　副调研员：许　津　　　　　　　　　　　　2019 年 6 月 20 日免
　　　　　　　洪建娣

血液研究所
医学部第一临床学院
　　院　长：侯建全（兼）
　　副院长：胡春洪

临床医学研究院

院　　长：杨惠林

副院长：杨向军　　　　　　　　　　　　　2019年5月23日免

　　　　黄建安

84. 附属第二医院（核工业总医院）

党委书记：王少雄

党委副书记：徐　博

纪委书记：程永志

院　　长：徐　博

副院长：王少雄

　　　　孙亦晖

　　　　钱志远

　　　　杨　顺

总会计师：

医学部第二临床学院

院　　长：孙光夏（兼）　　　　　　　　　2019年4月4日免

　　　　　徐　博（兼）　　　　　　　　　2019年4月4日任

常务副院长：刘春风（兼）　　　　　　　　2019年4月4日免

副院长：徐又佳（兼）　　　　　　　　　　2019年4月4日任

85. 附属儿童医院

党委书记：卢祖元

党委常务副书记：王晓东　　　　　　　　　2019年1月20日任

党委副书记：邱　鸣（纪委书记）

院　　长：汪　健

副院长：田健美

　　　　吕海涛

　　　　严向明

副调研员：唐叶枫

　　　　　阐玉英

医学部儿科临床医学院

院　　长：王晓东

医学中心（苏州市独墅湖医院）[2019 年 4 月 18 日更名为苏州市独墅湖医院（苏州大学附属独墅湖医院），苏大委〔2019〕41 号]

  主 任（院长）：王晓东   2019 年 1 月 10 日免
  副主任（副院长）：杨志卿   2019 年 7 月 30 日免

86. 医学部第三临床学院

  院 长：何小舟（兼）   2019 年 10 月 17 日免
       华 飞（兼）   2019 年 10 月 17 日任
  副院长：吴昌平（兼）   2019 年 10 月 17 日免
       蒋敬庭（兼）   2019 年 10 月 17 日任

87. 苏州苏大教育服务投资发展有限公司

  调研员：陈爱萍
       吴小霞

苏州苏大教育服务投资发展有限公司党委
  书 记：陈爱萍（兼）
  副书记：王丽晓

88. 江苏苏大投资有限公司

  董事长：蒋敬东
  总经理：陈彦艳

89. 苏州大学实验学校

  书记：陈炳亮
  校长：陈国安

90. 东吴学院（筹）（2019 年 6 月 18 日筹建，苏大委〔2019〕43 号）

  党委书记：刘 枫   2019 年 6 月 18 日任
  院 长：张 健   2019 年 6 月 18 日任

91. 红十字国际学院（2019 年 7 月 30 日成立，苏大委〔2019〕74 号）

  名誉院长：Francesco Rocca（弗朗西斯科·罗卡）   2019 年 7 月 30 日任

院　　长：王汝鹏（兼）		2019 年 7 月 30 日任
执行院长：杨一心（兼）		2019 年 7 月 30 日任
副院长：刘选国（兼）		2019 年 7 月 30 日任
郑　庚		2019 年 7 月 30 日任

92. 师范学院（2019 年 9 月 5 日成立，苏大委〔2019〕87 号）

副院长：陆　丽（兼）		2019 年 9 月 5 日任
张佳伟		2019 年 9 月 5 日任
张进平（兼）		2019 年 12 月 12 日任

93. 巴斯德学院（2019 年 9 月 5 日成立，挂靠医学部，苏大委〔2019〕88 号）

院　　长：唐　宏		2019 年 10 月 24 日任
副院长：陈志欣		2019 年 10 月 31 日任

注：根据苏大委〔2004〕28 号文件的精神，学校事业编制人员在被公司借用期间，学校保留其原身份和职级。

苏州大学工会委员会及各分工会主席名单

苏州大学工会委员会名单（按姓氏笔画为序）

主　席：王永山

副主席：陈　洁

委　员：王安列　王丽晓　王国卿　王建军　邓国林　田　飞
　　　　朱利平　庄建英　刘文杰　刘亚东　刘炳喜　孙　涌
　　　　杜　明　李正伟　李丽红　李建祥　何　为　张友九
　　　　邵名望　茆汉成　金菊华　金慧敏　胡明宇　冒维东
　　　　闻振卫　奚启超　眭建华　崔京浩

苏州大学各分工会主席名单

　　机关分工会：夏永林

　　群团与直属单位分工会：刘炳喜

　　后勤管理处分工会：庄建英

　　图书馆分工会：祁汝峰

　　苏州苏大教育服务投资发展有限公司分工会：王丽晓

　　文学院分工会：王建军

　　传媒学院分工会：胡明宇（2019年9月换届）

　　社会学院分工会：孙友本

　　政治与公共管理学院分工会：李丽红

　　马克思主义学院分工会：朱蓉蓉、唐强奎（2019年3月换届）

　　教育学院分工会：付亦宁

　　东吴商学院（财经学院）分工会：俞雪华

　　王健法学院分工会：张　鹏

　　外国语学院分工会：刘亚东

　　金螳螂建筑学院分工会：陈　星

　　数学科学学院分工会：闻振卫

　　物理科学与技术学院分工会：朱利平

光电科学与工程学院分工会：陈宇恒

能源学院分工会：孙迎辉

材料与化学化工学部分工会：任志刚

纳米科学技术学院分工会：邵名望（2019年12月换届）

计算机科学与技术学院分工会：王朝晖

电子信息学院分工会：金慧敏

机电工程学院分工会：刘文杰

沙钢钢铁学院分工会：宋滨娜

纺织与服装工程学院分工会：周正华

轨道交通学院分工会：金菊华（2019年1月换届）

体育学院分工会：奚启超

艺术学院分工会：王言升

音乐学院分工会：田　飞

医学部分工会：戴建英

医学部基础医学与生物科学学院分工会：王国卿

医学部放射医学与防护学院分工会：张友九

医学部公共卫生学院分工会：李建祥

医学部药学院分工会：崔京浩

文正学院分工会：杜　明

应用技术学院分工会：何　为

苏州大学共青团组织干部名单

(院部团委书记以上)

校团委

　　书　记：肖甫青
　　副书记：徐美华
　　　　　　于潜驰
　　　　　　刘春雷　　　　　　　　　　2019 年 2 月任
　　　　　　袁建宇（兼职）
　　　　　　卜鹏程（兼职）　　　　　　2019 年 7 月任
　　　　　　折琪琪（兼职）　　　　　　2019 年 7 月任

研究生团工委

　　书　记：胡　玮　　　　　　　　　　2019 年 10 月任

机关团总支

　　书　记：朱培培（兼）　　　　　　　2019 年 11 月任
　　副书记：王　晶（兼）　　　　　　　2019 年 11 月任

艺术教育中心团总支

　　书　记：苗翰初（兼）

文学院团委

　　书　记：胡　萱

传媒学院团委

　　书　记：王雁冰

社会学院团委

  副书记：袁羽琮（主持工作）　　　　　　　　2019 年 7 月任

政治与公共管理学院团委

  书　记：单　杰　　　　　　　　　　　　　　2019 年 6 月任
  副书记：董筱文

马克思主义学院团委

  书　记：金　鑫　　　　　　　　　　　　　　2019 年 3 月任

外国语学院团委

  书　记：范　立

东吴商学院（财经学院）　东吴证券金融学院团委

  书　记：丁良超

王健法学院团委

  副书记：曹　妍（主持工作）

教育学院团委

  书　记：张旻蕊　　　　　　　　　　　　　　2019 年 6 月任

艺术学院团委

  书　记：沈院生

音乐学院团委

  书　记：于存洋

体育学院团委

　　书　记：丁海峰　　　　　　　　　　　　　　2019 年 9 月免

金螳螂建筑学院团委

　　书　记：徐　娜

数学科学学院团委

　　书　记：周　扬
　　副书记：亓海啸
　　　　　　王凯璇　　　　　　　　　　　　　　2019 年 6 月任

物理科学与技术学院团委

　　副书记：郭永坤（主持工作）

光电科学与工程学院团委

　　副书记：周孝进（主持工作）

能源学院团委

　　书　记：张振华
　　副书记：严若今　　　　　　　　　　　　　　2019 年 9 月任
　　　　　　孙　放　　　　　　　　　　　　　　2019 年 9 月任

材料与化学化工学部团委

　　副书记：鲍　清（主持工作）

纳米科学技术学院团委

　　书　记：蔡梦婷　　　　　　　　　　　　　　2019 年 6 月任

计算机科学与技术学院团委

　书　记：邝泉声

电子信息学院团委

　书　记：李　莹
　副书记：郁连国

机电工程学院团委

　书　记：李丽红
　副书记：陈　恺　　　　　　　　　　2019年6月任

沙钢钢铁学院团委

　书　记：郁佳莉

纺织与服装工程学院团委

　书　记：刘　海
　副书记：蒋闰蕾

轨道交通学院团委

　书　记：钱成一
　副书记：梁　畅

医学部团委

　书　记：解　笑
　副书记：王昌伟
　　　　　李法君

敬文书院团委

　书　记：柯　征

文正学院团委

  书　记：何　玉　　　　　　　　　　2019 年 11 月任
  副书记：王　一　　　　　　　　　　2019 年 11 月任
  　　　　郭　浩　　　　　　　　　　2019 年 11 月任

应用技术学院团委

  书　记：严永伟
  副书记：顾　虑

附属第一医院团委

  书　记：田一星（兼）
  副书记：秦　超（兼）

附属第二医院团委

  书　记：李柳炳（兼）
  副书记：宋萌枝（兼）
  　　　　钟媛媛（兼）

附属儿童医院团委

  副书记：凌　靓（主持工作）
  　　　　张兵兵（兼）
  　　　　金太伟（兼）

苏州大学有关人士在各级人大、政协、民主党派及统战团体中的任职名单

全国、省、市、区人大代表

第十三届全国人大代表	熊思东
第十三届江苏省人大常委	王卓君
第十三届江苏省人大代表	陈林森　沈振亚　兰　青
第十六届苏州市人大常委	马卫中　黄学贤　邢春根　吴　磊
第十六届苏州市人大代表	姜为民　沈振亚　钱海鑫　路建美　曾一果
姑苏区第二届人大常委	陈红霞
姑苏区第二届人大代表	傅菊芬　李晓强　陈林森　杨旭红　张惠敏
	邓国林　查佐明　吉成元　侯建全　陈　赞
	孙光夏　冯　星

全国、省、市、区政协委员

第十三届全国政协委员	吴德沛
第十二届江苏省政协常委	钱振明　侯建全
第十二届江苏省政协委员	倪才方　陈新建　苏　雄
第十四届苏州市政协副主席	陈林森
第十四届苏州市政协常委	傅菊芬　叶元土　钱振明　吴永发　蒋廷波
	王宜怀　周幽心　陈红霞　程　江　高晓明
第十四届苏州市政协委员	姚传德　李　艺　钱玉英　冯志华　杨　哲
	姜竹松　袁　牧　刘　庄　徐建英　李　纲
	孙　凌　赵鹤鸣　王振欣　唐　文　文万信
	王德山　金成昌　朱雪珍　徐中华　王腊宝
	陈　红　邹贵付　孙立宁　张力元　吴建明
姑苏区第二届政协常委	刘　海　陶　金　朱学新　张力元
姑苏区第二届政协委员	王文利　李明忠　郭凌川　马逸敏　李建国
	郭盛仁　王加俊　薛　群　孔　岩　董启榕
	陈爱萍　任卫东

全国、省、市各民主党派组织任职

民革十一届苏州市委副主委	马卫中
民革十一届苏州市委常委	姚传德
民革十一届苏州市委委员	刘　海
民盟十二届江苏省委副主委	熊思东
民盟十二届江苏省委委员	曹永罗
民盟十三届苏州市委副主委	黄学贤
民盟十三届苏州市委常委	傅菊芬　姜为民
民盟十三届苏州市委委员	陶　金　居颂光　周海斌
民建九届江苏省委委员	叶元土
民建十四届苏州市委常委	叶元土
民建十四届苏州市委委员	杨　哲
民进十届江苏省委副主委	钱振明
民进十届江苏省委委员	姜竹松
民进十一届苏州市委主委	钱振明
民进十一届苏州市委常委	蒋廷波
民进十一届苏州市委委员	吴玲芳　孙茂民　马中红
农工党十二届江苏省委委员	倪才方
农工党十三届苏州市委副主委	邢春根　倪才方
农工党十三届苏州市委常委	王宜怀
农工党十三届苏州市委委员	李建国　徐建英　孙　凌
致公党六届江苏省委委员	吴　磊
致公党六届苏州市委副主委	吴　磊
致公党六届苏州市委委员	张永泉　王振欣
九三学社十四届中央副主席	刘忠范
九三学社十四届中央委员	陈林森
九三学社八届省委常委	陈林森
九三学社八届省委委员	陈红霞
九三学社十届苏州市委主委	陈林森
九三学社十届苏州市委常委	陈红霞　浦金贤
九三学社十届苏州市委委员	文万信　王德山　徐中华　程　江

省、市台联、侨联、无党派知识分子联谊会、欧美同学会任职

江苏省台属联谊会第五届理事	张宏成
苏州市台属联谊会第五届常务理事	张宏成　张　凝
苏州市台属联谊会第五届理事	王文沛

江苏省侨联第六届委员	沈振亚
苏州市侨联第八届常委	沈振亚
苏州市侨联第八届委员	张志琳　王振欣　张永泉
苏州市侨青会副会长	王振欣
苏州市无党派知识分子联谊会副会长	高晓明
江苏省欧美同学会（江苏省留学人员联谊会）副会长	
	熊思东
江苏省欧美同学会（江苏省留学人员联谊会）理事	
	苏　雄　申绍杰
苏州市欧美同学会（苏州市留学人员联谊会）会长	
	李述汤
名誉会长	陈林森
副会长	吴和坤　镇学初　沈振亚　苏　雄　董启榕

校各民主党派基层组织及校归国华侨联合会、侨联青年委员会、台属联谊会、归国学者联谊会、无党派知识分子联谊会、东吴大学苏州校友会任职

民革苏州大学基层委员会
  主　委　　　　　马卫中
  副主委　　　　　姚传德　刘　海
  委　员　　　　　陈卫东　吴雨平　谢思明　石　沙　李　艺
        施华珍　戚海涓　薛华勇　薛玉坤

民盟苏州大学委员会
  主　委　　　　　陶　金
  副主委　　　　　曹永罗　冯志华　戈志强　姜为民　李明忠
        田　野　朱　谦　陶　金
  委　员　　　　　马逸敏　王兴东　王俊敏　朱桂荣　朱　斌
        何香柏　宋煜萍　周　宣　周海斌　居颂光
        钟慎斌　郭凌川　薛　莲
  秘书长　　　　　郭凌川
  副秘书长　　　　钟慎斌　马逸敏

民建苏州大学支部
  主　委　　　　　叶元土
  副主委　　　　　郑晓玲　杨　哲　沈　能
  委　员　　　　　陈志强　周雯娟　张乐帅

民进苏州大学委员会
  主　委　　　　　刘　庄
  副主委　　　　　姜竹松　吴玲芳　蒋廷波　马中红　孙茂民

　　　　委　　员　　　吴小春　张纪平　张学农　明志君　金　涛
　　　　秘书长　　　　赵石言
　　　　副秘书长　　　徐晓明
农工党苏州大学委员会
　　　　主　　委　　　王宜怀
　　　　副主委　　　　周幽心　倪才方　张　桥
　　　　委　　员　　　刘一之　陆士奇　徐建英　王春雷　尤海章
　　　　　　　　　　　郭盛仁　李建国
　　　　秘书长　　　　张　敏
致公党苏州大学委员会
　　　　主　　委　　　吴　磊
　　　　副主委　　　　张永泉　薛　群
　　　　委　　员　　　王加俊　陈志伟　徐苏丹　詹月红
九三学社苏州大学委员会
　　　　主　　委　　　苏　雄
　　　　副主委　　　　文万信　陈红霞　浦金贤　王德山
　　　　委　　员　　　李亚东　季　伟　陆　芹　黄　坚　朱雪珍
　　　　　　　　　　　金成昌
　　　　秘书长　　　　王　艳
苏州大学归国华侨联合会
　　　　名誉主席　　　陆匡宙　顾振纶
　　　　顾　　问　　　张昌陆　詹月红
　　　　主　　席　　　沈振亚
　　　　副主席　　　　张志琳　倪沛红　王钦华　王振欣　王　鼎
　　　　　　　　　　　资　虹
　　　　秘书长　　　　资　虹（兼）
　　　　委　　员　　　李　斌　沈百荣　杨　颖　陈　仪　周翊峰
　　　　　　　　　　　周　婷　曹世杰　徐苏丹　徐艳辉　徐博翎
苏州大学侨联青年委员会
　　　　名誉会长　　　沈振亚
　　　　会　　长　　　王振欣
　　　　副会长　　　　王　鼎　周翊峰　徐博翎　曹世杰　冒小瑛
　　　　　　　　　　　陈　仪　李　刚　孙靖宇　周　婷
　　　　秘书长　　　　周　婷
　　　　委　　员　　　冯文峰　刘玉龙　刘俪佳　李直旭　宋歆予
　　　　　　　　　　　杨　磊　杨　颖　胡士军　赖跃坤　李　斌
　　　　　　　　　　　赵智峰　黄爱军　张　阳　陆滢竹
苏州大学台属联谊会
　　　　名誉会长　　　周　岱

会　长					
副会长	王文沛	廖　军	李以明	陈作章	
理　事	彭大真	徐秀雯	金秀珏	沈园园	金璐曼
	周金良	吴　荃	张　凝		

苏州大学归国学者联谊会

顾　问	王卓君	白　伦	张学光		
名誉会长	熊思东	蒋星红			
会　长	郎建平				
副会长	沈振亚	王卫平	汪一鸣	姚建林	李孝峰
秘书长	刘海平	王　鼎			
常务理事	陈宇岳	贡成良	秦正红	高　雷	冯志华
	王　鼎				
理　事	王钦华	王尉平	田海林	吕　强	刘励军
	刘　庄	任志刚	李孝峰	吴荣先	杨红英
	罗时铭	周民权	姚建林	陶　敏	曹建平
	黄毅生				

苏州大学无党派知识分子联谊会

会　长	高晓明				
副会长	杨季文	郁秋亚	刘跃华	杨旭辉	
秘书长	周翊峰				
理　事	刘　文	吴荣先	吴翼伟	陈　瑶	金薇吟
	钮美娥	俞雪华	姚林泉	徐艳辉	郭辉萍
	屠一锋	梁君林	黄毅生	傅戈燕	董启榕

东吴大学苏州校友会

会　长	沈雷洪				
副会长兼秘书长	徐永春				
副会长	曹　阳				
副秘书长	刘涤民				
常务理事	汪为郁	陆忠娥	洪子元	顾榕芬	蔡希杰
理　事	刘元侠	仲家淦	张文鋆	杜　㠫	陶　钺
	谢坚城	程湛田	程　坚		

苏州大学有关人员在校外机构任职名单（表3）

表3　全国、省（部）级学术机构、团体及国际学术组织人员任职名单一览表
（据2019年不完全统计，按院部排列、按姓氏笔画排序）

姓名	机构名称及职务
1. 文学院	
王宁	中国俗文学学会理事
	中国戏曲学会理事
	中国傩戏学研究会理事
王尧	中国文学批评研究会副会长
	江苏省作家协会副主席
	江苏省文艺评论家协会副主席
	中国当代文学研究会理事
	江苏省当代文学研究会副会长
王建军	江苏省语言学会常务理事
	江苏省中华成语研究会副会长
刘锋杰	中国文艺理论学会常务理事
	中国中外文艺理论学会理事
汤哲声	中国俗文学学会常务理事
	中国武侠文学学会副会长
	江苏省中国现代文学学会副会长
	江苏省现代文学学会常务理事兼副秘书长
李勇	中国文艺理论学会理事
	江苏省美学学会副会长
杨旭辉	中国骈文学会常务理事

续表

姓名	机构名称及职务
汪卫东	江苏省鲁迅研究会副会长
	中国鲁迅研究会常务理事
邵雯艳	中国高等教育学会影视教育专业委员会理事
季 进	中国比较文学学会青年委员会主任
	江苏省当代文学研究会副会长
钱锡生	中国词学研究会常务理事
曾维刚	中国宋代文学学会理事
薛玉坤	中国词学会常务理事
	中国近代文学学会理事
	江苏南社研究会副会长
	中国近代文学学会南社与柳亚子研究会副会长
2. 传媒学院	
马中红	中国公共关系学会理事
	中国广告与传媒发展史研究委员会常务理事
	中国人才研究会青年人才专业委员会常务理事
王 静	中国广告教育研究会常务理事
	中国新闻史广告与传媒发展研究会理事
王玉明	中国电影文学学会理事
	中国台港电影研究会台湾电影委员会理事
	中国夏衍电影研究会夏衍研究委员会理事
王国燕	国际科技传播学会学术委员
	中国科技新闻学会科技传播理论研究专业委员会秘书长
华 昊	中国高校影视学会媒介文化专业委员会理事
杜志红	中国高校影视学会媒介文化专业委员会理事
	中国高校影视学会微电影专业委员会理事
杨新敏	中国新媒体研究会理事
	江苏省传媒艺术研究会理事

续表

姓名	机构名称及职务
谷鹏	中国新闻史学会媒介法规与伦理研究委员会常务理事
	中国新闻史学会舆论学研究委员会理事
张健	美国中国传媒研究协会常务理事
	中国高等教育学会新闻学与传播学专业委员会理事
	中国新闻传播教育史研究委员会常务理事
	中国新闻传播思想史研究会常务理事
张梦晗	国际华莱坞学会常务理事
	中国高校影视学会媒介文化专业委员会理事
陈龙	教育部高职高专广播影视专业委员会委员
	中国传播学研究委员会副会长
	中国媒介文化研究专业委员会主任
	江苏省传媒艺术研究会副会长
陈霖	中国高校影视学会媒介文化专业委员会理事
易前良	江苏省传媒艺术协会副秘书长
贾鹤鹏	中国科技新闻学会副秘书长
董博	世界经济论坛全球杰出青年基金会董事

3. 社会学院

姓名	机构名称及职务
王卫平	中国地方志协会学术委员会委员
	中国社会史学会常务理事
	中国经济史学会理事
	江苏省历史学会常务理事
	江苏省地域文化研究会副会长
	江苏省农史学会副会长
	江苏省经济史学会副会长
	教育部高校历史学科教学指导委员会委员
朱从兵	中国太平天国史研究会副秘书长
	内蒙古自治区中东铁路研究会副会长
	江苏省太平天国史研究会副会长

续表

姓名	机构名称及职务
池子华	中国太平天国史研究会常务理事
	中国会党史研究会理事
	中国红十字会十一届理事会理事
	中国社会史学会理事
	江苏省红十字会十届理事会常务理事
吴建华	中国社会史学会常务理事
	江苏省中国经济史研究会理事
余同元	国际健康健美长寿学研究会常务理事
	中美加国际教科文交流协会副会长兼学术委员会主任
	中国朱元璋研究会副会长
	中国近现代史史料学会理事
	中国范仲淹研究会理事
	中国明史学会理事
	江苏省郑和研究会常务理事
张 明	中国社会学会理事
	中国社会思想研究会理事
	江苏省社会学会副会长
张照余	中国档案学会基础理论委员会委员
	中国档案学会常务理事
	教育部档案学科教学指导委员会委员
金卫星	中国美国史研究会常务理事
	江苏省世界史学会副会长
姚传德	中国日本史学会理事
	民革中央孙中山研究会常务理事
高 峰	中国社会工作教育学会常务理事
	中国社会学会理事
	江苏省邓小平理论研究会常务理事
	江苏省社会学会常务理事
	江苏省城镇化研究会副会长
	教育部社会学类专业教育指导委员会委员

续表

姓名	机构名称及职务
黄泰	江苏省旅游学会青年分会副会长
	江苏省旅游学会旅游产业经济研究分会常务理事
臧知非	中国农民战争史研究会副会长
	中国秦汉史研究会副会长
	江苏省项羽研究会会长
	江苏省高校历史教学研究会秘书长
	江苏省旅游学会副会长
4. 政治与公共管理学院	
王俊华	中国卫生法学学会理事
车玉玲	中国马克思主义哲学史学会理事
	中国现代外国哲学学会俄罗斯哲学专业委员会常务理事
	全国国外马克思主义研究会副会长
叶继红	中国社会学会移民专业委员会常务理事
	中国科学学与科技政策研究会理事
乔耀章	中国行政管理学学会理事
	中国政治学会理事
	江苏省政治学会副会长
任平	中国马哲史学会常务理事、马恩哲学思想分会会长
	中国社会科学期刊评价委员会马克思主义学科主任委员
	全国辩证唯物主义研究会常务理事
	江苏省社科联副主席
庄友刚	全国马克思主义哲学史研究会马克思恩格斯哲学思想研究分会副会长
	江苏省哲学学会副会长
	江苏省哲学学科联盟副理事长
李继堂	中国自然辩证法研究会物理学哲学专业委员会委员
杨思基	中国马克思主义哲学史学会理事
吴忠伟	江苏省儒学会常务理事

续表

姓名	机构名称及职务
沈承诚	中国政治学会理事
陈进华	中国伦理学会常务理事
	中国政治学会常务理事
	教育部高等学校政治学类专业教学指导委员会委员
周义程	江苏省中共党史学会常务理事
周可真	中国哲学史学会理事
钮菊生	中国国际关系学会理事
	中国高等教育学会"一带一路"研究分会理事
	中国高等教育学会国际政治研究专业委员会常务理事
	江苏省东南亚研究会副会长
施从美	江苏省机构编制管理研究会副秘书长
桑明旭	中国马克思主义哲学史学会马克思恩格斯哲学思想研究分会常务理事、秘书长
	全国当代国外马克思主义研究会理事
	江苏省哲学学会常务理事、副秘书长
黄建洪	中国政治学会理事
程雅君	世界中医联合会中医文化专业委员会常务理事
	中国哲学史学会中医哲学专业委员会理事

5. 马克思主义学院

姓名	机构名称及职务
方世南	中国人学学会常务理事
田芝健	中国高等教育学会马克思主义研究分会常务理事
	江苏省领导学研究会第四届理事会常务理事
李 燕	中国家庭教育学会委员
张才君	江苏省领导学研究会第四届理事会常务理事
陆树程	世界政治经济学学会理事
	中国自然辩证法研究会医学哲学专业委员会理事
姜建成	江苏省马克思主义理论研究会副会长
	江苏省邓小平理论研究会常务理事

续表

姓名	机构名称及职务
6. 教育学院	
王一涛	中国教育发展战略学会民办教育专业委员会理事
	中国民办教育协会民办教育研究分会副理事长
冯文锋	中国心理学会脑电相关技术专业委员会委员
	国际社会神经科学学会中国分会理事
刘电芝	全国人格心理学会专业委员会委员
	中国心理学会心理学质性研究专业委员会会长
	中国教育学会课程专业委员会常务理事
	中国心理学会理事
	中国教育心理学会专业委员会理事
	江苏省心理学会社区心理学专业委员会（筹）会长
	江苏省心理学会常务理事
吴继霞	全国人格心理学专业委员会委员
	全国社区心理学专业委员会委员
	中国心理学会质性研究专业委员会委员
	江苏省心理学会质性研究专业委员会副主任
	江苏省心理学会心理学教学工作委员会副主任
	江苏省心理学会社区心理学专业委员会副主任
余 庆	中国教育学会中青年教育理论工作者分会理事
张 阳	江苏省认知神经科学专业委员会副主任
张 明	中国心理学会理事
	中国心理学会普通心理和实验心理专业委员会副主任
	中国心理学会心理学教学工作委员会主任
	江苏省心理学会常务理事
张佳伟	中国教育发展战略学会儿童教育与发展专业委员会理事
范庭卫	中国心理学会理论心理学与中国心理学史专业委员会理事
周 川	中国高等教育学会高等教育学专业委员会常务理事
	中国高等教育学会院校研究会副理事长

续表

姓名	机构名称及职务
黄启兵	中国高等教育学会高等教育学专业委员会理事
曹永国	中国教育学会中青年理论工作者分会理事
崔玉平	中国教育学会教育经济学分会副理事长
	江苏省高等教育学会教育经济学分会副理事长
	江苏省教育学会教育管理学分会常务理事
彭彦琴	中国心理学会理论心理学与中国心理学史专业委员会理事
彭彩霞	中华炎黄文化研究会童蒙文化专业委员会理事
童辉杰	国际中华应用心理学会常务理事
	中国社会心理学会常务理事
	江苏省社会心理学会副会长

7. 东吴商学院（财经学院）东吴证券金融学院

姓名	机构名称及职务
王要玉	中国优选法统筹学与数理经济学会服务科学与运作管理分会常务理事
	中国运筹学会随机服务与运作管理分会常务理事
李锐	中国人力资源开发研究会理事
张雪芬	中国会计学会政府及非营利组织会计专业委员会委员
罗正英	中国软科学研究会理事
	中国会计评论理事会理事
袁建新	江苏省外国经济学说研究会副会长
魏文斌	中国管理现代化研究会管理案例专业委员会委员

8. 王健法学院

姓名	机构名称及职务
丁建安	中国社会法学研究会理事
卜璐	中国国际私法学会理事
上官丕亮	中国法学会比较法学研究会常务理事
	中国法学会宪法学研究会常务理事
	江苏省法学会廉政法制研究会副会长
	江苏省法学会立法学研究会副会长
	江苏省法学会法理学与宪法研究会副会长

续表

姓名	机构名称及职务
王克稳	中国水利研究会水法专业委员会副主任委员
	中国行政法学研究会常务理事
	海峡两岸关系法学会第二届理事会理事
方潇	中国法律史学会第十届理事
	江苏省法学会法律史研究会副秘书长
方新军	中国法学会第八届理事会理事
	中国民法学研究会常务理事
	江苏省法学会法学教育研究会副会长
	江苏省法学会民法学研究会常务理事
	江苏省法学会第七届理事会副会长
艾永明	中国法律史学会第十届常务理事
	江苏省法学会法律史研究会会长
史浩明	中国民法学研究会理事
	江苏省法学会民法学研究会副会长
	江苏省商法学研究会常务理事
冯嘉	江苏省法学会生态法学研究会常务理事
朱谦	中国环境科学学会环境法分会副会长
	中国法学会环境法研究会常务理事
	江苏省生态法学研究会副会长
	江苏省环境资源法学研究会副会长
刘文	江苏省法学会刑事诉讼法学会常务理事
刘思萱	江苏省商法学会常务理事
孙莉	中国法学会法理学研究会理事
	中国行为法学会理事
	中国法学会比较法学研究会理事
	中国法学会立法学研究会常务理事
	中国法学会法理学研究会第八届理事会理事
	江苏省法学会法理学、宪法学研究会副会长
孙国平	中国社会法研究会理事
	江苏省社会法研究会常务理事

续表

姓名	机构名称及职务
李小伟	中国版权协会理事
李中原	江苏省法学会民法学研究会常务理事
李晓明	中国青少年犯罪研究会犯罪学基础理论专业委员会常务理事
	中国未成年人法制教育专业委员会副主任
	中国犯罪学研究会常务理事
	中国刑法学研究会预防犯罪专业委员会副主任
	中国预防犯罪专业委员会副主任
	国际刑法学协会中国分会理事
	中国监察学会金融检察专业委员理事
	中国刑法学研究会理事
	江苏省法学会刑法学研究会副会长
汪雄涛	中国法律史学会第十届理事
沈同仙	中国社会法学研究会劳动法学分会副会长
	中国法学会社会法学研究会常务理事
	江苏省法学会社会法学研究会副会长
	江苏省经济法研究会副会长
张 鹏	中国民法学研究会理事
	江苏省农村法制研究会常务理事
	江苏省民法学研究会副秘书长
张永泉	中国民事诉讼法学研究会常务理事
	江苏省民事诉讼法研究会常务理事
张成敏	中国逻辑学会法律逻辑专业委员会副会长
	江苏省刑事诉讼法研究会副会长
	江苏省法学会检察学研究会常务理事
	江苏省法学会刑事诉讼法学会副会长
张利民	中国法学会国际私法学研究会常务理事
	江苏省国际法学会副会长
张学军	中国法学会婚姻法学研究会副会长

续表

姓名	机构名称及职务
陈立虎	中国国际经济法学会常务理事
	中国法学会 WTO 法研究会常务理事
陈珊珊	中国犯罪学学会理事
	江苏省法学会刑法学研究会常务理事
庞 凌	中国法学会法理学研究会第八届理事会理事
	中国立法学研究会理事
	江苏省法理学与宪法学研究会副秘书长
	江苏省法学会法理学与宪法研究会副会长
赵 毅	中国法学会体育法学会第二届理事会理事
赵艳敏	中国法学会世界贸易组织法研究会理事
胡亚球	中国法学教育研究会理事
	中国民事诉讼法学研究会常务理事
	江苏省民事诉讼法研究会副会长
	江苏省法学会检察学研究会副会长
施立栋	中国案例法学会研究理事
郭树理	中国国际私法学研究会常务理事
	中国体育法学研究会常务理事
	中国仲裁法学研究会理事
	中国国际法学会理事
	中国法学会体育法学会第二届理事会常务理事
黄学贤	中国法学会宪法学研究会理事
	中国法学会行政法学研究会理事
	江苏省行政法学研究会副会长
	江苏省法学会港澳台法律研究会副会长
董炳和	中国法学会知识产权研究会常务理事
	中国知识产权法研究会第二届理事会常务理事
	江苏省法学会知识产权法学研究会副会长

续表

姓名	机构名称及职务
程雪阳	中国宪法学理事
	中国行政法学理事
	江苏省农村法制协会常务理事
	江苏省法学会法学教育研究会常务理事
熊赖虎	江苏省法学会法理学与宪法研究会常务理事
瞿郑龙	江苏省法学会法理学与宪法研究会副秘书长

9. 外国语学院

姓名	机构名称及职务
王 军	中国逻辑学会符号学专业委员会秘书长
	中国认知语言学研究会常务理事
	江苏省外国语言学会副会长
王 宏	中国文化典籍翻译研究会副会长
	中国比较文学学会翻译研究会常务理事
	中国英汉语比较研究会典籍翻译专业委员会副会长
	中国英汉语比较研究会理事
	中国译协翻译理论与教学委员会委员
朴明淑	韩国口碑文学研究会国际理事
朴桂玉	韩国口碑文学学会国际理事
	韩国文学治疗学会国际理事
	朝鲜—韩国文学会常务理事
朱新福	全国外国文学学会英语文学研究分会理事
	全国美国文学研究会常务理事
	江苏省外国文学学会常务理事
	江苏省翻译协会常务理事
孙倚娜	教育部大学外语教学指导委员会委员
	江苏省外语教学研究会常务理事
杨彩梅	中国英汉比较研究会形式语言学专业委员会理事

续表

姓名	机构名称及职务
陆洵	全国法语教学研究会理事
	全国法国文学研究会理事
	中国高校外语慕课联盟理事
孟祥春	中国比较文学与跨文化研究会副秘书长
赵爱国	中国俄语教学研究会常务理事
	中国俄罗斯东欧中亚学会常务理事
	中国语言与符号学研究会常务理事
施晖	汉日对比语言学会常务理事
	东亚日本学研究会常务理事
贾冠杰	全国神经语言学研究会副会长
	全国语言教育研究会常务理事
	全国二语习得研究会常务理事
	全国教育语言学研究会常务理事
顾佩娅	中国英语教学研究会计算机辅助外语教学专业委员会第二届委员会副主任委员
	中国英语教学研究会教师教育与发展专业委员会第三届常务理事会常务理事
徐卫	中国日语教学研究会江苏分会副会长
	日中对比语言学会中国分会理事
	日语偏误与日语教学学会常务理事、副会长
	汉日对比语言学会理事
10. 金螳螂建筑学院	
王琼	教育部高等学校建筑类专业教学指导委员会建筑学专业教学指导分委员会首届室内设计教学工作委员会副主任委员
	中国美术家协会环境设计艺术委员会委员
	中国建筑装饰协会设计委员会副主任委员
	中国饭店协会设计装饰专业委员会常务理事

续表

姓名	机构名称及职务
吴永发	中国建筑学会建筑师分会理事
	中国注册建筑师分会理事
	全国建筑学专业指导委员会委员
汪德根	中国行政区划与区域发展促进会理事、专家委员会委员
	中国行政区划与空间治理专业委员会副主任
	中国自然资源学会旅游资源研究专业委员会委员
郑丽	亚洲园艺疗法联盟首任秘书
	中国建筑文化研究会生态人居康养专业委员会委员
	中国花卉协会花文化专业委员会常务理事
	中国社工联心理健康工作委员会园艺治疗学部副主任委员
夏杰	中国城市科学研究会新型城镇化与城乡规划专业委员会委员
	中国城市科学研究会生态城市专业委员会委员
	江苏省旅游学会常务理事

11. 数学科学学院

姓名	机构名称及职务
陈景润	中国数学会计算数学分会常务理事
	江苏省数学会计算数学分会常务理事
季利均	中国数学会组合数学与图论专业委员会秘书长
	国际组合数学及其应用学会委员
	江苏省工业与应用数学学会副理事长
徐稼红	江苏省第一届数学学会数学教育专业委员会副主任
程东亚	全国工业统计学教学研究会青年统计学家协会第一届理事会理事

12. 物理科学与技术学院

姓名	机构名称及职务
李亮	瑞典先进材料联合学会会士
	中国材料研究会理事
沈明荣	江苏省物理学会副理事长
晏世雷	全国高校热力学统计物理研究会副理事长
	江苏省物理学会监事

续表

姓名	机构名称及职务
高雷	教育部高等学校物理学类专业教学指导委员会委员
	教育部高等学校物理学类专业教学指导委员会华东地区工作委员会副主任委员
陶洪	中国教育学会物理教学专业委员会理事

13. 光电科学与工程学院

姓名	机构名称及职务
王钦华	中国光学学会理事
	中国光学学会全息与光信息处理专业委员会副主任
	江苏省光学学会副理事长
乔文	中国光学学会全息与光信息处理专业委员会委员
许宜申	中国仪器仪表学会青年工作委员会委员
	教育部高等学校光电信息科学与工程专业教学指导分委员会协作委员
李孝峰	中国密码学会混沌保密通信专业委员会委员
李念强	中国光学光电子行业协会激光应用分会青年委员
杨晓飞	中国光学学会光学测试专业委员会委员
吴建宏	中国光学学会光电技术专业委员会委员
余景池	中国光学学会先进光学制造分会副主任委员
	中国空间光学学会委员
沈为民	中国宇航学会空间遥感专业委员会副主任委员
	中国光学工程学会常务理事
陈林森	全国纳米技术标准化技术委员会委员
	中国光学学会全息与光信息处理专业委员会主任
	中国民营科技企业家协会副会长
	国家微纳加工与制造产业创新战略联盟副理事长
季轶群	中国仪器仪表学会光机电技术与系统集成分会理事会理事
	中国光学学会光电技术专业委员会委员
胡建军	中国光学学会光学测试专业委员会委员

续表

姓名	机构名称及职务
袁 孝	中国光学学会激光专业委员会委员
	中国光学学会光学材料专业委员会委员
顾济华	中国光学学会光学教育专业委员会常务委员
钱 煜	中国光学学会光学测试专业委员会委员
	中国宇航学会空间遥感专业委员会委员

14. 能源学院

姓名	机构名称及职务
马扣祥	全国原电池标准化技术委员会常务副秘书长
	中国电池工业协会技术委员会秘书长
汝坤林	全国原电池标准化技术委员会委员
魏 琪	江苏省工程热物理学会常务理事

15. 材料与化学化工学部

姓名	机构名称及职务
李永舫	中国化学会监事
	江苏省化学化工学会副理事长
陈 红	英国皇家化学学会会士
	中国生物材料学会青年委员会第一届委员会常务委员
	中国生物材料学会再生医学材料分会第一届委员会常务委员
	中国生物材料学会生物材料表界面工程委员会主任委员
	江苏省化学化工学会第十一届理事会常务理事
	江苏省化学化工学会第十一届理事会高分子化学与物理专业委员会主任委员
郎建平	英国皇家化学学会（RSC）会士
	中国化学会无机化学学科委员及晶体化学学科委员会委员
姚建林	中国物理学会光散射专业委员会委员、副主任委员
	中国化学会理事
	江苏省化学化工学会常务理事、副秘书长
黄 鹤	中国材料新技术研究会常务理事
傅 楠	中国颗粒学会青年理事、生物颗粒专业委员会委员
	中国机械工程学会包装与食品工程分会委员

续表

姓名	机构名称及职务
16. 纳米科学技术学院	
刘　庄	中国生物材料学会纳米生物材料分会主任委员
	美国医学与生物工程院（AIMBE）会士
	英国皇家化学学会（RSC）会士
孙旭辉	中国物理学会同步辐射专业委员会委员
	国家同步辐射实验室用户委员会副主任
李有勇	中国化学会计算化学委员会委员
	中国材料学会材料基因组委员会委员
何　耀	中国光学工程协会理事
汪　超	中国生物物理学会纳米生物学分会青年委员
张晓宏	中国科学院光化学转换与功能材料重点实验室学术委员会委员
	中国科学院理化技术研究所科技委员会委员
康振辉	中国材料研究学会纳米材料与器件分会理事
	英国皇家化学学会（RSC）会士
廖良生	中国有色金属学会宽禁带半导体专业委员会委员
	中国化学会有机固体专业委员会委员
	美国信息显示学会固态照明分会委员
17. 计算机科学与技术学院	
马小虎	江苏省计算机学会图形图像专业委员会副主任
王　进	中国计算机学会互联网专业委员会委员
	中国计算机学会普适计算专业委员会委员
	中国计算机学会网络与数据通信专业委员会委员
王宜怀	中国软件行业协会嵌入式系统分会理事
	江苏省计算机学会嵌入式系统与物联网专业委员会主任
朱巧明	中国计算机学会理事
	中国计算机学会系统软件专业委员会委员
	中国计算机学会电子政务与办公自动化专业委员会委员

续表

姓名	机构名称及职务
刘 全	中国计算机学会委员
	全国石油和化学工业信息技术委员会委员
	中国人工智能学会模式识别专业委员会委员
	中国计算机学会大数据专业委员会通信委员
李凡长	中国计算机学会理论计算机科学专业委员会委员
	中国计算机学会人工智能与模式识别专业委员会常务委员
	中国人工智能学会理事
	中国人工智能学会粗糙集与软计算专业委员会常务委员
	中国人工智能学会知识工程专业委员会委员
	中国人工智能学会智能系统工程专业委员会委员
	中国人工智能学会机器学习专业委员会常务委员
	中国人工智能学会机器感知与虚拟现实专业委员会委员
	江苏省人工智能基础及应用专业委员会主任
	ACM 中国理事会理事
李寿山	中国中文信息学会青年工作委员会委员
	中国中文信息学会社会媒体处理专业委员会委员
	中国计算机学会委员
李直旭	中国人工智能学会智能服务专业委员会委员
	中国计算机学会大数据专业委员会委员
	中国中文信息学会青年工作委员会委员
张 民	国际计算语言学学会中文处理专业委员会主席
	亚洲自然语言处理联盟常务理事、执委会委员
	中国中文信息学会常务理事
	中国人工智能学会理事
	中国新一代人工智能产业技术创新战略联盟专家委员会委员

续表

姓名	机构名称及职务
张 莉	中国人工智能学会机器学习专业委员会委员
	中国人工智能学会粗糙集与软计算专业委员会委员
	江苏省计算机学会理事会青年工作委员会副主任
	江苏省人工智能学会学术工作委员会副主任委员
张广泉	中国计算机学会软件工程专业委员会委员
	中国计算机学会系统软件专业委员会委员
	中国计算机学会理论计算机科学专业委员会委员
	中国计算机学会协同计算专业委员会委员
	中国计算机学会形式化方法专业委员会委员
	中国计算机学会教育专业委员会委员
	全国高等学校计算机教育研究会理事
张志强	全国高等院校计算机基础教育研究会理工专业委员会委员
陈文亮	中国中文信息学会青年工作委员会委员
季 怡	中国图像图形学会虚拟现实专业委员会委员
周国栋	中国计算机学会中文信息技术专业委员会副主任委员
周晓方	美国电气和电子工程师协会（IEEE）学士
	中国计算机学会大数据专业委员会委员
	江苏省计算机学会大数据专业委员会副主任
赵 雷	中国人工智能学会智能服务专业委员会委员
	江苏省计算机学院计算机教育专业委员会副主任委员
钟宝江	中国人工智能学会机器学习专业委员会委员
洪 宇	中国中文信息学会青年工作委员会委员
黄 河	中国计算机学会物联网专业委员会委员
熊德意	中国中文信息学会青年工作委员会执行委员
	中国中文信息学会信息检索专业委员会委员
	中国计算机学会中文信息技术专业委员会委员
	中国中文信息学会理事
	中国计算机学会中文信息技术专业委员会青年工作委员会主席

续表

姓名	机构名称及职务
樊建席	中国计算机学会理论计算机科学专业委员会委员

18. 电子信息学院

姓名	机构名称及职务
刘学观	中国通信学会电磁兼容委员会委员
	高等学校电磁场教学与教材研究会委员
沈纲祥	中国电子学会光通信与光网络专业技术委员会委员
	江苏省通信学会光通信与线路专业委员会副主任
陈新建	中国图像图形学会理事
	中国图学学会医学图像与设备专业委员会委员
	中国生物医学工程学会青年工作委员会副主任委员
	江苏省人才创新创业促进会双创人才分会常务理事
赵鹤鸣	全国信息与电子学科研究生教育委员会委员
	全国信号处理学会委员
	中国人工智能学会神经网络与计算智能专业委员会委员
	江苏省电子学会常务理事
侯嘉	中国电子学会网络与通信系统专业委员会委员
	中国通信学会青年工作委员会委员

19. 机电工程学院

姓名	机构名称及职务
石世宏	中国计量测试学会理事
	中国机械工程学会特种加工分会常务理事
朱刚贤	中国机械工程学会增材制造3D打印技术分会委员
	中国机械工程表面工程分会青年工作委员会委员
	中国光学学会激光加工委员会委员
刘会聪	中国仪器仪表学会微纳器件与系统分会理事兼副秘书长
	中国微米纳米技术学会微纳执行器与微系统分会理事
	中国微米纳米技术学会微纳米机器人分会理事

续表

姓名	机构名称及职务
孙立宁	中国微米纳米技术学会常务理事
	中国机械工程学会微纳制造技术分会副主任委员
	中国自动化学会机器人委员会副主任
	中国仪器仪表学会微纳器件与系统技术分会副理事长
	全国微机电技术标准化技术委员会主任
	全国自动化系统与集成标准化技术委员会主任
	全国医用机器人标准化技术委员会工作组组长
	江苏省自动化学会常务理事
杨湛	中国微米纳米学会微纳机器人学会秘书长、常务理事
	中国机械工程学会机器人分会委员
陈涛	中国微米纳米技术学会微纳米机器人分会副秘书长
	中国机械工程学会生产工程分会精密装配技术专业委员会秘书兼委员
	中国微米纳米技术学会微纳执行器与微系统分会理事
陈琛	中国机械工程学会流体工程分会理事
	全国材料新技术发展研究会常务理事
陈瑶	全国材料新技术发展研究会常务理事
陈长军	中国光学学会激光加工委员会委员
	中国宇航学会光电技术委员会委员
	中国腐蚀与防护学会涂料涂装及表面防护委员会委员
	中国硅酸盐学会测试技术分会理事
	中国表面工程学会青年委员会委员
	中国表面工程学会委员
	中国表面改性技术委员会委员
陈立国	中国微米纳米技术协会国际合作与交流工作委员会委员
	中国仪器仪表学会微纳器件与系统技术分会理事
金国庆	中国机械工程学会生产工程分会委员
郭旭红	江苏省工程图学会常务副理事

续表

姓名	机构名称及职务
傅戈雁	江苏省特种加工分会常务理事
	江苏省机械工程学会常务理事
20. 纺织与服装工程学院	
王国和	教育部高等学校纺织类教学指导分委员会委员
	中国丝绸协会理事
	中国长丝织造协会专家委员会委员
	中国纺织工程学会家用纺织品专业委员会副主任和棉纺织专业委员会委员
王祥荣	中国染料工业协会纺织印染助剂专业委员会副主任
	中国产业用纺织品行业专家委员会委员
	中国保健协会专家委员会委员
	全国专业标准化技术委员会委员
左保齐	全国丝绸标准化技术委员会委员
	中国长丝织造协会技术委员会委员
白 伦	中国茧丝绸产业公共服务体系丝绸工业科技转化平台专家委员会主任
孙玉钗	中国工程教育认证协会纺织类专业认证分委员会委员
	中国纺织服装教育学会服装设计与工程教学指导委员会副主任
张克勤	中国功能材料学会理事
陈国强	国务院学位委员会第六届学科评议组委员
	中国印染专业委员会秘书
	中国丝绸协会副会长
尚笑梅	全国计算机辅助技术认证项目专家委员会委员
	中国服装协会专家委员会专家委员
	全国专业标准化技术委员会委员
唐人成	中国化工学会第八届染料专业委员会副主任
	中国纺织工程学会针织专业委员会染整分会委员
	中国纺织工程学会染整专业委员会委员
眭建华	江苏省纺织工程学会丝绸专业委员会秘书长

续表

姓名	机构名称及职务
潘志娟	教育部纺织类教学指导委员会纤维材料分委员会副主任
	江苏省丝绸协会副会长
21. 轨道交通学院	
王 俊	中国振动工程学会故障诊断专业委员会理事
	中国振动工程学会转子动力学专业委员会理事
王 翔	中国公路学会自动驾驶工作委员会委员
史培新	江苏省地下空间学会副理事长
	江苏省综合交通运输学会轨道分会常务理事
朱忠奎	中国振动工程学会故障诊断专业委员会常务理事
	中国振动工程学会转子动力学专业委员会常务理事
	江苏省仪器仪表学会状态监测与故障诊断仪器专业委员会主任委员
	江苏省综合交通运输学会常务理事
李 成	中国振动工程学会转子动力学分会理事
	中国振动工程学会非线性振动专业委员会委员
杨剑宇	中国计算机学会计算机视觉专业委员会委员
	中国图形图像学会机器视觉专业委员会委员
俄文娟	WTC世界交通运输大会技术委员会运输规划学部委员
樊明迪	中国电源学会青年工作委员会委员
	中国电源学会交通电气化专业委员会委员
	中国人工智能学会智能交通专业委员会委员
22. 体育学院	
王 妍	国家体育总局体育文化研究基地秘书
	中国体育科学学会体育史学会委员
	江苏省体育科学学会体育管理专业委员会秘书长
王国志	中国大学生体育协会武术与民族传统体育分会科研部副主任
	江苏省跆拳道协会副监事长

续表

姓名	机构名称及职务
王国祥	中国康复学会体育保健康复专业委员会副主任委员
	中国残疾人康复协会康复教育专业委员会副主任委员
	江苏省体育科学学会运动医学专业委员会副主任委员
王家宏	全国高等学校体育教学指导委员会委员、技术学科组组长
	全国高等教育学会体育专业委员会副理事长
	全国教育学会体育专业分会委员
	全国体育专业学位研究生教育指导委员会委员
	全国博士后管理委员会专家组评审专家委员
	国家教材委员会体育艺术学科专家委员会委员
	国家社会科学基金学科评审组专家委员
	中国篮球协会科研委员会副主席
	中国大学生体育协会篮球分会副主席
	中国大学生体育协会网球分会副主席
	中国体育科学学会社会体育科学分会副主任
	中国老年学和老年医学学会运动健康科学分会副主任委员
	江苏省高等教育学会高校体育研究会名誉理事长
	江苏省教育学会理事会体育专业委员会理事长
	江苏省体育教育指导委员会副主任委员
	江苏省跆拳道协会副主席
	江苏省篮球协会副主席
	江苏省体育科学学会体育法学专业委员会主任委员
李　龙	国家武术研究院青年学者工作委员会委员
吴明方	江苏省体育科学学会运动医学专业委员会副主任委员

续表

姓名	机构名称及职务
张林	全国高校运动人体科学专业委员会常务委员
	北美医学教育基金会常务理事
	中国体育科学学会运动生理与生化学会委员
	中国体育科学学会运动医学委员会学会委员
	中国生理学会运动生理学专业委员会委员
	中国老年学会骨质疏松学会理事
	中国保健学会骨与关节病学会理事
	江苏省生物医学工程学会常务理事
	江苏省运动医学工程专业委员会主任委员
	江苏省运动生理与生化学会副主任委员
陆阿明	中国体育科学学会运动生物力学分会委员
	中国体育科学学会体质研究会委员
	中国高等教育学会体育专业委员会教师教育研究会副理事长
	中国老年学和老年医学学会抗衰老分会常务委员
	中国老年学和老年医学学会运动健康科学分会常务委员
	江苏省体育科学学会常务理事
	江苏省体育科学学会运动生物力学分会主任委员
	江苏省教育学会体育专业委员会副理事长
邰崇禧	全国高等院校体育教学训练研究会副理事长
	全国高校田径理论研究会委员
	江苏省田径运动协会副主席
罗时铭	东北亚体育运动史学会理事
	中国体育科学学会体育史分会常务委员
	江苏省体育科学学会体育管理专业委员会主任委员
胡原	江苏省体育教育专业校园足球联盟副主席
陶玉流	中国大学生体育协会篮球分委员会科研委员会副主任
	中国高等教育学会体育专业委员会理事
	江苏省体育科学学会体育法学专业委员会副主任委员
	江苏省龙狮协会副秘书长

续表

姓名	机构名称及职务
雍 明	江苏省体育科学学会体育产业分会副主任委员
熊 焰	中国体育科学学会运动训练学专业委员会委员
樊炳有	江苏省体育科学学会第六届体育人文专业委员会副主任委员
戴俭慧	全球社区健康基金会科学咨询委员会委员
	亚洲体育运动科学学会执行委员
	金砖国家体育运动科学学会执行委员
	中国体育科学学会体育社会科学分会委员

23. 艺术学院

姓名	机构名称及职务
刘 佳	中国文化部青联美术工作委员会副秘书长
	中华全国青年联合委员会委员
江 牧	中国机械工程学会工业设计分会理事
许 星	中国服装设计师协会理事
	中国服装设计师协会学术委员会委员
李超德	全国艺术专业学位研究生教育指导委员会委员
	教育部设计学专业指导委员会委员
	教育部美术类专业指导委员会委员
	中国流行色协会色彩教育委员会副主任
	中国服装设计师协会副主席
	亚洲时尚联合会中国委员会理事
	中国教育部高校美术教学指导委员会委员
	教育部纺织服装专业指导委员会服装教学指导委员会委员、副主任
	中国美术家协会服装艺术委员会副主任
	教育部服装表演专业指导委员会主任
沈建国	中国工艺美术学会雕塑专业委员会委员
	江苏省雕塑家协会常务理事
张大鲁	中国包装联合会设计委员会委员
郑丽虹	中国工艺美术学会理论委员会委员

续表

姓名	机构名称及职务
姜竹松	全国艺术专业学位研究生教育指导委员会委员
	中国流行色协会教育委员会委员
黄　健	中国建筑装饰协会副主任委员
雍自鸿	中国流行色协会教育委员会委员
戴　岗	教育部高等学校纺织类专业教学指导委员会服装表演专业教学指导分委员会副主任委员
	全国高等学校服装表演专业委员会副主任委员

24. 音乐学院

姓名	机构名称及职务
吴　磊	江苏省钢琴学会副会长兼秘书长
冒小瑛	江苏省钢琴学会副秘书长

25. 医学部基础医学与生物科学学院

姓名	机构名称及职务
王国卿	中国中西医结合学会时间生物医学专业委员会常务委员、秘书长
叶元土	中国水产学会水产动物营养与饲料专业委员会副主任委员
	中国饲料工业协会常务理事
付文青	中国医师协会医学人文专业委员会常务委员
	中国心理学会医学心理学分会理事
	高等教育学会医学心理学分会理事
朱一蓓	江苏省免疫学会副秘书长
	江苏省免疫学会第二届青年工作委员会主任委员
贡成良	中国蚕学会常务理事
	江苏省蚕学会副理事长
吴淑燕	江苏省医学会微生物学与免疫学分会常务理事
吴嘉炜	中国生物化学与分子生物学学会常务理事
	中国生物化学与分子生物学学会酶学专业委员会副主任委员
	中国生物物理学会分子生物物理分会理事
	中国生物物理学会脂类代谢与生物能学分会理事
	中国生物物理学会女科学家分会理事
	中国计量测试学会生物计量专业委员会委员
	中国病理生理学会内分泌与代谢专业委员会委员

续表

姓名	机构名称及职务
邱玉华	江苏省免疫学学会常务理事
沈颂东	中国藻类学会常务理事兼副秘书长
张国兴	中国生理学会循环专业委员会理事
	江苏省生理学会常务理事
张洪涛	中国细胞生物学学会理事
	中国医学细胞生物学学会常务委员
	中国转化医学联盟第一届理事会常务理事
	中国抗癌协会肺癌专业委员会委员
张焕相	中国细胞生物学学会理事
	江苏省细胞与发育生物学学会副理事长
	江苏省生物技术协会副理事长
陈玉华	江苏省健康管理学会常务理事
周翊峰	中国抗癌协会病因学会常务委员
	江苏省抗癌协会肿瘤病因学会常务委员
姜 岩	中国动物学会显微与亚显微分会副秘书长
姜 智	江苏省医学会医学信息学分会秘书长
夏春林	江苏省解剖学会副理事长
夏超明	江苏省预防医学会寄生虫学专业委员会副主任委员
徐世清	中国中西医结合学会时间生物学专业委员会常务理事
	江苏省昆虫学会常务理事
	江苏省蚕桑学会常务理事
高晓明	江苏省免疫学会副理事长
凌去非	江苏省水产学会常务理事
陶 金	中国神经科学学会神经内稳态与内分泌分会委员会委员
	中国生理学会消化与营养专业委员会委员
	中国生理学会疼痛转化医学委员会委员
	江苏省生理学会常务理事

续表

姓名	机构名称及职务
黄 瑞	中国微生物学会理事
	江苏省微生物与免疫学会副主任委员
	江苏省微生物学会医学微生物学专业委员会主任委员
黄鹤忠	中国海洋生物工程学会常务理事
谢可鸣	江苏省病理生理学会副理事长

26. 医学部放射医学与防护学院

姓名	机构名称及职务
王殳凹	中国辐射防护学会超铀核素辐射防护分会副理事长
	中国核学会核化学与放射化学分会常务理事
	中国核学会锕系物理与化学分会常务理事
	中国核学会核化工分会理事
	中国化学会奖励推荐委员会委员
	中国化学会分子筛专业委员会委员
	中国化学会晶体化学专业委员会委员
	中国生物物理学会辐射与环境专业委员会青年委员
	中国环境科学学会环境化学分会委员
	中国环境科学学会青年科学家分会委员
文万信	中国辐射防护学会理事
	中国核仪器行业协会理事
	中国核学会辐射物理分会理事
	中国计量测试学会电离辐射专业委员会委员
	国家卫生标准委员会放射卫生标准专业委员会委员
史海斌	中国生物医学工程学会医学影像工程与技术分会委员
华道本	教育部高等学校教学指导委员会核科学与工程分会委员
	中国核学会辐射研究与应用分会理事
	中国生物物理学会辐射与环境专业委员会委员
	中国核学会核化学与放射化学分会环境放射化学专业委员会委员
刘宁昂	中国中西医结合学会时间生物医学专业委员会委员
刘芬菊	中华核学会辐射研究与应用分会常务理事

续表

姓名	机构名称及职务
许玉杰	中国核工业教育学会副理事长
	中国核学会同位素分会委员
	中国毒理学会放射毒理专业委员会委员
	中国生物物理学会第十届辐射与环境专业委员会委员
孙亮	中国核学会教育与科普分会理事、副秘书长
	中华预防医学会放射卫生专业委员会青年委员会常务委员
	江苏省生物医学工程学会医学物理专业委员会常务委员
张友九	中国核学会同位素分会理事
	中国核学会核化学与放射化学分会委员
	江苏省预防医学会放射医学与防护专业委员会委员
张乐帅	全国纳米技术标准化技术委员会WG3委员
	中国毒理学会纳米毒理学委员会委员
	中国毒理学会中药毒理专业委员会青年委员
	中国医疗器械行业协会医美专业委员会委员
张保国	中国核物理学会理事
尚增甫	中国毒理学会青年委员会委员
	中国毒理学会放射毒理专业委员会青年委员会副主任委员
周光明	国际空间研究委员会F组副主席
	江苏省毒理学会常务理事
周如鸿	美国科学促进会会士
	美国物理学会会士
柴之芳	英国皇家化学学会（RSC）会士
	国家自然科学基金委员会重大仪器研制专项专家组、科技部重大仪器开发评审组组长
	中国核学会常务理事

续表

姓名	机构名称及职务
涂彧	国家卫健委放射卫生防护标准委员会委员
	中国计量协会医学计量专业委员会常务委员
	中国医学装备协会医用辐射装备防护与检测专业委员会副主任委员
	中国辐射防护学会天然辐射防护分会理事
	中国辐射防护学会辐射环境监测与评价分会常务理事
	中国生物物理学会辐射与环境专业委员会委员
	中华预防医学会放射卫生专业委员会常务委员
	江苏省预防医学会放射医学与防护专业委员会副主任委员
曹建平	中国毒理学会常务委员
	中国生物物理学会辐射与环境专业委员会副主任委员
	中国辐射防护学会放射卫生分会副主任委员
	中国毒理学会放射毒理专业委员会副主任委员
	中国核学会理事会理事
	中国卫生监督协会放射卫生专业委员会常务委员
	中华医学会放射医学与防护学分会常务委员
	中华预防医学会放射卫生专业委员会常务委员
	江苏省核学会常务理事
	江苏省预防医学会放射医学与防护专业委员会副主任委员
崔凤梅	中国毒理学会放射毒理专业委员会副秘书长
	中华预防医学会放射卫生专业委员会青年委员会副主任委员
	江苏省毒理学会副秘书长
第五娟	中国核学会核化学与放射化学分会环境放射化学专业委员会委员
27. 医学部公共卫生学院	
万忠晓	中国营养学会运动营养分会委员
马亚娜	中华预防医学会卫生事业管理分会青年委员会委员
	中华医学会健康管理学分会社区健康管理学组委员
	中华预防医学会卫生事业管理分会委员
	江苏省高校医药教育研究会医学人文素质教育专业委员会常务理事

续表

姓名	机构名称及职务
田海林	中国环境科学学会环境医学与健康分会委员
	江苏省预防医学会环境卫生专业委员会常务委员
汤在祥	中国卫生信息协会卫生统计理论与方法专业委员会委员
	中国医药教育协会医药统计专业委员会委员
	中国统计教育学会委员
安 艳	中国环境诱变剂学会活性氧生物学效应专业委员会委员
	中国生物物理学会自由基生物学与自由基医学分会理事
	中国中西医结合学会时间生物医学专业委员会委员
	江苏省毒理学会基础毒理学专业委员会副主任委员
许 锬	中国医药质量管理协会临床研究质量与评价专业委员会常务委员
	江苏省卒中学会预防与控制专业委员会常务委员
孙宏鹏	国际生物统计学会中国分会青年委员会理事
	中华医学会预防医学卫生事业分会青年委员会委员
	中华预防医学会健康保险专业委员会委员
李红美	中国卫生信息学会卫生统计学会青年委员
	中国卫生信息学会卫生统计学教育专业委员会委员
李建祥	中国毒理学会生化与分子毒理学专业委员会委员
	中国环境诱变剂学会第五届致癌专业委员会委员
	中国毒理学会毒性病理学专业委员会委员
	中国毒理学会教育专业委员会委员
	江苏省毒理学会常务理事
肖 卫	全国卫生管理与教育协会理事
	中华医学会劳动卫生与职业病分会理事
沈月平	国际生物学会委员
	中国卫生信息学会卫生统计学教育专业委员会委员
	中国医药教育协会医药统计专业委员会委员
	中国卫生信息学会卫生统计学会青年委员

续表

姓名	机构名称及职务
张 洁	中国毒理学会分子与生化专业委员会委员
	中国中西医结合学会时间生物医学专业委员会秘书
	江苏省毒理学会青年委员会副主任委员
	江苏省预防医学会卫生毒理学专业委员会青年委员会副主任委员
张永红	教育部预防医学与公共卫生教育指导委员会委员
	中华预防医学会心脏病预防控制专业委员会常务委员
	中华预防医学会公共卫生教育分会委员
	中国卒中学会脑血管病高危人群危险因素管理分会委员
	中国医师协会高血压专业委员会委员
	江苏省预防医学会流行病学专业委员会副主任委员
	江苏省卒中学会常务委员
	江苏省卒中学会预防与控制专业委员会主任委员
	江苏省预防医学会常务委员
张增利	中国毒理学会放射毒理专业委员会委员
	中国毒理学会免疫毒理专业委员会副主任委员
	中国骨质疏松学会常务委员
	江苏省毒理学会专业委员会副主任委员
	江苏省毒理学会工业毒理专业委员会主任委员
陈 涛	中国动物学会细胞与分子显微技术专业委员会委员
	中国毒理学会工业委员会委员
	中国环境诱变剂学会致癌委员会常务委员
	中国环境科学学会环境医学与健康分会委员
秦立强	中国研究型医院学会营养医学专业委员会常务委员
	中国营养学会理事
	中国营养学会营养转化医学专业委员会委员
	江苏省营养学会副理事长

续表

姓名	机构名称及职务
徐 勇	中华预防医学会儿少卫生专业委员会常务委员
	国家爱卫办专家委员会委员
	国家CDC应急培训专家委员会委员
	国家卫计委卫生标准专家委员会委员
	国家卫健委专家委员会委员
	中国卫生监督协会学校卫生专业委员会副主任委员
	中国阿尔茨海默病协会理事
	江苏省儿少卫生学会副主任委员
曹 毅	中国毒理学学会遗传毒理学专业委员会委员
	中国环境诱变剂学会理事
	中国生物医学工程学会电磁生物学专业委员会副主任委员
	中国毒理学会毒理学教育专业委员会常务委员
	中国中西医结合学会时间生物医学专业委员会委员
	江苏省毒理学会放射毒理学专业委员会副主任委员
彭 浩	江苏省卒中学会青年委员会副主任委员
董 晨	中华医学会医学病毒学分会青年委员会委员
	江苏省预防医学会微生物检验专业委员会常务委员
舒啸尘	中国抗癌协会肿瘤流行病学专业委员会委员
童 建	中国中西医结合学会时间生物医学专业委员会名誉主任委员
	中国高等教育学会理事
	中国核学会理事
	江苏省毒理学会副理事长
	江苏省诱变剂学会副理事长
滕国兴	江苏省地方病协会常务委员
潘臣炜	中华预防医学会儿少卫生分会常务理事
	中华预防医学会公共卫生眼科分会常务理事
	中国医师协会循证医学专业委员会常务理事
	江苏省预防医学会常务理事

续表

姓名	机构名称及职务
28. 医学部药学院	
王光辉	中国神经科学学会理事
	中国神经科学学会胶质细胞分会副主任委员
	中国细胞生物学会神经细胞生物学分会副主任委员
刘 密	中国药理学会抗炎与免疫药理专业委员会委员
	中国药理学会抗炎与免疫药理青年委员会常务委员
刘江云	世界中医药学会联合会中药新药创制专业委员会理事
许国强	中国神经科学学会儿童认知与障碍分委员会理事
杨 红	世界中医药学会联合会中药药剂专业委员会理事
	中国生物颗粒专业委员会委员
	全国中药标本馆专业委员会常务理事
杨世林	江西省政府参事
汪维鹏	中国高等教育学会医学教育专业委员会药学教育研究会理事
	江苏省执业药师协会常务理事
张 熠	中国药理学会肾脏药理学专业委员会委员
张学农	世界中医药学会联合会中药新剂型专业委员会常务理事
	中国药学会药剂专业委员会委员
	江苏省药剂专业副主任委员
	江苏省药学会药剂学会副主任委员
张洪建	中国药理学会药物代谢专业委员会理事
张真庆	中国药学会药物分析专业委员会委员
	中国医药生物技术协会药物分析技术分会常务委员
张慧灵	中国药理学会来华留学生医学教学专业委员会常务委员
秦正红	中国老年学和老年病学学会抗衰老分会副主任
	中国药理学会生化与分子药理学会常务委员
	中国神经科学学会神经精神药理学会委员

续表

姓名	机构名称及职务
盛　瑞	中国神经精神药理学青年委员会委员
	江苏省药理学会青年工作委员会副主任
崔京浩	世界中医药学会联合会中药新剂型专业委员会常务理事、副秘书长
谢梅林	中国药理学会抗炎与免疫药理专业委员会委员
	中国老年学和老年医学学会抗衰老分会委员
镇学初	中国神经科学学会理事
29. 医学部护理学院	
王方星	中国生命关怀协会人文护理专业委员会常务委员
李惠玲	教育部护理本科教育指导委员会委员
	中华护理学会教育护理专业委员会委员
	中国生命关怀协会常务理事、人文护理专业委员会候任主任委员及理论学组组长
	中国老年学和老年医学学会护理与照护分会副主任委员
	中国医院协会护理管理专业委员会委员
	江苏医院协会护理管理专业委员会主任委员
	江苏省护理学会第九届理事会专家咨询委员会副主任
	江苏省护理教育专业委员会副主任
	中华医学会骨科学分会第十届委员会护理学组副组长
	中华医学会骨科学分会第九届委员会护理学组副组长
	世界中联护理专业委员会第一届理事会常务理事兼副秘书长
	世界中医药学会联合会护理专业委员会常务理事兼副秘书长
	全国中医药高等教育学会护理教育研究会第二届理事会理事
姚文英	江苏省护理学会儿科专业委员会副主任委员
	江苏省中西医结合学会护理专业委员会副主任委员
30. 附属第一医院	
丁　蔚	中华医学会消化病学分会第十届委员会护理协作组委员
马海涛	中国医疗保健国际交流促进会胸外科分会委员
	江苏省医学会胸外科分会第二届委员会副主任委员

续表

姓名	机构名称及职务
王中	江苏省医学会神经外科学分会第十届委员会候任主任委员
	江苏省抗癫痫协会第一届理事会常务理事
王维	中国康复医学会康复治疗专业委员会辅助器具学组委员
王振欣	中国老年学学会老年肿瘤专业委员会执行委员会委员
王海芳	中国医学救援协会护理救援分会常务理事
车建丽	江苏省针灸学会临床专业委员会常务委员
	江苏省针灸学会第五届临床专业委员会常务委员
方琪	中华医学会神经病学分会第五届委员会青年委员会委员
	江苏省医学会罕见病学分会第一届委员会副主任委员
	江苏省医学会神经病学分会第十届委员会副主任委员
	江苏省医学会微循环学分会第七届委员会前任主任委员
	江苏省中西医结合学会脑心同治专业委员会副主任委员
甘建和	中华医学会肝病学分会第七届委员会委员
	中华医学会感染病学分会第八届委员会肝衰竭与人工肝专业学组副组长
	全国肝衰竭与人工肝专家委员会副主任委员
	江苏省中西医结合学会新世纪第六届肝病专业委员会副主任委员
	江苏省中医药学会肝病专业委员会常务委员
	江苏省医学会感染病学分会第九届委员会现任主任委员
卢国元	江苏省医学会肾脏病学分会第九届委员会副主任委员
包健安	中国药理学会治疗药物监测研究专业委员会第二届委员会委员
	中国医药教育协会临床合理用药第一届专业委员会常务委员
	中国药理学会治疗药物监测研究专业委员会第一届委员会委员
	江苏省抗癌协会第三届抗肿瘤药物专业委员会常务委员
	江苏省药学会第二届感染药学专业委员会副主任委员
	江苏省药师协会第二届理事会常务理事
成兴波	江苏省医学会糖尿病学分会第四届委员会现任主任委员
吕金星	中国性学会第五届性医学专业委员会委员

续表

姓　名	机构名称及职务
朱红军	江苏省康复医学会社区康复专业委员会常务委员
	江苏省康复医学会第一届骨骼肌肉康复专业委员会常务委员
朱建国	江苏省药师协会第二届临床药师分会副主任委员
朱晓黎	国际肝胆胰协会中国分会微创介入第一届专业委员会常务委员
	中国研究型医院学会介入医学专业委员会委员
	江苏省抗癌协会第三届肿瘤介入诊疗专业委员会常务委员
	中国抗癌协会肿瘤介入专业委员会第二届委员会青年委员
	中国抗癌协会肿瘤微创治疗专业委员会粒子治疗分会第三届委员会委员
乔美珍	中华预防医学会医院感染控制分会第四届委员会委员
刘　健	中华口腔医学会第一届全科口腔医学专业委员会青年委员
刘　蔚	中国抗癌协会淋巴瘤第四届专业委员会委员
刘济生	江苏省医学会耳鼻咽喉科分会第九届委员会候任主任委员
	江苏省残疾人康复协会第二届听力语言康复专业委员会副主任委员
许　津	江苏省医学会健康管理学分会第一届委员会副主任委员
许春芳	江苏省医学会消化内科学分会第六届委员会副主任委员
	江苏省中医药学会脾胃病专业委员会常务委员
孙　淼	中华医学会病理学分会第四届委员会委员
	中国妇幼保健协会生育保健专业委员会委员
孙爱宁	中华医学会血液学分会第十届委员会委员
李　莉	中华医学会物理医学与康复医学分会第九届委员会康复教育学组委员
	中国康复医学会电诊断专业委员会第三届委员会委员
	江苏省康复医学会教育专业委员会常务委员
李　锐	江苏省医学会消化病学分会第十届委员会副主任委员
李建中	江苏省中医药学会老年医学专业委员会副主任委员
李勇刚	中华医学会放射学分会青年委员会传染病放射学学组委员
	中华医学会第十四届放射学分会磁共振专业委员会心胸学组委员
杨卫新	江苏省康复医学会第四届委员会副会长

续表

姓名	机构名称及职务
杨子良	江苏省中医药学会医疗美容分会常务委员
杨同其	第五届华裔骨科学会关节外科分会理事
杨向军	世界中医药学会联合会络病专业委员会理事
	中国生物医学工程学会心率分会常务委员
杨建平	江苏省医学会麻醉学分会第十届委员会现任主任委员
杨俊华	中国医学影像研究会血管浅表器官委员会委员
	中国超声医学工程学会超声心动图专业委员会委员
杨惠林	国际脊柱功能重建学会中国分会副主席
	中国健康促进基金会骨病救助专项基金管理专家委员会委员
	中国康复医学会脊柱脊髓损伤专业委员会第六届委员会常务委员
	中国康复医学会脊柱脊髓损伤专业第六届委员会常务委员
	中华医学会骨科学分会第九届委员会微创外科学组副组长
	中华医学会骨科学分会第十届委员会常务委员
	江苏省医学会骨科学分会第九届委员会名誉主任委员
	江苏省康复医学会脊柱脊髓损伤专业委员会副主任委员
吴 琛	江苏省针灸学会急诊专业委员会常务委员
吴爱勤	中华医学会心身医学分会第六届委员会主任委员
	全国高等学校医学数字教材建设指导委员会委员
吴德沛	中华医学会血液学分会第十一届委员会主任委员
	中华医学会内科学分会第十四届委员会常务委员
	中华医学会血液学分会第十届委员会候任主任委员
	江苏省医学会内科学分会第八届委员会前任主任委员
	江苏省医学会血液学分会第九届委员会名誉主任委员
	中华骨髓库第五届专家委员会委员
吴翼伟	中华医学会核医学分会第八届委员会临床专业学组组长
	江苏省核学会核医学专业委员会副主任委员
	江苏省核学会第七届理事会常务理事

续表

姓名	机构名称及职务
何 军	中华医学会检验分会第十届委员会临床实验室管理学组委员
	中华骨髓库第六届专家委员会委员
	江苏省医学会检验学分会第十届委员会常务委员
何 怀	江苏省康复医学会第三届委员会治疗专业委员会常务委员
余云生	江苏省医学会心血管外科学分会第二届委员会常务委员
沈振亚	全国细胞科技应用管理专业委员会委员
	中国医药教育协会第三届理事会理事、常务理事、副会长
	中华医学会组织修复与再生分会第二届委员会候任主任委员
	中华医学会医学工程学分会干细胞工程专业委员会副主任委员
	中华医学会胸心血管外科学分会第十届委员会常务委员
	江苏省医学会心血管外科学分会第二届委员会前任主任委员
沈海林	全国高等医学教育学会医学影像学教育分会理事
	江苏省计量测试学会医学计量专业委员会副主任委员
	中国抗癌协会神经肿瘤专业委员会第三届委员会委员
张 玮	中华医学会核医学分会第十届委员会委员
	江苏省核学会第八届理事会常务理事
	江苏省核学会核医学专业委员会第八届委员会主任委员
张 玲	江苏省中医药学会肾病专业委员会常务委员
张世明	中国脑血管病外科专家委员会第二届副主任委员
张光波	中华医学会微生物学与免疫学分会第九届委员会青年委员
张学光	中华医学会微生物与免疫学分会第八届委员会委员
张洪涛	中华医学会骨科学分会第十届委员会足踝外科学组委员
	中国医疗保健国际交流促进会骨科疾病防治专业委员会委员
张险峰	中国微生物学会临床微生物学专业委员会细菌耐药性检测方法学组委员
陆士奇	中国人道救援医学学会第一届委员会委员
	江苏省医学会灾难学分会第三届委员会副主任委员
	江苏省中西医结合学会新世纪第五届急症医学专业委员会副主任委员
	江苏省中西医结合学会新世纪第六届急症医学专业委员会副主任委员

续表

姓名	机构名称及职务
陆培荣	中华医学会眼科学分会第十届委员会神经眼科学组委员
	江苏省医学会眼科学分会第十届委员会副主任委员
	江苏省中西医结合学会新世纪第六届眼科专业委员会常务委员
	江苏省中医药学会眼科分会常务委员
陈 珑	中华放射学会青年委员会青年学组委员
陈 亮	江苏省医学会骨科学分会第十届委员会副主任委员
陈卫昌	中华医学会消化病学分会第十一届委员会常务委员
	江苏省医学会内科学分会第八届委员会副主任委员
	江苏省医学会消化病学分会第十届委员会前任主任委员
陈子兴	中华医学会医学细胞生物学分会第三届委员会委员
	中华医学会血液学分会第七届委员会实验诊断学组副组长
	中国医药生物技术协会医药生物技术临床应用专业委员会委员
陈友国	江苏省医学会妇产科学分会第十届委员会副主任委员
陈玉华	中国生命关怀协会人文护理专业委员会委员
陈志伟	江苏省中医药学会风湿病专业委员会常务委员
陈苏宁	中华医学会血液学分会第十一届委员会委员
	中国病理生理学会实验血液学专业委员会第七届委员会委员
	江苏省医学会血液学分会第九届委员会候任主任委员
陈爱平	江苏省中西医结合学会新世纪第五届基础理论与文献研究专业委员会常务委员
	江苏省中医药学会肾病专业委员会常务委员
	江苏省中医药学会基础理论与文献研究专业委员会常务委员
武 剑	江苏省中西医结合学会新世纪第六届风湿病专业委员会常务委员
招少枫	中国康复医学会康复治疗专业委员会言语治疗学组委员
茅彩萍	江苏省医学会生殖医学分会第二届委员会副主任委员
	江苏省医学会医学遗传学分会第七届委员会副主任委员

续表

姓名	机构名称及职务
林伟	江苏省医学会医学美学与美容分会第五届委员会委员
	江苏省医学会整形烧伤外科学分会第八届委员会副主任委员
国风	中国医药生物技术协会生物芯片分会委员
周莉	国际药膳食疗学会江苏分会常务理事
	中国医疗保健国际交流促进会营养与代谢管理专业委员会常务委员
	中国老年医学学会营养与食品安全分会第一届委员会常务委员
	江苏省临床营养科质控中心副主任
周菊英	中华医学会放射医学与防护学分会第九届委员会委员
	江苏省医学会放射肿瘤治疗学分会第九届委员会现任主任委员
	江苏省核学会放射治疗专业委员会副主任委员
	江苏省毒理学会第一届放射毒理专业委员会副主任委员
孟斌	江苏省医学会骨科学分会第十届委员会常务委员
赵军	中国细胞生物学学会医学细胞生物学分会委员
赵卫峰	江苏省医学会肝病学分会第一届委员会候任主任委员
胡建铭	江苏省中医药学会妇科分会常务委员
胡春洪	中华医学会放射学分会第十四届委员会心胸学组委员
	中国生物物理学会分子影像学专业委员会第一届委员
	江苏省医学会医学教育分会第一届委员会副主任委员
	江苏省医学会放射学分会第十届委员会候任主任委员
查月琴	江苏省声学学会第六届理事会医学超声学专业委员会副主任委员
	江苏省超声医学工程学会常务理事
侯建全	中华医学会泌尿外科学分会第十一届委员会常务委员
	中国性学会性医学专业委员会常务委员
	江苏省健康管理学会理事长
	江苏省医学会泌尿外科学分会第十届委员会现任主任委员
	江苏省医学会泌尿外科学分会第十一届委员会前任主任委员

续表

姓名	机构名称及职务
施毕旻	江苏省医学会内分泌学分会第八届委员会常务委员
	江苏省中西医结合学会糖尿病一体化诊疗专业委员会常务委员
费 梅	江苏省针灸学会耳针专业委员会常务委员
	江苏省针灸学会第五届耳针专业委员会常务委员
	江苏省针灸学会针药结合专业委员会副主任委员
袁苏徐	江苏省中医药学会肿瘤专业委员会常务委员
夏 飞	中国医学影像技术研究会超声分会妇产科专业委员会委员
	中华预防医学会出生缺陷预防与控制专业委员会产前超声诊断学组委员
顾国浩	中华医学会检验医学分会临床微生物学专家委员会委员
顾美华	江苏省中医药学会风湿病专业委员会常务委员
钱齐宏	中华医学会激光医学分会第九届委员会委员
	江苏省医学会激光医学分会第二届委员会副主任委员
	江苏省中医药学会皮肤科分会常务委员
倪才方	中华医学会放射学分会第十四届委员会介入学组委员
	中国研究型医院学会介入医学专业委员会副主任委员
	中国抗癌协会肿瘤介入学专业委员会第三届委员会常务委员
	江苏省医学会介入医学分会第二届委员会副主任委员
徐 峰	中华医学会急诊医学分会第八届委员会创伤学组委员
	中国医疗保健国际促进会急诊急救专业委员会第一届委员会委员
	江苏省医学会创伤医学分会第三届委员会现任主任委员
	江苏省医学会急诊医学分会第八届委员会副主任委员
徐建英	江苏省中医药学会妇科分会常务委员
徐智策	中国妇幼保健协会生育保健专业委员会副主任委员
	中国优生科学协会临床分会副主任委员
凌春华	江苏省中西医结合学会新世纪第六届呼吸系统专业委员会副主任委员
高颖娟	中国卫生信息学会第二届医院统计专业委员会常务委员
郭 亮	中国医学影像技术研究会放射学分会委员

续表

姓名	机构名称及职务
郭 强	江苏省中西医结合学会新世纪第六届急症医学专业委员会常务委员
郭凌川	中华医学会病理学分会第四届委员会委员
	中国医学装备协会病理装备技术第一届专业委员会常务委员
	中国医疗保健国际交流促进会病理专业委员会常务委员
	江苏省医学会病理学分会第十届委员会候任主任委员
	江苏省抗癌协会第四届肿瘤病理专业委员会副主任委员
唐天驷	中国康复医学会脊柱脊髓损伤专业委员会第二届微创脊柱外科学组名誉主任委员
唐晓文	中华医学会血液学分会第九届委员会青年委员会委员
	中华医学会血液学分会第九届委员会造血干细胞应用学组委员
	中国老年学学会第一届老年肿瘤专业委员会委员
浦金贤	江苏省医学会泌尿外科学分会第十一届委员会副主任委员
	江苏省医学会男科学分会第七届委员会常务委员
陶 敏	中国老年学学会第一届老年肿瘤专业委员会委员
	中国临床肿瘤学会黑色素瘤专家委员会委员
	中国生物医学工程学会肿瘤分子靶向治疗专业委员会委员
	中国临床肿瘤学会肝癌专家委员会委员
	中国临床肿瘤学会肿瘤营养治疗专家委员会委员
	中国抗癌协会大肠专业委员会第四届委员会常务委员
	中国临床肿瘤学会第四届执行委员会委员
	江苏省中西医结合学会新世纪第六届肿瘤专业委员会常务委员
	江苏省医学会肿瘤化疗与生物治疗分会第四届委员会常务委员
	江苏省医学会肿瘤学分会第八届委员会副主任委员
	江苏省抗癌协会第四届理事会常务理事
	江苏省抗癌协会第一届肿瘤微创治疗专业委员会副主任委员
	江苏省抗癌协会第一届肿瘤免疫专业委员会副主任委员

续表

姓名	机构名称及职务
桑士标	中华医学会核医学分会第十届委员会体外分析学组专家
	中华医学会核医学分会第十届委员会治疗学组委员
	江苏省医学会核医学分会第九届委员会候任主任委员
黄 坚	中国医疗保健国际交流促进会急诊急救分会第一届青年学组委员
黄立新	中国部运动医学学会第一届委员会委员
黄建安	江苏省医学会呼吸病学分会第九届委员会候任主任委员
章 斌	中华医学会核医学分会第十届委员会青年委员
葛建一	中国医院协会自律维权工作委员会委员
	中国卫生法第四届理事会学术委员会副主任委员
董万利	江苏省中西医结合学会新世纪第五届疼痛专业委员会副主任委员
	江苏省中西医结合学会新世纪第六届脑病专业委员会常务委员
	江苏省中西医结合学会新世纪第六届疼痛专业委员会副主任委员
董凤林	中国超声医学工程学会第一届浅表器官及外周血管超声专业青年委员会青年委员
	江苏省医学会超声医学分会第九届委员会副主任委员
蒋廷波	江苏省医学会心电生理与起搏分会第二届委员会常务委员
韩 悦	中华医学会血液学分会第十一届委员会委员
惠 杰	中国心电学会食管心脏电生理学组副主任
	中国医药生物技术协会心电学技术分会委员
	中国医学装备协会第二届医学装备计量测试专业委员会常务委员
	中国老年保健协会心血管专业委员会委员
	江苏省计量测试学会医学计量专业委员会副主任委员
惠品晶	卫生部脑卒中筛查与防治工程全国中青年专家委员会委员
	中国超声医学工程学会颅脑超声专业委员会第五届委员会常务委员
	中国老年学学会心脑血管病分会第一届委员会委员
	中国老年学学会心脑血管病专业委员会第三届委员会常务委员
嵇富海	江苏省医学会麻醉学分会第十届委员会副主任委员

续表

姓名	机构名称及职务
程宗琦	中国医药教育协会临床合理用药专业委员会第一届委员会常务委员
	江苏省中医药学会药学专业委员会常务委员
鲁燕	中国老年医学学会营养与食品安全分会第一届青年委员会委员
	江苏省中西医结合学会糖尿病一体化诊疗专业委员会常务委员
谢道海	江苏省医学会数字医学分会第二届委员会副主任委员
雷伟	中华医学会呼吸病学分会第九届委员会哮喘学组委员
	中国抗癌协会肿瘤介入专业委员会呼吸内镜分会第一届青年委员
虞正权	江苏省医学会神经外科学分会第十委员会常务委员
翟萌	中国图书馆学会医院图书馆委员会第六届委员会常务委员
	江苏省图书馆学会医院图书馆专业委员会常务委员
熊佩华	江苏省中医药学会内科分会常务委员
缪丽燕	中国药学会第五届医院药学会专业委员会委员
	中国药理学会第十届理事会理事
	中国医学装备协会药房装备与技术专业委员会副主任委员
	中国药理学会药物临床试验专业委员会常务委员
	中国药理学会药物监测研究专业委员会常务委员
	江苏省医学会医学伦理分会第二届委员会副主任委员
	江苏省中医药学会药剂管理专业委员会常务委员
	江苏省药师协会第一届理事会副理事长
	江苏省药学会第七届医院药学专业委员会副主任委员
	江苏省药学会第一届药物经济学专业委员会副主任委员
	江苏省临床药理学会专业委员会副主任委员
	江苏省药学会第七届医院药学专业委员会副主任委员
	江苏省医学会临床药学分会第三届委员会现任主任委员
薛群	江苏省免疫学会神经免疫专业委员会副主任委员
薛小玲	中国妇幼保健协会助产专业专家委员会副主任委员
魏明刚	世界中联肾病专业委员会理事

续表

姓名	机构名称及职务
31. 附属第二医院	
王 赟	江苏省护理学会第九届理事会肾内科护理专业委员会副主任委员
王中勇	中国抗癌协会神经肿瘤专业委员会第一届垂体瘤学组委员
王中勇	中国医师协会脑胶质瘤专业委员会第二届委员会小儿脑胶质瘤学组委员
王红霞	江苏省图书馆学会医院图书馆专业委员会常务委员
王培吉	中国糖尿病足联盟副主任委员
王培吉	中国中西医结合学会骨伤科分会第八届委员会足踝专家委员会委员
王培吉	中国医师协会手外科医师分会第二届委员会委员
王培吉	中华医学会手外科学分会第九届委员会委员
王培吉	江苏省医学会第一届手外科学分会委员会候任主任委员
贝 乾	中国医学装备协会医院物联网分会第一届常务委员
毛卫东	中国医师协会放射肿瘤治疗医师分会第二届委员会头颈部肿瘤放疗学组委员
毛成洁	江苏省研究型医院学会帕金森病及运动障碍疾病专业委员会副主任委员
毛成洁	江苏省医学会第十届神经病学分会青年委员会副主任委员
朱建军	中国医师协会急诊医师分会第四届委员会青年委员会委员
朱维培	中华预防医学会生育力保护分会生殖内分泌生育保护学组委员
朱维培	中华医学会计划生育学分会第九届委员会女性生育调控学组委员
朱维培	江苏省整形美容协会第一届女性生殖整复分会主任委员
朱维培	江苏省妇幼保健协会妇产科质量控制分会第二届委员会常务委员
朱维培	第一届海峡两岸医药卫生交流协会妇科专业委员会常务委员
庄志祥	中国抗癌协会第一届肿瘤人工智能专业委员会委员
庄志祥	中国抗癌协会第二届肿瘤靶向治疗专业委员会委员
刘玉龙	国家核应急协调委专家委员会委员
刘玉龙	第八届国家卫生健康标准委员会放射卫生标准专业委员会委员
刘玉龙	中华医学会组织修复与再生分会肢体保全学组委员
刘志纯	海峡两岸医药卫生交流协会第二届风湿免疫病学专业委员会委员

续表

姓名	机构名称及职务
刘春风	江苏省医学会第十届神经病学分会委员会现任主任委员
	江苏省医师协会神经内科医师分会第三届委员会副会长
祁琳	中国医疗保健国际交流促进会生殖感染与微生物分会委员
孙亦晖	江苏省医院协会医疗联合体建设专业委员会第一届委员会副主任委员
杜鸿	中国医药生物技术协会生物诊断技术分会第三届委员会委员
	中华医学会检验分会第十届委员会临床微生物学组委员
	白求恩精神研究会检验医学分会第一届理事会理事
	第二届中国中西医结合学会检验医学专业委员会感染性疾病实验诊断专家委员会委员
	第一届长三角疑难病原微生物鉴定专家委员会常务委员
李晖	中华医学会心电生理和起搏分会、中国医师协会心律学专业委员会第一届中青年电生理工作委员会委员
杨欢	第二届中国中西医结合学会检验医学专业委员会肿瘤分子诊断专家委员会委员
杨建新	江苏省口腔医学会第四届口腔颌面外科学专业委员会常务委员
杨晓东	中国抗癌协会第一届肿瘤放射防护专业委员会委员
肖盐	中国医师协会急诊医师分会第四届委员会心肺复苏学组委员
吴曙华	中华医学会老年医学分会第十届委员会老年营养不良与肌少症学组委员
余勇	中国老年学和老年医学学会老年肿瘤分会转化医学专家委员会委员
谷春伟	全国卫生产业企业管理协会疝和腹壁外科产业及临床研究分会第三学术委员会副主任委员
	全国卫生产业企业管理协会、江苏省疝与腹壁外科学组及江苏省疝病专科联盟副理事长
沈云天	中国医师协会放射肿瘤治疗医师分会肿瘤离子放疗学组委员
沈华英	江苏省康复医学会第一届肾脏病康复专业委员会常务委员
沈明敬	中国抗癌协会第一届肿瘤人工智能专业委员会委员
张弘	中国医疗保健国际交流促进会生殖感染与微生物分会常务委员
	江苏省免疫学会生殖免疫专业委员会主任委员

续表

姓名	机构名称及职务
张 伟	中国医学装备协会磁共振应用专业委员会第一届委员会血管学组委员
张 荣	中国优生科学协会第二届青年工作委员会委员
张 霞	中国卒中学会脑小血管病分会第一届委员会委员
张力元	中国医师协会放射肿瘤治疗医师分会第二届委员会放射生物免疫学组委员
张力元	中国医师协会放射肿瘤治疗医师分会第二届委员会青年委员会委员
张力元	江苏省中西医结合学会肿瘤放疗专业委员会副主任委员
张书筠	中国优生科学协会妇儿免疫学分会第一届委员会委员
张玉松	中国抗癌协会第二届肿瘤靶向治疗专业委员会委员
张玉松	中国医疗保健国际交流促进会第二届神经内分泌肿瘤分会委员
张应子	中华医学会骨科学分会第十一届委员会微创外科学组青年委员
张艳林	江苏省卒中学会神经免疫专业委员会常务委员
张增利	世界内镜医师协会呼吸内镜协会理事
陆朝晖	江苏省医学会高压氧医学分会第八届委员会前任主任委员
陈 昕	中国整形美容协会科技创新与器官整复分会外阴阴道疾病治疗与整复专业委员会委员
陈 静	江苏省研究型医院学会帕金森病及运动障碍疾病专业委员会秘书长
陈列松	中国医师协会医学技师专业委员会第一届委员会委员
陈光强	中国老年学和老年医学学会肿瘤康复分会委员
陈光强	中国老年学和老年医学学会肿瘤康复分会肿瘤影像与康复治疗专家委员会常务委员
陈志刚	中国生物医学会肿瘤靶向技术分会委员
陈志刚	中国医药质量管理协会细胞治疗质量控制与研究专业委员会委员
陈筱鄒	中国医药教育协会炎症性肠病专业委员护理委员会委员
范建林	江苏省口腔医学会第三届牙周病学专业委员会常务委员
范秋虹	中国医师协会放射肿瘤治疗医师分会第二届委员会淋巴瘤放疗学组委员
周晓中	江苏省康复医学会第四届修复重建专业委员会副主任委员
周演铃	中国医学装备协会护理装备与材料分会江苏省手术室专业学组委员

续表

姓名	机构名称及职务
胡 吉	中国微循环学会糖尿病与微循环专业委员会委员
	中华医学会糖尿病学分会第九届委员会胰岛素抵抗学组委员
	江苏省老年医学学会老年内分泌专业委员会副主任委员
施 辛	中国中西医结合学会皮肤性病专业委员会环境与职业性皮肤病学组副组长
施敏骅	世界内镜医师协会呼吸内镜协会理事
	泛长三角胸部肿瘤联盟专业委员会委员
	江苏省研究型医院学会肺结节和肺癌MDT专业委员会副主任委员
费蓓蓓	中国优生科学协会青年工作委员会第二届委员会委员
秦建忠	中华医学会第四届运动医疗分会足踝工作委员会青年委员
栗先增	中国针灸学会微创针刀专业委员会第三届委员会委员
钱建军	中国医师协会放射肿瘤治疗医师分会第二届委员会肿瘤放疗人工智能与大数据学组委员
钱爱民	中国医师协会血管外科医师分会第一届委员会开放手术学组委员
倪 婕	海峡两岸医药卫生交流协会妇科专业第一届委员会委员
徐 博	江苏省医院协会第八届理事会常务理事
徐又佳	江苏省医师协会骨质疏松与骨矿盐病症医师分会第三届委员会现任会长
徐龙江	中国医学装备人工智能联盟病理委员会第一届委员
凌 莉	中国妇幼保健协会母胎医学分会委员
	江苏省妇幼健康研究会第一届母胎健康与出生缺陷干预专业委员会副主任委员
涂 健	中国医学装备人工智能联盟病理委员会委员
陶晓敏	中国妇幼保健协会妇幼微创专业委员会妇科阴式手术学组青年委员
桑宏飞	中国微循环学会周围血管疾病专业委员会颈动脉学组第二届常务委员
	中国人体健康科技促进会血管外科学专业委员会委员
黄隽英	第一届海峡两岸医药卫生交流协会睡眠医学专业委员会委员
	江苏省研究型医院学会帕金森病及运动障碍疾病专业委员会常务委员

续表

姓名	机构名称及职务
曹勇军	中国卒中学会脑血流与代谢分会第二届委员会委员
	中国卒中学会脑小血管病分会第一届委员会常务委员
崔红霞	中国医药教育学协会炎症性肠病专业委员会委员
董军	中国医师协会脑胶质瘤专业委员会第二届委员会委员
	中国医药教育学协会神经内镜与微创医学专业委员会委员
	中国临床肿瘤学会神经系统肿瘤专家委员会常务委员
	中国医师协会脑胶质瘤专业委员会第二届委员会分子诊疗学组副组长
蒋震	江苏省研究型医院学会医学影像与人工智能专业委员会常务委员
蒋国勤	中国医学装备协会数字医疗技术分会乳腺疾病数字化诊疗专业委员会第一届委员会委员
靳勇	中华医学会放射学分会第十五届委员会介入学组青年工作组委员
	中国抗癌协会第一届肿瘤消融治疗专业委员会常务委员
	中国抗癌协会肿瘤微创治疗专业委员会第三届肺癌微创综合治疗分会副主任委员
	江苏省研究型医院学会肿瘤消融治疗专业委员会副主任委员
褚安红	中华医学会影像技术分会第八届委员会医学影像护理专业委员会CT护理学组委员
薛波新	中国性学会前列腺疾病分会第一届委员会副主任委员
	中国抗癌协会泌尿男生殖系肿瘤专业委员会微创学组委员
32. 附属儿童医院	
丁欣	中华医学会儿科学分会第十八届委员会新生儿青年学组副组长
	中国研究型医院学会儿科学专业委员会青年委员
王梅	中国优生科学协会医学遗传学专业委员会首届小儿药物基因组学学组委员
王宇清	中华医学会变态反应学分会第六届委员会青年委员会副主任委员
	中华医学会变态反应学分会呼吸过敏学组委员
	中华医学会儿科学分会第十八届委员会呼吸青年学组副组长
	中国研究型医院学会儿科专业委员会青年委员
	中国研究型医院学会过敏医学专业委员会儿童过敏学组副组长

续表

姓名	机构名称及职务
王红英	中国妇幼保健协会精准医学专业委员会委员
王晓东	中华医学会小儿外科学会骨科学组委员
	江苏省中西医结合学会骨伤科专业委员会副主任委员
	江苏省医学会第十届骨科学分会委员会常务委员
古桂雄	中华预防医学会儿童保健分会副主任委员
	中华预防医学会儿童保健分会党小组宣传委员
	中国妇幼保健协会儿童早期发展专业委员会副主任委员
卢 俊	中国抗癌协会小儿肿瘤专业委员会青年委员会委员
田健美	中华医学会儿科学分会第十八届委员会感染学组委员
	江苏省中西医结合学会感染病专业委员会常务委员
冯 星	中华医学会儿科学分会常务委员
	中华医学会儿科学分会围产医学专业委员会主任委员
	中华医学会儿科学分会新生儿学组副组长
	中华医学会儿科学分会第十八届委员会新生儿学组副组长
	江苏省医学会儿科学分会前任主任委员
	江苏省医学会常务理事
	江苏省医院协会儿童医院分会副主任委员
成芳芳	中华医学会儿科学分会第十八届委员会感染青年学组委员
师晓燕	中华医学会儿科学分会第十八届委员会罕见病青年学组委员
吕海涛	中华医学会儿科学分会第十八届委员会心血管学组委员
	中华医学会儿科学分会川崎病协作组委员
	中华医学会儿科学分会新生儿心脏病协作组组长
	中国医师协会儿科医师分会常务委员
	国家心血管病先心病专业委员会委员
	中国医师协会儿科医师分会心血管学组川崎病协作组组长
	中国妇幼保健协会精准医学专业委员会常务委员
	江苏省医学会第十届儿科学分会候任主任委员
	江苏省医学会医学信息与智能健康分会副主任委员
	江苏省医学会罕见病学分会副主任委员
	江苏省医师协会儿科医师分会副会长
	江苏省研究型医院学会罕见病专业委员会主任委员

续表

姓名	机构名称及职务
朱 宏	中华医学会儿科学分会第十七届委员会临床检验学组委员
朱 杰	中华医学会小儿外科学分会第九届委员会肝胆外科学组委员
	中国妇幼保健协会妇幼微创专业委员会小儿普外微创学组委员
朱雪明	中华医学会病理学分会第十二届委员会儿科学组委员
	中国抗癌协会小儿肿瘤专业委员会病理学组委员
朱雪萍	中华医学会儿科学分会第十八届委员会儿童保健学组委员
	中国医师协会新生儿科医师分会第三届呼吸专业委员会委员
	中国医师协会儿童重症医师分会第二届重症营养专业委员会委员
	全国卫生产业企业管理协会细胞治疗产业与临床研究分会理事
	江苏省医学会第七届围产医学分会委员会副主任委员
华 军	中华医学会急诊医学分会儿科学组委员
刘高金	江苏省康复医学会儿童康复专业委员会常务委员
刘殿玉	中国中医药信息研究会儿科分会第一届常务理事
汤继宏	中华医学会儿科学分会第十八届委员会罕见病学组委员
	江苏省抗癫痫协会第一届理事会常务理事
孙 凌	中华医学会儿科学分会心血管学组青年委员会委员
	中国医学救援协会儿科救援分会救援组织专业委员会委员
	中国水利电力医学科学技术学会心电学分会小儿心电图专业委员会常务委员
严向明	中华医学会小儿外科学分会小儿泌尿外科学组委员
李 岩	中华医学会儿科学分会神经学组委员
	中国抗癫痫协会第一届理事会理事
	江苏省抗癫痫协会第一届理事会副会长
	江苏省康复医学会儿童专业委员会副主任委员
李 炘	中华医学会小儿外科学分会小儿心胸外科学组委员
李 莺	中华医学会儿科学分会急救学组重症消化和体外营养协作组委员
	中国医师协会儿童重症医师分会第二届重症营养专业委员会委员
	中国医师协会儿童重症医师分会第二届委员会委员

续表

姓名	机构名称及职务
李 捷	中国妇幼保健协会儿童疾病和保健分会儿童血液疾病与保健学组委员
	中国研究型医学会儿童肿瘤专业委员会委员
李 巍	中国中西医结合学会医学美容专业委员会激光与皮肤美容专家委员会第一届委员
李艳红	中华医学会儿科学分会第十八届委员会肾脏学组委员
李晓忠	中华医学会儿科学分会免疫学组委员
	中华医学会儿科学分会第十八届委员会免疫学组委员
	中国医师协会儿科医师分会儿童风湿免疫专业委员会常务委员
杨晓蕴	中国中西医结合学会变态反应专业委员会儿科专业组委员
吴 缤	中华医学会小儿外科学分会小儿内镜外科学组委员
吴继志	中国医学装备协会磁共振应用专业委员会影像技术学组委员
吴嘉伟	中国心胸血管麻醉学会小儿麻醉分会第三届全国委员
何海龙	中国抗癌协会小儿肿瘤专业委员会委员
闫 月	中华医学会儿科学分会免疫专业学组青年学组委员
汪 健	中华医学会小儿外科学分会常务委员
	中华医学会小儿外科学分会新生儿外科学组组长
	中华医学会儿科学分会临床营养学组副组长
	中华医学会儿科学分会第十八届委员会营养学组副组长
	中华医学会肠外肠内营养学会儿科组委员
	中国医师协会小儿外科医师分会常务委员
	中国医师协会儿童健康专业委员会常务委员
	中国抗癌协会小儿肿瘤专业委员会委员
	江苏省医学会小儿外科学分会前任主任委员
	江苏省抗癌协会小儿肿瘤专业委员会主任委员
	江苏省中西医结合学会外科专业委员会常务委员
宋晓翔	中华医学会儿科学分会第十八届委员会风湿病青年学组委员
张 芳	中国生命关怀协会人文护理专业委员会委员

续表

姓名	机构名称及职务
张利亚	中华医学会儿科学分会第十八届委员会神经学组委员
张兵兵	中华医学会儿科学分会第十八届委员会神经青年学组委员
张锡庆	江苏省医学会小儿外科学分会名誉主任委员
陆双泉	中国医师协会新生儿科医师分会第二届超声专业委员会委员
陆双泉	中国医药教育协会超声医学专业委员会儿童超声学组常务委员
陆双泉	中国超声医学工程学会第一届儿科超声专业委员会委员
陈婷	中华医学会儿科学分会第十八届委员会内分泌遗传代谢青年学组委员
陈正荣	中国医师协会变态反应医师分会青年委员会副主任委员
陈正荣	江苏省免疫学会青年工作委员会常务委员
陈旭勤	中华医学会儿科学分会第十七届委员会青年委员会委员
陈旭勤	中国妇幼保健协会儿童疾病和保健分会儿童神经疾病与保健学组委员
陈旭勤	江苏省抗癫痫协会青年委员会副主任委员
陈建雷	中国妇幼保健协会妇幼微创专业委员会小儿普外微创学组青年委员
陈临琪	中华医学会儿科学分会第十八届委员会遗传代谢内分泌学组委员
陈临琪	中华医学会儿科学分会青春期医学委员会委员
陈临琪	中国儿童青少年肥胖糖尿病联盟专家委员会委员
陈临琪	中国医师协会儿科医师分会儿童内分泌遗传代谢专业委员会委员
陈临琪	中国医师协会青春期医学专业委员会第二届委员会委员
陈临琪	中国出生缺陷干预救助基金会儿童内分泌代谢病防治专家委员会委员
武庆斌	中华医学会儿科学分会消化学组委员
武庆斌	中华医学会消化病学分会第十届委员会儿科消化协作组委员
武庆斌	中华医学会消化病学分会第十届委员会微生态协作组委员
武庆斌	世界华人医师协会儿科医师协会消化专家委员会副主任委员
武庆斌	中华预防医学会微生态学分会儿科学组副组长
武庆斌	中国医师协会儿科医师分会第四届委员会儿童过敏学组委员
季伟	中华医学会儿科学分会第十八届委员会临床药理学组委员

续表

姓名	机构名称及职务
金忠芹	中华医学会儿科学分会第十八届委员会消化学组委员
	中国妇幼微创协会小儿消化微创学组委员
	中国医师协会小儿消化内镜学组委员
	中国中药协会儿童健康与药物研究专业委员会委员
金慧臻	中国优生科学协会医学遗传学专业委员会首届小儿药物基因组学学组委员
周 云	中华医学会小儿外科学分会小儿泌尿外科专业学组委员
	中华医学会泌尿外科学分会小儿泌外学组委员
	中国医师协会小儿外科医师协会委员
	江苏省中西医结合学会外科分会常务委员
封其华	中华医学会儿科学分会第十八届委员会风湿病学组委员
郝创利	中华医学会变态反应分会委员
	中华医学会儿科学分会第十八届委员会呼吸学组委员
	中华医学会儿科学分会呼吸学组慢咳协作组副组长
	中华医学会儿科学分会呼吸学组毛支协作组副组长
	中国儿童呼吸基层联盟副主席
	中国哮喘联盟委员
	中国医师协会变态反应医师分会常务委员
	中国医师协会整合医学分会儿科专业委员会常务委员
	中国妇幼保健协会儿童疾病和保健分会儿童呼吸疾病与保健学组副组长
	江苏省医学会变态反应学分会候任主任委员
胡水根	中国医师协会人文医学专业委员会第二届委员会智慧医疗与医学人文工作委员会委员
胡绍燕	中华医学会儿科学分会第十八届委员会血液学组副组长
	江苏省医学会儿科学分会第十届委员会常务委员
柏振江	中华医学会儿科学分会第十八届委员会急救青年学组委员
姚文英	中华医学会儿科学分会第十八届委员会护理筹备学组委员
贾慧惠	中华医学会儿科学分会第十八届呼吸学组影像协作组委员

续表

姓名	机构名称及职务
顾琴	中华医学会儿科学分会第十八届委员会康复筹备学组委员
	江苏省康复医学会儿童专业委员会常务委员
顾志成	中华医学会小儿外科学分会小儿肿瘤外科学组委员
钱华	中华医学会儿科学分会第十八届委员会皮肤与性病筹备学组委员
倪宏	中华医学会行为医学分会青年委员会秘书长
	中国微循环学会理事
	江苏省康复学会儿童康复专业委员会常务委员
徐洪军	中华小儿心血管协会委员
凌婧	中华医学会儿科学分会第十八届委员会血液青年学组副组长
唐叶枫	中国医师协会儿童健康专业委员会儿童单纯性肥胖症防治学组委员
诸俊	中国心胸血管麻醉学会医疗信息技术分会青年委员会委员
黄洁	中华医学会儿科学分会第十八届委员会心血管青年学组副组长
	中国妇幼保健协会儿童疾病和保健分会青年学组委员
黄志见	中华医学会小儿外科分会烧伤整形外科学组委员
	中国医师协会美容与整形医师分会小儿整形外科专业委员会第一届委员会委员
	中国整形美容协会血管瘤与脉管畸形整形分会委员
	江苏省整形美容协会颅面与儿童整形专业分会副主任委员
黄顺根	中华医学会小儿外科学分会小儿肛肠外科学组委员
盛茂	中华医学会儿科学分会第十八届委员会放射医学筹备学组委员
	中华医学会放射学分会第十五届委员会儿科学组委员
	中国医师协会青春期医学专业委员会第一届青春期医学临床影像学组委员
	中国医师协会放射医师分会第四届委员会儿科影像专业委员会委员
阐玉英	中华医学会儿科学分会第十七届委员会护理学组委员
	中国生命关怀协会人文护理专业委员会委员
窦训武	中华医学会儿科学分会小儿耳鼻咽喉头颈外科学组委员
廖健毅	中华医学会小儿外科学分会小儿心胸外科学组青年委员

续表

姓名	机构名称及职务
缪美华	中华医学会儿科学分会第十八届委员会免疫学组青年委员
樊明月	中国妇幼保健协会妇幼微创专业委员会儿童耳鼻咽喉头颈外科微创学组青年委员
潘 江	中国妇幼保健协会妇幼微创专业委员会小儿普外微创学组青年委员
潘 健	江苏省免疫学会第二届青年工作委员会常务委员
霍洪亮	中华医学会儿科学会第十七届委员会康复学组青年学组委员
33. 机关与其他部门	
马卫中	中国近代文学学会副会长
	中国南社与柳亚子研究会副会长
石明芳	江苏省高校档案研究会常务理事
朱绍昌	江苏省出版物发行协会常务理事
	江苏省印刷行业协会常务理事
张 庆	江苏省高等学校网络专业委员会副理事长
	江苏省高等学校教育技术研究会第八届理事会副秘书长
陆剑江	中国高等教育学会教育信息化分会第七届理事会理事
陈永清	江苏省高校实验室研究会第七届副理事长
罗时进	中国唐代文学学会副会长
	中国唐诗之路研究会副会长
	中国明代文学学会理事
周建屏	中国图书馆学会高校分会委员
	全国纺织服装信息研究会副理事长
	江苏省图书馆学会常务理事
	江苏省图书馆学会建筑与设备专业委员会副主任
钱振明	江苏省政协常务委员
盛惠良	中国大学出版协会理事

续表

姓名	机构名称及职务
康敬奎	全国高等学校文科学报研究会副秘书长
	江苏省高等学校学报研究会第八届理事会理事长
	江苏省期刊协会副会长
谢志余	华东高校工程训练金工教学研究会副理事长、秘书长
	江苏省高校金属工艺教学研究会副理事长

党政常设非编机构

苏州大学实验室安全检查领导小组

苏大实〔2019〕2号 2019年1月22日

组　　长：江　涌　熊思东
副组长：杨一心　刘　标　周　高
成　　员：党委办公室、校长办公室、学生工作部（处）、教务部、研究生院、科学技术研究部、人文社会科学处、人力资源处、财务处、保卫部（处）、后勤管理处、信息化建设与管理中心、实验材料与设备管理中心等部门主要负责人。

领导小组办公室设在实验材料与设备管理中心，魏永前同志兼任办公室主任。

党的建设与全面从严治党工作领导小组

苏大委〔2019〕14号 2019年3月7日

组　　长：江　涌
副组长：路建美　邓　敏　芮国强　刘　标
成　　员：党委办公室、党委组织部、党委宣传部、党委统战部、纪委办（监察处）、党校、党委离退休工作部、党委学生工作部、党委研究生工作部、党委教师工作部、党委保卫部等部门主要负责人。

领导小组办公室设在党委办公室，办公室主任由党委办公室主任兼任。

苏州大学120周年校庆筹备工作小组

苏大〔2019〕4号 2019年3月21日

组　　长：杨一心
副组长：吴　鹏
成　　员：薛　辉　查晓东　王季魁　吉　伟　赵　阳　陈晓强　戴佩良　孙庆民
　　　　　吴雪梅　郁秋亚　于毓蓝　缪世林　查佐明　张　桥　王云杰　孙琪华
　　　　　周　毅　徐小乐　肖甫青
办公室主任：戴佩良（兼）
办公室副主任：张海洋

苏州大学所属企业体制改革工作领导小组

苏大国资〔2019〕4号　2019年4月8日

组　　长：江涌　熊思东

副组长：杨一心　周高

成　　员：校长办公室、党委组织部、人力资源处、财务处、审计处、国有资产管理处、科学技术研究部、江苏苏大投资有限公司等部门主要负责人。

苏州大学党委人才（知识分子）工作领导小组

苏大委〔2019〕34号　2019年5月20日

组　　长：江涌

副组长：路建美　邓敏　刘标

成　　员：党委办公室、校长办公室、党委组织部、党委宣传部、党委统战部、纪委办（监察处）、团委、学科建设办公室、人力资源处、党委教师工作部、财务处、教务部、学生工作部（处）、研究生院、党委研究生工作部、科学技术研究部、人文社会科学处、后勤管理处等部门主要负责人。

领导小组办公室设在党委教师工作部，党委教师工作部部长兼任办公室主任，党委组织部分管党建工作的副部长、人力资源处分管人才工作的副处长兼任办公室副主任。

苏州大学岗位设置与聘用工作领导小组

苏大人〔2019〕52号　2019年6月6日

组　　长：江涌　熊思东

成　　员：党委办公室、校长办公室、党委组织部、人力资源处、党委教师工作部、教务部、科学技术研究部、人文社会科学处、研究生院、学科建设办公室、工会等部门和学术委员会的主要负责人。

苏州大学岗位设置与聘用工作领导小组下设办公室于人力资源处，由人力资源处处长兼任办公室主任。

苏州大学学科建设与发展领导小组

苏大学科〔2019〕1号　2019年6月13日

组　　长：熊思东

副组长：路建美　蒋星红　张晓宏

成　　员：党委办公室、校长办公室、人力资源处、财务处、教务部、研究生院、科学技术研究部、人文社会科学处、国际合作交流处、实验材料与设备管理中心、学科建设办公室等部门主要负责人。

领导小组办公室设在学科建设办公室，由学科建设办公室主任兼任领导小组办公室主任。

苏州大学党委外事工作领导小组

苏大委〔2019〕54号　2019年6月20日

　　组　长：江　涌
　　副组长：张晓宏　路建美　邓　敏　蒋星红　刘　标
　　成　员：党委办公室、校长办公室、党委组织部、党委宣传部、党委统战部、党委教师工作部、人力资源处、财务处、教务部、学生工作部（处）、研究生院、党委研究生工作部、科学技术研究部、人文社会科学处、团委、学科建设办公室、国际合作交流处、保卫部（处）、后勤管理处等部门主要负责人。

　　领导小组办公室设在国际合作交流处，办公室主任由国际合作交流处分管外事政策与规划的负责人兼任。

苏州大学人文社会科学类人才队伍建设领导小组

苏大〔2019〕13号　2019年7月9日

　　组　长：江　涌　熊思东
　　副组长：张晓宏　邓　敏
　　成　员：学科建设办公室、人力资源处、党委教师工作部、人文社会科学处等部门主要负责人。

　　领导小组办公室设在人力资源处，由人力资源处处长兼任领导小组办公室主任。

中共苏州大学委员会"不忘初心、牢记使命"主题教育领导小组

苏大委〔2019〕84号　2019年9月5日

　　组　长：江　涌
　　副组长：路建美　邓　敏　芮国强　陈晓强　周玉玲　薛　辉
　　组　员：黄志斌　姚　炜　袁冬梅　张振宇　刘　慧　丁　姗　江建龙
　　领导小组下设办公室，负责日常工作。
　　办公室主任：周玉玲
　　办公室副主任：陈晓强　薛　辉　黄志斌

苏州大学食堂管理委员会

苏大后〔2019〕6号　2019年9月25日

　　主　任：周　高
　　副主任：刘　标
　　成　员：校长办公室、人力资源处、财务处、审计处、工会、团委、学生工作部（处）、党委研究生工作部、继续教育处、国际合作交流处、保卫部（处）、后勤管理处、校医院等部门负责人，教师代表、学生代表、学生参事各

1人。

食堂管理委员会办公室设在后勤管理处，办公室主任由后勤管理处处长兼任。

苏州大学年度综合考核工作领导小组

苏大委〔2019〕103号　2019年10月31日

组　长：江　涌　熊思东
副组长：邓　敏　路建美　杨一心　蒋星红　芮国强　陈卫昌　周　高
　　　　刘　标　张晓宏
成　员：党委办公室、校长办公室、纪委办公室、党委组织部、党委宣传部、机关党工委、群团与直属单位党工委、人力资源处（机构编制办）等单位的主要负责人。

苏州大学"双一流"建设领导小组

苏大委〔2019〕140号　2019年12月12日

组　长：江　涌　熊思东
副组长：路建美　邓　敏　杨一心　蒋星红　芮国强　陈卫昌　周　高
　　　　刘　标　张晓宏
成　员：党委办公室、校长办公室、国内合作办公室、纪委办公室、党委宣传部、学科建设办公室、人力资源处、财务处、教务部、学生工作部（处）、研究生院、科学技术研究部、人文社科处、国际合作交流处等单位主要负责人。

领导小组下设办公室，挂靠学科建设办公室。

2019年苏州大学及各校友分会主要负责人情况

一、苏州大学第五届理事会成员

会　　长：熊思东
副 会 长：杨一心
常务理事：（按姓氏笔画为序）
　　　　　孙庆民　杨一心　肖甫青　吴　鹏　吴雪梅　张　桥　张海洋
　　　　　陈晓强　胡新华　查佐明　黄文军　熊思东　缪世林　薛　辉
理　　事：（按姓氏笔画排列）
　　　　　孙庆民　杨一心　肖甫青　吴　鹏　吴雪梅　张　桥　张海洋
　　　　　陈晓强　胡新华　查佐明　黄文军　熊思东　缪世林　薛　辉
　　　　　及校内外各校友分会会长
监　　事：（按姓氏笔画排列）
　　　　　徐昳荃　陶培之　黄志斌
秘 书 长：胡新华
副秘书长：张海洋　黄文军

二、苏州大学各校友分会主要负责人情况（按成立时间排序）

北美校友会	会　长	陶福明	美国加州大学教授
新疆校友会	会　长	张自力	乌鲁木齐市科协主席
陕西校友会	会　长	刘曼丽	陕西省纺织协会副秘书长
	秘书长	张志安	陕西德鑫隆物资贸易有限公司高级工程师
广东校友会	会　长	柯惠琪	广东省丝绸纺织集团总经理
	秘书长	张秀萍	广州医学院附属肿瘤医院放疗科主任
苏州校友会	会　长	王少东	苏州市人大常委会副主任
	秘书长	程华国	苏州市政协副主席
日本校友会	会　长	郭试瑜	日本昭和大学医学部教授、原中国留日同学总会会长
	秘书长	杨　涛	日本日立电线株式会社职工
四川校友会	会　长	陈祥平	四川省丝绸科学研究院院长

	秘书长	刘季平	四川省丝绸科学研究院副院长
山东校友会	会　长	高亚军	山东省丝绸集团总公司总工程师
	秘书长	何　斌	山东广润丝绸有限公司董事长
北京校友会	会　长	何加正	邻里中国网总裁、原人民网总裁
	秘书长	任　洁	中国丝绸进出口总公司原总经理助理
上海校友会	会　长	熊月之	上海社会科学院原副院长
	秘书长	周桂荣	上海万序计算机科技有限公司副总经理
辽宁校友会	会　长	于有生	辽宁省丹东丝绸公司总经理
	秘书长	张　夏	辽宁辽东学院高职教育处处长
南京校友会	会　长	葛韶华	江苏省委宣传部原副部长、省老龄协会常务副会长
	秘书长	陈建刚	江苏省政府秘书长、省政府办公厅党组书记
盐城校友会	会　长	谷汉先	盐城卫生学校原校长
	秘书长	盛同新	盐城市政府接待办原副主任
淮安校友会	会　长	荀德麟	淮安市政协副主席、市地方志办公室主任
	秘书长	秦宁生	淮安市委党校副校长
镇江校友会	会　长	尹卫东	句容市原市委书记
	秘书长	徐　萍	镇江市人大常委会副秘书长
广西校友会	会　长	刘炽雄	南宁振宁资产经营公司工业投资公司总经理
	秘书长	邓新荣	广西质检院高级工程师
扬州校友会	会　长	颜志林	扬州市文广新局党委书记、副局长
	秘书长	周　彪	扬州市老干部活动中心原主任
江西校友会	会　长	刘琴远	南昌解放军第94医院肛肠外科主任
	秘书长	郭　斌	南昌大学二附院骨科主任
常熟校友会	会　长	殷东明	常熟市教育局局长
	秘书长	顾伟光	江苏省常熟中学原党委书记
徐州校友会	会　长	刘　相	徐州市人大原副主任
	秘书长	宋农村	徐州工程学院副院长
南通校友会	会　长	娄炳南	南通市人大常委会原副秘书长
	秘书长	景　迅	南通市人大研究室副主任
吴江校友会	会　长	王海鹰	苏州市吴江区政协秘书长
	秘书长	朱金兆	苏州市吴江区政协经济科技和农业农村委员会主任
无锡校友会	会　长	周解清	无锡市人大常委会原主任
	秘书长	任明兴	无锡市滨湖区城市管理局原局长
常州校友会	会　长	冯国平	常州纺织与服装职业技术学院原院长
	秘书长	李沛然	常州市人民政府副秘书长、市级机关事务管理局局长
连云港校友会	会　长	李宏伟	连云港市教育局副局长
	秘书长	龚建华	连云港市台办主任
泰州校友会	会　长	周书国	泰州市政协原副主席、市委统战部原部长
	秘书长	封桂林	福融投资名誉董事长

各类机构设置、机构负责人及有关人员名单

太仓校友会	会　长	邱震德	太仓市政协主席
	秘书长	陈　伟	太仓市委党校原常务副校长
内蒙古校友会	会　长	红　胜	内蒙古锡林郭勒职业学院原副院长
	秘书长	吴和平	内蒙古锡林郭勒盟医院原院长
浙江校友会	会　长	李建华	浙江万事利集团总裁
	秘书长	周　颖	浙江丝绸科技有限公司高级工程师
安徽校友会	会　长	陶文瑞	安徽省天彩丝绸有限公司总经理
	秘书长	张　颖	安徽省天彩丝绸有限公司综合处处长
张家港校友会	会　长	钱学仁	张家港市政协原主席
	秘书长	张明国	张家港市政府副秘书长
湖北校友会	会　长	朱细秋	湖北省武汉女子监狱副监狱长
	秘书长	王克作	湖北省纤维制品检测中心专职主任、高级工程师
湖南校友会	会　长	李　平	湖南中医药大学第一附属医院放射科主任
	秘书长	刘卫平	中铁建电气化局四公司经理
甘肃校友会	会　长	张义江	兰州石化总医院院长
	秘书长	米泰宇	兰州市第二人民医院普外科主任
天津校友会	会　长	崔笑飞	天津市经济技术开发区人民检察院检察长
	秘书长	孟令慧	天津市电信公司四分公司副总经理
山西校友会	会　长	常学奇	中国辐射防护研究院院长
	秘书长	赵向南	《山西日报》政法部记者
重庆校友会	会　长	黄义奎	重庆威琅人力资源服务有限公司董事长兼总裁
	秘书长	张　玲	重庆市纤维织品检验所科长
福建校友会	会　长	苏庆灿	华夏眼科集团董事长
	秘书长	叶　玲	中国农业银行厦门市分行个人业务处经理
河北校友会	会　长	刘立文	中国联通河北省分公司经理
	秘书长	石　嵘	石家庄市医疗保险管理中心运管五处处长
宿迁校友会	会　长	贡光治	宿迁市政协原副主席、市教育督导室原主任
	秘书长	刘立新	宿迁市政府办公室副主任
爱尔兰校友会	会　长	汪江淮	考克大学（UCC）医学院外科学教研室主任
	秘书长	陈　刚	都柏林大学附属医院临床外科研究室博士、教授
英国校友会	会　长	叶　兰	英国威尔士大学职员
	秘书长	卜庆修	英国贝尔法斯特女王大学（QUB）法学院博士
法国校友会	会　长	陆肇阳	蒙彼利埃大学医学院血液研究所副主任、教授、博士
黑龙江校友会	会　长	冯　军	哈尔滨医科大学附属肿瘤医院原党委书记
	秘书长	邵玉彬	哈尔滨绢纺厂职工（退休）
河南校友会	会　长	李晓春	河南工程学院副院长
	秘书长	陶建民	河南农业大学教务处副处长
新西兰校友会	会　长	王小选	奥克兰 Brand Works 公司总经理

	秘书长	范士林	新西兰华文文化沙龙理事、总编辑
云南校友会	会　长	余化霖	昆明医学院第一附属医院微创神经外科主任、博导
澳大利亚校友会	会　长	陈宝南	阿德莱德大学医学院教授
	秘书长	殷建林	悉尼大学医学院教授
贵州校友会	会　长	赵继勇	贵州省遵义市红花岗区科技局局长
	秘书长	李　钦	遵义市红花岗区财政局政府采购科科员
海南校友会	会　长	孙　武	海口市科学技术工业信息化局信息化处副处长
	秘书长	魏承敬	海南千家乐贸易有限公司副总经理
德国校友会	会　长	施晶丹	中德医养结合咨询培训有限公司总经理
印度校友会	会　长	Kartikeya Chaturvedi	CHATURVEDI HOSPITAL NAGPUR 医生
	秘书长	Mohit Parekh	MEDANTA HOSPITAL DELHI 医生
青岛校友会	会　长	张声远	青岛科技大学艺术学院艺术设计系主任
	秘书长	栾强军	青岛汇邦家纺有限公司经理
宁波校友会	会　长	覃进钊	宁波朗易金属制品总经理
	秘书长	董肖宇	浙江纺织服装职业技术学院艺术与设计学院教师
MBA校友会	会　长	田柏忠	苏州渠道通网络科技有限公司董事长
	秘书长	姚　远	苏州半杯水投资管理有限公司总经理
尼日利亚校友会	会　长	金　凯	暂无
	秘书长	欧莎莉	暂无
青创校友联盟	会　长	吴志祥	同程旅游创始人、董事长、CEO
	秘书长	姚　远	苏州半杯水投资管理有限公司总经理
湖州校友会	会　长	张伟华	浙江水乡人律师事务所合伙人
	秘书长	俞根华	湖州市中心医院医生
建筑与房地产校友会	会　长	吴永发	苏州大学金螳螂建筑学院院长
	秘书长	付正乔	《苏州楼市》主编
台湾校友会	会　长	柴御清	中州科技大学董事长
	秘书长	谢清隆	中州科技大学副校长
上海青创校友联盟	会　长	钱天东	上海交大产业投资管理（集团）有限公司董事长兼党委书记
	秘书长	陈建江	上海梓兴实业有限公司总经理
轨道交通校友会	会　长	王好爱	南通市规划编制研究中心科员
	秘书长	陈俊玮	常州市新北区委组织部人才工作处科员
光伏校友会	会　长	吴小平	苏州赛伍应用技术有限公司董事长
	秘书长	刘俊杰	上海朔日太低碳科技有限公司市场总监
生物校友会	会　长	陆　挺	苏州大学药学院教授
	秘书长	韩金星	南京百思勤科学仪器有限公司总经理

文艺校友会	会　长	龚　园	中央音乐学院继续教育学院原男高音歌唱语言教师
	秘书长	王小林	苏州市文化市场综合执法支队支队长
韩国校友会	会　长	崔桐熏	应用材料（中国）有限公司认证工程师
物理校友会	会　长	王振明	江苏捷美投资发展集团有限公司董事长
医学校友会	会　长	郁霞秋	长江润发集团董事局副主席、总裁
	秘书长	陈伟华	上海百谷源网络科技有限公司总经理

院（部）简介

文 学 院

一、概况

文学院坐落于苏州工业园区风景如画的独墅湖畔。在文学院100多年的办学历史中，章炳麟、唐文治、钱仲联等一批学术大师曾在此执教，使文学院积淀了深厚文脉。学院现有中文系、汉语国际教育系、秘书学系3个系，汉语言文学（基地）、汉语言文学（师范）、汉语国际教育、秘书学4个本科专业（方向），1个海外教育中心，1个省级重点研究基地（江苏当代作家研究基地），设有10多个校级、院级研究中心。1981年，中国古代文学专业被国务院批准为首批博士点。学院现有1个一级学科博士学位授权点（中国语言文学），设有1个博士后流动站、10个博士点（含方向）；1个一级学科硕士学位授权点（中国语言文学），8个学术型学位硕士点，2个专业学位硕士点。2015年，汉语言文学专业被遴选为江苏省品牌专业。中国语言文学一级学科连续承担了三期"211工程"重点学科建设项目。在原有中国古代文学、中国现当代文学、文艺学三个省级重点学科的基础上，中国语言文学一级学科2008年被批准为省级重点学科，2009年被遴选为江苏省国家一级重点学科培育建设点，2014年获批省优势学科重点序列学科，2018年被列入江苏省优势学科专项工程三期项目。

多年来，学院教学与科研协调发展，为国家培养了长江学者、国家级和省级教学名师、"鲁迅文学奖"获得者、"紫金文化荣誉奖章"获得者在内的万余名学子，办学声誉日隆。

二、教学工作

1. 本科生教学工作

学院牢固树立发展为要的理念，努力开拓学科资源。新领导班子成立之后，为进一步提升学院专业建设水平，前往复旦大学、南京大学及浙江大学交流学习学科专业建设经验，同时，还邀请北京大学、中山大学等知名高校的多位著名学者及领导前来学院开展讲座，介绍学科专业建设经验。班子成员认真听取了985高校的领导、教授的意见和建议，明确了学科专业建设的目标。

学院抓紧抓牢本科教学工作，积极组织申报各级精品课程、开放课程、教改项目及精品教材建设项目。2019年，学院教师获江苏省精品在线开放视频课程立项2门（王耘、邵雯艳）；获苏州市教学团队立项建设1项（杨旭辉），获校级教学团队立项建设1项（王建军）；获省级教改立项建设1项（杨旭辉）；获江苏省精品教材立项1项（杨旭辉）。

周生杰教授指导的本科毕业论文获江苏省优秀毕业论文三等奖。2019年,学院教师共发表核心期刊论文110余篇,出版专著、教材36部。

学院还积极鼓励学生参加"互联网+"创新创业大赛项目,被评选为苏州大学选拔赛优秀组织奖;在创新创业训练计划中,有国家级项目3个,省级项目2个,校级立项3个。在苏州大学课外学术基金项目中,学院4个重点项目、42个一般项目成功申报。

学院以生为本,切实加强学风建设。第一,建立院领导联系专业制度。曹炜院长联系基地专业,孙宁华书记联系国际汉语教育专业,阴浩副书记分管文秘专业,束霞平和周生杰两位副院长联系师范专业。第二,召开学风建设专题会议。学院在2019年11月中旬专门召开了2019级本科生、文科基地专业、汉语国际教育专业、师范专业及文秘专业等5场提升学风建设专题会议,各专业学生、院领导、专业教师、辅导员和学工组老师等全程参加。第三,提升国家文科基地专业建设。为了加强文科基地班专业建设,探索综合素养高的人才培养模式,学院专门制定《苏州大学文学院文科基地班提升建设规划》,提出更加明确和更高要求的人才建设目标。第四,在本科生中实行导师制。学院以基地专业为试点,每5位学生聘请1名导师,签订合同,颁发聘书。下一步学院要将这一制度向各个专业推广。第五,建立必读书制度,并购置了大量图书。学院根据专业特色给本科生开列了70种必读书目,并着手购置,供学生免费借阅,为学生的专业学习指引方向。第六,举办高端学术讲坛。为打造较高水平的学术交流名片,促进学生对学术界的认识和与学术同仁的交流,学院创办仲联学术讲坛和东吴语文教学讲坛,着力打造比肩国内知名大学的学术高地,让学生在校园内就可以聆听到国内外学术大师的讲座,开阔学生的学术眼界,培养学生的科研兴趣和能力,提升学生的综合素质。2019年下半年我们共举办仲联学术讲坛18场次,东吴语文教学讲坛5场次,普通学术讲座35次。同时,仲联学术讲坛在极短的时间内名扬国内学术界。第七,举办各类研讨会议。举办"东吴论剑:杰出校友金庸国际学术研讨会"、鲁迅研究会成立40周年学术研讨会、江苏省研究生学术论坛、第五届清代文学研究青年学者读书会和知识大融通时代的美学问题研讨会等大型学术会议,研讨会邀请名家开设讲座,让师生与名家面对面交流。学院开展学术沙龙,营造积极的学术氛围。第八,改善办学硬件设施。建立文学院智慧教室,利用人工智能、大数据等现代信息技术为师范和文秘专业学生创造优质的实训环境,提升了教学效果,改善了传统课堂师生互动不足的缺点;在文学院一楼增设图书角,为广大师生建设温馨舒适的阅读空间。

2. 研究生教学工作

学院党政领导高度重视研究生培养管理工作,导师与行政教辅人员全力保障,落实立德树人的根本任务,开展研究生思想政治教育工作。面向研究生开展培育和践行社会主义核心价值观教育,全面推进研究生"三全育人"工作。

2019年度学院获省高校研究生科研与实践创新计划项目6项,江苏省研究生创新学术论坛1项。在学院学科语文教师的悉心指导下,在第三届江苏省教育硕士实践创新能力大赛中,李悦同学获二等奖,庄文锦同学获优胜奖;在第一届"和成育秀杯"全国汉语国际教育教学技能大赛中,王晶晶同学获得特等奖,陆梦佳同学获得一等奖;在第五届苏浙沪汉语国际教育硕士教学技能暨中华才艺大赛中2人获得二等奖。

三、科研工作与学术交流

1. 科研项目及成果

学院科研工作再上新台阶。学院师生获得国家社科基金艺术学重大项目1项（王宁"新中国成立70周年中国戏曲史·江苏卷"），一般项目4项；省部级项目6项，其中，省社科重大项目2项（王福利、周生杰）；市厅级项目6项；获茅盾文学新人奖1项（房伟）；百花文学奖1项（房伟）。学院教师发表核心期刊论文110余篇，出版专著、教材36部。学院成立了文库学术委员会，启动了"苏州大学文学院学术文库"系列丛书项目，拟出版丛书8部。学院学生获江苏省优秀博士学位论文1项，苏州大学优秀博士学位论文2项，优秀硕士学位论文1项。

2. 国内外学术交流情况

2019年，学院共有11名本科生赴10个国家和地区进行交流活动，另有9名同学赴中国香港地区参加高校职场训练营，赴中国台湾地区参加东吴大学"溪城讲堂"暑期研修项目。3名研究生通过春秋季交流港澳台项目，出境学习交流获得校级资助。学院成功接待32名来自香港大学和香港恒生大学参加为期两个星期的"吴越文化及长三角区域发展学习考察"的师生交流团，并继续做好美国国务院关键语言奖学金项目（CLS）、俄亥俄州立大学（OSU）中文旗舰项目等海外项目的培训工作，并主动与有关部门联系，积极拓展准备2020年海外项目启动的前期工作。

四、重大事项

（1）曹炜教授任文学院院长，周生杰教授任文学院副院长。
（2）"文学院学术文库"系列丛书项目正式启动，"学术文库"丛书学术委员会成立。
（3）文学院承办"东吴论剑：杰出校友金庸国际学术研讨会"。
（4）创办仲联学术讲坛和东吴语文教学讲坛。
（5）王宁教授获批国家社科基金艺术学重大项目"新中国成立70周年中国戏曲史·江苏卷"（项目号19ZD05）立项。
（6）房伟教授荣获第三届茅盾文学奖（新人奖）、第十八届百花文学奖。

（赵　曜）

传媒学院

一、概况

苏州大学传媒学院现有二级学科博士点1个：媒介与文化产业；一级学科硕士点2个：新闻传播学、戏剧与影视学；专业学位硕士点2个：新闻与传播、出版。本科专业共5个：新闻学、广播电视学、广告学、播音与主持艺术、网络与新媒体。

学院在职教职工70人，其中，教授10人（含博士生导师7人）、副教授15人；拥有江苏省"333工程"人才1人，江苏省"青蓝工程"中青年学术带头人1人，优秀青年骨干教师2人，江苏省宣传文化系统青年文化人才1人，姑苏宣传文化领军人才1人，重点人才1人，东吴学者1人，苏大特聘教授卓越人才1人，特聘教授精英人才2人，江苏社科英才1人，江苏社科优青2人，聘请了5位讲座教授、2位客座教授和30余位海内外知名的新闻传播专业学者和业界人士担任学院的兼职教授或兼职导师。在校全日制本科生800余人，硕士、博士研究生240余人，各类成人教育学生1000余人。

学院建有江苏省省级实验教学示范中心——传媒与文学实验教学中心，拥有演播厅、摄影棚、录音棚、新媒体实验室、播音主持语言实验室、电视摄像实验室、计算机图文设计实验室、电视鉴赏实验室、非线性编辑实验室、达芬奇影视后期调色实验室、动漫游戏制作实验室、电视节目制作室、数码艺术工作室、影视艺术工作室、网络与新媒体工作室。学院在新华报业传媒集团、苏州广播电视总台、苏州报业传媒集团等多个媒体单位建立了实践实习基地，并主动对接相关高层次媒体和企业平台，为学生实习、就业提供了更多的高层次平台和机会。学院每年度举办苏州大学大学生电影节暨北京大学生电影节分会场活动和国际大学生新媒体节，定期聘请学界知名学者和业界资深人士来校举办专场讲座。

二、教学工作

1. 本科生教学工作

新闻学专业成为国家级一流本科专业建设点，获得2项苏州大学虚拟仿真实验教学培育项目，1位教师获苏州大学第十八届青年教师课堂教学竞赛二等奖，"理解广告"课程获2019年苏州大学精品在线开放课程，2个项目获2019年苏州大学在线开放课程立项，1个项目获2019年苏州大学通识教育课程改革项目立项，获苏州大学高等教育教改研究课题立项一般项目1项、青年项目1项，广告学核心课程教学团队获苏州大学第二批本科教学团队项目立项，1位教师获苏州大学"课程思政"课堂教学竞赛三等奖，获"箐政基金"项目1项，获国家级、省级大学生创新创业训练计划项目和校企合作基金项目省级重点项目1项、省级一般项目2项。

2019年，学院本科生获省级以上奖项201项，其中，国家级154项，省级47项；出国（境）交流学生48名；科研项目立项16项，其中，"箸政学者"1项，大学生创新创业省级重点项目1项；发表论文共21篇；"红谷声"团队获2019年江苏省"互联网+"大学生创新创业大赛三等奖。学院充分重视毕业生就业工作，2019年，本科生年终就业率为93.85%，高于学校平均就业率。

2. 研究生教学工作

2019年，学院成立新闻与传播专业学位教学指导委员会，制定《传媒学院2019年研究生硕博连读实施办法》《传媒学院2019年博士研究生招生"申请—考核"制实施办法》。2019年，研究生就业率为94.67%，高于学校平均就业率。

三、学科建设与科研工作

1. 部校共建

积极做好部校共建工作。2019年7月，部校共建工作正式签约、揭牌。根据地方融媒体发展态势，学院在"新媒体研究院"的基础上，重新组建"融媒体发展研究院"，新组建"江苏对外传播研究院"，形成团队，开展工作。学院先后召开了"大变局背景下的对外传播（国际）高峰论坛"，与中国社会科学院新闻与传播研究所、苏州广电总台成立了"建设性新闻研究中心"，并召开了揭牌仪式暨苏州广电总台"建设性新闻"案例研讨会。

2. 科研项目与成果

2019年，2位教师获得国家社科基金一般项目，1位教师获国家艺术基金项目，2位教师获江苏省社科项目，1位教师获得江苏省高校社科重大项目，1位教师获得江苏省教育厅研究生教改重点项目。2019年度教师发表论文40余篇，其中，一类权威核心刊物论文3篇，一类核心刊物论文4篇，二类核心刊物论文22篇，三类核心刊物论文15篇。出版专著多部。

3. 国内外学术交流情况

2019年，本科生出国（境）交流人数为48人，涉及英国、美国、日本、澳大利亚、中国香港、中国台湾等国家和地区，有16位同学获得2019年苏州大学本科生出国（境）交流经费资助。2019届毕业生出国（境）为47人，升学出国率为36.7%。

积极开展学术交流，举办"大变局背景下的对外传播（国际）高峰论坛""首届'传播与认同'圆桌论坛"等学术活动，得到学术同行的高度评价。邀请到了中国社会科学院新闻与传播研究所所长唐绪军研究员、上海交通大学张国良教授、中国人民大学邓绍根教授、江苏省哲学社会科学界联合会科普部主任吴颖文、南京大学丁柏铨教授、《南京晨报》总编丁晓斌等知名专家、学者近30人莅临学院开设讲座。

四、重大事项

（1）1月9日，江苏省委宣传部、苏州市委宣传部与苏州大学共建传媒学院调研座谈会在独墅湖校区召开,江苏省委宣传部副部长杨力群出席并发言,校党委书记江涌主持会议。

(2) 4月17日,苏州大学第九届大学生电影节暨第二十六届北京大学生电影节苏州分会场在独墅湖影剧院一号厅开幕。

(3) 6月19日,江苏省委常委、宣传部部长王燕文专程莅临学院调研。

(4) 7月1日,传媒学院庆祝中国共产党成立98周年暨总结表彰大会在1005幢5148会议室召开。

(5) 7月11日,江苏省委宣传部、苏州市委宣传部、苏州大学共建传媒学院签约、揭牌仪式在天赐庄校区学术报告厅举行。

(6) 9月20日,由传媒学院主办、苏州大学"传播与认同"人文社科学术团队承办的首届"传播与认同"圆桌论坛顺利举行。

(7) 10月25日,新加坡国立大学科技传播专业主任刘益成教授一行五人莅临苏州大学传媒学院访问交流。

(8) 11月16日,传媒学院举办"大变局背景下的对外传播(国际)高峰论坛",来自国内外高校、传播机构、社会组织等的70多名专家学者出席并交流。

(9) 11月27日,中国社会科学院新闻与传播研究所、苏州市广播电视总台、苏州大学传媒学院三方共建的"建设性新闻研究中心"在学校揭牌成立,为国内首个"建设性新闻"研究基地。

(10) 12月8日,中共苏州大学传媒学院委员会召开的换届选举党员大会在学院大演播厅举行。宁正法、谷鹏、宋海英、张健、陈一、陈龙、徐冉7名同志当选中共苏州大学传媒学院委员会新一届委员。

(黄艳凤)

社会学院

一、概况

苏州大学社会学院是苏州大学下属的二级学院之一,其前身可以追溯到东吴大学时期。1953年,江苏师范学院设立历史专修科;1955年,著名历史学家柴德赓教授受命创建历史学系;1995年,历史学系更名为社会学院。

学院现设历史学系、档案与电子政务系(含档案学、图书馆学、信息资源管理)、社会学与社会工作系(含社会学、社会工作)、旅游管理系、劳动与社会保障系,共5个系、8个本科专业。学院现有中国史一级学科博士点,旅游管理二级学科博士点,中国史博士后流动站,4个一级学科硕士点,13个二级学科硕士点,4个专业硕士学位点。中国史是江苏省重点学科,历史学是江苏省品牌专业,历史学(师范)专业是国家级一流本科专业建设点,档案学是国家级特色专业。江苏省哲学社会科学重点研究基地"吴文化研究基地"、江苏省大运河文化带建设研究院苏州分院暨苏州大运河文化带建设研究院、江苏红十字运动研究基地,以及苏州大学(苏州市)人口研究所、苏州大学吴文化国际研究中心、社会与发展研究所等省、校级科研机构附设于本院。

学院现有教职工102人,其中,专任教师84人。学院具有副高以上技术职务者54人(教授28人,副教授26人),正、副教授占专任教师比约为64.3%;有博士生导师14人,硕士生导师45人。学院还聘任多位国内外著名专家学者为兼职教授。

学院秉承"养天地正气,法古今完人"的校训,全面贯彻党的教育方针,落实立德树人根本任务,以人才培养为中心,注重科学研究、社会服务和文化传承创新高质量发展。迈入新时代,学院正以昂扬的姿态、开放的胸襟、全球的视野,顺天时、乘地利、求人和,积极投身学校"双一流"建设,努力提升学院各项工作的能力和水平,为社会输送更多德智体美劳全面发展的社会主义建设者和接班人。

二、教学工作

2019年,全院教师参加校级以上教学竞赛和专业竞赛获奖2次,其中,校二等奖、三等奖各1人;王卫平主编的《吴文化的精神传承》获江苏省重点教材立项;学院有3项课题获得苏州大学高等教育教改立项研究课题立项,其中,王卫平、黄鸿山主持的"苏州大学吴文化史金课(群)实践研究"获江苏省高等教育教改立项研究课题立项;王卫平等主持的"吴文化史课程群建设"获江苏高校"金课"工作坊项目立项;全院教师建设各类校级在线开放课程、通识核心课程等10门;"吴文化史专题"被学校推荐申报国家一流本科课程。

新立项国家级大学生创新创业训练计划项目4项，江苏省大学生创新创业训练计划项目5项，苏州大学大学生创新创业训练计划项目2项，"箸政基金"项目2项。学生参与学科竞赛2项，获省级奖励39项，发表论文数篇。

三、科研与学术交流

1. 科研项目与成果

2019年，学院获国家级项目5项，省部级项目9项，市厅级项目多项。学院教师发表论文情况：在SSCI、SCIE、一类核心刊物上发表论文8篇，在二类刊物上发表论文27篇；出版学术著作及资料集等20部；主办了2次高层次学术研讨会。

2. 国内外学术交流情况

2019年，学院邀请国内外知名专家来学院进行学术交流并做学术报告，有中国社会科学院历史研究所所长卜宪群教授、中国社会科学院社会学所副所长王春光研究员、中山大学周大鸣教授、西北农林科技大学樊志民教授、南京农业大学王思明教授、东北师范大学王彦辉教授、台湾"中央"研究院范毅军教授、得克萨斯大学东亚研究中心主任李怀印教授、德国奥格斯堡大学米夏埃尔·沃布林、意大利威尼斯大学Livio Zanini等30余人次。

四、重大事项

（1）2019年，学院增设旅游管理二级学科博士点，新增旅游管理与图书情报2个专业学位硕士点（全校4个）。

（2）2019年，周毅教授获评苏州大学特聘教授杰出人才、黄鸿山教授获评苏州大学特聘教授精英人才。2019年，黄鸿山教授获"江苏社科英才"称号。2019年，引进青年骨干教师4人，特聘教授2人。王卫平教授荣获"全国优秀教师"称号。

（3）学院历史学（师范）专业入选国家级一流本科专业建设点。

（4）学院荣获2019年度苏州大学人文社科工作科研项目最佳进步奖，荣获2019年度苏州大学研究生工作考评最佳进步奖。

（5）学院在2019年度苏州大学综合考核中获评"党的建设先进单位"，高峰院长获评"担当作为好干部"。

（顾颖莹）

政治与公共管理学院

一、概况

学院最早可追溯到 20 世纪 20 年代东吴大学创办的政治学科（东吴政治学），1995 年，学院由学校政治系与马列部合并组建而成。其后，苏州蚕桑专科学校、苏州丝绸工学院、苏州医学院相关系科专业先后并入，形成了全新意义上的政治与公共管理学院。学院现有 2 个一级学科博士授权点，2 个一级学科博士后流动站，4 个一级硕士学位授予点和公共管理硕士（MPA）一级专业硕士授予点，以及 16 个二级硕士点；地方政府与社会管理为江苏省首期优势学科，政治学为江苏省二期优势学科；哲学为江苏省一级重点学科。学院拥有教育部人文社科重点研究基地中国特色城镇化研究中心、江苏高校新型城镇化与社会治理协同创新中心、老挝—大湄公河次区域国家研究中心等省部级研究基地和东吴哲学研究所等 10 多个校级研究院、所、中心，基本形成了研究型学院的发展态势。

学院下设哲学、公共管理、管理科学 3 个系科，共有 9 个本科专业。教职工 116 人，其中，专业教师 87 人（教授 33 人、副教授 35 人），博士后 6 人（师资博士后 5 人，统招博士后 1 人）。

二、教学工作

1. 本科生教学工作

学院坚持立德树人的根本任务，树立"人之子女，己之子女"的理念，不断提升人才培养质量，在 2019 年本科教学考核中荣获"教改教研成果奖"。2019 年，学院坚持以示范带动，不断强化专业和教学团队建设，不断提升教学质量。行政管理专业成为校一流本科专业、江苏省一流本科专业；获得江苏省"青蓝工程"优秀教学团队 1 个、校级课程群教学团队 1 个。积极组织培训和竞赛，提高教学水平，推进教育教改研究，2019 年，学院获得江苏高校教育教改研究重点项目 1 项，校高等教育教改研究项目青年项目 2 项、教学管理专项 1 项。

整合多方资源，建设高端课程资源。强化在线开放课程、虚拟仿真实验教学项目等建设，打造金课，积极整合力量申报"重大突发自然灾害虚拟仿真教学实验项目"，项目获得苏州大学重点培育建设支持，被推荐至江苏省申报全国虚拟仿真教学实验项目遴选。

进一步盘活智慧治理综合实验室，积极拓展专业实习基地。在江苏优捷供应链有限公司、相城区北桥街道等挂牌本科生专业实习基地。积极创新人才培养方式，提升人才培养质量。认真修订本科专业人才培养方案，制定《苏州大学政治与公共管理学院关于指导学生科研的奖励办法》，鼓励广大师生参与创新创业工作。2019年，学院积极承办苏州大学第五届"互联网+"大学生创新创业大赛暨第五届中国"互联网+"大学生创新创业大赛校内选拔赛；1个项目获得第十六届"挑战杯"全国大学生课外学术科技作品竞赛三等奖；获得各级各类课题立项100项。1篇本科论文获2018年江苏省普通高等学校本科优秀毕业设计（论文）二等奖。

2. 研究生教学工作

专题召开研究生培养工作推进会，强化研究生的过程管理，形成从研究生选题、开题、中期考核、预答辩、答辩全过程闭环运行系统，提高研究生论文质量和研究生培养质量。制定《苏州大学政治与公共管理学院研究生中期考核流程》《苏州大学政治与公共管理学院研究生预答辩流程》《苏州大学政治与公共管理学院学位论文的答辩工作细则》《苏州大学政治与公共管理学院博士答辩流程》，制定《苏州大学MPA专业学位论文查重检测办法》《苏州大学政治与公共管理学院硕士、博士学位论文终审暂行实施办法》，通过制度切实规范研究生培养工作。在2019年江苏省优秀硕博士论文评选中，学院学生的2篇论文获评江苏省优秀学位论文。

不断深化研究生教育改革，积极鼓励和支持研究生参与各类创新创业大赛。2019年，1名同学荣获首届江苏省研究生公益创业科研创新实践大赛二等奖；1名同学荣获第二届全国"互联网+"大学生创新创业大赛山西省二等奖、第六届全国大学生电子商务"创新、创意及创业"挑战赛山西省优秀奖；1名同学荣获江苏省学术创新论坛一等奖；4名同学荣获江苏省学术创新论坛三等奖；获得第一届"中国铁建地产杯"四川省公共管理案例挑战大赛一等奖；1个案例获得第三届全国MPA案例大赛优秀奖。

三、学科和科研工作

在2019年科研工作考核中，学院获科研服务地方贡献奖。学院始终坚持刀刃向内，凝聚学科特色，注重内涵建设。积极举办各类高端学术会议，如举办江苏省政治学会2019年会暨"国家治理现代化：制度·体系·能力"学术研讨会、"推进国家治理体系和治理能力现代化的政治学视野三人谈"等高端学术会议。积极邀请专家、学者来院讲学，2019年共举办东吴哲学系列讲坛19场、东吴政治学系列讲坛25场。

强化人才梯队建设，激发教师活力。2019年，学院有苏州大学特聘教授卓越人才2名，江苏社科英才1名，江苏社科优青1名，1名教师入选"青蓝工程"优秀青年骨干教师，1名教师入选校2019年度"仲英青年学者"，1名教师入选校"高尚师德"奖，1名教师获校青年课堂教学竞赛二等奖，1名教师获省微课竞赛三等奖，2名教师获校教学先进个人。

实行"传帮带"工程、项目申报激励计划，召开国家社科基金项目申报动员会、培训会等，多途径帮助教师申报科研项目和开展科研活动，取得了较好成绩。获得国家级重大项目1项，重点项目2项，一般项目1项，后期资助项目2项，省部级项目9项。教师发表一类权威论文15篇，一类核心期刊4篇，二类核心期刊56篇，著作12部。

四、重大事项

（1）1月11日，学校召开教学科研表彰大会，学院获得课程建设推进奖、科研服务地方贡献奖，陈进华获得个人杰出贡献奖。

（2）公共管理系（3月31日）、管理科学系（3月23日）、哲学系（4月3日）分别召开2019级本科专业人才培养方案修订论证会。

（3）4月13日，"区域一体化中的城市法治与政治"圆桌会议在苏州召开。

（4）6月26日，苏州大学政治与公共管理学院与百胜中国物流实习基地揭牌暨2019年管培生签约仪式圆满举行。

（5）9月9日，学院成功举行2019级新生开学典礼暨"大学第一课"。

（6）11月2日，"全球化与区域化：当代社会发展中的城市逻辑"第七届城市哲学论坛（2019）在苏州顺利召开。

（7）11月8日，学院与江苏优捷供应链管理有限公司"跨境电商与物流产学研实践基地"揭牌。

（8）12月3日，"推进国家治理体系和治理能力现代化的政治学视野三人谈"在苏州举行。

（9）12月7日，江苏省政治学会2019年会暨"国家治理现代化：制度·体系·能力"学术研讨会在学校天赐庄校区红楼会议中心召开。

（曾永安）

马克思主义学院

一、概况

马克思主义学院成立于2011年3月,2015年4月单独组建马克思主义学院。2016年5月,学院与中国社会科学院马克思主义研究院签署合作协议共建马克思主义学院。2016年、2018年,学院被评为江苏省高校示范马克思主义学院,拥有教育部全国高校思想政治理论课教师研修基地、江苏省中国特色社会主义理论体系研究基地。

马克思主义理论学科入选江苏省"十三五"重点学科、江苏省优势学科第三期建设项目,2018年获批一级学科博士学位授权点。学院设有马克思主义理论学科博士后(科研)流动站。2018年,学院入选教育部高校思想政治理论课教师后备人才专项计划培养单位。学院现有马克思主义理论学科各类硕、博士生近200人。

努力构建"大师+团队+梯队"的师资队伍。学院2019年全年新引进补充教师4人,现有教职工63人(含朱炳元、方世南教授),其中,专任教师53人,具有高级职称38人,占比约为72%,有4名教师被评为江苏省优秀思想政治教育先进个人,2名教师被评为江苏省"333工程"培养对象,1名教师获国务院特殊津贴。学院设有马克思主义基本原理概论、毛泽东思想和中国特色社会主义理论体系概论、中国近现代史纲要、思想道德修养与法律基础、研究生思想政治理论课、形势与政策等教研室;设有马克思主义政党与国家治理、马克思主义生态文明理论与绿色发展、社会主义协商民主理论与实践、中国近现代商会与社会发展、中国近现代民间外交与和平发展、马克思主义创新理论与创新创业实践等6个研究中心,致力于培养从事马克思主义理论研究与教学、思想政治教育、党的建设与国家治理等方面工作的高级专门人才。

学院承担省部级以上项目10多项,其中,国家社科基金重大项目1项、重点项目1项,教育部重大项目1项。在《马克思主义研究》《马克思主义与现实》《哲学研究》《政治学研究》《光明日报》等报刊上发表论文近500篇,出版《马克思恩格斯的生态文明思想》等学术专著50多部。获江苏省哲学社会科学优秀成果一等奖等省部级奖7项。一批建言献策成果被中央部门、省、市及基层党委政府采纳应用,有效发挥智库功能,产生明显社会效益。

学院围绕立德树人根本任务,努力推进思想政治理论课教学改革,深化马克思主义理论科学研究和人才培养,持续推进马克思主义理论学科和马克思主义学院高质量发展!

二、教学工作

1. 教学改革

学院为全校本科生、硕士生、博士生开设思想政治理论课，还开设新生研讨课、通识选修课和公共选修课，博士生思政课教学改革试点稳步推进。学院还承担马克思主义理论学科博硕士生课程教学任务。

学院高度重视思想政治理论课教育教学改革，所有教授都面向本科生开设了新生研讨课。2019年，"习近平新时代中国特色社会主义思想精讲"获得苏州大学在线开放课程立项；有4位教师获第二届在苏高校思想政治理论课教师教学竞赛一等奖、二等奖；1位教师获得苏州大学第十八届青年教师课堂教学竞赛二等奖。

2. 思政课教学工作与研究生培养

严格落实教育部高校思想政治理论课队伍后备人才培养专项支持计划，学院创新马克思主义理论学科建设和研究生培养，探索实行"学术导师+教学导师+德政导师"制，组成导师组实行全面指导，"读书—研究—写作"报告会成为学术研究、交流模拟训练平台，思政课教师后备人才和各专业研究生培养不断提质增效。

2019年，学院共招收学术性硕士研究生24名，博士研究生7名，全日制专业型硕士研究生21名；本年度毕业学术型硕士研究生14名，全日制专业硕士研究生17名。江苏省学位论文抽检2人，均合格。

2019年，学院研究生在各级各类杂志发表论文68篇，以独立作者或者第一作者发表39篇，其中，核心期刊38篇，以独立作者或者第一作者发表22篇。参与申报省部级以上科研项目28人次。研究生提交会议论文12篇，获奖3篇。

学院成功申报2019年度江苏省研究生科研创新计划项目和实践创新项目4项，结题4项；苏州大学第21批大学生课外学术基金立项20项。2名研究生赴美国参加学术研讨会并发言，1名研究生赴德国短期学习。

学院为促进研究生就业，有效搭建服务平台。毕业研究生就业率为100%。积极组织研究生参与校内校外实践活动，学生获得"挑战杯"和"华为杯"奖37项，获评苏州大学优秀研究生干部、苏州大学研究生会先进个人、优秀学生社团骨干4人。

三、科研工作与学术交流

1. 科研项目及成果

2019年，学院获得省社科一般项目1项，国家社科思政专项1项，国家后期资助1项，教育部青年项目1项，省级课题2项，设立院级科研支持资金，鼓励和引导中青年教师开展项目预研。2019年，教师发表核心期刊论文67篇，专著1部，应用研究成果报告批示9篇，其中，方世南教授的决策参考受到苏州市委常委、市委秘书长俞杏楠批示，宋德孝教授的咨询报告被中央办公厅采纳，列入专报中国社会科学院《要报》。

2. 国内外学术交流情况

2019年，学院积极开展多层次的学术交流与合作。苏州大学·马院讲坛全年共举办18期。学院在2019年3月22至24日，举行"习近平生态文明思想研究"教育部重大课题攻关项目开题暨学术研讨会；10月25至27日，作为主要承办方召开马克思主义学科期刊评价专家委员会2019年工作会议；11月15至17日，主办习近平新时代中国特色社会主义思想与苏南实践研讨会。

积极开展对外交流，组织5名师生前往美国参加美国华人人文社科教授协会（ACPSS）第25届国际会议并做主题发言。方世南教授赴加拿大、古巴出席"21世纪的阶级、国家和民族——世界政治经济学学会第14届论坛"（主论坛）和"21世纪世界社会主义发展国际研讨会"（分论坛）。田芝健院长为学院与英国南安普顿大学的合作牵线搭桥，并与其人文学部负责人进行了商谈。

四、重大事项

（1）1月9日，学院召开一届三次全体教职工大会。

（2）1月17日，苏州大学马克思主义学院与太仓市委宣传部共建"党的创新理论大众化传播协同创新中心"。

（3）2月25日，昆山市新时代文明实践中心与苏州大学马克思主义学院结对共建签约，校党委副书记邓敏与昆山市委常委、宣传部部长许玉连出席。

（4）3月16日，学院召开一届四次全体教职工大会，分工会完成换届选举。

（5）6月19日，江苏省委常委、宣传部部长王燕文专程莅临苏州大学马克思主义学院召开调研座谈会。

（6）7月1日，马克思主义学院党委获2017—2018年度江苏高校"党建工作创新奖"二等奖。

（7）9月25日，青春激扬跟党走 同心共筑中国梦——"四个自信·青年说"苏州大学专场活动成功举办。

（8）11月15日，学院主办的"习近平新时代中国特色社会主义思想与苏南实践研讨会"成功召开；成立"社会主义现代化与苏州实践研究院"和"社会主义现代化与长三角一体化实践研究院"。

（9）11月22日，学校先后发文决定田芝健任院长，朱蓉蓉、茆汉成任副院长，院行政班子完成换届。

（10）11月27日至12月6日，校党委第三轮巡察第二巡察组对院党委开展了巡察。

（11）12月，学院党委申报的"聚焦统战正能量，引领统战工作走进新时代"入选全省高校统战工作实践创新成果奖（苏委教函〔2019〕7号）。

（刘慧婷）

东吴商学院（财经学院）

一、概况

苏州大学东吴商学院（财经学院）前身为1982年苏州财校并入苏州大学时成立的财经系。1985年6月，经江苏省人民政府批准，由江苏省财政厅参与投资建设，更名为苏州大学财经学院。财经学院也是苏州大学建立最早的二级学院。2002年更名为苏州大学商学院。2010年4月，苏州大学与东吴证券股份有限公司签订协议共建苏州大学商学院，苏州大学商学院更名为苏州大学东吴商学院。

学院下设经济系、财政系、金融系、经贸系、工商管理系、会计系、电子商务系7个系科，乡镇经济研究所、世界经济研究所、财务与会计研究所3个研究所和智能供应链研究中心、MBA中心。学院现有博士后流动站2个（应用经济学、工商管理），一级博士授权点2个（应用经济学、工商管理），二级博士授权点4个（金融学、财政学、区域经济学、企业管理学），硕士点14个［金融学、财政学、企业管理、世界经济、区域经济、政治经济学、产业经济学、国际贸易、会计学、工商管理硕士（MBA）、会计专业硕士、金融专业硕士、税务专业硕士、国际商务专业硕士］，学院拥有金融学、财政学、会计学、经济学、工商管理、财务管理、电子商务、国际经济与贸易、市场营销9个本科专业和国际会计（CGA）专业方向；2011年，经教育部批准开设"金融学（中外合作）"本科专业。金融学为省级重点学科、省级品牌专业，会计学专业为省级特色专业。

学院现有教职工167人，其中，教师143人，博士生导师13人，教授26人，副教授71人，讲师45人，取得博士学位和正在攻读博士学位的教师79人，享受国务院特殊津贴的专家2人，国家优青1人，入选教育部"新世纪优秀人才支持计划"2人，江苏省"333工程"培养对象6人，江苏省特聘教授1人，东吴学者高层次人才计划1人，江苏省"青蓝工程"培养对象4人。并聘请国内外30多名专家、学者为兼职教授。目前在读全日制本科生近2 500人，第二学位学生400多人，在籍博士、硕士研究生1 000多人。

二、教学工作

1. 本科生教学工作

学院制定了2019年东吴商学院各专业本科生人才培养方案、大类招生计划和专业分流实施细则（草案），以及会计学、国际经济与贸易、工商管理3个本科辅修专业申报及教学计划。中外合作办学金融学项目获教育部批准，延长招生5年。完成了江苏省教育厅对市场营销、工商管理、财务管理、会计学4个相关商科专业的评估检查工作。学院教师获省级一流课程建设1项，校级精品教材1项、校级教改课题2项，获校本科教学团队项目（第二批）1项，教师参加校级以上教学竞赛，获校级三等奖2人。

2. 研究生教学工作

学院开展了研究生课程综合改革，构建"三横一纵"研究生课程体系，打通了学术型硕士、博士课程体系。修订了博士候选人培养方案和硕博士研究生培养方案，启动硕博士研究生论文质量提升工程，举办硕博士论坛。举办第三期研究生暑期学校，获得江苏省教育厅研究生暑期学校项目资助。修订MBA各专业学位的培养方案，引进和聘请海内外知名教授与校外导师参与专业学位教学与培养工作。学院教师获得3项省级研究生综合教改项目，其中，省重点项目2项。

三、科研工作与学术交流

1. 科研项目及成果

2019年，学院获批国家社科项目6项，国家自然科学项目1项，教育部基地重大项目1项，省部级项目5项。科研经费到账再创历史新高，横纵向经费共808.31万元。学院教师发表国际期刊及苏大核心期刊文章共计65篇，其中，SSCI/SCI检索收录33篇，一类核心期刊论文5篇，二类核心期刊17篇。

2. 海内外学术交流情况

学院选派教师赴剑桥大学等海外高校进修和合作研究，学院教师赴美国、德国等国家参加决策科学协会年会、2019年度信息系统国际会议等学术会议。2019年10月，学院与台湾东吴大学商学院、东吴证券股份有限公司及江苏现代金融研究基地联合主办第23届海峡两岸财经与商学研讨会，加深了海峡两岸经济学与管理学学界的学术交流，进一步促进了台湾东吴大学与苏州大学的友好合作。

四、重大事项

（1）7月5日，中共苏州大学东吴商学院委员会与中共招商银行苏州分行本部委员会共联共建签约、揭牌仪式在东吴商学院举行。

（2）10月19日，由苏州大学东吴商学院、台湾东吴大学商学院、东吴证券股份有限公司及江苏现代金融研究基地联合主办的第23届海峡两岸财经与商学研讨会在东吴商学院举行。

（3）10月28日，江苏现代金融研究基地启动仪式暨现代金融创新赋能经济高质量发展研讨会在南京举行，会议由东吴商学院主办。

（4）11月20日，东吴商学院学术委员会换届选举大会在东吴商学院财科馆二楼学术报告厅召开，会议选举产生了新一届院学术委员会委员。

（袁　楠）

王健法学院

一、概况

苏州大学王健法学院坐落在素有"人间天堂"美誉的古城苏州,其前身为蜚声海内外的东吴大学法科。1915年9月,在东吴大学教政治学并兼任东吴大学附属中学校长的美籍律师查尔斯·兰金,为能在中国培养法律人才,以苏州东吴大学为本,于上海创设东吴大学法学院,专以讲授"比较法"为主,因而东吴大学法学院又称"中华比较法律学院"。学院教学突出"英美法"内容,兼顾大陆法系教学,其明确的专业意识与科学的培养目标,使东吴大学的法学教育在当时饮誉海内外,学院有"南东吴,北朝阳"之称,又被誉为"华南第一流的而且是最著名的法学院"。国内现代法学大师中,王宠惠、董康、吴经熊、盛振为、丘汉平、孙晓楼、王伯琦、杨兆龙、李浩培、倪征噢、潘汉典等诸位先生,或执教东吴以哺育莘莘学子,或出身东吴而终成法学名宿。"人人握灵蛇之珠,家家抱荆山之玉",法界才俊汇集于斯,可谓极一时之盛。1952年院系调整时,东吴大学易名为江苏师范学院,法学院随之并入华东政法学院;1982年,学院经国务院批准改名为苏州大学,同时恢复法学教育,设法律系;1986年扩建为法学院;2000年,原东吴大学法学院校友王健先生捐巨资支持法学院建设,苏州大学法学院更名为苏州大学王健法学院。

苏州大学王健法学院现有教职工83人,其中,专任教师66人。教师中有教授24名,副教授28名;博士生导师17人,硕士生导师53人。

学院教师具有较强的研究能力,积极为法治国家建设献计献策。21世纪以来,先后承担了包括国家社科基金重大招标项目在内的国家级科研项目45项,省部级项目105项,获得纵向科研经费达1 500余万元,发表各类学术论文上千篇。

王健法学楼建筑面积16 000平方米,教室设备一流,并设有中式模拟法庭、西式模拟法庭、国际学术会议厅等,同时为全体教师配备独立的研究室。图书馆面积3 600平方米,现有藏书8万余册,中外文期刊600多种,可检索的电子图书30多万种,并收藏、保留了颇多中国港台地区法学期刊、图书等。

自1982年以来,法学院已为全国培养博士生、硕士生、本科生、专科生等各类层次的专门人才19 000余人,成为重要的法学人才培养基地,许多校友已成为国家政法部门和法学教育的中坚力量。

"养天地正气,法古今完人。"我们深知,与东吴大学法学院的先贤们所创造的成就和辉煌相比,眼下法学院所取得的成绩还微不足道。目前,全院教师在重温东吴法学精神的同时,力求在教学、科研方面更加精益求精,以踵继前人的事业。

二、教学工作

1. 本科生教学工作

2019年招收法学专业本科生143人，知识产权专业本科生31人，法学双学位本科生164人，知识产权双学位本科生32人，法学（教改班）本科生15人。完成了以下工作：学院法学专业和知识产权专业2019级人才培养方案的修订和完善；法学院辅修专业的申报、录取程序、标准及人才培养方案的修订；"卓越法治人才2.0"的初步建设方案。同时，进行"法学教改班"的招生和培养模式改革，并获得教务部通过。2018—2019学年，学院教师在本科生课程教学质量测评中，获全校第一。学院教师先后获得江苏省微课比赛二等奖、苏州大学教学竞赛一等奖、苏州大学课堂思政教学竞赛一等奖和二等奖等奖项。本院优秀教师录制"民事诉讼法""环境法""宪法学入门""物权法"四门在线开放课程，前三门课程已经录制完成并在网络平台上线，学生评价和反应良好。积极组队参加国家级、省级学科竞赛，获第十六届挑战杯国赛二等奖、第十三届中国大陆地区红十字国际人道法模拟法庭竞赛二等奖等多个奖项。2019年，法学本科专业录取平均分在全校文科专业中排名第一，2019年学生在全国司法考试中通过率达65%。

2. 研究生教学工作

2019年共招收博士研究生10人，全日制硕士研究生199人，非全日制硕士研究生76人。积极组织研究生参加国家、省、校级各类科研创新实践大赛，获得各类奖项共计37项，其中，国家级奖项共5项，含国家二等奖2项；省级奖项32项。截至2019年年底，研究生就业率达92.72%。积极参与研究生招生改革，生源质量不断提升。推免生在招生计划中占比达10.7%，优质生源（法学学科评估B以上学校）占比达25%。高质量推进研究生国际化教育。2019年，有1名老挝在读博士研究生、1名俄罗斯硕士研究生入学，有6人次研究生参与国际学术会议。研究生科研贡献度显著提升。学院研究生2019年在《苏州大学学报（法学版）》《体育科研》《社会科学家》《大连理工大学学报》《天府新论》等学校认定的三类以上核心期刊共发表论文16篇。加强研究生工作站、实践基地建设管理，聘请高水平实务专家壮大法学实务导师团队。成功举办江苏省教育厅第四届长三角法学研究生论文发布会、第三届江苏省研究生法律案例大赛。2019年，学院学生获省级优秀专业硕士学位论文1篇。

三、科研工作与学术交流

1. 科学研究

2019年度共获得国家社科基金项目8项，其中，国家社科基金重大专项2项，和中央党校并列全国第一，实现了历史性的突破；获得省部级项目11项。在C刊物上（含C集和C扩）发表论文73篇，其中，权威核心奖励期刊论文5篇，CLSCI论文12篇；出版专著8部。

2. 国内外学术交流

学院成功举办2019年发展研讨会、"双一流"建设研讨暨王健法学院第一轮兼职教授聘任仪式、中国法学会民法学研究会2019年年会、第四届"担保物权法理论与实践"国际研讨会、苏州大学国家监察研究院成立暨首届学术论坛、"理论与法哲学论坛"2019年第一次学术讨论会、第十五届中国宪法学基本范畴与方法学术研讨会、第四届罗马法青年论坛等会议,提高了学院知名度和影响力。与台湾东吴大学、美国康涅狄格州立大学、捷克马萨里克大学、葡萄牙科英布拉大学签订合作协议,进一步提升国内外知名度。

四、重大事项

（1）经选举产生学院新一届（第九届）院学位评定委员会候选人：方新军、上官丕亮、方潇、张鹏、朱谦、王克稳、庞凌,其中,方新军担任主席、上官丕亮担任副主席。

（2）第四届"方本东吴杯"长三角法学研究生论文发布会在王健法学院中式模拟法庭举行。论文发布会开幕式由王健法学院党委书记周国华主持,吉林大学《法制与社会发展》副主编兼编辑部主任苗炎教授、上海方本律师事务所主任金春卿律师、苏州大学研究生院党委研究生工作部部长吴雪梅、王健法学院院长方新军教授出席了开幕式。本届发布会共有15名选手分别获得一、二、三等奖。

（3）江苏省法学会第七次会员代表大会召开。会议选举产生第七届会长、常务副会长、副会长、秘书长和常务理事。王健法学院院长方新军教授当选江苏省法学会副会长。

（4）由苏州大学王健法学院承办的中国法学会民法学研究会2019年年会顺利召开。参会代表包括中国法学会民法学研究会顾问、学术委员会委员、研究会常务理事和理事,以文参会的非理事代表和其他特邀代表,共计400多人。江苏省法学会会长、江苏省政协副主席周继业,江苏省法学会民法学研究会会长、江苏省高级人民法院副院长李玉生,中国法学会副会长、中国法学会民法学研究会会长、中国人民大学常务副校长王利明,苏州大学党委书记江涌等领导出席了开幕式并致辞。

（5）苏州大学王健法学院与苏州市中级人民法院战略合作签约仪式在王健法学院举行。出席仪式的嘉宾有苏州大学党委书记江涌,苏州市中级人民法院党组书记、院长徐清宇,副院长钟毅等。

（6）第三届江苏省研究生法律案例大赛如期在学院举行。大赛吸引了15家拥有法律/法学硕士授予权的培养单位组队参赛,扬州大学凭借不俗实力拔得头筹,南京师范大学为亚军,南京财经大学和南京工业大学并列第三。

（7）王健法学院内设机构调整为：综合办公室、教学科研办公室和对外联络与发展办公室,人员编制不变。

（8）根据学校换届工作整体部署,学院顺利完成行政换届工作,方新军同志试用期满正式任王健法学院院长,任职时间从2018年7月算起；程雪阳同志试用期满正式任王健法学院副院长,任职时间从2018年7月算起；庞凌同志为王健法学院副院长,试用期一年。

（9）"双一流"建设研讨暨王健法学院第一轮兼职教授聘任仪式举行,共有32位司法实务部门的法院院长、检察院检察长、政法委书记、律师协会会长等受聘于学院,为学院之后的发展打下坚实基础。

（10）2019年，学院引进特聘教授1位（董学立），优秀青年学者1位（庄绪龙），师资博士后3位（蒋超、何驰、邵聪），柔性引进讲座教授1位（马宁），兼职教授1位（刘铁光）；有陈立虎、孙莉、张成敏三位教授荣休；3位教师晋升教授，3位晋升副教授。

（肖丽娟）

外国语学院

一、概况

外国语学院现有在职教职工 224 名,其中,教授 21 名、副教授 63 名,博士生导师 14 名,硕士生导师 52 名;学院现设英、日、俄、法、韩、德、西班牙等 7 个语种 9 个专业。2010 年,外国语言文学学科整体获批一级学科博士点和一级学科硕士点。2011 年,学院所属外国语言文学一级学科获批江苏省重点学科。2016 年,外国语言文学一级学科被遴选为"十三五"江苏省重点学科。学院现有全日制本科专业在校生 1 100 多名,各类在读博、硕士研究生近 330 名。

二、教学工作

1. 本科生教学工作

2019 年度,教学工作的重点是英语(师范)专业 2020 年度认证的准备工作,确保下一年的英语(师范)专业 2020 年度认证能顺利完成。2019 年 1 月,英语专业通过苏州大学"十三五"江苏省品牌专业培育项目结项验收。

2019 年度,各专业对 2019 级培养方案和教学计划进行了调整。英文系和翻译系在"英文专业"这个名称下,在排课上进行课程与工作量的总体调配;朝鲜语辅修专业获批。学院重组英语赛事指导团队。

2019 年度,学院继续推动课程建设,杨志红的中级笔译课程获江苏省 2018—2019 年度高等学校在线开放课程立项建设,另有校级在线开放课程立项 2 项,校级通识教育课程改革项目立项 2 项,校级微课程(群)项目立项 1 项,校级教改研究课题立项 1 项。

2019 年度,彭文青获苏州大学"课程思政"课堂教学竞赛三等奖,何芊蔚获苏州大学第十八届青年教师课堂教学竞赛三等奖,衡仁权获 2019 年苏州大学学生"我最喜爱的老师"称号,王海贞获江苏省普通高等学校本科毕业论文三等奖指导老师奖,杨志红获 2019 年全省高校微课教学比赛二等奖。

2019 年度,通过内培外引,进一步优化师资团队。段慧敏和袁影老师晋升教授职称,古海波、彭文青、陶丽、杨彦、朱彦老师晋升副教授职称;朱建刚和黄芝被聘为学校特聘教授,引进学科带头人/特聘教授 3 名(陈大亮、毛眺源、孙继强),引进青年博士 3 名(杨壹棋、陈宁阳、贡希真),引进优秀青年学者 1 名(陆一琛),出国访学/交流 10 人。

学校于 2019 年 4 月公布了 2018—2019 学年第一学期本科课程教学质量网络测评数据,全校本科教学测评平均分为 91.50 分,外国语学院为 92.94 分,在全校 26 个学院中排名第1。学校于2019年10月公布了2018—2019学年第二学期本科课程教学质量网络测评数据，全校本科教学测评平均分为91.71分，外国语学院为92.42分，在全校26个学院中排名第6。

2019年度，与加拿大韦仕敦大学（Western University）合作签订本科生"2+2"及短期学习交流平台协议；与澳大利亚西悉尼大学签订交流协议；与美国国务院合作开展英语语言学者项目。

2019年度，各专业四八级考试成绩喜人，其中，英语专业四级考试合格率为95.50%，优良率为81.18%；全国英语专业八级考试合格率为84.85%，优良率为26.5%。

2019年度，大学外语部重组外语赛事指导团队，指导"外研社杯"辩论、演讲、写作、阅读大赛和"华澳杯"演讲、"21世纪杯"演讲、师范生基本功大赛等各语种赛事，成绩斐然。获省级及以上学科竞赛三等奖以上120人次。有17个项目获学校优本项目，公派出国（境）交流学生数123人。获"箐政学者"项目1项；1项国家级大学生创新创业训练计划项目结项，2项省级大学生创新创业训练计划项目结项；1个项目获得大学生创新创业训练计划项目国家级立项，4个项目获省级立项。

2019年度，接受2018级和2017级本科生转专业的同学15人（其中5人是本院学生转入本院其他语种专业），12名本院同学申请转出。

2019年度，2019届本科毕业学生共251人，其中，录取国内高校研究生人数46人，出国留学深造人数39人。2019届本科毕业生总就业率达92.43%，高于2018年0.4个百分点。

2. 研究生教学工作

2019年度，学院按照研究生院的部署，对本院学术型博、硕士研究生及学科教学英语专业硕士、翻译专业硕士（MTI）的培养方案进行了调整。

2019年度，学院翻译专业硕士（MTI）吴为、刘文斌、陆琳3位同学，被选拔成为联合国实习生，主要从事联合国年鉴的翻译工作。

2019年度上半年，共有2016级学术型硕士研究生、2017级翻译专业硕士研究生和4位博士研究生、1位2015级在职教育硕士，共91人申请毕业；下半年共有1位2017级MTI笔译学生及2位博士研究生申请毕业。

2019年度，新一届的硕博士研究生招生和录取工作如期完成，在硕士研究生方面共录取116人：学术型研究生40人，专业型研究生76人，其中，翻译专业硕士（MTI）43人，学科教学英语专业硕士33人，而这当中以推免生方式录取的共27人（学术型18人，专业型9人）；录取博士生7名。

此外，学院还拟订2020年博士生招生计划，共11位博士生导师上岗招生，学校下拨8个招生名额。已通过硕博连读方式录取1人，已通过申请—考核制方式录取5人，拟以统招方式录取2人。

根据学校发布的《关于王玲玲等229名研究生的学籍处理决定》，学院共有万程等4名学生被清除了学籍。

2019年，学院顺利完成2020级博士研究生、硕士研究生考试命题工作。

三、科研工作与学术交流

1. 科研项目及成果

2019年度,日语系王鼎老师申报的"日本汉字词语料库建设与研究"获得国家社科重大项目立项;英文系宋艳芳教授申报的"当代新维多利亚小说历史书写研究"、翻译系陈大亮教授申报的"《习近平谈治国理政》英译本的质量评价与接受效果研究",分别获得国家社科一般项目立项;大学外语部王静老师申报的"乔伊斯·卡罗尔·欧茨小说的历史意识研究"获得国家社科青年项目立项;英文系荆兴梅教授、黄洁老师,俄语系赵爱国教授分别获得国家社科后期资助项目立项。翻译系杨志红老师获得教育部青年基金项目;大学外语部朱彦老师获得江苏省社科一般项目;翻译系束慧娟老师、日语系魏维老师、德语系魏笑阳老师分别获得江苏省教育厅基金项目。俄语系赵爱国老师的2014国家社科基金重点项目顺利结项。

2019年度,在论文方面,学院教师在一类核心期刊发表论文7篇,二类核心期刊发表论文27篇,三类核心期刊发表论文8篇,北图期刊收录1篇。

2019年度,学院教师出版教材2部,出版各类专著、译著共14部。《语言与符号学研究》期刊继续出版。

2019年度,学院共有7项江苏省创新工程科研与实践创新计划顺利结项。

2. 学术交流和对外合作

2019年,学院继续拓展对外学术交流,支持教师外出参加各类各级学术活动;邀请一大批中外著名学者来院讲学。

2019年度,学院成功举办"2019年跨文化交际与汉日对比高端论坛""2019年江苏省研究生理论语言学学术创新论坛""第九届海峡两岸生态文学会议暨自然文学与生态批评研究会""新时代中国翻译理论暨中国文学外译学术研讨会"等。

2019年度,学院继续大力推进学术交流,各语种邀请一些学者前来讲学,大连外国语大学柴红梅教授、上海大学外国语学院马利中教授、北京大学潘均教授、东华大学张厚泉教授、南京大学外国语学院叶琳教授、北京外国语大学张虹博士、华中科技大学徐锦芬教授、香港岭南大学丁尔苏教授、复旦大学胡令远教授、南京师范大学张辉教授、华南师范大学张萍教授、香港中文大学尹弘飚教授、华中师范大学苏晖教授、《日语学习与研究》编辑部李广悦主任、西班牙皇家学院前任院长Darío Villanueva、上海外国语大学虞建华教授、南京大学朱刚教授等30多位国内外著名专家来院讲学。

2019年度,学院继续支持各专业外出交流,张玲老师参加第三届全国汪榕培典籍英译学术研讨会暨中国文学文化典籍翻译研究高层论坛;高燕红和朱彦老师参加第九届全国大学英语院长/系主任高级论坛;顾佩娅教授参加第二届中文情境下的英语教学研讨会并做主旨发言;杨志红、束慧娟老师参加2019年MTI年会;朱新福、王宏、陈大亮教授等参加2019年江苏省翻译协会第七届会员代表大会暨新时代翻译与翻译教育研究高峰论坛;施晖教授参加第三届"日本学研究"研究生论坛;王宏、陈大亮教授等参加第十一届全国典籍翻译学术研讨会;王军教授等参加第七届全国语言与符号学高层论坛等。

2019年度,学院继续保持与世界多所大学的合作交流联系。加拿大纽芬兰纪念大学的两位副教授Dr. Xuemei Li和Dr. James Scott Johnston分别为学院的本科生及研究生带来了两场精彩的讲座。日本关西学院大学文学部的森田雅也教授应邀来学院访学交流，西班牙皇家学院前任院长达里奥·比利亚努艾瓦（Darío Villanueva）在上海外国语大学于漫教授的陪同下来访。

2019年度，大连外国语大学、上海大学外国语学院、北京大学、南京大学外语学院、北京外国语大学、华中科技大学、香港岭南大学、复旦大学、韩国新罗大学、吉林大学外国语学院、南京师范大学、华中师范大学、上海外国语大学、杭州师范大学等兄弟院校先后来访交流。

四、学院大事记

（1）2019年12月19日，聘任李季同志为外国语副院长，试用期一年。

（2）2019年12月26日，聘任朱苏静同志为外国语副书记、副院长（兼），试用期一年。

（朱　颖）

金螳螂建筑学院

一、概况

苏州大学金螳螂建筑学院坐落在风景秀丽的独墅湖畔，秉承"江南古典园林意蕴、苏州香山匠人精神"，肩负延续中国现代建筑教育发端的历史使命，是苏州大学依托长三角经济发达的地域优势，为主动适应21世纪中国城市发展需求，与社会共创、共建、共享而探索的新型办学模式的学院，成为我国现代高等教育校企合作的典范。

学院这几年发展快速，现已具有完整的建筑学科专业，已具备本科、硕士、博士完整的培养链。学院设有建筑学、城乡规划、风景园林学、历史建筑保护工程4个本科专业，设有1个二级学科博士点（建筑与城市环境设计及其理论）、2个一级学科硕士点（建筑学、风景园林学）、1个二级学科硕士点（城乡规划与环境设计）。

学院现有在校全日制本科生720多名，研究生208名。有教职工87名（不含外聘），其中，专任教师67名，具有博士学位或博士学位在读的教师50名，约占74.6%；有国外工作、学习经历的教师40名，约占59.7%；有高级职称的教师41名，约占61.2%。

学院的发展定位和目标：以工科为基础，以建筑为主导，以设计为特色，各专业协调发展；通过差异化的发展道路和"产、学、研"齐头并进的发展模式，使之发展成为具有国际化、职业化的高水平设计学院。

学院强调"匠心筑品"的院训、"静净于心，精敬于业"的教风、"学思于勤，善建于行"的学风，坚持国际化、职业化的特色发展方向。

二、教学工作

1. 本科生教学工作

在全国高等学校城乡规划学科2019年城乡社会综合实践调研报告评优中，学生获佳作奖1项；2019中国建筑教育/清润奖大学生论文竞赛，学生获二等奖1项、优秀奖1项；2019"谷雨杯"全国大学生可持续建筑设计竞赛，学生获优秀奖1项；第六届江苏省紫金奖·建筑及环境设计大赛，学生获一等奖2项、二等奖1项、三等奖4项；学生获2018年度江苏省普通高校本科优秀毕业设计（论文）三等奖1项；在2019第十五届全国高等学校建筑与环境设计美术教学研讨会作业评选中，学生获一等奖1项、三等奖2项、优秀奖1项；2019UIA-CBC国际高校建造大赛，学生获二等奖1项；全国大学生自然资源科技作品大赛，学生获三等奖1项。"江南园林古建测绘虚拟仿真实验"获学校2019年度重点培育立项。

学院 1 人获得校级青年教师课堂教学竞赛三等奖；新增 1 门 2019-3I 教改课程立项（通识教育课程）；获校第二批本科教学团队项目立项 1 项。4 篇毕业设计（论文）被评为校优秀毕业设计（论文），2 名教师获评校毕业设计（论文）优秀指导教师。学院获大学生创新计划 7 项立项：国家级 1 项，省级 3 项，校级 3 项。1 人获"箬政学者"项目。学院教师荣获 2019 中国风景园林教育大会教研优秀论文一等奖。

2. 研究生招生与培养工作

招生：学院于 2019 年 7 月成功举办 2019 年苏州大学第三届建筑学、首届风景园林国际设计研修营，择优录取了 56 名来自全国各地优秀的高年级本科生营员。研究生报考数量增多，质量进一步提升，2019 年共招收研究生 74 名，其中，学术型硕士研究生 31 名、风景园林专业型硕士研究生 40 名，学术型博士研究生 3 名。

学科建设：根据《国务院学位委员会、教育部关于开展 2019 年学位授权点专项评估工作的通知》（学位〔2019〕3 号），苏州大学建筑学一级学科硕士学位授权点于 2019 年 4—9 月，接受并通过了国务院学位委员会建筑学学科评议组的专项评估；上半年，苏州大学风景园林学一级学科在自我评估的基础上，接受江苏省教育厅抽检并通过评估；9 月，全国高等学校建筑学专业教育评估委员会发文，审核同意学校申请建筑学专业本科（五年制）教育评估。

人才培养：学院成功举办了春季、秋季研究生学术沙龙。组织师生暑期赴美国、意大利、英国、日本、新加坡等国外一流建筑设计院学习、交流。3 名研究生参与境外长期交流学习。学院与澳门城市大学建立友好合作关系。

学生科研与获奖：学院连续 3 年获 IFLA 国际设计竞赛奖项，风景园林专业研究生设计作品荣获 IFLA 竞赛评审团特别奖。4 名研究生获批创新计划省级项目；11 名研究生参与的 10 项国家发明专利、实用新型专利获得了授权。

三、科研工作与学术交流

1. 科研项目及成果

学院获批各类纵向科研项目 20 项（其中，国家自然科学基金项目 4 项、省部级科研项目 3 项、市厅级项目 13 项），纵向项目到账经费 230.62 万元。新增和在研民口横向课题 31 项，横向课题到账经费 297.21 万元。三大检索收录论文 5 篇（其中，SCIE 二区收录论文 1 篇、四区收录论文 3 篇，CPCI-S 收录论文 1 篇），发表三大检索期刊论文 12 篇，发表英文论文及北图核心刊物、普通刊物论文 114 篇。出版著作 3 部，主编、参编教材 6 部。荣获文化和旅游部、中国城郊经济研究会、中国风景园林学会、安徽省社科科学界联合会等奖项 8 人次。授权国家发明专利 4 项、授权实用新型专利 21 项、授权外观设计专利 4 项、授权计算机软件著作权 1 项。

2. 国内外学术交流

2019 年，学院积极开展多层次的学术交流与合作。邀请了众多海内外的学术名家、专家、学者来院传经授道，学术活动百花齐放，学院上下学术氛围浓厚。全年共有校外院士、专家、学者来院主讲学术报告 75 场次，直接听众 3 000 余人次。其中，举办 ACG 系列学术讲堂 37 场，全国高水平学术会议 1 场、学术论坛 2 场。

学院国际化发展再上新台阶，2019年第三届建筑学、首届风景园林国际设计研修营活动再次成功举办；2名硕士研究生赴英国卡迪夫大学、普利茅斯大学参加两校"1+1+1"硕士双学位项目，1名博士研究生赴加拿大瑞尔森大学参加联合培养；由学院牵头与澳门城市大学建立友好合作关系，双方拟开展博士联合培养及联合共建实验室项目；近20名专业教师出国/境交流学习，有效提升国际交流水平；全年接待国外专家、学者来访交流逾20次。学院积极提升师资队伍国际化水平，大力推动国际化办学，着力培养具有全球素养、跨界创新、融合发展的国际化人才。

四、重大事项

（1）2月23日，苏州大学建筑与房地产校友会一届二次会员大会隆重召开。

（2）2月24日，金螳螂建筑学院召开2019年发展建设研讨会。

（3）4月26日，学院与澳门城市大学签署校际合作协议。

（4）5月21日，学院研究生工作站获评江苏省优秀研究生工作站。

（5）6月20日，吴捷老师喜获苏州大学学生"我最喜爱的老师"称号。

（6）9月19日，学院党委全面启动"不忘初心、牢记使命"主题教育。

（7）9月29日，全国高等学校建筑学专业教育评估委员会同意受理苏州大学建筑学本科专业（五年制）教育评估申请。

（8）10月30日，学院建筑学、风景园林学上榜软科"2019中国最好学科排名"。

（9）11月16—17日，举办第十六届全国高等美术院校建筑与设计专业教学年会暨全国室内设计教学工作委员会第一次会议。

（10）12月15日，吴永发院长当选江苏省建筑师学会副会长。

（陈　星）

教育学院

一、概况

教育学院成立于1999年，现有教职工80人，专任教师62名，其中，教授22名，副教授25名，讲师15名。在校本科生423人（2人休学，2个交换生），研究生336人（含留学生）。学院始终坚持立德树人、育人为本的办学宗旨，现有教育学（师范）、应用心理学和教育技术学（师范）3个本科专业；教育学和心理学2个一级学科硕士学位授权点，教育硕士、应用心理硕士和职业技术教育硕士3个专业硕士授权点；高等教育学和教育经济学（自设）2个博士二级学位授权点及1个教育学一级学科博士后流动站；形成了从本科到博士的完整人才培养体系。学院长期承担全国骨干教师培训、江苏省骨干教师培训等方面的继续教育工作，为国家和社会培养了大批教育类和心理学类优秀人才。

学院现有实验室面积2 396平方米，仪器设备总价值达1 462万元，拥有中外文藏书37万册及125种国内专业期刊和28种外文期刊，中外文数据库共有70余个。智慧教育研究院、新教育研究院两个校级研究院和叶圣陶基础教育发展研究院（院级）及教育与心理综合实验室（中央与地方高校共建）、苏州大学心理与教师教育实验教学中心（江苏省高校实验教学示范中心）、认知与行为科研研究中心等为学院发展提供了良好的教学、学术科研平台。

二、教学工作

1. 本科生教学与管理工作

教育学院坚持"以学生为中心"的育人理念，紧紧围绕立德树人根本任务，以思想引领为核心、以素质培养为重点、以能力提升为目标，全面提升育人质量，服务大学生成长成才。（1）以价值引领为核心，加强思想政治教育。2019年，学院为纪念五四运动100周年、新中国成立70周年，开展了特色鲜明的主题教育活动，举办了"五四精神传薪火，激扬青春献祖国""我和祖国的合影""画笔告白祖国""我和我的祖国"主题班会等主题教育活动，引领全院广大学生弘扬爱国情，树立强国志，践行报国行。以党建带团建，增强学生的能力素养。2019年，学院发展本科生党员24名，共推荐48名优秀共青团员作为入党积极分子；举办2期分党校培训、2期分团校培训。（2）以规范化建设为抓手，夯实日常管理工作。构建完善的资助体系。学院本着公开、公正、公平的工作原则，按照有申请、有审核、有评议、有公示的工作流程，实现"评奖评优零投诉、家困学生学无忧"的工作目标,注重发挥资助育人服务作用,提高资助的精准度。加强就业指导和服务。学院启动学生"走进职场"系列活动。2019年,学院本科生就业率为92.16%,实现了稳中有升。(3)以能力提升为目标,开展创新创业活动。学院重视学生创新创业能力培养,完善"启明星计划"、学术大课堂、本科生导师制三位一体的本科生创新能力培养体系。成功申报大学生创新性实验计划作品5项,苏州大学课外学术科研基金重点项目4项,一般项目91项。9个作品参加学校"互联网+"创新创业大赛,6个团队参加校创青春大赛。2019年,学院学生在学科竞赛中也取得了优秀的成绩,在2019江苏省大学生计算机设计大赛中获得4个二等奖、2个三等奖;在2019年"领航杯"江苏省大学生信息技术应用能力比赛中获得1个一等奖;在2019年中国大学生计算机设计大赛中,获得4个二等奖、1个三等奖;在第二届江苏省心理学本科生学术论坛中,有2篇本科生论文被评为一等奖,2篇论文被评为二等奖,2篇论文被评为三等奖;在第四届江苏省心理学创新创业大赛中,2个团队获得二等奖,2个团队获得三等奖等。开展志愿服务活动,凝练志愿服务品牌。学院有100多名学生成为江苏省心理学会科普志愿者,多位学生在苏州市相城区未成年人健康成长指导中心、苏州团市委12355平台等单位担任心理辅导志愿者,多名本科生、研究生在翰林小学担任心理助教。结合活动主题,开展暑期社会实践。以"实践成才"为目标,以"知行合一"为要求,学院积极开展了以"奋进新时代,共筑中国梦"为主题的2019年暑期社会实践,共组建了13支实践团队,其中,10支为校级重点团队,3支为院级重点团队。

学院坚持以学生发展为本的教学教育理念,努力开展和完善"本科生导师制"、特色课程和学生实习实践活动,为学生发展搭建更好的平台。2019年,学院加大了国际交流和合作,共派出学生去境外研学3个月12人次;学生参与赛事5项,获奖数26项,获奖学生数39人次,其中,获得6项2019年江苏省大学生计算机设计大赛奖项,5项2019年中国大学生计算机设计大赛奖项,9项江苏省心理学创新创业和学术奖项;另外获得国家级2项、省级2项、校级1项研究项目。开展"名著导读—科研人生—实践锻炼—业务创新—时代特色"的教学模式,积极探索育人的新模式。加强了学生实践能力的培养,加大了学生实践环节的训练。积极探索了U-G-S的综合育人模式,增强了校地合作、校企合作,坚持走出去与请进来,共同谋划学生发展。

2. 研究生科研与管理工作

学院做好研究生思政教育和日常管理工作,建立了健全的研究生管理制度,做到开学报到注册有序规范、班级工作开展有条不紊、学生节假日外出记录在案;修订了研究生评奖评优实施细则,优化评奖评优工作流程,制定了研究生科研奖励条例,鼓励研究生在学术上勇攀高峰。2019年,学院组织研究生申报江苏省研究生科研创新计划和实践创新计划7项、校级科研项目72项,学院研究生在省级以上竞赛中获奖2项,在校级"挑战杯"大学生学术科技作品竞赛中获奖73项,学院研究生以第一作者发表论文47篇,其中,CSSCI论文8篇。学院深化校企合作,为研究生提供实习实践基地;学院关心研究生的思想动态和日常生活,完善突发事件应对与处理流程;为保障贫困研究生顺利完成学业,学院完善了贫困研究生帮扶制度,为研究生提供各类助研、助教岗位,研究生菁华阳光爱心基金运转良好,基金规模稳步扩大。

三、科研工作与学术交流

1. 人才与科研

《教育学院教学科研奖励计划》继续发挥作用。2019年,学院获国家级项目4项(含1项国家社科基金重点项目),省部级项目6项,市厅级项目5项,科研经费达193万元,横向科研经费152万元,学院教师发表一类SSCI和SCI论文14篇,发表一类期刊论文11篇、二类期刊论文24篇、三类期刊论文31篇,出版著作8部,获市厅级奖励7项,申请了1个苏州大学科研团队和1个本科教学团队。

加大人才引培力度。2019年,学院从海内外引进3名青年学者;共有3名青年教师晋升正高级职称,4名青年教师晋升副高级职称。2名教师获评江苏省委宣传部"江苏社科优青"人才,新增1个学术科研团队和1个本科教学团队。积极推进"虚拟仿真实验(项目)"的建设工作。

2. 国内外学术交流情况

2019年,学院加强国内外学术交流,举办了31场学术讲座,主办、承办了2场国际性学术会议和1场全国性学术会议,4人次进行境外交流,10人次参加国际学术会议。每月举办一次"精品读书会",以教授导读、师生交流、学生撰写心得的模式,鼓励全体本科生静下心来,以书为友,潜心慢读,在书中与智者对话,品味人生,感受生活。组织教育学、应用心理学、教育技术学专业的老师赴省内兄弟院校进行交流。

四、重大事项

(1)教育学院朱永新教授获得国家级教学成果一等奖,实现了苏大历史上的突破,另外,朱永新教授还获得国家社科重点项目资助,实现了教育学院历史上的突破。

(2)学院主办了"全球视野下的教育创新暨教育神经科学国际学术研讨会"和"中美人文教育高峰论坛"。

(3)2019年年底,学院召开了四届五次教代会。

(王 青)

艺术学院

一、概况

艺术学院始创于1960年，经过几代人的不懈努力与奋斗，已发展成为师资力量雄厚、专业方向比较齐全的综合性艺术院系。学院现有在职教职工131人，其中，专任教师96人，博士研究生导师5人（含导师组），硕士研究生导师42人，教授24人，副教授31人，海外专家7人，江苏省教学名师2人。学院还聘请了多名国内外著名画家、设计师担任讲座教授、客座教授、兼职教授。目前在校博士研究生、硕士研究生、本科生和成人教育学生约3 140人。学院设有产品设计、服饰与配饰设计、视觉传达设计、环境设计、美术学（美术教育、插画）、数字媒体艺术、艺术设计学专业7个专业；拥有江苏省非物质文化遗产研究基地、苏州大学艺术研究院、苏州大学非物质文化遗产研究中心等研究机构及若干个校企合作平台。学院拥有一级学科设计学博士学位授予权和博士后科研流动站，一级学科设计学、美术学硕士学位授予权，艺术硕士（MFA）专业学位授予权；学院是国际艺术、设计与媒体院校联盟（Cumulus）会员。2010年，艺术学被批准为江苏省首批优势学科建设项目；2014年、2018年，设计学先后再次被批准为江苏省第二期、第三期优势学科建设项目。艺术设计专业现为教育部、财政部批准的全国艺术教育类人才培养模式创新实践区、江苏省品牌专业、江苏省高等学校重点专业建设点。多年来，学院培养了马可、吴简婴、王新元、赵伟国、邱昊、逄增梅等一大批优秀的艺术与设计人才，毕业生遍及海内外。

二、教学工作

学院认真贯彻落实全国教育大会精神、新时代全国高等学校本科教育工作会议精神，对照《教育部关于加快建设高水平本科教育全面提高人才培养能力的意见》、"六卓越一拔尖"计划2.0版系列文件要求，实现内涵式发展，人才培养工作收获一系列新成绩。（1）服装与服饰专业成功入选教育部一流本科专业建设"双万计划"，获批为国家一流本科专业建设点。（2）美术学（师范）专业第二级认证接受教育部委托江苏省教育评估院组织的联合专家组现场考察，受到专家组的好评，成为全国较早和江苏省第一家接受认证的美术学（师范）专业。（3）配备学院专职教学督导，协同班级教学信息员每月定期反馈教学信息；修订绩效分配实施方案，提高教师指导毕业设计、指导学生参与竞赛奖励标准，进一步加强本科教育的教学管理服务支撑。2019届本科生毕业论文《交互设计在商业展陈中的应用研究》荣获江苏省普通高等学校本科优秀毕业设计（论文）二等奖；毕业作品参加北京国际大学生时装周活动,荣获"人才培养成果奖";毕业生年终就业率达94.8%。(4)进一步加强了本科教育的师资队伍支撑,建立了服装设计课程群、美术教师教育创作课程群两个校级一流本科教学团队。(5)学院招收推荐免试硕士研究生的质量和数量又有新的提升,在2019年招收的69名推免生中,"211工程"、985高校生源比例达90%,居全校第一。(6)首次以项目制方式获批立项并成功举办"运河—视界"2019江苏省研究生海报设计大赛,该赛事动员和吸引了全省18家拥有设计学博、硕士和艺术专业硕士学位授权点的高校参与,征集作品1 073件。

三、学科与科研工作

学院聚焦"双一流"建设方向,按照"加强顶层设计,强化目标管理,打造学科高峰"的思路,大力推动学科建设与科研工作,取得显著成效。学院充分利用江苏高校优势学科建设项目资源,制定并实施了《苏州大学艺术学院纵向科研项目配套资助条例(试行)》等6个优势学科建设经费资助条例,极大地激发了教师的科研与创作热情;根据《江苏省博士硕士学位授权点动态调整实施办法(暂行)》,对一级学科艺术学理论硕士学位授权点进行了动态调整,将原有3个一级学科调整为2个,保障了学科建设力量的集中度。加强与政府和校外企业合作,促进产学研融合,分别与苏州博雅达勘测规划设计集团有限公司及相城区人民政府、苏州心吧人工智能技术研发有限公司共建了校级协同创新中心。一年来,学院各类纵向课题申报数超过50项,创历史新高;纵向课题立项经费数大幅提升,首次超过100万元,获得国家社科基金艺术学重大项目立项,取得历史性突破;学院横向项目立项共计28项,创历史新高,横向课题到账经费共计322.25万元,居学院历史第二位;第十三届全国美术作品展览上,学院共有45位老师报送了52件作品,数量为历届最多,其中,有8件作品入选,2件作品参加进京展。新增校人文社科优秀学术团队1个。

四、国际交流合作工作

学院严格按照《苏州大学2019年度工作要点》部署,"深入推进校际国际合作重点项目,提升国际合作交流的层次和质量;积极开发与高水平大学合作举办的优质交流项目"。国际合作交流呈现新面貌。(1)本年度学院拓展了与英国王储传统艺术学院、英国曼彻斯特城市大学、英国南安普顿大学温彻斯特艺术学院、加拿大温莎大学、意大利威尼斯大学的合作交流项目,并继续推进了与法国图卢兹大学、加拿大韦仕敦大学、英国普利茅斯大学的师生互派互访和联合培养项目的工作。(2)不断加强海外优秀高层次人才队伍建设,新聘法国图卢兹大学Céline Caumon教授、韩国大邱大学李吉淳教授为苏州大学讲座教授,续聘西班牙画家梁君午先生为苏州大学讲座教授,新聘意大利米兰理工大学Luca Fois教授为苏州大学兼职教授。学院2019年加入了国际艺术、设计与媒体院校联盟(CUMULUS)。该联盟是被联合国教科文组织正式确认的全球唯一的艺术、设计与媒体院校国际组织,也是目前全球最高水平的艺术院校联盟组织。联盟会员实行严格的申请审核制,经过近半年的积极努力,学院于2019年5月份成功加入该联盟,获得了一个与全球最高水平的艺术、设计院校交流对话的平台，为以后的国际交流合作工作开启了新局面，意义深远。

五、重大事项

（1）1月13—22日，学院举行"江苏省高等学校大学生万人计划学术冬令营"系列活动。

（2）1月20日，艺术学院博导张朋川教授登上中央电视台综艺频道播出的《国家宝藏》节目。

（3）5月6日，苏州大学艺术学院产品设计系联合重庆交通大学交通运输学院共享出行实验室、中国土木工程学会城市公共交通分会、中国客车网，共同主办"国际公共交通工具设计论坛"。

（4）5月16日，2018苏州大学艺术学院毕业生作品发布会在北京751D·PARK第一车间举行，服装艺术系毕业生的作品在2019中国国际大学生时装周隆重发布并荣获5项大奖。

（5）5月24日，苏州大学艺术学院邀请知名校友、苏州大学艺术学院兼职教授马可老师，举办了以"以手传心，以衣载道"为主题的讲座。

（6）5月30日，艺术学院院长姜竹松教授代表苏州大学艺术学院接受了国际艺术、设计与媒体院校联盟会员证书，苏州大学艺术学院正式成为国际艺术、设计与媒体院校联盟的成员。

（7）6月11—14日，以华中师范大学原副校长李向农教授为专家组组长，东北师范大学美术学院院长李书春教授、扬州大学教务处处长张清教授、石家庄裕东小学李丽英校长为专家组成员，江苏理工学院教务处葛宏伟副处长为联络员的美术学（师范）专业认证现场考察专家组莅临苏州大学，对美术学（师范）专业认证工作进行现场考察。

（8）6月15日，"看见大山：聚力精准扶贫，传承非遗文化"艺术学院教工第二党支部主题党日活动荣获江苏省2018年度高校"最佳党日活动"优胜奖。

（9）7月3日，苏州大学艺术学院李超德教授的"设计美学研究"中标2019年度国家社科基金艺术学重大项目。

（10）9月3日，苏州大学艺术学院师生8件作品入选第十三届全国美术作品展览。

（卢海粟）

音乐学院

一、概况

苏州大学音乐学科创建于1998年,原为艺术学院音乐系。2012年10月,正式组建苏州大学音乐学院。学院现有音乐与舞蹈学一级学科硕士点,音乐学(师范)、音乐表演、作曲与作曲技术理论3个本科专业。

成立初始,学院就按照一流音乐学院的办学模式建设运行,旨在打造一所高水平的国际化音乐学院。学院以"立德树人"为根本任务,坚持"以美育人、以文化人"的美育方针,发挥学科优势,引领大学美育工作,培养具备高尚道德、国际视野、民族情怀,且基础扎实的卓越复合型人才,学院是孕育优秀中小学音乐师资和拔尖音乐表演人才的摇篮。

学院设置有4个专业系部:作曲与理论系、钢琴系、声歌系、管弦系;2个专业管理机构:音乐教育发展与研究中心、音乐表演发展与研究中心;2个教学科研支撑机构:场馆管理中心、音乐图书馆;建有3个学生乐团:苏州大学交响乐团、苏州大学合唱团、苏州大学交响乐团管乐团。

学院现有专任教师35名,其中,教授6名、副教授8名、助理教授5名、讲师16名,外籍及中国港澳台地区教员占34%。学院还聘任了一大批拥有丰富舞台经验的国内著名乐团中的演奏家担任兼职教师。专业的教师团队力求以各自丰硕的音乐履历和学术研究点燃学生艺术追求的梦想,致力于为学生未来的艺术生涯发展铺设道路。

音乐学(师范)专业有着悠久的办学历史,教研基础深厚,在音乐教育领域享有良好的声誉和影响,为江苏及全国输送了大量优秀的音乐教育师资。教师中包括"中国金钟奖声乐比赛江苏一等奖""亚洲声乐节优秀奖""全国大学生艺术展演优秀指导教师奖"的获得者。音乐表演专业自2013年开始招生,师资来自国际顶尖大学和音乐学院,包括美国斯坦福大学、曼哈顿音乐学院、辛辛那提大学、茱莉亚音乐学院、英国皇家音乐学院、法国巴黎国立高等音乐学院、西班牙马德里大学,其中约46%的具有博士学位,并有多位国际重要比赛的获奖者。

二、教学工作

1. 本科生教学工作

贯彻落实"六卓越一拔尖"计划,在师范人才培养上发挥风向标作用,培养造就一批教育情怀深厚、专业基础扎实、勇于创新教学、善于综合育人和具有终身学习发展能力的高素质专业化创新型中小学教师。统筹规划，扎实推进师范认证工作，成立专项师范专业领导小组，组织、督促师范专业认证工作，研究解决认证工作中的重要问题，通过认证确立科学的专业标准的意识，提高师范生培养质量。打造一流教学团队，夯实教学能力，筹建线上"金课"，选聘了部分享有社会声誉的一线教研员充实团队，形成教学特色，发挥示范带动作用。积极组织音乐表演管弦乐团教学团队建设，并围绕培养方案所制定的人才培养目标，构建结构合理的音乐表演课程群。教学实践是学生教学能力提升的关键环节，为更好地提升师范生音乐教学能力与水平，学院与11所中小学校签署合作协议，采取双导师培育模式，聘请实习基地学校教师担任实习生驻校音乐教学实践、班级管理指导等方面的指导教师。

2019年，交响乐团演出8场，演出场地包括上海东方艺术中心音乐厅、江苏省大剧院、苏州奥体中心、苏州大学恩玲艺术中心等；交响管乐团演出4场，演出城市包括南京、常州、苏州；合唱团举办了10场大型合唱音乐会，包括北京国家大剧院、上海交响乐团音乐厅、苏州会议中心上演的《致新时代——大型原创交响音乐会〈风雅颂之交响〉》，上海轻音乐团1862时尚艺术中心、江苏大剧院上演的《开天辟地》。

在教学改革方面，2019年立项省级一般项目1项，校级青年一般项目1项。教学比赛方面，冒小瑛获2019年江苏省高校微课教学比赛三等奖，刘江峡获2019年江苏省师范院校教师智慧教学大赛二等奖，唐荣获2019年"我和我的祖国"庆祝中华人民共和国成立70周年歌曲征集评选活动优秀作品奖（排名第一名），张一嘉获2019年苏州大学第十八届青年教师授课竞赛一等奖，苏莹莹在江苏省文学艺术界联合会举办的"江苏省文艺大奖·钢琴比赛"获得二等奖。在"金课"建设方面，吴磊教授"江南音乐文化之美"获2019年苏州大学在线开放课程视频拍摄专项（苏大教〔2019〕38号），力争省级一流线上"金课"。学生也在师范生教学基本功大赛中获得丰富的奖项，曲玥玥荣获第八届江苏省师范生教学基本功大赛三等奖（省级）；陈昱廷、朱悦分别荣获苏州大学师范生教学基本功大赛暨"明日之星"教学基本功比赛二等奖、三等奖；黄慧、董爱钰分别荣获苏州大学师范生教学基本功大赛暨"明日之星"模拟课题比赛一等奖、主题演讲比赛二等奖。

2. 研究生教学工作

2019年，音乐学院继续加强"音乐与舞蹈学"一级学科硕士点的建设工作。加强导师队伍建设；进一步规范研究生招生程序，保证招生考试公平公正公开；完善研究生培养环节及日常管理工作，提高研究生教学质量，严格把关研究生学位论文审核、论文答辩等环节；做好毕业研究生的就业指导工作。

2019年，音乐学院研究生参加了国内外高水平学术会议并发表研究成果。在学术期刊发表论文6篇，获校级以上科学研究项目2项；在国内外高水平音乐比赛获奖18项；举办高水平音乐会26场。积极参加各类社会服务及实践活动。

三、科研工作与学术交流

1. 科研项目及成果

2019年，学院教师获5项国家级项目及4项市厅级项目，申报国家社科基金艺术学项目 6 项、国家艺术基金艺术人才培养项目 4 项、江苏高校哲学社会科学研究基金项目 2 项,在核心刊物发表文章 9 篇,其中 3 篇被 SSCI 与 A&HCI 收录,出版 20 万字专著 1 部。挂靠学院的中国昆曲与评弹研究院,坚持领域研究特色,合理建设研究队伍(聘请朱栋霖教授为首席研究员),并已有优秀科研成果产出,2019 年编纂出版了百万字专著《中国昆曲年鉴 2019》。

2. 国内外学术交流

2019 年,音乐学院接待了美国罗切斯特大学伊斯曼音乐学院院长、加拿大韦仕敦大学音乐系领导、南京师范大学音乐学院领导、清华大学党委副书记向波涛和艺术教育中心主任赵洪、浙江音乐学院声歌系教师团队、东北师范大学音乐学院、唐山师范学院音乐系等国内外诸多兄弟高校的同仁的访问调研,接受了教育部思政司副司长张文斌、教育部体卫艺司副司长万丽君的考察。继续办好苏州大学音乐研究高端讲坛系列,邀请了南京师范大学音乐学院院长徐元勇、中央音乐学院音乐系中国音乐史教研室主任蒲方、上海音乐学院科研处处长钱仁平三位教授进学院举办讲座。除接待国内外来访代表外,音乐学院也积极走出去。9 月,吴磊院长陪同校职能部门领导赴美国罗切斯特大学伊斯曼音乐学院共谈合作项目。12 月,学院领导班子携教师代表访问湖南师范大学音乐学院和宜昌市人文艺术高中。

四、重大事项

(1) 1 月 14 日,苏州大学合唱团受邀参加中国文联、音协主办的《致新时代——大型原创交响音乐会》,音乐会在国家大剧院上演。中国文联、作协、音协、教育部、江苏省、苏州市及苏州大学领导等出席了活动。

(2) 5 月 18 日,恩玲艺术中心正式启用,苏州大学 2019 年校友返校日音乐会暨恩玲艺术中心启用仪式在恩玲艺术中心大剧院举行,苏州大学交响乐团在庆典上演奏。

(3) 9 月 25 日,"音乐·城市·历史"——苏州近现代音乐家与城市音乐文化学术研讨会在苏州观园琉苏酒店隆重召开,本次学术研讨会为中国苏州江南文化艺术·国际旅游节的重要组成部分,苏州大学音乐学院、苏州市音乐家协会承办。

(4) 10 月 11 日至 17 日,由教育部主办、苏州大学承办的 2019 年度高校公共艺术课程建设专题研讨班在苏州大学成功举办。教育部体育卫生与艺术教育司副司长万丽君、政策法规司副司长杨志刚和国内高校著名美育专家举办讲座。

(5) 10 月 18 日至 20 日,苏州大学音乐学院成功举办第五届国际音乐学学会东亚分会 2019 年会。这是国际音乐学学会首次在中国大陆举办。

(6) 11 月 1 日至 4 日,由人民音乐出版社主办,《钢琴艺术》杂志编辑部和苏州大学音乐学院共同承办的第四届全国钢琴教学研讨会隆重召开。中外多位著名钢琴教育家、全国 35 省市的 90 所大专院校的 400 多名一线钢琴教师齐聚一堂。

(7) 12 月 4 日至 6 日,苏州大学首届铜管艺术节在恩玲艺术中心举行。教育部艺术教育委员会委员、中国音乐家协会管乐学会副主席、中央音乐学院博士生导师赵瑞林教授出席并致贺词,此次艺术节共举办音乐会 5 场、大师课 3 场、公开排练 2 场等丰富的活动。

(马晓钰)

体育学院

一、概况

苏州大学体育学院的办学历史可以追溯到1924年的东吴大学体育专修科、1952年的江苏师范学院体育系、1982年的苏州大学体育系。体育学院1997年成立，从1924年至今，已有90多年的办学历史。在几代体育人的共同努力下，苏州大学体育学院已经成为一所国内领先，并且具有一定国际知名度的体育院校。学院现有运动训练、武术与民族传统体育、体育教育、运动人体科学、运动康复5个本科专业；拥有体育学博士后流动站和体育学一级学科博士学位授权点、体育学一级学科硕士学位授权点、体育硕士专业学位授权点；拥有国家体育总局体育社会科学重点研究基地、机能评定与体能训练重点实验室等科研平台及若干国家、省级和校级精品课程等优质教学资源。长期以来，学院致力于高素质体育人才培养，为国家和社会输送了包括奥运会冠军陈艳青、吴静钰、孙杨在内的一大批高水平体育专业人才，为我国体育事业做出了应有的贡献。

学院共有教职员工134人，其中，教授18人，副教授49人。博士生导师21人，硕士生导师70人，国际级裁判2名，国家级裁判11名，另柔性引进兼职、客座教授20余名。现有全日制在校本科生730名，硕士研究生318名，博士研究生41名。

二、教学工作

1. 本科生教学工作

2019年度，招收本科生171名（含基地生）。学院坚持以"立德树人"为宗旨，以学风建设为中心，推进本科教育"四个回归"办学目标的实现。依照国家和学校加强本科教育与提升本科教学质量的指示精神，把本科专业建设改革和本科教学质量提升作为领导班子年度工作的重中之重。

加强青年教师培养，提升教师教学能力。为提高青年教师的教学水平，邀请了校内外多名专家、学者为学院青年教师教学能力提升进行系列讲座。通过组织院内青年教师课堂教学竞赛，提升青年教师的教学水平。其中，黄鹂、丁莹老师获得江苏省微课教学比赛一等奖，学院还获得2019年度苏州大学第十八届青年教师教学竞赛一等奖1人，二等奖1人。

全力推进一流专业和品牌专业建设工作。学院完成了体育教育江苏省品牌专业建设工作，并顺利通过专家论证。体育教育专业成功获批"苏州大学一流本科专业""江苏省一流本科专业"。学院以体育教育品牌专业建设为契机，开展了系列课程资源与教材建设工作。继"运动生理学"获2018年度国家精品在线开放课程后,学院新增2门在线课程。

加强本科专业学生的实践教学环节,学院举办了"一流本科专业建设和教学质量促进"专项研讨会议,全面推进本科教育工作。积极组织开展体育教育专业认证的调研工作,积极配合学校对运动训练专业人才培养工作进行认真梳理与整改,完成运动康复专业的江苏省内学位评估工作。注重学生的实践教学,多次组织召开学院实习总结工作会议,学院获得学校2019年"优秀实习单位"荣誉。举办了院第四十一届田径运动会、体育教育专业学生基本功大赛,提高了本科专业人才培养质量,强化了学生实践技能。学院2016级体育教育专业8名同学作为全国高校体育教育专业学生基本功大赛江苏省代表队队员参赛,获得基本功大赛团体一等奖第一名、基础理论知识与教学技能类团体一等奖第一名、运动技能类团体一等奖第二名的优异成绩。单项竞赛的24支队伍中,学院学生获得基础理论竞赛第一名、体操团体第一名、球类项目团体第一名、微课第二名、田径项目第二名和武术项目第三名的成绩。苏大学生不畏强手、顽强拼搏、奋勇夺冠,为江苏教育系统赢得了荣誉。

重视国际化办学。积极参与国际组织的学术交流活动,充分利用体育教育品牌专业的资源优势,积极推进本科生海外学习交流活动。2019年继续派出体育教育专业本科生赴日本筑波大学、美国俄亥俄州立大学进行交流学习。根据学校的战略发展规划,学院接下来也会进一步加大资助学生到国(境)外学习的力度,以提升苏大体育学院在海外的影响力。

2. 研究生教学工作

2019年,学院共招收博士研究生7人、硕士研究生123人(含非全日制28人),共毕业博士研究生6人、全日制硕士研究生90人、在职硕士18人。2019年度顺利完成博士、硕士的招生、培养和学位授予工作。为了更好地提升研究生培养质量,学院制订了体育学院研究生综合素养提升计划,从教学能力、学术能力和就业能力三个方面提出了建设思路。组织召开了第三届东吴体育博士论坛,共有来自华东地区8所体育学一级学科博士点单位的60余名师生参加,为加强我国体育学博士研究生群体的业务来往、学术交流与思想沟通搭建了平台。在各位导师的辛勤努力下,2019年,研究生就业率为96.36%,创下历年新高。

三、科研工作

科研工作稳步推进。2019年,学院师生共获得各级各类研究课题46项,其中,国家社科基金研究项目4项(新增一般项目2项,国家社科基金重大项目子课题2项),省部级研究项目3项,市厅级项目31项,横向或纵向委托项目10项,科研经费达749万元(比2018年增加近500万元);共发表核心期刊学术论文56篇(其中,SCI论文3篇、SSCI论文1篇,一类核心期刊论文3篇,二类核心期刊论文36篇);主编、参编教材及出版专著12部;获得发明专利1项、实用新型专利6项;获得"苏州市社科应用研究精品工程"优秀成果奖1项。举办了国内外专家学术讲座20余场,资助教师和研究生参加国际、国内会议160余人次。

四、重大事项

（1）3月2日，苏州大学剑道队在香港亚洲杯中取得团体第二的优异成绩。第十九届香港亚洲公开剑道锦标赛的参赛队伍来自49个国家（地区），包括马来西亚、日本、俄罗斯、印度、新加坡等，共123支，其中，女子团体赛共27支队伍。苏州大学女子剑道队能够突出重围杀进决赛，并夺得亚军，实属不易。苏州大学剑道队由教练杨敢峰老师，在读硕士生周春晖，苏大民体毕业生李紫茜、许彤4位师生构成。

（2）3月18日，江苏省教育厅副巡视员李金泉，体育卫生与艺术教育处处长张鲤鲤、主任科员古恺，调研苏州大学体育卫生艺术与国防教育工作。

（3）4月13日，广岛大学剑道部师生到学院进行交流。学院党委书记杨清、院长王国祥、党委副书记李伟文、副院长陶玉流、民族传统体育系主任张宗豪等参加了交流活动。

（4）第二十三届亚洲田径锦标赛于4月21—24日在卡塔尔首都多哈进行。该届比赛共设43个小项，其中，男、女各21项，男女混合接力1项。中国田径队公布了参加该次比赛的89人名单，其中，苏州大学有三名田径运动员入选，他们是男子十项全能胡雨飞、男子400米栏冯志强和女子400米栏黄妍。

（5）5月28日至6月2日筑波大学体育系香田郡秀教授（世界冠军、剑道范士八段）莅临苏州大学体育学院，为体育学院武术与民族传统体育专业和体育教育专业的学生进行了为期一周的剑道教学。活动还吸引了海外留学生等共200多人参与学习。

（6）7月3—14日，第30届世界大学生夏季运动会在意大利那不勒斯举行，设18个大项，共有来自118个国家和地区的6 000名运动员参加。中国代表团共选派运动员198人，参加14个大项144个小项的比赛。学院体育教育专业2017级本科生单云云同学不畏强手、顽强拼搏，最终取得了跆拳道女子67kg级项目的亚军，为祖国争光，为学校争得了荣誉。

（7）7月11日，由教育部主办，天津体育学院、全国高等学校体育教学指导委员会承办的2019年全国高校体育教育专业学生基本功大赛在天津体育学院闭幕。学校获团体一等奖第一名，基础理论知识与教学技能类团体一等奖第一名，运动技能类团体一等奖第二名；学校代表队获评体育道德风尚奖代表队。于清华和王承浩两位同学被评为优秀运动员。

（8）2019年，全国轮滑锦标赛暨第十四届冬季运动会轮滑比赛资格赛于7月25日至31日在丽水举行。学院2016级运动训练专业郭丹同学、2019级运动训练专业李乐铭同学不畏强敌、勇创佳绩。郭丹包揽成年组7项冠军，李乐铭获青年组8金1银。此外，学院2019级运动康复专业硕士研究生郁天成、吴羽、杨洁参与了比赛的医疗康复工作，为本院运动员的出色发挥提供保障。

（9）2019年，第十九届全国大学生田径锦标赛在内蒙古师范大学盛乐校区圆满落幕。学校田径队共获得2金1银1铜，2个第四名、1个第六名、2个第七名和1个第八名的佳绩。王艺杰同学荣获"优秀运动员"称号，徐建荣老师荣获"优秀教练员"称号。

（10）第十九届中国大学生游泳锦标赛于8月27日下午在兰州大学榆中校区落下帷幕，经过四天的激烈比拼和精彩角逐，苏州大学游泳队2017级体育教育专业朱莹莹获得女子乙组 400 米混合泳金牌、50 米自由泳铜牌，2017 级体育教育专业郭永慧获得女子乙组 1 500 米自由泳银牌、800 米自由泳铜牌，2018 级体育教育专业于嘉妍和夏梦晗分别获得女子甲组 50 米仰泳银牌和 50 米自由泳铜牌，另外，游泳队还获得了 1 个第四名、1 个第五名、3 个第七名和 1 个第八名的好成绩。其中，夏梦晗同学荣获"体育道德风尚奖"。

（刘晓红）

数学科学学院

一、概况

苏州大学数学科学学院有着辉煌而悠久的历史，其前身是1928年东吴大学文理学院设立的数学系。"华罗庚数学奖"获得者姜礼尚教授，华人第一位国际组合数学终身成就奖——"欧拉奖"获得者朱烈教授，全国首批18位博士之一、"全国优秀教师"称号获得者谢惠民教授，国内一般拓扑学研究先驱之一高国士教授等知名教授都是苏大数科院的荣耀。学院一贯治学严谨，精心育人，至今走出了中国科学院院士1名，国家特聘专家入选者2名，长江学者特聘教授2名，国家杰出青年基金获得者6名，国家优秀青年基金获得者2名。为江苏培养了一大批中学数学特级教师和教授级高级教师、中小学名校校长、优秀企业家和金融精英。

学院目前拥有2个一级学科，数学一级学科博、硕士学位授予点下设基础数学、应用数学、计算数学、概率论与数理统计、运筹学与控制论、数学教育6个二级学科博、硕士点，统计学一级学科博、硕士学位授予点下设数理统计、应用概率、金融风险管理、生物统计、经济统计5个二级学科博、硕士点；学院还有应用统计、金融工程、学科教育（数学）3个专业硕士学位点；学院设有数学和统计学博士后流动站及全国省属高校中唯一的国家理科基础科学研究和教学人才培养基地（数学）；数学、统计学均为江苏省一级重点学科；数学与应用数学为国家"211工程"重点建设学科。

学院设有数学与应用数学系、计算科学系、统计系和大学数学部，同时还设有数学研究所、应用数学研究所、高等统计与计量经济中心、金融工程研究中心、设计与编码研究中心、系统生物学研究中心、数学与交叉科学研究中心等7个研究机构。

学院现有教职工139人，其中，专任教师118人，教授41人（含博士生导师20人），副教授52人。专任教师中有86人具有博士学位。现有国家自然科学杰出青年基金获得者1人，国家自然科学优秀青年获得者1人，国家特聘专家1人，全国优秀教师2人，国家级有突出贡献的中青年专家3人，享受国务院政府特殊津贴10人，教育部新世纪优秀人才2人，江苏省教学名师1人，江苏省"333工程"学术带头人4人，省级有突出贡献的中青年专家2人，江苏省"青蓝工程"学术带头人1人，江苏省"青蓝工程"骨干教师4人，江苏省普通高校优秀青年骨干教师4人。

学院下设数学与应用数学（基地、师范）、信息与计算科学、金融数学、统计学4个本科专业。数学基础课程群教学团队被评为国家级教学团队建设点；数学与应用数学专业是国家一流专业建设点，教育部"第六批高等学校特色专业建设点"，江苏省品牌专业A类建设专业；"数学分析与习题课"被评为国家级精品课程和精品资源共享课；"高等代数"和"抽象代数"被评为江苏省精品课程。2019年,学院有全日制在校硕博士研究生200多人,本科生近千人。

学院自2009年参加第一届全国大学生数学竞赛起,累计获得全国总决赛一等奖3人次,二等奖10人次,三等奖1人次。2016年3月,学院邱家豪同学获得了第七届全国大学生数学竞赛第一名的好成绩。在全国大学生数学建模、国家大学生创新性试验计划、国家基础科学人才培养基金项目、"箸政学者"等课外科技学术活动中学院学生屡获佳绩。

学院目前在研国家级科研项目近百项,研究经费3 000余万元。近年来,科研成果令人瞩目,先后承担了包括国家自然科学基金重点项目、重大课题子课题、面上及青年项目等一大批科研项目。教师每年在国际、国内权威期刊发表高质量论文近百篇。在组合设计、常微与动力系统、代数、函数论、几何与拓扑学、科学计算、统计学等方面的科学研究处于国际知名、国内一流水平。特别在 Annals of Statistics,Journal of the American Statistical Association 等数学统计顶级期刊上发表多篇高水平论文。学院科研成果获省部级科技进步奖3项。

二、教学工作

1. 本科生教学工作

2019年,根据学校的教学工作安排,学院共开设专业课程130门,公共课程296门,共开设6门次本科新生研讨课。学院完成师范生实习工作,获评校教育实习先进单位;完成数学与应用数学品牌专业结项工作。数学与应用数学申报全国一流专业。黄毅生教授主持的"数学专业基础课教学团队"获评2019年苏州大学一流教学团队立项建设(苏大教〔2019〕112号)。严亚强、王萍萍主持的"基于自主学习网络平台的高等数学金课建设实践研究"获苏州大学2019年江苏省高等教育教改研究课题立项(苏大教〔2019〕113号)。2019年度指导大创项目:国家级1项,省级2项,校级1项;"箸政基金"项目1项。学院共组织5项专业竞赛:2019年1月美国大学生数学建模竞赛,共获得M奖4队,H奖12队;2019年9月全国大学生数学建模竞赛,共获得全国二等奖1队,省一等奖5队,省二等奖8队,省三等奖10队;2019年10月全国大学生数学竞赛(数学类)江苏省预赛,共获得省一等奖12人,省二等奖20人,其中,有4位同学参加全国决赛。此外,还组织了全国大学生市场调查与分析大赛、中国高校计算机大赛-大数据挑战赛。建设完成试卷识别扫描系统(专业课)、公共数学扫描批阅系统;严亚强教授编写的《高等数学(上)》教材由高等教育出版社出版,并在全校使用。大数部更新出版《高等数学和线性代数习题册》。与新加坡国立大学、曼彻斯特大学国际合作项目继续正常运行。新增与美国伊利诺伊理工学院全面合作关系(已签约),与威斯康星大学麦迪逊分校"3+1+1"本硕项目,与美国洽谈北卡罗来纳州立大学"3+X"本硕项目。

学生党团组织建设扎实,骨干队伍积极引领作用明显。学院团委以政治性、先进性、群众性为目标,坚持立德树人,紧扣时代主题,突出问题导向,创新体制机制,以换届为契机对学院原有六大学生组织进行全面改革,建立了数学科学学院的"一心双环"团学组织格局。学生联合会有效地精简优化了学院原有学生组织机构,进一步健全了学生权益代表和维护机制,并在原有工作机制上进行大胆创新,设立了团工作督查机制,切实建立了"学校、学院、班级"三级联动的工作格局，使学生联合会组织更好地代表和服务广大同学，更好地团结和凝聚广大同学听党话、跟党走，为推进"四个全面"战略布局、实现中华民族伟大复兴的中国梦贡献青春力量。院团委开创了独具数学科学学院特色的红色"团学培训"氛围，组织了学院"活力团支部"和"魅力团支书"的评选活动，在学校青年大学习的参与率排名中始终保持着优异的成绩。院团委书记周扬获得了苏州市2019 年度"一心五同"团干部的荣誉。

学院积极组织志愿服务活动，培养学生奉献和服务能力。举办怡养老年公寓志愿活动，获"第三届苏州大学志愿服务项目大赛"参与奖；学院特有的"暖冬活动"获"第三届苏州大学志愿服务项目大赛"三等奖；"暖冬——遇见暖冬，爱心与温暖随行"活动在 2019 年苏州大学第三届志愿服务项目大赛中获得优秀奖。

5 月至 10 月期间，学院先后举行宣讲会、答辩、出征仪式、评比大会等活动。2019 年度共有 24 支团队申报实践项目（其中 10 支为校重点团队），实践类型多种多样。学院有 6 支实践团队被评为校级优秀小分队，4 人被评为校级先进个人，2 篇调查报告被评为校级优秀社会调查报告。院团委积极组织的"starseeker 寻找数学之星"实践团队参加"创意无极限"创意大赛，入围并荣获三等奖。

2019 年，学院组织学生参加大学生课外学术科研基金项目、"挑战杯"课外学术科技作品竞赛等活动。2019 年 4 月，学院共有 4 个项目获批校第二十一批科研基金重点项目，其中，有 2 支团队在 11 月的结题中获评合格及以上评定等级。2019 年 10—11 月，学院对校第二十届"挑战杯"做了充分宣传，最后共有 20 支队伍参赛。学院本科生在 2019 年的国模、美模、国数、全国大学生英语竞赛中均获得骄人成绩。

2019 年，学院精正数学建模社获评苏州大学五星级社团；精正数学建模社"我和我的祖国"系列建模活动获评苏州大学优秀社团活动；精正数学建模社李旻炜同学获评苏州大学优秀学生社团骨干；亓海啸老师获评苏州大学优秀学生社团指导老师。

学院本科生新媒体中心发展走在学校前列。"iMathxSuda"公众号采取一周一原创的周推模式，创新性地采取预约单制度，面向全院本科生的 QQ 公众号平台，同步院学生事务联合会的日常工作动态，每周推送的内容积极健康，话题活泼多样，每个节日当天的QQ 公众号给同学紧张的学习生活呈上温馨的祝福和满满的正能量。公众号在关注人数和阅读人数的稳步提升中，已成为讲述学院师生故事、展示学院形象、传播数学人正能量的平台。

学院重视本科就业这个最大的民生工程。重引领，重服务，最大努力促就业。2019 年年底就业率为 93.12%，达到校平均水平。应届就业率为 92.15%，应届升学率为 42.41%，应届境外升学率为 16.23%，2015 级应届境外升学率达历史新高。

2. 研究生教学工作

学院重视研究生培养质量，通过系列举措完成研究生教育改革创新，在招生模式、培养过程、民主管理上都狠抓规范，取得了良好的效果。2019 年，学院录取全日制硕士研究生 87 人，博士研究生 13 人。组织申报研究生创新项目，2 人获得了江苏省科创创新计划省立省助项目；组织学生参加全国研究生数学建模比赛，1 支队伍获一等奖，1 支队伍获二等奖，3 支队伍获三等奖。2019 年，有 4 人获 2017 年国家公派研究生项目，1 人获学院优势学科经费资助参加国际会议或交流。

三、科研工作与学术交流

2019年，学院共获批国家自然科学基金7项，其中，面上项目6项，青年基金项目1项；获得江苏省自然科学基金青年项目2项；杨凌教授获批主持立项科技部国家重点研发计划课题1项；学院教师全年累计发表SCI论文70余篇，其中，一区论文1篇，二区论文13篇。周圣高副教授作为第一作者在《美国科学院院刊》（PNAS）发表论文。2019年，学院共举办学术研讨会20个，邀请国内外知名专家做学术报告195场。2019年6月，学院3位教师在第八届世界华人数学家大会做45分钟邀请报告。2019年3月，学院的数学学科成功进入ESI指标全球前1%行列。

四、重大事项

（1）2019年3月，学院数学学科成功进入ESI指标全球前1%行列。

（2）6月9日至6月14日，学院季利均、史恩慧、赵云老师在第八届世界华人数学家大会做45分钟邀请报告。

（3）6月28日，杰出华人数学家、美国加州大学圣塔芭芭拉分校数学系终身教授张益唐先生应邀访问学院，并于当晚在敬贤堂给全校师生做题为"我对数学的追求"的学术报告。

（4）2019年7月，学院1982届院友、日本东京理科大学教授施建明入选日本工程院外籍院士。

（5）2019年7月，学院交叉科学研究中心周圣高课题组在PNAS上发表最新研究成果。

（6）马欢飞教授入选苏州大学首届"仲英青年学者"，获得2019年世界华人数学家联盟最佳论文奖（获奖论文是他2018年以第一作者发表在PNAS的研究论文）。

（7）学院科研基金申请方面取得新突破，杨凌教授获批主持立项科技部国家重点研发计划课题1项。

（8）引进人才工作取得丰硕成果，引进特聘教授3名，其中，卓越人才1名、副教授3名。

（9）青年教师卢培培（学校优秀青年学者、副教授）获得"德国洪堡研究基金"资助，赴德国海德堡大学开展为期一年的研究工作。

（10）2019届本科人才培养取得出色成果，出国及升学率达42%，特别是基地班36名毕业生中，国内读研18人，出国升学13人。

（金　贤）

物理科学与技术学院

一、概况

苏州大学物理科学与技术学院前身为东吴大学1914年创办的物理系。经过100多年的发展，学院在学科建设、科学研究、师资队伍、人才培养和社会服务等方面取得了良好的办学声誉。学院现有教职工120人，其中，国家级、省部级人才20余名，专任教师中，正高级职称44人，副高级职称23人。学院下设近代物理及物理教育系、光学与光子学研究所、凝聚态物理与新材料研究所、大学物理部及实验教学中心，苏州大学软凝聚态物理及交叉研究中心和苏州大学高等研究院挂靠学院运行。

物理学科为江苏省"十三五"重点学科、江苏省第三期优势学科、苏州大学一流学科"物质科学与工程"的支撑学科之一。物理学科ESI国际排名位居全球前1%，国内高校排名21位；Nature Index国内高校排名第8位；第四轮学科评估国内排名26位。学院现有物理学博士后流动站，物理学博、硕士一级学科学术学位授权点，材料物理与化学、课程与教学论（物理）硕士学术学位授权点和学科教学（物理）硕士专业学位授权点，物理学及物理学（师范）2个本科专业，其中，物理学专业为国家级一流本科专业建设点。

学院教学成果丰硕。拥有国家级实验教学示范中心、基础物理（实验）国家优秀教学团队，"普通物理学"获批国家精品资源共享课、国家级精品课程和"江苏省高等学校在线开放课程立项建设项目"，"电磁学"获批国家级双语教学示范课程，"热学"获批江苏省留学生全英文授课精品课程，"普通物理学Ⅱ"获批江苏省留学生全英文授课精品课程培育项目。学院开发"十二五"国家规划教材1部、江苏省重点教材2部。学院还承担研究生省级精品课程2项、教学教改研究课题2项等。

学院以人才培养为中心、以立德树人为根本，构建"国际化、研究型"的人才培养体系，建立用STEAM理念贯穿的不同层级学生科研训练体系，通过开设物理学国际班，建立专业课全英文教学体系，人才培养质量得到社会高度认可。

积极服务地方区域经济发展，通过与企业共建研究院、项目合作、建立研究生工作站等方式，推动科技成果产业化和产学研合作。由学院创办的《物理教师》已具有四十年的历史，入选全国北图核心期刊。学院依托"苏州市科普教育基地"，主动承担社会责任，定期举行科普活动。

二、教学工作

1. 本科生教学工作

物理学专业和课程建设情况。物理学专业获批国家级一流本科专业建设点，物理实验及创新竞赛教学团队入选第二批苏州大学本科教学团队，《近现代物理实验》获批2019年江苏省高等学校重点教材立项建设。

师范专业认证情况。2019年6月中旬完成了江苏省教育评估院组织的联合专家组现场考察工作，师范专业是江苏省内第一家专家进校考察的物理学（师范）专业。

教学获奖情况。一是学生获奖方面。获第五届中国"互联网+"大学生创新创业大赛省赛二等奖。在第五届全国大学生物理实验竞赛中获二等奖1人次、三等奖3人次。在第十届全国大学生物理学术竞赛（CUPT）中再次获团体赛二等奖，并成功获得2020年第十一届CUPT全国赛种子队资格（全国36所高校）。在江苏省高校第十六届大学生物理及实验科技作品创新竞赛中获一等奖3项、二等奖5项，相关作品在2019年全国高等学校大学物理实验教学标准研讨会作为优秀实验项目被介绍。在2019年大学生创新创业训练计划项目中，获国家级项目2项、省级重点项目1项、校级项目2项、"篛政学者"项目1项。本科生在SCI期刊上发表论文5篇。二是教师获奖方面。获国家级物理学科实验竞赛优秀指导教师6人次，省级物理学科竞赛优秀指导教师10人次，校级教学先进个人3人次，校级青年教师课堂教学竞赛中获一等奖1人次、三等奖1人次，校级"课程思政"课堂教学比赛中获一等奖1人次。

实习基地建设情况。新增苏州佳智彩光电科技有限公司、苏州利华科技有限公司等6家实习实践基地单位，新设苏州佳智奖学金奖教金。

2. 研究生教学工作

招生规模和生源情况。2019年，学院共招收全日制博士研究生19人，全日制硕士研究生101人，非全日制硕士研究生5人，全年各类研究生总数达125人。

研究生创新工程建设与获奖情况。2019年，学院举办"2019年苏州大学凝聚态物理前沿进展研究生暑期学校"。获江苏省研究生培养创新工程研究生科研与实践创新计划5项、江苏省优秀专业学位硕士论文1篇；获第三届江苏省教育硕士实践创新能力大赛二等奖1项、优胜奖1项；获第十一届"格致杯"物理师范生教学技能交流展示大赛一等奖2项、二等奖3项。研究生导师获江苏省研究生教育教学改革课题立项1项、苏州大学研究生精品课程建设立项1项、苏州大学研究生教育改革成果奖培育项目立项1项。

三、学科建设与科研工作

1. 学科建设

召开第一次发展战略研讨会，与北京应用物理与计算数学研究所签署合作共建协议，双方开启在学科建设、协同育人、拔尖创新人才联合培养等方面探索"一院一所"合作模式。启动"院士论坛"，分别从人才的引进、师资队伍的稳定、学科方向的凝练、本研课程的完善、学术氛围的营造、校内外资源的整合等方面对学科发展提出意见和建议。

2. 科研工作

科研项目及论文发表均有增长。2019年，学院共申报国家级自然科学基金项目44项，其中，获批13项（含优秀青年科学基金项目1项）。江华教授团队在国家重点研发计划"量子调控与量子信息"重点专项（自旋超导等新型关联体系的量子态）担任课题组组长和参与课题1项。在省级科研项目方面，学院共获批江苏省自然青年项目1项、江苏省高校自然科学研究项目2项（重大项目1项）。2019年，学院教师在SCI/EI/ISTP共发表论文 120 余篇，同时重视高水平论文建设，以第一单位或通讯作者身份发表 *Nature* 子刊 5 篇，*Physical Review Letters* 4 篇。

四、重大事项

（1）1 月 24 日，学院召开第一次发展战略研讨会。苏州大学张晓宏副校长到会并提会议要求，会议邀请了南开大学刘玉斌教授做主题报告，南京大学龚昌德院士做点评。

（2）3 月 20 日，蒋建华合作团队在 *Nature Physics*（《自然物理学》）期刊上发表了题为"声子晶体中的二阶拓扑相及其多维相变"的学术论文。蒋建华教授指导的博士生王海啸是该论文的共同第一作者，蒋建华教授为共同通讯作者，这是本院首次在 *Nature Physics* 上发表学术论文。

（3）9 月 19 日下午，物理学院"不忘初心、牢记使命"主题教育动员部署会在博习楼 221 会议室举行，"不忘初心、牢记使命"活动正式启动。

（4）9 月 23 日，在博习楼 221 会议室召开了物理科学和技术学院和北京应用物理与计算数学研究所合作共建推进会。双方签署了合作共建协议，开启双方在学科建设、协同育人、拔尖创新人才联合培养等方面探索"一院一所"合作模式。11 月底，学院同北京应物所联合主办激光与等离激元相互作用研讨会。

（5）9 月 26 日，美国光学学会（OSA）正式发来贺信，国家杰出青年科学基金获得者、学院蔡阳健教授在 2019 年美国光学学会理事大会中当选为美国光学学会（OSA）会士（Fellow）。

（6）9 月 29 日，"庆祝中华人民共和国成立 70 周年"纪念章颁发仪式顺利举行，校主题教育第八巡回指导组组长钱万里和高雷院长向学院退休教师倪汉彬教授、顾汉炎教授转发纪念章。

（7）11 月 29 日，苏州大学物理科学与技术学院"江苏省产业教授论坛"在苏州大学天赐庄校区博习楼 221 会议室举行，苏州纽迈分析仪器股份有限公司董事长杨培强、星弧涂层新材料科技（苏州）股份有限公司董事长钱涛、苏州阿特斯阳光电力科技有限公司首席技术官邢国强、苏州阿特斯阳光电力科技有限公司高级研发总监王栩生等 4 位"产业教授"出席本次活动。

（8）11 月 29—30 日，物理学院"院士讲坛"暨物理学科发展研讨会在红楼 217 会议室举行。北京大学王恩哥院士、谢心澄院士、汤超院士，北京计算科学中心林海青院士，复旦大学马余刚院士等 5 位院士参加。

（9）12 月，教育部办公厅印发了《教育部办公厅关于公布 2019 年度国家级和省级一流本科专业建设点名单的通知》（教高厅函〔2019〕46 号），公布了 2019 年度国家级和省部级一流本科专业建设点名单。学院物理学专业荣获国家级一流本科专业建设点。

（10）2019 年度，倪江锋教授获批"青年长江特聘教授计划"；施夏清副教授获批国家优秀青年基金项目。江华教授团队在国家重点研发计划"量子调控与量子信息"重点专项（自旋超导等新型关联体系的量子态）担任课题组组长并参与课题 1 项。物理科学与技术学院在 2019 年度综合考核中，考核等次为优秀（第一等次）。

（王迎春）

光电科学与工程学院

一、概况

光电科学与工程学院坐落于风景秀丽的天赐庄校区。学院前身为创办于1979年的江苏师范学院激光研究室。2014年1月,在原现代光学技术研究所、原信息光学工程研究所和原物理科学与技术学院光电技术系的基础上,合并组建了物理与光电·能源学部光电信息科学与工程学院。2018年5月,学院独立设置,并更名为光电科学与工程学院。学院拥有国家重点学科培育建设点、国家一流学科、省一级重点学科、江苏省优势学科、GF特色学科、博士后流动站等一系列国家和省部级一流学科平台。学院现有教育部、江苏省现代光学技术重点实验室、江苏省国家重点实验室培育建设点、江苏省先进光学制造技术重点实验室、数码激光成像与显示教育部工程研究中心、数码激光成像与显示国家地方联合工程研究中心、国家首批"2011计划"苏州纳米科技协同创新中心等7个省部级重点实验室和工程中心。现有实验室总面积达5 841平方米,仪器设备原值达2.04亿元。学院具有光电信息科学与工程、电子信息科学与技术、测控技术与仪器3个本科专业,光学工程学术学位、电子信息专业学位和检测技术与自动化装置3个硕士学位授权点及光学工程一级学科博士学位授权点。学院现有本科生464名,研究生239名,其中,硕士研究生220人,博士研究生19人。现有教职员工111名,其中,专任教师75名,党政管理人员11人,教学辅助岗位12人,专职科研人员2人,博士后2人。其中,包括中国工程院院士、国家科技进步奖获得者等国家和省部级高层次人才近20名,正高职称教师21名,副高职称教师41名,博士生导师13名,硕士生导师30名。

二、教学工作

1. 本科生教学工作

加大专业内涵建设,争创一流本科专业。学院组织完成了2019级光电信息科学与工程、电子信息科学与技术、测控技术与仪器3个本科专业人才培养方案修订工作,其中,根据一流本科专业建设要求,为体现学科特色优势、学院发展和人才培养需求等,光电专业人才培养方案修改较大(经历前期调研、师生意见广泛征集、院学术分委员会专家多次讨论、校内外专家现场论证等环节);组织完成了2019年本科生转专业工作(转入8人,转出1人);完成了2020年本科生转专业工作方案。

整合实验教学资源,构建开放创新实验管理体系。学院优化了本科教学实验室硬件,建设了门禁监控系统并正式投入使用;深化本科实验教学中心制度建设,制定了《本科实验教学中心职能与管理工作相关规定》（苏大光电〔2019〕3号）；稳步推进光电类专业实验建设，改进实验空间，完善实验内容；完成了学院计算机实验室的建设任务，确保网络化、信息化，且高效运行；为保障本科生实验教学需要，添置电子计算机、直流电源、数字万用表、数字示波器、信号发生器等一批实验设备。

积极引导选题，强化毕业设计（论文）质量。学院倡导将本科生毕业设计（论文）工作与大学生创新实验计划、科研项目和学科竞赛等融为一体，积极打造"本科生导师→创新实验计划/科研项目→学科竞赛→毕业设计（论文）"人才培养主线。2019年组织完成了2019届本部95名、文正学院120名本科生的毕业设计（论文）答辩与推优。

校企合作育人，助力学生卓越成长。学院组织完成了光电科学与工程学院第一届光电设计与科技作品创新竞赛。学院与苏州市产品质量监督检验院合作共建校外实习基地，并申报2019年校外重点实习基地。学院完成了2019届50名同学的集中实习和2018级两个专业共计32人的企业（科研机构）实习，积极探索实践"参观实习"和"顶岗与研发实习"的实习模式，切实发挥实习作用。

已取得的部分成绩。2019年，学院获"苏州大学在线开放课程"立项建设项目2项，其中，自建在线开放课程1项，引进在线开放课程1项；获"苏大课程2019-3I工程"项目1项，2019年苏州大学"课程思政"课堂教学竞赛一等奖1项，苏州大学第18届青年教师课堂教学竞赛二等奖1项；获2019年苏州大学高等教育教改研究课题重点招标项目1项、一般项目1项。2019年，学院学生在学科竞赛中，获全国二等奖3项、三等奖2项，省一等奖8项、二等奖11项、三等奖10项。学院获大学生创新创业训练计划项目国家级（同时为省级重点）2项，省级2项和校级1项；1项国家级、2项省级、1项校级大学生创新创业训练计划项目和1项创业实践项目顺利结题；2项国家级、2项省级和1项校级大学生创新创业训练计划项目通过中期检查。1项校级"箸政基金"项目顺利结题。3名学生的毕业设计被评为校级优秀，其中，1名学生的毕业论文被推荐参加2019年江苏省普通高校本专科优秀毕业设计（论文）评选；1个毕业设计团队被评为校级优秀，并被推荐参加2019年江苏省普通高校本专科优秀毕业设计团队评选。2018年，江苏省普通高等学校本科毕业设计（论文）评选结果公布，学院获一等奖1项；完成2018—2019年江苏省高等学校大学生万人计划学术冬令营项目（企业创新训练营项目）；1名教师获评为2019届苏州大学本科毕业实习优秀指导教师。

2. 研究生教学工作

2019年，学院招收博士生6名，其中，硕博连读2名、申请考核制3名、公考招考1名；预录取2020级推免硕士生6名，其中，光学工程4名、检测技术与自动化装置2名；预录取2020级博士生8名，其中，博士候选人2名、硕博连读1名、申请考核制5名。招收2019级硕士生76名（推免生6名），其中，光学工程专业69名（学术型23名，专业型46名），检测技术与自动化装置专业7名；"博士研究生候选人"录取3名；全年授予博士学位7名，授予硕士学位56名。

学院学生论文获2019年江苏省优秀博士学位论文1篇，2019年江苏省优秀硕士学位论文2篇；学院获2019年江苏省研究生科研与实践创新计划2项，2019年江苏省研究生教育教学改革课题1项；学院获2019年中国光学学会学术大会"优秀学生报告奖"1项；学院获苏州大学研究生精品课程1项，获2019年苏州大学研究生交叉创新培养项目1项，获江苏省企业研究生工作站项目1项。申报2019年王大珩光学奖学生光学奖1项,申报第五届全国光学工程学科优秀博士学位论文1篇;2019年"江苏省研究生培养创新工程"研究生科研与实践创新计划2个项目结题验收结果为优秀。

学院历来重视教育国际化,促进研究生对外学术交流,获2019年国家公派研究生联合培养博士项目1项,3名研究生获2019年苏州大学研究生参加国际学术会议资助,全年研究生参加国(境)外学术交流8人次。

三、科研工作与学术交流

1. 科研项目及成果

在科研项目方面,2019年学院申报国家自然科学基金30项,其中,重大仪器1项、国家杰青1项、优青2项、联合基金2项、面上14项、青年8项、重点国际(地区)合作研究项目1项、外国青年学者研究基金项目1项;获批8项,其中,面上3项、青年4项、联合基金1项。申报江苏省自然基金6项,其中,面上1项、青年4项、优青1项;获批4项,其中,优青1项、青年3项。申报江苏省高校自然科学研究项目5项,其中,重大4项、面上1项;获批4项,其中,重大3项、面上1项。获批科技部国家重点研发计划——政府间国际科技创新合作重点专项1项,获批苏州市前瞻性应用研究项目1项,政策性资助项目2项。申报2019年度"中法杰出青年科研人员交流计划"1项。2019年,全年科研到账经费3 977.446万元,其中,军口纵向到账经费386.5万元,军口横向到账经费2 396.13万元,民口纵向到账经费892.916万元,民口横向到账经费301.9万元。在科技奖励方面,学院2019年有较大突破,获批国家科学技术进步奖二等奖1项(陈林森团队),教育部高等学校科学研究优秀成果奖(科学技术)自然科学奖二等奖1项(李孝峰团队),中国照明学会中照照明科技创新奖三等奖1项(方宗豹团队);申报中国光学科技奖2项(李孝峰、陈林森),第十六届中国青年科技奖1项(周小红)。在高水平论文发表方面,2019年,学院师生发表SCIE/EI/CPCI-S论文104篇,其中,发表在OE、OL等TOP期刊上的论文10篇,大类分区一区的论文15篇。在知识产权方面,2019年学院共申请专利62项,专利授权95项,专利转让18项。

在学科建设方面,2019年,学院完成了光学工程优势学科三期项目及一流学科建设年度预算编报工作。2019年12月,江苏省教育厅举行了高校优势学科服务江苏高质量发展新闻通气会。学校光电科学与工程学院光学工程学科作为全省四个代表学科之一应邀参会并做介绍,展示了苏州大学光学工程学科的风貌,展现了本学科在光电技术领域取得的突出成绩及服务经济社会发展的现实成效,也将助力学科发展更上一个台阶。

在平台建设方面,2019年5月,教育部现代光学技术重点实验室和江苏省先进光学制造技术重点实验室联合举行了开放日暨"国际光日"科普系列活动。2019年10月,重点实验室骨干教师前往相城区玉成实验小学进行科普活动。2019年11月,江苏省先进光学制造技术重点实验室陈元参加了江苏省装备制造组重点实验室年会,交流了实验室建设成效,进一步学习了全省重点实验室建设情况、评估指标体系、运行管理要求、优秀重点实验室的科研管理经验。2019年12月,编制了国防重点学科实验室建议书,完成国防重点学科实验室指南申报。江苏省纳米科技协同创新中心完成了2019年度绩效考评工作。

2. 国内外学术交流情况

学院与昆山乐邦集团、江苏亮点光电科技有限公司等单位进行实地互访，就项目研发、人才培养、基地建设等多种合作模式进行了探讨与研究，有望在此基础上开展深化合作。苏州晶方半导体科技股份有限公司来院交流，院企双方就项目联合开发、科研项目申报、基地载体建设、人才培养等方面表达了相互合作的积极愿望；另外，学院还与安徽省奇瑞汽车股份有限公司、江苏三变科技有限公司等单位进行了咨询对接与技术沟通。

学院成功举办第二届（合束）光栅精密加工与控制技术研讨会、2019 信息光子学东吴研讨会、江苏省生物医学工程学会生物医学信号检测与处理专业委员会 2019 工作会议等学术会议。积极配合学校完成国际青年学者东吴论坛工作，全年共有 16 位海内外优秀青年学者参加东吴论坛—光电学院分论坛。14 名学生在 2019 年 7 月前往澳门科技大学参与了为期 7 天的"粤港澳大湾区—电子信息创新营"研修项目。

学院全职外籍专家 Joel Moser 教授与瑞典皇家理工学院的 Zwiller 教授开展国际合作课题研究（项目号：61811530020），并在 2019 年 4 月受香港科技大学 CHAN HoBun 教授邀请做学术报告。2019 年，学院教师参加各类国际学术交流会议 20 余人次，做大会特邀报告 10 余次，另有数名研究生赴海外参加国际学术会议。

四、重大事项

（1）1 月 3 日，学校聘任曲宏同志为光电科学与工程学院副院长。

（2）8 月 26 日，光电科学与工程学院举办首届战略发展研讨会。

（3）10 月 14 日，"潘君骅星"命名仪式暨庆祝潘君骅院士从事科研工作 67 周年交流会成功举行。

（4）12 月 4 日，学院召开全体高级专业技术职务人员会议，进行学术分委员会换届选举，产生了新一届学院学术分委员会。

（陈巧巧）

能源学院

一、概况

苏州大学能源学院成立于2009年,前身是1983年成立的物理系能源利用教研室,是全国最早创建和发展的能源学院之一。

学院以刘忠范院士为核心,汇聚了一支学术声望高、专业理论水平扎实、实践教学经验丰富的精英师资队伍。学院现有教职工90余名,其中,中国科学院院士1名、国家四青人才8名、江苏省双创人才7名、江苏省双创团队1个、江苏省杰出青年基金获得者1人,江苏省特聘教授5名,"333工程"培养对象4名,"六大人才高峰"高层次人才5名,"六大人才高峰"创新人才团队1个。

学院设有2个博士点:新能源科学与工程、能源与环境系统工程;4个硕士授权点:新能源科学与工程、能源与环境系统工程、材料与化工(专业学位)、能源与动力(专业学位);3个本科专业:新能源材料与器件、新能源材料与器件(中外合作)、能源与动力工程,其中,新能源材料与器件(中外合作)是由苏州大学—加拿大维多利亚大学"3+2"联合办学本科专业;1个省级教学示范中心:江苏省新能源材料与器件教学示范中心。学院现有学生850余名,其中,博士、硕士研究生近200名,本科生650余名。学院重视学生创新能力的培养,实行本科生导师制项目;定期组织优秀本科生夏令营,促进全国各地本科生学习交流;注重营造国际化人才培养氛围,大力招收留学生,现有20余名留学生在学院攻读硕士、博士学位。

学院以苏州大学能源与材料创新研究院(SIEMIS)为基础研究创新平台,以先进碳材料与可穿戴技术、太阳能利用与转化、高效动力储能电池、氢能源与燃料电池、理论计算、能源与环境系统工程、低碳节能技术作为重点研究方向,集中力量攻克重要、重大科学问题。现有省级重点实验室1个(江苏省先进碳材料与可穿戴能源技术重点实验室),内设大型分析测试中心1个,拥有大型分析测试仪器和设备20余套,总价值超过5 000万元,包括球差透射电镜、SEM、XRD、XPS、Raman、AFM、ICP-OES元素分析仪等一批先进新能源材料与器件分析和测试的仪器设备。

学院以苏州大学—北京石墨烯研究院产学研协同创新中心与张家港工业技术研究院为产学研协同发展基地,以新能源、新材料等领域作为切入点,致力于协同地方、高校与企业紧密合作,开创刘忠范院士提出的"研发代工"产学研协同创新新模式,实现从基础研究到产业化落地的无缝衔接。现拥有轻工业化学电源研究所等11个国家及省部级以上重要技术平台。

二、教学工作

1. 本科生教学工作

2019 年，学院大力推进教学与人才培养工作改革，修订 2019 级本科专业培养方案，优化专业内涵建设。新能源材料与器件专业新增专业课程 1 门、跨专业选修课 2 门，2019 级能源与动力工程专业新增基础实验课程 2 门、专业选修课程 7 门、跨专业选修课程 2 门、高年级研讨课程 1 门。学院计划新建本科实验机房 1 个，计划新增"动力机械""热工测量技术""热工过程与控制"实验设备 6 个，利用智能技术加快推进人才培养改革。

学院签约 10 余家本科生实践实习基地，聘任 10 余名优秀校友为本科生校外创新创业导师。对学生完成毕业论文（设计）、毕业实习的形式给予一定自由空间，允许选择院内外、校内外老师作为指导老师。本科生毕业论文优秀比例增高，被评为校级优秀论文的有 5 篇，1 篇被推荐为省级优秀论文；2 名教职工分获"校优秀毕业论文指导教师""校优秀实习指导老师"称号。

2. 研究生教学工作

2019 年，学院深化研究生教育改革，紧扣提高研究生教育质量这条主线，加强研究生教育管理，以提高研究生培养质量为宗旨，注重基础，突出重点，形成特色，加强研究生创新能力的培养，全面提高研究生的综合素质和能力。进行研究生课堂教学专项检查，开展各类研究生课程教学计划执行情况检查工作。重视课程建设规划，提高课程的课堂教学质量。

学院以研究生工作站建设为抓手，探索产学研协同培养机制，增强服务地方经济建设的功能，充分利用工作站对应用型人才发挥的积极制度，统筹相关资源，提升研究生培养质量。学院现有省级研究生工作站 4 个。

2019 年，学院硕士、博士生就业率分别为 96.43% 和 100%，博士毕业生近 80% 进入高校、科研院所工作。学院全年对全体研究生进行安全讲座培训 4 次，举办第一届研究生实验室安全知识竞赛、第四届研究生学术嘉年华及第一届"科创之窗"微观摄影大赛等活动，助力学院研究生加强学术交流，分享创新成果及思路。

三、科研工作与学术交流

1. 科研项目及成果

2019 年，学院共获得省部级以上纵向科研项目 9 项（其中，国家重点研发计划课题 1 项），获资助资金 578 万元；国防纵向项目立项 2 项，获资助资金 280 万元；横向项目立项 11 项，获资助资金 271.5 万元。

2019 年，学院继续推进江苏省先进碳材料与可穿戴能源技术重点实验室建设。获批建设苏州大学—北京石墨烯研究院产学研协同创新中心、苏州大学张家港工业技术研究院和轻工业化学电源研究所。

2019 年，学院以苏州大学为第一单位发表 SCI 论文 152 篇，创历史最高水平，特别是发在 *Nature Communications*（《自然通讯》）上 5 篇，是继 2012 年以来首次在 *Nature* 子刊上发表文章的新突破；*Advanced Materials*（《先进材料》）上 3 篇，*Journal of the American*

Chemical Society(《美国化学会志》)上 2 篇，Angewandte Chemie International Edition(《应用化学国际版》)上 1 篇。共申报发明专利 36 项，授权 19 项。

2. 国内外学术交流情况

2019 年，能源学院引进成会明院士、郭万林院士为名誉教授，Federico Rosei 教授续签讲座教授。11 月 23 日，苏州大学能源学院建院十周年暨发展大会成功举办，会议邀请了国内知名高校的专家教授，举行分论坛学术交流，促进学术交叉与学术融合。此外，学院邀请了国内外知名学术大师主讲"东吴新能源论坛"，学院多位教授参加、主持多项国际学术交流会议，并做特邀报告。

2019 年，在与加拿大维多利亚大学"3+2"中外合作办学的基础上，能源学院积极拓展了与新加坡国立大学机械系、化学系"3+1+1"合作项目，为学生创造了跨学科、跨专业、跨文化的留学深造平台。学院积极组织学生参加美国大学生数学建模比赛、全国大学生英语竞赛、"互联网+"大学生创新创业大赛等赛事，获奖颇丰。

2019 年，学院通过国际化宣讲会、动员会，短中期出国交流的学生逐年增加。2019 届毕业生的留学率从 4% 跃升至 26%，其中，2015 级新中外班的留学率达 58.5%；本科生导师制参与率由 40% 提升至 60% 以上，本科生共发表论文 17 篇，申请专利 5 项，参与项目 24 项。

四、学院重大事项

（1）3 月 21 日，江苏省先进碳材料与可穿戴能源技术重点实验室 2019 年度项目申报会顺利召开。

（2）5 月 19—20 日，江苏省先进碳材料与可穿戴能源技术重点实验室学术委员会第一次会议胜利召开，中国科学院成会明院士、郭万林院士受聘为苏州大学名誉教授。

（3）5 月 23 日，苏州氢能产业创新联盟成立，能源学院任联盟副理事长单位。

（4）6 月 24 日，能源学院举行庆祝新中国成立 70 周年暨欢送毕业生文艺晚会。

（5）7 月 6—8 日，能源学院成功举办 2019 年全国优秀大学生暑期学术夏令营。

（6）9 月 12 日，能源学院举行 2019 级新生开学典礼暨"大学第一课"。

（7）10 月 18 日，江苏省先进锂电材料产业创新战略联盟第二届会员大会召开，能源学院任联盟理事长单位。

（8）10 月 19—20 日，由苏州大学能源学院、苏州大学能源与材料创新研究院、江苏省先进碳材料与可穿戴能源技术重点实验室联合主办的前沿材料及能源应用研讨会暨江苏省先进碳材料与可穿戴能源技术重点实验室特邀学术报告会成功召开。

（9）10 月 22 日，能源学院举办第四届研究生学术嘉年华活动。

（10）11 月 23 日，苏州大学能源学院建院十周年发展大会隆重举行，苏州大学—北京石墨烯研究院产学研协同创新中心在发展大会上揭牌。

（李梦溪）

材料与化学化工学部

一、概况

材料与化学化工学部由苏州大学原化学化工学院和原材料工程学院的材料学科合并组建而成。原化学化工学院历史悠久，源远流长，其前身是创建于1914年的东吴大学化学系，它的创始人是东吴大学第一位理科教师、美国生物学家祁天锡教授（美国范德比尔特大学硕士研究生毕业）和东吴大学第一位化学教师、美国化学家龚士博士（1913年来自美国范德比尔特大学）。1917年，龚士博士指导的两名研究生获得化学硕士学位，他们是中国高校授予的第一批硕士学位的研究生。材料学科有近40年的办学历史，目前已成为国内重要的材料科学研究和人才培养基地之一。

学部涵盖化学、材料科学与工程、化学工程与技术3个一级学科，拥有化学、材料科学与工程、化学工程与技术3个一级学科博士点授予权和博士后流动站。化学、材料科学与工程为"一流学科"主要支撑学科；化学、化学工程与技术是江苏高校优势学科建设项目。据2019年11月美国ESI数据，化学、材料学科列全球前1‰；据最新Nature Index，化学学科排名居全国高校第9。

学部专业覆盖面广，设有化学、应用化学、化学（师范）、高分子材料与工程、材料科学与工程、功能材料、化学工程与工艺、环境工程等本科专业。化学专业为国家级一流本科专业、江苏省"十二五"高等学校重点建设专业；高分子材料与工程专业为江苏省一流本科专业，入选教育部"卓越工程师"计划并通过工程教育认证；化学实验教学中心为江苏省实验示范中心。目前，学部在校本科生、研究生约2 500人。

学部下设化学学院、材料科学与工程学院、化工与环境工程学院和实验教学中心、测试中心。化学学院下设无机化学系、有机化学系、分析化学系、物理化学系、公共化学与教育系，材料科学与工程学院下设高分子科学与工程系、材料科学与工程系，化工与环境工程学院下设化学工程与工艺系、应用化学系。学部现有在职教职员工280人，其中，中国科学院院士2人，新西兰皇家科学院院士、澳大利亚工程院院士1人，欧洲科学院院士1人，国家杰出青年科学基金获得者7人，"百千万人才工程"国家级培养对象3人，"万人计划"科技创新领军人才3人及其他国家级人才19人，另有省部级人才20余人。同时还聘请了包括诺贝尔奖获得者在内的30余位外籍名誉教授和客座教授。

学部拥有新型功能高分子材料国家地方联合工程实验室、环保功能吸附材料制备技术国家地方联合工程实验室、智能纳米环保新材料及检测技术国际联合研究中心、江苏省有机合成重点实验室、江苏省先进功能高分子材料设计及应用重点实验室、江苏省新型高分子功能材料工程实验室、江苏省水处理新材料与污水资源化工程实验室及其他20余个省、

市、校级重点实验室。

二、教学工作

1. 本科生教学工作

材料与化学化工学部牢固树立教学中心地位，加强一流本科建设。2019年，化学专业入选首批国家级一流专业建设点，高分子材料与工程专业入选江苏省一流专业。基础化学实验教学团队获批苏州大学本科教学团队立项建设。依托化学专业申报国家基础学科拔尖学生培养基地。

编写教材数：出版2本教材，《有机化学（上）（下）》《大学化学》。

教改内容及项目数："大容量连续化聚酯工业化生产3D虚拟仿真实验"获批2019年度苏州大学虚拟仿真实验教学培育项目一般项目。

获得教学奖情况：何金林获得苏州大学"课程思政"课堂教学竞赛三等奖，傅楠获得苏州大学青年教师课堂竞赛三等奖。

专业调整情况：2019级化学类恢复化学（师范）专业招生。

课程建设成果："无机及分析化学"获批2018—2019年江苏省高等学校在线开放课程，"聚合物加工工艺及设备""材料科学与工程基础""高分子化学"获批苏州大学在线开放课程。

2. 研究生教学工作

研究生培养创新工程：共有9名博士研究生获得2019年度"江苏省研究生培养创新工程"立项并获得资助，"以树人为核心的理工科研究生国家奖学金评选对策与探索"的教改课题获批省立校助项目。

研究生督导工作：2019年度，在校研究生院的统一部署下，校第三届研究生工作督导组成员张正彪教授对学部研究生培养的具体情况进行了全面和有效督导。全年度共督导研究生入学试题命题3次，研究生阅卷工作1次，复试录取工作5场次，研究生论文开题、中期和答辩11次。2019年度督导研究生课堂教学4次，为全体新任研究生导师培训1次。全年度走访谈话研究生22人次，并将督导情况向学部和研究生院做了详细通报。

三、科研工作与学术交流

学部"三位一体"全方位推进"双一流"建设，制定了《材料与化学化工学部2018—2021年度学科建设配套支持方案》；ESI国际排名1‰内持续攀升：化学提高到第75位，材料学提高到第37位。学部召开2019年学科与人才工作推进会；围绕分子科学研究院的建设，2019年度引进中科院院士1人，校特聘教授杰出人才1人，校特聘教授精英人才3人，学术骨干2人，苏州大学优秀青年学者1人。

1. 科研项目及成果

学部获得国家技术发明二等奖1项，江苏省科学技术奖一等奖1项。共获批国家自然科学基金项目34项，其中，重点项目2项、杰出青年项目1项、优秀青年项目1项；获批江苏省科技厅项目3项，包括2项江苏省优秀青年项目；获批江苏省高校项目及苏州市科技计划项目共 12 项。2019 年，学部获批各级纵向项目总经费超过 3 000 万元。

论文数量依然呈现良好的高位稳定增长的态势，发表影响因子大于 5.0 的论文共 138 篇，其中，发表在 *JACS*、*Angew. Chem. Int. Ed.*、*Adv. Mater.*、*Nature Commun.* 等高水平期刊上的论文 27 篇。

申请发明专利 140 项、PCT 专利 10 项，授权国内发明专利 77 项、PCT 专利 10 项。横向项目立项 33 项，到账超 1 000 万元，其中，到账 100 万元及以上项目 5 项。知识产权转化（让）数量 48 件，共建校企联合平台 3 个。新增苏州市资源分子精准转化重点实验室。

2. 国内外学术交流情况

学部承办了第 12 届中日双边金属原子簇化合物研讨会、第三届中国—澳大利亚乳品未来技术联合研讨会、第六届国际化工前沿（苏州）研讨会、苏州大学—日本东京工业大学高分子合成双边研讨会、第二届表面增强拉曼光谱国际会议、第二十届全国光散射学术会议、全国稀土金属有机化学会议、第十六届全国化学动力学会议、应用量子化学研讨会等学术会议，组织学术报告 120 余场。

为进一步促进学部国际合作与交流，学部成立了以院士领衔的"苏州大学先进材料国际合作联合中心"。以学部为主体，与法国西部农业大学分别签署了伊拉斯谟高等教育学生及教职员交流机构合作协议、双边合作协议修正案和谅解备忘录。获批国家留学基金委 2020 年创新型人才国际合作培养项目 1 项。

学部接待了多个国外来访团体和专家，包括英国皇家化学会主席 Carol Robinson 教授，澳大利亚工业、创新和科技部 Jane Urquhart 女士，法国格勒诺布尔-阿尔卑斯大学化学系主任 Jean-François Poisson 教授等 10 余个代表团，部分教授为学部研究生和本科生开设学术讲座，获得学生高度评价。

2019 年，学部有 8 名教师前往美国、德国、中国香港等国家和地区的高校或科研院所进修，短期出国数达 40 余人次；有 41 名研究生和 53 名本科生赴国（境）外参加学术交流活动和交换学习；33 名加拿大滑铁卢大学学生前来学部老师课题组进行为期 4~8 个月的交流学习。

四、学院重大事项

（1）2019 年 2 月，以材料与化学化工学部为主体，与法国西部农业大学分别签署了伊拉斯谟高等教育学生及教职员交流机构合作协议、双边合作协议修正案和谅解备忘录。

（2）2019 年 4 月，苏州大学材料与化学化工学部团委获评"江苏省五四红旗团委"。

（3）2019 年 6 月，中共苏州大学材料与化学化工学部委员会获评"苏州市先进基层党组织"。

（4）2019 年 11 月，成立苏州大学先进材料国际合作联合中心。

（5）2019 年 12 月，"多元催化剂嵌入法富集去除低浓度 VOCS 增强技术及应用"荣获国家技术发明奖二等奖。

（6）2019 年 12 月，化学专业荣获国家级一流本科专业建设点，高分子材料与工程专业获批省级一流本科专业建设点。

（7）2019年12月，"功能食品工程与营养健康专业创新型人才国际合作培养项目"获批国家留学基金委2020年创新型人才国际合作培养项目。

（8）2019年12月，中共苏州大学材料与化学化工学部物理及分析化学教工支部委员会入选教育部第二批"新时代高校党建示范创建和质量创优工作样板支部"。

（蔡 琪）

纳米科学技术学院

一、概况

苏州大学纳米科学技术学院（CNST）是苏州大学、苏州工业园区政府和加拿大滑铁卢大学携手共建的一所高起点、国际化的新型学院。学院成立于2010年12月，2011年10月成功获批为教育部首批设立的17所国家"试点学院"之一，成为中国高等教育体制机制改革的一个特区。学院唯一的纳米材料与技术专业是与国家战略性新兴产业相关的本科新专业，2015年入选江苏高校品牌专业。此外，学院还陆续获批国家首批"2011计划"协同创新中心、国家级创新人才培养示范基地和"111计划"创新引智基地。

学院的人才培养目标是聚焦立德树人，培养纳米科学与技术领域具有创新思维能力、具备学科交叉优势、拥有国际化视野的创新人才，包括学术创新人才和应用创新人才。毕业生毕业5年后将活跃在纳米材料科学与工程、纳米器件技术、纳米医学等相关领域，从事科学研究、技术开发或科技管理工作，为国家的战略性新兴产业发展做出贡献。学院紧扣人才培养主线，构建了以研究性学习为载体的教学科研深度融合机制，建立了以个性化培养为导向的学段贯通、学科交叉融合的人才培养机制，建成了以全球视野协同办学的国际资源融合平台，形成了纳米专业创新人才的"三融合"（教科融合·学科融合·国际融合）培养模式，探索出一条适应国家战略性新兴产业相关工科专业创新人才培养的有效路径。学院现有学生975名，其中，本科生429名，硕士研究生423名，博士研究生123名。

学院由世界著名纳米与光电子材料学家、中国科学院院士、发展中国家科学院院士李述汤教授担任院长，由加拿大皇家科学院院士、滑铁卢大学纳米技术研究院执行院长亚瑟·卡堤（Dr. Arthur Carty）担任名誉院长。学院凝聚了一支学术声望高、专业理论水平扎实、实践教学经验丰富的精英师资队伍。学院现有教职工116，其中，特聘教授39人、特聘副教授2人、教授6人、副教授17人、副研究员7人、英语语言中心外籍教师6人。在教师队伍中，有中科院院士1人、中组部国家特聘专家4人（含"外专千人"1人）、"国家杰出青年科学基金"获得者5人、"长江学者奖励计划"特聘教授2人、"万人计划—科技创新领军人才"5人、青年国家特聘专家11人、"优秀青年科学基金"获得者12人、"长江学者奖励计划"青年学者4人、"万人计划—青年拔尖人才计划"2人、科技部"中青年科技创新领军人才"4人、江苏省科学技术奖一等奖获得者3人、江苏省科学技术奖二等奖获得者1人、教育部高等学校科学研究优秀成果奖二等奖获得者3人、高等学校科学研究优秀成果奖（科学技术）青年科学奖获得者1人、中国化学会青年化学奖获得者3人、"973计划"首席科学家1人、"863计划"课题负责人2人、"973计划"

课题负责人7人、国家重点研发计划重点专项项目负责人5人、国家重点研发计划重点专项/"973计划"青年科学家项目负责人3人、国家重点研发计划重点专项课题负责人8人、基金委创新研究群体1个、科技部创新人才推进计划—重点领域创新团队1个。学院组建了阵容强大的学术支撑团队,学术委员会专家由20人组成,其中,17人为院士。此外,还聘请了国内外30余名著名学者担任学院的名誉教授、国际顾问、讲座教授或客座教授。

二、教学工作

1. 本科生教学工作

学院围绕"具有创新思维能力、具备学科交叉优势、拥有国际化视野"的纳米科技创新人才培养新理念,建立了以个性化培养为导向的学段贯通、学科交叉融合人才培养机制,建成了以全球视野协同办学的国际资源融合平台,形成了纳米专业创新人才的"三融合"(教科融合·学科融合·国际融合)培养模式,探索出一条适应国家战略性新兴产业相关工科专业创新人才培养的有效路径。

教师发展与教学团队建设:学院采用与国际接轨的薪酬标准,实行"一人一价""按水平定薪"的年薪制,面向全球公开招聘。同时,积极鼓励本专业教师到国外名校进修、讲学,邀请国际著名的学者来院讲学,聘请国际知名教师为兼职讲(客)座教授。2019年,学院引进了2位特聘教授(陈倩、王涛),1位教授(Manuel E. Brito),2位副教授(刘泽柯、戴高乐),2位副研究员(唐浩宇、刘勇),1位讲师(纪玉金)、1位助理研究员(宋斌);以及2位全职外籍讲师(Dawn Buckley、Sarah E. Dorsey)。学院100%正高职称教师每学年为本科生授课不少于36学时。

课程资源和教材建设:开启特色课程的网站建设,逐步实现教学的线上线下互动。加强教学成果激励力度,组织成立教学资源建设团队,鼓励并组织全院教师积极参与课程资源与教材的建设。2019年,学院在教学教改方面取得了一系列成果:获批国家级一流本科专业建设点,获江苏省高等教育教改研究课题教学一般项目1项、苏州大学高等教育教改研究课题青年项目/教学管理项目各1项,开放苏州大学在线课程2门;学院有苏州大学教学先进个人3名、苏州大学本科毕业设计(论文)优秀指导教师1名、校级优秀毕业设计(论文)3篇、苏州大学本科毕业实习优秀实习指导教师1名;学院教师发表教学教改论文6篇。

实验实训条件建设:依托苏州纳米科技协同创新中心拓展校外实习/实训基地,增设重点实习基地,增设优秀的青年教师为本科生进行分方向的实习/实训指导。将数字化实验教学互动系统引进纳米材料与技术实验教学中心,建成多功能互动实验教学平台。聘请科技领域的高新技术企业负责人为本科生的"企业导师"。目前,学院已与方晟、维信诺、西卡、星烁纳米、百益倍肯、纳凯科技、亚宝药物、瑞晟纳米等苏州地区的高科技发展有限公司建立了良好的协作关系,上述几家公司已成为学院长期稳定的实习单位。

学生创新创业训练:以研究性学习为导向,建立学生科研学业奖学金、教师教改激励机制,及时将优势科研资源以新课程、新项目等形式引入培养方案,并转化为优质教学资源。实行师生双向选择、学段贯通的本科生全程导师制,教授全员参与教学,将科技前沿和创新训练融入教学。建立国家级、省级、校级和院级"四级"创新训练体系，实现全部本科生都有教授导师、全部本科生都参与项目实践、全部科研仪器都向本科生开放，全面提升学生的创新思维和实践能力。2019年，获批国家级、省级大学生创新创业训练计划项目3项、校级项目2项、"箬政学者"项目2项、大学生课外学术科研基金资助项目21项，全国"挑战杯"竞赛、全国大学生英语竞赛/江苏省普通高校高等数学竞赛等各类奖项15个，本科生发表SCI论文14篇。

国内外教学交流合作：通过邀请国际知名教授讲学、参加/承办国际会议、科研合作、共建实验室，以及互派学生的方式来提升本专业的国际影响力。本专业建成多方协同的4个国际联合实验室，实现优质教育资源的积聚共享；建设国际化教师队伍，教师全部拥有海外学术经历；构建国际化课程体系，英语语言中心独立教学，使用英文原版教材，专业课实行全英文教学；通过与滑铁卢大学、洪堡大学等国外名校开展"2+2"本科、"3+1+1"本硕连读和CO-OP学生互访等联合培养项目，有效提升学生的国际化视野和学术交往能力。2019年，共选派本科生36人次参与加拿大滑铁卢大学等国外高校的联合培养项目，以及英国剑桥大学、德国海德堡大学、加拿大不列颠哥伦比亚大学、美国加州大学伯克利分校等高校的海外交流项目。

教育教学研究改革方面：通过制定并调整《苏州大学纳米科学技术学院教学教改绩效计算与分配办法》，鼓励教师积极申报校级、省部级、国家级教学成果奖和教改项目，推动教学改革与教育研究。

2. 研究生教学工作

2019年，学院研究生荣获了第十六届"挑战杯"全国大学生课外学术科技作品竞赛三等奖1项，第十六届"挑战杯"全国竞赛江苏省选拔赛决赛特等奖1项，第三届全国大学生集成电路创新创业大赛华东赛区二等奖1项、全国三等奖1项，"华为杯"第十六届中国研究生数学建模竞赛三等奖1项，苏州大学第二十一批大学生课外学术科研基金项目"重大项目"1项。

在研究生课程方面，为进一步提升学院学生培养质量，一方面，2019年，学院推进实施了硕、博一体化研究生培养方案，并撰写了本、硕、博一体化培养实施办法和培养方案。另一方面，学院也进一步完善了语言中心（ELC）外教授课课程体系，为更好地服务于学生的论文写作打下坚实基础。

在国际交流方面，学院继续推进博士"2+2"联合培养工作，该项目已招生培养了16个博士生，首批5名博士"2+2"联合培养学生已顺利获得博士学位。此外，学院还设立了研究生"访问交流项目"，依托一流学科、协同创新中心及研究生导师与国（境）外高水平大学和科研机构的合作渠道，选派优秀研究生出国（境）进行访学交流，从而提升研究生培养的国际化水平。2019年，学院研究生出国交流人次为49人次。

三、学科建设与科研工作

1. 学科建设

根据ESI美国基本科学指标数据库数据显示，2011年11月，苏州大学材料科学学科位列全球材料科学学科（ESI）第529位；2014年5月，上升至全球第255位；2017年5

月,成为苏州大学率先进入ESI全球排名前1‰的学科之一;2019年5月,跃升至ESI全球第39位,中国内地排名第9位。同时,根据US NEWS 2019年最新发布的世界大学排名,苏州大学材料科学学科全球排名第19位,中国排名第6位。作为学院特色学科,纳米科学与技术在2019"软科世界一流学科排名"中,名列世界第11位,中国第4位。

2. 科研项目及成果

2019年,学院以苏州大学为第一单位共发表SCI论文299篇,影响因子大于10的论文108篇,包括在国际顶级期刊 *Nature Electronics*(《自然电子学》)发表1篇论文、在 *Nature Communications*(《自然通讯》)上发表5篇论文、在 *Science Advance*(《科学前沿》)上发表1篇论文;另外,作为通讯单位与美国加利福尼亚大学洛杉矶分校合作在 *Science*(《科学》)上发表1篇论文。出版英文专著1部。申请国家发明专利45项、实用新型专利1项,授权国家发明专利2项,17项国家发明专利成功实现成果转化。学院获批各类纵向科研项目51项,其中,国家级项目35项,年度总获批科研经费逾4 100万元;含军工项目1项、国家重大科研仪器研制项目1项、国际(地区)合作与交流重点项目1项、优秀青年科学基金项目1项、联合基金重点项目1项、国家基金委重大研究计划培育项目2项、国家重点研发计划政府间国际科技创新合作/港澳台科技创新合作重点专项1项、国家重点研发计划重点专项课题1项、江苏省重点研发计划(社会发展)项目1项、江苏省自然科学基金杰出青年项目1项等。另外,获横向科研项目7项,总经费175.28万元。获奖方面,学院2019年获江苏省科学技术奖二等奖1项、高等学校科学研究优秀成果奖(科学技术)青年科学奖1项,9人入选"2019年全球高引用科学家名录"、7人入选"2018年中国高被引学者榜单"、1人入选美国医学与生物工程院(AIMBE)会士、1人入选英国皇家化学学会会士、1人获中国电化学青年奖、1人获第七届中国化学会—英国皇家化学学会青年化学奖、1人获江苏省化工学会·戴安邦青年创新奖、1人获"Materials Today新星奖"、1人获Nano Research纳米研究青年创新奖。

3. 国内外学术交流情况

在学生交流方面,学院响应"一带一路"政策号召,加强并深化与沿线国家的合作,先后与老挝科技部计划与合作司、巴基斯坦GIK工程科学与技术研究院签订了合作备忘录,计划开展包括学生交流在内的人才培养与科研合作。并与加拿大滑铁卢大学就博士联合培养协议的续签事宜开展了多轮磋商,新协议的签署工作正在按照流程进行。基于各项合作协议和现有合作基础,2019年,学院接收了7位分别来自美国伊利诺伊大学香槟分校、加拿大韦仕敦大学、新加坡南洋理工大学、泰国苏兰拉里理工大学等的交流生前来学习(3个月以上),派出了127人次出访英国剑桥大学、加拿大韦仕敦大学、爱尔兰圣三一学院、日本早稻田大学等国/境外高校和科研机构。学院现有在读联合培养博士生16名,其中,首批5位联合培养博士生已于2019年年底顺利完成毕业答辩。与德国慕尼黑工业大学合作申请的"纳米科学与技术专业国际化研究领军人才培养项目"成功入选国家留学基金委创新型人才国际合作培养项目后,2019年,顺利完成首年度7个派出名额的遴选工作,其中4人已赴德方交流学习。

在教研人员交流方面,学院与国内外多家高校、科研院所和高新技术企业合作,主办了3次学术会议,分别是华为—江苏集萃有机光电技术研究所有限公司—苏州大学功能纳米与软物质研究院战略合作技术交流会、X射线发射光谱技术与仪器国际研讨会、第四届苏州大学—滑铁卢大学纳米技术联合研究院双边论坛；承办并组团参加了第102届加拿大化学学会会议—同步辐射在材料分析中的应用分会。此外，接待国内外短期来访专家并做学术报告111人次。学院与加拿大滑铁卢大学协商的"苏州大学—加拿大滑铁卢大学博士后联合培养协议"计划将于2020年正式签订，协议签订后双方将互派博士后研究人员开展常规化的交流互访。

在合作研究方面，学院与加拿大滑铁卢大学和韦仕敦大学先后建立的苏州大学—滑铁卢大学纳米技术联合研究院、苏州大学—韦仕敦大学同步辐射联合研究中心及4个国际著名科学家联合实验室运行良好。2019年，学院与国内外科研机构合作，获批各类合作科研项目15项，其中，通过与加拿大多伦多大学杰出教授、爱因斯坦世界科学奖获得者Geoffrey Ozin团队之间的长期合作，学院张晓宏教授牵头获批1项国家自然科学基金委重点国际（地区）合作研究项目。学院鼓励成员与国内外同行合作发表学术论文，2019年在国际学术期刊发表合作论文100余篇。此外，值得一提的是，苏州大学—韦仕敦大学同步辐射研究中心与中国科学技术大学合作共建的"软X射线能源材料线站"于2019年11月6日晚完成了首次同步光调试，成功获得氩气的气体电离谱；2019年12月23日，光束线能量分辨率测试达到理论测试值。这是合肥光源光束线建设过程中最快获得预期结果的一条光束线，将为相关领域的科学研究提供又一大公共测试平台。

四、重大事项

（1）2019年3月，学院在 *Nature* 上发表的成果——《天然范德华晶体中面内各向异性超低损耗极化激元》成功入选"2018年度中国光学十大进展（基础研究类）"。

（2）2019年3月，纳米科技领域国际顶级期刊 *ACS Nano* 以专刊形式报道了苏州大学近年来在功能纳米材料、表界面及相关应用中取得的研究成果。

（3）2019年3月，刘庄教授当选美国医学与生物工程院（AIMBE）会士（Fellow）。

（4）2019年5月，在科睿唯安（Clarivate Analytics）2019年5月10日发布的最新基本科学指标ESI（Essential Science Indicators）数据中，学院主导建设的材料学科在全球位列第39名，在中国内地高校排名第9。

（5）2019年5月，中共中央政治局委员、国务院副总理孙春兰莅临苏州纳米科技协同创新中心调研，对中心面向产业急需整合力量、协同攻关的做法表示赞赏。

（6）2019年5月，十三届全国人大常委会副委员长艾力更·依明巴海来学校调研。全国人大常委会委员、教科文卫委主任委员李学勇，全国人大常委会委员、教科文卫委副主任委员杜玉波，全国人大常委会委员、教科文卫委委员李巍等参与调研。苏州市委副书记、市长李亚平，苏州市人大常委会主任陈振一，副主任顾月华，苏州市副市长曹后灵，学校党委书记江涌，校长熊思东等领导陪同调研。

（7）2019年6月，2019"软科世界一流学科排名"正式发布，学院纳米科学与技术学科在全球排名中位列第11位（相比2018年上升了8位），在中国高校排名中位列第4（相比2018年上升了1位），仅次于清华大学、北京大学、中国科学技术大学。

（8）2019年8月，世界著名学术出版机构施普林格·自然集团发布《纳米科学与技术：现状与展望2019》白皮书，白皮书显示在全球纳米研究机构中，苏州大学位列第7。

（9）2019年11月，学院10人次入选科睿唯安在线公布的2019年度"高被引科学家"（2018 Highly Cited Researchers）名录。

（10）2019年12月，学院王照奎教授、西湖大学和美国加利福尼亚大学洛杉矶分校（UCLA）杨阳教授课题组合作撰写的论文在 Science（《科学》）杂志上发表。这是学院作为通讯单位第二次在 Science 这一国际顶级学术期刊上发表论文，王照奎教授为该论文的共同通讯作者。

（杨　娟）

纺织与服装工程学院

一、概况

纺织与服装工程学院（兼丝绸科学研究院）成立于2008年7月，是由原材料工程学院按纺织科学与工程一级学科单独组建而成。至2019年年底，学院设有纺织工程系、轻化工程系、服装设计与工程系、非织造材料与工程系、院总实验室和《现代丝绸科学与技术》编辑部。学院拥有涵盖纺织服装全产业链的人才培养体系，现有纺织科学与工程一级学科博士点、博士后流动站。纺织工程是国家重点学科，纺织科学与工程学科连续三次获批为江苏高校优势学科，学科综合实力位居全国第三、江苏第一。纺织工程专业为国家特色专业建设点、教育部卓越工程师教育培养计划专业、江苏省品牌专业。学院现有现代丝绸国家工程实验室、纺织与服装设计国家级实验教学示范中心、纺织与服装工程国家级虚拟仿真实验教学中心等3个国家级平台，以及江苏省产业技术研究院南通纺织丝绸产业技术研究院、江苏省丝绸工程重点实验室等7个省级平台。学院师资力量雄厚，现有教职员工127名，其中，教授32名，副教授31名，专任教师博士学位率达87%，国家级人才计划专家4名。学院先后承担了国家"863""973"高新技术项目、国家科技支撑计划、国家重点研发计划等国家级重大科研项目数十项，获得国家级科技成果奖4项，国家级教学成果奖2项，国家级课程2门。至2019年年底，学院在册全日制本科生1 262人，硕士研究生380人、博士研究生80人。

二、教学工作

1. 本科生教学工作

纺织与服装工程学院高度重视本科教学。纺织工程专业完成认证专家现场考察工作，服装设计与工程专业通过工程教育专业认证，有效期6年。纺织工程专业获批省一流专业、校一流专业，完成并通过省品牌专业验收，获批苏州大学一流本科教学团队1个。各专业完成了2019级本科人才培养方案修订工作，完成了2018级纺织类本科生大类分流工作，完成了2019年度本科生转专业工作及2017级卓越工程师计划选拔工作（14人）。学院积极稳妥推进教育部新工科建设项目工作，完成了教育部新工科建设与实践项目的中期验收。积极推进课程建设，申报并获批校级2019-3I课程7门（其中，在线开放课程4门，新生研讨课1门，微课程1门，全英文示范课程1门）；继续推进虚拟仿真项目建设，加入了纺织类高校虚拟仿真实验项目联盟，多个项目列入2020年纺织类虚拟仿真项目指南，1个项目获批苏州大学虚拟仿真实验教学重点项目。学院教师出版教材1部，获批校级精品教材1部;获批省级教改项目1项,校级教改项目2项,2017年申报的中国纺织工业联合会22项教改项目完成中期检查工作;获得中国纺织工业联合会教学成果奖6项(其中,一等奖2项,三等奖4项);撰写教学研究论文5篇,1名教师因在纺织服装领域教书育人成绩突出,获得了纺织工业联合会颁发的"纺织之光"教师奖,4名教师获学院美麟奖教金;学院关注青年教师成长,鼓励青年教师积极参与各类教学竞赛,教师获校"课程思政"课堂教学竞赛二等奖1项、校青年教师课堂教学竞赛三等奖1项;学院鼓励、支持教师积极参与各类培训、参加国际会议及国际交流,教师参加国内培训及会议交流32人次,教师参加国际会议及进行长/短期研修、访学、访问等23人次。学院本科生毕业论文获评校优论文8项,省优论文三等奖1项;获批各类大学生创新创业训练计划项目12项,其中,国家级项目2项,省级项目6项,校企合作项目1项,校级项目3项;获批校"箸政基金"项目2项;学生发表论文16篇,申请专利12项,其中,软件著作权4项、发明专利7项、实用新型专利1项;学生在省部级及以上学科竞赛中获奖66项,其中,获第五届中国"互联网+"大学生创新创业大赛全国总决赛金奖1项。

2. 研究生教学工作

纺织与服装工程学院设置纺织科学与工程一级学科博士点,纺织工程、纺织材料与纺织品设计、纺织化学与染整工程、服装设计与工程、非织造材料与工程5个二级硕士、博士点。2019年,录取学术学位硕士研究生49人,专业学位硕士研究生87人,其中,推免研究生共13人(本校12人,外校1人)。录取博士研究生11名。研究生发表SCI论文71篇(其中,一区10篇,二区17篇),EI论文3篇,中文核心期刊论文21篇;申请发明专利105件,授权37件。同时,学院扎实做好国家公派出国留学研究生项目实施工作,国家公派出国留学研究生项目拟推荐6人。实施研究生质量提升工程和高水平学位论文培育工程。学院获得中国纺织工程学会优秀博士、硕士学位论文各1篇。毕业升学方面,学院获得博士学位20人,其中,欧盟联合培养博士7人;获得学术型硕士学位44人,获得专业型硕士学位61人;学位授予率100%。截止到2019年,研究生就业率为95.67%。2019届研究生升学7人,其中,国内升学5人,出国攻读博士学位2人。获批研究生科研创新计划5项、实践创新计划1项,新增江苏省研究生工作站4家,获批优秀研究生工作站1家。

三、学科建设与科研工作

1. 学科建设、科研项目及成果

学院加强纺织科学与工程江苏高校优势学科建设工程三期项目的建设,制定并落实经费预算及其使用管理规定,完善激励措施,保障相关任务的细化与落实。三期优势学科进入建设中期,开启第五轮学科评估筹备工作。学院组织召开了纺织交叉学科论坛。

学院注重人才队伍建设,2019年积极引进各类人才,新引进教职工5名,其中,特聘教授、"青年国家特聘专家"各1名,讲师2名,统招博士后1名,实验技术人员1名;2019年教职工晋升职称7名,其中,晋升教授1名,晋升副教授3名,晋升副研究员1名,晋升中级2名。下一步学院将继续加强宣传和交流,加大高层次人才引进力度,聘请一批海内外兼职教授、客座教授及研究生校外指导教师,强化国家级人才的培育与引进。

同时加强国内外、校内外联动合作，通过组织青年教师赴海安鑫缘茧丝绸集团股份有限公司、江苏联发纺织集团等大型纺织企业开展调研交流，参加各类国内外学术会议，主办丝绸科技及产业发展研讨会等，加强了对教师的培养力度和分类指导，促进学院可持续发展。

学院申报国家自然科学基金项目26项，其中，青年基金项目8项、面上项目18项；获批国家自然科学基金青年基金3项、面上基金1项、国际合作与交流项目1项、境外合作项目1项；获批江苏省青年基金1项、江苏省基金面上项目2项、江苏省重点研发计划前瞻性项目课题2项、中国纺织工业联合会科技指导性项目5项；纵向项目到账经费共计715.8万元。横向项目立项30项，转让专利20件，横向到账总经费804.7万元。在专利申请与授权方面，授权中国发明专利77件、美国发明专利5件、其他专利13件；申请PCT 4件，国内发明132件，实用新型26件。学院教师获得江苏省科学技术奖2项，中国纺织工业联合会科学技术奖二等奖2项，技术发明一等奖1项。学院教师发表SCI收录论文155篇，其中，1区19篇、2区55篇。

2. 加强产学研服务平台建设

深化产教融合、校企合作。学院发挥学科平台优势，通过技术服务加强与相关企业的产学研合作关系，拓展产学研服务领域和范围，积极为地方经济建设和社会发展服务。加强校企合作，与企业共建科研平台，创造良好的科研环境，促进校企合作科研工作的开展和科研成果的转化，编撰学院科研成果手册，召开产学研合作推进会、丝绸科技与产业发展研讨会；顺利举办新型纤维材料开发及应用技术高级研修班、英才名匠高端纺织产业（新型纤维材料）紧缺人才创新发展高级研修班、印染助剂开发应用和纺织品性能测试培训班等；加强产学研合作，推进现代丝绸国家工程实验室建设；积极探索体制机制改革，推进江苏省产业技术研究院南通纺织丝绸技术研究所建设。

四、学院特色与重大事项

国际化人才培养有特色。学院积极拓展国际交流渠道，与美国北卡罗来纳州立大学签署"3+X"项目协议，与法国国立高等纺织工艺学校（ENSAIT）签署校际学生交换协议。依托纺织工程（中外合作办学）项目，学院"高弹聚合物亲疏性调控及生物学医学应用项目"获批江苏省首批中外合作办学平台联合科研项目。学院获批国家留学基金委2020创新型人才国际合作培养项目1项，项目执行期3年，每年派定向学院10个名额出国交流。加强国际化师资队伍建设，完成了2名全职外籍教师聘任工作。邀请国内外、校外专家开设讲座39场次。

在校生积极参与各类国际交流，27名本科生申请长期交流项目，其中，曼大"2+2"项目19人，利兹"2+2"项目5人，北卡"3+X"项目3人；32名本科生参与海外暑期项目，其中，曼大暑期学分研修项目23人，北卡暑期交流项目1人，其他项目8人；获批苏州大学2019年本科生出国（境）交流经费拟资助8人，共计24万元。

推进紫卿书院建设。通过半年的硬件设施改造、宿舍搬迁、内涵建设讨论等工作，苏州大学紫卿书院于2019年11月15日正式揭牌。书院秉承苏大优秀办学传统与深厚文化积淀，通过改革人才培养方案及课程体系、推进第一课堂与第二课堂相融合的协同育人机制、创新学生管理模式等举措，积极探索实践全新的书院制人才培养模式。书院成立后，成功举办"卿来，紫卿书院图书馆捐书""走进老校长，蚕丝教育家郑辟疆——苏州大学紫卿书院达生大讲堂""纺织服装导论""创意思维概论"课程作品联展等相关教育活动，很好地践行了新工科人才的培养模式。

5月23日，中共中央政治局委员、国务院副总理孙春兰来中心视察，走进纺织产品创新实验室与中心的师生亲切交流，关心学生就业、深造等情况，对纺织服装工程学院"三进式"应用型人才培养理念给予了高度评价。教育部主页"战线联播"栏目专题报道了苏州大学纺织类卓越工程人才培养的成效。

（司　伟）

轨道交通学院

一、概况

轨道交通学院是学校坚持以地方性综合大学为地方经济建设服务发展为理念，顺应中国现代化建设，特别是现代化城市发展的趋势，适应长三角地区，尤其是苏州轨道交通建设的发展需要，在苏州市政府的支持下，于2008年5月成立的应用型工科学院。学院成立10多年来，充分利用苏州大学强大的教学资源和苏州市得天独厚的区域优势，围绕立德树人根本任务，以服务社会为目标，以学科建设为龙头，以师资队伍建设为重点，以实验室建设为基础，不断开拓创新，重点建设和发展轨道交通相关专业，力争成为全国地方高校轨道交通专业的领头羊。

2012年8月，学院整体迁入阳澄湖校区。2016年6月，交通大楼正式落成启用，学院拥有了固定的教学科研场所和长远的发展空间。2017年8月，学院由苏州大学城市轨道交通学院更名为苏州大学轨道交通学院。

学院现有教职工122名，拥有专任教师84人，其中，正高职称12人、副高职称43人，博士生导师8名、硕士生导师38名。教师中拥有博士学位者57人。师资专业领域涉及交通运输、交通工程、交通信息工程、工程力学、交通规划、通信信号、电气控制、车辆工程和土木工程等，具有非常显著的轨道交通特色。

学院现有总面积3 000平方米的实验室，建有省级教学实践中心——江苏省轨道交通实践教育中心，下设以轨道车辆、电气控制、交通运输规划与运营、列车运行控制、地下工程等为核心内容的教学实验室；学院还建有原铁道部铁路电力机车司机培训基地和国家节能型空调实训基地。

学院拥有智能交通科学与技术博士点、交通运输工程一级学科硕士点，道路与铁道工程、交通信息工程及控制、交通运输规划与管理、载运工具运用工程4个二级学科硕士点，以及车辆工程、模式识别与智能系统硕士点。学院现有在校博士生23名，全日制硕士生101名。学院设有交通运输、车辆工程、工程管理、轨道交通信号与控制、电气工程与智能控制、建筑环境与能源应用工程等6个本科专业，现有全日制本科生1 033人。

学院设土木与环境调控工程系、交通运输工程系、车辆工程系、信号与控制工程系、总实验室、车辆动力学与控制研究所、交通运输规划研究所、地下工程研究所、建筑环境与安全研究所等部门，拥有苏州市轨道交通关键技术重点实验室、苏州大学未来交通联合实验室、苏州大学交通工程研究中心、苏州大学工业测控与设备诊断技术研究所、江苏省轨道交通实践教育中心、苏州市轨道交通视频大数据云平台、苏州大学军民融合物联网协同创新中心等7个省、市、校级科研机构和科研平台。

"十三五"期间，学院全面落实科学发展观，制定了学科建设的短、中、长期发展战略，加强交通运输工程一级学科的建设。通过修改学院的绩效分配条例，引导专业老师的科研向交通运输工程学科聚焦。为支撑学科发展，结合学院专业建设的实际需求，经多方调研、反复论证及咨询学校相关职能部门，提出将现有的交通运输、工程管理和建筑环境与能源应用工程3个本科专业合并整合为交通工程本科专业的建议。

二、教学工作

1. 本科生教学工作

2019年，本科专业按照江苏省普通高等学校本科专业综合评估标准，开展本科教学自评自建工作。通过自评自建和专业互评，各专业把综合评估工作当作改进和提升本科教学工作的手段，相互学习、彼此促进。

2019年，学院紧抓教育教学全过程，学生培养质量持续上升。学院学生在2019年全国大学生电子设计竞赛中取得突破性的好成绩，获得国家级一等奖1项，省级一等奖1项、二等奖5项；在全国交通科技大赛中获得好成绩，其中，二等奖2项，三等奖2项；学生获2019年国际大学生工程力学竞赛（亚洲赛区）特等奖1项、一等奖6项。

2019年，学院教师出版教材2部，发表教改论文8篇。俄文娟老师获得苏州大学课程思政教学竞赛二等奖，杜贵府老师获苏州大学第十八届青年教师课堂教学竞赛一等奖。

2. 研究生教学工作

2019年学院共招收36名硕士研究生，3名博士研究生。交通运输一级学科硕士点正式开始招生。28名硕士生顺利毕业，研究生就业率近100%，连续多年在全校就业率中名列前茅。学院研究生工作考评获立德树人奖。

3. 实验室建设

2019年，学院总实验室顺利完成苏州大学未来交通联合实验室的建设，同时对工业测量与控制实验室、电力电子实验室及轨道交通运营调度实验室进行了升级完善。全年共完成实验设备购置133台套，价值97.82万元。其中，教学设备80台套，价值49.35万元，有效改善了学院各本科专业的实验教学条件，并为学生在课外开展科学研究提供了保障。

三、科研交流

1. 科研

2019年，学院的科研工作有较大进步，学院圆满完成各项科研指标任务，获得国家自然科学基金8项，其中，面上项目5项，青年科学基金项目3项，资助直接费用382万元。横向项目到账总经费超800万，继续保持增长势头，圆满完成计划任务。优秀青年教师在论文发表上异军突起，在一区期刊和 *IEEE Trans*（《美国电气与电子工程师学会会刊》）上发表了多篇高水平论文。学院与国内多家著名交通院校和科研院所建立了紧密的教学科研合作关系，为学科建设和人才培养奠定了坚实的基础。学院还获得2019年度苏州大学知识产权最佳进步奖。

2. 对外交流与合作

多渠道、多形式拓展国际国内交流：（1）继续推进与美国亚利桑那大学"3+1+1"联合培养项目的招生选拔工作；（2）继续推进与美国凯斯西储大学工程学院优本计划的招生选拔工作；（3）与新加坡国立大学苏州研究院签署了"3+1+1"联合培养项目框架协议，并开始实施；（4）加强本科生多种形式的交流学习，选派优秀学生出国（境）交流。

四、重大事项

（1）3月6日，苏州大学轨道交通学院举行交通工程专业申报论证会，来自东南大学、同济大学、北京交通大学、西南交通大学和长安大学的5位国家交通工程专业教指委专家组成论证专家组，共同出席会议。苏州市交通运输局代表、苏州大学轨道交通学院党政领导班子成员及学院学术学位和教学委员会成员和各系主任参加了论证会。

（2）3月19日，第四届江苏省大学生交通科技大赛中，院三支队伍经过激烈角逐，取得了1个二等奖、2个三等奖的优异成绩。

（3）5月26日，由教育部高等学校交通运输类教学指导委员会支持、交通工程教学指导分委员会主办的"津发杯"第十四届全国大学生交通科技大赛在昆明理工大学落下帷幕。苏州大学轨道交通学院共有两支队伍进入决赛，分别荣获全国二等奖和全国三等奖。

（4）7月7日上午，为挑选优质研究生候选人，增进校外、校内大学生对院研究生培养的了解，促进兄弟学院大学生之间的交流，苏州大学轨道交通学院举办优秀大学生暑期夏令营，开营仪式在交通大楼南楼二楼学术报告厅隆重举行，来自全国20多所高校50余名同学参加了暑期夏令营开营仪式。

（5）2019年9月，全国大学生电子设计竞赛总测评在同济大学嘉定校区举行，来自全国29个赛区的367支参赛队伍共聚上海，进行全国一等奖的最终角逐。院信控系电气工程与智能控制专业的陈胜伟、印咏和马晨阳同学的作品"模拟电磁曲射炮"获得H题全国一等奖。

（尉迟志鹏）

计算机科学与技术学院

一、概况

苏州大学计算机相关专业开设至今已有30余年，苏州大学是江苏省较早开设计算机专业的高校之一。1987年应苏州市社会发展需要组建工学院，2002年正式成立苏州大学计算机科学与技术学院。学院秉承"养天地正气，法古今完人"的校训和"厚德博学、敬业求真"的院训，形成了从本科、硕士（计算机科学与技术、软件工程、管理科学与工程3个一级硕士点和计算机技术、软件工程2个专业硕士点）、博士（计算机科学与技术、软件工程2个博士点）到博士后（计算机科学与技术、软件工程2个流动站）的完整人才培养体系，已为国家培养了8 000余名信息产业的高端人才，成为长三角区域高层次创新人才培养的重要基地。

学院拥有计算机科学与技术、软件工程2个江苏省优势学科，拥有计算机信息技术处理江苏省重点实验室、江苏省网络空间安全工程实验室、江苏省大数据智能工程实验室3个实验室。

学院现设计算机科学与技术（"双万计划"国家一流专业建设点，江苏省品牌专业，江苏省重点专业）、软件工程（"双万计划"国家一流专业建设点，国家特色专业建设点及教育部"卓越工程师教育培养计划"专业，江苏省重点专业）、人工智能（2020年新增专业）3个本科专业。其中，计算机科学与技术专业和软件工程专业双双通过国际实质等效的工程教育专业认证。

学院软件工程学科评估结果为A-，计算机科学与技术学科在ESI排名中进入全球前1%行列。

2019年，学院共有全日制学生2 003人，其中，本科生1 499人、硕士研究生459人、博士研究生45人。

学院现有教职工157人，其中，加拿大工程院院士1名，国家人才项目专家5人（国家特聘专家2人、"国家杰出青年科学基金"获得者1人、国家青年特聘专家1人、"国家优秀青年基金"获得者1人）。

学院有教授31人，副教授45人，博士生导师24人、硕士生导师56人。教师中"国家级有突出贡献的专家"2人、江苏省高校教学名师1人，多人获得江苏省"青蓝工程"学术带头人和"333高层次人才工程"中青年科学技术带头人等称号。

二、教学工作

学院以培养高素质创新人才为宗旨，组建了"人工智能实验班""卓越班""图灵班",培养基础扎实、视野开阔、专业精深、勇于创新的高水平拔尖人才。

积极构建校企联合培养机制,以"项目导入,任务驱动"模式进行教学改革,依托产学研平台有序落实"卓越人才教育培养计划",组建了校企合作创新实验室,着力培养学生的工程素养、创新意识和创新能力。

推行本科生"双导师"制度的实践教学模式,安排高校和企业指导教师共同指导本科生实践课题研究,实现了教学和社会需求的完美结合。

1. 本科生工作

严格按照工程认证要求开展教学活动,顺利完成软件工程专业认证的现场考察。计算机科学与技术专业认证顺利通过。计算机科学与技术和软件工程两个专业均入列"双万计划"省一流专业建设项目,成功获批国家一流专业建设项目。成功申报人工智能本科专业,为学院本科建设注入新的活力。新增国家级在线开放课程2门,省级在线开放课程1门;获省优秀本科毕业设计(论文)一等奖2篇、三等奖1篇;获省重点教材建设立项1项,教育部高等教育司产学合作协同育人项目立项3项;获校级教改课题立项5项,"箕政基金"立项1项,苏大课程2019—3I工程立项3项,校级在线开放课程立项3项(其中1项已上线运行),教师出版教材4部,发表教学论文14篇。

2. 研究生工作

以学科建设为引领,积极推进计算机科学与技术、软件工程两个一级学科的内涵建设。计算机科学学科首次进入全球基本科学指标(ESI)前1%行列。软件工程、计算机科学与技术两个江苏省优势学科2018年预算资金执行率达到95%。新增省级研究生培养创新工程研究生科研与实践创新计划项目5个。

三、科研工作与学术交流

1. 科研项目及成果

2019年,国防安全新获批1项国家级重点项目课题,1项省级项目;民口新获批1项国家重点研发计划课题,7项国家自然科学基金面上、青年项目,纵向项目到账经费1 695万元;新承担41项横向项目(其中,大型横向项目5项),完成11项成果转化,横向项目到账经费1 195万元。

2019年出版专著1部、译著1部,发表SCI收录论文51篇(其中,1区1篇,2区20篇),CCF-A类期刊论文2篇、会议论文23篇,CCF-B类期刊论文17篇、会议论文27篇,授权美国发明专利1项,中国发明专利32项,实用新型专利2项,软著137项。

成功申请到江苏省双创团队1个。

2. 国内外学术交流情况

近几年来,学院邀请美国纽约州立大学布法罗学院、美国蒙特克莱尔州立大学、澳大利亚昆士兰大学、香港城市大学等著名高校的专家学者讲学100余次;除学校设立的本科生海外交流奖学金外,学院设立专项经费资助研究生参与国内外学术交流和出国(境)短期学习。60余名学生赴上述国家和地区参加研修和学术交流;学院还与美国、德国、澳大利亚、加拿大等国家的知名高校有学生互派计划或联合培养项目,为学生的国际化培养开辟了渠道。

努力提高学生出国交流的积极性，用好学院学科经费，2019年共计53名学生出国交流。学院与剑桥大学签订合作协议，选派优秀研究生出国交流，提升他们的英语和专业综合能力，第一批15位学生于2020年赴英。鼓励教师参与国际交流，全年共计3位教师长期出国开展学科交流，出国参加会议和短期学术交流的教师共计28人次。新增1名台湾地区本科生，与其他本科生同质管理，情况良好。组织召开先进云计算与大数据国际会议（CBD2019）等4个国际学术会议，进一步提升学院影响力。

四、重大事项

（1）计算机科学与技术、软件工程两个专业均入列"双万计划"省一流专业建设项目，并成为国家一流专业建设点。

（2）计算机科学与技术专业正式通过国际工程教育认证，软件工程专业通过国际工程教育认证现场考察。

（3）学院与苏州市工业园区管委会共同承办中国计算机2019年年会，与会人数超过8 000人。

（4）学院完成理工楼整体调整改造工作。

（5）学院成功申报人工智能本科专业。

（俞莉莹）

电子信息学院

一、概况

电子信息学院的前身是始建于1987年的苏州大学工学院电子工程系,随着学科发展和规模扩大,2002年7月更名为电子信息学院。

学院覆盖两个一级学科:信息与通信工程和电子科学与技术,其中,信息与通信工程被列为江苏省"十三五"重点学科;学院拥有信息与通信工程博士后科研流动站,2个博士点——信号与信息处理和生物医学电子信息工程,2个一级学科硕士点——信息与通信工程和电子科学与技术,1个电子信息专业硕士学位点。

学院现有电子信息工程、电子科学与技术和通信工程等本科专业,其中,通信工程、电子信息工程等被列为"十二五"江苏省高等学校重点专业,通信工程为江苏省特色专业(2011年被确定为江苏省卓越工程师培养试点专业)。2015年,通信工程专业被列为江苏省品牌专业培育点;2016年,通信工程参加中国工程教育专业认证,成为学校第一个通过专业认证的工科专业;2019年,通信工程专业入选国家级一流本科专业建设点。

学院师资力量雄厚,拥有一支结构合理、充满活力和富有创新意识的高水平师资队伍。中国工程院院士潘君骅先生为学院名誉院长。学院现有教职员工116人,其中,专任教师91人,教授20人(含特聘教授6人,全职外籍教授1人)、副教授48人,博士生导师12人、硕士生导师30余人,具有博士学位的教师达69%。拥有中组部"国家特聘专家"2人,"青年国家特聘专家"1人,"973青年科学家"1人,国家"优秀青年基金项目"获得者2人,江苏省"杰出青年基金项目"获得者1人,江苏省"双创计划"专家2人,中科院"百人计划"专家1人;拥有IEEE Fellow(会士)和IEEE Distinguished Lecturer(讲师)各1人;另有外聘院士3人,讲座教授6人,兼职教授10余人。学院现有全日制本科生1 228人,硕、博士研究生505人。

学院拥有20 000多平方米的电子信息楼(作为教学实验和科研的场所),并拥有江苏省新型光纤技术与通信网络工程研究中心,电工电子实验教学省级示范中心和生物医学电子技术、射频与微波毫米波、先进光通信网络技术3个苏州市重点实验室,与214研究所共建江苏省MEMS工程技术研究中心;拥有光网络与通信江苏高校优秀科技创新团队;建有通信、信号与信息处理、微纳电子等相关领域的多个科研机构,在芯片设计、电路与系统设计、通信网络设计及生物医学信息处理等领域具有较强的研发能力。学院建有光纤通信、数字通信、无线通信辐射测试、电子测量、嵌入式教学实验系统、电子设计自动化、数字信号处理DSP、集成电路设计与测试、半导体器件分析等专业实验室。

为使学生及时掌握电子信息技术最新的专业知识,学院与多家高新技术企业建立联合实验室和测试中心,与近20家中外高科技企业和研究机构建立校外实习基地。2002年5月,在苏州市的大力支持下,由工业园区管委会发起,学院联合10多家国际著名通信电子信息企业,成立了苏州大学IT企业指导委员会,为电子信息类人才的培养创造了更为有利的条件和环境。2011年12月,学院联合苏州市电子学会,成立了由AMD、三星电子、康普、科沃斯机器人等国内外50余家企业组成的苏州大学EE校企合作联盟,共同探索电子信息类人才培养的新模式、新途径,联盟成员在多个领域展开合作。

学院积极开展科学研究和科技创新活动,近几年承担了包括科技部重点研发计划(含国际合作项目)、国家自然科学基金(含重点项目)、"973""863"项目、总装备部科研课题在内的一大批高水平科研项目,并在光网络与通信、无线通信、语音信号处理、图像处理、智能化仪器、生物医学信息处理、微纳传感器、大规模集成电路设计、半导体器件、射频与微波工程等方面取得了一批科研成果。近年来,学院获得了包括江苏省科学技术奖一等奖、二等奖(排第一)、中国光学工程学会科技进步奖一等奖、中国通信学会自然科学奖二等奖(排第一)等省部级奖项6项。

学院十分注重学生科研创新能力的培养,先后获得了以培养创新人才为目标的省卓越工程师计划、校级专业综合改革试点等项目。积极探索校企联合培养的新机制,组织学生参加学科竞赛等活动。近几年,共有3人次获得中国电子学会优秀硕士学位论文奖,多人次获得江苏省优秀硕士学位论文奖和国际会议优秀论文奖;学生在全国大学生电子设计竞赛、全国软件与信息技术专业人才大赛、江苏省"TI杯"电子设计大赛、全国英语竞赛、全国数学竞赛等大赛中屡获大奖,2015年、2017年、2019年共获教育部组织的全国大学生电子设计竞赛一等奖5项,多个班级被授予江苏省或全国的"先进班集体"光荣称号。学院还积极承办高层次的国际和全国性的学术会议。

近年来,学院研究生、本科生的毕业率和学位授予率在全校一直位居前列,因所设专业都十分热门,培养的专业人才综合素质高,毕业生普遍得到社会的欢迎,一次性就业率和就业平均年薪在苏州大学各专业中也名列前茅。

学院积极向包括北京大学、上海交通大学等兄弟高校和中科院研究所推荐免试研究生,考取清华、北大、复旦、交大、浙大、中科大、东大、电子科大等"985"高校及出国深造的学生也逐年增多。学院还与美国、德国、加拿大、澳大利亚、韩国、新加坡等国家和中国香港、澳门、台湾地区的高校建立良好合作关系,为学生进一步深造提供了平台。

二、教学工作

1. 本科生教学工作

2019年,学院教材获评省级重点教材1本。学院获批省级在线开放课程立项1门、教改项目立项1项,校级在线开放课程4门、教改项目立项3项。学院有学校第二批本科教学团队1个,国家级线下金课程1门。学院教师获青年教师课堂教学竞赛三等奖1项、"课程思政"课堂教学竞赛二等奖1项;学院有教育部高等教育司产学合作协同育人项目立项2项,"校企深度融合培养电子信息创新人才"被列入2019中国高等教育博览会

"校企合作，双百计划"典型案例展，8位教师参与各类教学研讨和培训活动。2019年，学院教师获苏州大学本科教学工作考评实验教学示范奖。

通信工程专业获批国家级一流本科专业建设点。学院完成了通信工程专业第二轮工程教育认证入校考察工作，电子信息工程和电子科学与技术两个专业通过了工程教育认证受理申请。

学院加强学科竞赛工作，获得了包括全国大学生电子设计竞赛国家一等奖1项、二等奖1项及全国大学生FPGA创新设计竞赛一等奖1项、中国大学生计算机设计大赛二等奖1项等省级以上奖项210项。学院取得的成绩还包括校优秀毕业设计团队1个，优秀毕业论文9篇，优秀指导教师2人；学生完成毕业实习工作，优秀实习生4人，优秀实习小组1个，优秀实习教师2人；2018省优秀毕业设计团队1个，省优秀论文三等奖1项；大学生创新创业优秀成果奖2项（大学生创新优秀学术论文1项，大学生创新创业展示项目1项）。大创结项7项：国家级1项，省级2项，校级4项；大创申请11项：国家级4项，省级3项，校级4项；"箐政基金"项目2项。

完善和推进与新加坡国立大学"3+1+1"的合作办学，接受院2019届学生11名；稳步推进与英国伯明翰大学合作的"2+2"双本项目和"3+2"本硕项目。积极组织外校优秀本科生暑期夏令营，有47名同学参加了第二届夏令营活动。

2. 研究生教学工作

2019年，学院获江苏省研究生科研创新计划2项、江苏省优秀硕士学位论文1篇、第二届全国大学生嵌入式芯片与系统设计竞赛暨第四届智能互联创新大赛二等奖1项、第二届中国生理信号挑战（CPSC 2019）二等奖1项；国家公派出国留学研究生2名；研究生在国内外学术期刊和高水平国际会议上发表高水平论文多篇，其中，在国际著名的IEEE汇刊上发表论文8篇；获批电子信息类别专业学位硕士点。

三、科研工作与学术交流

1. 科研项目及成果

2019年，学院获批省级工程研究中心1个；主持科技部重点研发计划项目1项，参与科技部重点研发计划项目1项，共获国家自然基金面上项目3项，国家青年基金项目4项，国家重点研发计划1项，省自然科学基金项目1项，省高校自然科学基金项目2项，苏州市前瞻性应用研究项目2项，横向项目32项（横向项目经费超过700万元）；获授权发明专利25项（其中，国际发明专利2项），软件著作权56项，实用新型专利20项；获江苏省科学技术奖二等奖和三等奖各1项；学院教师在国内外各类学术期刊或会议上发表论文158篇；获得苏州大学"科技项目最佳进步奖"和"综合科技最佳进步奖"。

2. 国内外学术交流情况

学院在加强教学及科研工作的同时注重国内外的学术交流活动，邀请了美国斯坦福大学、清华大学等国内外30多位知名专家、学者来院做学术报告。学院教师12人次前往美国、加拿大等国进行交流访问，学生28人次前往美国、英国、德国等国进行交流。承办了第六届医学图像计算青年研讨会，国内外1500余名专家学者参会。

四、重大事项

（1）2019年4月，苏州大学EE校企合作联盟2019年年会暨协同育人与全面实施卓工计划2.0研讨会成功召开。

（2）2019年6月，通信工程专业接受第二轮工程教育认证入校考察。

（3）2019年6月，获批国家重点研发计划变革性技术关键科学问题重点专项经费1项（经费额1 349万元）。

（4）2019年7月，承办2019年第六届医学图像计算青年研讨会。

（5）2019年11月，承办2019年江苏省高校电子信息类学院院长论坛。

（6）2019年12月，通信工程专业入选国家级一流本科专业建设点。

（7）2019年12月，获批江苏省发改委省级工程研究中心1个：江苏省新型光纤技术与通信网络工程研究中心。

（刁爱清）

机电工程学院

一、概况

　　机电工程学院是苏州大学建院较早、实力较强的工科学院之一，其前身是始建于1977年的苏州丝绸工学院机电系，1978年、1980年分别设置纺织机械、工业电气自动化本科专业，1978年开始招收硕士研究生。1997年7月，苏州丝绸工学院并入苏州大学，原苏州丝绸工学院机电系与原苏州大学工学院合并重组成立新的苏州大学工学院；1999年年底，苏州大学工学院划分成机电系、电子系、计算机系等3个独立系；2001年，苏州大学机电系更名为苏州大学机电工程学院；2012年，南京铁道职业技术学院苏州校区机械系、控制系并入苏州大学机电工程学院。

　　学院现有教职工172人，其中，专任教师140人，在岗正高职称26人、副高职称78人，苏州大学特聘教授9人。2019年上岗博士生导师13人，硕士生导师69人。教授和副教授占专任教师总人数的74.3%，专任教师中具有博士学位的人数占教师总人数的64.3%。拥有国家级人才项目获得者3人，教育部"新世纪优秀人才支持计划"2人，享受国务院政府津贴2人，"何梁何利基金"科学与技术创新奖获得者1人，江苏省"333工程"第一层次1人、第三层次3人，江苏省有突出贡献中青年专家1人，江苏省双创人才5人，江苏省杰出青年基金获得者1人，江苏省"青蓝工程"中青年学术带头人2人，江苏省六大人才高峰行动计划4人。学院获得江苏省创新团队、国家科技部先进机器人技术重点领域创新团队等团队称号。学院聘请姚建铨院士为名誉教授，聘请多名国内外知名学者和企业家为客座教授、兼职教授和讲座教授。

　　学院现有智能机器人技术、激光制造工程、数字化纺织与装备技术3个二级学科博士点。拥有机械工程、控制科学与工程2个一级学科硕士点及工业工程1个二级学科硕士点。拥有机械工程、机械电子工程、电气工程及其自动化、智能制造工程4个本科专业，其中，机械工程专业为江苏省特色专业；机械类专业（机械工程、机械电子工程）为江苏省"十二五"高等学校重点建设专业；电气工程及其自动化专业通过了中国工程教育专业认证，入选教育部第三批"卓越工程师教育培养计划专业"，入选苏州大学一流本科专业建设项目。随着新一轮工业革命的到来，为满足社会对新兴工程科技人才的需求，学院2019年经教育部审批通过设立智能制造工程专业。

　　学院注重专业内涵建设，形成了机械工程、电气工程、智能制造工程等特色专业；围绕先进制造技术领域的前沿发展趋势，形成了智能机器人和微纳制造、生物制造、新型纺织技术与装备、激光加工与表面技术、超精密加工与检测技术、机械系统动力学及控制、信息检测与处理技术、传感与测控技术等具有特色的研究方向。2019年，学校在校全日制本科生1 300多名,在校研究生600多名。

学院设有激光加工与快速成型实验室、创新设计实验室、生物制造实验室、微纳制造实验室、先进机器人技术实验室、智能制造实验室、机电一体化实验室等。拥有4个校级科研平台,2011纳米协同创新中心——纳米机电制造工程中心、江苏省先进机器人技术重点实验室、江苏省机器人技术及智能制造装备工程实验室、江苏省高等学校实验教学示范中心、苏州市重点实验室等平台,并与苏州相城经济开发区合作成立了政产学研平台——苏州大学相城机器人与智能装备研究院。

学院继承与发扬"厚基础、重实践、求创新"的办学传统,以能力培养为目标,融入现代设计、现代技术理念,着力进行学科专业课程体系改革,培养具有扎实的学科基础和宽厚的专业知识,动手能力及创新能力强的学生。学生在国家级各类学科竞赛中屡获大奖,获得全国第十二届、第十三届、第十五届、第十六届"挑战杯"大学生课外科技作品竞赛特等奖、一等奖、三等奖、一等奖及中国"互联网+"大学生创新创业大赛铜奖等。医疗康复机器人团队获2014年团中央"大学生小平科技创新团队"称号。长期以来应届毕业生就业率名列学校前茅,每年都有相当比例的本科生以优异成绩进入国内知名大学攻读硕士研究生或出国深造。

学院近年来积极开展对外交流与合作,与英国、德国、日本、新加坡、加拿大等多个国家和地区的大学建立了稳定的交流关系,开展教师进修和学生交流等合作项目。与江源精密机械、汇博机器人、同心医疗器械、天弘激光、东方模具、江南嘉捷等知名企业建立长期良好的产学研合作关系,加快成果转化,为促进区域地方经济发展发挥重要作用。

二、教学工作

1. 本科生教学工作

学院各专业内涵建设持续开展。电气工程及其自动化专业成功入选江苏省一流本科专业建设项目。智能制造工程专业已获教育部批准,于2019年9月首次招生。自动控制类教学团队入选苏州大学第二批本科教学团队建设项目。

教研教改方面,学院在2019年获大学生创新创业训练计划立项7项,包括5个省级重点项目,2个省级一般项目;获苏州大学"箸政基金"项目立项1项。李相鹏老师指导的1项本科毕业设计获得2018年江苏省优秀毕业设计(论文)三等奖。钟博文老师在苏州大学"课程思政"课堂教学竞赛中获二等奖。王永光老师在苏州大学第十八届青年教师课堂教学竞赛中获二等奖。余雷、李相鹏、匡绍龙老师获评苏州大学教学先进个人。

2. 研究生教学工作

2019年(博士、硕士)研究生指导教师上岗招生实行申请制,建立基于研究生培养绩效的动态调整机制。2019年,上岗博士生导师13人,硕士生导师69人。为吸引更多的优质生源报考苏州大学,提高研究生培养质量,建设拔尖创新人才培养的示范平台,学院举办2019暑期优秀本科生网上夏令营,共有国内高校的156名优秀大学生报名参加。2019年,共招收博士生6名、全日制硕士生115名、非全日制硕士生22名,留学生1名,毕业硕士生127名。

研究生学位论文过程管理方面，学院强调规范、严谨、科学管理，不断完善研究生教育培养管理体系。2019年，研究生参与发表SCI、EI论文137篇，授权专利127项，2名硕士研究生获2019年江苏省创新实践计划项目。研究生出国参加国际学术会议和学术交流共计27人次。17位同学获研究生学业特等奖学金（其中，博士3名，硕士14人）；34名同学获得研究生学业一等奖学金（其中，博士5名，硕士29名）。

重视学生学科竞赛及创新创业实践能力培养，2019年，研究生共参加各级、各类科技和学科竞赛70多人次。学院举办研究生就业双选会、专场招聘会，扩充学生就业渠道，提高就业率。2019届研究生毕业总就业率为97.67%，硕士毕业生平均签约起薪在8 000元以上，继续保持良好的就业态势。

三、科研工作与学术交流

1. 科学研究及成果

2019年，学院共计承担各级各类科技项目186项，年度到账经费共计3 683.394万元。民口纵向项目69项，民口横向项目106项，国防纵向项目3项，国防横向项目8项。其中，民口纵向项目立项34项，立项金额1 805.06万元，到账金额2 097.54万元。民口横项到账金额1 341.504万元。国防纵向项目到账金额145万元，国防横向项目到账金额99.35万元。

项目方面，获批国家重点研发计划课题主持4项，国家重点研发计划课题参与4项，省部重点参与项目2项，承担国家重点研发计划项目5项。获批国家自然科学基金6项（青年3项、面上3项），江苏省自然科学基金3项（优青1项、面上1项、青年1项），江苏省高校自然基金面上项目1项、重大项目2项，江苏省产学研合作项目1项，江苏省教育厅基金项目1项，江苏省农业科技自主创新资金项目1项，苏州市政策性资助项目3项，中国博士后基金项目1项。成立"苏州大学—强信机械科技智能制造技术协同创新中心""苏州大学—辰轩光电智能制造技术协同创新中心"。

学院教师授权专利共102件，其中，发明29件，实用新型58件，软件著作权15件。专利转让26件。学院教师发表论文共234篇，其中，SCI论文80篇，EI论文52篇，核心47篇，普通论文55篇。学院教师出版专著3部。王明娣获中国商业联合会科学技术奖全国商业科技进步奖三等奖1项。王永光获2019年度江苏省科学技术奖二等奖1项，其主持的"关键金属运动部件表面强化与延寿基础研究"获2019年度湖南省科学技术奖自然科学奖二等奖1项。李春光获2019年中国康复医学会科学技术奖三等奖1项。孙立宁院长荣获2019年"何梁何利基金"科学与技术创新奖，并荣获庆祝中华人民共和国成立70周年纪念章。

2. 国内外学术交流情况

2019年，学院承办了主题为"绿色制造—绿色成形"的全国绿色成形制造技术学术研讨会。李相鹏、孙立宁等参加2019年IEEE/RSJ智能机器人与系统国际会议（IROS 2019），并协办"微机器人与微操作"主题论坛。

2019年，学院与捷克布尔诺理工大学、意大利米兰工业设计学院、博洛尼亚大学一行代表深入洽谈校际国际合作事宜。2019年，有1位中青年教师赴美国高水平大学开展长期访学；30余人次赴海外进行合作交流、参加学术会议等；学院邀请包括美国密歇根州立大学 Patrick Kwon 教授、香港理工大学傅铭旺教授等来院开展学术讲座。

四、重大事项

（1）4月1日，经教育部审批通过，设立智能制造工程专业，9月开始招生。

（2）6月21日，学院电气工程及其自动化专业入选江苏省高校一流本科专业。

（李知瑶）

沙钢钢铁学院

一、概况

沙钢钢铁学院是以冶金和金属材料为特色的新型学院。学院现有教工50余人，其中，教授8人，副教授21人，专任教师全部具有博士学位。教师队伍中包括"国家特聘专家"教授1名，江苏省省级人才计划8名。此外，还聘请了中国工程院殷瑞钰院士、中国科学院周国治院士、日本月桥文孝教授等国内外著名教授、专家担任学院的兼职教授。学院下设冶金工程、资源循环科学与工程、金属材料工程、复合材料工程4个系和1个实验中心。学院在校党委、校行政的正确领导下，建成了本科、硕士、博士三层次完整配套的人才培养体系。现有冶金工程一级学科硕士点和材料冶金二级学科博士点。学院正在进一步加强队伍建设，凝练学科方向，改善办学条件，加快国际化步伐，提升学术水平，努力在"十三五"期间把冶金学科和金属材料学科建成国内一流的高水平学科。

二、教学工作

1. 坚持立德树人，积极开展课程思政建设和教育教学改革

学院将课程思政建设作为落实立德树人根本任务的关键环节，组织开展了课程思政建设大讨论、专业课程思政教学比赛等，与上海交通大学、上海大学、南京航空航天大学等开展了材料学科课程思政建设交流与研讨。围绕课程教学改革，新增教育部高教司课程改革类教改项目1项、苏州大学校级教改项目2项、2019-3I课程建设项目2项。

2. 加强本科生和研究生教育教学管理的规范化建设

学院制定了《苏州大学沙钢钢铁学院加强基层教学组织规范化建设方案》和《苏州大学沙钢钢铁学院加强基本教学活动规范化建设方案》，加强学院本科教育教学质量。贯彻落实《苏州大学研究生学位论文开题管理办法》（苏大研〔2018〕65号）、《苏州大学研究生中期考核管理办法》（苏大研〔2018〕66号）、《苏州大学研究生科研记录规范暂行管理办法》（苏大研〔2018〕67号）等相关文件，先后组织研究生导师和硕士研究生召开专题讨论会，就加强学院研究生过程化管理、提高研究生培养质量等问题形成共识。

3. 以新工科研究项目为依托，全面推动本科专业内涵建设

学院组织参加了"新工科·新冶金"高校校长论坛暨第二十七届全国高等院校冶金工程专业教学研讨会、全国地方高校新工科建设高峰论坛暨新工科研究与实践项目进展交流会等，学院的新工科建设思路和成效在与会高校和代表中引起强烈反响。学院将新工科建设的具体成果实际应用到课程改革、人才培养和专业建设中，逐步形成了以新工科建设

为依托、不断深化冶金工程和金属材料工程专业的特色建设和内涵建设的态势。

三、加大学科建设力度，提高科学研究水平

1. 学位点建设

学院以学位点建设为抓手，促进学科建设跨越式发展，积极筹划并推动冶金工程一级学科博士点申报工作，积极探索金属材料学科发展方向。多次召开学科建设专题研讨会，邀请知名专家制订学科建设发展规划。学院以此为契机，整合资源，凝练学科方向，做好内涵建设，为建成在国内有影响、有特色、高水平的钢铁学院奠定良好的基础。

2. 平台建设

学院与浦项（张家港）不锈钢股份有限公司、山东钢铁集团、广东澳美集团、山东魏桥集团等共建了多个校企合作平台，与无锡市惠山区政府和企业进行了项目对接。

3. 科学研究

2019年，学院实现了民口纵向、民口横向课题的同步发展。学院获批纵向科研项目11项，其中，国家自然科学基金项目7项（含1项重点项目参与），项目总经费641万元；承担横向课题20项，到账经费585万元；学院科研总经费1 226万元，人均科研经费近35万元。学院共发表高水平学术论文31篇，申请发明专利21项，获省部级科研奖励1项，通过中国金属学会科技成果鉴定1项（国际先进水平）。

4. 对外交流

2019年，学院与国内外知名高校、研究机构开展了双边交流。邀请了瑞典皇家工学院杜嗣琛教授、加拿大阿尔伯塔大学终身教授刘清侠来学院讲学；邀请了中国工程院殷瑞钰院士、安赛乐米塔尔集团（ArcelorMittal）首席炼钢专家蔡焕堂先生来学院进行学术交流；重点打造"钢铁之声"论坛，举办2次特聘教授、青年学者学术交流会，2次归国人员成果交流会，先后邀请了浦项制铁公司（POSCO）和兴澄特钢等企业代表进行学术报告；2019年，共有3位教师出国进修；承办了2019全国炉外精炼年会暨第十八届钢质量与非金属夹杂物控制学术年会。通过学术交流，拓展了师生的科研视野，营造了良好的科研氛围。

5. 队伍建设

学院重视人才引进与培养，已经建成了一支层次好、学历高、年轻化的教师队伍。2019年引进青年教师4人，其中，特聘教授1人；晋升教授1人，副教授3人。现31位专任教师中有教授7人，副教授17人，兼职教授7人，高级职称达到77%。学院获批苏州大学一流本科教学团队1个，培养江苏省"青蓝工程"优秀青年骨干教师1名，获苏州大学青年教师课堂教学竞赛二等奖1项。

四、重大事项

（1）学院以新工科研究项目为依托，全面推动本科专业内涵建设。组织参加了"新工科·新冶金"高校校长论坛暨第二十七届全国高等院校冶金工程专业教学研讨会、全国地方高校新工科建设高峰论坛暨新工科研究与实践项目进展交流会等，学院的新工科建

设思路和成效在与会高校和代表中引起强烈反响。

（2）学院承办了2019年全国炉外精炼年会暨第十八届钢质量与非金属夹杂物控制学术年会。

（3）"转炉炼钢过程虚拟仿真实验"获批2019年度苏州大学虚拟仿真实验教学培育项目。

（4）学院开展"四重四亮践使命，勇于担当亮行为——课程思政课堂教学比赛"、课程思政大讨论，设立立德树人先锋岗，引导广大教师党员坚守初心使命，提高对"立德树人"的认识，把思想政治工作融入课堂教学，强化大学生思想教育和价值观引领。(2019年11月26日学习强国——江苏学习平台有报道）。

（5）学院获批苏州大学一流本科教学团队1个，培养江苏省"青蓝工程"优秀青年骨干教师1名，获苏州大学青年教师课堂教学竞赛二等奖1项。

（6）学院与浦项（张家港）不锈钢股份有限公司、山东钢铁集团、广东澳美集团、山东魏桥集团等共建了多个校企合作平台，与无锡市惠山区政府和企业进行了项目对接。

（7）学院根据《省教育厅办公室关于开展2015年省级实验教学与实践教育中心申报工作的通知》（苏教办高〔2015〕5号）等文件要求，对照建设要求和验收标准，顺利完成江苏省冶金工程实践教育。

（管 森）

医 学 部

一、概况

医学部现有基础医学与生物科学学院、放射医学与防护学院、公共卫生学院、药学院、护理学院等5个学院、3个临床医学院和9个研究院所。现有在校研究生3 000余名，全日制本科生近5 000名，外国留学生500余名。

医学部现有教职工870余人，三家直属附属医院具有教学职称的教师有1 100人。"两院"院士3人，中组部"国家特聘专家"4人、"青年国家特聘专家"11人，教育部"长江学者奖励计划"特聘教授和青年学者5人、"跨世纪和新世纪优秀人才计划"5人，人力资源和社会保障部"百千万人才工程"培养对象（国家级）3人，国务院学位评定委员会学科评议组成员4人，国家自然科学"杰出青年基金"获得者13人，"优秀青年基金"获得者6人，"973"首席科学家5人。

医学部现有博士后流动站6个，一级学科博士点7个，一级学科专业学位博士点1个，二级学科博士点60个；一级学科硕士点10个，二级学科硕士点76个，专业学位硕士点6个。有国家级重点学科3个，国家重点临床专科8个，国防科工委重点学科2个，省一级学科和二级学科重点学科各4个，省优势学科一期2个、二期3个、三期4个。现有学术型博士生导师190余人（含临床52人），临床专业学位型博士生导师94人，硕士生导师580余人（含临床310人），临床专业学位型硕士生导师126人。

医学部现有省部共建放射医学与辐射防护国家重点实验室1个、国家国际科技合作基地（国家级国际联合研究中心类）1个、国家临床医学研究中心（血液系统疾病领域）1个、教育部创新团队2个、工程技术研究中心1个，省部级重点实验室7个，省级科技公共服务平台1个，省高校优秀科技创新团队1个，协同创新中心2个，省"双创计划"团队12个。截至2019年，临床医学、药学与毒理学、生物与生物化学、神经科学与行为科学、分子生物与遗传学、免疫学共6个学科进入全球基本科学指标（ESI）前1%行列。

现有本科专业15个，其中，有国家级特色专业建设点1个，省"十二五"重点专业类建设项目1个，省品牌专业1个，省特色专业3个；省级实验教学与实践教育中心5个；国家级双语教学示范课程2门，国家来华留学生英语授课品牌课程2门，省精品课程1门，省英文授课精品课程4门；"十二五"普通高等教育本科国家级规划教材1部，省精品教材4部；附属医院16所（其中，直属附属医院3所），教学实习点100多个；生物类校外实习基地18个。

医学部积极开展国际学术交流与合作，先后与美国、英国、法国、德国、日本、韩国、澳大利亚、新加坡等国家及中国香港、台湾地区的高校、科研机构建立了广泛的交流与长期的合作关系。

二、教学工作

(一) 本科生教学工作

1. 整体统筹规划，持续推进教学改革

完成2019级人才培养方案的修订工作。在2018级临床医学（"5+3"一体化）全面实施整合课程体系的基础上，进一步优化整合课程设置，不断提高学生自主学习能力。根据《苏州大学医学部关于开展本科教学示范课堂评选工作的实施方案》，启动医学部示范课堂工作。组织教师参加PBL教学专项培训27人，首次采用案例评审与教学现场指导相结合的方式，对18个PBL教学案例进行了现场评审与指导，切实了解PBL教学存在的问题。共获校级教学改革项目12项。召开农村订单定向医学生（临床医学专业）人才培养研讨工作会议，完善学校农村订单定向医学生（临床医学专业）人才培养方案，落实培养任务。

2. 加强临床教学，着手推动"医教协同"

配合第一、第二、第三临床学院分别组织临床教学研讨会，推动临床教师教学理念更新、教学方法改革。增设1个口腔医学专业校级教学基地——苏州市康泰健牙科器材有限公司。组织学部党政领导班子及临床教学相关人员，就"医教协同"进行专题研讨，拟形成下一步的政策举措，以不断提高医学生的岗位胜任力。

3. 统筹协调推进，有序推进本科教学质量工程建设

组织临床医学专业申报国家一流本科专业。对标国家一流专业"双万计划"建设要求，重点组织在线开放课程建设，获国家级精品在线开放课程3门（药理学、医学影像学、放射医学概论）；省级在线开放课程立项4门（解密食品添加剂、生理学、妇产科学、放射生物学）；省级重点教材1部（《案例药理学》）；获校级在线开放课程立项12门；推荐申报国家"金课"3门。2018年度国家级虚拟仿真实验教学项目立项2项（"乳腺癌组织分子分型的免疫组织化学检测方法"和"抗流感病毒活性药物的设计与筛选"），"颅脑损伤法医学鉴定虚拟仿真实验教学项目""肝纤维化模型的建立及诊断"被省厅推荐申报国家级虚拟仿真项目。获省级重点教材立项2部（《人体寄生虫学》《医学放射防护学教程》），获校级精品教材2部[《药用植物学（翻转课堂版）》《法医毒理学实验指导》]。加强本科教学团队建设，不断改进教学方法。获校级本科教学团队建设2项（医学人文教学团队、系统法医学课程群教学团队）。获省级高校微课教学比赛奖励2项（姜岩——亦喜亦忧，EPO，一等奖；毛成洁——手抖就是帕金森吗，二等奖）。

(二) 研究生教学工作

招收全日制硕士研究生432名（其中，全日制专业学位硕士研究生90名，非全日制专业学位硕士研究生14名），博士研究生90名。对2017年版培养方案进行全面修订与完善，强调过程培养，加强科研规范。推进研究生课程改革，强调研究生课程的系统性和前沿性；重点建设了一批公共课程（3门）和二级学科核心课程（4门），其中，2门课程获校研究生精品课程项目资助。完善导师上岗，研究生招生、培养、论文盲审等各项重大

改革制度。学部 3 名博士、6 名硕士获得省优秀博士和优秀硕士荣誉称号。免疫学首次进入 ESI 全球排名前 1% 行列。继续推进生物与医药专业学位硕士点的建设。此外，2019 年，医学部还获江苏省培养创新工程——科研与实践创新计划 16 项；江苏省培养创新工程——教育教学改革课题 1 项，医学类教指委教育教学改革课题 1 项；江苏省研究生"药物化学前沿"学术创新论坛 1 项。

三、科学研究与学术交流

（一）科研项目与成果

1. 科技项目与经费继续保持较高水平

2019 年获得立项的纵向科研项目 255 项：其中，国家重点研发计划项目 1 项，国家自然科学基金项目 183 项（其中，杰青 1 项、优青 1 项、重点 1 项、国际合作 2 项、联合基金项目 3 项），省部级 20 项（其中，省杰青 3 项、省优青 1 项），市厅级 49 项。

2019 年纵向科研经费 15 232.2 万元（较 2018 年提高了 35%，其中，国家级项目经费 13 904.5 万元，省部级项目经费 897.2 万元，市厅级项目经费 430.5 万元），横向项目经费 3 638.9 万元（较 2018 年提高了 58%）。军工纵向项目到账经费 1 019.25 万元。

2. 论文发表在量的基础上保持质的提升

2019 年发表 SCIE 论文 1 252 篇，其中，1 区论文 140 篇（较 2018 年增长了 44.3%）、2 区论文 328 篇（较 2018 年增长了 22.8%）。在包括 Cell Stem Cell（《干细胞》）、Chem（《化学》）、Nature Biomedical Engineering（《自然生物医药工程》）、BLOOD（《血液》）、Advanced Functional Materials（《高级功能材料》）、Nano Energy（《纳米能源》）、Hepatology（《肝病学》）、Journal of the American Chemical Society（《美国化学学会杂志》）、Nature Microbiology（《自然微生物学》）、Molecular Cell（《分子细胞》）、ACS Nano（《美国化学会纳米》）、National Science Review（《国家科学评论》）、Angewandte Chemie International Edition（《德国应用化学》）、Nature Communications（《自然通讯》）、EMBO Journal（《欧洲分子生物学杂志》）、Autophagy（《自噬》）、Journal of Experimental Medicine（《实验医学杂志》）、Molecular Cancer（《分子癌症》）等影响因子 10 以上的期刊发表研究论文。

据 NI（Natural Index 自然指数）排名（1 October 2018-30 September 2019），发表生命科学类论文共 44 篇，FC（Fractional count 分数式计量）为 10.82，全国排名居 32 名。

3. 科技奖励继续呈现进步态势

2019 年获国家科技进步二等奖 1 项，江苏省科学技术奖 4 项，高等学校科学研究优秀成果奖（科学技术）4 项，华夏医疗保健国际交流促进科技奖 1 项，国防科技进步奖 1 项，中国商业联合会科技奖 1 项。

4. 扎实推进产业化工作

2019 年实现知识产权转让 22 项，获授权专利 106 项。共建企业平台 1 个：苏州大学—北京耀中堂非医疗健康干预研究中心。共建协同中心 1 个：苏州大学—泗洪县人民医院临床免疫协同创新中心。

5. 平台团队建设继续稳步推进

2019 年继续支持省部共建放射医学与辐射防护国家重点实验室和国家血液系统疾病

临床医学研究中心建设。组织申报科技部创新人才推进计划创新团队1项。

6. 学术交流机制建立健全

在学部原有的生命与医学科学前沿"东吴·谈家桢讲坛"的基础上，设立学部内部交流的学术沙龙，每半个月一次，由医学部各学院、所、中心轮流承办，在2020年正式启动。推进和完善"学校—医院双聘教授制"，促进基础和临床学科交叉融合。

（二）国内外学术交流情况

4月25—27日，第Ⅴ届世界时间生物学大会暨2019年中国细胞生物学学会生物节律分会全国大会于中国苏州成功举办。主办单位中国细胞生物学学会生物节律分会会长徐璎教授及世界时间生物学联合会主席TillRoenneberg教授致辞。

6月19日，苏州大学放射医学及交叉学科第七届战略发展研讨会在独墅湖校区召开。苏州大学副校长陈卫昌，科学技术研究部部长郁秋亚，科学技术处处长钱福良，学科建设办公室副主任杨凝晖，"2011计划"办公室主任仇国阳，医学部常务副主任徐广银，医学部副主任龙亚秋，放射医学与防护学院院长柴之芳院士、常务副院长高明远、党委书记曹建平、副院长许玉杰，特邀嘉宾周平坤、陈春英、朱力、戴克胜、钟志远、陈华兵、陈新建7位教授，学院教职工及研究生100余人出席了会议。会议分别由高明远、许玉杰、周平坤、陈春英、陈新建、柴之芳等主持。

10月10—13日，中国神经科学学会第十三届全国学术会议暨第七次会员代表大会在苏州召开。会议有8个大会报告、12个分会场、47个专题研讨会、288个口头报告、921篇摘要，参会人员3 731人，创造了学会年会历史的新高点。

10月12日，江苏省老年医学会神经病学分会成立大会于苏州独墅湖世尊酒店会议中心召开，来自江苏省内各市区的从事老年医学、神经病学的诊疗专家共60余位共同出席此次会议。

10月12—13日，第二届太湖国际血栓与止血学术讨论会暨江苏高校血液学协同创新中心血栓与止血学术会议、国家级继续医学教育项目"血栓栓塞性疾病基础与临床的研究进展"学习班在苏州顺利举行，由苏州大学附属第一医院江苏省血液研究所和苏州大学唐仲英医学研究院血液学研究中心联合主办。

11月8—9日，长三角药物化学研讨会暨江苏省研究生药物化学前沿学术创新论坛在苏州大学独墅湖校区成功举行。会议开幕式由苏州大学医学部副主任龙亚秋教授主持。复旦大学陈芬儿院士、江苏省药学会副理事长李继、苏州大学科学技术研究部部长郁秋亚应邀参会并致辞，药学院院长镇学初教授和苏、浙、皖、沪药物化学专业委员会的主要成员出席了会议。中国药科大学尤启冬教授和中科院上海药物研究所沈竞康研究员主持大会报告。

四、重大事项

（1）1月9日，医学部2018年度工作总结表彰大会在炳麟图书馆学术报告厅隆重举行。出席大会的有阮长耿院士、王志新院士、陈卫昌副校长、校党委教师工作部何峰部长、校教务部教学运行处刘方涛副处长、校科技部科技成果转化处田天副处长、医学部全体党政领导、各学院（临床医学院）领导、研究院（所）负责人及教职工代表，大会由学部党工委书记邹学海主持。

（2）3月11日，苏州市政协主席、党组书记周伟强、市政协秘书长金建立一行调研考察苏大放射医学与辐射防护国家重点实验室。苏州大学党委书记江涌、党办主任薛辉、党委教师工作部部长何峰陪同调研。

（3）4月1日下午，为深入学习贯彻全国"两会"精神，医学部党工委在炳麟图书馆学术报告厅举办专题学习会，邀请全国人大代表、校长熊思东教授做讲座。

（4）4月9日，医学部在独墅湖校区学术报告厅举行国际青年学者东吴论坛医学与生命科学分论坛欢迎式，47名青年学者与医学部和各学院全体党政领导、各实体科研机构负责人及教师代表参加会议。欢迎式由医学部党工委书记邹学海主持。

（5）8月17日，为深化综合性大学医学教育管理体制改革，建构有中国特色的医学人才培养体系，推进苏州大学医学与生命科学教育，促进教育实践中的理念机制创新，在学校党委、行政的领导下，医学部第五届战略发展研讨会在独墅湖校区炳麟图书馆学术报告厅召开，邀请国内知名学者与专家出席活动并做对话交流，为医学部发展的战略决策提供鼎力支持。

（6）12月4日，医学部党工委邀请马克思主义学院党委书记张才君教授做了题为"开启实现'第五个现代化'的新征程——学习党的十九届四中全会精神体会"的辅导报告。医学部党政领导和师生党员200余人参加了学习，报告会由医学部党工委副书记黎春虹主持。

（姜雪芹）

医学部基础医学与生物科学学院

一、学院概况

苏州大学医学部基础医学与生物科学学院于2008年年初由基础医学系和生命科学学院合并组建而成。学院下设13个系，8个校级研究院（所）。

学院现有教职工223人（专任教师181人），其中，正高职称58人、副高职称87人、中级职称35人；具有博士学位者154人；博士生导师28人、硕士生导师64人；其中，中国科学院院士1人、教育部长江学者3人、杰出青年基金获得者3人、优秀青年基金获得者1人、教育部新世纪优秀人才计划获得者2人、农业部岗位科学家3人、江苏省高层次创新创业人才引进计划资助者3人、江苏省"333工程"培养对象9人、江苏省"青蓝工程"培养对象12人。另外，学院还聘请刘富友（英国皇家科学院院士、英国格拉斯哥大学教授）、David James Kerr（英国格拉斯哥大学教授）、Havard E. Danielsen（挪威奥斯陆大学教授）、Muthu Periasamy（Sanford Burnham Prebys医学研究所教授）、赵国屏（中国科学院院士）、Peter Delves（英国伦敦大学学院副院长）、虞献民（美国佛罗里达州立大学教授）及卢斌峰（美国匹兹堡大学终身教授）等为学院的讲客座教授。

学院承担临床医学、医学影像学、护理学、口腔医学、医学检验、放射医学、预防医学、药学、中药学等专业本科生、研究生及留学生基础课程的教学任务；此外，负责法医学、生物科学、生物技术、食品质量与安全、生物信息学本科专业的建设和约700名本科生的培养任务。已建成国家级双语教学示范课程2门、省级精品课程3门、江苏省品牌特色专业和国防科工委重点建设专业点1个、省级实验教学示范中心2个。

学院负责基础医学、生物学、畜牧学3个一级学科建设工作。现有博士后流动站2个（基础医学、畜牧学）、一级学科博士点2个（基础医学、畜牧学）、二级学科博士点12个、一级学科硕士点3个、二级学科硕士点23个，在读研究生350余人。

学院拥有江苏省一级学科重点学科1个（基础医学）、一级学科重点学科培育点1个（畜牧学）、二级学科重点学科2个（免疫学、特种经济动物饲养），教育部长江学者和创新团队发展计划"创新团队"1个（带头人：高晓明），江苏省重点实验室4个（江苏省干细胞研究重点实验室、江苏省水产动物营养重点实验室、江苏省干细胞与生物医用材料省部共建重点实验室、江苏省感染免疫重点实验室），苏州市重点实验室3个（苏州市疼痛基础研究与临床治疗重点实验室、苏州市蚕丝生物技术实验室、苏州市癌症分子遗传学重点实验室）。同时，学院积极参与国家"211工程"重点学科建设1个、共建国家"211工程"重点建设实验室1个。

近年来，学院促进学科交叉，加强国内外的学术交流与合作，提升学科内涵，获批科研项目层次不断提升，重点重大项目取得突破，科研成果不断丰富。承担科技部重大专项、"973"计划、"863"计划、国家自然基金重大和面上项目100余项；2019年，学院教师共发表SCI论文113篇，授权知识产权47项。

学院秉承"养天地正气，法古今完人"的校训精神，坚持"教学科研并重，基础应用结合"的理念，以人才培养为中心，加强教学质量管理与改革，努力培养基础扎实、综合素质好、实践能力强的医学及生物学专门人才。

二、教学工作

1. 本科生教学工作

2019年，学院继续推进本科教学教改，尝试在七年制卓越班组成新的教学团队，更好地组织卓越班教学；努力探索"科教融合、产教融合"培养人才的新途径。

2019年，全院共承担课程294门（共545个班），28 260学时。组织全英文教学团队，提高教学水平。为255名本科生顺利配备了导师，辅助学生完成了第一篇综述论文。上半年2015级6个专业166名同学完成毕业论文（设计）；下半年2016级133名同学顺利开展毕业实习工作。

学院重视本科生的实习实践，2017级"高尚荫菁英班"全体同学赴武汉病毒所考察交流。科教融合、协同育人，办学效果喜人。2019届"高尚荫菁英班"毕业生中，60%以上进入高等学府或研究所深造。

2019年度申报立项的有国家虚拟仿真实验教学项目1项、江苏省高等学校在线开放课程2项、江苏省重点教材立项建设名单入选教材1项、江苏省教育科学"十三五"规划课题1项、苏州大学2019年高等教育教改研究课题立项项目3项，苏州大学虚拟仿真实验教学培育项目5项。苏州大学在线开放课程3项、"苏大课程2019-3I工程"项目之"通识教育课程"项目5项、"微课群"项目2项。教师发表教学论文17篇，担任主编或副主编的教材6部，参编教材6部。姜岩获2019年江苏省高校微课教学比赛一等奖，傅奕和葛彦分获苏州大学青年教师授课比赛一等奖、二等奖，王国卿、王大慧老师分获苏州大学"课程思政"课堂教学竞赛一等奖、二等奖。余水长获2019年苏州大学周氏教育科研奖优胜奖。

学院积极鼓励学生申报各类课外科研项目。2019年度成功立项大创项目国家级3项、省级3项、校级3项，苏州大学"箸政基金"项目3项，苏州大学第二十一批大学生课外学术科研基金资助项目7项，医学部学生课外科研项目23项。2014级"高尚荫菁英班"张潇颖同学的毕业论文，获得江苏省优秀毕业论文三等奖。

全年学院共组织了27次观摩课，多次进行录播及听课评价活动；定期开展教学检查，全年组织各学系开展听评课活动、教研活动和集体备课活动，促进教师的互相学习与成长。学院积极配合学校、学部做好青年教师的授课技能培训。

2. 研究生教学工作

学院党委注重研究生日常管理，指导研会利用公众号等平台开展宣传工作。2019年度举办的研究生大型活动有研究生"向祖国表白"快闪活动、"Make Research Easy——一站式抗体构建及筛选"等研究生学术交流会、"Photoshop及PS技术与海报制作"讲座、以"医路扬帆，研途同行"为主题的新生团辅活动、以"不忘初心，羽你同行"为主题的师生羽毛球赛、以"医路有你，执梦远航"为主题的师生元旦晚会。研究生群体面貌积极向上，学院研究生篮球队获得了医学部第一届篮球赛冠军。

2019 年，学院招收研究生 97 名，其中，博士研究生 13 名，硕士研究生 84 名。145 名研究生取得学位，其中，博士 17 名、学术型硕士 88 名、专业学位硕士 23 名、同等学力硕士 17 名；硕士及博士论文全部实行盲审。

学院重视研究生培养，完善培养方案，建立了以宽口径、厚基础、突出培养创新能力为特色的新课程体系。2019 年，学院获江苏省研究生教育教学改革课题 1 项、江苏省研究生科研与实践创新计划项目 4 项，江苏省优秀硕士学位论文 1 篇，获第二届全国大学生蚕桑生物技术创新大赛特等奖和一等奖各 2 项、二等奖 1 项。研究生中获国家奖学金 8 人、朱敬文奖助学金 8 人，获评校优秀研究生 12 人、优秀毕业生 16 人。

三、科研工作与学术交流

1. 科研项目及成果

学院组织教师积极申报各级各类科研项目，科研成果稳步提升，学院全面超额完成年度科技责任目标。2019 年，学院获得国家自然科学基金面上项目 13 项、青年基金项目 3 项，省级项目 4 项，市厅级项目 7 项。民口纵向项目到账总经费超过 2 257 万元，横向经费超 552 万元。

学院教职工 2019 年共发表 SCI 论文 113 篇，其中，一区论文 14 篇，二区论文 39 篇，三、四区论文 60 篇；授权知识产权近 47 项；获省部级及以上奖项 4 项。

2. 学术交流

2019 年，学院积极组织国际国内学术交流活动，全年共举办东吴青年学者国际论坛、院长论坛、学院青年论坛及院系科研讲座交流活动 30 多场次，帮助学院教师拓展学术视野，提高科研认知。徐世清教授领衔的中老绿色丝绸项目专家组，再赴老挝开展项目建设和人员培训。2019 年，学院共有 8 名教师被公派出国留学进修，近 30 人次参加国外学术会议及交流。

四、重大事项

（1）2 月 23 日，学院召开新一届行政领导班子宣布暨学院教职工大会。学院新一届领导班子由院长吴嘉炜，副院长张洪涛、陶金、杨雪珍组成。

（2）5 月 30 日下午 2 时，在苏州市青少年科技馆举办的苏州市庆祝"5 月 30 日全国科技工作者日"文艺演出暨 2018 年度苏州魅力科技人物及团队颁奖典礼上，学院特聘教授苏雄入选 2018 年度苏州魅力科技人物并受到表彰。

（3）6 月 14 日，在独墅湖校区医学楼学术报告厅，苏州大学基础医学与生物科学学院、医学生物学研究院（IBMS）和中科院武汉病毒所共同举行苏州大学—中科院武汉病毒所"高尚菁英班"年度表彰大会、2015 级结业及 2017 级新生开班仪式。

（4）6 月 21 日世界顶级期刊 *Science* 发表了学院王晗教授、钟英斌副教授共同参与合作研究的论文"Biological adaptations in the Arctic cervid, the reindeer (Rangifer tarandus)"。该论文入选当期封面论文并配有评述文章,钟英斌副教授为本文共同第一作者。

(5) 8月29日,学院在独墅湖校区401号楼A101学术报告厅,召开2019年度发展研讨会。

(6) 9月22日,学院师生合唱队在苏州大学庆祝新中国成立70周年《我和我的祖国》师生大合唱比赛中荣获学院组一等奖。

(7) 9月23—25日,由苏州大学中国-老挝绿色丝绸中心项目专家组、老挝苏州大学、老挝国家科技部生物技术与生态研究院、老挝玉女双手有限公司联合在万象举办第一期老挝全国蚕桑技术培训班。

(8) 11月15—16日,在重庆市西南大学举行的"东方紫杯"第二届全国大学生蚕桑生物技术创新大赛上,学院共有5项个人作品入围,分获特等奖2项、一等奖2项和二等奖1项,学院代表队获得优秀组织奖。

(9) 12月6日,由学院承办的江苏高校基础医学学科联盟成立大会在炳麟图书馆学术报告厅召开。会议选举吴嘉炜教授为学科联盟第一届理事会理事长,会议还讨论形成了《江苏高校基础医学学科联盟章程》。

(10) 12月3日,学院举办了2017级生物技术特色班开班暨贝康奖学金(贝康医疗器械有限公司捐助)设立仪式。

(陈玉华)

医学部放射医学与防护学院

一、概况

医学部放射医学与防护学院的前身是创建于 1964 年隶属于原核工业部的苏州医学院放射医学系，经过 50 余年的建设，已成为服务国防、核事业发展战略需求，培养放射医学专业人才和开展放射医学科学研究的主要教学、科研基地，是目前国内高等院校中唯一专门从事放射医学与防护人才培养的学院。2018 年 9 月，放射医学与辐射防护国家重点实验室由国家科学技术部、江苏省人民政府批准省部共建（国科发基〔2018〕161 号）。

放射医学学科是该领域唯一的国家重点学科，同时也是江苏省和国防科工委重点学科及"211 工程"重点建设学科，是具有鲜明"核"特色的优势学科。2009 年，学院获得教育部长江学者和创新团队发展计划"创新团队"建设资助。自 2011 年起，学院获批江苏高校优势学科建设工程"特种医学"一期、二期、三期建设项目；自 2014 年起，学院获批放射医学江苏高校协同创新中心一期、二期资助；2017 年 3 月，辐射防护与环境保护获批国防特色学科，2019 年获批江苏省、苏州市科普基地。

二、教学工作

1. 本科生教学工作

放射医学专业是国家特色专业建设点、江苏省特色专业和苏州大学品牌专业。放射医学专业已形成从本科到博士后乃至就业后继续教育的完整培养体系。学院十分重视放射医学专业建设工作，着重加强放射医学品牌专业建设及本科生教育的过程管理。以建设放射医学一流专业为目标，学院加强教学改革与课程改革，2019 年度完成了 2 项苏州大学教学改革项目（1 项校重点、1 项一般项目）并顺利通过结题验收。努力建设国际一流放射医学专业，2019 年，放射医学专业获苏州大学一流本科专业建设，获批江苏高校一流本科专业建设点。

学院积极推进专业课程建设，2019 年，"放射医学概论"获评国家精品在线开放课程，《医学放射防护学》获江苏省重点教材立项，"放射生物学"获苏州大学 2018—2019 年江苏省高等学校在线开放课程立项，"放射医学概论""放射生物学"获苏州大学精品在线开放课程，学院教师编写出版《无菌医疗器械质量控制与评价（第二版）》，开设新生研讨课程"生命科学前沿——力学微环境对生命的影响"、通识教育课程"癌症的前世今生"，教师发表教学论文 5 篇，获苏州大学第十八届青年教师课堂教学竞赛二等奖 1 项，苏州大学"课堂思政"课堂教学竞赛二等奖 1 项。

2019年,学院开展教学90门课程5 500学时,放射医学慕课在"中国大学MOOC"上线开放,至2019年第六次开课,已有588人参加。2014级放射医学专业学生72人顺利毕业并取得学士学位(第一批)。学院顺利安排2015级放射医学专业学生实习。

学院继续实行本科生导师制,引导本科生的专业学习,进行专业辅导,注重学生科研兴趣的培养。2019年,学院获苏州大学2019年"箦政基金"1项,大学生创新项目国家级4项、省级4项、校级5项;本科生参与科研发表论文15篇;在第四届全国高校学生课外"核+X"创意大赛中获三等奖1项、优胜奖9项,获中国毒理学会2019校园科普大赛二等奖1项,2019中国健康科普大赛三等奖3项,苏州大学第十八届"挑战杯"大学生课外学术科技作品竞赛一等奖1项、二等奖1项。

学院继续开设放射医学夏令营,做好本科生和研究生的思想工作,提升他们对放射医学的学习兴趣。同时努力提高办学质量,切实提高人才培养质量。召开学院教学委员会,讨论放射医学专业改革和新专业论证工作,使放射医学作为具有特色和优势的品牌专业,始终站在教育改革的前列,促进放射医学教学质量再上新台阶。同时吸引其他专业的学生加入放射医学专业,2019年有10名学生转专业进入放射医学学习。

2. 研究生教学工作

以协同创新为纽带,不断完善我国放射医学专业人才从本科到博士乃至终身教育的培养体系。2019年,学院获得江苏省研究生科研创新计划项目2项;2019年共招收博士研究生23人、硕士研究生68人;博士毕业10人,授予学位10人;硕士毕业38人,授予学位38人;毕业研究生100%就业。

推进研究生教育国际化。2019年,学院与泰和诚医疗集团有限公司联合组织"泰和诚"苏州大学放射医学优秀研究生新加坡夏令营,6名研究生参加,开阔学生的国际视野,拓宽学生的科研思路。2019年,学院获批国家留学基金管理委员会国家重点实验室专项放射医学与防护专业创新型人才国际合作培养项目(留金美〔2019〕1699号)。

加强研究生教育管理。2019年,学院开展了研究生诚信教育之科研记录本抽查活动,对学院2018级全体研究生的73本科研记录本进行了检查。通过研究生诚信教育,培养研究生严谨的科学作风,规范科研行为,杜绝学术失范,确保科研记录客观、真实、规范和完整,提高研究生毕业论文和学位论文的水平和质量。2019年,学院评定苏州大学放射医学及交叉学科(RAD-X)奖学(教)金,并举行颁奖典礼,激励学生的学习积极性和科学创造性,进一步提高学生的培养质量,为我国放射医学与防护事业的发展输送高层次人才。2019年,获批苏州大学第十批研究生工作站2个,学院获得苏州大学2019年研究生工作综合考评优秀奖。

三、学科建设与科研工作

持续推进学科建设。2019年,学院召开特种医学优势学科推进会,讨论学科建设中遇到的问题,总结学科需努力的方向。召开放射医学及交叉学科第七届战略发展研讨会,研讨会围绕重大项目、新兴交叉融合项目展开研讨;进一步凝练研究方向,明确目标。要努力做出原创性、有国际影响力的大成果,提高自身定位和国际影响力,以最好的成绩迎接新一轮学科评估。以放射医学为核心的特种医学一级学科2019年被上海软科评估进入全国前14%，名列全国第二。放射医学专业获批江苏高校一流本科专业建设点。协同创新项目已进入新的建设阶段，特种医学优势学科三期建设工作稳步推进。

科研工作成效突出。2019年，学院获批国家自然基金22项，其中，联合重点项目3项，重大培育项目1项，面上项目9项，青年项目9项；承担国家重点研发计划合作课题、国防纵向项目、江苏省基金、卫生健康委生态环境部项目、江苏省人才项目、博士后基金、横向项目，以及国家重点建设、协同中心、优势学科等的专项经费，合计69项，总经费8 389万元。学院教师发表论文153篇，其中，SCI论文141篇，一区65篇；授权专利20项，其中，发明专利14项，申请发明专利32项；专利转化4项；获得教育部科技进步二等奖1项；制定了团体标准1部。学院还与陕西健康医疗集团有限公司签订关于"基于生物材料的肿瘤放射免疫核药（131I-CM）研制"的合作协议，进行临床前研究。

加强重点项目的管理，2019年，学院先后召开了国家重点研发计划"精准医学研究"进展会议、国家重点研发计划数字诊疗装备研发专项绩效评价会议、国家重点研发计划"纳米科技"重点专项项目进展暨学术交流会、国防科技项目现场评审会等，有序推进国家重点项目的研究进展。

行业服务与学术交流。学院积极推进与行业企业合作，主动为相关产业提供技术支撑和服务。先后与中国核工业集团、中国广核集团签署战略合作框架协议及相关落地协议，质子肿瘤治疗国产化及临床应用研究中心也揭牌成立；与10余家放射医学相关企业、医院签订战略合作框架协议。2019年5月，学院召开中国同位素与辐射行业学会放射医学与辐射防护分会成立大会，成立放射医学与辐射防护行业联盟，聚焦行业重大战略需求和重大科研问题，发挥在基础研究、前沿技术研究和示范性集成应用方面的特色和优势，为满足国家重大需求和促进地方经济社会发展提供强有力的支撑。学院召开江苏高校放射医学协同创新中心2019年推进会议，凝练、整合各协同单位的整体优势，充分总结协同成果，推进成果转化。

学院积极开展国际学术交流与合作。与国际原子能机构（IAEA）、国际辐射防护委员会（ICRP）等国际组织保持密切联系，与美、德、日、法、加等国建立了人员互访和合作研究渠道；同时也积极与国内放射医学主要科研教学机构进行联系与合作。2019年10月承办第三届全国氚科学与技术研讨会、亚洲核合作论坛2019年FNCA肿瘤放疗研讨会、放射化学学科人才发展战略研讨会多个大型会议；11月与中国同福公司举办合作论坛；12月举办2019日本广岛大学—苏州大学放射医学与核应急准备双边研讨会；2019年举办先进放射医学论坛37期，召开第一届苏州大学放射生物学研讨会，召开FLASH技术研讨会。2019年11月，曹建平书记带领17名师生参加了第十次全国放射医学与防护青年学术交流会，向大会提交交流论文17篇，并做报告交流。邀请国内外知名专家来学院访问并做学术交流，2019年12月邀请国际原子能机构Oleg Belyakov教授来学院访问；21名教师赴美国、德国、英国、意大利、日本、澳大利亚等国参加国际会议，5人赴美国学习研修，1人赴美国密西根州立大学开展合作研究。

四、重大事项

（1）1月22日，苏州大学与中国核工业集团签署战略合作框架协议。中国核工业集团与苏州大学在核医学、核技术应用方面一直保持紧密而卓有成效的合作。未来双方将加快推进"校企共建产业平台"建设，加强在产学研交流、人才培养、专业技能培训等方面的合作，推动核医疗技术等相关产业的市场化转换和应用。

（2）4月30日，苏州市人民政府、中国广核集团和苏州大学签署战略合作框架协议及相关落地协议，质子肿瘤治疗国产化及临床应用研究中心也同时揭牌成立。

（3）5月17—18日，学院召开中国同位素与辐射行业学会放射医学与辐射防护分会成立大会，成立放射医学与辐射防护行业联盟。联盟成员包括高校、科研院所、医院、企业、相关管理机构等近80家单位。

（4）10月27日至11月1日，学院主办亚洲核合作论坛2019年FNCA肿瘤放疗研讨会。亚洲核合作论坛是亚洲地区核领域重要的多边合作组织，苏州大学是肿瘤放疗项目的国内牵头单位，20多年来积极参与FNCA框架下的肿瘤放疗临床研究，扩大了苏州大学放射医学学科和临床肿瘤放疗的国际影响力和知名度。

（5）10月31日至11月1日，学院承办放射化学学科人才发展战略研讨会。来自中国工程物理研究院、中国原子能科学研究院、中国科学院高能物理研究所、清华大学、北京大学、苏州大学等国内51家从事放射化学科研教学的单位的250余位代表参加了会议。

（6）11月2日，学院召开放射医学与辐射防护国家重点实验室第一届学术委员会第二次会议暨学术交流会。与会领导和专家一致认为：重点实验室设置的放射生物效应及机理、先进放射诊断和治疗及辐射防护三个研究方向合理，在解决国家重大需求中具有战略意义。

（7）11月20日，江苏高校放射医学协同创新中心2019年推进会议在南京召开。与会领导专家认为中心在平台建设、人才引进、科技创新、行业服务、国际交流合作等方面都取得显著的建设成效。

（8）12月7日，苏州大学放射医学与辐射防护国家重点实验室和中国疾病预防控制中心辐射防护与核安全医学研究所联合办刊——《放射医学与防护》英文刊 Radiation Medicine and Protection （ISSN 2666—5557）启动会在苏州召开。科研期刊象征了国家科技文化的软实力，拥有与国际科学发展水平相适应的国际一流期刊，可以为行业内专家提供一个国际交流平台。

（9）12月18日，学院召开特种医学优势学科三期建设2019推进会。柴之芳院士对学科建设取得的成绩给予了充分肯定，并提出具体要求：第一，要加强学风建设，坚持诚信科研，挤掉"水分、泡沫"；第二，要促成果、促人才，做到顶天立地；第三，要永保优势，努力做出原创性、有国际影响力的成果，以最好的成绩迎接新一轮学科评估。

（10）放射医学与辐射防护国家重点实验室积极响应科技部、中国科协、江苏省科协等多部门号召，2019年开展"身在辐中，安全为重"——辐射安全文化宣传月、"身临辐境"国家重点实验室开放日、"安知非辐"——辐射健康知识科普暑期社会实践活动和暑期夏令营、"不负使命，与核同行"——弘扬核科学精神及应用科普等系列活动，累计参与人数达万人，活动深受广泛好评。2019年，学院先后获批江苏省及苏州市科普教育基地荣誉称号。

（朱本兴）

医学部公共卫生学院

一、概况

医学部公共卫生学院是在原苏州医学院1964年创建的卫生学系基础上发展建立的，1985年，学院筹建预防医学系，1986年开始招收五年制预防医学专业学生。学院历来坚持"人才兴院、质量强院、合作旺院、特色建院"的发展理念，目前学院已发展成为国内公共卫生与预防医学的主要教学、科研和人才培养基地之一。公共卫生与预防医学专业已形成从本科到博士后乃至就业后继续教育的完整培养体系。

学院现有公共卫生与预防医学博士后流动站、一级学科博士学位授权点、一级学科硕士学位授权点，公共卫生硕士（MPH）专业学位授权点，预防医学本科专业（校特色专业）。公共卫生与预防医学学科是"十三五"江苏省重点学科，也是国家重点学科（放射医学）和江苏省优势学科（特种医学、系统生物学）的支撑学科。学院是中国中西医结合学会时间生物医学专业委员会的主任委员单位和挂靠单位。

学院现有教职工64人，其中，专任教师56名。专任教师中教授22名，副教授26名；博士生导师15名。设有预防医学五年制本科专业，为苏州大学特色专业。2019年，在校全日制研究生166人，其中，博士18名；非全日制研究生40人；在校本科生384人。本科生和研究生培养质量好，就业率高，且就业前景好。

学院坚持"人才兴院、质量强院、合作旺院、特色建院"的理念，通过开设第二课堂系列活动（导师制、公卫大讲堂）等，引领学生实现"上医治未病"的人生理想。近年来，预防医学专业本科毕业生供不应求，具有较强的就业竞争力，读研率和就业率名列前茅。

二、教学工作

人才培养成绩喜人，人才美誉度不断增强。学院学生学科竞赛喜获佳绩，荣获第二届全国大学生公共卫生综合知识与技能大赛一等奖，还获得"样品采集和现场检测""公共卫生基本理论"两项单项奖，同时还获得2019全国大学生健康科普作品大赛二等奖、三等奖各1项；荣获2019年中国高校SAS数据分析大赛前30强1项、百强4项；获2018年江苏省普通高等学校本科毕业设计（论文）三等奖1项。

1名教师荣获2018年全国高校（医学类）微课教学比赛二等奖；学院教师获校教学成果二等奖1项；学生论文获得江苏省优秀博士论文1篇，获得苏州大学优秀博士论文、优秀硕士论文各1篇。

继续贯彻落实学校一流本科教育的相关文件要求，并采取切实措施对本科教学工作审核评估中发现的问题进行整改，学院狠抓教学质量工程，加强对本科教学的过程化管理和教学改革，为创建一流专业和一流团队而不懈努力。举行"医学科研方法"教学改革研讨会，提高教学质量。加强"课程思政"建设，积极推进在线课程建设，"医学统计学""预防医学"等课程视频录制已经完成，前者也已经上线运行。学院正在开展"课程思政"的建设，认真解答习近平总书记提出的"培养什么人、怎样培养人、为谁培养人"这一教育根本问题。

2019年10月16日，学院召开推进硕士专业学位研究生教育综合改革工作会议，根据国家教学指导委员会的相关要求，结合学校现有专业领域实际情况，对目前执行的培养方案进行修订并对校外兼职授课教师参与的课程提出具体的要求。会议还就如何开展课程教学和课程改革、制定案例库建设目标、开展双导师制、专业实践的安排和考核等进行了深入研讨。

积极稳固学生的专业思想。为了增强本科生家长对公共卫生的认知，学院建立班主任家长微信群，加强家校沟通。9月9日张永红院长为研究生新生、9月11日陈赞书记为本科新生主讲"新生入学第一课"，围绕我国公共卫生领域面临的新挑战、弘扬社会主义核心价值观等主旨，增强了学生对专业的认同，并对学生如何尽快适应大学学习生活提出了具体要求。

三、学科建设和科研工作

科研项目继续保持高位运行，高水平论文和专利有进一步提升。2019年，学院获得国家级项目10项，省级项目1项，市级项目5项，中国博士后基金特别资助项目2项，横向项目40项，国防横向项目1项。学院教师发表三大检索论文122篇，其中，1区论文11篇，2区论文31篇；授权专利8项，其中，实用新型专利7项，计算机软件著作权1项。获江苏省预防医学会科技一等奖、三等奖各1项。

加强人才引进和培养力度。2019年，学院招聘了1名专职研究生辅导员，引进2位师资博士后、1位讲师（校优秀青年学者），且都已经入职。教师职称晋升成绩喜人，5位副教授晋升为教授、3位讲师晋升为副教授、1人晋升为实验师、1人晋升为助理研究员、1人转评为实验系列副研究员；在第四轮岗位聘任中，1名四级岗教授晋升为三级岗，1名三级岗副教授晋升为一级岗、9名三级岗副教授晋升为二级岗，1名三级岗讲师晋升为二级岗。

科研地位显著提升。1名教授获评"世界屈光不正专家"，1名教授被聘为第八届国家卫生健康标准委员会学校卫生标准专业委员会副主任委员。

四、学院重大事项

（1）1月9日，学院与苏州工业园区市场监督管理局合作成立"苏州工业园区联合检测中心苏州大学工作站"。

（2）3月，学院与日本大学达成科研合作、研究生交流、本科生交流等三个方面合作意向。

（3）4月19—21日，学院以苏州大学健康中国研究院名义举行了第一届医院管理创新战略培训班。

（4）5月8日，学院党委书记调整，陈赞同志任学院党委书记，芮秀文同志不再担任学院党委书记。

（5）5月18日，学院学生荣获第二届全国大学生公共卫生综合知识与技能大赛一等奖，还获得"样品采集和现场检测""公共卫生基本理论"两项单项奖，同时还获得2019全国大学生健康科普作品大赛二等奖、三等奖各1项。

（6）5—9月，学院学生参加了学校"我和我的祖国"——庆祝新中国成立70周年师生大合唱比赛。

（7）6月21日，徐勇教授被聘为第八届国家卫生健康标准委员会学校卫生标准专业委员会副主任委员。

（8）8月1日，学院教工一支部获湖东社区党工委"区域党建示范先锋团队"荣誉称号。

（9）9月6日，学院举行了2019年苏州市健康素养与烟草流行监测培训会。

（10）10月13—14日，学院成功举办"DAG在病因推断中的应用"培训班。

（11）12月11日，学院参与2019年医学部主题党日活动评比获一等奖。

（12）12月14—15日，学院在西交利物浦国际会议中心举行全国少儿卫生青年学者论坛。

（13）2019年下半年，学院顺利配合学校完成学院行政班子的换届工作，张增利同志任学院副院长并主持工作，秦立强同志担任学院聘任制副院长，张永红同志不再担任学院院长。

（14）2019年，学院成立党建工作小组，将进一步强化、常态化地做好党建工作，以党建带动学院各项工作的提升。

（15）2019年，学生论文获得江苏省优秀博士论文1篇，获得苏州大学优秀博士论文、优秀硕士论文各1篇。

（16）2019年公共卫生与预防医学学科在江苏省"十三五"重点学科中期考核中获优秀。

（饶永华）

药 学 院

一、概况

苏州大学药学教育最早可追溯至原东吴大学1949年创办的药学专修科。1952年，全国院系调整，药学专修科并入华东药专。苏州医学院药学系1993年在原苏州医学院药理学学科的基础上成立，2000年并入苏州大学。依托综合性大学学科优势，药学学科获得新的发展契机，药学院于2005年成立。

学院拥有药学一级学科博士学位授权点、药学一级学科硕士学位授权点、药学专业硕士和工程硕士（制药工程领域）学位授权点，拥有药学博士后科研流动站。建有1个省级重点实验室、2个市级重点实验室、3个校级研究机构。药学学科为江苏省高校优势学科建设工程项目立项学科、"十三五"江苏省重点学科，在全国第四轮学科评估中位列全国B+等级。药理学与毒理学学科跻身ESI全球排名前1%行列，2020年3月进入Top 2.03‰行列。2015年，苏州大学入选汤森路透《开放的未来：2015全球创新报告》全球制药领域"最具影响力科研机构"，位列第7。

学院设有药学、中药学、生物制药3个本科专业，其中，药学专业入选首批国家一流专业建设点，拥有1个省级学科综合训练中心，1门教育部来华留学生英语授课品牌课程，2门国家级"金课"，1个全英文授课教改班。2019年全院在校学生955人，其中，全日制本科生650人，硕士研究生261人，博士研究生44人。在站博士后14人。

学院现有教职工117人，专任教师94人，其中，教授38人，副教授38人，讲师18人，集聚了一支包括享受国务院特殊津贴专家、国家杰出青年科学基金获得者、国家优秀青年科学基金获得者、中国科学院"百人计划"项目入选者、"国家特聘专家"青年项目入选者、教育部"长江学者奖励计划"青年学者、"高层次留学人才回国资助人选"、江苏"双创计划"入选者、江苏特聘教授、江苏省有突出贡献的中青年专家等杰出人才的高层次人才队伍，拥有江苏省双创团队2个。

二、教学工作

以国家一流专业建设为抓手，深入推动教学改革。打造思想教育阵地，落实立德树人根本。2019年，学院以"大学第一课"、本科生导师制、研究生德政导师、"学生最喜爱的老师"评选、"课程思政"工作等为德育阵地和载体，扎实开展"三全育人"，激励教师做好"四个引路人"，引导青年学生坚定"四个自信"，成为有理想、有本领、有担当的新时代大学生。

持续推进全英文教学，国际化教学合作日益深入。学院分别与爱尔兰皇家外科医学院签署了"2+2"本科生双学位联合培养合作协议、与美国纽约州立大学布法罗分校签署了"3+1"本科生联合培养合作协议、与法国格勒诺布尔大学签署了推荐本科生攻读硕士学位的合作协议，并累计派出学生11人；继续聘请来自爱尔兰皇家外科医学院药学院的John L. Waddington 和 Helena Kelly，以及美国纽约州立大学医学院基础教育学院生理药理神经学系 Christopher Y. Chan 等教授为药学专业学生授课。

以国家级精品课程和实验教学项目建设为契机，优化课程和教材体系。2019年，镇学初教授主持的"抗流感病毒活性药物的设计与筛选"虚拟仿真实验教学项目成功入选教育部国家虚拟仿真实验教学项目；"药理学"被认定为国家级精品在线开放课程；学院教师编写教材4部，发表教学论文12篇；镇学初、林芳编写的教材《案例药理学》入选苏州大学第六批出版江苏省重点教材名单；龙亚秋的"药物化学"、陈华兵的"药剂学"、杨红的"走进新药设计"入选2019年苏州大学在线开放课程立项建设名单；张学农、刘扬共同编写的《新药注册申请技巧及新药研发关键技术》被选入2019年苏州大学拟推荐申报江苏省高等学校重点教材名单；陆叶编写的教材《药用植物学（课堂反转案例）》被评为校级精品教材；陆叶的"中药鉴定学"的微课群项目和乔春华编写的教材《有机化学》全英文项目获"苏大课程2019-3I 工程"立项建设；学院设立课程与教材建设项目17项；国家级大学生创新创业训练计划项目立项3项，江苏省高等学校大学生实践创新训练计划项目立项6项，校级大学生创新创业训练计划项目立项2项，"箬政学者"基金研修课题1项；医学部课外科研项目13项。

教学获奖不断突破。张慧灵教授荣获苏州大学周氏教育优秀奖；张学农教授获2019年度苏州大学"高尚师德"奖教金；朱益副教授获苏州大学第十八届青年教师课堂教学竞赛二等奖、苏州市青年教师药学微课教学比赛一等奖；王义鹏副教授获苏州市青年教师药学微课教学比赛二等奖；杨红和陆叶分获苏州大学"课程思政"课堂教学竞赛三等奖；4名教师分获苏州大学毕业设计（论文）优秀指导教师和苏州大学毕业实习优秀指导教师；张熠的"PD-1抗体药物的体内抗肿瘤活性测定"入选2019年度苏州大学虚拟仿真实验教学培育项目。

切实提升研究生培养质量，深化校企协同育人。学院通过举办长三角药物化学研讨会、药学院研究生学术创新论坛等活动，拓展研究生学术研究视野，增进相关研究交流，搭建高水平的学术交流平台。2019年，学院研究生论文获得江苏省优秀博士学位论文、优秀硕士学位论文和江苏省优秀专业硕士学位论文各1篇；学院获得1项省博士研究生创新计划、2项省硕士研究生创新计划。2名研究生获得第二届全国药学研究生学术研讨会口头报告二等奖，1名研究生获得江苏省绿色海洋科研创新实践大赛三等奖，1名学生获得三校研究生论坛三等奖。

按照学校深化硕士专业学位研究生教育综合改革的有关文件精神，药学院2019年出台了《药学院专业硕士研究生专业实习考核办法（试行）》，对专业实践过程进行有效控制，并开展了2019年度研究生工作站、专业硕士研究生实践基地和药学院兼职研究生导师的推荐和评审工作。

三、学科建设与科研工作

加强科研项目的申报和管理工作，国家自然科学基金项目明显提升。学院组织专家加强对国家自然科学基金项目申报的前期指导，标书质量明显得到提升，学院共申请国家自然科学基金43项，立项13项，其中，有11项面上项目，2项青年科学基金项目。另获江苏省重点研发项目1项、面上项目1项，江苏省青年项目1项，苏州市项目3项，新签横向项目44项。

科研成果成效显著，学院教师全年发表学术论文121篇，其中，SCI/EI/ISTP三大检索源期刊论文106篇，主编英文专著1部。申请发明专利37项，授权专利近20项，转让专利6项。学院获2019年教育部科学研究优秀成果奖（科学技术）二等奖1项、江苏省科技进步奖二等奖2项。

学科建设成效显著，排名不断提升。药学学科在2019"软科世界一流学科排名"中跻身世界前100名和中国内地3~8名。药理学与毒理学全球ESI排名继续保持前1%；2019年11月，药理学与毒理学全球ESI学科排名进入全球排名前2.164‰。

四、重大事项

（1）1月7日，熊思东校长、陈卫昌副校长、党委组织部和医学部党工委领导出席药学院干部任免大会。

（2）4月12日，学院与苏州大学附属常州肿瘤医院联合举办"肿瘤治疗与转化医学"研讨会。

（3）6月26日，学院药学学科在2019"软科世界一流学科排名"中跻身世界前100名和中国内地3~8名。

（4）7月16日，学院参与申请的欧盟Erasmus plus硕士研究生联合培养项目再获立项。

（5）9月9日，法国格勒诺布尔-阿尔卑斯大学代表团访问苏州大学，推动两校药学院深入合作。

（6）11月5日，苏州大学—爱尔兰皇家外科医学院双边学术会议顺利举行。

（7）11月7日，药学院党委举办"不忘初心、牢记使命"主题教育专题党课。

（8）11月8日，学院成功举办2019年长三角药物化学研讨会暨江苏省研究生药物化学前沿学术创新论坛。

（9）12月6日，学院召开扬子江苏州海岸药业—苏州大学"新药研发与药学研究"药学院第九届研究生学术论坛。

（10）12月29日，学院药学专业成功获批国家级一流本科专业建设点。

（金雪明）

医学部护理学院

一、学院概况

1985年,苏州大学医学部护理学院开始进行成人护理学专升本教育,1997年建立护理系,1999年开始本科招生,2008年成立护理学院。护理学院现为一级学科博士、硕士学位授权点,江苏省重点学科,江苏省特色专业,临床护理为国家级重点专科。1999年开设以心血管专科护理为特色的五年制护理本科教育,2009年改为四年制护理本科教育。学院是"江浙沪闽研究生导师沙龙"发起单位和"华夏地区高等护理教育联盟"组建院校之一。2015年,学院通过了教育部高等学校护理学专业认证,并获批江苏省省级实验教学示范中心。2017年,学院荣获第二届全国护理专业本科临床技能大赛三等奖。2019年,获批护理学博士后科研流动站、全国首批中国老年学和老年医学学会护理和照护分会"护理与照护教育实践基地"。学院下设护理人文学系、基础护理学系、临床护理学系、社区护理学系和护理实践中心、护理研究中心。学院现有教职员工18人,其中,附一院编制10人,苏大编制8人,专任教师13人,教授和主任护师4人,副教授和副主任护师11人;具有博士学位者6人。另有海内外客座教授45人,其中2人为国际南丁格尔奖章获得者。

二、教学工作

1. 本科生教学工作

2019年,全院共承担课程35门,6 852学时(含理论1 236学时、带教5 616学时)。为88名本科生顺利配备了导师,辅助学生完成本科生科研训练及毕业论文的撰写,2019年上半年学院有72名同学顺利毕业;下半年2016级71名同学顺利开展毕业实习工作。

进一步在教学过程中强调教学规范,加强对系、中心的统筹管理。学院多次检查教学规章制度执行情况,教学档案整理、收集情况,系、中心主任听课记录,教师的备课笔记及教案等。完善学院听课制度,开展好期中教学检查,召开座谈会听取学生意见,进行学院青年教师课堂竞赛。继续贯彻医学部关于开展观摩教学活动的精神,2019学年共组织开展观摩教学活动4次,其中,2次为学部示范性观摩教学,2次为学院级观摩教学。2019年度共有院领导、督导和系主任、中心主任进行检查性听课56次,有200多名附属医院青年(兼职)教师参加学习性听课,并开展了青年教师学习性听课交流会等活动。校督导、医学部督导对整个活动的基本情况,主讲教师的教案、授课计划、教学大纲等教学文件的完成情况,存在问题及改进措施等做出精彩点评,使教师受益匪浅,切实提高了青年教师的课堂教学基本功。

学院师生2019年共发表论文41篇,专利授权4项。获奖方面,医学人文教学团队获2019年苏州大学第二批本科教学团队项目;侯云英获2019年苏州大学高等教育教改研究课题青年项目;李惠玲的课题获全国医学专业学位研究生教育指导委员会2019年研究课题。

学院重视本科生科研能力培养,根据《"医学部学生课外科研项目"实施办法》,经学院选拔推荐,共4个项目入选2019年"医学部学生课外科研项目"。学院高度重视本科生操作技能,注重以赛促学,积极带领学生在赛事中提升实践技能。2019年,学院获得江苏省第四届高校应急救护竞赛苏南片区初赛一等奖、江苏省第四届大学生应急救护竞赛决赛一等奖。

2. 研究生教学工作

学院党委狠抓研究生学术道德规范。把加强科学道德和学风建设作为研究生工作的基本抓手,加快推进科研诚信、学术道德教育规范化;坚持道德约束和监管惩处并重,完善合理有效、公正公开的学术不端行为查处制度及相关政策性文件。党委书记多次在班主任会议上强调研究生学术道德规范问题。加强培养过程的质量控制。完善培养方案,建立了以厚理论、善关怀、强胜任、硬技术为特色的新课程体系。重视研究生培养,加强导师培训。新上岗的导师必须完成学校、学院的导师上岗培训后方可申请指导研究生;对已上岗导师,定期组织强化,并提供全国性培训的机会。

根据学校研究生院的统一安排,学院高度重视研究生推免、面试等工作,坚持"按需招生、德智体全面衡量、择优录取、保证质量、宁缺毋滥"的原则,制定公平、公开、公正、合理、规范的复试方案。同时加强研究生教学管理,着重抓好论文开题和答辩工作,提高研究生学位论文质量。2019年,学院硕士学位授予率100%;取得学位研究生50人,全日制硕士生24人,同等学力研究生26人。2019年,许诺同学获全国大学生英语竞赛A类三等奖,卫雯诗同学获苏州市2019年度科技发展计划[民生科技—医疗卫生应用基础研究(第二批)]项目立项。

三、科研工作与学术交流

1. 科研项目及成果

学院组织教师积极申报各级各类科研项目,科研成果稳步提升。2019年,学院获得国家自然科学基金青年项目和江苏省高校自然科学研究面上项目各1项,其余项目10项。

学院教职工2019年共发表论文41篇,SCI论文12篇(3篇2区及以上SCI);出版论著、教材2部;获专利授权4项;获苏州大学高等教育教改研究课题青年项目1项;医学人文教学团队获2019年苏州大学第二批本科教学团队项目。

2. 学术交流

2019年11月,荷兰海牙大学、鹿特丹大学、Zadkine职业学院师生一行22人参访学院,联系并落实2020年寒假护理学院研究生赴海牙大学国际周交流学习项目、2020年2—3月加拿大多伦多大学Bloomberg护理学院6名本科生到学院见习2周项目。与此同时,学院与德国埃里希-宝隆护理学校签订交换生协议。

四、学院重大事项

（1）9月12日，学院获批全国首批中国老年学和老年医学学会护理和照护分会"护理与照护教育实践基地"。

（2）9月24日，学院举办首届青年教师临床综合技能大赛。

（3）9月，学院获批护理学博士后科研流动站。

（4）10月20—30日，学院举办首届人文护理师资培训班。

（5）2019年度聘任郭桂芳、赵岳、罗羽、林佳静、侯黎莉、皮红英等国内各研究领域的护理专家为客座教授。

（6）以学校基层党建"书记项目"为契机，建成学院党员活动阵地，并完善学院4楼党员图书室，更新学习资料。

（7）学院选派青年管理骨干王方星同志到党办挂职主任助理。

（王方星）

敬 文 书 院

为积极推进人才培养改革，探索高等教育大众化条件下的高素质人才培养模式，苏州大学借鉴哈佛、剑桥等国外著名大学"住宿学院制"及香港中文大学"书院制"等管理模式，结合学校实际情况，于2011年6月成立了以香港爱国实业家朱敬文先生名字命名的书院——敬文书院。

书院以培养具有人文情怀、创造精神的研究型、国际化、高素质人才为目标，提出"育人为本、德育为先、个性培养、全面发展"的理念；以"为国储材、自助助人"的敬文精神为院训，倡导"明德至善、博学笃行"的院风，人才培养成效显著、特色鲜明。

敬文书院自成立以来，已培养出五届530余名优秀毕业生，其中，70%的毕业生进入世界著名学府深造，包括推荐免试至北京大学、清华大学、复旦大学、上海交通大学、南京大学、浙江大学、中国科学技术大学等校，攻读硕士或直接攻读博士学位；被美国芝加哥大学、杜克大学、约翰霍普金斯大学、圣路易斯华盛顿大学、纽约大学、南加州大学，英国帝国理工学院、伦敦大学国王学院、曼彻斯特大学，新加坡国立大学，日本东京大学、京都大学，澳大利亚国立大学、悉尼大学，以及中国的香港大学、香港中文大学等著名学府录取。直接就业的学生也深受用人单位欢迎，相当比例的毕业生进入世界500强企业就职。

与传统的办学模式相比，敬文书院的人才培养具有四大特色：一是打破了传统的行政班级和专业的界限，彰显了文理渗透、学科交叉育人的功能；二是打破了传统的以专业班级为载体的学生管理模式，实现了学生管理由班级管理向社区管理的实质性转变；三是打破了传统教育中重智育、轻德育，重培训、轻培养的格局，彰显了书院教育重思想、重人文、重心智的特色；四是打破了传统教育中渐行渐远的师生关系，重构了亲密互动、教学相长、和谐相融的新型师生关系。书院就是一个充满活力的温馨之家，书院生活涵盖了各种学习、交流活动，每一名学生在书院都会感受到家的温暖。

一、多元社区温馨家园

在苏州大学本部校园东北侧，有一座宁静而别致的小院落，这就是敬文书院。园林式环境，使它和周围的宿舍楼相比，显得雅致。这里有导师办公室、积学书房、咖啡吧、谈心室、自修室、书画演习室、钢琴房、健身房、洗衣房、厨房等，无论是生活还是学习，书院都希望能让学生体会到方便与温馨。

书院的景观石上铸写着"砺成国器"，那是敬文人的理想；书院建有苏州园林特色的六角亭，檐下微风轻拂，发丝轻舞，那是敬文人的意趣；书院还有藏书丰富的积学书房，让学生徜徉在理工农医文史哲的瀚海里，遇见灵魂的对话者。

二、通识教育塑造全人

　　书院鼓励学生拓宽知识视野，探索专业以外的领域，愿其兼具人文素养与科学精神，成为具有健全人格和高度责任感的社会公民。

　　书院精心设计通识教育课程，邀请各领域高水平名家开设系统化课程——敬文讲堂，主要包括文化传承、经典会通、艺术审美、创新探索等系列内容，由此打破了传统教育中科学与人文分割的格局，既彰显了既重学科专业，又重人文情智的特色。

　　书院单独开设英语课，学生可以在敬文英语学习中心接受口语和写作的专门辅导，还可以学习第二外语，感受语言的魅力，或是学习跨文化交际，拥抱世界文化。

　　要仰望星空，更要脚踏实地。书院也开设有专门的高数课程辅导，兢兢业业的导师用细致厚实的答疑册、生动翔实的每周辅导，为学生的梦想打下最坚实的基础。

三、全程全员导师制

　　敬文书院汇聚了来自50多个专业的学生和导师，共建一个师生亲密互动的社区共同体。书院实行导师制，形成了一个从多方面服务于学生的导师群体，在这里，有5个人会陪伴学生4年的大学生活。

　　第一位是学业导师。由书院给专业相同或相近的学生安排，学业导师会在大学适应、课程学习、生涯规划、课外阅读、文献查阅、论文写作、科研项目、就业创业，乃至人生价值实现等方面对学生进行指导，提供建议。

　　第二位是德政导师。德政导师会给书院学生人文关怀和心理疏导，促进学生身心和人格健康发展，引导学生树立正确的世界观、人生观、价值观，增强社会责任感。

　　第三位是常任导师。常任导师常驻书院办公，统筹教务学务，第一时间一对一解答学生的疑问。

　　第四位是社区导师。社区导师会关心学生的生活，引导学生培养良好的生活习惯和健康的生活方式。

　　第五位是助理导师。助理导师辅助常任导师、学业导师开展工作。学生们总在困惑失意时想到他，他是学生的老师，也是朋友。

　　通过导师制，书院打破了传统教育中渐行渐远的师生关系，在高层次上重构了密切互动、教学相长、和谐相容的新型师生关系。

四、海外研修奖助优先

　　书院建立了有利于高素质人才培养的奖助研修体系。学生加盟书院后，符合条件的，将优先获得朱敬文等各类奖助学金支持；经申请通过评审，将优先获得各类课外科研项目支持；经申请条件许可，将优先参与海外交流项目，拓展国际视野。敬文书院一直以培养研究型、国际化、高素质创新人才为目标，着力打造跨专业、跨文化、跨国界的学习环境。几年来，书院高度重视学生外语应用能力的培养，对外交流高层次项目的拓展，奖助研修体系不断完善。书院已经有超过50%的学生获得海外研修的机会，分别前往QS排名前50的美国哈佛大学、斯坦福大学、加州大学伯克利分校、英国剑桥大学等众多国际名校研修交流、留学深造。

卓有成效的书院制育人模式吸引了社会各界的广泛关注，现已设立包括东吴大学老校友李乃果、沈曾苏伉俪捐赠设立的"沈京似奖助学金"；苏州日本电波工业有限公司总经理藤原信光先生捐赠设立的"未来卓越领导人奖学金"；苏州新东方学校捐赠设立的"新东方国际化人才奖学金"在内的各类捐赠奖学金。此外，社会各界也在书院的办学过程中提供了物质方面的帮助。

五、创新驱动引领成长

书院以"FLAME创新体系建设"为驱动，体系融导师制、线上线下联动课程、3I工程项目、创客空间、创业计划五大元素为一体，借助导师制对书院学生进行全系统、全方位的导学，激发学生的兴趣，推动基于全体学生的研学工作，为学生开辟一个思维碰撞、创意激发、创业孵化的新天地。得益于此，书院累计共有500余人次成功申报以苏州大学"箸政学者"为龙头的各类学术科研基金资助项目；有200余人次参与国家级、省级大学生创新创业训练计划；400余人次在国家级、省级的创业计划大赛和学科竞赛中获奖；150余人在省级以上学术刊物发表研究成果，其中包括SCI一区、EI、ISTP和国家级学术刊物论文，其突出表现极受钦羡。

六、书院重大事项

（1）1月18日，华东政法大学文伯书院师生一行来访敬文书院。

（2）3月15日，美国弗吉尼亚赫里福德住宿制学院师生一行来访敬文书院。

（3）4月10日，全国人大代表、苏州大学校长熊思东教授做客敬文讲堂，在校本部学术报告厅为同学们带来题为"疫苗改变世界"的讲座。

（4）5月19日，敬文书院在东区体育馆举办第八届院运会暨第一届体育文化节开幕式及师生羽毛球赛。

（5）5月28日，香港中文大学敬文书院辅导长、副院长区国强教授一行来访苏州大学敬文书院。

（6）5月31日，敬文书院人才培养工作交流研讨会在内苑楼积学书房举行。

（7）6月21日，敬文书院2019届学生毕业典礼在校本部钟楼礼堂举行。

（8）9月11日，苏州大学敬文书院2019级新生开学典礼暨导师表彰与聘任仪式在校本部红楼学术报告厅隆重举行。

（9）10月7日，敬文书院本科生党支部和教工党支部全体党员前往苏州市"不忘初心、牢记使命"主题教育实践馆开展现场学习。

（10）11月8日，敬文书院学生发展协调工作小组第二次座谈会暨书院德政导师工作推进会在北苑楼会议室举行。

（11）12月1日，敬文书院教师及学生代表赴南京雨花台参加由南京审计大学主办的"长三角高校书院联盟"成立仪式暨联合党建活动。

（12）12月20日，敬文书院首届"敬文·冬至节"温暖启幕，由书画名家进校园、敬文精神大家谈、冬至游艺会、敬文晚会四大系列十二项活动组成。

（黄冠平）

唐文治书院

一、学院概况

为进一步推进苏州大学"卓越人文学者教育培养计划",苏州大学借鉴剑桥、哈佛等国外著名大学的书院制,参照西方文理学院的本科培养模式,于2011年成立了"唐文治书院"(简称"文治书院")。书院以著名教育家唐文治先生(1865—1954)的名字命名,突出民主办学、敬畏学术、教学相长、自我发展的特征,积极探索打通文史哲的人才培养模式,积极引导学生建立科学合理全面的知识结构,积极培养具有世界情怀和人文情怀,传承苏大精神和文治精神的复合型、学术型拔尖文科人才,努力实践新理念,探索新模式,形成新机制。

唐文治书院每年从中国语言文学类、历史学(师范)、哲学和思想政治教育等4个专业中择优选拔出30名新生。书院录取之后学生学籍即转入书院,由书院集中管理,四年一贯制培养。

二、教学科研工作

2019年,书院继续积极推进教学改革,注重发挥学生的学习自主性,着力训练学生发现问题和解决问题的能力。2019届毕业生中继续深造率达70.37%。该年度书院分别有1名学生获得国家级(省级重点)大学生创新创业训练计划项目,有2名学生获得"箐政学者"项目,有2名学生在全国大学生英语竞赛中获奖。学生参加第十一届"智慧之星"决赛,取得第二名的好成绩。书院2019级学生参加第十七届苏州大学新生英语短剧大赛,获得二等奖第一名的好成绩。

三、学术交流

2019年,书院继续坚持"国际化"培养思路。一方面是"请进来",聘请海外人文领域知名学者、教授为学生开设系列讲座。该年度美国代顿大学的Kurt Mosser教授,美国弗吉尼亚大学的Charles A. Laughlin教授,美国罗格斯大学的宋伟杰教授,香港城市大学的张隆溪教授等均受邀为书院学子开课,与学生直接交流与探讨,极大地拓展了书院学生的国际视野。另一方面是"走出去",积极推荐优秀学生到境外一流大学研修。该年度书院有12名学生获得出境交流学习的机会,分别赴爱丁堡大学、多伦多大学、加州大学、杜克大学、香港大学、台湾东吴大学等境外高校进行学术交流。2019届毕业生出国(境)

3人,升学出国率为11.1%。

四、学院重大事项

（1）3月13日,邀请巴金故居常务副馆长、巴金研究会常务副会长周立民来书院做讲座——"从《寒夜》后记的修改谈1947年文坛的一场论争"。

（2）3月21日,邀请复旦大学中文系、博士生导师傅杰来书院做讲座——"我们为什么读文学"。

（3）4月2日,邀请苏州大学教务部部长兼教学运行处处长、网络舆情分析与研究中心主任、教授、博士生导师周毅来书院做讲座——"数字人文漫谈"。

（4）4月19日,邀请北京大学历史系教授、博士生导师、中国唐史研究会理事兼副会长、中国敦煌吐鲁番学会常务理事荣新江来书院做讲座——"粟特胡人与丝绸之路"。

（5）4月24日,东北师范大学王奇副院长一行来书院调研。

（6）5月18日,邀请著名评论家、中国作协党组成员兼书记处书记吴义勤来书院做讲座——"关于中国当代文学的思考"。

（7）5月25日,唐文治书院学生组队参加第十一届"智慧之星"决赛,取得第二名的好成绩。

（8）5月28日,邀请北京外国语大学教授、比较文学与人文交流高等研究院院长、国际儒学研究会副会长张西平来书院做讲座——"海外汉学研究方法论"。

（9）6月5日,举行文合爱心学社2019年海棠飞絮百科知识博览会。

（10）6月12日,举行唐文治书院第五届读书会。

（11）6月14日,邀请美国亚利桑那大学东南亚系教授、博士生导师李点来书院做讲座——"思想的轨迹:诗歌研究与论文写作,以北岛和艾青为例"。

（12）6月19日,举办唐文治书院2019届毕业联欢会。

（13）6月26日,邀请旅美作家、文学批评家、美国耶鲁大学高级讲师苏炜来书院做讲座——"张充和与雅文化:'民国最后一位才女'引发的思考"。

（14）9月25日,邀请美国代顿大学哲学系教授、芝加哥大学哲学博士Kurt Mosser教授来书院做讲座——Is Donald Trump the Worst President in the History of the United States?（特朗普是美国历史上最糟糕的总统吗?）。

（15）10月16日,邀请美国弗吉尼亚大学东亚系教授、系主任罗福林（Charles A. Laughlin）来书院做讲座——"蒋光慈和茅盾小说中的革命与欲望"。

（16）10月18日,首次独立以唐文治书院的名义参加苏州大学第五十七届运动会。

（17）10月20日,邀请著名科幻作家,新华社对外新闻编辑部副主任、中央新闻采访中心副主任韩松来书院做讲座——"当代科幻文学的现状与可能"。

（18）10月28日,邀请北京大学比较文学博士、哥伦比亚大学东亚系博士、美国罗格斯大学亚洲语言文化系教授宋伟杰来书院做讲座——"环境物象,生态想象,烟囱变形记"。

（19）11月6日,邀请复旦大学、哈佛大学博士,香港科技大学荣誉教授,复旦大学特聘讲座教授陈建华来书院做讲座——"周瘦鹃与中国抒情传统"。

（20）11月20日，邀请中研院研究员胡晓真教授来书院做讲座——"《桃花扇》'西游记'：明清之际西南土司的文艺活动"。

（21）12月7日，唐文治书院2019级同学参加第十七届苏州大学新生英语短剧大赛，获得二等奖第一名的好成绩。

（22）12月19—20日，邀请香港城市大学讲座教授张隆溪教授来书院做讲座——"文学经典与世界文学及翻译与世界文学"。

（23）12月24日，陕西师范大学石洛祥一行来书院调研。

（胡月华）

文正学院

一、概况

苏州大学文正学院诞生于我国高等教育大变革、大发展的背景下，是苏州大学大胆探索实践高等教育多元化发展新路径的产物。学院创办于1998年，为全国首家在教育部登记设立的公有民办二级学院，并于2005年获准转设为独立学院。2012年经江苏省政府批准在省内独立学院中率先由民办非企业单位法人登记为事业单位法人，同年起独立颁发学士学位证书。

学院现有在校生近12 000人，设置经济系、法政系、文学系、外语系等12个系科和数学、体育、思想政治教育3个教研室，设有44个本科专业，涵盖法学、文学、经济学、管理学、理学、工学、艺术学等多个学科；专业设置立足地方经济社会发展，坚持多学科协调发展，以应用型人才培养为目标，以国际化人才培养为特色，探索形成"分类培养、多元发展"的人才培养模式。

经过20多年的发展壮大，文正学院的办学规模不断扩大、办学品位日渐提升、人才培养特色更加鲜明、社会影响力越来越大，在教育主管部门视野里具有示范意义，在兄弟院校办学过程中具有借鉴价值，在学生家长面临选择时具有优先地位。

二、教学工作

2019年，学院共有3 131名学生参加答辩。一次答辩通过率达98.02%，其中，共有63篇毕业论文被推优，推优论文数量与2018届持平，学术成果丰硕。2019届毕业生人数共计3 268人，毕业人数3 052人，毕业率为93.39%；授予学士学位人数2 889人，学士学位授予率为88.40%（不含宿迁学院）。毕业率及学位率较2018年有所提升。

根据师资规划，引进博士学历的教师2名，副教授职称教师1名，分别至光电系和艺术系工作；续聘34位双聘教师；截至2019年12月底，共有自有教师215人，其中，双聘教师75人，自聘教师130人（含退休返聘19人）。

组织参加校外实践和海外研修的教师，面向所有青年教师开展经验交流会议，鼓励教师主动学习并融合海外高校的教学内容、教学方法和教学模式，切实提高教学水平、研究水平和人才培养质量。在学生实习实践校企合作建设的基础上，建立青年教师培养基地，选派教师前往企事业单位进行挂职实践，共同培养青年教师。

稳步推进学院重点专业建设进程，组织开展了法学、计算机科学与技术、通信工程3个重点专业的年度检查工作。积极组织开展江苏高校一流本科专业建设申报工作，光电信息科学与工程专业、信息工程专业成功入选 2019 年江苏高校一流本科专业。拓宽专业布局，成功完成航空服务艺术与管理专业的申报工作，于 2020 年开始招生。

三、科学研究与学术交流

为进一步加强科研工作管理，促进科研事业持续健康发展，经研究决定成立苏州大学文正学院科研中心。同时制定了《苏州大学文正学院横向科研项目及经费管理办法（试行）》，进一步规范横向科研项目管理工作。鼓励专业及教师个人进行教学改革、教学研究与科学研究，2019 年，组织申报了各级各类教改项目（成果）、教材及课程项目、科研项目（成果）共 31 类，合计 100 项，截至 2019 年 12 月底获批立项 55 项，获批经费 105.6 万（学院自筹 52 万）。其中，获省级高等教育科学研究成果奖二等奖三项。相较往年，教科研申报项目在申报种类、获批立项数量及经费投入等方面均有较大增长，科研获奖层次及数量也有所突破。有序开展教材建设立项和管理工作，保证课程教学质量，共确定了立项建设的教材项目 15 项，包括 5 个重点项目和 10 个一般项目，相较往年在立项数量和经费投入方面有所提升。

加大学生科研创新投入，营造校园学术氛围，提升学生的科研技能。2019 年，学院共计申报各类科研项目 195 项。组织学生参加省级以上各类科研竞赛 23 项，1 800 余人次参加，涵盖 12 个系科，共获奖 318 人次，其中，获全国一等奖 4 人，全国二等奖 19 人，全国三等奖及优胜奖 26 人；省级一等奖 49 人，省级二等奖 76 人，省级三等奖及优胜奖 144 人。

成立三创学院，认真组织并动员在园孵化项目参加各级各类比赛。"青芒文化""领域科技"项目获评"江苏省大学生优秀创业项目"；"青芒文化"获苏州市"汇思杯"大学生创新创业竞赛二等奖，创新创业中心获"优秀组织奖"；"中青营销"获苏州国际教育园"互联网+"创业大赛优胜奖。

2019 年，新签友好交流及合作协议 5 个，新增研究生项目 2 个。共接待来自美国、日本、韩国等国外大学及中国澳门、台湾地区高等学校代表团和来访教师 28 批次 63 人。各类出国（境）留学学生计 348 人次。其中，双学位 78 人、校际交换学生 49 人、带薪实习 21 人、短期研修 109 人、友好学校升学 27 人、学生自行联系升学 64 人。美国爱达荷大学短期留学生 8 人。与爱达荷大学共同申办的物联网专业中外合作办学项目顺利获得教育部的批准，并于 2019 年开始招生。学院获得《中美人才培养计划》项目 2019 年度先进单位。

四、重大事项

（1）4 月 26 日，三创学院成立仪式在三创学院北侧广场顺利举行。三创学院合作单位代表苏州诺威特测控科技有限公司董事长夏茂忠、学院领导、三创领导小组成员、三创学院领导等出席仪式。

（2）5 月 7 日，文正学院校训、校歌、校园道路命名发布会在综合楼多功能厅举行。学院领导、各职能部门负责人和 12 个系的师生代表出席活动。发布会上正式确定以"文者文章、正者道德"为校训,《绽放光荣》为校歌,校园道路命名方案同步发布。

(3) 5月14日,文正艺术馆开馆暨沈子丞书画展开幕仪式在文正艺术馆前厅隆重举行。江苏省文史馆馆员、苏州市美协名誉主席、著名书画家张继馨,原苏州大学校长、苏州高博软件职业技术学院院长朱秀林,沈子丞先生的女儿沈乃吉等共同出席。仪式由副书记、副院长袁昌兵主持。

(4) 5月15日,文正学院校史馆及范仲淹史料陈列馆开馆仪式在综合楼一楼大厅隆重举行。中国范仲淹研究会顾问、苏州市范仲淹研究会名誉会长范敬中,原苏州大学文正学院董事会董事、原苏州凯达房地产发展有限公司总经理曹国栋,著名书法家、东南大学教授、江苏省国画院书画家、苏州大学文正学院兼职教授陆衡等出席。仪式由院长吴昌政主持。

(5) 5月18日,学院在综合楼多功能厅举办建院20周年发展大会。党委书记仲宏介绍大会嘉宾,苏州大学校长熊思东,苏州市人民政府副秘书长马九根,江苏科技大学党委常委、副校长俞孟蕻,苏州大学党委常委、总会计师周高,苏州市教育局调研员高国华,宿迁学院副校长施正荣,苏州大学原党委书记周炳秋,苏州大学原党委副书记宋锦汶,以及江苏省独立学院嘉宾,人才培养合作共建单位嘉宾,海外友好学校嘉宾,苏州大学职能部门和共建学院嘉宾参会;苏州大学校长熊思东致辞,希望文正人继续发扬"醒得早""动得早""起得早"的优良传统。院长吴昌政从"追溯""纪实""展望"等三个方面对文正学院20年来各个方面的发展情况进行介绍。会上,周炳秋、钱培德、殷爱荪等荣获创新者奖章,吴昌政、杜明、卞海勇、冷飞、刘咏梅荣获创业者奖章。吴昌政为22名优秀校友颁发兼职校友聘书。

(6) 9月10日,学院2019年教师节庆祝大会在学术报告厅举行,全体教职工参加大会。院长吴昌政为获苏州银行奖教金、建设银行奖教金的老师颁发荣誉证书,党委书记仲宏、副院长施盛威为获胜利精密奖教金、教师教学技能竞赛获奖的老师颁发荣誉证书。

(7) 9月19日,学院在综合楼大会议室召开"不忘初心、牢记使命"主题教育动员大会。苏州大学党委主题教育巡回指导组副组长兼第九组组长、苏州大学党委委员、工会主席王永山,苏州大学党委主题教育巡回指导组第九组副组长、苏州大学人文社会科学处副处长尚书等一行人,文正学院院长吴昌政、党委书记仲宏、副院长朱跃、纪委书记解燕,其他党委委员、处级干部,以及全体支部书记共同参加动员会,吴昌政主持会议。

(8) 9月20日,由无锡太湖学院院长、全国高评委专家徐从才,苏州科技大学原党委书记陈志刚,江苏海洋大学校长宁晓明,扬州大学副校长费坚,江苏师范大学副校长杜增吉,南京财经大学财务处处长安建华,江苏省教育厅法规处干部王升武组成的专家组来学院现场考察。考察会在综合楼三楼大会议室举行,专家组听取报告、审阅材料后交流意见。

(9) 11月21日,由苏州科技大学原党委书记陈志刚、扬州大学副校长费坚等组成的江苏省教育厅专家组来学院考察。现场考察会在综合楼三楼大会议室举行,会议由苏州大学副校长杨一心主持。江苏省教育厅发展规划处处长冯大生,学院院长吴昌政、党委书记仲宏、副院长施盛威等参会。吴昌政汇报学院基本情况,苏州大学学科建设办公室主任沈明荣汇报学院转设工作思路和方案,苏州大学校长办公室主任吴鹏汇报学院转设风险评估有关情况。

(10) 12月17日,由广东省教育厅原厅长罗伟其、全国人大教科文卫委员会教育室原主任叶齐炼、贵州省教育厅原厅长霍健康、广西师范大学原校长梁宏、中国地质大学(武汉)副校长赖旭龙、教育部规划司干部孙东组成的教育部高评委专家组来学院考察转设相关工作。江苏省教育厅副厅长洪流、江苏省教育厅发展规划处处长冯大生、苏州市副市长曹后灵、苏州市政府副秘书长马九根、苏州大学党委书记江涌、苏州大学校长熊思东等参加转设汇报会。

(刘　言)

应用技术学院

一、概况

苏州大学应用技术学院位于中国第一水乡——昆山周庄，地处"长三角区域一体化发展"地带，距苏州大学独墅湖校区20千米，东临上海，西接苏州，毗邻苏州工业园区、昆山经济技术开发区、花桥国际商务城和吴江高新技术开发区。校园环境优美，空气清新，设施一流，体现了"小桥、流水、书院"的建筑风格，是莘莘学子理想的求学场所。

学院成立于1997年11月，由国家"211工程""2011计划"首批入列高校、教育部与江苏省人民政府共建"双一流"建设高校苏州大学举办，2005年改制为本科层次的独立学院。学院设有31个本科专业，在校生9 000多人，承担各类课程的教师中高级职称者占60%以上，双师型专业教师占80%以上。

学院秉承发扬苏州大学百年办学传统，坚持"能力为本创特色"的办学理念，创新专业设置，丰富课程建设，夯实实践教学，强化师资建设，深化校政企合作，改革、创新、奋斗20多年，形成了依托行业、强化应用、开放办学、高效管理的办学特色。由社会各界和高校百余名专家组成的专业教学指导委员会，在学院专业设置、师资聘请、教学计划审定、实习基地提供、学生就业指导、就业推荐等方面发挥了重要作用。

学院始终坚持以培养高层次应用型人才为宗旨，坚持"加强理论、注重应用、强化实践、学以致用"的人才培养思路，依托苏州大学雄厚的师资力量和学院的骨干教师，利用灵活的办学机制，在加强基础理论教育的同时，突出学生实践能力与现场综合处理问题能力的培养。近十年，学生在国家级、省级专业技能和学科竞赛中荣获奖项600余项。近五年，毕业生就业率连年超过96%，毕业生质量得到了用人单位的一致好评。

学院积极拓展国际交流，与美国、英国、法国、加拿大、韩国、日本等国家和地区的20余所大学建立了合作关系。获得教育部批准的中外合作办学项目2项。

近年来，学院积极把握国家引导一批普通本科高校向应用技术型高校转型的战略机遇，统筹推进ISO9001质量管理体系和卓越绩效管理模式，以获批加入应用技术大学联盟、入选首批教育部—中兴通讯ICT产教融合创新基地院校、"互联网+中国制造2025"产教融合促进计划试点院校为契机，积极配合昆山转型升级创新发展六年行动计划，实施创新驱动发展战略，探索为经济建设和社会发展服务的有效途径，坚持走应用型本科教育的发展之路，将应用型本科教育办出特色、办出品牌，并逐步开展应用型硕士教育，构建完善的应用型创新人才培养体系，力争将学院办成特色鲜明的高水平应用技术大学，让百年学府在千年古镇创造出新的辉煌。

二、教学工作

加强制度建设,全面规范教学过程化管理。结合学院人才培养的目标、定位,进一步梳理教学管理类工作标准,参照工程认证标准,重新修订了专业人才培养方案、课程大纲、教学进度表、试题审核表、试题质量分析表等教学文件模板,全面规范教学过程化管理。

以专业建设为龙头,强化内涵建设。完成江苏省独立学院专业评估工作。顺利完成新设本科专业电子商务专业的评估工作。完成新增学士学位授权专业审核工作,增列机械设计制造及其自动化专业为学士学位授权专业。完成通信工程、软件工程、物联网工程、电子商务、计算机科学与技术5个专业嵌入式项目申报工作,并全部获批。顺利完成2019年现代职教体系"3+4"试点项目、"3+2"试点项目申报工作,申报获批"3+4"试点项目4项、"3+2"试点项目3项,并不断加强现代职业教育体系建设试点项目内涵建设。

开展"课程思政"建设,把思想政治工作贯穿教育教学全过程,作为人才培养的重中之重。提高政治站位,将"课程思政"教学目标落实到所有课程乃至育人工作中。明晰课程教学要求,理清脉络,在"价值引领、能力本位、知识教育"三位一体的教学设计中,扎实推进习近平新时代中国特色社会主义思想进教材、进课堂、进学生头脑。确保专业课程中的思想教育与思想政治理论必修课程同向同行,形成合力,探索建立交叉融合协同育人新模式。召开辅导员思想政治理论课学习分享会,通过学习贯彻习近平总书记在学校思想政治理论课教师座谈会上的重要讲话,分享思想政治理论课说课获奖课件,进行"同题异构"方法解析与交流,不断提升辅导员思想政治理论课教学能力。

三、学科建设与科研工作

1. 科研项目及成果

积极为教师搭建科研平台,鼓励教师积极申报各级各类教改、科研项目和教学、科研成果奖。2019年,学院教师申报并立项各级各类教科研项目和获奖共32项,其中,2019年度江苏省高校自然科学研究面上项目2项,2019年江苏省高等教育教改研究课题3项,2019年度"江苏省社科应用研究精品工程"课题1项,2019年"江苏省社科应用研究精品工程"高校思政专项项目1项,2019年度江苏高校哲学社会科学研究项目一般项目7项,2019年度江苏高校哲学社会科学研究项目思政专题项目4项,2019年苏州大学教改项目2项,2019年苏州高职高专院校"产教融合、校企合作"教育改革研究课题4项,首批苏州高等职业教育教改研究立项课题2项,2019年昆山市科普资助项目1项。《"双元协同、三轮驱动"针织服装课程群教学改革与实践》获2019年度中国纺织工业联合会教学成果一等奖,《论楚绣几何纹所含天地之数》获江苏省社科应用研究精品工程奖二等奖,《供给侧改革下应用型本科校企合作项目的改进——基于PDCA的视角》获2019年苏州市高等职业教育研究成果奖二等奖,《"互联网+"背景下苏州文化产业转型升级路径与对策研究》获第四届"苏州市社科应用研究精品工程"优秀成果奖三等奖,《新民促法背景下独立学院规范设置与转型发展探究》《应用型本科旅游规划课程教学改革探析》分别获2019年昆山市民办教育协会教师教育教学论文评比二等奖与三等奖。持续推进学生科创工作,组织学生参加2019年全国大学生英语竞赛、2019年江苏省高等数学竞赛、2019年江苏省第十一届大学生知识竞赛(文科组),共105名同学参赛,并获得多项奖项。

2. 国内外学术交流情况

拓展学术交流,积极开展国内国际合作。学院开拓了澳门科技大学保荐研究生项目;为进一步实施独立学院"走出去"发展战略,与法国巴黎高等实用艺术大学签署了两校全面战略合作协议、"3+2"本硕连读共同培养协议,通过专业合作、联合培养等举措,推进"一带一路"背景下学院服装、艺术类专业教育国际化合作。

四、重大事项

(1)3月,昆山市副市长宋德强一行来学院调研指导。

(2)4月,昆山市委常委、统战部部长金铭率昆山市新阶层"产学联盟"专题组一行来学院调研。

(3)4月,学院"装饰图案基础"和"流行趋势与时尚搭配"两门课程成功入选苏州国际教育园课程共享联盟建设立项课程。

(4)5月,江苏省大学英语"金课"研讨会暨江苏省高校大外教研室/系部主任高级研修班在学院成功举办。

(5)5月,学院计算机科学与技术(嵌入式培养)、软件工程(嵌入式培养)、通信工程(嵌入式培养)、电子商务(嵌入式培养)和物联网工程(嵌入式培养)5项服务外包类专业嵌入式人才培养项目顺利获批。

(6)7月,学院与周庄镇人民政府、江苏水乡周庄旅游股份有限公司举行合作共建"周庄文化旅游学院"协议签约仪式。

(7)9月,学院举行"不忘初心、牢记使命"主题教育启动会。

(8)10月,由苏州大学应用技术学院和苏州智能制造产业协会联合主办的"美好苏州 智造未来——中小企业智能制造转型升级发展大会"顺利召开。

(9)12月,学院喜获2019年度中国纺织工业联合会教学成果奖2项;学院服装技术公共实训基地入选昆山市高技能人才公共实训基地,2名教师入选昆山市优秀高技能人才。

(王颖异)

老挝苏州大学

一、基本概况

老挝苏州大学（Laos Soochow University）成立于2011年，是老挝政府批准设立的第一所外资大学，也是中国政府批准设立的第一所境外大学，由苏州大学投资创办，校址位于老挝首都万象市郊赛色塔县香达村，占地面积220 000平方米。

1. 办学历程

2006年，作为政府行为，中国国家开发银行邀请苏州工业园区承担万象新城的开发建设，并提供融资支持。苏州工业园区邀请苏州大学加盟，在万象新城筹建高等学校。2008年5月，苏州大学设立老挝代表处，开始筹建老挝苏州大学。2009年1月，苏州大学获得老挝国家投资与计划委员会颁发的"老挝苏州大学（Laos Soochow University）设立许可证"。2011年6月，苏州大学获得中国教育部《关于同意设立老挝苏州大学的批复》。2011年7月，老挝苏州大学正式成立。

2. 办学现状

2012年9月，苏州大学与万象市政府签署土地租赁协议，并随即启动了校园建设的各项准备工作。

老挝苏州大学先后于2012年7月和2013年8月获得老挝教育与体育部批准，设立国际经济与贸易、国际金融、中国语言、计算机科学与技术等4个本科专业并先后开始招生。

由于校园尚未建成，临时租用的办学场地设施有限，为了能保证正常教学和培养质量，经老挝教育部同意，老挝苏州大学采用"1+3"培养模式，与苏州大学联合培养学生，毕业生最终可获得由中国苏州大学和老挝苏州大学分别颁发的毕业文凭。老挝苏州大学至2019年已有四届本科毕业生。

除了开展本科教育外，老挝苏州大学于2012年7月成立汉语培训中心，为老挝老百姓提供不同级别的汉语培训课程。经向国家汉办申请，老挝苏州大学于2012年4月获得中国国家汉语推广委员会批准，在老挝万象设立汉语水平考试（HSK）考点，每年组织多次HSK考试。

作为连接苏州大学和老挝的桥梁和纽带，老挝苏州大学还积极推进苏州大学与老挝在科技、人文等领域的合作与交流，协助苏州大学与老挝科技部合作成立了"中老绿色丝绸研究中心"，并启动了"蚕桑示范园"建设项目。推动苏州大学"一带一路"发展研究院（老挝研究中心）与老挝社会科学院、老挝国家经济研究院等机构的交流。

老挝苏州大学管理人员由苏州大学选派的干部和在老挝招聘的本地员工组成，老挝苏州大学校园一期工程于2015年启动，共计6 000平方米的土建工程已基本结束。但由于种种原因，房屋内部装修和水电等配套设施建设尚未完成，校园还未投入使用。

二、招生和培训工作

由于新校园迟迟没能投入使用，同时受国内各级各类对外国留学生提供奖学金政策的冲击，加之学校的学费标准一直没有调整，学校招生人数没能取得突破。

学校的汉语教学从2012年开展以来，稳中有进，在近年社会上汉语培训机构增多的情况下，一直以师资优良和教学正规著称于老挝。汉语培训班截至2019年年底，参加学习的学员累计超过3 145人次。至2019年12月，我校共组织了28次HSK考试，参考总人数达到4 778人次。

除了每年组织多次考试外，2019年，学校继续派人员赴老挝琅南塔省教育厅上门送考，为众多外省考生解决了往返万象考试的困难，受到考生的衷心赞扬和感谢。

三、对外交流

（1）4月12日，学校举办庆祝老挝传统新年——泼水节联欢活动。老挝教育部国际合作司司长占塔旺（Chanthavone）、万象市教育厅副厅长PhouthoneSindavong，万象市教育厅中学处处长Bounthane、老挝国土资源部原部长助理、学校顾问普米等老挝相关部门领导，老泰华橡胶有限公司、老挝元联建筑装饰工程有限公司等中资机构负责人及学校全体师生近百人参加了活动。

（2）8月2日，为期4周的2019"丝路青年中国语言文化学习体验营"在苏州大学圆满结束，参加体验营的19名老挝学生于8月3日安全返回老挝。

（3）9月23日，由学校和老挝科技部生态与生物技术研究院、老挝女双手有限公司联合举办的老挝首届种桑养蚕技术培训班在老挝科技部生态与生物技术研究院隆重开幕，老挝万象省等5个省科技厅技术人员及种桑养蚕从业者代表共100多人参加了本次培训班。

（4）11月21日，由学校承办的2019"江苏杯"汉语演讲比赛（老挝赛区）决赛在老挝国立大学孔子学院多功能厅成功举办。江苏省国际文化交流中心理事长、江苏省政协原副主席罗一民、老挝国立大学副校长Houngphet Chanthavong、中国驻老挝大使馆参赞覃晨、老挝教育部民办教育司代表Oupasa Sisounthone、江苏省海外联谊会常委盛东林、江苏省国际文化交流中心交流部部长黄志雄、南京大学海外教育学院副教授杨雪丽、老挝国立大学中文系主任Somsanouk Dalavong、老挝国立大学孔子学院老方院长Gnonevilay Saignaleuth、老挝国立大学孔子学院副院长Khamhoung Chanthavong、老挝凯山·丰威汉国防学院中国汉语专家组组长李安平、老挝凯山·丰威汉国防学院汉语教研室主任ViengkhamPhommathy、万象中学校长Viengsuvanh Phaxaysombath、沙湾拿吉崇德学校副校长Chindavanh Soukhavong及学校副校长黄兴等中老双方领导和嘉宾出席了本次比赛，各参赛单位师生代表及老挝社会人士共250余人观看了本次比赛。

四、重大事项

（1）3月6日，副校长黄兴，校长助理黄郁健、冯温格等访问了老中合作委员会，与合作委员会办公厅主任赛萨纳·西提蓬进行了工作交流。

（2）4月26日，副校长黄兴、校长助理冯温格前往老挝国家经济研究院，就苏州大学与老挝国家经济研究院共同举办学术研讨会事宜与该院相关处室负责人开展交流座谈。

（3）7月14—22日，学校成功举办了2019"中国大学生'一带一路'国家（老挝）文化体验行"，来自苏州大学各学院的本科生、硕博士研究生共38人参加了体验行活动。

（4）8月23日，学校校长助理黄郁健率中方员工前往万象市103医院，探望正在那里接受治疗的老挝8月19日重大交通事故部分受伤人员，代表老挝苏州大学向他们表示慰问。

（5）11月18日下午，学校举行与老挝国家经济研究院合作协议签约仪式暨第31期汉语培训班开班式。老挝国家经济研究院办公室主任Bounlath KEOASA、国际处处长卢文杰及有关人员，学校副校长黄兴，校长助理黄郁健、冯温格等出席。

（6）12月3日，老挝主流媒体《新万象报》在第三版刊登报道，介绍学校办学情况。

（7）12月15日，江苏省政协副主席周继业率团一行（成员包括江苏省政协社会法制委员会副主任李丽珍、江苏省外事办亚洲处处长周刚、江苏省政协文化文史委员会办公室副主任巫勇）来学校视察访问。

（8）12月16日，学校举行客座教授受聘仪式，聘任老挝科技部生态与生物技术研究院温纳相博士为学校客座教授。

（9）12月20日，学校参加由老挝教育与体育部支持、老挝私立教育协会主办的"老挝2019年高等教育展"。

（10）12月26日，学校召开了老挝苏州大学2019年度工作总结汇报会。老挝计划与投资部办公厅主任Thamma PHETVIXAY，老挝教育与体育部办公厅副主任薇拉瓦，万象市教育与体育局副局长Khamvanh RAZAKHANTY，《新万象报》副总编宋沙万，老挝教育与体育部国际司和民办教育促进办公室有关领导，万象中学、胡志明友谊中学、老越中学的校长（副校长），中老铁路项目高级顾问、学校顾问普米等老挝有关政府部门领导和嘉宾应邀出席了会议。

（茅磊闽）

附属医院简介

苏州大学附属第一医院

一、医院概况

苏州大学附属第一医院始创于清光绪九年（1883），时称"博习医院"，1954年6月易名为苏州市第一人民医院，1957年成为苏州医学院附属医院，2000年苏州医学院并入苏州大学，医院更名为苏州大学附属第一医院。医院本部坐落于古城区东部十梓街188号，占地面积64 960平方米；医院南区（人民路地块、竹辉路地块、沧浪宾馆地块）占地面积93 754平方米；建设中的总院坐落在苏州城北平江新城内，占地面积约134 600平方米，核定床位3 000张，将分两期建设，其中，一期建设床位1 200张，建筑面积20.16万平方米，已于2015年8月28日正式投入使用；二期规划床位1 800张，建筑面积21.84万平方米。医院实际开放床位3 000张，职工4 400余人。

医院于1994年通过江苏省首批卫生部三级甲等医院评审，并成为苏南地区医疗指导中心。2013年10月，医院以优异成绩通过新一轮三级医院评审，被江苏省卫生厅再次确认为三级甲等医院。医院系江苏省卫生厅直属的集医疗、教学、科研、预防、保健为一体的综合性医院，并被设为卫生部国际紧急救援网络中心医院，2012年被确认为江苏省省级综合性紧急医学救援基地，苏州大学第一临床学院、护理学院设在医院，江苏省血液研究所、江苏省临床免疫研究所挂靠在医院。在复旦大学医院管理研究所发布的"中国最佳医院排行榜"中，医院排名前50；在最佳专科排行榜中，血液科排名全国前3。医院在香港艾力彼发布的"中国地级城市医院100强排行榜"中连续6年雄踞榜首，并在中国顶级医院排行榜中名列第33位。2019年，医院再次荣获国家科技进步二等奖。

二、医疗工作

2019年，医院完成诊疗总量409.9万人次，同比增加7.8%；出院16.4万人次，同比增加5.5%；完成手术8.2万例，同比增加24.1%；病床周转53.5次，同比增加了2.8次；患者平均住院7.1天，与2018年同期相比缩短了0.4天；平均术前住院2.3天，与2018年同期相比缩短了0.1天；病房危重病人抢救成功率达96.8%，同比增加0.4%；药占比31.6%。

三、教学工作

医院全年完成47个班级3 045名学生的教学任务，其中，理论教学7 172个学时，见习带教 8 663 个学时。医院落实巡察整改意见,推进医教协同,通过提高课时绩效、强化教学监督等举措推进教学工作;继续完善 DOPS 等教学评估方法,深入课堂,重视教学过程管理;举办第二届"临床教学周",以竞赛、研讨会、评选表彰、教学示范等活动形式,形成教学品牌;推进教改工作,打造国家精品在线开放课程"医学影像学";狠抓导师上岗管理,保证研究生教学质量。2019 年,医院获批继续医学教育项目共计 152 项,其中,国家级 50 项,省级 46 项,市级 56 项。

四、科研、学术交流工作

2019 年,医院成为江苏省内唯一获批国家血液系统疾病临床医学研究中心的医院,获得苏州市配套资金支持,建立工作机制加快推进中心落地,以国家级中心推动区域协作,促进指南、规范、技术、产品的成果转化;吴德沛教授当选中华医学会血液学分会主任委员,该院有中华医学会分会主任委员 2 人,候任主任委员 1 人,省级以上副主委人员共 46 人。获得省部级以上奖励 5 项,其中,包括国家科技进步二等奖 1 项,江苏省科学技术进步一等奖 1 项。获国家自然科学基金立项 39 项,其中,重点项目 1 项、国家杰出青年科学基金 1 项。举办各类毕业生双选洽谈会 20 场,录用 168 人,其中,博士研究生 27 人、硕士研究生 57 人,硕士以上占比 50%。4 人入选国家青年导师;3 人获江苏省"六大人才高峰";17 人获得"姑苏卫生人才";评聘结合完善职称体系;做好住院医师和专科医师规范化培训工作,加快全科基地建设,做好人才培育。稳步推进同世界顶尖医院梅奥诊所合作事宜,积极参与其联合体,实现资源共享;接待德国科学院等专家来访交流 16 批次 75 人;选派临床、管理人员赴美国、德国、爱尔兰等国家进行交流、访问、研修,共计 170 人次;承办 2019 中美卫生合作论坛,国际影响力持续提升;打造 HLA 配型国际指南,参与制定具有苏州特色的国际标准;通过国家自然科学基金国际(地区)合作交流项目,深化中德技术交流与合作。

五、党建工作

启动"不忘初心、牢记使命"主题教育系列活动,开展中心组学习 14 次;规范落实"三会一课",发放学习材料 2 000 余册,用好"学习强国"平台促进自我学习,做到教育常态化、制度化;完成党总支和党支部架构调整,增加至 68 个党支部,推动党支部工作与科室中心工作有机融合;加强党总支考核,重点突出党建质量和效果;建立临床医技科室核心管理小组工作制度,着力提升科室民主化管理水平。成立纪委、审计和行风办公室,明确纪委职能定位;召开全面从严治党暨党风廉政建设工作大会,出台《纪委监督责任清单》;落实校党委巡察、江苏省大型医院巡察等整改意见,开展微腐败自查自纠;有序开展耗材、药品监管等专项整治工作;开展警示教育,签订党风廉政建设责任书,强化源头防范;规范科室管理核心领导小组审批耗材使用的流程,限制非中标产品使用,强化新技术材料的第三方专家评审等。狠抓意识形态,完善制度,召开分析研判会,规范讲座、论坛管理;创新融媒体宣传机制,联合苏州广电等开展义诊、科普活动,扩大医院品牌影响力;巩固全国文明单位成果,启动"白求恩杯"评选,举办道德讲堂;围绕新中国成立 70 周年，开展系列宣传教育活动；继续发挥党建课题作用，党建引领文化建设；开展"五四青年奖章"评选，激发青年活力。坚持公益，组织 614 名职工参与无偿献血 18.1 万毫升。

六、总院工作

医院综合楼 2019 年 8 月正式启用，完善总院教学、科研与行政功能；密切与省市相关部门沟通，科学规划二期床位功能定位，包括病区单元的床位规模等，合理衔接一期病区，稳步推进二期建设；根据市政府安排，重新布局十梓街院区，2019 年 6 月完成血透中心向总院的搬迁，合理安排商住楼所涉科室的搬迁。两院区运行更趋合理。

（邵 翀）

苏州大学附属第二医院

一、医院概况

苏州大学附属第二医院又名核工业总医院、中法友好医院,1988年12月建院,是一所集医疗、教学、科研、预防、核应急等为一体的三级甲等医院,是苏州大学第二临床学院,设有临床医学博士后流动站,临床医学一级学科博士、硕士学位授予点,住院医师规范化培训基地,国家药物临床试验基地。

医院现由三香路院区、络香路院区和浒关院区组成,共设床位2050张。医院设有临床科室32个,医技科室8个,职能科室20个。2019年,医院接待门急诊量246万人次,出院9.26万人次,实施住院手术4.2万台。现有职工3000多人,其中,高级专家近600人,国务院政府特殊津贴专家18人,博士生导师44人,硕士生导师134人。

二、医疗工作

医院科室齐全、综合实力雄厚。20世纪90年代初,医院率先在苏州市开展微创手术。在国内率先开展神经外科锁孔微创技术,领先全国;普外科是卫生部内镜技术培训基地、国家级腹腔镜外科医师培训基地;消化科内镜中心是中国医师协会内镜医师培训基地;神经内科支架植入等核心技术质控指标位列国家脑防委高级中心第一方阵;显微外科技能培训中心系中国医师协会专科培训基地。

医院设有江苏省重点学科4个(放射治疗科、普外科、神经内科、神经外科),江苏省临床重点专科10个(普外科、麻醉科、急诊科、骨科、放射治疗科、心胸外科、妇科、泌尿外科,培育神经外科、神经内科),市重点学科8个、专科25个(神经内科、神经外科、呼吸内科、急诊科、泌尿外科、手足外科、胸外科、内分泌科、血管外科、麻醉科、骨科、影像诊断科、普外科、心血管内科、放射治疗科、妇科、产科、整形美容科、血液科、肿瘤科、消化科、检验科、药剂科、肾内科、重症医学科)。

应急救援、急救与危重症救治是医院的责任,也是医院的重点发展方向,有利于实现核工业强国战略,有利于实现长三角一体化国家战略,有利于实现苏州成为国际化大都市战略,在苏州市政府的规划、引领、支持下,医院正在筹建应急急救与危重症救治中心大楼项目,实现"五位一体",与国际接轨。

按照"一院两区、一体管理、融合创新、特色发展"原则,2018年苏大附二院浒关院区正式运营,为苏州西北部居民提供三级甲等综合医院同质化优质医疗服务,缓解苏州西北部医疗资源相对不足的现状。浒关院区运行一年来(至2019年),诊疗量已达到68

万人次，年出院已达到1.83万人次。同时，医院积极拓展专科医联体和社区医联体。积极承担国家卫计委、江苏省卫计委、苏州市政府支医帮扶工作，将优质医疗资源送到宁夏、陕西、贵州、青海、江苏宿迁等地区，落实"精准扶贫"。

三、教学工作

医院进行医学生本科教学，开设88门课程；已培养硕士生2 350名，2019年毕业156名；培养博士生1 331名，2019年毕业180名。截至2019年年底，培养规培生1 065人、进修生2 615人，开办国家级继续教育班250个、省级继续教育班244个、市级继续教育班36个。

四、科研、人才、学术交流情况

医院正在建设高度国际化的医教研融合临床研究中心和一流的大学附属医院。在2018年度中国医院科技影响力学科排行中，医院18个临床学科进入前100名。截至2019年年底，医院共获科技进步奖693项，承担各级科研项目1 809项，医院人员发表核心期刊学术论文9 446篇，主编、参编专著191部。医院设有国家重点实验室临床中心、苏州市神经疾病临床医学中心、苏州市肿瘤放射治疗医学中心、苏州市骨质疏松临床医学中心，4个苏州大学研究所，7个市重点实验室，4个救治中心。

五、核医学应急救援与核技术医学应用

医院作为核事业发展的医学保障基地，是国家核应急医学救援技术支持中心、国家核应急医学救援分队、国家核应急医学救援培训基地。医院有放射防护国家重点实验室临床中心、国际原子能机构辐射应急准备与响应能力建设中心、放射医学转化中心，还有辐射损伤救治科。医院通过了国家卫生健康委核事故医学应急中心第四临床部现场预评审，2019年又积极申请国家核和辐射紧急医学救援基地。放射治疗科和核医学科等核技术医学应用达到国内先进水平。

六、主要国际合作

作为国内第一个挂牌的中法友好医院，医院与法国4个城市有深入交流合作；其中，与格勒诺布尔大学联合建设中法神经影像工作坊，建立应急急救与危重症救治合作项目。与日本广岛大学在核医学应急、辐射损伤领域开展基础和临床的全方位合作。与日本癌研有明医院在胃肠肿瘤领域深度合作，并作为苏州唯一国际引进团队。同时，与美、德、以色列等国在多领域进行交流合作。2019年共有130人次赴国外进行学术交流与新技术学习。

医院坚持"质量、成本、满意度、执行力和可持续科学发展"核心价值观，秉持"博学、务实、仁爱、敬业"医院精神和"服务百姓健康，承载社会责任"办院理念，被评为"全国模范职工之家"，蝉联省、市文明单位，多次荣获中核集团"四好领导班子"等称号。

（李 雯）

苏州大学附属儿童医院

一、医院概况

苏州大学附属儿童医院建于1959年，在原苏州医学院附属第一医院儿科基础上独立组建。经过60年的发展，现已成为一所集医疗、教学、科研、预防为一体的三级甲等综合性儿童医院，隶属江苏省卫生健康委员会，是苏州大学直属附属医院，苏州大学医学部儿科临床医学院和苏州大学儿科临床研究院；是江苏省儿科类紧急医学救援基地，首批江苏省新生儿危急重症救治指导中心，第二批江苏省儿童早期发展基地，全国首批"肺功能单修基地"，苏州市危重新生儿救治中心，苏州市儿童健康管理中心，苏州市新生儿急救分站，苏州市儿童创伤救治中心建设单位。

医院有总院和景德路院区两个院区。总院占地面积近6万平方米，建筑面积13.3万平方米。景德路院区占地面积1.8万平方米，建筑面积4.5万平方米。核定床位1 500张，实际开放床位1 306张。现有职工1 907名，其中，卫生专业技术人员1 712名。

二、医疗工作

2019年完成门急诊量269.6万人次，出院病人7.6万人次，完成手术2.25万例次。新增风湿免疫科、心胸外科和麻醉科3个苏州市临床重点专科。全年审核通过新技术、新项目68项，并办理备案登记，严格规范执业行为，加强各项医疗核心制度落实，保障医疗安全。对医院感染重点部门、重点环节、重点人群进行重点督查，切实防范医院感染不良事件发生。加大临床路径和日间手术实施力度，组织实施19个专科58个病种的系统化、信息化临床路径管理，院内组织实施16个病种的日间手术项目，开展日间化疗病房。启动"只跑一次"优质护理服务举措，制定了特色优质护理方案，使患儿看病更便捷，让患者及家属少跑腿。通过专题讲座、临床指导、儿科护理短期进修等形式，持续拓展护理业务帮扶。持续开展儿童舒缓治疗，对肿瘤、临终患儿进行有效的疼痛管理。推动医院集成平台与数据中心项目建设工作，完成了集成平台与数据中心系统环境的搭建。充分利用信息化手段，全面推行分时段门诊预约工作。积极开展多学科综合门诊（MDT），医院目前常规开设了心脏、舒缓治疗、血液肿瘤、脊柱裂、肾脏泌尿、康复、早产儿健康管理、婴儿肝胆疾病等8个多学科综合门诊，成立了抗感染多学科诊疗团队。

三、教学工作

2019级儿科班招收75名新生，其中"5+3"一体化学生30名。招收全日制硕士研究生 71 名，博士研究生 53 名，同等学力硕士研究生 42 名。组织与管理研究生毕业答辩、本科生毕业考核和学生离校工作，授予研究生硕士学位 70 名，博士学位 10 名。开展并高质量完成各项教学任务，无教学事故发生。持续落实本科生一对一"导师制"，加强师生互动，提高学生培养质量。举办 10 场教学活动，从理论知识、临床技能、人文素养、意识形态等方面加强对本科生和研究生的培养教育，丰富学生的学业活动和文化生活。推进教学改革，在各专业中进行模块教学、PBL 教学和 Mini-CEX 考核教学；在中国慕课平台上线"儿童保健学"课程。举办了青年教师课堂教学竞赛，院内评比出 12 名优秀教师并予以表彰，1 人荣获苏大优秀实习带教老师。

作为国家级儿科、麻醉、放射、超声住院医师规范化培训基地和国家级新生儿围产医学、小儿麻醉学专科医师规范化培训基地，医院承担苏州大市范围内儿科与各相关专业医师的集中规范化培训，完善技能培训模块化管理体系，扎实开展临床技能培训。全年接收进修医师、护士 164 人。基础生命支持 BLS 培训合格 130 人，高级生命支持 PALS 培训合格 17 人，新生儿窒息复苏（NRP）培训合格 72 人。引入高级模拟人系统，选派带教骨干前往波士顿儿童医院进行交流学习，提高带教质量。举办并完成两届儿科进修学院班级培训工作，招收并培训学员 40 名，加强个性化能力培养。

四、科研、学术交流情况

2019 年，医院获国家自然科学基金 17 项，江苏省自然科学基金项目 6 项，江苏省重点研发计划项目 2 项，其他省市级项目 38 项。首次获得全国妇幼健康科技奖 2 项，教育部优秀成果奖 1 项，华夏医学科技奖 1 项，江苏省科技进步奖 1 项。全院公开发表论文 263 篇，其中，SCI 论文 68 篇；申请专利 59 项，主持或参与编写专家共识、指南 23 人次。通过与广州医科大学第一附属医院合作，医院获批国家呼吸系统疾病临床医学研究中心分中心，推动完善呼吸疾病协同研究网络及呼吸健康大数据建设。通过联合申报，医院成为第四批国家儿童健康与疾病临床医学研究中心（浙江大学医学院附属儿童医院）与国家血液系统疾病临床医学研究中心（苏州大学附属第一医院）的核心成员单位之一。启动苏州市外国专家工作室，引进 St. Jude Children's Research Hospital 的教授，加快推动儿童血液学科事业发展。

2019 年，医院引进中国医学科学院阜外医院顾东风院士和广州医科大学附属第一医院钟南山院士团队，致力于建立儿童呼吸疾病和心血管疾病早期诊断、早期防治的"苏州方案"。医院获批第六批姑苏卫生人才特聘 B 类人才 1 名、特聘 C 类人才 2 名；获聘教学高级职称 6 名，其中，教授 1 名，副教授 5 名；获聘其他高级职称 58 名。开展"遂园名师"登峰计划、培育计划，为 2 名"登峰计划"和 3 名"培育计划"教师分别提供 10 万元和 5 万元教学资助。全年累计申报并举办各类继续医学教育项目 47 项，获批项目总数创历史新高。

（马新星）

表彰与奖励

2019年度学校、部门获校级以上表彰或奖励情况（表4）

表4　2019年度学校、部门获校级以上表彰或奖励情况一览表

受表彰、奖励的集体	被授予的荣誉称号与奖励	表彰、奖励的单位与时间
苏州大学	2016—2018年度江苏省文明校园	江苏省精神文明建设指导委员会　2019年12月
苏州大学	2019年江苏省中华经典诵写讲系列活动优秀组织奖	江苏省语言文字工作委员会、江苏省教育厅、江苏教育报刊总社、江苏省诗学研究会　2019年11月
苏州大学	2019紫金文化艺术节·"戏梦风华"江苏省大学生戏剧展演优秀剧目奖	中共江苏省委宣传部、江苏省教育厅　2019年12月
苏州大学	2019紫金文化艺术节·"戏梦风华"江苏省大学生戏剧展演优秀组织奖	中共江苏省委宣传部、江苏省教育厅　2019年12月
苏州大学	第四届江苏省高校美术作品展优秀组织奖	江苏省教育厅　2019年9月
体育学院运动康复专业2015级团支部	2018年度"全国五四红旗团委（团支部）"	共青团中央　2019年4月
附属第二医院　附属儿童医院	2016—2018年度江苏省文明单位	江苏省精神文明建设指导委员会　2019年12月
附属第一医院呼吸内科	江苏省卫生健康系统先进集体	江苏省人力资源和社会保障厅，等　2019年5月

续表

受表彰、奖励的集体	被授予的荣誉称号与奖励	表彰、奖励的单位与时间
附属第一医院	2018年度卫生健康行业财务工作先进单位	江苏省卫生健康委员会 2019年1月
核工业总医院—智慧急救急诊及专科中心项目建设	集团公司网络安全和信息化工作优秀成果奖	中国核工业集团有限公司 2019年11月
附属第二医院保卫处	全省先进集体	江苏省公安厅 2019年10月
附属第二医院团委、材料与化学化工学部团委	2018年度"江苏省五四红旗团委"	共青团江苏省委 2019年4月
团委	2019年江苏省大中专学生志愿者暑期文化科技卫生"三下乡"社会实践活动先进单位	江苏省委宣传部、江苏省文明办、江苏省教育厅、共青团江苏省委、江苏省学联 2019年12月
团委	"新时代江苏青年精神"征集活动优秀组织奖	共青团江苏省委 2019年5月
外国语学院团委	2018年度江苏省青年志愿服务行动组织奖	共青团江苏省委、江苏省志愿者协会 2019年4月
政治与公共管理学院公共管理系教工党支部	江苏省高校先进基层党组织	江苏省委教育工委 2019年6月
马克思主义学院党委	2017—2018年度高校"党建工作创新奖"二等奖	江苏省委教育工委 2019年6月
物理科学与技术学院大学物理党支部、艺术学院教工第二党支部	2018年度高校"最佳党日活动"优胜奖	江苏省委教育工委 2019年6月
沙钢钢铁学院、功能纳米与软物质研究院	2018年度科技工作先进单位（科技项目最佳进步奖）	苏州大学 2019年1月
轨道交通学院、功能纳米与软物质研究院	2018年度科技工作先进单位（学术论文最佳进步奖）	
轨道交通学院、电子信息学院	2018年度科技工作先进单位（知识产权最佳进步奖）	

续表

受表彰、奖励的集体	被授予的荣誉称号与奖励	表彰、奖励的单位与时间
沙钢钢铁学院、数学科学学院	2018年度科技工作先进单位（产学研合作最佳进步奖）	
计算机科学与技术学院、机电工程学院	2018年度科技工作先进单位（军工科研最佳进步奖）	
计算机科学与技术学院、沙钢钢铁学院	2018年度科技工作先进单位（综合科技最佳进步奖）	
医学部	2018年度科技工作先进单位（科技创新平台突出贡献奖）	
物理与光电·能源学部	2018年度科技工作先进单位（军工科研突出贡献奖）	
材料与化学化工学部	2018年度科技工作先进单位（知识产权突出贡献奖）	苏州大学　2019年1月
纺织与服装工程学院、计算机科学与技术学院	本科教学工作综合考评优秀奖	
电子信息学院	本科教学工作综合考评专业建设质量奖	
政治与公共管理学院	本科教学工作综合考评课程建设推进奖	
沙钢钢铁学院	本科教学工作综合考评实验教学示范奖	
纳米科学技术学院	本科教学工作综合考评教改教研成果奖	
物理科学与技术学院	本科教学工作综合考评人才培养贡献奖	
医学部	本科教学工作综合考评年度卓越创新奖	

续表

受表彰、奖励的集体	被授予的荣誉称号与奖励	表彰、奖励的单位与时间
医学部放射医学与防护学院、纺织与服装工程学院	研究生工作综合考评优秀奖	
金融工程研究中心	研究生工作考评特色奖（招生贡献奖）	
物理科学与技术学院、附属儿童医院	研究生工作考评特色奖（教学管理质量奖）	
药学院	研究生工作考评特色奖（培养质量奖）	
马克思主义学院、文学院、传媒学院	研究生工作考评特色奖（立德树人成就奖）	
材料与化学化工学部	研究生工作考评特色奖（最佳进步奖）	
王健法学院、东吴商学院（财经学院）	2018年度人文社科科研工作先进单位（科研项目贡献奖）	苏州大学　　2019年1月
文学院	2018年度人文社科科研工作先进单位（科研成果贡献奖）	
政治与公共管理学院	2018年度人文社科科研工作先进单位（科研服务地方贡献奖）	
体育学院	2018年度人文社科科研工作先进单位（科研平台建设贡献奖）	
传媒学院	2018年度人文社科科研工作先进单位（科研项目最佳进步奖）	
社会学院	2018年度人文社科科研工作先进单位（科研成果最佳进步奖）	

续表

受表彰、奖励的集体	被授予的荣誉称号与奖励	表彰、奖励的单位与时间
王健法学院	2018年度人文社科科研工作先进单位（科研工作组织奖）	苏州大学　2019年1月
人力资源处、 招生就业处、 科学技术研究部军工科研处、 光电科学与工程学院、 计算机科学与技术学院、 档案馆、 实验材料与设备管理中心	2018年度保密工作先进集体	苏州大学　2019年9月

2019年度教职工获校级以上表彰或奖励情况（表5）

表5　2019年度教职工获校级以上表彰或奖励情况一览表

受表彰者姓名	被授予的荣誉称号与奖励	表彰、奖励的单位与时间
阮长耿	"庆祝中华人民共和国成立70周年"纪念章	中共中央、国务院、中央军委　2019年8月
靳勇	优秀共产党员	中国共产党中国宝原投资有限公司委员会　2019年7月
杨爱琴	优秀党务工作者	
陆正洪	江苏省先进会计工作者	江苏省财政厅　2019年12月
胡萱	2018江苏省高校辅导员年度人物	江苏省教育工委、江苏省教育厅　2019年6月
甄勇	2019年江苏省高校红十字会"博爱青春"暑期志愿服务项目优秀指导教师	江苏省红十字会、江苏省文明办、江苏省教育厅、江苏省卫生健康委员会、共青团江苏省委、新华报业传媒集团、江苏省广播电视总台　2019年10月
陆亚桢	2019年江苏省"艺术点亮童心——大学生志愿者走进乡村学校少年宫"活动优秀指导教师	中共江苏省委宣传部、江苏省文明办、江苏省教育厅、共青团江苏省委、江苏省学联　2019年12月
舒洪灶	2019年江苏省"青春助力健康江苏"大学生暑期社会实践专项活动优秀指导教师	中共江苏省委宣传部、江苏省文明办、江苏省教育厅、共青团江苏省委、江苏省学联　2019年12月

续表

受表彰者姓名	被授予的荣誉称号与奖励	表彰、奖励的单位与时间
尹士林	2018年度江苏省优秀团支部书记	共青团江苏省委 2019年4月
王要玉　杜玉扣　曹　聪	周氏教育科研奖（科研奖优异奖）	苏州大学　2019年9月
史海斌　李燕领 Mario Lanza	周氏教育科研奖（科研奖优秀奖）	
杨大伟　陈　铮　黄玉辉	周氏教育科研奖（科研奖优胜奖）	
冯　岑　张慧灵　秦炜炜	周氏教育科研奖（教学奖优秀奖）	
王宜怀　许宜申　余水长	周氏教育科研奖（教学奖优胜奖）	
卜谦祥　李　慧　林　萍 俞莉莹	周氏教育科研奖（卓越管理奖）	
张宝峰　李　佳　王　萍 严吉林　朱　奇　洪　钰	苏州大学第十七届青年教师课堂教学竞赛一等奖	苏州大学　2018年9月
臧　晴　杜　林　席　璐 张庆如　闫炳基　宋　瑾 汤恒亮　汤在祥　赵　琳 李晓东　孙晓东　胡天燕	苏州大学第十七届青年教师课堂教学竞赛二等奖	
华　昊　张井梅　刘沁清 陈重阳　罗志勇　丁建安 乔　文　翁雨燕　赵威风 秦琳玲　金　超　娄　慧 张秋蓉　李　倩　程丽芳 王　颖　赵　鑫	苏州大学第十七届青年教师课堂教学竞赛三等奖	

续表

受表彰者姓名			被授予的荣誉称号与奖励	表彰、奖励的单位与时间
冯 嘉 杜贵府 滕 跃	张一嘉 蔡田怡	方雅婷 傅 奕	苏州大学第十八届青年教师课堂教学竞赛一等奖	苏州大学　　2019年10月
林慧平 刘成良 王永光 王晓琪 蒋 菲	继 赫 王 爽 夏志新 孙 亮	黄 鹏 延 英 朱益彦 葛	苏州大学第十八届青年教师课堂教学竞赛二等奖	
王爱君 沈 怡 刘绮莉 傅 楠 孙迎辉 张雪琨 顾晖晖	何芊蔚 李金溪 胡 南 孙向丽 王 草 汪易岚	沈校宇 朱钦运 邓楷模 张 岩 李沁恺 季忆婷	苏州大学第十八届青年教师课堂教学竞赛三等奖	
卜 璐 秦琳玲 王国卿	杨旭辉 董裕力	冒小瑛 蒋佐权	苏州大学"课程思政"课堂教学竞赛一等奖	苏州大学　　2019年7月
刘成良 杨歆汨 张 岩	吴 俊 倪文娟 涂 彧	王 青 钟博文 王大慧	苏州大学"课程思政"课堂教学竞赛二等奖	
陈 一 彭文青 李晓伟 闫炳基 杨 红	昝金生 何金林 郭明友 沈月平 胡化刚	马 双 罗喜召 倪劲松 陆 叶	苏州大学"课程思政"课堂教学竞赛三等奖	
王 进 方 亮 冯 岑 刘 庄 李相鹏 张 晨 赵 伟 路建美	王宜怀 龙家杰 冯良珠 刘 海 余 雷 陈进华 洪 岩 廖良生	王雪东 卢神州 匡绍龙 苏晓煜 辛 陈建明 程雪阳 潘志娟	苏州大学教学先进个人	苏州大学　　2019年11月

续表

受表彰者姓名	被授予的荣誉称号与奖励	表彰、奖励的单位与时间	
上官丕亮　王穗东　乔耀章 江美福　张学农　陆树程 姚林泉　倪沛红　黄燕敏 章晓芳　潘志娟	2019年度苏州大学"高尚师德"奖教金	苏州大学	2019年7月
陆树程　王宜怀	2019年苏州大学王晓军精神文明奖先进个人	苏州大学	2019年5月
丁正锋　王钦华　卞树松 刘建峰　杨婷婷　吴佳卿 何书萍　张　骏　林焰清 靳　葛	2018年度保密工作先进个人	苏州大学	2019年9月
方世南　陈进华　罗时进 陈　龙	2018年度人文社科科研工作先进个人（个人杰出贡献奖）	苏州大学	2019年1月
丁良超　孔　川　孙宁华 卢海栗　华　乐　吴常歌 何　雯　陈　燕　周义程 郑　芸　钟　静　姚　臻 夏凤军　徐海洋　唐强奎 程　立　靳　葛　甄　勇	2019年度苏州大学"兴育新"宣传思想政治工作奖	苏州大学	2019年12月
丁海峰　邝泉声　甄　勇 黄冠平　黄　河　徐　娜 孙　静	2018年度苏州大学优秀专职辅导员	苏州大学	2019年4月

备注：补录2018年苏州大学第十七届青年教师课堂教学竞赛获奖名单。

2019年度学生集体、个人获校级以上表彰或奖励情况（表6）

表6 2019年度学生集体、个人获校级以上表彰或奖励情况一览表

受表彰或奖励的集体、个人	被授予的荣誉称号与奖励	表彰、奖励的单位与时间
"行之有声"志愿服务团队	2019年江苏省大中专学生志愿者暑期文化科技卫生"三下乡"社会实践活动优秀团队	中共江苏省委宣传部、江苏省文明办、江苏省教育厅、共青团江苏省委、江苏省学联 2019年12月
"东吴芳华，忆往思今——苏大120周年校庆之际对退休教师的口述史调查"团队		
青茶计划——青茶支教团队		
习近平新时代中国特色社会主义思想研究生宣讲团		
"筑梦同行"党员玉树支教团		
"杏林助梦"沭阳医疗服务团		
苏州大学艺术教育普及志愿服务团队	2019年江苏省"艺术点亮童心——大学生志愿者走进乡村学校少年宫"活动优秀志愿服务团队	
苏州大学"杏林助梦"沭阳医疗服务团	2019年江苏省"青春助力健康江苏"大学生暑期社会实践专项活动优秀志愿服务团队	
政治与公共管理学院红十字会志愿服务队	2019年江苏省高校红十字会"博爱青春"暑期志愿服务活动优秀项目奖	江苏省红十字会、江苏省文明办、江苏省教育厅、江苏省卫生健康委员会、共青团江苏省委、新华报业传媒集团、江苏省广播电视总台 2019年10月

续表

受表彰或奖励的集体、个人	被授予的荣誉称号与奖励	表彰、奖励的单位与时间
张云 余浩	2018年度江苏省优秀共青团员	共青团江苏省委 2019年4月
苏州市青年园林志愿者团队、苏州大学敬文书院志愿中心	2019年度苏州大学王晓军精神文明奖先进集体	苏州大学 2019年5月
张云 陈星 秦畅	2019年度苏州大学王晓军精神文明奖先进个人	
杨心怡 俞歆航 关珊 徐成煜 李爱玲 曹玮婕	2019年江苏省"艺术点亮童心——大学生志愿者走进乡村学校少年宫"活动优秀志愿者	中共江苏省委宣传部、江苏省文明办、江苏省教育厅、共青团江苏省委、江苏省学联 2019年12月
马国元	2018江苏省大学生年度人物提名奖	中共江苏省委教育工委、江苏省教育厅 2019年6月
徐健	2018年度江苏省优秀青年志愿者	
田一星	2018年度江苏省十佳青年志愿者提名奖	共青团江苏省委、江苏省志愿者协会 2019年4月
解笑	2018年度江苏省青年志愿服务事业贡献奖	
周俊崧 陈强 王瑄璟 宋冰鑫 苏凤凤 朱筱妍 王姿倩 关珊	2019年江苏省大中专学生志愿者暑期文化科技卫生"三下乡"社会实践活动先进个人	中共江苏省委宣传部、江苏省文明办、江苏省教育厅、共青团江苏省委、江苏省学联 2019年12月
顾闻钟 郝珺 黄河 王玉明 舒洪灶	2019年江苏省大中专学生志愿者暑期文化科技卫生"三下乡"社会实践活动先进工作者	
苏州大学"蓝精灵"沭阳扶贫支教团	2019年"力行杯"江苏省大学生社会实践项目大赛一等奖	共青团江苏省委、江苏省学联 2019年9月
苏州大学"绿丝带"防沙固林公益筑梦实践团	2019年"力行杯"江苏省大学生社会实践项目大赛三等奖	

续表

受表彰或奖励的集体、个人	被授予的荣誉称号与奖励	表彰、奖励的单位与时间
李芳霞　丁智宇　陆嘉成 王俊杰　李　菲	第十六届"挑战杯"全国大学生课外学术科技作品竞赛一等奖	共青团中央、中国科协、教育部、中国社会科学院、全国学联、北京市人民政府 2019年11月
毕　冉　潘子路　张　泰 嵇弈清　王　田　焦潇潇 江　欢	第十六届"挑战杯"全国大学生课外学术科技作品竞赛二等奖	
李治洲　陶一辰　魏国庆 吴俊杰　余　悦　张逸程 李衢广　雷华俐　佘嘉霖 刘育宛　邓建秀　张卉妍 吴云云　徐亮亮　李婉婷 何芳妮　李　香　朱梦珂 胡俊惠　袁玉辑	第十六届"挑战杯"全国大学生课外学术科技作品竞赛三等奖	
李治洲　陶一辰　魏国庆 吴俊杰　余　悦	第十六届"挑战杯"江苏省大学生课外学术科技作品竞赛特等奖	
张逸程　李衢广　雷华俐 佘嘉霖　袁玉辑　李芳霞 张乐然　陆炀铭　何苏妮 李　香　朱梦珂　胡俊惠 毕　冉　张　泰　潘子路 嵇弈清　焦潇潇　王　翔 王　田　江　欢　刘育宛 徐亮亮　邓建秀　吴云云 张卉妍　李婉婷　霍宗毅	第十六届"挑战杯"江苏省大学生课外学术科技作品竞赛一等奖	共青团江苏省委、江苏省科学技术协会、江苏省教育厅、江苏省学联 2019年6月
陈小平　李立星　杨茜雅 孙明宇　戴　欣　潘　湛 邹　梦　曾繁胜　罗晓慧 钱涵佳　陈　成　杨　蕾 唐　迪　杨东坤　许朝阳 袁　帅	第十六届"挑战杯"江苏省大学生课外学术科技作品竞赛二等奖	
尹士林　杨　璐　张灵羽 谢胜杰	第十六届"挑战杯"江苏省大学生课外学术科技作品竞赛三等奖	

2019 年度江苏省普通高校省级三好学生、优秀学生干部、先进班集体名单

江苏省三好学生（18 人）

周浩然	王 薇	余安莉	刘 婧	张敏玥	马仕哲	李衢广
何雅慧	令狐川露	于长周	杨 蕾	梅婷婷	史抒瑞	许晓轩
梅 楠	段佩辰	沈冰沁	李金洋			

江苏省优秀学生干部（30 人）

徐晶莹	马国元	曹 玉	袁慧琳	李 奕	钱云钰	邓家豪
张 希	徐静璇	曹俊杰	陈小平	张钰峰	马世栋	李 彤
陈 星	黄 茵	钮婧歆	陆黄钰薇	葛金卓	李如一	陈新彭
丁叙文	任 楠	赵 岩	郑丽丽	刘建越	孙丽丽	孙艺洋
汪 妍	许 慧					

江苏省先进班集体（20 个）

文学院	2016 级汉语言文学（基地）班
传媒学院	2017 级新闻大类一班
社会学院	2016 级档案学班
政治与公共管理学院	2015 级城市管理班
教育学院	2016 级应用心理学班
东吴商学院（财经学院）	2016 级会计班
王健法学院	2016 级法学一班
外国语学院	2016 级英语师范二班
数学科学学院	2016 级数学与应用数学（基地）班
能源学院	2015 级新能源材料与器件班
材料与化学化工学部	2016 级化学强化班
电子信息学院	2016 级通信工程（嵌入式培养）班
机电工程学院	2016 级机械电子工程班
沙钢钢铁学院	2015 级金属材料工程班
纺织与服装工程学院	2016 级服装设计与工程班
轨道交通学院	2016 级建筑环境与能源应用工程班
体育学院	2016 级运动康复班
医学部	2015 级医学影像班

	2016级临床"5+3"卓医班
敬文书院	2016级博学班

2018—2019学年苏州大学校级三好标兵、优秀学生干部标兵、先进班集体名单

校级三好标兵（30人）

文学院	缪蔚			
传媒学院	李舒霓			
社会学院	孙一鸣			
政治与公共管理学院	李梦姝			
教育学院	庄柠			
东吴商学院（财经学院）	蔡倩玥	赵君巧		
王健法学院	汤予商			
外国语学院	王婷			
金螳螂建筑学院	陈秋杏			
数学科学学院	智星瑞			
能源学院	胡雪纯			
光电科学与工程学院	王薪贵			
物理科学与技术学院	夏月星			
材料与化学化工学部	张胜寒			
纳米科学技术学院	赵璁			
计算机科学与技术学院	李林钦			
电子信息学院	陆蝶			
机电工程学院	钱津洋			
沙钢钢铁学院	易格			
纺织与服装工程学院	黄宇笛			
轨道交通学院	黄蕾			
体育学院	刘秀征			
艺术学院	符梦月			
医学部	黄舒怡	李沐璇	闫玉洁	张恬
敬文书院	王紫璇			
唐文治书院	钱毅珺			

校级优秀学生干部标兵（30 人）

文学院	田家琪	
传媒学院	曹　薇	
社会学院	谢胜杰	
政治与公共管理学院	唐　植	
教育学院	孙雅雯	
东吴商学院（财经学院）	梁咏琪	白文婷
王健法学院	陈智伟	
外国语学院	刘芝钰	
金螳螂建筑学院	和　煦	
数学科学学院	曲恒锐	
能源学院	姚　禹	
光电科学与工程学院	吕林焰	
物理科学与技术学院	王艳漱	
材料与化学化工学部	朱筱妍	
纳米科学技术学院	刘文萱	
计算机科学与技术学院	田新宇	
电子信息学院	褚荣晨	
机电工程学院	刘　畅	
沙钢钢铁学院	汪　鑫	
纺织与服装工程学院	马世栋	
轨道交通学院	钱露露	
体育学院	顾恩丽	
艺术学院	俞梦月	
医学部	谭梦煜　刘兰岚　毛心齐　陈晓雯	
敬文书院	凌　瑜	
唐文治书院	段琪辉	

校级先进班集体（30 个）

文学院	2017 级汉语言文学（基地）班
传媒学院	2018 级新闻传播学类三班
社会学院	2017 级历史学（师范）班
政治与公共管理学院	2017 级思想政治教育班
教育学院	2017 级应用心理学班
东吴商学院（财经学院）	2017 级财务管理班
	2018 级财务管理班
王健法学院	2017 级法学一班

外国语学院	2017级英语班
金螳螂建筑学院	2017级风景园林班
数学科学学院	2017级数学与应用数学（基地）班
能源学院	2016级新能源（中外合作）班
光电科学与工程学院	2018级光电班
物理科学与技术学院	2017级物理学（国际）班
材料与化学化工学部	2017级英语强化班
纳米科学技术学院	2018级1班
计算机科学与技术学院	2017级人工智能实验班
电子信息学院	2017级通信工程班
机电工程学院	2016级工业工程班
纺织与服装工程学院	2018级非织造材料班
轨道交通学院	2017级车辆工程班
体育学院	2017级武术与民族传统体育班
艺术学院	2016级产品设计（工业）班
音乐学院	2016级音乐学（师范）班
医学部	2016级临床五年卓医班
	2016级生物制药班
	2017级放射治疗班
	2017级口腔班
唐文治书院	2017级唐文治书院班
敬文书院	2017级明德班

2018—2019学年苏州大学三好学生名单

文学院（39人）

熊金一	沈绮娴	李婉如	倪颖颖	缪之淇	龙诗丽	王薏丹
周子敬	周莎莎	梁淼	徐晶莹	戴思钰	韦俐汕	张雨欣
高雨萱	范伟	余若思	欧阳思齐	胡婷	范晓烨	徐锬蓉
谢宇红	方礼蕊	郭靖祎	缪蔚	杨心怡	吕晨	毛岑
李清越	李文昕	黎慧芳	何映辉	谢颖	王婕雯	谢海若
李洋	刘洁	邓媛媛	向芮琪			

传媒学院（41人）

薛莹	徐陈程	王莹	许姝	顾嘉乐	张瑶	李舒霓

蒋思宁	李艳艳	陈依柠	张文雯	章歆烨	盛诗宇	刘娇娇
周紫涵	朱家辉	曹 薇	杨逸楚	袁 湘	邵昱诚	王子涵
谈 天	秦 悦	王瑜嘉	邱帆帆	孟 冉	陈 悦	赵红娇
施馨羽	陈心如	周俊崧	程 凤	许 可	沈晨跃	庄 圆
黄凤仪	张之钰	柳嘉懋	郑晓青	吴佳晴	安 辰	

社会学院（38人）

吴锐熠	鄢欣仪	景 祁	艾意雯	张静烨	史儒雅	卢佳慧
张海潮	谢胜杰	马 娇	朱心语	彭羽佳	吴芷靖	周慧芳
徐雨晴	任雅雯	马婉婷	徐晓灵	陈 恬	刘 莉	雷悦橙
曹 蓉	孙一鸣	叶子佳	周子仪	杨添翼	王欣荣	李兰心
季 阳	任姝菡	邵至央	邬静娴	仲晓莹	周婷月	方 茵
胥天琪	张元睿	李沛琪				

政治与公共管理学院（77人）

冒慧娴	王 蕊	王宇凡	周浩然	邓建秀	袁红梅	秦 霞
邹 靖	吴 妍	邵可人	余黎明	顾沁溪	李蕴仪	梁紫妮
毛 睿	张晨阳	陈子莹	曹宇潇	陈 逸	姚 麒	何 炜
杨 苗	李京芳	李宇琦	高璟妍	李冠秋	杨长兰	王淑芮
赵 薇	陶润杰	封若兮	陈淑一	张卉妍	王 位	何颖珊
邵平凡	胥璐瑶	杨润磊	李梦妹	俞天娇	陈欣怡	苏星月
崔湘乡	张敏敏	李嘉宁	蔡 昳	程逸君	韩青岚	刘秋阳
王竟熠	锁 彪	沈晶莹	侯玉琦	邵 杰	邓霓冉	罗语轩
李莎莎	吴晨华	段琦琦	周心悦	冯晓娜	梁 茹	于子恒
徐一帆	包丹丹	裴新宇	邱 天	陶子妍	张文娴	郭隽瑶
魏可欣	汤怡磊	何彬彬	廖 蕊	张乐彦	李晨曦	赵欣悦

教育学院（22人）

孙雅雯	高 喻	赵 媛	刘昱萌	陈晗阳	黄佳祺	吴梦琳
庄 柠	马 静	顾心语	朱 悦	郭晶铭	柏 静	徐 菁
张艺珂	余 红	费 煜	顾 茜	龚佳妮	张冰烨	刘鑫雨
钟 声						

东吴商学院（财经学院）（90人）

赵浚延	万明月	朱莹莹	陶乐宸	曹天奕	杨 蕾	王 雯

戎锦慧	沈雯锦	简一霞	张雨萱	杨　洁	王欣平	黄　睿
齐　艳	顾思琦	祖婷菲	曹雨佳	房文韬	朱雅婷	陆玲波
张曼玉	陶文倩	华子婧	张盛宇	刘崔明	葛心宇	杨婷婷
刘晓彤	陈　银	杨克威	冯雨薇	袁金雨	蔡倩玥	林业莲
李　妍	游望铭	杨筱丽	杨九九	陈　戎	周圣南	夏天听
白祺超	黄　莹	梁咏琪	刘肖寒	杜一鸣	陈蓓尔	张书瑄
袁可晗	赵君巧	陈　萌	陈俊龙	郭　琳	乔苗苗	钱　煦
林　蕾	王剑波	王子峰	张森吉	许雅淞	郭可钦	尹　靓
费　一	沈黎珂	王　艺	童　玺	杨雨杰	屈佳欣	褚欣玥
徐渊杰	张　也	张　琳	施昊天	沙煜晗	陈紫珑	顾　婕
高嘉伟	杨汐文	倪晨希	吴奕蕾	李奕凡	唐舒誉	刘睿琦
杨雨昕	赵　跃	刘田田	沈宇辰	许亦辰	周海洋	

王健法学院（26人）

陈洁君	雷一鸣	周雪怡	汤予商	祁玮璇	张　泰	陈智伟
陈加一	刘　会	赵虹霞	潘子路	殷　玥	叶羽宸	吴婕妤
杭若妍	刘宇琪	吴明韬	白逸凡	张凌宇	王仕阳	嵇弈清
胡　昊	顾书凝	孔德钧	王晶妍	薛玉瑶		

外国语学院（45人）

金彦芸	陈可心	王丽云	方贵敏	王斯纬	王　婷	吴静炀
丁　璐	季　婷	王艳萍	朱璀敏	李舒怡	杨　润	郭金欣
朱镇颖	吴周燕	杨刘晶	朱安琪	王梦琴	王　歆	曾若彤
姚　曳	张秀妹	史明璐	马逸凡	孙文青	赵一丹	倪佳瑶
刘芝钰	袁千惠	侯清晨	狄陈静	谈　真	金天宇	蒋潇雪
王潇苒	汤慧桃	宋悦怡	任泽琪	壮欣溢	邹双宇	浦旦琪
马依然	程　诺	李梦源				

金螳螂建筑学院（36人）

沈梦帆	潘　妍	陈秋杏	安可欣	杨　敏	黄　楠	杨艺源
施佳惠	杨思雨	云　翔	周炫汀	东　方	高　鑫	施沁怡
赵欣怡	刘雨萱	陈星皓	王轩轩	徐佳楠	杭　航	谭洽菲
张　蕊	肖雯娟	刘逸灵	陈　可	刘　倩	潘　越	梁韵涵
王祺皓	刘静之	李昊洁	苟永琮	汪千琦	李硕星	王　璇
刘思洁						

数学科学学院（37人）

徐静璇	汪梦佳	杨　瑜	曹　璐	刘舒璇	孟思彤	汤淇珺
龙宇洋	陈理玉	张　崧	刘轶凡	戴乐萱	陈子怡	陈慧敏
孔雯晴	关　昕	戴啸天	方雨晔	许滢莹	范紫月	曲恒锐
孙忠奎	智星瑞	闻　捷	朱　璇	胡咏嘉	黄　一	黄千益
姚康飞	梅子健	何著炜	杨思哲	陈泓媛	蒋钟澜	张欢欢
朱重阳	谈婧怡					

能源学院（29人）

焦怡翩	顾安琪	徐雪儿	陆　佳	吴连冠	杨智慧	席晓柯
施可飞	包晋榕	刘　畅	凡雨鑫	杨佳慧	刘郑灏	陈晓鹏
胡雪纯	黄　蓉	姚雨柔	苏炫伊	胡悦滢	柏倩倩	王　炜
王晓天	姜千怿	吕佳泽	吴　翔	李伟萍	刘悟雯	李思洁
陈彦君						

光电科学与工程学院（15人）

周鸣新	王薪贵	杨梦涛	眭博闻	袁子佩	吕林焰	王嘉仪
张伟强	郭佳洁	张　哲	张睿玉	谢溢锋	钱逻毅	吴佳辰
王田昱						

物理科学与技术学院（13人）

李漪含	张天一	秦嘉政	周珂儿	单倩雪	夏月星	陈周艺
史加欣	汤星辉	周继坤	王　曦	潘星海	司志青	

材料与化学化工学部（72人）

李新月	尹树杏	饶　钰	张雪俐	朱文杰	王跻予	龙佳佳
丁　娆	郭　艳	景　钰	何雅慧	吉恬萌	种锦雨	高　洁
张胜寒	钱伊琳	陆靖秋	张鸿越	王皓晴	胡　颖	李幸佳
牛菁林	鲍优卉	李　雅	张晓娜	魏猷昊	王善乐	李海姣
章江虹	杨菲菲	古熙文	谢琦皓	吉　波	曹　杰	孙启文
刘兵吉	贺子娟	黄雨婷	王国庆	樊玥欣	施伊秋	赵思瑞
韩　月	王施霁	魏梦然	仇嘉浩	朱　鸿	王亦陈	董晓璇
杨睿祺	陆卓蓉	吉金龙	王丽君	王孟宇	王雨晨	娄焯垚
游良鹏	王琛如	程超伟	胡锦程	李云昊	刘栩楚	刘家文

严逸舟　郭　兴　鞠恒伟　王　倩　乔利鹏　朱嘉伟　黄思怡
丁叶薇　沈青云

纳米科学技术学院（18人）

钱佳楠　丁夕岚　李衢广　薛红蕾　张　佳　梁晶晶　赵　璁
刘文萱　冯逸丰　孙晓悦　杨茜雅　周霈霈　蓝　青　潘子健
周杨楷　戴一帜　张滟滟　高文萍

计算机科学与技术学院（56人）

孙　柠　李　恬　李帅克　王可心　唐夕云　张啸宇　黄赛豪
王懿丰　刘晓璇　韦思义　任建宇　钱　煜　崔秀莲　崔雨豪
王博宇　李　霞　李林钦　娄　陈　何昕彦　章　岳　罗　燕
徐鸿渊　徐嘉诚　肖子恒　邓文韬　王　越　司马清华　宋典城
徐晟辉　刘俊汐　顾楚怡　王嘉晨　徐小童　曾连杰　顾王波
陈　云　崔耘旗　罗彤彤　陈可迪　翟江辉　徐乐怡　徐卫伟
姜泽鹏　顾宇浩　朱泽楷　张芷涵　周雨璐　徐　伟　郝浩畅
强　蕾　代渊超　许　愿　蒋雨昊　陈志洁　陈孜卓　徐天顺

电子信息学院（63人）

欧阳艳　孙鹏程　卢佳艺　冯久勋　包秀文　朱子启　潘敏慧
王　雪　陆　蝶　谢紫怡　郭　丽　王朵朵　梅茹欣　叶　枫
曹忠旺　李青卉　蒋馨宁　汤　慧　张晨瑞　张子丞　陈岩松
朱瑞凯　申秋雨　黄小航　谭志苇　吕诚名　孙晓雨　李原百
沈星月　马旺健　奚雅楠　叶志丹　吴天韵　周　婷　周帅阳
郭泽涛　姜旭婷　燕　南　陈　颖　徐晟开　庄　悦　张　蔚
张智健　周非凡　王　磊　罗世鸿　刘子豪　费　阳　陈茂杰
母智恒　戴瑄辰　井　开　仲美林　欧阳康奥　任　彤　谷洋龙
张哲楷　于竹颖　汤溢晨　刘益麟　裘红翠　龚　逸　邓伟业

机电工程学院（52人）

张烨虹　牛省委　郭志浩　李　阳　王昕燕　王雅琪　孙　飞
王欣玥　张　宁　寇青明　刘文齐　张　昊　张　奎　魏敏华
纪广东　沈子薇　陈　智　钱津洋　李海诺　余　琴　梁业丰
黄勃宁　周培清　林继鸿　刘　畅　张星辰　隆　瑶　骆　萍
朱丽燕　钱新宇　刘金玲　叶成岩　吴嘉俊　陈梦彤　尹梓航

卢　帆	王凯威	张胜江	顾　凡	朱欣怡	陈　帅	徐　虎
金昊阳	李开映	陈　菲	范淑娴	董雪纯	贺继宏	田　霞
张天泽	徐加开	薛凯阳				

沙钢钢铁学院（21人）

杨　柳	刘一汉	田文皓	史长鑫	丁彬程	林　杰	易　格
蒋文娟	李　亮	戴文萱	丁珥睿	俞纪涛	张元元	卢中阳
任哲峰	朱　杰	郭雅茹	张东耀	仲昭玺	周梦媛	陈季娇

纺织与服装工程学院（56人）

王　威	朱梦珂	胡俊惠	潘梦娇	王晓蕊	贾荞侨	王　静
张玉恒	王佳仪	张　悦	冯子韵	龚依澜	周　瑶	高新雅
姚若彤	龚夏怡	席瑞凡	吴昕蒙	闫一欣	胡子航	陈冰雪
郭　道	杨欣蓓	郑翩翩	陈卓韵	顾梦溪	肖连营	薛萧昱
白雪菲	吴岱琳	叶文静	杨亿斐	张子怡	关诗陶	孔昱莹
阮玉婷	张恒进	孟靖达	肖姗姗	吴佳阳	张舒洋	王天骄
达欣岩	张馨月	徐梦琪	张惠如	李　欣	韦兰飞	卢书晴
张慧琴	杨慧梅	赵　芳	王潇可	许　婷	徐　诺	吴佳君

轨道交通学院（42人）

周小淇	俞　森	郑子璇	姚亭亭	马睿飞	黄　蕾	吕思嘉
田　静	邢慧琴	焦禹潼	宋秋昱	陈胜伟	滕景佳	李一凡
林楚迪	张镡月	干文涛	印　咏	费　越	李修齐	周子达
赵天宇	张轩瑜	黎怡彤	王　祺	郁佳怡	张颖欣	王　绪
李元辰	张琬婧	傅　锐	刘远航	赵　龙	孙瑞辰	沙盈吟
车浩远	张诗艺	张络怡	任泽其	田文婧	吴志豪	周文俊

体育学院（30人）

吕邵钦	蒋　智	尤彦伟	黄　红	陈梦竹	王路路	周敏雯
周　瑞	陈诗梦	赵　兵	王余利	张巧语	徐洪敏	杨昊平
刘秀征	丛之力	练诗媛	顾恩丽	王丹宁	陈　志	郑可锐
王思娴	陆子怡	魏雅婷	邵文彦	张敏娜	王冰清	费文煊
刘雨欣	任思妍					

艺术学院（43人）

袁一鸣	周　静	金　婧	符梦月	叶凯婷	张　宁	张家铭
于雅淇	邱　露	杜超君	李烨梓	唐亨达	石雨檬	叶思彤
钱　婧	姜云超	方可可	郑丹杨	杨思璇	吴程称	王　瑛
姚子杨	王熠昕	高艺炜	李雨婷	闫璐瑶	陈丛汝	罗　毅
李欣然	吴宇聪	孙婉滢	谷泽辰	琚倩雯	李圆圆	董　涵
阮　阳	徐雅璐	李若辰	蒋　玲	薛明君	张　钰	贾　艳
林雨君						

音乐学院（9人）

曲玥玥	朱译诺	林舒仪	罗丹岑	栾奕萱	刘雨佳	吴佳宣
孔维玮	尚文果					

医学部（239人）

姜佳译	魏西雅	滕　云	陈　龙	夏青月	蔡令凯	陈　鑫
方　丹	廉晓露	邓婷婷	朱思佳	黄　晰	袁芳琴	王淳雅
姚剑蓉	安景景	乔晓梦	叶程心月	张茹茹	黄舒怡	彭雪楠
谭梦煜	王艺静	刘　畅	钮婧歆	程　慧	孙路路	庄歆予
王紫兰	黄　傲	陈春文	殷民月	梅　楠	薛培君	张珊珊
张　莉	周　淼	张雨涵	陈宇迪	张　婉	姜思佳	蒋岚欣
李雅卓	郑慧琳	范　琼	周俊秀	张　丹	彭　嫱	李　晨
钱佳璐	冯星星	李如一	王蕊蕊	孙一丹	姜　婕	邓悦婷
李沐璇	段佩辰	魏语佳	梁　欢	闫端阳	金伟秋	宋子玥
徐　霜	刘兰岚	毛心齐	张超瑜	杜　倩	史可心	左文婷
陈洁尧	王优一	闫玉洁	赵文玉	金晓旎	刘　琳	张　扬
揭凯悦	佟　洋	林彬彬	喻子林	彭攀攀	吕诗晴	刘紫涵
方子尧	李晓宇	汪佳玉	邓子澄	王诗明	付晓钰	韩健芳
赵　琦	王伊旻	杨丽清	朱洁丽	褚梦倩	许钱苇	雷张妮
成若菲	封　娜	钱雅楠	余心童	张香香	张天成	黄心茹
郭　爽	朱心茂	李茉研	马钰涵	范嘉慧	李　明	张　韶
俞　婷	肖恋恋	张菊风	杨铁凡	王若蒙	宋　颖	张　恬
蒙广钊	沈　翠	魏军芬	张安琪	黄晓婷	王银秋	付海燕
茆　顺	张蓉菊	张芷钰	喇　瑞	汪盛嘉	花艳丽	刘梦宁
华雯玺	杨濡嫦	沙婧涵	宋顺晨	罗晓琦	谢陈瑶	武　杰
殷芸菲	沈志佳	李晨泽	吴　琴	张继尹	郭欣怡	张　艳
吴元元	黄　珊	冯超桦	邓婧蓉	潘具洁	薛　源	奚佳辰

王子萌	何朝晖	赵桐欣	侯娇娇	邱雨莎	李雨晴	刘馨元
杨海荣	王 璐	马 欣	齐一菲	杨丹颜	龙佳沁	孟云鹤
殷唯唯	徐啸阳	郭凡榕	廖 芳	任新儒	何欣怡	陈 妍
张婧雯	刘 宁	范龙飞	王思贤	崔爽楠	杨 慧	华怡颖
朱明芮	高佳怡	张鸿翔	曾美琪	刘 雨	蒋启明	金佳颖
朱亚威	徐慧莹	焦文治	张 雨	朱世祺	王莉芳	周荷蜓
刘栗杉	高 铎	曹国志	胡育林	高 菡	姚怡辰	刘力赫
万思岑	李昊宸	王昆鹏	刘嘉鹏	魏 莹	涂泽霖	解 超
杨 春	黄 彧	陈锦华	肖林洁	李天行	张洪滔	陈海畅
尉 蔚	尹雪晴	李 航	干若秋	赵悦宁	王鹤晶	吴文雪
赵 影	王玥宁	胡彦宁	朱 宇	沈皓月	王梓轩	陈新宇
董旭宸	刘雨辰	罗从周	赵姝涵	孙 雯	刘一宇	张锦华
陈家敏						

唐文治书院（6人）

段琪辉	鲍 悦	钱毅珺	齐欣欣	张菁宸	马怡宁

敬文书院（20人）

孙宏达	黄 晨	曹雨佳	沈申雨	屈雯怡	马越纪	胡若涵
周梦晨	杨宇轩	顾晨迪	周京晶	郭静文	刘希辰	邬子萱
张 越	瞿安越	陆嘉瑞	李敏佳	田 宇	朱临风	

2018—2019学年苏州大学优秀学生干部名单

文学院（33人）

侯 逍	唐亚敏	尚 宁	何文倩	单宁夏	朱贵昌	吴 颐
殷 潇	李菁波	徐子懿	张玉彬	王资博	林菲钒	彭玉婷
黄晓雯	关 珊	陈晓冉	钱湘蓉	项晶晶	吴秋阳	侯宜君
田家琪	宋春毅	施宇航	杜馨雨	尚生登	周 云	沈欣燕
徐成煜	密馨予	殷雯丽	张嘉琳	金睿熙		

传媒学院（35人）

闫文娟	付峻莹	顾杰钰	吴子铭	孙金强	马国元	姚 远

陈炳宇	崔　冰	闻雅娟	薛　洁	戴淑雯	宋明阳	尤　蕾
卢肇学	钟威虎	王　熠	赵民扬	董思彤	张曾娅	陈茜雨
刘晓洺	王雨晨	胡　萱	夏　颖	蒋雨恬	张一弛	汤秀慧
李嘉宁	钱　昕	李佳华	唐梓烨	马文心	肖云翔	郭新卓

社会学院（34人）

李锶晨	庞嘉莉	刘雯雯	张　敬	吕彦池	韩晶晶	靳　炜
张　悦	李　萌	倪誉溪	张灵羽	王语欣	邹　婷	姜淯钟
蒙　婧	陈　娅	郑笑越	金姝恒	华应僖	姚　莹	陈彦廷
楼旻安	刘一畅	邢　璐	李恩乐	胡雨雁	唐金文	钟雪晴
彭贤吉	王姿倩	顾雪婷	蒋雨萌	乔琪然	王义轩	

政治与公共管理学院（56人）

张雅媛	方程程	刘冰心	杨安星	严一凡	邓晓薇	马梦薇
唐　植	徐亮亮	李　妍	许研卓	郭　钰	徐　睿	季　凡
许雅雯	王玉琛	邢路扬	曹婧萱	王晨欢	易彦知	夏佳欣
施　琦	杨　敏	黄玉玲	张心怡	魏雅宁	王芷玥	蔡　延
赵希玉	华嘉年	史云亭	张　风	余泽田	丁香予	陈　灵
毛　琳	李　杨	郭旭峰	邱　雨	杨超凡	马晓多	李　琳
李　尧	卢星辰	王苏云	赵嘉鹏	袁　壮	宋嘉铭	杨　奕
冯创杰	梁　晨	王珂渝	王雨菲	姚顺宇	钱施泽	徐丝雨

教育学院（18人）

马闻悦	张露戈	糟怡玲	王彦鑫	陈博文	李振江	蒋雨恬
曹　萱	杜　靖	钟思雨	刘佳明	冯超逸	何雨璇	戈麟锋
张秀娟	顾　宇	洪子贤	王曹亿超			

东吴商学院（财经学院）（79人）

邹　旦	糜家辉	杨雨晨	马　丽	侍　倩	杨　越	花欣杰
刘鼎革	叶诗静	徐　铭	丁慧蓉	胡紫紫	顾　琳	严雅馨
高璟倩	罗　丹	张　军	钱　伶	居鑫悦	钱云钰	吴　桐
宋啸宇	袁心钰	饶斯玄	张思雯	王滢钦	汪瀚培	陈　洋
卢语琦	于世捷	陈　琪	倪雅彤	赵思琪	白文婷	赵　明
兰　晨	马礼军	韩雪庆	尹雨昕	王心怡	谢心怡	杨　航
张志胜	樊诗洁	邵天钰	曹　彦	姚磊磊	赵　珂	姚聪颖

许愿	丁思匀	王晗	周宇轩	朱宏渊	黄东旭	李昕睿
石莹莹	陈弋旸	殷俊琦	孙亦凡	崔徐阳	陆威	杨涵
马月婷	朱雅玟	吴箫	唐倚晴	陈瑞祺	黄承媛	姜佩言
吉欣	高怡澜	生婧	张思路	熊齐扬	吴与童	李炜润
张懿文	邵佳卿					

王健法学院（25人）

朱志燕	刘玲	黄钰萱	王晓宇	宋飞达	蒋雨涵	赵同倩
杨诗	陈思雨	彭博	胡韬相	卞心怡	王耕硕	沈梓言
王雨凡	陆烨	蔡鸿儒	张紫云	陈思臻	顾政昇	顾逸如
陶子扬	姚江榕	周宸	章婧婷			

外国语学院（47人）

缪钰明	王璠	严语	李明珠	金香梅	周舟	张梦丹
沈冰洁	朱枨锡	叶丛笑	钱雨欣	董荣荣	周欣安	马旻晗
杨玲	费凡	杨梓	肖冉顿	杨玖齐	张东明	殷雨晴
尚子涵	申芸凡	王若琳	冯雨毅	杭珂竹	魏羽佳	陈尔晗
姚嘉乐	阚红杏	魏思宇	卫佳玲	陈泳曦	余文泂	钱晓菲
张雨萱	何怡扬	彭颖	沙日娜	顾焱玲	高成晨	瞿悦
朱恪廷	赵筠竹	姜雨	蔡皓卿	常赫		

金螳螂建筑学院（28人）

韦乐樵	成玲萱	孙浩	龙艺丹	张婷雨	罗海瑞	宋科
张欣迪	王歆月	和煦	还凯洁	王毓烨	黄迪琦	朱晓桐
叶芊蔚	方奕璇	张伊婷	刘苡晴	汪纯欣	李明哲	刘惠宁
郭烁	王悦	柳品荣	陈俊燊	王子涵	梅松林	李学桐

数学科学学院（29人）

陈锋	左梦雪	许诗娜	刘昊迪	卢厚保	陈书晓	刘泓钰
唐倩	冯妍	邵苫熙	徐欣彤	陈美欣	彭呈宇	丁力
安家成	王冰冰	马晨熙	孙子涵	顾芯僮	黄涵琪	姜海云
陆效龙	王源	李昊航	李晴	刘倩雯	龚明越	吴婧婧
甄熙茹						

能源学院（25人）

刘笑之	黄梓杰	林小渝	姜聪慧	姚　禹	韩建锋	徐啸宇
丁一凡	张德仲	樊　开	张传奇	刘　琦	袁宇航	国　晖
李立研	夏　弦	汪士哲	牛　峥	顾嘉禧	许雨荻	沈　霖
任　爽	高欢欢	李一霄	罗宏瑞			

光电科学与工程学院（14人）

张嘉铭	葛沛然	赵登煌	王晗宇	乐　猛	封毓航	郑徵羽
范宸逸	杨智勇	徐忻怡	禹明慧	鲍温霞	金　越	刘晓同

物理科学与技术学院（14人）

蒋昱宸	王艳湫	景可语	陈亦寅	何家伟	张雨晴	杨庭妍
陈中山	周克宇	代龙飞	尹志珺	李晟彦	冯赵然	丁天龙

材料与化学化工学部（53人）

刘　峥	马晓亮	孙亚兰	隋铖奇	庞慧敏	冯　诗	邵　蕊
叶林飞	李欣霏	李　想	有少文	黄舒婷	谈馨月	王炳成
谭绍禧	曹金宇	陈若凡	宇文李焰	王睿思	钱雨婷	顾若凡
张阅帆	卢林堃	吕明明	陶欣蔚	陈浩东	朱筱妍	刘嘉美
蒋　鑫	吴晓晓	周晟杰	王舒娴	周天一	李瑶岚	贾思瑶
裴润博	宋雨阳	刘伟名	费宇成	华　辰	代金燕	孙蓓蓓
王　洁	师　燕	尹　杨	乔羽菲	曹建磊	程秋爽	许天宇
孙思杰	蒋浩宇	朱泽斌	马景烨			

纳米科学技术学院（14人）

于潇涵	丁丽燕	王椿焱	张默淳	徐超颖	樊　华	陆荟羽
王　成	任　政	马　欣	文　欣	王　欢	邵　铭	司洪麟

计算机科学与技术学院（51人）

袁　博	蒲秀蓉	张钰峰	唐思南	徐　迪	张徐浩	朱梦柯
王　宇	吕双伶	束云峰	谢铁良	李　豪	周经松	陈　晨
陈　健	陈　强	沈　杰	肖义胜	邝逸伦	周怡刚	谈川源
刘武微	田新宇	任鹏瑞	陈雪飞	蒋俊鹏	淡瑞藩	蔡玉林

戴 彧　　谭雅雯　　王佳安　　范耀文　　陈嘉俊　　张逸康　　吕金容
韩家淇　　孙泽辰　　鲁 游　　刘至渊　　杨雨佳　　李雨楠　　何世活
郭 峰　　李恩宇　　叶苏青　　余 潭　　武 瑕　　张维维　　宣 言
赖丹玲　　宋沁洋

电子信息学院（45人）

瞿嘉玲　　崔柏乐　　彭 涛　　汪佳锌　　周子健　　宗 铭　　毕舒妍
刘 铭　　范云天　　高佳伟　　张 威　　朱文杰　　芮步晖　　陈 前
蒋大海　　刘弘毅　　史凡伟　　王 峰　　王 鑫　　李羿璇　　孟凡泽
黄紫婧　　曹凤楚　　杨 晨　　曾晓慧　　王爱业　　谷廷枭　　肖子安
张慧敏　　杨 倩　　黄夏馨　　赵天祥　　褚荣晨　　吴亮鹏　　刘晨星
孟亚婷　　米 宁　　唐银环　　夏 涛　　曹帅尧　　张子琪　　颜陆胜
陈雪梅　　刘天宇　　赵谨成

机电工程学院（45人）

顾钰颖　　赵建华　　佟 琳　　刘佳庆　　王宇宸　　梁家栋　　纪仕雪
丁佩琦　　张 艺　　周坤钰　　李飞宇　　石延秀　　吕 林　　何馨然
黄佳成　　朱桂琳　　鞠刘燕　　王开金　　田小青　　符俊臣　　金 鑫
孙嘉伟　　翁智超　　刘智雄　　顾天戎　　袁孝鹏　　李 彤　　张鹏生
朱姝燚　　谢雨君　　文 晓　　徐 晶　　刘小渤　　李 灏　　周佩玉
刘阳萍　　张皓宇　　任星宇　　高翔宇　　邵宇秦　　高健龙　　熊万权
史寅良　　李 怡　　钱 龙

沙钢钢铁学院（16人）

占 洁　　王昺珏　　汪 鑫　　王 锐　　王佳乐　　韩 博　　张治强
高晓轲　　莫君财　　李汇民　　杨 彬　　张 进　　叶锦涛　　温 萍
赵世楷　　张宇航

纺织与服装工程学院（47人）

张 蓉　　马国财　　吴天宇　　张露杨　　邢丽丽　　顾 珊　　朱 灵
陈 瑾　　相烨焕　　戚宸冰　　肖 舒　　刘永红　　陈筱玥　　马世栋
黄宇笛　　饶 婷　　张宇凡　　周昕妍　　李 刚　　程 瑾　　朱慧娟
马 越　　赵 硕　　宋 慧　　余律安　　高德贵　　徐芳丹　　张雪儿
张小涵　　潘翔宇　　李继娴　　刘海涓　　赵子健　　段立蓉　　张海琳
刘贝宁　　乐嘉灵　　王博安　　李凡龙　　张铁苗　　许雨轩　　宁尚猛

孙小诗　　申冰洁　　谢芷筠　　熊可仪　　张又文

轨道交通学院（38 人）

张思慧　　杨添通　　齐旺盛　　何银芳　　武莹莹　　严礼杰　　蔡　涛
郑思远　　宋卓康　　秦添钰　　高　嵩　　许　通　　施瑞琪　　马晨阳
许学石　　何　飞　　连玉航　　赵玉禄　　王晨枫　　孟繁瑞　　侯天祥
陈梓康　　王可馨　　牛昕羽　　闵睿朋　　陈泽逸　　徐家奎　　王帅帅
陈梦婷　　陈世纪　　郭琳媛　　姜俊杰　　董彩银　　丁怡丹　　张　勇
陈泽宇　　袁龙凤　　程泓答

体育学院（26 人）

叶凌霄　　朱晨月　　嵇恺然　　高　浩　　张宇宸　　于清华　　赵妍清
孙小云　　上官俏然　袁　康　　周子祺　　许佳怡　　侯　鹏　　马思恩
季雨聪　　苏凤凤　　范银银　　吴嘉欣　　丁嘉杰　　陆　健　　张禧莉
陈欣忆　　张雨婷　　李倩倩　　盈　昕　　鲍徐旸

艺术学院（30 人）

张子茹　　舒萌萌　　史爽爽　　郑婉莹　　张曼丽　　钟美花　　郭梦娜
张琼方　　俞梦月　　张慧子　　王　璨　　赵梅男　　吴　同　　陈俊松
李逸叶　　叶一婷　　武　茜　　陈韩琪　　朱桂均　　韩　静　　骆春蕊
黄歆然　　张合轩　　鲁采菲　　蒋晓敏　　苏霁虹　　齐宸漪　　陈映锡
蒋圣煜　　周　忆

音乐学院（12 人）

李孟泽　　方美婷　　丁思佳　　董爱钰　　郭之祺　　张馨予　　徐珑语
武　倩　　韩唯艺　　韩铧震　　余　洁　　赵成宇

医学部（202 人）

蒋禾子　　王　瑞　　翁芷杰　　梁广财　　袁　超　　张　瑀　　徐海波
严泽亚　　宗旭敏　　李晓哲　　杨普升　　赵轩宇　　王明晖　　梁晓龙
邵世龙　　宋钰萌　　张宇慧　　陆蒋惠文　张　婷　　蒋志敏　　肖嘉睿
吴　松　　耿丽婷　　张　桢　　顾雨洁　　程　颖　　邱寒磊　　缪　瑶
陆嘉伟　　张　悦　　董兴璇　　相柏杨　　苏瑾文　　陈梦茜　　陈莉聪
贺　伟　　尚金伟　　何梦竹　　邵　琪　　管　晋　　王玛丽　　王　钧

肖钦文	张悦越	陈倩倩	顾沁源	杨 岚	周于群	郭盼芳
李佳欣	孙思敏	徐正辉	肖羽淇	周玲芹	陈 坤	申 晓
陈颖杰	周吉全	许宇凡	任同心	宋佳音	唐 娜	汶荻儿
高艳蓉	于运浩	葛金卓	周 亮	戴 航	王梦洁	汤应闯
钱心远	李云帆	杨婧怡	聂映敏	刘 鑫	余 越	陆家梁
崔星月	丁 薇	徐塑凯	徐莉萍	施江南	孙瑞琪	徐 颖
亢重傲	相丹丹	吴锐邦	张蕊娟	刘斯林	曾 洁	黎晏卿
刘珍妮	王艺博	宗 莹	陈子晗	王翔宇	胡 蝶	蔡佳洁
雷 婧	包文欣	徐祖婧	肖呈琦	李阳婧	罗浩元	樊超宇
储 玮	刘梓瑞	郭相东	黄斯漫	管锡菲	王雨昊	钱 颖
张婧婧	杨倩南	张晓培	赵玉虎	赵诗雨	宋 翔	刘沅鑫
段菁菁	宋成林	唐燕瑶	徐小涵	吉兴芳	王瑞敏	张洁黎
赖凤霞	胡雁飞	刘志勇	田宇轩	陈晓雯	张皓丹	韩晓阳
陈文清	陆飞虎	曹焰妮	史雅娴	钱费楠	龚黎明	成津燕
李宏诚	陈梦萍	夏 天	李园园	张佳琦	翟雅轩	叶于滇
朱晓龙	狄 青	徐 鑫	岳思佳	云思敏	马云龙	樊一铭
巫浩东	苗天姝	杨瀚琪	于丽影	朱逸娴	府 凯	金启渊
李 洁	楚冉飞	崔 峻	杨莎莎	史熙龄	许 锴	王怡诗
戴其灵	卢莉莉	刘 骥	蓝肖娜	张筱嘉	冯 逸	严婧文
刘佳美	张雨烨	于小淇	张劲松	李思茵	袁鹏程	周家宇
王聿品	周钰雯	宋墨竹	熊 博	张明洁	黄 祺	司 晗
李梦娟	朱宁锋	王瑾烨	向 丽	卢明媚	朱紫璇	陆 威
王品博	肖 艳	孙 毅	李 悦	王 洋	田美娟	

敬文书院(17人)

许 愿	陆 政	金世玉	刘程德	陈添一	张 迪	吴逸群
王文昕	刘欣怡	朱安琪	杨东沅	吴航宇	鲁亚威	孟 言
王紫璇	李梓正	徐圣阳				

唐文治书院(5人)

田壮志	徐凯悦	梁 一	张心雨	邹雯倩

2018—2019 学年苏州大学研究生学术标兵名单

文学院	王海峰	
社会学院	王 杰	
政治与公共管理学院	严泽鹏	
马克思主义学院	徐雪闪	
外国语学院	徐 露	
东吴商学院（财经学院）	袁 杨	
王健法学院	李鸣捷	
教育学院（教育科学研究院）	朱传林	
艺术学院	陈丁丁	
音乐学院	陈梦皎	
体育学院	付 冰	
金螳螂建筑学院	李文超	
数学科学学院	王 瑾	
物理科学与技术学院	曹凤人	
光电科学与工程学院	刘 磊	
能源学院	宋英泽	
材料与化学化工学部	胡俊蝶	张俊波
功能纳米与软物质研究院	朱 成	
计算机科学与技术学院	王晶晶	
电子信息学院	童宣锋	
机电工程学院	徐浩楠	
沙钢钢铁学院	吴 琼	
纺织与服装工程学院	程献伟	
医学部基础医学与生物科学学院	程小瑜	
医学部放射医学与防护学院	桂大祥	
医学部公共卫生学院	朱正保	
医学部药学院	刘佳莉	
医学部第一临床学院	张居易	冯雪芹
医学部第二临床学院	陈志忠	
医学部儿科临床医学院	李丽丽	

2018—2019学年苏州大学优秀研究生名单

文学院（15人）

王海峰　　韩淑萍　　孙碧卿　　贾愫娟　　裴靖文　　张琳琳　　郝云飞
李　珊　　徐　婷　　金梦蝶　　徐　涵　　高顾楠　　王晶晶　　曹　晨
蒋　昕

传媒学院（8人）

朱　赫　　张　云　　张　晶　　朱梦秋　　孙宇辰　　侯潇潇　　郑青青
赵姝颖

社会学院（10人）

潘伟峰　　沈　璐　　徐　倩　　谭小伟　　邓景峰　　李　馨　　张欣云
顾枫清　　王鹏翔　　张　林

政治与公共管理学院（7人）

丁叙文　　任　楠　　董晨雪　　朱旭钰　　钟美玲　　王　楠　　赵云云

马克思主义学院（4人）

毛瑞康　　周心欣　　于　佳　　孙戾怿

外国语学院（11人）

韩　昕　　马银欢　　郭畅畅　　孙倩颖　　许冰超　　张　彤　　李凌飞
张　露　　牛　童　　伏　荣　　张宇韬

东吴商学院（财经学院）（18人）

朱慧敏　　景　兰　　徐逸骢　　邹力子　　王　巧　　姜钧乐　　薛思豪
翟令鑫　　孙丽娟　　许　慧　　朱　彤　　刘天宇　　孙旭安　　刘付韩
牟宗昕　　周雯静　　史晓璐　　荆百楠

王健法学院（23人）

李文吉　李睿智　徐翕明　黄文瀚　郭　倩　薛沈艳　赵永如
吴　敏　闫　岩　虞志波　胡巧璐　邢焱鹏　张雪洁　桂　沁
余　洋　储贝贝　郑宣霞　吴　琳　肖芷瑶　高九阳　张　亚
辛翔宇　李晨晨

教育学院（教育科学研究院）（11人）

刘晓宁　赵　凡　赵　松　刘　鑫　王鲁艺　黄　越　韩　俊
谭子妍　夏晓彤　孙佚思　姜　怡

艺术学院（12人）

闵西贤　白　雪　郑　豪　林馨之　严思寒　李嘉予　龙微微
蒋胥之　马铁亮　岳　满　于舒凡　李稼桢

音乐学院（2人）

李　想　周思文

体育学院（10人）

付　冰　江元元　杜　林　柳　畅　舒　丽　翟　童　钱　伟
严　鑫　韩朝一　蔡朋龙

金螳螂建筑学院（6人）

代鹏飞　曾敏姿　陈颖思　杨　娟　王　鹏　徐银凤

数学科学学院（8人）

徐　艳　刘　晴　王　瑶　王文静　戚良玮　戴静怡　施叶菲
丁　洁

金融工程研究中心（4人）

汤　淳　王一如　杨　雪　支康权

物理科学与技术学院（10人）

夏益祺　　曾　军　　孟林兴　　卢兴园　　李欣研　　王　敏　　朱晓翠
季文杰　　陈志鹏　　张　莹

光电科学与工程学院（8人）

周忠源　　彭啸峰　　安怡澹　　孙清心　　叶　红　　姚凯强　　董　磊
徐　倩

能源学院（5人）

牟乔乔　　孙　浩　　胡忠利　　连跃彬　　王梦凡

材料与化学化工学部（34人）

吴　月　　成雪峰　　王鹏棠　　余佳佳　　薛荣明　　张加旭　　米龙庆
张秧萍　　高　飞　　罗晓玲　　董颖莹　　杨　航　　赵永燕　　曹莹莹
张　荣　　刘　灿　　刘文影　　徐蒙蒙　　张玲玲　　阮晓军　　宋童欣
张书祥　　张　红　　陈　康　　缪腾飞　　陈　雨　　周欣纯　　王　宁
王心怡　　曹慧兴　　杜　丹　　王俊豪　　甘紫旭　　欧阳慧英

功能纳米与软物质研究院（18人）

张燕南　　沈　阳　　陶一辰　　杨　迪　　李　海　　孙　悦　　程　萍
张梦玲　　李雪超　　陈　敏　　李鹏丽　　高　晋　　储彬彬　　闫影影
朱蒙蒙　　郑方方　　刘　成　　文　超

计算机科学与技术学院（16人）

江心舟　　夏劲夫　　翟东君　　杨慧萍　　李泽鹏　　张婷婷　　何芙珍
刘　建　　叶　静　　张　栋　　邢雨青　　高晓雅　　罗安靖　　张　扬
那幸仪　　徐　石

电子信息学院（10人）

张钰狄　　韩子阳　　安景慧　　庞　婕　　王必成　　冯爽朗　　成雪娜
钱金星　　魏依苒　　田海鸿

机电工程学院（13人）

金　日　　李长顿　　侯君怡　　李芳霞　　马　翔　　金　晟　　倪　超
刘金聪　　章云霖　　过　宇　　林安迪　　李　刚　　武　帅

沙钢钢铁学院（1人）

郝月莹

纺织与服装工程学院（14人）

孙　玲　　方　月　　程亭亭　　江爱云　　雷启然　　孙　弋　　张　文
李武龙　　王　倩　　李晓霞　　吴玉婷　　牛梦雨　　王丽君　　赵俊涛

轨道交通学院（3人）

李　宁　　刘　杨　　郭文军

医学部（2人）

李华善　　叶领群

医学部基础医学与生物科学学院（12人）

宋　莎　　陈　健　　李杨丽　　张　萌　　倪亨吏　　毛婷婷　　方羿龙
王永峰　　胡国亮　　刘　磊　　崔文沼　　王　嫚

医学部放射医学与防护学院（6人）

冯　阳　　王　璐　　王　涛　　何林玮　　郭子扬　　陈　磊

医学部公共卫生学院（6人）

孙丽丽　　郭道遐　　闵晴晴　　杨金荣　　章婉琳　　刘静红

医学部药学院（11人）

闵庆强　　朱泽凡　　缪彤彤　　沈　微　　鞠秀峰　　毛　奇　　张钧砚
朱　梦　　王　峰　　朱永铭　　何远明

医学部护理学院（4人）

薛 源　查倩倩　胡安妮　奚 婧

医学部生物医学研究院（3人）

代 通　杨 洋　皇晨晓

医学部唐仲英血液学研究中心（2人）

赵珍珍　徐 莉

医学部神经科学研究所（2人）

王 彬　王志红

医学部第一临床学院（30人）

马延超　冯雪芹　胡 波　孙 彤　李 浩　曹杨琳　刘 旋
徐 婷　齐玲璐　苏青青　陆 婷　章君毅　杨梦瑶　周夜夜
葛 隽　李末寒　葛鑫鑫　奚黎婷　杨甜柯　纪逸群　葛高然
李 欢　侯佳敏　杨春丽　吴梦娇　王庆亚　林 杨　田孟丽
赵 烨　路 悦

医学部第二临床学院（15人）

任 超　李叶骋　孙莉莉　施文玉　洪 磊　张 洁　王成路
袁许亚　陶逸飞　陈仪婷　刘昱璐　万玮敏　傅 翔　王 敏
杜 云

医学部儿科临床医学院（7人）

马淑蓉　伍高红　谭兰兰　代云红　蒋小露　王丹丹　胡锡慧

医学部第三临床学院（6人）

吴叶顺　冯嘉伟　曹惠华　周 影　李艳飞　刘兆楠

医学部上海肺科医院（1人）

吴筱东

医学部临床七年制（4人）

徐剑豪　马　榕　刘梦宇　任　弛

2018—2019学年苏州大学优秀研究生干部名单

文学院（4人）

奚　倩　倪　琳　许陈颖　袁佳艳

传媒学院（2人）

张　旺　金真婷

社会学院（2人）

王昱皓　缪小燕

政治与公共管理学院（2人）

张　凡　帅　凯

马克思主义学院（1人）

张巩轶

外国语学院（3人）

颜　方　叶　洁　王　雨

东吴商学院（财经学院）（4人）

邵　蔚　单佳兰　余　浩　文　晴

王健法学院（6人）

梁尧　舒雅雅　万润发　郑颖　聂春阳　吴丹凤

教育学院（教育科学研究院）（3人）

王斐　徐婷婷　姜珊

艺术学院（3人）

刁井达　万琪琪　周耀宗

音乐学院（1人）

黄铭豪

体育学院（3人）

汤姣姣　杨晓莉　王庭晔

金螳螂建筑学院（2人）

钱云　王爽

数学科学学院（2人）

刘建松　尤彪

金融工程研究中心（1人）

刘苏萌

物理科学与技术学院（3人）

赵飞　王海云　徐子豪

光电科学与工程学院（2人）

何存　张昊宇

能源学院（1人）

陈宇杰

材料与化学化工学部（10人）

姜　楠　　吴　倩　　刘宝磊　　汤彦甫　　包淑锦　　陈巧云　　移明慧
周　康　　陈　婳　　李　慧

功能纳米与软物质研究院（5人）

凌旭峰　　韩　潇　　宋璐莹　　郭碧雨　　董　翀

计算机科学与技术学院（4人）

朱　灿　　周　雯　　张正齐　　祝启鼎

电子信息学院（3人）

单　雷　　郭　喻　　仲兆鑫

机电工程学院（3人）

李云飞　　黄曼娟　　杨　明

沙钢钢铁学院（1人）

施嘉伦

纺织与服装工程学院（4人）

仇卉卉　　肖　杰　　张　逸　　宣　凯

轨道交通学院（1人）

唐光泽

医学部基础医学与生物科学学院（5人）

穆 旭　尹 伊　朱 磊　杨树高　胡秋明

医学部放射医学与防护学院（2人）

葛剑娴　江文雯

医学部公共卫生学院（2人）

欧阳楠　章 宏

医学部药学院（3人）

杨 曼　林 晨　高 原

医学部护理学院（1人）

孙 锐

医学部生物医学研究院（1人）

袁雯怡

医学部唐仲英血液学研究中心（1人）

张 策

医学部神经科学研究所（1人）

王 坚

医学部第一临床学院（8人）

盛广影　郗 焜　王若沁　王温立　柏家祥　王明晗　谈辰欢
杨克西

医学部第二临床学院（4人）

崔晓燕　马　超　陶永丽　丁佳琦

医学部儿科临床医学院（2人）

张永平　舒丹丹

医学部第三临床学院（1人）

赵　杰

2018—2019学年苏州大学优秀毕业研究生名单

文学院（23人）

曹志伟	何　霞	武迎晗	张　梦	张　怡	胡敏韬	史　悠
俞佳佳	吴桓宇	章　琳	杨丽莉	李紫君	张　沁	李慧敏
方硕文	张星奕	仲捷敏	万泳菁	田　羽	黎　月	孙　娜
张庭悦	廖云花					

传媒学院（11人）

| 马　遥 | 郭春娟 | 赵丹妮 | 王　杉 | 石　宇 | 冯蜓蜓 | 陈天驰 |
| 戈嘉怡 | 雷　霆 | 邵超琦 | 周宇阳 | | | |

社会学院（14人）

| 王　杰 | 蒋美玲 | 丁　宝 | 敬淼春 | 程　楠 | 赵明敏 | 刘祎蓝 |
| 裴元元 | 王佳敏 | 李　凤 | 汪　妍 | 李欢欢 | 郑秋茹 | 卞　振 |

政治与公共管理学院（31人）

姚亦洁	朱恩泽	彭珉珺	何家媛	陈　磊	朱云丽	周　寅
况　晨	陈予宁	付加慧	马中英	孙　慧	张夏翔	孙文卓
石雨馨	俞笑笑	刘中华	陈凌胜	杨　春	范佳尔	邱玲玲
尹晓燕	徐　翁	张　蓓	何诗敏	葛莹莹	王苏阳	于　郑

张　凯　　周世民　　曾钰媛梦

马克思主义学院（5人）

杨　静　　郭潇彬　　刘仁玲　　李秀红　　刘娴琳

外国语学院（14人）

葛施琳　　徐　露　　王　杰　　翟雯娟　　韩小梅　　杨娟娟　　张莉莉
刘子暄　　洪如月　　栗自豪　　赵晴雯　　王　爽　　王小平　　朱　京

东吴商学院（财经学院）（37人）

王义忠　　姚　颖　　陆丹婷　　刘　伟　　吕　昕　　张天舒　　庄　炜
杨　沂　　伏威威　　张　雯　　程彦楚　　张靖冬　　吴　昳　　龚思思
王君旸　　叶宇婷　　沈　雯　　刘真真　　林婧莹　　丁露露　　胡雅然
梁天玉　　龚凡荻　　黄秋怡　　任曦莹　　周紫敏　　王思佳　　许　斌
张　茜　　吴立萍　　王　可　　赵鹏瀚　　武冬晨　　李　洋　　杨海华
刁苏宁　　李士龙

王健法学院（32人）

刘　辉　　杨　曦　　周欣怡　　李　杨　　高昱晨　　林秋萍　　杨雨佳
高　洁　　王剑叶　　许　晨　　宋嘉玲　　徐嘉欢　　刘　畅　　章　丽
焦孟顿　　张　震　　王　扬　　褚　础　　李鸣捷　　徐　蓉　　陈炳旭
马　天　　徐一春　　裘　韵　　许彤彤　　耿　浩　　彭霜晴　　卜盈清
吴雨行　　曹　敏　　何登辉　　安薪丞阳

教育学院（教育科学研究院）（16人）

李凤玮　　宋　妍　　管思源　　金　欢　　朱　珠　　段卓君　　耿　婕
李春桃　　苗程菓　　马东云　　张新鑫　　南文燕　　陶玲霞　　邹义文
丁新新　　丁淑慧

艺术学院（14人）

耿天宇　　杨　妍　　王亚亚　　王玮琪　　陈丁丁　　倪天姿　　孙　静
夏海莲　　胡　晓　　周晓航　　王冰源　　熊　樱　　芮雪婷　　容一力

音乐学院（2人）

邓 佳　许忆雯

体育学院（16人）

王 茜　赵 滢　耿 雪　杨 桃　王文倩　庞瑶瑶　张 旭
孟 琪　冯力宇　彭兰宾　厉 爽　杨金宇　吴梦妍　王梦然
申晋波　王 恒

金螳螂建筑学院（6人）

朱梦梦　李文超　燕海南　李秀秀　王 鑫　蒋雪琴

数学科学学院（11人）

王 瑾　徐 婷　顾王卿　黄梦颖　钱月凤　袁 媛　瞿曼湖
杨雨萌　曾 忱　陆佳萍　柳 璐

金融工程研究中心（6人）

何甜祥　张 怡　陈 静　胡 越　潘晶晶　王文倩

物理科学与技术学院（13人）

曹风人　范荣磊　朱雅芸　王一丹　蒋 宇　陈 亮　朱新蕾
施 然　宋佳文　施锦杰　倪戌炎　王 雪　陆玫琳

光电科学与工程学院（8人）

曹国洋　苏衍峰　马普娟　李 亮　吕清松　章巧萍　刘 磊
施玲燕

能源学院（5人）

王相国　朱星宇　汤 凯　宋英泽　曹学成

材料与化学化工学部（43人）

胡俊蝶	宿文燕	张　应	李飞龙	韦　婷	史意祥	张敬文
张俊波	宋平平	周　金	初先须	徐潇帆	吴静娴	刘宣宣
宋　云	董雪林	董亦诗	屠广亮	杨金霖	元利刚	李学文
陈婉露	顾珠兰	刘贝贝	杨　检	吴锦利	王　超	金瑶瑶
石钰婷	钱栋梁	周　宇	张　进	朱佳慧	邹丹红	钱琳璐
罗旻川	卢　燕	徐楠楠	王　飞	刘　婕	吕　晶	陈　瑞
赵郁晗						

功能纳米与软物质研究院（21人）

朱　成	泬益军	卓明鹏	宋　斌	仲启刚	陈俊梅	许亚龙
王玉生	李治洲	谈叶舒	杨艳琴	徐秀真	张月星	杨　慧
朱向东	仲启轩	陶丹蕾	刘长安	谢欣凯	魏爱民	刘海宇

计算机科学与技术学院（17人）

杨文彦	罗晓慧	蒋　峰	杨耀晟	何　莹	王丽丹	徐　扬
胡智慧	王　磊	高久茹	闫　岩	黄舒宁	黄　婷	赵安琪
潘致远	燕　然	王晶晶				

电子信息学院（14人）

郭　朝	高　婷	马煜辉	江　微	姜晓栋	马　刚	周　颖
童宣锋	孔晨晨	严　继	王　宁	李瑶天	沈　盈	杨怡琳

机电工程学院（13人）

徐浩楠	胡兵兵	程　晓	朱　杰	吴海燕	孟　凯	刘　凯
陈　云	周驰驰	朱兆雨	倪　婧	高习玮	张心宇	

沙钢钢铁学院（1人）

陈夏明

纺织与服装工程学院（17人）

程献伟	张松楠	闫　涛	孙玉发	马妮妮	宫鲁蜀	李　惠

李育洲　　王冬悦　　赵作显　　刘艳清　　王菲菲　　王亚茹　　陈　蕾
王雨婷　　陈　思　　张　阳

轨道交通学院（5人）

王　林　　朱　晨　　张　宇　　丁荣梅　　高冠琪

医学部基础医学与生物科学学院（22人）

朱　敏　　韩慧莹　　林宇鑫　　何　渊　　陈良燕　　程小瑜　　李　芳
徐艳敏　　李金鑫　　殷晓路　　张家硕　　郭宾宾　　胡佳欢　　李凌娟
郭金强　　杜　宇　　蒋志慧　　王　婷　　孙振江　　李亚南　　韩超珊
张雨晴

医学部放射医学与防护学院（8人）

尹雪苗　　刘　伟　　张　浩　　李文翔　　汪　遐　　蔡苏亚　　钟　力
李一秋

医学部公共卫生学院（5人）

吕梦莲　　曾妮美　　刘　露　　金红梅　　邓　姚

医学部药学院（13人）

刘佳莉　　吴清艳　　郭　倩　　张苗苗　　王　佳　　周烨娟　　贾昌浩
吴芳霞　　李　棒　　王晓卉　　王桂琴　　杨舒迪　　欧阳艺兰

医学部护理学院（4人）

王雯婷　　葛宾倩　　蔡建政　　徐　琳

医学部生物医学研究院（5人）

张　唯　　汪　琴　　刘　锦　　曹　婷　　冯　茜

医学部唐仲英血液学研究中心（5人）

张　滨　　方艺璇　　游凤涛　　葛超荣　　李自宣

医学部神经科学研究所（3人）

王 银　刘 旭　孙 倩

医学部第一临床学院（41人）

蔡文治	张 弛	褚耿磊	吴海滨	李 祥	马进进	黄迎康
张 杨	马云菊	孙 昊	贾 茜	陈兴宇	陈雪祎	凡孝蓉
张梦书	许晓文	吕 露	刘 纯	王 涛	李雪伟	丁 飞
缪晔红	张慧娴	周必琪	刘雪云	郑梦龙	刘 禹	孙厚义
王旭超	王 进	满忠松	张永宏	李 翔	张东平	张居易
陈 植	汤耀程	徐宏博	李雅丽	谭亚兰	高媛媛	

医学部第二临床学院（22人）

王宣之	张奇贤	张金茹	林苏滨	李思诚	沈 磊	石 菲
李梦娟	孙 京	孔祥宇	熊艺彤	陈志忠	钟文涛	姚平安
李 阳	周 越	王凯俐	徐华军	程元骏	张 伟	欧志杰
范银银						

医学部儿科临床医学院（11人）

| 戴小妹 | 武银银 | 李庆玲 | 戴 鸽 | 谭嘉红 | 袁 静 | 石翠珠 |
| 郝志艳 | 王洪利 | 杨瑞蕊 | 周利兵 | | | |

医学部第三临床学院（7人）

张 珞　刘 月　肖 丽　信文冲　李树祥　王 恺　祖广晨

医学部上海第六人民医院（1人）

王佳佳

2018—2019学年苏州大学优秀毕业本科生名单

文学院（28人）

李 梅	柏艺琳	颜玉杰	胡永涵	陈嘉琳	张 雪	赵晨璐
杨锦非	赵秋雨	袁 也	孙一丹	谈嘉悦	薛 健	杜宁奕
黄蓓琪	姚悦晴	朱蔼如	王堰焜	王心怡	胡畅捷	范佳玥
金宇嘉	蒋丰蔓	张 羽	张 琪	王立凤	程睿倩	成艳容

传媒学院（36人）

苟洪景	费 楠	杨 波	姚 姚	陆佳欢	罗 楠	闫丛笑
杜玲超	徐 颖	蔡昕儒	曾 晨	王姝颖	苏 粤	周爱雨
程雪莹	李江薇	陈爱梅	曹一平	陈昕悦	吴若琳	李 杰
夏 敏	朱亚蕾	徐宏岩	李雪冰	王卉蕾	顾佳铭	刘 杨
杨 真	袁 方	李霖清	尹心航	李 超	乐美真	郑可欣
王新宇						

社会学院（35人）

宋雪怡	张晨晓	商东惠	吴诗琪	陈思凡	曹 玉	孙一言
王柯玉	赵明月	崔 晗	孙 悦	阚延涛	王 馨	季翔兆
王含含	喻鑫森	薛雨萌	吴 迪	王 盼	闫艺涵	寇 琴
谢紫悦	张文君	严 格	吴雨辰	刘 颖	郑倩倩	艾雨青
季鸿玮	刘贞伶	熊怡静	金颖芸	张 玲	张凌霄	张 颉

政治与公共管理学院（56人）

袁慧琳	戴 云	查雅倩	李 辰	顾雨清	张 诺	丁一旻
王玲娟	薛志航	薛晓宇	汪 曼	王 欣	谈碧蕊	桑新月
吴冉冉	高乙今	陆昱瑾	陶 然	吴巧玉	杨婧颖	刘育宛
文 龙	杨润莹	冯露露	李竹馨	陶 鑫	李梦璐	田梦贤
胡雨亭	吴茜茜	夏楚凡	贺涵彦	李 欢	金泽琪	裴 望
徐舜琰	霍宗毅	刘 静	杜 茜	孙 月	刘国庆	沈耘辰
陈兆琳	施米娜	李佳桐	孙宇江	查则成	陶希景	关 欣
安恬妮	张欣怡	李涵签	顾文卓	戴 婷	陆乃薇	丁佩嘉

教育学院（15 人）

邱鸶涵	张小玉	王 筱	张 天	殷 洒	吴英慧	朱雨萱
何瑜婷	王楚珺	蒋诗榆	李 奕	程子鹏	孙鹏媛	熊文文
安 奇						

东吴商学院（财经学院）（70 人）

蒋姝程	陈欣竹	季心禾	侯文婷	陆轶琦	刘星辰	谢红阳
徐哲源	明玉慧	王昇唯	张圆圆	冯沈艺	沈晓彤	侯泽玮
秦 媛	贾飞燕	胡文洁	吴和俊	侯杰杰	唐钟恒	朱 丽
辛紫燕	吴紫荆	汪依颖	魏梦妍	苍 晗	汪思凡	承 晨
王明月	秦生辉	尉文婷	郭晶晶	徐心怡	陈雪宁	薛佳梓
邹佳佳	余佳玲	张梦如	季章云	杨子慧	许铭雪	葛颜慧
王星宇	陆思婕	刘圣瑜	潘倩怡	高 冉	陈佳锋	潘丽娟
陆怡文	王冰柔	陈健萍	蒋 凤	何静娴	王晓玲	葛 畅
杜雅静	李 雪	陈 璞	龚文珺	陈 静	张奇宇	蒋雪柔
李雨欣	王晨昀	朱文婕	林 妤	余泽敏	沈 璐	李梦涵

王健法学院（23 人）

陈怡君	周雯露	金亦丁	章 金	顾 斌	钱静瑶	陈天韵
王逸云	李 村	吴佳祺	林韵倩	任玮立	王正浩	徐涵颖
靳思梦	陈 红	范江伟	蒋 屹	郭 宸	汪 煜	潘航美
何 新	施金花					

外国语学院（30 人）

丁 珍	缪海泓	袁 泉	余安莉	王佳轶	冯雨卓	颜 蓉
陶 陶	吴根祺	陶怡然	周 雪	葛玉婷	王玉洒	陈云碟
眭萍露	林秋晶	赵亦慧	杜若琳	时少仪	施晓晨	孙崇宇
沈徐颖	胡新宇	伍 雪	刘 仟	丁伊雯	禹玮婷	张思桦
王佳慧	臧 蕾					

金螳螂建筑学院（20 人）

李嘉欣	刘 婧	朱羽佳	王颖怡	茆昕明	谢佳琪	丁亚挺
王 博	张 蓓	陆绮雯	张宁育	朱玉蕊	邹 玥	李仪琳
周 懿	张 钰	卞 梧	韩 扬	沈明宇	杨鑫秀	

数学科学学院（29 人）

时　间　　谷燕南　　袁刘尧　　戴安琪　　李嘉琦　　肖　昊　　蔡文意
沈　帅　　张　博　　顾　燕　　叶云倩　　沈益琴　　张诗芸　　许　月
张　露　　裘佳星　　徐　甜　　刘成诺　　王祯琪　　陆馨瑜　　钱媛媛
任　鑫　　陈　越　　张碧莹　　倪　琳　　郭文静　　李金洋　　史静怡
李雨荞

能源学院（24 人）

严港斌　　孙心怡　　黄子阳　　陈甘霖　　赵梧汐　　董昕宇　　汪紫荆
张布衣　　王陈皞玥　闵嘉琳　　张文珺　　韩　仪　　江冬阳　　杨　何
王　港　　王　威　　徐　理　　刘文杰　　黄淑静　　王　翔　　潘雨默
黄启亮　　曹俊杰　　张亚丹

光电科学与工程学院（15 人）

任康宇　　华敏杰　　王飞龙　　邢春蕾　　马天舒　　崔　昊　　缪静文
王慧全　　周长伟　　江均均　　伍远博　　李新月　　文　亚　　曾馨逸
孙玉叶

物理科学与技术学院（14 人）

刘　萧　　王　鑫　　何海南　　席家伟　　郝怡然　　刘　硕　　马泽辰
张敏玥　　孟苑春　　许月仙　　孙超祥　　徐　晨　　朱文君　　葛宇轲

材料与化学化工学部（50 人）

谢华蓉　　王景雯　　陈福广　　孙银萍　　赵松松　　张志琳　　徐铭丰
郭陈锴　　石　鹭　　甄景森　　龚李丽　　王　伟　　林　霞　　陈国彬
段素华　　唐晞闻　　周雅瑛　　朱佳雯　　宋　佳　　马　旭　　代　宇
鲁坤焱　　叶　雨　　薛佳莹　　沈谊皓　　刘晓雨　　吴　芸　　王　艳
廉霄甜　　张弓心　　赵小飞　　周　芳　　窦悦珊　　陈姣龙　　吴　千
徐邵栋　　印　璐　　刘媛媛　　周学军　　张歆悦　　吴欣雨　　翟伟杰
吴　聪　　孙　伟　　杨　贺　　邢　栋　　项　磊　　朱凯成　　任婷婷
沈　倩

纳米科学技术学院（13 人）

陈思雨　聂　万　李　想　张秋馨　张立秀　袁佳蓓　王婷婷
谢文鹤　陈小平　雷华俐　许　悦　张元昊　蔡佳伟

计算机科学与技术学院（50 人）

陶嘉铭　丁羽飞　蔡小翠　沈梦洁　蒋茜茜　凌雅博　沈佩雯
崔　波　王妍佳　周雪菲　杨玉婷　陈　婷　贾永辉　郑乐琪
张　萌　厉风行　杨浩苹　吴大洋　盛　俭　宗　琰　殷亚珏
宋彦杉　蔡文静　高　奔　周　倩　宋　玲　王　瑜　云　燕
王吉玉　王珊珊　沈永亮　黄云云　仲　跃　刘腾飞　曾　媛
曹　倡　沈佳琳　潘志诚　何　洁　蒋　婷　陈石松　周明月
程　锋　刘常杰　于　波　徐泽楠　吴长姣　王　俊　张　楠
殷文莉

电子信息学院（46 人）

卞天宇　王经坤　吕海飞　洪　潇　任　昊　仇昆鹏　于长周
黄维康　郭　超　李思慧　严纪强　钟　宁　郑乐松　魏正康
杨　颖　朱青橙　巩　奕　王　婷　朱　磊　卜欣欣　周宁浩
高立杭　王泽廷　李小雨　季　晨　丁广刘　钱承晖　杨　昊
姜淙文　宁于峰　吴一琳　王叶鑫　张昊宸　陈乐凯　汪世平
陈言言　刘天宇　葛鸿宇　王　阳　曹　龙　陈　蕊　吕露露
周　煜　夏　星　曾诣佳　刘　银

机电工程学院（39 人）

张菁华　卜俊怡　沈　昊　龚申健　王新志　刘景雯　闫朝阳
徐璟然　李　奇　郑在武　朱　权　区海宏　何瑞瑶　桑春磊
颜华鑫　李　鑫　胡　悦　戴辰昕　闫　玲　张宇轩　张乐然
卓北辰　任中国　陆炀铭　张　聪　马玉峰　刘紫荆　杨文洁
葛　涵　叶雪嵩　葛杜安　王国伟　程晓璇　王则涵　张雨薇
黄佳琦　范祎杰　董美辰　叶霆锋

沙钢钢铁学院（12 人）

蒋　坤　刘　令　杨　蕾　颜　倩　王浩浩　叶　帆　唐建国
刘晓旭　胡　钦　廖桂祥　李　涛　孙镜涵

纺织与服装工程学院（41人）

仇卢琦	梅婷婷	王毅楷	汤 健	陈 钱	成 晨	陈凯丽
张志颖	林 楠	毕 明	韩小珂	曹开莉	刘雪平	陈淑桦
陈小飞	吴妍霏	卞香銮	张方丽	冯蕊琪	徐奇玉	孟 晶
张泽阳	向 敏	龚 雪	牛蒙蒙	张 依	钱 飒	孙元艺
郭亚婷	冯佳文	刘 斌	孙小钦	张 颖	张赵灵	陈东敏
左珊姗	乔聪聪	李雯雯	陈雨昕	西艳妮	李帅兵	

轨道交通学院（43人）

府香钰	郭绍雄	倪阳阳	袁雨秋	毛一鸣	陆 郦	刘 杰
许雪梅	周卓筠	周才杰	吴碧霄	刘双劼	宋本健	卞 瑶
宗清会	高天晴	徐诗涵	李 彤	温 馨	顾圆圆	汪志浩
蔡兴强	王子悦	张邵伟	王 燕	施欣桐	沈智威	苏燕婷
马 媛	徐妍青	刘 辉	吴国鹏	李佩佩	陈志伟	吴 奔
徐亚萍	田戎晋	周 丹	周瑞祥	顾宏艳	陈昊晟	刘博闻
杨文秀						

体育学院（26人）

陶欣雨	金柳沁	贾潇彭	秦 卿	田子林	饶 湾	袁小英
侯泽林	祁 豫	赵 晨	李梦婷	李 建	徐安珂	李春旺
张朝伟	吴子含	马文杰	潘泓桦	韦秋玉	宋 静	李港萍
汤美华	王彩霞	吴 羽	郁天成	史远洋		

艺术学院（31人）

黄 茵	赖雯敏	王 琦	刘倚均	肖鸿翔	马健熠	吴 越
杨思佳	雷雅玲	谢晨昱	陈翠兰	陈雅君	黄美琪	张婉慧
曾佳琦	康金蒙	朱芸阁	钟巧宏	罗一军	薛永辉	周碧凤
唐澜菱	舒晓萌	朱明艺	史抒瑞	周易安	周子茜	陈文竹
孙月方	赵梦菲	王亚楠				

音乐学院（10人）

邓源慧	胡海晴	冯雨筠	张智超	邓淑虹	张译舟	罗霄霄
曹惠娜	贾小婧	欧阳天颖				

医学部（135人）

丁　鹏	徐剑豪	撒　荣	张志昱	骆亦佳	赵莹莹	龚秋源
吴　亮	温冬香	王　婉	陈　婉	张樱子	白　冰	刘颖桦
叶　晶	杨佳宝	顾　佳	叶珠静	蔚静宜	高言心	王璐璐
麻世英	仇沁晓	尤心怡	黄菲菲	冯安萍	任锦锦	李　斐
袁　洁	周涟漪	周慧敏	侯亚信	宋清怡	魏　丹	金家慷
司马一桢	谢伟晔	宋　康	盛祖凤	胡佳琦	李　愫	朱周军
吴梦茵	吴　博	熊龙滨	郑佳杰	刘　倩	刘小娜	朱梦炜
陈妍心	唐小苗	李新丽	陆佳洁	秦子涵	程霄霄	李翰文
顾怡钰	何　钦	马亦凡	王　伟	赵　雯	李茗茗	郭康丽
徐怡楠	陈　阳	闫家辉	王泽堃	宗路杰	徐文倩	杨敏怡
徐　岚	王智君	龚思怡	刘丹妮	姚懿染	张　望	吕俊兴
丁佳涵	史佳林	张卿义	张智博	王静怡	侯楚怡	孙梦琦
秦子然	蒋高月	赵　珍	翟婧洁	程怡茹	巢　婷	范佳颖
王籽怡	冯家蓉	刘伊娜	姚星云	吕青兰	陈珏旭	刘雨萱
贾慧芳	梁家僖	赵　潘	樊星砚	许晓轩	赵京龙	李　娜
宋凯丽	严思琪	马宇蕾	许映娜	李静梅	陈星烨	荣子芸
王小英	陈　彬	赵若琳	陈　阳	闫　娜	罗　洁	欧　玲
王丽蓉	齐若含	周志芸	刘　丹	潘庆瑾	郭飞越	马　霏
王雅惠	李　林	王　钏	孙文琳	罗凌云	刘颖慧	顾慧可
王一斐	宋　雨					

唐文治书院（4人）

陈　秋　　张嫣楠　　周子璇　　李　昆

苏州大学 2018—2019 学年各学院（部）获捐赠奖学金情况（表 7）

表 7 苏州大学 2018—2019 学年各学院（部）获捐赠奖学金情况一览表

序号	学院（部）名称	捐赠奖/元
1	文学院	34 000
2	传媒学院	41 000
3	社会学院	40 000
4	政治与公共管理学院	49 000
5	教育学院	24 000
6	东吴商学院（财经学院）	306 600
7	王健法学院	51 200
8	外国语学院	68 800
9	金螳螂建筑学院	39 000
10	数学科学学院	45 000
11	物理科学与技术学院	31 000
12	光电科学与工程学院	36 000
13	能源学院	29 000
14	材料与化学化工学部	130 000
15	计算机科学与技术学院	89 000
16	电子信息学院	225 900
17	机电工程学院	86 000

续表

序号	学院（部）名称	捐赠奖/元
18	纺织与服装工程学院	233 000
19	轨道交通学院	55 000
20	体育学院	29 000
21	艺术学院	45 000
22	医学部	457 500
23	敬文书院	120 000
24	纳米科学技术学院	46 500
25	音乐学院	29 000
26	唐文治书院	10 000
27	沙钢钢铁学院	18 000
	合计	2 368 500

重要资料及统计

办学规模

教学单位情况（表8）

表8 教学单位一览表

院部
文学院
传媒学院
社会学院
政治与公共管理学院
马克思主义学院
外国语学院
东吴商学院（财经学院）
王健法学院
教育学院
艺术学院
音乐学院
体育学院
金螳螂建筑学院
数学科学学院
物理科学与技术学院
光电科学与工程学院
能源学院
材料与化学化工学部
纳米科学技术学院

续表

院部	
计算机科学与技术学院	
电子信息学院	
机电工程学院	
沙钢钢铁学院	
纺织与服装工程学院（紫卿书院）	
轨道交通学院	
医学部	基础医学与生物科学学院
	放射医学与防护学院
	公共卫生学院
	药学院
	护理学院
	第一临床学院
	第二临床学院
	儿科临床医学院
	第三临床学院
巴斯德学院	
东吴学院	
师范学院	
敬文书院	
唐文治书院	
工程训练中心	
艺术教育中心	
海外教育学院	
继续教育学院	
文正学院	
应用技术学院	
老挝苏州大学	

成教医学教学点情况（表9）

表9　成教医学教学点情况一览表

教学点名称	招收专业
宜兴卫生职工中等专业学校	临床医学
江苏省武进职业教育中心校	护理学、临床医学、药学、医学影像学
常州市金坛区卫生进修学校	护理学
溧阳市卫生培训中心	护理学
太仓市卫生培训与健康促进中心	护理学、医学检验、临床医学
张家港市健康促进中心	护理学、药学、临床医学
昆山市健康促进中心	护理学、药学
江苏医药职业学院	护理学、医学影像学、食品质量与安全
镇江市高等专科学校	护理学
常熟开放大学	护理学、临床医学
江苏省南通卫生高等职业技术学校	护理学

全校各类学生在校人数情况（表10）

表10　全校各类学生在校人数一览表　　　　　　单位：人

类别		人数
研究生	博士研究生	1 982
	硕士研究生	13 368
全日制本科生		27 615
外国留学生		3 271
成教	函授生	2 658
	业余	7 511
	脱产	0
合计		56 405

研究生毕业、授学位、入学和在校人数情况（表11）

表11　研究生毕业、授学位、入学和在校人数一览表　　　　单位：人

	毕业生数	授学位数	招生数	在校研究生数
博士生	347	537	439	1 982
硕士生	3 439	4 105	4 792	13 368
合计	3 786	4 642	5 231	15 350

全日制本科学生毕业、入学和在校人数情况（表12）

表12　全日制本科学生毕业、入学和在校人数一览表　　　　单位：人

	毕业生数	招生数	在校学生数
合计	6 018	6 630	27 615

注：全日制本科毕业生数为实际毕业人数。

成人学历教育学生毕业、在读人数情况（表13）

表13　成人学历教育学生毕业、在读人数一览表　　　　单位：人

	在读学生数	毕业生数
本科	10 169	3 055
专科	0	0
合计	10 169	3 055

注：此表中成人学历教育学生数未包括自学考试学生。

2019年各类外国留学生人数情况（表14）

表14　2019年各类外国留学生人数情况一览表　　单位：人、个

总人数	男	女	国家、地区数	高级进修生	普通进修生	本科生	硕士研究生	博士研究生	短期生
3 271	1 368	1 903	90	1	77	679	180	103	2 309

2019年各类中国港澳台地区学生人数情况（表15）

表15　2019年各类中国港澳台地区学生人数情况一览表　　单位：人、个

总人数	男	女	地区数	交换生	本科生	硕士研究生	博士研究生
157	96	61	3	56	107	12	38

全日制各类在校学生的比率情况（表16）

表16　全日制各类在校学生的比率情况一览表

类别	合计/人	占学生总数的比例/%
研究生	15 350	33.20
本科生	27 615	59.73
外国留学生	3 271	7.07
合计	46 236	100.00

注：合计中不含成人教育学生。

2019年毕业的研究生、本科（含成人学历教育、含结业）学生名单

2019年毕业学术型博士研究生名单

文学院

比较文学与世界文学（2人）
　　张卓亚　赵 韧

通俗文学与大众文化（4人）
　　陈乐汶　胡 萱　杨雷力　张友文

文艺学（2人）
　　曹志伟　李兰英

戏剧影视文学（1人）
　　黄建华

语言学及应用语言学（1人）
　　周国鹃

中国古代文学（1人）
　　李 文

中国现当代文学（7人）
　　车玉茜　葛 强　何 霞　潘 莉　吴学峰　谢圣婷　张雪蕊

传媒学院

媒介与文化产业（1人）
　　严万祺

社会学院

中国史（4人）
  高海云 郭进萍 黄　泳 李欣栩

政治与公共管理学院

地方政府与社会管理（5人）
  吕静宜 马　薇 任　飞 殷　盈 张　瑾

马克思主义哲学（5人）
  马中英 宋　杰 徐　东 张晨耕 赵　强

政治学理论（6人）
  丁　希 巩建青 江亚洲 刘椰斐 吴海南 严　晶

马克思主义学院

马克思主义基本原理（4人）
  吉启卫 姜颖鹏 王海霞 张李军

思想政治教育（2人）
  王爱桂 郁蓓蓓

外国语学院

翻译学（1人）
  曹灵美

外国语言学及应用语言学（2人）
  王小平 朱　京

英语语言文学（3人）
  卜杭宾 侯　飞 赵　诚

东吴商学院（财经学院）

财政学（1人）
薛苏明

金融学（4人）
何芸　姜帅　佟锦霞　屠立峰

企业管理（3人）
刘淑芳　谭瑾　姚炯

区域经济学（1人）
曹玉华

王健法学院

法律史（1人）
吕洪果

法学理论（2人）
李青　刘辉

国际法学（2人）
梁琨　刘芳

诉讼法学（1人）
陈红梅

宪法学与行政法学（4人）
何登辉　晏景中　杨曦　张靖波

教育学院

高等教育学（15人）
曹文雯　查德华　冯霞　高慧　冷洁　李凤玮　毛华配
宋丹　王彬　王中会　徐悦　杨志卿　张杨　张卫民
朱传林

艺术学院

设计学（4人）
  高　正　　李　瑛　　邵巍巍　　章心怡

体育学院

体育学（5人）
  刘广飞　　刘立军　　申晋波　　王　恒　　姚晓芳

体育学（体育教育训练学）（1人）
  高　跃

体育教育训练学（2人）
  陈昱豪　　刘孟竹

数学科学学院

基础数学（3人）
  贺　艳　　李国发　　王　瑾

应用数学（2人）
  康霞霞　　吴万楼

物理科学与技术学院

光学（4人）
  褚宏晨　　梁春豪　　杨玉婷　　余佳益

凝聚态物理（8人）
  曹风人　　范荣磊　　黄冠平　　李　平　　武芳丽　　赵　岩　　周　丹
  周娇娇

软凝聚态物理（2人）
  王　超　　夏强胜

光电科学与工程学院

光学工程（7人）
曹国洋　马普娟　潘　俏　苏衍峰　吴登生　吴尚亮　虞天成

能源学院

新能源科学与工程（8人）
曹学成　戴　晓　郝亚娟　刘　杰　刘学军　宋英泽　王　静
朱国斌

材料与化学化工学部

材料学（4人）
荆瑞红　李　奇　张又豪　周　阳

分析化学（3人）
储言信　方　晨　王　锦

高分子化学与物理（12人）
安晓伟　丁　轶　董淑祥　杜　慧　高凌锋　顾晓雷　黄智豪
李　磊　刘　琦　韦　婷　宿文燕　周艳艳

无机化学（9人）
葛　宇　韩静瑜　侯进乐　胡丹丹　李飞龙　李妮娅　史意祥
张　应　张梦娟

物理化学（2人）
李成坤　许　健

应用化学（3人）
邓瑶瑶　胡俊蝶　李院院

有机化学（8人）
鲍　明　陈　栋　方　毅　李辉煌　陆澄容　许鹏飞　张俊琦
郑　洋

功能纳米与软物质研究院

材料科学与工程（12人）
陈　磊　　龚秋芳　　纪玉金　　李方超　　梁文凯　　刘良斌　　刘玉强
彭明发　　孙云雨　　徐秀真　　袁小磊　　卓明鹏

化学（8人）
李永娟　　梁　超　　刘向阳　　宋　斌　　田龙龙　　邬赟羚　　张　青
朱　成

物理学（7人）
牛之慧　　史国钲　　王玉生　　夏周慧　　仲启刚　　仲亚楠　　周俊贵

计算机科学与技术学院

计算机科学与技术（10人）
樊卫北　　李小燕　　李永刚　　彭　涛　　施连敏　　孙庆英　　王桂娟
王晶晶　　张步忠　　朱苏阳

软件工程（1人）
尹宏伟

电子信息学院

信号与信息处理（1人）
羊箭锋

纺织与服装工程学院

纺织材料与纺织品设计（4人）
陈贵翠　　陈长洁　　程献伟　　闫　涛

纺织工程（4人）
李青松　　岳新霞　　张松楠　　张兆发

纺织化学与染整工程（3人）
管　淼　　汤松松　　姚　平

服装设计与工程（2人）
　　胡小燕　　张旭靖

医学部

免疫学（2人）
　　尚倩雯　　王　婷

人体解剖与组织胚胎学（3人）
　　仇嘉颖　　李枚原　　刘　燕

药理学（1人）
　　丁信园

医学细胞与分子生物学（6人）
　　方　星　　韩超珊　　宋　琳　　虞　游　　郑智元　　朱　宝

医学部基础医学与生物科学学院

病理学与病理生理学（1人）
　　徐艳敏

病原生物学（2人）
　　王小莉　　战廷正

法医学（1人）
　　胡　君

免疫学（2人）
　　贲志云　　朱轶晴

人体解剖与组织胚胎学（1人）
　　张　蕾

药理学（1人）
　　朱　敏

药物化学（1人）
　　仇 凡

医学神经生物学（1人）
　　孙晓东

医学系统生物学（2人）
　　林宇鑫　　郁春江

医学细胞与分子生物学（5人）
　　陈学东　　何 渊　　李 芳　　王东艳　　许键炜

医学部放射医学与防护学院

放射医学（6人）
　　裴炜炜　　瞿述根　　夏 宁　　徐志明　　尹秀华　　张 浩

高分子化学与物理（1人）
　　钱 骏

无机化学（2人）
　　徐 琳　　尹雪苗

应用化学（1人）
　　刘 伟

医学部公共卫生学院

流行病与卫生统计学（4人）
　　丁 一　　何 培　　陆益花　　王炳花

医学部药学院

微生物与生化药学（1人）
　　田 浩

药剂学（3人）
　　王 琳　　杨舒迪　　张诗超

药理学（8人）
　　段欠欠　耿骥　韩朝军　郝宗兵　李威　乔世刚　任莹
　　汤曼

药物分析学（2人）
　　闵春艳　欧阳艺兰

医学部唐仲英血液学研究中心

病理学与病理生理学（1人）
　　张滨

免疫学（1人）
　　游凤涛

医学细胞与分子生物学（5人）
　　储蔓　方艺璇　王丽娜　姚红　郑娜娜

医学部神经科学研究所

医学神经生物学（3人）
　　孙俊杰　杨丹　朱浩

医学部生物医学研究院

免疫学（8人）
　　卞刚　高亮　花盛浩　刘锦　汪琴　杨杰　尤红娟
　　张唯

药理学（1人）
　　曹婷

医学部第一临床学院

内科学（6人）
　　蔡文治　王俊　谢菁　尤涛　张弛　赵爽

胚胎生理与围产基础医学（1人）
　　张跃明

外科学（11人）
　　陈春茂　　陈周青　　褚耿磊　　李　坤　　李　烨　　陆奇峰　　马　腾
　　倪　莉　　吴海滨　　吴科荣　　杨　勇

围产医学与胎儿学（2人）
　　李　祥　　徐文丹

影像医学与核医学（3人）
　　蔡　武　　胡　粟　　李金利

医学部第二临床学院

神经病学（2人）
　　张惠钧　　张金茹

外科学（3人）
　　杜晓龙　　林苏滨　　王宣之

眼科学（1人）
　　王　立

肿瘤学（1人）
　　张奇贤

医学部儿科临床医学院

儿科学（2人）
　　金美芳　　李丽丽

医学部第三临床学院

肿瘤学（1人）
　　张　珞

海外教育学院

纺织工程（7人）
AGRAWAL TARUN KUMAR
HASHEMI SANATGAR RAZIEH
KAHOUSH MAY
KAMALHA EDWIN
MANDLEKAR NEERAJ KUMAR
TADESSE MELKIE GETNET
WAGNER MELISSA MONIKA

汉语言文字学（1人）
SOLNYSHKO VIKTOR

化学（2人）
OGUNLANA ABOSEDE ADEJOKE
SHOBERU ADEDAMOLA SIJUADE

化学工程（2人）
GEORGE OLUWAFEMI AYODELE
ORIBAYO OLUWASOLA

新能源科学与工程（1人）
SHAH RAHIM

营养与食品卫生学（1人）
KHEMAYANTO HIDAYAT

2019年毕业学术型硕士研究生名单

文学院

课程与教学论（3人）
阚宇涵　　王兰兰　　王心培

美学（4人）
　　柴永鹏　　吴亚男　　袁俊伟　　郑可欣

中国语言文学（34人）
　　丁耀桩　　冯思远　　高　石　　耿　静　　李慧敏　　李梦茹　　梁妍宁
　　刘晶晶　　潘　舒　　邱苏华　　阮梦迪　　史　悠　　宋奇论　　万海娟
　　王嘉捷　　吴　耐　　吴桓宇　　武迎晗　　肖丽萍　　鸦　洁　　闫毓燕
　　杨丽莉　　姚　雨　　尹　景　　于经纬　　俞佳佳　　占艳艳　　张　梦
　　张　沁　　张　怡　　章　琳　　赵　秦　　朱孔婷　　邹　怡

中国语言文学（汉语言文字学）（4人）
　　陈亚南　　胡敏韬　　陆　恒　　吕金刚

中国语言文学（文艺学）（2人）
　　方硕文　　李紫君

中国语言文学（中国古代文学）（3人）
　　杜晶晶　　宋子乔　　周恬羽

中国语言文学（中国现当代文学）（1人）
　　张菲菲

传媒学院

戏剧与影视学（5人）
　　康艺铭　　李玉茜　　马　遥　　王　杉　　禹　慧

新闻传播学（13人）
　　方乔杉　　封文凯　　高原卉　　郭春娟　　李嘉瑞　　钱苗苗　　王　芳
　　王　娜　　吴雪张美　　吴炎子　　谢　洎　　张　艺　　赵丹妮

社会学院

旅游管理（6人）
　　陈　磊　　贾艳云　　李　凤　　李婉玉　　王佳敏　　赵孟娅

社会保障（2人）
　　刘祎蓝　　王玲然

社会学（10人）
　　胡　荣　　胡小苗　　胡哲廛　　梁艳青　　刘　盼　　裴元元　　宋　莹
　　肖双鸽　　张　焘　　赵梦瑶

世界史（5人）
　　郭　倩　　吕博凯　　马耀宗　　徐聪聪　　赵明敏

图书情报与档案管理（11人）
　　蔡明娜　　丁　宝　　杜攀旭　　蒋美玲　　劳旖旎　　李炜超　　邱文琦
　　孙　东　　王　杰　　徐子娟　　俞剑飞

中国史（12人）
　　陈兰婷　　程　楠　　贾怡萍　　敬森春　　李晓杰　　毛　铭　　屈　顺
　　汪敏倩　　王　帅　　肖云飞　　杨　逸　　朱雪薇

政治与公共管理学院

地方政府与社会管理（1人）
　　徐嘉雯

管理科学与工程（4人）
　　曹诚丽　　付加慧　　彭珉珺　　朱云丽

管理哲学（1人）
　　陈　奕

行政管理（23人）
　　曾钰媛梦　何家媛　　黄　刚　　柯婷婷　　况　晨　　李　婷　　刘　洋
　　宋　杰　　宋　婧　　孙　菲　　孙　静　　孙韵雯　　王　浪　　王雪梅
　　徐　凡　　徐　蕾　　严泽鹏　　尹　琪　　袁　梅　　张国富　　赵　倩
　　朱馨禄　　宗　璞

伦理学（3人）
　　糜　卉　　唐　成　　朱恩泽

马克思主义哲学（4人）
　　蔡丹丹　　李　洁　　史利玲　　姚亦洁

社会医学与卫生事业管理（4人）
　　陈　奎　　陈予宁　　汪　琴　　王思爽

土地资源管理（3人）
　　范　蓉　　潘思谕　　周　旻

外国哲学（2人）
　　曹梦妮　　王　鑫

政治学（10人）
　　陈　磊　　陈鹏钢　　陈星恬　　蒋娅娣　　李陈婷　　马　玉　　全　琪
　　王　磊　　王玲玲　　周　峰

中国哲学（2人）
　　丁芳芳　　谭　丽

马克思主义学院

课程与教学论（1人）
　　李昭轩

马克思主义基本原理（6人）
　　李慧敏　　刘璐瑶　　毛玉芳　　冉耘豪　　张　莹　　朱　颖

思想政治教育（7人）
　　郝晓阳　　李秀红　　刘　杨　　刘仁玲　　王洪莎　　杨　静　　杨　柳

外国语学院

俄语语言文学（6人）
　　韩小梅　　何　峰　　李春燕　　刘华婷　　闵　蓉　　秦　瑶

翻译学（5人）
　　葛施琳　　刘诚盈　　王旭梅　　徐　露　　朱爱秋

日语语言文学（6人）
　　戴　婷　　汪东峰　　王　杰　　徐　悦　　章荣钰　　邹芳莲

外国语言学及应用语言学（14人）
　　郭清莹　　黄　佳　　贾玲玲　　金皓原　　李承先　　刘　超　　刘艳雨
　　秦安彬　　王天然　　吴其佳　　郗正清　　翟雯娟　　赵安琪　　赵琳琳

英语语言文学（8人）
　　陈　瑶　　戴仲燕　　林晨星　　杨娟娟　　易　薇　　张　莹　　张丽媛
　　张媛媛

东吴商学院（财经学院）

工商管理（21人）
　　代　薇　　丁露露　　伏威威　　郭帅灵　　韩燕兰　　胡雅然　　康慧敏
　　李维维　　刘　明　　刘　翌　　王义忠　　翁　卿　　谢尚俊　　杨　沂
　　杨玛丽　　叶宇婷　　张　蓉　　张贤德　　张晓蕾　　张星玥　　祝　雷

世界经济（1人）
　　刘真真

应用经济学（27人）
　　曹　静　　曹炳羲　　陈凯丽　　程　然　　程彦楚　　丁春凤　　丁小燕
　　龚思思　　李梦蝶　　李瑞平　　林婧莹　　刘　伟　　陆丹婷　　潘酉狄
　　沈　雯　　王慈珺　　王婧昕　　吴　昳　　吴思琼　　薛艳秋　　杨霞菲
　　姚　颖　　张　雯　　张靖冬　　张天舒　　周　璠　　邹之光

王健法学院

法律史（5人）
　　郭天真　　钱秋濛　　王剑叶　　张　旻　　周羊海

法学（法学理论）（1人）
　　史煜昕

法学理论（8人）
　　蔡松杭　　樊尧璇　　桑铭一　　宋丽娟　　肖非云　　徐嘉欢　　杨晶晶
　　姚　伊

国际法学（9人）
　　陈希哲　　高　洁　　刘　畅　　钱易文　　裴　韵　　王倩倩　　吴美华

许　晨　　殷　涛

环境与资源保护法学（2人）
　　房加敏　　徐　蓉

经济法学（5人）
　　马　乾　　马　天　　宋明鸣　　郑良玉　　周欣怡

民商法学（13人）
　　贾少鹏　　江紫卉　　李鸣捷　　李亚男　　刘小刚　　时　晗　　宋嘉玲
　　王晨成　　许　娇　　杨雨佳　　张　炎　　章　丽　　郑　娜

民商法学（知识产权法学）（2人）
　　林秋萍　　项晓嫒

诉讼法学（8人）
　　刘　煜　　蒲　臻　　孙诗宇　　吴艳艳　　席月花　　徐　婧　　赵叶倩
　　朱纪彤

宪法学与行政法学（10人）
　　陈继灵　　丁杨秋　　卢　鹏　　唐　旋　　王　扬　　王梦瑶　　颜梦月
　　张　震　　张雨田　　朱怡婷

刑法学（9人）
　　褚　础　　达选梅　　戴成明　　封　韬　　葛文文　　焦孟顿　　李　杨
　　马豆豆　　姚　璐

教育学院

教育经济与管理（3人）
　　宋　妍　　万力群　　郑晓丹

教育学（18人）
　　陈德静　　段卓君　　范晓洁　　管思源　　姬　婷　　金　欢　　刘　玉
　　柳　悦　　孟　晨　　彭　丹　　王　蒙　　韦　宇　　卫志辉　　吴苏玲
　　张梦月　　赵　璐　　周素莉　　朱　珠

心理学（26人）

丁秀秀　耿　婕　纪文静　金　漪　靖　敏　李春桃　李清清
李章平　刘培洁　刘颜銮　鲁　柯　马东云　苗程菓　潘　洁
孙宇佳　王　星　王蒙蒙　王雅洁　魏德坤　吴建丽　肖凯文
徐淑雨　徐晓伟　张嫡嫡　张新鑫　郑　伟

艺术学院

美术学（5人）

李东屿　聂永涵　容一力　腾婷婷　张泽坤

设计学（19人）

陈　佳　陈　昀　董心慧　胡　晓　李　欢　李　缓　李　丽
李　玉　李道红　李乃翘　芮雪婷　王冰源　熊　樱　阎　安
杨　迪　张　凯　张　韵　赵笑笑　周耀宗

设计学（环境艺术设计及理论研究）（1人）

周晓航

设计学（数码艺术设计及理论研究）（1人）

章惠雯

艺术学理论（1人）

周　宁

音乐学院

音乐与舞蹈学（10人）

陈　鹤　戴　玥　邓　佳　谷　悦　刘丹宁　孙佳欣　王于真
谢张闽　张小涵　朱浣青

体育学院

体育学（36人）

耿　雪　郭荣荣　胡　帅　黄　麒　黄　鑫　黄继坤　贾文杰
李娜娜　刘礼宾　马渊源　梅　剑　庞瑶瑶　邱　鹏　任　浩
盛菁菁　苏　晶　孙　雷　汤姣姣　唐阿敏　王　茜　王　应
王道成　王倩玉　王文倩　王小秋　王媛媛　闻　武　杨　桃

杨子燚　　于明礼　　虞　运　　张素雯　　张文幸　　赵文超　　周　静
周承敬

体育学（民族传统体育学）（1人）
刘国平

体育学（体育教育训练学）（1人）
张凯宁

体育学（体育人文社会学）（1人）
武　帝

体育学（运动人体科学）（2人）
张　昱　　赵　滢

金螳螂建筑学院

城乡规划与环境设计（4人）
葛思蒙　　顾佳丽　　马思宇　　席宇凡

风景园林学（12人）
高　乐　　李文超　　李秀秀　　沈成晨　　万　可　　王　爽　　吴　军
邢宜君　　燕海南　　张睿舒　　周　童　　朱梦梦

建筑与园林设计（9人）
曹雅男　　丁雨倩　　李　磊　　鲁天姣　　钱　立　　石岩菲　　汪弘达
王　鑫　　赵　琦

数学科学学院

数学（35人）
陈　敏　　邓小英　　段学杰　　高雅新　　顾王卿　　黄梦颖　　霍跃斌
吉　祥　　经　宝　　李　娟　　李昌茂　　刘　哲　　刘建松　　刘启会
马士飞　　祁明晓　　钱怡然　　钱月凤　　邱　娜　　沈　洁　　史鹏鹏
孙夏燕　　王　晨　　王宏翔　　王惠娟　　王旭辉　　吴　凡　　徐　婷
徐自伟　　袁　媛　　赵　敏　　郑然然　　周　雪　　周文长　　朱国丰

统计学（7人）
　　胡　磊　黄琼华　孔　璐　瞿曼湖　王　康　许　倩　杨雨萌

物理科学与技术学院

材料科学与工程（2人）
　　文　明　巫梦丹

材料物理与化学（4人）
　　冯　诚　黄　栋　倪戍炎　王　康

化学（1人）
　　郑雨晴

课程与教学论（1人）
　　王　雪

物理学（49人）
　　贝帮坤　陈　健　陈　亮　陈佳丽　陈佩舟　褚　杰　道文涛
　　邓智雄　洪佳佳　侯校冉　胡涛政　黄　炎　黄炯华　贾继东
　　蒋阿敏　蒋天琪　李　平　李灵栋　李振宇　刘彬彬　欧阳丽颖
　　潘　祥　钱嘉伟　单文杰　施　然　施锦杰　石圣涛　宋佳文
　　孙　晨　孙亚龙　王一丹　吴冰兰　肖树峰　谢　娟　邢帅鹏
　　徐进政　徐倩艳　徐益超　姚海南　叶　洋　张法盲　张志超
　　赵一帆　周小雪　朱　敏　朱晓阳　朱新蕾　朱雅芸　邹微微

物理学（光学）（2人）
　　陈华丽　糜宸坤

物理学（凝聚态物理）（1人）
　　王荣倩

物理学（新能源科学与工程）（2人）
　　顾婷婷　王　霆

新能源科学与工程（1人）
　　蒋　宇

光电科学与工程学院

光学工程（20人）
　　曹　猛　　陈珂骏　　丁书健　　谷　雨　　何　存　　李　亮　　茹巧巧
　　申　舒　　施玲燕　　王　飞　　吴　峰　　吴　爽　　徐佳维　　徐钦锋
　　杨　明　　杨琳韵　　张小兴　　张云莉　　周　峰　　朱　峰

检测技术与自动化装置（5人）
　　陈　颖　　刘　莉　　吕清松　　马晓月　　王　琰

物理学（1人）
　　陶　鹏

新能源科学与工程（1人）
　　刘　磊

能源学院

化学（1人）
　　李　沁

新能源科学与工程（21人）
　　陈　宇　　陈亦新　　霍正宝　　蒋怡宁　　李　群　　陆可为　　孙　诚
　　孙鹏飞　　汤　凯　　王相国　　魏明会　　吴问奇　　姚远洲　　于海洋
　　贠元兴　　张　旭　　张楚风　　周　禹　　朱开平　　朱文昌　　朱星宇

材料与化学化工学部

材料科学与工程（50人）
　　曹锦松　　陈　瑞　　陈　崧　　褚洪彬　　戴瑞琪　　邓惠元　　丁　琳
　　丁昆山　　董亦诗　　段晓爽　　方　浩　　冯余晖　　郭晓飞　　杭颖婕
　　胡　笛　　黄　珂　　黄蕾蕾　　蒋嘉琳　　李　尧　　李志勇　　刘宣宣
　　罗振涛　　马　超　　马亚杰　　钱强雨　　秦华震　　孙　亚　　田陈峰
　　王　健　　王剑峰　　魏能信　　吴海涛　　吴锦利　　吴静娴　　吴越文
　　吴智涵　　肖　超　　徐　澄　　杨　静　　杨　子　　杨慧丽　　杨金霖
　　元利刚　　张敬文　　张长江　　赵　丹　　周剑平　　朱宁宁　　朱知浩
　　邹　岩

化学（168人）

安平　蔡菊　蔡文竣　曹玲　陈娟　陈蜜　陈敏
陈平　陈琪　陈远　陈海玲　陈婉露　陈雅蒙　池维文
初先须　戴然　邓淀甸　董雪林　杜晓晨　范敏　方慧敏
葛登云　葛结敏　葛远航　宫瑞娟　顾珠兰　管凤影　郭华
郭笑　郭克晓　洪科苗　华琳琰　黄菲　黄学进　姜楠
蒋甜　蒋帅兵　井娟　李典　李静　李帅　李广大
李慧亚　李瑞鹏　李淑芬　李思源　李学文　李英文　李羽婷
林世鑫　凌炜康　刘畅　刘超　刘婕　刘恪　刘蕾
刘萌　刘倩　刘勇　刘震　刘贝贝　刘超凡　刘江心
刘梦顿　刘晓娟　刘雅媛　卢燕　罗旻川　吕晶　马桔萍
马美华　孟凡英　倪宇欣　牛汝洁　潘荟芬　裴超　裴洁
钱栋梁　钱海峰　钱琳璐　钱玉清　钱远美　钱壮飞　沈雅莉
施鹏　石钰婷　司马佳云　宋跃　宋云　宋凯旋　宋平平
孙文喜　谈蓉　谭晓晨　仝其云　屠广亮　王超　王丹
王飞　王雷　王敏　王宁　王萍　王霞　王梦琪
王明扬　王书肖　王万明　王晓成　王亚兰　魏瀚林　吴凤
吴雪利　吴怡瑾　吴应忠　伍蒙翔　夏学秀　肖学竹　谢月琴
徐萍　徐楠楠　徐庆花　徐思源　徐文韬　徐潇帆　徐兴霞
颜丹丹　阳威　杨波　杨检　杨梅　杨敏荣　杨朋辉
姚途　姚佩丽　俞灏洋　郁佳玮　袁丹丹　张辉　张进
张莉　张敏　张平　张旋　张建国　张俊波　张立梅
张良林　张玲玲　张梦烨　张体凯　张志号　赵阳　赵春凤
赵亚婷　赵郁晗　周程　周荣　周璇　周宇　周梅霞
周叶春　朱安全　朱乐乐　朱晓倩　卓之星　邹斌　邹丹红

化学工程与技术（30人）

代文雪　董伟羊　樊力源　方玉　方存霞　冯钰婷　高碧君
宫廷凤　侯晓　江懿川　金瑶瑶　李京昊　李争强　孟园
欧旭　钱新平　尚良超　苏玉雯　孙毅　唐藤轩　王晶晶
魏玉聪　夏红桃　熊星星　张超　张珏雯　张鹏飞　周金
朱佳慧　邹劲松

课程与教学论（1人）

王晓东

功能纳米与软物质研究院

材料科学与工程（53人）

曾华杰	陈崇阳	陈俊梅	谌佳文	成立鹏	党娟娟	邓　俊
丁　攀	方倩倩	洑益军	顾梦凡	关天福	胡柯豪	黄　琪
蒯　亮	李治洲	梁先虎	刘海俐	刘长安	吕晶晶	马宇阳
祁振华	尚云鹏	沈　雯	孙　奇	孙玉洋	唐　超	唐苗苗
陶丹蕾	田起生	王　伟	王胜华	王学岚	王羽涵	吴华喜
吴美华	谢欣凯	徐伟伟	徐玉龙	杨　帆	杨　慧	杨艳琴
叶青青	袁　斌	张　蕊	张冬梅	张梦圆	张珊珊	张淑敏
赵　娟	周思洁	朱向东	朱智杰			

化学（30人）

陈梦婷	陈少川	范燕鹏	方　欢	何　艳	华晓晨	金　晔
李　巍	李　杏	李　云	刘　芳	刘海宇	刘中华	孟欣昱
潘　奇	冉　佺	宋宇翔	苏菲静	王　丹	王丹晨	王亭亭
魏爱民	吴恩慧	姚　洁	袁　月	张　咪	赵浩哲	赵万芹
仲启轩	邹凯义					

生物学（10人）

陈　颖	郭跃峰	韩　潇	兰　敏	刘佩佩	王晨羽	吴寒非
赵佳月	赵宇欢	周　天				

物理学（17人）

封　扬	胡嘉欣	金腾宇	李　丹	李凤竹	刘庆卫	牛凯丰
谈叶舒	王　强	王艺羽	吴　田	夏　凯	许亚龙	杨　涛
詹扬扬	张林夕	张月星				

计算机科学与技术学院

管理科学与工程（3人）

林嘉豪	张俊青	张诗奇

计算机科学与技术（35人）

蔡子龙	陈　晶	崔景妹	付　健	高久茹	郭丽娟	何　莹
何正球	胡智慧	黄舒宁	吉　毅	贾梦迪	姜玉斌	蒋　峰
李美璇	罗晓慧	倪志文	潘致远	钱　晴	钱涵佳	沈忱林
汪　琪	王　磊	王　路	吴新建	邢腾飞	徐　昇	徐　扬

徐志强　杨佳莉　杨文彦　张　璐　赵安琪　周靖越　朱海凤

软件工程（11人）
　　董孝政　居亚亚　李　健　刘　欢　陆凌姣　乔博文　孙佳伟
　　吴　文　杨耀晟　张义杰　周逸鸣

电子信息学院

电子科学与技术（13人）
　　程梦梦　戴晶星　高　婷　顾昌山　顾少燃　江　微　蒋　毅
　　李　帅　彭友福　王　洋　吴森林　赵春蕾　周　炎

信息与通信工程（32人）
　　曹　刚　查雪玮　单　雷　郭　朝　黄国捷　江弘九　姜晓栋
　　孔晨晨　乐晨俊　李　杨　刘　威　刘　鑫　马　刚　马煜辉
　　潘安乐　邵　校　沈宇禾　施立鑫　童宣锋　王　宁　王宏基
　　吴恒名　吴一凡　肖晓晴　严　继　杨　婷　张宇馨　张芸榕
　　赵幸荣　郑　奋　周　洋　周　颖

机电工程学院

工业工程（3人）
　　曹圣武　程　晓　倪　婧

机械工程（15人）
　　陈　磊　陈　天　陈　云　丁世来　耿安鸿　顾晨益　顾泽堃
　　胡　晔　靳振伟　李锦忠　毛　东　缪文华　芮　进　王昌儒
　　钟红强

控制理论与控制工程（7人）
　　产玉飞　侯　捷　林　嵩　鲁　健　沈超逸　唐宇存　王　鹏

仪器科学与技术（4人）
　　丁仕明　吴海燕　张礼朋　张心宇

沙钢钢铁学院

材料冶金（7人）

陈开来　　陈夏明　　戴志伟　　胡　勇　　江豪杰　　杨　莹　　张文帝

纺织与服装工程学院

纺织科学与工程（36人）

拜凤姣　　陈　蕾　　董佳宁　　高寿伟　　宫鲁蜀　　郭洪运　　何　柳
黄　倩　　蒋雪峰　　琚　峰　　李　惠　　李荷雷　　梁慕媛　　廖杏梅
刘　纯　　路晓红　　潘志文　　沈佳丽　　石英路　　宋新惠　　孙成开
田焰宽　　王　秋　　王临博　　王姗迟　　王诗怡　　徐子超　　张　欣
张德舜　　张鑫楠　　赵松铭　　赵修芳　　朱佳晨　　朱孟林　　左丽娜
左琴平

纺织科学与工程（纺织化学与染整工程）（3人）

孙玉发　　王冬悦　　左小新

纺织科学与工程（服装设计与工程）（5人）

刘亚东　　马妮妮　　宁艳群　　张　阳　　钟彩丽

轨道交通学院

测试计量技术及仪器（12人）

曹　栋　　崔耀春　　高冠琪　　秦　磊　　桑胜男　　时容容　　孙晨曦
孙一珉　　王　林　　谢昶霞　　杨思远　　朱　晨

车辆工程（7人）

邓华艳　　丁荣梅　　高　涵　　季长剑　　唐光泽　　吴兆鑫　　章　宁

管理科学与工程（9人）

陈洁瑶　　郭　文　　姜岚清　　唐寅伟　　闫晓玲　　袁　靓　　张　宇
周　洋　　朱丽叶

金融工程研究中心

金融工程（4人）

董　甜　　冯　驰　　何甜祥　　施蕴心

医学部

法医学（2人）
　　简俊祺　　张家硕

精神病与精神卫生学（1人）
　　王碧馨

免疫学（13人）
　　江梦枭　　李亚南　　刘　睿　　卢慧敏　　马　慧　　孙振江　　王　琰
　　叶红磊　　张　帅　　张瑞茜　　张子豪　　周志帅　　朱梦婷

实验动物学（2人）
　　徐义英　　张　玲

微生物学（1人）
　　赵学超

细胞生物学（12人）
　　楚云鹏　　戴红霞　　韩攀利　　贾善粉　　蒋志慧　　梁晓华　　刘展红
　　苗淑梅　　秦念慈　　吴　佳　　张雨晴　　赵晨红

医学部基础医学与生物科学学院

病理学与病理生理学（4人）
　　陈　志　　陈良燕　　李雪娇　　杨天宇

病原生物学（4人）
　　柳元慧　　马会会　　孙兰清　　左玲莉

动物学（1人）
　　周梦怡

发育生物学（3人）
　　安淑丽　　李秋颖　　田洪亚

法医学（7人）
　　陈　杰　　贾丽华　　王翔宇　　张新才　　张英娜　　章亚来　　周　玮

免疫学（7人）
　　鲍雅如　申春苹　王海燕　王玉玉　颜天铭　郑棘　周慧君

神经生物学（3人）
　　郭晓娟　柯进　魏源

生理学（2人）
　　夏德敏　张翠

生物化学与分子生物学（21人）
　　耿薇　郭青　郭峻源　何婷婷　李凌娟　刘玮琦　孟盼盼
　　齐丽娟　孙亚男　王敏　王沛芳　王章艳　徐荣　许玉菡
　　杨鲲　张萌　张婷婷　张雪晴　朱卉娟　朱佳凤　朱晓雯

生物物理学（1人）
　　殷晓路

水产养殖（3人）
　　陈胜峰　高敏敏　税典章

水生生物学（4人）
　　陈雯　郭金强　汤健　王倩倩

特种经济动物饲养（2人）
　　胡佳欢　金欣烨

微生物学（3人）
　　余丹　周稳　朱灿灿

细胞生物学（11人）
　　卞凯鹏　丁嘉政　杜宇　韩慧莹　江舜瑶　李春香　刘亚男
　　马亚峰　王豪　占妍　张丽丽

医学系统生物学（5人）
　　陈静　金妍文　李爽　刘行云　叶本晨

遗传学（7人）
　　陈呈燕　郭宾宾　蒋梦生　李龙　王昭　熊宏民　张翠娟

医学部放射医学与防护学院

材料科学与工程（1人）
　　汪　遐

放射医学（13人）
　　蔡苏亚　　陈　璐　　黄　倩　　解　婷　　鲁　伟　　马　楠　　潘书贤
　　夏华伟　　徐　超　　张　珂　　张雅瑞　　郑云峰　　钟　力

化学（10人）
　　费兴书　　韩要宝　　李晓艳　　秦刚强　　邱珊珊　　石　岑　　王安娜
　　王香香　　王秀秀　　吴春芳

流行病与卫生统计学（2人）
　　高　锦　　王子阳

生物医学工程（7人）
　　柴　林　　李　阔　　李文翔　　李一秋　　彭逸茹　　王亚娟　　张书源

细胞生物学（4人）
　　刘　璐　　徐　英　　殷娜瑞　　张茜蕙

营养与食品卫生学（1人）
　　唐志成

医学部公共卫生学院

劳动卫生与环境卫生学（4人）
　　方丽君　　李晓印　　徐　淼　　张　翔

流行病与卫生统计学（10人）
　　曾妮美　　陈　鑫　　邓　姚　　蒋　飞　　蓝　蕾　　刘　露　　瞿心远
　　王　洁　　王婷婷　　张陈欢

社会医学与卫生事业管理（2人）
　　梁景宏　　邱佳琰

卫生毒理学（4人）
高振　金红梅　王进　严锐

营养与食品卫生学（5人）
陈嘉平　纪敏涛　吕梦莲　魏雨露　徐继明

医学部药学院

生药学（2人）
李蒙　牛忻

微生物与生化药学（2人）
陆参松　张宁玥

药剂学（8人）
郭倩　黄豪雁　刘玲　宋雪　尹航　仲婷婷　周烨娟
朱瑞芳

药理学（26人）
曹忠强　陈雪寒　程艳　崔新健　段春燕　郭晨虹　何阳
何梅俊　江锦宜　林鹏　刘金　刘婉婉　刘子琦　卢传雅
沈晓　陶菁　王佳　王锐　王雪　王桂琴　王娜娜
王晓卉　卫明珍　徐世强　许星云　张沛

药物分析学（5人）
程若梅　何欢欢　孔洁红　孟瑶　邱雅静

药物化学（7人）
蔡新　刘魁　刘佳莉　孙婉婉　王玉洁　吴清艳　张丹

医学部护理学院

护理学（10人）
蔡建政　董丽　葛宾倩　顾蓉　李蓉蓉　李文霞　王雯婷
徐帅帅　张倩倩　赵媛媛

医学部唐仲英血液学研究中心

免疫学（6人）
范 鹏　葛超荣　黄晓瑞　李自宣　刘雪莲　张 攀

生物化学与分子生物学（3人）
蒯佳婕　谈仕杰　向淑芬

细胞生物学（10人）
安 妮　陈琼媛　鞠 杰　王 禹　王宝龙　王宇灿　温春媚
徐林茹　姚 影　赵 聪

医学部神经科学研究所

神经生物学（19人）
丁 钰　杜婉洁　高 园　顾欣欣　管泽远　季 烽　刘 旭
刘倍倍　齐 迪　孙 倩　王 银　武 瑞　许 雪　杨 维
姚浮萍　袁 鑫　张婧宇　张新宇　周 凯

医学部生物医学研究院

免疫学（23人）
程忠艳　樊 帅　冯 茜　高 月　郭 晶　黄朝晖　金 荣
李 洁　刘 贞　陆金成　罗 媛　任文瑞　邵 玉　苏志鹏
汪程希　汪凡祺　王雯雯　王秀娟　吴 超　吴晓宇　袁雯怡
张美荣　仲慧婷

医学部第一临床学院

材料科学与工程（4人）
贾娿娿　刘 纯　吕 露　赵忠良

妇产科学（6人）
陈雪祎　凡孝蓉　孙婧文　汤雪龄　张梦书　张文娜

化学（1人）
李家颖

急诊医学（1人）
　　许晓文

临床检验诊断学（3人）
　　贾 茜　　马 媛　　王 琪

麻醉学（2人）
　　陈 陈　　马 焦

免疫学（1人）
　　黄迎康

内科学（11人）
　　曹 策　　陈 淳　　侯梦佳　　蒋煜新　　李晓咪　　马云菊　　潘婷婷
　　杨 倩　　杨 雯　　张 杨　　张梦雨

神经病学（3人）
　　贾娴珺　　孔 涛　　许春阳

生物化学与分子生物学（4人）
　　刘存昌　　马进进　　王 丰　　郑懿欣

外科学（14人）
　　陈兴宇　　陈震龙　　邓强贞　　冯建国　　高 超　　姜华晔　　浦承波
　　邵毅杰　　沈 序　　孙 洋　　孙嘉程　　唐锦程　　王宇轩　　徐英杰

药剂学（1人）
　　相 宜

影像医学与核医学（3人）
　　毛旖川　　孙 昊　　田亚康

中西医结合临床（2人）
　　秦 洁　　尹归东

肿瘤学（3人）
　　王胜菲　　俞冬梅　　张 炎

医学部第二临床学院

临床检验诊断学（2人）
　　范银银　严洁婷

麻醉学（1人）
　　王亦菲

内科学（3人）
　　李宁真　李媛媛　王树蓉

神经病学（4人）
　　李　阳　李凌希　罗　满　王凯俐

外科学（8人）
　　陈志忠　韩　辉　焦　健　王爱飞　姚　磊　姚平安　钟文涛
　　周　越

影像医学与核医学（1人）
　　徐华军

肿瘤学（4人）
　　马骏喆　吴袁涛　张　伟　钟　雪

医学部儿科临床医学院

儿科学（9人）
　　陈妮娜　崔　妮　戴银芳　顾　燕　李亚超　孙云清　虞　景
　　袁　静　周利兵

医学部第三临床学院

内科学（2人）
　　刘　月　张雨晴

皮肤病与性病学（1人）
　　肖　丽

外科学（1人）
　　王子谨

影像医学与核医学（1人）
　　杜亚楠

肿瘤学（1人）
　　王君君

上海东方肝胆医院

麻醉学（1人）
　　陈　默

上海肺科医院

内科学（2人）
　　宋加翠　　王传玉

上海第六人民医院

妇产科学（1人）
　　叶华莹

内科学（1人）
　　王佳佳

海外教育学院

妇产科学（1人）
　　WAIKAR SAI HEMANT

行政管理（2人）
　　NORCHALEUN SENGATHIT
　　PHANDANUVONG KEOUDON

内科学（3人）
　　ABDUL WARIS

KRUPAKAR JYOTHI
MAJID KHAN

外科学（1人）
ELBERT KOW

新能源科学与工程（1人）
SHAH SAYED

音乐与舞蹈学（1人）
QUIMBAYO BOLANOS JULIO ORLANDO

政治学（1人）
ZAITSEV VIKTOR

肿瘤学（1人）
MERLIN MUKTIALI

2019年取得专业学位博士研究生名单

医学部

临床医学（1人）
程　峰

医学部第一临床学院

临床医学（112人）

边　巍	蔡　波	蔡　琦	蔡建勇	蔡雪黎	曹　洁	曹文玺
曾睿峰	陈　斌	陈　颖	陈广东	陈佩军	陈香娟	陈小微
邓志成	丁　成	丁　琪	丁宗励	董淑敏	独行业	樊怪辉
方晓玲	顾　斌	顾剑峰	顾长江	郭信伟	侯振扬	胡晓晖
黄志文	纪　元	江　楠	姜文兵	蒋　敏	焦雪花	焦志云
金小亚	巨积辉	柯　靖	李　敏	李林锦	李满意	李攀登
梁　博	林晓骥	刘　刚	刘　雷	刘美蓉	刘伟杰	卢英豪
陆建华	骆　园	欧阳晓平	彭易根	钱　娟	钱进先	钱雪峰

乔冠恩	任葆胜	沈 亮	沈鹏程	沈文明	沈正海	施晓兰
宋黄成	宋世铎	孙 朋	唐 峰	唐 坤	唐海成	陶 然
田 建	万伯顺	王 娟	王 凯	王 丽	王 霆	王海英
王军胜	王淑玲	王晓燕	王亚南	向先祥	肖明兵	邢 超
徐 华	徐 辉	徐达夫	徐金格	徐骏飞	许 敏	杨 迪
杨卫华	杨正杰	姚 敬	姚苏梅	易 楠	俞立强	郁义星
岳永飞	张 骥	赵 刚	赵明慧	赵晓俊	赵晓溪	郑 蕾
郑伟慧	朱爱华	朱房勇	朱千东	朱沙俊	朱振杰	庄 严

医学部第二临床学院

临床医学（53人）

陈 飚	陈 琦	陈华林	戴文成	单 宇	邓 翀	段汉忠
段善州	范建林	顾军权	韩献军	胡 颖	胡小吾	黄景勇
姜 坤	蒋羽清	李 斌	李 建	李 平	李芳娟	李慧勇
刘利芬	刘兴祥	吕 庆	马 南	茅怡铭	倪海真	牛敬才
任 蕾	苏华芳	苏日宝	孙 卫	孙宗文	陶 华	童巧文
徐 炜	杨春华	叶曙明	于百香	张 晖	张 伟	张宝芳
张向阳	张晔青	张应子	张征石	章晓东	郑龙龙	周 勇
周保纯	朱从亚	朱蓉英	邹 亮			

医学部儿科临床医学院

临床医学（13人）

| 蔡 鹏 | 戴 进 | 丁 浩 | 冯宗太 | 葛文亮 | 黄 洁 | 梁亚峰 |
| 刘月影 | 乔林霞 | 宋 磊 | 孙伊娜 | 谢蓉蓉 | 徐秋琴 | |

医学部第三临床学院

临床医学（14人）

| 陈 鑫 | 陈一鸣 | 丁玖乐 | 耿一婷 | 何雯婷 | 黄智慧 | 刘志元 |
| 缪立英 | 潘 靓 | 芮小慧 | 薛春燕 | 杨轩璇 | 叶文凤 | 尹 华 |

上海东方肝胆医院

临床医学（7人）

| 冯 盈 | 黄东晓 | 解康杰 | 潘志英 | 殷文渊 | 张 帆 | 朱 辉 |

上海肺科医院

临床医学（2人）

郭　健　　叶进燕

上海第六人民医院

临床医学（3人）

段　淏　　戚露月　　张剑军

中国人民解放军火箭军总医院

临床医学（2人）

贺迎坤　　王　辉

2019年取得专业学位硕士研究生名单

文学院

汉语国际教育（44人）

仇程宇	戴铃丹	戴天欣	狄　莹	丁　爽	丁雅楠	董辰辰
付少菊	宫汝鑫	郝丹丹	胡　微	胡婷婷	嵇婷婷	李　曼
李欢欢	廖云花	刘　敏	刘　铸	刘婧琦	刘云艳	卢俊亚
倪静霞	盛之琳	石　涛	侍　艺	孙芳芳	汪　沁	王　丹
王福娣	王静如	武晓琳	谢志强	徐　洋	闫翠萍	严　晗
严　洁	杨　川	尹　洁	尤　肖	于成琛	俞　婷	臧　凤
张虹艳	张庭悦					

学科教学（语文）（64人）

鲍萍萍	曹　丹	陈　忱	陈新园	陈鑫颖	陈莹雪	陈月鸣
仇雯静	丛冬兵	葛　言	顾宁静	顾晓倩	黄　晨	贾　琼
金韬之	黎　月	李　娟	李　琰	梁　悦	聊红安	廖月梅
林　佳	刘　兰	刘　玲	刘　彤	刘惠丽	卢　盈	陆依瑶
吕　钦	潘淑婉	沈润迪	施静之	宋芝佳	苏　英	孙　娜
孙　倩	陶　濛	陶云峰	田　羽	万泳菁	王　姝	王艳丽
温从瑜	吴　丽	吴　甜	吴小婉	徐明瑜	鄢出塞	叶予轻
张　琪	张彩云	张洪敏	张慧中	张丽丹	张欣然	张星奕
张莹莹	郑学宁	仲捷敏	周伟苹	朱　珮	朱丽萍	朱星星

左滕菲

传媒学院

出版（11人）

李倩	李素瑀	石宇	司渝	司玉姣	王蒙	武业真
姚正荣	张丽	张瑜	赵璟玥			

新闻与传播（44人）

陈晨	陈天驰	杜姝	杜颖	樊朝玉	冯蜓蜓	戈嘉怡
龚智怡	顾佳丽	韩超男	黄稳	江敏学	江玉杰	蒋诗
寇文欣	雷霆	李树	李霞	李何庆	李小椒	刘超
陆洁晴	逯顿	邱圆钧	饶瑶	邵超琦	史文贤	唐婷玉
王玥	吴奥琪	吴佳佳	武叶琼	项小翠	肖奇隆	熊方媛
许潇丹	闫奕萌	张东润	张可炘	张瑜洋	郑依依	周思雯
周宇阳	朱江					

社会学院

社会工作（27人）

卞振	程秀仙	赖登豪	赖洁珊	李淼	李春燕	李梦兰
梁广兆	陆秋晨	齐文华	孙晓彤	汪璇	王博	王佳俊
王欣欣	温娟丽	吴凯琳	徐静	徐颖艺	许晨虹	姚尧
殷铭	郑秋茹	周斌	周美好	朱成李	朱兴兴	

学科教学（历史）（23人）

安行	党晶	丁慧	高亚群	胡波	胡小雪	黄冬梅
李欢欢	李双双	刘思琦	马小曼	钱弯弯	邱静静	申毅
沈贝贝	童琳	汪妍	王传进	吴婷	徐雅宁	杨红梅
张叶	宗娇娇					

政治与公共管理学院

公共管理（141人）

包扬	卞煜	卞慧亚	卜阳	蔡挺	蔡黎静	陈雅
陈长	陈凌甦	陈鹏鹏	陈小庆	陈雨子	程进生	褚健
戴勤	单晶晶	董韬	范澄	范佳尔	房金龙	冯幸思
高丹	高扬	高华濂	高华艳	高兆娟	葛瑶	葛莹莹
顾晴	管文茜	何唯	何诗敏	侯超	胡妍	黄海银

黄天棋	黄媛媛	吉增阳	季晓东	蒋 倩	金 烨	李 蓓
李安文	李城元	李金衔	李普前	李苏娴	林晓丹	刘 稳
刘 治	刘一览	刘中华	卢纯青	卢雷雨	吕海洋	马新星
马玉丹	毛忆纹	孟凡博	倪 枫	倪 玥	潘 诚	潘 磊
庞 敏	钱皓强	钱人杰	秦 立	邱玲玲	邵雪娇	沈海涵
沈文杰	施乐颖	石雨馨	史从日	宋 婧	苏 洋	孙 慧
孙 林	孙文卓	孙玉玺	唐佳丽	陶丹倩	万 飞	王 惠
王 榕	王 樱	王恒凯	王苏阳	王田义	吴晓文	吴玥滃
吴中慧	奚 杰	夏 平	夏 天	肖亚峰	徐 翀	徐 翁
徐冬兰	徐海昱	许 婕	许洁瑜	严 萍	严佳楠	杨 春
杨 栋	杨 青	姚 望	尹嘉欢	尹晓燕	尤 韬	于 郑
于俊龙	余 寰	余德容	俞笑笑	袁 强	岳飘峰	张 蓓
张 慧	张 劼	张 杰	张 凯	张 喆	张彩艳	张静玉
张夏翔	张云霞	张置林	赵骏马	郑建林	周 旭	周 寅
周 宇	周世民	周颖婵	朱 翩	朱 燕	朱 洲	朱文婷
朱映燃						

马克思主义学院

学科教学（思政）（18人）

陈 秀	黄叶玲	蒋小微	李双雁	刘凤卓	刘娴琳	卢 钰
王磊磊	肖小芬	谢璐璐	薛 兰	薛佳佳	杨 鹏	姚 铮
于文森	张 钰	张红星	庄 阳			

外国语学院

学科教学（英语）（1人）

缪 周

英语笔译（25人）

方 芫	洪蓉蓉	洪如月	胡寒露	吉 颖	李会平	栗自豪
刘子正	欧阳婉莹	司镇源	宋 莹	宋美慧	万 磊	王媛波
魏彤羽	吴雪玲	吴媛媛	武怡含	谢 旭	叶雅颖	臧 赫
张 舒	张巧玉	张朕义	赵亚秋			

英语口译（22人）

曹亚婷	陈可姣	代秋慧	高 宇	蒋宜平	李 婧	林茂月
刘 欣	刘子喧	鲁燕芳	马琳琳	施 丽	汪雨晴	王 超
王 爽	张宏伟	张莉莉	张婷婷	赵晴雯	赵媛媛	周 婷

朱永威

东吴商学院（财经学院）

工商管理（161人）

安娜　安建鑫　柏诚　薄云涛　毕崇峰　曹艳　陈昊
陈华　陈婧　陈铮　陈庆庆　陈少华　崇敬　崔丽俐
崔柳伟　邓文杰　刁苏宁　丁海泉　董力　董梁　方昊天
方逸清　冯辰炜　高奇　高雅丽　戈建新　葛志宏　龚心怡
顾聿　顾芸琦　郭若菲　何漪　贺金余　胡昌耀　胡一苇
华唯清　黄斌　黄超　黄冠宇　黄骥陶　惠中侠　江兵兵
蒋俊杰　金阳阳　琚丹　康昕翔　李骏　李娜　李强
李鑫　李洋　李赟　李珧凡　李士龙　李天天　利吉胜
林田　刘军　刘汉东　刘莉莉　刘思含　刘香港　刘晓庆
刘盈佳　娄奇　卢盛　卢苁其　陆铖　陆璐　陆辰缘
陆士皓　罗瑜　吕梁　马丽婷　毛静佳　毛晓明　闵红星
明小燕　缪克峻　潘政　彭鹏　钱佳莉　钱嘉君　邱晨
瞿锞　任顺君　邵昀　沈超　沈忱　沈旺　沈志良
宋文君　孙岩磊　汤金凯　唐叕　唐利峰　童赣皖　王蓓
王可　王琪　王倩　王帅　王艳　王晨琰　王思佳
王斯婧　王颖婷　王峥嵘　王祚俊　魏其庆　吴军香　吴立萍
吴梦荞　武冬晨　夏志鹏　邢梦华　徐超　徐璞　徐偲
徐晨佳　徐文俊　徐永盛　徐月宁　许斌　许婧　薛雨亭
杨菲　杨丽　杨帝遂　杨海华　杨丽丽　杨兴强　叶杭
殷小志　于洁　余雷　俞茜　张辉　张茜　张生
张滢　张铎泽　张海伟　张钰晴　章佳辰　章梦琪　赵家慧
赵鹏瀚　赵胜男　赵哲平　仲彦哲　周松　周丽娜　周毓鸿
周紫敏　朱萌　朱宇　朱光煜　朱文海　朱小宇　庄祖斌

国际商务（3人）

刘燕　刘洋铭　谢应洋

会计（83人）

曹砚秋　曾欢　曾云　巢邦略　陈帆　陈丽丽　陈林晓
陈玲玲　丁薇　丁悦　丁花思雨　段姚瑶　范敏媛　高凌虹
龚凡荻　顾晓蕾　郭庆　韩程　韩涵　黄娇娇　黄秋怡
江羽　江林彬　蒋青卓　景雨娅　阚媛　李星　李雅
李莹　李玲菲　李晓凡　李萱然　李怡方　梁天玉　刘菁
刘梦　刘敬良　刘芷菡　柳涵　卢琳　陆仪　吕康玲

吕姊默	马宇忻	齐子惠	钱博文	任曦莹	尚净宇	邵　睿
邵敏琦	邵子蔚	沈佳倩	沈一丹	沈钰琨	石宇恒	苏　芮
孙　佩	孙铭璐	童雅欣	王　佳	王　颖	王金美	王君旸
王琳琳	王双文	王晓芳	王一竹	王悦婷	吴　娴	武立宇
邢熙洺	薛艳菲	严　琳	颜心悦	姚仕钰	殷晓岚	张海燕
张亚平	张子硕	赵心珂	周欣怡	周新华	朱天怡	

金融（21人）

曹欣桐	陈　睿	陈跃政	单杨杰	何　昕	廖圆圆	林山山
罗　婷	吕　昕	潘　登	沈明勇	盛徐辰	王　丹	王　露
王起凡	吴倍熠	徐怡珠	许俊诚	郑玲芳	周嘉栋	庄　炜

税务（7人）

胡雨杰	吴　翠	吴　盈	姚　芸	余蒙蒙	张春艳	周　银

王健法学院

法律（47人）

蔡　锦	柴晓娟	常　慧	陈　婧	陈　琪	陈建军	方玲玲
顾晓雯	韩雨石	黄思佳	黄晓梦	金　民	靳恺凯	李洪昌
李金亮	李金芝	李雪慧	刘云鹏	牛文冉	潘献发	沈　薇
史敏寅	汪　立	王　丽	王　胤	王楠贺	魏学琴	吴　波
吴鹏飞	席志伟	谢　静	谢儒英	杨　娟	杨　颖	杨学进
姚晨蕾	尹　飞	尹春华	余　帆	袁　飞	张　艳	张嘉佳
张振华	赵　东	赵　俊	朱　艳	朱逢吉		

法律（法学）（79人）

卞雨婷	曹地妮	陈炳旭	陈昊元	陈腾飞	单天羽	费凌莉
高海锌	高昱晨	顾文韬	郭　涵	黄烁璇	贾耀凯	解　沁
李　琪	李　琦	李家宝	刘　剑	刘　龙	刘　悦	刘晗宇
刘晶晶	刘萌慧	刘铭轩	刘晓囡	刘旭飞	刘真元	马　月
马佳骏	闵晓君	欧阳月红	潘　娟	潘玲玲	彭霜晴	钱滢涵
邵新云	沈佳丹	施倪艳	宋军伟	苏　仙	孙方圆	唐晓月
田宇豪	汪丽瑶	汪伟雪	王　喜	王　政	王馨研	王雪微
王叶文	王之梦	吴佳莉	吴柳鸳	吴体炼	伍小玲	夏　晨
徐天明	徐一春	徐振成	许　震	杨　阳	杨艳秋	叶佩武
叶昇威	叶姝琪	余　斌	余　瑞	占陈程	张　健	张　琨
张　然	张大为	张文砚	赵岩岩	赵雨菲	周晓宇	朱　露
朱　壮	朱巧慧					

法律（非法学）(50人)

安薪丞阳　卜盈清　曹　敏　董玉婧　耿　浩　嵇成吉　姜梦薇
蒋思炎　雷　蕾　李　晨　李　雯　李雅婷　刘丹丹　刘金明
吕文韬　倪梦娜　聂　珣　彭露欧　齐贝贝　秦九龙　邵诗涵
申　筱　史行行　史梦珂　唐　燕　陶　静　汪　涵　王　芳
王　琳　王　敏　王金龙　吴春林　吴晓阳　吴雨行　吴长峰
夏纯青　肖　恬　肖本亮　谢婉婷　谢晓菲　许彤彤　杨东憬
殷宇蓉　英梅珑　于　波　张　曼　张慧慧　章文华　赵翰舟
赵新宇

教育学院

教育管理（14人）

顾春妹　顾丽萍　顾永桂　郭音池　洪　丹　李妹红　刘秋辰
茅　辉　薛冬艳　余　澜　张　峰　赵秋霞　郑柳媛　周　波

应用心理（54人）

包金金　巢思娇　陈　辰　陈　璐　丁洁雯　丁淑慧　丁新新
冯米雪　高　平　耿　静　洪梦月　胡佳慧　蒋安琪　金云霞
雷明慧　李　曼　李孟娟　李梦瑶　李若暄　李志强　刘　琦
骆雯婕　吕　潇　马丽华　马玉波　南文燕　宁　波　庞佳昕
庞文汐　沈　哲　沈倩倩　施　蓓　宋雪梅　苏玉洁　孙焱婷
陶玲霞　田　姚　王　艳　王舒纯　王小倩　王智楠　徐晗钰
徐佳佳　徐雨濛　严益霞　杨洪莹　尹铧娟　袁　琪　袁艳芳
张艺凡　支　蕊　朱　威　邹义文　左　丹

艺术学院

工业设计工程（3人）

李　瑾　沈莉莉　朱峰立

美术（19人）

陈东林　陈伊华　董啸岑　高稳扬　郭彦君　胡凤岐　刘凤帅
刘永丽　吕　平　马跃峰　邵　曦　王　玮　吴云扬　夏　东
夏海莲　徐敏怡　许　婷　周瑞琪　朱亚乐

艺术设计（59人）

曾　谢　陈丁丁　陈荣颖　陈盛楠　慈玥剑　崔保乐　单　琴

董韶华	董雯婷	董馨韵	樊 瑾	樊志鹏	耿天宇	江淑容
康 煜	赖演青	李 申	李苗苗	李雨韩	梁 洋	刘 畅
刘 欢	刘 萍	刘 申	刘启卫	刘邵文	陆思纯	罗雯佶
马 希	倪天姿	彭 涵	钱 瑜	任克雷	孙 静	孙嘉骏
谭 雪	谭巧如	王 典	王 佳	王 娟	王 敏	王玮琪
王亚亚	吴建华	肖志倩	熊博洋	许冰华	严烨晖	杨 妍
杨梦雅	杨天牧	岳 陈	张 静	张 伟	张前敏	张晓敏
周家书	周敏星	朱倩倩				

音乐学院

音乐（12人）

丁雅卿	葛 意	巩颖颖	何懿铄	金 熹	李昕蕊	刘质文
孙 佳	孙阅博	王子烨	许忆雯	张馨允		

体育学院

体育（56人）

常媛媛	程 丽	程倩倩	丁晓杰	杜 丹	杜 林	方岑天
冯力宇	耿 珂	郭世琳	何 欢	侯伟胜	黄 冲	江元元
姜倩倩	靳林华	李东杰	李开发	厉 爽	刘经国	刘利平
卢君平	吕延恺	孟 琪	彭兰宾	彭思程	阮佳杰	沈 悦
汪 莉	汪维维	王 超	王 萌	王超瑞	王梦然	王雪芹
王振东	吴梦妍	徐益尚	严静怡	杨金宇	杨晓莉	于建康
于江宏	余建新	袁国凯	张 方	张 锐	张 旭	张丞润
张娇娇	张秦瑜	职占贤	周 剑	周铭扬	朱 达	卓立群

体育教学（16人）

陈 云	陈国龙	龚秀丽	华 艳	黄 燕	黄小凤	任云峰
隋晓龙	孙 剑	夏 翀	谢 晨	邢海浪	徐开亚	颜 飞
张 梁	周小坚					

运动训练（3人）

郝可鑫	李 伟	李加昌

金螳螂建筑学院

风景园林（12人）

曹倩颖	常 欣	龚亚峤	胡春凤	蒋雪琴	刘博文	刘明欢

吕庆月　　吕中中　　王梦娣　　杨　倩　　张迅帆

数学科学学院

学科教学（数学）（15人）
　　陈　彤　　顾　姚　　李英洁　　柳　璐　　马红梅　　秦小双　　孙延慧
　　王　嘉　　王　耶　　王　奕　　徐青青　　杨　荷　　赵伊惠　　周　舒
　　周芝仙

应用统计（12人）
　　曾　忱　　郭　丽　　蒋志强　　陆佳萍　　潘　婷　　钱晟扬　　孙　悦
　　孙嫦婷　　徐莉莎　　杨婉莹　　张爱玲　　周　静

物理科学与技术学院

学科教学（物理）（14人）
　　陈　颖　　方学文　　江婷婷　　蒋龙成　　李双超　　陆玫琳　　王明珠
　　王文磊　　吴琰舒　　杨　光　　张　婷　　张　莹　　张甜云　　周蓓蓓

光电科学与工程学院

光学工程（29人）
　　陈适宇　　戴建新　　管　敏　　郭俊杰　　郭长伟　　胡甜甜　　花尔凯
　　金　鑫　　李剑月　　林恩旻　　刘　伊　　刘子维　　吕晓庆　　毛雯静
　　尚名扬　　田国兵　　王　健　　王　锐　　王冠楠　　王竞争　　吴晨炜
　　夏　傑　　邢万荣　　徐海燕　　杨天池　　张　露　　张　赟　　章巧萍
　　周　枫

材料与化学化工学部

材料工程（10人）
　　蔡铁锦　　曹海兵　　陈　雨　　金浴雅　　李　炜　　李长军　　宋元元
　　吴　俊　　吴玉军　　许经纬

化学工程（7人）
　　董万祥　　何永刚　　王晓安　　吴问刚　　夏立振　　尹　俊　　张　磊

学科教学（化学）（3人）
　　蒋志强　　刘玲玲　　吴瑾娟

计算机科学与技术学院

计算机技术（40人）

包宗铭	曹　晨	陈　成	程　侃	仇瑛姿	戴兴华	窦荷芬
窦正雄	傅浩平	韩月辉	何　彬	黄建元	江明奇	刘　威
吕中剑	施　林	时久超	孙　成	孙　霄	田利剑	王建辉
王丽丹	王霞成	王延明	吴云鹏	夏　鹏	熊孝全	许雪莹
闫　岩	燕　然	于晶璟	张　冰	张雪敏	张玉梅	周　捷
周　珊	周鹏程	周文瑄	朱　运	朱芬红		

软件工程（35人）

边丽娜	陈晓杰	程江飞	丁　颖	方　杰	韩　冬	郝茂祥
何云琪	胡夏禹	黄　婷	江　雷	李　杰	李　强	李梦飞
刘　顿	陆　鋆	彭　佳	钱　吟	钱大伟	任　源	宋　睿
孙　振	唐　建	陶　冶	汪　博	王　坤	王　猛	巫升伟
吴仁守	吴文涛	徐亦楠	言俐光	杨玉仁	袁　彬	张翰如

电子信息学院

电子与通信工程（50人）

曹　彬	陈　庚	陈　珂	陈　路	陈　岩	陈君妍	陈潇逸
陈兆跟	崔永鑫	戴爱霞	范全有	高　烨	龚　成	郭　喻
贺　思	胡　勇	胡淑婷	胡晓慧	黄天晟	黄旭东	李　峰
李佳育	李静静	李若男	李文杰	李瑶天	卢光炜	倪振宇
彭思伟	邵志强	沈　盈	沈铭鸿	汤昕冉	仝　腾	王　杰
王　沛	王浩阳	王健霖	王晓飞	吴功艺	吴娜娜	薛　乾
杨　娜	姚　婷	叶　阳	张重阳	赵小虎	周　宁	周　涛
朱　华						

集成电路工程（6人）

　　胡文艳　　李晓燕　　杨怡琳　　翟晓伟　　张军喜　　周　艳

机电工程学院

机械工程（70人）

曹 灿	曹 磊	曹金华	陈 超	陈 勇	陈冬蕾	陈添禹
谌 梁	冯天书	高习玮	葛开友	龚 丞	郭奇雨	胡兵兵
华一帆	黄 旭	姜勇涛	蒋 波	李 欢	李东升	林俊伯
刘 彬	刘 凯	刘文祥	陆文君	罗海全	马卫锋	孟 凯
钱 晨	钱亚娜	钱忠杰	墙晟裴	商晓威	沈 琪	石小龙
孙 明	孙 勇	谈玲玲	陶正岗	万 欢	王 康	王春燕
王国强	王鸣宇	王永远	王郁琪	王正义	魏彦超	吴晓雨
夏子玉	徐 浩	宣光辉	颜廷培	张 超	张 强	张浩杰
张健康	张坤停	章 丽	章仁辉	赵 奇	赵 冉	郑 刚
周 彬	周斌楠	周驰驰	周仕远	朱晓凌	朱兆雨	朱赵慧娟

控制工程（28人）

陈 康	陈家慧	樊洪玮	冯闪闪	高 峰	高燕飞	管逸尘
金 宏	李 杰	李宏博	刘 成	马 超	钱忆钊	邱一昊
邵敏敏	孙 成	王健健	王辽建	吴骏飞	徐 静	徐 迁
徐 伟	徐浩楠	徐嘉诚	杨智涵	张旭方	朱 杰	庄雨璇

纺织与服装工程学院

纺织工程（60人）

蔡大鹏	陈 思	戴 冰	樊 月	郭建峰	郭梦洁	郝存英
何丽丽	何粒群	胡 露	康 昭	匡大江	雷文文	李春霞
李育洲	林嘉明	刘 焕	刘 凯	刘 润	刘宁宁	刘艳清
吕争强	齐 琳	齐 振	任翔翔	沈凯旋	沈秋华	施晶晶
石盼格	孙 凯	孙淇慧	邰秀秧	汤云高	田 梦	田越迎
涂志丹	王 恒	王菲菲	王亚静	王亚茹	王亦秋	王雨婷
魏炳举	吴慧娟	吴鑫鑫	肖文成	徐 迟	徐 涛	徐亚萍
许璇璇	杨 慧	杨日成	杨振铭	於 亮	张 聪	张 曼
张喜标	张治斌	赵作显	朱海燕			

金融工程研究中心

金融（36人）

曹水清	陈 静	陈昱霏	褚晓坤	崔越涛	丁华敏	龚玮玲
贺佳琪	胡 越	胡晨光	黄 鑫	纪 策	姜苏莉	李 林
李 森	梁孟飞	林 瑞	罗嘉仁	吕 文	马俊巧	潘晶晶

申文慧　　史煜瑶　　孙智超　　汤建清　　王江晨　　王文倩　　徐　莹
尹　瑜　　张　楠　　张　强　　张　怡　　张康琦　　张梦婷　　周　艺
周云鹏

医学部

农村与区域发展（2人）
王茜右　　翟剑锋

外科学（1人）
孟　璇

学科教学（生物）（1人）
蔡　燕

医学部基础医学与生物科学学院

农村与区域发展（8人）
陈必丰　　李汉祥　　陆信义　　孙茂红　　滕　腾　　王艺霏　　朱存泉
朱云华

学科教学（生物）（5人）
杜桂方　　缪　吉　　孙雁群　　夏美玲　　朱惠雯

养殖（3人）
程小瑜　　黄希云　　李金鑫

渔业（7人）
陈祎宁　　高　锋　　史德华　　王　威　　赵建涛　　周露阳　　朱乃喆

医学部公共卫生学院

公共卫生（17人）
卞丽娜　　常椿眉　　耿　雪　　郭　蔚　　韩晓瑜　　黄瑞雯　　蒋　芸
金石园　　李春晖　　李孟阳　　刘纪廷　　唐　惠　　王　珊　　王佳丽
薛素妹　　张　明　　朱文杰

医学部药学院

药学（21人）
陈梦甜　陈秀秀　郭筱琪　华　绒　黄　俊　贾昌浩　李　棒
李占辉　祁士钢　屈昱晨　王　月　吴芳霞　向轶群　肖晓敏
许　洁　颜鹏举　游思佳　张苗苗　赵琴虹　智　慧　朱　莹

制药工程（13人）
陈晓强　郭文霞　黄　敏　荆云梅　李　融　刘运栋　骆　媛
钱玉春　史国慧　孙元永　徐华良　徐蔚登　赵　勇

医学部护理学院

护理（14人）
曹小兰　陈赛君　陈亚美　崔飞飞　韩文娟　马金玲　沈　忱
王　静　王秀蓓　徐　琳　杨　琦　杨小辉　于海荣　岳敬敬

医学部第一临床学院

耳鼻咽喉科学（3人）
董雪林　李叶娴　叶　菲

妇产科学（8人）
冯剑文　蒋　琳　李明月　毛　敏　王　轶　王亚美　张　祎
朱东奇

急诊医学（4人）
邓文君　贾圣洁　刘伟臣　卢　凡

康复医学与理疗学（1人）
王丽庭

老年医学（5人）
陈静芸　毛艳萍　漆　欢　钱敏娴　温　静

临床检验诊断学（1人）
高媛媛

临床医学（1人）
韩小磊

麻醉学（6人）
陈瑜　陈雨　孙晶晶　杨敏　袁莉　朱鸣洲

内科学（59人）
曹宁　陈祥　储小玲　丁飞　杜娟　方卿　顾剑
郭晶晶　郭雨亭　韩易宸　胡梦天　黄倩蕾　黄亚楠　蒋岚
李歌　李娟　李雪伟　李玉玮　刘楚　刘金梅　刘笑笑
卢伊凝　缪晔红　裴永坚　乔峤　沈菲　沈晓雯　苏波
万力　王普　王然　王涛　王婧婧　王水仙　吴鹏
谢伊瑜　徐唐杰　闫涵　杨华佳　杨凯丽　杨小冬　杨小静
杨祖怡　姚卫芹　姚雨婷　于阳　余扬　袁姿　张晨
张洁　张慧娴　张佳晨　张丽红　郑茂蔚　钟恩健　周必琪
周苏雅　朱胜男　庄娟

皮肤病与性病学（1人）
任孙

神经病学（10人）
丁意平　李润楠　刘雪云　陆叶婷　孙思茂　王敏　杨斯
杨怡尧　易兰　张怀祥

外科学（72人）
卞午阳　曹亚森　巢璟帆　陈亮　陈植　陈一帆　程天语
单治理　顾敏涛　郭帅　郭晓斌　何航远　惠涛涛　金正宇
李翔　梁志磐　刘俊　刘禹　刘建虎　刘玉钊　陆泰
陆祺中　吕南宁　马涵　马新仁　满忠松　毛剑楠　莫志晓
潘明铭　彭超　彭鹏　商光凝　沈钰钏　石豪屹　宋俊杰
孙厚义　孙明浩　汤耀程　唐佳　唐锴　陶善春　王彬
王进　王仁杰　王文飞　王旭超　王子贤　吴铭洲　吴晴晴
伍星　徐田　徐宏博　姚辉　姚林　殷文皓　袁帅
连骁　张杰　张楷　张东平　张金龙　张居易　张兴飞
张永宏　张子啸　章戈　赵伦　赵文豪　郑磊　钟方平
周霄楠　朱璇琛

眼科学（4人）
　　黄晓刚　　宋　润　　王　芸　　张家驹

影像医学与核医学（20人）
　　韩佳霖　　黄天安　　李青松　　李雅丽　　瞿小锋　　孙　岳　　谭亚兰
　　王　伟　　吴关钻　　徐　鑫　　徐莹莹　　闫乐乐　　于　洋　　俞文霞
　　张　岗　　赵　曼　　郑梦龙　　郑园园　　周　强　　周林峰

肿瘤学（15人）
　　仇佳俊　　戴　玮　　韩晓静　　贺晓兰　　纪红霞　　李芬杉　　柳　璐
　　权秋颖　　孙佳讯　　王文逸　　余水秀　　张　慧　　赵荣昌　　周　嘉
　　朱洪宇

医学部第二临床学院

耳鼻咽喉科学（1人）
　　贾松涛

妇产科学（7人）
　　柴梦倩　　东　蓓　　何春蕾　　潘辰欢　　孙亚平　　肖　伊　　赵敏雯

临床检验诊断学（3人）
　　高　策　　徐美娟　　杨　斌

麻醉学（1人）
　　杜　洁

内科学（15人）
　　曹慧茹　　曹旭波　　代明森　　戴　婷　　付　洁　　胡玉华　　晋雪松
　　李思诚　　梁人予　　石　菲　　孙泽阳　　王田雯慧　　许　涵　　杨婷婷
　　张　岚

皮肤病与性病学（1人）
　　单芳芳

神经病学（15人）
　　储丹丹　　范宇欣　　顾晨晨　　郭雪艳　　刘兆霞　　吕　芳　　吕阿兰
　　欧志杰　　孙　京　　汤璐璐　　王　静　　熊艺彤　　袁　闻　　张　伟

赵慧敏

外科学（31人）

曹世坤	柴松山	陈明杰	程元骏	丁启峰	高　燚	高凯健
胡　健	郏新宇	蒋豪杰	孔祥宇	李　明	梁　馨	梁火奇
林昌杰	梅玉新	孟　甦	孟凡剑	裴非凡	邵佳哲	沈　磊
汤　成	万小祥	王天琪	徐　龙	薛　磊	薛彦平	杨　明
殷　瑞	赵欣阳	周　壮				

眼科学（1人）

王　倩

影像医学与核医学（12人）

陈琪琪	高启贤	侯金鹏	李梦娟	毛　攀	倪晓琼	任佳明
汪　洁	王锦锦	徐梦琴	张跃跃	周宇斌		

肿瘤学（16人）

崔　冉	葛小慧	顾　莹	侯雨含	雷　瑜	刘　苇	刘叶红
王睿昊	吴润红	向孝勇	徐睿哲	姚文艳	于　娜	湛长丽
张茜茜	张舒舒					

医学部儿科临床医学院

儿科学（55人）

曹　璐	曾美玲	陈　红	陈　丽	陈赛男	陈泽栋	承梦珂
戴　鸽	戴小妹	甘　姣	弓茹月	顾丽雯	郭素玉	郝志艳
黄俊杰	金闪闪	李庆玲	刘　佳	刘　燕	陆　琳	罗凌云
缪欣欣	濮　冲	秦桢伟	石翠珠	史梦绕	舒丹丹	苏冬妮
谭嘉红	王　超	王　琨	王洪利	王吏农	王启闯	王紫嫣
吴　帆	吴婷婷	武银银	徐紫娟	许　蝶	闫敬敬	严秋丽
杨飞韵	杨慧云	杨瑞蕊	郁西平	展　翼	张　博	张　曼
张丹丹	张雨生	赵　璐	赵冰新	赵娟娟	支婉莹	

医学部第三临床学院

儿科学（1人）

孙丽君

临床检验诊断学（1人）
　　彭　阳

内科学（7人）
　　李　艳　　唐　慧　　王增增　　吴　敏　　吴钰迪　　袁　昕　　邹靖云

神经病学（1人）
　　洪　伟

外科学（13人）
　　蔡中海　　陈海峰　　何俊胜　　李树祥　　王　恺　　薛振强　　杨兴海
　　游轶杰　　张　鼎　　章晓彬　　周　烨　　朱旭东　　祖广晨

影像医学与核医学（1人）
　　信文冲

肿瘤学（3人）
　　冯　珺　　刘梦娇　　袁青玲

海外教育学院

国际商务（7人）
　　DURO-ONI DURO
　　KIM SERIN
　　MASTIAEVA MARIIA
　　NIEVES AVENDANO RODRIGO
　　TRINH THI NGAN
　　VONGSOUVAN MANOSIN
　　XAYYAVONG MALINA

汉语国际教育（12人）
　　CHAE CHANG EUN
　　DAVTYAN GOHAR
　　KHALZAEVA MARIA
　　KHRAMTSEVA RADMILA
　　KIM VALENTINA
　　LUVIER VIOLETTA
　　NGO THI THANH

NUEANGCHOMPHU JIRANAN
OBASA JOSHUA IFEOLUWA
OUTEN MICHAEL SCOTT
YAMEE KANNIKA
ZHADAN ANASTASIIA

教育管理（1人）
HOETRAKUN DAOPHRASUK

美术（1人）
KAMIGATA RENA

新闻与传播（9人）
ERKINOVA AIZHAN
KALIYEV YERBOL
KUKAYEVA ALTYN
KURMAN YRIZAT
MILOVSKAIA NADEZHDA
SEIYLKHANKYZY AKDIDAR
SULEIMANOVA ZHANNA
YERLAN ALIYA
YURKOV SERGEY

音乐（1人）
TUAZON JOSE ENRICO R.

教务部

临床医学（56人）

蔡卫超	陈敏	陈思帆	丁鹏	杜仁继	范晟昊	龚秋源
顾霖	顾晓磊	顾益惠	管诗桦	撒荣	洪璐	黄冰青
季威	蒋榕	金安琪	孔诚	李鉴清	李晴晴	刘功稳
刘思萌	陆琦然	骆亦佳	马榕	莫向荣	钱柯羽	施怡浩
宋楠	王康	王帅	王玺	王石鸣	王怡恂	吴亮
谢伟	徐剑豪	徐鸣晨	薛峰	叶小军	殷俊	尹雯悦
郁维	张煜	张俊毅	张轩诚	张一卿	张志昱	章君鑫
赵莹莹	郑聪聪	周琛玮	周亦一	朱晨洁	朱正彧	邹谷雨

2019年取得同等学力硕士研究生名单

政治与公共管理学院
社会医学与卫生事业管理（1人）
　　唐　玉

王健法学院
宪法学与行政法学（7人）
　　邓立群　李　智　钱　宸　石中玉　徐　昊　张柏梅　章燕飞

教育学院
课程与教学论（1人）
　　杨彩霞

医学部
病理学与病理生理学（1人）
　　惠　奕

精神病与精神卫生学（1人）
　　崔凤伟

神经病学（1人）
　　丁　冀

外科学（1人）
　　向海涛

医学部基础医学与生物科学学院
病理学与病理生理学（4人）
　　李举堂　魏　炜　叶　敏　朱　伟

免疫学（7人）
　　陈　瑶　　黄艳红　　圣　男　　杨　漫　　姚　惠　　姚　林　　袁静芝

人体解剖与组织胚胎学（4人）
　　郭　晶　　李　倩　　王娅楠　　肖　兵

医学心理学（2人）
　　茆悠悠　　薛锦莲

医学部公共卫生学院

流行病与卫生统计学（1人）
　　宋　斌

医学部药学院

生药学（1人）
　　蔡周权

药理学（12人）
　　蔡向明　　邓彧斐　　贾鹏惠　　李　晗　　庞　婕　　施　卉　　施益金
　　姚　荧　　赵　静　　钟雪旭琼　朱　娟　　朱含月

药物化学（1人）
　　李晓龙

医学部护理学院

护理学（30人）
　　蔡亚萍　　陈晴晴　　段银霞　　韩　晶　　霍秋桂　　纪佳胤　　蒋　媛
　　李　静　　李　霞　　李　玉　　李梦琳　　林琴芳　　刘　敏　　罗　瑶
　　孟红燕　　彭　霞　　孙丽华　　唐　龙　　王　莉　　王丽敏　　韦莹莹
　　温凤鸾　　吴春燕　　肖忠中　　许　蕊　　杨艳喜　　张姣艳　　张利华
　　仲苏蕾　　周敏霞

医学部第一临床学院

耳鼻咽喉科学（1人）
　　宗　薇

妇产科学（27人）
　　邓红梅　　冯晓云　　姜　华　　李　洁　　李冬梅　　李建伟　　刘国艳
　　卢文肖　　马晓芳　　欧阳迎春　祁云霞　　邱芝燕　　孙　波　　孙荣荣
　　唐小超　　滕　云　　汪义泳　　王　敏　　吴　荪　　吴蕴春　　俞秋霞
　　张　鸽　　张亿林　　赵莹琰　　周兰云　　朱　璘　　朱　茜

急诊医学（1人）
　　程亚娟

康复医学与理疗学（2人）
　　窦佳鸣　　王　颖

临床检验诊断学（2人）
　　马　钧　　吴　娟

麻醉学（5人）
　　冯　洁　　宋晓乾　　张　斌　　张　凌　　张纯洁

内科学（55人）
　　陈　君　　笪月芳　　杜爱丽　　范澄璐　　房维厚　　冯洁渊　　高　畅
　　高　峰　　高钧霖　　顾志森　　何丽芝　　胡　航　　胡　勇　　胡小露
　　华少鹏　　纪晓霞　　蒋佳伟　　金　玲　　兰晶晶　　雷　剑　　李　琳
　　李正磊　　凌　鑫　　陆　萍　　陆　玺　　吕　娜　　马上吉　　钱小丽
　　尚　晖　　时海云　　孙欢欢　　唐佳丽　　陶　然　　王　娟　　王　琪
　　王　思　　吴铖娜　　徐　洁　　严正平　　余霓雯　　袁耀平　　张　虹
　　张　玲　　张　骁　　张　鑫　　张　艳　　张晓洁　　赵　斌　　郑　扬
　　周　吉　　周　静　　周锋利　　周胡涛　　朱　琳　　朱　瑛

皮肤病与性病学（2人）
　　蔡海斌　　沈　辉

神经病学（6人）
　　陈春敏　　李园园　　史红娟　　宋欢欢　　张　怡　　朱环宇

外科学（31人）
　　陈言智　　陈余庆　　程彦骁　　邓　伟　　丁昆祥　　冯　强　　龚晨虎
　　顾文斌　　黄建平　　黄晓义　　霍文平　　蒋国栋　　李艳琼　　陆伟杰
　　罗程鹏　　权　磊　　谈　军　　王家琪　　王利锋　　翁　献　　徐海峰
　　颜　歆　　杨　永　　殷金成　　尤旷逸　　袁利杰　　张　超　　张君俊
　　周　亮　　周建东　　庄　敏

眼科学（1人）
　　孔　乐

影像医学与核医学（15人）
　　程捷飞　　府栋勤　　管正平　　霍中元　　李　骏　　李爱华　　李文会
　　骆　磊　　秦　鸣　　瞿　辰　　谈炎欢　　王学俊　　张道强　　张欢欢
　　赵云雷

中西医结合临床（2人）
　　陈海艳　　羌曹霞

肿瘤学（12人）
　　陈　业　　陈文倩　　黄　英　　刘惠兰　　陆曹政　　马海琴　　申晓梅
　　吴大广　　吴义言　　杨懿瑾　　张　林　　朱文宇

医学部第二临床学院

耳鼻咽喉科学（1人）
　　何君玲

妇产科学（6人）
　　郭　颖　　李　娟　　刘　雯　　树成干　　王　琴　　吴　惠

急诊医学（4人）
　　傅　颖　　杭　成　　陆　敏　　张璐平

临床检验诊断学（8人）
　　程钦全　　程瑞飞　　郭　敏　　郭鹏飞　　刘　斌　　王　婷　　吴永先
　　易甜甜

麻醉学（12人）
　　杜　宪　　何春梅　　钱望月　　宋珊珊　　谈玲玲　　陶伟荣　　王　凯
　　王　硕　　吴维贤　　徐秀清　　薛　原　　张　丽

内科学（14人）
　　卞丛燕　　李　京　　刘　佳　　邵丽娜　　沈宏华　　孙　伟　　唐　敏
　　王　鼐　　吴海燕　　吴卿霞　　杨　熹　　杨燕婷　　余文丽　　袁　媛

皮肤病与性病学（1人）
　　陆晓君

神经病学（6人）
　　曹洪弘　　丁宇霆　　吴亚平　　杨玉杰　　周　荣　　周穗云

外科学（11人）
　　崔志浩　　顾　莉　　浦晓洁　　孙文华　　王佳孜　　夏泽斌　　徐　图
　　姚齐贤　　赵　丹　　周海龙　　周明连

影像医学与核医学（25人）
　　陈　芳　　陈　乔　　陈　茹　　陈　旭　　陈骥梁　　丁　宁　　范　晶
　　冯　华　　顾怡栋　　过濛姣　　胡蓓蓓　　黄　甜　　吉玉刚　　郑晓东
　　李　享　　陆静雯　　马金连　　汪璐赟　　王巧云　　杨　波　　杨　敏
　　张　静　　张　卿　　朱敏嘉　　邹　真

肿瘤学（4人）
　　胡静怡　　史志敏　　周　伟　　周　云

医学部儿科临床医学院

儿科学（23人）
　　蔡　敏　　陈春梅　　丁粉芹　　葛丽丽　　顾　颖　　贾海香　　姜艳群
　　焦万艳　　李　静　　李秋侠　　李文静　　李月红　　马　洁　　祁陆石
　　石娴静　　吴　晴　　吴　云　　武　岗　　俞　赟　　张　建　　张　瑾
　　张　桐　　朱凤明

医学部第三临床学院

临床检验诊断学（3人）
  陈聪 冯敏亚 金蕾

内科学（5人）
  胡丹丹 姜蓉 王宇栋 许吉 宗晓燚

外科学（5人）
  陈星 侯健 莫炜烈 孙鹤 王盛

影像医学与核医学（5人）
  黄文杰 席剑雾 徐行茹 张蜜 张培贤

肿瘤学（2人）
  刘俊 石琪

上海肺科医院

内科学（2人）
  邓国平 李俊

影像医学与核医学（1人）
  钱冬乐

上海第六人民医院

耳鼻咽喉科学（1人）
  钱晓琼

老年医学（1人）
  张丽岩

内科学（2人）
  蒋怡 袁东登

皮肤病与性病学（1人）
  范晴

神经病学（2人）
　　蒋青青　　严乾峰

影像医学与核医学（2人）
　　王　超　　周　静

2019年6月本科毕业学生名单

文学院

汉语国际教育（29人）
陈羿诺	吴佳雨	胡永涵	孔子宁	朱盼盼	周　浩	魏文韬
曹忻怡	李　梅	曾宇宁	陈子凡	明　瑶	周叶秀	周　硕
马继德	柏艺琳	占田田	陈秋宇	庄思敏	华　聪	林宇璇
白　娜	颜玉杰	谭　颖	谭钰雯	高子茜	李唯伊	周喻童馨
李中宣						

汉语言文学（2人）
　　孔文龙　　张壮壮

汉语言文学（基地）（29人）
刘诗吟	毛子怡	袁　也	吴雨婷	邹　娟	娄　放	滕瑜平
孙一丹	周如意	杨　珊	杨由之	顾丹蕾	赵秋雨	纪雨晴
张　雪	曹志伟	蒋诗怡	沈　昕	陈嘉琳	杨锦非	王子安
季天孺	袁亦昕	高文丽	徐陆璇	王宴宗	宋鑫丹	赵晨璐
王小晴						

汉语言文学（师范）（70人）
陆弯弯	孙佰婧	梁如月	温文雅	钱　蓉	钱奕婕	丛　榕
许　颖	夏漩漩	侯宇琳	刘　娜	丁逸琳	肖嘉楠	乔婷婷
赵子琦	薛　健	顾明珠	余夏露	范佳玥	刘　磊	刘晓岚
黄贵深	朱孟博	王心怡	高　昇	朱蔼如	汤月明	王堰焜
毛晓凡	沈娜樱	钱亦君	杨　蕾	翟羽佳	刘香颖	杨　阳
马星雅	张　宁	李典点	潘欣瑜	徐嘉毓	谷玉菁	田昕曈
杜宁奕	施圆缘	柯爱凤	姚悦晴	董　琪	辛　韬	平鑫颖
单　颖	郁昕轲	胡畅捷	温　妍	金宇嘉	黄蓓琪	丁辰一

朱雪怡	刘思奇	张嘉琪	薛安琪	许华丽	谈嘉悦	徐　纯
左传明	贾一昕	邢桑以涵	李香萍	谭文俊	杨弋雯	蒋丰蔓

秘书学（47人）

张滨彦	王　雪	李林凯	赵广生	王仲祥	王立凤	王　芊
王　闵	侯晓瑞	施　林	朱蔚婷	常宇萌	刘学琰	张　琪
付秋玲	顾文杰	仲崇嘉	胡笑影	林婕斐	束　婷	郭　昕
周俊新	周舒奕	刘金瑾	程睿倩	崔芝千	段琪亚	李菁华
马　雪	叶菲凡	孙利文	徐　宽	陈贝加	成艳容	刘　莎
德吉卓玛	吴思兆	刘　炽	谭玮琳	白玛娜增	钟红梅	杨　洋
范睿仪	杨文杰	张　静	王潇凡	张　羽		

传媒学院

播音与主持艺术（40人）

周航宇	张璐阳	范一帆	李佳倩	张鑫异	尹心航	乐美真
陈姝帆	于佩冉	李　超	郝　怡	魏玥琪	王佳敏	倪　阳
郝亚萍	解雯淇	王海伦	常　远	吴孟原	史梦蕾	王媛媛
梁凯越	高子媛	刘格菁	郑可欣	查　裕	陶泓宇	姚凯迪
曹慧芹	纪奕名	侯思佳	胡天馨	崔加奇	王新宇	邹佳琦
李霖清	朱　琳	蒋鹏军	赵　上	詹慈媛		

广播电视学（34人）

吴羽娴	徐蒙南	马冰歆	柳学敏	刘　杨	袁　方	王卉蕾
胥慧灵	郭海薇	顾佳铭	冯思逸	王佳蓉	沈晓柳	叶雨昕
刘　欢	张纯纯	梁　晖	王　磊	石佳昕	吉一凡	王　康
苏芸芸	田子玉	杨　真	姚之润	杜欣羽	汤瑶瑶	尹　煜
刘春旸	陆　韵	颜子涵	罗卢琴	卢温琴	黄　弘	

广告学（52）

刘玉洁	程雪莹	葛冯格	闫　敏	田丽萍	曾　晨	吕一潇
周爱雨	谢　亮	周　颖	高建敏	华乐莹	周泳静	苏　粤
吴　榕	胡　瑞	钟家芬	李洁仪	张志颖	诸葛嘉琪	于浚晗
何宇雯	陆阳燕	李雯雯	李　祥	柳姝宇	蔡昕儒	张　燕
胡立汶	朱梦秋	徐香妹	杜心悦	王　倩	杨　建	吴　昊
刘凝菲	王姝颖	潘　迪	车子薇	谈星辰	张婷怡	冉衍丽
王茂杨	龚　琪	石雅萍	杨珂馨	陈细女	晏子盈	杨雪敏
李江薇	丁昱婷	崔婷涝				

网络与新媒体（56人）

冯 皓	李雪冰	刘修含	舒晓丽	杜媛媛	柳非攻	薛姝颖
赵瑞雪	杨蕾涵	卞伊玲	宋娇娇	汪昊岩	徐 悦	曹一平
李 杰	吴若琳	陈爱梅	陈昕悦	黄 诚	陈 畅	彭 洁
李天蔚	李 源	邓乐柔	钱晶晶	耿佳一	顾 楠	龚如意
聂辰惠	周郡仪	赵梦真	谷 慧	徐宏岩	刘雅文	周千叶
董亚男	马萌萌	张雨佳	徐 唱	杨 杰	蒯美雯	邱玉薇
冯 钰	吴瑶瑶	夏 敏	马子森	栾泓霖	朱亚蕾	杨馨楚
姚 越	刘千瑜	叶 雯	田 皎	潘颖子	田中正	王若琪

新闻学（57人）

尚慕然	张元茜	高清扬	刘乃玮	李昨非	周文佳	黄诗韵
闫丛笑	陈雨荻	刘晶晶	程 萍	苟洪景	季雨纯	王楚含
张 慧	杜玲超	罗 楠	宋可柠	费 楠	华凌云	杨 波
丁晓涵	杨 帆	侯沁莹	王 娜	储 萍	谢萧寒	刘 颖
董柏廷	黄雪琴	于晓晴	许佳雯	徐 颖	付盼盼	王若棋
蔡可心	邵 楠	吴继维	姚 姚	陆新一	翟 华	孙 畅
包园园	廖东生	林 婧	孔自强	陆佳欢	杨月箫	余心尚
朱迪齐	张一弛	张浩容	孙 璐	赵云涛	倪彤阳	蒋丽瑗
张欣婷						

社会学院

档案学（29人）

万笑笑	路文方	李艳贞	徐玉婷	黄泽茂	韦思敏	陈雨菲
周 香	奚晓妍	刘贞伶	李子木	裴茜雅	王子宁	任 可
张青青	李 玉	熊怡静	王 子	侯雯雯	王远霞	栾 悦
王青青	金颖芸	浦静雯	苏依纹	郑丹妮	弓文秀	邓贵森
王 帅						

劳动与社会保障（38人）

狄 昕	赵明月	崔 晗	孙 悦	徐闲馨	程晓雯	蔡雨璇
闫慧敏	夏贝妮	於葛琳	孙文萱	胡雪磊	阚延涛	盛天弋
于爱於	吴宇浩	王 馨	郭 家	徐颖辰	刘祺鹤	李君浩
王国光	王愉捷	吴泓锦	吴 越	何李璇	于 慧	曹蕴怡
徐珊珊	翁千慧	张 蓉	陈佳淇	陆单胤	季翔兆	李小雪
陆星仪	吴 颖	严 莉				

历史学（师范）（26人）

时妩霜	李小琼	顾澄怡	高映红	刘 琼	贲呈阳	宋雪怡
张晨晓	丁 艳	谭倩倩	张少婷	吴雨晴	周 铭	邓喜鸿
陈孟郡	黄 玲	丁文文	翟中贤	陆晓凤	奚鑫鑫	王潇茜
商东惠	黄 倩	索慧莲	赵胤琦	赵琼芳		

旅游管理（33人）

姚佳爱	贾茜茜	王含含	喻鑫淼	蔡文琪	王思妤	王淑怡
闫军杰	薛雨萌	丁 瑞	罗钧瀚	周 钰	毛 霆	苏煜婷
艾 婧	冉 威	朱丽莎	冯文文	吴 迪	陈晓琳	王 盼
赵 雪	王越闽	李仪迈	马之轩	闫艺涵	曾君越	吴毓宁
索朗仁增	杨 阳	寇 琴	高雪盈	刘凡萱		

社会工作（39人）

李 林	张焦明	陶晓敏	时丽琪	冯嘉慧	张贝妮	吴亚星
夏美勤	卓盼盼	陈佳杰	许思祎	罗伟童	潘怡琳	吴诗琪
王千韵	秦 洁	胡雁玲	卜泓瑄	华启正	王雯雯	朱冰静
卢子龙	陈思凡	顾 茹	秦雅兰	洪思宇	胡韵宜	凌逸杨
邵王杰	孙晓园	曹 玉	偶天宇	孙一言	窦 静	陆海洋
郭昊明	赵怡韵	吕佳铭	王柯玉			

社会学（1人）

魏天鸿

图书馆学（42人）

夏云舒	徐栩洁	谢佳佳	赵秋芸	董思颖	周品漫	谢紫悦
居维娅	张文君	李维康	童 欣	张楠笛	吴 凡	冯高楠
曾 杰	潘亦予	蔡依静	于大卫	严 格	虞 悦	刘丽丽
朱 琳	吴雨辰	刘 颖	毕云静	刘书豪	张 妍	刘 玥
汤羽涵	丁昊熙	花 程	吴志宇	孙何凝	孟文静	郑倩倩
业文杰	孙晓蕾	姜 柯	吴 佳	艾雨青	季鸿玮	潘 军

信息资源管理（27人）

樊万存	张 玲	白 楠	张轶妍	吴方青	张 舒	夏 盼
张凌霄	杨 正	赵竹青	卢 伟	冯佳琦	何思麒	资月蓉
陈晓莹	吕湘铃	张 雪	赵国双	张 路	徐 悦	牟小波
张 颉	罗建琴	张小云	张路程	李娆彧恺	王瑞芸	

政治与公共管理学院

城市管理（45人）

徐思颖	钱 灏	吴巧玉	盛 丹	郑也如	徐思昀	杨润莹
朱 强	杨婧颖	陆昱瑾	邱 玥	孟庆硕	贾 青	周梓烨
王慕尧	李洋洋	叶子轶	徐爱华	曹馨舟	刘育宛	文 龙
刘 燕	李慧娴	牛雪帆	杨 洋	陶 然	张诗奕	陈雪莹
王静宇	王晓莉	周 淼	赵 原	陈逸蓓	周希杰	马君怡
沈凡舒	刘皓宇	李红轩	杨振宇	宗希玮	杨 帆	张 瑜
浦书豪	张诗瀛	朱钇衡				

公共事业管理（31人）

王 宁	陶 喜	张 璐	陈 璐	闫泓竹	谢 浩	黄小丽
刘筱芮	范雨婷	桑新月	王 欣	谈碧蕊	陈 艳	李冬阳
顾重阳	万 逸	戚雨凝	李宇石	杨昊志	汪 曼	张瀚文
许 楚	韩行之	姚佳逸	李 哲	薛晓宇	韦彦佳	程 茜
王金怡	周琳锐	李一丹				

管理科学（37人）

沈于蓝	李梦璐	李侍窈	王榕敏	汪 肖	蒋佳胜	苏 浩
李秀东	桑芝燕	罗 丽	杨 聪	唐唯一	罗仁义	陶 鑫
万雯琦	谢伟杰	胡雨亭	张亦凡	杨芊玥	杨曼铃	莫晓豆
王林红	马和乾	朱 佩	段 然	冯露露	吕 姝	梅馨圆
程柔鑫	朱怡静	侯媛媛	韦鹏飞	陈 蕾	祁复璁	田梦贤
怡 静	李竹馨					

人力资源管理（39人）

荷苑菲	邹 丹	楚利娟	吴哲亚	吴星原	潘 丹	陈 思
丁汉青	李 欢	曾自珍	吴茜茜	裴苑溁	王云燕	杨航凤
柳 静	周芬芬	裴 望	夏楚凡	张逸陶	李文锐	向 莉
黄抒婷	张 慧	赵 越	金泽琪	方兵伟	谢晨鹭	叶 娴
李亦雯	刘绿琴	贺涵彦	王 吉	陈 毓	白秀宏	刘妍麟
马美云	张若凡	卢饶方	巴力恒·阿达克			

思想政治教育（20人）

田佳奇	王 博	夏清晨	戴 云	查雅倩	梅雅仪	李振涛
吴 洁	赵 静	袁慧琳	孙 庆	宋 君	陈绍锐	武鑫语
于 顺	葛锦杰	苏 敏	郝文琪	孙 泽	薛善梅	

物流管理（137人）

　　许文悦　徐　蕾　盛　琦　方在舟　王玲娟　堵欣荃　祖雅洁
　　张　菁　华　宇　唐易安　张　诺　孙劼琪　陈欣蓉　李　蕾
　　张梦茹　张　偲　杨梦姗　沈　悦　查质舟　陈人豪　张　宁
　　顾雨清　王子秋　章舒睿　史富慧　梁　晨　金睿洵　丁一旻
　　吴　凡　张伯伦　刘文琦　杨明珠　王梓涵　马乐天　严伟轩
　　顾锡香　宋歆涵　王　贤　杨　璐　黄伶俐　施俊如　薄冰瑜
　　薛志航　石子铖　陶安泽　庞碧云　陶希景　陆乃薇　王亚茹
　　王柯涵　王志云　石宜家　管丽楠　杨昕宇　顾文卓　张　炜
　　唐　鹰　安恬妮　王心雨　陈兆琳　沈耘辰　虞晓涵　查则成
　　壮婧祎　黄雨佳　许云哲　王佳乐　李紫仪　江晔君　刘文菲
　　池匡恒　刘心童　宗苏捷　周子正　邵尘臻　李涵签　韩璧如
　　刘杨吉　夏茵萱　徐泽茜　邵　婕　程晓竹　张天任　戴一洲
　　汪慧力　邱　辰　季明婕　王　芳　汪岑菡　郑明逸　黄若怡
　　展子昂　季　遇　孙宇江　王　佩　陈亦扬　梁沁怡　过云扬
　　刁　弋　董　雯　石　阳　冷　冷　王若歆　戴　婷　童　浩
　　施米娜　李　明　卢韵竹　时奕忻　苏灵青　徐时祺　施文磊
　　田　园　崔　岱　王予玺　居星叶　关　欣　金　忆　吴思琦
　　徐　笛　华雪纯　林雨洁　张浩雯　陈世奇　夏裔伦　范千艳
　　郎佳钰　芮　晗　任义慧　柳子楠　杨钧程　商玟琪　丁佩嘉
　　李佳桐　朱真慧　张欣怡　李　辰

行政管理（37人）

　　王　轲　吴　芮　徐伟亮　薛晏宁　周沈敏　王丽媛　宋苡薌
　　韩丽梅　钱晓燕　宋心愉　孙　月　刘国庆　王倩云　周　冰
　　王　洁　周　恬　刘希冉　张恬恬　任　靖　韩苏东　丁毓文
　　惠玛虹　刘　静　朱　菲　陈丹璐　张逸君　厉广利　邵　洁
　　田　源　徐舜琰　何成丽　霍宗毅　向　洁　李婉鑫　梁芳芳
　　王博堃　杜　茜

哲学（14人）

　　李海福　季　亮　贾博文　药　鹏　程　前　高胜寒　吴冉冉
　　高乙今　刘　洋　唐梦雨　田杰宇　嵇玉娟　唐庆燕　李明序

东吴商学院（财经学院）

财务管理（32人）

　　王星宇　陆思婕　刘祺慧　曹方舟　欧雪梅　高子凌　李文婷
　　李佩娜　刘圣瑜　潘倩怡　高　冉　润　芳　张　烨　郑菁华

冒楚韵	朱　玲	杨程皓	沈　捷	缪雨潇	古文逸	殷云立
包仕珺	王子琳	曹玉洁	徐亚梅	戈怡秋	侯若兰	陆雯怡
钱鸣欧	王晨与	许　瑾	程郅涵			

财政学（31人）

周雅杰	肖碧蓉	陈　魁	郑琦苒	周静一	邹栩文	苏雨佳
邵　越	徐婧平	常葆楠	史泽钜	王　玓	陈红艳	陈　帅
韩倩倩	卓子越	朱　芮	秦　瑶	陆铁琦	朱鑫贤	谢　丰
李吉田	贾兆雪	张紫菱	刘星辰	王　杰	杨兵兵	明玉慧
张景舒	谢红阳	徐哲源				

电子商务（27人）

沈伶俐	柏　苗	王欣宇	陈　亮	陈佳锋	顾宇强	张　旭
张　菊	毕　磊	宋云鹤	蒋晨蕾	罗长文	吴辰妍	马闻康
蔡偲铭	孙　邦	章洁然	徐　伟	薛培尧	赵　强	高铭潞
蒋云龙	王冰柔	陆怡文	陆东昊	潘丽娟	程　茗	

工商管理（33人）

夏仲梦	蒋　鑫	邓运可	赵　磊	季楚雯	李焕壕	张钰琳
廖凤淇	梁静珊	姜　莹	张羽佳	平皓钧	李蕴秋	韩　冰
高一凡	张心悦	金　鑫	徐声昊	陈欣竹	曹雪妮	刘瑞智
章雨豪	季心禾	朱倩雯	李　涵	李舒文	蒋姝程	李天钰
侯文婷	陈阳辉	王韵雅	金伟伦	王　睿		

国际经济与贸易（46人）

尹一凡	杨皓程	邹佳佳	蒋李娜	黄书玥	李雪雯	王意欣
王嘉祺	沈雨菲	张婉滢	徐心怡	张梦如	张忠娜	朱小先
沈心怡	孙彤彤	沈心淼	侯梦霞	陶安阳	王志付	张柳璇
于博洋	张　晨	陈雪宁	何心亭	冯　波	张　萌	高　凡
吴昕锴	吴　薇	刘颖颖	薛佳梓	徐　辉	王舒特	张　亮
余佳玲	陈双一	刘智鹏	李茹玉	刘柯宏	汪　奕	李　阳
杜泓翰	季章云	陆圆圆	谢咏宸			

会计学（113人）

马瑜慧	辛紫燕	吴紫荆	蒋　沁	顾婧琪	陈玉洁	陆奕聪
沈翌晨	杨辰元	苏　红	顾秀梅	张　迎	王城培	陈　怡
袁甜甜	蒋梦琳	王柏文	裴　瑀	韩慕玥	承　晨	诸嘉成
汪依颖	谢铭鋆	符　敏	范莹莹	周子月	甘　霖	郭子怡
朱　丽	余佳晨	朱满婷	张媛媛	顾令仪	高　星	刘云飞

沈擎阳	叶陈思	徐芷娴	高懿	周雅雯	钱晨皓	沙汀
陆婉君	郝佳彤	卢歆忆	魏梦妍	赵文瑾	姜佳钰	徐曼玲
沈麓	陈西振	汪思凡	吕梦希	吴钰枫	孙洋	秦媛
贾飞燕	周语迪	赵佳佳	何诗坤	陈璐	顾雨弋	华佳渊
张雪莲	王晨科	孙雪	胡惠心	王兵	郭晶晶	徐子昊
胡文洁	詹昱枫	陈宇飞	王明月	秦生辉	何彦青	李子昂
张心怡	毛依宁	张建琳	赵婧	薛玉祥	张雨晗	陶翰林
陈晨	苍晗	李孟馨	陈彤	施佳慧	张靖贤	陈政
阎紫媛	赵宇嘉	刘静婷	何生青	邢紫恬	车彤彤	朱秋祺
刘宇	梁富源	周园	樊相岑	刘长昕	贺铭洲	吴和俊
尉文婷	鸦舒颜	陈美霞	侯杰杰	蒋倩莲	唐钟恒	宋钰涵
张盛楠						

金融学（119人）

李晓	赵俊翰	蒋凤	李昕昂	杜雅静	金子宁	俞琰斐
何泼	顾宇辰	张栋飞	蔡俣	李双	顾佳慧	孙悦溪
金博	董雯丹	王晓玲	陈健萍	谭昌昊	袁若冰	朱静雅
史珊珊	叶柯辛	朱思萌	何静娴	张倩	秦梦静	张力文
蒋婧蕙	李雪	严琳煜	徐忆阳	李姗姗	陈璞	郁天凤
姚忆平	倪婷	徐梦嫒	吴婧洁	陈晓波	王箐	苏翔宇
吴淑君	李芳漪	尤乙茗	吕华轶	刘忠毅	宋月静	刘鹏恒
龚文珺	葛畅	夏铭松	孙李佳	姜柯	何振亚	陈雯玉
马岚	吴雨	王小丹	陈静	周圣渝	谢静姝	张奇宇
杨秋晨	冯娇娇	邹子涵	张译	钱家成	许婧娴	金致远
程倩雯	花絮	王吉	黄奕铭	仲淑嫒	宗轩	王心森
王璐瑶	张雨歆	许嘉浩	冯玉婷	王放	王晨昀	吴家豪
费洋	李梦涵	罗雪菁	万冬雷	刘瑞琪	孙艺	沈思齐
李若洋	朱俣凡	唐苏琦	浦舒凡	刘子徐	吕潇	朱丹
李雨欣	郭倩	蒋雪柔	朱圣洁	李佳敏	徐健	林妤
余泽敏	曹青	周歆瑶	朱鋆昊	秦宇琪	孙成真	尹阳戈
沈璐	高静怡	吴昊陆	朱文婕	张旭	周晶晶	朱可心

经济学（22人）

孙正	陈婧晗	郑明月	李思雨	李苑	李志豪	李建敏
樊壮	陈愉	卫江元	葛颜慧	张锦誉	张欣	王维
胡恬慧	许铭雪	王飘	袁江州	张婧	杨子慧	张思远
嘎珍						

市场营销（33人）

季圣源	汤欢	龚静怡	彭勃	王昇唯	张圆圆	陈以恒
徐星然	饶建忠	张凡	张红梅	黄雅玲	彭艳娇	郭玫君
吴义飞	陈晓风	王署毓	黄蓉	郑琳丽	余鑫	高天奇
洪彦	侯明硕	焦玲玲	朱涟漪	季文磊	冯沈艺	张晓琼
沈晓彤	侯泽玮	何芳芳	武仕达	余佩谊		

王健法学院

法学（110人）

侯毅	钱静瑶	赵书永	尹婧宇	沈沁玉	朱珂叶	祝瑞来
陈志敏	陈林	王赵欣	邝春霞	甘映萍	王正浩	陆成豪
柳露露	周佳敏	袁子晗	黄爱东	张哲旭	张雨姝	陈佳伟
王玲	徐涵颖	蔡文欣	杨宇霏	戴蒙蒙	郑甘诗雨	朱晨馨
熊泽仪	张雨虹	冷莹	余灿瑜	王敏彦	钟盛鸽	周小敬
陈彦君	周雨婷	陈天韵	孙煜	郎炜	王逸云	陈怡君
张茂	邱方阳	徐雅霓	王帆	周楷文	冒琦	陈蔚
周雯露	沈冬	陈婉秋	於露	张启筱	朱婧曦	陆文静
许卉子	王天雁	李村	吴佳祺	靳思梦	林韵倩	任玮立
奚鉴菲	陆望	金亦丁	周子杰	蔡静怡	娄晗梓	巢齐贤
石梦雪	梁悦	丁逸文	陈林燕	罗俏	庞郁	罗向荣
张乐萌	徐刘斌	吴欣怡	王率禧	周敏慧	邹雪雯	孙雨
章金	计颖珊	陈思琪	戴军	顾斌	王菲	张涛
李森平	徐心怡	屈依婷	郭夏瑜	张涵	卓玛玉珍	张梦婷
梁瑞敏	董敏	黄琳涵	陈红	郭艳茹	刘家薪	董悦
聂茜卓	普布曲珍	丁玲	史惠旭	黄静雯		

法学（法学教改）（5人）

杨倚鸿	范蒙蒙	张淑德	许静芙	鲍莹菊

知识产权（35人）

张铭锐	谭磐	范江伟	顾希雅	伍睿	邱滋森	陈晶雨
蒋屹	曹云松	刘桢	黄腾溪	吴瑞	王小蕾	安芹琪
万懿	刘宇超	徐淑铃	孙蕾	曾芷晴	许诗晗	郭宸
汪煜	浦天沁	孙雯琪	何新	施金花	崔子靓	黄婕琳
张成耀	潘航美	杨越	刘晓晓	魏馨	覃玉婉	刘茜

外国语学院

朝鲜语（20人）
陈翔　　韩爽　　张惠雯　胡昕玥　王珊珊　周梦珂　沈徐颖
朱荣琳　李佳颖　吕宛庭　张萌　　李子璇　侯悦　　于晓雪
伍悦书　陈子倩　鲁晨彤　孙崇宇　赵苏　　潘玲舒

德语（24人）
潘满优　牟佳男　林冰鑫　张敏　　刘逸涵　程树藩　陈晋
汤洋洋　伍雪　　丁姝晗　王金　　杨济圆　田抒雁　史怡
胡新宇　花锦荣　袁彤　　高镭洋　孙叶　　阮紫娴　唐思齐
刘仟　　曹尚仁　林于珺

俄语（19人）
姜可心　秦芷芷　蒋开颜　张琪　　许雯慧　冯晶　　钱琰华
顾淑云　张含　　樊亦敏　闵文佳　王怡欣　林秋晶　刘琴
张春麟　茅敏　　周雨薇　张雁楠　朱艺慈

俄语（俄英双语）（1人）
陈旭

法语（23人）
朱安琪　吕呈　　陈仁爱　丁莉莉　徐蕾　　陈云清　朱亦雯
缪佳译　李宇帆　赵亦慧　施雨柔　时少仪　王子昕　杜若琳
方苗　　施晓晨　柏小青　朱越　　刘楠　　朱璨灿　陆小凡
倪子钊　严仪

翻译（19人）
夏博悦　谈烨　　陈玮　　周家钰　王筱珊　李莹　　朱琳
苏丽洁　孙玲玲　孙凌梅　唐钱琛　王静　　王佳慧　臧蕾
孙浩然　张思桦　李超然　马晓燕　刘珂冰

日语（46人）
葛慧　　李蓓佳　宗路漉　王思憬婷　李江凌　吴根祺　李天宇
谢秋霞　缪小雨　来怡诺　周雪　　刘梓萱　周行　　郑万旭
罗祥彪　夏晨晨　吴燕青　叶晨　　潘可欣　于惠玲　吉人
陈榕兰　张迪　　杨依琳　蒋蕾　　朱丽菁　陈怡婷　王雨婷
邵杰慧　眭萍露　陈云碟　袁明清　陶怡然　张心璐　夏可为

| 王玉洒 | 朱玟玟 | 唐卓涵 | 葛玉婷 | 周朦朦 | 章怀青 | 王旖旎 |
| 熊泽琳 | 齐 莹 | 杨子艺 | 殷隽馨 | | | |

西班牙语（26人）

王辰育	孟 祥	马铭远	张心悦	许燕飞	禹玮婷	周 希
梅 玫	严 想	杨 兰	刘 畅	沈婷婷	徐 丽	何 蕾
丁伊雯	范家红	卜映雪	周 蓉	卞羽菲	钱 玥	胡博雅
罗若兰	郭文静	张诗依	陈 晨	姜玉柔		

英语（27人）

周正雨	张鑫鑫	周佳宁	王新元	朱思佳	翟 阳	范诗萌
黄 妙	陆 慧	许 娜	宋涵笑	孙 萌	许程凯	顾 洁
徐银银	贺成卉	杨凤仪	周 晴	王 萍	杨 薇	赵桑妮
张新慧	喻凌宵	柏司原	关茗月	许心悦	孙昊明	

英语（师范）（41人）

叶 楠	丁 珍	王佳轶	陈 琦	薛妍冰	钱 颖	安燕萍
郭倩云	冯雨卓	孙乐清	李 静	陈怡娴	瞿 曜	马誉嘉
庄 婷	褚莹莹	袁 泉	赵丽桦	王亭雨	陈思雨	陈丽蓉
吴佳琦	冯湄笙	石菁倩	刘 蕾	余安莉	王绮雯	张婷华
徐怀谷	赵思怡	金欣然	陶 陶	孙 童	王星娴	缪海泓
周 倩	解江钊	刘金鑫	侯依林	白 晶	颜 蓉	

教育学院

教育技术学（师范）（21人）

尹慧丹	王 筱	张小玉	寇丽红	冯维唐	李诗源	李金键
张记秀	徐克闯	曹可儿	陈思宇	肖宇彤	陈 悦	邱鸶涵
罗仙云	孙思涵	韦金玉	李 敏	王瑞刚	热依莱·图尔迪	
布威热比耶·纳斯尔						

教育学（师范）（33人）

潘 毅	黄雅红	朱雨萱	臧先扬	侯万丽	曾 敏	盛明阳
李敏艳	宋成彦	何瑜婷	陈梓天	李伊伊	时凌晨	陶林峰
陆智婕	刘 超	李 杨	吴英慧	耿炜琳	殷 洒	田云菲
曹春苗	宋晓娜	史香寒	张 天	洪晨霞	滕诗琪	徐 娇
康 欢	刘田芳	西热卓玛	朱涵琪	班国兰		

应用心理学（40人）

赵　欣	赵子璇	秦梦玲	李静一	安　奇	方晓彬	宋　爽
费奕文	周　浩	王殿翔	张音仪	熊文文	刘恒越	郭朱军
徐泽安	朱雯晴	王楚珺	陈冠宇	鲍紫颖	李　欢	潘国峰
孙鹏媛	王候晨	姚从云	李　奕	蒋诗榆	李霜叶	栾晓童
程子鹏	闵梦轩	占泽卉	石冰婕	朴雪梅	时心怡	徐文祺
周　敏	戚海文	陆啸天	彭　纯	李含希		

艺术学院

产品设计（25人）

周振杰	李子朝	黄青娴	刘玲利	朱家贺	严勇阳	林斯琪
黄淑铃	廖丽莎	程　萍	周　航	黄　茵	刘倚均	赖雯敏
周　玲	王玉莲	施艺馨	权家莉	胡倩芸	张绮婷	李彬鑫
胡林丹	郭甜甜	李灿坤	王　琦			

服装与服饰设计（20人）

史家卉	王静瑜	许乐弦	杨　蕊	翟嘉艺	赵新越	王亚楠
周　懿	张　夏	宋杰如	张恬远	王顺瑶	孙　琦	孙月方
石子璇	赵梦菲	陈文竹	刘文佳	刘睿佳	崔　悦	

服装与服饰设计（时装表演与服装设计）（2人）

张　建　　耿梓文

环境设计（38人）

李巍一	黄云娇	张　捷	陈翠兰	黄金彬	苏　柳	张婉慧
雷雅玲	黄明钊	赵　嫚	王雯静	陈银豪	韩　飞	黄鹏飞
陈泽楷	陈　洁	黄美琪	杨思佳	钱　靖	熊友飞	黄志跃
潘　能	闫璐嘉	侯笑楠	王　璐	吕佳奇	汤　洁	杨智尧
李政潼	林依乐	谢晨昱	刘碧云	钟　瑶	卫　奕	王　颖
秦　震	刘浩煌	陈雅君				

美术学（27人）

邓光露	张吉芳	梁孝景	陈晓欧	梁　嵚	谭婷婷	张嘉宏
汪成成	肖鸿翔	毛玉青	李俊浩	徐新萍	陈锦坤	李春蕾
刘　蕾	巩新枝	吴　越	沈孟宸	陈旭冉	黄世佳	姚懿轩
冯家杰	马健熠	赵恩旎	冯婷悦	汪雅琴	文婷婷	

美术学（师范）（21人）
　　李　婷　　向子锋　　牛　琳　　钟巧宏　　姚燕怡　　李超超　　蔡伟桐
　　朱芸阁　　陈雪儿　　蔡智俊　　曾佳琦　　黄子伦　　康金蒙　　王　召
　　陈　燕　　吴静怡　　顾艺航　　张国豪　　王陈雨　　姜佳强　　周　苗

视觉传达设计（21人）
　　谭　庆　　张裕雯　　李倩莹　　刘仲天　　储王欣悦　唐澜菱　　许奕楠
　　舒晓萌　　王明星　　朱明艺　　赵英杰　　陆婧怡　　王　朵　　吴晓兰
　　欧泽永　　王容川　　胡瀚文　　王文君　　王亚楠　　肖　丹　　丁　怡

数字媒体艺术（17人）
　　宋　晨　　文　沁　　郑　琳　　高佳玮　　严泓潇　　陈佼佼　　王宇丹
　　周子茜　　陈碧璇　　张媛媛　　王玉平　　周易安　　龚　雪　　胡亦宁
　　何晓卉　　史抒瑞　　胡采岚

艺术设计（1人）
　　徐若琦

艺术设计学（20人）
　　李　夏　　蒋萍香　　林润然　　胡强迪　　薛永辉　　谢颖莹　　傅秋霞
　　罗一军　　刘俊明　　房慧杰　　梁　威　　沈正跃　　刘成成　　吴小绸
　　张桂洁　　张柔情　　李函玥　　李晓茹　　严　靓　　周碧凤

音乐学院

音乐表演（26人）
　　葛杉心悦　邓源慧　　胡海晴　　李　昊　　庞梁丝雨　廖温文　　欧阳天颖
　　庄　琪　　卢子静　　华　蕊　　王娴菁　　曹　隽　　黄宁小雪　张恩畅
　　邱秋梅　　吴佳祺　　刘颖莹　　冯雨筠　　张晓雨　　李佩珊　　何金涛
　　唐孝文　　葛文康　　潘　攀　　李丹特　　周子清

音乐学（师范）（39人）
　　王子齐　　吴　聪　　陈霄聪　　林钰莹　　贾小婧　　邓淑虹　　刘熙琳
　　张译舟　　赵恩铭　　卜德琪　　张雯欣　　赵　志　　罗霄霄　　高　悦
　　曹惠娜　　赵梦静　　张智超　　沈雯珺　　赵恩棋　　杨　璐　　高雅晴
　　常晓晗　　孟雪镜　　周奕叶　　陈晓东　　梁峻雄　　田诚莹　　程丁宝曦
　　徐宸悦　　郑舒蔓　　张静雯　　陈君鸿　　童　彤　　林晓雨　　陈文靖
　　吴敏仪　　周宸歆　　李紫璇　　王　铭

体育学院

体育教育（66人）

尤振宇　张朝伟　吴长斌　徐　琦　李　建　应　璐　孟　琦
平　安　周春权　蔡春艳　陈浩天　吴子含　韦秋玉　史　豪
孙建东　张稀然　马文杰　梁凯航　陈波伟　卢晶晶　张景哲
王超万　付星星　祁　豫　唐志豪　蒋　俊　周明浩　吴煜溪
李春旺　孙　雷　朱怡秋　潘泓桦　赵　晨　李梦婷　杨抒怀
徐安珂　陆子贤　潘　晟　陈康明　陈子昕　彭　轲　苏丽娟
胥　森　蒋　涛　苏　伟　雷　成　陆林峰　范　显　徐盼盼
叶　秋　陆　润　施瑗珺　朱飞鸿　王　鑫　葛志训　胡杨天
韩　振　潘雨湉　李天蕾　黄镇飞　王　鼎　徐茜彧　唐少成
贾吉辰　苏迎秋　金德继

武术与民族传统体育（18人）

鲁龙飞　朱　柯　韩　宇　王肖敏　史远洋　李　刚　张　威
韩　旋　张　猛　郑国威　王逸蓬　鲁双宇　宋　静　袁国溪
姚进洋　黄　秀　李港萍　潘思慧

运动康复（23人）

曹雨婷　王嘉慧　徐弘飞　汤美华　吴　羽　郭鑫淼　顾沁文
王彩霞　郁天成　花春卓　姜静远　汤馥嘉　许一凡　吕　青
王　楠　周　新　张　华　成　伟　徐碧航　徐子雯　王　成
关宇航　杨　洁

运动人体科学（1人）

石苏靖

运动训练（52人）

宋志成　袁铠剑　侯翔宇　徐　菲　张嘉豪　任启双　贾潇彭
张　卿　秦　卿　袁小英　姜　钰　周仁杰　蔡　霖　高伟俊
昊子怡　顾　固　赵东旭　齐鹏程　葛丰豪　孙　超　邢天月
孙天航　赵　宁　黄　威　饶　湾　何海涛　陈　强　陶欣雨
王　康　宋继强　余金津　田子林　徐炯剑　李金峰　张　辉
侯泽林　陈科达　蒋易芳　吴　限　费圣然　郭青青　习　瑞
刘翊飞　昊子悦　马玉娟　于班利　陈港帅　钱宏杰　罗尧尧
陈晓楠　万世雄　金柳沁

数学科学学院

金融数学（22人）

郭文静	史静怡	陈淑婷	王　丹	许菁蕾	石凯琳	徐梦林
陈　宇	杨　阳	李　杨	马昕宇	刘晨虹	石宏岳	付易天
林静娴	吉妮雅	李金洋	王佳君	张雨露	李　睿	曹　禺
李雨荞						

数学与应用数学（基地）（38人）

陈　健	沙凤梧	时　间	谷燕南	谷书宁	袁刘尧	李好学
周楚洋	戴安琪	秦　瑶	闵吉文	林嘉申	杨雯昕	宋笑寒
杨琪威	乐培文	赵　越	刘　坤	洪京晶	李嘉琦	唐　伟
陈玖海	王倚江	石业伟	费承希	李政楠	唐鉴恒	肖　昊
潘李铮	黄露瑶	陈　昊	陶　成	范秋枫	李沁雪	叶子靖
蔡文意	王淋生	卢星原				

数学与应用数学（师范）（32人）

顾梦文	赵雅歆	蔡文元	张　博	赖　康	沈　帅	陈溯焓
朱雨沁	陆晓青	陈　雪	潘　玮	许　月	唐丹萍	姜何俊
顾　燕	吴丹妮	叶云倩	陈　佳	胡腊婷	石吕健	潘俊逸
丁腾飞	严开明	沈楚仪	张诗芸	陈舒瑶	单梦莹	孙　缘
沈益琴	秦晓凤	史子剑	杨永泽			

统计学（44人）

崔逸文	徐英英	陆馨瑜	马思柳	张万乐	张　弘	陈滢滢
方海琼	陆　叶	施婷婷	王军霞	徐林宁	叶宁子	钱媛媛
汤　灿	杨红婷	王祯琪	朱雨恒	刘东海	贺蕴祺	陈　越
张一凡	周　言	施　建	冯　雪	代志鹏	任　鑫	王　旭
李扶阳	王思媛	张　威	张碧莹	朱　萱	蒋宜函	王诗怡
马雪莹	钱　晨	陈柏昱	倪　琳	卢贵慧	程　静	曹怡萌
李乐乐	王　静					

信息与计算科学（52人）

范守一	徐雪阳	樊天豪	李　俊	唐旭珂	羊　镕	杨华阳
郭雪婷	刘艳艳	季雨玶	张　露	蔡淳丞	周朴雨	窦富成
张雅婷	杨　俊	李明杉	田思慧	翟英男	谭　壹	宋亚群
陈译尔	李　平	虞佳锟	邱季鑫	周　曼	虞俊诚	姚明康
苏畅之	邱海权	刘成诺	徐　灿	何　湛	黄旻浩	管　玲
詹浩铎	韦升升	丁超仁	陈　淳	周正远	朱东辉	戴俊婷

杨雅均　　裘佳星　　方欣林　　蒋泽生　　邹紫菱　　王　琪　　徐　甜
王玥雪　　佘明京　　唐喜才

物理科学与技术学院

物理学（53人）
范姚俊　　王雨雪　　张丰阳　　杨　晨　　周驾东　　张　洁　　杜伟康
王　鑫　　谢雨佳　　王恬莉　　解家成　　周一格　　姜紫赫　　刘　萧
李　俊　　朱锦忠　　杨滢宇　　沈　贤　　薛清洋　　施伯安　　邰晓迟
何海南　　王　晨　　刘　硕　　戎昱洁　　高申一　　郝怡然　　姜　斌
白云飞　　邵　伟　　丁悦然　　王超棋　　刘雅婷　　夏吴彬　　陈薪如
张文斌　　吴　浩　　朱茗铄　　刘　祥　　王蓓怡　　李科强　　高　源
刘　威　　孙　振　　席家伟　　卞启元　　周　洲　　张一凡　　马泽辰
王逸男　　张伯伦　　吴冉冉　　陈广庆

物理学（师范）（19人）
吴　双　　金烨文　　朱一言　　潘佳成　　孙超祥　　许月仙　　吴蒙星
汪　亮　　徐　晨　　丁萌月　　朱伊尼　　葛宇轲　　董丽君　　孟苑春
张敏玥　　朱文君　　聂勋勋　　郑仪云　　郝　婷

光电科学与工程学院

测控技术与仪器（19人）
狄俊成　　荣毅伦　　杨靖霄　　文　亚　　曾馨逸　　于　慧　　李天奕
李新月　　夏禹轩　　刘黎明　　汪子意　　傅　鹏　　曾飞龙　　孟　醒
马红媛　　段存仙　　吉　宁　　孙玉叶　　金方俊

电子信息科学与技术（23人）
李群龙　　曹赛赛　　梁建国　　冯　灿　　吴维清　　伍远博　　顾中浩
沈　成　　张祝阳　　江均均　　黄润楠　　韦洁洁　　吴　珣　　朱听听
周长伟　　袁　宇　　徐　超　　赵杨梦圆　王艺霖　　董　辉　　成　子
魏雨豪　　郑　义

光电信息科学与工程（44人）
章鹏程　　曹锦玉　　韩雪纯　　潘　旸　　缪静文　　刘娅宇　　张家晖
林　槟　　汤锦鹏　　顾　炎　　王慧全　　任康宇　　匡原钟　　皮凯晨
顾云浩　　潘　丽　　华敏杰　　严　威　　崔　昊　　杨笑海　　陈　阳
张重阳　　陈　磊　　王飞龙　　陈　婷　　瞿　朴　　石　慧　　马　顾
邢春蕾　　周宇宸　　孟扬晖　　陈　刚　　刘苏庆　　马　钧　　张添顺

徐俊贤　　马天舒　　彭　聪　　陆　飞　　陆伟奇　　陈海东　　罗惠民
陆　薰　　金池杰

能源学院

能源与动力工程（43人）

韩　康　　张紫荆　　苏文正　　程贤友　　武露月　　李　金　　安利凡
徐　硕　　翟安缘　　闵嘉琳　　钱宇晨　　程克俭　　陶　难　　韩　仪
杨　何　　杨　帆　　邵　聪　　黄　培　　尹俊涛　　金　阳　　张振宇
陈　波　　郑天翔　　丁　祎　　邱义栋　　郁晓健　　刘展鹏　　李海龙
季　楠　　汪博文　　江冬阳　　宋元海　　张文珺　　陈玉弓　　张诚彬
庚　枫　　王　威　　张羡旸　　施　桐　　王　港　　唐瑜慕　　郭文斌
杨旭东

新能源材料与器件（98人）

沙胜鹏　　黄聪聪　　谢佳新　　刘思成　　王文涛　　陆文俊　　王　翔
褚克善　　郝尹嗣　　张绍林　　袁佳伟　　林　凌　　史子雄　　陈俊同
黄　旻　　李威利　　邓长青　　彭　琳　　张　淼　　戴书衍　　黄淑静
单哲棱　　夏浩然　　顾张彧　　徐子豪　　李婉盈　　龙　富　　许大政
李华梅　　刘文杰　　潘雨默　　丁杏鑫　　杨世齐　　王学彬　　黄启亮
魏　乐　　毛泽宇　　张鑫磊　　钱禹池　　史　野　　徐　理　　张亚丹
曹俊杰　　周　浩　　陈洪利　　肖　龙　　潘惟怡　　郭　晶　　杨白羽
毛振宇　　秦　沛　　张伯炜　　顾家豪　　姚疏轶　　徐梦婷　　毛晨昊
解凌风　　王陈皞玥　陈翔宇　　李沁熠　　陈子航　　薛璨浩　　卢　珊
陆蔚颖　　钱　程　　黄子阳　　汪紫荆　　陈甘霖　　陆成逸　　罗　喆
杨云帆　　康　曦　　顾宇婷　　李宇宸　　陈致远　　余　珊　　张韵涵
王雨周　　张文倩　　严港斌　　王　炯　　徐哲昊　　孙铭泽　　潘雪莲
赵梧汐　　何顶天　　张宇昊　　颜靖凯　　蔡朝晖　　范晓捷　　李子剑
张舜刚　　钱誉升　　董昕宇　　孙心怡　　张添成　　吴与伦　　张布衣

材料与化学化工学部

材料化学（17人）

李得青　　韦　健　　谢华蓉　　柴建业　　李昊璇　　苏　杨　　楚　航
胡书源　　来　超　　张翰宁　　赵煜栋　　甘怡静　　万政廷　　张旭锐
王　洪　　王景雯　　娜孜依古丽·木合亚提

材料科学与工程（34人）

李新月　　叶恋东　　孙文野　　李欣琪　　庹梦寒　　宋　佳　　陈智凯

凡晨岭	谈威	刘景瑞	王佳健	代宇	晁锦滔	谢北辰
朱佳雯	饶梁	鲁坤焱	陈冠荣	钱航	孙康裕	叶雨
唐秋月	徐淳风	冯洁	李航	王朦	杨海明	曲文龙
宋玉洁	徐小丹	杨佳伟	高亚楠	郝青	马旭	

高分子材料与工程（57人）

张歆悦	白鹤	梅雪立	朱晓旭	江健	陈秋良	唐鹭帆
肖健	陈帅	邢龙程	朱健良	孙伟	王金英	潘佳浩
周学军	程志	郑宇浩	颜诗懿	何雨豪	张威	王晓珂
李鑫	邢栋	蒋金星	白龙飞	翟伟杰	吉一林	潘雨喆
董思成	吴聪	卢婷婷	孙翔	陈梦迪	刘昱辰	刘志豪
胡泽宇	杨贺	王鹏	朱良宇	张鑫磊	李罗慧子	吴骄阳
丁思齐	吴欣雨	范昊霖	陈扬	陈太岳	李文强	杨涛
李晨阳	马培中	邓寒露	胡云靖	金荔媛	吕哲昆	吴起航
凌壮志						

功能材料（21人）

谭勇	张浩杰	林程	皇甫贞元	张琦	孙政	刘媛
孙银萍	龚越涵	熊俊萍	赵松松	杨梦楚	宋建华	王新月
蒋伟	李嘉熙	贾东翰	毕思国	周子叶	蔡铁成	杨璐

化学（68人）

王玉倩	钱俊峰	章涵	许亚蒙	毛仁丰	陈国彬	黄云谷
毛玉敏	张诗画	黄奕文	刘少鹏	计夏睿	张志琳	石鹭
甄景森	曹晓环	段素华	王伟	冯子博	包天振	杨清宜
徐泽宇	胡清贤	邓莉香	于思敏	邱伟迪	潘延亭	龚李丽
陈仕豪	杨鸿	温雅莉	唐晞闻	王煜	钱玉龙	张立军
吴轩	周佳	樊楸扬	郭陈锴	孙宏凯	顾梦寒	尹舒
崔德鑫	杜鎏	顾蓉	熊韬	林霞	胡笑威	王旭
张苏杰	徐铭丰	刘梦娟	丁怡水	何红桃	柳笛	孙铭远
秦佳怡	周雅瑛	杨晓	吴英杰	刘雪梅	曹文静	姚霞
柏青	刘涛	聂光伟	王昊	高睿超		

化学工程与工艺（33人）

吴强	胡辰玮	薛佳莹	沈谊皓	赵健宇	童徐天骄	董雪
宋林鹏	方慧康	孙康	倪兴明	张旭岩	李奕霖	邹孜孜
赵小飞	陈禹凯	吴芸	沈孙毅	秦海	刘明	陈欢
李壮	陈劲遥	甘杨非	刘晓雨	方雅	王艳	羊秀熊
李加琛	周芳	关宇霆	廉霄甜	张弓心		

环境工程（22人）

马钊　　冯欣　　潘成欣　　韩亚超　　宋泽浩　　陈昊　　朱凯成
柏伟昊　沈倩　　张云鹏　　陈俊俊　　张桂成　　宋林　　张林峰
孔令秋　邵颖　　季晓宇　　项磊　　　王钰翔　　李兰心　郭俊玉
任婷婷

无机非金属材料工程（22人）

海类欢　赵贞拓　安仲文　　徐一铖　　熊其睿　　刘新宇　张伟
李庆　　王晨升　陆威　　　王博乙　　石武　　　张西真　陈凯
李祥　　吕明轩　张立志　　王斌　　　刘梓豪　　郑运帷　陈福广
李沙莉

应用化学（41人）

徐邵栋　姚余格　刘晓青　　许海粟　　李琦　　　吴磊　　窦悦珊
陈姣龙　叶欣怡　沈柯睿　　龙水　　　刘媛媛　　沈尧　　左白融
耿晶耀　嵇高晶　周舟　　　韩素素　　谢登炳　　施金艳　贺一铭
孙国斌　王博文　金阳阳　　施丽娟　　徐鸣川　　陈禹锡　吴千
范石磊　李天慧　翟建宇　　张荣耀　　印璐　　　李琛　　徐啸
游健　　周保全　陈永泽　　边梦瑶　　陈牧阳　　李树春

纳米科学技术学院

纳米材料与技术（88人）

葛承泽　孙翔　　边惠轩　　管悦　　　李想　　　聂万　　薛梦松
崔益硕　吴蓓　　施加林　　张灿钰　　崔汉　　　胡礼沐　柳子杨
苏俊　　刘铭杨　晏科　　　马天浩　　陈佳未　　王都　　仇艺霖
陈志杰　沈开元　崔李楠　　费杨斌　　陈小平　　陈静　　丁依凡
方亚星　许悦　　袁佳蓓　　史忆豪　　李璧彤　　张煜航　蒋思怡
游旭晖　张立秀　蔡晓艺　　侯弘毅　　王婷婷　　张逸程　朴用镐
梁启杭　刘桑陌　杜瑾　　　周经雄　　蔡佳伟　　陈思雨　雷华俐
马玉蓉　赵云　　张楠　　　汪子萌　　朱小塂　　孟雪菲　张秋馨
肖志晟　陶旭成　施鼎昌　　陈实　　　马月　　　陈晗　　张杰
府必顺　谢文鹤　臧昊　　　陈浩　　　王九龙　　耿月昊　丁勇
张含千　李立星　许硕　　　郑琦　　　郭若晨　　张鑫　　沈万姗
聂筱敏　周睿　　胡捷　　　袁子懿　　张陆威　　郑圆菁　原豪杰
郭江涛　董雨轩　叶正蔚　　张元昊

纺织与服装工程学院

纺织工程（108人）

赵 萌	周守涵	戴佳莹	赖泽锴	蒋 季	张志颖	张 磊
赵 震	杨梓嘉	王璐瑶	姜雨薇	王 璇	王毅楷	仇卢琦
陈 钱	朱文杰	关新智	汤 兴	黄淋铃	刘颖文	于 惠
周嘉锴	成 晨	纪博文	刘昕源	林 铭	孙 莹	沈悦悦
陈理烨	陈思洁	杨 琪	毛静仪	狄昀洲	孙云笑	汤 健
赵 昂	陈凯丽	陆 洲	顾 淳	成 琦	叶雨馨	李新宇
王 达	王海亮	刘可歆	柏 玲	陆 驰	黄润愉	梅婷婷
赵秉霞	陈 龙	薄路晗	陈姣姣	王泽宇	刘山歌	郭灿杰
杜 炜	魏乐倩	高旭然	洪裕婷	徐 铭	胡朋朋	刘雪平
陈淑桦	彭逸豪	杨程聿	陶星月	裴欢欢	肖景泽	韩小珂
毛文萱	郭 涛	余治东	马 锐	唐丽蓉	管 园	何佳蓉
许天标	张方丽	杨 乐	曹开莉	林 楠	刘心尧	陈小飞
戴心仪	李 沁	陈 芳	曹 楠	吴妍霏	王 月	胡兰晰
张 雷	胡 晓	华百卉	李友为	翟惠婷	李 娜	何国爱
周随波	王昌丰	覃继娟	宋雨馨	卞香鎏	陈亚芬	赵怡茹
毕 明	阿依胡玛丽·托合托那扎尔			阿迪莱·图尔荪		

非织造材料与工程（34人）

邓智文	孙 旭	杨昊轶	孙元艺	冯佳文	李婷婷	滕 月
谢 广	高双龙	严 佳	蔡立文	徐小芳	隋虹言	董露茜
刘 斌	龚蓉蓉	乔志瑶	云宝凤	胡 蝶	李曼婕	陈倩雅
罗晓倩	蔡思彤	刘冬冬	袁 萌	王 磊	孙小钦	郭亚婷
张城城	张 颖	周俊麒	何汶芯	郭唐莉	张 富	

服装设计与工程（60人）

林子夏	张泽阳	陈慧臻	赵素煜	姜 楠	唐卓艳	郭玉丽
苑昊轩	周 蕊	向 敏	王永婷	宋雨晴	居琴燕	汪露琳
夏微伟	张诗雨	吴 凡	徐 越	施易非	邹雯月	冯蕊琪
徐 萌	徐 培	李心怡	何雨晴	林 琳	倪利君	赵 容
陈美伶	叶凤飞	李沛儒	冯宇飞	苗 雪	龚 雪	吴小妍
薛芷婕	张毅莎	牛蒙蒙	刘佳媛	秦雪谊	张 依	钱 飒
张嘉琪	韦姗林	高天添	杨 雯	邵瑞雪	郭白妮	徐奇玉
姜 欣	许 远	谢一丹	濮家捷	刘 敏	朱倩倩	孟 晶
李祎琳	雷毓颖	罗曼彬	迪丽胡玛尔·曹达诺夫			

轻化工程（44人）

刘　剑	齐宗灿	万　言	杨玉平	刘志鹏	程米华	曹子杰
熊芷水	王　鹏	黄鹏丞	吴爱平	李含笑	欧懿峰	李　晴
李　智	李雯雯	陈雨昕	陈东敏	李　宁	谭益尚	李克金
赵漫漫	韩熠楷	吴家宝	唐　柳	左珊姗	西艳妮	刘可心
付国栋	王　云	李帅兵	吴浩敬	乔聪聪	张赵灵	潘雨静
马宇翔	李　怡	白瑞珍	陈明君	吕高广	陈贞李	张　芳
任波华	谢爱玲					

计算机科学与技术学院

计算机科学与技术（87人）

周潇玮	李欣欣	赵雨航	江　浩	王妍佳	刘　东	殷亚珏
干　敏	翟　珺	孙梓淇	许欣伟	王福成	袁　涛	刘兴家
曹金娟	赵振宇	盛　俭	谢　浩	杨嘉豪	舒钦阳	苏泽龙
陈海涛	王　超	田　路	宗　琰	沈佳斌	张　猛	王　捷
陈　婷	颜舒扬	陈嘉文	贾永辉	吉　靖	曹俊杰	张文雅
翟天翔	陈凯林	袁　源	许天召	耿　磊	张胜钦	周雪菲
王秋洁	刘阳峰	李立鑫	孙宜杰	杜云倩	宋彦杉	姜嘉伟
徐旻涵	钱　锦	杨玉婷	刘紫薇	仲启玉	孙　阳	许春蕾
周　纯	张瑞林	郑　博	张　萌	郑乐琪	厉风行	沈俊东
李烨秋	杨浩苹	王孝威	赵慧璟	赵　萃	丁承成	魏本栋
刘轶然	梁邦盼	张志祥	张佳伟	季　祎	马赵凡	赵澄蓉
任秉娜	吴大洋	徐元昊	何　伟	熊　玲	范子荣	高　洁
石长青	翟　民	刘文埔				

软件工程（54人）

李　想	张城榛	耿碧蔷	翟　玲	李鹏坤	曹　倡	王先爱
张　灿	卞　豪	仲　跃	胡俊威	黄云云	沈佳琳	张怀强
贾雁彬	陆希奇	刘腾飞	经　典	曹天莹	陈柏宏	董进辉
曹京来	陈晓钰	白　雪	夏宇辰	胡天南	曾　媛	潘志诚
李畅南	吴　广	魏尚泉	华凌寒	魏素忠	王浩然	曾华娟
费　智	董镇翔	朱　挺	程　前	尹旭鹏	陈　双	张国清
张舒青	贾　浩	沈永亮	何　洁	孟文珂	杨振宇	马天鹏
孙逸凡	王　俊	赵刘豪	吴孟昆	刘一军		

软件工程（嵌入式培养）（51人）

黄　倩	陈薪宇	顾裕阳	陈忆涵	陆　明	王大木	李　蓓
袁星宇	李佳斯	黄可征	费　涛	陈浩然	周　言	俞叶彬

孔　瑞	吴长姣	陶天一	刘常杰	章劲毅	丁鹏达	徐文杰
赵　峰	徐泽楠	葛　亮	殷文莉	杨子蕙	陈智林	陈礼贤
袁嘉诚	王　俊	周明月	陈石松	俞风和	孙雯婕	程　锋
李朝锡	金铁凡	张　楠	纪　杨	邵爱斌	盛　威	赵　珂
潘黎宸	贲浩宇	于　波	蔡嘉伟	王　杰	赵宝胜	陆胤任
曹宁宁	蒋　婷

软件工程（嵌入式软件人才培养）（7人）

王苏鲁　高　彤　戴　阳　王肇轩　江　琪　王宇杰　缪国豪

网络工程（21人）

班　伟	覃　超	康亚甫	李洄祺	梁贵德	王吉玉	王珊珊
保瑞鸣	司　琦	花禹鸣	应　玥	孙嘉琪	王　璐	孙一凡
许云栋	雷　玉	宗景涵	云　燕	韩晨璇	安嘉乐	付子骏

物联网工程（38人）

万姝含	许小雯	谢嘉豪	李鹏飞	范远照	吴　澍	梁泰铭
宋　玲	王　瑜	周仁爽	陈　亮	张　晴	毕舒羽	吕　垚
王　煦	陈晓航	佟文静	关皓文	陆召搏	郭　月	王建翔
高　奔	陈　敏	白友万	周兴惠	李广凤	周　倩	张　迪
史苏燕	沈嘉钰	蔡文静	李　婧	宋佳娱	刘贤波	缪鹏程
沈泽昊	吴若楠	苏园哲

信息管理与信息系统（42人）

徐晨阳	钟书玮	代文浩	王豆豆	李孟秋	张淑森	尹婉秋
章宇宸	陶嘉铭	丁羽飞	冯强慧	蔡小翠	周夕龙	沈梦洁
肖小娟	王方磊	万祺杰	凌雅博	沈佩雯	裴雅斐	王　靖
刘宇涵	戴斌融	郑昊泽	冼中兴	符诗波	侯一凡	孙慧敏
严　丹	赵金禹	高慧怡	江　舫	王　月	姜　漫	何　璇
崔　波	金　杰	唐溯菡	蒋茜茜	李　昌	古丽吉娜·依马尔
古丽米热·麦木力

电子信息学院

电子科学与技术（41人）

赵　晟	卢奕杨	卞天宇	陈　硕	吴昌维	王家锐	钱　锐
张　词	马玉良	韩君婷	陈　俊	侯熠辉	李新博	吕海飞
李　军	杨月杰	潘智杰	仇昆鹏	张　啸	王经坤	韦圣贤
何　昊	杜　鹏	孙　达	仲俊羽	赵叶茹	乘　玮	许冰冰

| 盛　欣 | 任　昊 | 钱昱彤 | 柳　红 | 何从蓉 | 洪　潇 | 王雅琦 |
| 尹思远 | 杨永辉 | 罗玉倩 | 代佳利 | 马　英 | 刘柳平 | |

电子信息工程（62人）

林　坤	魏　晋	刘曦旻	肖文豪	王映涛	李　琼	孟凡林
杨学舟	汤思宇	王　波	陈浩东	郭　超	严纪强	李思慧
刘　莲	桂　靖	胡　善	苏汉访	魏正康	张　寒	李佳跃
郑乐松	施　巍	殷　东	杨　颖	杨　易	王　超	胡兆森
任爱超	周　磊	颜嫣红	陈　壮	何建澄	王敬淞	陈鑫悦
钟　宁	倪　辰	杨佳晨	袁立民	钱佑诚	吴乾聪	王英达
侯方舟	朱浩宇	黄维康	李德银	张美玲	于长周	田　维
黄赛赛	何舒迟	宁　博	郑亚亚	焦王磊	张　瑛	李昊南
殷　成	党宏波	王舜章	赵胤杰	陈亭润	杨贵云	

通信工程（57人）

吴海锋	欧嘉鑫	王泽廷	周宁浩	巩　奕	王洋娇	王国栋
周　武	高雅雯	邵安磊	李冠廷	李志强	赵鸿勇	戴　威
肖子谦	顾　超	王　婷	朱青橙	胡　鹏	凡月璇	钱　悠
黄佳玲	石俊峰	高立杭	吴　筱	马维克	胡贝宁	王震坤
刘天琦	刘梦丽	吴清馨	瞿志强	刘　玲	朱志伟	卜欣欣
张　看	朱　磊	白慧明	李　奕	严　怡	钱嘉嘉	邓星月
季　晨	施　洋	李　胜	朱童林	周隽旸	何　博	张旭洲
刘　璇	叶琳萍	程琴琴	陈俊蓉	柴雅琼	罗映鸿	李小雨
孟渲博						

通信工程（嵌入式培养）（41人）

项诗涵	潘心悦	陈　桢	姜淙文	汤明智	朱剑波	吴一琳
孙羽晟	问　原	王浩江	瞿佳俊	陆　锴	杨　晨	张　涛
胡元杰	杨　昊	吴　双	丁广刘	缪　然	陈　劭	王　能
蒋紫薇	韩港晨	王苏斌	梁泽浩	邱　伟	李昕怡	邓米雪
徐　璐	庆　祝	钱承晖	王新宇	丛裕荣	王叶鑫	谢宇筝
孔德磊	张智勇	周静怡	宁于峰	陶哲文	周　玮	

微电子科学与工程（44人）

张雨祥	顾海勇	苟培骏	吴　廷	石泠川	郑亚东	李子钜
陈乐凯	汪世平	黄　正	王啸宇	王俊迪	岳　涛	吕银钱
王　颖	王　阳	陈　彬	冯宇杰	陈　杨	赵子彦	刘天宇
陈言言	张　开	丁　键	史炅鑫	段路遥	吕民娟	汪　征
葛鸿宇	孙正威	杜　禹	高　威	张昊宸	陈亚辉	程勇杰

曹　龙　　李　洁　　杨柏宽　　俞金禹　　牛犇野　　宋天源　　冯　喆
马雪欢　　申　琳

信息工程（50人）

曾　飞　　陈文戬　　府一斌　　刘　银　　李　婧　　陈　蕊　　戈永达
夏　星　　梅泽晖　　卫　萍　　张中港　　戴凯云　　王　婕　　曾诣佳
高卓琳　　杨　阳　　朱　静　　贾一鸣　　储　光　　房宏伟　　王超超
殷　俊　　吕露露　　帅立梅　　印微颖　　陈可一　　李　岩　　周　煜
张　慧　　尤　俊　　顾　杰　　方星辰　　曹亚斐　　杨　阔　　宋　程
张铂沅　　陈　欢　　徐　昊　　蒋　越　　郭云杰　　易保江　　金天奇
石　颖　　王　睿　　刘正君　　牛亚兰　　高立慧　　冯　围　　杨胜刚
成鹏东

机电工程学院

材料成型及控制工程（28人）

马楚琦　　金　铄　　吴吕伟　　王元泽　　秦海文　　常　瑞　　桑春磊
黄　烨　　申伟杰　　唐　剑　　何瑞瑶　　张建威　　杨奕瑄　　区海宏
颜华鑫　　董帮柱　　严正鹏　　张　健　　郑在武　　朱　权　　代孝义
张豪杰　　汤永平　　余　猛　　王金阳　　陈路尧　　谢安俊　　许　力

电气工程及其自动化（58人）

汤家齐　　文　竹　　张籍轩　　谢丰临　　徐璟然　　徐　涛　　顾嘉玮
胡　滨　　赵志鑫　　张泽辉　　王津陈　　张丙天　　曹桢恺　　龚申健
张嘉慧　　杨　东　　贾新威　　李海波　　刘致阳　　汪正森　　覃彩虹
滕　矗　　黄昱森　　张海洋　　肖雅峰　　雷　宇　　李静云　　张菁华
沈周杰　　李　奇　　王新志　　杨靖庭　　王春雨　　秦　迪　　李　昊
苏　信　　刘景雯　　李尧彬　　卜俊怡　　侯　赟　　程　敏　　李光强
闫朝阳　　张　雄　　刘　恒　　陈　亮　　杨　扬　　房　宸　　佘颖杰
伍俊伶　　刘佳祺　　张启成　　郑　易　　邵吉威　　王思凡　　余　震
沈　昊　　曹瑞钧

工业工程（24人）

左　瑞　　沁　夫　　雍自成　　朱文浩　　王中瑞　　关　迪　　胡　悦
潘文华　　蒋茹露　　王　玮　　王　浩　　李　鑫　　戴辰昕　　黄　毅
关　晖　　刘　超　　吴　倩　　闫　玲　　刘　洋　　石馨怡　　刘天俊
郭津融　　娜迪热·艾塞提　　依甫提哈尔·肖合来提

机械电子工程（63人）

张银宗	李智勇	杨文洁	任中国	邵佳丰	俞永林	龚子砺
蒋玉坤	林　源	邹圣誉	马玉峰	汪　超	冯子彬	吕　斐
周靖峥	吴思怡	罗鲜赟	林　浩	李威成	潘　亮	卓北辰
张宇轩	张秋伟	王　宇	李嘉晨	刘真铭	陆炀铭	汪超群
陈义国	李建通	顾凯文	管晓忍	徐惠良	慕　壮	过　豪
王喜腊	包涓红	吕　杰	甄伟能	孙黎明	蒋启明	霍佳栋
陈　楠	黄　韬	柏　聪	颜　匀	祝　琴	张乐然	李　辉
张君贤	周海峰	顾春玉	余樵铭	冒鹏程	张　聪	段宇飞
查志友	牛静宜	王国庆	石　瑞	刘紫荆	杨牧宸	陈　怡

机械工程（68人）

赵超凡	叶霆锋	王国伟	范祎杰	陆少轻	孔德瑜	吉　圆
张鑫圆	孟星佑	吴传鹏	朴金生	王振凯	鲍创业	程晓璇
隗世松	薛泉鑫	叶雪嵩	徐艳杰	程大伟	叶世伟	孙蒙恩
吕俊磊	戚小亮	杨学猛	刘立豪	宗志伟	王　鉴	张旭万
傅政熙	程海红	付双成	陈　洁	张　军	张　猛	宿元虹
董美辰	顾永洲	李仁杰	王则涵	马雨茁	吴文昌	赵胜辉
魏胜辉	吴俊佑	张雨薇	朱　康	吴　瑾	黄佳琦	葛　涵
钱志诚	葛杜安	张　聪	王苏桁	田显东	徐　健	杨利涛
季珥杰	郑　闯	赵立博	王　浩	杨佳鑫	李应波	皮　浩
付伟宸	潘俊舟	王文选	华文斌	胡霞丽		

沙钢钢铁学院

金属材料工程（32人）

赵凡心	王鹏飞	曾　萍	陈栋梁	蒋　坤	彭　昊	金启豪
顾鹏伟	王　晨	梁建嘉	许朝阳	陈　聪	杨东坤	吴晓洋
许天琦	王　亚	徐广英	胡佳琦	杜　康	刘凌杰	阎书仝
仲其爽	陈煌阳	朱　桢	刘　令	申娇娇	左　蕊	颜　倩
蒋　彪	车　丹	巴依尔·白穆	杨　蕾			

冶金工程（38人）

朱昌舜	臧家庆	白昕宇	黄晓峰	周春昊	郭恒睿	刘晓旭
郑　磊	施利魏	李琛宸	吴贺祥	段雪枫	胡　钦	吴　泓
虞莉强	赵文正	王浩浩	唐建国	牛　恒	李　涛	李　俊
王一钒	杨　帆	徐智杰	廖桂祥	黄质维	曹普文	叶　帆
杨　艳	杨东润	李佳兴	陈良渊	孔　薇	陈张驰	范　涛
孙镜涵	高泽汉	卫凌枫				

医学部

法医学（24人）

沈家琛	高 远	刘东堂	刘 莉	沈 俐	余振超	王紫薇
张 璐	杨鹏康	郭 燕	林 婷	潘晓琪	魏 岚	周涟漪
屈轶龄	罗 猛	李 铎	陈学士	徐 燕	谭 睿	周慧敏
司啸山	柯兰恩·那斯勒别克		胡尔西旦·库尔班			

放射医学（78人）

王天宇	刘贝贝	李文杰	周 毅	代 彪	郭浩翔	李沈华
李啸天	姚 磊	杨佳宝	戴允鹏	唐家馨	曹婉悦	刘颖桦
温冬香	管若羽	张樱子	李潇萌	潘琪慧	叶珠静	胡龙飞
储银颖	王 婉	周 豪	郭洪娟	王 进	陈 婉	魏 璇
舒银银	姜鸿媛	赵子璇	蓝挺曦	叶 晶	白 冰	洪谢东
石小林	杨 龄	何玉瓶	齐重远	蒋钱伟	陈 浩	马 灵
倪 菁	刘沛霖	徐以明	曹松松	龙慧强	赵 健	肖江鹏
顾正鹏	张丽蓉	宋卓润	宋嘉航	王 鹏	任黄革	谢宇渊
马一夫	王钧晖	岑香凤	花静雯	马承园	赵 燕	关梦达
苗 佳	张语桐	顾 佳	孟 然	宋延伟	郭州博	王玉民
杨 楠	柴 蓉	李 扬	张誉曦	徐依多	帕提玛·麦麦提	
向秋罗追	阿旺晋美					

护理学（68人）

李新月	屈雨蝶	仇 知	胡丹建	吴永晋	刘文波	孔得颖
梁杨辉	宋文浩	李 林	童 卫	王雅惠	李明月	陈付丽
张 然	付江玉	张青青	于丽娟	毛 宁	许佳引	王 月
王 钏	孙 迪	王盼菲	孙文琳	牛盼盼	赵 芮	罗凌云
沈佳敏	马 霏	赵 鑫	孙陆承	王梦涵	万秋月	陆沁赟
吴 爽	高 宇	杨 鑫	韦志铭	单 琦	严亚楠	戴 颖
王晓云	洪婷婷	常嘉欣	张琳娜	史舒婷	顾庆一	黄舒佳
王文宣	杨秋宇	马宏瑞	黄 坦	骆 园	倪其承	刘颖慧
潘泉锦	李 梦	黄艳威	蒋露露	袁洁美	顾慧可	袁朝海
李 倩	季明环	丁 妍	刘宁馨	陈 楚		

口腔医学（51人）

康晨葳	黄斌壹	诸惠嘉	陈 峻	陆景怡	张燕姝	邱心一
左 伟	王璐璐	东 岳	陈沐寒	赵真辰	王嘉程	蔚静宜
张辉剑	刘宏璐	韦子翔	周 玥	朱 萌	罗渊予	马晓威
张 健	王 涵	张闫博	刘语璇	韩 月	高言心	蔡 浪

陆周朋	李倩倩	丁昊然	李　果	赵　歆	金　薇	王　琳
麻世英	赵梦昕	包　钧	赵兵兵	吴　双	李松莹	钟宇才
李婧妤	张莹冰	杨心仪	杨　洁	尼加提·凯赛尔		林诚恩
陈映蒨	陈和增	钱若静				

临床医学（五年制）（142人）

孙　俊	苗欣雨	马侬倩	李　响	张晏铭	李　乾	潘　荞
吴思伊	王锦铭	邵晨扬	宁　昊	计益斌	李雅雯	曾心艺
顾隽妍	嵇一婧	吕俊兴	高学洁	郑佳杰	张智博	宋　佩
包文睿	司马一桢	江　苏	邓　凡	吴冠冬	胡佳琦	金叶盛
吴　博	李　愫	沈　凯	刘　丹	丁佳涵	吴子越	董　超
狄文娟	李可馨	金哲宇	刘　倩	房　鹏	周晔茹	张习雯
季海英	俞思远	徐　真	刘　铭	邓嘉鑫	郑子洋	王静怡
谢伟晔	盛祖凤	温　笑	刘正媛	夏智芹	史佳林	杨　娟
周　杰	钱玲玲	阎　隽	段　珊	陈　澍	贺春红	江灵燕
陆　正	柯珍珍	程　喆	姜清池	杨　萌	陈　明	胥雅洁
贾若凡	李子伟	孙睿宏	于启帆	王力恒	方　鲲	周城城
戴承超	赵海青	姚涓川	花　月	童　磊	吴　幸	卢金鑫
徐云育	侯亚信	宋　康	陈　晨	王　森	刘小娜	周　洲
支　尹	陈　文	袁喜安	蹇　欢	朱周军	谷　梦	熊龙滨
冯潇曦	魏　丹	顾英杰	蒋源勇	方　乾	李鹏达	董岚莹
梁雯芮	王斌儒	陈文杰	崔红艳	朱梦炜	闫玉华	崔天然
缪颖杰	郑　楠	曹　阳	管鸣诚	徐　韬	吴梦茵	金家慷
孙　琳	楼　廉	张可佳	林程杰	邹雨桐	邹熹阳	刘何晶
倪益玲	曹小萌	闫文静	黄嫦婧	宋清怡	芦　源	张一卓
许　群	李　慧	张卿义	安外尔·阿皮孜		开日麦·艾尼瓦尔	
卡米力江·吐尔逊		阿卜来海提·艾力		阿夏米古力·哈力克		
阿孜古丽·卡斯木						

生物技术（67人）

曾庆喆	赵登科	孙雪鸥	金天鑫	陈多多	吴砚秋	韩　雨
杨　涛	魏紫露	葛方超	侯楚怡	黄良敏	王　爽	许丽红
陈琳琳	田雨曦	蒋高月	周锡雯	施　懿	李惠军	夏天雨
何瑞宁	刘　畅	罗自为	宋建威	欧琳琳	禄　悦	易晴晴
陈　凡	张睿婷	张天轶	姜　鑫	赵　珍	王泽厚	蔡　慧
何露露	褚晨阳	马世官	伍锦鹏	徐　旺	翟婧洁	陆灵佳
张　盼	唐　颖	平开来	范佳颖	刘　璋	刘　琳	罗访美
孙梦琦	王佳馨	龙安星	陆爱明	王丹雅	杜　姣	黄　杰
马廷政	丁黎明	夏一卿	钱祎棠	尚　进	陈　倩	王　霖

王籽怡　　牧旦古丽·李伟　　曹蓝予　　秦子然

生物科学（35人）
　　韩亚坤　　张亚昕　　韩进莹　　龚祖威　　戴道涵　　魏　缓　　陈　逸
　　杨工博　　邓可如　　王媛媛　　张天夫　　巢　婷　　王　鑫　　李　敏
　　林小芬　　谢亦潇　　蔡德志　　程怡茹　　孙海玉　　洪　昇　　孙沁怡
　　李芝珍　　陈玫君　　臧依夏　　陶　禹　　吴雨洁　　沈　月　　李嘉铭
　　白　钰　　刘　愉　　崔佳佳　　张欣妤　　党润睿　　李婧柔
　　沙依甫加玛丽·阿曼

生物信息学（28人）
　　付轶俊　　喻国伦　　郑　磊　　李彩燕　　郑沿冰　　李　莹　　龙　洁
　　王晓琴　　郭　锐　　范　祎　　王意达　　章皓宇　　魏相宇　　赵飞洋
　　许佳鑫　　林尔冬　　华玉为　　高月颖　　蔡明伟　　姚星云　　田　苗
　　彭寅轩　　冯家蓉　　刘伊娜　　马榕榕　　尹　梅　　张思源　　胡莹莹

生物制药（31人）
　　张志忞　　王逸韬　　卢彩红　　滕雨昕　　谢佳辰　　王　娟　　王　峥
　　王雄健　　马振龙　　郭飞越　　曾　青　　王丽蓉　　秦　欢　　周志芸
　　丁　庆　　朱姝琳　　汤　瑞　　卞雯倩　　方　郑　　刘　鑫　　刘　丹
　　欧阳建红　齐若含　　魏国玺　　吴琦琪　　王晓林　　潘庆瑾　　吴雪锋
　　唐　婕　　贾　丽　　吴雨薇

食品质量与安全（26人）
　　王诗琪　　冯乐乐　　穷吉卓玛　贾慧芳　　陈珏旭　　徐淑慧　　吕青兰
　　祁海霞　　张　宇　　蒋仲菡　　赵　潘　　祝嘉苓　　黄心懿　　郑皓升
　　李　猛　　周燕倩　　玉　静　　刘雨萱　　梁家僖　　刘玲艳　　龙　佳
　　蒋泽橙　　卓玛加　　阿依丁·托哈依　　　谷雨洁　　阿尔阿依·巴合提

药学（92人）
　　冯立豪　　王　帅　　程胜男　　庞　京　　潘利娟　　杨宇亮　　刘宗易
　　钱利祥　　荣子芸　　陈星烨　　陈玉婵　　吴碧莲　　许映娜　　陈海燕
　　陈天庸　　庞海燕　　辛家齐　　沈天峰　　王　睿　　赵媛媛　　金美琪
　　刘佳博　　林　雨　　陈思倩　　陈　阳　　蔡玉洁　　路　璐　　张桂芳
　　李祝彬　　朱轩令　　梁清华　　周　豫　　罗天煜　　潘天馨　　章新晖
　　辛翠芳　　谢秋菊　　赵娅婧　　王路易　　张文龙　　杨长江　　周　凤
　　王兆耀　　陈　彬　　赵若琳　　夏雪菲　　王小英　　殷梦圆　　赵文毅
　　李静梅　　黄绩民　　王旭玫　　方　苇　　张晨航　　宋凯丽　　陈梓微
　　刘倍嘉　　赵京龙　　赵雯瑛　　冯　帆　　代舒淇　　樊星砚　　余　睿

马宇蕾	顾振兴	肖小芳	马　斌	高雅楠	朱秀秀	侯虹宇
蒋佳慧	黄珮薇	张　涛	李　娜	陈　涛	侯　淼	董　钊
糜　丹	格桑玉珍	陈佳芬	张海超	沈雯茜	杨韵梅	雷　帆
彭　琼	许晓轩	冯华香	次仁央吉	严思琪	张　蕾	刘艺朴
尼玛央宗						

医学检验技术（29人）

陈小霞	蔡圆珺	李诗韵	刘瑾秋	帅　策	李岩峰	张凯丽
徐　滢	郑雨佳	宋红玲	郭钰然	李荣华	罗梦怡	朱　渊
王一斐	姚敏镜	沐小毅	曹敏慧	雷　琴	李晓慧	韩子卉
龚雨晨	宋　雨	黄雪滢	宋笑涵	常文婧	路涛涛	刘宇荆
管雨凡						

医学影像学（46人）

施金成	鞠　鑫	季　锐	刘小草	余秋雨	王丽璠	张　飞
陈镱瑶	徐小迪	谢裕瑶	张一擎	宋李娜	杨　洋	吕　莎
孙　爽	姚懿染	金得烈	丁　杏	李文婧	靳易北	宋李煜
魏梦婷	马稼怡	张　望	刘梦瑶	赵雅桐	顾亚美	张冬雨
支　瑞	张惠萍	张其俐	张雅磊	曹新玥	姜小媛	刘桐伶
单佳媛	魏迎香	徐　畅	周静雅	赵　廉	袁佳鑫	杨凯媛
格　平	格桑次仁	仁　庆	刘丹妮			

预防医学（48人）

钱程恺	顾雅新	金楷憶	李文婕	周曦倩	仇沁晓	李　斐
班明莉	沈文石	陆亚玲	徐　倩	徐秋美	尤心怡	韩莉敏
张雨萌	林振南	周　萱	赵儒花	张　瑞	黄菲菲	高智琦
袁　洁	曾金锋	许　锐	罗秋林	刘文亚	虞少博	陈　琪
谭　洁	张雅丽	冯安萍	戴安迪	王茜茜	陈思玎	杨嫔妮
李朝菲	林　峰	陈凯格	江佳艳	沈　思	陶怡舟	翟兵中
任锦锦	张菁华	陈娇珊	马玉莲	热沙来提·那斯尔		
努尔阿米娜·阿不都热合曼						

中药学（24人）

杨明星	陶项铃祥	郭玉梅	李淑娟	杨　群	赵荟伊	罗　洁
丁可宁	韦凤爽	欧　玲	颜克旭	潘　慧	李　政	杨凤芝
周　聪	毛振洋	朱雪雪	穆红利	陈凤义	黄　伟	苏佳佳
闫　娜	樊　婧	刘嘉仙				

临床医学（七年制本硕连读本科段预毕业）（194人）

张鹏	姚开	张稼辛	徐月娟	曾梦然	张贤	武岑颢
李纯纯	陈妍心	叶旭文	史逸恺	杨檬璐	王文杰	谢汶桂
李紫翔	唐小苗	陈治民	冯吉	姜斌	张乘鹏	陈宇翔
罗玲	徐嘉梦	李学谦	龙小敏	李新丽	朱晟辰	苏文星
李大壮	严治	张晓磊	仲璐婷	吕音霄	徐逸	陈晓倩
刘津毓	段懿珊	唐敏慧	曹佳倩	王慧	黄彪	李克新
戴崟	张晓畅	朱天峰	袁霞晴	米利杰	周彤萍	杨晏
任重远	李翰文	葛祎	傅昌雨	陆佳洁	徐佳辉	常天棋
胡家玥	王馨	马博	魏源	陆嘉	纪振鑫	郎雨诚
史轶凡	肖冰开	陈子佼	周弘	曹培	韩春茹	潘鹏杰
张媛媛	黄倩倩	徐雨晴	顾怡钰	徐佳倩	曾将萍	魏钰倩
祝新韵	董安琦	冯轶珥	徐岚	韩晓娟	顾玲	杨敏怡
章维云	申真	葛琪	周益秀	宣和	秦子涵	朱婧菡
何钦	吴乾	徐雨东	唐佳妮	陈一鸣	陆枫	段玉冰
陈炜煜	徐姜南	张冕	吴天梅	徐斌	曹雅雯	杨雁博
何芮	陈琳琳	孟云鹏	王佳芸	朱鹏飞	包远鹏	端家豪
王智君	李茗茗	陈阳	赵雯	沈杰	乐悦	苏秋弟
杨佳滨	毕昀	褚巍	马亦凡	李欣	王森泰	朱媛
王伟	顾怡佳	陈越	袁晨阳	袁桂强	杨莹莹	成希
武昊伟	吴天夫	赵泽宇	张天琦	孔凡阳	徐怡楠	郭康丽
王迎瑶	盛梦超	陈思佳	高比昔	李雪锴	赵准临	龚思怡
王浩	程霄霄	徐乐华	王丽君	卓然	汪宇豪	王嘉琪
张文浩	宗路杰	薛宇航	徐文倩	陈志豪	徐相蓉	田凯
陈昱名	朱柯雨	韩康	汤夕峰	李靖雯	张佳文	王晓缘
邵力	丁思文	何雨欣	郭新怡	张焱	李莉	王庆
陈婷	潘承祺	吴雨红	邵琰玉	段维峰	钱慧雯	王泽堃
沈晓峰	张一恺	刘心旸	王利平	张涛	朱心煜	闫家辉
汪宏斌	苏芳莹	李家颖	董仲琛	迪丽努尔·木沙		

金螳螂建筑学院

城乡规划（29人）

冉启光	任晓帅	杨金赢	唐琴	张奕	焦峰	孟伟仁
茆昕明	莫莉	方俊	王颖怡	刘伟	于溪	梁文婷
许莹	李石	南雅卿	姚雨晨	刘婧	徐桐桐	石遵堃
李嘉欣	朱羽佳	雷嘉懿	杨媛媛	赵子涵	周瑀豪	洪柳依
杨晟						

风景园林（32人）

李秋	汪盈颖	张钰	徐彬	李诗吟	钟天	张靖坤
郭芷铭	羊霞	李婷芳	王家馨	丁璨	蔡捷	韩扬
沈明宇	王飞艳	张永强	隆谨阳	刘文佳	向文沁	王思文
甘恬	窦吕	卞梧	李彤辉	曾睿	詹晔	任敬
刘光颖	李怡然	潘芳宏	杨鑫秀			

建筑学（67人）

吴健行	梁毓琪	汪滢	乔译楷	吴佳静	权文慧	宁镜蓉
魏鸿乾	潘研	王港迪	张亚迪	孙震	周懿	张樊昊
陈天宇	王雅淏	丁亚挺	潘嘉敏	王海东	母超	陆绮雯
朱玉蕊	任振	胡玲敏	朱佳铭	车娟娟	黄宸	芮铭达
何政霖	金永康	农忠治	孟令坤	张蓓	吴若钢	郑妮妮
徐烽	孙炜尧	胡斌	葛佳杰	牟雅闻	王一峰	张文博
严佳慧	邹玥	王卫东	陈韵帆	姚睿鑫	邱岱蓉	王博
杜松鸣	付婷婷	景奇	赵雪晴	鲁佳颖	谢佳琪	黄婧涵
杨佩文	张宁育	孙华	黄淳欣	李仪琳	刘嘉	陈倩倩
李耀栋	张永晨	毛放涵	陈坤			

建筑学（室内设计）（1人）

盛名

园林（城市园林）（1人）

林钰杰

轨道交通学院

车辆工程（44人）

严垚	余奇峰	马志超	奚天航	刘观石	王正培	段科好
黄家富	陈科	陈涵量	葛豪杰	府香钰	张成	许雪梅
郭威	姚远	倪阳阳	黄鑫	杨阳	张遥	王文豪
郭绍雄	徐旗彤	李悦	纪柯柯	刘杰	汤祎	赵允双
张建	袁雨秋	卢琪	李大鼎	杨婷婷	夏鑫	余子洋
李旭为	葛云飞	白景文	余升宇	夏禹	陆郦	蔡一鸣
楚天	毛一鸣					

电气工程及其自动化（专升本）（39人）

| 刘海 | 季俊浩 | 孙延 | 李磊 | 马驰 | 胡家硕 | 顾旭东 |

刘明鑫	张桂宁	侍光耀	皇甫福彬	刘君平	李佩佩	於　睿
庞晓宇	刘耀华	陈良宇	赵　闯	赵　鑫	孔　瑜	郑恩宝
鲁　晗	王新宇	戴浩然	刘　辉	曾骥鸣	张　兵	张　威
王崇宇	瞿鹏程	陈　宸	张文涛	武海通	俞正兴	李太雷
葛　城	沈亚东	徐　辉	吴国鹏			

电气工程与智能控制（48人）

陈忠贤	吴建冬	陆　熹	陈　虹	白晓逊	蔡新宇	宗清会
张　凯	施伊伦	王浩宇	金　锐	杨　雅	曹　健	余　倩
刘　安	黄　涛	成林千	周卓筠	王俊杰	张　伟	冯程成
刘双劼	郑长万	周才杰	李　刚	张杲阳	吴光尧	龙岚馨
陈子旭	张沛丰	张哲源	季德飞	应睿卓	吴碧霄	赵予安
于　洋	王铭锋	卞　瑶	吴　晔	宋本健	杨　帅	董振振
雷宇飞	葛姝雅	高昱邦	韩　杰	高天晴	苏　洋	

工程管理（23人）

李继周	殷豪杰	陈静娴	蔡　晨	付佳香	徐梦艺	徐亚萍
王宇川	王亚杰	赵　恒	吴　奔	张伟明	许王梓	田戎晋
赵　钢	贺　彪	龚　俣	顾梓文	陈志伟	陈欢庆	钱嘉妮
周　丹	田孟茹					

建筑环境与能源应用工程（39人）

杨和光	杨与喆	顾启宇	王嘉婧	李若涵	卢远诚	王晨晨
汪志浩	陈小月	沈子豪	范丹丹	杨　蕾	李松阳	单鑫晨
丁俊伟	张子林	王伊杨	俞栋鹏	王寒雨	盛艺珺	江　涛
徐诗涵	杨航宇	李　彤	倪青月	闫昌鸣	李睿欣	汪益申
吴周越	曹建成	左　啸	顾圆圆	朱逸舒	王　讯	黄　裔
温　馨	郭浩壮	宋玉梅	吴　霞			

交通运输（37人）

王　雪	李　健	倪　超	杨文秀	周　青	刘博闻	薛　燕
周瑞祥	景铭宇	贾文哲	宋　阳	王馨恬	王丽霞	陈昊晟
张　萌	任　立	殷宇婷	顾宏艳	邵天庆	李明昱	董玉妮
于洪杰	江熙雯	刘　畅	丁逸聪	汤潘强	黄琳婕	冯　时
胡　萍	朱慧娴	龚云飞	帅金伶	乔轩宇	李哲航	赵博帜
樊冰钰	王宇豪					

通信工程（城市轨道交通通信信号）（41人）

| 金　勇 | 马　媛 | 范鑫玉 | 徐梓辛 | 高浩傲 | 王伟成 | 徐妍青 |

张邵伟	潘 杰	王子悦	陈 双	徐文博	林嘉玥	朱静娴
陆志超	苏燕婷	王怡佳	于正东	瞿 颖	张凌豪	林昱翔
沈智威	王 燕	胡晨莹	蔡兴强	林汶思	钱沿佐	李佳文
张婷婷	吴 茜	赵家斌	施欣桐	邓超杰	项舒琨	史倩雯
周子林	张 淼	王浩任	陈超鹏	解忻月	安国珲	

唐文治书院

汉语言文学（基地）（23人）

周子璇	周丽洁	吴超驰	张嫣楠	王丽宁	富俊玲	温 馨
王 圆	冯晶晶	朱皓月	王儒非	康凌彬	易文昱	蒋 康
徐苏恒	张廷宛	康 梦	陈 秋	李 昆	史 季	程梦洁
白新宇	董一佳					

汉语言文学（师范）（1人）

孙赫乾

历史学（师范）（1人）

吕海旭

哲学（2人）

蔡 靖　张若男

2019年6月获得第二学士学位学生名单

传媒学院

新闻学（双学位）（19人）

朱羽佳	夏清晨	张 宁	唐庆燕	莫晓豆	李仪迈	曾君越
王 颖	蒋 沁	汤 兴	卢禹辰	邱 玮	黄玉娇	蔡钦震
魏子坤	杨 艳	汤 琪	陈 双	陈家玮		

东吴商学院（财经学院）

工商管理（双学位）（47人）

陈和增	李嘉欣	侯晓瑞	杨锦非	谭钰雯	孙 泽	顾 茹

张诗依	张景哲	郭鑫森	成　伟	张文倩	施利魏	赵漫漫
西艳妮	刘可心	陈　龙	郭玉丽	张方丽	陈小飞	杨　雯
姜　欣	濮家捷	孟　晶	王　欢	姜　婷	张文轩	赵雪梅
马　蕾	常秋宁	殷　子	陈　聪	姚相文	刘腾腾	叶　开
孙梦钰	胡晓薇	刘常杰	云　燕	高卓琳	俞永林	施　懿
王泽厚	柳非攻	胡　瑞	田子玉	邹佳琦		

国际经济与贸易（双学位）（71人）

张雁楠	朱安琪	李林凯	顾雨清	周琳锐	曹馨舟	李梦璐
宋心愉	芮　晗	贾呈阳	阚延涛	张文君	严　格	朱　琳
汤羽涵	万笑笑	白　楠	冯佳琦	冯雨卓	白　晶	吴根祺
睦萍露	袁明清	周朦朦	王珊珊	汤馥嘉	张诗芸	卢　珊
印　璐	孙铭远	程米华	曹子杰	戴佳莹	张志颖	陈　钱
成　晨	王海亮	黄润愉	苑昊轩	向　敏	魏乐倩	徐　培
唐丽蓉	许天标	刘心尧	曹　楠	郭亚婷	陈　楠	欧盛蕊
王佳晴	单曜莹	谢　瑞	陈民洲	陈　波	张金水	何文筱
王涵豪	陈　凡	丁羽飞	谢宇筝	王媛媛	张邵伟	葛姝雅
周文佳	季雨纯	张　慧	陈昕悦	董柏廷	许佳雯	田　皎
张布衣						

计算机科学与技术学院

计算机科学与技术（双学位）（13人）

| 诸惠嘉 | 张轶妍 | 吴方青 | 杨　正 | 叶陈思 | 郑　磊 | 赵三漫 |
| 张天夫 | 常嘉欣 | 王意达 | 赵飞洋 | 华玉为 | 蔡明伟 | |

教育学院

教育学（双学位）（23人）

陈湘玉	徐陆璇	杜　炜	曹嘉乐	顾雪祎	王　婷	吴昕羽
肖畅畅	花　蕊	沈佳妮	杨　霞	徐　军	魏奕帆	王　琴
江　楠	吴佳颖	张　璐	王　悦	吴碧琳	韩晓敏	夏千涵
史梦蕾	刘格菁					

应用心理学（双学位）（33人）

冒　文	窦　园	丛　榕	谈碧蕊	王柯玉	安燕萍	胡强迪
杨思佳	李港萍	丁思齐	王　杰	侯泽玮	许诗晗	崔子靓
李　涛	李佳兴	汤　健	苏冠文	梁珈宁	朱　珊	周秋子
马舜仪	易筱桐	秦智莹	方云霞	徐　扬	陈　钒	戈冰沁

章育婷　　时凌晨　　黄　正　　刘凝菲　　魏玥琪

社会学院

历史学（双学位）（1人）
　　钱　荣

王健法学院

法学（双学位）（101人）
　　刘东堂　　顾正鹏　　肖嘉楠　　陈贝加　　陈人豪　　韩行之　　姚佳逸
　　嵇玉娟　　钱　灏　　徐思昀　　杨润莹　　孟庆硕　　陶　然　　刘皓宇
　　宗希玮　　孙　月　　刘国庆　　丁毓文　　何成丽　　石宜家　　李佳桐
　　徐闲馨　　盛天弋　　吴　越　　何李璇　　季翔兆　　王思妤　　王淑怡
　　闫艺涵　　王子宁　　孙　萌　　唐思齐　　周　蓉　　朱钇衡　　施丽娟
　　胡笑威　　聂光伟　　朱漩漪　　陈　怡　　薛玉祥　　张婉滢　　张柳璇
　　张　烨　　王冰柔　　李雨欣　　欧懿峰　　陶星月　　袁　萌　　张城城
　　李祎琳　　肖　薇　　谢周帅　　朱　逸　　程延芳　　张华玲　　张晨蓉
　　陈婷婷　　季飞艳　　程英华　　颜瑜菲　　侯耀坤　　严　沁　　陈　倩
　　王静怡　　侯秋宇　　褚天舒　　胡中方　　廖浩舟　　吴逸灵　　唐明明
　　许　鹏　　陈雨露　　许文龙　　谢毅韬　　雷　晨　　蒋旻琪　　刘　璐
　　郑聪雅　　朱泽言　　刘思楠　　王　筱　　裴雅斐　　侯一凡　　胡贝宁
　　郭津融　　孙文琳　　王小英　　王飞艳　　吴　茜　　解忻月　　高清扬
　　王楚含　　杨　帆　　侯沁莹　　陆新一　　翟　华　　刘春旸　　杨月箫
　　余心尚　　潘颖子　　陶泓宇

医学部

生物科学（双学位）（11人）
　　朱晨阳　　孙银萍　　韩熠楷　　李帅兵　　张　磊　　黄俊伟　　赵文远
　　夏金竺　　刘文君　　吴庆国　　李敏艳

政治与公共管理学院

行政管理（双学位）（18人）
　　韩亚坤　　刘桐伶　　常宇萌　　束　婷　　孙　超　　袁子懿　　陈思洁
　　赵　昂　　胡　晓　　许　远　　侯柏杨　　王雨薇　　秦昕卉　　邵　宇
　　程静欣　　廉梦雅　　韩一丹　　蒋鹏军

2019年6月获得学士学位的留学生名单

东吴商学院（财经学院）

国际经济与贸易（19人）
    KO HYUN JEONG
    KIM HYUN MIN
    SAMOILOVA YEKATERINA
    HAYASHI TAKAMASU
    PHATSAKHONE KHAIJINDA
    KIENGKAI INTHAVONG
    THATSOUDA SAIYALAD
    SAVILATH SAMOUNTY
    OUBONLATH MACKHAPHONH
    XENGXEUN YINGSANE
    VILAYPHONE VANNAVONG
    SENGMANY KINGMANY
    SOMCHANMAVONG PHOUTMANY
    DUISHENOV RUSLAN
    YONGFOU XEUN
    THIPPHAPHONE SISOUPHANTHONG
    CHANHSAMAY HOMPHOUANGPHANH
    SISANA HOUNGMANIPHOUNE
    XAYTAVANH BOUDNASINH

市场营销（1人）
    LIANG MICHAEL

文学院

汉语言文学（42人）
    MOON SOJIN
    AHN HYUNSOO
    WOO PUREUM
    KIM HYUNG SEUNG
    PARK SAEHAN
    OH JINWOO

PARK HANBI
LIM SOHEE
SHIN SEUNGMIN
YOON KYUNG JIN
RYU SEUNGKYEONG
KIM YEJIN
KIM MINKYEONG
LEE JIHYE
KONG HYEJIN
CHO SEOYI
SONG YOONGI
LEE JINYOUNG
CHOI MIHUN
KIM JIYEON
LEE YUNJEONG
LEE YOUNGJEE
CHO MINKYUNG
AHN YUMI
KIM KANGHO
JUNG WONHEE
KOO HAEIN
JIN HYERIM
LEE SUNYOUNG
CHEON SANGWOO
HA JIWON
BAK SOYEON
YU HEEYEON
HANH SUNGBIN
LEE YEAGYU
LEE JUNHYEON
KIM SEUNGBIN
KIM EUNYUL
KWON MINHEE
GERCHEVA TEODORA TOMOVA
DIMITROVA BETINA KIRILOVA
KIM SOYEON

医学部

临床医学（107人）

　　HEANG DARA
　　HARIHARAN VENKATARAMANAN SUBRAMANIAN
　　ANKITA KHAMELE
　　NEHA PADANIYA
　　ESAIAMUTHAN GANESAMOORTHY
　　GAYATRI KAILAS SHIRSUL
　　ARUN
　　KADAM SANSKRUTI SANJAY
　　BAROT SAURABH HARENDRABHAI
　　VIJAY KUMAR KOLLURI
　　NAVEETH RIZWAN SHAHUL HAMID
　　AZHAR ABDUL HABIB
　　INDRIANI PUTRI DEWI
　　SUPHENSRI BAOTHONG
　　BATOOL ABDULAZIZ ABDULHUSAIN HASAN MAHDI
　　VARLA SRAVYALATHA
　　NETHAJI SREE VAISHNAVI
　　JONNAGADDLA RISHITHA
　　CHANDRABABUNAIDU RAMYA
　　VIJAYANARAYANAN KEERTHANA
　　PALAGIRI ASIF
　　PULI AKASH
　　BARLA MADHAVA MARUTHI LAKSHMI SEKHAR
　　IMRAN SHARIFF BAIG
　　KANDURI VINAY KUMAR
　　GAUR UTKARSH
　　CHEKURTHI SHIVA TEJA
　　NEELAM NAVEEN
　　SUDAGONI AKHIL
　　MAGALINGAME BALASUBRAMANIAN
　　MISTRY KRUPA
　　PUTHENVEEDU PURUSHOTHAMAN YADHUKRISHNAN
　　KAMMA SAI VAMSI KRISHNA
　　MASARATH FATIMA
　　SAMREEN RIAZ
　　MORE NEERAJA DATTA RAO

MOHAMED SAMSUDEEN MOHAMED SALIH
MOHAMED ABUBACKER SIDDIQUE KHAJA NAWAZ
PATEL BHAUMIK HEEMANSHU
GOTI HARDIKKUMAR BABUBHAI
BHANDERI CHIRAG VASANTBHAI
PANSARI ROHIT SHANKARLAL
PATEL ANUJ SURESHBHAI
SENGUTTUVAN KARIKALAN
CHAUDHARI GAURAV VITTHAL
PATIL GYANESHWAR HIRALAL
URSHE THARANUM
JAMBHEKAR DHANASHREE ANIKET
SINGH ANANYA
PANSURIA MILI CHANDRAKANTBHAI
PAMBHAR SMRUTIBEN ARVINDBHAI
PAREKH SHACHI ASHUTOSH
MEHTA SHIVANGI PRAKASH
PAREKH FORAM PARESHBHAI
PATEL RICHA VASANTKUMAR
RAGHUVANSHI GYANENDRA
URADE MRUNAL
BALOT MANVENDAR SINGH
MUNDHE NITIN VISHNUDAS
SHINDE GORAKSHA KACHARU
YADAV DEEPAK
SOLANKI SHRILKUMAR MAHESHBHAI
PARMAR ABHIJEETSINH HASMUKHSINH
MACHHI RAVIKUMAR JASHUBHAI
RAVIMANI GANDHIMATHI HARSHA VARTHINI
MAPRNATH SIMON NEEDHU
AGNELDSOUZA PHILOMIN PRIYA DHARSHNI
KARUPPIAH SRIGHAN
CHINNIAH MARISAMY BAVITHIRAN
RAMACHANDIRAN PANIMALAR
RAJENDIRAN MANIKANDAN
ARULPRAKASAM KAAVIYAN
AMALADOSS PRECELLAVINCY
SADIKH BASHA SHABRIN SULTHANA
ARUMUGHAM JEYAPRATHA KAVYASRI

ELUMALAI PARKAVI
LUKHI NANDISH VINODBHAI
KATRODIYA VISMAY
PATEL NAITIK ASHISH
MANGWANI KARAN
NAGAR LOKESH KUMAR
GAUTAM NAVKETAN
RAJENDIRAN SIVARANJINI
SELVARAJ PRIYANKA
STEPHEN OMEGA BENITTA
PARAMASIVAM AGASH
JAWAHARLAL NEHRU VASANTH
LOGANATHAN DEVASENAPATHY
KALUGASALAMOORTHI ARAVINDSAMY
GNANAPRAGASAM KINGSTON JEBARAJ
VINO RAJAN VIBIN RAJAN
THANGARAJ KAVIYARASU
SEPPAKKAM RAJENDRA PRASAD SUNIL PRASAD
MAJEETH ABDUL KADAR JAILANI
SARAVANAN KARTHIKEYAN
ARUMUGAM VIGNESHWARAN
PARIHAR HARSHITA
SHEKHAWAT KAMAL SINGH
RAVINDRAN THIYAGARAJAN
PATEL KHYATI KANTILAL
KAMBLE PRATIKSHA HARISHCHANDRA
PATEL JAINITKUMAR RAKESHBHAI
HAFESJI MOHAMED WASIM MOHAMED IRFAN
VARSHIKAR BHAVISHA RAVINDRA
BHATT RUDRAX SANJIVBHAI
VAIBHAV PATEL
BASUVARAJ SRINATH

音乐学院

音乐表演（1人）
ALBA MARIA MORENO SERRANO

艺术学院

视觉传达设计（1人）
　　NI JIAXING

2019年6月全日制本科结业学生名单

东吴商学院（财经学院）

财政学（1人）
　　屈鹏飞

电子商务（1人）
　　何　晨

工商管理（1人）
　　赵　骐

金融学（1人）
　　周家乐

市场营销（1人）
　　王文灏

计算机科学与技术学院

软件工程（1人）
　　许　浩

软件工程（嵌入式软件人才培养）（1人）
　　王　杰

物联网工程（1人）
　　徐　翔

信息管理与信息系统（1人）
　　刘　凯

能源学院

新能源材料与器件（1人）
　　姚亮亮

数学科学学院

数学与应用数学（师范）（1人）
　　王　苗

体育学院

运动人体科学（运动休闲与健康）（1人）
　　王　磊

物理科学与技术学院

物理学（1人）
　　郭　烽

轨道交通学院

电气工程与自动化（城市轨道交通控制工程）（1人）
　　黄兆吉

工程管理（1人）
　　张辛夷

建筑环境与设备工程（城市轨道交通环境调控）（1人）
　　卢　涛

交通运输（1人）
　　金龙勋

材料与化学化工学部

化学工程与工艺（2人）
　　薛彦昭　　朱　喆

生物功能材料（2人）
　　万　娇　　郭飞飞

应用化学（1人）
　　金晓峰

教育学院

教育技术学（1人）
　　谢家威

纳米科学技术学院

纳米材料与技术（1人）
　　余　鑫

医学部

临床医学（1人）
　　何毅超

生物技术（免疫工程）（1人）
　　周伟健

政治与公共管理学院

城市管理（2人）
　　王玮琦　　刁　晖

人力资源管理（1人）
　　朱震宇

思想政治教育（1人）
　　陈方文

物流管理（1人）
　　赵　东

2019年3月全日制本科毕业学生名单

电子信息学院

电子信息工程（2人）
　　张晨原　　顾焕杰

通信工程（1人）
　　常　睿

微电子科学与工程（2人）
　　李　轩　　朱春旭

东吴商学院（财经学院）

财务管理（2人）
　　车炯妍　　孔雅楠

财政学（2人）
　　梅铭君　　刘方慧

电子商务（1人）
　　孙承源

工商管理（4人）
　　顾昕彤　　周　蓉　　罗晓云　　戎　楠

国际经济与贸易（2人）
　　叶佳慧　　邰圣阳

会计学（1人）
　　刘一娴

金融学（4人）
　　贾明睿　　王卓迪　　田　原　　朱　逸

经济学（2人）
　　高　焜　　黄浩轩

市场营销（3人）
　　施国庆　　张　煜　　盛　超

纺织与服装工程学院

纺织工程（4人）
　　黄鹏程　　袁沈涛　　徐　涛　　刘佩佩

非织造材料与工程（3人）
　　李天阳　　陈明靖　　陈莉莉

服装设计与工程（3人）
　　程思超　　胡文强　　田井敏

轻化工程（2人）
　　李春平　　武婧文

计算机科学与技术学院

计算机科学与技术（2人）
　　崔子轩　　丁瑞宇

软件工程（3人）
　　阿迪力江·麦麦提敏　　何天伦　　毛旭瑞

软件工程（嵌入式培养）（4人）
　　王梓丞　　葛少华　　伏宇亮　　李逸凡

软件工程（嵌入式软件人才培养）（2人）
　　黄潘源　　李　昕

网络工程（5人）
　　关新宝　　姚　爽　　陶佳炜　　刘新龙　　钱程成

物联网工程（3人）
　　解志豪　　夏永康　　黄佳泉

数学科学学院

数学与应用数学（基地）（1人）
　　吴益多

数学与应用数学（师范）（2人）
　　钱嘉珥　　黄钟政

信息与计算科学（2人）
　　段隐宗　　董东升

体育学院

民族传统体育（1人）
　　沈　立

体育教育（1人）
　　孙　宇

武术与民族传统体育（2人）
　　赵　可　　王　超

运动人体科学（1人）
　　吕赵越

运动训练（4人）
　　魏祥宇　　鄢　然　　殷佳丽　　邓　帆

外国语学院

英语（师范）（1人）
　　滕星语

王健法学院

法学（3人）
　　李建斌　　鲍一川　　施翌

知识产权（1人）
　　武亚楠

光电科学与工程学院

电子信息科学与技术（2人）
　　陈舒琪　　万茂枝

光电信息科学与工程（2人）
　　蒲柯松　　陆江钧

能源学院

能源与动力工程（3人）
　　张皓程　　马宇飞　　沙宏伟

新能源材料与器件（2人）
　　刘浩　　周海林

物理科学与技术学院

物理学（2人）
　　花梓昊　　徐高杰

轨道交通学院

车辆工程（6人）
　　印翔　　郑春祥　　王鹏　　沈家乐　　胡光　　秦晓磊

电气工程与智能控制（2人）
　　吴黄皓　　陆　钦

工程管理（2人）
　　于海健　　巫晓杰

通信工程（城市轨道交通通信信号）（2人）
　　刘曙宁　　郭子铭

机电工程学院

材料成型及控制工程（3人）
　　张云飞　　班忠尧　　李永龙

电气工程及其自动化（5人）
　　邱　悦　　高保帅　　王怀磊　　张晨迪　　宗史景行

工业工程（3人）
　　宋　平　　江宏志　　冯　静

机械电子工程（3人）
　　王　智　　李　萌　　张　威

机械工程（2人）
　　潘东成　　牛伟动

沙钢钢铁学院

冶金工程（5人）
　　程心仪　　李铮言　　李　林　　郭梓豪　　宾士勇

材料与化学化工学部

材料化学（2人）
　　张锦峰　　季发旭

材料科学与工程（1人）
　　王昊南

功能材料（1人）
　　普智涛

化学（1人）
　　朱永成

生物功能材料（1人）
　　钱卫伟

无机非金属材料工程（1人）
　　何天能

传媒学院

广告学（1人）
　　杜未成

教育学院

教育学（师范）（1人）
　　任　嫒

金螳螂建筑学院

建筑学（室内设计）（1人）
　　唐雅婷

园艺（1人）
　　杨双龙

纳米科学技术学院

纳米材料与技术（4人）
　　何军贤　　林子惟　　孙临曦　　陈梓伟

社会学院

劳动与社会保障（1人）
　　沈　玲

社会学（1人）
　　任　皓

信息资源管理（3人）
　　周星宇　　韩　怡　　何运椿

文学院

汉语言文学（1人）
　　沈思远

医学部

临床医学（3人）
　　周泽涛　　任　静　　成正宇

食品质量与安全（1人）
　　曾烽芮

药学（2人）
　　巴桑德吉　　宁小琴

艺术学院

服装与服饰设计（时装表演与服装设计）（1人）
　　李召松

环境设计（1人）
　　陈路瑶

数字媒体艺术（1人）
　　王金钰

艺术设计学（1人）
　　陈寅俊

2019年3月获得第二学士学位的学生名单

东吴商学院（财经学院）

国际经济与贸易（双学位）（1人）
　　滕星语

王健法学院

法学（双学位）（3人）
　　杜未成　　姜皓彧　　刘益帆

教育学院

教育学（双学位）（1人）
　　席韵雯

2019年9月全日制本科毕业学生名单

东吴商学院（财经学院）

电子商务（1人）
　　汤雪生

体育学院

体育教育（1人）
　　居　政

医学部

临床医学（1人）
薛　煜

中药学（1人）
吴佩璇

政治与公共管理学院

人力资源管理（1人）
夏孟强

2019年12月全日制本科毕业学生名单

纺织与服装工程学院

纺织工程（1人）
徐子扬

材料与化学化工学部

高分子材料与工程（1人）
李　舜

艺术学院

服装与服饰设计（1人）
刘海波

音乐学院

音乐学（音乐教育）（1人）
洪晨昊

2019年成人高等学历教育毕业生名单

电气工程与自动化专升本业余（161人）

高兴成	段贤东	杨 阳	吴 菲	仲 郑	邱少华	朱访俊
庞春元	孙晓钦	祁 力	孙德贤	李纯智	赵文博	胡 健
郑之远	李俊浩	周 峰	鲍志鹏	陆松晓	唐玉辉	吴玉华
吴景辉	茅亚男	晏骏原	罗祎迪	李智林	施健华	陈红俊
孙卫东	杜学钻	郭小兵	陈秋红	丁时龙	郑山林	梁 伟
沈 建	崔恒明	夏中元	陈新红	韩益民	刘 宽	魏由俊
曹正伟	张晓驰	张团结	张 军	闫 辉	俞文浩	王苏北
杨朗春	倪 刚	张伟男	马 超	王 震	周 祺	董周华
梁宏润	曹 磊	张 猛	陈 龙	陈 畅	鲍剑波	严振华
颜 尉	陈岩岩	姚 斌	贺成成	徐亚朋	周虹正	索国程
魏 栋	吴国晶	李福稳	岳建福	盛业强	郭 巍	张 鑫
孙冠宇	蔡 健	杨明亮	吕加佳	史 跃	马锦伟	徐宜猛
朱建华	顾 铮	徐 衡	郝正光	陆怀明	朱志惠	张 赟
鲍华栋	许 欠	金 峰	沈 迅	沈 杰	毕兴哲	刘 宏
李怀亮	许建荣	郭东方	雷 成	张九朋	刘传刚	李 益
吕 路	邵文达	王文钟	徐 熠	仲晓东	丁 城	夏 桦
王 帅	白 岩	王雪欢	王攻关	陈 林	高 军	丁 贵
姜燕红	陈琴华	邵骥钰	周丽君	沈 飞	刘志旺	李 智
吴佳程	郭 欢	李 明	郑世光	孔维康	王和义	吴金清
杨晓刚	王 利	范 明	钱 前	顾勤芹	郭 晨	程顺全
赵 媛	范涛涛	李轶群	朱雳宇	顾振海	王小伟	张艾国
李东延	茅永辉	黄成波	黄 斌	张西岷	曹文龙	王 杰
吴毅恒	徐志豪	龚 胜	武运昆	童业鑫	梁永峰	曾德恩

电子信息工程专升本业余（82人）

陈子亮	沈吉成	柏 明	蒋利剑	朱洪波	陈兰瑞	单华贵
马 丽	国 骞	丁明晶	孙建鹏	王丽婕	夏 磊	吕苍穹
李安山	钱 春	张佳栋	徐俊健	刘瑞超	陈 岩	李倩倩
赵宏韬	尤建伟	徐 杰	郭斌军	李建勋	陈 晨	凌云昊
范 永	董洪明	蒋金锋	夏党辉	何忠礼	朱保磊	李平原
郭 辉	刘星平	杨 进	赵 祥	冯长松	徐 双	赵佳彬
胡 斌	王景辉	李 丽	江敏囝	刘 洋	陈 琪	李剑峰
李国甫	邵帅兵	陶 峰	田小雄	尹文彬	熊太亮	王 桐
缪春明	周耀杰	顾之俍	庄卫国	徐金星	石景环	李成旭

刘 伟	居长朝	张家梁	王鹏飞	周晓艳	李连臻	李 冬
周君军	许 钧	董兴进	孙 震	肖伟伟	张大强	张 杰
陈 虎	金友高	马 举	杨 明	潘 磊		

法学专升本函授（101人）

胡 春	蒯 超	罗徐洋	柳远林	吴 剑	王迪菲	朱纯羽
林 杰	张沛力	吉亚琼	肖正章	曹爱敏	孙 明	范敏杰
柏吕霞	于 海	郭传来	陶文洁	李秀艳	邢小林	杨新润
张夏君	陶文滨	邢晓磊	毛 丹	金 俊	王雅琴	戴 奇
陈建萍	姚亚静	庄学峰	任志鹏	黄 夏	仲召喜	刘翰阳
叶秋香	陈黎华	孟 晨	郑玉菡	杨宇凡	方 鑫	傅曼菲
童 慧	刘坤奇	高海燕	陆文音	李 阳	吴 超	周逸凡
倪 燕	张 燕	胡宸豪	孙大文	曹苏萌	任亚超	邱 恒
胡爱忠	韩 涛	黄海萍	王志峰	刘文斌	孙文武	朱浩锋
史松彬	顾春峰	闻赐博	陈 虎	张晓峰	李贝贝	施 铭
秦文娇	陆 锋	沈佳磊	沈小玲	臧 琼	夏怡萍	成少君
黄 峰	费思佳	王 伟	李润千	姚 旭	夏 莉	许 静
王徐铨	王 斌	张 敏	陈 虹	吕诗遥	沈 蔚	邵汪丽
秦剑渊	陆 骏	彭婷华	沈 静	王 燕	任瑞涛	李晓晨
罗 焱	顾夏娟	高 圣				

工程管理专升本函授（34人）

吴 超	许 健	吴庭飞	鲁园园	焦 娇	陈 洋	徐海江
余琼琼	赵 赫	武 芸	方 琪	张鉴浙	王 云	殷 燕
张振洲	王仲堃	朱伟巍	薛 晖	高卫峰	那尔文	郭利娟
陆 骏	邹 杰	范鑫鑫	赵 伟	姚亚灵	齐 洋	陈国辉
沈 迪	吴 超	王建峰	王 娟	范怡娟	王宣宣	

工商管理专升本函授（150人）

徐世珍	常彦刚	宋 清	袁宇瑞	王 涛	刘景辉	陈月萍
许美娟	邢霞琴	韩 礼	张方媛	武 平	赵福林	沈伟龙
赵兴亮	吴 勇	徐 兰	陈继卫	汪小琴	吴谢芳	刘 云
刘凯阳	李丹萍	张芯宁	陈冰洁	朱莉英	黄朝刚	李光耀
钱鹏飞	陈心怡	何 萍	陈 懿	汪晓婷	濮东龙	周奔奔
周广海	李 颖	张 贝	魏 霞	陈 玲	王 晨	沈 聪
乔 政	陆 晨	颜莉霞	王 芳	王 荣	李庆明	顾顺裕
杨锦欧	陈华明	许 多	陈建良	钱龙飞	孙蒙娇	蔡 健
朱圣飞	张圆圆	柏广雨	范新军	邓 翔	张婷婷	黄诗淇
金 超	岳 斌	王昌虎	李 振	庞 洁	宣丽华	施 伟

陈友娣	张卫明	施敏健	柴明明	孙佳伟	钟　亮	霍廷芳
李鹏飞	唐荣翔	夏伟军	唐莉娜	王俊燕	陈　哲	曹勤华
刘　辉	徐霞平	徐卫芬	刘兆钦	程宇飞	胡佳蕾	秦　怡
梅金钰	张雯勤	杨启琴	刘　阳	许　慧	张慧敏	何家利
江　红	赖慧明	范　立	吴忠慧	李　月	周思东	储诚陆
周丽芳	李　英	张焕军	吕海奇	魏　杨	詹步刚	席欢欢
王　浩	章琳风	胡　文	朱鎏娴	周文芳	彭　辉	金　勇
李加佳	王朝阳	朱　晴	陈炳申	钱仲良	程　洋	朱　娅
费晓明	顾忠琪	滕　彪	乔　健	尤　翔	刘寒林	徐　汀
费海燕	许彩芳	严　飞	孙守迎	刘满红	朱　琴	田顺燕
陈　敏	邱　兵	何春燕	单文娟	李　娜	姜素丽	赵　悦
杨　丹	刘海锋	杜娜娜				

汉语言文学专升本函授（47人）

伍少坚	韦　玮	王润园	张晓慧	沈晓磊	翁征宇	盛　雪
施　华	姚　静	郭文秀	谭松发	杨雪华	汤莉云	谭玲梅
李加慧	姜玉珍	王　琦	唐　迅	刘　燕	沈啸云	成义娟
高　叶	姜　歌	李　勤	聂义蘅	巢怡莹	吴莘珺	李影影
罗玉姣	尹晓艳	张红燕	夏辉华	徐　慧	赵惠静	李晓庆
加维娟	王秀珍	张　尹	颜　化	陶　磊	万　慧	鲁凌云
陈梅玲	王　晶	魏名浩	郑敏敏	丁永生		

行政管理专升本业余（36人）

张本才	徐湘芸	章　桦	谢国杰	徐虎先	吴莉华	李　翔
何宸迪	王利利	张海姣	沈光曙	范亚琦	朱　强	钱　易
谈金秀	罗安琪	金　莉	董　豪	张汐晔	俞文莹	孙　铭
张春雨	乔金华	宗刘娟	孙旻悦	陆静燕	高婷婷	顾　涵
朱瑞莹	邱勤琴	姜　瑞	邱立忠	孙伟岸	夏　宇	李杨华
张子强						

护理学本科业余（440人）

陈　晨	朱晓庆	陈芸杰	娄园园	陆慧敏	陈文静	张　莹
吴　丹	顾馨玥	张　烨	陈　彦	叶江梅	张佳慧	姚　玥
赵吕芳	徐子薇	王　佳	蔡　雯	王梦洁	管浩一	薛　婧
殷佳敏	王　哲	李　朵	尹　霞	卞　玥	袁湘悦	毛森鑫
徐元翠	张　菊	张　梅	陈　欢	陈佳慧	邓　珊	张　靓
史雨凡	王　黎	黎倩倩	向诚霞	沈安琪	樊　烨	王　佩
蒋　慧	刘亚梅	范　静	刘杨萍	郭静艳	吴春燕	秦双双
刘美艳	宗　佳	蒋旭娇	冯迎杰	朱晓花	周洪波	付路路

谭丽君	周 英	顾佳杰	朱夕雯	方兵香	顾 芸	王莉莉
尹丽平	陈 岑	卜莹莹	邵淑行	袁凤敏	肖均儒	马珍力
严明珠	邓 燕	孙 玥	王华之	张美娟	陆梦婷	宗 慧
富 丽	陆 叶	孟清韵	倪思丹	杨婷婷	曹佳丽	姜小洁
杨晨皓	陈婷婷	周 惠	徐沛雯	葛婷婷	吴 培	康卉娟
曹 颖	丁 潇	包 杨	许亚丽	李 晖	黄雨朦	黄皓然
邢媛媛	王 丽	吴嘉仪	宋亮亮	王丹丹	张子捷	谢 娟
陈周娣	李 捷	桑 云	陈 溪	彭炎舒	缪巧云	瞿 云
张杭君	谢冬琴	张 颖	史 艳	钱佳裕	安勇照	刘志杰
鲍 杰	耿唯洁	王怡枫	陈 欣	豆维璐	宋 洁	朱 艳
孙艺涛	朱静逸	焦 钰	吴紫荆	柏 璐	任金雅	卢光霞
侯春莹	傅小玉	左晓静	姚 瑶	陈 婷	张灿银	张 雨
何丽丽	钟肖军	孔敏慧	吉好雯	马 月	殷翠娟	宋赛杰
赵宏安	孙 伟	盛新缘	张 婷	潘 颖	杭水仙	黄邱霞
朱 莉	樊声霞	石翔宇	赵紫玥	张 俊	李 颖	田 菁
郦凯玲	赵梦钰	丁晨璐	许晨晨	路 琳	周晨婷	尹语嫣
王 佳	吕 磊	韩星宇	张 敏	范涵婧	徐 媛	吴嘉琪
周 瑞	谭 艳	孙文欣	赵韵彦	冷玉如	仲 诚	宗 倩
张 倩	周 慧	陈 杨	朱 冬	朱琴滢	方 仪	卢钫屿
黄梦婷	吴淑敏	沙 莎	吴荣梅	殷文燕	宫梦婷	赵雅倩
沈张敏	邵美华	束婴霞	芮胜男	张 燕	高 丽	张卉秋
孙艳霞	何 蓓	堵徐刚	李 燕	彭 欢	徐 蕾	许 露
丁亦菲	章 辰	刘建玲	沈徐昊	周夏平	赵宏芯	孙 馨
顾思婷	史 雅	董 璟	解盼盼	董雯惠	朱 政	王婷婷
朱安琪	马 丽	颜文慧	王 莹	薛 萌	施康正	马 健
李 鸿	沙仁怡	李 婷	杨 阳	何文倩	潘 毓	谢文婷
李舒霞	夏懿婷	夏 颖	徐培文	姜 宁	刘 慧	沈 露
姚嘉文	朱圣奇	张 烨	薛圣涵	吴晓蕾	杭芳芳	严 霞
周 玲	李银花	陈 娟	马 锐	张 萍	周静娟	罗荣静
邓晨辉	高裕佳	虞小蝶	王金琦	张 瑾	何荣荣	刘 琰
陶兢豢	于海霞	景 月	俞 梅	王思琪	王 迎	周 舟
葛 念	花 静	孙玉莹	郁星怡	褚雅丹	李南娟	潘 丹
刘敏洁	刘 青	陈荣玲	徐思思	陶树洁	沈俊琳	陈 璐
钱 颖	周 璐	黄 双	朱凡凡	王 瑷	高雅莉	张思好
蒋镜星	陈露鑫	高 馨	沈 斌	盛佳玲	沈 鞠	吴 莹
吴 昊	蒋玉仙	陈 珏	孙艺霏	曹洺源	沈 霞	孔迎莉
张晓童	金 鑫	蔡梦萍	钱佳悦	邱克琴	王 倩	蒋飞宇
吴 玥	周 超	孙菊婷	周 莹	高 艳	杨 丹	胡亚萍
鲁庭宣	崇文静	王 云	戴 玲	罗 琰	戴银芳	嵇静佳

高月娥	王　敏	戎文玉	钱亚琴	庄雨露	潘　婕	汤　倩
杨　静	陶心妍	华思琪	丰阿艳	狄丽亚	万姝月	李翠苹
谭　苗	潘汪汪	许佳佳	钟欣雨	符小丹	王丹阳	王雅兰
居梦佳	杨雨凡	薛冰冰	智　清	庞丹丹	马文静	徐晓婧
钱　瑶	吴梦琦	阮　宇	袁　青	郑博文	郭诗昳	薛　晟
王　雯	唐　艳	顾佳贝	周艺慧	刘　露	杨春欢	姚雨晴
李　颖	严　颖	范梦媛	于　进	孙　娟	陈　欣	沙文婕
王寒琳	朱文明	刘亚婷	秦东宇	邹赵毓敏	王　欣	周　秦
纪雯婷	魏天琪	陆家欢	周思雨	张　盼	王诗情	顾沁怡
杨　柳	薛海燕	董雅茹	顾舒雯	秦溶冰	邵　滢	李飞飞
吴秋艳	王　蕴	商惟娴	聂　倩	蒋颖蕾	荀　圆	蒋宇峰
朱文奕	范瑜琳	吴文竞	沈倩琳	陈丽云	沈春桃	李云霞
谭玉兰	钟　玲	郭佳敏	薛　菲	凌　浩	曹　流	吴敏芳
石江云	谈　倩	沈盼盼	王琴仙	缪红艳	丁凤清	卜　雪
周菊叶	陈玉飙	曹立城	虞彩云	钱　婷	陈茹璐	宫　婷
王　萌	陈嘉伦	袁昌茹	徐　杉	胡晓怡	李　曼	

护理学专升本业余（985人）

王　春	李连连	俞　琪	陈　烨	樊晓丹	蔡雪娟	晋路云
陆　雅	许静佳	邓榆萍	刘海艳	王　芬	许　玲	陈怡蕾
沈迎凤	陆潇丝	陈　阁	徐子灵	杨　磊	张明娜	赵烨君
曹云华	钱范娜	李淑娴	费晓甜	陆海蓉	陆心怡	沈　琪
徐　帆	李　萍	钱炜雯	刘　琼	言似玉	顾宇科	周敏芳
卢佳悦	王梦雅	薛　涵	马嘉琦	陈慕伦	范艳鑫	钱　敏
宋勤琴	严金贤	邵丹怡	郎玉兰	庄心玫	倪媛媛	薛　凌
陈敏洁	张元元	陶　燕	唐安妮	张晶晶	程　慧	朱梦怡
凌雅靓	朱天婵	高娟娟	朱秋云	孙　容	胡梦明	许晶晶
钱飘怡	周　姝	王　凤	方　莉	顾丽萍	谢　怡	沈　杨
陆汝佳	李　庭	江素萍	洑　燕	邵　敏	孙雁萍	刘　澄
卞炜宇	施帅炎	汪　芹	蒋　艳	万小贤	纪　玲	蒋秀学
张碧颖	袁　静	李　佳	陈羽霜	杜苗苗	朱奕锦	王聪聪
王晶晶	彭莉莉	张　奕	贾小罗	吴　佳	马佳青	汤晓亚
张毓苗	顾梦娜	陆宇玲	顾祎文	刘英姿	张婷婷	雷雁彬
奚梦瑶	张少鸿	朱冬琴	徐可欣	朱忆婷	沈文婷	陆舒琴
刘凤仪	方凤姣	高文君	卢　燕	孙　越	夏俊婷	朱泳蓉
朱小琴	刘　婷	石　璐	庄雅蕴	张旭彦	周春晓	钱　婵
马嘉妮	黄灵倩	陈士倩	汤燕华	张　敏	吴　静	付静娴
蔡森荣	袁玉红	陆丽莎	密　萌	高亚静	王　翔	顾月娇
顾凌燕	任丽晶	钱　筱	陈　连	陆　雨	金小芹	孙　丹

周 蕾	邵 姣	曹 晶	葛 焰	王 娟	张燕飞	朱梦月
毕 悦	鲍文娟	罗 红	赵 瑛	王敏慧	贺忠莉	符红萍
沈 花	杨嘉明	杨 烨	陆 钰	李亚敏	周 钱	袁 怡
姚 琳	王秋怡	朱艳丹	沈 佳	李美娟	卢盛芝	平苏亚
王漫丽	吴 燕	张晨迪	蔡 燕	荣佳敏	吴 莹	魏文敏
徐妤婷	陆朦婕	徐蒙燕	邵蕴卓	邢丽娜	王世琦	沈 舟
季佳佳	吴菊平	陈 丽	汪方伟	翁玉兰	赵 雨	童香艮
何晶晶	吕丹萍	花 敏	谭雅琳	秦 瑶	晁 霞	郭 玲
姚梦冉	张文佩	王星宇	徐 杰	刘晶晶	胡馨瑗	祁晓丹
邓 璇	於 瑶	李 萍	刘海芹	朱 芳	臧 琦	孙旭渝
祁欢欢	沈珺珺	唐梦霞	许晴玉	文 慧	王 杰	郑媛媛
朱 玲	陆 帆	成 月	胡香琴	舒 千	梁 喻	肖樱子
朱梦曦	王 羽	张晴雯	吴 冰	邓 孝	孟怡嘉	龚 辉
钱 静	陶梦婷	李佳佳	张艳婷	胡颖秋	司凤屏	盛莉雯
陈 欢	曹晓燕	刘 园	张 红	陆亦潇	王 晗	沈黎婷
赵曼婷	罗先凤	马祖英	褚琳佳	蔡 红	程 思	殷 亮
高秀梅	黄佳莹	徐 调	顾 佳	张丽娟	陈 玲	朱 恺
汪亮丽	王冬珏	陈淑萍	陈世永	王嘉伟	张 静	张丽影
李 敏	谢念叶	袁丹琼	盛晓洁	徐珍珍	尹宁英	章 倩
孔一群	虞海燕	施 欣	马开锋	吴锦烨	陈 雨	王小燕
陈 云	张 露	秦飘依	刘 娜	张 敏	黄贤娟	陈 柯
钱妙蕾	平 静	曹 静	陈宇静	刘倩倩	朱思华	顾 莹
张 欢	钱培培	王思怡	姚新宇	陆幻云	姚思嘉	杨冰儿
郁祉琳	金煜婷	俞艳萍	朱佳迎	陈 薇	顾小妮	金欣玥
时菲娅	姚芳芳	刘 传	周 倩	张 程	周 昊	杨文怡
张漫漫	戚家燕	孙慧娴	徐静玉	万婷婷	唐佳佳	翟 莉
吴 媛	张 蕾	张彩云	徐莉莉	孙 娣	毛 瑞	何瑛俊
欧青竹	徐嘉琦	周 欢	缪 琳	虞 超	叶彩霞	刘秋兰
戚 双	缪 嘉	江媛媛	汤 琴	蔡元芹	郁彩敏	邵依宁
栾 丹	蒋玉清	郑乐明	宋 洁	谈 清	徐 薇	杜 娟
栾明玉	王敏婕	邱文奇	张晓竹	居玲萍	尚文敏	杨 雪
冯 露	张雨淋	郑彩香	徐 莉	傅法涛	王龙仙	蒋骏燕
陆露英	郑 叶	胡家喻	祖迎春	闵茹娜	何彩虹	吴可欣
孙红霞	吴昕怡	庄 璐	李菊芳	沈 寒	邢迪迪	蒋灵霞
曹梦梦	侯雪康	冯载舞	石亚新	严静怡	胡 迪	金玲玲
蒋至珺	张文娟	姚 红	王 蕾	范志东	杜丽亚	鲁沧霖
钱 颖	徐子雨	朱琇锋	曹锦红	陈善丽	陆瑞瑞	陆晓婷
朱茜倩	朱霖安	李 丹	黄 超	袁 梦	卢燕玲	许玲玲
田远亚	徐昕甜	李 飞	曹燕萍	李汉文	许小亭	范 楷

郭　爱	杨雯君	侯喃喃	杨　芳	吴婷婷	尤佳佳	柏建瑛
周敏敏	叶　欢	宋梦丹	姚倩倩	董　慧	陆怡君	宋玉青
周绍萍	戴晓平	葛晓玮	赵颖娴	严　璐	杨萍萍	肖　荣
邹　维	侯　雪	陈俊婷	王　芬	薛晓洁	孔丽玉	徐姣娜
王志云	刘丽丽	沈　芳	顾梦姣	汪胜傲	陈　虹	荣　雅
任仲灵	周　怡	孙　菁	李小娟	杨　艳	邓　静	潘　恬
张晓怡	黄　珊	杨金洁	邓佳蕾	柏雪莲	彭冰芳	李仁杰
洪　宇	徐　敏	吕　莉	陈瑜超	奚慕娅	孙海霜	唐池英
季於红	焦习习	魏　丽	孙燕丽	胡晓勤	周志欣	刘怡晴
李　凌	高　莹	沈梦婷	郁梦妍	李梦丹	杨　晶	徐　琪
徐青青	米松亭	陆巧月	王　燕	许　燕	钱　丹	杨　芬
潘娜娜	陈佳伊	耿玉玲	周　敏	樊文华	丁　露	刘　嫱
黄云霞	孙明雅	邹　斌	徐　兰	姜　姗	王　婷	陈　萍
袁　娣	沈　颖	谢　来	潘世超	刘　杏	芮　迪	刘　漓
秦紫莹	杨　益	杨　苏	於春芳	田叶青	黄思敏	壮小瑜
李静波	丰小燕	刘　莉	张　俐	陈笑杰	吴莹莹	王姗姗
黄新新	袁　圆	徐　欢	陆　慧	陈夏倩	刘盼盼	李　艳
李梦怡	孙翠翠	巢怡晴	徐　静	余能凤	卢　雪	刘　容
吴　燕	蒋　佳	何　丹	李红亚	黄煜宸	马雅雯	陆怡晴
朱毅青	王瑜琪	杨　阳	王双燕	吴逸飞	王羿欢	顾　婕
金馨月	吴怡沁	王逸婷	蒋婷婷	周佳艳	金　蓝	苏诗琪
朱竹青	姚　青	徐艺容	严　薇	郏芮芸	杨影影	尹　婕
张丹琪	左　威	周佳楠	王　郡	沈金凤	李忻妍	李　殷
李　雪	周　妍	赵　雯	蔡　雯	邓悦玲	杨　婧	张　丽
罗彬彬	朱秀娟	金　璐	吕科雯	车丹雪	顾心怡	马　珏
周　婷	徐　婧	金彩娟	汪淇琳	沈竹君	孙鑫垚	李　静
吴艳群	邹晓怡	张　庆	刘慧芳	冯　钰	曹　珊	冯　云
杨桂兰	陆　芸	汪晶晶	叶碧君	张　瑾	焦　莹	吴雪娟
左　未	潘旭珂	徐群亚	赵甜甜	颜巧凤	潘　晨	李　洁
何　娇	胡　丹	周　洁	关璐璐	夷　婷	蔡红虹	沈小烨
许小阳	张　恒	弓　益	吴章春	尹　颖	孙　宣	程　文
韩　雪	卢思宇	袁婷婷	陈　岑	吴　瑶	朱雨婕	赵　燕
商叶军	曹安琪	程丽君	王芝懿	樊姝琰	陈　琰	帅雯韵
黄小娟	耿　筱	龚瑜杰	张　丹	苏　丹	傅　捷	胡　腾
张　玉	万雅洁	沈艺婧	朱伶俐	杨　琪	张小艳	陈　果
鲁春梅	吴丽名	陈丹丹	陈宋琳	宋好页	张　欣	徐丽蓉
严　娜	荣　艺	沈梦嘉	朱洪亭	武前娟	李　倩	袁　缘
朱　丽	张玲玲	王　敏	陈　虹	程书畅	房彩琴	邱海燕
崔玉洁	张雪姣	沙　莎	秦亚娟	沈丽红	张　月	吴梦琴

胡书红	吴毓裔	张梦蝶	朱玉红	许沁怡	朱红梅	张怡婷
王艳敏	王倩叶	钱妤秋	王静亚	张欢	卞卡	沈华
王天仁	吴会会	刘菁	姚心伊	李佳	金晓梦	范凤兰
张婷婷	薛慧红	龚月圆	沈菲	叶锦妮	戴璐娜	谭怡晴
黄晓月	李佳妮	范心怡	张倚晴	陆露	顾敏育	耿红
孙梦娟	周聪	张静莉	杨洁	许陈怡	曹世玮	苏敏
田景松	王媛媛	陈静	何亚男	刘夏楠	崔媛	王颖
蒋慧敏	陈婧琦	何皎	杨钰	孙漪	崔芸	朱丽群
姚燕秋	谭海燕	陈应红	陶怡奇	徐檬丹	童媛媛	苏丽
薛琦	陆天颖	韩远陆	张妙来	邱海娇	牛娜	宁莉
戴芸	袁冬梅	林如意	侯赛赛	盛涵烨	杨妍	蒋璐
黄玮炜	朱美卿	邹心益	陈怡芳	黄菊	汪林林	陶雅澄
周诗未	周昕	戴婧瑜	董翠	王沁	浦云	陈家欢
姚依吟	黄玉燕	马青	王瑜晴	包铭秋	陶子桓	张祺
袁嘉	于升	陈洁	叶雨婷	徐勤	沈静亚	冯天钰
沈瑛滢	朱惠芬	俞晴	薛小红	赵怡虹	陆嘉敏	高灵玺
屈怡	邵诗晴	杨静	顾苗苗	周怡	胡思妤	樊秋岑
杨静宜	姚婷	陶怡佳	许丛舟	许可心	计芳	韩琪
刘雨姣	沈秋瑜	艾琦	马靖宇	田然	孙静静	魏桃
王敏敏	王露芸	凌英姿	卢伟	常婷	赵薇	赵娜
苗兰	刘羽菁	王万红	陈倩倩	高道倩	张渊	耿昌敏
明丹	邵佳云	马杰	张娟	王娟	王艺蓉	张瑞琪
章彩云	唐小玉	管红梅	王贵丽	黄婷	常悦	蒋丽萍
徐倩欣	贺洪园	王婷婷	邓子瑶	张秋玲	卞红叶	陆云霞
李当英	顾丹华	蒋璐	朱斌	裴悦涵	顾菲	徐芳
王梦婷	王燕华	顾晓云	卢晓燕	成思琪	俞钧杰	朱琦
孙璇	李雪薇	施骁妍	陈艳婷	赵依婷	陈雪燕	沈文英
张怡蝶	房丹丹	谭媛	张玉倩	陆子茜	穆颖	谈振芳
孙建华	王青	王薛	邢晓晓	陈林霄	周文娟	饶倩云
廉以欢	成卫	陈思文	王丹丹	王怡文	周鼎盛	张依南
张洁	花晓丽	彭旭淑	李娜娜	陆小英	沈斐	范丽丽
李会	左莹	许诺	周燕萍	沈烨	张万花	王心怡
霍晓茜	黄真珏	陈皎赢	周晓燕	罗雪英	袁佳	王雨佳
戴心悦	陆宽	曹怡婷	高晌归	马雨婷	殷晓薇	周孝明
季可扬	姚淳	黄文燕	孙静怡	杨晔	李馨晨	徐颖佳
周梦依	季丽华	徐一帆	王宇洲	许超逸	徐静悦	蒋红
郭天洁	陈伟	曾晴	钱佼娇	李婉君	闵毓岚	陈露
潘莺	杨芳芳	岳会芳	李萍	曹梦倩	吴琼	郭静雯
刘静倩	孙月园	周明菊	顾婷频	王晓蕾	孔美雪	孙梦

刘 娇	李晶晶	陆春梅	祁明雪	沈嘉翌	郜小飞	葛慧慧
石 颖	孙慧敏	李晓婉	施嘉琪	仝雯雯	施敏洁	徐梦瑶
杨雨生	钱 能	贺晓陶	葛 枫	冯梦娜		

会计学专升本函授（157人）

朱亚勤	葛 佳	陈 希	张 颖	夏欣梅	虞逸帆	邓剑平
熊淑华	丁秀丹	陈春燕	张 旭	王彩虹	吴 婷	李美娟
李 岩	华 仁	陈俊同	王蓓茹	王新苗	吴秋芳	张兰兰
赵翠翠	袁 君	陈 欢	解 薇	杜珊珊	王沁圆	王美芬
翁静梦	严 丽	涂园园	李 莉	朱 爱	刘文静	李春丽
张影影	臧梦娇	钱晚珍	吴国芳	钱冰倩	霍智慧	刘晨洁
唐 婷	孙家欢	徐姗姗	杨夏芳	刘 茜	沈婷婷	戴 倩
陆 晨	邵如丽	刘金环	魏 影	盛 蓉	陈艳君	季清清
张亚慧	张开莹	崔 丽	丁雅婷	赵艳娟	赵 迟	李 利
谢孟云	姜晶晶	张 军	许晓娇	郎宇文	王小玉	潘 霞
季 润	张宏云	王文刚	王燕静	吴国华	朱 静	毛 杰
谢青云	陆亦芳	张 玲	金 淼	王 娟	陶玥悦	陆雪明
吕建勇	江羿贤	陆雯琪	卢晓岚	徐 华	徐美蓉	仇丽丽
鲍 培	唐 敏	王晶晶	顾晓漫	况燕勤	韩晓惠	王 淇
金 婷	秦梦园	史云芹	顾佳琪	郑 妤	巩金芳	丁丹霞
张立群	许丹婷	朱陶晨	周鼎程	胡永燕	谢 函	刘 丽
邱圣乔	王 琼	仝 洁	徐 燕	孙 燕	余 矜	曹 阳
姚高梅	邱燕红	汪成丹	汪茂茂	姚华平	胥小兰	方 丽
王若兰	王 娴	吴小娟	黄雪凤	齐 云	胡媛媛	许秋萍
马肖肖	章 涛	张云兴	严 舟	孙丽娟	沈倩如	裘晨琦
陈 莉	潘秀丽	周瑛琪	胡丹苹	吴玲娣	龚 燕	李亚萍
申桂芹	朱晓晓	查丽琴	万田慧	陈 洁	廖龙妹	吴 巧
王 洁	邹 雪	李 静				

机械设计制造及其自动化专升本业余（162人）

曾 杰	殷伟峰	李登越	何 明	朱 军	丁 琛	杨 冉
张 丽	赵熙镇	解冬侠	王钧禾	李小伟	张卫卫	王 青
李金生	魏海恩	荣 豹	姜 平	董洪武	徐 亮	李美娟
席风季	许逢东	封心宇	王子福	程 辉	张开标	雷 波
潘 洋	陈观亚	曹征伟	闫维垒	李志伟	明古军	张晓勇
叶 全	雍明松	华云俭	李赛杰	刘艳影	马培培	郁燕兰
周 松	段兴开	居范宝	丁 柱	蔡亚松	章在银	张 黎
蒋勇飞	陆 锋	唐英明	周 松	夏前欢	宁 健	缪广业
王 成	华 兴	邓月明	何 婷	刘西强	蔡群英	刘 雷

盛曙光	季欢欢	徐兴武	纪建超	王正平	高　锐	吴雨佳
万祺栋	贾祥安	黄　涛	朱婷玉	耿　雷	张　敏	李三江
黄向阳	张姚东	沈　军	冯文生	刘　围	沈　斌	余海旭
吴雪枫	王亚秋	潘昆明	黄继勇	吴炜琦	曹卫卫	宋飞龙
苏凯旋	张　钊	徐金明	钟　琦	于共甜	魏进步	许　东
尹继锋	徐常德	段　炼	王本力	刘继龙	廖孝平	曹晓明
李　良	陈广佩	张　伟	徐　鑫	周　虎	陈　丹	惠伟伟
黄　强	丁　玲	徐仲豪	田嘉君	石　文	杨桂跞	李敬丽
姜双江	汪其春	李凤鸣	王谋成	周　江	闫晓虎	陈　锐
王雄雄	王　平	余晓晓	陈晓龙	杨　勇	朱雪峰	赵勇民
杨明东	唐金友	蒋　斌	殷允国	张育陈	于晓彤	王胜利
宋亚刚	文　杰	枚　杰	向龙飞	高静静	孙老虎	陈庆刚
康萍萍	沙建裕	魏玉宽	郭乃明	陆　洋	孟江棵	刘　丽
钱　斌	胡正浩	韩唯唯	陈　朋	侯乐乐	踪　柯	杨永掌
李飞飞						

计算机科学与技术专升本业余（35人）

张延磊	徐　敏	王　亮	唐　裕	王　晶	刘军龙	李丹丹
张　雷	赵瑞雪	周　炜	梁启繁	胡敬武	范庆磊	夏　莲
金　清	李海洋	陆　程	苗　琼	章恒亮	曹　鑫	刘　鹏
朱又华	陈　悦	肖　雨	成　进	王　磊	李家义	季先军
葛玉伟	孙　超	王成成	周　丽	谢　锋	闫　涛	秦　龙

建筑环境与设备工程专升本函授（14人）

石　硎	贺　静	朱柏佩	于宗民	樊雪芳	王胜杰	吴腾蛟
胡桐月	王　薇	王　青	何立全	张建兵	王宇强	蔡　伟

金融学专升本函授（21人）

穆　涛	李红娟	葛振未	潘凰民	马家明	陆丽华	周　琼
胡冬冬	焦　惠	沈云峰	毛小燕	仇敏华	俞婷婷	胥婷婷
郭淑婷	杨　健	汪　衡	杭惠敏	安瑞娟	吴晓曼	王　朋

临床医学专升本业余（77人）

袁婷婷	单应良	黄亚萍	黄章琴	陆海英	吴　芳	祝　丽
李双才	胡玉清	徐丽霞	徐利洁	钱崇豪	朱春园	朱　静
宇文梦	蒋　艳	刘冬梅	徐玉娟	邹　健	杨　蓓	贺益娟
张　烨	白桂洋	涂　勇	曹建红	马刚强	关家原	鞠红霞
叶　琴	赵永强	刘本金	成鹏刚	徐紫阳	王志坚	胡　敏
白　杨	顾怡瑶	庞晓智	李兰兰	王　艳	宋晶杰	马福梅

吴先艳	陈胜歌	高甜甜	罗　城	顾轩栋	凌　吉	杨　雪
储亮华	周小松	孙　华	杨　猛	孔憶娜	谈亚飞	郭　凯
朱　燕	金莉莉	王怡程	朱　凌	严黎黎	薛　维	缪丽峰
孙嘉燕	张向亚	黄卫中	徐雪明	朱　勤	孙国军	吴敏琪
吴　丹	陈雨秋	徐奕邵	王梦梦	王思瑶	倪媛琳	夏　超

人力资源管理本科函授（1人）
　　顾　萍

人力资源管理本科业余（31人）

杨小亮	任　艳	刘　艳	张建芳	陈　静	路晓侠	马娣娣
劳馨莹	余群思	袁　翔	魏晓红	张　敏	刘丽华	郭仁娟
丁美燕	刘　洁	夏志凤	谷静静	章　萍	秦小燕	叶　晔
王莉娜	李　洋	陈双玲	陈巧琳	王　鎏	周　亮	霍　聪
王　平	卓兰群	罗　亭				

人力资源管理专升本业余（133人）

余志强	金小花	杨婧璐	梅秋萍	冯　英	仇燕平	朱丽丽
蒋华春	张　玲	岳　英	张德婷	党　媛	薛　芹	於　义
林　琦	丰丽琴	郭　嫣	迟静芳	牛琼琼	钱海娇	朱晓丽
李　岚	陈　艳	徐鑫鑫	马芝胜	刘彦丽	陈新明	姜丽君
陶银叶	陆映辉	邓湘容	段福强	张　诚	夏飞燕	金　娟
李　娟	周俊捷	石　玲	周晶晶	王福亮	李薛梅	黄　芳
季　云	黄新娟	梁　燕	郁　琴	周　婷	刘　萍	杨定奇
刘海涛	邢佳鑫	张超丰	李美菊	张　琪	李丹华	周　玲
李玉清	钱　莹	朱　妍	钟晓勤	严小韦	戴正华	王莉莉
王　笑	黄　佳	马　婷	马苏宁	李　欣	王　冰	季　茜
王　亮	鲁　娟	徐小珊	娄可可	贺乐融	吴召娟	石舒瑜
诸丹妮	张淋淋	杨小平	陈　萍	徐雯怡	毛新林	张　瑜
刘　俐	王晓杰	卢　红	苑诗雨	陈佳棽	靳　娟	姚　静
蒋兆东	卞小丫	顾庆庆	曹　傲	杨　澜	吕　甜	倪　蓉
仇慧颖	张　琼	程　倩	黄　静	周　曼	开巧会	高建芳
陈　洁	娄刘涛	姚燕华	司马鑫	程　莹	易　琪	班雪芬
岳培培	陈　全	傅军兰	徐　琴	朱　磊	徐　玲	杨孟江
吴　晓	沈明明	董　莺	李雅丽	张发丽	饶菊菊	刘　群
陈晓伟	何　婷	章　波	刘小芬	袁倩如	汤嘉丽	沈荣荣

食品质量与安全专升本函授（3人）
　　冉斌斌　　于　敏　　李　淼

物流管理专升本业余（41人）

郭晨霞	陶欣怡	顾 婷	王 欢	陈锭涛	张 凝	王卫卫
刘玲燕	吴亚彬	李 丽	雷春容	李 伟	周 钦	吴冬梅
蔡 波	夏桂来	翟安琪	孙 超	王敬慈	付文勇	曹路路
章胜美	曹 娜	杨远躲	刘 行	张艳玲	汪中雷	张锦春
兰丹丹	朱志辉	夏登科	钱晶晶	田振迁	殷永俊	陈 林
杜慧子	张 玲	朱 彬	张 鹏	李 静	袁 郑	

新能源材料与器件专升本业余（8人）

代 瑞	杨 通	宋飞飞	陈冬如	蔡福君	李庆喜	薛 梁
尹海云						

信息管理与信息系统专升本业余（6人）

朱斌瑜	陈 薇	陈 军	倪 靓	杨 磊	周 莹

药学专升本函授（109人）

周 丹	朱佳玲	陈子涵	宋佳雯	李 根	范志豪	徐一丹
魏世鹏	顾晓婷	陈浩茹	顾家豪	陆雨情	金 洁	刘燕倩
时晓文	金 峰	陆 烨	张宇翔	张思远	陆颖怡	奚敏秋
朱海燕	陈思雨	龚晓艳	顾丽娜	周 艳	於 洋	郭晓燕
陈佳悦	熊 怡	汪 玥	钱维娅	殷丽娜	陆 英	陆发明
卢 玲	张 柳	吕紫微	季 青	顾莉莉	吴绍伟	汪 平
何 静	陈新永	徐梦黎	沈春青	陈钰桐	江 海	舒 畅
吴玉清	徐晓晴	罗 刚	吴晓娟	后蕴仪	计亚明	庄若虹
陈 园	陆 勇	杜小涵	吴莉娜	顾梦倩	宋 苏	王 莉
张海苏	蒋思慧	计斌君	李荣辉	黄依晴	王旭升	燕 倍
张诗琪	纪 昕	沈冰冰	祝利利	谭寒见	丁雪峰	曹利军
周昆仑	陶鸿飞	刘 佳	华玉婷	闫巧珍	周琴琴	王 玉
韩 玺	陆雅歌	祝 勇	邓 君	雷新华	刘 敏	周颖越
郝 薇	马骋成	洪 逸	黄 玲	倪松燕	郑 洁	潘卫娟
周 简	邹菲尔	邱春兰	卞 玲	贾剑玲	杨星宇	卜歆雍
孔伟伟	杭 颖	孙士丽	熊小凡			

医学检验专升本业余（10人）

胡静雨	徐 莉	徐永平	林子怡	朱梦倩	操 拴	陈 玲
朱海峰	杨 列	杜 媛				

医学影像学专升本业余（76人）

沈栋伟	金 坤	胡振宇	张 杰	华肖肖	郭智远	席国栋
董 捷	金佳斯	殷华瑞	马雨玲	王 欢	林苏晨	陶梦露
孙涵薇	张海波	缪左蓉	穆婷婷	高 鹏	李姚波	王晓桐
汪 慧	张 娇	王 芬	刘馨凤	姚启治	张予馨	叶 秋
孙美玲	明秀云	许 言	周 洁	吴伟杰	张雪婷	范雅茹
章淼淼	王 赟	钮怡佳	印 越	殷梓杰	刘 烨	夏 甜
张 瑶	吴天一	曹 炜	丁甫兴	李 于	陆美玉	马丹丹
王浩东	周佳杰	刘 雨	姚莹莹	缪蓉蓉	李 涛	周 峰
布爱普	范蕊蕊	潘怡之	汤丽萍	管卫华	陈俊杰	李 琼
杨小露	谭富强	李文秀	崔 力	施 力	田梦云	杨美倩
史传奇	姚婷洁	谈 馨	张 悦	沈利利	俞益青	

英语本科业余（5人）

赵晨婷	王 顺	龚卫兰	谢丹旗	何巳峰

英语专升本业余（130人）

孙 燕	刘 敏	陶 陈	王欢欢	邵 桃	陈 佳	甘齐菊
朱浪永	杜文莉	刘 玲	王瑞端	严文丽	吴佳丽	孙 啸
黄 磊	左亚亚	徐应山	周绍丹	李营营	周萍宇	陈红平
陈 露	李华平	刘 莉	施文舒	缪弘程	刘末勤	许培培
杨 喻	孙 沙	杜宝花	胡映丽	贺亚凤	娄卓钦	唐春健
张洪伟	王艳萍	王春艳	倪 苗	毕晨卿	孙 洁	张红梅
龚 斌	王芳萍	张永坚	孙先祥	陶 意	张 超	李 婷
崔海霞	沈 烨	薛水仙	鲁颖梅	郁 娟	岳 肖	邵爱芹
郭 庆	刘芳琴	刘亚娟	余久丽	宋璐璐	赵振飞	周汪燕
陆 南	李泽伟	孙海芳	皇甫慧琳	王 辉	刘雪芳	黄 诗
叶 辰	钟 蒙	陆薇俊	吕玲花	钱维维	袁 喆	刘 杨
王维黎	王国银	胥海霞	李永利	臧华玲	刘晓芳	滕树勇
严 静	沈思婷	王德中	彭 蓉	张君君	沈 玲	宋慧凤
冯佳鸿	曹 玲	凌晓雷	逯 艳	葛海军	范梦婷	徐明君
葛 菲	颜 科	刘蓉蓉	毛玲燕	周迎春	朱柳琴	伍鹏飞
陈妙妙	姜苏云	刘 攀	马艳丽	陈兴勇	杜生华	王 义
谢红新	吴春雨	邓缓缓	董 晶	雷雨晴	李晓莹	冯梦瑶
李 涛	王 婷	赵宇娇	吴诗琪	王梦云	张叶梅	翁 娇
许 磊	韩乔伊	孟怀艳	尤成龙			

办学层次

博士后流动站及博士、硕士研究生学位授权点（表17、表18、表19）

表17　2019年苏州大学博士后流动站一览表

序号	学科代码	学科名称	序号	学科代码	学科名称
1	101	哲学	16	805	材料科学与工程
2	202	应用经济学	17	812	计算机科学与技术
3	301	法学	18	817	化学工程与技术
4	302	政治学	19	821	纺织科学与工程
5	305	马克思主义理论	20	905	畜牧学
6	401	教育学	21	1001	基础医学
7	403	体育学	22	1002	临床医学
8	501	中国语言文学	23	1004	公共卫生与预防医学
9	502	外国语言文学	24	1007	药学
10	602	中国史	25	1009	特种医学
11	701	数学	26	1305	设计学
12	702	物理学	27	1202	工商管理
13	703	化学	28	812	软件工程
14	714	统计学	29	810	信息与通信工程
15	803	光学工程	30	1011	护理学

表 18 苏州大学博士、硕士学位授权点名单

序号	授权类别	一级学科代码	一级学科名称	二级学科代码	二级学科名称	批准时间
1	博士学位授权一级学科点	0101	哲学			2011-03
2	博士学位授权一级学科点	0202	应用经济学			2011-03
3	博士学位授权一级学科点	0301	法学			2011-03
4	博士学位授权一级学科点	0302	政治学			2011-03
5	博士学位授权一级学科点	0305	马克思主义理论			2018-03
6	博士学位授权一级学科点	0403	体育学			2011-03
7	博士学位授权一级学科点	0501	中国语言文学			2003-09
8	博士学位授权一级学科点	0502	外国语言文学			2011-03
9	博士学位授权一级学科点	0602	中国史			2011-08
10	博士学位授权一级学科点	0701	数学			2003-09
11	博士学位授权一级学科点	0702	物理学			2011-03
12	博士学位授权一级学科点	0703	化学			2003-09
13	博士学位授权一级学科点	0714	统计学			2011-08
14	博士学位授权一级学科点	0803	光学工程			2003-09
15	博士学位授权一级学科点	0805	材料科学与工程			2011-03
16	博士学位授权一级学科点	0817	化学工程与技术			2018-03
17	博士学位授权一级学科点	0812	计算机科学与技术			2011-03

续表

序号	授权类别	一级学科代码	一级学科名称	二级学科代码	二级学科名称	批准时间
18	博士学位授权一级学科点	0821	纺织科学与工程			2003-09
19	博士学位授权一级学科点	0835	软件工程			2011-08
20	博士学位授权一级学科点	0905	畜牧学			2018-03
21	博士学位授权一级学科点	1001	基础医学			2003-09
22	博士学位授权一级学科点	1002	临床医学			2011-03
23	博士学位授权一级学科点	1004	公共卫生与预防医学			2011-03
24	博士学位授权一级学科点	1007	药学			2011-03
25	博士学位授权一级学科点	1009	特种医学			2011-08
26	博士学位授权一级学科点	1011	护理学			2011-08
27	博士学位授权一级学科点	1202	工商管理			2018-03
28	博士学位授权一级学科点	1305	设计学			2011-08
29	博士学位授权二级学科点	0401	教育学	040106	高等教育学	2003-09
30	博士学位授权二级学科点	0810	信息与通信工程	081002	信号与信息处理	2006-01
31	硕士学位授权一级学科点	0303	社会学			2011-03
32	硕士学位授权一级学科点	0401	教育学			2011-03
33	硕士学位授权一级学科点	0402	心理学			2011-03
34	硕士学位授权一级学科点	0503	新闻传播学			2006-01

续表

序号	授权类别	一级学科代码	一级学科名称	二级学科代码	二级学科名称	批准时间
35	硕士学位授权一级学科点	0603	世界史			2011-08
36	硕士学位授权一级学科点	0710	生物学			2006-01
37	硕士学位授权一级学科点	0802	机械工程			2006-01
38	硕士学位授权一级学科点	0806	冶金工程			2016年调整增设
39	硕士学位授权一级学科点	0809	电子科学与技术			2011-03
40	硕士学位授权一级学科点	0810	信息与通信工程			2006-01
41	硕士学位授权一级学科点	0811	控制科学与工程			2018-03
42	硕士学位授权一级学科点	0813	建筑学			2015-11
43	硕士学位授权一级学科点	0823	交通运输工程			2016-09
44	硕士学位授权一级学科点	0831	生物医学工程			2003-09
45	硕士学位授权一级学科点	0834	风景园林学			2011-08
46	硕士学位授权一级学科点	1201	管理科学与工程			2006-01
47	硕士学位授权一级学科点	1204	公共管理			2006-01
48	硕士学位授权一级学科点	1205	图书情报与档案管理			2011-03
49	硕士学位授权一级学科点	1301	艺术学理论			2011-08
50	硕士学位授权一级学科点	1302	音乐与舞蹈学			2011-08
51	硕士学位授权一级学科点	1303	戏剧与影视学			2011-08
52	硕士学位授权一级学科点	1304	美术学			2011-08

表 19 苏州大学博士、硕士专业学位授权点名单

序号	授权类别	专业学位类别代码	专业学位类别名称	批准时间
1	博士专业学位授权点	1051	临床医学	2000-10
2	硕士专业学位授权点	0251	金融	2010-10
3	硕士专业学位授权点	0252	应用统计	2010-10
4	硕士专业学位授权点	0253	税务	2010-10
5	硕士专业学位授权点	0254	国际商务	2010-10
6	硕士专业学位授权点	0351	法律	1998-12
7	硕士专业学位授权点	0352	社会工作	2009-07
8	硕士专业学位授权点	0451	教育	2003-09
9	硕士专业学位授权点	0452	体育	2005-05
10	硕士专业学位授权点	0453	汉语国际教育	2009-06
11	硕士专业学位授权点	0454	应用心理	2010-10
12	硕士专业学位授权点	0551	翻译	2009-06
13	硕士专业学位授权点	0552	新闻与传播	2010-10
14	硕士专业学位授权点	0553	出版	2014-08
15	硕士专业学位授权点	0854	电子信息	2018-08
16	硕士专业学位授权点	0855	机械	2018-08
17	硕士专业学位授权点	0856	材料与化工	2018-08
18	硕士专业学位授权点	0860	生物与医药	2018-08
19	硕士专业学位授权点	0861	交通运输	2018-08
20	硕士专业学位授权点	0951	农业	2004-06
21	硕士专业学位授权点	0953	风景园林	2014-08
22	硕士专业学位授权点	1051	临床医学	2000-10
23	硕士专业学位授权点	1052	口腔医学	2019-05
24	硕士专业学位授权点	1053	公共卫生	2001-12
25	硕士专业学位授权点	1054	护理	2014-08
26	硕士专业学位授权点	1055	药学	2010-10
27	硕士专业学位授权点	1251	工商管理	2003-09
28	硕士专业学位授权点	1252	公共管理	2003-09
29	硕士专业学位授权点	1253	会计	2010-10
30	硕士专业学位授权点	1351	艺术	2005-05

全日制本科专业情况（表20）

表20 苏州大学学院（部）及本科专业/专业方向设置一览表

学院（部）	学院（部）代号	本科专业/专业方向名称
文学院	01	汉语言文学 汉语言文学（基地） 汉语言文学（师范） 汉语国际教育 秘书学
政治与公共管理学院	02	哲学 思想政治教育 行政管理 管理科学 人力资源管理 公共事业管理 物流管理 城市管理 物流管理（中外合作办学项目）
社会学院	03	历史学（师范） 旅游管理 档案学 劳动与社会保障 图书馆学 社会工作 信息资源管理 社会学
外国语学院	04	英语 英语（师范） 翻译 日语 俄语 法语 朝鲜语 德语 西班牙语

续表

学院（部）	学院（部）代号	本科专业/专业方向名称
艺术学院	05	美术学（师范） 美术学 产品设计 艺术设计学 视觉传达设计 环境设计 服装与服饰设计 数字媒体艺术
体育学院	06	体育教育 运动人体科学 武术与民族传统体育 运动训练 运动康复
数学科学学院	07	数学与应用数学（基地） 数学与应用数学（师范） 信息与计算科学 统计学 金融数学
材料与化学化工学部	09	无机非金属材料工程 高分子材料与工程 材料科学与工程 环境工程 化学工程与工艺 材料化学 化学 应用化学 功能材料
东吴商学院 （财经学院）	10	经济学 国际经济与贸易 财政学 金融学 工商管理 会计学 市场营销 电子商务 财务管理 金融学（中外合作办学项目）

续表

学院（部）	学院（部）代号	本科专业/专业方向名称
王健法学院	11	法学 知识产权
沙钢钢铁学院	13	冶金工程 金属材料工程
纳米科学技术学院	14	纳米材料与技术
纺织与服装工程学院	15	轻化工程 纺织工程 服装设计与工程 非织造材料与工程 纺织工程（中外合作办学项目）
教育学院	18	教育学（师范） 应用心理学 教育技术学（师范）
音乐学院	21	音乐表演 音乐学（师范） 作曲与作曲技术理论
物理科学与技术学院	22	物理学 物理学（师范）
光电科学与工程学院	23	电子信息科学与技术 光电信息科学与工程 测控技术与仪器
能源学院	24	能源与动力工程 新能源材料与器件 新能源材料与器件（中外合作办学项目）
计算机科学与技术学院	27	计算机科学与技术 信息管理与信息系统 软件工程 网络工程 物联网工程

续表

学院（部）	学院（部）代号	本科专业/专业方向名称
电子信息学院	28	通信工程 信息工程 微电子科学与工程 电子信息工程 电子科学与技术 集成电路设计与集成系统
机电工程学院	29	电气工程及其自动化 工业工程 机械电子工程 机械工程 材料成型及控制工程 智能制造工程
医学部	30	生物技术 食品质量与安全 生物科学 生物信息学 放射医学 预防医学 药学 中药学 生物制药 临床医学 临床医学（"5+3"一体化） 临床医学（儿科医学） 临床医学（"5+3"一体化，儿科医学） 法医学 医学影像学 口腔医学 医学检验技术 护理学
金螳螂建筑学院	41	建筑学 城乡规划 园艺 风景园林 园林 历史建筑保护工程

续表

学院（部）	学院（部）代号	本科专业/专业方向名称
轨道交通学院	42	工程管理 车辆工程 交通运输 电气工程与智能控制 建筑环境与能源应用工程 轨道交通信号与控制
传媒学院	43	新闻学 广播电视学 广告学 播音与主持艺术 网络与新媒体

注：本表统计时间截至2019年12月。

成人学历教育专业情况

高中起点本科

人力资源管理　　　　　　　护理学
英语

专科起点升本科

汉语言文学　　　　　　　　物流管理
人力资源管理　　　　　　　行政管理
会计学　　　　　　　　　　工商管理
法学　　　　　　　　　　　英语
计算机科学与技术　　　　　电子信息工程
机械设计制造及其自动化　　电气工程及其自动化
工程管理　　　　　　　　　新能源材料与器件
建筑环境与设备工程　　　　临床医学
药学　　　　　　　　　　　医学影像学
医学检验　　　　　　　　　金融学
食品质量与安全　　　　　　护理学
信息管理与信息系统

教学质量与学科实力

国家基础科学研究与教学人才培养基地情况（表21）

表21　2019年国家基础科学研究与教学人才培养基地

归属	基地名称
数学科学学院	数学
文学院	中国语言文学

苏州大学国家级、省（部）级重点学科，国家一流学科、优势学科，重点实验室，协同创新中心，公共服务平台，工程（技术）研究中心，重点研究基地及实验室教学示范中心

国家级重点学科（4个）

1. 纺织工程
2. 放射医学
3. 内科学（血液病）
4. 外科学（骨外）

国家一流学科（1个）

材料科学与工程

国防科工委重点学科（2个）

1. 放射医学
2. 内科学（血液病）

江苏省优势学科（20个）

1. 设计学
2. 软件工程
3. 法学
4. 马克思主义理论
5. 体育学
6. 中国语言文学
7. 外国语言文学
8. 数学
9. 化学
10. 光学工程
11. 纺织科学与工程
12. 基础医学
13. 药学
14. 政治学
15. 物理学
16. 计算机科学与技术
17. 化学工程与技术
18. 工商管理
19. 特种医学
20. 临床医学

"十三五"江苏省一级学科重点学科（9个）

1. 哲学
2. 应用经济学
3. 中国史
4. 统计学
5. 信息与通信工程

6. 公共卫生与预防医学
7. 护理学
8. 教育学（培育学科）
9. 畜牧学（培育学科）

省部共建国家重点实验室（1个）

放射医学与辐射防护国家重点实验室

国家临床医学研究中心（1个）

国家血液系统疾病临床医学研究中心

国家工程实验室（1个）

现代丝绸国家工程实验室

国家地方联合工程实验室（2个）

1. 新型功能高分子材料国家地方联合工程实验室
2. 环保功能吸附材料制备技术国家地方联合工程实验室（江苏）

国家级国际合作联合研究中心（2个）

1. 智能纳米环保新材料及检测技术国际联合研究中心
2. 基因组资源国际联合研究中心

国家创新人才培养示范基地（1个）

科技部创新人才培养示范基地（苏州大学）

"111"计划创新引智基地（1个）

光功能纳米材料创新引智基地

江苏省高校国家重点实验室培育建设点（1个）

现代光学技术国家重点实验室培育建设点

省部级实验室（30个）

1. 省部共建教育部现代光学技术重点实验室
2. 教育部碳基功能材料与器件国际合作联合实验室
3. 江苏省先进光学制造技术重点实验室
4. 卫生部血栓与止血重点实验室
5. 江苏省碳基功能材料与器件重点实验室
6. 江苏省薄膜材料重点实验室
7. 江苏省有机合成重点实验室
8. 江苏省计算机信息处理技术重点实验室
9. 江苏省丝绸工程重点实验室
10. 江苏省现代光学技术重点实验室
11. 江苏省放射医学与防护重点实验室
12. 江苏省新型高分子功能材料工程实验室
13. 江苏省先进功能高分子材料设计及应用重点实验室
14. 江苏省感染与免疫重点实验室
15. 江苏省先进机器人技术重点实验室
16. 江苏省水处理新材料与污水资源化工程实验室
17. 全国石油和化工行业有机废水吸附治理及其资源化重点实验室
18. 工业（化学电源）产品质量控制和技术评价实验室
19. 江苏省重大神经精神疾病诊疗技术重点实验室
20. 江苏省老年病预防与转化医学重点实验室
21. 全国石油化工行业导向生物医用功能的高分子材料设计与合成重点实验室
22. 江苏省网络空间安全工程实验室
23. 全国石油和化工行业颗粒技术工程实验室
24. 江苏省先进碳材料与可穿戴能源技术重点实验室
25. 江苏省临床免疫学重点实验室
26. 江苏省机器人技术及智能制造装备实验室
27. 江苏省大数据智能工程实验室
28. 纺织行业天然染料重点实验室
29. 江苏省水产动物营养重点实验室
30. 纺织行业丝绸功能材料与技术重点实验室

国家"2011计划"协同创新中心（1个）

苏州纳米科技协同创新中心

江苏高校协同创新中心（4个）

1. 纳米科技协同创新中心
2. 血液学协同创新中心
3. 放射医学协同创新中心
4. 新型城镇化与社会治理协同创新中心

国家级公共服务平台（3个）

1. 国家化学电源产品质量监督检测中心
2. 国家纺织产业创新支撑平台
3. 国家技术转移示范机构

国家大学科技园（1个）

苏州大学国家大学科技园

省部级公共服务平台（11个）

1. 江苏省苏州化学电源公共技术服务中心
2. 江苏省苏州丝绸技术服务中心
3. 江苏省苏州医疗器械临床前研究与评价公共技术服务中心
4. 江苏省节能环保材料测试与技术服务中心
5. 江苏省化学电源公共技术服务创新平台提升项目
6. 江苏省先进光学制造技术重点实验室提升项目
7. 江苏省动力电池及材料创新服务平台
8. 江苏省中小企业环保产业公共技术服务平台
9. 高效树脂型吸附材料治理环境及资源化技术创新服务平台
10. 江苏省骨科临床医学研究中心
11. 工业废水重金属离子污染物深度处理及资源化利用——公共技术服务平台

省部级工程中心（5个）

1. 数码激光成像与显示教育部工程研究中心
2. 血液和血管疾病诊疗药物技术教育部工程研究中心
3. 江苏省数码激光图像与新型印刷工程技术研究中心
4. 江苏省纺织印染业节能减排与清洁生产工程中心
5. 江苏省新型光纤技术与通信网络工程研究中心

教育部人文社会科学重点研究基地（1个）

中国特色城镇化研究中心

国家体育总局体育社会科学重点研究基地（1个）

体育社会科学研究中心

国家体育总局体育产业研究基地（1个）

苏州大学江苏体育健康产业研究院

国家体育总局重点实验室（1个）

机能评定与体能训练重点实验室

江苏省哲学社会科学研究基地（3个）

1. 江苏省吴文化研究基地
2. 苏南发展研究院
3. 江苏当代作家研究基地

江苏高校哲学社会科学重点研究基地（6个）

1. 公法研究中心
2. 苏州基层党建研究所
3. 老挝-大湄公河次区域国家研究中心
4. 国际能源法研究中心（培育）
5. 东吴智库
6. 江苏体育产业协同创新中心

上海市人民政府发展研究中心决策咨询研究基地（1个）

上海市人民政府发展研究中心——苏州大学"地方政府与城市治理"决策咨询研究基地

江苏省决策咨询研究基地（2个）

1. 江苏苏南治理现代化研究基地

2. 江苏现代金融研究基地

江苏省文化厅（1个）

苏州大学非物质文化遗产研究中心

江苏高校协同创新中心（1个）

新型城镇化与社会治理协同创新中心

江苏省委宣传部（2个）

1. 江苏省中国特色社会主义理论体系研究基地
2. 东吴智库（培育智库）

江苏高校哲学社会科学优秀创新团队（2个）

1. 地方政府与社会治理优秀创新团队
2. "传播与社会治理研究"创新团队

江苏省社科院（1个）

大运河文化带建设研究院苏州分院

国家级实验教学示范中心（4个）

1. 物理实验教学中心
2. 纺织与服装设计实验教学中心
3. 计算机与信息技术实验教学中心
4. 纺织与服装虚拟仿真实验教学中心

国家虚拟仿真实验教学项目（2个）

1. 乳腺癌组织分子分型的免疫组织化学检测方法项目
2. 抗流感病毒活性药物的设计与筛选项目

江苏省高等学校实验教学示范中心（20个）

1. 电工电子基础课实验教学中心

2. 化学基础课实验教学中心
3. 计算机基础课实验教学中心
4. 物理基础课实验教学中心
5. 基础医学教学实验中心
6. 艺术设计实验教学中心
7. 机械基础实验教学中心
8. 纺织服装实验教学中心
9. 生物基础课实验教学中心
10. 传媒与文学实验教学中心
11. 心理与教师教育实验教学中心
12. 工程训练中心
13. 临床技能实验教学中心
14. 纳米材料与技术实验教学中心
15. 新能源材料与器件实验教学中心
16. 建筑与城市环境设计实践教育中心
17. 药学学科综合训练中心
18. 轨道交通实践教育中心
19. 冶金工程实践教育中心
20. 护理学学科综合训练中心

苏州大学2019年度国家、省教育质量工程项目名单

苏州大学2019年度国家级和省级一流本科专业建设点名单

教高厅函〔2019〕46号
2019-12-24
苏大教〔2020〕4号
2020-01-07

苏州大学2019年国家级一流本科专业建设点名单

序号	专业名称	专业负责人	学院（部）
1	新闻学	陈　龙	传媒学院
2	历史学	王卫平	社会学院
3	体育教育	陶玉流	体育学院
4	服装与服饰设计	许　星	艺术学院

续表

序号	专业名称	专业负责人	学院（部）
5	数学与应用数学	张 影	数学科学学院
6	物理学	方 亮	物理科学与技术学院
7	化学	姚建林	材料与化学化工学部
8	纳米材料与技术	李述汤	纳米科学技术学院
9	计算机科学与技术	李凡长	计算机科学与技术学院
10	软件工程	赵 雷	计算机科学与技术学院
11	通信工程	胡剑凌	电子信息学院
12	纺织工程	潘志娟	纺织与服装工程学院
13	临床医学	蒋星红	医学部
14	药学	镇学初	医学部

苏州大学2019年江苏省一流本科专业建设点名单

序号	专业名称	专业负责人	学院（部）
1	行政管理	陈进华	政治与公共管理学院
2	高分子材料与工程	戴礼兴	材料与化学化工学部
3	电气工程及其自动化	孙立宁	机电工程学院
4	放射医学	柴之芳	医学部

苏州大学 2019 年江苏省高等教育教改研究课题评选结果

苏教高会〔2019〕38 号
2019-12-10
苏大教〔2019〕113 号
2019-12-20

序号	编号	课题类型	指南编号	课题名称	主持人	课题组成员	学院（部）	备注
1	2019JSJG050	重点	4-3	一流本科专业学生科研创新能力培养的体制机制构建研究	黄建洪	陈进华 刘成良 沈承诚 陈书洋 宋言奇 李卓卓 王 俊 徐美华 蒋 慧 宋煜萍 周义程 叶继红 郭彩琴 张 晨	政治与公共管理学院	
2	2019JSJG158	一般	1-6	基于《卓越教师培养计划 2.0》的体育教育专业人才培养模式的研究与实践	陶玉流	王家宏 王国祥 王 平 徐建荣 谈 强 黄 鹂 丁海峰 刘卫东 王荷英 李 燕 蒋玉红 夏 斌 金 刚	体育学院	品牌专业
3	2019JSJG166	一般	1-7	基于产学研用合作模式培养纳米科技创新人才的机制研究	刘 阳 王穗东	杨 阳 黄 慧 马艳芸 吴思聪 陈 昭 袁建宇 康振辉 刘雅婧 Alex Brant	纳米科学技术学院	品牌专业
4	2019JSJG171	一般	1-4	新时代高校"四位一体"美育模式的创新与实践研究	吴 磊	张 阳 张佳伟 冒小瑛 陈 晶 余 庆 刘江峡	音乐学院	
5	2019JSJG174	一般	1-6	面向"卓工 2.0"的综合性大学工科一体化实践教学体系构建与探索	胡剑凌	曹洪龙 陈小平 刘学观 徐大诚 周鸣籁 倪锦根 胡丹峰 邹 伟 方二喜 徐清源 李富华	电子信息学院	

续表

序号	编号	课题类型	指南编号	课题名称	主持人	课题组成员	学院（部）	备注
6	2019JSJG218	一般	4-3	基于"互联网+"平台的"双创"人才培养模式研究	关晋平 魏 凯	刘 海 严 明 王 钟	纺织与服装工程学院	品牌专业
7	2019JSJG239	一般	3-1	中华诗教传统与汉语言文学专业"课程思政"深度融合的探索	杨旭辉 孙宁华	罗时进 李 勇 阴浩 张珊 管贤强 胡 萱 纪金平 季鹏飞 陆亚桢	文学院	品牌专业
8	2019JSJG334	一般	2-8	苏州大学吴文化史金课（群）实践研究	王卫平 黄鸿山	张程娟 范莉莉 朱 琳 朱小田 胡火金 王玉贵	社会学院	
9	2019JSJG335	一般	2-8	基于自主学习网络平台的高等数学金课建设实践研究	严亚强 王萍萍	顾 燕 王 益 王 宇 张坦然 顾振华	数学科学学院	品牌专业
10	2019JSJG338	一般	2-9	通识教育课程质量评价及其改进研究	李 利 李 慧	刘江岳 杨旭辉 胡明宇 冯 岑 吴 亮 丁玉珏	教育学院/教务部	江苏省高等学校教学管理研究会推荐

苏州大学2018年度国家虚拟仿真实验教学项目认定结果

教高函〔2019〕6号
2019-03-18
苏大教〔2019〕13号
2019-03-28

序 号	项目名称	类别	学院（部）	负责人
1	乳腺癌组织分子分型的免疫组织化学检测方法	医学基础类	医学部	邓 敏
2	抗流感病毒活性药物的设计与筛选	药学类	医学部	镇学初

苏州大学2019年江苏省高等院校微课教学比赛获奖名单

苏教技研〔2019〕10号
2019-10
苏大教〔2019〕104号
2019-12-04

序号	学院（部）	微课名称	成员	获奖情况
1	体育学院	网球正手截击技术	黄鹏 丁莹	一等奖
2	医学部	亦喜亦忧，EPO	姜岩 陈涛 王国卿	一等奖
3	外国语学院	被动语态的翻译	杨志红	二等奖
4	王健法学院	防卫过当的判断——从"昆山于海明案"和"聊城于欢案"切入	吴江	二等奖
5	医学部	"手抖"就是帕金森病吗？	毛成洁	二等奖
6	政治与公共管理学院	艺术鉴赏——蒙娜丽莎的微笑为什么那么美	李红霞	三等奖
7	教育学院	选择性注意	王爱君	三等奖
8	金螳螂建筑学院	园艺疗法与康复花园——花木的精神疗愈力之荷花篇	郑丽 袁慧燕 付晓渝	三等奖
9	音乐学院	钢琴即兴伴奏——《我和我的祖国》	冒小瑛	三等奖

苏州大学2018—2019年江苏省高等学校在线开放课程立项建设名单

苏教高函〔2019〕23号
2019-11-07
苏大教〔2019〕97号
2019-11-19

序号	课程名称	学院（部）	课程负责人
1	江南古代都会建筑与生态美学	文学院	王耘
2	影视中的戏曲艺术	文学院	邵雯艳
3	比较政府与政治	政治与公共管理学院	张晨

续表

序号	课程名称	学院（部）	课程负责人
4	会计学	东吴商学院（财经学院）	权小锋
5	英语影视欣赏	外国语学院	卫岭
6	中级笔译	外国语学院	杨志红
7	无机及分析化学	材料与化学化工学部	周为群
8	物理化学：动力学专题	纳米科学技术学院	刘俪佳
9	数据结构	计算机科学与技术学院	孔芳 张玉华
10	DSP技术	电子信息学院	胡剑凌
11	解密食品添加剂	医学部	王大慧
12	生理学	医学部	王国卿
13	妇产科学	医学部	陈友国
14	放射生物学	医学部	刘芬菊

苏州大学2018年江苏省高等学校重点教材立项建设名单

苏教高函〔2019〕10号
2019-04-30
苏大教〔2019〕34号
2019-05-21

苏州大学2018年省重点教材立项建设名单

序号	教材名称	学院（部）	主编姓名	教材适用类型	拟出版单位	教材类别
1	大学物理实验教程（上、下册）	物理科学与技术学院	江美福 方建兴	本科	高等教育出版社	修订
2	基础物理学(全2册)	物理科学与技术学院	晏世雷	本科	苏州大学出版社	修订
3	微波技术与天线	电子信息学院	刘学观	本科	西安电子科技大学出版社	修订
4	人体寄生虫学	医学部	夏超明	本科	中国医药科技出版社	修订

续表

序号	教材名称	学院（部）	主编姓名	教材适用类型	拟出版单位	教材类别
5	高等数学（上、下册）	数学科学学院	严亚强	本科	高等教育出版社	新编
6	Practical Quantum Mechanics 实用量子力学（双语版）	纳米科学技术学院	John A. McLeod 刘俪佳	本科	厦门大学出版社	新编
7	有机化学(上、下)	材料与化学化工学部	史达清 赵蓓	本科	高等教育出版社	新编

苏州大学江苏省重点教材第六批出版名单

苏高教会〔2019〕12号
2019-05-22
苏大教〔2019〕39号
2019-06-20

苏州大学第六批出版省重点教材名单

编号	教材名称	学院（部）	主编姓名	出版社	教材标准书号	备注
2016—1—046	运动技能学导论（第2版）	体育学院	宋元平	苏州大学出版社	ISBN 978-7-5672-2393-6	2016年修订教材
2016—1—108	液压与气压传动	机电工程学院	盛小明 张洪 秦永法	科学出版社	ISBN 978-7-03-056543-3	2016年新编教材
2016—2—074	案例药理学	医学部	镇学初 林芳	人民卫生出版社	ISBN 978-7-117-25652-0	2016年新编教材
2016—2—077	纳米材料专业实验	纳米科学技术学院	邵名望 马艳芸 高旭	厦门大学出版社	ISBN 978-7-5615-6695-4	2016年新编教材
2017—2—016	走近化学	材料与化学化工学部	徐冬梅	科学出版社	ISBN 978-7-03-056828-1	2017年新编教材

续表

编号	教材名称	学院（部）	主编姓名	出版社	教材标准书号	备注
2017—2—047	DSP技术原理与应用系统设计	电子信息学院	胡剑凌	科学出版社	ISBN 978-7-03-058227-0	2017年新编教材
2017—2—071	纺织材料大型仪器实验教程	纺织与服装工程学院	潘志娟	中国纺织出版社	ISBN 978-7-5180-5366-7	2017年新编教材

苏州大学2019年江苏省高等学校重点教材立项建设名单

苏高教会〔2019〕35号
2019-11-29
苏大教〔2019〕103号
2019-12-04

苏州大学2019年省重点教材立项建设名单

序号	教材类别	教材名称	教材适用类型	拟出版单位	主编姓名	学院（部）
1	修订	苏州诗咏与吴文化	本科	苏州大学出版社	杨旭辉	文学院
2	修订	无机化学（上、下）	本科	南京大学出版社	郎建平 陶建清	材料与化学化工学部
3	修订	数字信号处理——理论与应用（第3版）	本科	东南大学出版社	俞一彪 孙 兵	电子信息学院
4	新编	吴文化的精神传承	本科	苏州大学出版社	王卫平	社会学院
5	新编	医学放射防护学教程	本科	原子能出版社	涂 彧	医学部
6	新编	近现代物理实验	本科	高等教育出版社	方 亮 翁雨燕	物理科学与技术学院
7	新编	数据结构（Python语言描述）	本科	清华大学出版社	吕 强 张玉华	计算机科学与技术学院

苏州大学2019年度全日制本科招生、就业情况

一、招生情况

学校2019年度全日制普通本科招生工作，认真贯彻全国、全省教育大会精神，全面落实国家招生工作规定，认真实施加强招生宣传工作的"一意见三办法"，坚守教育报国初心，勇担立德树人使命，圆满完成江苏省委、省政府下达的高水平大学本科招生任务，生源质量稳中有升。

（一）计划执行情况

江苏省教育厅核准学校普通本科招生计划6 674名，其中江苏省增加计划370名。在31个省市自治区录取各类新生6 690名，其中，本科6 675名（含国家民委专项计划1名），本科预科生15名。江苏省内招生录取3 696名，占招生计划数的55.38%，圆满完成江苏省委、省政府下达的高水平大学本科招生任务。

1. 优化计划结构

招生计划编制工作认真贯彻教育部相关文件精神，落实江苏省委决策部署，坚持"全校一盘棋"的原则，完善分专业招生计划安排方案，优化专业招生区域结构，推进分省分专业招生计划安排的科学性、合理性。足额编制各类扶贫招生计划，促进高等教育入学机会公平。在认真分析上海、浙江两地招生情况的基础上，考虑衔接，合理编制两地分专业招生计划并准确设置选考科目要求。对江苏省农村订单定向医学生免费培养计划招生地区进行了优化。这些措施是学校普通本科招生工作平稳有序开展、录取生源相关指标稳步提升的基本保证。

2. 严格落实计划

江苏省教育厅核准学校普通本科招生计划6 674名，比2018年增加200名，共有17个计划类别104个本科专业（类）安排招生。

与2018年相比，主要特点如下：

第一，落实中央决策部署，招收农村和贫困地区学生专项计划、对口援疆计划有所增加。

第二，落实江苏省委、省政府下达的高水平大学本科招生任务，增加省内招生计划370名。据统计，2019年江苏对在江苏的11所原"985""211"高校计划增量868名，苏州大学最多，占比达42.63%。此外，苏州大学还在录取期间追加计划93名，用于录取普通类及艺术类、自主招生、高校专项计划、保送生、高水平运动队、体育单招等特殊类型考生。

第三，落实江苏省教育厅部署的师范类专业招生任务，安排师范类专业招生计划500名，录取期间又增加招生计划逾40名，各专业计划数均比2018年有所增加，其中化学（师范）专业恢复招生。

第四，执行学校有关文件确定的动态调整措施，满足学院（部）专业结构优化的需

要，对17个专业分别采取隔年招生、停止招生、减少计划等调整。

2017—2019年普通本科招生计划安排情况如下图所示。

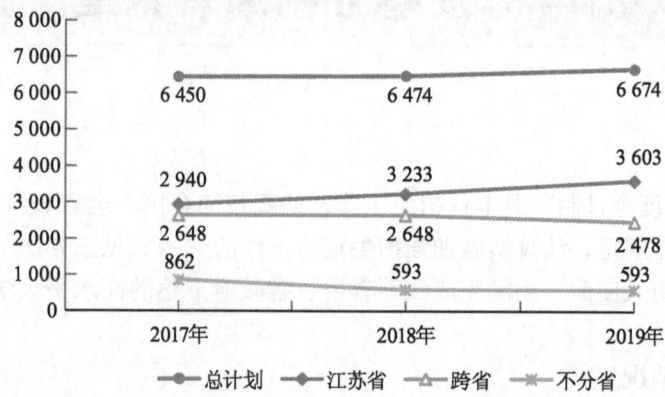

2017—2019年普通本科招生计划安排情况

3. 录取新生人数

2019年实际录取新生6 690名，含正常计划6 674名（其中，江苏省内新生3 696名），本科预科生15名，国家民委专项计划1名。2017—2019年江苏省和跨省录取人数如下图所示，江苏省录取人数及比重逐年增加，2019年尤其显著。

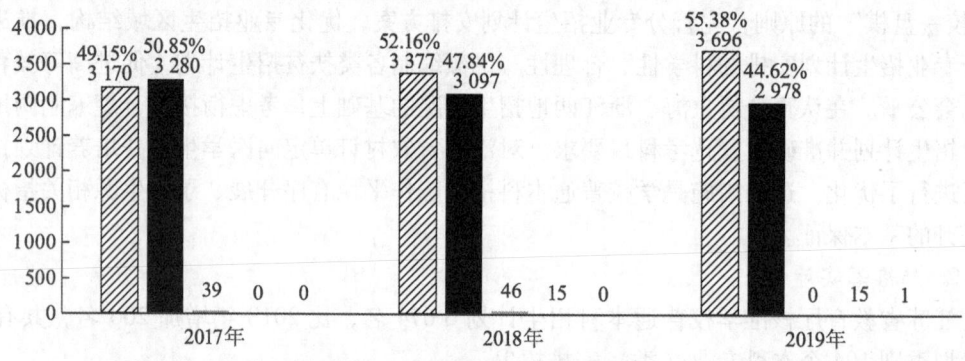

2017—2019年录取人数情况统计

（二）生源质量分析

学校在各省的生源数量充足，录取最低分对应考生位次居于各省前列，生源质量稳中有升，考生专业志愿满足率有所提高。普通类文科、理科分数与本一省控线或自主招生控制线差值上升的省份分别有16个、12个，19个省份的文科投档线超出本一线60分，18个省份的理科投档线超出本一线90分。在江苏，各类投档线仍保持稳定，文理科选测科目高等级的考生比重有所增加，艺体类投档线继续位列省内高校前列；院校代号1261的全省文科2 600名以内、理科12 000名以内的新生占比大幅上升；新增的院校代号1266中各专业的招生计划均顺利完成，调剂率均大幅下降。高考改革省市的生源质量呈逐年上升趋势，浙江招生专业之间的分数差距保持在合理范围以内。考生高考选考科目和专业需求之间的吻合度相对较高。其他省份录取最低分对应考生位次居于各省前列，一半以上省份的生源质量处于上升趋势。

1. 非中外合作办学

（1）江苏省

2019年，全国高校在江苏省文理科类提前批次及本一批次上公布的招生计划总数比2018年显著增加（其中，文科增加903名，理科增加3 388名），学校各类投档线仍保持稳定，文理科生源质量稳中有升，体育、美术、音乐类投档线继续位列省内高校前列。表22为2017—2019年江苏省录取总体情况汇总（院校代号1261）。

表22 2017—2019年江苏省录取总体情况汇总（院校代号1261）

	省控线	最低分	平均分	最高分	最低分超省控线			投档线在江苏高校中的排名		
					2019年	2018年	2017年	2019年	2018年	2017年
提前体育	321	419	424	439	98	77	68	2	2	2
提前美术	405	565	572.34	583	160	160	161	2	2	2
提前音乐（声乐）	145	204	204.91	206	59	59	59	2	2	2
提前音乐（器乐）	145	212	213.43	218	67	66	70	2	2	1
本一文科	339	368	374.05	388	29	29	26	6	6	6
本一理科	345	377	382.52	399	32	31	29	8	8	8

注：江苏高校指地处江苏省的所有高校。

2019年，江苏省本一批次中院校代号1261的投档线对应考生位次，文科比2018年有所下滑，理科稳定在15 000名左右；录取文科考生共715人，其中，文科全省2 600名以内的人数占比为49.23%（2018年为45.99%）；理科生共2 253人，其中，理科全省12 000名以内的人数占比为47.89%（2018年为40.63%）。2012—2019年江苏省本一文科、理科对应考生位次汇总情况如下面二图所示。

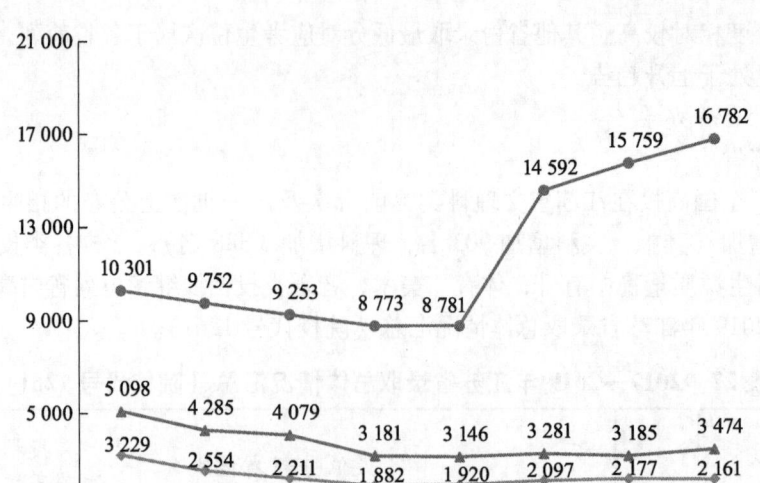

2012—2019 年江苏省本一文科对应考生位次汇总

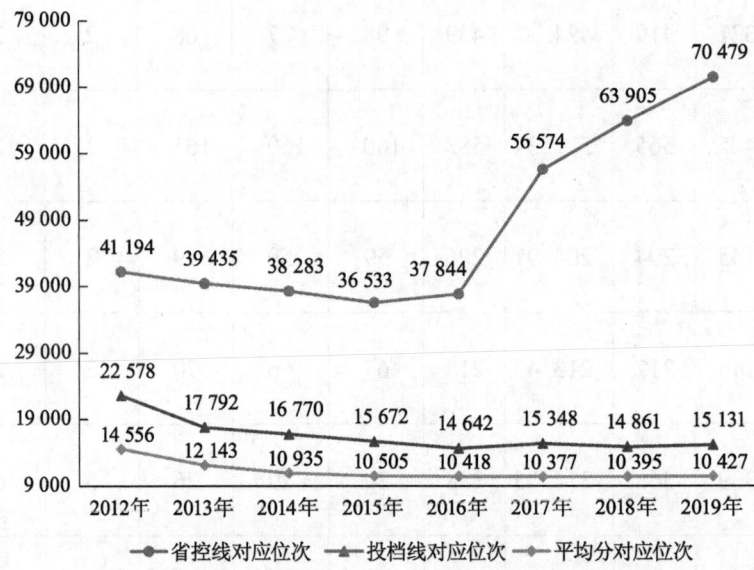

2012—2019 年江苏省本一理科对应考生位次汇总

注：以上统计均以选测科目等级 BC 及以上考生的名次为准。

为满足更多考生上好大学的美好愿望，2019 年学校在江苏省第一批录取本科批次新增院校代号 1266（表 23），纳入生物信息学、中药学、护理学、生物技术、运动康复 5 个专业，并将选测科目等级要求由原来的 AB 调整为 BB。与 2018 年相比，在招生计划增加 60 名的前提下，各专业招生计划均顺利完成，调剂率均大幅下降，其中，生物信息学、中药学、生物技术最低分有所上升，志愿率达到 100%。

表23　2018—2019年各专业在江苏省录取情况汇总（院校代号1266）

专业名称	2019年					2018年				
	计划数/人	实录数/人	调剂数/人	调剂率/%	最低分/分	计划数/人	实录数/人	调剂数/人	调剂率/%	最低分/分
生物信息学	20	20	0	0.00	372	9	10	2	20.00	367
中药学	15	16	0	0.00	363	4	8	3	37.50	359
护理学	35	46	7	15.22	361	4	6	4	66.67	364
生物技术	67	67	0	0.00	363	58	68	53	77.94	360
运动康复	23	25	2	8.00	363	25	26	23	88.46	367
合计	160	174	9	5.17		100	118	85	72.03	

注：生物技术专业2018年按生物科学类招生。

（2）高考改革省份

根据上海、浙江高考综合改革实施现状，学校不断优化两地招生计划和院校专业组。自2017年实施高考改革方案以来，两地生源质量呈逐年上升趋势，浙江招生专业之间的分数差距保持在合理范围以内；两地考生的高考选考科目和专业需求之间的吻合度也相对较高。

2017—2019年上海市、浙江省本科普通批次录取总体情况，分别见表24和表25所示。2017—2019年上海市、浙江省考生选考科目与所录专业科目要求的吻合情况，分别见表26和表27所示。

表24　2017—2019年上海市本科普通批次录取总体情况

专业组科目要求	2019年			2018年			2017年		
	最低分超省控线/分	最低分位次/名	位次比/%	最低分超省控线/分	最低分位次/名	位次比/%	最低分超省控线/分	最低分位次/名	位次比/%
不限	32	7 695	17.47	28	8 217	18.93	21	9 304	21.59
物化生	30	8 064	18.31	27	8 407	19.37	22	9 064	21.03

表25　2017—2019年浙江省本科普通批次录取总体情况

2019年				2018年				2017年			
平均分/分	超省控线/分	平均分位次/名	位次比/%	平均分/分	超省控线/分	平均分位次/名	位次比/%	平均分/分	超省控线/分	平均分位次/名	位次比/%
653.054	58	8 429	3.34	645.804	57	8 377	3.57	637.679	60	8 405	3.74

表26　2017—2019年上海考生选考科目与所录专业科目要求的吻合情况

	2019年		2018年		2017年	
	人数/人	比例/%	人数/人	比例/%	人数/人	比例/%
3门均吻合	2	6.45	3	10.00	2	5.56
2门吻合	21	67.74	21	70.00	22	61.11
1门吻合	8	25.81	6	20.00	12	33.33
合计	31	100.00	30	100.00	36	100.00

表27　2017—2019年浙江考生选考科目与所录专业科目要求的吻合情况

	2019年		2018年		2017年	
	人数/人	比例/%	人数/人	比例/%	人数/人	比例/%
3门均吻合	4	7.69	5	10.87	0	0
2门吻合	22	42.31	21	45.65	35	66.04
1门吻合	26	50.00	20	43.48	18	33.96
合计	52	100.00	46	100.00	53	100.00

（3）其他省份

学校生源数量充足，生源质量比较优秀，江苏省以外各省录取最低分对应考生位次居于前列（表28），一半以上省份的生源质量处于上升趋势。19个省份文科投档线超出本一线（自主招生控制线，以下同）60分，18个省份理科投档线超出本一线90分。与2018年相比，文、理科最低分考生位次比提高的省份分别有17个、13个。2017—2019年，文科考生位次居生源省份前5%的省份数占比逐年趋向90%，理科考生位次居生源省份前10%的省份数占比继续保持在80%以上。

表28　2017—2019年录取最低分位次情况

录取最低分位次占同科类高考报名人数的比重	2019年		2018年		2017年	
	文科	理科	文科	理科	文科	理科
前5%以内	23	15	24	16	19	9
前5%—10%	3	7	3	8	4	7
10%以下	0	4	0	3	0	7
省份数合计	26	26	27	27	23	23

注：以上为省份数统计，不含未公布高考成绩分段统计数据的省份。

2. 中外合作办学

学校在江苏生源数量相当充足，各专业招生计划均圆满完成。各专业招生计划数均比 2018 年有所增加，特别是新能源材料与器件、纺织工程专业，分别增加了 23 名与 15 名。2019 年，江苏省文理科类本一及之前批次招生计划增量显著，江苏各高校中外合作办学类别投档线对应考生位次与 2018 年相比几乎都出现了大幅下降。学校招生规模较大、计划增量较多（仅次于西交利物浦大学），与 2018 年相比，投档线校际排名文科第 3 名（上升 1 位）、理科第 11 名（下降 4 位）。

2019 年，学校在江苏省外 7 个省份共投放招生计划 74 名，计划完成情况相当不错，生源质量稳中有升。文科投档线超出本一线 50 分的省份有 4 个（2018 年为 3 个），理科投档线超出本一线 65 分的省份有 5 个（2018 年为 4 个）。

3. 专业间比较

学校专业众多，受专业现状、就业前景等因素的影响，各专业社会认可程度差异较大，导致专业间"冷热不均"。

从近几年录取分数情况看，金融类、法学类、临床医学类、计算机类、纳米材料与技术等专业填报人数较多，录取分数较高；劳动与社会保障、管理科学、冶金工程、建筑环境与能源应用工程等专业录取分数较低。

从专业调剂率来看，部分专业填报人数不多，调剂率较高（表29）。2017—2019 年，连续三年调剂率超过 40% 的专业有：冶金工程、轻化工程、纺织类、金属材料工程、劳动与社会保障、护理学；连续两年调剂率超过 40% 的专业还有：物流管理、化学工程与工艺、中药学、运动康复、朝鲜语。

表29 2017—2019 年各专业调剂率汇总

专业名称	2019 年	2018 年	2017 年
冶金工程	83.33%	92.68%	83.58%
轻化工程	76.71%	58.33%	61.76%
旅游管理	58.97%	38.89%	14.63%
纺织类	56.44%	57.58%	43.98%
金属材料工程	50.55%	60.49%	48.00%
建筑环境与能源应用工程	50.00%	23.81%	18.75%
城市管理	48.72%	18.42%	45.24%
物流管理	45.00%	42.50%	24.39%
劳动与社会保障	42.55%	53.33%	69.57%
化学工程与工艺	42.31%	56.76%	28.95%
护理学	40.66%	75.00%	51.47%
管理科学	40.00%	37.50%	22.50%
历史建筑保护工程	40.00%	25.00%	18.75%

注：此表仅罗列 2019 年调剂率达到 40% 及以上的专业。

如下图所示，总调剂率在历经多年的持续上升之后在2019年第一次出现了回落，说明考生在选择专业时更加理性。

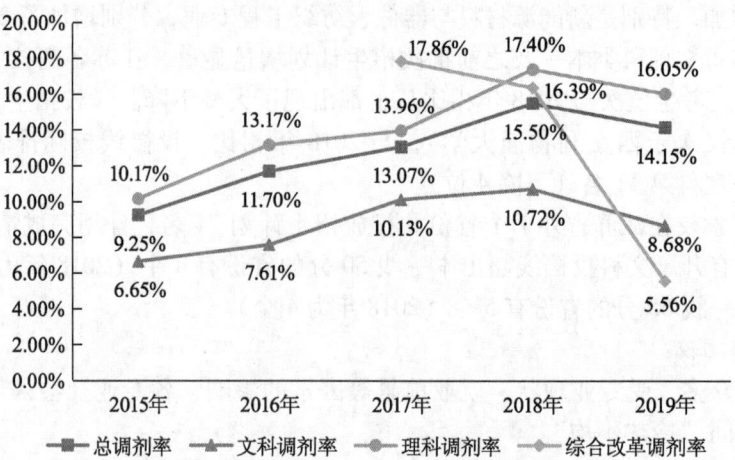

2015—2019年各科类及总调剂率情况汇总

为吸引更多优秀学生报考，2019年，苏州大学调整了江苏考生选修测试科目等级加分政策，惠及人群显著扩大，考生能够享受到的最高加分值也有所增加。据统计，较2018年，选测科目等级为A+的考生人数有所增加（表30）。

表30　2018—2019年江苏省文理科考生选测科目各等级人数分布

选测等级	物理和历史		其他科目	
	2019年	2018年	2019年	2018年
A+	1 068	860	895	742
A	1 757	1 768	1 562	1 547
B+	428	326	518	471
B	270	213	548	407
合计	3 523	3 167	3 523	3 167

注：此表数据不含体育类、艺术类、自主招生、保送生、高水平运动队、高职转段考生。

4. 特殊类型招生

2019年，艺术类、优秀运动员免试入学、体育单招、高水平运动队、自主招生生源状况良好。国家专项计划、地方专项计划、高校专项计划、农村订单定向医学生免费培养计划、内地西藏新疆班计划、南疆单列计划、对口援疆计划、国家民委专项计划、新疆协作计划生源数量十分充足，教育部及江苏省教育厅下达的招生任务得以圆满完成。其中优秀运动员免试入学、地方专项计划、高校专项计划生源质量均大幅提升。

5. 校际投档线比较

与地处江苏的其他 10 所原 "985" 或 "211" 高校相比，苏州大学招生规模最大。文科投档线，虽与南京大学、东南大学存在一定差距，但与其余 8 所高校相比，学校仍保持较明显的优势；理科投档线，虽与南京大学、东南大学、南京航空航天大学、南京理工大学存在一定差距，但与其余 6 所高校相比，学校在绝大多数省份仍保持领先。

学校文科投档线在 92% 的省份领先于深圳大学与郑州大学；理科投档线在 46% 的省份超过深圳大学，在所有省份均超过郑州大学。学校在各省的录取情况与上海大学相比明显处于劣势，且双方差距有增大的趋势；而理科方面，深圳大学正在赶超苏州大学。2017—2019 年文理科投档线和兄弟高校对比苏州大学领先省份数情况如下二图。

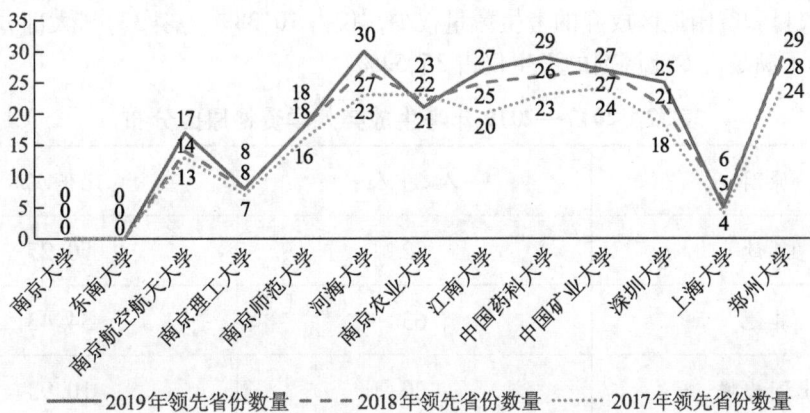

2017—2019 年文科投档线和兄弟高校对比苏州大学领先省份数情况

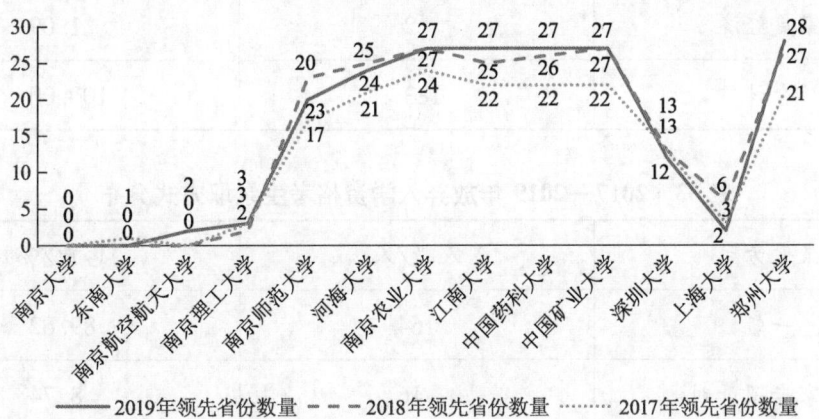

2017—2019 年理科投档线和兄弟高校对比苏州大学领先省份数情况

（三）新生报到情况

2019 年，苏州大学实际报到新生 6 620 名，70 名新生放弃入学资格，2017—2019 年放弃入学资格人数占比在 1% 左右（表 31）。

表31　2017—2019年放弃入学资格人数汇总

年份	录取总数/人	放弃人数/人	比例/%
2019	6 690	70	1.05
2018	6 535	60	0.92
2017	6 489	53	0.82

2017—2019年放弃入学资格的考生中，复读、出国出境及其他原因占比达95.63%（表32）；农村和贫困地区放弃的考生数量很少，仅占10.38%（表33）；大部分考生的专业志愿得到了满足，专业调剂的考生仅占35.52%。

表32　2017—2019年考生放弃入学资格原因分布

原因	人数/人	比例/%
复读	92	50.27
其他	63	34.43
出国出境	20	10.93
身体	6	3.28
家庭经济	2	1.09
合计	183	100.00

表33　2017—2019年放弃入学资格考生录取方式分布

录取方式	人数/人	占比/%
一般	164	89.62
国家专项计划	16	8.74
高校专项计划	1	0.55
地方免费医学生	2	1.09
合计	183	100.00

二、就业情况

（一）就业基本情况

2019 届本科毕业生（含本硕连读学生）共 6 536 人，年终就业率为 93.19%，其中协议就业率为 54%，升学出国率为 31.95%，灵活就业率为 7.24%。

（二）市场建设

1. 就业平台建设

截至 2019 年年底，学校智慧就业 91job 平台注册单位有 10 121 家，年度新增 2 350 家企业。网站平台全年发布招聘公告 1 732 条，职位 7 750 个，提供岗位需求 50 703 个，实际岗位提供数量与本科毕业生人数比达到 10∶1 以上；"苏大就业"公众号关注用户数达 2.57 万人，全年平台发送各类推文 444 篇。

2. 招聘活动开展

苏州大学努力构建"院校"两级就业市场，进行分行业、分专业、分校区的精准就业市场建设。2019 年，学校组织生物医药卫生类、金融类、建筑类、轨道交通类、计算机类等 13 场次行业招聘会。学校层面举办专场宣讲会 590 场次，各类招聘会 27 场，2 404 家企业进校，提供岗位 79 666 个。与苏州工业园区教育局开展第四期"园区优秀实习生"项目，共有 58 名 2019 届优秀本科师范毕业生被项目录取；举办三场苏州大学带薪实习（就业）招聘会，参会单位共计 225 家，提供岗位 4 000 余个。

3. 就业精准帮扶

学校做好 2019 年高校毕业生及残疾高校毕业生求职创业补贴审核发放工作，共计 270 人，金额 40.5 万元。

（三）措施及要求

2019 年年初，学校印发《2019 届本科生就业创业工作行动计划》，提出六大行动 27 条措施。第一，就业思想引导行动。措施包括强化思想教育，服务国家战略，引导基层和中小微企业就业，学懂、弄通、用好就业政策，选树就业先进典型五项。第二，就业能力提升行动。措施包括加快就业指导队伍建设，组建就业指导专家讲师团，分类、精准指导学生，提升就业实践能力，发挥学生社团的作用五项。第三，就业服务优化行动。措施包括选优、配强、用好就业工作人员，转变作风提高效能，设立就业集中服务月，切实维护毕业生就业权益，积极发挥就业状况反馈作用五项。第四，就业市场开拓行动。措施包括积极开拓就业市场，扩展新兴业态就业空间，校园招聘活动更加注重精准对接，加强联动开拓就业市场建设，以实习实训推进就业，开展"毕业生企业行"系列活动六项。第五，困难学生精准帮扶行动。措施包括确定重点帮扶对象，提升困难学生就业能力，做好离校未就业毕业生工作三项。第六，创业带动就业行动。措施包括加强创业教育，落实好创新创业学分认定制度，鼓励自主创业三项。为了落实六大行动计划，学校还提出了四条工作要求：一是领导重视，保障有力；二是宣传到位，典型引路；三是整合资源，协同推进；四是督查考核，有效落实。

三、2019 年苏州大学各专业录取情况

（一）2019 年苏州大学各专业江苏省录取分数情况（表34）

表34　2019 年苏州大学各专业江苏省录取分数统计表

学院（部）	专业名称	学制	批次	文科			理科		
				最高分	最低分	平均分	最高分	最低分	平均分
文学院	中国语言文学类	四	本一	381	371	373.589			
传媒学院	播音与主持艺术	四	艺术1	315	271	287.400			
传媒学院	新闻传播学类	四	本一	378	370	372.277	385	379	381.139
社会学院	社会学	四	本一	376	370	371.875	380	378	379.500
社会学院	历史学（师范）	四	本一	376	371	372.429			
社会学院	劳动与社会保障	四	本一	372	368	369.462	383	378	379.071
社会学院	旅游管理	四	本一	380	369	370.846	381	378	379.667
社会学院	图书情报与档案管理类	四	本一	371	369	369.692	385	378	380.357
政治与公共管理学院	哲学	四	本一	384	369	372.000			
政治与公共管理学院	思想政治教育	四	本一	374	371	371.900			
政治与公共管理学院	管理科学	四	本一	371	368	369.611	381	381	381.000
政治与公共管理学院	人力资源管理	四	本一	378	370	372.263	383	381	381.222
政治与公共管理学院	行政管理	四	本一	375	368	370.783			
政治与公共管理学院	城市管理	四	本一	371	369	369.667	382	378	379.700
政治与公共管理学院	物流管理	四	本一	373	368	370.167	381	378	379.500
政治与公共管理学院	物流管理（中外合作办学）	四	本一	364	355	358.091	374	362	365.939

续表

学院（部）	专业名称	学制	批次	文科			理科		
				最高分	最低分	平均分	最高分	最低分	平均分
教育学院	教育学（师范）	四	本一	375	371	372.900	384	380	381.700
教育学院	应用心理学	四	本一				385	378	380.370
东吴商学院（财经学院）	经济学	四	本一	379	375	376.455	386	384	384.615
东吴商学院（财经学院）	财政学	四	本一	376	373	374.286	384	382	383.214
东吴商学院（财经学院）	金融学	四	本一	385	377	379.811	393	386	387.485
东吴商学院（财经学院）	金融学（中外合作办学）	五	本一	370	360	364.353	385	374	377.294
东吴商学院（财经学院）	国际经济与贸易	四	本一	377	372	373.947	388	382	383.125
东吴商学院（财经学院）	工商管理	四	本一	375	370	371.643	385	381	382.267
东吴商学院（财经学院）	会计学	四	本一	388	376	378.000	390	385	385.633
东吴商学院（财经学院）	财务管理	四	本一	380	373	374.636	388	383	383.833
东吴商学院（财经学院）	电子商务	四	本一				383	381	381.391
王健法学院	法学	四	本一	386	378	380.383	394	384	386.091
王健法学院	知识产权	四	本一	378	377	377.200	384	382	382.867
外国语学院	英语	四	本一	381	375	376.400	387	383	385.000
外国语学院	英语（师范）	四	本一	380	375	377.350	388	387	387.600
外国语学院	俄语	五	本一	372	368	370.333	382	378	380.400
外国语学院	德语	四	本一	375	373	373.500	381	380	380.500
外国语学院	法语	五	本一	376	372	372.917	383	381	382.200
外国语学院	西班牙语	四	本一	382	374	376.500	385	382	382.600

续表

学院（部）	专业名称	学制	批次	文科			理科		
				最高分	最低分	平均分	最高分	最低分	平均分
外国语学院	日语	四	本一	378	369	371.321	382	380	381.000
外国语学院	翻译	四	本一	377	372	373.667	384	383	383.200
金螳螂建筑学院	建筑学	五	本一				385	382	382.542
金螳螂建筑学院	城乡规划	五	本一				382	379	380.071
金螳螂建筑学院	风景园林	四	本一				384	379	380.692
金螳螂建筑学院	历史建筑保护工程	四	本一				384	378	379.900
数学科学学院	金融数学	四	本一				389	384	385.182
数学科学学院	数学类	四	本一				392	383	384.317
数学科学学院	统计学	四	本一				386	382	382.880
物理科学与技术学院	物理学	四	本一				386	381	382.467
物理科学与技术学院	物理学（师范）	四	本一				392	382	383.880
光电科学与工程学院	测控技术与仪器	四	本一				384	379	380.150
光电科学与工程学院	光电信息科学与工程	四	本一				386	382	383.116
光电科学与工程学院	电子信息科学与技术	四	本一				387	383	383.609
能源学院	新能源材料与器件（中外合作办学）	五	本一				375	363	367.558
能源学院	新能源材料与器件	四	本一				385	382	382.941

续表

学院（部）	专业名称	学制	批次	文科			理科		
				最高分	最低分	平均分	最高分	最低分	平均分
能源学院	能源与动力工程	四	本一				384	381	381.519
材料与化学化工学部	化学工程与工艺	四	本一				384	379	381.050
材料与化学化工学部	环境工程	四	本一				382	378	380.500
材料与化学化工学部	化学类	四	本一				383	378	380.440
材料与化学化工学部	材料类	四	本一				387	378	380.911
纳米科学技术学院	纳米材料与技术	四	本一				388	383	384.885
计算机科学与技术学院	软件工程	四	本一				390	386	386.933
计算机科学与技术学院	计算机类	四	本一				390	384	385.083
电子信息学院	电子信息类	四	本一				391	381	382.618
机电工程学院	电气工程及其自动化	四	本一				388	382	382.776
机电工程学院	机械类	四	本一				384	378	380.193
机电工程学院	智能制造工程	四	本一				389	383	384.640
沙钢钢铁学院	冶金工程	四	本一				383	378	379.400
沙钢钢铁学院	金属材料工程	四	本一				399	378	380.444
纺织与服装工程学院	纺织工程（中外合作办学）	四	本一				374	354	362.425

续表

学院（部）	专业名称	学制	批次	文科			理科		
				最高分	最低分	平均分	最高分	最低分	平均分
纺织与服装工程学院	轻化工程	四	本一				381	380	380.200
纺织与服装工程学院	纺织类	四	本一				383	379	381.113
轨道交通学院	车辆工程	四	本一				382	378	380.086
轨道交通学院	电气工程与智能控制	四	本一				383	381	381.475
轨道交通学院	轨道交通信号与控制	四	本一				384	379	380.514
轨道交通学院	建筑环境与能源应用工程	四	本一				381	378	379.650
轨道交通学院	交通运输	四	本一				383	378	380.067
医学部	生物信息学	四	本一				381	374	376.400
医学部	食品质量与安全	四	本一				382	379	380.250
医学部	生物制药	四	本一				382	379	380.357
医学部	临床医学（"5+3"一体化）	八	本一				397	385	387.878
医学部	临床医学（"5+3"一体化，儿科医学）	八	本一				385	383	384.150
医学部	临床医学	五	本一				389	384	384.409
医学部	临床医学（儿科医学）	五	本一				383	382	382.462
医学部	医学影像学	五	本一				384	382	382.895
医学部	放射医学	五	本一				387	381	381.912
医学部	口腔医学	五	本一				389	384	385.500

续表

学院（部）	专业名称	学制	批次	文科			理科		
				最高分	最低分	平均分	最高分	最低分	平均分
医学部	预防医学	五	本一				383	378	380.196
医学部	药学	四	本一				383	379	380.742
医学部	中药学	四	本一				376	363	369.200
医学部	法医学	五	本一				385	379	381.500
医学部	医学检验技术	四	本一				383	380	381.455
医学部	护理学	四	本一				378	361	365.109
医学部	生物技术	四	本一				382	364	370.627
体育学院	体育教育	四	体育	439	419	424.000			
体育学院	运动训练	四	其他	76.83	59.83	70.589			
体育学院	武术与民族传统体育	四	其他	83.86	80.71	82.743			
体育学院	运动康复	四	本一				379	364	369.000
艺术学院	美术学（师范）	四	美术	583	565	571.667			
艺术学院	美术学	四	美术	566	565	565.333			
艺术学院	艺术设计学	四	美术	571	565	569.000			
艺术学院	视觉传达设计	四	美术	581	571	577.600			
艺术学院	环境设计	四	美术	579	572	575.800			
艺术学院	产品设计	四	美术	578	571	575.000			
艺术学院	服装与服饰设计	四	美术	571	567	568.833			
艺术学院	数字媒体艺术	四	美术	577	571	575.000			
音乐学院	音乐表演	四	艺术1	175	150	164.200			
音乐学院	音乐学（师范）	四	声乐	206	204	204.909			
音乐学院	音乐学（师范）	四	器乐	218	212	213.429			

注：除本一批次外的艺术、体育类专业录取分数不分文理。

(二) 2019年部分高校各省投档线统计情况（表35）

表35 2019年部分高校各省投档线统计表

省份	南京大学		东南大学		南京航空航天大学		南京理工大学		南京师范大学		河海大学		南京农业大学	
	文科	理科	文科	理科	文科	理科	文科	理科	文科	理科	文科	理科	文科	理科
北京	647	667	621	647	607	624	594	622	609	579	593	595	586	574
天津	630	683	597	643	无	626	无	620	585	612	574	603	562	575
河北	661	677	639	643	618	625	无	624	624	611	616	612	612	586
山西	619	644	598	614	579	587	无	575	582	571	574	570	570	553
内蒙古	644	662	627	613	无	584	无	579	595	576	579	579	无	549
辽宁	647	667	631	650	614	622	603	613	620	609	608	602	599	581
吉林	624	664	无	633	无	594	无	588	无	589	560	580	无	564
黑龙江	631	669	无	633	无	615	无	607	583	602	575	594	565	580
上海	573		560		529		534		526		529		515	
江苏	391	399	386	398	376	388	370	387	370	376	367	383	365	371
浙江	674		659		638		643		641		639		634	
安徽	641	659	624	623	608	612	602	607	615	604	606	600	603	584
福建	632	648	无	617	597	588	587	585	601	579	595	573	580	556
江西	632	659	无	623	601	603	无	601	603	592	598	592	无	580
山东	634	666	616	640	598	617	590	616	601	609	596	603	592	588
河南	634	663	614	633	592	580	无	613	599	600	595	601	573	580
湖北	635	663	609	624	589	611	无	606	589	588	587	592	583	576
湖南	643	654	626	622	608	597	无	595	612	587	606	588	601	570
广东	632	654	无	602	无	579	564	577	无	557	576	558	574	546
广西	638	677	608	647	无	615	无	612	586	597	584	602	574	577
海南	838	824	无	747	736	706	无	709	无	681	731	703	无	668
重庆	642	663	618	631	无	616	无	605	602	604	581	600	无	584
四川	641	688	621	668	597	643	590	642	600	633	595	632	589	622
贵州	660	656	634	621	无	586	无	584	614	569	610	575	无	548
云南	663	685	无	654	无	无	无	624	609		612	615	604	586
陕西	654	677	632	641	605	550	587	598	615	582	597	585	585	558
甘肃	632	650	无	613	无	581	无	573	587	557	572	559	无	540
青海	618	629	无	565	无	531	无	523	无	无	503	506	无	470
宁夏	641	630	无	591	无	568	无	562	无	无	593	541	无	517
新疆			无	615	563		无	578	581		573	564	563	525

续表

省份	江南大学		中国药科大学		中国矿业大学		深圳大学		上海大学		郑州大学		苏州大学	
	文科	理科	文科	理科	文科	理科	文科	理科	文科	理科	文科	理科	文科	理科
北京	590	598	581	594	573	577	602	601	616	628	589	587	613	614
天津	571	593	580	600	无	582	无	无	无	无	569	585	584	615
河北	615	609	612	604	608	596	617	614	588	626	617	604	623	621
山西	572	567	570	560	566	553	573	568	588	587	573	561	583	577
内蒙古	579	548	582	551	585	541	586	576	579	599	587	549	583	574
辽宁	610	594	606	599	592	581	615	609	无	634	604	588	621	612
吉林	570	573	572	571	562	565	576	583	599	603	563	535	587	551
黑龙江	578	586	577	582	561	551	576	598	591	617	573	580	590	602
上海	524		530		512		526		530		512		533	
江苏	365	373	361	371	362	369	365	377	378	384	364	373	368	377
浙江	635		595		629		642		638		627		641	
安徽	605	592	601	592	589	580	605	600	615	606	599	589	615	608
福建	593	572	589	557	584	510	594	584	603	593	588	543	601	584
江西	598	591	594	588	591	581	603	603	604	599	595	585	605	600
山东	593	599	593	598	589	587	593	604	611	618	593	592	604	609
河南	594	600	595	587	578	575	595	607	606	609	584	585	603	606
湖北	586	585	582	583	580	577	591	604	603	606	583	583	597	604
湖南	606	586	601	581	596	574	612	597	618	599	601	578	614	594
广东	565	557	576	565	569	545	576	559	无	576	583	557	597	575
广西	578	597	582	594	无	586	589	620	598	611	582	588	594	608
海南	734	693	无	694	718	654	745	708	无	无	731	673	750	701
重庆	589	598	590	597	561	525	596	604	606	612	587	566	606	606
四川	596	632	590	628	586	620	602	640	610	641	592	627	605	639
贵州	609	572	599	553	592	553	613	585	625	581	605	566	618	576
云南	610	613	609	608	599	588	618	623	629	626	611	602	622	623
陕西	588	578	576	579	578	557	603	591	625	618	586	572	619	595
甘肃	无	552	571	552	563	540	586	564	597	572	573	553	591	566
青海	无	491	523	422	534	457	525	522	574	530	535	490	556	515
宁夏	无	532	582	527	579	514	无	无	无	无	584	531	603	543
新疆	574	559	570	545	563	522	无	562	596	570	562	531	591	569

注：① 2018年上海、浙江实施高考综合改革，考生不分文理。
② "无"表示无招生计划。

四、2019年苏州大学本科生就业情况（表36）

表36 2019届本科毕业生就业情况统计

院系	专业	总就业率	协议就业率	其中	
				灵活就业率	升学出国率
全校		93.19% (6091/6536)	54.01% (3530/6536)	7.24% (473/6536)	31.95% (2088/6536)
沙钢钢铁学院	冶金工程	93.33% (84/90)	55.56% (50/90)	0.00% (0/90)	37.78% (34/90)
	金属材料工程	94.44% (51/54)	62.96% (34/54)	0.00% (0/54)	31.48% (17/54)
		91.67% (33/36)	44.44% (16/36)	0.00% (0/36)	47.22% (17/36)
轨道交通学院	车辆工程	97.19% (311/320)	62.50% (200/320)	8.44% (27/320)	26.25% (84/320)
	电气工程及其自动化	98.33% (59/60)	60.00% (36/60)	10.00% (6/60)	28.33% (17/60)
	电气工程与智能控制	100.00% (41/41)	97.56% (40/41)	0.00% (0/41)	2.44% (1/41)
	通信工程	98.18% (54/55)	49.09% (27/55)	16.36% (9/55)	32.73% (18/55)
	通信工程（城市轨道交通通信信号）	95.92% (47/49)	53.06% (26/49)	10.20% (5/49)	32.65% (16/49)
	建筑环境与能源应用工程	97.67% (42/43)	67.44% (29/43)	2.33% (1/43)	27.91% (12/43)
	交通运输	95.24% (40/42)	45.24% (19/42)	14.29% (6/42)	35.71% (15/42)

续表

院系	专业	总就业率	其中		
			协议就业率	灵活就业率	升学出国率
纺织与服装工程学院	工程管理	93.33% (28/30)	76.67% (23/30)	0.00% (0/30)	16.67% (5/30)
	纺织工程	97.10% (301/310)	63.23% (196/310)	0.97% (3/310)	32.90% (102/310)
	服装设计与工程	96.97% (128/132)	53.03% (70/132)	0.76% (1/132)	43.18% (57/132)
	非织造材料与工程	98.48% (65/66)	63.64% (42/66)	1.52% (1/66)	33.33% (22/66)
	轻化工程	96.15% (50/52)	76.92% (40/52)	1.92% (1/52)	17.31% (9/52)
音乐学院	音乐表演	96.67% (58/60)	73.33% (44/60)	0.00% (0/60)	23.33% (14/60)
	音乐学(师范)	97.26% (71/73)	30.14% (22/73)	28.77% (21/73)	38.36% (28/73)
电子信息学院	电子信息工程	96.67% (29/30)	13.33% (4/30)	36.67% (11/30)	46.67% (14/30)
	电子科学与技术	97.67% (42/43)	41.86% (18/43)	23.26% (10/43)	32.56% (14/43)
	通信工程	99.07% (320/323)	67.18% (217/323)	0.00% (0/323)	31.89% (103/323)
	通信工程(嵌入式培养)	97.01% (65/67)	64.18% (43/67)	0.00% (0/67)	32.84% (22/67)
	微电子科学与工程	100.00% (47/47)	68.09% (32/47)	0.00% (0/47)	31.91% (15/47)
	信息工程	100.00% (64/64)	67.19% (43/64)	0.00% (0/64)	32.81% (21/64)
		100.00% (42/42)	54.76% (23/42)	0.00% (0/42)	45.24% (19/42)
		100.00% (49/49)	57.14% (28/49)	0.00% (0/49)	42.86% (21/49)
		98.15% (53/54)	88.89% (48/54)	0.00% (0/54)	9.26% (5/54)

续表

院系	专业	总就业率	协议就业率	其中	
				灵活就业率	升学出国率
王健法学院	法学	74.69% (121/162)	30.25% (49/162)	21.60% (35/162)	22.84% (37/162)
	知识产权	72.58% (90/124)	30.65% (38/124)	18.55% (23/124)	23.39% (29/124)
		81.58% (31/38)	28.95% (11/38)	31.58% (12/38)	21.05% (8/38)
材料与化学化工学部		95.62% (371/388)	53.61% (208/388)	0.52% (2/388)	41.49% (161/388)
	化学	93.75% (90/96)	60.42% (58/96)	0.00% (0/96)	33.33% (32/96)
	应用化学	93.48% (43/46)	39.13% (18/46)	2.17% (1/46)	52.17% (24/46)
	材料科学与工程	94.74% (36/38)	47.37% (18/38)	0.00% (0/38)	47.37% (18/38)
	材料化学	90.91% (20/22)	63.64% (14/22)	0.00% (0/22)	27.27% (6/22)
	生物功能材料	100.00% (1/1)	100.00% (1/1)	0.00% (0/1)	0.00% (0/1)
	无机非金属材料工程	93.33% (28/30)	73.33% (22/30)	0.00% (0/30)	20.00% (6/30)
	高分子材料与工程	98.48% (65/66)	43.94% (29/66)	0.00% (0/66)	54.55% (36/66)
	功能材料	100.00% (28/28)	67.86% (19/28)	0.00% (0/28)	32.14% (9/28)
	化学工程与工艺	97.44% (38/39)	48.72% (19/39)	0.00% (0/39)	48.72% (19/39)
	环境工程	100.00% (22/22)	45.45% (10/22)	4.55% (1/22)	50.00% (11/22)
机电工程学院		90.45% (303/335)	61.79% (207/335)	0.30% (1/335)	28.36% (95/335)
	机械工程	87.95% (73/83)	61.45% (51/83)	0.00% (0/83)	26.51% (22/83)

续表

院系	专业	总就业率	协议就业率	其中 灵活就业率	升学出国率
	材料成型及控制工程	95.45%（63/66）	86.36%（57/66）	0.00%（0/66）	9.09%（6/66）
	机械电子工程	89.55%（60/67）	35.82%（24/67）	0.00%（0/67）	53.73%（36/67）
	电气工程及其自动化	88.75%（71/80）	62.50%（50/80）	0.00%（0/80）	26.25%（21/80）
	电气工程与自动化	100.00%（4/4）	100.00%（4/4）	0.00%（0/4）	0.00%（0/4）
	工业工程	91.43%（32/35）	60.00%（21/35）	2.86%（1/35）	28.57%（10/35）
传媒学院		93.85%（229/244）	49.18%（120/244）	8.61%（21/244）	36.07%（88/244）
	新闻学	94.83%（55/58）	51.72%（30/58）	13.79%（8/58）	29.31%（17/58）
	广播电视学	100.00%（34/34）	58.82%（20/34）	11.76%（4/34）	29.41%（10/34）
	广告学	86.54%（45/52）	55.77%（29/52）	5.77%（3/52）	25.00%（13/52）
	网络与新媒体	94.83%（55/58）	44.83%（26/58）	6.90%（4/58）	43.10%（25/58）
	播音与主持艺术	95.24%（40/42）	35.71%（15/42）	4.76%（2/42）	54.76%（23/42）
教育学院		92.16%（94/102）	49.02%（50/102）	18.63%（19/102）	24.51%（25/102）
	教育学	80.56%（29/36）	38.89%（14/36）	22.22%（8/36）	19.44%（7/36）
	教育技术学	100.00%（25/25）	60.00%（15/25）	16.00%（4/25）	24.00%（6/25）
	应用心理学	97.56%（40/41）	51.22%（21/41）	17.07%（7/41）	29.27%（12/41）
东吴商学院（财经学院）		86.31%（435/504）	53.17%（268/504）	0.60%（3/504）	32.54%（164/504）

续表

院系	专业	总就业率	协议就业率	其中 灵活就业率		升学出国率
	经济学	95.65% (22/23)	69.57% (16/23)	0.00% (0/23)		26.09% (6/23)
	财政学	92.11% (35/38)	55.26% (21/38)	2.63% (1/38)		34.21% (13/38)
	金融学	85.27% (110/129)	32.56% (42/129)	0.00% (0/129)		52.71% (68/129)
	国际经济与贸易	77.08% (37/48)	50.00% (24/48)	2.08% (1/48)		25.00% (12/48)
	工商管理	76.32% (29/38)	63.16% (24/38)	2.63% (1/38)		10.53% (4/38)
	市场营销	80.95% (34/42)	71.43% (30/42)	0.00% (0/42)		9.52% (4/42)
	会计学	93.28% (111/119)	62.18% (74/119)	0.00% (0/119)		31.09% (37/119)
	财务管理	88.89% (32/36)	69.44% (25/36)	0.00% (0/36)		19.44% (7/36)
	电子商务	80.65% (25/31)	38.71% (12/31)	0.00% (0/31)		41.94% (13/31)
社会学院		89.20% (223/250)	55.60% (139/250)	10.00% (25/250)		23.60% (59/250)
	社会学	80.00% (4/5)	80.00% (4/5)	0.00% (0/5)		0.00% (0/5)
	社会工作	95.00% (38/40)	60.00% (24/40)	2.50% (1/40)		32.50% (13/40)
	历史学（师范）	69.23% (18/26)	50.00% (13/26)	3.85% (1/26)		15.38% (4/26)
	劳动与社会保障	93.02% (40/43)	65.12% (28/43)	6.98% (3/43)		20.93% (9/43)
	图书馆学	90.70% (39/43)	67.44% (29/43)	2.33% (1/43)		20.93% (9/43)
	档案学	89.66% (26/29)	41.38% (12/29)	34.48% (10/29)		13.79% (4/29)

续表

院系	专业	总就业率	协议就业率	其中		
				灵活就业率	升学出国率	
数学科学学院	信息资源管理	96.67%（29/30）	40.00%（12/30）	20.00%（6/30）	36.67%（11/30）
	旅游管理	85.29%（29/34）	50.00%（17/34）	8.82%（3/34）	26.47%（9/34）
	金融数学	93.12%（203/218）	48.17%（105/218）	7.34%（16/218）	37.61%（82/218）
	数学与应用数学	77.78%（21/27）	40.74%（11/27）	3.70%（1/27）	33.33%（9/27）
	数学与应用数学（基地）	95.00%（38/40）	70.00%（28/40）	2.50%（1/40）	22.50%（9/40）
	信息与计算科学	100.00%（42/42）	19.05%（8/42）	7.14%（3/42）	73.81%（31/42）
	统计学	91.67%（55/60）	55.00%（33/60）	10.00%（6/60）	26.67%（16/60）
体育学院		95.92%（47/49）	51.02%（25/49）	10.20%（5/49）	34.69%（17/49）
	体育教育	92.78%（180/194）	76.29%（148/194）	0.52%（1/194）	15.98%（31/194）
	运动训练	94.67%（71/75）	84.00%（63/75）	0.00%（0/75）	10.67%（8/75）
	武术与民族传统体育	92.86%（65/70）	80.00%（56/70）	0.00%（0/70）	12.86%（9/70）
	民族传统体育	90.91%（20/22）	77.27%（17/22）	4.55%（1/22）	9.09%（2/22）
	运动人体科学	100.00%（1/1）	100.00%（1/1）	0.00%（0/1）	0.00%（0/1）
	运动康复	33.33%（1/3）	33.33%（1/3）	0.00%（0/3）	0.00%（0/3）
外国语学院		95.65%（22/23）	43.48%（10/23）	0.00%（0/23）	52.17%（12/23）
		92.43%（232/251）	51.39%（129/251）	6.37%（16/251）	34.66%（87/251）

续表

院系	专业	总就业率	其中			升学出国率
			协议就业率	灵活就业率		
	英语	92.86% (65/70)	50.00% (35/70)	5.71% (4/70)		37.14% (26/70)
	俄语	78.95% (15/19)	47.37% (9/19)	0.00% (0/19)		31.58% (6/19)
	俄语（俄英双语）	100.00% (1/1)	100.00% (1/1)	0.00% (0/1)		0.00% (0/1)
	德语	91.67% (22/24)	50.00% (12/24)	16.67% (4/24)		25.00% (6/24)
	法语	100.00% (23/23)	30.43% (7/23)	4.35% (1/23)		65.22% (15/23)
	西班牙语	96.30% (26/27)	59.26% (16/27)	7.41% (2/27)		29.63% (8/27)
	日语	93.62% (44/47)	70.21% (33/47)	4.26% (2/47)		19.15% (9/47)
	朝鲜语	85.00% (17/20)	40.00% (8/20)	5.00% (1/20)		40.00% (8/20)
	翻译	95.00% (19/20)	40.00% (8/20)	10.00% (2/20)		45.00% (9/20)
文学院		92.75% (179/193)	53.89% (104/193)	10.36% (20/193)		28.50% (55/193)
	汉语言文学	98.77% (80/81)	71.60% (58/81)	6.17% (5/81)		20.99% (17/81)
	汉语言文学（基地）	86.67% (26/30)	10.00% (3/30)	13.33% (4/30)		63.33% (19/30)
	秘书学	88.24% (45/51)	58.82% (30/51)	15.69% (8/51)		13.73% (7/51)
	汉语国际教育	90.32% (28/31)	41.94% (13/31)	9.68% (3/31)		38.71% (12/31)
纳米科学技术学院	纳米材料与技术	93.27% (97/104)	28.85% (30/104)	12.50% (13/104)		51.92% (54/104)
艺术学院		94.88% (204/215)	67.44% (145/215)	9.30% (20/215)		18.14% (39/215)

续表

院系	专业	总就业率	协议就业率	其中 灵活就业率	升学出国率
	美术学	96.30% (52/54)	79.63% (43/54)	5.56% (3/54)	11.11% (6/54)
	艺术设计学	90.48% (19/21)	61.90% (13/21)	14.29% (3/21)	14.29% (3/21)
	视觉传达设计	90.91% (20/22)	59.09% (13/22)	13.64% (3/22)	18.18% (4/22)
	艺术设计	100.00% (1/1)	100.00% (1/1)	0.00% (0/1)	0.00% (0/1)
	环境设计	100.00% (40/40)	70.00% (28/40)	15.00% (6/40)	15.00% (6/40)
	产品设计	96.43% (27/28)	64.29% (18/28)	10.71% (3/28)	21.43% (6/28)
	服装与服饰设计	90.48% (19/21)	38.10% (8/21)	4.76% (1/21)	47.62% (10/21)
	服装表演与服饰设计（时装表演与服装设计）	50.00% (2/4)	25.00% (1/4)	25.00% (1/4)	0.00% (0/4)
	数字媒体艺术	100.00% (24/24)	83.33% (20/24)	0.00% (0/24)	16.67% (4/24)
		92.99% (358/385)	51.17% (197/385)	9.35% (36/385)	32.47% (125/385)
政治与公共管理学院	哲学	93.33% (14/15)	33.33% (5/15)	6.67% (1/15)	53.33% (8/15)
	思想政治教育	100.00% (22/22)	68.18% (15/22)	4.55% (1/22)	27.27% (6/22)
	管理科学	88.37% (38/43)	58.14% (25/43)	11.63% (5/43)	18.60% (8/43)
	人力资源管理	95.56% (43/45)	53.33% (24/45)	8.89% (4/45)	33.33% (15/45)
	公共事业管理	93.55% (29/31)	48.39% (15/31)	16.13% (5/31)	29.03% (9/31)

续表

院系	专业	总就业率	其中		
			协议就业率	灵活就业率	升学出国率
	行政管理	89.47% (34/38)	52.63% (20/38)	10.53% (4/38)	26.32% (10/38)
	城市管理	91.11% (41/45)	51.11% (23/45)	8.89% (4/45)	31.11% (14/45)
	物流管理	93.84% (137/146)	47.95% (70/146)	8.22% (12/146)	37.67% (55/146)
医学部		93.60% (877/937)	44.50% (417/937)	14.19% (133/937)	34.90% (327/937)
	生物科学	92.50% (37/40)	42.50% (17/40)	10.00% (4/40)	40.00% (16/40)
	生物技术	89.04% (65/73)	24.66% (18/73)	26.03% (19/73)	38.36% (28/73)
	生物技术（免疫工程）	100.00% (1/1)	100.00% (1/1)	0.00% (0/1)	0.00% (0/1)
	生物信息学	87.88% (29/33)	57.58% (19/33)	3.03% (1/33)	27.27% (9/33)
	食品质量与安全	89.66% (26/29)	55.17% (16/29)	10.34% (3/29)	24.14% (7/29)
	生物制药	97.06% (33/34)	35.29% (12/34)	14.71% (5/34)	47.06% (16/34)
	临床医学	95.00% (57/60)	86.67% (52/60)	0.00% (0/60)	8.33% (5/60)
	临床医学	95.09% (155/163)	33.74% (55/163)	16.56% (27/163)	44.79% (73/163)
	医学影像学	82.98% (39/47)	44.68% (21/47)	4.26% (2/47)	34.04% (16/47)
	放射医学	96.34% (79/82)	21.95% (18/82)	15.85% (13/82)	58.54% (48/82)
	口腔医学	96.23% (51/53)	22.64% (12/53)	39.62% (21/53)	33.96% (18/53)
	预防医学	95.92% (47/49)	22.45% (11/49)	14.29% (7/49)	59.18% (29/49)

续表

院系	专业	总就业率	其中		
			协议就业率	灵活就业率	升学出国率
	药学	98.15%（106/108）	53.70%（58/108）	9.26%（10/108）	35.19%（38/108）
	中药学	93.55%（29/31）	77.42%（24/31）	3.23%（1/31）	12.90%（4/31）
	法医学	80.00%（20/25）	52.00%（13/25）	12.00%（3/25）	16.00%（4/25）
	医学检验技术	88.24%（30/34）	55.88%（19/34）	14.71%（5/34）	17.65%（6/34）
	护理学	97.33%（73/75）	68.00%（51/75）	16.00%（12/75）	13.33%（10/75）
计算机科学与技术学院	计算机科学与技术	96.92%（378/390）	65.64%（256/390）	10.00%（39/390）	21.28%（83/390）
	计算机科学与技术	95.79%（91/95）	49.47%（47/95）	13.68%（13/95）	32.63%（31/95）
	软件工程	100.00%（73/73）	83.56%（61/73）	5.48%（4/73）	10.96%（8/73）
	软件工程（嵌入式培养）	92.06%（58/63）	68.25%（43/63）	3.17%（2/63）	20.63%（13/63）
	软件工程（嵌入式软件人才培养）	96.00%（24/25）	84.00%（21/25）	8.00%（2/25）	4.00%（1/25）
	网络工程	97.67%（42/43）	74.42%（32/43）	20.93%（9/43）	2.33%（1/43）
	物联网工程	100.00%（43/43）	48.84%（21/43）	6.98%（3/43）	44.19%（19/43）
	信息管理与信息系统	97.92%（47/48）	64.58%（31/48）	12.50%（6/48）	20.83%（10/48）
金螳螂建筑学院		94.41%（135/143）	58.04%（83/143）	6.99%（10/143）	29.37%（42/143）

续表

院系	专业	总就业率	其中		
			协议就业率	灵活就业率	升学出国率
	建筑学	94.29% (66/70)	61.43% (43/70)	4.29% (3/70)	28.57% (20/70)
	建筑学（室内设计）	100.00% (2/2)	100.00% (2/2)	0.00% (0/2)	0.00% (0/2)
	城乡规划	90.00% (27/30)	46.67% (14/30)	6.67% (2/30)	36.67% (11/30)
	风景园林	97.30% (36/37)	56.76% (21/37)	10.81% (4/37)	29.73% (11/37)
	园艺	100.00% (2/2)	50.00% (1/2)	50.00% (1/2)	0.00% (0/2)
	园艺（城市园艺）	100.00% (1/1)	100.00% (1/1)	0.00% (0/1)	0.00% (0/1)
	园林（城市园林）	100.00% (1/1)	100.00% (1/1)	0.00% (0/1)	0.00% (0/1)
唐文治书院	哲学	92.86% (26/28)	17.86% (5/28)	10.71% (3/28)	64.29% (18/28)
	汉语言文学	100.00% (2/2)	0.00% (0/2)	0.00% (0/2)	100.00% (2/2)
	汉语言文学（基地）	100.00% (1/1)	100.00% (1/1)	0.00% (0/1)	0.00% (0/1)
	历史学（师范）	91.67% (22/24)	16.67% (4/24)	12.50% (3/24)	62.50% (15/24)
		100.00% (1/1)	0.00% (0/1)	0.00% (0/1)	100.00% (1/1)
光电科学与工程学院		96.97% (96/99)	52.53% (52/99)	3.03% (3/99)	41.41% (41/99)
	测控技术与仪器	100.00% (22/22)	50.00% (11/22)	9.09% (2/22)	40.91% (9/22)
	光电信息科学与工程	98.00% (49/50)	52.00% (26/50)	0.00% (0/50)	46.00% (23/50)
	电子信息科学与技术	92.59% (25/27)	55.56% (15/27)	3.70% (1/27)	33.33% (9/27)

续表

院系	专业	总就业率	其中		
			协议就业率	灵活就业率	升学出国率
物理科学与技术学院	物理学	93.81% (91/97)	47.42% (46/97)	7.22% (7/97)	39.18% (38/97)
	物理学（光伏科学与技术）	93.75% (90/96)	46.88% (45/96)	7.29% (7/96)	39.58% (38/96)
	新能源材料与器件	100.00% (1/1)	100.00% (1/1)	0.00% (0/1)	0.00% (0/1)
能源学院	新能源材料与器件	95.03% (172/181)	45.86% (83/181)	0.00% (0/181)	49.17% (89/181)
		95.00% (114/120)	34.17% (41/120)	0.00% (0/120)	60.83% (73/120)
	能源与动力工程	95.08% (58/61)	68.85% (42/61)	0.00% (0/61)	26.23% (16/61)

苏州大学科研机构情况（表37）

表37 2019年校级科研机构一览表

序号	机构归属	科研机构名称	负责人	成立时间	批文号
1	苏州大学	放射医学研究所	童建	1983-08-30	核安字〔1983〕136号
2	省卫生厅	江苏省血液研究所	阮长耿	1988-06-18	苏卫人〔1988〕20号
3	苏州大学	教育科学研究中心	母小勇	1988-10-04	苏大科字〔1988〕73号
4	苏州大学	蚕桑研究所（原蚕学研究所）	李兵	1989-12-22 2000-11-02	苏蚕委字〔1989〕26号 苏大委〔2000〕59号
5	苏州大学	医学生物技术研究所	张学光	1990-02-29	核总安发〔1990〕35号
6	苏州大学	中药研究所	顾振纶	1991-02-26	核总安发〔1991〕32号
7	中国核工业集团公司	中核总核事故医学应急中心	姜忠	1991-12-07	核总安发〔1991〕213号
8	苏州大学	生化工程研究所（原保健食品研究所）	魏文祥	1993-06-15	核总安发〔1993〕99号
9	苏州大学	比较文学研究中心	方汉文	1994-04-09	苏大科字〔1994〕16号
10	苏州大学	东吴公法与比较法研究所	王克稳	1994-05-03	苏大科字〔1994〕第22号
11	苏州大学	核医学研究所	吴锦昌	1994-06-01	核总人组发〔1994〕184号
12	苏州大学	纵横汉字信息技术研究所	钱培德	1994-06-21	苏大科字〔1994〕26号
13	苏州大学	神经科学研究所	刘春风	1995-04-03	核总人组发〔1995〕110号
14	苏州大学	社会与发展研究所	张明	1995-05-10	苏大〔1995〕28号
15	苏州大学	信息光学工程研究所	陈林森	1995-10-30	苏大〔1995〕52号

续表

序号	机构归属	科研机构名称	负责人	成立时间	批文号
16	苏州大学	物理教育研究所	桑芝芳	1995-11-02	苏大科字〔1995〕53号
17	苏州大学	邓小平理论研究中心	朱炳元	1996-10-05	苏大〔1996〕20号
18	苏州大学	吴文化国际研究中心	王卫平	1996-12-05	苏大〔1996〕28号
19	苏州大学	辐照技术研究所	朱南康	1996-12-19	核总人组发〔1996〕515号
20	江苏省	苏南发展研究院（培育）	田晓明（顾建平）	1997-04-07 2009-04-20	苏大科字〔1997〕6号 苏社科规划领字〔2009〕11号
21	苏州大学	卫生发展研究中心	徐勇	1998-04-10	核总人组发〔1998〕133号
22	苏州大学	丝绸科学研究院	陈国强	1999-08-23	苏大委〔1999〕35号
23	苏州大学	信息技术研究所	朱巧明	1999-11-25	苏大委〔1999〕55号
24	苏州大学	现代光学技术研究所	王钦华	2000-05-12	苏大科字〔2000〕14号
25	苏州大学	多媒体应用技术研究室	待定	2000-08-28	苏大科字〔2000〕23号
26	苏州大学	江苏省数码激光图像与新型印刷工程研究中心	陈林森	2000-09-20	苏科技〔2000〕194号 苏财工〔2000〕131号
27	苏州大学	领导科学研究所	高祖林（高玮玮）	2001-03-22	苏大〔2001〕14号
28	苏州大学	苏州大学大分子设计与精密合成重点实验室（原功能高分子研究所）	朱秀林	2001-03-22 2013-12-26	苏大〔2001〕14号 苏大科技〔2013〕48号
29	苏州大学	儿科医学研究所	冯星	2001-03-22	苏大〔2001〕14号
30	苏州大学	数学研究所	万哲先	2001-12-04	苏大办〔2001〕22号
31	苏州大学	中国昆曲研究中心	周秦	2001-12-12	苏州大学与苏州市政府协议2001-X211-7

续表

序号	机构归属	科研机构名称	负责人	成立时间	批文号
32	苏州大学	水产研究所	叶元土	2002-05-14	苏大科〔2002〕18号
33	国家体育总局	国家体育总局体育社会科学重点研究基地	王家宏	2003-02-17	体政字〔2003〕4号
34	苏州大学	中国特色城镇化研究中心	陈进华	2003-04-28 2004-11	苏大科〔2003〕26号 教社政函〔2004〕50号
35	苏州大学	外语教育与教师发展研究所（英语语言学研究所）	顾佩娅	2003-12-27 2018-06-25	苏大科〔2003〕84号 苏大办复〔2018〕153号
36	苏州大学	苏南地区大学生心理健康教育研究中心	王 静	2006-03-08	苏大〔2006〕8号
37	江苏省文化厅	苏州大学非物质文化遗产研究基地	李超德	2006-10-24 2014-11-17	苏大人〔2006〕102号
38	苏州大学	妇女发展研究中心	李兰芬	2006-10-27	苏大办复〔2006〕32号
39	苏州大学	应用数学研究所	姜礼尚	2006-10-29	苏大人〔2006〕126号
40	苏州大学	马克思主义研究院	朱炳元	2007-03-22	苏大人〔2007〕25号
41	苏州大学	东吴书画研究院	华人德 （冯 一）	2007-03-23	苏大人〔2007〕27号
42	苏州大学	苏州基层党建研究所	王卓君 （高玮玮）	2007-06-26 2012-01-11	苏大委〔2007〕26号 苏教社政〔2012〕1号
43	苏州大学	生态批评研究中心	李 勇	2007-07-06	苏大人〔2007〕69号
44	苏州大学	地方政府研究所	沈荣华	2007-07-07	苏大人〔2007〕71号
45	苏州大学	化学电源研究所	王海波	2007-10-09	苏大人〔2007〕91号
46	苏州大学	人口研究所	王卫平	2007-10-11	苏大人〔2007〕93号
47	苏州大学	金融工程研究中心	姜礼尚 （王过京）	2007-12-13	苏大人〔2007〕121号
48	苏州大学	系统生物学研究中心	沈百荣	2007-12-13	苏大人〔2007〕122号
49	苏州大学	科技查新工作站		2008-01-08	苏大科技〔2008〕1号

续表

序号	机构归属	科研机构名称	负责人	成立时间	批文号
50	苏州大学	出版研究所	吴培华（朱坤泉）	2008-01-21	苏大社科〔2008〕1号
51	苏州大学	人力资源研究所	田晓明（冯成志）	2008-04-09	苏大社科〔2008〕3号
52	苏州大学	唐仲英血液学研究中心	吴庆宇	2008-05-19	苏大〔2008〕28号
53	苏州大学	功能纳米与软物质研究院	李述汤	2008-06-05	苏大科技〔2008〕25号
54	苏州大学	新药研发中心	杨世林	2008-06-25	苏大科技〔2008〕28号
55	苏州大学	苏州大学教育科学研究院	周川	2008-06-30	苏大委〔2008〕37号
56	国家体育总局	国家体育总局机能评定与体能训练重点实验室	王家宏	2008-08-25	体科字〔2008〕39号
57	江苏省	江苏省吴文化研究基地	罗时进	2008-10-26	苏社科规划领字〔2008〕1号
58	苏州大学	高性能计算与应用研究所	陈国良	2008-12-08	苏大科技〔2008〕62号
59	苏州大学	骨科研究所	杨惠林	2008-12-31	苏大〔2008〕102号
60	苏州大学	苏州节能技术研究所	沈明荣	2009-01-05	苏大科技〔2009〕1号
61	苏州大学	纺织经济信息研究所	白伦	2009-01-08	苏大科技〔2009〕2号
62	苏州大学	嵌入式系统与物联网研究所（原嵌入式仿生智能研究所）	王宜怀	2009-04-20 2016-11-24	苏大科技〔2009〕9号 苏大办复〔2016〕342号
63	苏州大学	社会公共文明研究所	芮国强（沈志荣）	2009-06-08	苏大〔2009〕21号
64	苏州大学	廉政建设与行政效能研究所	高祖林（高玮玮）	2009-06-24	苏大委〔2009〕37号

续表

序号	机构归属	科研机构名称	负责人	成立时间	批文号
65	苏州大学	生物制造研究中心	卢秉恒	2009-10-27	苏大科技〔2009〕50号
66	苏州大学	机器人与微系统研究中心	孙立宁	2010-01-05	苏大科〔2010〕3号
67	苏州大学	高技术产业研究院	陈林森	2010-01-12	苏大人〔2010〕6号
68	苏州大学	生物医学研究院	熊思东	2010-01-16	苏大科〔2010〕8号
69	苏州大学	又松软件外包开发中心	杨季文	2010-05-24	苏大科〔2010〕11号
70	苏州大学	台商投资与发展研究所	张明	2010-06-08	苏大科〔2010〕14号
71	江苏省	苏州大学公法研究中心	胡玉鸿	2010-08	苏教社政〔2010〕9号
72	苏州大学	国家心血管病中心—苏州大学分中心	胡盛寿（沈振亚）	2010-10-13	苏大科〔2010〕28号
73	苏州大学	社会发展研究院	王卓君（高玮玮）	2010-10-26	苏大〔2010〕58号
74	苏州大学	交通工程研究中心	汪一鸣	2010-12-29	苏大科〔2010〕46号
75	苏州大学	农业生物技术与生态研究院	贡成良	2011-04-06	苏大科〔2011〕23号
76	苏州大学	生物钟研究中心	王晗	2011-05-03	苏大科〔2011〕26号
77	苏州大学	人才测评研究所	田晓明（冯成志）	2011-06-08	苏大〔2011〕21号
78	苏州大学	环境治理与资源化研究中心	徐庆锋	2011-06-30	苏大科〔2011〕32号
79	苏州大学	高等统计与计量经济中心	唐煜	2011-07-13	苏大科〔2011〕34号
80	苏州大学	盛世华安智慧城市物联网研究所	朱巧明	2011-09-28	苏大科〔2011〕36号

续表

序号	机构归属	科研机构名称	负责人	成立时间	批文号
81	苏州大学	激光制造技术研究所	石世宏	2011-10-28	苏大科〔2011〕43号
82	江苏省	东吴智库（江苏省重点培育智库）	田晓明	2011-12-14	苏宣通〔2016〕62号
83	苏州大学	地方政府与社会管理研究中心	陈进华	2011-12-31	苏大科〔2011〕57号
84	苏州大学	古典文献研究所	罗时进	2011-12-31	苏大科〔2011〕58号
85	苏州大学	新媒介与青年文化研究中心	马中红	2012-01-10	苏大社科〔2012〕1号
86	苏州大学	智能结构与系统研究所	毛凌锋	2012-01-20	苏大科技〔2012〕8号
87	苏州大学	典籍翻译研究所	王腊宝	2012-03-02	苏大社科〔2012〕3号
88	苏州大学	百森互联网公共服务研究中心	芮国强（陈龙）	2012-04-01	苏大社科〔2012〕4号
89	苏州大学	汉语及汉语应用研究中心	曹炜	2012-04-01	苏大社科〔2012〕4号
90	苏州大学	检查发展研究中心	李乐平（胡玉鸿）	2012-04-01	苏大社科〔2012〕6号
91	苏州大学	东吴哲学研究所	李兰芬	2012-04-27	苏大社科〔2012〕8号
92	苏州大学	苏州大学·现代快报地产研究中心	芮国强（王军元）	2012-06-07	苏大社科〔2012〕9号
93	苏州大学	放射医学及交叉学科研究院	柴之芳	2012-06-22	苏大科技〔2012〕28号
94	苏州大学	心血管病研究所	沈振亚	2012-07-01	苏大人〔2012〕54号
95	苏州大学	苏州市现代服务业研究中心（原名：苏州大学邦城未来城市研究中心）	段进军	2012-07-07 2018-12-17	苏大社科〔2012〕10号 苏大办复〔2018〕271号

续表

序号	机构归属	科研机构名称	负责人	成立时间	批文号
96	苏州大学	网络舆情分析与研究中心	周毅	2012-09-21	苏大社科〔2012〕13号
97	苏州大学	苏州广告研究所	芮国强（陈龙）	2012-09-21	苏大社科〔2012〕14号
98	苏州大学	唐仲英医学研究院	吴庆宇	2012-10-11	苏大委〔2012〕34号
99	苏州大学	城市·建筑·艺术研究院	吴永发	2012-10-22	苏大社科〔2012〕15号
100	苏州大学	苏州大学—韦仕敦大学同步辐射联合研究中心	T. K. Sham	2012-11-12	苏大科技〔2012〕45号
101	苏州大学	数学与交叉科学研究中心	鄂维南	2012-11-12	苏大科技〔2012〕46号
102	苏州大学	ASIC芯片设计与集成系统研究所	乔东海	2012-11-28	苏大科技〔2012〕49号
103	苏州大学	食品药品检验检测中心	黄瑞	2012-12-21	苏大科技〔2012〕59号
104	苏州大学	跨文化研究中心	王尧	2013-03-07	苏大社科〔2013〕5号
105	苏州大学	呼吸疾病研究所	黄建安	2013-05-09	苏大委〔2013〕29号
106	苏州大学	艺术研究院	田晓明（卢朗）	2013-06-19	苏大社科〔2013〕6号
107	江苏省	国际能源法研究中心（培育）	魏玉娃	2013-06-28	苏教社政〔2013〕6号
108	江苏省	老挝—大湄公河次区域国家研究中心	钮菊生	2013-06	苏教社政〔2013〕6号
109	上海市	上海市人民政府发展研究中心—苏州大学"地方政府与城市治理"决策咨询研究基地	王卓君	2013-09-06	沪府发研〔2013〕45号

续表

序号	机构归属	科研机构名称	负责人	成立时间	批文号
110	苏州大学	知识产权研究院	胡玉鸿	2013-09-22	苏大委〔2013〕56号
111	苏州大学	苏州基层统战理论与实践研究所	王卓君	2013-09-27	苏大社科〔2013〕10号
112	苏州大学	先进数据分析研究中心	周晓方	2013-09-27	苏大科技〔2013〕17号
113	江苏省	江苏当代作家研究基地	王尧	2013-10-31	
114	江苏省	江苏苏南治理现代化研究基地（原名：苏南政府治理与社会治理现代化研究基地）	叶继红	2013-11-24 2018-03	苏社联发〔2013〕64号
115	苏州大学	先进制造技术研究院	孙立宁	2014-01-21	苏大科技〔2014〕3号
116	苏州大学	现代物流研究院	王德祥（李善良）	2014-03-11	苏大办复〔2014〕60号
117	苏州大学	新教育研究院	朱永新（许庆豫）	2014-03-12	苏大办复〔2014〕61号
118	苏州大学	剑桥—苏大基因组资源中心	徐璎	2014-03-12	苏大科技〔2014〕6号
119	苏州大学	苏州历史文化研究所	王国平	2014-03-14	苏大办复〔2014〕62号
120	苏州大学	造血干细胞移植研究所	吴德沛	2014-03-18	苏大委〔2014〕9号
121	江苏省	新型城镇化与社会治理协同创新中心	陈进华	2014-03-18	苏政办发〔2014〕22号
122	苏州大学	东吴智库文化与社会发展研究院	田晓明	2014-04-02	苏大办复〔2014〕91号
123	苏州大学	功能有机高分子材料微纳加工研究中心	路建美	2014-04-14	苏大科技〔2014〕14号

续表

序号	机构归属	科研机构名称	负责人	成立时间	批文号
124	苏州大学	江苏省产业技术研究院纺织丝绸技术研究所	陈国强	2014-04-17	苏大科技〔2014〕16号
125	苏州大学	人类语言技术研究所	张民	2014-05-19	苏大科技〔2014〕21号
126	苏州大学	等离子体技术研究中心	吴雪梅	2014-06-17	苏大科技〔2014〕23号
127	苏州大学	电影电视艺术研究所	倪祥保	2014-06-23	苏大办复〔2014〕207号
128	苏州大学	东吴国学院	王钟陵	2014-10-30	苏大办复〔2014〕443号
129	苏州大学	苏州市公共服务标准研究中心	江波	2014-12-08	苏大办复〔2014〕484号
130	苏州大学	海外汉学研究中心	季进	2015-01-07	苏大办复〔2015〕3号
131	苏州大学	中国现代通俗文学研究中心	汤哲声	2015-01-20	苏大办复〔2015〕14号
132	江苏省	江苏省中国特色社会主义理论体系研究基地	田芝健	2015-04-02	苏宣发〔2015〕9号
133	苏州大学	转化医学研究院	时玉舫	2015-05-22	苏大委〔2015〕32号
134	苏州大学	放射肿瘤治疗学研究所	田野	2015-05-24	苏大科技〔2015〕22号
135	苏州大学	骨质疏松症诊疗技术研究所	徐又佳	2015-05-24	苏大科技〔2015〕23号
136	苏州大学	能量转换材料与物理研究中心	李亮	2015-06-07	苏大科技〔2015〕24号
137	江苏省	地方政府与社会治理优秀创新团队	周义程	2015-06-10	苏教社政〔2015〕1号
138	苏州大学	融媒体发展研究院	胡守文	2015-08-04	苏大办复〔2015〕218号
139	苏州大学	国际骨转化医学联合研究中心	杨惠林 Thomas J. Webster	2015-10-13	苏大科技〔2015〕29号

续表

序号	机构归属	科研机构名称	负责人	成立时间	批文号
140	苏州大学	语言与符号学研究中心	王腊宝	2015-11-06	苏大办复〔2015〕296号
141	苏州大学	中国历史文化名城（苏州）研究院	吴永发	2015-11-07	苏大办复〔2015〕297号
142	苏州大学	机器学习与类脑计算国际合作联合实验室	李凡长	2016-01-07	苏大科技〔2016〕1号
143	苏州大学	细胞治疗研究院	蒋敬庭	2016-03-11	苏大科技〔2016〕7号
144	苏州大学	儿科临床研究院	冯星	2016-04-13	苏大人〔2016〕28号
145	苏州大学	基础教育研究院	陈国安	2016-09-19	苏大委〔2016〕46号
146	苏州大学	空间规划研究院	严金泉	2016-11-14	苏大办复〔2016〕325号
147	苏州大学	工业测控与设备诊断技术研究所	朱忠奎	2016-12-16	苏大科技〔2016〕20号
148	苏州大学	能源与材料创新研究院	彭扬	2017-01-13	苏大人〔2017〕10号
149	苏州大学	江苏体育健康产业研究院	王家宏	2017-01-13	苏大社科〔2017〕2号
150	苏州大学	高等研究院	M. Kosterlitz 凌新生	2017-05-19	苏大科技〔2017〕11号
151	江苏省	"传播与社会治理研究"创新团队	陈龙	2017-07-11	苏教社政函〔2017〕17号
152	苏州大学	生物医学工程研究院	周如鸿 文万信	2017-09-11	苏大办复〔2017〕282号
153	苏州大学	高性能金属结构材料研究院	长海博文	2017-09-22	苏大科技〔2017〕19号
154	苏州大学	人工智能研究院	凌晓峰	2017-11-02	苏大科技〔2017〕21号
155	苏州大学	分子科学研究院	李永舫	2017-12-04	苏大科技〔2017〕24号
156	苏州大学	社会组织与社会治理研究院	陈进华	2017-12-04	苏大社科〔2017〕13号

续表

序号	机构归属	科研机构名称	负责人	成立时间	批文号
157	苏州大学	范小青研究中心	房伟	2017-12-13	苏大办复〔2017〕390号
158	国家体育总局	国家体育总局体育产业研究基地	王家宏	2017-12	
159	苏州大学	智慧供应链研究中心	赖福军	2018-01-12	苏大人〔2018〕42号
160	苏州大学	"一带一路"发展研究院(老挝研究中心)	钮菊生	2018-03-10	苏大办复〔2018〕53号
161	苏州大学	动力系统与微分方程研究中心	曹永罗	2018-03-11	苏大人〔2018〕41号
162	苏州大学	药物研究与转化交叉研究所	缪丽燕	2018-06-07	苏大科技〔2018〕8号
163	苏州大学	资本运营与风险控制研究中心	权小锋	2018-06-11	苏大办复〔2018〕136号
164	苏州大学	新时代企业家研究院	陈一星 黄鹏	2018-07-10	苏大办复〔2018〕172号
165	苏州大学	国家监察研究院	李晓明	2018-08-09	苏大办复〔2018〕190号
166	苏州大学	国际税收战略研究与咨询中心	周高（韩祥宗）	2018-08-19	苏大办复〔2018〕193号
167	苏州大学	微创神经外科研究所	兰青	2018-09-12	苏大科技〔2018〕15号
168	江苏省	江苏体育产业协同创新中心（建设）	王家宏	2018-10-18	苏教社政函〔2018〕27号
169	苏州大学	博雅达空间规划协同创新中心	严金泉	2018-11-30	苏大科技〔2018〕21号
170	苏州大学	中国昆曲评弹研究院	吴磊	2018-12-26	苏大办复〔2018〕278号
171	苏州大学	阔地智慧教育研究院	冯成志	2018-12-26	苏大办复〔2018〕279号
172	苏州大学	苏州大运河文化带建设研究院	江涌	2019-01-02	苏大社科〔2018〕4号

续表

序号	机构归属	科研机构名称	负责人	成立时间	批文号
173	苏州大学	中国大城市发展研究院	王龙江	2019-01-03	苏大办复〔2019〕2号
174	苏州大学	江苏对外传播研究院	陈 龙	2019-04-04	苏大办复〔2019〕32号
175	苏州大学	自由贸易区综合研究中心	王 俊	2019-05-06	苏大办复〔2019〕61号
176	苏州大学	影像医学研究所	胡春洪	2019-05-13	苏大科技〔2019〕23号
177	苏州大学	运动康复研究中心	王国祥	2019-07-05	苏大办复〔2019〕114号
178	江苏省	江苏现代金融研究基地	权小锋	2019-08-13	苏社联发〔2019〕76号
179	苏州大学	分子酶学研究所	王志新	2019-09-05	苏大人〔2019〕67号
180	苏州大学	交叉医学研究中心	熊思东	2019-10-24	苏大委〔2019〕102号
181	苏州大学	先进材料国际合作联合中心	于吉红	2019-11-07	苏大委〔2019〕111号
182	苏州大学	建设性新闻研究中心	陈 龙	2019-11-12	苏大办复〔2019〕177号

科研成果与水平

2019年度苏州大学科研成果情况（表38）

表38　2019年度苏州大学科研成果一览表

单位	获奖成果	SCIE	EI	CPCI-S	核心期刊论文
文学院	0	0	0	0	114
传媒学院	4	0	0	0	40
社会学院	5	0	0	0	82
政治与公共管理学院	0	0	0	0	102
马克思主义学院	3	0	0	0	69
教育学院	1	0	0	0	74
东吴商学院（财经学院）	8	0	0	0	62
王健法学院	2	0	0	0	75
外国语学院	0	0	0	0	40
体育学院	1	0	0	0	54
艺术学院	0	0	0	0	12
音乐学院	0	0	0	0	8
金螳螂建筑学院	3	4	0	1	/
数学科学学院	1	62	1	0	/
物理科学与技术学院	1	124	2	0	/
光电科学与工程学院	4	41	2	41	/
能源学院	0	69	1	1	/
材料与化学化工学部	4	580	7	5	/

续表

单位	获奖成果	SCIE	EI	CPCI-S	核心期刊论文
计算机科学与技术学院	1	51	12	29	/
电子信息学院	0	52	7	44	/
机电工程学院	3	46	13	44	/
沙钢钢铁学院	1	17	0	1	/
纺织与服装工程学院	8	133	10	5	/
轨道交通学院	4	39	5	13	/
功能纳米与软物质研究院	8	262	3	7	/
医学部	8	478	5	14	/
附属第一医院	23	349	1	14	/
附属第二医院	19	147	0	16	/
附属第三医院	0	48	0	5	/
附属儿童医院	10	69	0	5	/
其他附属医院	0	32	0	0	/
系统生物学研究中心	0	0	0	0	/
其他单位	3	3	0	0	/
合计	125	2 606	69	245	732

2019年度苏州大学科研成果获奖情况

科技成果获奖情况

国家技术发明奖（1项）（表39）

表39 国家技术发明奖获奖情况

序号	项目名称	获奖等级	完成单位	主要完成人
1	多元催化剂嵌入法富集去除低浓度VOCs增强技术及应用	二等奖	苏州大学，江苏南方涂装环保股份有限公司	路建美　陈冬赟　李娜君　贺竞辉　张克勤　李爱军

国家科学技术进步奖（2项）（表40）

表40　国家科学技术进步奖获奖情况

序号	项目名称	获奖等级	完成单位	主要完成人
1	面向柔性光电子的微纳制造关键技术与应用	二等奖	苏州大学，苏州苏大维格科技集团股份有限公司	陈林森　方宗豹　周小红　浦东林　朱鹏飞　魏国军　叶　燕　朱昊枢　朱　鸣　张　恒
2	血液系统疾病出凝血异常诊疗新策略的建立及推广应用	二等奖	苏州大学附属第一医院，苏州大学	吴德沛　阮长耿　韩　悦　武　艺　陈苏宁　黄玉辉　王兆钺　戴克胜　傅建新　赵益明

教育部高等学校科学研究优秀成果奖（科学技术）（5项）（表41）

表41　教育部高等学校科学研究优秀成果奖获奖情况

序号	项目名称	获奖等级	完成单位	主要完成人
1	纳米结构太阳电池的器件级光—电—热仿真、性能调控与实现	自然科学二等奖	苏州大学，中国科学院宁波材料技术与工程研究所	李孝峰　叶继春　高平奇　吴绍龙　张　程　杨阵海
2	临床重要病原菌及肝炎病毒的耐药致病分子机制	自然科学二等奖	苏州大学，苏州大学附属第二医院，苏州市第五人民医院，四川省医学科学院，四川省人民医院	杜　鸿　张海方　胥　萍　喻　华　王　敏　郑　毅　谢小芳　朱雪明　陈　慧　周惠琴
3	儿童呼吸道感染的病原学及临床研究	科技进步二等奖	苏州大学，苏州大学附属儿童医院，广州医科大学附属第一医院	郝创利　钟南山　杨子峰　王宇清　陈正荣　李　伟　严永东　蒋吴君　孙惠泉　张新星
4	心脏死亡器官捐献中肾移植风险评估和个体化诊疗技术的创新和应用	科技进步二等奖	苏州大学，苏州大学附属第一医院	侯建全　何　军　魏雪栋　李　杨　黄玉华　袁晓妮　胡林昆　鲍晓晶　王亮良　浦金贤
5	肿瘤辐射生物效应作用机制及临床应用	科技进步二等奖	上海交通大学，苏州大学，石河子大学，上海欣科医药有限公司	王忠敏　刘芬菊　丁晓毅　杜　杰　黄　蔚　杨楠楠　陈克敏　俞家华　陆　健　王　晨　徐鹏程

教育部青年科技奖（1 项）（表 42）

表 42　教育部青年科技奖获奖情况

序号	项目名称	获奖等级	完成单位	主要完成人
1	/	教育部青年科技奖	苏州大学	刘　庄

江苏省科学技术奖（12 项）（表 43）

表 43　江苏省科学技术奖获奖情况

序号	项目名称	获奖等级	完成单位	主要完成人
1	面向燃料电池应用的多组分铂基纳米材料研究	一等奖	苏州大学	黄小青　姚建林　卜令正　王鹏棠　张　楠
2	缺血性心脏病干细胞治疗临床转化的关键技术创新	一等奖	苏州大学附属第一医院，中国医学科学院阜外医院，苏州大学	沈振亚　李杨欣　张　浩　胡士军　陈一欢　余云生　滕小梅　陈　红　刘　盛　雷　伟　张燕霞
3	高性能有机/微纳硅光伏电池材料的设计及器件应用	一等奖	苏州大学	孙宝全　李述汤　宋　涛　申小娟　张云芳　刘瑞远　张付特　张　杰
4	临床肠杆菌科重要病原菌的耐药致病机制与快速检测研究	一等奖	苏州大学附属第二医院，徐州医科大学附属医院	杜　鸿　张海方　顾　兵　朱雪明　王　敏　谢小芳　杨　勇　郑　毅　马　萍　周惠琴
5	蚕丝丝素肽段的精确制备、生物活性及应用	一等奖	苏州大学，江苏宝缦家纺科技有限公司	王建南　李明忠　董凤林　卢神州　殷　音　陆维国
6	自组装纳米银长效抗菌功能纺织品开发与产业化	一等奖	苏州大学，南通大学，泉州迈特富纺织科技有限公司，江苏斯得福纺织股份有限公司，张家港耐尔纳米科技有限公司	陈宇岳　徐思峻　张德锁　林　红　崔建伟　柯永辉　张　华　张　峰　颜永恩

续表

序号	项目名称	获奖等级	完成单位	主要完成人
7	基于"肾虚血瘀"理念创新中药方剂对于慢性肾脏病的治疗作用	二等奖	苏州大学附属第一医院，江苏省中医院，苏州市立医院北区，苏州市中医医院	魏明刚 何伟明 高 坤 陆 迅 成旭东 周 玲 孙 伟
8	早产极低体重儿营养策略建立及并发症相关保护靶点研究	二等奖	苏州大学附属儿童医院，上海交通大学医学院附属上海儿童医学中心，中国医科大学附属盛京医院	朱雪萍 洪 莉 冯 星 富建华 肖志辉 俞生林 丁晓春 武庆斌 张 芳 盛晓郁
9	基于多信息的挖掘机遥操作与自主作业关键技术研究及应用	二等奖	三一重机有限公司，中国航空工业集团公司西安飞行自动控制研究所，南京工业大学，苏州大学	曹东辉 王东辉 殷晨波 孙立宁 宋科璞 俞宏福 石向星 武晓光 陈 健 陈家元 冯 浩
10	纳米材料与细胞界面作用的构建、机理及调控	二等奖	南京大学，苏州大学	马余强 丁泓铭 杨 恺 田文得
11	高效金属镜面光整加工关键技术及产业化应用	二等奖	江南大学，苏州大学，苏州江锦自动化科技有限公司，无锡市恒利弘实业有限公司	赵永武 王永光 倪自丰 钱善华 黄冬梅 卞 达 白林森 李庆忠
12	用于电子产品的超薄轻量低翘曲碳纤维复合片材的产业化及应用	三等奖	江苏澳盛复合材料科技有限公司，苏州大学	严 兵 戴礼兴 孙 君 许文前 赵清新 郎鸣华 刘 成 施刘生 黄献中 王 升 何定军

国防科学技术进步奖（1项）（表44）

表44 国防科学技术进步奖获奖情况

序号	项目名称	获奖等级	完成单位	主要完成人
1	大规模核事故快速高通量生物剂量评价及伤员分类	三等奖	核工业总医院（苏州大学附属第二医院）	戴 宏 刘玉龙 冯骏超 卞华慧 王优优

中国纺织工业联合会科学技术奖（4项）（表45）

表45 中国纺织工业联合会科学技术奖获奖情况

序号	项目名称	获奖等级	完成单位	主要完成人
1	蚕丝生物活性分析技术体系的建立与应用	技术发明一等奖	苏州大学，江苏宝缦家纺科技有限公司，鑫缘茧丝绸集团股份有限公司	王建南 陆维国 李明忠 卢神州 殷 音
2	纺织品天然染料染色印花关键技术及产业化	科技进步二等奖	苏州大学，武汉纺织大学，鑫缘茧丝绸集团股份有限公司，盛虹集团有限公司，烟台明远家用纺织品有限公司，烟台业林纺织印染有限责任公司，苏州虹锦生态纺织科技有限公司	王祥荣 姜会钰 陈忠立 薛志勇 侯学妮 储呈平 段 佳 李 伟 卫金龙 姚金波
3	丝素蛋白微纳非织造材料关键技术及产业化应用	科技进步二等奖	苏州大学	卢神州 孙文祥 邢铁玲 郑兆柱 王春花 姜福建
4	ISO 15625：2014丝类生丝疵点、条干电子检测试验方法	科技进步二等奖	中国丝绸协会，浙江丝绸科技有限公司，杭州海关技术中心，浙江凯喜雅国际股份有限公司，苏州大学	钱有清 周 颖 董锁拽 卞幸儿 许建梅 伍冬平 潘璐璐 赵志民 刘文全

中国商业联合会科学技术奖（2项）（表46）

表46 中国商业联合会科学技术奖获奖情况

序号	项目名称	获奖等级	完成单位	主要完成人
1	优质桑蚕丝生产关键技术研发及其产业化应用	二等奖	苏州大学，如皋市蚕桑技术指导站，东台市蚕桑技术指导管理中心，海安市蚕桑技术推广站，鑫缘茧丝绸集团股份有限公司	李 兵 李凡池 孙 锋 杨 斌 王 军 崔颖钊 周慧勤 钱忠兵 黄俊明 沈卫德 胡征宇 崔世明
2	微环境调控创面修复的关键技术及应用	三等奖	江南大学附属医院（原无锡市第三人民医院），苏州大学，江南大学，无锡贝迪生物工程股份有限公司	吕国忠 吕 强 邱立朋 邓 超 任伟业 赵 朋 程咏梅 杨敏烈 储国平

华夏医学科技奖（华夏医疗保健国际交流促进科技奖）（1项）（表47）

表47 华夏医学科技奖获奖情况

序号	项目名称	获奖等级	完成单位	主要完成人
1	儿童脓毒症早期预警体系的建立及固有免疫调控研究	二等奖	苏州大学附属儿童医院，苏州大学	汪　健　周慧婷　彭天庆　黄　洁　陈正荣　许云云　陈旭勤　张雁云　赵　赫　郭万亮　柏振江　李毅平　李　嫣　王　谦　曹　戍

中国产学研合作促进会科技奖（2项）（表48）

表48 中国产学研合作促进会科技奖获奖情况

序号	项目名称	获奖等级	完成单位	主要完成人
1	低成本高精度镁合金异型材快速挤压成形关键技术开发及应用	三等奖（创新成果奖优秀奖）	苏州大学，无锡福镁轻合金科技有限公司，安徽工业大学	丁汉林　魏　峰　朱国辉　陈　伟　王永强
2	面向显示照明的超薄导光器件及关键技术	三等奖（创新成果奖优秀奖）	苏州维旺科技有限公司，苏州大学，苏州苏大维格科技集团股份有限公司	张　恒　方宗豹　乔　文　陈林森　朱志坚　浦东林　周小红　魏国军　周　欣　朱鹏飞

中照照明科技创新奖（1项）（表49）

表49 中照照明科技创新奖获奖情况

序号	项目名称	获奖等级	完成单位	主要完成人
1	高效防眩光LED平板照明系统	三等奖（科技创新）	苏州大学，苏州维旺科技有限公司	方宗豹　张　恒　陈林森　周　欣　管浩远　朱志坚　浦东林　胡玉斌　王　欢　司群英

天津市科学技术奖（1项）（表50）

表50　天津市科学技术奖获奖情况

序号	项目名称	获奖等级	完成单位	主要完成人
1	港珠澳大桥拱北隧道超大断面曲线管幕冻结法关键技术	科学技术进步奖一等奖	中铁十八局集团有限公司，中铁十八局集团第一工程有限公司，港珠澳大桥珠海连接线管理中心，苏州大学，中国地质大学（武汉），同济大学	潘建立　史培新　张斌梁　史鹏飞　刘应亮　刘杨　周先平　高海东　李剑　马保松　胡向东　李刚　宫大辉

湖南省科学技术奖（1项）（表51）

表51　湖南省科学技术奖获奖情况

序号	项目名称	获奖等级	完成单位	主要完成人
1	关键金属运动部件表面强化与延寿基础研究	二等奖	中南林业科技大学，苏州大学，江南大学	刘秀波　王永光　刘海青　陆小龙　赵永武

浙江省科学技术奖（1项）（表52）

表52　浙江省科学技术奖获奖情况

序号	项目名称	获奖等级	完成单位	主要完成人
1	面向全球电子商务的多语言处理技术与平台	科学技术进步奖二等奖	阿里巴巴，苏州大学	司罗　张民　骆卫华　段湘煜　于恒

中国公路建设行业协会科技奖（1项）（表53）

表53　中国公路建设行业协会科技奖获奖情况

序号	项目名称	获奖等级	完成单位	主要完成人
1	港珠澳大桥拱北隧道超大断面曲线管幕冻结法关键技术	特等奖	中铁十八局集团有限公司，中铁十八局集团第一工程有限公司，港珠澳大桥珠海连接线管理中心，苏州大学，中国地质大学（武汉），同济大学	史培新　潘建立　王啟铜　刘应亮　刘杨　周先平　张鹏　胡向东　高海东　刘维　史鹏飞　李刚　王文州　赵涛　宫大辉

江苏省卫生健康委医学新技术引进评估获奖项目（23项）（表54）

表54 江苏省卫生健康委医学新技术引进评估获奖项目情况

序号	项目名称	获奖等级	完成单位	主要完成人
1	靶向CD19/CD20/CD22嵌合抗原受体工程化T细胞（CART）免疫技术治疗CD19/CD20/CD22阳性的复发、难治B细胞恶性淋巴瘤	一等奖	苏州大学附属第二医院	李彩霞 陈 佳 吴德沛
2	3D打印技术在神经外科基础及临床中的应用	一等奖	苏州大学附属第一医院	兰 青 代兴亮 王宣之
3	超声内镜引导细针湿抽法联合细胞块技术诊断实体肿瘤的临床研究	一等奖	苏州大学附属第一医院	胡端敏 单海华 程桂莲
4	新型生物标志物在心肌梗死预后评估中的应用	一等奖	苏州大学附属第二医院	周 祥 钱志远 张 昊
5	全模型迭代重组（IMR）联合低辐射、低对比剂CT血管成像技术在头颈部动脉狭窄诊断中的应用	一等奖	苏州大学附属第二医院	蔡 武 范国华 胡 粟
6	紫癜性肾炎预测指标和预后评估体系的建立与临床应用	二等奖	苏州大学附属第二医院	林 强 王凤英 朱 赟
7	支持向量机方法预测川崎病丙种球蛋白无反应	二等奖	苏州大学附属第二医院	黎 璇 钱为国 周万平
8	异基因造血干细胞移植治疗儿童遗传性骨髓衰竭综合征	二等奖	苏州大学附属儿童医院	肖佩芳 何海龙 孙伊娜
9	180W-XPS绿激光治疗良性前列腺增生症的临床研究	二等奖	苏州大学附属儿童医院	薛波新 陶 伟 徐 明
10	斜仰截石位下肾囊性疾病微创内引流治疗的临床应用	二等奖	苏州大学附属儿童医院	丁 翔 黄玉华 魏明刚
11	新型细胞因子在2型糖尿病血管并发症早期评估中的应用	二等奖	苏州大学附属第二医院	鲁 燕 樊华英 陈 玲

续表

序号	项目名称	获奖等级	完成单位	主要完成人
12	胃肠道恶性肿瘤代谢表型和代谢调控关键点的检测及其靶向调控应用	二等奖	苏州大学附属第一医院	何宋兵 万岱维 孙 亮
13	程序化腹腔镜肝脏手术在临床的应用	二等奖	苏州大学附属第一医院	秦 磊 杨小华 薛小峰
14	不同术式的小腿穿支复合组织瓣修复小腿及足踝区软组织缺损的临床应用	二等奖	苏州大学附属第一医院	沈国良 李攀登 林 伟
15	帕金森病睡眠障碍的多维度评价方法及应用	二等奖	苏州大学附属第一医院	沈 赟 黄隽英 熊康平
16	棉片辅助技术在颅内微小动脉瘤夹闭中的应用	二等奖	苏州大学附属第一医院	刘建刚 黄煜伦 张世明
17	血小板功能测定在慢性肾脏病中的应用	二等奖	苏州大学附属第二医院	卢国元 李 明 周 玲
18	八种病原体联合分子检测在儿童呼吸道感染中的应用	二等奖	苏州大学附属第一医院	邵雪君 徐 俊 丰 涛
19	改良吸入装置使用技术在哮喘/COPD患者慢病管理中的应用与推广	二等奖	苏州大学附属第一医院	陈 蓉 秦 琼 边诣聪
20	经颅超声对不同亚型帕金森病的临床应用价值	二等奖	苏州大学附属儿童医院	张迎春 张 英 王才善
21	建立动脉粥样斑块失稳态的临床创新评估体系并预测缺血性卒中的关键技术研究	二等奖	苏州大学附属第一医院	惠品晶 丁亚芳 颜燕红
22	直肠癌个体化新辅助治疗的关键技术研究与临床实践	二等奖	苏州大学附属第二医院	朱雅群 钟丰云 彭啟亮
23	门静脉自固定式放射性粒子套管联合TACE治疗肝细胞癌合并门静脉主干癌栓	二等奖	苏州大学附属第一医院	朱晓黎 王万胜 沈 健

江苏医学科技奖（9项）（表55）

表55 江苏医学科技奖获奖情况

序号	项目名称	获奖等级	完成单位	主要完成人
1	DCD模式下的肾移植风险评估和个体化诊疗技术的临床应用	一等奖	苏州大学附属第一医院	侯建全 何军 魏雪栋 李杨 鲍晓晶 胡林昆 袁晓妮 王亮良 浦金贤
2	放射性脑损伤诊疗创新技术研究	二等奖	苏州大学附属第二医院	田野 钱志远 连一新 赵培峰 王琛
3	脑出血微创手术关键技术的创新及相关转化医学研究	二等奖	苏州大学附属第一医院	陈罡 尤万春 李海英 李香 申海涛 王中 周岱 徐峰 朱凤清
4	新型组合标志物在儿童脓毒症早期预警中的作用研究	二等奖	苏州大学附属儿童医院	黄洁 方芳 许云云 周慧婷 李嫣 李毅平 柏振江 刘琳 张奇
5	TWEAK在狼疮肾炎发病机制中的作用及其靶基因治疗的实验研究	三等奖	苏州大学附属第二医院	刘志纯 何春燕 薛雷喜 温健 欧阳涵 杨茹 朱雪明
6	昆山8.2爆炸事故伤员救治理念和实践经验	三等奖	苏州市立医院，苏州大学附属第一医院，苏州大学附属第二医院，苏州市中心血站，昆山市第一人民医院	张洪 吴允孚 徐军 蒋银芬 林伟 吴晓阳 金钧 刘励军 刘军
7	免疫卡控点分子在常见女性恶性肿瘤中的作用及其临床转化应用	三等奖	苏州大学附属第一医院，苏州大学	瞿秋霞 谢芳 黄沁 王勤 兰晶 万玉秋 沈宇 杜婷 张学光
8	神经内镜经颅锁孔与经鼻手术的关键技术与临床应用	三等奖	苏北人民医院，无锡市第二人民医院，苏州大学附属第二医院	张恒柱 王清 严正村 兰青 王晓东 李育平 杨麟
9	腰椎间盘退变机制及外科治疗创新	三等奖	苏州大学附属第一医院，常州市第二人民医院	顾勇 农鲁明 朱雪松 汪凌骏 李斌 毛海青 冯煜 王志荣 陈亮

江苏省妇幼保健引进新技术奖（1项）（表56）

表56 江苏省妇幼保健引进新技术奖获奖情况

序号	项目名称	获奖等级	完成单位	主要完成人
1	质谱技术在妇幼感染性疾病快速病原学诊断中的应用	三等奖	苏州大学附属第二医院	杜鸿 张弘 谢小芳

中核集团公司科技奖（1项）（表57）

表57 中核集团公司科技奖获奖情况

序号	项目名称	获奖等级	完成单位	主要完成人
1	认知功能辐射损伤机制和防治关键技术研究	一等奖	核工业总医院（苏州大学附属第二医院），苏州大学	田野 张力元 钱志远 王琛 杨红英 连一新 邹莉 赵培峰 郭旗

江苏省轻工协会科学技术奖（1项）（表58）

表58 江苏省轻工协会科学技术奖获奖情况

序号	项目名称	获奖等级	完成单位	主要完成人
1	液态分散染料免蒸洗清洁印染技术及产品研究	二等奖	苏州大学	丁志平 卢开平 苗海青 卢杰宏 陈镜宏 赵文爱 陈任 苏飞洞

霍英东青年教师奖（1项）（表59）

表59 霍英东青年教师奖获奖情况

序号	项目名称	获奖等级	完成单位	主要完成人
1	/	青年教师奖三等奖	苏州大学	程亮

江苏省地下空间学会科技奖（2项）（表60）

表60 江苏省地下空间学会科技奖获奖情况

序号	项目名称	获奖等级	完成单位	主要完成人
1	软土地基中大直径土压盾构掘进面局部失稳机理及支护压力研究	一等奖	苏州大学，中铁二院	刘 维 史培新 申文明
2	基于BIM的公路隧道设计施工与维养管理平台研究	二等奖	苏州大学	史培新 陈丽娟 唐 强 刘 维 周小淇 汪卫军 吴青琳 李惠丽

全国妇幼健康科学技术奖（3项）（表61）

表61 全国妇幼健康科学技术奖获奖情况

序号	项目名称	获奖等级	完成单位	主要完成人
1	儿童肾损伤早期诊断和预后判断体系的建立及临床应用	一等奖	苏州大学附属儿童医院	李艳红 汪 健 李晓忠 冯 星 丁 胜 汪 清 陈 娇 方 芳 周慧婷 柏振江 李 根 张文燕
2	儿童川崎病血管功能障碍的评估	二等奖	苏州大学附属儿童医院	吕海涛 唐孕佳 钱光辉 丁粤粤 徐秋琴 孙 凌 黎 璇 陈 烨 钱为国 周万平
3	免疫卡控点分子及相关细胞亚群在常见女性恶性肿瘤中的作用及其临床应用	三等奖	苏州大学附属第一医院，苏州大学	瞿秋霞 谢 芳 王 勤 兰 晶 黄 沁 万玉秋 杜 婷 沈 宇 张学光

中国水产学会范蠡科技进步奖（2项）（表62）

表62 中国水产学会范蠡科技进步奖获奖情况

序号	项目名称	获奖等级	完成单位	主要完成人
1	江苏省主要经济鱼类重要病害防控技术集成与应用	一等奖	江苏省渔业技术推广中心，苏州大学，南京农业大学，中国科学院水生生物研究所，国家海洋局第三海洋研究所，江苏省淡水水产研究所，常州市武进区水产技术推广站	张朝晖 贡成良 刘永杰 宁德刚 陈明谅 李爱华 章晋勇 陈 辉 胡 翔 周 阳 赵彦华 邓楠楠 吴琴姊 赵子明 黄 桦 袁 锐 吴亚锋 陈 静 成爱兰 毛国庆
2	泥鳅健康养殖关键技术与示范推广	二等奖	苏州大学，淮海工学院（现江苏海洋大学），连云港市海洋与渔业发展促进中心，宿迁市水产技术推广站，徐州市水产技术推广站，淮安市水产技术指导站，灌云县水产渔业技术指导站	凌去非 朱 明 李彩娟 张晓君 喻 梅 陆 波 姜雪照 李晓刚 蒋步国 董志国 李 义 张振早 王 威 李 勇 张 茜 于 飞 余祥胜 陈 武 王 珍

中国风景园林学会科技奖（2项）（表63）

表63 中国风景园林学会科技奖获奖情况

序号	项目名称	获奖等级	完成单位	主要完成人
1	道路景观中雨水花园滞留净化系统的研究与应用	三等奖	苏州金螳螂园林绿化景观有限公司，苏州大学	李茜玲 李 静 柳俊杰 李 尚 王 波 孙向丽 潘晓华 刘 振 马 行
2	景观绿化中盐碱地的土壤改良技术研究	三等奖	苏州金螳螂园林绿化景观有限公司，苏州大学	芦 洋 李茜玲 方坤斌 李 静 柳俊杰 王 波 孙向丽

中国可再生能源学会科学技术奖（1项）（表64）

表64 中国可再生能源学会科学技术奖获奖情况

序号	项目名称	获奖等级	完成单位	主要完成人
1	硅太阳电池倒金字塔单多晶硅普适性先进绒面技术研发与产业化	科技进步一等奖	苏州阿特斯阳光电力科技有限公司，苏州大学	邹 帅 张晓宏 王栩生 邢国强 苏晓东 曹 芳 叶晓亚

甘肃医学科技奖（1项）（表65）

表65　甘肃医学科技奖获奖情况

序号	项目名称	获奖等级	完成单位	主要完成人
1	用于创伤后软组织缺损修复材料与移植装置的转化医学研究	一等奖	中国人民解放军联勤保障部队第九四〇医院，兰州大学第二医院，苏州大学，浙江大学，兰州交通大学，兰州汶河医疗器械研制开发有限公司	刘　毅　宋　玫　刘　萍　李明忠　闵思佳　张　诚　汪　诤　陈黎明　王　刚　亢　婷　董　黎

中国康复医学会科学技术奖（1项）（表66）

表66　中国康复医学会科学技术奖获奖情况

序号	项目名称	获奖等级	完成单位	主要完成人
1	经颅磁刺激与近红外技术结合在中枢神经系统损伤康复中的应用	三等奖	苏州大学附属第一医院，苏州大学	苏　敏　李春光　蔡秀英　孔　岩　黄亚波　刘建刚　邹　俊

苏州市医学新技术项目（26项）（表67）

表67　苏州市医学新技术项目获奖情况

序号	项目名称	获奖等级	完成单位	主要完成人
1	基因多态性检测用于急性心肌梗死缺血再灌注损伤的评估	特等奖	苏州大学附属第一医院	周亚峰　胡圣大　蒋雨枫
2	物理技术手段在精准放射治疗中个体化降低放疗毒副反应的系列研究	特等奖	苏州大学附属第二医院	钱建军　杨咏强　田　野
3	新型非编码RNA在结直肠癌诊疗中应用研究	特等奖	苏州大学附属第二医院	吴　勇　杨晓东　邢春根
4	紫癜性肾炎预测指标和预后评估体系的建立与临床应用	特等奖	苏州大学附属儿童医院	林　强　王凤英　朱　赟

续表

序号	项目名称	获奖等级	完成单位	主要完成人
5	基于终板的诊治新策略在腰椎退行性疾病患者中的应用	一等奖	苏州大学附属第一医院	邹 俊 钮俊杰 杨惠林
6	肾囊性疾病的体系化微创内引流治疗	一等奖	苏州大学附属第一医院	丁 翔 侯建全 浦金贤
7	血管光学相干断层扫描在眼科的创新应用	一等奖	苏州大学附属第一医院	陆培荣 殷 雪 蔡琴华
8	药师医嘱审核技术在促进临床合理用药中的应用研究	一等奖	苏州大学附属第一医院	马晶晶 周 玲 张 彦
9	直肠癌个体化新辅助放化疗的关键技术研究与临床实践	一等奖	苏州大学附属第二医院	朱雅群 钟丰云 彭啟亮
10	血生化标记物预测血流感染临床应用	一等奖	苏州大学附属第二医院	朱建军 周保纯 刘励军
11	联合FGF23、IGFBP-7、CysC和容量负荷在危重儿童急性肾损伤诊断中的应用	一等奖	苏州大学附属儿童医院	柏振江 陈 娇 李 莺
12	SNaPshot分型技术检测基因多态性在儿童急性淋巴细胞白血病精准治疗中的应用	一等奖	苏州大学附属儿童医院	吕 慧 王 易 曹 岚
13	基于耳穴埋籽和穴位按压的中医疗法在急性白血病患儿化疗期间的临床应用	一等奖	苏州大学附属儿童医院	谢安慰 阐玉英 徐月叶
14	肠道准备关键点指导方案在老年患者结肠镜检查中的应用研究	二等奖	苏州大学附属第一医院	钮美娥 汪茜雅 张媛媛
15	FA2H分子检测在胃癌临床诊治中的应用	二等奖	苏州大学附属第一医院	朱新国 姚一舟 王 斌
16	TCD量化评估颅内侧支循环预测缺血性卒中的关键技术研究	二等奖	苏州大学附属第一医院	惠品晶 丁亚芳 颜燕红

续表

序号	项目名称	获奖等级	完成单位	主要完成人
17	多通道定量流式免疫微球技术联合血浆miRNAs检测在ITP中的临床应用	二等奖	苏州大学附属第一医院	翟菊萍 左 斌 赵赞霄
18	代谢表型和代谢调控关键分子在胃肠道恶性肿瘤中的检测及其靶向干预策略应用	二等奖	苏州大学附属第一医院	何宋兵 孙 亮 蒋林华
19	粪菌移植在ICU中的规范化应用	二等奖	苏州大学附属第一医院	金 钧 韦 瑶 陈 辉
20	180W-XPS绿激光治疗良性前列腺增生症的临床研究	二等奖	苏州大学附属第二医院	薛波新 陶 伟 徐 明
21	C型凝集素样受体2（CLEC-2）对急性缺血性脑卒中预后及终点事件的预测价值	二等奖	苏州大学附属第二医院	张 霞 曹勇军 李 晖
22	神经内镜微创手术治疗出血性脑卒中	二等奖	苏州大学附属第二医院	董 军 王中勇 盛敏峰
23	纵轴超声内镜在壶腹部周围疾病中的诊断价值	二等奖	苏州大学附属第二医院	胡端敏 唐 文 李海燕
24	血浆miR-223-3P的表达量在预测川崎病冠状动脉损害中的临床应用	二等奖	苏州大学附属儿童医院	陈 烨 吕海涛 钱为国
25	抗苗勒氏管激素（AMH）的检测在性腺疾病诊断中的应用	二等奖	苏州大学附属儿童医院	谢蓉蓉 陈临琪 陈 婷
26	非编码RNA作为新靶标在儿童尿道下裂筛选和治疗中的应用	二等奖	苏州大学附属儿童医院	周 云 张亚 曹 戍

苏州市医学会医学科技奖（20项）（表68）

表68　苏州市医学会医学科技奖获奖情况

序号	项目名称	获奖等级	完成单位	主要完成人
1	降铁方法（去铁胺）在Ⅰ型骨质疏松防治中的作用及机制研究	一等奖	苏州大学附属第二医院，上海市伤骨科研究所	徐又佳　邓廉夫　贾　鹏　张　东　俞　晨　王　啸　李光飞　刘志鹏　陈　斌
2	基于多模态智能化分子影像探针的肿瘤精准诊疗及相关机制研究	一等奖	苏州大学，苏州大学附属第一医院	史海斌　陈卫昌　汪　勇　曾剑峰　朱　然　栾富娟　程侠菊　何　蕾
3	基于肿瘤免疫与内镜微创技术的胃肠道肿瘤诊治综合体系的建立与应用	一等奖	苏州大学附属第一医院，常熟市第二人民医院	李　锐　史冬涛　成翠娥　张德庆　汪茜雅　高　楠　栾富娟　庞雪芹　陈卫昌
4	3D打印技术在神经外科基础及临床中的应用	一等奖	苏州大学附属第二医院，清华大学	兰　青　代兴亮　王宣之　袁利群　余　聚　徐　弢
5	凝血系统和二硫键异构酶对血管稳态的网络调控	二等奖	苏州大学	武　艺　阳艾珍　周俊松
6	TWEAK在狼疮肾炎发病机制中的作用及其靶基因治疗的实验研究	二等奖	苏州大学附属第二医院	刘志纯　何春燕　薛雷喜　温　健　欧阳涵　杨　茹　唐　梅　朱雪明
7	高危型人乳头瘤病毒持续感染相关宫颈疾病的精准防治策略研究	二等奖	苏州大学附属第二医院	朱维培　郭亮生　陆雪官　张　弘　陈　昕　杨主娟　潘小虹　陶晓敏　邵敏芳
8	食管癌早诊体系建立及相关机制研究	二等奖	苏州大学附属第一医院，苏州大学	蒋　东　王明华　朱彦博　郑世营　秦华龙　万翼龙　丁思思
9	帕金森病不同亚型与相关运动障碍性疾病的经颅超声神经影像鉴别	二等奖	苏州大学附属第二医院	张迎春　王才善　盛余敬　张　英　杨　敏　陈晓芳　刘松涛　唐　维　傅心雨

续表

序号	项目名称	获奖等级	完成单位	主要完成人		
10	儿童胰胆管合流异常的规范化和精准诊疗体系的建立及临床应用	二等奖	苏州大学附属儿童医院,上海市第六人民医院东院	汪 健 陈 风 程 远	郭万亮 陈 伟	黄顺根 方 芳
11	髂静脉受压综合征的临床诊治与基础研究	二等奖	苏州大学附属第二医院	桑宏飞 李承龙 雷锋悦	李晓强 张晔青 朱礼炜	钱爱民 于小滨
12	成人肿瘤患者癌因性疲乏护理的系列研究	二等奖	苏州大学,苏州大学附属第一医院,复旦大学	田 利 胡 雁	李惠玲 王 芬	林 璐 曹娟妹
13	组织损伤中人羊水干细胞的保护策略研究	三等奖	苏州大学附属儿童医院,苏州大学,苏州大学附属第一医院	许云云 梁含思 余水长	李 芳 李 刚	秦明德 胡筱涵
14	新型细胞因子在2型糖尿病血管并发症早期评估中的应用	三等奖	苏州大学附属第一医院	鲁 燕 陈 超 陈 玲	成兴波 范庆涛 董笑然	张 磊 樊华英
15	急性胰腺炎严重程度的早期预测因子及其临床应用	三等奖	苏州大学附属第一医院	许春芳 吴爱荣	沈佳庆 李 瑶	戴晨光 卢勇达
16	雌二醇减轻皮瓣缺血再灌注损伤的分子机制研究	三等奖	苏州瑞华骨科医院,苏州大学	巨积辉 唐林峰 侯瑞兴	张 苹 金乾衡	傅 奕 吴建龙
17	儿童难治性肺炎支原体肺炎的诊治研究	三等奖	苏州大学附属儿童医院	严永东 季 伟	陈正荣 郝创利	王宇清
18	新型非编码RNA在大肠癌靶向诊治调控中的作用和机制研究	三等奖	苏州大学附属第二医院	杨晓东 邢春根 何腾飞	浦玉伟 吴 勇	邵乐宁 叶振宇
19	早产儿营养管理及其并发症的防控	三等奖	苏州大学附属儿童医院	朱雪萍 肖志辉	冯 星 张 芳	俞生林 盛晓郁
20	重要免疫分子在支气管哮喘中的作用机制及其转化应用研究	三等奖	苏州市第九人民医院,苏州大学附属第一医院	吴巧珍 黄建安	胡晓蕴 雷 伟	汤 颖

其他奖励（6项）（表69）

表69 其他奖励获奖情况

序号	项目名称	获奖等级	完成单位	主要完成人
1	第六届纳米微米技术"创新与产业化"科研成果转化学生大赛	二等奖	苏州大学	林起航
2	第十二届江苏纺织青年科技奖	一等奖	苏州大学	徐 岚
3	江苏省化工学会戴安邦青年创新奖	/	苏州大学	李彦光
4	中国化学会青年奖	/	苏州大学	刘 庄
5	纳米研究青年创新奖	/	苏州大学	李彦光
6	Materials Today 新星奖	/	苏州大学	李彦光

周氏科研奖（6项）（表70）

表70 周氏科研奖获奖情况

序号	获奖人	获奖等级	学院（部）
1	杜玉扣	优异奖	材料与化学化工学部
2	曹 聪	优异奖	神经科学研究所
3	史海斌	优秀奖	医学部放射医学与防护学院
4	Mario Lanza	优秀奖	功能纳米与软物质研究院
5	杨大伟	优胜奖	数学科学学院
6	黄玉辉	优胜奖	唐仲英血液学研究中心

人文社科研究成果获奖情况

2018年文化和旅游部优秀研究成果（旅游类）（4项）（表71）

表71 2018年文化和旅游部优秀研究成果（旅游类）获奖情况

序号	成果名称	作者	获奖等级	所在学院
1	高铁网络时代区域旅游空间格局	汪德根	二等奖	建筑学院
2	长江三角洲居民乡村旅游空间机会差异及影响机制	黄 泰	二等奖	社会学院
3	基于多样本潜在类别的旅游者生态文明行为分析——以苏州市为例	朱 梅	优秀奖	社会学院
4	生活方式型旅游目的地品牌个性建构——基于苏州古城案例的混合方法研究	周永博 魏向东	优秀奖	社会学院

2018年度江苏省社科应用研究精品工程奖（7项）（表72）

表72　2018年度江苏省社科应用研究精品工程奖获奖情况

序号	成果名称	作者	获奖等级	所在学院
1	思想政法教育社会治理功能研究	陈燕	一等奖	马克思主义学院
2	基于管理和技术异质性的中国城市节能减排绩效评估	孙加森	二等奖	东吴商学院（财经学院）
3	上海自由贸易港建设对苏州的影响及应对策略	王俊	二等奖	东吴商学院（财经学院）
4	关于《土地管理法》（修正案草案）第二次征求意见稿的完善建议	程雪阳	二等奖	王健法学院
5	"互联网+"时代创新人才培养的多重视域	秦炜炜	二等奖	教育学院
6	苏州居家养老服务监管存在的问题及政策建议	宋言奇	二等奖	社会学院
7	反抗家庭暴力中的紧急权认定	王俊	二等奖	王健法学院

第四届"苏州市社科应用研究精品工程"优秀成果奖（12项）（表73）

表73　第四届"苏州市社科应用研究精品工程"优秀成果奖获奖情况

序号	成果名称	作者	获奖等级	所在单位
1	新时代工商联鼓励非公经济参与社会治理和创新发展的路径与建议	屠立峰	一等奖	东吴商学院（财经学院）
2	苏州城市社区治理结构优化路径和对策研究	陈燕	一等奖	人武部
3	苏州市产业技术研究院的建设基础与对策研究	李晶	二等奖	东吴商学院（财经学院）
4	苏州市居家养老服务调查与评估标准研究	陈晓红	二等奖	社会学院
5	苏州品牌企业发展研究报告	魏文斌	二等奖	东吴商学院（财经学院）
6	完善苏州公立医院医药价格综合改革的对策建议	张斌	二等奖	东吴商学院（财经学院）
7	并购重组与苏州制造业转型升级	周中胜	二等奖	东吴商学院（财经学院）

续表

序号	成果名称	作者	获奖等级	所在单位
8	用"互联网思维"建强互联网企业党建	孔 川	三等奖	马克思主义学院
9	21世纪初以来我国教育治理研究的回顾与展望——基于CNKI学术期刊2000—2016年文献的可视化分析	孙掌印	三等奖	继续教育学院
10	体育社会组织培育发展与制度供给路径研究——以苏州市为例	王 政	三等奖	体育学院
11	中美贸易摩擦对苏州产业创新的影响机理及应对研究	周 俊	三等奖	东吴商学院（财经学院）
12	双凤镇农村基层党建高质量发展指标体系	方世南	三等奖	马克思主义学院

苏州市第十八届"新闻传播理论作品奖"（4项）（表74）

表74 苏州市第十八届"新闻传播理论作品奖"获奖情况

序号	成果名称	作者	获奖等级	所在单位
1	媒介使用、文化产品消费与大学生对日本人刻板印象	徐 蒙	一等奖	传媒学院
2	无人机在传播领域的应用及无人机管控制度述评	胡明宇	三等奖	传媒学院
3	VR技术与公益传播融合发展趋势研究	张 静	三等奖	传媒学院
4	被中介的口语传播：声音之镜与时空偏向	杜志红	三等奖	传媒学院

2019年度苏州大学科研成果专利授权情况（表75）

表75 2019年度苏州大学科研成果专利授权情况一览表

序号	申请日	专利号	专利名称	第1发明人	类别、国别/地区	所在单位
1	2017-06-23	2017207436222	一种可实时监测人体生理信号并预警的智能服装	卢业虎	实用新型	纺织与服装工程学院
2	2018-05-11	2018207014530	一种地铁车厢置换通风装置	任 宸	实用新型	轨道交通学院

续表

序号	申请日	专利号	专利名称	第1发明人	类别、国别/地区	所在单位
3	2017-12-26	2017218568808	味觉感受器结构模型	郑小坚	实用新型	医学部
4	2018-06-01	2018208494520	一种直流电机的正反转控制电路	陈 天	实用新型	机电工程学院
5	2018-05-04	2018206586161	一种带安全装置的管式热处理烧结炉	胡增荣	实用新型	轨道交通学院
6	2018-05-24	2018207813548	一种列车轨面扫石器	胡增荣	实用新型	轨道交通学院
7	2018-06-05	2018208684474	一种液氮快冷半固态压铸浆料机械搅拌装置	胡增荣	实用新型	轨道交通学院
8	2018-06-22	2018209679149	批量制备大孔径纳米纤维膜的静电纺丝装置	程亭亭	实用新型	纺织与服装工程学院
9	2018-07-06	201821073176X	荧光显微镜汞灯灯箱外壳	王文洁	实用新型	医学部
10	2018-06-22	2018209687357	静电纺丝装置	程亭亭	实用新型	纺织与服装工程学院
11	2018-07-12	2018211060283	三自由度点胶定位平台	刘吉柱	实用新型	机电工程学院
12	2015-06-11	2015103196776	一种便携操作系统构建方法及便携存储器	刘 钊	发明	计算机科学与技术学院
13	2015-12-03	2015108827182	一种基于鲁棒特征提取的图像识别方法与装置	张 召	发明	计算机科学与技术学院
14	2016-01-28	2016100557207	一种被试仿人机器人	余 亮	发明	金螳螂建筑学院

续表

序号	申请日	专利号	专利名称	第1发明人	类别、国别/地区	所在单位
15	2016-02-29	2016101122471	一种有机—无机杂化光电化学阳极电极及其制备方法	孙宝全	发明	功能纳米与软物质研究院
16	2016-04-12	2016102236889	一种基于x态与纠缠交换的量子对话方法	姜敏	发明	电子信息学院
17	2016-07-29	2016106081571	真空烧结制备碳化硅纳米线的方法	詹耀辉	发明	轨道交通学院
18	2016-09-26	2016108468998	一种铂基化氟硼二吡咯类化合物及制备方法和应用	陈华兵	发明	医学部
19	2016-11-09	2016109831137	3-亚氨基异喹啉-1,4-二酮衍生物的制备方法	曾润生	发明	材料与化学化工学部
20	2016-12-02	2016110996234	一种水凝胶及两性水凝胶成形体的制备方法和应用	李明通	发明	分析测试中心
21	2017-01-19	2017100385489	室温下铁盐催化的原子转移自由基聚合中催化剂的回收方法	程振平	发明	材料与化学化工学部
22	2017-03-10	2017101424067	一种气泡液膜纺丝装置	李雅	发明	纺织与服装工程学院
23	2018-04-27	2018206223810	导光板及平面显示装置	张恒	实用新型	光电科学与工程学院
24	2018-06-27	2018209970740	一种可调发光面大小的X光片读片灯	廖良生	实用新型	功能纳米与软物质研究院
25	2018-05-18	2018207414919	智能光伏电站分布式云监测系统	吴迪	实用新型	光电科学与工程学院
26	2018-04-24	2018205900560	通气式静电纺丝装置	何吉欢	实用新型	纺织与服装工程学院

续表

序号	申请日	专利号	专利名称	第1发明人	类别、国别/地区	所在单位
27	2016-08-04	2016106332090	一种Z轴微旋转平台	钟博文	发明	机电工程学院
28	2015-06-26	2017100794739	一种β-氨基乙基膦酸衍生物的制备方法	邹建平	发明	材料与化学化工学部
29	2018-06-27	2018210039586	透气试样筒装置	孟凯	实用新型	纺织与服装工程学院
30	2015-08-11	2015104867123	一种保护隐私的时间序列相似度计算方法	刘安	发明	计算机科学与技术学院
31	2016-01-26	2016100509773	一种异原子掺杂石墨烯及其制备方法与应用	杨瑞枝	发明	能源学院
32	2016-07-01	2016105046195	一种凹柱面及柱面发散镜的检测方法及装置	郭培基	发明	光电科学与工程学院
33	2016-11-22	2016110274666	一种基于氧杂稠环类的有机场效应晶体管材料及其合成方法和应用	李永玺	发明	功能纳米与软物质研究院
34	2016-12-01	201611091951X	一种树枝状二维钯银纳米片及其制备方法	程丝	发明	材料与化学化工学部
35	2018-07-27	2018212004191	一种用于提高AMOLED的良率及使用寿命的驱动电路	钟博文	实用新型	机电工程学院
36	2018-08-13	2018304444405	包装盒（奶茶味夹心奶糖）	杨朝辉	外观设计	艺术学院
37	2018-05-22	2018207652442	一种原小单孢菌发酵生产用的培养皿	王波	实用新型	金螳螂建筑学院

续表

序号	申请日	专利号	专利名称	第1发明人	类别、国别/地区	所在单位
38	2018-06-19	2018209427330	一种多向三维涡流超音速空喷变形组合装置	管新海	实用新型	纺织与服装工程学院
39	2018-02-11	201820247227X	一种储水式模块化垂直绿化系统	翟 俊	实用新型	金螳螂建筑学院
40	2016-04-25	2016102611530	一种热态铝渣联合水蒸气反应制备氢气的方法	李 鹏	发明	沙钢钢铁学院
41	2016-12-18	2016111732197	一种含氟烷基共聚醚及其制备方法	李战雄	发明	纺织与服装工程学院
42	2015-09-23	2017100770382	一种碳硼烷基高氯酸铵的制备方法	李战雄	发明	纺织与服装工程学院
43	2017-09-01	2017107785868	一种用于离子阱质谱仪的离子隔离装置及隔离方法	李晓旭	发明	机电工程学院
44	2016-06-07	201610397753X	一种铂镓复合纳米催化剂及其制备方法	张 桥	发明	功能纳米与软物质研究院
45	2016-08-18	2016106846338	一种亚波长超宽带透射式二维金属波片	王钦华	发明	光电科学与工程学院
46	2015-12-22	2015109689762	一种具有生物相容性的黑磷纳米颗粒及其制备方法和应用	李 桢	发明	医学部
47	2017-12-22	2017218175495	一种线栅偏振器的制造系统	刘 全	实用新型	光电科学与工程学院
48	2018-03-21	2018203887256	一种定位测量装置	陈国栋	实用新型	机电工程学院
49	2018-05-31	2018208324178	可喷绘反光膜	朱昊枢	实用新型	光电科学与工程学院

续表

序号	申请日	专利号	专利名称	第1发明人	类别、国别/地区	所在单位
50	2018-07-16	2018211254683	一种高血压运动指导转盘	胡志勇	实用新型	医学部
51	2018-05-17	2018207361108	一种智能自动打水设备	李云飞	实用新型	计算机科学与技术学院
52	2018-03-27	2018204230699	一种移动机器人	陈国栋	实用新型	机电工程学院
53	2016-06-30	2016105017667	具有不对称膜结构的可逆交联生物可降解聚合物囊泡及其制备方法与在核酸药物中的应用	孟凤华	发明	材料与化学化工学部
54	2016-10-21	2016109170670	一种图形化精细导电薄膜的制备方法	黄文彬	发明	光电科学与工程学院
55	2018-04-17	2018205456495	一种用于大规格直齿锥齿轮精锻成型装置的模具	倪俊芳	实用新型	机电工程学院
56	2018-04-28	2018206276470	一种眼角贴的烘干装置	陈添禹	实用新型	机电工程学院
57	2018-04-28	201820626557X	一种蛋白质膜的生产组件	王明娣	实用新型	机电工程学院
58	2018-05-30	2018208245320	一种大口径拼接光子筛	许峰	实用新型	光电科学与工程学院
59	2015-03-17	2015101163706	一种视觉显著图的计算方法	何志勇	发明	机电工程学院
60	2016-06-01	2016103790114	α-溴代苯乙酮肟醚合成2,4-二芳基吡咯类化合物的方法	张松林	发明	材料与化学化工学部

续表

序号	申请日	专利号	专利名称	第1发明人	类别、国别/地区	所在单位
61	2016-08-19	2016106900614	一种丝素蛋白微纳米纤维多孔支架及其制备方法	张锋	发明	医学部
62	2016-08-23	2016107077681	一种pH敏感的药物自我门控的介孔纳米抗肿瘤载体的制备方法	潘国庆	发明	医学部
63	2016-11-16	2016110324646	一种用于外科手术的协同交互机器人	匡绍龙	发明	机电工程学院
64	2016-12-18	2016111732318	一种含氟聚醚二元醇及其制备方法	李战雄	发明	纺织与服装工程学院
65	2016-12-28	2016112391467	一种厚板粗轧阶段轧制力预报方法	章顺虎	发明	沙钢钢铁学院
66	2018-06-19	2018209449611	自适应式软体抓手	金国庆	实用新型	机电工程学院
67	2018-06-19	2018209449556	抓取直径自适应调节式软体抓手	金国庆	实用新型	机电工程学院
68	2018-06-19	2018209449626	可拆卸式气动柔性单指	金国庆	实用新型	机电工程学院
69	2018-06-19	2018209456136	可调整式气动软体抓手	金国庆	实用新型	机电工程学院
70	2018-07-20	2018303931127	化妆品包装盒（银杏Pure）	方敏	外观设计	艺术学院
71	2018-05-14	2018207143156	卵母细胞透明带的压电超声切削系统	黄海波	实用新型	机电工程学院
72	2018-05-14	2018207090144	基于柔性铰链机构的压电超声显微注射装置	黄海波	实用新型	机电工程学院

续表

序号	申请日	专利号	专利名称	第1发明人	类别、国别/地区	所在单位
73	2018-05-18	2018207513115	基于靶向区域辅助支撑的卵母细胞显微操作系统	黄海波	实用新型	机电工程学院
74	2018-07-20	2018303931057	包装盒（香蕉味棉花糖）	杨朝辉 王亚亚	外观设计	艺术学院
75	2015-06-25	2015103578198	存在反馈延迟的放大转发中继选择的优化方法	芮贤义	发明	电子信息学院
76	2016-02-01	2016100725255	一种改性丝素蛋白-磷酸钙复合型骨水泥及其制备方法	李斌	发明	医学部
77	2017-07-31	2017106397193	一种全CMOS片上温度-频率转换电路	鲁征浩	发明	电子信息学院
78	2015-12-08	2015108985769	一种基于视觉红外感应技术的人机互动控制系统及方法	余雷	发明	机电工程学院
79	2016-07-21	2016105759972	双金属硫族三元半导体纳米颗粒及其制备方法	李桢	发明	医学部
80	2016-07-28	2016106041377	一种自修复微胶囊及其制备方法	袁莉	发明	材料与化学化工学部
81	2016-11-23	2016110477317	一种聚乳酸纤维精练废液废物利用的方法	唐人成	发明	纺织与服装工程学院
82	2015-08-05	201510472980X	一种用于长距离隧道/管道渗漏监测的传感光缆	唐永圣	发明	轨道交通学院
83	2016-06-29	2016104942010	一种负载型催化剂制备方法及其应用	钟俊	发明	功能纳米与软物质研究院

续表

序号	申请日	专利号	专利名称	第1发明人	类别、国别/地区	所在单位
84	2017-12-15	2017217638894	应用于小鼠腿部辐射照射实验的小鼠固定装置	张卿义	实用新型	医学部
85	2017-08-01	2017209502661	多功能屏风	汤恒亮	实用新型	金螳螂建筑学院
86	2018-05-16	2018207284084	一种旋转训练装置	胡增荣	实用新型	轨道交通学院
87	2018-07-02	2018210325234	一种利用压缩空气驱动的船只	胡增荣	实用新型	轨道交通学院
88	2018-07-10	2018210835006	一种秸秆粉碎机	胡增荣	实用新型	轨道交通学院
89	2015-04-27	2015102044507	一种照片处理方法及系统	杨璐	发明	计算机科学与技术学院
90	2016-01-20	2016100373646	城市绿化树群滞尘量评估方法及其应用	魏胜林	发明	金螳螂建筑学院
91	2016-04-28	2016102789181	一种混沌电路	李文石	发明	电子信息学院
92	2016-05-05	2016102905568	Cu3P 纳米线负极的制备方法、用该方法制得的 Cu3P 纳米线负极及其应用	陈煜	发明	光电科学与工程学院
93	2016-06-02	2016103899136	反应式步进电机的驱动方法、驱动系统及其驱动器	王富东	发明	机电工程学院
94	2016-06-16	2016104301134	一种逆变器定频模型预测控制方法及装置	杨勇	发明	光电科学与工程学院
95	2016-09-08	2016108088471	一种用于连接塑料件的激光透射焊接方法	王传洋	发明	机电工程学院

续表

序号	申请日	专利号	专利名称	第1发明人	类别、国别/地区	所在单位
96	2016-12-03	2016110983215	一种基于生物质的环氧树脂及其制备方法	顾嫒娟	发明	材料与化学化工学部
97	2016-12-29	201611250207X	一种石墨烯增强双相金属铝化物复合材料及其制备方法	陈 瑶	发明	机电工程学院
98	2015-11-10	2017101673479	一种单分散性环状偶氮苯-四甘醇共聚物	周年琛	发明	材料与化学化工学部
99	2017-03-21	2017101706716	一种适用于化合物分子基团或共混物组分比例的定量分析方法	舒 婕	发明	分析测试中心
100	2017-04-18	2017102548442	一种智能型织物及其制备方法	李战雄	发明	纺织与服装工程学院
101	2017-11-22	201721569418X	一种实验室用消毒装置	张佳玉	实用新型	医学部
102	2018-04-26	2018206111478	偏振不敏感电磁吸收结构	周 云	实用新型	光电科学与工程学院
103	2016-04-12	2016102245318	面向神经机器翻译的长句切分方法及装置	熊德意	发明	计算机科学与技术学院
104	2016-11-17	2016110248106	一种含纳米光栅像素结构的超视角指向投影屏幕	万文强	发明	光电科学与工程学院
105	2016-12-16	2016111697757	一种直流有刷电机转速离散控制和显式预测控制方法	仲兆准	发明	沙钢钢铁学院
106	2018-07-04	2018210498892	一种照明、警示用灯	廖良生	实用新型	功能纳米与软物质研究院
107	2018-04-23	2018205824853	一种股后肌群的运动康复装置	尤彦伟	实用新型	体育学院

续表

序号	申请日	专利号	专利名称	第1发明人	类别、国别/地区	所在单位
108	2018-06-04	2018208560700	一种利用潮汐实现断头河单向流动的装置	赵华菁	实用新型	轨道交通学院
109	2018-02-05	2018202025401	半桥粒结构模型教具	曹广力	实用新型	医学部
110	2017-12-08	2017112952606	一种消边缘效应的非球面镜加工方法	倪颖	发明	光电科学与工程学院
111	2017-12-12	2017113209663	一种可实现在线检测的金属多面扫描棱镜加工方法	黄启泰	发明	光电科学与工程学院
112	2018-04-23	2018205826079	雏鸡印记行为箱	车轶	实用新型	医学部
113	2018-04-17	2018205465634	一种大规格直齿锥齿轮精锻成型装置	倪俊芳	实用新型	机电工程学院
114	2018-04-24	2018205906389	一种条状物的张力测试装置	倪俊芳	实用新型	机电工程学院
115	2018-04-13	2018205257966	金属光泽变色膜	朱昊枢	实用新型	光电科学与工程学院
116	2015-05-25	2015102701458	一种基于特征学习的跨年龄人脸验证方法	王朝晖	发明	计算机科学与技术学院
117	2015-12-23	2015109767808	一种自固化高强度大分子胶的制备方法	刘慧玲	发明	医学部
118	2016-03-16	2016101502682	基于振动能量采集器的无源无线传感器节点电源电路	徐大诚	发明	电子信息学院
119	2016-06-22	2016104536568	矿化三维多孔石墨烯材料在骨缺损填充物中的应用	张琦	发明	医学部

续表

序号	申请日	专利号	专利名称	第1发明人	类别、国别/地区	所在单位
120	2016-06-22	2016104542944	全光无栅格频谱整合器	高明义	发明	电子信息学院
121	2016-07-04	2016105172677	串联半弧滑动遮阳罩玻璃幕墙	肖湘东	发明	金螳螂建筑学院
122	2016-07-07	2016105318823	四轴无人机的控制方法	王宜怀	发明	计算机科学与技术学院
123	2016-07-29	201610613021X	透明质酸衍生化的美登素前药、其制备方法与在制备肿瘤靶向治疗药物中的应用	钟志远	发明	材料与化学化工学部
124	2016-10-25	2016109405549	一种基于外消旋体的有机薄膜电子器件及其制备方法	路建美	发明	材料与化学化工学部
125	2017-04-10	2017102303534	一种可逆自修复抗菌丙烯酸涂层、制备及自修复方法	梁国正	发明	材料与化学化工学部
126	2017-12-11	2017217154364	一种简易肌力测量仪	贠 航	实用新型	医学部
127	2018-05-15	2018207225175	一种大棱镜采光百叶窗	田 真	实用新型	金螳螂建筑学院
128	2018-05-15	2018207224384	一种大棱镜采光模块	田 真	实用新型	金螳螂建筑学院
129	2018-05-29	2018208103334	一种新型信号下降沿边沿检测电路	李富华	实用新型	电子信息学院
130	2018-04-09	2018204947979	符合人体压力与压力分布规律需求的压力袜	孙玉钗	实用新型	纺织与服装工程学院
131	2018-04-18	2018205482998	一种可侧向排雪的扫雪车	胡子刚	实用新型	金螳螂建筑学院

续表

序号	申请日	专利号	专利名称	第1发明人	类别、国别/地区	所在单位
132	2018-06-08	2018208870251	一种植物栽培箱	许秋瑾	实用新型	纺织与服装工程学院
133	2018-06-25	2018209748238	大气压高频高压交流等离子体电源装置	吴雪梅	实用新型	物理科学与技术学院
134	2016-11-08	2016109800618	微型浓度梯度发生装置及方法	王婧	发明	医学部
135	2016-12-09	2016111251248	一种菲涅尔器件的制作方法及制作装置	张瑾	发明	光电科学与工程学院
136	2016-12-26	2016112179632	基于激光增材制造技术的具有耐磨涂层的模具的制备方法	陈长军	发明	轨道交通学院
137	2017-10-23	2017109919212	Semaphorin7A抗体在制备用于治疗心肌炎疾病的药物中的应用及其药物	熊思东	发明	医学部
138	2018-07-11	201821096490X	一种多点监测人体胸部温度的文胸	黄伟萍	实用新型	纺织与服装工程学院
139	2018-05-25	2018208480424	用于实现三维图像近眼显示的装置	陈林森	实用新型	光电科学与工程学院
140	2018-06-29	2018210393458	一种涡轮式立轴电磁风能收集器	刘会聪	实用新型	机电工程学院
141	2015-05-27	2015102772735	一种在胶中形成汗腺样结构的方法	张学光	发明	医学部
142	2016-01-19	2016100345398	三维图割算法结合随机游走算法的PET-CT肺肿瘤分割方法	陈新建	发明	电子信息学院
143	2016-03-18	2016101563262	基于主述位的自动问答系统及其实现方法	周国栋	发明	计算机科学与技术学院

续表

序号	申请日	专利号	专利名称	第1发明人	类别、国别/地区	所在单位
144	2016-05-20	2016103403198	2-芳基-3-（4-羟基-2H-吡喃-2-酮-3-基）吲哚衍生物的合成方法	史达清	发明	材料与化学化工学部
145	2016-05-27	2016103641162	3-（2-芳基-1H-吲哚-3-基）-4-羟基香豆素衍生物及其合成方法	史达清	发明	材料与化学化工学部
146	2016-06-02	2016103893820	3-（2-芳基-1H-吲哚-3-基）-4-羟基呋喃-2（5H）-酮及其合成方法	黄志斌	发明	材料与化学化工学部
147	2016-07-08	2016105364751	一种自发荧光纳米凝胶及其制备方法与应用	邓　超	发明	材料与化学化工学部
148	2016-12-01	2016110919242	一种钙钛矿太阳能电池及其制备方法	马万里	发明	功能纳米与软物质研究院
149	2016-12-03	2016110983037	一种阻燃双马来酰亚胺树脂及其制备方法	顾嫒娟	发明	材料与化学化工学部
150	2016-12-09	2016111327196	一种低介电双马来酰亚胺树脂体系及其制备方法	袁　莉	发明	材料与化学化工学部
151	2016-12-14	2016111501845	一种阻燃性真丝织物的整理方法及其应用	邢铁玲	发明	纺织与服装工程学院
152	2016-12-29	2016112404202	一种单层全磷光白光有机电致发光器件及其制备方法	张晓宏	发明	功能纳米与软物质研究院
153	2017-01-12	201710022153X	一种聚醚醚酮及其制备方法	顾嫒娟	发明	材料与化学化工学部

续表

序号	申请日	专利号	专利名称	第1发明人	类别、国别/地区	所在单位
154	2017-06-26	2017104964809	一种含苯酚结构的手性螺环羟吲哚二氢吡喃化合物及其合成方法	王兴旺	发明	材料与化学化工学部
155	2018-06-28	2018210091744	一种微织构内冷麻花钻	郭旭红	实用新型	机电工程学院
156	2018-07-16	2018211222837	糖尿病膳食指导转盘	胡志勇	实用新型	医学部
157	2018-04-28	2018206262849	一种眼角贴的烘干输送装置	陈添禹	实用新型	机电工程学院
158	2018-05-24	201820780653X	手持式激光器辅助支架	刘金聪	实用新型	机电工程学院
159	2018-08-22	2018213567396	一种相位360°合成型直接潮流控制器	张友军	实用新型	机电工程学院
160	2016-06-07	2016103978636	纳米YAG涂层、其制备方法及应用	赵栋	发明	机电工程学院
161	2017-05-19	2017103580549	一种使用铑催化剂催化氢化丁腈橡胶和丁腈橡胶的加氢方法	潘勤敏	发明	材料与化学化工学部
162	2015-03-05	2015100977209	视网膜细胞荧光显微图像的自动分割和计数方法	陈新建	发明	电子信息学院
163	2016-07-02	2016105089006	石墨烯/聚苯胺复合纤维及其制备方法	张兆发	发明	纺织与服装工程学院
164	2016-10-18	2016109073420	一种活性层材料及其在制备三进制存储器件中的应用	徐庆锋	发明	材料与化学化工学部

续表

序号	申请日	专利号	专利名称	第1发明人	类别、国别/地区	所在单位
165	2016-07-15	2016105581166	内膜具有正电的可逆交联生物可降解聚合物囊泡及其制备方法与在制备抗肿瘤药物中的应用	孟凤华	发明	材料与化学化工学部
166	2015-12-04	2015108847913	鲁棒的人脸图像主成分特征提取方法及识别装置	张召	发明	计算机科学与技术学院
167	2017-03-15	2017101522144	一种提高电池容量的锂硫电池电解液及其制备方法	晏成林	发明	能源学院
168	2017-05-19	2017103581109	基于液态金属电极的可拉伸摩擦纳米发电机及其制备方法	文震	发明	功能纳米与软物质研究院
169	2016-09-20	2016108345752	一种电磁式振动能量收集器	刘会聪	发明	机电工程学院
170	2015-04-23	2015101972452	一种基于深度标签预测的诱导式图像分类方法及系统	张召	发明	计算机科学与技术学院
171	2016-06-24	2016104732883	基于GHZ态和Bell态的不对称容量的量子对话方法	姜敏	发明	电子信息学院
172	2015-12-01	201510866909X	一种图像修复与去噪方法及系统	张召	发明	计算机科学与技术学院
173	2015-10-23	2015106975226	一种基于单样本的图像识别的方法及系统	张莉	发明	计算机科学与技术学院
174	2016-07-15	2016105565411	一种5-氨基-1,2,4-硒二唑衍生物的制备方法	纪顺俊	发明	材料与化学化工学部

续表

序号	申请日	专利号	专利名称	第1发明人	类别、国别/地区	所在单位
175	2015-03-19	2015101226122	碳桥联双酰胺基稀土胺化物及其制备和在催化醛与胺酰胺化合成反应中的应用	赵 蓓	发明	材料与化学化工学部
176	2016-11-11	2016110398851	一种含过渡金属配离子的汞碲化合物及其肼辅助制备方法	贾定先	发明	材料与化学化工学部
177	2018-06-27	2018210049272	用于制备有序纤维的静电纺丝装置和接收组件	胡建臣	实用新型	纺织与服装工程学院
178	2018-07-04	2018303554304	食品包装盒(香蕉味棉花糖)	方 敏	外观设计	艺术学院
179	2018-07-20	2018303931095	包装盒(芭乐干)	方 敏	外观设计	艺术学院
180	2017-07-05	2017105416939	柞蚕茧缫丝方法	丁志平	发明	纺织与服装工程学院
181	2015-06-26	2015103620481	一种基于稀疏时空特征的行为识别方法	龚声蓉	发明	计算机科学与技术学院
182	2018-05-31	2018105512610	翘嘴鳜IFN-α3基因、重组蛋白、制备方法及应用	黄鹤忠	发明	医学部
183	2016-05-09	2016103007228	一种锂离子电池电极材料的包覆改性方法	郑雪莹	发明	能源学院
184	2017-01-17	2017100303722	基于Stacked SAE深度神经网络的轴承故障诊断方法	朱忠奎	发明	轨道交通学院
185	2016-10-20	2016109113220	含硒聚酰亚胺聚合物及其制备方法和应用	朱 健	发明	材料与化学化工学部
186	2017-08-04	2017106583924	单硒醚聚合物及其制备方法	潘向强	发明	材料与化学化工学部

续表

序号	申请日	专利号	专利名称	第1发明人	类别、国别/地区	所在单位
187	2016-03-31	2016101944508	一种硅微陀螺的闭环检测系统	徐大诚	发明	电子信息学院
188	2016-04-08	2016102141268	自适应的混合的数据无损压缩系统	胡剑凌	发明	电子信息学院
189	2017-06-28	2017105052241	一种用于解决激光熔覆成形开放薄壁件端部塌陷的方法	傅戈雁	发明	机电工程学院
190	2016-06-02	2016103882027	一种利用丝素蛋白对DNA保存的方法及试剂盒	王晓沁	发明	纺织与服装工程学院
191	2016-12-22	2016111986526	配餐机器人系统	谢小辉	发明	机电工程学院
192	2016-11-09	2016109831122	3-亚甲基异吲哚-1-酮衍生物的制备方法	曾润生	发明	材料与化学化工学部
193	2017-04-21	2017102657581	基于蒽醌的二氯均三嗪型活性分散染料及其制备方法	龙家杰	发明	纺织与服装工程学院
194	2017-05-11	2017103308380	利用硫杂蒽酮羧酸铜作为光催化剂和除氧剂的敞口"点击—自由基"一锅法	张卫东	发明	物理科学与技术学院
195	2018-07-12	2018303766308	卡通形象玩偶（小苏）	陈琼	外观设计	艺术学院
196	2018-08-31	2018214248218	一种基于光谱调制度深度编码的微结构形貌测量装置	马锁冬	实用新型	光电科学与工程学院
197	2018-06-18	2018209360650	一种适用于圆拱直墙式隧道全断面开挖的波纹钢支护结构	史培新	实用新型	轨道交通学院

续表

序号	申请日	专利号	专利名称	第1发明人	类别、国别/地区	所在单位
198	2016-12-28	2016112395947	基于二氧化钛的双层中空材料及其制备方法与在硫化氢光催化处理中的应用	路建美	发明	材料与化学化工学部
199	2016-07-07	2016105322922	一种径向各向异性纳米线所受光力的操控方法	陈鸿莉	发明	物理科学与技术学院
200	2018-05-17	2018207639202	一种饮用热水出水装置	李云飞	实用新型	计算机科学与技术学院
201	2018-07-17	2018211340335	一种车辆的后视镜及其雨刷器	王刚	实用新型	机电工程学院
202	2018-07-05	2018210639477	管件自动传送切割设备	龚勋	实用新型	机电工程学院
203	2018-05-17	2018207388505	一种蟋蟀养殖装置	李云飞	实用新型	计算机科学与技术学院
204	2018-06-29	2018210387067	一种股后肌群健身训练器	尤彦伟	实用新型	体育学院
205	2015-09-08	2015105666121	一种基于混合描述子的形状匹配方法及系统	杨剑宇	发明	轨道交通学院
206	2016-01-18	2016100313715	一种激光快速成形件的成形方法	石世宏	发明	机电工程学院
207	2016-03-31	2016102020418	一种数据传输方法、移动传感节点及数据传输系统	张书奎	发明	计算机科学与技术学院
208	2016-04-18	2016102381187	基于自动发现抽象动作的机器人分层强化学习初始化方法	许志鹏	发明	计算机科学与技术学院

续表

序号	申请日	专利号	专利名称	第1发明人	类别、国别/地区	所在单位
209	2016-05-19	2016103348612	一种亚稳态丝素蛋白纳米颗粒及其溶液的制备方法	吕强	发明	纺织与服装工程学院
210	2016-06-23	2016104629187	一种罗拉齿形检测器	陈国栋	发明	机电工程学院
211	2017-04-28	2017102962601	一种利用多金属硫酸渣制备碳化铁的方法	陈栋	发明	沙钢钢铁学院
212	2018-07-30	2018212177237	一种旋耕机伸长改造机构	胡子刚	实用新型	金螳螂建筑学院
213	2018-08-02	2018212388952	用于获取指纹图像的装置	杨天池	实用新型	光电科学与工程学院
214	2018-06-01	2018208412018	一种匀光装置及包括该匀光装置的发光设备	陈林森	实用新型	光电科学与工程学院
215	2018-05-31	2018208321589	低压纺丝装置	何吉欢	实用新型	纺织与服装工程学院
216	2018-08-02	2018212369400	一种小剂量有机材料提纯设备	迟力峰	实用新型	功能纳米与软物质研究院
217	2018-08-29	2018214048194	一种预热及缓冷温度可调的薄板焊接实验装置	胡增荣	实用新型	轨道交通学院
218	2018-09-06	2018305011622	高性能环保吸音装饰墙板（梦梁系列1）	汤恒亮	外观设计	金螳螂建筑学院
219	2018-08-09	2018212793578	一种绞纱光催化剥色装置	朱梦珂	实用新型	纺织与服装工程学院
220	2018-09-20	2018215410905	一种测量各向同性扭曲高斯谢尔模光束扭曲因子的系统	刘琳	实用新型	物理科学与技术学院

续表

序号	申请日	专利号	专利名称	第1发明人	类别、国别/地区	所在单位
221	2018-08-09	2018212786502	一种散纤维光催化剥色装置	胡俊惠	实用新型	纺织与服装工程学院
222	2018-07-23	2018211690841	一种排球辅助练习用具	宋元平	实用新型	体育学院
223	2017-03-31	2017102075966	一种耐久性阻燃蚕丝织物的制备方法	程献伟	发明	纺织与服装工程学院
224	2015-10-22	2015106887846	自推进杀菌微米马达	董彬	发明	功能纳米与软物质研究院
225	2017-11-17	2017111430524	一种生理条件下蚕丝蛋白溶液快速凝胶化的方法	李新明	发明	材料与化学化工学部
226	2018-01-15	2018100339930	一种两亲性聚合物荧光材料及其合成方法	宋波	发明	材料与化学化工学部
227	2017-04-14	2017102443169	一种全无机钙钛矿纳米片及其制备方法和应用	张桥	发明	功能纳米与软物质研究院
228	2018-09-17	2018215168329	一种快照式全场白光干涉显微测量装置	马锁冬	实用新型	光电科学与工程学院
229	2018-02-27	2018101626307	可控高密度等离子体制备装置和石墨烯薄膜的制备方法	葛水兵	发明	物理科学与技术学院
230	2016-06-14	2016104138255	一种以三元组分为活性层的有机太阳能电池	马万里	发明	功能纳米与软物质研究院
231	2016-07-04	2016105167823	一种光学波导隐身器件	徐亚东	发明	物理科学与技术学院

续表

序号	申请日	专利号	专利名称	第1发明人	类别、国别/地区	所在单位
232	2016-07-15	2016105592796	一种基于交联生物可降解聚合物囊泡的抗肿瘤纳米药物及其制备方法	孟凤华	发明	材料与化学化工学部
233	2016-08-24	2016107160570	一种实现光学双稳态的磁光非线性核壳结构及其调控方法	於文静	发明	物理科学与技术学院
234	2016-12-03	2016110983198	一种改性双马来酰亚胺树脂及其制备方法	梁国正	发明	材料与化学化工学部
235	2016-12-07	2016111171667	一种基于含氮杂环硫醇配体的一价铜化合物及其制备方法与应用	李红喜	发明	材料与化学化工学部
236	2017-01-10	201710016465X	一种高锝酸根吸附剂及其合成方法与在处理放射性废水中的应用	肖成梁	发明	医学部
237	2017-03-15	2017101526249	一种双带可见光宽波段吸收结构及其制备方法	周 云	发明	光电科学与工程学院
238	2017-04-06	2017102222077	一种光衍射器件及其制备方法和三维显示装置	邵仁锦	发明	光电科学与工程学院
239	2017-04-26	2017102842826	一种亲疏水性智能化真丝织物及其制备方法	李战雄	发明	纺织与服装工程学院
240	2017-06-01	2017104055100	一种可拉伸自供电系统、制备方法及可穿戴设备	文 震	发明	功能纳米与软物质研究院
241	2017-06-15	2017104539664	一种多羧酸钠盐基团的荧光共轭高分子、制备方法及应用	范丽娟	发明	材料与化学化工学部

续表

序号	申请日	专利号	专利名称	第1发明人	类别、国别/地区	所在单位
242	2017-06-26	2017104967830	一种手性螺环羟吲哚二氢吡喃衍生物及其合成方法	王兴旺 李乃凯	发明	材料与化学化工学部
243	2017-09-12	2017108187791	一种提高光解水性能的光阳极制备方法及所得光阳极结构	吴绍龙	发明	光电科学与工程学院
244	2017-10-30	201711036372X	一种1-氨基-4-羟基-9,10-蒽醌衍生物液体分散染料及其制备方法与应用	艾丽	发明	纺织与服装工程学院
245	2017-10-30	2017110399308	一种紫红色液体分散染料及其制备方法与应用	艾丽	发明	纺织与服装工程学院
246	2018-06-25	2018209748223	宽幅等离子体处理玻璃的装置	吴雪梅	实用新型	物理科学与技术学院
247	2017-06-05	2017104155734	一种功能器件用金属氧化物纳米颗粒的制备方法	唐建新	发明	功能纳米与软物质研究院
248	2018-06-01	2018208408027	匀光板及匀光照明装置	陈林森	实用新型	光电科学与工程学院
249	2017-07-06	2017105473645	页岩气的开采方法及系统	陈威	发明	能源学院
250	2017-08-04	2017106620571	激光熔覆装置的抛物面的设定方法及激光熔覆装置	傅戈雁	发明	机电工程学院
251	2017-03-30	2017102043109	检测芳香胺水溶液的荧光共轭高分子传感体系、制备方法及应用	范丽娟	发明	材料与化学化工学部

续表

序号	申请日	专利号	专利名称	第1发明人	类别、国别/地区	所在单位
252	2017-02-03	2017100636824	一种伪器件辅助灵敏放大器电路	张一平	发明	电子信息学院
253	2016-10-09	2016108799632	一种八臂杂臂星形聚合物及其制备方法	何金林	发明	材料与化学化工学部
254	2016-12-03	2016110983200	一种改性双马来酰亚胺树脂及其制备方法	顾嫒娟	发明	材料与化学化工学部
255	2018-06-11	2018208979926	空气净化组件及空气净化装置	李惠	实用新型	纺织与服装工程学院
256	2018-10-17	2018216940773	一种多功能数字电子钟	黄克亚	实用新型	机电工程学院
257	2018-09-06	2018305008598	高性能环保吸音装饰墙板（梦梁系列2）	汤恒亮	外观设计	金螳螂建筑学院
258	2016-11-02	2016109445349	脉冲法声学材料性质测量装置、测量系统及测量方法	杭志宏	发明	物理科学与技术学院
259	2018-08-02	2018212388844	用于获取指纹图像的装置、包含其的触摸屏和移动终端	黄文彬	实用新型	光电科学与工程学院
260	2018-09-11	2018214811091	数字散斑法杨氏模量测量系统	吴迪	实用新型	光电科学与工程学院
261	2018-10-18	2018216898653	带阻滤波器	袁孝	实用新型	光电科学与工程学院
262	2016-12-26	2016112179384	基于激光增材制造的具有梯度耐磨涂层的模具的制备方法	陈长军	发明	轨道交通学院
263	2017-04-26	2017102819001	多孔核壳结构纳米纤维及其制作方法	徐岚	发明	纺织与服装工程学院

续表

序号	申请日	专利号	专利名称	第1发明人	类别、国别/地区	所在单位
264	2017-08-07	2017106666240	自动落销装置	陈任寰	发明	轨道交通学院
265	2018-08-13	2018212979990	一种双面喷雾功能纤维处理装置	李刚	实用新型	医学部
266	2018-09-19	2018215322923	一种机器人	王建胜	实用新型	机电工程学院
267	2018-04-24	2018205892583	一种衍射元件及高分辨率光谱仪	蔡志坚	实用新型	光电科学与工程学院
268	2017-06-07	2017104228985	基于非对称三角形电极的线性离子阱、质谱仪及方法	李晓旭	发明	机电工程学院
269	2017-12-14	2017113396956	一种用于缓解术前以及产前焦虑的功能电刺激装置	匡绍龙	发明	机电工程学院
270	2018-09-10	2018214767807	一种谐波测量装置	赵亮	实用新型	电子信息学院
271	2018-03-02	2018202966759	一种心电图导联线用成组结构	张佳佳	实用新型	医学部
272	2018-10-22	2018217131615	一种复合式波浪能收集装置	刘会聪	实用新型	机电工程学院
273	2018-09-07	2018214623410	一种用于测试折射率的传感器	吴绍龙	实用新型	光电科学与工程学院
274	2018-08-03	2018212539276	熔喷喷嘴和纤维制备装置	陈廷	实用新型	纺织与服装工程学院
275	2018-07-13	2018211134802	一种螺栓筛选机	王刚	实用新型	机电工程学院
276	2018-08-01	2018212364055	熔喷喷嘴结构	吴丽莉	实用新型	纺织与服装工程学院

续表

序号	申请日	专利号	专利名称	第1发明人	类别、国别/地区	所在单位
277	2018-04-28	2018206269867	一种眼角贴的成型装置	陈添禹	实用新型	机电工程学院
278	2016-05-18	2016103295812	基于OpenFlow扩展协议的软件定义卫星组网的方法及装置	陈伯文	发明	电子信息学院
279	2016-08-26	2016107399581	一种镉基取代苯基间苯二甲酸金属配位聚合物及其制备方法	杨铭	发明	分析测试中心
280	2016-10-24	2016109389175	一种乏氧响应性脂质体制剂及其制备方法与应用	刘庄	发明	功能纳米与软物质研究院
281	2016-06-13	2016104223544	一种行星轮系加载的试验装置	李成	发明	轨道交通学院
282	2016-05-09	2016103006865	一种功能化复合多孔材料的制备方法	刘福娟	发明	纺织与服装工程学院
283	2016-05-26	2016103554658	一种2-(2-芳基异䓬-1-亚基)丙二腈类化合物的制备方法	史达清	发明	材料与化学化工学部
284	2015-04-27	2015102046841	一种模拟真人朗读发音的方法及系统	严建峰	发明	计算机科学与技术学院
285	2018-07-26	2018108365952	circ-WHSC1作为结直肠癌诊断标志物及其应用	李建明	发明	医学部
286	2016-10-18	2016109026167	一种生物检测芯片的制备方法	黎穗琼	发明	电子信息学院
287	2016-11-22	201611046203X	一种快速无权重系数模型预测控制计算方法及其系统	杨勇	发明	轨道交通学院

续表

序号	申请日	专利号	专利名称	第1发明人	类别、国别/地区	所在单位
288	2016-08-26	2016107399562	一种钇基取代苯基间苯二甲酸金属配位聚合物及其制备方法	杨 铭	发明	分析测试中心
289	2016-12-02	2016111094317	一种纳米纤维制备装置	邵中彪	发明	纺织与服装工程学院
290	2016-04-15	2016102355214	一种改进训练语料的平行质量的方法及装置	段湘煜	发明	计算机科学与技术学院
291	2017-07-26	2017106184958	负载锌镍钴碱式碳酸盐的光电极的制备方法	李 亮	发明	物理科学与技术学院
292	2017-08-09	2017106741881	含硒大分子荧光探针及其制备方法	朱 健	发明	材料与化学化工学部
293	2015-05-29	2015102884783	一种类泛素修饰蛋白底物鉴定方法	朱 莹	发明	医学部
294	2016-08-26	2016107377968	一种钴基取代苯基间苯二甲酸金属配位聚合物及其制备方法	杨 铭	发明	分析测试中心
295	2017-01-23	201710049698X	电化学发光聚合物纳米粒的制备方法及应用	谢洪平	发明	医学部
296	2018-05-25	2018208480443	用于实现三维图像近眼显示的装置	陈林森	实用新型	光电科学与工程学院
297	2018-05-25	2018207892925	大视场角三维显示装置	陈林森	实用新型	光电科学与工程学院
298	2016-09-22	201610841470X	鱼眼图像的俯视变换、俯视图像获取及映射表构建方法	陈立国	发明	机电工程学院
299	2018-05-25	2018207892535	三维显示装置	浦东林	实用新型	光电科学与工程学院

续表

序号	申请日	专利号	专利名称	第1发明人	类别、国别/地区	所在单位
300	2014-12-23	2014108022846	一种磁珠的制备方法及应用	谢洪平	发明	医学部
301	2016-04-18	2016102392656	一种裸眼3D显示装置	陈林森	发明	光电科学与工程学院
302	2016-11-21	201611020047X	不饱和透明质酸奇数寡糖的制备方法	张真庆	发明	医学部
303	2018-05-25	2018207902999	背光板、防窥视显示装置和用于实现裸眼三维图像显示的装置	乔 文	实用新型	光电科学与工程学院
304	2016-10-18	2016109073454	一种钒氧化物阳极缓冲层及其制备方法和应用	冯 莱	发明	能源学院
305	2018-06-08	201820891697X	一种水生植物种植毯	王 萍	实用新型	纺织与服装工程学院
306	2018-06-08	2018208857030	一种沉水植物种植毯	许秋瑾	实用新型	纺织与服装工程学院
307	2018-08-24	2018213725101	电容式自适应通用液位测量装置	周敏彤	实用新型	电子信息学院
308	2017-06-13	2017104417154	基于二亚胺配体的稀土金属配合物及其应用	徐 信	发明	材料与化学化工学部
309	2016-06-08	2016104002787	一种基于群体智能的移动社交网络中的数据传输方法	朱艳琴	发明	计算机科学与技术学院
310	2017-08-24	2017210672108	多功能敷贴	于 翔	实用新型	医学部
311	2018-08-16	2018213193523	一种相位360°正交型直接潮流控制器	张友军	实用新型	机电工程学院

续表

序号	申请日	专利号	专利名称	第1发明人	类别、国别/地区	所在单位
312	2018-01-17	201820079009X	一种导尿管检测系统	胡化刚	实用新型	医学部
313	2018-01-12	2018200527314	一种可移动座椅系统	张玲玲	实用新型	金螳螂建筑学院
314	2018-07-30	2018212140675	一种跨行园艺用拖拉机	胡子刚	实用新型	金螳螂建筑学院
315	2018-05-24	2018207812687	一种可伸缩的激光清洗器	刘金聪	实用新型	机电工程学院
316	2018-08-24	2018213703117	一种具有吸水式种植模块的可调式垂直绿化结构	马建武	实用新型	金螳螂建筑学院
317	2018-08-24	2018213702947	一种屋顶雨水净化利用箱	马建武	实用新型	金螳螂建筑学院
318	2016-05-06	2016102966665	一种检测细菌性脑膜炎病原体的多重PCR试剂盒	孙万平	发明	医学部
319	2016-06-28	2016104864948	抗氟喹诺酮类药物簇特异性单克隆抗体杂交瘤细胞株及其产生的单抗和应用	吴康	发明	医学部
320	2016-07-29	2016106086077	单指结构、微操作夹持器和微操作系统	陈涛	发明	机电工程学院
321	2016-09-19	2016108295359	富马酸二甲酯在制备预防和治疗移植物抗宿主病及移植物抗白血病药物中的应用	吴德沛	发明	医学部
322	2016-10-12	2016108900642	一种钠离子电池正极材料的制备方法	钟胜奎	发明	沙钢钢铁学院

续表

序号	申请日	专利号	专利名称	第1发明人	类别、国别/地区	所在单位
323	2016-12-18	2016111731993	一种含氟聚氨酯及其制备方法	李战雄	发明	纺织与服装工程学院
324	2017-01-12	2017100221525	一种芳香族聚酯及其制备方法	顾嫒娟	发明	材料与化学化工学部
325	2017-04-01	2017102148967	一种异噁唑啉衍生物的制备方法	陈喜华	发明	医学部
326	2017-05-17	2017103498421	一种合成羧酸氰甲基酯的方法	孙宏枚	发明	材料与化学化工学部
327	2017-12-07	2017112888027	柔性电极及其制备方法、摩擦纳米发电机及其制备方法	孙旭辉	发明	功能纳米与软物质研究院
328	2015-06-19	2015103469684	自供电无线振动自主报警系统及其方法	李昕欣	发明	电子信息学院
329	2018-11-14	2018218740697	一种产生暗和反暗无衍射光束的装置	朱新蕾	实用新型	物理科学与技术学院
330	2018-04-11	2018205101337	以功能化蛋白丝线为载体的体内细胞捕获器	谢洪平	实用新型	医学部
331	2018-09-25	201821560051X	一种超短单脉冲时间分辨泵浦探测仪	杨俊义	实用新型	物理科学与技术学院
332	2018-09-25	2018215600172	利用阶梯窗口实现超短单脉冲时间分辨泵浦探测的系统	杨俊义	实用新型	物理科学与技术学院
333	2018-11-08	2018218356936	一种高分辨率光谱仪	蔡志坚	实用新型	光电科学与工程学院
334	2018-05-28	2018208036414	一种小鼠硬膜外可插入性针状电极板	刘耀波	实用新型	医学部

续表

序号	申请日	专利号	专利名称	第1发明人	类别、国别/地区	所在单位
335	2018-01-18	2018200803494	实验用老鼠固定装置	李新莉	实用新型	医学部
336	2017-09-14	2017211790277	声屏障顶部的干涉降噪装置	吴兵	实用新型	轨道交通学院
337	2016-06-24	2016104745385	干扰素刺激基因TRIM69抗登革病毒的应用	戴建锋	发明	医学部
338	2017-06-16	2017104613535	层压法制备电致发光器件的方法	唐建新	发明	功能纳米与软物质研究院
339	2018-09-04	2018214419546	一种钢桥面上铺设无砟轨道的桥面结构	杨娜	实用新型	轨道交通学院
340	2016-07-05	2016105192651	一种提高S-腺苷蛋氨酸和谷胱甘肽联产发酵产量的方法	卫功元	发明	医学部
341	2016-10-19	2016109103322	一种活细胞内蛋白质棕榈酰化率的变化率的测定方法	郭琳	发明	医学部
342	2016-10-28	2016109703073	一种头戴式三维显示装置	乔文	发明	光电科学与工程学院
343	2017-01-17	2017100303718	基于Nesterov动量法的自适应深度置信网络轴承故障诊断方法	沈长青	发明	轨道交通学院
344	2017-08-14	2017106921032	N-苯基-3-苯亚甲基异㗁唑-1-酮的膦酰化衍生物的制备方法	曾润生	发明	材料与化学化工学部
345	2016-03-08	2016101303528	抗人血管性血友病因子A3区的人鼠嵌合单克隆抗体及其制备方法和应用	赵益明	发明	医学部

续表

序号	申请日	专利号	专利名称	第1发明人	类别、国别/地区	所在单位
346	2016-08-19	2016106921502	一种丝素蛋白纳米纤维多孔支架及其制备方法	张　锋	发明	医学部
347	2016-09-09	2016108130337	2-烷氧基色酮肟衍生物及其制备方法与应用	邹建平	发明	材料与化学化工学部
348	2016-10-20	2016109152831	一种具有镀膜保护层的轿车驻停制动机械电子开关	王德山	发明	机电工程学院
349	2016-11-07	2016109760574	基于半连续加料法制备高固含量无皂聚合物乳液的方法	程振平	发明	材料与化学化工学部
350	2016-12-04	2016110990825	一种高韧性双马来酰亚胺树脂材料及其制备方法	袁　莉	发明	材料与化学化工学部
351	2016-12-18	2016111732159	一种含氟聚氨酯及其制备方法与应用	李战雄	发明	纺织与服装工程学院
352	2017-03-21	2017101714125	一种螺环羟吲哚环戊烷并β-内脂化合物合成方法	王兴旺	发明	材料与化学化工学部
353	2017-06-01	2017104057144	一种高色牢度和低明度的黑色液体分散染料及其制备方法	孙　茜	发明	纺织与服装工程学院
354	2017-09-11	2017108138403	四层结构树脂基复合材料及其制备方法	梁国正	发明	材料与化学化工学部
355	2018-10-26	2018217406656	检测薄型纺织材料刺破性能的专用装置	王　倩	实用新型	纺织与服装工程学院
356	2018-08-28	2018213906380	电热微夹持器	陈立国	实用新型	机电工程学院

续表

序号	申请日	专利号	专利名称	第1发明人	类别、国别/地区	所在单位
357	2017-08-07	2017106674590	自动布销装置	陈任寰	发明	轨道交通学院
358	2017-08-07	2017106670585	自动穿销装置	陈任寰	发明	轨道交通学院
359	2017-01-22	2017100536597	一种实时故障的诊断方法及系统	王丽丹	发明	计算机科学与技术学院
360	2018-01-22	2018100581154	推进式页岩气燃烧开采装置及方法	陈威	发明	能源学院
361	2016-05-27	2016103620556	一种移动式的超临界流体无水染整试验杯	龙家杰 郭建中	发明	纺织与服装工程学院
362	2018-11-13	2018218642590	一种可调声学信号测试传感器安装机构	郭绍雄	实用新型	轨道交通学院
363	2018-11-20	201821912217X	一种阻型存储器写入验证电路	张一平	实用新型	电子信息学院
364	2018-09-21	2018215545207	一种汽车引擎控制模块测试夹具装置	孙兵	实用新型	电子信息学院
365	2018-10-22	2018217064466	一种用于拆除拧花螺丝的工具	侯爱虎	实用新型	光电科学与工程学院
366	2018-11-26	2018219495067	一种基于白炽灯的反射式照明装置	许峰	实用新型	光电科学与工程学院
367	2018-09-12	2018214907319	一种适用于青少年的核心肌群健身车	尤彦伟	实用新型	体育学院
368	2016-04-08	2016102171723	抗菌肽CRAMP在防治病毒性心肌炎中的应用	徐薇	发明	医学部
369	2016-05-10	2016103039483	一种针对垃圾焚烧飞灰的固化稳定化处理方法	唐强	发明	轨道交通学院

续表

序号	申请日	专利号	专利名称	第1发明人	类别、国别/地区	所在单位
370	2016-11-23	2016110477321	车联网环境下的入口匝道车辆通行引导系统及其引导方法	俄文娟	发明	轨道交通学院
371	2017-04-25	2017102773313	基于苯并噻二唑的D-A-A型近红外发光化合物及其应用	廖良生	发明	功能纳米与软物质研究院
372	2018-10-26	2018217449435	激光振镜辅助控制卡	潘煜	实用新型	机电工程学院
373	2015-10-30	2015107265811	一种基于鲁棒学习模型的图像分类方法与图像分类系统	张召	发明	计算机科学与技术学院
374	2016-02-03	2016100765002	一种基于鲁棒图像特征提取的识别方法及系统	张召	发明	计算机科学与技术学院
375	2016-03-10	2016101357284	一种阿魏酸衍生物、制剂及其应用	敖桂珍	发明	医学部
376	2016-06-22	2016104572225	一种兴趣点推荐的方法及系统	赵朋朋	发明	计算机科学与技术学院
377	2016-10-13	2016108935054	一种防溅水地砖	王成镇	发明	医学部
378	2016-11-03	2016109574759	一种聚乙二醇修饰的金属有机纳米材料及其制备方法、应用	刘庄	发明	功能纳米与软物质研究院
379	2016-11-22	2016110271013	用于脑功能测量的纺织面料定量化触觉刺激装置及基于其的纺织面料触觉评定方法	刘宇清	发明	纺织与服装工程学院
380	2017-01-24	2017100541858	一种锂离子电池硅基/硅碳复合负极材料用电解液体系	张力	发明	能源学院

续表

序号	申请日	专利号	专利名称	第1发明人	类别、国别/地区	所在单位
381	2017-03-09	2017101377259	一种制备纳米纤维纱系统	邵中彪	发明	纺织与服装工程学院
382	2018-10-17	201821682320X	一种非接触式测量正弦电流信号频率及峰值的装置	蔡嘉恒	实用新型	光电科学与工程学院
383	2018-05-25	2018207915791	三维显示装置	陈林森	实用新型	光电科学与工程学院
384	2017-11-06	2017110765836	应用于太阳电池的可印刷硫化镉纳米晶薄膜的制备方法	黄程	发明	能源学院
385	2018-08-09	2018212803279	一种激光笔	廖良生	实用新型	功能纳米与软物质研究院
386	2018-09-12	2018214861989	一种三组元可变光片照明系统	曾春梅	实用新型	光电科学与工程学院
387	2018-09-19	2018215307482	一种医学内窥镜	陈新华	实用新型	医学部
388	2018-09-19	2018215308818	一种用于成像的位相编码菲涅尔透镜	许峰	实用新型	光电科学与工程学院
389	2018-12-11	2018220767132	一种便于固定的光学检测用光源提供装置	倪颖	实用新型	光电科学与工程学院
390	2018-02-12	2018202535584	一种丝素蛋白微针	卢神州	实用新型	纺织与服装工程学院
391	2018-11-30	2018219984400	一种单片式宽波段消色差衍射混合消色差透镜及VR眼镜	许峰	实用新型	光电科学与工程学院
392	2016-11-11	2016109917320	利用水—空气—有机溶剂三相界面制备有机半导体小分子单晶薄膜的方法	张晓宏	发明	功能纳米与软物质研究院

续表

序号	申请日	专利号	专利名称	第1发明人	类别、国别/地区	所在单位
393	2018-06-29	2018210382097	一种用于手臂肌群和手腕肌群屈伸功能受损的康复装置	尤彦伟	实用新型	体育学院
394	2018-07-13	2018211170762	一种6LoWPAN无线传感网的体能监测装置	李燕丽	实用新型	计算机科学与技术学院
395	2018-06-18	2018209360627	一种用于地下连续墙成槽全过程试验的模拟装置	史培新	实用新型	轨道交通学院
396	2018-03-29	2018204365588	一种透光木饰面、墙面装饰	钱晓宏	实用新型	金螳螂建筑学院
397	2016-08-19	2016106902766	靶向光热治疗联合免疫治疗抗肿瘤复合制剂及其制备方法与应用	杨红	发明	医学部
398	2016-10-11	2016108847034	一种纳米三元正极材料及其制备方法	赵建庆	发明	能源学院
399	2017-07-11	2017105632124	一种芳香氧化偶氮苯化合物及其制备方法	张伟	发明	材料与化学化工学部
400	2017-09-15	2017108501026	基于三芳氧稀土配合物制备硼酸酯的方法	薛明强	发明	材料与化学化工学部
401	2018-11-12	2018218576989	一种鞭炮饼夹装装置	谢小辉	实用新型	机电工程学院
402	2018-10-31	2018217805124	一种哺乳便装	李琼舟	实用新型	艺术学院
403	2018-10-19	2018216974430	跨行园艺用拖拉机的配套开沟机	胡子刚	实用新型	金螳螂建筑学院
404	2018-10-22	2018217130627	一种牙刷	安艳	实用新型	医学部

续表

序号	申请日	专利号	专利名称	第1发明人	类别、国别/地区	所在单位
405	2018-10-19	2018216972172	多层升降蚕台装置	胡子刚	实用新型	金螳螂建筑学院
406	2018-11-09	2018218429180	一种用于上肢外骨骼机器人回旋运动的关节	匡绍龙	实用新型	机电工程学院
407	2018-11-15	201821882538X	一种助力上肢外骨骼机器人	匡绍龙	实用新型	机电工程学院
408	2018-10-10	2018216407806	一种女性冲锋衣	孙玲	实用新型	纺织与服装工程学院
409	2015-12-16	2015109434123	一种新型的活细胞中microRNA分子的检测方法	马楠	发明	材料与化学化工学部
410	2016-03-16	2016101503191	一种脂多糖结合蛋白多肽及其制药用途	武艺	发明	医学部
411	2016-08-25	2016107231171	紫外光介导的纳米颗粒自组装聚集体、其制备方法和应用	史海斌	发明	医学部
412	2016-12-02	2016110973459	一种复合型纳米结构拉曼增强基底、制备方法及应用	徐敏敏	发明	材料与化学化工学部
413	2015-09-23	2017100770378	一种碳硼烷基高氯酸铵的应用	李战雄	发明	纺织与服装工程学院
414	2017-05-22	2017103652123	基于金掺杂方酸菁聚合物的湿敏传感器及其制备和用途	路建美	发明	材料与化学化工学部
415	2017-08-03	2017106541175	β-三氟甲基烯胺衍生物及其制备方法	曾润生	发明	材料与化学化工学部
416	2017-09-08	2017108073803	一种β-硫氰基膦酰类衍生物及其制备方法	邹建平	发明	材料与化学化工学部

续表

序号	申请日	专利号	专利名称	第1发明人	类别、国别/地区	所在单位
417	2017-09-15	2017108500822	利用三芳氧稀土配合物制备硼酸酯的方法	薛明强	发明	材料与化学化工学部
418	2017-10-12	2017109476958	一种基于双溴化合物与双烯单体制备含氟聚合物的交替共聚方法	程振平	发明	材料与化学化工学部
419	2017-10-16	2017109582270	一种超亲水聚酯纳米纤维膜及其制备方法	魏真真	发明	纺织与服装工程学院
420	2017-10-19	2017109788856	一种测量部分相干涡旋光束的复相干度的方法及系统	赵承良	发明	物理科学与技术学院
421	2018-03-13	201810206386X	有机硅压敏胶粘剂及其制备方法	李战雄	发明	纺织与服装工程学院
422	2018-03-15	2018102138476	蚕丝基柔性电极材料及其制备方法	李育洲	发明	纺织与服装工程学院
423	2018-03-15	2018102142984	棉织物基柔性电极材料及其制备方法	李育洲	发明	纺织与服装工程学院
424	2018-06-29	2018107131168	一种不同埋深管道共存下杂散电流非接触式检测方法	杜贵府	发明	轨道交通学院
425	2016-11-10	201611001506X	提高S-腺苷蛋氨酸和谷胱甘肽发酵产量的方法	王大慧	发明	医学部
426	2017-05-02	2017103019821	一种基于光纤传感器的河床特性的测量方法	王桂娜	发明	机电工程学院
427	2017-05-27	201710392666X	基于脊线概率分布和局部波动的转频估计方法及检测装置	石娟娟	发明	轨道交通学院

续表

序号	申请日	专利号	专利名称	第1发明人	类别、国别/地区	所在单位
428	2017-07-28	201710627896X	纳米界面材料的制备装置	何吉欢	发明	纺织与服装工程学院
429	2017-09-07	2017108014932	一种制备L-丙交酯和ε-己内酯无规共聚物的方法	姚英明	发明	材料与化学化工学部
430	2017-09-07	2017108019550	制备L-丙交酯和ε-己内酯无规共聚物的方法	姚英明	发明	材料与化学化工学部
431	2017-11-30	2017112385808	制备环碳酸酯的方法	姚英明	发明	材料与化学化工学部
432	2017-12-08	2017112952273	一种用于加工金属多面扫描棱镜的夹具	黄启泰	发明	光电科学与工程学院
433	2018-09-19	2018215301768	一种用于光解水的双吸收层光阳极	吴绍龙	实用新型	光电科学与工程学院
434	2018-08-16	2018213252220	一种推车式激光清洗平台	倪 超	实用新型	机电工程学院
435	2018-06-19	2018209399364	一种静脉显像装置	廖良生	实用新型	功能纳米与软物质研究院
436	2018-09-11	2018214779984	一种肠道菌群粪液灌注器	刘华山	实用新型	医学部
437	2016-01-21	2016100415672	微腔激光器阵列及包括它的可见光光度计	黄文彬	发明	光电科学与工程学院
438	2016-02-02	2016100725861	目标细胞的多重捕获配体修饰的多层纳米粒柔性支架及其应用	谢洪平	发明	医学部
439	2017-02-10	2017100751983	一种金/TiO2复合纳米薄膜的应用	江 林	发明	功能纳米与软物质研究院

续表

序号	申请日	专利号	专利名称	第1发明人	类别、国别/地区	所在单位
440	2017-11-01	2017110597370	用于64-QAM相干光传输系统的缓和光纤非线性方法	高明义	发明	电子信息学院
441	2017-11-15	2017111271180	制备二维面内异质结的方法	李绍娟	发明	功能纳米与软物质研究院
442	2018-11-27	201811426334X	一种采用感应炉和电渣液态浇铸炼钢的装置及方法	侯栋	发明	沙钢钢铁学院
443	2018-11-23	201821936736X	一种测量金属线胀系数的装置	范樊	实用新型	光电科学与工程学院
444	2018-12-24	2018221714819	一种用于制作红外探测器的复合结构及红外探测器	徐玉亭	实用新型	光电科学与工程学院
445	2018-12-28	2018222385058	一种石墨烯晶硅太阳电池结构	张树德	实用新型	功能纳米与软物质研究院
446	2017-04-13	2017102408269	一种三坐标测量光学元件用的定位装置	陈曦	发明	光电科学与工程学院
447	2018-06-08	2018105891458	一种Eu^{2+}和Eu^{3+}铕离子混合激活的荧光粉、制备方法及应用	黄彦林	发明	材料与化学化工学部
448	2018-12-25	2018221768236	基于复合陷光结构的晶体硅太阳电池	王霆	实用新型	能源学院
449	2016-02-03	2016100734095	一种力学生物学耦合测试系统及方法	杨磊	发明	医学部
450	2016-09-09	2016108139755	一种提高优质青虾苗种产量的培育方法	宋学宏	发明	医学部

续表

序号	申请日	专利号	专利名称	第1发明人	类别、国别/地区	所在单位
451	2016-11-21	201611040561X	一种宽视角波导镜片及制作方法和头戴式三维显示装置	陈林森	发明	光电科学与工程学院
452	2017-05-23	2017103706496	一种自分散纳米氧化铜络合体的制备方法及应用	郑敏	发明	纺织与服装工程学院
453	2017-06-28	2017105108656	基于K64-MCU的多功能LED幕墙控制系统	王宜怀	发明	计算机科学与技术学院
454	2018-06-12	2018302986052	多功能奶茶机	李愫	外观设计	医学部
455	2018-11-19	2018219044429	一种紧凑型同轴折反射式全球面望远物镜	刘莉	实用新型	光电科学与工程学院
456	2019-01-31	2019300572663	吸音装饰墙板（折枝花）	汤恒亮	外观设计	金螳螂建筑学院
457	2019-01-31	2019300576664	吸音装饰墙板（簇六毯纹）	汤恒亮	外观设计	金螳螂建筑学院
458	2018-05-14	2018207088750	自供电六轴传感器	陈涛	实用新型	机电工程学院
459	2018-08-24	2018213780842	一种基于三角形柔性机构的细胞显微注射装置	黄海波	实用新型	机电工程学院
460	2018-05-14	2018104558477	一种铣刀寿命控制方法	王呈栋	发明	机电工程学院
461	2017-09-11	2017108144993	一种三层结构树脂基复合材料及其制备方法	梁国正	发明	材料与化学化工学部
462	2018-01-08	2018100163810	具有高效药物负载性能的聚合物及其制备方法与应用	殷黎晨	发明	功能纳米与软物质研究院

续表

序号	申请日	专利号	专利名称	第1发明人	类别、国别/地区	所在单位
463	2016-12-14	2016111501313	一种阻燃性羊毛织物及其制备方法	邢铁玲	发明	纺织与服装工程学院
464	2017-05-05	2017103141081	含二茂铁二醇及其制备方法	王建军	发明	材料与化学化工学部
465	2016-12-14	2016111560383	一种枝状金铂双金属纳米粒子及其制备方法和应用	潘越	发明	材料与化学化工学部
466	2016-10-31	2016109319327	一种合成芳香杂环甲酸酯类化合物的方法	孙宏枚	发明	材料与化学化工学部
467	2016-05-19	2016103356553	基于罗丹明B和氨乙基硫醚的化合物在活细胞成像中的应用	徐冬梅	发明	材料与化学化工学部
468	2017-06-09	2017104318178	一种环状主链偶氮苯聚合物自愈合凝胶及其制备方法和应用	周年琛	发明	材料与化学化工学部
469	2017-07-25	2017209078034	一种用于骨质损伤辅助治疗的柔性超声器	刘会聪	实用新型	机电工程学院
470	2018-11-30	2018220059938	一种波浪能收集装置	刘会聪	实用新型	机电工程学院
471	2018-08-14	2018213070345	一种帕金森患者使用的饮水杯	余嘉	实用新型	医学部
472	2018-08-22	2018213579849	一种手对掌矫形器	余嘉	实用新型	医学部
473	2014-01-23	2014100300487	薄膜晶体管	王明湘	发明	电子信息学院
474	2016-02-03	2016100763365	基于核范数正则化的低秩图像特征提取的识别方法及系统	张召	发明	计算机科学与技术学院

续表

序号	申请日	专利号	专利名称	第1发明人	类别、国别/地区	所在单位
475	2016-04-06	2016102094750	一种词义标注方法和装置	熊德意	发明	计算机科学与技术学院
476	2016-08-19	2016106962023	一种故障检测方法和系统	张莉	发明	计算机科学与技术学院
477	2016-10-26	2016109488842	一种内容分发网络创建方法	沈纲祥	发明	电子信息学院
478	2018-12-25	2018221862929	公共自行车扫码租车系统	陈丽君	实用新型	轨道交通学院
479	2018-01-17	2018200739341	一种可植入小鼠体内的电极板	刘耀波	实用新型	医学部
480	2017-03-31	2017102084984	一种平幅织物的往复式光催化剥色机	龙家杰	发明	纺织与服装工程学院
481	2017-03-31	201710209268X	一种连续式光催化剥色机	龙家杰	发明	纺织与服装工程学院
482	2017-05-16	2017103411733	适用于物联网的图像采集系统	吴晨健	发明	电子信息学院
483	2017-10-19	2017109788841	测量部分相干涡旋光束拓扑荷数大小和正负的方法及系统	卢兴园	发明	物理科学与技术学院
484	2018-09-21	2018305326092	花布（繁影）	王亦秋	外观设计	纺织与服装工程学院
485	2018-09-21	2018305326105	花布（叶间蛛影）	王亦秋	外观设计	纺织与服装工程学院
486	2018-09-21	2018305326181	花布（拾花弄影）	王亦秋	外观设计	纺织与服装工程学院
487	2018-11-21	2018219169335	一种多频段无线能量收集装置	姜淙文	实用新型	电子信息学院

续表

序号	申请日	专利号	专利名称	第1发明人	类别、国别/地区	所在单位
488	2018-06-11	201820894264X	一种激光清洗器的手柄及激光清洗器	倪超	实用新型	机电工程学院
489	2018-04-28	2018206265601	一种眼角贴的生产设备	王明娣	实用新型	机电工程学院
490	2018-11-29	2018219906064	多光源多波长激光复合清洗装置	刘金聪	实用新型	机电工程学院
491	2018-11-26	2018219576539	应急逃生门及应用其的轨道车辆	王可馨	实用新型	轨道交通学院
492	2018-11-05	2018218077266	去毛刺激光头和应用其的激光去毛刺装置	张文杰	实用新型	机电工程学院
493	2018-12-06	201822041221X	静电纺丝装置	程亭亭	实用新型	医学部
494	2018-12-06	2018220419045	同轴静电纺的装置	程亭亭	实用新型	医学部
495	2018-04-04	2018204801445	一种手持式激光便携清洗机	潘煜	实用新型	机电工程学院
496	2018-11-20	201821905934X	手持式激光清洗设备	潘煜	实用新型	机电工程学院
497	2018-12-25	2018221767801	PERC 太阳电池	苏晓东	实用新型	物理科学与技术学院
498	2018-11-10	2018218473037	一种小型圆极化植入式射频识别天线	刘昌荣	实用新型	电子信息学院
499	2019-01-17	2019200803215	一种导电膜	周小红	实用新型	光电科学与工程学院
500	2018-12-18	2018221275101	用于制作超透镜的干涉光刻系统	叶红	实用新型	物理科学与技术学院
501	2018-12-24	2018221721210	条纹锁定式全息干涉光刻系统	邹文龙	实用新型	光电科学与工程学院

续表

序号	申请日	专利号	专利名称	第1发明人	类别、国别/地区	所在单位
502	2018-11-26	2018219575396	基于万能材料试验机的刺破性能检测装置	王倩	实用新型	机电工程学院
503	2017-05-05	2017103140036	一种钙钛矿太阳能电池及其制备方法	马万里	发明	功能纳米与软物质研究院
504	2015-05-29	2017105723424	一种亚波长反射式一维金属波片的制备方法	王钦华	发明	光电科学与工程学院
505	2016-05-05	2016102926653	一种利用流式细胞术检测人气道胰蛋白酶样蛋白酶4的方法	吴庆宇	发明	医学部
506	2016-06-01	2016103823438	多纤毛磁力微机器人及其制造方法与控制系统	黄海波	发明	机电工程学院
507	2016-12-26	2016112216400	感知语谱规整耳蜗滤波系数的说话人识别特征提取方法	吴迪	发明	光电科学与工程学院
508	2018-12-07	2018220470200	一种吞入式胶囊监测装置	刘昌荣	实用新型	医学部
509	2018-10-23	2018217213795	一种用于污水处理厂尾水深度处理的人工湿地	李蒙英	实用新型	医学部
510	2016-10-11	201610884727X	一种高容量锂电池三元正极材料的制备方法	赵建庆	发明	能源学院
511	2017-11-27	2017112051417	一种大面积宽带光栅衍射效率测量的方法及装置	邹文龙	发明	光电科学与工程学院
512	2018-11-28	2018219751754	一种易于拿取的细胞培养皿及其放置架	张洁	实用新型	医学部

续表

序号	申请日	专利号	专利名称	第1发明人	类别、国别/地区	所在单位
513	2018-11-15	2018218850536	一种背景校正原子吸收装置	卢仁杰	实用新型	医学部
514	2018-11-15	2018218812229	一种连续单质汞气源	龚珊	实用新型	医学部
515	2018-10-30	2018217673591	一种具有双梭形结构的锥形光纤温度传感器	朱晓军	实用新型	光电科学与工程学院
516	2018-11-28	2018219751858	一种细胞培养皿放置架	张洁	实用新型	医学部
517	2018-11-28	2018219751966	一种稳定式细胞培养箱	张洁	实用新型	医学部
518	2019-01-29	201920154347X	一种法布里-珀罗干涉型成像光谱仪	蔡志坚	实用新型	光电科学与工程学院
519	2016-03-29	2016101835587	一种硅微米线阵列的制备工艺	吴绍龙	发明	光电科学与工程学院
520	2016-08-26	2016107396545	插入/缺失多态性位点在检测不明原因猝死试剂盒中的应用	高玉振	发明	医学部
521	2016-09-29	2016108654597	清洁机器人及其避障方法	孙荣川	发明	机电工程学院
522	2017-01-04	2017100038869	一种根据视频图像动态检测生丝细度的装置和方法	费万春	发明	纺织与服装工程学院
523	2017-03-31	2017102075788	一种在线测控的连续式光催化剥色机及检测控制方法	龙家杰	发明	纺织与服装工程学院
524	2017-06-16	2017104566159	去除稀土矿物中放射性钍元素的方法	王殳凹	发明	医学部

续表

序号	申请日	专利号	专利名称	第1发明人	类别、国别/地区	所在单位
525	2017-07-25	2017106091008	用于表面形貌测量的高精度干涉型双位相光栅位移传感器	陈新荣	发明	光电科学与工程学院
526	2017-07-28	2017106279553	采用中空纤维的分离装置	何吉欢	发明	纺织与服装工程学院
527	2017-12-19	201711376491X	自适应变分模式分解的机械微弱故障诊断方法	江星星	发明	轨道交通学院
528	2018-01-11	2018100258539	核壳型金-氧化钌纳米复合材料及其制备方法	倪卫海	发明	物理科学与技术学院
529	2018-01-22	201810057992X	含亚乙氧基化合物的钙钛矿发光二极管及其制备方法	孙宝全	发明	功能纳米与软物质研究院
530	2018-08-08	2018108976937	拒水亲油复合针刺无纺布及其制备方法	赵荟菁	发明	纺织与服装工程学院
531	2018-09-04	2018214375088	一种包芯纱的连续制备装置	闫涛	实用新型	纺织与服装工程学院
532	2018-02-12	2018101443556	基于碳纳米纤维纱织物的柔性应变传感器及其制备方法	闫涛	发明	纺织与服装工程学院
533	2018-03-13	2018102063624	耐高温压敏胶粘剂前驱体及其制备方法	李战雄	发明	纺织与服装工程学院
534	2018-03-13	201810206393X	耐高温聚酯复合材料及其制备方法	李战雄	发明	纺织与服装工程学院
535	2018-07-30	2018108547185	一种制备环戊二烯并[c]色烯化合物的方法	徐凡	发明	材料与化学化工学部

续表

序号	申请日	专利号	专利名称	第1发明人	类别、国别/地区	所在单位
536	2018-11-30	201821998114X	一种增强型防眩光膜	张恒	实用新型	光电科学与工程学院
537	2018-11-30	2018219987729	一种多功能复合膜	张恒	实用新型	光电科学与工程学院
538	2018-11-30	2018219980861	一种四棱锥防眩光膜	张恒	实用新型	光电科学与工程学院
539	2018-11-26	2018219539864	一种具有抗顶白功能的导光板及制作此导光板的模仁	张恒	实用新型	光电科学与工程学院
540	2018-11-26	2018219544862	一种大尺寸导光板组件	张恒	实用新型	光电科学与工程学院
541	2018-12-31	2018222647559	连续变焦激光整形系统	吴爽	实用新型	光电科学与工程学院
542	2018-10-24	2018217322148	一种用于测试大动脉创伤止血材料与器械封堵性能的装置	葛隽	实用新型	医学部
543	2018-11-15	2018218815814	一种自动发卡装置	魏国军	实用新型	光电科学与工程学院
544	2018-12-18	2018221275972	一种用于制作超透镜的干涉光刻系统	叶红	实用新型	物理科学与技术学院
545	2018-09-17	2018215179200	一种双层透析装置	卢神州	实用新型	纺织与服装工程学院
546	2018-09-21	2018215546036	一种细胞质动力蛋白复合体结构模型	郑小坚	实用新型	医学部
547	2018-12-13	2018220943416	一种异质结太阳电池	张树德	实用新型	功能纳米与软物质研究院

续表

序号	申请日	专利号	专利名称	第1发明人	类别、国别/地区	所在单位
548	2018-12-31	2018222642729	低偏振度二维二元闪耀光栅	朱嘉诚	实用新型	光电科学与工程学院
549	2018-11-15	2018218811584	一种读写卡装置	魏国军	实用新型	光电科学与工程学院
550	2018-11-29	2018219863872	一种可调节用量的染色洗脱盒	陶莎莎	实用新型	医学部
551	2018-11-08	2018218306778	一种含有机氚碳14的废弃物处理装置	王敬东	实用新型	医学部
552	2018-02-06	2018202084715	脊髓灰质炎病毒的衣壳及蛋白亚基结构模型教具	赵英伟	实用新型	医学部
553	2015-04-29	2015102117692	一种叶酸修饰的磺酸甜菜碱-壳聚糖纳米颗粒及其制备方法和应用	刘芬菊	发明	医学部
554	2017-03-03	201710125092X	一种四进制电存储器件及其制备方法与四进制存储材料	路建美	发明	材料与化学化工学部
555	2017-04-18	2017102548550	一种表面亲疏性可转换的智能型织物整理剂及其制备方法	李战雄	发明	纺织与服装工程学院
556	2017-06-29	2017105179045	基于2-氨基十六烷酸的N-羧基内酸酐单体和聚氨基酸及其制备方法	邓　超	发明	材料与化学化工学部
557	2017-07-07	2017105530830	一种具有抗撕裂性能的非织造复合材料及其制备方法	王菲菲	发明	纺织与服装工程学院
558	2017-07-31	2017106418679	抗菌性交联纳米粒子及其制备方法	程振平	发明	材料与化学化工学部

续表

序号	申请日	专利号	专利名称	第1发明人	类别、国别/地区	所在单位
559	2016-04-08	2017111989393	一种制备芳基硼酸新戊二醇酯类化合物的方法	孙宏枚	发明	材料与化学化工学部
560	2017-11-27	2017112081696	螺环4-氢吡唑类化合物的合成方法	徐新芳	发明	材料与化学化工学部
561	2018-03-01	2018101725764	一种制备喹唑啉酮衍生物的方法	邹建平	发明	材料与化学化工学部
562	2018-08-31	2018214266004	一种超声波测距报警装置	王晓玲	实用新型	电子信息学院
563	2019-01-08	2019200268704	智能机器人关节组件	张茂青	实用新型	机电工程学院
564	2016-10-09	201610879013X	激光宽带熔覆装置	石 拓	发明	机电工程学院
565	2017-06-14	2017104467632	阻止装置及其方法	余 亮	发明	金螳螂建筑学院
566	2018-10-25	2018217325235	一种基于单片机的金属杨氏模量测量系统	叶翔宇	实用新型	光电科学与工程学院
567	2018-12-18	201822121897X	一种双工位式激光焊接装置	倪玉吉	实用新型	机电工程学院
568	2018-12-18	2018221219008	一种双工位激光焊接设备	王明娣	实用新型	机电工程学院
569	2018-12-18	2018221219614	一种扶梯部件的焊接定位工装及焊接装置	倪 超	实用新型	机电工程学院
570	2018-10-12	2018216562267	远程激光清洗器	张文杰	实用新型	机电工程学院
571	2018-11-19	201821898374X	一种干酵母活性检测装置	彭玉洁	实用新型	光电科学与工程学院

续表

序号	申请日	专利号	专利名称	第1发明人	类别、国别/地区	所在单位
572	2018-12-27	2018222217813	一种干涉法测量金属线胀系数的装置	侯爱虎	实用新型	光电科学与工程学院
573	2018-07-06	2018107349952	一种翘嘴鳜IL-6基因及其抗病SNP标记的检测方法	黄鹤忠	发明	医学部
574	2018-01-29	201810082672X	一种超高效有机电致发光二极管器件	廖良生	发明	功能纳米与软物质研究院
575	2018-12-29	2018222573860	一种9型单面超薄型组合多系统接入平台	谢志余	实用新型	机电工程学院
576	2018-12-29	2018222528691	一种基站合路器	谢志余	实用新型	机电工程学院
577	2018-12-29	201822252943X	一种多频段共模耦合调谐时延值合路器	谢志余	实用新型	机电工程学院
578	2017-11-28	2017216123015	一种物流管理用运输装置	尤凤翔	实用新型	机电工程学院
579	2018-11-20	2018219122235	一种阻型存储器结构	张一平	实用新型	电子信息学院
580	2018-11-28	2018219761205	一种低压降镜像电流源电路	白春风	实用新型	电子信息学院
581	2016-05-19	2016103328445	miR-34a生物纳米材料的构建方法及放射增敏应用	周新文	发明	医学部
582	2016-08-15	2016106685016	一种共装载化疗药物和放疗药物的蛋白及其应用	杨凯	发明	功能纳米与软物质研究院
583	2017-04-12	2017102353567	一种基于耦合米氏共振的超表面完全吸收体及其制备方法	王钦华	发明	光电科学与工程学院

续表

序号	申请日	专利号	专利名称	第1发明人	类别、国别/地区	所在单位
584	2017-06-05	2017104110606	一种可见光波段的渐变相位金属光栅	徐亚东	发明	物理科学与技术学院
585	2019-03-06	2019202843683	基于三绕组变压器的单相五电平AC-AC变换器	张友军	实用新型	机电工程学院
586	2018-09-28	2018215883222	颈内静脉置管维护枕	盛贵箫	实用新型	医学部
587	2018-09-21	201821547791X	一种加压型快速透析装置	李笃信	实用新型	医学部
588	2016-03-02	2016101191700	一种生态螯合秸秆肥的制备方法	王文丰	发明	材料与化学化工学部
589	2016-06-15	2016104163721	复杂环境下无线传感器网络的实时故障诊断方法及系统	陈琪	发明	计算机科学与技术学院
590	2017-03-22	2017101728429	一种制备中空多孔Na_2MnPO_4F/C纳米纤维正极材料的方法	伍凌	发明	沙钢钢铁学院
591	2017-07-20	2017105937207	柔性膜镀膜用捞爪	魏良医	发明	医学部
592	2017-03-17	2017101614339	一种基于摩擦纳米发电机的自驱动传感系统	孙旭辉	发明	功能纳米与软物质研究院
593	2018-03-01	2018101718489	一种制喹啉并喹唑啉酮衍生物的方法	邹建平	发明	材料与化学化工学部
594	2018-03-02	2018101761169	一种有机单晶微米带P-N异质结阵列的生长方法	张秀娟	发明	功能纳米与软物质研究院
595	2018-09-14	2018110765277	一种翘嘴鳜TLR3基因及其应用	黄鹤忠	发明	医学部

续表

序号	申请日	专利号	专利名称	第1发明人	类别、国别/地区	所在单位
596	2018-09-29	201821597190X	一种双层透明导电膜	周小红	实用新型	光电科学与工程学院
597	2019-01-29	2019201554370	运算跨导放大器	白春风	实用新型	电子信息学院
598	2016-09-22	2016108397189	用于体内细菌感染的诊疗一体化纳米探针及其制备方法	李永强	发明	医学部
599	2017-03-15	2017101535229	一种防治对虾白便的饲料	蔡春芳	发明	医学部
600	2017-07-13	2017105684218	阻燃整理液及对蚕丝织物进行耐久性阻燃整理的方法	唐人成	发明	纺织与服装工程学院
601	2018-03-16	2018102202542	半导体复合异质结光电极及其制备方法	孟林兴	发明	物理科学与技术学院
602	2019-03-28	2019204064956	高频高压低温等离子体发生系统	吴迪	实用新型	光电科学与工程学院
603	2019-03-14	2019203223584	一种液晶电控掩模	罗明辉	实用新型	光电科学与工程学院
604	2019-04-02	2019204393188	回流系统钢轨电位限制装置	杜贵府	实用新型	轨道交通学院
605	2017-01-12	2017100221544	一种芳香族聚酯酰亚胺及其制备方法	顾嫒娟	发明	材料与化学化工学部
606	2017-01-12	2017100221737	一种芳香族聚酯酰胺及其制备方法	顾嫒娟	发明	材料与化学化工学部
607	2016-01-18	2017112301075	一种离子型铁（Ⅱ）配合物的应用	孙宏枚	发明	材料与化学化工学部

续表

序号	申请日	专利号	专利名称	第1发明人	类别、国别/地区	所在单位
608	2018-05-25	2018105155384	一种蓝色蒽醌活性分散染料及其制备方法	龙家杰	发明	纺织与服装工程学院
609	2018-12-24	2018221712809	一种爬片用免疫荧光湿盒	穆 旭	实用新型	医学部
610	2019-03-04	2019202674346	一种新型开关电容修调数控振荡器	李富华	实用新型	电子信息学院
611	2018-08-30	2018214149231	一种适用于建筑室内中庭高层空间的植物悬挂篮	孙向丽	实用新型	金螳螂建筑学院
612	2018-12-29	2018222690991	一种水果采摘机	王蓬勃	实用新型	机电工程学院
613	2016-07-12	2016105459287	一种青蒿酸衍生物及其制备方法和用途	王剑文	发明	医学部
614	2016-11-09	2016109861838	一种超宽视场离轴三反射镜光学成像系统	沈为民	发明	光电科学与工程学院
615	2016-12-04	2016110990810	还原响应的靶向聚乙二醇-聚碳酸酯美登素前药胶束、其制备方法与应用	钟志远	发明	材料与化学化工学部
616	2016-12-04	2016110991391	一种太阳光驱动的热致变色材料及其制备方法	程 丝	发明	材料与化学化工学部
617	2017-07-31	2017106428562	一种交联聚合物抗菌纳米乳胶粒及其制备方法	程振平	发明	材料与化学化工学部
618	2016-03-15	2017108145002	离子型铁（Ⅲ）配合物在催化端炔化合物与二氧化碳的羧基化反应中的应用	孙宏枚	发明	材料与化学化工学部

续表

序号	申请日	专利号	专利名称	第1发明人	类别、国别/地区	所在单位
619	2016-08-08	2018107663901	一种制备1,1-二芳基乙烷类化合物的方法	孙宏枚	发明	材料与化学化工学部
620	2016-08-08	2018107796458	基于亚磷酸酯和不饱和氮杂环卡宾的混配型镍（Ⅱ）配合物的制备方法	孙宏枚	发明	材料与化学化工学部
621	2016-08-08	2018107714585	基于亚磷酸酯和不饱和氮杂环卡宾的混配型镍（Ⅱ）配合物的应用	孙宏枚	发明	材料与化学化工学部
622	2017-12-08	201711298546X	一种制备烯丙基胺类化合物的方法	孙宏枚	发明	材料与化学化工学部
623	2016-06-30	2018100859460	一种制备硼酸酯的方法	薛明强	发明	材料与化学化工学部
624	2018-03-01	2018101718493	一种制备2-氨基吲哚衍生物的方法	邹建平	发明	材料与化学化工学部
625	2018-11-01	2018217883443	电致变色显示面板及电子纸	浦东林	实用新型	光电科学与工程学院
626	2018-11-19	2018218984066	一种测量金属丝体密度的装置	刘蓓	实用新型	光电科学与工程学院
627	2018-12-11	2018220767128	一种光学镜片加工用夹持装置	倪颖	实用新型	光电科学与工程学院
628	2019-03-22	2019203675100	一种TIR透镜	曾春梅	实用新型	光电科学与工程学院
629	2016-08-19	2016106922914	一种纳米纤维化丝素蛋白凝胶及其制备方法	张锋	发明	医学部

续表

序号	申请日	专利号	专利名称	第1发明人	类别、国别/地区	所在单位
630	2016-09-13	2016108203342	聚对亚苯基亚乙烯共轭高分子荧光纳米材料在潜指纹显现中的应用	范丽娟	发明	材料与化学化工学部
631	2016-12-11	2016111354259	基于三维多孔石墨烯超薄膜的垂直响应型气体传感器及其制备方法	王艳艳	发明	光电科学与工程学院
632	2017-03-21	2017101714017	一种聚苯乙烯/碘氧化铋/二氧化钛复合光催化剂及其制备方法	秦传香	发明	材料与化学化工学部
633	2018-03-01	201810172208X	末端含硫辛酰基的星形聚合物、其制备方法及由其制备的聚合物纳米粒子与应用	程茹	发明	材料与化学化工学部
634	2018-09-07	2018214617509	一种卧床人士洗澡护理机	胡增荣	实用新型	轨道交通学院
635	2018-10-19	2018216977903	一种可活动式条桑育蚕台	胡子刚	实用新型	金螳螂建筑学院
636	2018-03-12	2018217235281	一种家蚕收蚁及小蚕饲育装置	李兵	实用新型	医学部
637	2018-12-21	2018221678507	基于涡流纺技术的涤纶纤维连续化生产设备	王萍	实用新型	纺织与服装工程学院
638	2018-12-21	2018221682061	基于双涡流技术的假捻变形纱生产设备	张岩	实用新型	纺织与服装工程学院
639	2019-05-31	2019302770442	摆件（戏曲表演）	翟茂华	外观设计	艺术学院
640	2019-05-28	2019302670637	摆件（仕女）	翟茂华	外观设计	艺术学院

续表

序号	申请日	专利号	专利名称	第1发明人	类别、国别/地区	所在单位
641	2019-03-06	201920283918X	单相三电平AC-AC变换器	张友军	实用新型	机电工程学院
642	2016-09-09	2016108130318	一种甲基酮衍生物及其制备方法与应用	邹建平	发明	材料与化学化工学部
643	2017-01-26	2017100574673	一种防止边缘模糊的图像椒盐噪声去除方法	杨剑宇	发明	轨道交通学院
644	2017-03-17	2017101615007	基于视频分析的打架斗殴异常行为自动检测方法	张瑾	发明	轨道交通学院
645	2017-04-20	2017102625078	一种基于检测波前编码系统的光子筛对准方法	许峰	发明	光电科学与工程学院
646	2018-01-09	2018100194819	一种钢/铝异种材料的激光焊接方法	王晓南	发明	轨道交通学院
647	2018-11-21	2018219251700	一种可切换透光状态的智能窗户	刘宇清	实用新型	纺织与服装工程学院
648	2017-09-18	2017108406835	激光熔覆用高温封严涂层的高熵合金粉末及其制备方法	夏志新	发明	沙钢钢铁学院
649	2018-04-28	2018103982081	激光增材制造用新型马氏体耐热钢合金粉末及其制备方法	夏志新	发明	沙钢钢铁学院
650	2018-06-13	2018209154013	一种适用于儿童O型腿矫正的康复理疗床	尤彦伟	实用新型	体育学院
651	2018-10-18	2018216921700	一种适用于后表线肌群的按摩拉伸装置	尤彦伟	实用新型	体育学院
652	2018-03-26	2018204124064	一种足下垂康复助力装置	李伟达	实用新型	机电工程学院

续表

序号	申请日	专利号	专利名称	第1发明人	类别、国别/地区	所在单位
653	2018-11-15	2018218876644	激光打印装置	魏国军	实用新型	高技术产业研究院
654	2018-08-28	2018213955033	一种鼻骨折术后鼻夹板	余嘉	实用新型	医学部
655	2018-12-26	2018222113458	一种垃圾回收机器人	赵文波	实用新型	机电工程学院
656	2018-09-29	2018215973943	一种双层导电膜式触控面板	周小红	实用新型	光电科学与工程学院
657	2018-11-15	2018218851384	一种步态康复训练机器人	李伟达	实用新型	机电工程学院
658	2015-10-21	2015106820564	虚拟光网络协同映射方法和装置	陈伯文	发明	电子信息学院
659	2015-10-30	2015107287365	一种鲁棒视觉图像分类方法及系统	张召	发明	计算机科学与技术学院
660	2016-11-24	2016110590095	一种自适应的图像标签鲁棒预测方法及系统	张召	发明	计算机科学与技术学院
661	2016-09-23	2016108461236	一种含氯塑料的脱氯方法	洪澜	发明	沙钢钢铁学院
662	2016-10-21	2016109196558	一种多取代嘧啶的制备方法	纪顺俊	发明	材料与化学化工学部
663	2016-11-11	2016109969293	一种还原响应性共价有机聚合物及其制备方法和应用	刘庄	发明	功能纳米与软物质研究院
664	2017-06-06	2017104188687	一种基于相异性递归消除特征的故障诊断方法及装置	张莉	发明	计算机科学与技术学院

续表

序号	申请日	专利号	专利名称	第1发明人	类别、国别/地区	所在单位
665	2017-07-25	2017106122114	一种基于流量非对称的弹性光网络收发系统	沈纲祥	发明	电子信息学院
666	2017-07-17	2017105807241	膜纺装置及微纳米材料制备方法	何吉欢	发明	纺织与服装工程学院
667	2017-08-25	2017107437925	气流气泡喷射制备纳米颗粒的装置	何吉欢	发明	纺织与服装工程学院
668	2018-08-08	2018108962313	一种粘滑驱动跨尺度大行程运动平台	钟博文	发明	机电工程学院
669	2018-08-13	2018109137474	一种微型粘滑驱动跨尺度精密运动平台	钟博文	发明	机电工程学院
670	2018-10-08	2018111693952	一种苯并磷杂萘衍生物的制备方法及应用	邹建平	发明	材料与化学化工学部
671	2018-12-06	2018220431761	一种纺织品蒸发测试装置	戴晓群	实用新型	纺织与服装工程学院
672	2016-12-26	2016112194401	提高β-甘露聚糖酶活性的低温等离子体处理方法	龙家杰	发明	纺织与服装工程学院
673	2016-12-26	2016112194647	提高木聚糖酶活性的干态处理方法	龙家杰	发明	纺织与服装工程学院
674	2015-12-28	201710026327X	平面关节型机器人及其控制系统	刘吉柱	发明	机电工程学院
675	2017-02-23	2017101000680	基于多传感器信息融合的障碍物检测方法	陈蓉	发明	轨道交通学院
676	2017-03-16	2017101574844	清洁机器人及其动态环境下全覆盖路径规划方法	孙荣川	发明	机电工程学院

续表

序号	申请日	专利号	专利名称	第1发明人	类别、国别/地区	所在单位
677	2017-12-27	2017114445108	一种臭氧氧化催化剂及其制备方法和应用	吴铎	发明	材料与化学化工学部
678	2017-12-27	2017114470078	一种臭氧氧化催化剂及其制备方法和应用	吴张雄	发明	材料与化学化工学部
679	2019-01-21	2019200972942	斜口自由液面静电纺丝装置	方月	实用新型	纺织与服装工程学院
680	2019-01-21	2019200921048	多孔气泡静电纺丝装置	方月	实用新型	纺织与服装工程学院
681	2019-04-11	2019204871635	一种低压降高输出电阻镜像电流源电路	白春风	实用新型	电子信息学院
682	2019-04-29	2019206091996	基于移动终端的非接触式角度测量装置	周皓	实用新型	光电科学与工程学院
683	2018-12-18	2018221193972	移动式地面小障碍检测复平装置	余亮	实用新型	金螳螂建筑学院
684	2019-01-08	2019100162386	一种镁合金及其制备方法	丁汉林	发明	沙钢钢铁学院
685	2018-10-11	2018216510614	一种间隙连接结构模型教具	郑小坚	实用新型	医学部
686	2018-12-29	201822256810X	一种气吸式水果采摘装置	王蓬勃	实用新型	机电工程学院
687	2019-01-22	2019201066589	用于盾构部分始发且洞门渗漏时的套筒装置	江建洪	实用新型	轨道交通学院
688	2019-02-18	2019202063319	一种用于静态傅里叶变换光谱仪的微阶梯反射镜和光谱仪	蔡志坚	实用新型	光电科学与工程学院

续表

序号	申请日	专利号	专利名称	第1发明人	类别、国别/地区	所在单位
689	2019-03-04	2019202674327	一种适用于数控LC振荡器的开关修调结构	李富华	实用新型	电子信息学院
690	2018-03-28	2018102660004	环维黄杨星D抗登革病毒的应用	戴建锋	发明	医学部
691	2018-07-02	2018107033451	常温电沉积-扩渗制备梯度硅钢薄带的方法及专用镀液	盛敏奇	发明	沙钢钢铁学院
692	2018-07-18	2018107912976	一种基于五比特brown态的信道复用方法	曹刚	发明	沙钢钢铁学院
693	2017-12-27	2017114470275	球形海泡石臭氧氧化催化剂及其制备方法和应用	高兴敏	发明	材料与化学化工学部
694	2019-03-27	2019301321484	包装盒（精华水）	方敏	外观设计	艺术学院
695	2017-07-25	2017106119342	一种硒硫化铼复合二维材料、制备方法及其应用	孙迎辉	发明	能源学院
696	2017-11-15	2017111277083	连续光泵浦的聚合物激光器及其制备方法	胡志军	发明	光电科学与工程学院
697	2017-10-20	2018217621775	一种铁路隔音降噪结构用地形单元体	翟俊	实用新型	金螳螂建筑学院
698	2019-03-29	2019301375338	包装盒（饼干）	杨朝辉	外观设计	艺术学院
699	2019-03-22	2019301227891	包装盒（茶）	龚云	外观设计	艺术学院

续表

序号	申请日	专利号	专利名称	第1发明人	类别、国别/地区	所在单位
700	2016-12-28	2016112385305	负载金纳米粒子的中空介孔碳纳米球复合材料及其制备方法与在持续处理CO中的应用	路建美	发明	材料与化学化工学部
701	2017-07-19	2017105899135	基于CoMP的异构网络资源分配方法及系统	马冬	发明	轨道交通学院
702	2018-04-10	2018103180447	手性主链型偶氮苯聚合物聚集体及其制备方法	张伟	发明	材料与化学化工学部
703	2019-04-11	2019204832289	一种基于横向交指结构的可调移相器	刘学观	实用新型	电子信息学院
704	2018-12-29	2018222528969	一种低频超带宽新型滤波器	谢志余	实用新型	工程训练中心
705	2015-05-08	2015102343481	一种新型温度响应性无机焦磷酸酶偶联物的合成及其在增强聚合酶链式反应中的应用	袁琳	发明	材料与化学化工学部
706	2017-01-26	2017100574688	一种图像椒盐噪声的去除方法	杨剑宇	发明	轨道交通学院
707	2017-02-17	201710085811X	一种治疗缺血性脑中风的Tat-SPK2肽及其应用	盛瑞	发明	医学部
708	2017-02-17	201710087625X	4,6-二甲基-2-巯基嘧啶一价铜配合物在催化酮或醛氢转移反应制备醇中的应用	李红喜	发明	材料与化学化工学部

续表

序号	申请日	专利号	专利名称	第1发明人	类别、国别/地区	所在单位
709	2017-06-26	2017104962682	一种工业废弃物基地质聚合物及其制备方法	田 俊	发明	沙钢钢铁学院
710	2017-06-26	2017104964777	还原/pH双重响应性阿霉素前药及其制备方法与应用	倪沛红	发明	材料与化学化工学部
711	2017-07-27	201710622827X	一种无机量子点发光二极管器件的制备方法	廖良生	发明	功能纳米与软物质研究院
712	2017-09-14	2017108250757	一种基于大脑血红蛋白信息的下肢运动阻力状态识别方法	李春光	发明	机电工程学院
713	2017-10-27	201711024001X	一种合成烷基硼酯化合物的方法	孙宏枚	发明	材料与化学化工学部
714	2016-07-15	2018100276861	手性奎宁硫脲的应用	王兴旺	发明	材料与化学化工学部
715	2018-02-14	2018101523917	一种制备咪唑啉-2酮化合物的方法	张士磊	发明	医学部
716	2018-04-19	2018103566141	一种疏水型聚己内酯及其制备方法	李战雄	发明	纺织与服装工程学院
717	2018-07-19	2018107953552	一种利用电磁场耦合控制磁性液态金属的通道装置	李相鹏	发明	机电工程学院
718	2018-12-29	2018222528193	一种镁丝蚕丝复合编织结构神经导管	李 刚	实用新型	纺织与服装工程学院
719	2019-04-03	2019204478326	大功率LED封装用基板及大功率LED封装结构	潘明强	实用新型	机电工程学院

续表

序号	申请日	专利号	专利名称	第1发明人	类别、国别/地区	所在单位
720	2018-12-27	2018222180734	一种化学防护服	孙 玲	实用新型	纺织与服装工程学院
721	2019-01-15	2019200611164	一种核孔复合体结构模型教具	郑小坚	实用新型	医学部
722	2019-01-15	2019200609022	一种蚕丝纤维结构模型教具	许雅香	实用新型	医学部
723	2019-03-04	201920269554X	一种防辐射丝绸面料	莫晓璇	实用新型	纺织与服装工程学院
724	2016-11-16	2016110221423	去除血液中铯离子的方法	华道本	发明	医学部
725	2017-01-25	201710060507X	一种高温全二维液相色谱装置及其使用方法	李笃信	发明	医学部
726	2017-07-19	2017105922678	一种单侧变速脱模快速成型控制系统及快速成型方法	王宜怀	发明	计算机科学与技术学院
727	2017-12-29	2017114831235	一种被动机械臂关节锁紧机构	匡绍龙	发明	机电工程学院
728	2018-04-23	2018103652791	三阴性人乳腺癌细胞株L533	谢 芳	发明	医学部
729	2018-08-16	2018109319523	变分模态分解的变参信息融合方法	王 俊	发明	轨道交通学院
730	2018-09-04	2018214426253	一种可调式多功能坐姿保持器	余 嘉	实用新型	医学部
731	2018-12-25	2018221897256	一种便携式羽毛球架	赵文波	实用新型	机电工程学院

续表

序号	申请日	专利号	专利名称	第1发明人	类别、国别/地区	所在单位
732	2018-12-25	2018221880503	一种手动玻璃切割装置	赵文波	实用新型	机电工程学院
733	2018-12-26	2018222055113	一种涡轮静子叶片及涡轮静子叶片冷却结构	黄耀松	实用新型	能源学院
734	2016-03-23	2016101683758	一种统计机器翻译中的翻译方法和装置	熊德意	发明	计算机科学与技术学院
735	2016-11-15	201611004786X	一种光网络中的光纤替换方法	沈纲祥	发明	电子信息学院
736	2017-03-13	2017101465813	一种图像平滑方法及装置	黄伟国	发明	轨道交通学院
737	2017-08-31	2017107731139	数字脉宽调制方法、数字脉宽调制器及调光系统	李富华	发明	电子信息学院
738	2017-10-09	2017109316395	一种刀片刃口磨削机	陈国栋	发明	机电工程学院
739	2019-01-24	2019201191625	一种基于内啮合齿轮的柔性关节	徐 坤	实用新型	机电工程学院
740	2019-03-20	2019203559909	一种太阳能电池组件和光伏发电装置	郑分刚	实用新型	物理科学与技术学院
741	2018-12-18	2018221253422	一种衣服	杨中华	实用新型	物理科学与技术学院
742	2019-03-14	2019203231858	一种空调外机安装架	陈 庆	实用新型	机电工程学院
743	2019-05-17	2019207102752	光伏电池组件	郑分刚	实用新型	物理科学与技术学院

续表

序号	申请日	专利号	专利名称	第1发明人	类别、国别/地区	所在单位
744	2016-11-07	2016109712960	一种强极性聚合物黏结剂、合成方法及其在锂电池中的应用	晏成林	发明	能源学院
745	2016-11-08	201610980117X	控制蟹塘中小龙虾数量的方法	蔡春芳	发明	医学部
746	2017-03-24	2017101831133	纺织品的超临界流体相转移催化退浆方法	龙家杰	发明	纺织与服装工程学院
747	2017-09-05	2017107907653	具有核定位能力的透皮短肽及其应用	张舒羽	发明	医学部
748	2018-02-06	2018101171585	内嵌富勒烯与空心富勒烯的分离方法	谌宁	发明	材料与化学化工学部
749	2018-08-20	2018109485063	一种石墨烯强化钢铝异种材料焊缝的焊接方法	胡增荣	发明	轨道交通学院
750	2019-02-03	201920188196X	一种锂离子电池用正负极极片	朱华君	实用新型	能源学院
751	2019-04-30	2019206119578	一种阻类存储器预放大灵敏放大电路	刘金陈	实用新型	电子信息学院
752	2019-04-25	2019205740250	人体坐姿提示系统	李亚雷	实用新型	光电科学与工程学院
753	2016-12-30	2016112631189	一种对称并行控制双向量子安全直接通信方法	姜敏	发明	电子信息学院
754	2017-07-06	2017105462119	一种医用人造管道渗透性能测试系统及其使用方法	刘泽堃	发明	纺织与服装工程学院
755	2017-08-08	2017106708597	炫彩石墨烯量子点涂料及其制备方法和应用	张琦	发明	医学部

续表

序号	申请日	专利号	专利名称	第1发明人	类别、国别/地区	所在单位
756	2017-08-08	2017106708614	吸氡抗辐射涂料及其制备方法和应用	张琦	发明	医学部
757	2017-09-27	2017108907699	抗腐蚀石墨烯工业涂料及其制备方法和应用	张琦	发明	医学部
758	2019-01-30	2019201626059	一种无线压力传感器	聂宝清	实用新型	电子信息学院
759	2017-05-11	2017103295499	基于深度带权双Q学习的大范围监控方法及监控机器人	章宗长	发明	计算机科学与技术学院
760	2016-11-17	2016110195700	白介素33在制备治疗癫痫病药物中的应用	陈溪萍	发明	医学部
761	2017-07-24	2017106086508	可用于制备光阳极的钨锰钙/介孔三氧化钨复合物及其制备方法	杨平	发明	材料与化学化工学部
762	2017-06-19	201710466176X	一种含碳耐火材料抗熔渣侵蚀的保护方法	王慧华	发明	沙钢钢铁学院
763	2017-08-14	201710693977X	一种制备硼酸酯的方法	薛明强	发明	材料与化学化工学部
764	2018-04-04	2018103014131	基于Janus分子纳米粒子的水溶性胶束及其制备方法	屠迎锋	发明	材料与化学化工学部
765	2014-12-12	2016108236219	一种再生丝素蛋白凝胶膜	尤学敏	发明	医学部
766	2017-07-24	2017106083603	一种可降解单分散聚合物微球及其制备方法与应用	陆伟红	发明	材料与化学化工学部
767	2016-06-20	201610444240X	一种复方鹅绒藤提取物及其制备方法	刘江云	发明	医学部

续表

序号	申请日	专利号	专利名称	第1发明人	类别、国别/地区	所在单位
768	2018-10-08	2018111699022	一种磷杂吲哚衍生物、苯并磷杂吲哚衍生物及其制备方法	邹建平	发明	材料与化学化工学部
769	2014-10-31	2017101010625	超声/磁共振双模态造影剂的应用	邢占文	发明	机电工程学院
770	2018-06-22	2018106547439	一种透明可卷曲折叠聚硅氧烷膜及其制备与自修复方法	梁国正	发明	材料与化学化工学部
771	2018-04-03	2018102915982	1,2,4-三氮唑及其制备方法	李海燕	发明	分析测试中心
772	2018-12-31	2018222652256	基于微反射镜阵列的快照式光谱成像系统	丁书健	实用新型	光电科学与工程学院
773	2018-08-29	2018214051924	一种功能性多层止血抗菌敷料	赵荟菁	实用新型	纺织与服装工程学院
774	2019-01-23	2019201091580	一种微波基片自动检测系统	刘学观	实用新型	电子信息学院
775	2019-02-03	2019201882337	一种具有拦渣功能的截流井	赵华菁	实用新型	轨道交通学院
776	2019-02-03	2019201882303	一种截流量可控的底流式截流井	赵华菁	实用新型	轨道交通学院
777	2019-04-26	2019205860888	一种宽输入范围高共模抑制比运算跨导放大器	白春风	实用新型	电子信息学院
778	2019-03-27	2019203983116	一种用于对闪烁体发光强度进行刻度的替代光源装置	杨翠萍	实用新型	医学部
779	2016-10-28	2016109682560	一种高架道路车载辅助导航算法及应用	羊箭锋	发明	电子信息学院

续表

序号	申请日	专利号	专利名称	第1发明人	类别、国别/地区	所在单位
780	2018-02-14	2018101524002	基于长链非编码RNA的BCL2基因抑制剂	祁小飞	发明	医学部
781	2017-05-11	201710331287X	一种基于金属氧化物/石墨烯复合宏观纤维的柔性电池及制备方法	耿凤霞	发明	能源学院
782	2016-02-01	2017101893657	三氯化钌在催化硝基苯类化合物与醇类化合物反应制备亚胺中的应用	李红喜	发明	材料与化学化工学部
783	2018-01-30	2018100922089	一种1,8-萘酰亚胺衍生物及其制备方法与应用	徐冬梅	发明	材料与化学化工学部
784	2018-06-20	2018106395953	一种芳纶纤维电化学电容器及其制备方法	顾嫒娟	发明	材料与化学化工学部
785	2018-02-14	2018101523847	一种咪唑啉-2-酮化合物的制备方法	张士磊	发明	医学部
786	2017-05-16	2017103453242	一种基于拟卤素诱导的二维钙钛矿电存储器件及其制备方法	路建美	发明	材料与化学化工学部
787	2019-03-11	201920301960X	球切面自由液面纺丝装置	方月	实用新型	纺织与服装工程学院
788	2018-08-20	2018213382510	一种超窄带、大角度的高性能折射率灵敏度传感器件	秦琳玲	实用新型	光电科学与工程学院
789	2018-01-10	2018100245774	三元复合硅基光电极及其制备方法	方亮	发明	物理科学与技术学院
790	2018-11-27	2018114211947	使用气囊抛光处理非球面的路径生成方法	樊成	发明	机电工程学院

续表

序号	申请日	专利号	专利名称	第1发明人	类别、国别/地区	所在单位
791	2017-01-26	2017100575712	一种基于统计形状模型的肾皮质定位方法	向德辉	发明	电子信息学院
792	2018-10-10	2018216423550	具有电磁屏蔽功能的窗体结构及微波炉	周小红	实用新型	光电科学与工程学院
793	2019-04-12	2019204939093	丝素蛋白微针电极及检测葡萄糖浓度的传感器	卢神州	实用新型	纺织与服装工程学院
794	2017-05-26	2017103833612	天然宿主防御肽Alligatorin4的应用	王义鹏	发明	医学部
795	2017-09-01	2017107793277	立构规整嵌段共聚物的制备方法	朱健	发明	材料与化学化工学部
796	2017-12-27	2017114445095	核壳型催化剂及其制备方法和在臭氧催化氧化中的应用	吴铎	发明	材料与化学化工学部
797	2018-06-25	2018106625264	流形融合经验模态分解方法	王俊	发明	轨道交通学院
798	2018-11-14	2018113537018	利用金属镓进行碳化的方法	顾宏伟	发明	材料与化学化工学部
799	2019-06-12	2019208842576	一种环境机械能复合收集转化装置	刘会聪	实用新型	机电工程学院
800	2018-12-29	2018222707901	一种快速伺服刀架	张略	实用新型	机电工程学院
801	2018-05-29	2018208651131	一种固体核磁配件的储藏柜	舒婕	实用新型	分析测试中心
802	2017-05-04	201710307628X	一种丝素蛋白乳状液滴及其制备方法	吕强	发明	纺织与服装工程学院

续表

序号	申请日	专利号	专利名称	第1发明人	类别、国别/地区	所在单位
803	2017-08-30	2017107644817	一种对痕量铀酰离子荧光检测的方法	何伟伟	发明	医学部
804	2017-09-18	2017108570223	一种用于机闸上的高温封严涂层及其制备方法	夏志新	发明	沙钢钢铁学院
805	2017-11-03	2017110706185	一种锌空气电池用双功能催化碳材料的制备方法	晏成林	发明	能源学院
806	2017-12-18	2017113689088	一种极性凝胶电解质及其在固态锂硫电池中的应用	晏成林	发明	能源学院
807	2015-12-11	2015109183002	一种联合鲁棒主成分特征学习与视觉分类方法及系统	张召	发明	计算机科学与技术学院
808	2016-03-30	2016101920005	一种图像的特征提取与分类联合方法及系统	张召	发明	计算机科学与技术学院
809	2016-06-16	2016104301149	光纤参数计算方法及装置、全光相位再生装置及PSA	高明义	发明	电子信息学院
810	2016-07-28	2016106056264	一种服饰展示系统	王静	发明	纺织与服装工程学院
811	2018-04-28	2018103982109	马氏体耐热钢及使用其进行无缝钢管薄壁弯头制造的方法	夏志新	发明	沙钢钢铁学院
812	2018-08-07	2018108895291	一种惯性粘滑式跨尺度运动平台	钟博文	发明	机电工程学院
813	2019-06-12	2019208797528	自跟随飞跨电容五电平AC-AC变换器	张友军	实用新型	机电工程学院

续表

序号	申请日	专利号	专利名称	第1发明人	类别、国别/地区	所在单位
814	2018-03-13	2018102056349	基于天然蛋白页岩的纳米给药系统的制备方法及应用	韩亮	发明	医学部
815	2019-04-09	2019204685788	座椅储物箱一体可升降式浅盘种植床	郑丽	实用新型	金螳螂建筑学院
816	2019-07-03	2019210256722	细菌纤维素培养装置	杨凯	实用新型	医学部
817	2019-04-23	2019205608577	防盗窃手提包	李亚雷	实用新型	光电科学与工程学院
818	2019-04-02	2019204370491	一种箔材表面连续制备纳米图案的装置	胡增荣	实用新型	轨道交通学院
819	2019-03-05	2019202763091	生物组织活细胞分离器	李瑞宾	实用新型	医学部
820	2016-07-07	201610529226X	制备无融合标签包涵体蛋白纳米颗粒的方法	熊思东	发明	医学部
821	2017-06-01	2017104034405	具有光调控结构的钙钛矿薄膜及光学器件的制备方法	唐建新	发明	功能纳米与软物质研究院
822	2018-03-09	2018101946273	一种实现超短单脉冲时间分辨泵浦探测的方法及系统	杨俊义	发明	物理科学与技术学院
823	2018-03-09	2018101948315	利用阶梯窗口实现超短单脉冲时间分辨泵浦探测的方法	杨俊义	发明	物理科学与技术学院
824	2018-11-30	2018114565119	一种声波无反射材料的制备方法、装置及应用	刘晨凯	发明	物理科学与技术学院

续表

序号	申请日	专利号	专利名称	第1发明人	类别、国别/地区	所在单位
825	2019-04-09	2019204701634	一种带侧向切割装置的条桑收割机	谈建中	实用新型	金螳螂建筑学院
826	2018-11-15	2018218815725	一种打印机台	魏国军	实用新型	光电科学与工程学院
827	2019-05-08	2019206536167	一种数控回转装置	朱镇坤	实用新型	机电工程学院
828	2019-03-07	2019202848653	一种双片波导镜片及三维显示装置	罗明辉	实用新型	光电科学与工程学院
829	2018-12-29	201822249565X	金属色烫印膜和号牌烫印标	朱昊枢	实用新型	光电科学与工程学院
830	2018-12-27	2018222143612	一种抛光固定装置及抛光系统	张恒	实用新型	光电科学与工程学院
831	2018-01-04	2018100064800	可切换的近远场射频识别天线	刘昌荣	发明	电子信息学院
832	2018-03-16	2018102201342	一种连续可调分贝线性可变增益电路结构	鲁征浩	发明	电子信息学院
833	2018-06-08	2018105891443	一种鳞片状Bi基可见光催化剂、制备方法及其应用	黄彦林	发明	材料与化学化工学部
834	2018-09-25	201811114136X	基于GHZ态的联合远程制备六比特团簇态的方法	姜敏	发明	电子信息学院
835	2019-04-28	2019205955356	一种基于SiPM漏电流读出的塑料闪烁光纤剂量计	杨翠萍	实用新型	医学部
836	2017-11-06	2017110796247	一种石墨炔诱导交联富勒烯面内取向作为电子传输层的钙钛矿型太阳能电池及其制备方法	廖良生	发明	功能纳米与软物质研究院

续表

序号	申请日	专利号	专利名称	第1发明人	类别、国别/地区	所在单位
837	2017-11-10	2017111060071	一种荧光OLED材料及其在电致发光器件中的应用	廖良生	发明	功能纳米与软物质研究院
838	2016-05-23	2016103434317	一种基于频谱映射的端到端语音加解密方法	胡剑凌	发明	电子信息学院
839	2017-01-23	201710057150X	基于共享保护的路由与频谱分配方法和系统	陈伯文	发明	电子信息学院
840	2019-05-15	2019206943892	一种交互控制多维并联机构	高世林	实用新型	机电工程学院
841	2016-11-23	2016110348871	一种基于ZigBee的气象监测传感器节点	王宜怀	发明	计算机科学与技术学院
842	2017-07-25	2017106136155	一种WSN与RFID结合的物流监控系统	王宜怀	发明	计算机科学与技术学院
843	2018-04-09	201810312061X	一种制作米量级光栅的系统及方法	邹文龙	发明	光电科学与工程学院
844	2018-05-22	2018104930879	反蛋白石结构铁电薄膜复合光电极及其制备方法	方亮	发明	物理科学与技术学院
845	2019-07-24	2019211674186	一种不存在低电平交集的反向时钟发生电路	李富华	实用新型	电子信息学院
846	2019-02-15	2019202036699	一种病理试验用活体白鼠艾灸固定架	沈碧玉	实用新型	医学部
847	2016-05-06	2016102979720	CRISPR技术编辑并用IGF优化的异体间充质干细胞的制备方法及在治疗心梗中应用	李杨欣	发明	医学部

续表

序号	申请日	专利号	专利名称	第1发明人	类别、国别/地区	所在单位
848	2017-01-24	2017100596719	激光多光束送料熔覆及预热装置	傅戈雁	发明	机电工程学院
849	2017-06-07	2017104212578	神经识别分子contactin 6的抗原和抗体及应用	刘耀波	发明	医学部
850	2017-06-28	201710504168X	局部气氛保护金属或合金激光熔覆成形的方法	石拓	发明	机电工程学院
851	2018-01-19	2018100542592	用于电离辐射剂量测量的水凝胶复合器件及其制备方法	胡亮	发明	医学部
852	2018-06-08	2018105876392	一种二维材料光探测器及其制作方法	李绍娟	发明	功能纳米与软物质研究院
853	2018-06-11	2018105955765	一种生长单晶二维过渡金属硫化物的方法	邹贵付	发明	能源学院
854	2018-07-19	2018107956283	一种多功能液态金属及其制备方法	李芳霞	发明	机电工程学院
855	2014-01-17	2741315	Manufacturing Apparatus and Manufacturing Method for Quantum Dot Material	彭长四	欧盟	光电科学与工程学院
856	2019-04-30	US10,273,343B2	一种弹性导电胶体、制备方法及其应用	林潇	美国	医学部
857	2019-12-10	US15,777,203B2	一种柔性基质/液体电解质黏性复合材料及其制备方法	杨磊	美国	医学部
858	2019-11-19	US10,483,877B2	One-dimensional Large-stroke Precise Positioning Platform	钟博文	美国	机电工程学院

续表

序号	申请日	专利号	专利名称	第1发明人	类别、国别/地区	所在单位
859	2014-06-23	US10,153,154B2	Process of Preparing Low Dielectric Constant Thin Film Layer Used in Intergrated Circuit	孙旭辉	美国	功能纳米与软物质研究院
860	2019-09-10	US10,410,361B2	一种运动目标检测方法及系统	张莉	美国	计算机科学与技术学院
861	2019-10-24	US15,502,829B2	一种同步送粉空间激光加工与三维成形方法及装置	石世宏	美国	机电工程学院
862	2019-03-14	10-2015-7005268	一种彩色动态放大安全薄膜	叶燕	韩国	光电科学与工程学院
863	2019-10-15	US10,441,945B2	一种用于催化降解氮氧化物的复合材料及其制备方法和用途	路建美	美国	材料与化学化工学部
864	2019-03-05	US10,222,345B2	一种基于偶氮苯类化合物的醋酸气体传感器及其制备方法和用途	路建美	美国	材料与化学化工学部
865	2019-05-28	US10,302,583B2	一种基于方酸菁聚合物的湿敏传感器及其制备方法和用途	路建美	美国	材料与化学化工学部
866	2019-10-08	US10,436,493B2	结冰温度可控的用于制备微米级冰球颗粒的喷雾冷冻塔	吴铎	美国	材料与化学化工学部
867	2019-07-02	US10,336,720B2	含双碘环碳酸酯单体、由其制备的生物可降解聚合物及应用	钟志远	美国	材料与化学化工学部
868	2019-07-02	US10,337,796B2	用于收集喷雾冷冻冰球颗粒的双密封式设备及其收集方法	吴铎	美国	材料与化学化工学部

续表

序号	申请日	专利号	专利名称	第1发明人	类别、国别/地区	所在单位
869	2019-06-11	US10,316,144B2	含硒聚酰亚胺聚合物及其制备方法和应用	朱 健	美国	材料与化学化工学部
870	2019-03-19	US10,232,347B2	负载金纳米粒子的中空介孔碳纳米球复合材料及其制备方法与在持续处理CO中的应用	路建美	美国	材料与化学化工学部
871	2019-12-25	US10,853,906B2	基于二氧化钛的双层中空材料及其制备方法与在硫化氢光催化处理中的应用	路建美	美国	材料与化学化工学部
872	2019-12-31	US10,518,252B2	基于黑磷/金属有机框架修饰的氮化碳膜复合材料及其制备方法与在废气处理中的应用	路建美	美国	材料与化学化工学部
873	2019-02-12	2951729	一种白蛋白吲哚菁绿紫衫醇复合物及其制备方法与应用	刘 庄	加拿大	功能纳米与软物质研究院
874	2019-09-10	US10,411,824B2	一种准粗波分复用光网络的设计方法	沈纲祥	美国	电子信息学院
875	2019-01-01	US10,171,116B2	一种数据传输方法及装置	沈纲祥	美国	电子信息学院
876	2019-02-12	US10,201,410B2	一种高强度生物支架材料及其制备方法	吕 强	美国	纺织与服装工程学院

2019年度苏州大学软件著作权授权情况（表76）

表76 2019年度苏州大学软件著作权授权情况一览表

序号	软件名称	登记号	证书日期	联系人	所在单位
1	用于非球面光学元件数控代码生成软件	2019SR0280593	2019-08-21	王　伟	光电科学与工程学院
2	用于球面光学元件数控代码生成软件	2019SR0280610	2019-03-26	陈　曦	光电科学与工程学院
3	用于螺旋磨圆的数控代码生成软件	2019SR0280444	2019-03-26	陈　曦	光电科学与工程学院
4	用于多边形磨边数控代码生成软件	2019SR0280464	2019-03-26	陈　曦	光电科学与工程学院
5	用于同心磨外圆的数控代码生成软件	2019SR0280869	2019-03-26	陈　曦	光电科学与工程学院
6	用于圆角矩形外形铣的数控代码生成软件	2019SR1117124	2019-03-26	陈　曦	光电科学与工程学院
7	星空场景模拟软件	2019SR0280456	2019-11-05	赵勋杰	光电科学与工程学院
8	华法林剂量预言者软件	2019SR1181023	2019-11-21	陶砚蕴	轨道交通学院
9	进化华法林剂量预言者软件	2019SR1181022	2019-11-21	陶砚蕴	轨道交通学院
10	毕业论文管理系统V1.0	2019SR1181024	2019-11-21	成　明	轨道交通学院
11	企业考勤管理系统V1.0	2019SR0750564	2019-07-19	成　明	轨道交通学院
12	移动客户端GPS定位及智能公交系统	2019SR0410724	2019-04-29	成　明	轨道交通学院

续表

序号	软件名称	登记号	证书日期	联系人	所在单位
13	标签切换程序软件	2019SR0405251	2019-04-28	吴可旸	轨道交通学院
14	成绩统计软件	2019SR0601869	2019-06-12	吴可旸	轨道交通学院
15	组件小程序软件	2019SR0668469	2019-06-28	吴可旸	轨道交通学院
16	无序蛋白结合位点预测系统V1.0	2019SR1087607	2019-10-28	肖飞	医学部
17	油麦菜栽培与病虫害防治专家咨询系统V1.0	2019SR1188494	2019-11-22	曲春香	医学部
18	芋头栽培与病虫害防治专家咨询系统V1.0	2019SR1184537	2019-11-21	曲春香	医学部
19	薤菜栽培与病虫害防治专家咨询系统V1.0	2019SR1278784	2019-12-04	曲春香	医学部
20	魔芋栽培与病虫害防治专家咨询系统V1.0	2019SR1298218	2019-12-06	曲春香	医学部
21	植物叶片外部形态和植物种类的相关性分析软件	2019SR1396002	2019-12-19	吴均章	医学部
22	真菌孢子形态和真菌分类的相关性分析软件	2019SR1395994	2019-12-19	朱越雄	医学部
23	放疗敏感性基因标签发现与验证软件	2019SR1087718	2019-10-28	汤在祥	医学部
24	水蛭养殖全流程试验记录平台	2019SR0354379	2019-04-19	韩宏岩	医学部
25	水蛭养殖水体实时监测系统	2019SR0353527	2019-04-19	韩宏岩	医学部
26	水蛭养殖质量评价系统	2019SR0353518	2019-04-19	韩宏岩	医学部

续表

序号	软件名称	登记号	证书日期	联系人	所在单位
27	微小模式动物药物筛选行为分析系统	2019SR0932724	2019-09-06	胡 佳	医学部
28	氨基酸网络构建与分析软件V1.0	2019SR1083633	2019-10-25	严文颖	医学部
29	预测错义突变对蛋白质—DNA之间相互作用的影响	2019SR1280359	2019-12-04	李明辉	医学部
30	沙蚕捕食形态分析软件	2019SR1395084	2019-12-19	朱玉芳	医学部
31	空调生产线信息化检测系统V1.0.0.0	2019SR0349084	2019-04-18	倪俊芳	机电工程学院
32	耦合声腔声压传递及预测分析软件	2019SR0362318	2019-04-20	王 刚	机电工程学院
33	阻尼层层合板噪声辐射分析软件	2019SR0396187	2019-04-25	王 刚	机电工程学院
34	板结构透射声分析软件	2019SR0397965	2019-04-26	王 刚	机电工程学院
35	高级订单自动排产系统	2019SR0560786	2019-06-03	朱桂琳	机电工程学院
36	安全带视觉检测软件V1.0.0.0	2019SR0690607	2019-07-04	倪俊芳	机电工程学院
37	求解多供应点、多需求点、多物资类型的多目标应急资源调度软件	2019SR0674516	2019-07-01	李志颖	机电工程学院
38	可配置餐饮油水分离器个性化配置优化算法软件	2019SR0668458	2019-06-28	秦 萍	机电工程学院
39	接触式AFM微悬臂动力学特性仿真系统V1.0	2019SR0647471	2019-06-24	顾晓辉	机电工程学院

续表

序号	软件名称	登记号	证书日期	联系人	所在单位
40	快速非接触式大屏互动软件 V1.0	2019SR0647484	2019-06-24	余 雷	机电工程学院
41	基于无线通信的高效 RGB-D 相机信息采集系统 V1.0	2019SR0681961	2019-07-02	余 雷	机电工程学院
42	基于多台 RGB-D 相机的高精度单站点三维重建系统 V1.0	2019SR0681959	2019-07-02	余 雷	机电工程学院
43	基于增强现实的手术导航系统软件	2019SR0646932	2019-06-24	陈 龙	机电工程学院
44	脊柱手术导航系统软件	2019SR0653851	2019-06-25	陈 龙	机电工程学院
45	轻敲式 AFM 微悬臂动力学特性仿真系统 V1.0	2019SR0761076	2019-07-23	顾晓辉	机电工程学院
46	基于足底压力分析的下肢远程病人康复训练系统	2019SR0774349	2019-07-26	匡绍龙	机电工程学院
47	电梯限速器铭牌打印系统	2019SR0966195	2019-09-18	钱蒋忠	机电工程学院
48	电梯安全钳压力测试系统	2019SR0966186	2019-09-18	钱蒋忠	机电工程学院
49	微纳操作平台运动控制软件	2019SR1014150	2019-10-08	卞卫国	机电工程学院
50	瓦楞纸板企业双刀横切机生产线排样下料方案优化调度软件	2019SR1110521	2019-11-01	吴青松	机电工程学院
51	电梯限速器排产系统	2019SR1184365	2019-11-21	钱蒋忠	机电工程学院
52	基于子地图特征匹配的多机器人 SLAM 算法软件 V1.0	2019SR0816923	2019-08-07	孙荣川	机电工程学院

续表

序号	软件名称	登记号	证书日期	联系人	所在单位
53	基于最大公共子图的栅格地图融合软件V1.0	2019SR0816926	2019-08-07	孙荣川	机电工程学院
54	基于波前算法探索的软件V1.0	2019SR0816928	2019-08-07	郁树梅	机电工程学院
55	食用菌采摘机器人控制系统V1.0	2019SR0965013	2019-09-18	王蓬勃	机电工程学院
56	旋钮控制激光器输出及振镜软件V1.0	2019SR0443488	2019-05-09	刘金聪	机电工程学院
57	酒店公寓门禁水电管理系统V1.0	2019SR0249932	2019-03-14	黄非钒	东吴商学院（财经学院）
58	大容量连续化聚酯工业化生产3D虚拟仿真实习系统	2019SR0774355	2019-07-25	戴礼兴	材料与化学化工学部
59	基于安卓的住院信息管理系统V1.0	2019SR1339267	2019-12-11	黄非钒	东吴商学院（财经学院）
60	光电传感器智能控制检测系统	2019SR0914341	2019-09-03	王伟	光电科学与工程学院
61	江南园林古建虚拟仿真实验教学软件	2019SR0810764	2019-08-05	吴永发	金螳螂建筑学院
62	服装尺码推荐系统	2019SR4226737	2019-08-02	卢业虎	纺织与服装工程学院
63	服装缝制生产虚拟仿真实验软件	2019SR4684063	2019-12-03	戴宏钦	纺织与服装工程学院
64	服装结构设计及三维展示虚拟实验软件	2019SR4683387	2019-12-03	戴宏钦	纺织与服装工程学院
65	服装热舒适性评价虚拟仿真实验软件	2019SR4683397	2019-12-03	戴宏钦	纺织与服装工程学院

续表

序号	软件名称	登记号	证书日期	联系人	所在单位
66	汽油机电子油门信号处理系统	2019SR0797349	2019-07-31	黄耀松	能源学院
67	SiO2材料合成中炉内温度及火焰稳定性在线监测系统	2019SR0790790	2019-07-31	黄耀松	能源学院
68	基于线性L1范式拉普拉斯支持向量机的特征选择与数据分类仿真平台软件V1.0	2019SR0094200	2019-01-25	张莉	计算机科学与技术学院
69	基于局部超平面的动态Relief特征选择分类仿真平台软件V1.0	2019SR0094187	2019-01-25	张莉	计算机科学与技术学院
70	基于有监督流形保持图约减算法的数据压缩仿真平台软件V1.0	2019SR0094194	2019-01-25	张莉	计算机科学与技术学院
71	基于KL散度特征选择的故障诊断仿真平台软件V1.0	2019SR0094178	2019-01-25	张莉	计算机科学与技术学院
72	基于Logistic I-Relief半监督特征选择的两分类仿真平台软件V1.0	2019SR0094171	2019-01-25	张莉	计算机科学与技术学院
73	智能带电作业库房控制系统软件	2019SR0037680	2019-01-11	刘晓升	计算机科学与技术学院
74	智能电动密集架控制软件	2019SR0037685	2019-01-11	刘晓升	计算机科学与技术学院
75	智能识别通道系统	2019SR0036581	2019-01-11	刘晓升	计算机科学与技术学院

续表

序号	软件名称	登记号	证书日期	联系人	所在单位
76	基于SVM的商品评论摘要系统V1.0	2019SR0061795	2019-01-18	张宜飞	计算机科学与技术学院
77	基于KNN的半监督特征选择多分类仿真平台软件V1.0	2019SR0165200	2019-02-21	张 莉	计算机科学与技术学院
78	基于Relief的特征选择方法仿真平台软件V1.0	2019SR0169211	2019-02-21	张 莉	计算机科学与技术学院
79	基于稀疏权重的Relief特征选择仿真平台软件V1.0	2019SR0169214	2019-02-21	张 莉	计算机科学与技术学院
80	基于稀疏近邻重构的动态Relief多分类特征选择仿真平台软件	2019SR0188055	2019-02-27	张 莉	计算机科学与技术学院
81	基于L1范式拉普拉斯支持向量机的样本选择与数据分类仿真平台软件	2019SR0188064	2019-02-27	张 莉	计算机科学与技术学院
82	基于Logistic I-Relief特征选择的分类仿真平台软件	2019SR0188061	2019-02-27	张 莉	计算机科学与技术学院
83	基于图像理解的移动应用众包测试报告聚类系统	2019SR0242776	2019-03-13	王 俊	计算机科学与技术学院
84	众包测试报告文本描述生成系统	2019SR0242783	2019-03-13	王 俊	计算机科学与技术学院
85	基于Relief特征选择的分类仿真平台软件	2019SR0242779	2019-03-13	张 莉	计算机科学与技术学院
86	图书馆座位查询预约抢座系统V1.0	2019SR0249910	2019-03-14	姜嘉伟	计算机科学与技术学院

续表

序号	软件名称	登记号	证书日期	联系人	所在单位
87	基于 Logistic I-Relief 半监督特征选择的多分类仿真平台软件	2019SR0362262	2019-04-20	张莉	计算机科学与技术学院
88	FaceSpy 人脸识别流量统计系统 V1.0	2019SR0590262	2019-06-10	胡沁涵	计算机科学与技术学院
89	FaceSpy 人脸信息采集软件 V1.0	2019SR0589426	2019-06-10	胡沁涵	计算机科学与技术学院
90	FaceSpy 人脸识别软件 V1.0	2019SR0590253	2019-06-10	胡沁涵	计算机科学与技术学院
91	基于 python 和 php 的新闻推荐软件	2019SR0560776	2019-06-03	赵朋朋	计算机科学与技术学院
92	基于微信的新闻推荐小程序软件	2019SR0560781	2019-06-03	赵朋朋	计算机科学与技术学院
93	AGV Map Editor 1.0	2019SR0647439	2019-06-24	姚望舒	计算机科学与技术学院
94	海景微信端计步健康软件	2019SR0732229	2019-07-16	张宏斌	计算机科学与技术学院
95	海豚智慧家校 App 软件	2019SR0734307	2019-07-16	张宏斌	计算机科学与技术学院
96	奇想汽车维护助手 App 软件	2019SR0731802	2019-07-16	张宏斌	计算机科学与技术学院
97	圣生共享私家车位 App 软件	2019SR0734432	2019-07-16	张宏斌	计算机科学与技术学院
98	永骏微信图书馆借阅与查询系统	2019SR0734429	2019-07-16	张宏斌	计算机科学与技术学院
99	基于记忆注意力机制的推荐系统	2019SR0733251	2019-07-16	赵朋朋	计算机科学与技术学院

续表

序号	软件名称	登记号	证书日期	联系人	所在单位
100	基于上下文自注意力网络的推荐系统	2019SR0734304	2019-07-16	赵朋朋	计算机科学与技术学院
101	基于协同度量学习算法的推荐方法	2019SR0734422	2019-07-16	赵朋朋	计算机科学与技术学院
102	基于自注意力机制的推荐系统	2019SR0734298	2019-07-16	赵朋朋	计算机科学与技术学院
103	基于传统注意力GRU算法的推荐系统	2019SR0748222	2019-07-18	赵朋朋	计算机科学与技术学院
104	涵田微信图书馆预约借阅推荐系统	2019SR0745082	2019-07-18	张宏斌	计算机科学与技术学院
105	基于用户记忆网络算法的推荐系统	2019SR0745144	2019-07-18	赵朋朋	计算机科学与技术学院
106	上涵车位共享App系统	2019SR0745093	2019-07-18	张宏斌	计算机科学与技术学院
107	基于安卓的互动学习平台教师端App软件（V1.0）	2019SR0745102	2019-07-18	张文哲	计算机科学与技术学院
108	基于安卓的互动学习平台学生端App软件（V1.0）	2019SR0747981	2019-07-18	张文哲	计算机科学与技术学院
109	基于安卓的考勤管理平台经理端App软件（V1.0）	2019SR0747991	2019-07-18	张文哲	计算机科学与技术学院
110	基于安卓的考勤管理平台员工端App软件（V1.0）	2019SR0748235	2019-07-18	张文哲	计算机科学与技术学院
111	档案查询与统计可视化软件（V1.0）	2019SR0747986	2019-07-18	张文哲	计算机科学与技术学院

续表

序号	软件名称	登记号	证书日期	联系人	所在单位
112	基于安卓的有声读物软件（V1.0）	2019SR0745114	2019-07-18	张文哲	计算机科学与技术学院
113	面向新闻的人物属性实时在线学习系统	2019SR0805986	2019-08-02	马进	计算机科学与技术学院
114	基于多任务学习的多模态情绪识别系统V1.0	2019SR0916114	2019-09-03	吴良庆	计算机科学与技术学院
115	基于Android的图书管理系统	2019SR0869736	2019-08-21	唐灯平	计算机科学与技术学院
116	基于Android的学生请假系统	2019SR0869731	2019-08-21	唐灯平	计算机科学与技术学院
117	基于双经验池机制的深度Q网络算法软件	2019SR0886196	2019-08-27	张琳婧	计算机科学与技术学院
118	基于双经验池机制的深度确定性策略梯度算法软件	2019SR0937354	2019-09-09	张琳婧	计算机科学与技术学院
119	心电图疾病诊断标注GUI软件	2019SR0879221	2019-08-23	王丽荣	电子信息学院
120	箱包在线商城系统V1.0	2019SR0972579	2019-09-19	熊福松	计算机科学与技术学院
121	Augmented Cube上顶点分离树演示软件V1.0版	2019SR1062769	2019-10-21	程宝雷	计算机科学与技术学院
122	一类数据中心网络上分离树构造展示平台V1.0	2019SR1059859	2019-10-18	程宝雷	计算机科学与技术学院
123	SWCube数据中心网络上完全独立生成树演示软件V1.0	2019SR1061765	2019-10-21	程宝雷	计算机科学与技术学院

续表

序号	软件名称	登记号	证书日期	联系人	所在单位
124	基于统计方法的新闻实体关键词检测 V1.0	2019SR1061677	2019-10-21	张扬	计算机科学与技术学院
125	基于 Android 的在线学习系统	2019SR1040687	2019-10-14	王岩	计算机科学与技术学院
126	教材订阅系统 App 1.0	2019SR1037532	2019-10-14	王岩	计算机科学与技术学院
127	课程管理系统 V1.0	2019SR1040686	2019-10-14	王岩	计算机科学与技术学院
128	生产设备管理系统	2019SR1037535	2019-10-14	王岩	计算机科学与技术学院
129	环境数据采集仪软件	2019SR1110648	2019-11-01	陆晓峰	计算机科学与技术学院
130	基于支持向量机（SVM）的抑郁症检测分类系统 V1.0	2019SR1163991	2019-11-18	安明慧	计算机科学与技术学院
131	基于最大熵（Maxent）的不平衡情绪分类系统 V1.0	2019SR1131697	2019-11-08	陈潇	计算机科学与技术学院
132	基于最大熵（Maxent）的抑郁症检测分类系统 V1.0	2019SR1112076	2019-11-04	安明慧	计算机科学与技术学院
133	基于多任务 LSTM 的不平衡情绪分类系统 V1.0	2019SR1285916	2019-12-04	陈潇	计算机科学与技术学院
134	基于 LSTM 的抑郁症检测分类系统 V1.0	2019SR1298894	2019-12-06	安明慧	计算机科学与技术学院
135	基于 LSTM 的不平衡情绪分类系统 V1.0	2019SR1328805	2019-12-10	陈潇	计算机科学与技术学院

续表

序号	软件名称	登记号	证书日期	联系人	所在单位
136	基于BERT模型的问答配对系统V1.0	2019SR1377333	2019-12-16	高晓雅	计算机科学与技术学院
137	基于K64的智能电磁三轮车	2019SR1092484	2019-10-28	曹金华	计算机科学与技术学院
138	基于金葫芦IoT的公用雨伞模拟租赁系统	2019SR1094960	2019-10-29	曹金华	计算机科学与技术学院
139	教材订阅系统	2019SR1187303	2019-11-21	王岩	计算机科学与技术学院
140	高校教师科研管理系统	2019SR1187310	2019-11-21	王岩	计算机科学与技术学院
141	基于Android平台的个人事务管理系统	2019SR1187212	2019-11-21	王岩	计算机科学与技术学院
142	医药管理系统	2019SR1187205	2019-11-21	王岩	计算机科学与技术学院
143	订餐管理系统V1.0	2019SR1152826	2019-11-14	熊福松	计算机科学与技术学院
144	即时通信软件V1.0	2019SR1385977	2019-12-17	熊福松	计算机科学与技术学院
145	小型酒店管理系统	2019SR1224973	2019-11-27	唐灯平	计算机科学与技术学院
146	智能钥匙柜控制软件	2019SR1402024	2019-12-19	刘晓升	计算机科学与技术学院
147	安全工器具监管平台软件	2019SR1404937	2019-12-20	刘晓升	计算机科学与技术学院
148	制冷控制系统软件	2019SR1406748	2019-12-20	刘晓升	计算机科学与技术学院
149	80路低速模拟信号检测采集软件	2019SR0028695	2019-01-09	邵雷	电子信息学院

续表

序号	软件名称	登记号	证书日期	联系人	所在单位
150	基于 PageRank 的单文档抽取式摘要系统 V1.0	2019SR0054740	2019-01-16	张 迎	计算机科学与技术学院
151	基于主次关系的自动文摘系统 V1.0	2019SR0076587	2019-01-22	张 迎	计算机科学与技术学院
152	基于 Compactrio 的磁阀式可控电抗器测控软件	2019SR0145734	2019-02-15	张重达	轨道交通学院
153	逛吃街个性化美食精准搜索与智能推荐系统【简称：逛吃街】V1.0	2019SR0566379	2019-06-04	李直旭	计算机科学与技术学院
154	激光雷达目标信息统计软件	2019SR0409380	2019-04-28	郑建颖	轨道交通学院
155	基于 SVM 的电影评论专业程度分类系统 V1.0	2019SR0420842	2019-05-05	吴 璠	计算机科学与技术学院
156	大型商场停车场管理系统 V1.0	2019SR0589266	2019-06-10	陈 潇	计算机科学与技术学院
157	自动光电检测数据处理系统	2019SR0870069	2019-08-21	王 伟	光电科学与工程学院
158	基于张量融合网络 TFN 的多模态情绪识别系统 V1.0	2019SR0842833	2019-08-13	吴良庆	计算机科学与技术学院
159	基于早融合 LSTM 的多模态情绪识别系统 V1.0	2019SR0848591	2019-08-15	吴良庆	计算机科学与技术学院
160	乔灌植被验收系统 1.0	2019SR0842806	2019-08-13	李泽文	金螳螂建筑学院
161	中文神经网络事件检测触发词识别系统 V1.0	2019SR0894205	2019-08-28	黄红妹	计算机科学与技术学院

续表

序号	软件名称	登记号	证书日期	联系人	所在单位
162	苏州大学激光熔覆路径规划软件 V1.0	2019SR0976577	2019-09-20	石 拓	机电工程学院
163	对有毒重气浓度预测模型进行调整的 BP 网络软件	2019SR0699499	2019-07-08	郑佳飞	机电工程学院
164	学生宿舍用电器智能监控系统软件	2019SR0377649	2019-04-23	陆晓峰	计算机科学与技术学院
165	跌倒守护——"老人伴侣"跌倒监测后台管理系统（Web端）	2019SR0521008	2019-05-27	王丽荣	电子信息学院
166	基于 Android 的"老有所 E"跌倒检测定位报警装置软件	2019SR0817880	2019-08-07	王丽荣	电子信息学院
167	心电图特征波形标注 GUI 软件	2019SR0965342	2019-09-18	王丽荣	电子信息学院
168	基于格雷码的转相码和 MPSK 仿真与 GUI 页面显示软件	2019SR0797854	2019-08-01	侯 嘉	电子信息学院
169	二维平面反射阵的散射远场分析软件	2019SR1048712	2019-10-16	杨歆汨	电子信息学院
170	基于人工神经网络的光信噪比监测软件	2019SR1029812	2019-10-11	王 峰	电子信息学院
171	基于 SimGNN 的语义匹配系统 V1.0	2019SR1206589	2019-11-25	高晓雅	计算机科学与技术学院
172	基于多任务学习的正逆向情绪三维分值预测系统 V1.0	2019SR1202796	2019-11-25	高晓雅	计算机科学与技术学院
173	饭店订单管理系统 V1.0	2019SR1206583	2019-11-25	冯世缘	计算机科学与技术学院

续表

序号	软件名称	登记号	证书日期	联系人	所在单位
174	基于深度融合的信贷预测系统 V1.0	2019SR0144922	2019-02-15	倪志文	计算机科学与技术学院
175	基于环境问题的中文分词系统 V1.0	2019SR0317077	2019-04-10	孙柠	计算机科学与技术学院
176	基于聚类的微博关键词提取系统 V1.0	2019SR0347725	2019-04-18	束云峰	计算机科学与技术学院
177	高校教师教学辅助平台 V1.0	2019SR0438044	2019-05-08	申晨	计算机科学与技术学院
178	基于最大熵的微博情绪分类系统 V1.0	2019SR0680275	2019-07-02	王路	计算机科学与技术学院
179	基于长短期记忆网络（LSTM）的属性级情感分类系统 V1.0	2019SR0662227	2019-06-27	江明奇	计算机科学与技术学院
180	基于双向注意力机制的问答情感分类系统 V1.0	2019SR0680471	2019-07-02	沈忱林	计算机科学与技术学院
181	基于网络表示的半监督情感分类系统 V1.0	2019SR0694799	2019-07-05	刘欢	计算机科学与技术学院
182	基于长短期记忆网络（LSTM）的属性分类系统 V1.0	2019SR0695457	2019-07-05	江明奇	计算机科学与技术学院
183	基于最大熵（MaxEnt）的问答匹配系统 V1.0	2019SR0694473	2019-07-05	王路	计算机科学与技术学院
184	基于 LSTM 的问答匹配系统	2019SR0698540	2019-07-08	王路	计算机科学与技术学院
185	基于变分自编码器（VAE）的半监督情感分类系统 V1.0	2019SR0704240	2019-07-09	刘欢	计算机科学与技术学院

续表

序号	软件名称	登记号	证书日期	联系人	所在单位
186	基于层次匹配网络的问答情感分类系统 V1.0	2019SR0703392	2019-07-09	沈忱林	计算机科学与技术学院
187	基于对抗网络学习的半监督情感分类系统 V1.0	2019SR0703182	2019-07-09	刘欢	计算机科学与技术学院
188	基于 CNN 的问答匹配系统 V1.0	2019SR0716562	2019-07-11	王路	计算机科学与技术学院
189	基于卷积神经网络（CNN）的属性分类系统 V1.0	2019SR0715639	2019-07-11	江明奇	计算机科学与技术学院
190	基于卷积神经网络的问答情感分类系统 V1.0	2019SR0712747	2019-07-11	沈忱林	计算机科学与技术学院
191	基于双通道 LSTM 的问答情感分类系统 V1.0	2019SR0703166	2019-07-09	吴良庆	计算机科学与技术学院
192	基于鲁棒投影字典学习的人脸识别软件 V1.0	2019SR0668481	2019-06-28	张召	计算机科学与技术学院
193	基于邻域保持的鲁棒低秩 CNN 图像分类软件	2019SR0668492	2019-06-28	张召	计算机科学与技术学院
194	基于 LSTM 的微博情绪分类系统 V1.0	2019SR0716567	2019-07-11	张璐	计算机科学与技术学院
195	基于 SVM 的微博情绪分类系统 V1.0	2019SR0716180	2019-07-11	张璐	计算机科学与技术学院
196	超立方体线图网络上分离树演示软件 V1.0	2019SR1206591	2019-11-25	肖义胜	计算机科学与技术学院

续表

序号	软件名称	登记号	证书日期	联系人	所在单位
197	宿舍汇小程序法平台 V1.0	2019SR0852837	2019-08-16	赵智立	计算机科学与技术学院
198	宿舍汇后台管理系统 V1.0	2019SR0854922	2019-08-16	陈少峰	计算机科学与技术学院
199	开饭校园餐饮点评平台 V1.0	2019SR0848602	2019-08-15	钱煜	计算机科学与技术学院
200	基于安卓的车友会软件 V1.0	2019SR0766491	2019-07-24	葛娟	计算机科学与技术学院
201	基于上下文增强 LSTM 的多模态情感分类系统 V1.0	2019SR0854937	2019-08-16	贡正仙	计算机科学与技术学院
202	基于模态融合循环网络的多模态情感分类系统 V1.0	2019SR0894853	2019-08-28	贡正仙	计算机科学与技术学院
203	基于多层注意力机制的对话情感分类系统 V1.0	2019SR0863717	2019-08-20	贡正仙	计算机科学与技术学院
204	基于多层 LSTM 的对话情感分类系统 V1.0	2019SR0829562	2019-08-09	贡正仙	计算机科学与技术学院
205	基于层次化注意力机制的多模态情感分类系统 V1.0	2019SR0801628	2019-08-01	贡正仙	计算机科学与技术学院
206	基于层次化 LSTM 的对话意图分类系统 V1.0	2019SR0829227	2019-08-09	贡正仙	计算机科学与技术学院
207	基于 LSTM-CRF 的对话情感分类系统 V1.0	2019SR0814517	2019-08-06	贡正仙	计算机科学与技术学院
208	基于 LSTM-CRF 的对话槽填充系统 V1.0	2019SR0801637	2019-08-01	贡正仙	计算机科学与技术学院

续表

序号	软件名称	登记号	证书日期	联系人	所在单位
209	基于 CNN-LSTM 的对话情感分类系统 V1.0	2019SR0798880	2019-08-01	贡正仙	计算机科学与技术学院
210	吃点啥菜品推荐引擎	2019SR0377056	2019-04-23	胡沁涵	计算机科学与技术学院
211	吃点啥菜品推荐后台管理系统	2019SR0378211	2019-04-23	胡沁涵	计算机科学与技术学院
212	吃点啥 App 软件	2019SR0378199	2019-04-23	胡沁涵	计算机科学与技术学院
213	基于区块链技术的学籍管理系统软件 V1.0	2019SR0698835	2019-07-08	贾俊铖	计算机科学与技术学院
214	家用电器智能识别软件	2018SR995642	2018-12-10	刘一军	计算机科学与技术学院
215	基于特征融合的尺度自适应目标跟踪器软件 V1.0	2019SR0852851	2019-08-16	边丽娜	计算机科学与技术学院
216	结合 TFIDF 与 TextCNN 的垃圾文本分类系统 V1.0	2019SR0852863	2019-08-16	孙宵	计算机科学与技术学院
217	结合 TFIDF 与 LSTM 的垃圾文本分类系统 V1.0	2019SR0809531	2019-08-05	孙宵	计算机科学与技术学院
218	基于深度学习的点击率预测系统 V1.0	2019SR0814092	2019-08-06	倪志文	计算机科学与技术学院
219	基于 Box2D 物理引擎的桌球游戏软件	2019SR0829612	2019-08-09	王浩然	计算机科学与技术学院
220	基于安卓的二手货交易系统	2019SR0766551	2019-07-24	张文哲	计算机科学与技术学院

续表

序号	软件名称	登记号	证书日期	联系人	所在单位
221	基于安卓的运动视听健身软件	2019SR0766506	2019-07-24	张文哲	计算机科学与技术学院
222	基于微信小程序的云记事本软件	2019SR0766517	2019-07-24	张文哲	计算机科学与技术学院
223	基于微信小程序的课堂签到教师端软件	2019SR0766969	2019-07-24	张文哲	计算机科学与技术学院
224	基于微信小程序的课堂签到学生端软件	2019SR0766480	2019-07-24	张文哲	计算机科学与技术学院
225	用户记忆网络的序列推荐系统	2019SR0797362	2019-07-31	赵朋朋	计算机科学与技术学院
226	基于自注意力机制的序列推荐系统	2019SR0766537	2019-07-24	赵朋朋	计算机科学与技术学院
227	基于图神经网络的会话推荐系统	2019SR0791178	2019-07-30	赵朋朋	计算机科学与技术学院
228	基于属性感知神经注意模型的下一个篮子推荐系统	2019SR0797340	2019-07-31	赵朋朋	计算机科学与技术学院
229	基于神经注意力的会话推荐系统	2019SR0797149	2019-07-31	赵朋朋	计算机科学与技术学院
230	基于短期记忆优先模型的会话推荐系统	2019SR0766529	2019-07-24	赵朋朋	计算机科学与技术学院
231	基于层次注意力网络的序列推荐系统	2019SR0766069	2019-07-24	赵朋朋	计算机科学与技术学院
232	基于层次表示模型的下一个篮子推荐系统	2019SR0797355	2019-07-31	赵朋朋	计算机科学与技术学院
233	校内外卖代领系统V1.0	2019SR0580888	2019-06-06	钱能	计算机科学与技术学院

续表

序号	软件名称	登记号	证书日期	联系人	所在单位
234	基于iOS的苏州大学珍稀树种管理系统	2019SR0502100	2019-05-22	陈泳全	计算机科学与技术学院
235	苏州大学基于BS宠物诊疗系统	2019SR0547315	2019-05-30	陈泳全	计算机科学与技术学院
236	基于注意力卷积的循环神经网络机器翻译系统	2019SR0561968	2019-06-03	汪琪	计算机科学与技术学院
237	基于双层注意力机制的抑郁症检测分类系统	2019SR1184385	2019-11-21	安明慧	计算机科学与技术学院

2019年度苏州大学承担的省部级以上项目

科技项目情况

国家重点研发计划项目（4项）（表77）

表77 国家重点研发计划项目情况

序号	项目批准号	项目名称	项目负责人	承担单位	资助经费（万元）	完成时间
1	2017YFE0131700	循环肿瘤细胞高效富集、单细胞分析及药筛用于个性化医疗	刘坚	功能纳米与软物质研究院	315	2019年8月—2022年7月
2	2018YFA0801100	建立小鼠发育代谢表型库	徐璎	剑桥-苏大基因组资源中心	4 126	2019年9月—2024年8月

续表

序号	项目批准号	项目名称	项目负责人	承担单位	资助经费（万元）	完成时间
3	2018YFA0701700	人工智能元学习新理论与新技术及其在医学影像大数据的示范应用	陈新建	电子信息学院	1 349	2019年9月—2024年8月
4	2018YFE0120400	金属基纳米颗粒毒理学构效关系探索及其安全设计与合成的研究	李瑞宾	医学部放射医学与防护学院	88	2020年1月—2021年12月

国家重点研发计划课题（10项）（表78）

表78 国家重点研发计划课题情况

序号	项目批准号	项目名称	项目负责人	承担单位	资助经费（万元）	完成时间
1	2018YFB1309202	面向钣金制造的专用机器人技术	范立成	机电工程学院	467.98	2019年6月—2022年5月
2	2018YFB1307701	数据驱动的手术执行器与消化道软组织交互建模及监控	刘会聪	机电工程学院	255	2019年6月—2022年5月
3	2018YFB1304901	纳米操作机器人跨尺度驱动机理与运动控制	杨 湛	机电工程学院	155	2019年6月—2022年5月
4	2018YFB2002903	低应力无引线封装工艺及特种装备开发	陈立国	机电工程学院	236	2019年7月—2022年6月
5	2018YFE0200702	有机半导体的有序阵列及其在红外传感器中的应用	孙迎辉	能源学院	267	2019年5月—2022年4月

续表

序号	项目批准号	项目名称	项目负责人	承担单位	资助经费（万元）	完成时间
6	2018YFA0801103	样本库和表型分析大数据数据库建设与质控	杨凌	数学科学学院	774	2019年9月—2024年8月
7	2018YFA0701701	李群+贝叶斯流形元学习理论框架研究	李凡长	计算机科学与技术学院	453	2019年9月—2024年8月
8	2018AAA0103104	触嗅一体多功能柔性智能仿生触手	孙旭辉	功能纳米与软物质研究院	528	2019年12月—2024年12月
9	2019YFA0111004	利用基因编辑技术修正的造血干细胞治疗β-地中海贫血的临床研究	陈苏宁	苏州大学附属第一医院	388	2019年11月—2023年12月
10	2019YFA0308403	半导体人工拓扑材料中自旋超导的研究	江华	物理科学与技术学院	462	2019年12月—2024年11月

中国-克罗地亚科技合作委员会第九届例会交流项目（1项）（表79）

表79 中国-克罗地亚科技合作委员会第九届例会交流项目情况

序号	项目批准号	项目名称	项目负责人	承担单位	资助经费（万元）	完成时间
1	国科外〔2019〕16号	基于三维打印技术高强度可降解丝素蛋白/羟基磷灰石生物复合支架研究	张克勤	纺织与服装工程学院	11	2019年12月—2021年11月

国家自然科学基金项目（328项）（表80）

表80 国家自然科学基金项目情况

序号	项目批准号	项目名称	项目负责人	学院（部）	项目类别	资助经费（万元）	开始日期	结题日期
1	21905188	介稳相非贵金属基合金纳米材料的可控制备及电催化性能研究	邵琪	材料与化学化工学部	青年科学基金项目	24	2020-01-01	2022-12-31
2	21905189	二氧化碳基阳离子聚合物的设计与合成	郭思宇	材料与化学化工学部	青年科学基金项目	26	2020-01-01	2022-12-31
3	21905190	基于界面光热传输和主客体络合诱导胚胎干细胞定向分化	王蕾	材料与化学化工学部	青年科学基金项目	25	2020-01-01	2022-12-31
4	21905191	纤溶表面涂层用于改善体外循环材料的血液相容性研究	唐增超	材料与化学化工学部	青年科学基金项目	26	2020-01-01	2022-12-31
5	21905192	基于季铵化PNIPAM微凝胶仿生表面的协同抗菌研究	陈蕊	材料与化学化工学部	青年科学基金项目	26	2020-01-01	2022-12-31
6	21905193	烷醚类阴离子交换聚合物膜的可控合成及其微相结构的调控	孙哲	材料与化学化工学部	青年科学基金项目	26	2020-01-01	2022-12-31
7	21906111	铁基异相光Fenton催化剂中缺陷与活性中心的结构优化与反应机制研究	王晓宁	材料与化学化工学部	青年科学基金项目	24	2020-01-01	2022-12-31

续表

序号	项目批准号	项目名称	项目负责人	学院（部）	项目类别	资助经费（万元）	开始日期	结题日期
8	21925107	高分子精准合成	张正彪	材料与化学化工学部	国家杰出青年科学基金	400	2020-01-01	2024-12-31
9	21935008	糖聚物修饰的肿瘤细胞与免疫细胞之间的相互作用及内在机制研究	陈红	材料与化学化工学部	重点项目	300	2020-01-01	2024-12-31
10	21938006	"强化富集/催化降解"双功能一体化材料的创建及其对低浓度VOCs的深度治理研究	路建美	材料与化学化工学部	重点项目	300	2020-01-01	2024-12-31
11	21971173	基于全碳环的自由基开环反应研究	朱晨	材料与化学化工学部	面上项目	65	2020-01-01	2023-12-31
12	21971174	含硫功能试剂设计合成和还原偶联条件下化学选择性C-S键构建反应及其应用研究	汪顺义	材料与化学化工学部	面上项目	65	2020-01-01	2023-12-31
13	21971175	自由基与（金属）卡宾交叉偶联：构建官能团化合物的新策略	万小兵	材料与化学化工学部	面上项目	65	2020-01-01	2023-12-31

续表

序号	项目批准号	项目名称	项目负责人	学院（部）	项目类别	资助经费（万元）	开始日期	结题日期
14	21971176	手性超分子配位组装体的设计、合成及其在不对称催化反应中的应用	王兴旺	材料与化学化工学部	面上项目	65	2020-01-01	2023-12-31
15	21971177	亲电性硒化试剂——从有机反应到聚合反应	潘向强	材料与化学化工学部	面上项目	65	2020-01-01	2023-12-31
16	21971178	以"半氟"交替共聚物为构筑单元的拓扑结构聚合物的可控合成	张丽芬	材料与化学化工学部	面上项目	65	2020-01-01	2023-12-31
17	21971179	两亲性高分子纳米颗粒调控的聚合诱导静电自组装	蔡远利	材料与化学化工学部	面上项目	65	2020-01-01	2023-12-31
18	21971180	手性溶剂诱导非手性组装基元的手性超分子组装及固定	张伟	材料与化学化工学部	面上项目	65	2020-01-01	2023-12-31
19	21971181	含多功能Y结拓扑聚合物的设计合成及性能研究	赵优良	材料与化学化工学部	面上项目	65	2020-01-01	2023-12-31
20	21971182	含双功能钳形配合物多孔有机聚合物的合成及其催化性能研究	李红喜	材料与化学化工学部	面上项目	65	2020-01-01	2023-12-31

续表

序号	项目批准号	项目名称	项目负责人	学院（部）	项目类别	资助经费（万元）	开始日期	结题日期
21	21971183	含NHC的混配型镍化合物的设计合成及其在催化烯烃氢杂芳基化中的应用	孙宏枚	材料与化学化工学部	面上项目	65	2020-01-01	2023-12-31
22	21973068	过渡金属催化新型卡宾前体转化机制的理论研究	鲍晓光	材料与化学化工学部	面上项目	65	2020-01-01	2023-12-31
23	21975169	智能型聚合物—抗体—药物偶联物的合成用于抗肿瘤药物的靶向输送和释放	倪沛红	材料与化学化工学部	面上项目	65	2020-01-01	2023-12-31
24	21975170	含赖氨酸配体聚合物构建具有原位激活纤溶活性的移植细胞表面	武照强	材料与化学化工学部	面上项目	66	2020-01-01	2023-12-31
25	21975171	基于半导体纳米线阵列的三相光催化反应界面构筑	盛夏	材料与化学化工学部	面上项目	60	2020-01-01	2023-12-31
26	21977078	具有生物活性共轭结构的构建及其在细胞器荧光标记领域的应用	葛健锋	材料与化学化工学部	面上项目	64	2020-01-01	2023-12-31

续表

序号	项目批准号	项目名称	项目负责人	学院（部）	项目类别	资助经费（万元）	开始日期	结题日期
27	21978184	多尺度层次下均一粒径液滴喷雾干燥产品颗粒结构调控及过程优化基础	肖杰	材料与化学化工学部	面上项目	65	2020-01-01	2023-12-31
28	21978185	基于离子共轭有机材料的通用气体传感模型的创建及器件开发	贺竞辉	材料与化学化工学部	面上项目	66	2020-01-01	2023-12-31
29	51903181	Sn基钙钛矿晶体薄膜及其室内光伏特性	李萌	材料与化学化工学部	青年科学基金项目	25	2020-01-01	2022-12-31
30	51922074	柔性太阳能电池材料与器件	李耀文	材料与化学化工学部	优秀青年科学基金项目	130	2020-01-01	2022-12-31
31	51973145	集成"自修复"与"整体成型"策略的新型风机叶片防冰除冰技术、机理及多功能多层结构复合材料的研究	梁国正	材料与化学化工学部	面上项目	60	2020-01-01	2023-12-31
32	51973146	高效全聚合物太阳能电池中受体材料的合成及器件性能优化	张茂杰	材料与化学化工学部	面上项目	61	2020-01-01	2023-12-31

续表

序号	项目批准号	项目名称	项目负责人	学院（部）	项目类别	资助经费（万元）	开始日期	结题日期
33	51973148	基于双重压电势驱动光催化复合纳米纤维膜的构建及其对环境污染物的去除性能研究	李娜君	材料与化学化工学部	面上项目	59	2020-01-01	2023-12-31
34	51973149	构建智能不对称聚肽囊泡共载亲疏水药物用于耐药肿瘤的靶向协同治疗	邓超	材料与化学化工学部	面上项目	60	2020-01-01	2023-12-31
35	91961109	铜系金属团簇内嵌富勒烯的合成，团簇结构与磁性研究	谌宁	材料与化学化工学部	重大研究计划培育项目	80	2020-01-01	2022-12-31
36	21904091	基于碳纳米材料光电效应离子源的研制与应用	李灵锋	电子信息学院	青年科学基金项目	22	2020-01-01	2022-12-31
37	31900490	lncRNA 介导的 ceRNA 调控网络在结直肠癌远处转移过程中的功能研究	齐鑫	电子信息学院	青年科学基金项目	22	2020-01-01	2022-12-31
38	61901290	面向 MIMO 系统在时变信道中的盲调制识别算法研究	朱哲辰	电子信息学院	青年科学基金项目	19.5	2020-01-01	2022-12-31

续表

序号	项目批准号	项目名称	项目负责人	学院（部）	项目类别	资助经费（万元）	开始日期	结题日期
39	61901291	面向全双工的新型多天线RFID读卡器的自干扰抵消关键技术研究	李喆	电子信息学院	青年科学基金项目	23.5	2020-01-01	2022-12-31
40	61971298	面向息肉样脉络膜血管病变多源异构数据的深度学习算法研究	向德辉	电子信息学院	面上项目	59	2020-01-01	2023-12-31
41	61971299	短沟道高可靠性EMMO型薄膜晶体管的研制	张冬利	电子信息学院	面上项目	59	2020-01-01	2023-12-31
42	61974101	柔性AMOLED显示中薄膜晶体管的机械应力可靠性研究	王明湘	电子信息学院	面上项目	63	2020-01-01	2023-12-31
43	71972138	基于多层次分析的医联体整合驱动因素和价值创造机制研究	彭小松	东吴商学院（财经学院）	面上项目	48	2020-01-01	2023-12-31
44	51903183	基于水射流冲击方法的聚四氟乙烯微纳米纤维制备及其结构与性能研究	徐玉康	纺织与服装工程学院	青年科学基金项目	26	2020-01-01	2022-12-31
45	51906169	人体运动状态下热防护服的蓄放热双重效应作用机理及皮肤烧伤预测	何佳臻	纺织与服装工程学院	青年科学基金项目	27	2020-01-01	2022-12-31

续表

序号	项目批准号	项目名称	项目负责人	学院（部）	项目类别	资助经费（万元）	开始日期	结题日期
46	51911530207	仿生微/纳结构的丝素蛋白基生物材料对干细胞转录组影响的比较分析	张克勤	纺织与服装工程学院	国际（地区）合作与交流项目	9.9	2019-04-01	2021-03-31
47	51973144	天然纤维表面的多酚快速聚合和沉积行为及其功能化研究	邢铁玲	纺织与服装工程学院	面上项目	59	2020-01-01	2023-12-31
48	61906129	多重心理机制下的服装造型意象感性认知的机理量化研究	洪岩	纺织与服装工程学院	青年科学基金项目	24	2020-01-01	2022-12-31
49	11905154	基于同步辐射X射线吸收谱的原位电化学反应装置的研制及其在室温钠—硫电池的应用	张亮	功能纳米与软物质研究院	青年科学基金项目	30	2020-01-01	2022-12-31
50	21902112	石墨烯表面探针蘸笔术诱导的仿生磷脂分子膜修饰及磷脂分子组装行为的研究	陈建美	功能纳米与软物质研究院	青年科学基金项目	20	2020-01-01	2022-12-31
51	21902113	新颖结构复杂补丁粒子的可控合成及应用探索	李超然	功能纳米与软物质研究院	青年科学基金项目	26	2020-01-01	2022-12-31

续表

序号	项目批准号	项目名称	项目负责人	学院（部）	项目类别	资助经费（万元）	开始日期	结题日期
52	21902114	钯铋双金属纳米材料的可控制备及电催化CO_2还原应用研究	韩娜	功能纳米与软物质研究院	青年科学基金项目	27	2020-01-01	2022-12-31
53	21903058	基于金属氧化物的二氧化碳还原催化剂的多尺度模拟和理性设计	程涛	功能纳米与软物质研究院	青年科学基金项目	24	2020-01-01	2022-12-31
54	21907073	基于DNA自组装技术的人工抗原呈递细胞设计构建及其免疫功能评价	孙乐乐	功能纳米与软物质研究院	青年科学基金项目	23	2020-01-01	2022-12-31
55	21927803	磁控偏振光声成像系统及其在"无背景"活体成像分析中的应用	刘庄	功能纳米与软物质研究院	国家重大科研仪器研制项目	770	2020-01-01	2024-12-31
56	21971184	基于氧化还原反应和无支持电解质的金属有机骨架膜层电化学可控合成	陆广	功能纳米与软物质研究院	面上项目	65	2020-01-01	2023-12-31
57	21971185	有机多级微纳晶态结构的自组装合成及其光子学研究	王雪东	功能纳米与软物质研究院	面上项目	65	2020-01-01	2023-12-31

续表

序号	项目批准号	项目名称	项目负责人	学院（部）	项目类别	资助经费（万元）	开始日期	结题日期
58	21973067	结构相变和晶界对过渡金属硫族化合物电催化性能的影响机理研究	王璐	功能纳米与软物质研究院	面上项目	65	2020-01-01	2023-12-31
59	31900988	基于红细胞膜的抗原递送仿生载体及其在肿瘤免疫治疗中的应用探索	汪超	功能纳米与软物质研究院	青年科学基金项目	25	2020-01-01	2022-12-31
60	51901147	广谱强SPR吸收铜纳米结构的可控制备、性能调控与光热海水淡化应用	陈金星	功能纳米与软物质研究院	青年科学基金项目	26	2020-01-01	2022-12-31
61	51902217	金属—硅—碳纳米催化剂的功能界面设计及其在CO_2电化学还原中的应用	廖凡	功能纳米与软物质研究院	青年科学基金项目	23	2020-01-01	2022-12-31
62	51903182	可喷射肿瘤微环境响应性高分子水凝胶用于肿瘤免疫治疗	陈倩	功能纳米与软物质研究院	青年科学基金项目	27	2020-01-01	2022-12-31
63	51920105005	硅基微纳复合结构光热/光化学协同催化二氧化碳还原	张晓宏	功能纳米与软物质研究院	重点国际（地区）合作与交流项目	247	2020-01-01	2024-12-31

续表

序号	项目批准号	项目名称	项目负责人	学院（部）	项目类别	资助经费（万元）	开始日期	结题日期
64	51922073	无机功能纳米材料的催化应用探索	张桥	功能纳米与软物质研究院	优秀青年科学基金项目	130	2020-01-01	2022-12-31
65	51972216	基于氮掺杂碳点设计海水环境中的高效二氧化碳还原光电催化体系	康振辉	功能纳米与软物质研究院	面上项目	60	2020-01-01	2023-12-31
66	51972219	硫化锂分子活化策略和作为锂硫电池正极材料的应用探索	李彦光	功能纳米与软物质研究院	面上项目	60	2020-01-01	2023-12-31
67	51973147	有机半导体微纳单晶材料精确图案化组装及高性能集成器件的研究	揭建胜	功能纳米与软物质研究院	面上项目	62	2020-01-01	2023-12-31
68	61904116	基于层状过渡金属硫化物的三维共形异质结光电探测器研究	肖鹏	功能纳米与软物质研究院	青年科学基金项目	23	2020-01-01	2022-12-31
69	61904117	可溶性并苯类有机半导体单晶阵列化组装及其有机场效应晶体管的研究	邓巍	功能纳米与软物质研究院	青年科学基金项目	23	2020-01-01	2022-12-31

续表

序号	项目批准号	项目名称	项目负责人	学院（部）	项目类别	资助经费（万元）	开始日期	结题日期
70	61905171	基于确定性非周期金属微纳结构的宽光谱调控有机太阳能电池研究	陈敬德	功能纳米与软物质研究院	青年科学基金项目	23	2020-01-01	2022-12-31
71	61911530158	环境友好型无铅钙钛矿纳米晶光伏器件的研究	马万里	功能纳米与软物质研究院	国际（地区）合作与交流项目	40	2019-01-01	2021-12-31
72	61950410619	Tailored 2D and 0D Nano-Structures with Self-assembled Monolayers for the Fine Tuning of Low Power Carbon Nanotube Thin Film Transistors and Their Circuit Applications	Luis Francisco Portilla Berlanga	功能纳米与软物质研究院	国际（地区）合作与交流项目	20	2020-01-01	2020-12-31
73	61974098	卤化钙钛矿中有机/无机相分离微纳结构调控和高效发光二极管器件研究	孙宝全	功能纳米与软物质研究院	面上项目	63	2020-01-01	2023-12-31
74	61974099	二维材料极化激元增强的室温高灵敏中红外光探测器制备和机理研究	李绍娟	功能纳米与软物质研究院	面上项目	59	2020-01-01	2023-12-31

续表

序号	项目批准号	项目名称	项目负责人	学院（部）	项目类别	资助经费（万元）	开始日期	结题日期
75	91959104	肿瘤微环境多指标分子影像方法及其在免疫治疗预后中的应用探索	陈倩	功能纳米与软物质研究院	重大研究计划培育项目	80	2020-01-01	2022-12-31
76	91961120	基于少金属原子团簇—二维共轭微孔高分子柔性材料的设计与C_2电催化产物生成机理研究	徐来	功能纳米与软物质研究院	重大研究计划培育项目	80	2020-01-01	2022-12-31
77	U1932124	同步辐射X射线原位实时表征技术对半导体气敏传感器机理的研究	孙旭辉	功能纳米与软物质研究院	联合基金培育项目	60	2020-01-01	2022-12-31
78	U1932211	同步辐射原位软X射线谱学及其在石墨炔电催化研究中的应用	钟俊	功能纳米与软物质研究院	联合基金重点支持项目	300	2020-01-01	2023-12-31
79	61950410759	Defect Tolerance in Lead-Free Perovskites and Rudorffites for Optoelectronic Applications: Detailed Systematic Experimental Evaluation via Deep-Level Spectroscopy	Vincenzo Pecunia	功能纳米与软物质研究院	国际（地区）合作与交流项目	12	2020-01-01	2020-12-31

续表

序号	项目批准号	项目名称	项目负责人	学院（部）	项目类别	资助经费（万元）	开始日期	结题日期
80	61961160731	双三齿铱配合物及其高效长寿命有机发光二极管	廖良生	功能纳米与软物质研究院	国际（地区）合作与交流项目（组织间）	100	2020-01-01	2023-12-31
81	11904248	金属-介质-金属平面隧穿结热电子光探测器	邵伟佳	光电科学与工程学院	青年科学基金项目	22	2020-01-01	2022-12-31
82	51973150	PVDF基铁电高分子复合材料的结构与压电性能关系研究	胡志军	光电科学与工程学院	面上项目	61	2020-01-01	2023-12-31
83	61903268	大倾角悬垂结构激光变向成形精准控制基础研究	石拓	光电科学与工程学院	青年科学基金项目	25	2020-01-01	2022-12-31
84	61905170	基于回音壁模式的热电子光电转换研究	张程	光电科学与工程学院	青年科学基金项目	22	2020-01-01	2022-12-31
85	61906128	面向语音情感分析的发声物理过程智能建模关键技术研究	肖仲喆	光电科学与工程学院	青年科学基金项目	20	2020-01-01	2022-12-31
86	61974100	自支撑柔性透明多级结构金属网栅集流体的可控构筑及储能应用研究	刘艳花	光电科学与工程学院	面上项目	59	2020-01-01	2023-12-31

续表

序号	项目批准号	项目名称	项目负责人	学院（部）	项目类别	资助经费（万元）	开始日期	结题日期
87	61975140	基于相位重构视场调控的信息密度渐变式裸眼3D显示关键技术研究	乔 文	光电科学与工程学院	面上项目	63	2020-01-01	2023-12-31
88	U1930106	基于切趾啁啾Bragg体光栅的高峰值功率脉冲压缩与展宽研究	张 翔	光电科学与工程学院	联合基金培育项目	48	2020-01-01	2022-12-31
89	11972240	自供电轴向运动层合纳米梁的多场耦合非线性振动研究及其应用	李 成	轨道交通学院	面上项目	63	2020-01-01	2023-12-31
90	51905361	动力锂电池正极涂布快速制造中黏合剂分布均匀性调控及能耗优化研究	邓业林	轨道交通学院	青年科学基金项目	26	2020-01-01	2022-12-31
91	51907137	基于精确离散化预测模型及迭代学习控制的负载模拟系统转矩波动抑制研究	樊明迪	轨道交通学院	青年科学基金项目	25	2020-01-01	2022-12-31
92	51908388	多模式驾驶车辆混行条件下合流区协同交汇优化问题研究	俄文娟	轨道交通学院	青年科学基金项目	29	2020-01-01	2022-12-31

续表

序号	项目批准号	项目名称	项目负责人	学院（部）	项目类别	资助经费（万元）	开始日期	结题日期
93	51977136	多电平调速系统多步预测控制的球形译码和目标函数调制快速定频研究	杨勇	轨道交通学院	面上项目	59	2020-01-01	2023-12-31
94	51978430	滨海渗透性地层大直径土压平衡盾构掘进面稳定控制机理研究	刘维	轨道交通学院	面上项目	60	2020-01-01	2023-12-31
95	51978431	软土盾构隧道前摄性维养模型研究	李攀	轨道交通学院	面上项目	60	2020-01-01	2023-12-31
96	61973225	复杂场景道路监控中基于流形描述的目标协同感知与跟踪研究	郑建颖	轨道交通学院	面上项目	60	2020-01-01	2023-12-31
97	51905360	基于刀具基体表面等离子体/激光织构的TiAlN涂层膜基界面强化机理研究	张克栋	机电工程学院	青年科学基金项目	25	2020-01-01	2022-12-31
98	51975392	低温/电场复合作用下折柔性人工晶状体的流变液抛光机理及调控方法研究	樊成	机电工程学院	面上项目	60	2020-01-01	2023-12-31
99	61903267	室内人机共融环境下的机器人社会自适应导航方法研究	迟文政	机电工程学院	青年科学基金项目	24	2020-01-01	2022-12-31

续表

序号	项目批准号	项目名称	项目负责人	学院（部）	项目类别	资助经费（万元）	开始日期	结题日期
100	61971297	离子多重共振激发机理及其对非对称线性离子阱分析性能的影响	李晓旭	机电工程学院	面上项目	65	2020-01-01	2023-12-31
101	61973336	复杂环境下基于节点动态分配的多移动机器人全局路径规划研究	林睿	机电工程学院	面上项目	58	2020-01-01	2023-12-31
102	71904139	面向知识关联整合的大学跨学科团队创新能力影响研究	金子祺	机电工程学院	青年科学基金项目	18.5	2020-01-01	2022-12-31
103	61902269	面向大规模云服务的服务流程自适应优化关键技术研究	梁合兰	计算机科学与技术学院	青年科学基金项目	25	2020-01-01	2022-12-31
104	61902270	基于时空数据的多平台用户连接关键技术研究	陈伟	计算机科学与技术学院	青年科学基金项目	25	2020-01-01	2022-12-31
105	61972272	多源异质社交网络融合与营销影响力传播优化研究	周经亚	计算机科学与技术学院	面上项目	60	2020-01-01	2023-12-31
106	61972454	群体委托计算安全问题研究	罗喜召	计算机科学与技术学院	面上项目	60	2020-01-01	2023-12-31

续表

序号	项目批准号	项目名称	项目负责人	学院（部）	项目类别	资助经费（万元）	开始日期	结题日期
107	61976146	基于篇章结构分析的汉语单文档自动文摘研究	王红玲	计算机科学与技术学院	面上项目	56	2020-01-01	2023-12-31
108	61976147	面向弱标注的实体间多层语义关系抽取研究	钱龙华	计算机科学与技术学院	面上项目	58	2020-01-01	2023-12-31
109	61976148	基于篇章结构分析的神经机器翻译的研究	贡正仙	计算机科学与技术学院	面上项目	56	2020-01-01	2023-12-31
110	11901416	一类以知识创造与传播为动力的经济增长模型及其相关的行波问题	秦聪	金融工程研究中心	青年科学基金项目	22.1	2020-01-01	2022-12-31
111	11971342	随机基因漂移问题的数值方法	岳兴业	金融工程研究中心	面上项目	48	2020-01-01	2023-12-31
112	41901203	顾及城乡共生关系的城市边缘区建设用地空间布局优化配置研究	田雅丝	金螳螂建筑学院	青年科学基金项目	22	2020-01-01	2022-12-31
113	41971211	大城市基础教育资源空间差异与社会空间分异的耦合过程、机理及效应研究	陈培阳	金螳螂建筑学院	面上项目	57	2020-01-01	2023-12-31

续表

序号	项目批准号	项目名称	项目负责人	学院（部）	项目类别	资助经费（万元）	开始日期	结题日期
114	51978429	棱镜日光重定向系统的光热耦合机理及优化设计研究	田真	金螳螂建筑学院	面上项目	57	2020-01-01	2023-12-31
115	11974257	基于GW方法的半导体缺陷计算方法的发展与应用	尹万健	能源学院	面上项目	63	2020-01-01	2023-12-31
116	21971172	铸造单晶硅中晶界工程抑制晶体位错的研究	邹贵付	能源学院	面上项目	65	2020-01-01	2023-12-31
117	21972100	高效氢转移有机合成光催化剂的设计制备及优化	苏韧	能源学院	面上项目	65	2020-01-01	2023-12-31
118	51911540473	基于金属有机框架结构的柔性高能锂硫电池的性能研究	彭扬	能源学院	国际（地区）合作与交流项目	8	2019-07-01	2021-06-30
119	51972220	具有无定形结构、原子级分散的多元金属氧化物作为锂空气电池正极催化剂的可控制备、电化学性能和催化机理的研究	杨瑞枝	能源学院	面上项目	60	2020-01-01	2023-12-31

续表

序号	项目批准号	项目名称	项目负责人	学院（部）	项目类别	资助经费（万元）	开始日期	结题日期
120	51901148	热毛细对流作用下增材制造凝固组织和成分偏析形成机理研究	张庆宇	沙钢钢铁学院	青年科学基金项目	24	2020-01-01	2022-12-31
121	51904194	MOF 衍生中空核壳型 Ni-Co-P@TiO2-x 负极材料设计合成与储钠特性研究	隋裕雷	沙钢钢铁学院	青年科学基金项目	25	2020-01-01	2022-12-31
122	51974190	高性能锂离子电池负极材料 MXene/Si@C 复合体系的构筑及储能特性研究	伍 凌	沙钢钢铁学院	面上项目	60	2020-01-01	2023-12-31
123	51975391	可控氧化性气氛下光纤激光拼焊铝硅镀层热成形钢接头组织性能调控机制	王晓南	沙钢钢铁学院	面上项目	60	2020-01-01	2023-12-31
124	U1960104	低品位复杂菱铁矿制备高品位碳化铁及其强化机制研究	陈 栋	沙钢钢铁学院	联合基金培育项目	68	2020-01-01	2022-12-31
125	U1960105	特厚板差温轧制力学机理及缺陷消除判据研究	章顺虎	沙钢钢铁学院	联合基金培育项目	58	2020-01-01	2022-12-31

续表

序号	项目批准号	项目名称	项目负责人	学院（部）	项目类别	资助经费（万元）	开始日期	结题日期
126	11971021	外加电流下磁性材料磁化强度动力学：建模、分析与应用	陈景润	数学科学学院	面上项目	52	2020-01-01	2023-12-31
127	11971338	理想的幂和局部上同调	卢丹诚	数学科学学院	面上项目	51	2020-01-01	2023-12-31
128	11971339	几类非线性椭圆方程和椭圆系统的研究	黄毅生	数学科学学院	面上项目	52	2020-01-01	2023-12-31
129	11971340	Fock 空间上的分析与算子	侯绳照	数学科学学院	面上项目	53	2020-01-01	2023-12-31
130	11971341	组合分析与特殊函数理论的若干问题与方法研究	马欣荣	数学科学学院	面上项目	52	2020-01-01	2023-12-31
131	11904246	基于功能化碳纳米管的硼酸分子反渗透膜的结构设计与分子动力学研究	陈航燕	物理科学与技术学院	青年科学基金项目	24	2020-01-01	2022-12-31
132	11904247	具有特殊相干结构部分相干光场紧聚焦特性及其在微粒操控中的应用基础研究	陈亚红	物理科学与技术学院	青年科学基金项目	27	2020-01-01	2022-12-31
133	11922506	活性物质统计物理研究	施夏清	物理科学与技术学院	优秀青年科学基金项目	130	2020-01-01	2022-12-31

续表

序号	项目批准号	项目名称	项目负责人	学院（部）	项目类别	资助经费（万元）	开始日期	结题日期
134	11974010	突变相位调制下的亚波长金属光栅中的异常衍射特性研究	徐亚东	物理科学与技术学院	面上项目	62	2020-01-01	2023-12-31
135	11974255	自驱动胶体集体运动和动态周期性结构的实验研究	张天辉	物理科学与技术学院	面上项目	65	2020-01-01	2023-12-31
136	11974256	拓扑材料中无序效应和安德森相变的研究	陈垂针	物理科学与技术学院	面上项目	63	2020-01-01	2023-12-31
137	11975163	螺旋波 E×B 等离子体材料表面处理关键技术基础研究	吴雪梅	物理科学与技术学院	面上项目	65	2020-01-01	2023-12-31
138	21972101	金属-有机配位键模板法制备表面共价纳米结构	石子亮	物理科学与技术学院	面上项目	65	2020-01-01	2023-12-31
139	51972217	多铁性光伏材料的第一性原理设计	睢胜	物理科学与技术学院	面上项目	60	2020-01-01	2023-12-31
140	51972218	有机无机复合钙钛矿薄膜体相和界面缺陷调控及其光伏应用	邓楷模	物理科学与技术学院	面上项目	60	2020-01-01	2023-12-31
141	U1932102	$D/Ds \rightarrow \eta^{(\prime)}\mu\nu$ 半轻衰变分支比和强子形状因子的精确测量	徐新平	物理科学与技术学院	联合基金培育项目	67	2020-01-01	2022-12-31

续表

序号	项目批准号	项目名称	项目负责人	学院（部）	项目类别	资助经费（万元）	开始日期	结题日期
142	U1932121	细胞穿膜肽跨膜转导过程的动力学机制研究	元冰	物理科学与技术学院	联合基金培育项目	58	2020-01-01	2022-12-31
143	11947212	拓扑材料中非线性霍尔效应的密度泛函理论研究	肖瑞春	物理科学与技术学院	专项项目	18	2020-01-01	2020-12-31
144	21906110	纳米石墨烯表面持久性自由基的环境转化及毒性机制研究	崇羽	医学部放射医学与防护学院	青年科学基金项目	25	2020-01-01	2022-12-31
145	21906112	金属有机骨架膜在放射性废液处理中的应用研究	马付银	医学部放射医学与防护学院	青年科学基金项目	25	2020-01-01	2022-12-31
146	21906113	高稳定高比表面积单晶有机磷酸锆的合成及相关核素的去除研究	陈兰花	医学部放射医学与防护学院	青年科学基金项目	26	2020-01-01	2022-12-31
147	21906114	阳离子MOFs的构筑及对高锝酸根离子吸附的研究	盛道鹏	医学部放射医学与防护学院	青年科学基金项目	26	2020-01-01	2022-12-31
148	21906115	AIE活性共轭聚合物铀酰ECL探针的设计、合成及机制研究	王子昱	医学部放射医学与防护学院	青年科学基金项目	26	2020-01-01	2022-12-31

续表

序号	项目批准号	项目名称	项目负责人	学院（部）	项目类别	资助经费（万元）	开始日期	结题日期
149	21906116	二维氮化碳衍生物对高锝酸根选择性识别的理论研究	代 星	医学部放射医学与防护学院	青年科学基金项目	24	2020-01-01	2022-12-31
150	21950410524	Selective Separation of Americium (Ⅲ) from Lanthanides (Ⅲ) by Coordination-Driven Self-Assembly Approach	SURESH ANNAM	医学部放射医学与防护学院	国际（地区）合作与交流项目	20	2020-01-01	2020-12-31
151	21976126	环境污染诱发肺组织炎症中肺部菌群的介导机制研究	李瑞宾	医学部放射医学与防护学院	面上项目	65	2020-01-01	2023-12-31
152	21976127	纳米MOF材料用于体内铀污染促排的研究	第五娟	医学部放射医学与防护学院	面上项目	66	2020-01-01	2023-12-31
153	21976128	Y90标记生物可降解凝胶微球用于肝癌放射栓塞治疗研究	王广林	医学部放射医学与防护学院	面上项目	66	2020-01-01	2023-12-31
154	31901000	核壳型纳米材料的类过氧化物酶活性调控及其在增强H_2O_2抗菌效率中的应用研究	方 舸	医学部放射医学与防护学院	青年科学基金项目	23	2020-01-01	2022-12-31

续表

序号	项目批准号	项目名称	项目负责人	学院（部）	项目类别	资助经费（万元）	开始日期	结题日期
155	31971165	电离辐射诱导的长链非编码RNA通过机械力传导通路调控肿瘤增殖/转移的研究	畅磊	医学部放射医学与防护学院	面上项目	58	2020-01-01	2023-12-31
156	31971319	体外肝微组织用于铜纳米诊疗剂安全性评价及毒性机制研究	张乐帅	医学部放射医学与防护学院	面上项目	57	2020-01-01	2023-12-31
157	31971320	基于电子自旋共振技术的纳米材料消化道毒性体外预测研究	田欣	医学部放射医学与防护学院	面上项目	57	2020-01-01	2023-12-31
158	81901803	智能组装—解组装诊疗一体化平台用于恶性肿瘤成像与治疗的研究	苗庆庆	医学部放射医学与防护学院	青年科学基金项目	21	2020-01-01	2022-12-31
159	81971671	响应型多模态纳米探针用于脑胶质瘤诊疗的研究	李桢	医学部放射医学与防护学院	面上项目	55	2020-01-01	2023-12-31
160	81972964	DNA-PKcs-PIDD信号通路调控电离辐射诱发的有丝分裂期细胞DNA损伤反应和有丝分裂灾变死亡机制研究	尚增甫	医学部放射医学与防护学院	面上项目	55	2020-01-01	2023-12-31

续表

序号	项目批准号	项目名称	项目负责人	学院（部）	项目类别	资助经费（万元）	开始日期	结题日期
161	81973237	虎杖苷石墨烯水凝胶通过调节肠道细菌Roseburia及其代谢产物5-HIAA救治肠道放射损伤的研究	崔凤梅	医学部放射医学与防护学院	面上项目	56	2020-01-01	2023-12-31
162	91959123	基于比率型光声探针的肿瘤特征分子功能可视化及早期胃癌诊断研究	史海斌	医学部放射医学与防护学院	重大研究计划培育项目	80	2020-01-01	2022-12-31
163	U1932208	海藻酸钠/咪喹莫特微球在肿瘤重离子免疫联合治疗中应用基础研究	杨凯	医学部放射医学与防护学院	联合基金重点支持项目	300	2020-01-01	2023-12-31
164	U1967217	选择性吸附分离水溶性裂变产物的金属有机框架材料的设计与机理研究	周如鸿	医学部放射医学与防护学院	联合基金重点支持项目	269	2020-01-01	2023-12-31
165	U1967220	多组学联合的生物辐射敏感分子标志物研究	曹建平	医学部放射医学与防护学院	联合基金重点支持项目	267	2020-01-01	2023-12-31
166	81900577	IL-33/ST2信号通路调控T细胞肝内浸润在慢加急性肝衰竭病程进展中的作用和机制研究	徐俊驰	苏州大学附属传染病医院	青年科学基金项目	20	2020-01-01	2022-12-31

续表

序号	项目批准号	项目名称	项目负责人	学院（部）	项目类别	资助经费（万元）	开始日期	结题日期
167	81902054	乙肝表面抗原亚病毒颗粒携带miR-939通过调控单核细胞活化对肝脏炎症反应的作用及机制研究	李晋	苏州大学附属传染病医院	青年科学基金项目	20	2020-01-01	2022-12-31
168	81900140	单宁酸靶向抑制血小板表面蛋白二硫键异构酶抗血栓的作用及机制研究	尤涛	苏州大学附属第二医院	青年科学基金项目	20	2020-01-01	2022-12-31
169	81900802	LOX基因突变通过激活IL-6/JAK2/STAT3通路调控破骨细胞分化及其在骨质疏松发病中的作用	肖文金	苏州大学附属第二医院	青年科学基金项目	19	2020-01-01	2022-12-31
170	81901198	DNA甲基化修饰调控CBS表达在高同型半胱氨酸加剧脑缺血后血脑屏障损伤中的作用及机制研究	尤寿江	苏州大学附属第二医院	青年科学基金项目	20.5	2020-01-01	2022-12-31
171	81901599	Cofilin分子在高毒力肺炎克雷白杆菌抗中性粒细胞吞噬中的作用机制研究	王卓	苏州大学附属第二医院	青年科学基金项目	21	2020-01-01	2022-12-31

续表

序号	项目批准号	项目名称	项目负责人	学院（部）	项目类别	资助经费（万元）	开始日期	结题日期
172	81902179	脊髓性肌萎缩症中SMN蛋白缺失致p53去泛素化后积累的机制研究	盛蕾	苏州大学附属第二医院	青年科学基金项目	21	2020-01-01	2022-12-31
173	81902207	BMPR-Ⅰ/Ⅱ-Gαi1/3通路促成骨细胞分化的作用和机制研究	张应子	苏州大学附属第二医院	青年科学基金项目	20	2020-01-01	2022-12-31
174	81902239	lncRNA-14238介导TLR-7信号通路参与腰椎间盘突出症模型大鼠痛觉高敏的机制研究	王前亮	苏州大学附属第二医院	青年科学基金项目	20	2020-01-01	2022-12-31
175	81902241	ATF3-Akt轴在周期性机械压力调控骨关节炎进程中的作用机制研究	宋方龙	苏州大学附属第二医院	青年科学基金项目	20	2020-01-01	2022-12-31
176	81902579	E3泛素连接酶CDC20调控FoxO1促进DNA损伤修复影响膀胱癌放疗敏感性的作用及机制研究	王利霞	苏州大学附属第二医院	青年科学基金项目	21	2020-01-01	2022-12-31
177	81902715	KAT5/miR-210/TET2通路在甲状腺未分化癌侵袭与转移中的作用机制研究	蔡尚	苏州大学附属第二医院	青年科学基金项目	21	2020-01-01	2022-12-31

续表

序号	项目批准号	项目名称	项目负责人	学院（部）	项目类别	资助经费（万元）	开始日期	结题日期
178	81903068	用于共递送顺铂和Fedratinib的纳米药物及其改善肿瘤微环境、协同肺癌治疗的机制研究	朱蓉英	苏州大学附属第二医院	青年科学基金项目	21.5	2020-01-01	2022-12-31
179	81903248	骨骼干细胞在放射性骨损伤修复中的作用及对Wnt/β-catenin通路的影响	卞华慧	苏州大学附属第二医院	青年科学基金项目	20	2020-01-01	2022-12-31
180	81903326	铁调控MATN3影响绝经后女性骨形成的分子机制研究	陈斌	苏州大学附属第二医院	青年科学基金项目	21	2020-01-01	2022-12-31
181	81971036	CircRNA-05188介导催产素信号通路参与腰椎间盘突出症疼痛敏化的机制研究	严军	苏州大学附属第二医院	面上项目	55	2020-01-01	2023-12-31
182	81974334	Gαi1/3介导IL-6-gp130通路信号转导促成骨细胞成骨作用及机制研究	董启榕	苏州大学附属第二医院	面上项目	55	2020-01-01	2023-12-31
183	81900058	LncRNA-n334788/miR-369-3p/CAZPA1轴调控特发性肺纤维化作用机制	邱慧	苏州大学附属第三医院	青年科学基金项目	21	2020-01-01	2022-12-31

续表

序号	项目批准号	项目名称	项目负责人	学院（部）	项目类别	资助经费（万元）	开始日期	结题日期
184	81900768	GCKR基因及其多态性位点rs780092对肥胖相关性肾病足细胞损伤的影响及机制研究	黄小琳	苏州大学附属第三医院	青年科学基金项目	20	2020-01-01	2022-12-31
185	81901247	GSK3β-MOB2-NDR2轴调控神经元轴突伸长修复脊髓损伤的机制研究	宋志文	苏州大学附属第三医院	青年科学基金项目	20.5	2020-01-01	2022-12-31
186	81901696	MR功能成像定量评价铁死亡介导肾缺血再灌注损伤的机制	张京刚	苏州大学附属第三医院	青年科学基金项目	21	2020-01-01	2022-12-31
187	81901777	基于核素心肌脂肪酸代谢显像研究心肌缺血再灌注损伤非缺血心肌能量代谢障碍及其机制	张飞飞	苏州大学附属第三医院	青年科学基金项目	20	2020-01-01	2022-12-31
188	81902386	环状RNAcirc-cPPP1R12A编码的多肽circPPP1R12A-73aa调控结肠癌细胞增殖和转移的作用机制研究	郑晓	苏州大学附属第三医院	青年科学基金项目	21	2020-01-01	2022-12-31

续表

序号	项目批准号	项目名称	项目负责人	学院（部）	项目类别	资助经费（万元）	开始日期	结题日期
189	81903251	TDP-43/BDNF通路在放射性认知功能障碍发生中的作用研究	孙锐	苏州大学附属第三医院	青年科学基金项目	20	2020-01-01	2022-12-31
190	81970080	慢性间歇性低氧诱导的外泌体miR-197促癌作用及其机制研究	李翀	苏州大学附属第三医院	面上项目	55	2020-01-01	2023-12-31
191	81971504	组蛋白甲基化酶SUV39H1促进调节性T细胞（Treg）减轻移植物抗宿主病(GVHD)机制的研究	陆云杰	苏州大学附属第三医院	面上项目	55	2020-01-01	2023-12-31
192	81971572	基于水通道蛋白表达水平的肾缺血-再灌注损伤MRI定量研究	陈杰	苏州大学附属第三医院	面上项目	55	2020-01-01	2023-12-31
193	81972048	调控MOB1促进神经干细胞分化和轴突伸长修复脊髓损伤的机制研究	刘锦波	苏州大学附属第三医院	面上项目	55	2020-01-01	2023-12-31
194	81972869	RFA术后激活AIM2介导抗肿瘤免疫应答在肠癌肝转移治疗中的作用机制	蒋敬庭	苏州大学附属第三医院	面上项目	55	2020-01-01	2023-12-31

续表

序号	项目批准号	项目名称	项目负责人	学院（部）	项目类别	资助经费（万元）	开始日期	结题日期
195	81900130	伴EVI1基因高表达MDS高风险向AML转化的分子致病机制研究	张彤彤	苏州大学附属第一医院	青年科学基金项目	20	2020-01-01	2022-12-31
196	81900151	去泛素化酶USP5调控P53通路在伴E2A-PBX1成人ALL的致病机制研究	田竑	苏州大学附属第一医院	青年科学基金项目	20	2020-01-01	2022-12-31
197	81900175	FLI-1基因甲基化在造血干细胞移植后持续性血小板减少中的作用和机制研究	崔庆亚	苏州大学附属第一医院	青年科学基金项目	20	2020-01-01	2022-12-31
198	81900180	Nrf激动剂调控Breg细胞分化和功能减轻慢性移植物抗宿主病的机制研究	韩晶晶	苏州大学附属第一医院	青年科学基金项目	20	2020-01-01	2022-12-31
199	81900317	IL-33促进MSC治疗心梗疗效的机制研究	陈月秋	苏州大学附属第一医院	青年科学基金项目	21	2020-01-01	2022-12-31
200	81900508	肝细胞源性外泌体miR-192通过抑制Rictor激活巨噬细胞诱导非酒精性脂肪性肝炎的机制研究	刘晓琳	苏州大学附属第一医院	青年科学基金项目	21	2020-01-01	2022-12-31

续表

序号	项目批准号	项目名称	项目负责人	学院（部）	项目类别	资助经费（万元）	开始日期	结题日期
201	81900794	核受体NR2E1通过SIRT1/NF-κB/RelA通路调控肥胖相关脂肪组织慢性炎症的机制研究	刘铮	苏州大学附属第一医院	青年科学基金项目	20	2020-01-01	2022-12-31
202	81901262	Dyrk1b促进STAT3的磷酸化在星形胶质细胞炎症激活所致神经损伤中的作用机制研究	贺明庆	苏州大学附属第一医院	青年科学基金项目	20.5	2020-01-01	2022-12-31
203	81901847	基于影像基因组学的肝动脉化疗栓塞术联合索拉非尼治疗中晚期肝癌预后模型研究	仲斌演	苏州大学附属第一医院	青年科学基金项目	21	2020-01-01	2022-12-31
204	81902181	PLC-γ1信号通路介导经典途径细胞焦亡在类风湿性关节炎中的作用及机制研究	钮俊杰	苏州大学附属第一医院	青年科学基金项目	21	2020-01-01	2022-12-31
205	81902248	Notch1信号通路抑制IL-6表达延缓髓核细胞退变的研究	倪莉	苏州大学附属第一医院	青年科学基金项目	21	2020-01-01	2022-12-31

续表

序号	项目批准号	项目名称	项目负责人	学院（部）	项目类别	资助经费（万元）	开始日期	结题日期
206	81902385	YY1/miR-186-5p/ZHX1前馈环调控胰腺癌细胞增殖和侵袭的分子机制	杨 健	苏州大学附属第一医院	青年科学基金项目	20	2020-01-01	2022-12-31
207	81902399	AGO2的异常SUMO化修饰诱导miRNA调控网络紊乱促进胃癌发生发展的作用机制研究	尤闻道	苏州大学附属第一医院	青年科学基金项目	21	2020-01-01	2022-12-31
208	81902805	Core-1-O型聚糖黏蛋白缺陷诱导胃炎发生并介导慢性胃炎向胃癌转化的分子机制研究	刘 菲	苏州大学附属第一医院	青年科学基金项目	20.5	2020-01-01	2022-12-31
209	81902969	肿瘤相关成纤维细胞通过分泌COL1A1促进结直肠癌转移的分子机制	王玉红	苏州大学附属第一医院	青年科学基金项目	20.5	2020-01-01	2022-12-31
210	81903716	肠道菌群介导的他克莫司药动学个体差异及其调控机制研究	张 彦	苏州大学附属第一医院	青年科学基金项目	21	2020-01-01	2022-12-31
211	81925027	骨科生物材料与再生医学	李 斌	苏州大学附属第一医院	国家杰出青年科学基金	400	2020-01-01	2024-12-31

续表

序号	项目批准号	项目名称	项目负责人	学院（部）	项目类别	资助经费（万元）	开始日期	结题日期
212	81930085	炎症调控下间充质干细胞的异质性影响肿瘤发生发展的机制研究	时玉舫	苏州大学附属第一医院	重点项目	297	2020-01-01	2024-12-31
213	81970136	急性早幼粒细胞白血病新融合基因STAT3-RARA的致病作用及耐药机制研究	姚利	苏州大学附属第一医院	面上项目	55	2020-01-01	2023-12-31
214	81970138	基于FLT3新型结构模型筛选优化特异性抑制小分子化合物及其抗急性髓系白血病的活性研究	薛胜利	苏州大学附属第一医院	面上项目	55	2020-01-01	2023-12-31
215	81970142	RUNX1基因突变在BCR-ABL1阳性白血病中的致病机制及靶向治疗研究	陈苏宁	苏州大学附属第一医院	面上项目	55	2020-01-01	2023-12-31
216	81970397	靶向性外泌体膜包覆二甲双胍-PLGA缓释体系在腹主动脉瘤治疗中的实验探究	孟庆友	苏州大学附属第一医院	面上项目	55	2020-01-01	2023-12-31

续表

序号	项目批准号	项目名称	项目负责人	学院（部）	项目类别	资助经费（万元）	开始日期	结题日期
217	81970830	B7-H3调控血源性干/祖细胞及巨噬细胞迁移和分化影响脉络膜新生血管发生的机制研究	刘高勤	苏州大学附属第一医院	面上项目	55	2020-01-01	2023-12-31
218	81970877	声-电联合刺激对人工耳蜗使用者竞争语境言语识别的去信息掩蔽作用及相关神经生理机制研究	陶朵朵	苏州大学附属第一医院	面上项目	55	2020-01-01	2023-12-31
219	81971106	RNA结合蛋白Rbfox-1稳定CaMKIIα的mRNA对脑出血后神经元钙超载过程的调控作用及机制研究	虞正权	苏州大学附属第一医院	面上项目	55	2020-01-01	2023-12-31
220	81971117	Tenascin-C蛋白诱导小胶质细胞极化并启动损伤相关分子模式通路在脑出血后继发性脑损伤中的作用机制研究	孙青	苏州大学附属第一医院	面上项目	55	2020-01-01	2023-12-31
221	81971171	miR-223-3p/Armcx1调节线粒体运输在颅脑外伤后神经损伤中的作用机制研究	孙晓欧	苏州大学附属第一医院	面上项目	55	2020-01-01	2023-12-31

续表

序号	项目批准号	项目名称	项目负责人	学院（部）	项目类别	资助经费（万元）	开始日期	结题日期
222	81971335	特络细胞调控Wnt/β-catenin通路促进宫腔粘连再生修复的作用机制	杨孝军	苏州大学附属第一医院	面上项目	55	2020-01-01	2023-12-31
223	81971573	基于多模态成像：LOAD患者的脑结构、功能网络及代谢改变与PICALM基因rs3851179的相关研究	戴慧	苏州大学附属第一医院	面上项目	55	2020-01-01	2023-12-31
224	81972059	IL-9调控破骨细胞分化的作用机制及拮抗IL-9促进骨质疏松小鼠钛基内植物骨整合的干预策略	施勤	苏州大学附属第一医院	面上项目	55	2020-01-01	2023-12-31
225	81972078	异质性仿生微纳米纤维膜调控硬脊膜再生的作用及机制研究	陈亮	苏州大学附属第一医院	面上项目	55	2020-01-01	2023-12-31
226	81972104	SIRT3调控髓核细胞衰老对椎间盘退变的影响及机制研究	毛海青	苏州大学附属第一医院	面上项目	55	2020-01-01	2023-12-31
227	81972800	抑癌基因ZNF132启动子甲基化调控新机制在食管癌早期诊断中的意义	蒋东	苏州大学附属第一医院	面上项目	51	2020-01-01	2023-12-31

续表

序号	项目批准号	项目名称	项目负责人	学院（部）	项目类别	资助经费（万元）	开始日期	结题日期
228	81974001	高硬脂酸饮食通过增加肠道Akkermansia mucinipila丰度活化RORγt+ILC3细胞促进aGVHD的机制研究	吴小津	苏州大学附属第一医院	面上项目	55	2020-01-01	2023-12-31
229	81974244	REST参与TET1介导的基因羟甲基化修饰调控孕期缺氧子代学习和记忆行为	孙森	苏州大学附属第一医院	面上项目	55	2020-01-01	2023-12-31
230	81974344	去棕榈酰化酶APT1对成骨细胞分化和功能的调控机制及其在老年性骨质疏松症中的作用	陈建权	苏州大学附属第一医院	面上项目	56	2020-01-01	2023-12-31
231	81974375	CAF源外泌体介导circ-SULF1竞争性结合miR-593-3p调控TCF7促进胃癌EMT和侵袭转移的机制研究	高凌	苏州大学附属第一医院	面上项目	55	2020-01-01	2023-12-31
232	31961133024	层粘连蛋白调控巨噬细胞和脂肪基质细胞影响肥胖脂肪组织重塑的机制	时玉舫	苏州大学附属第一医院	国际（地区）合作与交流项目（组织间）	300	2020-01-01	2022-12-31

续表

序号	项目批准号	项目名称	项目负责人	学院（部）	项目类别	资助经费（万元）	开始日期	结题日期
233	81900006	LAMPs诱导记忆性肺泡巨噬细胞的作用及分子机制研究	孙慧明	苏州大学附属儿童医院	青年科学基金项目	21	2020-01-01	2022-12-31
234	81900012	miR-29b-3p通过同时靶向B7-H3/STAT3影响巨噬细胞对Th细胞分化及其在支气管哮喘中的作用研究	顾文婧	苏州大学附属儿童医院	青年科学基金项目	20	2020-01-01	2022-12-31
235	81900450	T细胞异常活化致川崎病血管炎的新机制：USF2调控NFAT2信号通路	黎璇	苏州大学附属儿童医院	青年科学基金项目	21	2020-01-01	2022-12-31
236	81900495	STK40调控的线粒体能量代谢在炎症性肠病中的作用机制	周秀霞	苏州大学附属儿童医院	青年科学基金项目	21	2020-01-01	2022-12-31
237	81901620	FOXP2在Th9/IL-9介导的支气管哮喘炎症反应中的调控作用及其分子机制	张新星	苏州大学附属儿童医院	青年科学基金项目	21	2020-01-01	2022-12-31
238	81902534	假尿苷酸合酶7（PUS7）促进神经母细胞瘤发生发展的作用及机制研究	张子木	苏州大学附属儿童医院	青年科学基金项目	21	2020-01-01	2022-12-31

续表

序号	项目批准号	项目名称	项目负责人	学院（部）	项目类别	资助经费（万元）	开始日期	结题日期
239	81902972	儿童髓母细胞瘤中PRDM1/DKK1信号调节影响肿瘤侵袭的机制研究	杨天权	苏州大学附属儿童医院	青年科学基金项目	20.5	2020-01-01	2022-12-31
240	81904248	固本防哮饮防治哮喘儿童食物过敏的机制研究	陆远	苏州大学附属儿童医院	青年科学基金项目	21	2020-01-01	2022-12-31
241	81970027	pDC在哮喘不同阶段调控气道中性粒细胞浸润的作用及机制研究	陈正荣	苏州大学附属儿童医院	面上项目	55	2020-01-01	2023-12-31
242	81970163	组蛋白甲基转移酶DOT1L调节异体造血干细胞移植pDC重建的机制和GVHD防治新策略研究	胡绍燕	苏州大学附属儿童医院	面上项目	55	2020-01-01	2023-12-31
243	81970436	川崎病中MDM2泛素化修饰PSME3抑制血管内皮细胞炎症的机制研究	丁粤粤	苏州大学附属儿童医院	面上项目	55	2020-01-01	2023-12-31
244	81971423	母乳源Exosome-miR-145-5p通过TLR4调控肠道屏障对新生儿坏死性小肠结肠炎的防治作用及机制研究	朱雪萍	苏州大学附属儿童医院	面上项目	53	2020-01-01	2023-12-31

续表

序号	项目批准号	项目名称	项目负责人	学院（部）	项目类别	资助经费（万元）	开始日期	结题日期
245	81971432	新生儿急性肾损伤诱导的肺损伤中HMGB1调控CXCL1趋化中性粒细胞浸润的致病机制研究	李艳红	苏州大学附属儿童医院	面上项目	56	2020-01-01	2023-12-31
246	81971477	Gumby在川崎病血管炎症中的作用：调控STAT3的去线性泛素化和炎症信号的活化	钱光辉	苏州大学附属儿童医院	面上项目	55	2020-01-01	2023-12-31
247	81971490	March1通过泛素化降解HDAC11促进DC表达OX40L在哮喘发病中的作用及分子机制研究	黄莉	苏州大学附属儿童医院	面上项目	55	2020-01-01	2023-12-31
248	81971685	基于儿童一站式MR数据和深度学习的胰胆管手术医源性损伤预测模型研究	郭万亮	苏州大学附属儿童医院	面上项目	55	2020-01-01	2023-12-31
249	81971867	脓毒症中跨膜蛋白MS4A4A调控单核/巨噬细胞M2极化介导免疫抑制的致病机制研究	方芳	苏州大学附属儿童医院	面上项目	55	2020-01-01	2023-12-31

续表

序号	项目批准号	项目名称	项目负责人	学院（部）	项目类别	资助经费（万元）	开始日期	结题日期
250	31900969	3D打印控制的牵张力调控组织血管分支形成及其机制研究	张广亮	苏州大学附属瑞华医院	青年科学基金项目	25	2020-01-01	2022-12-31
251	81900943	汉方己甲素通过上调FOXO3a因子拮抗CBA/Ca小鼠噪音性聋的机制研究	余艳	苏州大学附属张家港医院	青年科学基金项目	20	2020-01-01	2022-12-31
252	81901137	miR-181a-5p/YTHDF2/TRPV4信号通路在炎症性疼痛中的作用和机制研究	张玲	苏州大学附属张家港医院	青年科学基金项目	20.5	2020-01-01	2022-12-31
253	81901254	RACK1调控内质网应激—自噬途径对创伤性脑损伤的保护机制研究	倪海波	苏州大学附属张家港医院	青年科学基金项目	20.5	2020-01-01	2022-12-31
254	81972624	p53调控程序性坏死参与肿瘤抑制及其分子机制研究	李大为	苏州大学附属张家港医院	面上项目	55	2020-01-01	2023-12-31
255	81903304	维生素D调控的血管新生在糖尿病足溃疡愈合中的作用研究	郅雪原	医学部公共卫生学院	青年科学基金项目	20	2020-01-01	2022-12-31

续表

序号	项目批准号	项目名称	项目负责人	学院（部）	项目类别	资助经费（万元）	开始日期	结题日期
256	81903384	corin蛋白及其编码基因启动子区DNA甲基化与脑卒中关系的前瞻性队列研究	彭浩	医学部公共卫生学院	青年科学基金项目	21	2020-01-01	2022-12-31
257	81903387	肠道菌群代谢物TMAO及其前体物与缺血性脑卒中病后认知功能障碍的关联及风险预测模型构建	仲崇科	医学部公共卫生学院	青年科学基金项目	21	2020-01-01	2022-12-31
258	81971957	单性感染日本血吸虫的生殖潜能、耐药性及其群体遗传学分析	吕大兵	医学部公共卫生学院	面上项目	55	2020-01-01	2023-12-31
259	81972999	AHR调控RNA m6A甲基化介导大气PM2.5心脏发育毒性的机制研究	陈涛	医学部公共卫生学院	面上项目	55	2020-01-01	2023-12-31
260	81973023	苹果多酚以胆汁酸代谢的昼夜节律为靶点改善肝脏脂代谢的实验研究	李新莉	医学部公共卫生学院	面上项目	55	2020-01-01	2023-12-31
261	81973024	乳铁蛋白通过调节肠道菌群防治高血压	秦立强	医学部公共卫生学院	面上项目	56	2020-01-01	2023-12-31

续表

序号	项目批准号	项目名称	项目负责人	学院（部）	项目类别	资助经费（万元）	开始日期	结题日期
262	81973061	青少年高度近视视网膜病变眼部及系统性生物标志物研究	潘臣炜	医学部公共卫生学院	面上项目	55	2020-01-01	2023-12-31
263	81973122	维生素B6状态及代谢与缺血性脑卒中发病风险的前瞻性研究	左辉	医学部公共卫生学院	面上项目	55	2020-01-01	2023-12-31
264	81973143	缺血性脑卒中贝叶斯多水平Cox预后预测新模型构建和应用研究	沈月平	医学部公共卫生学院	面上项目	55	2020-01-01	2023-12-31
265	31900783	体外受精—胚胎移植夫妇消极和积极心理发展轨迹及其预测模型构建	张雪琨	医学部护理学院	青年科学基金项目	23	2020-01-01	2022-12-31
266	31920103010	StARkin超家族介导脂质转运及膜接触位点形成的分子机理研究	吴嘉炜	医学部基础医学与生物科学学院	重点国际（地区）合作与交流项目	267	2020-01-01	2024-12-31
267	31970132	沙门菌毒力基因spvC抑制GSDMD介导的吞噬细胞抗菌作用促进细菌播散的机制研究	吴淑燕	医学部基础医学与生物科学学院	面上项目	58	2020-01-01	2023-12-31

续表

序号	项目批准号	项目名称	项目负责人	学院（部）	项目类别	资助经费（万元）	开始日期	结题日期
268	31970705	DKK1调控Wnt3a诱导间充质干细胞的迁移及机制	张焕相	医学部基础医学与生物科学学院	面上项目	58	2020-01-01	2023-12-31
269	31970833	IL-36β促进Tc9细胞分化及其肿瘤过继性免疫治疗作用的机制	王雪峰	医学部基础医学与生物科学学院	面上项目	58	2020-01-01	2023-12-31
270	31971117	基于超级增强子识别驱动细胞状态变化的关键因子	黄茉莉	医学部基础医学与生物科学学院	面上项目	58	2020-01-01	2023-12-31
271	31972620	BmCPV编码病毒小肽vSP27调控ROS-NF-κB信号通路抑制病毒感染机制	胡小龙	医学部基础医学与生物科学学院	面上项目	59	2020-01-01	2023-12-31
272	31972625	基于组织发育模型的转基因家蚕后部丝腺蛋白质合成和分泌效率的调控机制研究	徐世清	医学部基础医学与生物科学学院	面上项目	59	2020-01-01	2023-12-31
273	41976109	细胞核增殖抗原（PCNA）调节浒苔快速增殖的分子机制研究	沈颂东	医学部基础医学与生物科学学院	面上项目	62	2020-01-01	2023-12-31

续表

序号	项目批准号	项目名称	项目负责人	学院（部）	项目类别	资助经费（万元）	开始日期	结题日期
274	81902083	吡喹酮衍生物DW-3-15靶向组蛋白乙酰转移酶（HAT）抗血吸虫的分子机制	许静	医学部基础医学与生物科学学院	青年科学基金项目	20	2020-01-01	2022-12-31
275	81902400	细胞极性蛋白MPP5通过调控Hippo/YAP信号抑制肝癌发生的分子机制研究	万珊	医学部基础医学与生物科学学院	青年科学基金项目	21	2020-01-01	2022-12-31
276	81970371	胆固醇转运子ABCA1调控滤泡B淋巴细胞功能抑制动脉粥样硬化发展的机制研究	赵颖	医学部基础医学与生物科学学院	面上项目	55	2020-01-01	2023-12-31
277	81970422	Beclin-1负反馈调节高醛固酮血症诱导的血管损伤及机制研究	张国兴	医学部基础医学与生物科学学院	面上项目	55	2020-01-01	2023-12-31
278	81971163	基于TrkB/PI3K/Akt/Nrf2通路探讨NAS改善颅脑创伤后氧化应激与神经功能的作用机制研究	罗承良	医学部基础医学与生物科学学院	面上项目	55	2020-01-01	2023-12-31

续表

序号	项目批准号	项目名称	项目负责人	学院（部）	项目类别	资助经费（万元）	开始日期	结题日期
279	81971800	CLEC2/PDPN血小板活化轴与不同程度脑外伤后脑内失稳态的相关性及机制研究	陶陆阳	医学部基础医学与生物科学学院	面上项目	55	2020-01-01	2023-12-31
280	81971899	沙门菌质粒毒力基因 spvB 导致宿主铁代谢紊乱增强细菌致病性的机制及干预研究	黄瑞	医学部基础医学与生物科学学院	面上项目	55	2020-01-01	2023-12-31
281	81972174	ZMIZ2/RAR调控 C/EBPβ-IL6-STAT3 信号轴促进肺腺癌细胞增殖和转移分子机制研究	雷哲	医学部基础医学与生物科学学院	面上项目	55	2020-01-01	2023-12-31
282	81972259	SATB2 调控的氯离子交换体 SLC26A3 相关信号在肠道菌群稳态调节及炎症相关结直肠癌中的作用及其机制研究	刘瑶	医学部基础医学与生物科学学院	面上项目	55	2020-01-01	2023-12-31
283	81972601	TRAF6 调控 HDAC3 的去乙酰化作用促进 c-Myc 基因表达和蛋白稳定性的机制及其在肝癌发生中的作用	吴华	医学部基础医学与生物科学学院	面上项目	60	2020-01-01	2023-12-31

续表

序号	项目批准号	项目名称	项目负责人	学院（部）	项目类别	资助经费（万元）	开始日期	结题日期
284	81972649	MLLT4-AS1编码微肽XBP1SBM参与三阴性乳腺癌代谢重编程的分子机制研究	周翊峰	医学部基础医学与生物科学学院	面上项目	60	2020-01-01	2023-12-31
285	31961133026	解析D-box增强子在光驱动生物钟牵引和DNA修复中的转录调节机制	王晗	医学部基础医学与生物科学学院	国际（地区）合作与交流项目（组织间）	300	2020-01-01	2022-12-31
286	31900326	肠上皮细胞屏障稳态维持过程中PP1cδ与YAP的互作调控机理研究	丁宁	剑桥-苏大基因组资源中心	青年科学基金项目	23	2020-01-01	2022-12-31
287	31900837	CSNK1磷酸化PER2调控生物钟的机制研究	谢攀成	剑桥-苏大基因组资源中心	青年科学基金项目	24	2020-01-01	2022-12-31
288	31970812	Dpf2在神经干细胞自我复制及神经发育中的功能及分子机制研究	张文胜	剑桥-苏大基因组资源中心	面上项目	57	2020-01-01	2023-12-31
289	31971062	MLCK细胞内转运及其调控肠上皮紧密连接通透性的机制研究	何伟奇	剑桥-苏大基因组资源中心	面上项目	59	2020-01-01	2023-12-31

续表

序号	项目批准号	项目名称	项目负责人	学院（部）	项目类别	资助经费（万元）	开始日期	结题日期
290	81901287	激酶PAK1参与调控小胶质细胞激活及帕金森病	夏淑婷	神经科学研究所	青年科学基金项目	20.5	2020-01-01	2022-12-31
291	81901296	MBP酶切L1CAM介导的线粒体自噬在阿尔茨海默病中的作用和机制	吕美红	神经科学研究所	青年科学基金项目	20.5	2020-01-01	2022-12-31
292	81920108016	外泌体活性依赖性释放和脑胶质淋巴系统损伤介导慢性内脏痛的脊髓神经环路机制研究	徐广银	神经科学研究所	重点国际（地区）合作与交流项目	248	2020-01-01	2024-12-31
293	81922025	抑郁的神经生物学	曹聪	神经科学研究所	优秀青年科学基金项目	130	2020-01-01	2022-12-31
294	81971164	星形胶质细胞在脊髓损伤修复中的功能可塑性及其机制研究	刘耀波	神经科学研究所	面上项目	55	2020-01-01	2023-12-31
295	81974388	IL-4Rα-Gαi1/3通路促神经母细胞瘤细胞生长作用和分子机制研究	张治青	神经科学研究所	面上项目	55	2020-01-01	2023-12-31
296	31900545	上皮细胞黏着结构半桥粒在热激保护中的作用机制研究	傅容	生物医学研究院	青年科学基金项目	24	2020-01-01	2022-12-31

续表

序号	项目批准号	项目名称	项目负责人	学院（部）	项目类别	资助经费（万元）	开始日期	结题日期
297	31900650	病毒响应蛋白OTUD3调控MAVS抗病毒免疫信号的研究	张正奎	生物医学研究院	青年科学基金项目	25	2020-01-01	2022-12-31
298	31900679	P小体标志蛋白GW182参与柯萨奇病毒B3型复制的机制研究	傅煜轩	生物医学研究院	青年科学基金项目	24	2020-01-01	2022-12-31
299	31970844	去泛素化酶USP39对I型干扰素抗病毒效应的调控作用及其机制研究	熊思东	生物医学研究院	面上项目	59	2020-01-01	2023-12-31
300	31970846	LATS1调控IFN-I信号及抗病毒功能的机制研究	郑慧	生物医学研究院	面上项目	59	2020-01-01	2023-12-31
301	81902913	PD1免疫检查点小分子抑制剂PSdis的抗肿瘤研究	程侠菊	生物医学研究院	青年科学基金项目	20.5	2020-01-01	2022-12-31
302	81902977	巨噬细胞转运SIRT2去除肿瘤微环境蛋白乙酰化促进肿瘤转移的机制研究	胡林	生物医学研究院	青年科学基金项目	21.5	2020-01-01	2022-12-31

续表

序号	项目批准号	项目名称	项目负责人	学院(部)	项目类别	资助经费(万元)	开始日期	结题日期
303	81970318	心肌内源性HMGB1通过调控calpain相关程序性死亡保护扩张型心肌病的分子机制	岳艳	生物医学研究院	面上项目	55	2020-01-01	2023-12-31
304	81971917	天然小分子化合物环维黄杨星D抗登革病毒感染的作用和分子机制的研究	戴建锋	生物医学研究院	面上项目	55	2020-01-01	2023-12-31
305	31970505	维生素D调控2型糖尿病小鼠胰腺星状细胞生物学效应和修复β细胞损伤的机制研究	周正宇	医学部实验动物中心	面上项目	56	2020-01-01	2023-12-31
306	31970768	血管生成素在静脉内皮细胞命运决定与转分化中的作用机制研究	何玉龙	唐仲英血液学研究中心	面上项目	57	2020-01-01	2023-12-31
307	31970890	血浆高分子量激肽原在宿主应答革兰氏阴性细菌感染中的新功能与机制	阳艾珍	唐仲英血液学研究中心	面上项目	58	2020-01-01	2023-12-31
308	81902647	原癌基因CT45A1激活Src促进宫颈癌转移的机制	孟梅	唐仲英血液学研究中心	青年科学基金项目	21	2020-01-01	2022-12-31

续表

序号	项目批准号	项目名称	项目负责人	学院（部）	项目类别	资助经费（万元）	开始日期	结题日期
309	81911530165	VEGFR2介导的血管通透性变化对淋巴管内皮间连接及肿瘤淋巴管转移的影响机制	李秀娟	唐仲英血液学研究中心	国际（地区）合作与交流项目	40	2019-01-01	2021-12-31
310	81970125	血管性血友病因子（VWF）凝血功能的结构机制以及在VWD精准诊断和治疗转化的实验研究	邓巍	唐仲英血液学研究中心	面上项目	55	2020-01-01	2023-12-31
311	81970128	二硫键异构酶TMX1对血小板和凝血系统的双重负性调控作用与机制	武艺	唐仲英血液学研究中心	面上项目	55	2020-01-01	2023-12-31
312	81972877	基于T淋巴细胞活性可视化监测的序贯性肿瘤免疫联合治疗策略	黄玉辉	唐仲英血液学研究中心	面上项目	55	2020-01-01	2023-12-31
313	81970223	长链非编码RNA uc008ppm.1作为抗心肌纤维化治疗靶点的潜能和调控机理研究	雷伟	心血管病研究所	面上项目	55	2020-01-01	2023-12-31
314	91949111	利用iPSC和类器官技术研究线粒体突变在心脏衰老中的作用机制	胡士军	心血管病研究所	重大研究计划培育项目	68	2020-01-01	2022-12-31

续表

序号	项目批准号	项目名称	项目负责人	学院（部）	项目类别	资助经费（万元）	开始日期	结题日期
315	31970550	感应特定氨基酸信号的新型TORC1调控因子的筛选及机制研究	滕昕辰	医学部药学院	面上项目	58	2020-01-01	2023-12-31
316	31970909	丝氨酸/苏氨酸激酶PLK2调控小胶质细胞活化作用及机制研究	郑龙太	医学部药学院	面上项目	58	2020-01-01	2023-12-31
317	31970966	氧化呼吸链蛋白乙酰化修饰紊乱介导的线粒体功能障碍在帕金森病中的作用及机制研究	任海刚	医学部药学院	面上项目	58	2020-01-01	2023-12-31
318	31971298	自携氧近红外纳米光敏剂的构建及肿瘤协同治疗应用	何慧	医学部药学院	面上项目	57	2020-01-01	2023-12-31
319	31971353	犹素修饰系统关键蛋白UFBP1调控胃癌细胞对铂类化疗药物敏感性的机制研究	许国强	医学部药学院	面上项目	62	2020-01-01	2023-12-31
320	81903442	天然硫氧还蛋白还原酶抑制剂灰侧耳菌素的高效合成及结构功能研究	黄斌	医学部药学院	青年科学基金项目	21	2020-01-01	2022-12-31

续表

序号	项目批准号	项目名称	项目负责人	学院（部）	项目类别	资助经费（万元）	开始日期	结题日期
321	81903896	基于天然免疫通路探索白头翁皂苷B4抗EV71病毒的作用机制	康乃馨	医学部药学院	青年科学基金项目	20	2020-01-01	2022-12-31
322	81971119	内源性硫化氢通过线粒体解偶联促进脑出血后血肿清除	贾佳	医学部药学院	面上项目	55	2020-01-01	2023-12-31
323	81973161	靶向RIPK1抑制剂治疗特发性肺纤维化的药物研发	张小虎	医学部药学院	面上项目	55	2020-01-01	2023-12-31
324	81973254	基于脑转移癌细胞膜的脑靶向仿生给药系统用于脑转移瘤治疗的研究	韩亮	医学部药学院	面上项目	55	2020-01-01	2023-12-31
325	81973315	NADPH在心力衰竭中强心作用的发现及机制研究	盛瑞	医学部药学院	面上项目	55	2020-01-01	2023-12-31
326	81973334	sigma-1受体别构调节与小胶质细胞代谢重编程及其在神经炎症和多巴胺神经元保护中的作用和机制研究	镇学初	医学部药学院	面上项目	54	2020-01-01	2023-12-31

续表

序号	项目批准号	项目名称	项目负责人	学院（部）	项目类别	资助经费（万元）	开始日期	结题日期
327	81973352	NAC1招募MDSCs的机制及其对卵巢癌免疫治疗的影响	张熠	医学部药学院	面上项目	55	2020-01-01	2023-12-31
328	31900635	间充质干细胞分泌IGF-2重编程巨噬细胞治疗糖尿病的机制研究	曹丽娟	转化医学研究院	青年科学基金项目	24	2020-01-01	2022-12-31

江苏省自然科学基金项目（40项）（表81）

表81　江苏省自然科学基金项目情况

序号	项目批准号	项目名称	项目负责人	学院（部）	项目类别	资助经费（万元）	开始日期	结题日期
1	BK20190099	高效宽带隙聚合物给体光伏材料的合成表征及其在有机光伏器件中的应用	国霞	材料与化学化工学部	优秀青年基金项目	50	2019-07-01	2022-06-30
2	BK20190095	高效有机光伏材料的分子设计与器件性能研究	崔超华	材料与化学化工学部	优秀青年基金项目	50	2019-07-01	2022-06-30
3	BK20191419	多任务自适应网络的参数估计与性能优化	倪锦根	电子信息学院	面上项目	10	2019-07-01	2022-06-30

续表

序号	项目批准号	项目名称	项目负责人	学院（部）	项目类别	资助经费（万元）	开始日期	结题日期
4	BK20190826	可喷射肿瘤微环境响应性水凝胶用于肿瘤微环境的调控及免疫治疗	陈倩	功能纳米与软物质研究院	青年基金项目	20	2019-07-01	2022-06-30
5	BK20190820	基于红细胞膜的抗原递送仿生纳米载体用于肿瘤免疫治疗	汪超	功能纳米与软物质研究院	青年基金项目	20	2019-07-01	2022-06-30
6	BK20190814	基于同步辐射X射线吸收谱的室温钠硫电池的原位研究	张亮	功能纳米与软物质研究院	青年基金项目	20	2019-07-01	2022-06-30
7	BK20190828	基于碳点的微纳凝胶的可控制备并用于太阳能界面驱动的海水淡化和水的垂直输运	姚博文	功能纳米与软物质研究院	青年基金项目	20	2019-07-01	2022-06-30
8	BK20190810	纳米催化剂二氧化碳还原机理研究和理性设计	程涛	功能纳米与软物质研究院	青年基金项目	20	2019-07-01	2022-06-30
9	BK20190815	宽光谱响应的金属图案在有机太阳能电池光俘获中的应用研究	陈敬德	功能纳米与软物质研究院	青年基金项目	20	2019-07-01	2022-06-30

续表

序号	项目批准号	项目名称	项目负责人	学院（部）	项目类别	资助经费（万元）	开始日期	结题日期
10	BK20191417	基于深度神经网络的微流控硅基SERS-microRNA芯片	王后禹	功能纳米与软物质研究院	面上项目	10	2019-07-01	2022-06-30
11	BK20190041	高效光电催化体系的界面设计	刘阳	功能纳米与软物质研究院	杰出青年基金项目	100	2019-07-01	2022-06-30
12	BK20190816	基于电介质纳米球阵列结构的热电子光电探测器	张程	光电科学与工程学院	青年基金项目	20	2019-07-01	2022-06-30
13	BK20190823	三元闭式叶轮激光内送粉无支撑变向成形方法研究	石拓	光电科学与工程学院	青年基金项目	20	2019-07-01	2022-06-30
14	BK20190825	基于组分与界面调控的窄带隙钙钛矿太阳能电池研究	王长擂	光电科学与工程学院	青年基金项目	20	2019-07-01	2022-06-30
15	BK20190098	储能材料界面研究	陈煜	光电科学与工程学院	优秀青年基金项目	50	2019-07-01	2022-06-30
16	BK20190824	工业机器人关节RV传动系统机电耦合动力学机理及动态可靠性分析方法研究	李轩	机电工程学院	青年基金项目	20	2019-07-01	2022-06-30

续表

序号	项目批准号	项目名称	项目负责人	学院（部）	项目类别	资助经费（万元）	开始日期	结题日期
17	BK20191424	基于髋关节外骨骼机器人的老年人和平衡功能障碍患者平衡行走辅助控制研究	张庭	机电工程学院	面上项目	10	2019-07-01	2022-06-30
18	BK20190096	基于光磁双驱液态金属柔性微机器人的胚胎细胞原位快速操控与柔性定位研究	李相鹏	机电工程学院	优秀青年基金项目	50	2019-07-01	2022-06-30
19	BK20191420	基于精准领域知识获取技术的协同交互式数据清洗研究	李直旭	计算机科学与技术学院	面上项目	10	2019-07-01	2022-06-30
20	BK20190812	一类由经济内增长模型产生的行波问题	秦聪	金融工程研究中心	青年基金项目	20	2019-07-01	2022-06-30
21	BK20191425	聚乙烯亚胺-离子液体用于太阳能电池电极界面修饰材料	赵杰	能源学院	面上项目	10	2019-07-01	2022-06-30
22	BK20190827	锂金属电池用亲锂性单原子掺杂碳材料的制备及分子机制研究	季浩卿	能源学院	青年基金项目	20	2019-07-01	2022-06-30

续表

序号	项目批准号	项目名称	项目负责人	学院（部）	项目类别	资助经费（万元）	开始日期	结题日期
23	BK20190829	马来酸/石墨复合负极的电化学性能及储锂机制研究	王艳	能源学院	青年基金项目	20	2019-07-01	2022-06-30
24	BK20190831	基于温度和应变率影响的WE43稀土镁合金的微塑性变形机制研究	项重辰	沙钢钢铁学院	青年基金项目	20	2019-07-01	2022-06-30
25	BK20190813	拓扑超导态及其输运特性的研究	陈垂针	物理科学与技术学院	青年基金项目	20	2019-07-01	2022-06-30
26	BK20190817	天然硫氧还蛋白还原酶抑制剂灰侧耳菌素的高效合成及结构功能研究	黄斌	医学部药学院	青年基金项目	20	2019-07-01	2022-06-30
27	BK20190830	智能聚集放射性聚合物用于肿瘤SPECT成像和核素治疗的研究	李庆	医学部放射医学与防护学院	青年基金项目	20	2019-07-01	2022-06-30
28	BK20190044	针对人体内环境高毒性钢高放射性元素污染的应急促排剂研究	第五娟	医学部放射医学与防护学院	杰出青年基金项目	100	2019-07-01	2022-06-30

续表

序号	项目批准号	项目名称	项目负责人	学院（部）	项目类别	资助经费（万元）	开始日期	结题日期
29	BK20191418	可肾代谢氧化铁纳米磁共振造影剂的设计、合成及应用	曾剑峰	医学部放射医学与防护学院	面上项目	10	2019-07-01	2022-06-30
30	BK20191422	微重力、电离辐射引起肿瘤发生/转移的分子机制的研究	畅磊	医学部放射医学与防护学院	面上项目	10	2019-07-01	2022-06-30
31	BK20190097	基于功能纳米探针的活体病原细菌感染靶向诊疗研究	李永强	医学部放射医学与防护学院	优秀青年基金项目	50	2019-07-01	2022-06-30
32	BK20190811	智能诊疗一体化探针用于肿瘤成像分析与治疗的研究	苗庆庆	医学部放射医学与防护学院	青年基金项目	20	2019-07-01	2022-06-30
33	BK20190818	肠道菌群代谢物TMAO及其前体物与缺血性脑卒中不良预后的关联研究	仲崇科	医学部公共卫生学院	青年基金项目	20	2019-07-01	2022-06-30
34	BK20190042	蛋白质翻译后修饰与肿瘤进展	吴华	医学部基础医学与生物科学学院	杰出青年基金项目	100	2019-07-01	2022-06-30

续表

序号	项目批准号	项目名称	项目负责人	学院（部）	项目类别	资助经费（万元）	开始日期	结题日期
35	BK20190043	消化系统	何伟奇	剑桥－苏大基因组资源中心	杰出青年基金项目	100	2019-07-01	2022-06-30
36	BK20190821	基于PD1免疫节点小分子纳米药物的肿瘤免疫治疗研究	程侠菊	生物医学研究院	青年基金项目	20	2019-07-01	2022-06-30
37	BK20190822	DNA纳米花对系统性红斑狼疮小鼠模型的免疫抑制作用及机理研究	王婧	医学部实验动物中心	青年基金项目	20	2019-07-01	2022-06-30
38	BK20191423	跨膜型二硫键异构酶TMX4调控血栓形成的作用与机制	周俊松	唐仲英血液学研究中心	面上项目	10	2019-07-01	2022-06-30
39	BK20190819	趋化因子样受体-1（CMKLR1）介导血管周围脂肪调控动脉粥样硬化的机制研究	任丽洁	唐仲英血液学研究中心	青年基金项目	20	2019-07-01	2022-06-30
40	BK20191421	脑转移癌细胞膜衍生的脑靶向给药系统用于治疗脑转移瘤的研究	韩亮	医学部药学院	面上项目	10	2019-07-01	2022-06-30

江苏省重点研发计划（社会发展）项目（4项）（表82）

表82　江苏省重点研发计划（社会发展）项目情况

序号	项目批准号	项目名称	项目负责人	承担单位	资助经费（万元）	完成时间
1	BE2019657	新型抗肿瘤靶标SRSF3的鉴定及其小分子抑制剂的开发	汪维鹏	医学部药学院	50	2019年7月—2022年6月
2	BE2019658	肿瘤微环境多指标影像与乳腺癌精准免疫治疗	刘庄	功能纳米与软物质研究院	200	2019年7月—2022年6月
3	BE2019659	水体中低浓度持久性有机污染物POPs的高效消除新技术研究	徐庆锋	材料与化学化工学部	50	2019年1月—2022年6月
4	BE2019660	多模态诊疗一体化超小纳米影像探针	李桢	医学部放射医学与防护学院	200	2019年7月—2022年6月

江苏省重点研发计划（产业前瞻与关键核心技术）项目（1项）（表83）

表83　江苏省重点研发计划（产业前瞻与关键核心技术）项目情况

序号	项目批准号	项目名称	项目负责人	承担单位	资助经费（万元）	完成时间
1	BE2019045	碳/石墨烯纳米纤维柔性传感器的关键技术研发及在智能服装中的应用	潘志娟	纺织与服装工程学院	120	2019年6月—2022年6月

江苏省政策引导类计划（国际科技合作）项目（1项）（表84）

表84　江苏省政策引导类计划（国际科技合作）项目情况

序号	项目批准号	项目名称	项目负责人	承担单位	资助经费（万元）	完成时间
1	BZ2019017	间充质干细胞与结核感染及耐药性的研究	时玉舫	转化医学研究院	100	2019年6月—2022年5月

江苏省政策引导类计划（软科学研究）项目（1项）（表85）

表85 江苏省政策引导类计划（软科学研究）项目情况

序号	项目批准号	项目名称	项目负责人	承担单位	资助经费（万元）	完成时间
1	BR2019016	公益类科研事业单位转型社会企业研究	施从美	政治与公共管理学院	10	2019年10月—2020年5月

江苏省产学研合作项目（3项）（表86）

表86 江苏省产学研合作项目情况

序号	项目批准号	项目名称	项目负责人	承担单位	资助经费（万元）	完成时间
1	BY2019022	全民健身融入全民健康运动干预关键技术研究	陆阿明	体育学院	0	2019年7月—2020年6月
2	BY2019223	基于机器视觉涂层检测系统和柔性喷涂装备研发	杨歆豪	机电工程学院	0	2019年7月—2020年6月
3	BY2019107	基于复杂网络和深度学习技术的失信分级系统的开发项目	成 明	轨道交通学院	0	2019年7月—2020年6月

住房和城乡建设部科技计划项目（1项）（表87）

表87 住房和城乡建设部科技计划项目情况

序号	项目批准号	项目名称	项目负责人	承担单位	资助经费（万元）	完成时间
1	2019-K-025	传统村落绿色宜居住宅设计方法及关键技术研究	刘志宏	金螳螂建筑学院	0	2019年9月—2022年9月

环保部生态环境项目（1 项）（表 88）

表 88　环保部生态环境项目情况

序号	项目批准号	项目名称	项目负责人	承担单位	资助经费（万元）	完成时间
1	JD201926	辐射工作人员辐射安全和防护培训机制改革技术支持	涂　彧	医学部放射医学与防护学院	14	2019 年 1 月—2019 年 12 月

国家卫生健康委机关政府购买服务项目（1 项）（表 89）

表 89　国家卫生健康委机关政府购买服务项目情况

序号	项目批准号	项目名称	项目负责人	承担单位	资助经费（万元）	完成时间
1		国家卫生健康委机关政府购买服务	涂　彧	医学部放射医学与防护学院	4	2019 年 4 月—2019 年 12 月

中国科协九大代表调研课题（1 项）（表 90）

表 90　中国科协九大代表调研课题情况

序号	项目批准号	项目名称	项目负责人	承担单位	资助经费（万元）	完成时间
1		科技工作者科研环境调查与改善策略研究——以苏州为例	纪顺俊	材料与化学化工学部	10	2018 年 12 月—2019 年 12 月

中国科协创新战略研究院科研项目（2 项）（表 91）

表 91　中国科协创新战略研究院科研项目情况

序号	项目批准号	项目名称	项目负责人	承担单位	资助经费（万元）	完成时间
1	2019-1-2	多元共治视域下的科研失信治理对策	叶继红	政治与公共管理学院	15	2018 年 12 月—2019 年 12 月
2	2018ysxh1-3-1-4-3	科技工作者状况调查站点建设现状及发展研究	叶继红	政治与公共管理学院	20	2018 年 12 月—2019 年 12 月

中国纺织工业联合会科技指导性项目（5项）（表92）

表92 中国纺织工业联合会科技指导性项目情况

序号	项目批准号	项目名称	项目负责人	承担单位	资助经费（万元）	完成时间
1	2019019	防护织物综合热防护性能动态测评关键技术及其应用	何佳臻	纺织与服装工程学院	0	2019年8月—2021年12月
2	2019010	多重功能真丝织物的仿生结构设计	刘福娟	纺织与服装工程学院	0	2019年7月—2021年6月
3	2019020	基于石墨烯气凝胶的热防护面料系统构筑及热湿调节机制	卢业虎	纺织与服装工程学院	0	2019年7月—2020年12月
4	2019035	以棉纤维为基材的纳米银线长效、可控整理研究	赵 兵	图书馆	0	2019年1月—2020年12月
5	2019021	纺织基丝素蛋白小口径人工血管研究	赵荟菁	纺织与服装工程学院	0	2019年1月—2020年6月

人文社科项目情况

国家社科科研项目（47项）（表93）

表93 国家社科科研项目情况

序号	项目名称	所属院系	主持人	项目批准号	项目类别
1	当代全球资本主义新变化的原因和趋势的历史唯物主义研究	政治与公共管理学院	任 平	19ZDA022	重大项目
2	新中国成立70周年中国戏曲史（江苏卷）	文学院	王 宁	19ZD05	艺术学重大
3	设计美学研究	艺术学院	李超德	19ZD23	艺术学重大
4	社会主义核心价值观与文化法律制度的构建研究	王健法学院	上官丕亮	19VHJ018	重大专项

续表

序号	项目名称	所属院系	主持人	项目批准号	项目类别
5	民法典解释的社会主义核心价值观融入研究	王健法学院	方新军	19VHJ011	重大专项
6	我国城乡老年人健康养老需求与养老服务供给研究	政治与公共管理学院	王俊华	19ARK003	重点项目
7	汉字词传播日本及传承语料库建设与研究	外国语学院	王鼎	19AYY020	重点项目
8	新中国成立70年教育发展的历史阶段及其特征与经验研究	教育学院	朱永新	AAA190005	教育学国家重点委托
9	资本全球化城市体系支配下的城市问题批判与双重治理的哲学研究	学报编辑部	赵强	19BZX020	一般项目
10	金融周期对中国经济波动的影响机制与应对策略研究	东吴商学院（财经学院）	刘尧成	19BJL020	一般项目
11	新时代中国民营企业创新质量提升的动力机制和引导策略研究	东吴商学院（财经学院）	彭向	19BJY108	一般项目
12	共享发展理念下转移支付对扶贫地区基本公共服务供给的激励效应与机制研究	东吴商学院（财经学院）	张侠	19BJY221	一般项目
13	政府购买农业公益性服务的政策落实研究	政治与公共管理学院	施从美	19BZZ086	一般项目
14	无因管理的多层次规范群研究	王健法学院	李中原	19BFX115	一般项目
15	网信技术创新背景下新型侵财犯罪刑法适用困境的实证考察与破解路径研究	王健法学院	吴江	19BFX099	一般项目
16	健康扶贫的成效评估与长效机制研究	苏州大学附属第二医院	张莹	19BSH068	一般项目

续表

序号	项目名称	所属院系	主持人	项目批准号	项目类别
17	江南地方戏与近代乡村生活研究	社会学院	朱小田	19BZS092	一般项目
18	中国近代诗经学与文学研究	文学院	陈国安	19BZW167	一般项目
19	《和汉朗咏集》之中国文学接受的跨文化阐释与研究	文学院	吴雨平	19BWW035	一般项目
20	移动数字媒介实践的技术具身与传播研究	传媒学院	杜丹	19BXW099	一般项目
21	青少年女性数字媒介文化实践研究	传媒学院	马中红	19BXW112	一般项目
22	国家战略背景下的体育锻炼促进儿童青少年视力健康研究	体育学院	蔡赓	19BTY078	一般项目
23	基于ICF促进重度残疾人居家康复体育锻炼手段与方法的研究	体育学院	王国祥	19BTY125	一般项目
24	自闭症儿童分阶综合运动训练模式探索及效果评估	教育学院	刘电芝	19BTY129	一般项目
25	供应链创新网络视角下企业创新能力提升研究	东吴商学院（财经学院）	杨锐	19BGL025	一般项目
26	电商平台生态系统中的卖家商业模式转型动因、机理及效果研究	东吴商学院（财经学院）	王丹萍	19BGL257	一般项目
27	包容性增长视角下的城镇化与生态环境协调发展的机理和政策研究	东吴商学院（财经学院）	张斌	19BGL188	一般项目
28	中国法治体系中的守法义务研究	王健法学院	瞿郑龙	19CFX001	青年项目

续表

序号	项目名称	所属院系	主持人	项目批准号	项目类别
29	战后英国工党移民政策的形成与调整研究（1964—1979）	社会学院	于明波	19CSS016	青年项目
30	乔伊斯·卡罗尔·欧茨小说的历史意识研究	外国语学院	王　静	19CWW012	青年项目
31	面向数字人文的档案内容挖掘与知识发现研究	社会学院	丁家友	19CTQ035	青年项目
32	职业教育校企合作的成本收益与博弈行为研究	教育学院	冉云芳	BJA190091	教育学国家一般
33	指向教育资源均衡的中小学远程同步课堂教学交互模型与机制研究	教育学院	秦炜炜	BHA190156	教育学国家一般
34	新世纪以来历史题材纪录片"中国特色"实践创新及美学建构研究	文学院	邵雯艳	19BC036	艺术学国家一般
35	法治型党组织建设	马克思主义学院	方世南	19FDJB010	后期资助
36	中国形象跨文化研究的理论建构与文本解读	文学院	李　勇	19FZXB008	后期资助
37	新型城镇化战略与国家治理现代化研究	政治与公共管理学院	黄建洪	19FZZB008	后期资助
38	不法主观化的刑法教义学展开	王健法学院	王　俊	19FFXB051	后期资助
39	转型期中国农村贫困性质与反贫困政策研究	政治与公共管理学院	刘成良	19FSHB023	后期资助
40	徐中舒史学研究	社会学院	周书灿	19FZSB024	后期资助
41	现代化进程中的美国南方女性小说研究	外国语学院	荆兴梅	19FWWB025	后期资助

续表

序号	项目名称	所属院系	主持人	项目批准号	项目类别
42	当代澳大利亚小说中的公共叙事研究	外国语学院	黄洁	19FWWB028	后期资助
43	俄罗斯心理语言学研究	外国语学院	赵爱国	19FYYB028	后期资助
44	数字图书馆用户体验研究	社会学院	徐芳	19FTQB005	后期资助
45	中亚细亚古代艺术源流	艺术学院	沈爱凤	19FYSB030	后期资助
46	新时代高校思政课教师队伍后备人才培养质量研究	马克思主义学院	田芝健	19VSZ102	专项—思政项目
47	多元文化中的中国思想：21世纪跨文化流通十六讲	外国语学院	孟祥春	19WZWB003	中华学术外译

教育部科研项目（7项）（表94）

表94 教育部科研项目情况

序号	项目名称	所属院系	主持人	项目批准号	项目类别
1	城镇化进程中的新驱动力研究	东吴商学院（财经学院）	段进军	19JJD790008	基地重大项目
2	匹配刺激因素下任务难度对返回抑制影响的认知神经机制	教育学院	张阳	19YJC190030	青年基金项目
3	基于多源数据的区域文献联合处置研究	社会学院	李卓卓	19YJC870013	青年基金项目
4	基于元认知的MTI笔译教学模式研究	外国语学院	杨志红	19YJC740105	青年基金项目
5	乡村振兴背景下集体建设用地供应体制改革研究	王健法学院	程雪阳	19YJC820007	青年基金项目
6	风险社会下预备犯的可罚性及其边界研究	王健法学院	蔡仙	19YJC820001	青年基金项目
7	基于多模态话语分析理论的汉语教师课堂行为有效性研究	文学院	姜晓	19YJC740022	青年基金项目

江苏省社科科研项目（28项）（表95）

表95 江苏省社科科研项目情况

序号	项目名称	所属院系	主持人	项目批准号	项目类别
1	江苏古代藏书与刻书文献整理与研究	文学院	周生杰	18ZD012	重大项目
2	江苏昆曲史	文学院	朱栋霖	19WMB013	文脉专项一般项目
3	省中特基地建设项目	马克思主义学院	田芝健	无	省委宣传部省中特中心
4	新形势下常住江苏台胞青年状况研究	社会学院	张明	19TZA003	统一战线专项重点
5	改革开放40周年"一县一镇一村一企"调研课题	马克思主义学院	方世南	18DYB007	一般委托项目
6	改革开放40周年"一县一镇一村一企"调研课题	马克思主义学院	田芝健	18DYB008	一般委托项目
7	改革开放40周年"一县一镇一村一企"调研课题	东吴商学院（财经学院）	段进军	无	一般委托项目
8	改革开放40周年"一县一镇一村一企"调研课题	社会学院	宋言奇	无	一般委托项目
9	如何进一步提升江苏外商投资营商环境研究	东吴商学院（财经学院）	屠立峰	18ZKB012	一般项目
10	创新社会治理中的社区赋权、增能和提效研究	政治与公共管理学院	宋煜萍	19ZZA001	重点项目
11	民国救济院的理念、制度与实践研究（1928—1949）	社会学院	黄鸿山	19LSA001	重点项目

续表

序号	项目名称	所属院系	主持人	项目批准号	项目类别
12	习近平新时代中国特色社会主义思想对历史唯物主义理论的创新与发展研究	马克思主义学院	宋德孝	19MLB005	一般项目
13	中国特色新型智库市场培育与江苏实践探索研究	人文社会科学处	徐维英	19GLB021	一般项目
14	苏南征地拆迁安置社区形态演变与社区再生路径研究	社会学院	汪萍	19SHB010	一般项目
15	帕特·巴克尔小说后记忆书写研究	外国语学院	朱彦	19WWB002	一般项目
16	民国时期江苏地区司法档案修护与整理研究	社会学院	毕建新	19TQB004	一般项目
17	江苏体育智库能力评价与创新研究	体育学院	张大志	19TYB003	一般项目
18	资本主体性的历史批判与人类命运共同体的公共性逻辑研究	政治与公共管理学院	桑明旭	19ZXC001	青年项目
19	苏锡常地区生态系统服务供需格局及空间关联的多尺度效应模拟研究	政治与公共管理学院	付奇	19GLC016	青年项目
20	新时代江苏城市社区治理现代化研究	政治与公共管理学院	刘成良	19ZZC001	青年项目
21	城乡学龄前儿童数字媒介使用对其社会情绪发展影响的比较研究	传媒学院	缑赫	19SHC008	青年项目
22	近代江苏诗歌发展流变研究	文学院	李晨	19ZWC006	青年项目
23	媒体融合语境下江苏政务媒体转型与创新传播策略研究	传媒学院	曹洵	19XWC004	青年项目

续表

序号	项目名称	所属院系	主持人	项目批准号	项目类别
24	自闭症儿童的学习机制研究	教育学院	张功亮	19JYC003	青年项目
25	学校体育伤害之裁判标准研究	体育学院	熊瑛子	19TYC001	青年项目
26	新时代加强参政党基层组织建设研究	敬文书院	钱振明	19DJD004	自筹项目
27	危害物联网安全场域的新型犯罪问题研究	王健法学院	朱嘉珺	19FXD006	自筹项目
28	自然资源资产产权统一确权登记制度研究	王健法学院	冯 嘉	19FXB008	一般项目

其他省部级项目（22项）（表96）

表96 其他省部级项目情况

序号	项目名称	所属院系	主持人	项目批准号	项目类别
1	民国救济史资料整理与研究	社会学院	黄鸿山	无	省部级重点
2	道医理论与应用研究	政治与公共管理学院	程雅君	无	省部级重点
3	"产学研"创新平台的实践效应及其政策研究——基于企业博士后工作站的考察视角	东吴商学院（财经学院）	权小锋	无	省部级重点
4	微纪录片影像话语的政治认同建构机制研究	传媒学院	张 健	无	省部级重点
5	江苏现代通俗文学史	文学院	张 蕾	无	省部级一般
6	指向教育资源均衡的中小学远程同步课堂教学交互模型与机制研究	教育学院	秦炜炜	无	省部级一般

续表

序号	项目名称	所属院系	主持人	项目批准号	项目类别
7	中国古代妇女服饰变革史论	艺术学院	张蓓蓓	无	省部级一般
8	视听多感觉通道整合的心理及生理机制	教育学院	冯文锋	无	省部级一般
9	唐文治的理学思想研究	政治与公共管理学院	朱光磊	无	省部级一般
10	基于技术-能源-政策三维协同联动的长三角地区低碳经济发展研究	东吴商学院（财经学院）	孙加森	无	省部级一般
11	复杂背景下的国际传播话语策略创新研究	传媒学院	张梦晗	无	省部级一般
12	县级融媒体中心建设的"江苏样本"研究	传媒学院	陈一	无	省部级一般
13	数据权利的人权属性研究	王健法学院	许小亮	19SFB3002	中青年课题
14	地方足球治理体系研究	王健法学院	赵毅	2019-B-09	决策咨询研究重点项目
15	完善体育行政处罚法律规范研究	王健法学院	郭树理	2019-B-18	决策咨询研究重点项目
16	我国职业足球青训与校园足球衔接体系研究	体育学院	邱林	2019-B-19	决策咨询研究重点项目
17	《性理群书补注》整理与研究	文学院	程水龙	1945	一般项目
18	《二十四史》引经考	文学院	王福利	19GZGX01	贵州省规划办重大项目

续表

序号	项目名称	所属院系	主持人	项目批准号	项目类别
19	2018年苏州大学高校美育综合改革研究项目	音乐学院	吴 磊	无	教育部高校美育综合改革
20	2018年苏州大学美育项目研究基地建设暨"种文化，结对子"项目	音乐学院	吴 磊	无	教育部美育项目研究基地建设
21	全国普通高校中华优秀传统文化传承基地	音乐学院	吴 磊	无	教育部全国普通高校中华优秀传统文化传承基地
22	当代青年流行文化研究	传媒学院	马中红	无	团中央中国青少年中心重点课题

教职工队伍结构

教职工人员情况（表97）

表97　2019年全校教职工人员一览表　　　　　　　　　单位：人

类别	小计	其中：女
专任教师	3 388	1 351
行政人员	859	420
教辅人员	650	375
科研机构人员	18	7
工勤人员	205	21
校办工厂、农（林）场职工	51	14
其他附设机构人员	54	47
编外合同	70	45
科研助理	104	60
劳务派遣	155	105
合计	5 554	2 445

专任教师学历结构情况（表98）

表98　2019年全校专任教师学历结构一览表　　　　　　单位：人

学历	总计	其中：女	正高级	副高级	中级	初级	无职称
博士	2 308	796	855	860	593	0	0
硕士	654	354	62	192	317	83	0
未获博硕士学位	5	2	0	1	4	0	0

续表

学历	总计	其中：女	正高级	副高级	中级	初级	无职称
学士	335	165	42	158	132	3	0
研究生肄业	0	0	0	0	0	0	0
未获学士学位	82	32	9	32	36	5	0
高等学校专科毕业及本科肄业两年以上	4	2	2	0	1	1	0
高等学校本专科肄业未满两年及以下	0	0	0	0	0	0	0
合计	3 388	1 351	970	1 243	1 083	92	0

全校专任教师年龄结构情况（表99）

表99　2019年全校专任教师年龄结构一览表　　　　单位：人

年龄段	总计	其中：女	正高级	副高级	中级	初级	无职称
30岁及以下	186	96	1	6	128	51	0
31—35岁	488	183	24	134	302	28	0
36—40岁	688	305	120	323	240	5	0
41—45岁	628	288	164	283	178	3	0
46—50岁	474	210	168	183	120	3	0
51—55岁	405	152	180	150	74	1	0
56—60岁	428	98	224	164	39	1	0
61岁及以上	91	19	89	0	2	0	0
合计	3 388	1 351	970	1 243	1 083	92	0

教职工中级及以上职称情况（表100）

表100　2019年苏州大学教职工中级及以上职称一览表　　单位：人

所在单位	总计	其中：女	正高级	副高级	中级
党委办公室	17	4	5	3	7
校长办公室	26	8	7	5	7
法律事务办公室（挂靠校长办公室）	2	1	0	0	1
督查办公室（挂靠校长办公室）	2	1	0	0	2
国内合作办公室	3	1	0	2	0
纪委（监察专员办）	12	5	2	3	7
党委组织部	9	5	1	4	4
党代表联络办（与党委组织部合署办公）	1	0	0	0	1
党校（与党委组织部合署办公）	4	3	2	2	0
党委宣传部	13	6	1	3	8
新闻中心（与党委宣传部合署办公）	3	3	0	1	1
党委统战部	6	2	0	2	4
离退休工作部（处）	18	7	0	5	9
工会	11	4	1	2	4
团委	8	4	0	0	7
机关党工委	5	1	0	1	4
群直党工委	3	2	0	0	2
发展委员会办公室	11	6	0	3	7
人力资源处	25	15	1	2	18
党委教师工作部（与人事处合署办公）	2	1	0	1	1
财务处	53	42	2	13	18
审计处	13	8	0	3	9

续表

所在单位	总计	其中：女	正高级	副高级	中级
教务部、教师教学发展中心	35	19	3	5	20
招生就业处	14	4	0	3	9
学生工作部（处）	17	10	1	1	9
学生创新创业教育中心（挂靠学生处）	1	1	1	0	0
大学生心理健康教育研究中心（挂靠学生处）	12	7	0	4	7
人武部（与学生处合署办公）	5	2	0	3	2
研究生院、导师学院	18	5	2	4	10
党委研究生工作部（与研究生院合署办公）	1	1	1	0	0
学科建设办公室	4	2	1	0	3
学位评定委员会秘书处（学位办）	2	1	1	1	0
科学技术研究部	31	5	2	10	11
"2011计划"办公室（挂靠科技部）	3	1	0	2	1
人文社会科学处	11	5	0	3	6
国有资产管理处	12	3	0	4	8
继续教育处（继续教育学院）	48	28	0	6	11
国际合作交流处	12	10	1	1	6
港澳台办公室（挂靠国际合作交流处）	2	1	0	1	1
出入境服务中心	5	1	0	1	4
保卫部（处）	59	6	1	1	15
后勤管理处	162	64	0	12	45
校医院（挂靠后勤管理处）	51	44	0	10	19
医院管理处	3	1	0	1	1
学术委员会秘书处	4	4	2	0	1
图书馆	122	82	6	35	55
档案馆	18	16	2	5	8

续表

所在单位	总计	其中：女	正高级	副高级	中级
博物馆	11	7	1	2	3
信息化建设与管理中心	37	11	1	7	17
采购与招投标管理中心	8	4	0	1	5
实验材料与设备管理中心	20	13	0	5	7
分析测试中心	45	32	2	31	11
工程训练中心	31	8	0	11	9
艺术教育中心	4	2	0	2	0
文学院	89	36	26	25	29
传媒学院	70	34	11	15	38
社会学院	101	45	27	31	37
政治与公共管理学院	117	49	33	39	35
马克思主义学院	53	28	9	22	19
教育学院	89	46	22	33	22
东吴商学院（财经学院）	165	80	31	71	57
王健法学院	83	24	24	31	24
外国语学院	224	159	23	65	124
金螳螂建筑学院	86	46	11	35	32
数学科学学院	142	45	40	59	35
金融工程研究中心（挂靠数学科学学院）	11	5	3	4	3
能源学院	94	31	28	15	37
物理科学与技术学院	127	31	47	37	34
光电科学与工程学院	122	38	21	43	35
材料与化学化工学部	282	109	106	75	79
纳米科学技术学院	25	12	1	2	9
功能纳米与软物质研究院	158	51	42	26	74
计算机科学与技术学院	164	52	32	55	63

续表

所在单位	总计	其中：女	正高级	副高级	中级
电子信息学院	118	39	20	55	35
机电工程学院	173	58	27	80	54
沙钢钢铁学院	51	13	7	21	19
纺织与服装工程学院	113	50	27	34	34
现代丝绸国家工程实验室	18	7	5	8	5
轨道交通学院	121	43	12	51	45
体育学院	152	54	19	54	44
艺术学院	131	72	23	30	52
音乐学院	47	25	4	12	25
医学部	49	32	0	11	27
医学部基础医学与生物科学学院	227	108	57	98	62
医学部放射医学与防护学院	121	46	28	44	40
医学部公共卫生学院	64	31	22	29	13
医学部药学院	118	52	38	46	33
医学部护理学院	8	5	1	2	5
医学部实验动物中心	53	33	1	3	9
医学部实验中心	54	28	1	22	23
医学部第一临床学院	149	53	55	58	31
医学部第二临床学院	47	23	19	12	15
医学部儿科临床医学院	34	18	14	13	7
唐仲英医学研究院	2	0	0	1	1
苏州大学唐仲英血液学研究中心	38	19	12	12	12
苏州大学造血干细胞移植研究所	6	4	1	1	3
苏州大学骨科研究所	25	10	7	7	8
苏州大学神经科学研究所	29	19	8	3	15
苏州大学生物医学研究院	56	33	10	14	30
苏州大学心血管病研究所	15	9	3	5	6

续表

所在单位	总计	其中：女	正高级	副高级	中级
苏州大学转化医学研究院	12	4	2	1	7
剑桥-苏大基因组资源中心	31	21	4	5	11
海外教育学院	26	22	1	10	10
巴斯德学院	1	0	0	0	1
红十字国际学院	2	1	0	1	1
东吴学院	3	0	0	3	0
敬文书院	8	4	3	1	3
唐文治书院	3	3	0	0	1
文正学院	36	13	3	10	21
应用技术学院	38	12	1	14	18
老挝苏州大学	4	1	1	0	2
苏州大学实验学校、基础教育研究院	1	0	0	1	0
辐照技术研究所	6	0	0	1	3
学报编辑部	10	6	2	2	4
出版社有限公司	34	13	5	15	11
教服集团	58	10	0	3	2
东吴饭店	2	0	0	1	0
江苏苏大投资有限公司	3	1	0	2	1
总计	5 554	2 445	1 030	1 706	1 960

2019年获副高及以上技术职称人员名单

教师系列：

聘任教授职务人员名单

文学院
  程水龙

传媒学院
　　贾鹤鹏
社会学院
　　马德峰　　王　芹
政治与公共管理学院
　　程雅君　　姚兴富
教育学院
　　冯文锋　　李宏利　　李西顺
东吴商学院
　　李　锐　　孙加森　　周　俊
王健法学院
　　程雪阳　　孙国平　　赵　毅　　刘铁光
外国语学院
　　段慧敏　　袁　影　　孙继强　　陈大亮
金螳螂建筑学院
　　吴　尧　　沈景华
数学科学学院
　　程东亚　　马欢飞　　彭志峰　　王　云　　陈剑宇　　莫仲鹏　　张雷洪
物理科学与技术学院
　　董　雯　　游　陆　　康　健　　施夏清
光电科学与工程学院
　　曹　冰　　陈　煜　　李朝明　　张　翔
能源学院
　　田景华　　苏　韧　　周东营　　韩东麟　　邵元龙
材料与化学化工学部
　　贺竞辉　　吴　铎　　杨晓明　　陈冬赟　　牛　政　　谭庚文
功能纳米与软物质研究院
　　John McLeod　　Mario Lanza　　李　青　　陈　倩　　王　涛　　程　亮
计算机科学与技术学院
　　刘　安　　赵朋朋
机电工程学院
　　陈　涛　　余　雷　　王春举
沙钢钢铁学院
　　国宏伟　　李新中
纺织与服装工程学院
　　李　刚　　方　剑
轨道交通学院
　　黄伟国

体育学院
　　陈瑞琴　　胡乔　　李燕领
艺术学院
　　王言升
马克思主义学院
　　杨渝玲
电子信息学院
　　李鹏　　Biswanath Mukherjee
医学部基础医学与生物科学学院
　　李蒙英　　王大慧　　王明华　　谢芳　　庄文卓　　包鹏辉　　姚宏伟
医学部公共卫生学院
　　陈涛　　董晨　　汤在祥　　万忠晓　　张明芝
医学部药学院
　　刘江云　　汪维鹏　　王燕　　张熠　　张秀莉　　丁大伟　　郑毅然
医学部放射医学与防护学院
　　杨凯
医学部第一临床学院
　　贺永明　　谢宇锋　　周进
医学部第二临床学院
　　蒋国勤　　张海方　　张力元
医学部儿科临床医学院
　　王宇清
剑桥-苏大基因组资源中心
　　张勇
医学部生物医学研究院
　　温振科
医学部心血管病研究所
　　韩延超

聘任研究员职务人员名单

材料与化学化工学部
　　徐小平
医学部基础医学与生物科学学院
　　吴华
医学部放射医学与防护学院
　　葛翠翠

医学部骨科研究所
    何 帆
医学部第一临床学院
    赵益明
计算机科学与技术学院
    付国宏

聘任副教授职务人员名单

文学院
    陈 朗   李 一   臧 晴
传媒学院
    薛 征   张梦晗
社会学院
    李 雅   张传宇
政治与公共管理学院
    沈志荣   何宝申
教育学院
    宁 宁   肖卫兵   徐世平
东吴商学院
    陈重阳   何 艳
王健法学院
    瞿郑龙   施立栋   熊赖虎
外国语学院
    古海波   彭文青   陶 丽   杨 彦   朱 彦
金螳螂建筑学院
    潘一婷   汤恒亮   王杰青   张玲玲   夏正伟
数学科学学院
    葛 润   颜 洁   马学俊   王义乾
材料与化学化工学部
    苏远停
光电科学与工程学院
    秦琳玲   许 峰
功能纳米与软物质研究院
    梁志强   李绍娟   刘泽柯   戴高乐
计算机科学与技术学院
    梁合兰   张得天

机电工程学院
　　耿长兴　　郭　浩　　齐　菲　　王呈栋　　王阳俊
沙钢钢铁学院
　　田　俊　　翁文凭　　闫炳基
纺织与服装工程学院
　　何佳臻　　李媛媛　　杨　勇
轨道交通学院
　　范学良　　何立群　　江星星　　马　冬　　沈纪苹　　陶砚蕴
体育学院
　　陈　钢　　王　妍　　殷荣宾
艺术学院
　　黄　健
音乐学院
　　胡清文　　Guillaume Richard Patrick Molko
物理科学与技术学院
　　徐惠中
医学部基础医学与生物科学学院
　　曹霞敏　　成中芹　　高　媛　　刘晶晶　　孙丽娜　　孙自玲
　　薛　蓉　　张高川
医学部放射医学与防护学院
　　胡文涛　　刘汉洲　　马晓川　　赵　琳　　Matthew Vincent Sheridan
　　Matthew Sheridan　　王亚星　　闫聪冲
医学部骨科研究所
　　陈　嵩
医学部公共卫生学院
　　柯朝甫　　彭　浩　　张天阳
医学部药学院
　　徐乃玉　　李佳斌
医学部神经科学研究所
　　万　波
医学部生物医学研究院
　　董红亮　　杨　燚
剑桥-苏大基因组资源中心
　　任文燕
医学部第一临床学院
　　陈康武　　邓胜明　　董凤林　　顾　勇　　桂　琦　　侯云英　　季　成
　　姜　敏　　李　洁　　李　敏　　梁容瑞　　刘建刚　　庞雪芹　　平季根
　　孙智勇　　王希明　　武　剑　　徐澄澄　　杨　玲　　殷　红　　赵　华

　　　　支巧明　　周　峰　　周卫琴
医学部第二临床学院
　　　　柏　林　　陈　静　　胡　华　　冷　红　　刘慧慧　　刘晓龙　　陆政峰
　　　　毛成洁　　佘　昶　　沈光思　　肖国栋　　臧亚晨　　张晓慧　　张　园
　　　　赵良平　　钟丰云　　朱　江　　朱　进
医学部儿科临床医学院
　　　　曹　戌　　丁　欣　　凌　婧　　徐秋琴　　周万平
苏州大学附属第三医院
　　　　蔡辉华　　李　翀　　练学淦　　刘小明

聘任副研究员职务人员名单

物理科学与技术学院
　　　　罗　杰
光电科学与工程学院
　　　　蔡志坚　　周　云
材料与化学化工学部
　　　　Shahid Iqbal　　黄智豪
功能纳米与软物质研究院
　　　　唐浩宇　　刘　勇
电子信息学院
　　　　李灵锋
医学部基础医学与生物科学学院
　　　　沈　彤
医学部放射医学与防护学院
　　　　徐美芸
医学部药学院
　　　　周　亮　　丁　众
医学部唐仲英血液学研究中心
　　　　袁　娜　　张喜光
医学部骨科研究所
　　　　徐　浩
医学部生物医学研究院
　　　　吴　孟
医学部心血管病研究所
　　　　于　淼

实验系列：

聘任高级实验师职务人员名单

光电科学与工程学院
　　周　皓
材料与化学化工学部
　　杨　铭
艺术学院
　　苗海青
医学部
　　王　萃
医学部基础医学与生物科学学院
　　孙玉芳　　徐晓静
医学部药学院
　　陈晶磊
医学部实验动物中心
　　王　婧
医学部唐仲英血液学研究中心
　　安钢力

聘任副研究员职务人员名单

纺织与服装工程学院
　　刘　雨
医学部公共卫生学院
　　王艾丽
医学部药学院
　　张祖斌
医学部唐仲英血液学研究中心
　　王文洁　　翁　震
医学部骨科研究所
　　陈　曦

教育管理研究系列：

聘任研究员职务人员名单

党校
  马乙玉
科学技术研究部
  钱福良

聘任副研究员职务人员名单

校长办公室
  吴　鹏
国内合作办公室
  吉　伟
党委宣传部
  李晓佳
财务处
  江建龙
教务部
  孙　芸
科学技术研究部
  沈　铭
采购与招投标管理中心
  刘丽琴
继续教育处
  孙掌印
社会学院
  郑　庚
东吴商学院
  韩祥宗
王健法学院
  朱春霞
金融工程研究中心
  周艳荣
物理科学与技术学院
  王迎春

体育学院
　　张鑫华
医学部
　　戴建英
医学部药学院
　　温　红
医学部转化医学研究院
　　陈永井
应用技术学院
　　高国平

学生思想政治教育系列：

聘任教授职务人员名单

文正学院
　　王　淼

聘任副教授职务人员名单

人武部
　　陈　燕
社会学院
　　郝　珺
政治与公共管理学院
　　尹婷婷
金螳螂建筑学院
　　薛　曦
物理科学与技术学院
　　谢燕兰
敬文书院
　　孟玲玲

其他系列：

财务处
正高级会计师
　　何爱群
高级会计师
　　蒋彩萍　　陈勇军　　蒋　昱

图书馆
副研究馆员
　　张若雅　　赵　兵

后勤管理处
高级工程师
　　王维柱

档案馆
副研究馆员
　　徐云鹏

学报编辑部
副编审
　　邱尔依

校医院
副主任医师
　　杨晓卿

2019年聘请讲座教授、客座教授、兼职教授名单

讲座教授

政治与公共管理学院
  王文方 中国台湾阳明大学教授

东吴商学院（财经学院）
  张 霆 美国代顿大学教授

王健法学院
  马 宁 西北政法大学教授

数学科学学院
  戴 民 新加坡国立大学教授（续聘）
  杨 健 美国罗格斯大学教授

物理科学与技术学院
  Sajeev John 加拿大皇家科学院院士、多伦多大学教授（续聘）
  Fedrico Rosei 加拿大国立科学研究院教授*

材料与化学化工学部
  Quan Li 美国肯特州立大学教授
  Harm Anton Klok 瑞士洛桑联邦理工学院教授（续聘）
  John Brash 加拿大皇家科学院院士、加拿大麦克马斯特大学教授（续聘）

功能纳米与软物质研究院
  William A. Goddard III 美国加州理工学院院士
  Tsun-Kong Sham 加拿大皇家科学院院士、加拿大韦仕敦大学教授（续聘）
  邓青云 美国工程院院士、美国罗切斯特大学教授（续聘）
  Igor Bello 苏州大学*

电子信息学院
  杨 磊 江苏创通电子股份有限公司总经理、博士

艺术学院
  梁君午 西班牙职业画家（续聘）
  李吉淳 韩国大邱大学教授

医学部放射医学与防护学院
  周平坤 军事医学科学院军事医学研究院教授（续聘）
  陆嘉德 上海市质子重离子医院常务副院长、教授
  Vincent Torre 意大利高等研究院教授
  Guenther Reitz 德国宇航中心教授
  Francis A. Cuinotta 美国内达华大学教授

医学部生物医学研究院
    Karl Sebastian Lang　德国杜伊斯堡埃森大学教授*

客座教授

神经科学研究所
    John Marshall　美国布朗大学教授

音乐学院
    廖昌永　上海音乐学院院长、教授，中国音乐家协会副主席
    赵季平　教授、中国音乐家协会名誉主席、陕西省文联主席、中国音乐著作权协会主席
    朱昌耀　南京艺术学院尚美学院院长、江苏省音乐家协会主席
    彭家鹏　中央音乐学院教授、苏州民族管弦乐团艺术总监兼首席指挥

传媒学院
    何雪峰　安徽日报宿州办事处主任、记者站站长

金螳螂建筑学院
    陈雪明　西交利物浦大学城市规划与设计系教授

医学部护理学院
    侯黎莉　上海交通大学医学院教授
    林佳静　香港大学护理学院院长、教授

兼职教授

王健法学院
    刘铁光　湘潭大学教授

医学部药学院
    张洪建　晨兴创投（续聘）

名誉教授

能源学院
    成会明　中国科学院院士、发展中国家科学院院士
    陈　军　中国科学院院士、南开大学教授
    郭万林　中国科学院院士、南京航空航天大学教授

物理科学与技术学院
    J. Zinn-Justin　法国科学院院士

注：带 * 的表示学校没有发文。

院士名单（表101）

表101　苏州大学院士情况一览表

序号	姓名	性别	出生年月	从事专业	备注
1	阮长耿	男	1939年8月	内科学（血液病学）	中国工程院院士
2	潘君骅	男	1930年10月	光学工程	中国工程院院士
3	李述汤	男	1947年1月	材料化学	中国科学院院士 第三世界科学院院士
4	柴之芳	男	1942年9月	放射医学	中国工程院院士
5	刘忠范	男	1962年10月	物理化学	中国科学院院士
6	李永舫	男	1948年8月	材料学	中国科学院院士
7	王志新	男	1953年8月	分子酶	中国科学院院士 第三世界科学院院士
8	于吉红	女	1967年1月	无机化学	中国科学院院士 欧洲科学院院士
9	陈晓东	男	1965年2月	应用化学	澳大利亚工程院院士 新西兰皇家科学院院士
10	郎建平	男	1964年6月	无机化学	欧洲科学院院士
11	凌晓峰	男	1963年5月	人工智能	加拿大工程院院士
12	John Michael Kosterlitz	男	1943年6月	物理拓扑相和冷凝聚态	美国科学院院士

2019年各类人才工程入选人员名单

2019年度国家级领军人才

康振辉　陈罡　王殳凹

2019 年度国家级领军人才青年人才

张 亮　张 勇　方 剑　郑毅然　程 亮
倪江锋　钟 俊

2019 年度国家杰出青年基金获得者

李 斌　张正彪

2019 年度国家优秀青年基金获得者

曹 聪　李耀文　施夏清　张 桥

2019 年江苏省"双创计划"

双创人才
　李 鹏　陈 崧　程建军　孙靖宇　汪 超　张 亮
双创博士
　蔡延安　万 珊　张 敏　迟文政　项重辰　季兴跃　周舒燕
　李 庆　苗庆庆　张谷芳　张 庭　王晓宁　程 涛　陈 龙
双创团队
　邓 昭　程建军

2019 年度江苏省特聘教授

苗庆庆　何 耀　程 涛　张 庭

2019 年度"百千万人才工程"国家级人选

张 民　陈苏宁

2019 年度国家级突出贡献中青年专家

张 民　陈苏宁

国际宇航科学院院士

周光明

美国生物医学工程学院会士

刘 庄

2019 年度省第五期"333 工程"科研项目

第二层次资助
　刘 庄　唐建新　钟志远

第三层次资助
　　曾维刚

江苏省"六大人才高峰"第十六批高层次人才选拔培养资助计划

　　刘　庄　　彭　扬　　汪　超　　陈　崧　　Mario Lanza　　刘艳丽　　张　亮
　　沈长青　　季兴跃　　胡丽芳　　周俊松　　陈文亮　　王　进　　张　熠
　　陈　倩　　冯　莱　　胡　军　　王春举　　程　涛

2019年度高校"青蓝工程"

优秀青年骨干教师
　　沈承诚　　赵　毅　　陈　涛　　汪维鹏
中青年学术带头人
　　周中胜　　蒋佐权
优秀教学团队
　　陈进华团队

2019年博士后出站、进站和在站人数情况（表102）

表102　2019年苏州大学博士后出站、进站和在站人数情况

博士后流动站名称	出站人数	进站人数	2019年年底在站人数
材料科学与工程	15	29	96
畜牧学	0	3	6
法学	0	3	19
纺织科学与工程	7	11	39
工商管理	1	5	11
公共卫生与预防医学	2	3	18
光学工程	5	14	56
化学	12	14	49

续表

博士后流动站名称	出站人数	进站人数	2019年年底在站人数
化学工程与技术	0	1	9
基础医学	2	11	58
计算机科学与技术	5	8	38
教育学	0	2	10
临床医学	6	10	49
马克思主义理论	0	1	5
软件工程	0	4	14
设计学	6	2	6
数学	2	2	7
特种医学	7	12	39
体育学	1	3	16
统计学	1	1	2
外国语言文学	0	2	6
物理学	2	9	29
信息与通信工程	0	9	15
药学	1	8	22
应用经济学	1	0	4
哲学	0	1	5
政治学	0	2	5
中国史	1	1	6
中国语言文学	2	8	22
护理学	0	0	0
合计	79	179	661

2019年博士后在站、出站人员情况（表103）

表103 2019年博士后在站、出站人员情况一览表

流动站名称	在站人员					出站人员
哲学	陈 挺	刘琳娜	李红霞	田 健	王一成	
应用经济学	庄小将	朱 妍	彭 向	蒋薇薇		崔健波
法学	蒋鹏飞 田红星 蔡 仙 蒋 超	陈华荣 何香柏 卢 然 邵 聪	李 雪 李红润 王 俊 何 驰	吴 俊 熊瑛子 蒋 莉 程金池	朱明新 卜 璐 石肖雪	
政治学	盛 睿	杨 静	郑红玉	朱晓亚	张 雪	
马克思主义理论	郑善文	佘明薇	谭志坤	吴 丹	王慧莹	
教育学	廖传景 管贤强	李西顺 王 云	王爱君 余 庆	秦炜炜 王依然	侯小兵 杨琬璐	
体育学	霍子文 殷荣宾 叶小瑜 辜德宏	方千华 张 磊 刘广飞 王立军	邱 林 韩红雨 Rashid Menhas	张凤彪 李留东 高 亮	白 杨 赵 毅	杨 明
中国语言文学	张春晓 王 敏 马林刚 曹 然 杨黎黎	秦 烨 刘 霞 刘英杰 潘 莉 顾圣琴	薛 征 缑 赫 程 曦 孙连五	徐 蒙 穆 杨 王 振 曹晓雪	张学谦 孙启华 徐亦舒 李 晨	周瑾锋 朱钦运
外国语言文学	黄爱军 陈宁阳	何芊蔚	魏 维	杨 静	贡希真	
中国史	丁义珏 李欣栩	韩秀丽	傅 亮	谢诗艺	于明波	李学如
数学	卢培培 矫立国	唐树安 石路遥	汪 馨	刘雷艮	王 奎	陈少林 王言芹

续表

流动站名称	在站人员	出站人员
物理学	王显福　马玉龙　李珍珠　肖义鑫　虞一青 汤如俊　赵晓辉　姚　铮　肖瑞春　Isaiah Eze Igwe 吴绍龙　李　超　王　涛　陆永涛　马奔原 陈亚红　Muhammad Farooq　Saleem Khan 罗明辉　崔　巍　张笑瑞　翁雨燕　乔　玮 蒋澄灿　叶　庆　刘　玉　邓伟峰　慈海娜 王书昶　Rana Muhammad Irfan	吴　飞　赵建庆
化学	邵智斌　陈小芳　邵　莺　Dr. S. Rakesh 张　伟　邹　丽　王正宫　聂开琪　张　军 SARVEDRAKUMAR　　　　　张　强　王　凯 刘杉杉　程亚娟　唐增超　孙乐乐　丁　可 陆焕钧　袁建宇　谢　寒　郭江娜　李　萌 郭思宇　王　莲　徐维伟　卜令正　白树行 刘　夏　闫　旭　陈　丰　邵　琪　张新玉 刘培松　卫运龙　谢　森　张　浩　周少方 卓明鹏　闫长存　马志刚　Pirzado Azhar Ali Ayaz 邱金晶　梁文凯　靳奇峰　王　翔　黄智豪 aisha bibi　　　　宋　蕊　黎泓波	戴高乐　黄现强 刘泽柯　吕世贤 张　鹏　尹　玲 朱华君 SHAHID IQBAL 李耀文　吴新鑫 戴　铭　田景华
统计学	梁　淼　顾莉洁	梁　淼
光学工程	楼益民　刘艳花　石震武　张　翔　金成刚 伍锡如　宋　芳　樊　成　詹耀辉　谢　峰 季爱明　郭开波　刘　丽　王　军　刘日涛 吴兆丰　陶雪慧　徐亚东　李　轩　霍大云 狄建科　高　旭　杨　浩　高东梁　黄耀松 朱时军　谌庄琳　林书玮　石　拓　王　洁 王晓南　王文明　黄　敏　邵伟佳　李浩卿 孙中体　刘同舜　张克栋　贺海东　李慧妹 薛松林　葛　阳　王可军　郭振东　王　倩 魏超慧　周　云　王呈栋　田　萌　李加强 董一鸣　李　冲　周东营　迟文政　徐泽文 Robabeh Bagheri	杨　勇　黄文彬 常同鑫　王呈栋 孙晓燕

续表

流动站名称	在站人员	出站人员
材料科学与工程	王海桥　邓明宇　宋　涛　王慧华　韩凤选 李红坤　John McLeod　　王照奎　舒　婕 P. JOICE SOPHIA　王燕东　周言根 Nabi-Aser Sebastian Aghdassi　　张罗岳 姚艳波　李雅娟　李雪娇　钱玉敏 Abhisek Chakrabor　陈　蕊　郁李胤　房　进 冯良珠　刘　寻　Debabrata Maiti　黄　伟 吕奉磊　Igbari Omoboyede Femi　张树德 文　震　隋裕雷　史金辉　陈金星　魏怀鑫 李雷刚　丁以民　韩　娜　陈嘉雄　张广亮 李　塑　左克生　陶惠泉　张启建　蒋玉荣 王亚楠　冯爱玲　徐敏敏　赵　栎 JAHANGEERKHAN　　　　　侯　栋　李　震 陈建美　Luis Francisco Portilla Berlanga 周　峰　祝英忠　陈敬德　赵　舟　秦　简 Chaewon Kim　　林　潇　曹暮寒　史益忠 王东涛　何　呈　陈　伟　杨　昊　尹秀华 韦　婷　闫　涛　杜　慧　曾　攀　李成坤 邬赞羚　张环宇　王玉生　沈孔超　李秀壮 赵　伟　周　骏　丁　轶　周　峰　赵　银 史国钲　张　晗　刘　昭　张石愚　陈琦峰 刘　永　SHOBERU ADEDAMOLA SIJUADE 邢占文　于永强　孙殿明　胡绍岩　董其鹏 李　鑫　张长昆	崔超华　许继芳 齐　菲　张洪宾 尧　华　陈　昊 刘　兵　刘静静 黄　洋　翁　凌 黄晓飞　田　俊 Marco Antonio 查晨阳　赵俊飞
计算机科学与技术	季　怡　龚　勋　胡海燕　李直旭　李　鹏 刘冠峰　张友军　李正华　蔡改改　高向军 李春光　王忠海　庞　明　张好明　成风明 王　俊　陈　蓉　季　清　周经亚　周威鑫 蔡琦琳　陶砚蕴　房俊华　盛　洁　黄柏余 杜贵府　陈　良　陈　伟　许粲昊　王杰刚 王晶晶　金　辉　夏　超　谷　飞　王　刚 戴　欢　俄文娟　周夏冰	卜令山　乐德广 江星星　赵　洋 何立群
化学工程与技术	姜政志　王　洋　M. Rajesh Kumar　王崇龙 刘玉超　安　静　顾培洋　王晓宁　陈重军	

续表

流动站名称	在站人员					出站人员
纺织科学与工程	徐晓静 郭雪峰 周春晓 赵 兵 徐玉康 洪 岩 潘刚伟 陶 金	范志海 茅泳涛 戴沈华 王 钟 王 卉 张 涛 徐安长 杨歆豪	何素文 何佳臻 范纪华 周国强 姚晓凤 邢 剑 王曙东 任 煜	孙启龙 倪 箐 刘宇清 赵荟菁 黄 俊 杨 勇 徐思峻 卢业虎	张晓峰 张德锁 马 瑶 李媛媛 刘 帅 于金超 高颖俊	关晋平 李 刚 王 萍 Mohammad Shahid 王 刚 张 岩 祁 宁
畜牧学	李凡池 李 威	刘同欣	张 星	何 渊	朱 敏	
基础医学	刘 瑶 王明华 董福禄 谢 枫 张正奎 陈 光 倪 萱 柳春晓 杨建新 张 唯 张喜光 黄一帆	梁 婷 唐朝君 赵 鑫 张亚楠 谢攀成 黄金忠 傅 容 胡 林 王雪枫 汪 琴 赵 刚 胡雅楠	李立娟 孙丽娜 卫 林 徐晨昶 沈锦虹 周 围 李 杨 王 禹 缪小牛 SEYEDEH RAMOUNA VOSHTANI 周 进 徐 婷	张 熠 李文杰 沈 冬 赵丹丹 程侠菊 薛 蓉 王海燕 吴玉敏 曹 婷 黄振晖 常 新	闵 玮 罗承良 岳吉成 傅煜轩 袁玉康 孙玉芳 周 游 张 强 孙 莎 陶 卉 王琳辉	何小芹 马海阔
临床医学	尤万春 孙 青 焦 晴 王 斌 安 勇 陶丽婵 王 惠 王宗启 游凤涛 万岱维	周 峰 田 璟鸾 刘 蔚 杨 欣 张柳笛 朱大伟 赵阿曼 金雪梅 虞 游 席启林	刘光旺 张连方 李 吻 徐人杰 张 兴 袁 野 赵 琳 郑卓军 王 陆云杰	王羿萌 姜 智 韩庆东 刘乾峰 方成杰 孙贾鹏 郑智元 汤晓晨 庄乾锋	李炳宗 周碧蓉 周 雷 冯 锦 张雪琨 谢展利 孙 锐 闫欣欣 龚欢乐	龚 拯 林丹丹 王 军 商冰雪 张爱梁 温晓晓

续表

流动站名称	在站人员	出站人员
公共卫生与预防医学	李敏敬　武龙飞　常　杰　陶莎莎　武　婧 Mishra Shital Kumar　　　柯朝甫　黄小琳 SHEIKH TAHAJJUL TAUFIQUE　　刘陶乐 万忠晓　白艳洁　尹洁云　蒋　菲　郐雪原 李云虹　何　培　李晓东	韩丽媛　何　艳
药学	金雅康　张明阳　邓益斌　王明勇　柯亨特 倪　江　周　亮　张平安　胡　玮　邱实泓 万会达　王　涛　李笃信　张谷芳　方艺璇 孙元军　冷　钢　李成国　马永浩　康乃馨 Jurupula Ramprasad　蔡嘉怡	康乃馨
特种医学	王艳龙　刘汉洲　裴海龙　田　欣　孟烜宇 秦粉菊　王仁生　王真钰　张　琦　胡文涛 余道江　张仕通　AFSHIN KHAYAMBASHI 李新良　陆伟红　申南南　王璐瑶　王威力 焦　旸　马晓川　杨燕美　张海龙　崇　羽 Suresh Annam　　方　舸　王文亮　王子昱 傅罗琴　李振宇　曹春艳　金爱平　马付银 裴炜炜　李　凯　段广新　王广林　王晓梅 陈　斌　屈卫卫	汪　勇　聂继华 曾剑峰　王杨云 李　明　刘　赓 徐美芸
设计学	刘韩昕　樊子妤　王洪甹　田雅丝　胡小燕 胡　扬	王　拓　郭恒杰 刘亚玉　许光辉 邰　杰　徐志华
工商管理	沈　能　陈荣莹　贺　超　余瑛婷　陈西婵 屠立峰　邹　纯　刘佳伟　王要玉　陈冬宇 周中胜	刘　亮
软件工程	程宝雷　王中卿　刘　钊　尤澜涛　周　信 邹博伟　王　喜　韩月娟　贾俊铖　梁合兰 褚晓敏　李　成　周东仿　李　泽	
信息与通信工程	王旭东　齐　鑫　杨歆汩　王　波　白春凤 樊明迪　陈中悦　陈伯文　杨　勇　何远彬 窦玉江　何兴理　李　喆　张允晶　胡　广	

2019年人员变动情况（表104、表105、表106）

表104　2019年苏州大学教职工调进人员一览表

序号	姓名	性别	调进工作部门、院（部）	调进时间
1	张　亮	男	功能纳米与软物质研究院	2019年1月
2	陈垂针	男	物理科学与技术学院	2019年1月
3	畅　磊	男	医学部放射医学与防护学院	2019年1月
4	毛眺源	男	外国语学院	2019年1月
5	李念强	男	光电科学与工程学院	2019年1月
6	许　彬	男	物理科学与技术学院	2019年1月
7	刘成良	男	政治与公共管理学院	2019年1月
8	刘同舜	男	机电工程学院	2019年1月
9	王长擂	男	物理科学与技术学院	2019年1月
10	李　婧	女	传媒学院	2019年1月
11	张　可	女	传媒学院	2019年1月
12	Shahid Iqbal	男	材料与化学化工学部	2019年1月
13	张得天	男	计算机科学与技术学院	2019年1月
14	李　鹏	男	电子信息学院	2019年1月
15	周　尧	男	后勤管理处	2019年2月
16	赵胜楠	女	艺术学院	2019年2月
17	翟欢欢	女	信息化建设与管理中心	2019年2月
18	程薇瑾	女	社会学院	2019年2月
19	李　玲	女	社会学院	2019年2月
20	张传宇	男	社会学院	2019年2月
21	董学立	男	王健法学院	2019年2月
22	李朝霞	女	档案馆	2019年2月
23	王文亮	男	医学部放射医学与防护学院	2019年2月
24	夏正伟	男	金螳螂建筑学院	2019年2月

续表

序号	姓名	性别	调进工作部门、院（部）	调进时间
25	王春举	男	机电工程学院	2019年2月
26	陈倩	女	功能纳米与软物质研究院	2019年2月
27	苏韧	男	能源学院	2019年3月
28	陈玲	女	医学部公共卫生学院	2019年3月
29	金鑫	女	马克思主义学院	2019年3月
30	朱晓亚	女	政治与公共管理学院	2019年3月
31	王子昱	男	医学部放射医学与防护学院	2019年3月
32	陈伟	男	计算机科学与技术学院	2019年3月
33	褚晓敏	女	计算机科学与技术学院	2019年3月
34	王琼颖	女	社会学院	2019年3月
35	李佳斌	男	医学部药学院	2019年3月
36	商冰雪	女	转化医学研究院	2019年3月
37	于金超	男	纺织与服装工程学院	2019年3月
38	应浩江	男	教育学院	2019年3月
39	金利妍	女	教育学院	2019年3月
40	沈蕴韬	男	体育学院	2019年3月
41	黄钰程	男	轨道交通学院	2019年3月
42	程水龙	男	文学院	2019年3月
43	李佳斌	男	医学部药学院	2019年3月
44	胡清文	男	音乐学院	2019年3月
45	谢淼	男	功能纳米与软物质研究院	2019年3月
46	金国	男	教育学院	2019年3月
47	凌莹	女	神经科学研究所	2019年4月
48	程利冬	女	档案馆	2019年4月
49	唐浩宇	男	功能纳米与软物质研究院	2019年4月
50	付国宏	男	计算机科学与技术学院	2019年4月
51	何宝申	男	政治与公共管理学院	2019年4月

续表

序号	姓名	性别	调进工作部门、院（部）	调进时间
52	吴嘉炜	女	医学部基础医学与生物科学学院	2019年4月
53	巨凯夫	男	金螳螂建筑学院	2019年4月
54	盛玥	女	音乐学院	2019年4月
55	张程娟	女	社会学院	2019年4月
56	吴庭芳	男	计算机科学与技术学院	2019年4月
57	彭陈诚	女	功能纳米与软物质研究院	2019年4月
58	郭丽	女	校医院（挂靠后勤管理处）	2019年4月
59	Perceval Garon	男	教育学院	2019年4月
60	Ifeyinwa Juliet Orji	女	东吴商学院（财经学院）	2019年4月
61	方剑	男	纺织与服装工程学院	2019年5月
62	王涛	男	功能纳米与软物质研究院	2019年5月
63	彭志峰	男	数学科学学院	2019年5月
64	李云虹	男	医学部公共卫生学院	2019年5月
65	杨琬璐	女	教育学院	2019年5月
66	贡希真	男	外国语学院	2019年5月
67	李希阳	女	东吴商学院（财经学院）	2019年5月
68	张亮	女	档案馆	2019年5月
69	杨渝玲	女	马克思主义学院	2019年5月
70	张秀莉	女	医学部药学院	2019年5月
71	臧其胜	男	马克思主义学院	2019年5月
72	张喜光	男	唐仲英血液学研究中心	2019年5月
73	何兴理	男	电子信息学院	2019年5月
74	苏莹莹	女	音乐学院	2019年6月
75	宋德孝	男	马克思主义学院	2019年6月
76	周少方	男	材料与化学化工学部	2019年6月
77	吴尧	男	金螳螂建筑学院	2019年6月
78	于吉红	女	材料与化学化工学部	2019年6月

续表

序号	姓名	性别	调进工作部门、院（部）	调进时间
79	张 勇	男	剑桥-苏大基因组资源中心	2019年6月
80	丁大伟	男	医学部药学院	2019年6月
81	丁 众	男	医学部药学院	2019年6月
82	马学俊	男	数学科学学院	2019年6月
83	徐惠中	男	物理科学与技术学院	2019年6月
84	张意泊	男	艺术学院	2019年6月
85	严若今	女	能源学院	2019年6月
86	Matthew Sheridan	男	医学部放射医学与防护学院	2019年6月
87	胡 扬	女	金螳螂建筑学院	2019年7月
88	徐亦舒	男	传媒学院	2019年7月
89	孙元军	男	医学部药学院	2019年7月
90	曹 然	男	传媒学院	2019年7月
91	于 淼	女	心血管病研究所	2019年7月
92	刘 勇	男	功能纳米与软物质研究院	2019年7月
93	王可军	男	机电工程学院	2019年7月
94	刘泽柯	男	功能纳米与软物质研究院	2019年7月
95	王晶晶	男	计算机科学与技术学院	2019年7月
96	蒋 超	男	王健法学院	2019年7月
97	胡小燕	女	艺术学院	2019年7月
98	叶 庆	男	能源学院	2019年7月
99	曹 婷	女	生物医学研究院	2019年7月
100	邵 聪	男	王健法学院	2019年7月
101	何 驰	男	王健法学院	2019年7月
102	陆一琛	女	外国语学院	2019年7月
103	欧阳艺兰	女	医学部药学院	2019年7月
104	刘江峡	男	音乐学院	2019年7月
105	裴炜炜	男	医学部放射医学与防护学院	2019年7月

续表

序号	姓名	性别	调进工作部门、院（部）	调进时间
106	程献伟	男	纺织与服装工程学院	2019年7月
107	范荣磊	男	物理科学与技术学院	2019年7月
108	陈 猛	男	东吴商学院（财经学院）	2019年7月
109	苏 玛	女	医学部药学院	2019年7月
110	曹风人	男	物理科学与技术学院	2019年7月
111	李 辉	男	医学部放射医学与防护学院	2019年7月
112	王亚星	男	医学部放射医学与防护学院	2019年7月
113	张有捷	女	医学部公共卫生学院	2019年7月
114	谷 飞	男	计算机科学与技术学院	2019年7月
115	罗 茜	女	传媒学院	2019年7月
116	白占强	男	数学科学学院	2019年7月
117	李灵锋	男	电子信息学院	2019年7月
118	姚宏伟	男	医学部基础医学与生物科学学院	2019年7月
119	陈西婵	女	东吴商学院（财经学院）	2019年7月
120	邓伟峰	男	能源学院	2019年7月
121	杨琳琳	女	数学科学学院	2019年8月
122	王国燕	女	传媒学院	2019年8月
123	孙继强	男	外国语学院	2019年8月
124	庄绪龙	男	王健法学院	2019年8月
125	李秀壮	男	功能纳米与软物质研究院	2019年8月
126	姜颖鹏	男	医学部	2019年8月
127	曹文雯	女	材料与化学化工学部	2019年8月
128	牛 政	男	材料与化学化工学部	2019年8月
129	陈剑宇	男	数学科学学院	2019年8月
130	孙海娜	女	医学部基础医学与生物科学学院	2019年8月
131	张 唯	女	生物医学研究院	2019年8月
132	朱 敏	女	医学部基础医学与生物科学学院	2019年8月

续表

序号	姓名	性别	调进工作部门、院（部）	调进时间
133	潘莉	女	传媒学院	2019年8月
134	何渊	男	医学部基础医学与生物科学学院	2019年8月
135	程曦	女	传媒学院	2019年8月
136	王倩	女	机电工程学院	2019年8月
137	胡绍岩	男	沙钢钢铁学院	2019年8月
138	陈中悦	女	电子信息学院	2019年8月
139	徐美芸	女	医学部放射医学与防护学院	2019年8月
140	王慧莹	女	马克思主义学院	2019年8月
141	付优	女	博物馆	2019年8月
142	张榴琳	女	文学院	2019年8月
143	孔令辉	男	电子信息学院	2019年8月
144	宋斌	男	功能纳米与软物质研究院	2019年8月
145	王晓梅	女	医学部放射医学与防护学院	2019年8月
146	陈刚	男	艺术学院	2019年8月
147	周沛	男	光电科学与工程学院	2019年8月
148	张允晶	男	电子信息学院	2019年8月
149	周彤	女	敬文书院	2019年8月
150	洪瑜武	男	医学部	2019年8月
151	朱鑫峰	男	轨道交通学院	2019年8月
152	单杨杰	男	物理科学与技术学院	2019年8月
153	高洁	女	东吴商学院（财经学院）	2019年8月
154	史悠	女	唐文治书院	2019年8月
155	薛佳佳	女	政治与公共管理学院	2019年8月
156	刘娴琳	女	材料与化学化工学部	2019年8月

续表

序号	姓名	性别	调进工作部门、院(部)	调进时间
157	姚亦洁	女	光电科学与工程学院	2019年8月
158	温振科	男	生物医学研究院	2019年9月
159	韩廷超	男	心血管病研究所	2019年9月
160	包鹏辉	男	医学部基础医学与生物科学学院	2019年9月
161	游 陆	男	物理科学与技术学院	2019年9月
162	韩东麟	男	能源学院	2019年9月
163	邵元龙	男	能源学院	2019年9月
164	黄 斌	男	医学部药学院	2019年9月
165	王 振	女	文学院	2019年9月
166	何 培	女	医学部公共卫生学院	2019年9月
167	张 雪	女	政治与公共管理学院	2019年9月
168	戴高乐	男	功能纳米与软物质研究院	2019年9月
169	顾圣琴	女	传媒学院	2019年9月
170	金 辉	女	轨道交通学院	2019年9月
171	赵 伟	男	沙钢钢铁学院	2019年9月
172	叶巍翔	男	物理科学与技术学院	2019年9月
173	陈 都	女	艺术学院	2019年9月
174	孔志轩	男	音乐学院	2019年9月
175	王胜宇	男	文学院	2019年9月
176	李茂鑫	女	社会学院	2019年9月
177	李 勤	女	音乐学院	2019年9月
178	牛 娟	女	机电工程学院	2019年9月
179	陈大亮	男	外国语学院	2019年9月
180	李新中	男	沙钢钢铁学院	2019年9月

续表

序号	姓名	性别	调进工作部门、院（部）	调进时间
181	陈宁阳	女	外国语学院	2019年10月
182	刘佳伟	男	东吴商学院（财经学院）	2019年10月
183	汪 琴	女	生物医学研究院	2019年10月
184	陈 斌	男	医学部放射医学与防护学院	2019年10月
185	康乃馨	女	医学部药学院	2019年10月
186	王义乾	男	数学科学学院	2019年10月
187	符丽纯	女	沙钢钢铁学院	2019年11月
188	王春宏	女	唐仲英血液学研究中心	2019年11月
189	杨壹棋	女	外国语学院	2019年11月
190	谭庚文	男	材料与化学化工学部	2019年11月
191	闫聪冲	男	医学部放射医学与防护学院	2019年11月
192	苏远停	男	材料与化学化工学部	2019年11月
193	刘 力	男	计算机科学与技术学院	2019年11月
194	荣 超	男	医学部基础医学与生物科学学院	2019年11月
195	钱 忠	男	计算机科学与技术学院	2019年11月
196	沈超然	男	金螳螂建筑学院	2019年11月
197	黄智豪	男	材料与化学化工学部	2019年12月
198	李欣栩	女	红十字国际学院	2019年12月
199	李加强	男	机电工程学院	2019年12月
200	王诗雨	女	东吴商学院（财经学院）	2019年12月
201	纪玉金	男	功能纳米与软物质研究院	2019年12月
202	王思宁	男	金螳螂建筑学院	2019年12月
203	陈 嵩	男	医学部骨科研究所	2019年12月

表105 2019年苏州大学教职工调出、辞职人员一览表

序号	姓名	性别	离校前工作部门、院（部）	离校时间	调往工作单位
1	郑媛钰	女	校医院（挂靠后勤管理处）	2019年1月	辞职
2	胡玉鸿	男	王健法学院	2019年1月	华东政法大学
3	刘磊	男	王健法学院	2019年1月	同济大学
4	王爽	女	图书馆	2019年1月	天津大学
5	李艳	女	唐仲英血液研究中心	2019年1月	江苏农牧科技职业技术学院
6	付丽琴	女	档案馆	2019年1月	华东政法大学
7	Stepan Kashtanov	男	纳米科学技术学院	2019年1月	辞职
8	秦飞	男	东吴商学院（财经学院）	2019年2月	辞职
9	赵载豪	男	附属第一医院（医学部第一临床学院）	2019年2月	辞职
10	陈翰叡	男	音乐学院	2019年3月	中央音乐学院
11	赵振奥	男	心血管病研究所	2019年3月	河北北方学院
12	赵越	女	财务处	2019年3月	辞职
13	种国双	男	科学技术研究部	2019年3月	辞职
14	袁蓉	女	图书馆	2019年3月	辞职
15	项晓琴	女	幼儿园	2019年3月	辞职
16	王颖	女	附属第一医院（医学部第一临床学院）	2019年3月	辞职
17	赵杰	男	附属第一医院（医学部第一临床学院）	2019年3月	辞职
18	王腊宝	男	外国语学院	2019年3月	上海外国语大学
19	Schroeder Michael	男	纳米科学技术学院	2019年3月	辞职
20	潘志雄	男	剑桥-苏大基因组资源中心	2019年4月	辞职

续表

序号	姓名	性别	离校前工作部门、院（部）	离校时间	调往工作单位
21	尤文龙	男	物理科学与技术学院	2019年4月	南京航空航天大学
22	王墨涵	女	东吴商学院（财经学院）	2019年4月	辞职
23	王 磊	男	财务处	2019年4月	辞职
24	李玉文	女	附属第一医院（医学部第一临床学院）	2019年4月	四川大学华西医院
25	孙丽丽	女	附属第二医院（医学部第二临床学院）	2019年4月	辞职
26	夏燕静	女	附属第二医院（医学部第二临床学院）	2019年4月	辞职
27	段锦云	男	教育学院	2019年4月	华东师范大学
28	何香柏	女	王健法学院	2019年4月	浙江大学
29	李淑涵	女	继续教育处（继续教育学院）	2019年4月	辞职
30	马晓兰	女	医学部实验动物中心	2019年4月	辞职
31	杨 毅	男	附属第二医院（医学部第二临床学院）	2019年4月	深圳市第二人民医院
32	蒋 莉	女	王健法学院	2019年4月	辞职
33	徐 攀	女	材料与化学化工学部	2019年4月	辞职
34	王 斌	男	金螳螂建筑学院	2019年5月	辞职
35	佟 鑫	女	继续教育处（继续教育学院）	2019年5月	辞职
36	姚博文	男	功能纳米与软物质研究院	2019年5月	辞职
37	李晓强	男	附属第二医院（医学部第二临床学院）	2019年5月	辞职
38	张舒羽	男	医学部放射医学与防护学院	2019年5月	四川大学
39	石镇平	男	马克思主义学院	2019年5月	南开大学

续表

序号	姓名	性别	离校前工作部门、院（部）	离校时间	调往工作单位
40	张　丽	女	附属第二医院（医学部第二临床学院）	2019年5月	辞职
41	张　伶	女	纳米科学技术学院	2019年5月	辞职
42	许利耕	男	功能纳米与软物质研究院	2019年6月	暨南大学
43	Alexander Omar Suleiman	男	音乐学院	2019年6月	中国音乐学院
44	蒋晓虹	女	教育学院	2019年6月	上海戏剧学院
45	毛新良	男	医学部药学院	2019年6月	辞职
46	王春晨	女	校医院（挂靠后勤管理处）	2019年6月	辞职
47	郭婷婷	女	医学部生物医学研究院	2019年6月	辞职
48	王娜娜	女	校医院（挂靠后勤管理处）	2019年6月	辞职
49	朱　峤	男	财务处	2019年6月	国家统计局苏州调查队
50	周志英	女	附属第一医院（医学部第一临床学院）	2019年6月	苏州市高新区疾控中心
51	徐小飞	男	物理科学与技术学院	2019年6月	华东理工大学
52	曹志飞	男	唐仲英血液学研究中心	2019年6月	苏大附二院
53	陆滢竹	女	学术委员会秘书处	2019年6月	辞职
54	伊卫星	男	后勤管理处	2019年6月	辞职
55	Aaron Pergram	男	音乐学院	2019年6月	辞职
56	黎穗琼	女	电子信息学院	2019年7月	华盛顿州立大学
57	林政宽	男	计算机科学与技术学院	2019年7月	辞职
58	魏东磊	女	医学部骨科研究所	2019年7月	辞职
59	胡　进	男	光电科学与工程学院	2019年7月	辞职
60	卢楹莹	女	继续教育处（继续教育学院）	2019年7月	辞职
61	张　建	男	材料与化学化工学部	2019年7月	江苏海洋大学

续表

序号	姓名	性别	离校前工作部门、院（部）	离校时间	调往工作单位
62	刘 明	女	幼儿园	2019年7月	辞职
63	胡蕴菲	女	医学部基础医学与生物科学学院	2019年7月	中科院武汉物理与数学研究所
64	蒲 丽	女	附属第二医院（医学部第二临床学院）	2019年7月	辞职
65	章宗长	男	计算机科学与技术学院	2019年7月	南京大学
66	沈韫韬	男	体育学院	2019年7月	辞职
67	赵蒙成	男	教育学院	2019年8月	江苏师范大学
68	包 峰	男	功能纳米与软物质研究院	2019年8月	辞职
69	钟胜奎	男	沙钢钢铁学院	2019年9月	海南热带海洋学院
70	刘洁群	女	沙钢钢铁学院	2019年9月	海南热带海洋学院
71	朱 尧	男	医学部实验动物中心	2019年9月	辞职
72	樊庆丰	男	老挝苏州大学	2019年9月	贵州民族大学
73	陈 曦	女	医学部骨科研究所	2019年9月	辞职
74	黄心怡	女	幼儿园	2019年9月	辞职
75	刘 俊	男	附属第一医院（医学部第一临床学院）	2019年9月	辞职
76	吴声志	男	数学科学学院	2019年9月	辞职
77	谢竟甲	男	信息化建设与管理中心	2019年9月	辞职
78	蒋豪华	女	校医院（挂靠后勤管理处）	2019年9月	辞职
79	张 潮	男	政治与公共管理学院	2019年9月	中山大学
80	姚 尧	女	文学院	2019年10月	辞职
81	Michael Namirovsky	男	音乐学院	2019年10月	辞职
82	杨壹棋	女	文学院	2019年10月	辞职

续表

序号	姓名	性别	离校前工作部门、院（部）	离校时间	调往工作单位
83	华益民	男	神经科学研究所	2019年10月	南京师范大学
84	马淑燕	女	生物医学研究院	2019年10月	辞职
85	罗晓荷	女	图书馆	2019年10月	北京出版集团有限责任公司
86	陈建军	男	材料与化学化工学部	2019年10月	辞职
87	王宜强	男	附属第一医院（医学部第一临床学院）	2019年10月	厦门大学翔安医院
88	张昊	男	信息化建设与管理中心	2019年10月	辞职
89	刘冠峰	男	计算机科学与技术学院	2019年11月	辞职
90	王显福	男	能源学院	2019年11月	电子科技大学
91	吴俊	男	财务处	2019年11月	辞职
92	张成杰	男	物理科学与技术学院	2019年11月	辞职
93	章鸿博	男	信息化建设与管理中心	2019年11月	辞职
94	陈浩博	男	信息化建设与管理中心	2019年11月	辞职
95	金新春	男	神经科学研究所	2019年11月	首都医科大学
96	聂保平	男	政治与公共管理学院	2019年11月	上海科技大学
97	张丽婷	女	生物医学研究院	2019年12月	辞职
98	杨芬	女	校医院（挂靠后勤管理处）	2019年12月	辞职
99	邵智斌	男	功能纳米与软物质研究院	2019年12月	辞职
100	Jennifer Burnett	女	功能纳米与软物质研究院	2019年12月	辞职
101	周骏	男	计算机科学与技术学院	2019年12月	辞职
102	刘燕	女	东吴商学院（财经学院）	2019年12月	江南大学
103	王燕	女	校医院	2019年12月	辞职
104	王熙	男	医学部实验动物中心	2019年12月	辞职

表106　2019年度教职工死亡人员名单

序号	姓名	性别	出生年月	工作单位	原职称	原职务	去世时间	备注
1	朱承豪	男	1928年1月	东吴商学院（财经学院）	副高		2019年2月	退休
2	葛敏兰	女	1931年11月	阳澄湖校区		副科	2019年2月	退休
3	惠永枚	女	1937年5月	后勤管理处（幼儿园）		科员	2019年2月	退休
4	陈维系	男	1926年7月	附属第一医院（医学部第一临床学院）	正高		2019年2月	退休
5	胡振雄	男	1936年11月	附属第一医院（医学部第一临床学院）	正高		2019年2月	退休
6	姚阿金	女	1917年5月	后勤管理处（原教服集团）	中级工		2019年2月	退休
7	马国辅	男	1926年11月	外国语学院	副高		2019年3月	退休
8	唐君彦	男	1930年7月	人文社会科学处	中级		2019年3月	退休
9	黄雪根	男	1944年4月	后勤管理处	高级工		2019年3月	退休
10	陈根尧	男	1934年9月	数学科学学院	副高		2019年3月	退休
11	曹首印	男	1934年7月	后勤管理处（原教服集团）	高级工		2019年3月	退休
12	贝伟	男	1923年12月	附属第一医院（医学部第一临床学院）		副厅	2019年4月	离休
13	赵建群	男	1928年12月	后勤管理处		正处	2019年4月	离休
14	李鹤云	男	1923年1月	东吴商学院（财经学院）		科员	2019年4月	退休
15	尤默	女	1927年7月	教务部		正科	2019年4月	退休

续表

序号	姓名	性别	出生年月	工作单位	原职称	原职务	去世时间	备注
16	沈金龙	男	1930年9月	后勤管理处（建服公司）	高级工		2019年4月	退休
17	胡畅泽	男	1938年10月	机电工程学院	副高		2019年4月	退休
18	甘肇强	男	1947年3月	物理科学与技术学院	副高		2019年4月	退休
19	朱育贤	男	1921年10月	阳澄湖校区	技师		2019年4月	退休
20	徐海鸥	男	1954年4月	艺术学院	正高		2019年4月	退休
21	朱和生	男	1933年6月	校长办公室		正厅	2019年4月	退休
22	陆士行	女	1932年12月	金螳螂建筑学院	中级		2019年4月	退休
23	沈廷福	男	1934年12月	应用技术学院（挂靠群直工委）	中级		2019年4月	退休
24	何俊	男	1925年11月	后勤管理处		副科	2019年4月	退休
25	周家森	男	1936年8月	图书馆	中级		2019年5月	退休
26	张新昌	男	1936年7月	电子信息学院	副高		2019年5月	退休
27	胡开基	男	1935年4月	后勤管理处		正处	2019年5月	退休
28	蒋顺朝	男	1927年10月	国际合作交流处	高级工		2019年6月	退休
29	凤孟琨	男	1935年1月	物理科学与技术学院	副高		2019年6月	退休
30	陈熙	男	1918年12月	后勤管理处（原教服集团）	高级工		2019年6月	退休
31	张孟茂	女	1927年8月	医学部基础医学与生物科学学院	正高		2019年6月	退休
32	陆治钊	男	1939年4月	科学技术研究部	副高		2019年6月	退休

续表

序号	姓名	性别	出生年月	工作单位	原职称	原职务	去世时间	备注
33	廖素青	女	1927年1月	光电科学与工程学院		副厅	2019年7月	离休
34	张诺	男	1926年4月	外国语学院		副处	2019年7月	离休
35	王生庭	男	1921年5月	后勤管理处		副处	2019年7月	离休
36	曹钰	女	1923年2月	医学部放射医学与防护学院		副处	2019年7月	离休
37	陆肇明	男	1940年11月	外国语学院	正高		2019年7月	退休
38	丁海涛	男	1943年1月	东吴饭店	高级工		2019年7月	退休
39	马凯义	男	1938年1月	机电工程学院	中级		2019年8月	退休
40	王蓓丽	女	1937年11月	阳澄湖校区	中级		2019年8月	退休
41	任筱羊	男	1955年6月	保卫部（处）	高级工		2019年8月	退休
42	王起发	男	1935年10月	数学科学学院		正处	2019年8月	退休
43	沈庆云	女	1936年10月	体育学院	中级		2019年8月	退休
44	唐根娣	女	1936年10月	医学部基础医学与生物科学学院		副科	2019年8月	退休
45	王瑞林	男	1924年9月	后勤管理处		副厅	2019年8月	离休
46	赵建新	男	1961年9月	东吴商学院（财经学院）	副高		2019年8月	在职
47	陆启凤	女	1990年10月	唐仲英血液学研究中心	中级		2019年8月	在职
48	高延安	男	1920年12月	组织部（党校）		副厅	2019年9月	离休
49	李明德	女	1935年8月	附属第一医院（医学部第一临床学院）	正高		2019年9月	退休
50	平国强	男	1947年8月	后勤管理处（原教服集团）	高级工		2019年9月	退休

续表

序号	姓名	性别	出生年月	工作单位	原职称	原职务	去世时间	备注
51	郑朝秀	女	1948年5月	后勤管理处（印刷厂）	中级工		2019年9月	退休
52	蒋华莉	女	1940年6月	物理科学与技术学院	副高		2019年10月	退休
53	郭 麟	男	1951年12月	阳澄湖校区	高级工		2019年10月	退休
54	费士元	男	1929年2月	后勤管理处		副处	2019年10月	退休
55	张镜清	男	1934年1月	继续教育处		正处	2019年11月	退休
56	范荷初	女	1932年6月	后勤管理处（原教服集团）		科员	2019年11月	退休
57	虞国桢	男	1932年11月	工会		正处	2019年12月	离休
58	金 均	男	1920年10月	校长办公室		正厅	2019年12月	离休
59	郑亦华	女	1936年2月	体育学院	正高		2019年12月	退休
60	金长福	男	1934年3月	纪委、监察处		副处	2019年12月	退休
61	殷淑仪	女	1923年3月	外国语学院	副高		2019年12月	退休
62	吴 莹	女	1923年2月	档案馆		副厅	2019年12月	离休
63	朱秉忠	男	1938年11月	教务部	副高		2019年12月	退休
64	马经德	男	1939年8月	材料与化学化工学部	正高		2019年12月	退休
65	刘常福	男	1941年8月	东吴饭店		正处	2019年12月	退休
66	许宗祺	男	1956年3月	图书馆	中级		2019年12月	退休

2019年离休干部名单

姚焕熙	陈克潜	李绍元	廖素青	邱 光	王瑞林	牟 琨
江 村	郑玠玉	姜宗尧	王永光	赵经涌	程 扬	虞国桢
袁 涛	迟秀梅	张 枫	周振泰	朱文君	黄凤云	陆振岳
曹积盛	蒋 璆	李世达	李秀贞	何孔鲁	蒋 麟	陈君谋
李振山	倪 健	吴奈夫	仲济生	卜仲康	章祖敏	曹学明
陈禾勤	张佩华	李品新	林 冈	杨宗晋	金 均	任 志
钟 枚	关 毅	余广通	杨康为	李 贤	王亚平	沈 毅
何 践	陈文璋	尤长华	赵 琪	张 诺	赵梅珍	赵爱科
袁海观	贝 伟	鲍洪贤	鞠竞华	封 兰	姜新民	张德初
张淑庆	于培国	曹 钰	刘涉洛	李维华	徐桂森	沈淑能
陶不敏	唐月清	陈德新	朱 燕	黄德珍	周 鸣	樊志成
闻宇平	熊重廉	龚 辉	裘 申	陈赐龄	丁志英	冷墨林
张立中	姚群铨	刘汉祥	吕玉功	戴立干	刘爱清	祝仰进
马云芬	纪一农	黄文锦	王生庭	赵爱菊	孙 玲	李惠章
宗 洛	高延安	吴 莹	翁春林	刘兴亚	刘延祖	陈守谦
吕去癖	魏振文	黄宗湘	姜卜吴	周旭辉	陆明强	许绍基
徐 利	李 馨	耿 杰	嵇佩玉	陈巾范	严荣芬	赵建群
雷在春	黄 健	孙作洲	平醒民			

2019 年退休人员名单

王丽萍	王彩霞	赵　晶	张建初	薛　晋	蒋文平	贺长青
于　俊	李金良	程笑梅	葛建一	唐天驷	刘洪波	白同春
贾冠杰	刘彦斌	滕国兴	刘跃华	张址坡	吴　鸣	张靖成
陆　蕙	陈　瑛	蒋艳秋	许　中	章晓莉	孙　涌	刘锋杰
金卫星	杨　平	王苏平	朱士英	何超英	安　雷	陆惠芳
钱小玲	李立红	邹卫放	刘根兴	黄秋萍	陈家翠	吴文璎
刘　颖	龙青花	马海燕	张成敏	张秀清	杨洪生	金雪英
周雯娟	袁春荣	章永红	倪苏宁	董浩然	蔡婵贤	周春觉
汪赟珏	吴水泉	孙志红	易　剑	胡琴芳	陆少云	王丽华
吴建军	徐小丽	龚建平	盛建国	钱孟尧	史有才	朱　雁
鲍　卫	林宛苗	李丽平	何立荣	程红义	郑　红	邹玲媛
石　慧	吴志琴	章建民	李　昆	李　峰	朱祥金	王俊华
金焕荣	沈　镛	李群玲	陆剑雯	石世宏	王金泉	王培钢
王根荣	惠　林	黄　敏	陈　萍	乔耀章	陈道义	潘晓珍
陈立虎	陈苏庆	卫　敏	沈海牧	保泽洛	霍跃进	陈莉达
任　晓	韩良军	唐明珠	陈二仙	周黎明	魏育红	李　莉
蒋明芳	孙　莉	赵鸿伟	刘亚东	尤凤翔	梁中琴	姚林红
陈彤彤	谈雪珍	徐　昕	方世南			

办学条件

办学经费投入与使用情况（表107、表108、表109）

表107　2019年学校总收入情况一览表　　　　单位：万元

序号	资金来源	部门决算	部门预算	增减数
1	财政拨款收入	177 574.92	111 228.70	66 346.22
2	事业收入	135 512.98	106 223.00	29 289.98
3	经营收入	1 359.16	1 100.00	259.16
4	其他收入	82 488.80	29 000.00	53 488.80
	合计	396 935.86	247 551.70	149 384.16

表108　2019年学校总支出情况一览表　　　　单位：万元

序号	项目	部门决算	部门预算	增减数
1	工资福利支出	151 290.63	147 332.65	3 957.98
2	商品和服务支出	130 723.80	59 109.06	71 614.74
3	对个人和家庭补助支出	36 557.55	17 003.99	19 553.56
4	其他资本性支出	49 347.07	16 006.00	33 341.07
5	债务利息支出	6 089.83	7 000.00	-910.17
6	经营支出	1 144.79	1 100.00	44.79
	合计	375 153.67	247 551.70	127 601.97

表109 学校2019年与2018年总支出情况对比表　　　　单位：万元

序号	项目	2019年度	2018年度	增减对比	增减/%
1	工资福利支出	151 290.63	133 257.60	18 033.03	13.53
2	商品和服务支出	130 723.80	98 884.56	31 839.24	32.20
3	对个人和家庭补助支出	36 557.55	33 738.82	2 818.73	8.35
4	其他资本性支出	49 347.07	49 006.59	340.48	0.69
5	债务利息支出	6 089.83	6 510.63	−420.80	−6.46
6	经营支出	1 144.79	945.77	199.02	21.04
	合计	375 153.67	322 343.97	52 809.70	16.38

2019年学校总资产情况（表110）

表110　2019年学校总资产情况一览表　　　　单位：万元

序号	项目		年初数	年末数（原值）
1	流动资产		256 713.37	300 766.48
2	固定资产		630 524.78	661 447.88
		(1) 房屋及构筑物	360 398.27	360 398.27
		(2) 专用设备	40 882.86	44 512.88
		(3) 通用设备	185 453.89	208 393.72
		(4) 文物和陈列品	1 263.10	1 266.20
		(5) 图书、档案	26 172.41	29 369.87
		(6) 家具、用具、装具及动植物	16 354.25	17 506.94
3	长期投资		4 180.90	27 205.27
4	在建工程		22 705.84	47 114.64
5	工程物资		—	105.35
6	受托代理资产		—	8 070.63
	合计		914 124.89	1 044 710.25

学校土地面积和已有校舍建设面积

学校土地面积（单位：平方米）（表111）

表111 苏州大学各校区土地面积一览表　　　　　单位：平方米

校区	土地面积
独墅湖校区	987 706.44
本部	344 451.65
北校区	185 383.40
南校区	4 158.00
东校区	271 821.90
阳澄湖校区	597 291.00
合计	2 390 812.39

已有校舍建设面积（单位：平方米）（表112）

表112 苏州大学已有校舍建设面积　　　　　单位：平方米

序号	校舍	建设面积
1	教室	188 816.08
2	图书馆	83 359.28
3	实验室	468 951.06
4	专用科研用房	34 946.79
5	风雨操场体育馆	23 183.16
6	会堂	14 249.36
7	系行政用房	70 552.44
8	校行政用房	25 882.21
9	学生宿舍	466 969.45
10	学生食堂	63 586.36
11	单身教工住宅	26 608.90
12	教工食堂	5 648.09
13	生活福利及其他用房	64 937.57
14	教工住宅	30 725.11
15	其他用房	27 637.01
合计		1 596 052.87

全校（教学）实验室情况（表113）

表113 全校（教学）实验室情况一览表

单位	实验室数/个				教学实验室	国家级	部级	省级（示范中心）	校级
	教学	国家级	部级	省级	校级				
文学院、传媒学院	1			1	传媒与文学实验教学中心			传媒与文学实验教学中心	
社会学院	1				1	档案管理实验室			档案管理实验室
政治与公共管理学院	1				1	行政与公共关系实验室			行政与公共关系实验室
东吴商学院（财经学院）、东吴证券金融学院	1				1	经济管理实验教学中心			经济管理实验教学中心
外国语学院	1				1	外语电化教学实验室			外语电化教学实验室
教育学院	1			1		心理与教师教育实验教学中心			心理与教师教育实验教学中心
体育学院	1				1	体育教育中心实验室			体育教育中心实验室
艺术学院	1			1		艺术设计实验教学中心			艺术设计实验教学中心

续表

单位	实验室数/个				教学实验室	国家级	部级	省级（示范中心）	校级
	教学	国家	部级	省级	校级				
数学科学学院	1				1	数学计算实验室				数学计算实验室
物理科学与技术学院	2	1		1	1	物理实验教学中心、物理基础课实验教学中心	物理实验教学中心		物理基础课实验教学中心	工程物理实验中心
能源学部	1			1		新能源材料与器件实验教学中心			新能源材料与器件实验教学中心	
材料与化学化工学部	1			1	2	实验教学中心			化学基础课实验教学中心	工程化学实验教学中心、材料实验教学中心
纳米科学技术学院	1			1		纳米材料与技术实验教学中心			纳米材料与技术实验教学中心	
纺织与服装工程学院	3	2		1		纺织与服装设计实验教学中心、纺织与服装虚拟仿真实验教学中心、纺织服装实验教学中心	纺织与服装设计实验教学中心、纺织与服装虚拟仿真实验教学中心		纺织服装实验教学中心	
计算机科学与技术学院	2	1		1		计算机基础课实验教学中心、计算机与信息技术实验教学中心	计算机与信息技术实验教学中心		计算机基础课实验教学中心	

续表

单位	实验室数/个				教学实验室	国家级	部级	省级（示范中心）	校级
	教学	国家级	部级	省级	校级					
电子信息学院	3			1	2	电工电子基础课实验教学中心、通信实验室、微电子实验室			电工电子基础课实验教学中心	通信实验室、微电子实验室
机电工程学院	2			1	1	机械基础课实验教学中心、自动控制工程教学实验中心			机械基础课实验教学中心	自动控制工程教学实验中心
沙钢钢铁学院	1			1		冶金工程实践教育中心			冶金工程实践教育中心	
医学部基础医学与生物科学学院	3			3		基础医学实验教学中心、临床技能实验教学中心、生物基础课实验教学中心			基础医学实验教学中心、临床技能实验教学中心、生物基础课实验教学中心	
医学部公共卫生学院	1				1	预防医学实验室				预防医学实验室
医学部放射医学与防护学院	1				1	放射医学实验室				放射医学实验室
医学部药学院	2			1	1	药学实验室、药学学科综合训练中心			药学学科综合训练中心	药学实验室
医学部护理学院	1			1		护理学学科综合训练中心			护理学学科综合训练中心	

续表

单位	实验室数/个				教学实验室	国家级	部级	省级（示范中心）	校级
	教学	国家级	部级	省级	校级					

单位	教学	国家级	部级	省级	校级	教学实验室	国家级	部级	省级（示范中心）	校级
金螳螂建筑学院	3			1	2	建筑与城市环境设计实践教育中心、园林与园艺实验室、城市规划与管理实验室			建筑与城市环境设计实践教育中心	园林与园艺实验室、城市规划与管理实验室
城市轨道交通学院	5			1	4	车辆工程实验室、电气控制实验室、交通工程实验室、铁道信号实验室、轨道交通实践教育中心			轨道交通实践教育中心	车辆工程实验室、电气控制实验室、交通工程实验室、铁道信号实验室
工程训练中心	1				1	工程训练中心			工程训练中心	
分析测试中心	1				1	分析测试中心				分析测试中心
小计	43	4	0	20	22					

苏州大学图书馆馆藏情况（表114）

表114　2019年苏州大学图书馆馆藏一览表

单位：册

类别	上年积累	本年实增	本年实减	本年积累
中文图书（印刷本）	3 499 118	79 106	0	3 578 224
古　籍	143 889	341	0	144 230
善　本	7 217	0	0	7 217

续表

类别	上年积累	本年实增	本年实减	本年积累
外文图书（印刷本）	235 036	1 452	0	236 488
中文图书（电子本）	1 848 285	262	0	1 848 547
外文图书（电子本）	121 474	10 220	0	131 694
中文报纸（电子本）（种）	569	0	数据库变动	434
中文期刊（电子本）（种）	52 794	3 404	0	56 198
外文期刊（电子本）（种）	29 034	1 258	0	30 292
中文期刊合订本	258 571	7 697	0	266 268
外文期刊合订本	97 643	364	0	98 007
音像资料（种）	20 296	0	0	20 296
缩微资料	573	0	0	573
网络数据库	93	4	0	97
赠书	22 990	894	0	23 884
纸质图书累计	3 908 250	81 793	0	3 990 043

备注：
1. 减少数字主要指本年度图书剔旧及支援西藏拉萨师范高等专科学校的数字。
2. 电子版中文图书的数据因采购数据库种类的变化而变化，本年积累数据是根据目前所购电子数据库统计出来的。
3. 2018年积累中文图书包含阳澄湖并馆的31.5万册图书。
4. 2019年纸质图书总量为3 990 043册，中、外文期刊合订本为364 275册，总量为4 354 318册。
5. 网络数据库的数量根据2018年制定标准更新，包括馆内自购数据库90个和自建数据库7个。

海外交流与合作

2019年公派出国(境)人员情况(表115-表121)

表115 2019年教职工长期出国(境)人员情况一览表

序号	姓名	院(部)、部门	类别	前往学校或机构	外出期限
1	方潇	王健法学院	访问学者	英国伦敦大学亚非学院	2019年2月20日—2019年8月20日
2	徐卫	外国语学院	校际交流	日本花园大学	2019年4月1日—2021年3月31日
3	赵李祥	基础医学与生物科学学院	访问学者	加拿大玛格丽特公主癌症中心	2019年8月17日—2019年9月20日
4	艾永明	王健法学院	访问学者	香港城市大学	2019年1月1日—2019年6月30日
5	周东营	物理与光电·能源学部	访问学者	香港科技大学	2019年1月3日—2020年1月2日
6	王仁生	放射医学与防护学院	访问学者	美国密歇根州立大学	2019年10月1日—2020年9月30日
7	田文得	物理科学与技术学院	访问学者	美国密歇根大学	2019年10月3日—2020年10月2日
8	许弘飞	医学部基础医学与生物科学学院	访问学者	加拿大韦仕敦大学	2019年11月12日—2020年11月11日
9	徐敏敏	材料与化学化工学部	访问学者	德国杜伊斯堡-埃森大学	2019年12月4日—2020年12月3日

续表

序号	姓名	院（部）、部门	类别	前往学校或机构	外出期限
10	汤晔峥	金螳螂建筑学院	访问学者	意大利罗马大学	2019年12月1日—2020年11月30日
11	申沁	外国语学院	访问学者	俄罗斯远东联邦大学东方学院	2019年12月5日—2021年10月4日
12	张薇薇	王健法学院	访问学者	美国哈佛大学	2019年12月5日—2020年10月5日
13	周春霞	外国语学院	访问学者	西班牙莱里达大学	2019年2月1日—2019年4月30日
14	杨黎黎	文学院	访问学者	挪威卑尔根大学	2019年2月15日—2020年2月13日
15	朱喜群	政治与公共管理学院	访问学者	挪威奥斯陆大学	2019年2月19日—2019年8月22日
16	蒋莉	王健法学院	访问学者	德国曼海姆大学	2019年2月20日—2019年8月20日
17	王宇	外国语学院	访问学者	美国波特兰州立大学	2019年2月25日—2021年2月24日
18	周经亚	计算机科学与技术学院	访问学者	美国佐治亚理工学院	2019年3月1日—2020年2月28日
19	贺丽虹	医学部基础医学与生物科学学院	访问学者	加拿大萨斯喀彻温大学	2019年3月21日—2020年3月20日
20	王仁生	医学部放射医学与防护学院	访问学者	美国密歇根州立大学	2019年3月28日—2019年9月27日
21	莫娲	文学院	校际交流	日本帝塚山学院大学	2019年3月29日—2020年3月31日
22	徐来	海外教育学院	访问学者	日本本乡国际学院	2019年3月4日—2020年3月2日

续表

序号	姓名	院（部）、部门	类别	前往学校或机构	外出期限
23	陈宇	计算机科学与技术学院	访问学者	美国密歇根大学	2019年3月4日—2020年3月3日
24	周俊松	唐仲英医学研究院	博士后	美国天普大学	2019年4月1日—2020年3月31日
25	陈艳	东吴商学院（财经学院）	访问学者	英国剑桥大学	2019年4月20日—2020年4月19日
26	高明义	电子信息学院	访问学者	美国北卡罗来纳州立大学	2019年5月1日—2020年4月30日
27	李华	材料与化学化工学部	访问学者	加拿大蒙克顿大学	2019年7月29日—2020年8月1日
28	雷哲	医学部基础医学与生物科学学院	访问学者	美国国立犹太卫生研究院	2019年8月13日—2020年8月12日
29	王晗	社会学院	访问学者	美国得克萨斯州大学奥斯汀分校	2019年8月31日—2020年8月30日
30	卢培培	数学科学学院	访问学者	德国海德堡大学	2019年8月5日—2020年10月1日
31	车莲鸿	政治与公共管理学院	访问学者	美国休斯敦大学	2019年9月1日—2020年8月31日
32	李扬	基础医学与生物科学学院	访问学者	美国匹兹堡大学	2019年9月1日—2020年1月31日
33	刘培松	功能纳米与软物质研究院	合作研究	德国代根多夫应用技术大学	2019年9月1日—2020年1月31日
34	聂继华	医学部公共卫生学院	访问学者	意大利国际高等研究院	2019年9月27日—2020年9月26日
35	刘小莉	材料与化学化工学部	访问学者	新加坡国立大学	2019年9月4日—2020年9月14日

表 116 2019年教职工公派短期出国人员情况一览表

序号	姓名	院（部）、部门	类别	前往国家	外出期限
1	倪江锋	物理科学与技术学院	科研合作	马来西亚	2019年1月6日—2019年1月26日
2	李 亮	物理科学与技术学院	国际会议	新西兰	2019年1月17日—2019年1月22日
3	吴昌政 邓小玲 胡 荣	文正学院	校际交流	加拿大	2019年1月2日—2019年1月7日
4	陈 蕾	电子信息学院	校际交流	加拿大	2019年1月2日—2019年1月7日
5	侯 嘉	电子信息学院	国际会议	美国	2019年2月17日—2019年2月22日
6	芮国强	校纪委书记	研修培训	美国	2019年1月6日—2019年1月20日
7	孙立宁	机电工程学院	学术交流	新加坡	2019年1月3日—2019年1月10日
8	王要玉 徐 涛	东吴商学院（财经学院）	学术交流	美国	2019年1月3日—2019年1月10日
9	汪小华 侯云英	护理学院	学习研修	荷兰	2019年1月13日—2019年1月27日
10	周 品	文学院	学术交流	美国	2019年1月15日—2019年1月23日
11	侯 嘉	电子信息学院	科研合作	韩国	2019年1月16日—2019年2月9日
12	李惠玲	护理学院	科研合作	德国	2019年1月20日—2019年2月5日
13	马万里	功能纳米与软物质研究院	国际会议	日本	2019年1月25日—2019年1月30日

续表

序号	姓名	院（部）、部门	类别	前往国家	外出期限
14	郑建颖 王 翔	轨道交通学院	国际会议	美国	2019年1月12日—2019年1月17日
15	赵朋朋 李正华	计算机科学与技术学院	国际会议	美国	2019年1月26日—2019年2月2日
16	刘会聪	机电工程学院	国际会议	韩国	2019年1月27日—2019年2月1日
17	王殳凹	放射医学与防护学院	国际会议	美国	2019年3月30日—2019年4月5日
18	王 芬	神经科学研究所	学术交流	日本	2019年1月3日—2019年1月7日
19	第五娟	放射医学与防护学院	学术交流	美国	2019年3月30日—2019年4月6日
20	谌 宁	材料与化学化工学部	国际会议	美国	2019年3月30日—2019年4月5日
21	揭建胜	功能纳米与软物质研究院	科研合作	澳大利亚	2019年1月21日—2019年2月18日
22	彭天庆 张进平 高晓明 陈 军 张露露 李 艳	医学部生物医学研究院	学术交流	德国	2019年2月11日—2019年2月15日
23	翁文凭 董其鹏	沙钢钢铁学院	国际会议	美国	2019年3月9日—2019年3月15日
24	陈 雁 潘志娟	纺织与服装工程学院	校际交流	英国	2019年3月10日—2019年3月15日
25	马万里	功能纳米与软物质研究院	国际会议	美国	2019年4月22日—2019年4月28日

续表

序号	姓名	院（部）、部门	类别	前往国家	外出期限
26	熊思东 郑 慧 徐 薇	医学部生物医学研究院	学术交流	德国	2019年2月10日—2019年2月15日
27	徐大诚	电子信息学院	国际会议	韩国	2019年1月26日—2019年2月1日
28	镇学初 汪维鹏 许国强	医学部药学院	国际会议	法国	2019年1月16日—2019年1月20日
29	顾建清	东吴商学院（财经学院）	学习研修	澳大利亚	2019年2月12日—2019年2月24日
30	史培新	轨道交通学院	科研合作	美国	2019年1月16日—2019年1月21日
31	刘 庄	纳米科学技术学院	国际会议	美国	2019年3月23日—2019年3月27日
32	曹 健	研究生院	校际交流	美国	2019年1月25日—2019年1月31日
33	张 影	数学科学学院	校际交流	美国	2019年1月25日—2019年1月31日
34	张 民	计算机科学与技术学院	科研合作	新加坡、美国	2019年1月12日—2019年2月23日
35	苏 雄	医学部基础医学与生物科学学院	科研合作	美国	2019年1月15日—2019年2月12日
36	迟力峰	纳米科学技术学院	学术交流	美国	2019年3月30日—2019年4月15日
37	肖瑞春	物理科学与技术学院	科研合作	新加坡	2019年3月1日—2019年5月28日
38	江 华	物理科学与技术学院	国际会议	美国	2019年3月3日—2019年3月9日

续表

序号	姓名	院（部）、部门	类别	前往国家	外出期限
39	黄爱军	外国语学院	国际会议	美国	2019年2月6日—2019年2月10日
40	沈纲祥 陈伯文	电子信息学院	国际会议	美国	2019年3月2日—2019年3月8日
41	唐建新	功能纳米与软物质研究院	科研合作	新加坡	2019年2月7日—2019年2月16日
42	袁建宇 马万里	功能纳米与软物质研究院	国际会议	韩国	2019年3月12日—2019年3月16日
43	张正彪	材料与化学化工学部	国际会议	日本	2019年3月16日—2019年3月19日
44	张佳伟	教育学院	国际会议	加拿大	2019年4月4日—2019年4月9日
45	方亮 王飞 王迎春	物理科学与技术学院	学术交流	美国	2019年3月3日—2019年3月9日
46	王穗东 高旭	功能纳米与软物质研究院	国际会议	日本	2019年2月27日—2019年3月4日
47	杨恺	物理科学与技术学院	学术交流	美国	2019年3月3日—2019年3月9日
48	王明娣	机电工程学院	国际会议	英国	2019年3月28日—2019年4月2日
49	金成刚	物理科学与技术学院	科研合作	美国	2019年3月3日—2019年3月9日
50	徐大诚	电子信息学院	国际会议	美国	2019年3月31日—2019年4月6日
51	古海波	外国语学院	国际会议	英国	2019年3月31日—2019年4月5日

续表

序号	姓名	院（部）、部门	类别	前往国家	外出期限
52	陈荣莹	东吴商学院（财经学院）	科研合作	美国	2019年4月28日—2019年5月7日
53	陈国强 王晓沁	现代丝绸国家工程实验室	学术交流	美国、古巴	2019年3月21日—2019年3月30日
54	陈亚红	物理科学与技术学院	科研合作	芬兰	2019年3月30日—2019年4月25日
55	文震	功能纳米与软物质研究院	国际会议	泰国	2019年4月10日—2019年4月14日
56	汤晔峥	金螳螂建筑学院	国际会议	比利时	2019年4月8日—2019年4月13日
57	杨瑞枝	能源学院	国际会议	美国	2019年3月31日—2019年4月6日
58	傅菊芬 朱跃 王卫东 刘咏清 查伟大 尹雪峰	应用技术学院	校际交流	法国、意大利	2019年3月10日—2019年3月17日
59	王广林 曾剑峰 朱然	医学部放射医学与防护学院	科研合作	日本	2019年3月21日—2019年3月25日
60	涂彧 崔凤梅 周新文 陈娜	医学部放射医学与防护学院	学术交流	日本	2019年4月8日—2019年4月12日
61	王尧	文学院	学术交流	葡萄牙、西班牙	2019年4月25日—2019年5月4日
62	季进	唐文治书院	学术交流	葡萄牙、西班牙	2019年4月25日—2019年5月4日

续表

序号	姓名	院（部）、部门	类别	前往国家	外出期限
63	糜志雄	科学技术研究部	学术交流	美国	2019年5月9日—2019年5月17日
64	汪卫东	文学院	国际会议	马来西亚	2019年3月28日—2019年3月31日
65	耿凤霞	材料与化学化工学部	国际会议	日本	2019年3月26日—2019年3月30日
66	龙亚秋	医学部	国际会议	美国	2019年3月30日—2019年4月5日
67	王 蕾	材料与化学化工学部	国际会议	美国	2019年3月30日—2019年4月5日
68	谌 宁	材料与化学化工学部	国际会议	意大利	2019年4月13日—2019年4月19日
69	尹万健	能源学院	国际会议	美国	2019年4月21日—2019年4月27日
70	周经亚	计算机科学与技术学院	学术交流	法国	2019年4月28日—2019年5月6日
71	古海波	外国语学院	国际会议	土耳其	2019年4月7日—2019年4月11日
72	赵朋朋 刘 安 李直旭 赵 雷	计算机科学与技术学院	国际会议	泰国	2019年4月21日—2019年4月26日
73	李 斌	医学部骨科研究所	学术交流	丹麦、英国	2019年4月24日—2019年5月5日
74	王 俊	东吴商学院（财经学院）	科研合作	捷克	2019年4月30日—2019年6月1日
75	秦文新	数学科学学院	科研合作	意大利	2019年5月12日—2019年5月31日

续表

序号	姓名	院(部)、部门	类别	前往国家	外出期限
76	李 斌 韩凤选	医学部骨科研究所	国际会议	加拿大	2019年6月18日— 2019年6月23日
77	刘 庄	功能纳米与软物质研究院	国际会议	新加坡	2019年6月23日— 2019年6月28日
78	沈纲祥	电子信息学院	国际会议	希腊	2019年5月12日— 2019年5月17日
79	孙宝全	功能纳米与软物质研究院	国际会议	法国	2019年5月27日— 2019年6月1日
80	朱巧明 李培峰	计算机科学与技术学院	国际会议	美国	2019年6月2日— 2019年6月7日
81	乔 文	光电科学与工程学院	国际会议	美国	2019年5月12日— 2019年5月17日
82	陈新建	电子信息学院	国际会议	加拿大	2019年4月27日— 2019年5月2日
83	陈进华	政治与公共管理学院	校际交流	美国	2019年4月29日— 2019年5月3日
84	孙琪华	财务处	校际交流	美国	2019年4月29日— 2019年5月3日
85	资 虹	国际合作交流处	校际交流	美国	2019年4月29日— 2019年5月3日
86	卢荣辉	政治与公共管理学院	校际交流	美国	2019年4月29日— 2019年5月3日
87	徐广银 张平安	医学部神经科学研究所	国际会议	美国	2019年5月17日— 2019年5月22日
88	曹永罗 杨大伟	数学科学学院	学习研修	法国	2019年5月12日— 2019年5月18日

续表

序号	姓名	院（部）、部门	类别	前往国家	外出期限
89	汪卫东	文学院	国际会议	美国	2019年5月9日—2019年5月13日
90	袁 孝	光电科学与工程学院	国际会议	日本	2019年5月12日—2019年5月17日
91	裴海龙	医学部放射医学与防护学院	国际会议	葡萄牙	2019年5月18日—2019年5月23日
92	马扣祥	能源学院	国际会议	新加坡	2019年5月13日—2019年5月17日
93	张永红 许 锬 王艾丽	医学部公共卫生学院	国际会议	意大利、荷兰	2019年5月21日—2019年5月29日
94	戴 洁 朱琴玉	材料与化学化工学部	国际会议	德国	2019年6月1日—2019年6月8日
95	廖 刚	数学科学学院	学习研修	法国	2019年5月19日—2019年5月25日
96	陈 雁 王立川	纺织与服装工程学院	学术交流	罗马尼亚	2019年5月9日—2019年5月14日
97	王云杰 张宏春	后勤管理处	工作访问	老挝	2019年4月11日—2019年4月15日
98	陈中华	国有资产管理处	工作访问	老挝	2019年4月11日—2019年4月15日
99	谢建明	审计处	工作访问	老挝	2019年4月11日—2019年4月15日
100	周光明	医学部放射医学与防护学院	国际会议	德国	2019年5月19日—2019年5月23日
101	胡文涛	医学部放射医学与防护学院	国际会议	德国	2019年5月12日—2019年5月17日

续表

序号	姓名	院(部)、部门	类别	前往国家	外出期限
102	张 庭	机电工程学院	国际会议	加拿大	2019年5月19日—2019年5月25日
103	朱 健 潘向强	材料与化学化工学部	国际会议	意大利	2019年6月3日—2019年6月8日
104	徐新平	物理科学与技术学院	国际会议	日本	2019年6月16日—2019年6月21日
105	王 奎	数学科学学院	科研合作	美国	2019年6月26日—2019年8月24日
106	朱广俊	数学科学学院	科研合作	德国	2019年6月28日—2019年9月7日
107	邹贵付	能源学院	科研合作	美国	2019年4月18日—2019年5月17日
108	熊思东	医学部生物医学研究院	校际交流	罗马尼亚、波黑	2019年5月11日—2019年5月18日
109	张 桥	国际合作交流处	校际交流	罗马尼亚、波黑	2019年5月11日—2019年5月18日
110	蒋佐权 张海明	功能纳米与软物质研究院	学术交流	德国	2019年6月1日—2019年6月10日
111	徐俊丽	金螳螂建筑学院	国际会议	美国	2019年6月16日—2019年6月23日
112	李正华	计算机科学与技术学院	国际会议	美国	2019年6月1日—2019年6月8日
113	安 艳	医学部公共卫生学院	国际会议	美国	2019年7月14日—2019年7月19日
114	严 锋	材料与化学化工学部	科研合作	美国	2019年6月30日—2019年7月20日

续表

序号	姓名	院（部）、部门	类别	前往国家	外出期限
115	陈丽娟	轨道交通学院	国际会议	加拿大	2019年5月21日—2019年5月25日
116	龚欢乐	医学部造血干细胞移植研究所	国际会议	美国	2019年5月8日—2019年5月14日
117	何耀 孙旭辉 钟俊 张桥 彭睿 张亮	功能纳米与软物质研究院	国际会议	加拿大	2019年6月1日—2019年6月8日
118	付亦宁	教育学院	国际会议	加拿大	2019年6月2日—2019年6月7日
119	陶砚蕴	轨道交通学院	国际会议	新西兰	2019年6月9日—2019年6月14日
120	王雯	外国语学院	学习研修	美国	2019年7月15日—2019年8月14日
121	曹雪琴	材料与化学化工学部	科研合作	新加坡	2019年5月11日—2019年5月26日
122	郑慧	医学部生物医学研究院	国际会议	希腊	2019年6月2日—2019年6月7日
123	吴涛	材料与化学化工学部	科研合作	美国	2019年7月2日—2019年8月6日
124	姜竹松 李凌虹	艺术学院	学术交流	芬兰、爱沙尼亚	2019年5月26日—2019年6月4日
125	张民	计算机科学与技术学院	学术交流	新加坡	2019年4月24日—2019年5月5日
126	罗杰	物理科学与技术学院	国际会议	意大利	2019年6月16日—2019年6月21日

续表

序号	姓名	院（部）、部门	类别	前往国家	外出期限
127	施从美	政治与公共管理学院	国际会议	希腊	2019年6月16日—2019年6月21日
128	陈琛 张柳笛	人工器官研究所	国际会议	美国	2019年6月25日—2019年6月30日
129	吴忠伟	政治与公共管理学院	国际会议	瑞士	2019年6月30日—2019年7月6日
130	陆洵	外国语学院	国际会议	法国	2019年6月12日—2019年6月17日
131	张秀娟	功能纳米与软物质研究院	科研合作	英国	2019年7月15日—2019年8月20日
132	赵朋朋 刘安	计算机科学与技术学院	学术交流	澳大利亚	2019年7月18日—2019年8月6日
133	镇学初	医学部药学院	校际交流	爱尔兰	2019年5月11日—2019年5月16日
134	彭文青	外国语学院	国际会议	西班牙	2019年5月22日—2019年5月26日
135	徐兴顺	神经科学研究所	科研合作	美国	2019年5月27日—2019年6月23日
136	潘德京 朱易辰 钱娱 王静	剑桥-苏大基因组资源中心	学术交流	芬兰、捷克	2019年6月2日—2019年6月8日
137	王芬	神经科学研究所	学术交流	挪威	2019年6月26日—2019年7月3日
138	陈高健	物理科学与技术学院	国际会议	澳大利亚	2019年6月24日—2019年6月27日
139	王进	计算机科学与技术学院	国际会议	美国	2019年7月6日—2019年7月11日

续表

序号	姓名	院（部）、部门	类别	前往国家	外出期限
140	赵 云	数学科学学院	国际会议	波兰	2019年7月8日—2019年7月13日
141	方世南	马克思主义学院	国际会议	加拿大、古巴	2019年7月18日—2019年7月27日
142	何 耀	功能纳米与软物质研究院	国际会议	俄罗斯	2019年7月26日—2019年8月1日
143	迟力峰	功能纳米与软物质研究院	科研合作	德国	2019年4月28日—2019年5月18日
144	余 雷	机电工程学院	国际会议	日本	2019年6月9日—2019年6月12日
145	王 璐	功能纳米与软物质研究院	国际会议	新加坡	2019年6月23日—2019年6月28日
146	季利均	数学科学学院	国际会议	韩国	2019年7月1日—2019年7月5日
147	陈景润	数学科学学院	国际会议	西班牙	2019年7月14日—2019年7月19日
148	刘 阳	功能纳米与软物质研究院	学习研修	美国	2019年8月20日—2019年9月14日
149	袁建宇 谭晓芳	功能纳米与软物质研究院	学术交流	加拿大	2019年7月15日—2019年7月24日
150	马欣荣	数学科学学院	国际会议	奥地利	2019年7月22日—2019年8月3日
151	唐建新 陈敬德	功能纳米与软物质研究院	科研合作	德国	2019年6月2日—2019年6月8日
152	秦文新	数学科学学院	国际会议	英国	2019年6月23日—2019年6月29日

续表

序号	姓名	院（部）、部门	类别	前往国家	外出期限
153	唐朝君	唐仲英血液学研究中心	国际会议	澳大利亚	2019年7月5日—2019年7月10日
154	刘　庄	功能纳米与软物质研究院	学术交流	瑞士、西班牙	2019年7月18日—2019年7月25日
155	吴绍龙 申　溯 刘艳花 秦琳玲	光电科学与工程学院	国际会议	葡萄牙	2019年7月22日—2019年7月27日
156	卢丹诚 褚利忠	数学科学学院	科研合作	德国	2019年7月5日—2019年8月31日
157	刘志宏	金螳螂建筑学院	学习研修	新加坡	2019年7月6日—2019年7月11日
158	吴　捷	金螳螂建筑学院	学习研修	意大利	2019年7月7日—2019年7月18日
159	陈国凤	金螳螂建筑学院	学习研修	英国	2019年8月4日—2019年8月18日
160	王　钢	物理科学与技术学院	科研合作	日本	2019年8月15日—2019年8月29日
161	吴永发	金螳螂建筑学院	科研合作	新加坡	2019年8月20日—2019年8月27日
162	程　亮	功能纳米与软物质研究院	国际会议	泰国	2019年7月9日—2019年7月13日
163	吴玲芳	金螳螂建筑学院	学术交流	新加坡	2019年7月5日—2019年7月12日
164	崔超华	材料与化学化工学部	国际会议	日本	2019年7月21日—2019年7月25日
165	张　敏	东吴商学院（财经学院）	国际会议	法国	2019年8月26日—2019年8月31日

续表

序号	姓名	院(部)、部门	类别	前往国家	外出期限
166	周国艳	金螳螂建筑学院	科研合作	英国	2019年8月7日—2019年8月21日
167	张 民	计算机科学与技术学院	学术交流	新加坡、美国	2019年5月24日—2019年6月12日
168	徐震宇	物理科学与技术学院	国际会议	德国	2019年6月16日—2019年6月21日
169	王泽猛 沈建国 张 永 戴家峰 蔡伟红	艺术学院	学术交流	韩国	2019年6月26日—2019年7月3日
170	郑必平	金螳螂建筑学院	学术交流	日本	2019年7月5日—2019年7月12日
171	杨剑峰	唐仲英血液学研究中心	国际会议	波兰	2019年7月6日—2019年7月10日
172	郭恒杰	金螳螂建筑学院	学习研修	日本	2019年7月6日—2019年7月11日
173	肖湘东	金螳螂建筑学院	学习研修	美国	2019年7月6日—2019年7月17日
174	王钦华	光电科学与工程学院	国际会议	俄罗斯	2019年7月7日—2019年7月12日
175	侯 嘉	电子信息学院	科研合作	韩国	2019年7月10日—2019年8月15日
176	文 震	功能纳米与软物质研究院	科研合作	美国	2019年7月15日—2019年8月13日
177	王家宏	体育学院	科研合作	挪威、瑞士	2019年7月21日—2019年7月29日

续表

序号	姓名	院（部）、部门	类别	前往国家	外出期限
178	赵 毅	王健法学院	科研合作	挪威、瑞士	2019年7月21日—2019年7月29日
179	眭建华	纺织与服装工程学院	学术交流	英国	2019年7月14日—2019年7月19日
180	董筱文	政治与公共管理学院	学习研修	新加坡	2019年8月4日—2019年8月8日
181	陈 琛	机电工程学院	国际会议	西班牙	2019年6月7日—2019年6月14日
182	张焕相	医学部基础医学与生物科学学院	国际会议	法国	2019年7月7日—2019年7月11日
183	高 峰	社会学院	学术交流	美国	2019年7月30日—2019年8月25日
184	王 军	外国语学院	国际会议	日本	2019年8月5日—2019年8月11日
185	徐 璎	剑桥-苏大基因组资源中心	国际会议	法国	2019年8月24日—2019年8月30日
186	周新文	医学部放射医学与防护学院	国际会议	英国	2019年8月24日—2019年8月30日
187	程 坚	神经科学研究所	国际会议	新加坡	2019年7月2日—2019年7月7日
188	贾 佳	医学部药学院	国际会议	新加坡	2019年7月2日—2019年7月6日
189	阳艾珍	唐仲英血液学研究中心	国际会议	澳大利亚	2019年7月5日—2019年7月11日
190	赵承良 王 飞 蔡阳健 刘 琳 陈亚红	物理科学与技术学院	国际会议	葡萄牙	2019年7月23日—2019年7月28日

续表

序号	姓名	院（部）、部门	类别	前往国家	外出期限
191	仲宏	文正学院	论坛会议	美国	2019年9月22日—2019年9月27日
192	沈纲祥 李泳成	电子信息学院	国际会议	法国	2019年7月8日—2019年7月14日
193	江林	功能纳米与软物质研究院	科研合作	德国	2019年8月2日—2019年8月19日
194	孙迎辉	能源学院	科研合作	德国	2019年8月3日—2019年8月20日
195	尚笑梅	纺织与服装工程学院	学术交流	西班牙、南非	2019年6月23日—2019年7月2日
196	车玉玲	政治与公共管理学院	科研合作	俄罗斯	2019年6月25日—2019年6月30日
197	张克勤	纺织与服装工程学院	学术交流	南非	2019年6月27日—2019年7月2日
198	镇学初 崔京浩	医学部药学院	国际会议	韩国	2019年7月2日—2019年7月6日
199	卢业虎 戴晓群 何佳臻	纺织与服装工程学院	国际会议	荷兰	2019年7月7日—2019年7月13日
200	张得天	计算机科学与技术学院	国际会议	意大利	2019年7月8日—2019年7月13日
201	孟凤华	材料与化学化工学部	国际会议	西班牙	2019年7月19日—2019年7月25日
202	吕强	纺织与服装工程学院	科研合作	美国	2019年9月9日—2019年9月22日
203	王刚	机电工程学院	国际会议	西班牙	2019年6月15日—2019年6月20日

续表

序号	姓名	院（部）、部门	类别	前往国家	外出期限
204	尹万健	能源学院	科研合作	美国	2019年7月1日—2019年7月27日
205	罗丽	体育学院	科研合作	美国	2019年7月5日—2019年8月16日
206	蒋闰蕾	纺织与服装工程学院	学习研修	美国	2019年7月13日—2019年7月27日
207	马万里 刘泽柯	功能纳米与软物质研究院	科研合作	韩国	2019年7月21日—2019年8月19日
208	刘会聪 陈涛	机电工程学院	国际会议	日本	2019年7月15日—2019年7月20日
209	杨恺	物理科学与技术学院	学术交流	新加坡	2019年7月15日—2019年7月21日
210	文震 孙旭辉	功能纳米与软物质研究院	国际会议	韩国	2019年8月19日—2019年8月23日
211	黎先华	数学科学学院	学术交流	美国	2019年8月20日—2019年8月29日
212	黎先华	数学科学学院	学术交流	泰国	2019年11月18日—2019年11月26日
213	张晓宏 张桥 何乐	功能纳米与软物质研究院	学术交流	英国、瑞士	2019年7月26日—2019年8月11日
214	董学立	王健法学院	科研合作	英国	2019年7月28日—2019年8月28日
215	石晓菲	外国语学院	国际会议	瑞典	2019年8月13日—2019年8月19日
216	施夏清	物理科学与技术学院	科研合作	法国	2019年8月15日—2019年9月20日

续表

序号	姓名	院(部)、部门	类别	前往国家	外出期限
217	陈雁 王立川	纺织与服装工程学院	学术交流	法国、瑞典	2019年6月12日—2019年6月19日
218	徐加英	医学部放射医学与防护学院	科研合作	日本	2019年6月28日—2019年7月11日
219	王穗东 马艳芸	功能纳米与软物质研究院	国际会议	美国	2019年7月16日—2019年7月20日
220	李丹	材料与化学化工学部	国际会议	加拿大	2019年7月21日—2019年7月26日
221	万忠晓	公共卫生学院	国际会议	印度尼西亚	2019年8月3日—2019年8月8日
222	甄勇	政治与公共管理学院	学术交流	美国	2019年8月16日—2019年9月2日
223	焦旸	医学部放射医学与防护学院	国际会议	英国	2019年8月24日—2019年8月29日
224	刘小莉 王蕾丝 程于谦	材料与化学化工学部	国际会议	美国	2019年8月24日—2019年8月29日
225	赵建庆	能源学院	科研合作	美国	2019年6月27日—2019年7月2日
226	吕强	纺织与服装工程学院	科研合作	加拿大	2019年10月6日—2019年10月19日
227	蒋宇	国际合作交流处	国际会议	德国	2019年6月27日—2019年7月1日
228	刘燕	东吴商学院(财经学院)	学术交流	美国	2019年8月4日—2019年8月14日
229	高雷 赵承良 周航	物理科学与技术学院	学术交流	新加坡	2019年8月5日—2019年8月9日

续表

序号	姓名	院（部）、部门	类别	前往国家	外出期限
230	李战雄	纺织与服装工程学院	科研合作	英国	2019年8月5日—2019年8月30日
231	江淼	附属第一医院	国际会议	澳大利亚	2019年7月5日—2019年7月10日
232	张小洪 孟晓华 章小波 岳　梁 周　芳 朱　晓	政治与公共管理学院	学术交流	美国、加拿大	2019年7月16日—2019年7月26日
233	蒋佐权	功能纳米与软物质研究院	国际会议	日本	2019年7月21日—2019年7月26日
234	揭建胜	功能纳米与软物质研究院	国际会议	日本	2019年8月18日—2019年8月21日
235	范丽娟	材料与化学化工学部	国际会议	美国	2019年6月21日—2019年6月27日
236	周星	国际合作交流处	学习研修	日本	2019年7月13日—2019年7月17日
237	林海平	功能纳米与软物质研究院	科研合作	匈牙利、捷克	2019年7月26日—2019年8月10日
238	袁建宇	功能纳米与软物质研究院	科研合作	澳大利亚	2019年8月1日—2019年8月14日
239	刘海	纺织与服装工程学院	校际交流	英国	2019年8月12日—2019年8月17日
240	滕昕辰	医学部药学院	科研合作	美国	2019年7月31日—2019年8月30日
241	陈荣莹	东吴商学院（财经学院）	国际会议	日本	2019年8月21日—2019年8月25日

续表

序号	姓名	院（部）、部门	类别	前往国家	外出期限
242	秦聪	金融工程研究中心	国际会议	新加坡	2019年7月21日—2019年7月27日
243	周舒燕 曹洵	传媒学院	国际会议	菲律宾	2019年7月31日—2019年8月4日
244	曹洵	传媒学院	国际会议	阿根廷	2019年9月6日—2019年9月16日
245	吴磊	音乐学院	学术交流	意大利	2019年7月16日—2019年7月26日
246	张泽新	材料与化学化工学部	科研合作	法国	2019年7月22日—2019年8月2日
247	孙宝全	功能纳米与软物质研究院	科研合作	加拿大	2019年7月27日—2019年8月12日
248	李彦光	功能纳米与软物质研究院	国际会议	韩国	2019年8月18日—2019年8月23日
249	崔峰	艺术教育中心	游学展演	格鲁吉亚	2019年9月8日—2019年9月20日
250	费琼娟	外国语学院	学习研修	法国	2019年6月30日—2019年7月21日
251	蒋秀萍	国际合作交流处	学习研修	韩国	2019年7月21日—2019年8月2日
252	王璐	功能纳米与软物质研究院	科研合作	韩国	2019年7月20日—2019年8月18日
253	周经亚	计算机科学与技术学院	国际会议	日本	2019年8月4日—2019年8月9日
254	方新军	王健法学院	国际会议	波兰	2019年9月17日—2019年9月23日

续表

序号	姓名	院（部）、部门	类别	前往国家	外出期限
255	王春举	机电工程学院	国际会议	日本	2019年7月30日—2019年8月4日
256	涂彧 崔凤梅 孙亮	医学部放射医学与防护学院	国际会议	英国	2019年8月24日—2019年8月30日
257	张民	计算机科学与技术学院	科研合作	新加坡、意大利	2019年7月7日—2019年9月4日
258	倪江锋	物理科学与技术学院	国际会议	日本	2019年9月3日—2019年9月7日
259	钮菊生	政治与公共管理学院	学习研修	老挝	2019年7月13日—2019年7月22日
260	孔芳 李培峰 朱巧明 周国栋 段湘煜 李正华	计算机科学与技术学院	国际会议	意大利	2019年7月27日—2019年8月3日
261	邓昭	能源学院	学术交流	澳大利亚	2019年7月19日—2019年8月3日
262	李孝峰	光电科学与工程学院	国际会议	日本	2019年8月17日—2019年8月21日
263	刘全	计算机科学与技术学院	科研合作	加拿大	2019年8月25日—2019年9月10日
264	高强	机电工程学院	学术交流	日本	2019年8月26日—2019年9月1日
265	陈文亮 张民	计算机科学与技术学院	国际会议	日本	2019年9月9日—2019年9月13日
266	杨凝晖	学科建设办公室	学习研修	意大利	2019年9月28日—2019年10月8日

续表

序号	姓名	院（部）、部门	类别	前往国家	外出期限
267	朱忠奎	轨道交通学院	科研合作	新加坡	2019年8月15日—2019年9月11日
268	张洁 马玉娥	剑桥-苏大基因组资源中心	学习研修	日本	2019年8月25日—2019年9月3日
269	马全红	神经科学研究所	学术交流	德国	2019年8月31日—2019年9月10日
270	袁昌兵 王淼 马镇亚 李成金	文正学院	校际交流	法国	2019年10月13日—2019年10月18日
271	徐广银	神经科学研究所	国际会议	德国	2019年8月31日—2019年9月7日
272	王芬	神经科学研究所	国际会议	法国	2019年9月21日—2019年9月27日
273	董宁征	医学部第一临床学院	国际会议	美国	2019年9月11日—2019年9月17日
274	李冰燕	医学部	国际会议	印度尼西亚	2019年8月3日—2019年8月8日
275	宋滨娜	沙钢钢铁学院	国际会议	美国	2019年8月20日—2019年8月24日
276	路建美 徐庆锋 李华 陈冬赟	材料与化学化工学部	学术交流	瑞士、克罗地亚	2019年9月13日—2019年9月22日
277	张克勤	纺织与服装工程学院	学术交流	瑞士、克罗地亚	2019年9月13日—2019年9月22日
278	李彦光	功能纳米与软物质研究院	学术交流	加拿大、美国	2019年8月23日—2019年8月30日

续表

序号	姓名	院（部）、部门	类别	前往国家	外出期限
279	季 进	唐文治书院	学术交流	美国	2019年10月24日—2019年11月4日
280	苏 雄	医学部基础医学与生物科学学院	科研合作	美国	2019年7月25日—2019年8月23日
281	龚 成	数学科学学院	科研合作	以色列	2019年8月15日—2019年8月23日
282	尚笑梅	纺织与服装工程学院	学术交流	俄罗斯	2019年9月16日—2019年9月21日
283	毛秋瑾	艺术学院	学术交流	意大利	2019年9月28日—2019年10月14日
284	迟力峰	功能纳米与软物质研究院	科研合作	德国、瑞典	2019年8月1日—2019年9月5日
285	王尔东	艺术学院	学术交流	马来西亚	2019年8月12日—2019年8月19日
286	刘耀波	神经科学研究所	国际会议	美国	2019年10月18日—2019年10月25日
287	汪 馨	数学科学学院	科研合作	日本	2019年8月10日—2019年9月10日
288	肖 杰	材料与化学化工学部	国际会议	美国	2019年11月9日—2019年11月14日
289	戴礼兴 孙 君	材料与化学化工学部	国际会议	日本	2019年9月3日—2019年9月8日
290	秦文新	数学科学学院	科研合作	英国	2019年9月22日—2019年10月17日
291	徐 信	材料与化学化工学部	国际会议	马来西亚	2019年10月14日—2019年10月18日

续表

序号	姓名	院（部）、部门	类别	前往国家	外出期限
292	吴　戈 王　翔	轨道交通学院	学术交流	日本	2019年8月20日— 2019年8月26日
293	李　明 孟烜宇 屈卫卫 孙　亮 王杨云	医学部放射医学与防护学院	学习研修	美国	2019年9月1日— 2019年9月30日
294	王　奎	数学科学学院	科研合作	美国	2019年8月10日— 2019年10月10日
295	范丽娟	材料与化学化工学部	国际会议	美国	2019年8月24日— 2019年8月30日
296	王亚星	医学部放射医学与防护学院	国际会议	日本	2019年9月29日— 2019年10月4日
297	徐俊丽	金螳螂建筑学院	国际会议	韩国	2019年8月21日— 2019年8月24日
298	董　娜	东吴商学院（财经学院）	学习研修	新加坡	2019年8月19日— 2019年8月23日
299	龙亚秋	医学部药学院	科研合作	美国	2019年8月21日— 2019年8月29日
300	刘汉洲	医学部放射医学与防护学院	国际会议	日本	2019年9月29日— 2019年10月4日
301	马扣祥	能源学院	国际会议	美国	2019年10月21日— 2019年10月26日
302	王传洋	机电工程学院	国际会议	葡萄牙	2019年10月22日— 2019年10月27日
303	徐新芳	材料与化学化工学部	国际会议	日本	2019年9月1日— 2019年9月6日

续表

序号	姓名	院（部）、部门	类别	前往国家	外出期限
304	郑龙太	医学部药学院	国际会议	韩国	2019年9月20日—2019年9月26日
305	沈明荣	学科建设办公室	校际交流	美国	2019年9月14日—2019年9月20日
306	吴 磊	音乐学院	校际交流	美国	2019年9月14日—2019年9月20日
307	资 虹	国际合作交流处	校际交流	美国	2019年9月14日—2019年9月20日
308	陶砚蕴	轨道交通学院	国际会议	德国	2019年9月16日—2019年9月20日
309	李 斌	医学部骨科研究所	国际会议	美国	2019年9月19日—2019年9月24日
310	李 斌 杨 磊 韩凤选 林 潇 朱彩虹	医学部骨科研究所	国际会议	澳大利亚	2019年10月13日—2019年10月18日
311	侯建全	苏州大学附属第一医院	国际会议	美国	2019年9月3日—2019年9月9日
312	苗庆庆	医学部放射医学与防护学院	学术交流	澳大利亚	2019年10月10日—2019年10月19日
313	薛 曦	金螳螂建筑学院	学术交流	罗马尼亚	2019年9月22日—2019年10月5日
314	沈纲祥	电子信息学院	国际会议	美国	2019年12月3日—2019年12月8日
315	陈 雁	纺织与服装工程学院	学术交流	英国、法国	2019年9月22日—2019年9月29日

续表

序号	姓名	院（部）、部门	类别	前往国家	外出期限
316	曹健	研究生院	学术交流	英国、法国	2019年9月22日—2019年9月29日
317	陈国强	纺织与服装工程学院	学术交流	英国、法国	2019年9月22日—2019年9月29日
318	王立川	纺织与服装工程学院	学术交流	法国	2019年9月23日—2019年9月28日
319	姚建林 朱健 汪顺义 徐庆锋 张泽新 李耀文	材料与化学化工学部	国际会议	日本	2019年10月11日—2019年10月14日
320	冯博	东吴商学院（财经学院）	国际会议	厄瓜多尔、墨西哥	2019年8月31日—2019年9月8日
321	施勤	苏州大学附属第一医院	国际会议	澳大利亚	2019年10月13日—2019年10月18日
322	夏东民 姜建成 李文娟	马克思主义学院	国际会议	美国	2019年9月26日—2019年9月30日
323	张柳笛	机电工程学院	科研合作	澳大利亚	2019年10月21日—2019年11月3日
324	潘德京	剑桥-苏大基因组资源中心	学术交流	捷克、芬兰、瑞士	2019年9月11日—2019年9月18日
325	仇晓琰	医学部药学院	科研合作	美国	2019年9月15日—2019年10月13日
326	徐勇 林海平 李绍娟	功能纳米与软物质研究院	科研合作	意大利	2019年10月15日—2019年10月30日
327	许彬 李亮	物理科学与技术学院	国际会议	日本	2019年10月26日—2019年11月1日

续表

序号	姓名	院(部)、部门	类别	前往国家	外出期限
328	李彦光	功能纳米与软物质研究院	国际会议	波兰	2019年9月15日—2019年9月20日
329	王崇龙	医学部基础医学与生物科学学院	学术会议	韩国	2019年10月6日—2019年10月9日
330	杨剑宇	轨道交通学院	国际会议	新西兰	2019年11月25日—2019年11月30日
331	文 震	功能纳米与软物质研究院	国际会议	美国	2019年10月13日—2019年10月18日
332	游善红	电子信息学院	国际会议	奥地利	2019年9月29日—2019年10月4日
333	李彦光	功能纳米与软物质研究院	学术交流	加拿大、美国	2019年10月11日—2019年10月19日
334	周光明	放射医学与防护学院	国际会议	澳大利亚	2019年11月16日—2019年11月22日
335	付亦宁	教育学院	学术交流	加拿大	2019年9月13日—2019年10月12日
336	高 山	政治与公共管理学院	国际会议	日本	2019年10月5日—2019年10月11日
337	戴俭慧	体育学院	国际会议	南非	2019年10月8日—2019年10月14日
338	刘忠志	东吴商学院(财经学院)	国际会议	美国	2019年11月22日—2019年11月27日
339	杨瑞枝	能源学院	国际会议	美国	2019年12月1日—2019年12月6日
340	夏文佳	海外教育学院	工作访问	印度尼西亚、澳大利亚、新西兰	2019年10月24日—2019年11月2日

续表

序号	姓名	院（部）、部门	类别	前往国家	外出期限
341	沈怡	东吴商学院（财经学院）	科研合作	新加坡	2019年9月29日—2019年10月4日
342	何玉龙	唐仲英血液学研究中心	学术交流	韩国	2019年10月23日—2019年10月27日
343	徐震宇	物理科学与技术学院	科研合作	西班牙	2019年10月27日—2019年11月2日
344	徐兴顺	神经科学研究所	科研合作	美国	2019年10月18日—2019年10月30日
345	高强	机电工程学院	学术交流	加拿大	2019年11月2日—2019年11月10日
346	吴莹 狄俊伟	材料与化学化工学部	国际会议	印度尼西亚	2019年11月16日—2019年11月21日
347	李明辉	基础医学与生物科学学院	国际会议	新加坡	2019年12月4日—2019年12月8日
348	关晋平	纺织与服装工程学院	国际会议	意大利	2019年10月12日—2019年10月19日
349	唐建新	功能纳米与软物质研究院	国际会议	韩国	2019年11月13日—2019年11月16日
350	袁建宇 李有勇 林海平 王璐	功能纳米与软物质研究院	科研合作	泰国	2019年12月8日—2019年12月15日
351	周光明	放射医学与防护学院	国际会议	阿联酋	2019年11月10日—2019年11月15日
352	李相鹏	机电工程学院	国际会议	澳大利亚	2019年12月14日—2019年12月20日
353	畅磊	医学部放射医学与防护学院	学术交流	奥地利、意大利	2019年12月10日—2019年12月17日

续表

序号	姓名	院（部）、部门	类别	前往国家	外出期限
354	沈 怡	东吴商学院（财经学院）	国际会议	德国	2019年12月14日—2019年12月19日
355	邹贵付	能源学院	科研合作	美国	2019年12月3日—2020年1月1日
356	黄 河	计算机科学与技术学院	国际会议	美国	2019年11月3日—2019年11月7日
357	杨大伟	数学科学学院	科研合作	法国	2019年11月10日—2019年11月23日
358	陆 洵	外国语学院	国际会议	法国	2019年11月20日—2019年11月25日
359	张 民	计算机科学与技术学院	科研合作	新加坡	2019年11月3日—2019年11月16日
360	程雪阳	王健法学院	国际会议	日本	2019年11月8日—2019年11月11日
361	王克稳	王健法学院	学术交流	日本	2019年11月6日—2019年11月19日
362	胡 亮	医学部放射医学与防护学院	国际会议	新加坡	2019年12月8日—2019年12月13日
363	陈 红谦 于 谦 陈 蕊	材料与化学化工学部	国际会议	新加坡	2019年12月8日—2019年12月13日
364	武 艺	唐仲英医学研究院	国际会议	美国	2019年10月26日—2019年10月31日
365	赵优良 倪沛红	材料与化学化工学部	学术交流	新加坡	2019年12月6日—2019年12月13日
366	李 慧	数学科学学院	国际会议	韩国	2019年11月27日—2019年12月1日

续表

序号	姓名	院（部）、部门	类别	前往国家	外出期限
367	彭长四	光电科学与工程学院	国际会议	日本	2019年11月13日—2019年11月16日
368	王 平 杨敢峰 杨卫东 刘爱霞 王荷英	体育学院	学术交流	日本	2019年11月25日—2019年11月29日
369	宋 波	材料与化学化工学部	国际会议	德国	2019年12月7日—2019年12月13日
370	戴俭慧	体育学院	国际会议	菲律宾	2019年11月21日—2019年11月25日
371	庄友刚 郑红玉 吴莉娅 沈承诚 叶继红 殷 盈	政治与公共管理学院	国际会议	韩国	2019年11月28日—2019年12月2日
372	马万里	功能纳米与软物质研究院	学术交流	德国	2019年12月6日—2019年12月16日
373	杨 恺	物理科学与技术学院	国际会议	新加坡	2019年12月8日—2019年12月13日
374	沈纲祥	电子信息学院	国际会议	美国	2019年12月8日—2019年12月14日
375	陈 红	材料与化学化工学部	国际会议	荷兰	2019年11月19日—2019年11月24日
376	徐新平	物理科学与技术学院	科研合作	日本	2019年11月27日—2019年12月15日
377	曾剑峰	医学部放射医学与防护学院	学术交流	德国	2019年12月4日—2019年12月12日

续表

序号	姓名	院（部）、部门	类别	前往国家	外出期限
378	唐建新	功能纳米与软物质研究院	国际会议	日本	2019年11月26日—2019年11月30日
379	孙旭辉	功能纳米与软物质研究院	国际会议	美国	2019年11月30日—2019年12月7日
380	尹婷婷 宋煜萍 李丽红	政治与公共管理学院	校际交流	澳大利亚	2019年12月4日—2019年12月8日
381	罗时进	敬文书院	国际会议	日本	2019年12月13日—2019年12月17日
382	王云	数学科学学院	国际会议	新加坡	2019年12月25日—2019年12月31日
383	张庭 李娟	机电工程学院	国际会议	泰国	2019年11月17日—2019年11月21日
384	殷为民	医学部	工作访问	老挝	2019年12月21日—2019年12月28日
385	徐世清 司马杨虎 潘中华 陈玉华	农业生物技术与生态研究院	工作访问	老挝	2019年12月21日—2019年12月28日
386	王栋	老挝研究中心	工作访问	老挝	2019年12月21日—2019年12月28日
387	尹万健	能源学院	国际会议	美国	2019年11月30日—2019年12月7日
388	周沛	光电科学与工程学院	国际会议	法国	2019年11月19日—2019年11月24日
389	冯博 汤云佩 赖福军	东吴商学院（财经学院）	学术交流	美国	2019年11月22日—2019年11月28日

续表

序号	姓名	院（部）、部门	类别	前往国家	外出期限
390	刘会聪	机电工程学院	国际会议	波兰	2019年12月1日—2019年12月7日
391	马欢飞	数学科学学院	国际会议	马来西亚	2019年12月2日—2019年12月7日
392	刘通徐广银	神经科学研究所	国际会议	韩国	2019年12月4日—2019年12月8日
393	朱巧明	计算机科学与技术学院	学术交流	新加坡	2019年12月15日—2019年12月19日
394	张柳笛	机电工程学院	科研合作	澳大利亚	2019年12月8日—2019年12月14日
395	赵蓓傅楠	材料与化学化工学部	学术交流	新加坡	2019年11月30日—2019年12月4日
396	张亚楠	数学科学学院	科研合作	新加坡	2019年12月11日—2019年12月23日
397	仲宏	文正学院	校际交流	美国	2019年12月10日—2019年12月15日

表117　2019年教职工因公赴中国港澳台地区人员情况一览表

序号	姓名	院（部）、部门	类别	前往学校、机构等	外出期限
1	吴铎	材料与化学化工学部	学术交流	亚联董香港办事处、香港中文大学	2019年1月7日—2019年2月23日
2	杜锐	数学科学学院	合作研究	香港城市大学	2019年1月27日—2019年2月16日
3	汪顺义	材料与化学化工学部	合作研究	香港中文大学	2019年1月20日—2019年1月26日
4	俞仁琰	材料与化学化工学部	合作研究	香港中文大学	2019年1月20日—2019年1月26日

续表

序号	姓名	院（部）、部门	类别	前往学校、机构等	外出期限
5	赵建庆	能源学院	合作研究	台湾同步辐射研究中心	2019年3月16日—2019年3月20日
6	许佳捷	计算机科学与技术学院	国际会议	澳门第35届IEEE数据工程国际会议	2019年4月7日—2019年4月12日
7	刘安	计算机科学与技术学院	国际会议	澳门第35届IEEE数据工程国际会议	2019年4月7日—2019年4月12日
8	李直旭	计算机科学与技术学院	国际会议	澳门第35届IEEE数据工程国际会议	2019年4月7日—2019年4月12日
9	徐国源	文学院	学术会议	台湾政治大学	2019年4月17日—2019年4月21日
10	吴永发	金螳螂建筑学院	学术会议	澳门2019年第二届中国滨海城市规划与设计学术论坛	2019年4月24日—2019年4月27日
11	申绍杰	金螳螂建筑学院	学术会议	澳门2019年第二届中国滨海城市规划与设计学术论坛	2019年4月24日—2019年4月27日
12	周国艳	金螳螂建筑学院	学术会议	澳门2019年第二届中国滨海城市规划与设计学术论坛	2019年4月24日—2019年4月27日
13	方新军	王健法学院	学术会议	台湾东吴大学法学院	2019年5月13日—2019年5月18日
14	尚笑梅	纺织与服装工程学院	合作研究	香港理工大学	2019年5月17日—2019年5月20日
15	何吉欢	纺织与服装工程学院	学术会议	香港第十届海峡两岸纺织学术论坛	2019年5月17日—2019年5月20日
16	潘志娟	纺织与服装工程学院	学术会议	香港第十届海峡两岸纺织学术论坛	2019年5月18日—2019年5月21日

续表

序号	姓名	院（部）、部门	类别	前往学校、机构等	外出期限
17	张克勤	纺织与服装工程学院	学术会议	香港第十届海峡两岸纺织学术论坛	2019年5月18日—2019年5月21日
18	李刚	纺织与服装工程学院	学术会议	香港第十届海峡两岸纺织学术论坛	2019年5月18日—2019年5月21日
19	晏成林	能源学院	合作研究	香港城市大学	2019年6月7日—2019年6月9日
20	高玮玮	港澳台办公室	交流访问	台湾东吴大学、台湾台北大学、台湾科技大学、台湾清华大学	2019年6月24日—2019年6月28日
21	邓敏	苏州大学党委	交流访问	台湾东吴大学、台湾台北大学、台湾科技大学、台湾清华大学	2019年6月24日—2019年6月28日
22	田芝健	马克思主义学院	交流访问	台湾东吴大学、台湾台北大学、台湾科技大学、台湾清华大学	2019年6月24日—2019年6月28日
23	张桥	港澳台办公室	交流访问	台湾东吴大学、台湾台北大学、台湾科技大学、台湾清华大学	2019年6月24日—2019年6月28日
24	丁姗	宣传部	交流访问	台湾东吴大学、台湾台北大学、台湾科技大学、台湾清华大学	2019年6月24日—2019年6月28日
25	周育英	数学科学学院	合作研究	香港理工大学	2019年7月2日—2019年9月1日
26	杨浩	机电工程学院	国际会议	香港2019年先进智能机电一体化国际学术会议	2019年7月7日—2019年7月12日

续表

序号	姓名	院(部)、部门	类别	前往学校、机构等	外出期限
27	黄海波	机电工程学院	国际会议	香港2019年先进智能机电一体化国际学术会议	2019年7月7日—2019年7月12日
28	李相鹏	机电工程学院	国际会议	香港2019年先进智能机电一体化国际学术会议	2019年7月7日—2019年7月12日
29	沈长青	轨道交通学院	国际会议	香港2019年先进智能机电一体化国际学术会议	2019年7月7日—2019年7月12日
30	石娟娟	轨道交通学院	国际会议	香港2019年先进智能机电一体化国际学术会议	2019年7月7日—2019年7月12日
31	王钢	物理科学与技术学院	合作研究	台湾清华大学	2019年7月8日—2019年8月5日
32	孙旭辉	纳米科学与技术学院	国际会议	香港2019 IEEE/ASME国际先进智能机械电子会议	2019年7月8日—2019年7月12日
33	樊建席	计算机科学与技术学院	学术交流	台湾暨南国际大学	2019年7月10日—2019年7月18日
34	程宝雷	计算机科学与技术学院	学术交流	台湾暨南国际大学	2019年7月10日—2019年7月18日
35	王岩	计算机科学与技术学院	学术交流	台湾暨南国际大学	2019年7月10日—2019年7月18日
36	韩月娟	计算机科学与技术学院	学术交流	台湾暨南国际大学	2019年7月10日—2019年7月18日
37	刘钊	计算机科学与技术学院	学术交流	台湾暨南国际大学	2019年7月10日—2019年7月18日
38	曹妍	王健法学院	交流研修	台湾东吴大学溪城讲堂	2019年7月14日—2019年8月6日

续表

序号	姓名	院(部)、部门	类别	前往学校、机构等	外出期限
39	胡萱	文学院	交流研修	台湾东吴大学溪城讲堂	2019年7月14日—2019年8月6日
40	叶继红	政治与公共管理学院	合作研究	香港中文大学	2019年7月14日—2019年8月10日
41	严继高	数学科学学院	学术交流	台湾政治大学	2019年7月15日—2019年8月14日
42	张桥	港澳台办公室	国际会议	香港领导与管理峰会 Leadership and Management Summit	2019年7月16日—2019年7月20日
43	朱巧明	人力资源处	国际会议	香港领导与管理峰会 Leadership and Management Summit	2019年7月16日—2019年7月20日
44	孙旭辉	纳米科学与技术学院	国际会议	澳门第19届IEEE国际纳米技术会议	2019年7月21日—2019年7月27日
45	杜锐	数学科学学院	合作研究	香港城市大学	2019年7月22日—2019年8月10日
46	陈景润	数学科学学院	合作研究	香港城市大学	2019年7月22日—2019年9月30日
47	许佳捷	计算机科学与技术学院	合作研究	香港教育大学	2019年7月24日—2019年7月29日
48	尹万健	能源学院	国际会议	香港第31届国际计算物理研讨会	2019年7月28日—2019年8月1日
49	张乃禹	外国语学院	国际会议	澳门国际比较文学学会(ICLA)第22届大会	2019年7月28日—2019年8月2日

续表

序号	姓名	院（部）、部门	类别	前往学校、机构等	外出期限
50	王平	体育学院	学术会议	台湾第13届东北亚体育运动史学术研讨会	2019年8月4日—2019年8月10日
51	罗时铭	体育学院	学术会议	台湾第13届东北亚体育运动史学术研讨会	2019年8月4日—2019年8月10日
52	张宗豪	体育学院	学术会议	台湾第13届东北亚体育运动史学术研讨会	2019年8月4日—2019年8月10日
53	刘爱霞	体育学院	学术会议	台湾第13届东北亚体育运动史学术研讨会	2019年8月4日—2019年8月10日
54	王妍	体育学院	学术会议	台湾第13届东北亚体育运动史学术研讨会	2019年8月4日—2019年8月10日
55	陈涛	机电工程学院	学术交流	香港城市大学	2019年8月6日—2019年8月8日
56	李军辉	计算机科学与技术学院	国际会议	澳门第28届人工智能国际联合大会	2019年8月9日—2019年8月17日
57	孔芳	计算机科学与技术学院	国际会议	澳门第28届人工智能国际联合大会	2019年8月9日—2019年8月17日
58	朱巧明	计算机科学与技术学院	国际会议	澳门第28届人工智能国际联合大会	2019年8月9日—2019年8月17日
59	赵朋朋	计算机科学与技术学院	国际会议	澳门第28届人工智能国际联合大会	2019年8月9日—2019年8月17日
60	周国栋	计算机科学与技术学院	国际会议	澳门第28届人工智能国际联合大会	2019年8月9日—2019年8月17日
61	李正华	计算机科学与技术学院	国际会议	澳门第28届人工智能国际联合大会	2019年8月9日—2019年8月17日

续表

序号	姓名	院（部）、部门	类别	前往学校、机构等	外出期限
62	蒋建华	物理科学与技术学院	学术会议	台湾第10届海峡两岸统计物理研讨会	2019年8月12日—2019年8月17日
63	孙旭辉	功能纳米与软物质研究院	学术交流	台湾同步辐射研究中心	2019年8月12日—2019年8月17日
64	徐　浩	医学部骨科研究所	学术会议	台湾第9届世界华人生物医学工程年会	2019年8月16日—2019年8月20日
65	张　文	医学部骨科研究所	学术会议	台湾第9届世界华人生物医学工程年会	2019年8月16日—2019年8月20日
66	季利均	数学科学学院	学术会议	台湾中兴大学	2019年8月18日—2019年8月24日
67	钱锡生	文学院	学术交流	台湾东吴大学	2019年9月5日—2020年1月12日
68	丁义珏	社会学院	学术会议	台湾台北大学	2019年9月20日—2019年9月25日
69	钟宝江	计算机科学与技术学院	国际会议	台湾第26届IEEE国际图像处理研讨会	2019年9月21日—2019年9月26日
70	罗　杰	物理科学与技术学院	合作研究	香港浸会大学	2019年10月14日—2019年10月18日
71	张永泉	王健法学院	学术会议	台湾辅仁大学	2019年10月17日—2019年10月19日
72	宋　璐	医学部护理学院	国际会议	台湾第11届亚太地区老年学暨老年医学国际研讨会	2019年10月22日—2019年10月28日
73	卜令正	材料与化学化工学部	合作研究	台湾同步辐射研究中心	2019年10月22日—2019年11月2日

续表

序号	姓名	院（部）、部门	类别	前往学校、机构等	外出期限
74	刘庄	功能纳米与软物质研究院	国际会议	台湾2019年亚洲高分子学会联盟高分子研讨会	2019年10月26日—2019年10月31日
75	王雯	外国语学院	国际会议	台湾第13届台湾西洋古典、中世纪暨文艺复兴学会国际研讨会	2019年10月31日—2019年11月3日
76	熊德意	计算机科学与技术学院	国际会议	香港2019年自然语言处理经验方法国际会议暨第9届国际自然语言处理联合会议	2019年11月2日—2019年11月7日
77	张功亮	教育学院	学术研修	台湾集盟国际股份有限公司	2019年11月3日—2019年11月17日
78	杨浩	机电工程学院	国际会议	澳门2019年IEEE/RSJ智能机器人与系统国际会议	2019年11月3日—2019年11月9日
79	李相鹏	机电工程学院	国际会议	澳门2019年IEEE/RSJ智能机器人与系统国际会议	2019年11月3日—2019年11月9日
80	孙立宁	机电工程学院	国际会议	澳门2019年IEEE/RSJ智能机器人与系统国际会议	2019年11月3日—2019年11月9日
81	郁树梅	机电工程学院	国际会议	澳门2019年IEEE/RSJ智能机器人与系统国际会议	2019年11月3日—2019年11月9日
82	迟文政	机电工程学院	国际会议	澳门2019年IEEE/RSJ智能机器人与系统国际会议	2019年11月4日—2019年11月8日

续表

序号	姓名	院（部）、部门	类别	前往学校、机构等	外出期限
83	揭建胜	功能纳米与软物质研究院	国际会议	台湾第11届亚洲有机电子国际研讨会	2019年11月6日—2019年11月10日
84	唐建新	功能纳米与软物质研究院	国际会议	台湾第11届亚洲有机电子国际研讨会	2019年11月6日—2019年11月10日
85	王照奎	功能纳米与软物质研究院	国际会议	台湾第11届亚洲有机电子国际研讨会	2019年11月6日—2019年11月10日
86	张　桥	港澳台办公室	学术会议	台湾2019年海峡两岸与澳洲高等教育论坛	2019年11月6日—2019年11月8日
87	吉文灿	政治与公共管理学院	学术会议	台湾第五届城市发展论坛	2019年11月21日—2019年11月23日
88	王俊华	政治与公共管理学院	学术会议	台湾第五届城市发展论坛	2019年11月21日—2019年11月23日
89	李慧凤	政治与公共管理学院	学术会议	台湾第五届城市发展论坛	2019年11月21日—2019年11月23日
90	刘成良	政治与公共管理学院	学术会议	台湾第五届城市发展论坛	2019年11月21日—2019年11月23日
91	李　伟	政治与公共管理学院	学术会议	台湾第五届城市发展论坛	2019年11月21日—2019年11月23日
92	张凯丽	政治与公共管理学院	学术会议	台湾第五届城市发展论坛	2019年11月21日—2019年11月23日
93	刘俪佳	功能纳米与软物质研究院	合作研究	台湾同步辐射中心	2019年11月24日—2019年11月27日
94	刘　安	计算机科学与技术学院	国际会议	香港和澳门第20届网络信息系统工程国际会议（WISE 2019）	2019年11月25日—2019年12月1日

续表

序号	姓名	院（部）、部门	类别	前往学校、机构等	外出期限
95	李直旭	计算机科学与技术学院	国际会议	香港和澳门第20届网络信息系统工程国际会议（WISE 2019）	2019年11月25日—2019年12月1日
96	赵雷	计算机科学与技术学院	国际会议	香港和澳门第20届网络信息系统工程国际会议（WISE 2019）	2019年11月25日—2019年12月1日
97	赵朋朋	计算机科学与技术学院	国际会议	香港和澳门第20届网络信息系统工程国际会议（WISE 2019）	2019年11月25日—2019年12月1日
98	许佳捷	计算机科学与技术学院	国际会议	香港和澳门第20届网络信息系统工程国际会议（WISE 2019）	2019年11月25日—2019年12月1日
99	房俊华	计算机科学与技术学院	国际会议	香港和澳门第20届网络信息系统工程国际会议（WISE 2019）	2019年11月25日—2019年12月1日
100	周晓方	计算机科学与技术学院	国际会议	香港和澳门第20届网络信息系统工程国际会议（WISE 2019）	2019年11月26日—2019年11月30日
101	林鸿	艺术学院	国际会议	澳门·人类非物质文化遗产暨古代艺术国际博览会	2019年12月17日—2019年12月20日
102	戴佩良	校庆办公室	交流访问	台湾东吴大学、台湾台北市立大学、台湾元智大学	2019年12月13日—2019年12月17日
103	王国祥	体育学院	交流访问	台湾东吴大学、台湾台北市立大学、台湾元智大学	2019年12月13日—2019年12月17日

续表

序号	姓名	院（部）、部门	类别	前往学校、机构等	外出期限
104	王季魁	校长办公室	交流访问	台湾东吴大学、台湾台北市立大学、台湾元智大学	2019年12月13日—2019年12月17日
105	高玮玮	港澳台办公室	交流访问	台湾东吴大学、台湾台北市立大学、台湾元智大学	2019年12月13日—2019年12月17日
106	朱建刚	校庆办公室重大活动组	交流访问	台湾东吴大学、台湾台北市立大学、台湾元智大学	2019年12月13日—2019年12月17日
107	方新军	王健法学院	学术会议	台湾东吴大学建校120周年庆祝活动——两岸法学教育现况与未来论坛	2019年12月13日—2019年12月16日
108	黄学贤	王健法学院	学术会议	台湾东吴大学建校120周年庆祝活动——两岸法学教育现况与未来论坛	2019年12月13日—2019年12月16日
109	朱 谦	王健法学院	学术会议	台湾东吴大学建校120周年庆祝活动——两岸法学教育现况与未来论坛	2019年12月13日—2019年12月16日
110	张利民	王健法学院	学术会议	台湾东吴大学建校120周年庆祝活动——两岸法学教育现况与未来论坛	2019年12月13日—2019年12月16日
111	庞 凌	王健法学院	学术会议	台湾东吴大学建校120周年庆祝活动——两岸法学教育现况与未来论坛	2019年12月13日—2019年12月16日
112	张 亮	功能纳米与软物质研究院	合作研究	台湾同步辐射中心	2019年12月16日—2019年12月31日

表118 2019年学生长期出国交流人员情况一览表

序号	姓名	学生人数	类别	去往国家、院校	外出期限
1	陈 也　吕力遥 丁润泽　王霆钧 韦梦琳　俞珺洺 沈天豪　孙嘉伟 赵晓枫　熊婧言 乔 楚　顾思琦 徐沁宜　宦 玮 蒋睿涛　董梦圆 程沐阳	17	学期交流	美国加州大学伯克利分校	2019年1月—2019年5月
2	郭 璇	1	联合培养	美国康涅狄格大学	2019年8月—2020年5月
3	唐雪萌　冯子韵 陈瑾钰	3	"3+X"联合培养	美国北卡罗来纳州立大学	2019年8月—2020年7月
4	郭子扬	1	学年交流	美国哥伦比亚大学	2019年10月—2020年10月
5	刘 娟　符圆圆	2	学年交流	纽约州立大学石溪分校	2019年3月—2020年3月
6	梅雅仪　方一展	2	省教育国际交流协会项目	美国高校	2019年1月—2019年8月
7	周喜星　蔡 霞 姚 轶	3	学期交流	老挝苏州大学	2019年2月—2019年8月
8	陈 慧　王 诗 姚舜禹　王 薇	4	学期交流	意大利威尼斯大学	2019年9月—2020年2月
9	禹雅婷　杨清竹 李尤嘉　任 祥 陆 禹　吴心舟	6	学期交流	意大利米兰大学	2019年9月—2020年2月

续表

序号	姓　名	学生人数	类别	去往国家、院校	外出期限
10	陈　晓　倪前坤 徐欣娴　朱含辛 聂玉莹　姚书彦 章琼丹　曹江文静 徐香钰　王晨露 郭德乙　符文莉 刘紫薇　刘姝婷 刘　强　俞姣姣	16	学期交流	意大利佛罗伦萨国立美术学院	2019年3月—2019年8月
11	李绪中	1	"1+1+1"联合培养	英国卡迪夫大学	2019年7月—2020年9月
12	朱枨锡　吕任洁 刘惠璇　孙雪英 闫　硕　徐　晗	6	学期交流	俄罗斯联邦社会人文学院	2019年2月—2019年6月
13	刘一诺　龚昊瑾 俞珺洺　沈天豪 周元元　徐紫薇 吴一波　张恺琦	8	学期交流	俄罗斯莫斯科市立师范大学	2019年2月—2019年7月
14	夏　天　臧梓轶 杨　洋　蒋佳锦 胡湘灵　王尚志 董　琪	7	学期交流	西班牙莱里达大学	2019年1月—2019年7月
15	郭金欣　朱安琪 罗一蒙	3	学期交流	西班牙巴塞罗那自治大学	2019年9月—2020年6月
16	金　薇	1	"3+2"联合培养	美国伊利诺伊理工学院	2019年9月—2021年6月
17	胡礼沐　谢文鹤	2	学期交流	爱尔兰都柏林圣三一学院	2019年2月—2019年5月
18	张梦晓　梁力文	2	学年交流	加拿大韦仕敦大学	2019年4月—2020年4月

续表

序号	姓　　名	学生人数	类　别	去往国家、院校	外出期限
19	黄文然　张煦程 蒋心怡　陈泽宇 徐怡菲	5	学年交流	加拿大安大略省高校	2019年9月— 2020年5月
20	董梦圆　吴雪君	2	学年交流	日本东京学艺大学交流项目	2019年9月— 2020年8月
21	杨刘晶	1	学年交流	日本宫崎公立大学	2019年9月— 2020年8月
22	黄　瑞　赵晓枫 高方婷　唐金文 张　瑶	5	学期交流	日本关西学院大学	2019年3月— 2019年8月
23	范鸿铭	1	学年交流	日本京都产业大学	2019年9月— 2020年8月
24	陈雨晴　那幸仪	2	学期交流	日本室兰工业大学	2019年9月— 2020年4月
25	向　豪	1	学年交流	日本福井大学	2019年3月— 2020年4月
26	施冰艳	1	学年交流	日本天理大学	2019年9月— 2020年8月
27	赵　睿　俞　月	2	学年交流	日本信州大学	2019年3月— 2020年3月
28	芮婉清　沈小雨 李　彤　吴子凡 杨森淋　张雨琪 范雨琪　王玮绮 谈之兮　曹雅婷	10	学期交流	日本早稻田大学	2019年4月— 2019年9月
29	潘纪儒	1	学年交流	日本国士馆大学	2019年2月— 2020年2月
30	宋天恩	1	学年交流	日本金泽大学	2019年4月— 2020年3月
31	牛凯丰	1	学年交流	瑞典林雪平大学	2019年9月— 2020年6月

续表

序号	姓　名	学生人数	类　别	去往国家、院校	外出期限
32	韩　冰	1	学年交流	美国加州州立大学萨克拉门托分校	2019年3月—2020年3月
33	王舒涵　王苏凡　吴奕霖	3	学年交流	澳大利亚新南威尔士大学	2019年7月—2020年6月
34	胡光伟	1	学期交流	加拿大滑铁卢大学	2019年3月—2019年8月
35	胡万涛　张弋洲　管仓仓　施云平　周霈霈	5	"2+2"联合培养	加拿大滑铁卢大学	2019年7月—2021年6月
36	糜泽明　吴　茜　周旭阳　潘嘉晟　温　馨　夏予琦　程沐阳	7	本科生实习	加拿大 Mitacs	2019年5月—2019年7月
37	庄　圣　谢长健	2	学年交流	美国宾夕法尼亚州立大学	2019年11月—2020年10月
38	王子茜	1	学年交流	新加坡南洋理工大学	2019年2月—2020年1月
39	高云天　苏子贤　钱新宇　吴　茜	4	学期交流	新加坡国立大学	2019年8月—2019年12月
40	田　丹	1	学年交流	新加坡国立大学	2019年1月—2020年1月
41	杜　克　殷浩煜　陈　丹　徐　杨　胡　威　杨依笑　孙焕章　姜卓均　王跞予　申凌慧　柯亚铭　孙　妍　童可韶　雷锦璇　刘贝宁	15	"3+2"联合培养	新加坡国立大学	2019年8月—2021年5月

续表

序号	姓　名	学生人数	类　别	去往国家、院校	外出期限
42	田佳君　张思佳 邵　睿　张子敖 蔡翔宇　杨新月	6	学期交流	新加坡新跃社科大学	2019年7月— 2019年12月
43	李雪华	1	学年交流	新加坡科技与设计大学	2019年10月— 2020年9月
44	石文杰　张韶雯 田熊安　苏文蔚 艾意雯　杨　晶 蒋思宇　张　静	8	学期交流	美国匹兹堡州立大学	2019年8月— 2019年12月
45	赵晓枫	1	学期交流	美国威斯康星大学麦迪逊分校	2019年1月— 2019年5月
46	黄郁婷　曹雨洭 陈知展　叶丛笑 王　菲　仇香芸 严　榕　袁涵雅 金佳琳　尹　姮 张　锡　周晓燕 周　慧	13	学年交流	法国圣太田莫奈大学	2019年9月— 2020年6月
47	章露萍　王依涵 蔡玮晗	3	学年交流	法国拉罗谢尔大学	2019年9月— 2020年6月
48	许　愿　袁天姝 杨雨晨　刘瑞雪	4	学年交流	法国格勒诺布尔大学	2019年9月— 2020年6月
49	高　凡　薛培尧	2	"3+2"联合培养	法国商科联盟（SKEMA）	2019年9月— 2020年6月
50	汪嘉翼	1	"3+1.5"联合培养	法国雷恩高等商学院	2019年8月— 2020年4月
51	袁双双	1	学期交流	朝鲜金日成综合大学	2019年4月— 2019年11月

续表

序号	姓　名	学生人数	类　别	去往国家、院校	外出期限
52	陈小娜　冯霞　李迪	3	学年交流	韩国淑明女子大学	2019年8月—2020年6月
53	王鹏云　苏磊	2	学年交流	韩国全北大学	2019年9月—2019年12月
54	石宇	1	学期交流	韩国建国大学	2019年8月—2019年12月
55	倪佳　张影影	2	学期交流	韩国梨花女子大学	2019年8月—2019年12月
56	丁丁　熊庄园　包佳威　檀凌霜　王科儒　杨钧钧　黄振　祝子皓　孙悦　陈逸婧　张天韵　刘泽宇　闫一欣　葛若茵　周竑宇　沈越越　王一安　周毅　徐语童　赵李雨山　方语焉　李姝蘅　杨亿斐　曹怡慧　陆欣怡　张哲嫣　林书玥　李思琦　徐一茗　费绮颖	30	"2+2"联合培养	英国曼彻斯特大学	2019年8月—2021年6月
57	沈星彤　黄杰茗	2	"2+2"联合培养	英国利兹大学	2019年9月—2021年6月
58	朱祎明	1	"1+1+1"联合培养	英国普利茅斯大学	2019年9月—2020年9月
59	李龙飞	1	学年交流	英国班戈大学	2019年10月—2020年10月
60	马程鹏　刘强龙　赵文波　徐怡菲	4	学期交流	德国福特王恩大学	2019年3月—2019年7月

续表

序号	姓名	学生人数	类别	去往国家、院校	外出期限
61	刘宏霞	1	学期交流	法国国立高等纺织工程师学院	2019年7月—2019年9月
62	陈也　潘乐天　艾意雯　房梓晗　罗袁嫒	5	学期交流	新西兰奥克兰大学	2019年2月—2019年7月
63	王锡瑞　赵浚延	2	学期交流	澳大利亚邦德大学	2019年9月—2019年12月
64	林璐	1	学期交流	加拿大多伦多大学	2019年3月—2019年6月
65	郭道遐	1	学期交流	美国杜兰大学	2019年8月—2020年2月
66	胡子滦　钟轶凡　何子柠　茅舒恬　邢珂　殷子云　王紫钰　杭佳	8	中外合作办学	加拿大维多利亚大学	2019年7月—2021年6月
67	马雨慧　徐丽萍　金雯珺　凌晓璨　陈至淏　刘扬嘉　邵逸飞　陈玥　邵慧敏　吴小文　姜志菊	11	中外合作办学	美国阿肯色大学	2019年7月—2020年6月
68	杨玉　乐欣　牛童　张小涵	4	汉语教师志愿者	美国波特兰州立大学孔子学院	2019年9月—2020年9月
69	刘姗　姚颖赪　支修颀	3	汉语教师志愿者	澳大利亚新南威尔士州教育部孔子学院	2019年2月—2020年12月
70	陈轩	1	汉语教师志愿者	英国奥斯特大学孔子学院	2019年9月—2020年9月
71	曹晨	1	汉语教师志愿者	波兰弗罗茨瓦夫大学孔子学院	2019年9月—2020年7月

续表

序号	姓　名	学生人数	类　别	去往国家、院校	外出期限
72	张　晨	1	汉语教师志愿者	澳大利亚昆士兰大学孔子学院	2019年1月—2019年12月
73	杜　安	1	汉语教师志愿者	泰国明满学校孔子课堂	2019年5月—2020年3月
74	孙玉彩	1	汉语教师志愿者	波黑萨拉热窝大学孔子学院	2019年9月—2020年7月
75	张紫珍	1	汉语教师志愿者	白俄罗斯国立技术大学科技孔子学院	2019年9月—2020年6月

表119　2019年学生公派短期出国交流项目一览表

序号	项目名称	交流院校或机构	国家	人数	外出期限
1	中国大学生赴日名校奖学金研学课程（翔飞）	早稻田大学等	日本	3	2019年1月22日—2019年2月3日
2	灾难医学训练营（ACTION）	马来西亚大学	马来西亚	1	2019年7月21日—2019年7月27日
3	英国曼彻斯特大学暑期研修项目（纺织学院）	曼彻斯特大学	英国	23	2019年7月13日—2019年8月17日
4	英国利兹大学夏令营	利兹大学	英国	5	2019年7月6日—2019年8月3日
5	英国剑桥大学暑期学分研修项目	剑桥大学	英国	49	2019年8月11日—2019年8月27日
6	知识产权局商法实训项目	新加坡知识产权局	新加坡	2	2019年8月11日—2019年8月17日
7	新加坡国立大学冬季项目	新加坡国立大学	新加坡	13	2019年1月20日—2019年1月29日

续表

序号	项目名称	交流院校或机构	国家	人数	外出期限
8	苏州大学医学部临床专业交换项目（SCOPE）	杜伊斯堡-埃森大学教学医院等	德国等	16	2019年各时间段
9	苏州大学医学部科研交换项目（SCORE）	卢布尔雅那大学等	斯洛文尼亚等	6	2019年各时间段
10	日本上智大学地球环境保护调研项目（翔飞）	上智大学	日本	2	2019年1月25日—2019年2月3日
11	日本尖端医疗护理交流考察（翔飞）	日本仁心会	日本	5	2019年7月18日—2019年7月28日
12	日本宫崎公立大学暑期语言文化研修项目	宫崎公立大学	日本	8	2019年7月13日—2019年8月9日
13	日本访学（早稻田大学）冬季奖学金项目（翔飞）	早稻田大学	日本	10	2019年1月21日—2019年2月2日
14	欧盟国际组织项目	联合国相关机构	比利时	2	2019年1月20日—2019年2月2日
15	纳米科学技术学院暑期赴加拿大研修项目	滑铁卢大学	加拿大	7	2019年7月15日—2019年7月22日
16	美国加州大学洛杉矶分校暑期学分研修项目（管理学院）	加州大学洛杉矶分校	美国	1	2019年7月29日—2019年8月14日
17	美国加州大学伯克利分校暑期学分研修项目（SAF）	加州大学伯克利分校	美国	33	2019年7月8日—2019年8月16日
18	美国北卡罗来纳州立大学夏季数学项目	北卡罗来纳州立大学	美国	5	2019年7月10日—2019年8月8日
19	江苏省教育国际交流协会江苏大学生海外文化交流项目		日本等	36	2019年7月—2019年8月

续表

序号	项目名称	交流院校或机构	国家	人数	外出期限
20	加拿大不列颠哥伦比亚大学暑期口笔译强化项目（SITI）	不列颠哥伦比亚大学	加拿大	1	2019年7月11日—2019年8月12日
21	加拿大韦仕敦大学学生交流项目	韦仕敦大学	加拿大	1	2019年2月10日—2019年5月20日
22	加拿大不列颠哥伦比亚大学温哥华暑期项目	不列颠哥伦比亚大学	加拿大	15	2019年7月13日—2019年8月13日
23	韩国梨花女子大学暑期研修项目	梨花女子大学	韩国	3	2019年8月6日—2019年8月20日
24	高校艺术学科师生海外学习计划项目（AAP）	佛罗伦萨大学	意大利	3	2019年3月22日—2019年3月29日
25	柏林工业大学工业4.0定制项目	柏林工业大学	德国	3	2019年1月20日—2019年2月2日
26	柏林工业大学德国工业机器人冬季定制课程	柏林工业大学	德国	2	2019年2月10日—2019年2月23日
27	美国加州大学洛杉矶分校暑期学分研修项目（SAF）	加州大学洛杉矶分校	美国	9	2019年7月8日—2019年8月16日
28	英国伦敦大学学院暑期学分研修项目（SAF）	伦敦大学学院	英国	1	2019年7月21日—2019年8月10日
29	CSC加拿大Mitacs本科生实习项目		加拿大	1	2019年5月—2019年8月
30	2019意大利文艺复兴下的建筑文化研修营（金螳螂建筑学院）	佛罗伦萨学院	意大利	14	2019年7月7日—2019年7月14日
31	2019新加坡新跃社科大学暑期研修项目	新跃社科大学	新加坡	6	2019年8月7日—2019年8月15日

续表

序号	项目名称	交流院校或机构	国家	人数	外出期限
32	2019新加坡国立大学暑期学习交流项目（政治与公共管理学院）	新加坡国立大学	新加坡	33	2019年8月4日—2019年8月8日
33	2019新加坡国立大学访学项目（新闻传播）	新加坡国立大学	新加坡	6	2019年8月11日—2019年8月20日
34	2019新加坡国立大学访学项目（人文教育）	新加坡国立大学	新加坡	4	2019年8月11日—2019年8月20日
35	2019新加坡多元建筑研修营（金螳螂建筑学院）	南洋理工大学	新加坡	14	2019年7月6日—2019年7月11日
36	2019威尼斯大学夏校项目	威尼斯大学	意大利	1	2019年9月1日—2019年9月7日
37	2019斯坦福大学与加州大学伯克利分校创新领导力研习营	斯坦福大学、加州大学伯克利分校	美国	15	2019年7月13日—2019年7月25日
38	2019日内瓦训练研究所交流项目	日内瓦训练研究所	瑞士	1	2019年7月21日—2019年8月3日
39	2019日本建筑名师研修营（金螳螂建筑学院）	东京大学	日本	16	2019年7月6日—2019年7月11日
40	2019日本访学（早稻田大学）夏季奖学金项目（翔飞）	早稻田大学	日本	5	2019年7月29日—2019年8月10日
41	2019普利茅斯大学国际夏令营（金螳螂建筑学院）	普利茅斯大学	英国	10	2019年8月3日—2019年8月19日
42	2019牛津剑桥暑期项目（院系）	牛津大学、剑桥大学	英国	9	2019年7月7日—2019年7月20日
43	2019庆南大学GLOBAL HANMA夏令营	庆南大学	韩国	4	2019年8月4日—2019年8月24日

续表

序号	项目名称	交流院校或机构	国家	人数	外出期限
44	2019年老挝暑期青春营（中国大学生"一带一路"国家文化体验行）	老挝苏州大学	老挝	35	2019年7月16日—2019年7月25日
45	2019美国罗德岛设计学院建筑研修营（金螳螂建筑学院）	罗德岛设计学院	美国	13	2019年7月6日—2019年7月17日
46	2019联合"人工智能与机器人"研学项目	哈佛大学、麻省理工学院	美国	3	2019年7月20日—2019年8月3日
47	2019德国海德堡大学"语言强化与社会调研实习"项目	海德堡大学	德国	9	2019年8月10日—2019年8月24日

表120 2019年学生长期赴中国港澳台地区交流人员情况一览表

序号	姓名	学生人数	类别	去往地区、院校	出境年限
1	李小燕	1	访问交流	香港城市大学	2019年1月—2019年7月
2	杜健	1	访问交流	香港城市大学	2019年2月—2019年8月
3	郝怡然 席家伟	2	毕业设计	香港科技大学	2019年1月—2019年6月
4	王蒙怡 臧振东 刘琛瑶 卞晓琪 常莎 姚舜禹 骆雯婕 卞洁如	8	学期交换	台湾东吴大学	2019年2月—2019年7月
5	景羿翔 陈嘉琪	2	学期交换	台湾清华大学	2019年2月—2019年7月
6	徐嘉颖 王盈蓄	2	学期交换	台湾科技大学	2019年2月—2019年7月

续表

序号	姓名	学生人数	类别	去往地区、院校	出境年限
7	张子系 吴 冰 殷佳旻	3	学期交换	台湾辅仁大学	2019年2月—2019年7月
8	公艺涵 朱 严	2	学期交换	台湾南台科技大学	2019年2月—2019年7月
9	赵家慧 王柯颖	2	学期交换	台湾中华大学	2019年2月—2019年7月
10	王啸天 刘 丹 郝桐桐 樊 婧 吕津美 练诗媛 王路路 朱沙铭诚 王圣云 严 歆 杜升怡	11	学期交换	台湾台北市立大学	2019年2月—2019年7月
11	傅一培 吴佳妮	2	学期交换	澳门科技大学	2019年9月—2020年1月
12	徐登昊 张 由 陈 洋 叶 涛 马子希 沙垚垚	6	学期交换	台湾东吴大学	2019年9月—2020年1月
13	黄卿颖 陈燕燕	2	学期交换	台湾淡江大学	2019年9月—2020年1月
14	王薪然 何诗颖 王 昕 张馨月	4	学期交换	台湾辅仁大学	2019年9月—2020年1月
15	张云飞 黄楚文	2	学期交换	台湾清华大学	2019年9月—2020年1月
16	朱赟怡 虞 磊	2	学期交换	台湾台北大学	2019年9月—2020年1月
17	何文倩 郭 露 闵西贤 刘思彤 李 毅	5	学期交换	台湾台北商业大学	2019年9月—2020年1月

续表

序号	姓名	学生人数	类别	去往地区、院校	出境年限
18	杨　晴　黄铭豪 陆　璐　沈德欢 邵　刚　宋小春 谭子妍　回潇涵 姜　珊　陈益涵	10	学期交换	台湾台北市立大学	2019年9月— 2020年1月
19	赵丹妮　李佩珍	2	学期交换	台湾开南大学	2019年9月— 2020年1月
20	王彤彤	1	访问交流	香港城市大学	2019年9月— 2020年1月

表121　2019年学生公派短期赴中国港澳台地区交流项目一览表

序号	项目名称	交流院校或机构	地区	人数	交流期限
1	科研合作	香港科技大学	香港	1	2019年1月14日— 2019年1月21日
2	粤港澳大湾区—大学生创新营（寒假）	澳门科技大学	澳门	6	2019年1月16日— 2019年1月23日
3	香港高校交流学习项目（材化部强化班）	香港中文大学、香港理工大学、香港大学、香港浸会大学	香港	21	2019年1月20日— 2019年1月26日
4	ICDE2019会议	澳门大学	澳门	2	2019年4月7日— 2019年4月13日
5	科研合作	台湾同步辐射研究中心	台湾	3	2019年4月9日— 2019年4月12日
6	科研合作	台湾同步辐射研究中心	台湾	2	2019年4月14日— 2019年4月25日
7	科研合作	台湾同步辐射研究中心	台湾	3	2019年4月18日— 2019年4月22日
8	科研合作	台湾同步辐射研究中心	台湾	6	2019年4月28日— 2019年5月8日

续表

序号	项目名称	交流院校或机构	地区	人数	交流期限
9	亚太知识发现和数据挖掘会议2019	澳门大学	澳门	2	2019年4月14日—2019年4月18日
10	科研合作	台湾同步辐射研究中心	台湾	1	2019年5月8日—2019年5月12日
11	学术会议	香港理工大学	香港	16	2019年5月16日—2019年5月20日
12	学术会议	香港理工大学	香港	1	2019年6月14日—2019年6月17日
13	学术会议	香港中文大学	香港	1	2019年7月1日—2019年8月17日
14	学术会议	香港理工大学	香港	1	2019年7月8日—2019年7月13日
15	香港高校职场精英训练营	香港城市大学	香港	28	2019年7月12日—2019年7月17日
16	粤港澳大湾区—大学生创新营（寒假）	澳门科技大学	澳门	14	2019年7月13日—2019年7月19日
17	2019年香港中文大学访学项目	香港中文大学	香港	1	2019年7月14日—2019年7月21日
18	江苏高校学生境外学习政府奖学金项目（赴港澳台）	香港大学	香港	2	2019年7月14日—2019年8月12日
19	江苏高校学生境外学习政府奖学金项目（赴港澳台）	台湾大学	台湾	2	2019年7月14日—2019年8月12日
20	台湾东吴大学"溪城讲堂"	台湾东吴大学	台湾	16	2019年7月14日—2019年8月6日
21	2019年莙政项目	台湾清华大学	台湾	6	2019年7月15日—2019年8月26日

续表

序号	项目名称	交流院校或机构	地区	人数	交流期限
22	第十九届IEEE纳米国际会议	电气与电子工程师协会、澳门大学	澳门	2	2019年7月21日—2019年7月27日
23	2019年香港大学访学项目	香港大学	香港	5	2019年7月24日—2019年7月31日
24	香港浸会大学暑期夏令营交流项目	香港浸会大学	香港	1	2019年7月28日—2019年8月29日
25	2019年香港中文大学访学项目	香港中文大学	香港	2	2019年7月28日—2019年8月4日
26	科研合作	台湾同步辐射研究中心	台湾	2	2019年7月30日—2019年8月2日
27	科研合作	台湾同步辐射研究中心	台湾	4	2019年8月1日—2019年8月17日
28	2019年香港大学访学项目	香港大学	香港	2	2019年8月4日—2019年8月11日
29	学术会议	澳门大学	澳门	1	2019年8月6日—2019年8月20日
30	科研合作	台湾同步辐射研究中心	台湾	5	2019年8月8日—2019年8月17日
31	2019年香港中文大学访学项目	香港中文大学	香港	3	2019年8月11日—2019年8月18日
32	国际人工智能联合会议	澳门大学	澳门	8	2019年8月9日—2019年8月17日
33	2019年香港中文大学访学项目	香港中文大学	香港	1	2019年8月18日—2019年8月25日
34	国际图像处理大会	电气与电子工程师协会	台湾	2	2019年9月22日—2019年9月29日

续表

序号	项目名称	交流院校或机构	地区	人数	交流期限
35	科研合作	台湾同步辐射研究中心	台湾	1	2019年10月22日—2019年11月2日
36	学术会议	香港中文大学	香港	10	2019年11月1日—2019年11月9日
37	IROS2019	澳门大学	澳门	3	2019年11月3日—2019年11月9日
38	科研合作	台湾同步辐射研究中心	台湾	2	2019年11月7日—2019年11月19日
39	科研合作	台湾同步辐射研究中心	台湾	1	2019年12月1日—2019年12月4日
40	科研合作	台湾同步辐射研究中心	台湾	8	2019年12月16日—2019年12月31日

2019年在聘语言文教专家和外籍教师情况（表122）

表122　2019年在聘语言文教专家和外籍教师情况一览表

序号	姓名	性别	国籍	来校年月
1	秦正红	男	美国	2003年5月
3	周泉生	男	美国	2009年2月
4	王雪峰	男	加拿大	2009年7月
5	王晗	男	美国	2009年9月
6	朱力	男	加拿大	2009年7月
7	高立军	男	美国	2010年3月
8	罗宗平	男	美国	2010年3月
9	宋耀华	男	美国	2011年9月

续表

序号	姓名	性别	国籍	来校年月
10	张小虎	男	美国	2012年2月
11	郭 军	女	新加坡	2012年5月
12	郭述文	男	美国	2012年5月
13	Steffen Duhm	男	德国	2012年6月
14	翟 俊	男	美国	2012年6月
15	陈晓东	男	新西兰	2013年1月
16	洪 澜	女	澳大利亚	2013年2月
17	周晓方	男	澳大利亚	2013年6月
18	Clara Novakova	女	意大利	2013年8月
19	Angela Cholakian	女	美国	2013年8月
20	Mcleod John	男	加拿大	2013年8月
21	宋歆予	女	美国	2013年9月
22	Mario Lanza	男	西班牙	2013年9月
23	李杨欣	女	美国	2013年12月
24	Nabi-aser Aghdassi	男	德国	2014年11月
25	孙 巧	女	澳大利亚	2014年12月
26	夏利军	男	美国	2014年4月
27	龙乔明	男	美国	2014年4月
28	周如鸿	男	美国	2014年5月
29	时玉舫	男	美国	2014年7月
30	Vsevolod Peshkov	男	俄罗斯	2014年9月
31	Juan Manuel Garcia-Cano	男	西班牙	2014年9月
32	BOLGARYN PAVLO	男	乌克兰	2014年9月
33	BOLGARYNA IRYNA	女	乌克兰	2014年9月
34	张莉英	女	美国	2014年7月
35	郑 凯	男	澳大利亚	2015年4月
36	M. Rajesh Kumar	男	印度	2015年4月

续表

序号	姓名	性别	国籍	来校年月
37	Pereshivko Olga	女	俄罗斯	2015 年 3 月
38	魏正启	男	法国	2015 年 3 月
39	Igor Bello	男	加拿大	2015 年 9 月
40	Lee Shin Kang	男	新加坡	2015 年 9 月
41	Mohammad Shahid	男	印度	2015 年 9 月
42	Joel Moser	男	法国	2015 年 9 月
43	Mark. H. Rummeli	男	英国	2015 年 9 月
44	刘 涛	男	美国	2016 年 1 月
45	Marco Antonio	男	西班牙	2016 年 11 月
46	Alexander David Brandt	男	美国	2016 年 2 月
47	Vincenzo Pecunia	男	意大利	2016 年 4 月
48	Vladimir Kremnican	男	斯洛伐克共和国	2016 年 5 月
49	Wonmin Kim	女	韩国	2016 年 9 月
50	Valentin Lanzrein	男	美国	2016 年 9 月
51	Debabrata Maiti	男	印度	2016 年 11 月
52	秦 樾	男	美国	2017 年 3 月
53	Sarvemdra	男	印度	2017 年 3 月
54	Chandreswar Mahata	男	印度	2017 年 4 月
55	长海博文	男	日本	2017 年 6 月
56	邵常顺	男	美国	2017 年 6 月
57	Saartje Hernalsteens	女	巴西	2017 年 9 月
58	Aisha Bibi	女	巴基斯坦	2017 年 10 月
59	JIN-Ho Choi	男	韩国	2017 年 10 月
60	Mishra Shital Kumar	男	印度	2018 年 1 月
61	Igbari Omoboyede Femi	男	尼日利亚	2018 年 2 月
62	Luis Francisco Portilla Berlanga	男	西班牙	2018 年 3 月
63	李若欣	男	美国	2018 年 4 月

续表

序号	姓名	性别	国籍	来校年月
64	赵青春	男	加拿大	2018年6月
65	凌晓峰	男	加拿大	2018年7月
66	Abhisek Chakrabor	男	印度	2018年7月
67	Afshin Khayambashi	男	伊朗	2018年8月
68	Isaiah Eze Igwe	男	尼日利亚	2018年7月
69	Timothy Vernon Kirk	男	新西兰	2018年9月
70	Anthony Richard Little	男	英国	2018年9月
71	Dawoon Jung	女	韩国	2018年9月
72	SHEIKH TAHAJJUL TAUFIQUE	男	印度	2018年9月
73	Burt Bedo	男	加拿大	2018年11月
74	Suresh Annam	男	印度	2018年11月
75	Chaewon Kim	男	韩国	2018年12月
76	Jahangeerkhan	男	巴基斯坦	2019年1月
77	Shahid Iqbal	男	巴基斯坦	2019年1月
78	Dawn Buckley	女	爱尔兰	2019年1月
79	Sarah E. Dorsey	女	美国	2019年3月
80	robabeh bagheri	女	伊朗	2019年3月
81	Perceval Garon	男	澳大利亚	2019年4月
82	Orjilfeyinwa	女	尼日利亚	2019年4月
83	Manuel E. Brito	男	委内瑞拉玻利瓦尔共和国	2019年5月
84	ALLAM SRINIVASA RAO	男	印度	2019年5月
85	BASHARAT ALI	男	巴基斯坦	2019年7月
86	Pirzado Azhar Ali Ayaz	男	巴基斯坦	2019年9月
87	郑毅然	男	新加坡	2019年9月
88	JURUPULA RAMPRASAD	男	印度	2019年9月
89	Rashid Menhas	男	巴基斯坦	2019年10月

续表

序号	姓名	性别	国籍	来校年月
90	Biswanath Mukherjee	男	印度	2019 年 10 月
91	Guillaume Richard Patrick Molko	男	法国	2019 年 11 月
92	Katarzyna Galka	女	波兰共和国	2019 年 12 月
93	Rana Muhammad Irfan	男	巴基斯坦	2019 年 12 月
94	SALANON ALEXANDRELOUIS	男	法国	2011 年 9 月
95	CHIANALE NATHALIE	女	法国	2013 年 9 月
96	TORRES RECHY JUAN ANGEL	男	墨西哥	2017 年 9 月
97	JIMENEZ LAGO ELENA	女	西班牙	2017 年 9 月
98	YOKOI HIROMI	女	日本	2019 年 2 月
99	北村忠吉	男	日本	2019 年 9 月
100	OHTA ATSUO	男	日本	2019 年 9 月
101	OHTA YUKARI	女	日本	2019 年 9 月
102	DOMINGO NARCISO	男	菲律宾	2014 年 9 月
103	ALBER DAVID ARTHUR	男	美国	2018 年 2 月
104	MARUSCHAR JOHN JOSEPH	男	美国	2018 年 9 月
105	KASPAR ULRIKE	女	德国	2018 年 12 月
106	YOON JONG YONG	男	韩国	2017 年 9 月
107	京俊彦	男	日本	2018 年 9 月
108	LING HAIYAN	女	德国	2018 年 9 月
109	KAZBEKOVA NATALIA	女	俄罗斯	2019 年 9 月
110	IAN ALLAN	男	英国	2010 年 9 月
111	NURMUKH AMBETOV BAKHYTZHAN	男	哈萨克斯坦	2018 年 9 月
112	COHEN ORION ARCHER	男	美国	2019 年 2 月

续表

序号	姓名	性别	国籍	来校年月
113	HURLSTON SCOTT ALEXANDER	男	英国	2018年9月
114	MOSSER R0BERT KURT	男	美国	2019年9月
115	Joseph Brett Weinman	男	美国	2012年9月
116	Hakimian Yves	男	加拿大	2014年2月
117	YU PO SHAN	男	澳大利亚	2015年9月
118	Michael C Hsu	男	美国	2017年12月
119	Daniel Keith Fuller	男	英国	2017年9月
120	Gabriel Patrick Roessler	男	美国	2017年9月
121	Matthew Clayton Wilks	男	美国	2017年9月
122	Stephens Siddque Fun Tannia	男	美国	2018年3月
123	Jonathan Vause	男	英国	2018年9月
124	Brian Pickering	男	英国	2018年9月
125	Hassan Yousefi Oderji	男	伊朗	2018年9月
126	Saeed Idrees	男	巴基斯坦	2019年2月
127	Syed Zain Ali Shah	男	巴基斯坦	2019年2月
128	Zain Saima	女	巴基斯坦	2019年9月
129	Brian Jerry Ogstad	男	美国	2019年9月
130	Bashar Hani Aldabbas	男	澳大利亚	2019年9月
131	Shon IL Kwon	男	加拿大	2019年9月
132	Ana Hrvat Sko Horvat	女	克罗地亚	2019年9月
133	Paul Maurice Poitras	男	美国	2019年9月
134	LEROY Adélaïde, Chloé, Sophie	女	法国	2014年5月
135	Bowman Sean Patrick	男	法国	2019年7月
136	Kayakada Murugesh Babu	男	印度	2019年3月

2019年苏州大学与国（境）外大学交流合作情况（表123）

表123　2019年苏州大学与国（境）外大学交流合作情况一览表

序号	国家或地区	学校名称	协议内容	协议时间	期限
1	韩国	韩国国立首尔大学	中国苏州大学和韩国国立首尔大学学术及研究合作谅解备忘录	2019年7月24日	5年
2	韩国	韩国国立首尔大学	中国苏州大学和韩国国立首尔大学学生交换协议	2019年7月24日	5年
3	法国	法国格勒诺布尔-阿尔卑斯大学	中国苏州大学与法国格勒诺布尔-阿尔卑斯大学合作协议	2019年6月28日	1年
4	美国	美国俄亥俄州立大学	美国俄亥俄州立大学与中国苏州大学谅解备忘录	2019年6月3日	5年
5	中国台湾	台湾东吴大学人文社会学院政治学系	苏州大学政治与公共管理系与东吴大学人文社会学院政治学系学生交换合作约定书	2019年5月28日	5年
6	加拿大	加拿大温莎大学	中国苏州大学与加拿大温莎大学合作备忘录	2019年5月31日	5年
7	中国	南京联硕国际文化交流有限公司	海外合作项目框架协议—南京联硕国际文化交流有限公司	2019年5月1日	1年
8	中国	北京清航星光教育科技有限公司	海外合作项目框架协议—北京清航星光教育科技有限公司	2019年6月1日	1年

续表

序号	国家或地区	学校名称	协议内容	协议时间	期限
9	中国	罗客教育信息咨询（上海）有限公司	苏州大学与罗客教育信息咨询（上海）有限公司海外合作项目框架协议	2019年6月5日	4年
10	中国	浙江新通留学有限公司苏州分公司	苏州大学与浙江新通留学有限公司苏州分公司海外合作项目框架协议	2019年5月22日	4年
11	法国	法国拉罗谢尔大学	拉罗谢尔大学（法国）与苏州大学（中国）合作框架协议	2019年4月3日	5年
12	法国	法国拉罗谢尔大学	拉罗谢尔大学（法国）与苏州大学（中国）学生交流具体协议	2019年4月3日	5年
13	日本	日本关西学院大学文学部	苏州大学海外教育学院与关西学院大学文学部"东亚文化交流活动"实施备忘录	2019年3月7日	2年
14	日本	日本帝塚山学院大学	苏州大学与日本帝塚山学院大学学术交流协议书	2019年3月12日	5年
15	日本	日本帝塚山学院大学	苏州大学与日本帝塚山学院大学学术交流实施细则	2019年3月12日	5年
16	美国	美国北卡罗来纳州立大学	美国北卡罗来纳州立大学与苏州大学谅解备忘录	2019年3月6日	3年
17	美国	纽约州立大学宾汉姆顿分校（宾汉姆顿大学）	中国苏州大学与美国纽约州立大学宾汉姆顿分校学生交换协议	2019年2月1日	5年
18	意大利	威尼斯大学	Erasmus+高等教育学生及教职员交流机构合作协议	2019年1月11日	有效期至2020年7月31日

续表

序号	国家或地区	学校名称	协议内容	协议时间	期限
19	日本	日本东京学艺大学	日本东京学艺大学与中国苏州大学学术交流协议书	2019年4月15日	5年
20	日本	日本东京学艺大学	日本东京学艺大学与中国苏州大学学生交流合作备忘录	2019年4月15日	5年
21	中国台湾	台湾台北大学	苏州大学与台北大学学术交流合作协定书	2019年8月20日	5年
22	中国台湾	台湾台北大学	苏州大学与台北大学学生交流协定书	2019年8月20日	5年
23	日本	日本广岛国立大学	中国苏州大学与日本广岛国立大学学生交流协议书	2019年3月20日	5年
24	日本	日本广岛国立大学	中国苏州大学与日本广岛国立大学学生交流备忘录	2019年3月20日	5年
25	中国澳门	澳门科技大学研究生院高级培训中心	苏州大学港澳台办公室与澳门科技大学研究生院高级培训中心暑期学习交流活动合作协定	2019年6月19日	2019年7月13日至7月19日
26	新加坡	新加坡南洋理工大学	南洋理工大学与苏州大学学生交换计划协议备忘录	2019年8月30日	5年
27	意大利	意大利威尼斯大学	威尼斯大学—苏州大学ERASMUS+高等教育学生及教职员交流机构合作协议2019—2022	2019年8月30日	3年
28	美国	美国加州大学河滨分校	美国加州大学河滨分校、苏州大学、加州大学河滨分校继续教育学院校际合作协议	2019年6月28日	5年

续表

序号	国家或地区	学校名称	协议内容	协议时间	期限
29	美国	美国加州大学河滨分校	美国加州大学河滨分校与苏州大学谅解备忘录	2019年6月28日	5年
30	美国	美国加州大学伯克利分校EXTENSION	美国加州大学伯克利分校EXTENSION与苏州大学谅解备忘录	2019年5月7日	3年
31	美国	美国湖畔国际语言学校	苏州大学文学院和美国湖畔国际语言学校合作项目协议	2019年5月20日	3年
32	韩国	韩国仁济大学	中华人民共和国苏州大学与大韩民国仁济大学校学术交流协议	2019年6月16日	5年
33	新加坡	新加坡国立大学李光耀公共政策学院	课程协议书——苏州大学政治与公共管理学院2019暑期学习交流项目	2019年6月12日	2019年8月4日至8月8日
34	巴基斯坦	巴基斯坦吴拉姆·伊沙克·汗工程科学和技术学院	巴基斯坦吴拉姆·伊沙克·汗工程科学和技术学院与中国苏州大学功能纳米与软物质研究院合作备忘录	2019年7月9日	5年
35	中国澳门	澳门科技大学	苏州大学、澳门科技大学合作交流框架协议书	2019年3月18日	5年
36	俄罗斯	俄罗斯国立社会人文大学	关于苏州大学与俄罗斯国立社会人文大学签订合作备忘录的请示	2019年7月30日	5年
37	新加坡	新加坡南洋理工大学环球教育与交流处	苏州大学海外教育学院与新加坡南洋理工大学环球教育与交流处关于举办南大在华实习教育项目的工作备忘录	2019年9月26日	3年

续表

序号	国家或地区	学校名称	协议内容	协议时间	期限
38	英国	英国伦敦玛丽女王大学	英国伦敦玛丽女王大学与苏州大学学期学年协议	2019年8月6日	无限延期
39	英国	英国伯明翰大学	物理科学与技术学院拟与英国伯明翰大学签署《本硕2+2联合培养合作协议》（修改稿）	2019年1月8日	5年
40	美国	美国费耶特威尔阿肯色大学	关于提请校领导签署与美国费耶特威尔阿肯色大学合作办学项目延续协议的请示	2019年2月22日	9年
41	美国	美国康乃迪克州大学	美国康乃迪克州大学法学院与苏州大学王健法学院合作项目协议	2019年5月23日	5年
42	加拿大	韦仕敦大学	音乐学院关于苏州大学与韦仕敦大学音乐学院签订硕士双学位协议的请示	2019年6月30日	3年
43	美国	北卡罗来纳州立大学	关于苏州大学与北卡罗来纳州立大学签订校际合作协议的请示	2019年5月7日	5年
44	法国	法国国立高等纺织工程学院	关于签署《苏州大学—法国国立高等纺织工程学院（ENSAIT）研究生及本科生交换协议》的请示	2019年3月18日	5年
45	英国	英国Ju-Ju商务咨询有限公司	苏州大学与英国Ju-Ju Business Consuitancy UK关于2019剑桥大学暑期学习交流项目协议	2019年7月31日	至项目结束自行终止
46	中国澳门	澳门城市大学	苏州大学与澳门城市大学合作交流框架协议书	2019年4月23日	3年

续表

序号	国家或地区	学校名称	协议内容	协议时间	期限
47	中国	中国人民健康保险股份有限公司江苏分公司	2019外籍来华学生综合医疗保险	2019年10月18日	1年
48	英国	南安普顿大学	英国南安普顿大学与中国苏州大学谅解备忘录	2019年12月16日	5年
49	新加坡	新加坡国立大学	新加坡国立大学与中国苏州大学谅解备忘录	2019年12月4日	5年
50	美国	美国加州理工学院材料与过程模拟中心	中国苏州大学功能纳米与软物质研究院与美国加州理工学院材料与过程模拟中心合作备忘录	2019年11月10日	5年
51	英国	英国萨塞克斯大学	萨塞克斯大学（英国布莱顿）与苏州大学（中国苏州）谅解备忘录	2019年6月19日	3年
52	中国	北京森培未来教育科技有限公司	北京森培未来教育科技有限公司与苏州大学海外项目交流合作协议	2019年12月10日	1年
53	澳大利亚	西澳大学	澳大利亚西澳大学与中国苏州大学合作谅解备忘录/海外学习项目合作备忘录	2019年12月24日	5年
54	韩国	韩国大真大学	中国苏州大学与韩国大真大学本科学生联合培养协议书	2019年11月28日	5年
55	加拿大	加拿大菲莎河谷大学	苏州大学中加项目与加拿大菲沙河谷大学工商管理学学士转学分协议	2019年11月12日	5年

续表

序号	国家或地区	学校名称	协议内容	协议时间	期限
56	加拿大	加拿大菲莎河谷大学	苏州大学中加项目与加拿大菲沙河谷大学经济学文学学士转学分协议	2019年11月12日	5年
57	意大利	罗马第二大学	苏州大学-罗马第二大学联合培养博士项目协议	2019年12月04日	5年
58	加拿大	加拿大维多利亚大学	苏州大学和维多利亚大学合作协议	2019年7月16日	10年
59	英国	英国剑桥大学卡莱尔学院	关于我院与英国剑桥大学卡莱尔学院签署学生寒暑假项目协议的请示	2019年12月25日	2年
60	英国	英国剑桥大学卡莱尔学院	苏州大学计算机科学与技术学院与英国剑桥大学卡莱尔学院框架协议	2019年12月25日	3年

2019年举办各类短期汉语班情况（表124）

表124　2019年苏州大学举办各类短期汉语情况一览表

序号	期限	班级名称	人数
1	2019年1月20日—2019年5月30日	法国SKEMA项目	309
2	2019年3月5日—2019年3月9日	2019年东亚文化交流研讨会	18
3	2019年3月2日—2019年3月30日	日本宫崎公立大学短期汉语研修班	34
4	2019年3月20日—2019年4月8日	日本关东国际高中汉语研修班	22
5	2019年3月17日—2019年3月30日	日本冲绳中国交流推进协会汉语研修班	9

续表

序号	期限	班级名称	人数
6	2019年5月24日—2019年6月22日	美国SMU汉语研修项目	17
7	2019年6月10日—2019年6月18日	美国Goucher College短期汉语研修班	16
8	2019年6月18日—2019年6月30日	波特兰州立大学孔子学院夏令营	23
9	2019年7月7日—2019年7月26日	韩国仁济大学短期项目	19
10	2019年7月8日—2019年8月1日	老挝苏大夏令营	18
11	2019年7月15日—2019年8月9日	海外教育学院汉语研修暑期班	27
12	2019年7月20日—2019年8月2日	2019英才INCITE短期学习交流项目	138
13	2019年7月28日—2019年8月2日	2019年海外华裔菁英青少年大运河文化体验活动苏州营	41
14	2019年8月6日—2019年9月3日	日本立命馆大学短期汉语经贸研修班	13
15	2019年8月20日—2019年12月30日	法国SKEMA项目	265
16	2019年9月8日—2019年10月5日	日本冲绳中国交流推进协会汉语研修班	10

2019年苏州大学中国港澳台地区接待及国外单位校际来访情况（表125、表126）

表125　2019年苏州大学中国港澳台地区接待情况统计表

序号	来访日期	来访单位	来访人员名单（含职务、职称）	来访人数	来访目的及成果
1	2019年1月11日	台湾中华大学	解鸿年（副校长）、陈俊宏（国际处暨两岸关系处副处长）	2	校际访问
2	2019年1月21日	台湾东吴大学	潘维大（校长）等	9	校际访问
3	2019年1月23日	台湾鲲鹏营	汤德帷等	53	交流访问
4	2019年4月11日	台湾东吴大学企管系	阮金祥等	15	交流访问
5	2019年5月25日	香港城市大学商学院	学生	38	交流访问
6	2019年5月27日	香港恒生大学（万人计划）	张光裕（教授）等	32	交流访问
7	2019年5月27日	香港中文大学（万人计划）	杨纲凯（教授）等	15	交流访问
8	2019年6月12日	南京大学（万人计划）	香港学生	40	交流访问
9	2019年6月18日	台湾台中科技大学	郑经纬（副校长）等	2	校际访问
10	2019年7月1日	香港苏浙沪同乡会	梁健文（校长）等	28	交流访问
11	2019年7月6日	香港学生领袖培训考察团	学生	82	交流访问
12	2019年7月11日	台湾鲲鹏营	学生	40	交流访问

续表

序号	来访日期	来访单位	来访人员名单（含职务、职称）	来访人数	来访目的及成果
13	2019年7月12日	南京大学台湾学生（核雕讲座）	学生	83	交流访问
14	2019年7月12日	南京历史文化营台湾学生	学生	12	交流访问
15	2019年7月15日	澳门青年学者	学生	20	交流访问
16	2019年7月24日	香港桂华山中学	学生	17	交流访问
17	2019年9月4日	台湾中山大学社会科学院	杨灿辉（会长）等	31	交流访问
18	2019年9月20日	台湾弘文中学	张辉政（校长）等	36	交流访问
19	2019年10月16日	澳门科技大学研究生院高级培训中心	周瑞敏（总监）等	3	交流访问
20	2019年10月17日	台湾东吴大学校友	杨良学等	3	交流访问
21	2019年10月18日	台湾精诚中学	学生	34	交流访问
22	2019年10月21日	台湾东吴大学商学院	傅祖坛（院长）等	4	交流访问
23	2019年10月31日	台湾华东台商子女学校	郑京荣（副校长）	153	交流访问
24	2019年11月1日	台湾东吴大学	董保城（副校长）	11	校际访问

表126　2019年各类国外单位校际来访情况一览表

序号	来访日期	来访单位	来访人员名单（含职务、职称）	来访人数	来访目的及成果
1	1月8日	英国伯明翰大学	副校长等	3	本硕联合培养签约
2	1月24日	法国SKEMA商学院代表团来访	校长Alice Guilhon等	6	外国语学院日语系外教事宜洽谈

续表

序号	来访日期	来访单位	来访人员名单（含职务、职称）	来访人数	来访目的及成果
3	2月13日	澳大利亚科技部	工业、创新与科技部司长 Jane Urquhart	5	推动澳大利亚高校与苏大在科研人员交流和联合科研项目等方面开展务实合作
4	2月27日	新加坡国立大学	商学院一行	3	与商学院商讨合作可能
5	3月1日	美国宾汉姆顿大学	商学院负责人	1	与商学院洽谈MBA等项目的合作
6	3月2日	韩国大真大学	林丁熏等	3	探讨"2+2"合作事宜
7	3月11日	日本早稻田大学	早稻田大学国际文理学院院长池岛大策等	3	洽谈与我校学生交流、教师交流合作
8	3月11日	法国领事馆科技处	科技领事 Gaetan Messin 等	2	交流合作意向
9	3月12日	法国萨克雷凡尔赛大学	外事主任 Francois Goxe 等	6	商讨MBA、MIB项目的合作可能
10	3月13日	法国萨克雷里昂大学	设计学院 Didier Roussel 教授等	6	与我校洽谈合作可能
11	3月13日	日本大学	山中健三教授等	2	公共卫生学院
12	3月15日	加州大学河滨分校	副校长 Cynthia Larive 等	6	探讨两校合作事宜
13	3月19日	爱尔兰都柏林圣三一学院	国际处负责人 Leo McNamee 等	2	商谈项目合作
14	3月20日	美国亚利桑那州立大学	美国工程院院士、亚利桑那州立大学教授 Bruce Rittmann	1	与我校洽谈合作可能

续表

序号	来访日期	来访单位	来访人员名单（含职务、职称）	来访人数	来访目的及成果
15	3月21日	英国利兹大学	数学与物理学科国际处负责人 Rob Sturman	1	与数学学院洽谈"3+1+1"的合作
16	3月26日	日本冈山大学	文学研究科副科长游佐徹	1	洽谈与我校学生交流、教师交流合作
17	3月28—29日	意大利威尼斯大学	副校长 Tiziana Lippiello 等	13	校领导会晤、威尼斯图片展洽谈
18	4月18日	英国奥平顿国际教育集团	Cherie Middleton 等	3	与我校洽谈合作可能
19	4月18日	美国圣地亚哥大学	国际处代表等	2	探讨与法学院、商学院、海外教育学院合作的可能
20	4月22日	法国萨克雷凡尔赛大学	外事主任 Francois Goxe 等	3	与法学院商讨"4+1+1"的合作
21	4月22日	日本兵库教育大学财团	事务局长助理泽谷敏行	1	商谈项目合作
22	4月26日	美国罗切斯特大学	伊斯曼音乐学院院长 Jamal Rossi 等	3	与音乐学院商讨合作事宜
23	4月26日	韩国仁济大学	国际交流处处长朴钟渊等	2	洽谈并签交流合作协议、与韩语系和对外汉语系进行双学位课程、与其他专业之间进行交流等
24	5月7日	美国中央密苏里大学	教学学院负责人姚元坤	1	商讨合作
25	5月7日	美国华盛顿大学	负责人 Alasdair Bowie 等	6	商讨两校合作事宜

续表

序号	来访日期	来访单位	来访人员名单（含职务、职称）	来访人数	来访目的及成果
26	5月14日	日本大阪教职员	日本大阪教职员会访问团	6	商讨续签事宜
27	5月20日	老挝科技部	生物技术与生态研究院副院长 Somsanith Boaumanivong 等	8	交流蚕桑丝绸科技与生产合作意向
28	5月22日	德国宝隆-埃里希护理学院	院长等	4	商讨护理学院学生交换合作
29	5月27日	泰晤士高等教育	中国区董事 Joyce 等	2	大学排名指标体系探讨
30	5月28日	加拿大维多利亚大学	Michael Hsu 等	4	友好交流
31	5月30日	英国贝尔法斯特女王大学	护理与助产学院国际化主任 Kevin Gormle 等	5	医学部、公卫、护理学院商讨合作事宜
32	6月13日	加拿大温莎大学	副校长 Diana Kao 等	4	探索与人文社会类学科在学术交流、研究合作、教师培训等方面合作的可能
33	6月14日	加州州立大学圣贝纳迪诺分校	副教务长 Tatiana Karmanova 等	2	合作项目拓展
34	6月14日	俄亥俄州立大学	Weidong Li 等	2	与体育学院探讨合作交流
35	6月18日	美国圣地亚哥大学	Pengcheng Zhu 教授	1	与商学院探讨合作事宜
36	6月18日—30日	美国波特兰州立大学孔子学院	Marsha Kelly 等	25	友好交流
37	6月20日	英国利兹大学	Dejian Zhou 教授	1	与材化部深化合作

续表

序号	来访日期	来访单位	来访人员名单（含职务、职称）	来访人数	来访目的及成果
38	6月27日	美国北卡罗来纳州立大学	副校长 Bailian Li	1	基于两校现有的合作基础，进一步拓展其他方面的合作
39	7月1日	英国南安普顿大学	副校长 Johnny 等	4	与艺术学院交流
40	7月2日	大阪大学	东亚中心主任小沟裕一等	2	洽谈两校合作
41	7月8日	英才项目 IN-CITE	英国爱丁堡大学、荷兰阿姆斯特丹大学、新加坡南洋理工大学、悉尼大学代表	11	开营仪式
42	8月20日	尊享太盟代表团	尊享集团资深副总裁 Gregg Davis 等	9	商讨与苏大校医院合作可能
43	8月30日	红十字会与红新月会国际联合会及红十字国际委员会	主席 Francesco Rocca 等	9	红十字国际学院成立
44	9月2日	中日友好中部六县大学生访华团	中日友好协会理事长冈崎温携团员	4	中日文化交流
45	9月2日	纳米比亚温得和克市政府	市长 Muesee Kazapua 等	5	友好交流
46	9月9日	法国格勒诺布尔-阿尔卑斯大学	候任校长 Yassine Lakhnech 等	10	探讨在苏大成立办事处、建立中法学院等事宜
47	9月12日	日本东京大学和大阪大学	国际交流处藤本顺子等	3	携学生团友好交流
48	9月16日	美国拉夫堡大学	计算机学院教授 Hui Fang	1	探讨学生交流合作事宜

续表

序号	来访日期	来访单位	来访人员名单（含职务、职称）	来访人数	来访目的及成果
49	9月24日	新加坡国立大学	高级常务副校长兼教务长何德华等	4	商讨研究生培养工作
50	9月25日	美国田纳西大学马丁分校	国际项目中心/国际合作办学中国项目主任 Yonggang Guo 等	2	与继续教育处探讨管理学方向"2+2"项目合作
51	9月26日	新加坡新跃大学	对外关系主任 Martin Yuoon 等	2	商讨两校合作可能
52	10月11日	美国新罕布什尔大学	教务长 Wayne Jones 等	2	商讨合作事宜
53	10月11日	老挝驻上海总领事馆领事	苏佳伦领事等	2	了解老挝留学生及老挝苏大情况
54	10月14日	英国贝尔法斯特女王大学	国际处负责人 Yi Feng	1	与护理学院探讨合作
55	10月17日	葡萄牙科英布拉大学	外事副校长若奥努诺卡尔文等	4	签约仪式
56	10月18日	韩国汉阳大学	上海中心金达镐代表	2	合作洽谈
57	10月21日	美国北卡罗来纳州立大学	国际处负责人 Ling Wang 等	2	合作交流
58	10月22日	美国加州大学尔湾分校	国际处负责人 Ming Cai	1	探讨两校研究生访学协议
59	10月22日	美国乔治梅森大学	副校长 David Burge	1	商讨合作事宜
60	10月23日	英国南安普顿大学	人文学院院长 Sarah Pearce 等	2	与艺术学院、外国语学院合作洽谈

续表

序号	来访日期	来访单位	来访人员名单（含职务、职称）	来访人数	来访目的及成果
61	10月24日	美国密苏里大学	人文环境科学学院教授 Rui Yao	1	商讨合作事宜
62	10月25日	西班牙马德里理工大学时尚设计学院	高级设计中心主任 Garcia 等	3	与纺织学院、艺术学院洽谈
63	10月26日	英国布鲁姆利市	市长团	9	商讨教育文化等方面的交流合作
64	10月28日	英国伦敦玛丽女王大学	国际处负责人 Miao Lin	1	商讨合作可能
65	10月29日	联合国代表	Rossella Salvia 等	26	项目宣讲
66	10月29日	英国伯明翰大学	Mark Pell 教授	1	商讨电子信息学院相关项目
67	10月30日	美国新泽西理工学院	Joel Bloom 等	7	签约仪式
68	10月30日	加拿大韦仕敦大学	人文学院院长等	6	与艺术学院探讨"2+2"项目协议签约事宜
69	10月31日	荷兰北布拉邦省经济发展署	署长 Jan Pelle	1	访问交流
70	11月1日	西班牙马德里理工大学	UPM 亚洲事务校长代表 Claudio Feijoo 等	16	参观访问
71	11月2日	巴西科技部	巴西科技部前常务副部长 Luis Bevilaqua 等	2	友好交流

续表

序号	来访日期	来访单位	来访人员名单（含职务、职称）	来访人数	来访目的及成果
72	11月6日	爱尔兰皇家外科医学院	药学院负责人 Helena Kelly 等	2	与药学院合作交流
73	11月8日	美国 UC Davis	国际部副主任	1	合作洽谈
74	11月14日	加拿大不列颠哥伦比亚大学	国际处负责人 Haochen Li	1	暑期项目交流
75	11月15日	澳大利亚西澳大学	健康医疗学院副院长 Minghao Zheng 等	4	协议签署
76	11月19日	尼日利亚拉各斯大学	文学院教授、院士奥尼	1	中国学项目合作
77	11月25日	荷兰海牙应用科技大学	国际交流协调人 Sander Kerstens 等	6	研讨学生交换项目
78	11月25日	加拿大滑铁卢大学	副校长 Ian Rowlands 等	2	友好交流
79	11月28日	英国东安哥拉大学	校长 David Richardson 等	3	合作洽谈
80	11月28日	澳大利亚迪肯大学	副校长王训该等	3	与纺织学院交流
81	12月3日	西班牙马德里理工大学	UPM 亚洲事务校长代表 Prof. Claudio Feijoo 等	3	探讨学生交换和博士培养项目
82	12月6日	美国北卡罗来纳大学教堂山分校	Michael Chen 等	2	合作洽谈
83	12月10日	尼日利亚驻上海总领事馆	总领事 Hon Anderson N. Madubike	2	友好来访
84	12月11日	英国牛津大学奥里尔学院	副院长 Wilf Stephenson 等	2	暑校项目推广

续表

序号	来访日期	来访单位	来访人员名单（含职务、职称）	来访人数	来访目的及成果
85	12月11日	英国伯明翰大学	国际处项目经理 Kim Ye	1	项目洽谈
86	12月12日	美国波特兰州立大学	国际处处长 Ronald Witczak	1	孔院理事会
88	12月23日	马来西亚新纪元大学学院	新纪元技职与推广教育学院院长李泉氚等	5	友好交流

2019年教师出版书目（表127）

表127　2019年教师出版书目一览表

序号	专著名称	类别	编著译者		出版单位与时间
1	清代常州学术文化研究	专著	杨旭辉	著	江苏人民出版社，2019年10月
2	*历代题画绝句评鉴	注评	吴企明 杨旭辉 史创新	注评	黄山书社，2018年6月
3	《近思录》集校集注集评	编著	程水龙	撰	上海古籍出版社，2019年11月
4	近思录集解	校注	程水龙	校注	中华书局，2019年6月
5	成语知识词典	编著	王建军	主编	上海辞书出版社，2019年10月
6	中国政法文化百年史	专著	张学谦	著	南京师范大学出版社，2019年1月
7	现代性的想象——从晚清到当下	编著	季　进	编	浙江大学出版社，2019年4月
8	世界主义的人文视景	编著	王德威 季　进	主编	江苏大学出版社，2019年10月
9	夏志清夏济安书信集（卷三：1955—1959）	编著	王　洞 季　进	主编 编	上海人民出版社，2019年1月
10	*夏志清夏济安书信集（卷四：1959—1962）	编著	王　洞 季　进	主编 编注	香港中文大学出版社，2018年
11	夏志清夏济安书信集（卷五：1962—1965）	编著	王　洞 季　进	主编 编注	香港中文大学出版社，2019年

续表

序号	专著名称	类别	编著译者		出版单位与时间
12	*夏志清夏济安书信集（卷三：1955—1959）	编著	王 洞	主编	台北联经出版公司，2018年10月
			季 进	编注	
13	夏志清夏济安书信集（卷四：1959—1962）	编著	王 洞	主编	台北联经出版公司，2019年5月
			季 进	编注	
14	夏志清夏济安书信集（卷五：1962—1965）	编著	王 洞	主编	台北联经出版公司，2019年5月
			季 进	编注	
15	姑苏老街巷	专著	谢勤国 王家伦 陈建红	著	东南大学出版社，2019年6月
16	苏州文脉	编著	王家伦 高万祥	主编	东南大学出版社，2019年6月
17	江苏民间故事研究（上）	专著	赵杏根	著	花木兰文化事业有限公司，2019年9月
18	江苏民间故事研究（下）	专著	赵杏根	著	花木兰文化事业有限公司，2019年9月
19	昆剧《牡丹亭》英译的多模态视角探索	专著	朱 玲	著	中国戏剧出版社，2019年11月
20	化古为新——唐宋词对前人诗歌的接受	编著	钱锡生	主编	光明日报出版社，2019年8月
21	中国建筑美学史	专著	王 耘	著	山西教育出版社，2019年6月
22	藏书纪事诗研究	专著	周生杰	著	中国社会科学出版社，2019年10月
23	常熟方言音韵演变研究	专著	莫 娲	著	苏州大学出版社，2019年4月
24	民国初期中学国文教科书外国翻译作品研究	专著	管贤强	著	社会科学文献出版社，2019年4月

续表

序号	专著名称	类别	编著译者		出版单位与时间
25	网络传播学	专著	程洁	著	苏州大学出版社，2019年4月
26	*中国传媒文化百年史	专著	曾一果 许静波	著	南京师范大学出版社，2018年12月
27	中华书局前期杂志出版研究（1912—1937）	专著	徐蒙	著	元华文创股份有限公司，2019年11月
28	*建筑景观动画	编著	刘均星 程粟	编著	上海交通大学出版社，2018年12月
29	转型时期的媒介文化议题：现代性视角的反思	专著	陈龙	著	上海三联书店，2019年12月
30	慈善超市救助工程运作机制研究：以苏南地区为例	专著	马德峰	著	苏州大学出版社，2019年12月
31	苏州通史·明代卷	编著	吴建华	主编	苏州大学出版社，2019年3月
32	*中华优秀传统文化	编著	王卫平	主编	苏州大学出版社，2018年8月
33	20世纪中国上古民族文化形成发展的理论建构研究	专著	周书灿	著	科学出版社，2019年11月
34	*新论	注说	臧知非	注说	河南大学出版社，2018年12月
35	晚清时期中国红十字运动研究	专著	池子华	著	科学出版社，2019年4月
36	*中国红十字运动史料选编（第九辑）	编著	池子华 刘思瀚	主编	合肥工业大学出版社，2018年11月
37	*中国红十字运动史料选编湖南专辑（第十辑）	编著	曾桂林 池子华	主编	合肥工业大学出版社，2018年12月

续表

序号	专著名称	类别	编著译者		出版单位与时间
38	中国红十字运动史料选编 湖北专辑（第十一辑）	编著	宋悦明 池子华	主编	合肥工业大学出版社，2019年6月
39	中国红十字运动史料选编（第十二辑）	编著	池子华 刘思瀚	主编	合肥工业大学出版社，2019年9月
40	*近代的红十字运动历史变迁（上下）	专著	池子华	著	合肥工业大学出版社，2018年12月
41	*中国红十字运动大事编年	编著	池子华	主编	合肥工业大学出版社，2018年12月
42	《红十字运动研究》2019年卷	编著	池子华 王国忠 宋双印 陈海高	主编	合肥工业大学出版社，2019年2月
43	中国红十字运动史散论	专著	池子华	著	合肥工业大学出版社，2019年6月
44	*近代江西红十字运动研究（1911—1949）	专著	傅亮	著	合肥工业大学出版社，2018年12月
45	老子与海德格尔哲学美学思想比较研究	专著	李红霞	著	中国社会科学出版社，2019年9月
46	量子规范场论的解释：理论、实验、数据分析	专著	李继堂	著	中国社会科学出版社，2019年9月
47	唐调诗文吟诵二十讲	专著	朱光磊	著	商务印书馆，2019年8月
48	黄宗羲儒学思想研究	专著	朱光磊	著	翰芦图书出版有限公司，2019年11月
49	*对话儒学——中国当代公共道德建设的文化视野	专著	朱光磊	著	中国社会科学出版社，2018年12月
50	朱子学与阳明学	译著	蒋国保	译	山东人民出版社，2019年6月

续表

序号	专著名称	类别	编著译者		出版单位与时间
51	县域产业布局与县域经济发展	专著	陈东强	著	光明日报出版社，2019年4月
52	*理论自信	编著	任 平	主编	江苏人民出版社，2018年12月
53	*江苏基督教史	专著	姚兴富	著	社会科学文献出版社，2018年12月
54	地方服务型政府建构路径研究	专著	沈荣华	著	中国社会科学出版社，2019年11月
55	中国道路研究	专著	朱炳元，等	著	中国社会科学出版社，2019年10月
56	企业参与职业教育办学的成本收益研究	专著	冉云芳	著	华东师范大学出版社，2019年10月
57	未来学校：重新定义教育	专著	朱永新	著	中信出版社，2019年6月
58	扎根中国大地办教育	编著	朱永新	主编	山西教育出版社，2019年10月
59	自我的回归——大学教师自我认同的逻辑	专著	曹永国	著	福建教育出版社，2019年7月
60	叙事德育模式：理念及操作	专著	李西顺	著	江苏凤凰教育出版社，2019年9月
61	农民工教育培训收益研究	专著	崔玉平	著	黑龙江人民出版社，2019年3月
62	民办高校的内部治理与国家监管——基于举办者的视角	专著	王一涛	著	中国社会科学出版社，2019年4月
63	文化心理学	编著	李莹丽	编著	苏州大学出版社，2019年12月
64	区域创业环境形成与作用机理研究	专著	李 晶	著	苏州大学出版社，2019年10月

续表

序号	专著名称	类别	编著译者		出版单位与时间
65	企业技术创新与金融市场优化案例研究	专著	陈作章 于宝山 史佳铭,等	著	苏州大学出版社,2019年3月
66	中国科技金融应用与创新案例研究	专著	陈作章 于宝山 杨刘礴睿	著	苏州大学出版社,2019年9月
67	资产评估学教程	编著	龚菊明	编著	苏州大学出版社,2019年1月
68	财务分析与案例研究	编著	王雪珍 俞雪华	编著	苏州大学出版社,2019年8月
69	中级财务会计	编著	袁 敏 刘海燕	主编	苏州大学出版社,2019年8月
70	市场营销学:现代的观点	编著	钟旭东	编著	格致出版社,2019年1月
71	物联网金融发展及应用前景研究	专著	沙 敏 乔桂明 陈一鼎	著	苏州大学出版社,2019年3月
72	创新与突破:发达地区村镇银行发展战略选择与对策研究	专著	杨懋劼 乔桂明	著	苏州大学出版社,2019年9月
73	金融风险与监管:国际研究镜鉴	编著	胡 滨 刘 亮 尹振涛	编著	经济管理出版社,2019年4月
74	行政刑法新论	专著	李晓明	著	法律出版社,2019年2月
75	国家监察学原理	编著	李晓明 芮国强	主编	法律出版社,2019年6月
76	行政法学热点问题探讨	专著	黄学贤 杨 红	著	当代世界出版社,2019年10月
77	面向行政任务的听证程序构造	专著	石肖雪	著	法律出版社,2019年9月

续表

序号	专著名称	类别	编著译者		出版单位与时间
78	*法治成为苏州核心竞争力重要标志研究	专著	本书课题组	著	苏州大学出版社，2018年10月
79	互文性：《三国演义》多个英译本研究	专著	彭文清	著	上海外语教育出版社，2019年5月
80	基于意义进化论的典籍英译模式研究	专著	束慧娟	著	苏州大学出版社，2019年7月
81	基于"大中华文库"的中国典籍英译翻译策略研究	专著	王宏	著	浙江大学出版社，2019年10月
82	*乔伊斯·卡罗尔·欧茨的悲剧小说研究	专著	王静	著	南京大学出版社，2018年12月
83	英语动词短语的句法——语义接口与习得研究	专著	杨彩梅	著	中国书籍出版社，2019年12月
84	*塞利纳文学世界的构建	专著	段慧敏	著	江苏人民出版社，2018年12月
85	英汉程式语心理表征对比研究	专著	贾冠杰 王云 李更春	著	科学出版社，2019年10月
86	20世纪美国文学的城市化主题研究	专著	荆兴梅	著	中国社会科学出版社，2019年3月
87	英语影视欣赏	编著	卫岭 张立蓉	主编	高等教育出版社，2019年2月
88	三折画	译著	樊咏梅 张新木	译	南京大学出版社，2019年4月
89	*老子（汉法对照）	译著	陆洵 赵文利	法译	崇文书局，2018年11月
90	《小王子》法语阅读系列	译著	林珍妮 陆洵	译	译林出版社，2019年4月

续表

序号	专著名称	类别	编著译者		出版单位与时间
91	*茶经（韩文版）	译著	朴明淑	韩译	长江出版传媒/崇文书局，2018年11月
92	*老子（韩文版）	译著	朴明淑	韩译	长江出版传媒/崇文书局，2018年11月
93	进阶日语会话教程	专著	徐卫	著	苏州大学出版社，2019年11月
94	在美国写英诗	专著	左步雷	著	华中书局
95	风景园林设计初步	编著	刘磊	主编	重庆大学出版社，2019年7月
			王莎 郭晖	副主编	
			付晓渝，等		
96	叙事性路径教育·构成设计基础	编著	李立	编著	中国建筑工业出版社，2019年11月
97	叙事性路径教育·设计素描	编著	徐莹	编著	中国建筑工业出版社，2019年12月
98	叙事性路径教育·设计色彩	专著	汤恒亮 王琼	著	中国建筑工业出版社，2019年6月
99	园林植物栽培养护——常见有害生物的识别与防治	专著	袁惠燕 王波 刘婷	著	苏州大学出版社，2019年11月
100	古城记忆：苏州古城25号街坊"琴棋书画"精品民宿建筑及城市设计	编著	张靓 申绍杰	主编	苏州大学出版社，2019年9月
101	节能建筑设计与技术	专著	宋德萱 赵秀玲	著	中国建筑工业出版社，2019年2月
102	第十六届全国高等美术院校建筑与设计专业教学年会成果集：跨界·融合	编著	王琼 张琦	主编	中国建筑工业出版社，2019年10月

续表

序号	专著名称	类别	编著译者		出版单位与时间
103	高等数学（上册）	编著	严亚强	编著	高等教育出版社，2019年5月
104	有机化学（上册）	编著	史达清 赵蓓	主编	高等教育出版社，2019年2月
105	有机化学（下册）	编著	史达清 赵蓓	主编	高等教育出版社，2019年5月
106	大学化学	编著	周为群 朱琴玉	主编	化学工业出版社，2019年10月
107	Organic Narrowband Photodetectors: Materials, Devices and Applications	专著	Vincenzo Pecunia	著	Institute of Physics Publishing, 2019
108	嵌入式技术基础与实践（第5版）——基于ARM Cortex-M4F内核的MSP432系列微控制器	专著	王宜怀 许粲昊 曹国平	著	清华大学出版社，2019年4月
109	网络互联技术与实践	编著	唐灯平	编著	清华大学出版社，2019年7月
110	C/C++案例教程	编著	王朝晖 凌云 周克兰 张志强	编著	清华大学出版社，2019年4月
111	C/C++程序设计	编著	张志强 周克兰 郑红兴	编著	清华大学出版社，2019年4月
112	窄带物联网NB-IoT应用开发共性技术	专著	王宜怀 张建 刘辉 刘银龙	著	电子工业出版社，2019年5月
113	基于函数逼近的强化学习与动态规划	译著	刘全 傅启明 章宗长	译	人民邮电出版社，2019年4月

续表

序号	专著名称	类别	编著译者		出版单位与时间
114	机械基础实验指导书	编著	张 炜	主编	苏州大学出版社，2019年8月
115	丝绸导论	编著	潘志娟	主编	中国纺织出版社，2019年5月
116	城市轨道交通运营管理	编著	王志强	主编	清华大学出版社，2019年5月
117	城市轨道交通概论	编著	姚林泉 汪一鸣	主编	清华大学出版社，2019年5月
118	运动损伤与康复	编著	王国祥 王 琳	主编	高等教育出版社，2019年5月
119	氢分子医学与运动	专著	张 林 李爱春 张成岗	著	北京体育大学出版社，2019年5月
120	我国高龄化老年人健康体适能的测量与评价	专著	王红雨 张 林	著	河海大学出版社，2019年8月
121	体育竞赛学	编著	王家宏 熊 焰 石 岩	主编	高等教育出版社，2019年4月
122	深化足球改革中的法律问题研究	专著	陈 刚 王家宏 赵 毅，等	著	苏州大学出版社，2019年5月
123	*国民体质监测与健身运动分类指导	专著	陆阿明	著	苏州大学出版社，2018年12月
124	*政府购买体育公共服务的理论与实证研究	专著	戴俭慧	著	北京体育大学出版社，2018年10月
125	*校园足球比赛	编著	邱 林	编著	北京体育大学出版社，2018年1月
126	mTOR激酶在骨骼肌完整性和生理功能中的作用	专著	张 庆	著	北京体育大学出版社，2019年5月

续表

序号	专著名称	类别	编著译者		出版单位与时间
127	中国武术英语教程	编著	张宗豪 王 平	主编	苏州大学出版社，2019年3月
128	匠事后素——设计艺术的历史与观念	专著	江 牧 林 鸿	著	人民出版社，2019年9月
129	服装款式设计1000例	编著	李飞跃 黄燕敏	编著	中国纺织出版社，2019年5月
130	设计的逻辑	专著	江 牧	著	中国建筑工业出版社，2019年7月
131	周甲回眸：陈道义书法篆刻论文集	专著	陈道义	著	西泠印社出版社，2019年8月
132	纸品包装结构创意与设计	专著	张小艺	著	化学工业出版社，2019年6月
133	服饰美学与搭配艺术	编著	李 正	主编	化学工业出版社，2019年4月
134	服装设计基础与创意	编著	李 正	主编	化学工业出版社，2019年4月
135	童装设计	编著	李 正	主编	化学工业出版社，2019年3月
136	成衣设计	编著	李 正	主编	化学工业出版社，2019年6月
137	女装设计	编著	李 正	主编	化学工业出版社，2019年3月
138	服装商品企划实务与案例	编著	李 正	主编	化学工业出版社，2019年6月
139	服装与配饰制作工艺	编著	李 正	主编	化学工业出版社，2019年4月

续表

序号	专著名称	类别	编著译者		出版单位与时间
140	*艺苑弦歌	编著	姜竹松	主编	江苏凤凰教育出版社，2018年12月
141	水粉画技法	专著	王 璐 刘玉龙	著	苏州大学出版社，2019年8月
142	*服装学概论	编著	王伊千 李 正 于舒凡	编著	中国纺织出版社，2018年12月
143	Photoshop图像处理项目式教程（第3版）	编著	邹 羚 戚一翡	主编	电子工业出版社，2019年1月
144	静觉——戴家峰油画作品集	专著	戴家峰	著	江苏凤凰美术出版社，2019年7月
145	*记忆·叠加——戴家峰油画作品集	专著	戴家峰	著	苏州大学出版社，2018年10月
146	商业空间展示设计	专著	赵智峰 罗昭信	著	中国纺织出版社，2018年12月
147	音乐与生态文化	专著	张 平	著	浙江文艺出版社，2019年10月
148	无菌医疗器械质量控制与评价（第二版）	编著	张同成 郭新海	主编	苏州大学出版社，2019年1月
			陈志刚 刘芬菊 李朝晖	副主编	
149	Autophagy: Biology and Diseases	专著	秦正红	著	Science Press and Springer, Singapore, 2019
150	*熊班长和熊小兵：最高机密	专著	苏 梅	著	现代出版社，2018年11月
151	*熊班长和熊小兵：捣蛋部队入侵	专著	苏 梅	著	现代出版社，2019年1月

续表

序号	专著名称	类别	编著译者		出版单位与时间
152	*熊班长和熊小兵：神奇脱险	专著	苏 梅	著	现代出版社，2019年1月
153	小黑熊与许愿精灵	专著	苏 梅	著	科学普及出版社，2019年1月
154	从小爱海洋年·海洋童话绘本（全6册）	专著	苏 梅	著	科学普及出版社，2019年7月
155	与众不同学成语年·成语新故事绘本（全6册）	专著	苏 梅	著	科学普及出版社，2019年8月
156	老年认知功能障碍医护指导手册	主编	王月菊 林 璐	主编	苏州大学出版社，2019年1月
157	临床护理思维与决策	主编	李惠玲 柏亚妹	主编	人民卫生出版社，2019年6月
158	中华影像医学·头颈部卷	编著	王振常 鲜军舫	主编	人民卫生出版社，2019年11月
			陶晓峰 李松柏 胡春洪	副主编	
159	放射治疗中正常组织损伤与防护	编著	田 野 王绿化	主编	人民卫生出版社，2019年4月
160	儿童肠道菌群——基础与临床	编著	武庆斌 郑跃杰 黄永坤	主编	科学出版社，2019年9月
161	育儿营养经	编著	孙朝琪	主编	上海科学普及出版社，2019年3月
162	遂园春秋：苏州大学附属儿童医院前辈话往昔	编著	卢祖元	主编	上海文化出版社，2019年10月
163	实用泌尿外科学	编著	侯建全	主编	人民卫生出版社，2019年11月

续表

序号	专著名称	类别	编著译者		出版单位与时间
164	写给帕金森病及相关疾病患者	编著	刘春风	主编	世界图书出版公司，2019年4月
165	组织胚胎实验学	编著	陈永珍 黄晓燕 林巍巍	主编	科学出版社，2019年5月
			余水长 李冬梅 郑 英，等	副主编	
166	医学基础形态学实验指导	编著	邓 敏	主编	苏州大学出版社，2019年12月
167	实用皮肤疾病临床诊治	编著	晏 勇 韦无边 吴良才 李滟岚 严月华 冷 红	主编	天津科学技术出版社，2019年4月

注：标 * 者为《苏州大学年鉴2019》未列的书目。

2019年苏州大学规章制度文件目录（表128）

表128　2019年苏州大学规章制度文件目录一览表

序号	文号	题名	日期
1	苏大委〔2019〕8号	关于进一步加强人文社会科学人才队伍建设的实施办法	2019-01-20
2	苏大委〔2019〕12号	苏州大学督查督办工作办法（试行）	2019-03-05
3	苏大委〔2019〕18号	中共苏州大学委员会巡察工作实施细则	2019-03-21
4	苏大委〔2019〕51号	苏州大学安全工作"党政同责、一岗双责"规定	2019-06-10
5	苏大委〔2019〕52号	苏州大学安全风险专项整治工作实施方案	2019-06-15
5	苏大委〔2019〕55号	苏州大学纪检监察体制改革实施方案	2019-06-27
7	苏大委〔2019〕95号	苏州大学关于加强和改进领导干部深入基层联系学生工作的实施方案	2019-10-16
8	苏大委〔2019〕99号	苏州大学学术委员会章程（2019年10月修订）	2019-10-17
9	苏大委〔2019〕109号	苏州大学关心下一代工作委员会工作规程	2019-11-08
10	苏大委〔2019〕143号	2019年度苏州大学综合考核实施办法	2019-12-24
11	苏大委〔2019〕156号	苏州大学处级领导干部选拔任用工作实施细则	2019-12-28
12	苏大委〔2019〕158号	苏州大学推进处级领导干部能上能下办法（试行）	2019-12-27
13	苏大委〔2019〕159号	苏州大学处级领导干部鼓励激励办法（试行）	2019-12-27

续表

序号	文号	题名	日期
14	苏大委〔2019〕160号	中共苏州大学委员会全体会议和常务委员会会议议事规则、苏州大学校长办公会议议事规则	2019-12-28
15	苏大委办〔2019〕4号	苏州大学公文处理工作规定	2019-05-14
16	苏大委教师〔2019〕3号	苏州大学师德师风负面清单和失范行为处理办法	2019-11-07
17	苏大委教组〔2019〕2号	关于开展"不忘初心、牢记使命"主题教育的实施方案	2019-09-12
18	苏大委宣〔2019〕2号	苏州大学文明校园创建实施方案	2019-03-14
19	苏大委宣〔2019〕5号	苏州大学"兴育新"宣传思想政治工作奖评选办法	2019-11-13
20	苏大〔2019〕9号	苏州大学网络安全事件应急预案	2019-05-20
21	苏大〔2019〕20号	苏州大学学生参事管理暂行办法	2019-09-10
22	苏大人〔2019〕29号	苏州大学"仲英青年学者"项目实施办法	2019-03-28
23	苏大人〔2019〕50号	苏州大学教职工退休管理办法	2019-05-17
24	苏大人〔2019〕51号	苏州大学派遣人员管理办法	2019-05-31
25	苏大人〔2019〕54号	苏州大学教师岗位供给侧结构性改革方案	2019-05-30
26	苏大人〔2019〕55号	苏州大学管理岗位职员制度改革方案	2019-05-30
27	苏大人〔2019〕56号	苏州大学绩效工资实施办法	2019-06-18
28	苏大人〔2019〕59号	苏州大学教职工校内流动配置管理暂行办法	2019-07-09
29	苏大人〔2019〕60号	苏州大学公开招聘工作人员暂行办法	2019-07-10
30	苏大人〔2019〕66号	苏州大学第四轮岗位设置与聘用工作实施办法	2019-09-01
31	苏大人〔2019〕79号	关于校内选聘专职思想政治理论课教师的实施办法	2019-12-02

续表

序号	文号	题名	日期
32	苏大人〔2019〕81号	苏州大学教师专业技术职务聘任标准	2019-12-10
33	苏大教〔2019〕54号	苏州大学本科生社会实践课程化建设指导意见	2019-07-06
34	苏大成教〔2019〕7号	苏州大学自考助学学生违纪处分管理规定	2019-03-22
35	苏大成教〔2019〕8号	苏州大学自考助学工作综合考评办法	2019-03-22
36	苏大成教〔2019〕10号	苏州大学成人高等学历教育考试管理细则	2019-03-22
37	苏大成教〔2019〕11号	苏州大学成人高等学历教育学籍管理细则	2019-03-22
38	苏大成教〔2019〕12号	苏州大学高等教育自学考试助学专业学生考籍与学业管理细则	2019-03-22
39	苏大成教〔2019〕13号	苏州大学继续教育教学工作管理规定	2019-03-22
40	苏大学〔2019〕38号	苏州大学大学生创新创业"三大赛"竞赛管理办法	2019-03-21
41	苏大学〔2019〕43号	苏州大学关于进一步推进大学生思想政治理论课社会实践的实施意见	2019-06-18
42	苏大学〔2019〕65号	苏州大学学生管理规定（2019年修订）	2019-12-05
43	苏大学〔2019〕84号	苏州大学学生成长成才综合评价（"第二课堂成绩单"）实施办法	2019-12-24
44	苏大招就〔2019〕3号	苏州大学加强本科招生宣传工作的实施意见	2019-02-26
45	苏大招就〔2019〕4号	苏州大学本科招生宣传讲师团管理暂行办法	2019-02-26
46	苏大招就〔2019〕5号	苏州大学本科招生宣传工作评优暂行办法	2019-02-26
47	苏大招就〔2019〕6号	苏州大学本科优质生源基地建设暂行办法	2019-02-26
48	苏大国资〔2019〕10号	苏州大学固定资产处置管理实施细则	2019-06-13
49	苏大国资〔2019〕11号	苏州大学固定资产损失赔偿管理办法	2019-06-13
50	苏大国资〔2019〕12号	苏州大学低值耐用资产管理办法	2019-06-13
51	苏大国资〔2019〕13号	苏州大学固定资产清查盘点实施细则	2019-06-13

续表

序号	文号	题名	日期
52	苏大国资〔2019〕19号	苏州大学社会车辆租赁管理暂行办法	2019-10-25
53	苏大财〔2019〕8号	苏州大学科研财务助理管理办法	2019-02-27
54	苏大财〔2019〕23号	苏州大学往来款项管理暂行办法	2019-06-27
55	苏大财〔2019〕28号	苏州大学预算管理暂行办法	2019-07-09
56	苏大财〔2019〕35号	苏州大学科研项目结余经费管理实施细则	2019-10-11
57	苏大财〔2019〕38号	苏州大学贷款合同管理暂行办法	2019-12-05
58	苏大财〔2019〕39号	苏州大学收费管理暂行办法	2019-12-05
59	苏大财〔2019〕40号	苏州大学存贷款资金管理暂行办法	2019-12-20
60	苏大财〔2019〕42号	苏州大学劳务酬金管理办法	2019-12-30
61	苏大审〔2019〕2号	苏州大学建设工程项目管理审计实施办法（暂行）	2019-10-11
62	苏大审〔2019〕3号	苏州大学内部控制评价办法（暂行）	2019-10-11
63	苏大后〔2019〕4号	苏州大学恩玲艺术中心使用管理暂行办法	2019-09-20
64	苏大后〔2019〕7号	苏州大学维修改造项目管理办法	2019-10-08
65	苏大科技〔2019〕11号	苏州大学纵向科研项目过程管理办法（2019年修订）	2019-02-27
66	苏大科技〔2019〕12号	苏州大学科研平台管理办法（自然科学类）	2019-02-27
67	苏大科技〔2019〕13号	苏州大学校级科研机构管理办法（自然科学类）	2019-02-27
68	苏大科技〔2019〕16号	苏州大学知识产权保护和管理办法（2019年修订）	2019-02-27
69	苏大科技〔2019〕17号	苏州大学科技成果转化管理办法（2019年修订）	2019-02-27
70	苏大科技〔2019〕18号	苏州大学国家大学科技园管理办法（2019年修订）	2019-02-27
71	苏大社科〔2019〕5号	苏州大学人文社会科学类科研成果奖励办法	2019-11-19

续表

序号	文号	题名	日期
72	苏大社科〔2019〕6号	苏州大学人文社会科学类科研项目管理办法	2019-11-19
73	苏大社科〔2019〕8号	苏州大学人文社会科学科研工作评奖办法	2019-11-19
74	苏大实验〔2019〕7号	苏州大学实验室安全管理工作条例	2019-09-28
75	苏大实验〔2019〕8号	苏州大学实验室安全教育培训与考核管理办法	2019-09-28
76	苏大实验〔2019〕10号	苏州大学实验室安全事故应急、处理与责任追究管理办法	2019-09-28
77	苏大实验〔2019〕15号	苏州大学完善实验室安全治理体系 提升治理能力的实施意见	2019-12-27
78	苏大研〔2019〕109号	苏州大学硕博连读实施办法（2019年修订）	2019-11-07
79	苏大研〔2019〕124号	苏州大学研究生工作站管理办法	2019-11-13
80	苏大学科〔2019〕2号	苏州大学学科前沿研究激励计划——高水平学术交流与合作暂行办法	2019-10-14
81	苏大学术委〔2019〕1号	苏州大学科研诚信管理暂行办法（试行）	2019-02-28
82	苏大学位〔2019〕1号	苏州大学学位评定委员会章程（2018年修订）	2019-01-16
83	苏大学位〔2019〕18号	苏州大学硕士、博士学位论文盲审实施办法	2019-12-19
84	苏大学位〔2019〕19号	苏州大学博士、硕士学位论文抽检评议结果处理办法	2019-12-19
85	苏大外〔2019〕27号	苏州大学学生出国（境）学习管理办法	2019-02-23
86	苏大外〔2019〕33号	苏州大学教职工因公短期出国管理办法（2019年修订）	2019-02-26
87	苏大工〔2019〕3号	苏州大学工会会员法定节日和生日慰问发放办法（2019年修订）	2019-02-26

2019年市级以上媒体关于苏州大学的报道（部分）目录（表129）

表129 2019年市级以上媒体关于苏州大学的报道（部分）目录一览表

新闻标题	媒体名称	刊发时间
我和国旗同框 真情告白祖国	中央电视台《新闻联播》	2019年9月9日
关注苏州大学艺术学院文化扶贫	中央电视台《新闻直播间》	2019年1月12日
仁心施妙手 援疆医生救治病危女孩	中央电视台《新闻直播间》	2019年1月29日
报道苏州大学急救广播体操	中央电视台《新闻直播间》	2019年2月27日
志合者·文明说 心心相通 美美与共	中央电视台《新闻直播间》	2019年5月18日
感念师恩 先生的教诲 心中的明灯	中央电视台《新闻直播间》	2019年9月10日
跨越33载 子承父志无偿捐献遗体	中央电视台《新闻直播间》	2019年10月15日
关注自媒体乱象 自媒体：良性发展才能长远发展	中央电视台《新闻直播间》	2019年12月14日
2019年高校自主招生	中央电视台《朝闻天下》	2019年4月3日
红十字国际学院在苏州挂牌成立	中央电视台《朝闻天下》	2019年9月2日

续表

新闻标题	媒体名称	刊发时间
苏州大学张朋川教授登上央视《国家宝藏》：守护历史　守护彩韵陶魂	中央电视台《国家宝藏》	2019年1月20日
做个"追梦人"　苏大百余位留校学生吃团圆饭	苏州电视台《苏州新闻》	2019年2月3日
苏州大学两人入选"万人计划"科技创新领军人才	苏州电视台《苏州新闻》	2019年3月3日
苏大春季双选会举行　提供1.4万个岗位	苏州电视台《苏州新闻》	2019年3月30日
引进储备人才　苏大举办第二届国际青年学者东吴论坛	苏州电视台《苏州新闻》	2019年4月9日
市政府、中广核集团、苏大签署战略合作协议	苏州电视台《苏州新闻》	2019年5月1日
苏州大学恩玲艺术中心启用	苏州电视台《苏州新闻》	2019年5月18日
苏州大学5G校园建设正式启动　360教室揭牌启用	苏州电视台《苏州新闻》	2019年5月19日
"两弹一星"精神及核工业精神宣讲团走进苏大附二院	苏州电视台《苏州新闻》	2019年5月22日
苏大毕业季活动启动　近万学子将步入社会	苏州电视台《苏州新闻》	2019年6月11日
名额压缩　苏大自主招生录取比例不到1∶30	苏州电视台《苏州新闻》	2019年6月16日
8 772名苏大学子今天毕业　告别母校开启新征程	苏州电视台《苏州新闻》	2019年6月25日
借鉴经验扩大对外开放　苏州大学举办自贸区研究主题论坛	苏州电视台《苏州新闻》	2019年7月1日
苏大、苏科大本一批次投档线出炉	苏州电视台《苏州新闻》	2019年7月15日

续表

新闻标题	媒体名称	刊发时间
苏州大学本一批次阅档录取工作开始　省内扩招367名	苏州电视台《苏州新闻》	2019年7月16日
苏州大学在江苏再增20个征平计划	苏州电视台《苏州新闻》	2019年7月18日
中科院增选院士候选人初选名单出炉　苏州大学迟力峰教授入选	苏州电视台《苏州新闻》	2019年8月2日
十年磨一剑　苏州大学纳米研究名列全球第七位	苏州电视台《苏州新闻》	2019年8月22日
青少年成长发育　"成长天使基金"落户苏大附儿院	苏州电视台《苏州新闻》	2019年8月28日
全球首个红十字国际学院在苏州大学挂牌成立	苏州电视台《苏州新闻》	2019年8月31日
苏州市人民政府与苏州大学签约　合作共赢同频共振　深化名城名校融合发展	苏州电视台《苏州新闻》	2019年9月1日
28名苏大学子将应征入伍　人数创历年新高	苏州电视台《苏州新闻》	2019年9月5日
苏州大学举行新生开学典礼　"歌唱祖国"点赞70周年	苏州电视台《苏州新闻》	2019年9月25日
"苏州制造"亮点频现　苏大维格助力北京大兴国际机场	苏州电视台《苏州新闻》	2019年10月4日
苏大材料与化学化工学部党委：党建与教学科研同频共振	苏州电视台《苏州新闻》	2019年10月8日
苏大最美银杏季又来哉！80年教学楼前身传奇	苏州电视台《苏州新闻》	2019年10月9日
"在苏大遇见世界"　苏州大学第二届国际周开幕	苏州电视台《苏州新闻》	2019年10月13日
蓝绍敏在苏州大学调研　强调千年"名城"与百年"名校"交相辉映共进共荣	苏州电视台《苏州新闻》	2019年10月22日

续表

新闻标题	媒体名称	刊发时间
逆天任性？苏州大学68人放弃研究生？	苏州电视台《苏州新闻》	2019年10月29日
苏州大学举办"同根、同源、同奔跑"校园马拉松赛	苏州电视台《苏州新闻》	2019年11月2日
复旦版中国医院排行榜发布　苏大附一院位列全国第50名	苏州电视台《苏州新闻》	2019年11月11日
第六届"对话苏州"活动今天举行	苏州电视台《苏州新闻》	2019年12月13日
苏大附属儿童医院吴江院区本周六启用	苏州电视台《苏州新闻》	2019年12月24日
去武大太远　来苏大看樱花	苏州电视台《社会传真》	2019年3月24日
苏大省内扩招370人　江苏计划招生33万余	苏州电视台《社会传真》	2019年6月22日
"吾心安处是中华"　苏大师生组织观看国庆阅兵式	苏州电视台《社会传真》	2019年10月1日
苏大银杏季市民扎堆打卡　名额全部约满	苏州电视台《社会传真》	2019年10月13日
红十字国际学院在苏州大学挂牌成立	新华每日电讯	2019年9月3日
遍布百余国家地区，逾八成留学生归国？中国教育"引进来""走出去"取得新成效	新华每日电讯	2019年9月17日
履职尽责有担当　建言资政更自信	《人民日报》	2019年3月5日
江苏苏州大学留学生体验戏剧脸谱制作	《人民日报》	2019年12月23日
红十字国际学院在苏州成立	《人民日报》（海外版）	2019年9月3日
报告会走进苏州大学　发扬敢为人先的"张家港精神"	《光明日报》	2019年1月19日

续表

新闻标题	媒体名称	刊发时间
苏州大学校长熊思东代表：完善生物医学伦理教育	《光明日报》	2019年3月9日
江苏高校：为"强富美高"建设注入创新动力	《光明日报》	2019年3月14日
永葆初心本色，永立时代潮头	《光明日报》	2019年6月2日
治病医心——记苏州大学附属第一医院血液科主任吴德沛	《光明日报》	2019年7月3日
潘君骅：一生追光	《光明日报》	2019年8月16日
钱仲联：月眼镜心一鸿儒	《光明日报》	2019年9月2日
家书传情引心路——记苏州大学新生共写共读家书活动	《光明日报》	2019年11月8日
盛锦云：做一个有"割股之心"的好医生	《光明日报》	2019年12月5日
苏州大学：勇当地方高校创新发展排头兵	《中国发展观察》	2019年7月1日
苏州大学文正学院力推"苏城融入行动"	《中国新闻周刊》	2019年11月25日
人大代表熊思东：提质增效，高校育人模式新变革	《中国教育报》	2019年3月4日
全国人大代表熊思东：推进长三角地区高教一体化	《中国教育报》	2019年3月8日
"两会"E政录：地方高校如何释放改革活力	《中国教育报》	2019年3月11日
一堂走进大山深处的设计课——苏州大学艺术学院的教学改革与实践	《中国教育报》	2019年3月18日
行动一线建支部 支部一线有行动——苏州大学提升基层党支部组织力纪实	《中国教育报》	2019年5月2日
导师严教 学生实学 苏州大学研究生教育综合改革多点开花	《中国教育报》	2019年5月13日
苏州大学：课堂改革让学生真学真懂真用	《中国教育报》	2019年11月25日

续表

新闻标题	媒体名称	刊发时间
新靶点或可解决慢性肝炎易复发难题	《科技日报》	2019年12月5日
为了昆曲长河永不枯竭	《中国科学报》	2019年2月27日
师生关系如何保温	《中国科学报》	2019年3月13日
全国人大代表、苏州大学校长熊思东：长三角地区一体化　高教一体化要先行	《中国科学报》	2019年3月13日
苏大举行"我说社会主义核心价值观"活动	《中国科学报》	2019年6月19日
苏州大学发现一种化合物可去除小鼠骨骼内的铀	《中国科学报》	2019年7月5日
苏大师生暑期"援疆"铺就"新丝路"	《中国科学报》	2019年7月31日
"关爱兰花草"陕西支教团（图片新闻）	《中国科学报》	2019年8月7日
苏大学子开展垃圾分类调研	《中国科学报》	2019年8月28日
"一带一路"高校行动：老挝十日行	《中国科学报》	2019年8月28日
苏州大学成立紫卿书院	《中国科学报》	2019年11月20日
苏州大学"天赐讲坛"首次开讲	《中国科学报》	2019年11月27日
2019年"对话苏州"活动举行　专家学者把脉长三角一体化发展中的"苏州作为"	《中国科学报》	2019年12月18日
构筑精神高地　培育时代新人	《新华日报》	2018年2月14日
"改革先锋"秦振华　苏大讲述"张家港精神"	《新华日报》	2019年1月14日
苏州有能力走在高质量发展时代最前列——对话苏州专家咨询团专家、苏州大学东吴智库首席专家、教授、博导方世南	《新华日报》	2019年1月25日
全国人大代表熊思东：长三角一体化　高教可先行	《新华日报》	2019年3月3日
代表委员建言教育教学改革：守正创新，培育好一代新人（熊思东）	《新华日报》	2019年3月4日
代表委员热议"加快发展现代职业教育"：让青年凭一技之长收获人生精彩（熊思东）	《新华日报》	2019年3月6日

续表

新闻标题	媒体名称	刊发时间
重心下移,让百姓看病省钱又省心	《新华日报》	2019年3月15日
"三能一体"深化思政课改革创新	《新华日报》	2019年3月26日
25年不忘英雄校友,苏大师生清明祭扫王晓军烈士	《新华日报》	2019年3月31日
苏州大学:为何改革研究生培养工作	《新华日报》	2019年4月2日
浩瀚苍穹,闪耀"潘君骅星"	《新华日报》	2019年5月15日
神奇5G,课堂变身手术室	《新华日报》	2019年5月20日
百年苏州大学等你来	《新华日报》	2019年6月26日
苏州大学校长熊思东:小角色也能成为"盖世英雄"	《新华日报》	2019年7月2日
江苏高校学生开展暑期"三下乡"社会实践——用爱与使命,把论文写在乡野田头	《新华日报》	2019年8月31日
红十字国际学院在苏州大学挂牌成立	《新华日报》	2019年9月1日
苏州市与苏大签署深化名城名校融合发展战略合作协议	《新华日报》	2019年9月2日
高校迎新,总有一样暖到你	《新华日报》	2019年9月8日
首届江南运河文化论坛在苏州召开	《新华日报》	2019年9月10日
苏大附一院多科联手助"蓝嘴唇"闯关产女	《新华日报》	2019年9月12日
苏州大学成立师范学院	《新华日报》	2019年9月18日
苏州大学举办第二届国际周活动	《新华日报》	2019年10月25日
勇当地方高校创新发展排头兵——对话苏州大学党委书记江涌	《新华日报》	2019年11月15日
苏州大学成立紫卿书院	《新华日报》	2019年11月20日
新当选的国际宇航科学院院士周光明——中国宇航员身后的"防护卫士"	《新华日报》	2019年11月27日
苏州大学未来校区开工建设	《新华日报》	2019年11月29日
苏大成立紫卿书院:探索"新工科"纺织人才培养模式	《新华日报》	2019年12月5日

续表

新闻标题	媒体名称	刊发时间
中科院院士、苏州大学教授李述汤：从香港到内地，带出纳米"梦之队"	《新华日报》	2019年12月25日
全国人大代表、苏州大学校长熊思东建议：在全国范围内推行2.5天小长假	《扬子晚报》	2019年3月8日
江苏9所"双高"大学掌门人发出最强邀请	《扬子晚报》	2019年6月25日
高校招生负责人本报直播说预估线	《扬子晚报》	2019年6月27日
68名研究生"录而不读" 苏州大学：自动弃学处理	《扬子晚报》	2019年11月2日
苏州大学推动"课堂革命" 为课堂教学挤"水"添"金"	《扬子晚报》	2019年11月27日
苏州大学：厚植家国情怀 培育时代新人	《扬子晚报》	2019年12月4日
苏州大学师生体验"智能连接"	《江苏科技报》	2019年3月5日
全国人大代表、苏州大学校长熊思东：长三角地区一体化 高教一体化要先行	《江苏科技报》	2019年3月12日
苏州大学举办国际青年学者论坛	《江苏科技报》	2019年4月12日
对标"新工科" 苏州大学新增智能制造工程专业	《江苏科技报》	2019年4月12日
苏州大学携手"瓦里安" 助力放射医学人才培养	《江苏科技报》	2019年4月24日
苏州大学师生体验沉浸式教学 医学课堂"变身"手术室	《江苏科技报》	2019年5月22日
苏大与中科院上海巴斯德研究所 携手共建苏州大学巴斯德学院	《江苏科技报》	2019年6月12日
苏州大学助力智慧医疗 多方共建世界级智慧医疗生态系统	《江苏科技报》	2019年7月10日
科学课堂走进大山里 苏州大学学生在陕西开展暑期夏令营	《江苏科技报》	2019年7月28日

续表

新闻标题	媒体名称	刊发时间
行动一线建支部　支部一线有行动——苏州大学提升基层党支部组织力纪略	《江苏教育报》	2019年2月22日
红十字国际学院在苏州大学挂牌成立	《江苏教育报》	2019年9月4日
苏州大学师范学院揭牌成立	《江苏教育报》	2019年9月18日
苏州大学红十字国际学院迎来首批学员	《江苏教育报》	2019年11月8日
苏大"天赐讲坛"首次开讲	《江苏教育报》	2019年11月20日
苏州大学：在思政教育中涵养学生家国情怀	《江苏教育报》	2019年11月27日
苏州大学未来校区开工建设	《江苏教育报》	2019年12月6日
苏大民族风贺年红包推出第二季	《江南时报》	2019年1月9日
苏大附二院浒关院区正式启用	《江南时报》	2019年1月9日
苏州大学成为部省共建双一流高校	《江南时报》	2019年1月9日
以"小部件"实现"大智慧"　泰科电子走进苏大展示创新科技	《江南时报》	2019年3月14日
苏州大学丝绸科技文化节开幕	《江南时报》	2019年3月21日
创业导师为大学生"面诊"创业难	《江南时报》	2019年4月9日
苏州大学新增智能制造工程专业　今年9月正式招生　培养新型工程科技人才	《江南时报》	2019年4月11日
苏大携手瓦里安　打造放射医学人才培养新模式	《江南时报》	2019年4月25日
苏大研究生学术科技文化节展示创新科技	《江南时报》	2019年4月30日
苏州大学迎来119岁生日	《江南时报》	2019年5月20日
苏州大学打造5G智慧校园和360教室　5G+VR让学生在"手术室"里沉浸式上课	《江南时报》	2019年5月22日
海外留学生晒"苏大心"创意毕业照	《江南时报》	2019年5月28日
苏州大学举行"我说社会主义核心价值观"活动	《江南时报》	2019年6月13日

续表

新闻标题	媒体名称	刊发时间
苏州大学巴斯德学院正式成立 探索科教合作新模式 联合培养拔尖创新人才	《江南时报》	2019年6月14日
打破教学"壁垒" 推进高中与大学教育深度融合 苏大先修课程在苏州十中正式启动	《江南时报》	2019年6月21日
苏大万余师生开学典礼齐唱《歌唱祖国》	《江南时报》	2019年9月27日
苏州大学为党龄满50年老党员颁发荣誉纪念章	《江南时报》	2019年10月10日
苏州大学第二届国际周活动 两千余师生在开幕式上"遇见世界"	《江南时报》	2019年10月23日
红十字国际学院开班 陈竺开讲"第一课"	《江南时报》	2019年11月1日
"名城名校"2019苏大校园马拉松开跑	《江南时报》	2019年11月4日
苏州大学未来校区在吴江开工建设	《江南时报》	2019年11月29日
苏州大学2个项目获批中德合作研究项目	《江南时报》	2019年12月6日
苏州大学探索推进政治理论课改革创新	《江南时报》	2019年12月13日
全国人大代表熊思东建议：每周2.5天小长假	《现代快报》	2019年3月8日
江苏四位大学校长告诉你：高考改革后我们究竟想招什么样的学生	《现代快报》	2019年3月8日
苏大将新增智能制造工程专业	《现代快报》	2019年4月9日
苏州大学省内招生计划增加370名	《现代快报》	2019年6月26日
苏大未来校区开工，2021年招生	《现代快报》	2019年11月29日
教育部与江苏省给予政策资金等支持 推进苏大"双一流"建设	《苏州日报》	2019年1月8日
苏大校园阅读数据报告出炉	《苏州日报》	2019年1月21日
更多儿科医生愿意来苏学习 苏大附儿院呼吸科获评全国首批"肺功能单修基地"	《苏州日报》	2019年2月2日
要让基层招得进留得住人才 吴德沛委员认为破解大医院看病难重点在基层人才培养	《苏州日报》	2019年3月6日

续表

新闻标题	媒体名称	刊发时间
世界"神外"顾问团在苏设点 苏大附一院协作中心揭牌	《苏州日报》	2019年3月17日
苏州大学举办丝绸科技文化节	《苏州日报》	2019年3月17日
苏大第二实验学校落户相城	《苏州日报》	2019年3月28日
苏大学生边禹豪加盟"苏州东吴"	《苏州日报》	2019年3月30日
苏大新增智能制造工程专业	《苏州日报》	2019年4月8日
苏大国际青年学者东吴论坛开幕	《苏州日报》	2019年4月10日
钟南山院士工作站落户苏大附儿院	《苏州日报》	2019年4月21日
苏大教育学院走进贵州铜仁扶智	《苏州日报》	2019年4月29日
太空中有了颗"潘君骅星"	《苏州日报》	2019年5月14日
要做一名最优秀的医生 我的价值都在国内实现了	《苏州日报》	2019年5月14日
苏州大学迎来119岁生日	《苏州日报》	2019年5月19日
苏大文正学院举行发展大会	《苏州日报》	2019年5月19日
苏大与平江实验学校共建"名校共同体"	《苏州日报》	2019年5月31日
苏州大学巴斯德学院共建签约 探索高校与院所合作新模式	《苏州日报》	2019年6月7日
中外大学生感受丝路精神	《苏州日报》	2019年6月24日
苏大2019年招生本科生6 674名	《苏州日报》	2019年6月26日
8 000余名苏大学生毕业 苏大举行2019届毕业典礼暨学位授予仪式	《苏州日报》	2019年6月26日
长三角一体化发展中的"苏州选择"——苏州大学东吴智库论坛上演讲者的发言摘要	《苏州日报》	2019年7月2日
探索对外开放新格局 苏州大学自贸区研究主题论坛举行	《苏州日报》	2019年7月2日
苏大文正学院设"苏州银行"奖学金、教学金	《苏州日报》	2019年7月3日

续表

新闻标题	媒体名称	刊发时间
"科学商店送来科普大餐" 大学生志愿者进社区服务	《苏州日报》	2019年7月11日
医学图像计算青年研讨会在苏举行	《苏州日报》	2019年7月14日
苏州大学省内再增20个征平计划	《苏州日报》	2019年7月19日
苏大学子探访苏博精神文脉	《苏州日报》	2019年7月22日
苏大文正学院投档线出炉	《苏州日报》	2019年7月22日
苏大学生赴各地开展暑期实践 校外的实践经验也精彩	《苏州日报》	2019年7月29日
苏大师生暑期"援疆"铺就"新丝路"	《苏州日报》	2019年8月5日
苏大文正学子开展暑期社会实践 "体验式调研"探寻吴文化传承与创新	《苏州日报》	2019年8月5日
苏大附一院首设"博习奖"	《苏州日报》	2019年8月20日
苏大附儿院举行演讲比赛	《苏州日报》	2019年8月20日
苏大文学院公益课堂受热捧	《苏州日报》	2019年8月28日
全球首个红十字国际学院在苏大成立	《苏州日报》	2019年9月1日
苏州市政府与苏州大学签署深化名城名校融合发展战略合作协议	《苏州日报》	2019年9月2日
学习昆曲课程 参观苏州园林 日本中部六省大学生来苏研学	《苏州日报》	2019年9月3日
探索综合性大学师范人才培养创新模式 苏州大学成立师范学院	《苏州日报》	2019年9月18日
"不负青春不负梦" 苏州大学举行2019级新生开学典礼	《苏州日报》	2019年9月26日
礼赞新中国 奋进新时代 我市举行庆祝中华人民共和国成立70周年升国旗仪式 李亚平主持	《苏州日报》	2019年10月2日
苏大材料与化学化工学部党委坚守立德树人使命 以高质量党建引领一流学科建设	《苏州日报》	2019年10月10日

续表

新闻标题	媒体名称	刊发时间
了解海外教育　感受异域风情　苏州大学第二届国际周开幕	《苏州日报》	2019年10月14日
"潘君骅星"正式在苏命名	《苏州日报》	2019年10月21日
蓝绍敏专程来到苏州大学调研	《苏州日报》	2019年10月22日
大小手　"艺"初心　苏大艺术学院研究生党总支部举办主题党日活动	《苏州日报》	2019年11月4日
走进金庸江湖，60多位大咖苏大"论剑"	《苏州日报》	2019年11月4日
苏州大学紫卿书院揭牌成立	《苏州日报》	2019年11月18日
苏州大学"天赐讲坛"首次开讲	《苏州日报》	2019年11月19日
学习贯彻党的十九届四中全会精神　苏州大学举行省委宣讲团报告会	《苏州日报》	2019年11月25日
打造教育一体化示范工程　苏大未来校区正式开工建设	《苏州日报》	2019年11月29日
苏州大学携手苏州十中在省内首开贯通课程	《苏州日报》	2019年12月9日
苏大吴江未来校区在227省道边	《姑苏晚报》	2019年2月26日
苏大新增智能制造工程专业	《姑苏晚报》	2019年4月8日
苏大文正学院成立三创学院	《姑苏晚报》	2019年4月28日
苏州大学举行2019年毕业典礼暨学位授予仪式	《姑苏晚报》	2019年6月26日
在第35个教师节到来之际，苏大教授王卫平获评"全国优秀教师"——躬耕讲台三十余载　坚守教育情怀	《姑苏晚报》	2019年9月11日
讴歌"我和我的祖国"　苏大师生举行大合唱比赛	《姑苏晚报》	2019年9月23日
同根、同源、同奔跑　苏大校园马拉松开跑	《姑苏晚报》	2019年11月3日
苏州大学紫卿书院揭牌成立	《姑苏晚报》	2019年11月6日

续表

新闻标题	媒体名称	刊发时间
苏大文正学院新生走进蒋巷村　"苏城融入行动"第一站开启	《姑苏晚报》	2019年11月11日
ESI数据库公布最新数据　苏大12个学科进入全球前1%	《姑苏晚报》	2019年11月17日
苏州大学"天赐讲坛"首次开讲	《姑苏晚报》	2019年11月19日
情暖冬日　苏大学生送爱心	《姑苏晚报》	2019年12月1日
大学应该怎么过　在苏高校这样做	《姑苏晚报》	2019年12月2日
拍！苏大最美季网红打卡地	《姑苏晚报》	2019年12月4日
苏州大学助力智慧医疗　多方携手打造世界级智慧医疗生态系统	扬眼	2019年7月4日
千名海内外专家学者与研究生齐聚苏城　34场报告为"人工智能医学图像处理"支招	扬眼	2019年7月14日
苏大学子第六年走进陕西大山开展暑期夏令营	扬眼	2019年7月25日
为11家纺织公司3家职校送知识技术　苏大师生暑期"援疆"铺就"新丝路"	扬眼	2019年7月31日
护航儿童健康成长，苏大学子践行医者青春使命	扬眼	2019年8月13日
医心飞扬实践乡医　苏大"医行泰州"暑期社会实践团队水乡义诊	扬眼	2019年8月30日
苏州大学迎来1.2万余名2019级新生	扬眼	2019年9月7日
躬耕讲台三十余载　坚守一份教育情怀——记全国优秀教师、苏州大学教授王卫平	紫牛新闻	2019年9月10日
苏州大学成立师范学院　积极探索综合性大学师范人才培养新模式	紫牛新闻	2019年9月17日
"云中苏大"亮相华为全联接大会　成为首个基于华为沃土平台的智慧校园解决方案	紫牛新闻	2019年9月19日

续表

新闻标题	媒体名称	刊发时间
苏州大学举行2019级学生开学典礼 万余名师生传递国旗、高歌献礼新中国	紫牛新闻	2019年9月25日
苏州大学为455名党龄满50年老党员颁发荣誉纪念章	紫牛新闻	2019年9月30日
在苏大遇见世界 苏州大学第二届国际周开幕	紫牛新闻	2019年10月13日
苏州大学成立紫卿书院 探索"新工科"纺织人才培养模式	紫牛新闻	2019年11月15日
苏州大学"天赐讲坛"首次开讲 特邀美国科学院院士分享"网络化学"	紫牛新闻	2019年11月19日
点赞江苏医院⑨："应用型"科研发力，两年拿下九项"国自然"	紫牛新闻	2019年11月23日
融入长三角一体化 发力"双一流"大学建设 苏州大学未来校区开建	紫牛新闻	2019年11月28日
苏州大学2个项目获批2019年度国家自然科学基金委员会与德国研究联合会合作研究项目	紫牛新闻	2019年12月4日
熊思东代表建议：规范考研自命题，分步推进全国统一命题	澎湃新闻	2019年3月5日
全国人大代表熊思东：加快疫苗管理法规落地，强化疫苗管理	澎湃新闻	2019年3月8日
对话"两会"：专访苏州大学校长熊思东	澎湃新闻	2019年3月10日
苏大校长毕业礼频爆金句 学生笑哭	梨视频	2019年6月25日
苏州大学师生暑期"援疆"铺就"新丝路"	央广网	2019年7月28日
华为沃土数字平台——苏州大学	央广网	2019年9月29日
苏州大学党委书记江涌接受人民网专访：聚焦人才培养高质量发展 做实一流本科教育改革行动计划	人民网	2019年5月16日
红十字国际学院在苏州挂牌成立	人民网	2019年9月2日

续表

新闻标题	媒体名称	刊发时间
百余名教育界人士齐聚苏州 探讨新高考政策下的生涯教育	光明网	2019年1月2日
浩瀚苍穹，闪耀"潘君骅星"	中国江苏网	2019年5月15日
原来，思政课还可以这样上① 苏大："田野调查法"让学生深切感悟"大道理"	中国江苏网	2019年9月16日
熊思东代表：规范"一带一路"大学联盟建立和发展	中国教育网	2019年3月6日
熊思东代表：高等教育提升区域创新能力和核心竞争力	中国教育网	2019年3月6日
全球首个红十字国际学院落户苏州大学	中国教育网络电视台	2019年9月5日
中国高校校长就"如何惩戒学术不端"发声	中国新闻网	2019年3月11日
红十字国际学院在苏州挂牌成立	中国新闻网	2019年8月31日
熊思东代表：对原始创新要有耐心 不能用"文章""专利"来简单评价	中青在线	2019年3月10日
苏州市军转干部进高校专项培训在苏州大学举行	新华网	2019年3月30日
由香港实业家捐资建设的苏州大学恩玲艺术中心正式启用	新华网	2019年5月20日
苏州大学：打造5G智慧校园	新华网	2019年5月20日
苏州大学迎来119岁生日	新华网	2019年5月20日
苏州大学：2019年新增智能制造工程专业 部分专业按大类招生	新华网	2019年6月17日
红十字国际学院在苏州挂牌成立	新华网	2019年9月3日
留学生遍布世界100多个国家和地区 逾八成选择回国发展	新华网	2019年9月16日
苏州大学成为华为智慧校园首个应用案例	新华网	2019年9月20日

续表

新闻标题	媒体名称	刊发时间
苏州大学12个学科进入ESI全球前1%	新华网	2019年11月17日
"建设性新闻研究中心"落户苏州大学	新华网	2019年11月28日
苏州大学未来校区正式开工建设	新华网	2019年11月28日
苏州大学：新增智能制造工程专业 进一步打造新工科 强化交叉学科人才培养	新浪	2019年5月31日
苏大校长毕业致辞爆金句：头发在键盘上就不在头上	新浪	2019年6月25日
探讨新高考政策下的生涯教育 中学生生涯教育论坛在苏举行	江南时报网	2019年1月2日
苏州大学迎来119岁生日 恩玲艺术中心启用 120周年校庆LOGO发布	江南时报网	2019年5月20日
苏州大学携手癌症治疗全球知名企业瓦里安 助力放射医学人才培养	交汇点	2019年4月23日
苏州大学迎来119岁生日 恩玲艺术中心奏响奋进之音	交汇点	2019年5月18日
海外留学生晒创意毕业照 比出"苏大心"难舍校园	交汇点	2019年5月24日
苏州大学与中国科学院上海巴斯德研究所携手共建苏州大学巴斯德学院	交汇点	2019年6月6日
苏州大学举行"我说社会主义核心价值观"活动	交汇点	2019年6月12日
打破中学与大学教学"壁垒" 苏大先修课程在苏州十中正式启动	交汇点	2019年6月13日
苏州大学举行2019届毕业典礼暨学位授予仪式	交汇点	2019年6月25日
护航儿童健康成长 苏大学子践行医者青春使命	交汇点	2019年8月13日

续表

新闻标题	媒体名称	刊发时间
苏大"医行泰州"团队水乡义诊 医心飞扬实践乡医	交汇点	2019年8月30日
苏州大学迎来万余名2019级新生	交汇点	2019年9月7日
答题记校歌、饼干刻校训 苏大文正学院迎新日"花样"多	交汇点	2019年9月7日
躬耕讲台三十余载,全国优秀教师王卫平这样坚守教育情怀	交汇点	2019年9月10日
苏大:"田野调查法"让学生深切感悟"大道理"	交汇点	2019年9月16日
苏州大学成立师范学院 积极探索综合性大学师范人才培养新模式	交汇点	2019年9月17日
"云中苏大"亮相华为全联接大会,成为首个基于华为沃土平台的智慧校园解决方案	交汇点	2019年9月19日
江苏创新开展主题教育:"三张清单"明责任,"关键少数"动起来	交汇点	2019年9月24日
苏大举行2019级学生开学典礼 万余名师生高歌献礼新中国	交汇点	2019年9月25日
苏州大学举办"四个自信·青年说"活动	交汇点	2019年9月25日
苏州大学为党龄满50年老党员颁发荣誉纪念章	交汇点	2019年9月30日
苏大文正学院启动"苏城融入行动" 让新生"解锁"苏城有了"新玩法"	交汇点	2019年10月31日
苏州大学红十字国际学院迎来首批青年骨干学员 陈竺开讲"第一课"	交汇点	2019年11月4日
苏大文正学院"苏城融入行动"第二站:体验团扇文化	交汇点	2019年11月14日

续表

新闻标题	媒体名称	刊发时间
苏州大学紫卿书院揭牌成立　助力新工科人才培养高质量发展	交汇点	2019年11月18日
新增计算机科学学科　苏州大学12个学科进入ESI全球前1%学科	交汇点	2019年11月18日
苏州大学"天赐讲坛"首次开讲	交汇点	2019年11月19日
苏大文正学院举办首个校友个人艺术展　76幅古装人物彩铅画像惊艳亮相	交汇点	2019年11月27日
苏州大学2个项目获批国家自然科学基金委员会与德国研究联合会合作研究项目	交汇点	2019年12月4日
苏大文正学院"苏城融入行动"走进太湖厨房　品尝"苏州滋味"	交汇点	2019年12月12日
苏州大学探索推进融合思政法	交汇点	2019年12月18日
【两会问教育】全国人大代表熊思东：高校要做地方经济发展、教育公平的"助推器"	荔枝网	2019年3月11日
天上的星星用他的名字命名　他却说：这个无所谓……	荔枝网	2019年5月27日
硬核操作！"苏大强"毕业，点亮东方之门实力宠"娃"	荔枝网	2019年6月25日
全球首个红十字国际学院在苏州大学挂牌成立	荔枝网	2019年8月31日
新音乐殿堂——恩玲艺术中心	搜狐网	2019年6月6日
"你们是最有分量的一届！"苏大毕业典礼"网红校长"金句频频	搜狐网	2019年6月25日
愿我苏大学子，前程锦绣如画	搜狐网	2019年6月28日
这样的毕业典礼真暖！细节打动无数网友……	搜狐网	2019年6月29日
苏州大学文正学院力推"苏城融入行动"新生打卡园区	腾讯大苏网	2019年12月3日

续表

新闻标题	媒体名称	刊发时间
"改革先锋"秦振华与苏大师生分享"张家港精神"	现代快报全媒体	2019年1月15日
思政微课堂｜苏州大学马克思主义学院院长田芝健讲授如何推进思想建党	学习强国	2019年8月7日
苏州大学师范学院揭牌成立	学习强国	2019年9月17日
E起学习｜苏州大学孔川谈新时代青年如何锤炼品德修为	学习强国	2019年9月18日
经验典型｜苏州大学："田野调查法"让学生深切感悟"大道理"	学习强国	2019年9月20日
苏州大学师生唱响《我和我的祖国》	学习强国	2019年9月23日
苏州大学依托主题教育厚植爱国主义情怀	学习强国	2019年10月17日
苏州大学：用好四面"镜子"，把主题教育引向深入	学习强国	2019年10月30日
主题教育进行时｜苏州大学：围绕立德树人抓整改，主题教育见效收效	学习强国	2019年11月9日
主题教育进行时｜苏州大学：建强支部战斗堡垒 推动主题教育走深走实	学习强国	2019年11月26日
这样的萌物你PICK哪一款？ 苏大师生设计民族风系列贺年红包走红	扬子晚报网	2019年1月2日
"改革先锋"秦振华与苏大师生共话改革奋进精神	扬子晚报网	2019年1月13日
苏州大学请百名留校学生吃年夜饭 人手一个佩奇和苏大定制版窗花	扬子晚报网	2019年2月3日
第十三届"戏曲走近大学生"活动在苏大启动 9位梅花奖得主送上视听盛宴	扬子晚报网	2019年3月14日
创新科技走进苏大 师生体验"智能连接"	扬子晚报网	2019年3月15日
25年不忘英雄校友 苏大师生清明祭扫王晓军烈士	扬子晚报网	2019年4月2日

续表

新闻标题	媒体名称	刊发时间
对标"新工科"！苏州大学新增智能制造工程专业 今年9月首次招生	扬子晚报网	2019年4月7日
全球171名优秀青年学者受邀参加苏州大学国际青年学者论坛	扬子晚报网	2019年4月10日
苏州大学携手瓦里安助力放射医学人才培养	扬子晚报网	2019年4月23日
苏大研究生学术科技文化节开幕 展示科技项目既"高大上"又极具实用性	扬子晚报网	2019年4月29日
苏州大学迎来119岁生日 恩玲艺术中心启用	扬子晚报网	2019年5月18日
苏州大学打造5G校园和360智慧教室 5G+VR沉浸式教学让医学生"走进"手术室	扬子晚报网	2019年5月19日
中核"两弹一星"精神及核工业精神全国巡讲走进苏州	扬子晚报网	2019年5月22日
苏州大学与中国科学院上海巴斯德研究所携手共建苏州大学巴斯德学院	扬子晚报网	2019年6月6日
苏州大学举行"我说社会主义核心价值观"活动 86岁老党员老师讲述他的家国情怀	扬子晚报网	2019年6月12日
全省首创：打破中学与大学教学"壁垒" 苏大先修课程在苏州十中启动	扬子晚报网	2019年6月13日
苏州大学举办"一带一路"服饰文化秀 中外学生同台展示本国传统服饰感受丝路精神	扬子晚报网	2019年6月17日
苏州大学8 772名学生今天毕业 校长寄语三个锦囊：别怕"多折腾、走弯路、跑龙套"	扬子晚报网	2019年6月25日
快问快答·代表委员说｜熊思东：教育无小事，研究生自主命题考试也得立规矩！	看苏州	2019年3月6日
"小部件"实现"大智慧"！苏大师生体验"智能连接"	看苏州	2019年3月9日

续表

新闻标题	媒体名称	刊发时间
满满的干货！苏大聘任8名企业精英为本科生就业导师……	看苏州	2019年4月1日
连续五年！苏大学子亮相央视"五月的鲜花"文艺会演	看苏州	2019年5月6日
苏州高校们今年新增了这些专业，人工智能和大数据成"爆款"！	看苏州	2019年6月12日
给考生送更多招生红利！今年苏大省内招生计划增加370名！	看苏州	2019年6月25日
"改革先锋进校园"活动走进苏州大学 让改革开放精神在高校生根	引力播	2019年1月13日
苏州大学入选全国首批高校科技成果转化和技术转移基地认定名单	引力播	2019年2月21日
传承丝绸文化 培育丝绸精神 苏州大学丝绸科技文化节启幕	引力播	2019年3月16日
苏州大学发布2019年自主招生简章 总计划数不超过95名	引力播	2019年3月26日
2019苏州大学国际青年学者东吴论坛开幕	引力播	2019年4月9日
苏州大学研究生学术科技文化节启幕 创新科技项目惊艳亮相	引力播	2019年4月29日
苏州市政府、中广核、苏州大学签约 共建苏州质子肿瘤治疗中心	引力播	2019年4月30日
苏州大学潘君骅院士获得永久性小行星命名	引力播	2019年5月13日
省内首创！苏州大学先修课程落户省苏州十中	引力播	2019年5月16日
苏州大学迎来119岁生日 忆往事叙友情 共启美好愿景	引力播	2019年5月18日
苏州大学与苏州电信签约共建5G校园 "5G+VR"让医学生轻松"走进"手术室	引力播	2019年5月19日

续表

新闻标题	媒体名称	刊发时间
苏州大学举办"一带一路"服饰文化秀	引力播	2019年6月18日
探索苏州对外开放新格局 "苏州大学自贸区研究"主题论坛举行	引力播	2019年7月1日
探解长三角一体化中的"苏州选择" 苏州大学东吴智库举办学术论坛	引力播	2019年7月6日
苏州大学为大一新生送录取通知书	引力播	2019年7月22日
苏州大学新生录取通知书正式寄发	引力播	2019年7月22日
苏州大学追光者实践团调研"循证矫正"	引力播	2019年7月25日
苏州大学首次跻身软科排名全球前200名	引力播	2019年8月16日
全球首个红十字国际学院在苏州大学成立 陈竺来苏揭牌	引力播	2019年8月31日
苏州市政府与苏州大学签署深化名城名校融合发展战略合作协议	引力播	2019年9月1日
苏州大学本周末迎来万余名新生报到	引力播	2019年9月7日
苏州大学师范学院揭牌成立	引力播	2019年9月17日
讲述身边故事 激发青年干劲 "四个自信·青年说"走进苏州大学	引力播	2019年9月25日
钱学森事迹报告会在苏州大学举行 弘扬爱国奋斗精神 建功立业新时代	引力播	2019年9月27日
苏州大学为党龄满50年老党员颁发荣誉纪念章	引力播	2019年9月30日
在苏大遇见世界！苏州大学第二届国际周启幕	引力播	2019年10月13日
蚕丝化身胰岛素给药神器 苏州大学纺院学霸回国赢金奖	引力播	2019年10月19日
蓝绍敏调研苏州大学：实现"名城""名校"交相辉映共进共荣	引力播	2019年10月21日

续表

新闻标题	媒体名称	刊发时间
大小手 "艺"初心 苏大艺术学院研究生党总支举办主题党日活动	引力播	2019年10月28日
2019"名城名校"苏大校园马拉松开跑	引力播	2019年11月4日
苏大文正学院新生走进蒋巷村 开启"苏城融入行动"第一站	引力播	2019年11月10日
第三届江苏省MBA案例大赛决赛在苏州大学举行	引力播	2019年11月11日
2019年国家优青名单正式出炉 苏州大学3位学者项目入选	引力播	2019年11月13日
苏州大学成立紫卿书院 探索"新工科"纺织人才培养模式	引力播	2019年11月15日
新增计算机科学学科 苏州大学12个学科进入ESI全球前1%学科	引力播	2019年11月16日
打造多元化交流平台 苏州大学"天赐讲坛"首次开讲	引力播	2019年11月18日
苏州大学物理科学与技术学院科普教育基地签约挂牌	引力播	2019年11月20日
学习贯彻党的十九届四中全会精神 苏州大学举行省委宣讲团报告会	引力播	2019年11月21日
苏大未来校区开工 计划2021年对外招生	引力播	2019年11月29日
苏州大学2个项目获批2019年度国家自然科学基金委员会与德国研究联合会合作研究项目	引力播	2019年12月4日
苏州大学艺术学院与园区百年老校今日签约实践基地	引力播	2019年12月24日

后　记

　　《苏州大学年鉴2020》将2019年学校的各种信息汇编成集，力求全面地记载学校一年来的主要工作、重大事件、发展特色，全面反映学校各方面发展的成果，供学校各方面查考、借鉴、比较。

　　《苏州大学年鉴2020》编写体例与往年基本相同，记载的内容主要是2019年学校各方面的工作，主要数据截至2019年12月31日。

　　在学校各单位的大力支持下，《苏州大学年鉴2020》得以顺利出版，在此谨表示衷心感谢！

　　《苏州大学年鉴2020》在编写过程中，除编委以外，档案馆的付双双、曹晨、程利冬、张亮、於建华、张娟、朱明、李朝霞、周佩佩等同志都参加了编写工作，并为此付出了辛勤的劳动，在此一并表示感谢。

　　特别值得一提的是，苏州大学出版社对《苏州大学年鉴》的出版，数十年如一日，给予大力支持，在此表示衷心感谢！

　　在编写过程中，我们力求资料翔实，数据准确，但由于面广量大，不免有疏漏之处，敬请广大读者批评指正。

编　者

2020. 12